Zürcher Planungs- und Baurecht
Bau- und Umweltrecht
Christoph Fritzsche   Peter Bösch   Thomas Wipf
Band 2

Zitiervorschlag:
FRITZSCHE/BÖSCH/WIPF,
Zürcher Planungs- und Baurecht,
5. Auflage, Zürich 2011, Seite 645

Herausgegeben vom
Verein Zürcher Gemeindeschreiber
und Verwaltungsfachleute vzgv

Verlag KDMZ, 8090 Zürich

Schriftenreihe VZGV Nr. 15
5. Auflage 2011
ISBN 978-3-905839-17-3

Druck: Verlag KDMZ Zürich
Gestaltung: Caroline Hösli
caroline@grafik-zh.ch
Foto Buchumschlag: Walter Mair
www.waltermair.ch
(Schulhaus Leutschenbach, Zürich)

Band 1

Planungsrecht, Verfahren und Rechtsschutz

Band 2

Bau- und Umweltrecht

Inhalt Band 1

Planungsrecht, Verfahren und Rechtsschutz

Inhalt Band 1

Inhalt Band 1

Inhalt Band 1

Inhalt Band 1

Inhalt **Band 1**

Inhalt Band 1

Inhalt Band 2

Bau- und Umweltrecht

Inhalt Band 2

Inhalt Band 2

Inhalt Band 2

Inhalt Band 2

Inhalt Band 2

Inhalt Band 2

Inhalt Band 2

Inhalt Band 2

Inhalt Band 2

11
Allgemeine Bestimmungen des Baupolizeirechts

11.1   Übersicht

Das Baupolizeirecht findet aufgrund der geltenden verfassungsrechtlichen Kompetenzausscheidung zwischen Bund und Kantonen seine Rechtsgrundlagen hauptsächlich im kantonalen Recht (vgl. Art. 3, Art. 42 und Art. 75 BV). Im Kanton Zürich regelt das Planungs- und Baugesetz (PBG) in seinem IV. Titel das Baupolizeirecht («Das öffentliche Baurecht»). Dieser Titel ist in einen 1. Abschnitt mit der Überschrift «Die Bauvorschriften» und in einen 2. Abschnitt über «Das baurechtliche Verfahren» unterteilt. Im vorliegenden Kapitel geht es ausschliesslich um das materielle Baupolizeirecht, mithin um die Bauvorschriften; für das baurechtliche Verfahren vgl. Kapitel 6–8.

Der Abschnitt über die Bauvorschriften umfasst alle im PBG unter dem IV. Titel, 1. Abschnitt enthaltenen Bestimmungen, nämlich:
- die Allgemeinen Bestimmungen (§§ 218–232 PBG);
- die Grundanforderungen an Bauten (§§ 233–249 PBG);
- die Vorschriften über die zulässigen baulichen Grundstücksnutzungen (§§ 250–293 PBG);
- die Anforderungen an Gebäude und Räume (§§ 295–306 PBG) und
- das Brandstattrecht (§ 307 PBG).

Im Folgenden sollen die allgemeinen Bestimmungen des Baupolizeirechts, wie sie in §§ 218–232 PBG geregelt sind, dargestellt werden. Dazu zählen die Rechtsnatur der Bauvorschriften (§ 218 PBG) und deren Verschärfung bzw. Milderung (§ 219 PBG; nachfolgend Ziff. 11.2), die Gemeinschaftswerke (§§ 222–225 PBG; nachfolgend Ziff. 11.3), der Immissionsschutz (§§ 226 f. PBG; nachfolgend Ziff. 11.4), der Unterhalt und die Parzellierung von Grundstücken (§ 228 PBG; nachfolgend Ziff. 11.5) sowie die Inanspruchnahme von Drittgrundstücken (§§ 229–232 PBG; nachfolgend Ziff. 11.6). Die Gemeinsamkeit der genannten Bestimmungen besteht darin, dass sie für alle «Bauvorschriften» gelten beziehungsweise diesen vorangestellt sind.

11.2   Bauvorschriften

11.2.1   Rechtsnatur der Bauvorschriften

Die Bauvorschriften sind öffentliches und damit zwingendes Recht (§ 218 Abs. 1 PBG). Sie sind einer für die Behörden verbindlichen privatrechtlichen Regelung nur zugänglich, wo dies ausdrücklich vorgesehen ist (§ 218 Abs. 2 PBG). Hauptbeispiel hierfür ist § 270 Abs. 3 PBG, wonach durch nachbarliche Vereinbarung – unter Vorbehalt einwandfreier wohnhygienischer oder feuerpolizeilicher Verhältnisse – ein Näherbaurecht begründet werden kann (vgl. Seite 861 ff.). Sonst sind Abweichungen von Bauvorschriften an die strengen Voraussetzungen von § 220 PBG gebunden (vgl. Seite 1124 ff.), sofern nicht die betreffende Norm selbst ausdrücklich solche zulässt. Zur Unterscheidung von öffentlichem und privatem Baurecht vgl. Seite 71 f.

Gemäss § 1 VRG werden öffentlich-rechtliche Angelegenheiten von den Verwaltungsbehörden und vom Verwaltungsgericht beurteilt, während privatrechtliche Ansprüche vor den Zivilgerichten zu verfolgen sind. § 317 PBG wiederholt diesen Grundsatz. Im baurechtlichen Bewilligungsverfahren wird grundsätzlich nicht privates, sondern ausschliesslich öffentliches Recht überprüft. Zu diesem öffentlichen Recht gemäss § 218 Abs. 1 PBG gehören sämtliche Bauvorschriften im IV. Titel, 1. Abschnitt des Planungs- und Baugesetzes mitsamt den entsprechenden kantonalen und kommunalen Ausführungsbestimmungen (vgl. auch § 3 Abs. 1 und 2 PBG).

11.2.2   Abgrenzungen

11.2.2.1   *Bauvorschriften des Bundesrechts*

Gestützt auf die geltende Kompetenzausscheidung zwischen Bund und Kantonen wird das Baupolizeirecht nach wie vor von den Kantonen geregelt (Art. 3, Art. 42 und Art. 75 BV). Demnach verbleibt die Regelung des Baupolizeirechts – also die Vorschriften zum Schutze der öffentlichen Ordnung, der Sicherheit und der Gesundheit bei Bauten und Anlagen – Sache der Kantone, weshalb jeder Kanton sein eigenes Baugesetz mit unterschiedlichen Bauvorschriften, Definitionen, Messweisen und Verfahren hat.

Allerdings existieren in verschiedenen Bereichen auch bundesrechtliche Bauvorschriften. Zu denken ist einerseits an den Bau von bedeutenden Infrastrukturanlagen, bei welchen der Bund aufgrund der verfassungsrechtlichen Kompetenzausscheidung über weitreichende Gesetzgebungskompetenzen verfügt. So hat der Bund beispielsweise für Nationalstrassen (Art. 83 BV), Eisenbahnen (Art. 87 BV) und Flugplätze (Art. 87 BV) die entsprechenden Gesetze erlassen (Nationalstrassengesetz [NSG]; Eisenbahngesetz [EBG]; Luftfahrtgesetz [LFG]), die ebenfalls Bauvorschriften enthalten. Anderseits hat der Bund gestützt auf Art. 74 BV das Umweltschutzgesetz (USG) erlassen, das unter anderem Vorschriften enthält, die sich auf das Bauen auswirken. Dieser bauliche Umweltschutz, der häufig auf Verordnungsstufe konkretisiert wird, ist im Baubewilligungsverfahren ebenfalls zu berücksichtigen (Art. 74 Abs. 3 BV; Art. 22 Abs. 3 RPG); er umfasst hauptsächlich die Teilgebiete der Luftreinhaltung (Luftreinhalteverordnung [LRV]), der Lärmbekämpfung (Lärmschutzverordnung [LSV]), die Bekämpfung von Erschütterungen, der Abfall- und Altlastenbeseitigung (Technische Verordnung über Abfälle [TVA]; Verordnung über die Sanierung von belasteten Standorten [AltlV]) und des Strahlenschutzes (Verordnung über den Schutz vor nicht ionisierender Strahlung [NISV]). Ähnlich verhält es sich mit dem Gewässerschutz, der ebenfalls gestützt auf eine verfassungsrechtliche Kompetenznorm (Art. 76 Abs. 3 BV) durch das Bundesrecht determiniert wird (Gewässerschutzgesetz [GSchG]). Schliesslich sei etwa das Behindertengleichstellungsgesetz (BehiG) erwähnt (vgl. dazu Art. 8 Abs. 4 BV), das ebenfalls Bauvorschriften aufweist.

11.2.2.2   *Bauvorschriften des interkantonalen Rechts*

Die Vereinheitlichung der Baubegriffe und Messweisen dürfte einem breiten Bedürfnis der Praxis entsprechen, sind doch sachliche Gründe für unterschiedliche Definitionen von Begriffen, welche die gleichen Sachverhalte regeln, grundsätzlich nicht auszumachen. Dennoch ist eine Vereinheitlichung im Rahmen eines Bundesbaugesetzes derzeit politisch nicht mehrheitsfähig. Stattdessen arbeitete die Schweizerische Bau-, Planungs- und Umweltdirektoren-Konferenz (BPUK) im Hinblick auf die angestrebte Vereinheitlichung der Begriffe ein Konkordat aus, die Interkantonale Vereinbarung über die Harmonisierung der Baubegriffe (IVHB). Mit diesem Konkordat werden einheitliche Begriffe für Gebäudedimensionen (Höhen, Längen) und Abstandsregelungen und deren Differenzierung nach Gebäudetypen sowie das Verhältnis von Gebäudegrössen zu Grundstücksflächen (Nutzungsziffern) geschaffen. Die Kantone werden verpflichtet, ihre Baugesetze bis Ende 2012 anzupassen. Bis heute haben sich sieben Kantone für den Beitritt zur IVHB ausgesprochen: Graubünden (2006), Bern (2008), Freiburg (2008), Basel-Landschaft (2009), Aargau (2009), Thurgau (2010) und Schaffhausen (2011). Damit die IVHB in Kraft tritt, müssen ihr sechs Kantone beitreten. Diese Schwelle ist somit unterdessen überschritten. Der Kanton Zürich gedenkt diesem Konkordat ebenfalls beizutreten und die dort geregelten Messweisen zu übernehmen. Derzeit ist allerdings noch offen, ob und wann der Beitritt des Kantons Zürich tatsächlich erfolgt.

11.2.2.3   *Bauvorschriften des Privatrechts*

Nicht alle Rechtsfragen, die sich im Rahmen der Realisierung von Bauvorhaben stellen, sind öffentlich-rechtlicher Natur. Daneben bestehen auch Bauvorschriften des Privatrechts, die beispielsweise das Verfügungsrecht über Grundeigentum und das nachbarliche Verhältnis der Grundeigentümer regeln. Solchen privatrechtlichen Vorschriften kann freilich auch öffentlich-rechtliche Bedeutung zukommen; zum Beispiel das bereits erwähnte Näherbaurecht (§ 270 Abs. 3 PBG), Durchleitungsrechte (Art. 691 ff. ZGB), Zufahrtsrechte (§ 237 Abs. 4 PBG) und das Hammerschlagsrecht (Art. 695 ZGB; §§ 229 f. PBG). Entsprechende Vereinbarungen sind von den Baubehörden zu beachten, wobei sie zu einer vorfrageweisen Überprüfung – wenn auch mit bloss beschränkter Kognition – ermächtigt und verpflichtet sind (HALLER/KARLEN 1999: S. 141). Vgl. Näheres hierzu Seite 255.

11.2.2.4   *Private Bauvorschriften*

Schliesslich bestehen privatrechtlich organisierte Normenvereinigungen (SIA, VSS usw.), die private Bauvorschriften erlassen. So sind etwa Bestrebungen des SIA im Gang, das Planungs- und Baurecht zu harmonisieren. Bisher sind erschienen: SIA-Norm 421 (Raumplanung – Nutzungsziffern), SIA-Norm 422 (Bauzonenkapazität) und SIA-Norm 423 (Gebäudedimensionen und Abstände). Wie bei der IVHB gilt auch bezüglich der erwähnten SIA-Normen: Im Kanton Zürich sind nach wie vor die Begriffsbestimmungen des PBG und der ABV anwendbar, welche den privaten Bauvorschriften selbstverständlich vorgehen. Das schliesst jedoch nicht aus, dass die privaten Normen – wenn auch nur in seltenen Fällen – als Auslegungshilfen dienen können, wenn die kantonal definierten Mess- und Berechnungsweisen Interpretationsspielräume belassen.

     Im Weiteren wird in den öffentlich-rechtlichen Bauvorschriften zuweilen ausdrücklich auf die Werke gesamtschweizerischer Normenvereinigungen verwiesen: Insbesondere die Besondere Bauverordnung I (BBV I) baut weitgehend auf gesamtschweizerischen Normen auf (§§ 2 f. BBV I). Soweit diese beachtlich sind, werden sie in Ziff. 2 des Anhangs zur BBV I abschliessend aufgezählt. Aber auch wenn die Werke gesamtschweizerischer Normenvereinigungen in den öffentlich-rechtlichen Bauvorschriften nicht als verbindlich beziehungsweise beachtlich erklärt werden, so können sie den Baubehörden doch immerhin als Auslegungshilfe dienen (BEZ 2008 Nr. 42). Vgl. zum Ganzen auch Seite 73 ff.

11.2.3 Verschärfung und Milderung von Bauvorschriften

Für Bauten und Anlagen, die in ungewöhnlicher Weise benützt werden, besonders starken Verkehr auslösen oder für Benützer und Nachbarschaft erhöhte Gefahren in sich bergen, sind durch Verordnung oder, solange eine solche darüber nichts bestimmt, im Einzelfall strengere Bauvorschriften aufzustellen (§ 219 PBG).

Der Regierungsrat hat diesen Auftrag mit der Verordnung über die Verschärfung oder die Milderung von Bauvorschriften für besondere Bauten und Anlagen (Besondere Bauverordnung II [BBV II]) erfüllt. Sie enthält verschärfte Anforderungen für Verkaufsgeschäfte, Begegnungsstätten mit grossem Publikumsverkehr, Räume mit grosser Personenbelegung sowie Gebäude mit brennbaren Aussenwänden und feuergefährlichen Nutzungen. Umgekehrt enthält die Verordnung aber auch Erleichterungen für Gartenhäuser, hohe Bauwerke, Liftanbauten (vgl. dazu PBG aktuell 4/2009, S. 29 f.) und Baubaracken.

11.3 Gemeinschaftswerke

11.3.1 Inhalt und Voraussetzungen

Das PBG sieht die Erstellung von gemeinschaftlichen Anlagen, Ausstattungen und Ausrüstungen in verschiedenen Bereichen vor. Die Bestimmungen über Arealüberbauungen, Sonderbauvorschriften und Gestaltungspläne stellen besondere Anforderungen an Wohnlichkeit und Wohnhygiene, Verkehrs- und Versorgungslösungen sowie an Art und Grad der Ausrüstung (§ 71 Abs. 2, § 80 Abs. 1 und § 83 Abs. 3 PBG) und sehen Gemeinschaftsanlagen zur Lösung dieser Aufgaben teilweise ausdrücklich vor (§ 83 Abs. 3 PBG). Auch im Quartierplanverfahren können gemeinschaftliche Ausstattungen und Ausrüstungen verlangt werden (§ 126 Abs. 3, § 128 und § 146 Abs. 1 PBG). Für Zugänge (§ 237 Abs. 3 PBG), Fahrzeugabstellplätze (§ 245 Abs. 2 PBG) und Heizungen (§ 295 PBG) verweist das Gesetz ausdrücklich auf gemeinschaftliche Lösungen. §§ 222–225 PBG über die Gemeinschaftswerke ergänzen diese Vorschriften, indem sie Inhalt, Voraussetzungen und Verfahren regeln.

Nach § 222 PBG können, wo ein öffentliches Interesse entgegenstehende private Interessen überwiegt, die Eigentümer benachbarter Grundstücke auch ausserhalb planungsrechtlicher Vorkehren gegenseitig für berechtigt und verpflichtet erklärt werden, bestimmte Bauten, Anlagen, Ausstattungen und Ausrüstungen gemeinsam zu erstellen, zu betreiben und zu unterhalten sowie hierfür nötigenfalls Vorleistungen zu erbringen (lit. a) oder sich bestehenden derartigen Werken gegen angemessene Entschädigung anzuschliessen (lit. b).

Nach diesen Vorschriften sollen also Gemeinschaftswerke einerseits auch ausserhalb planungsrechtlicher Vorkehren (wie Quartierplan, Sonderbauvorschriften oder Gestaltungsplänen), das heisst, insbesondere auch in schon überbautem Gebiet verwirklicht werden können; anderseits stellt § 222 PBG gleichsam eine Generalklausel dar, welche die Durchsetzung von Gemeinschaftslösungen auch dort erlaubt, wo das Gesetz sie nicht für einzelne Sachbereiche ausdrücklich regelt. Allerdings erlaubt es diese Bestimmung nicht, den Grundeigentümern über die Verpflichtung zum gemeinsamen Vorgehen hinaus Lasten zu überbinden, die jeder für sich nicht ebenfalls zu tragen hätte. Zudem darf nur so weit eine gemeinschaftliche Lösung verlangt werden, als für die betreffende Aufgabe als solche eine gesetzliche Verpflichtung besteht (BEZ 1987 Nr. 6).

§ 222 PBG setzt überdies voraus, dass an der gemeinsamen Lösung ein öffentliches Interesse besteht, welches das private Interesse überwiegt. Dabei wurde vor allem an Anliegen des Wohn- und Umweltschutzes gedacht (BEZ 1987 Nr. 6). Rein private Interessen lassen sich mit § 222 PBG nicht durchsetzen (BEZ 1994 Nr. 18).

11.3.2   Regelung der Rechtsverhältnisse

Bei einem hinreichenden öffentlichen Interesse an einem Gemeinschaftswerk setzt der Gemeinderat oder die Baudirektion den Eigentümern eine angemessene Frist für den Abschluss einer Vereinbarung. Diese muss unter anderem die Rechtsverhältnisse am Gemeinschaftswerk ordnen. Die Vereinbarung bedarf der Genehmigung durch den Gemeinderat oder durch die Baudirektion. Sie ist als öffentlich-rechtliche Eigentumsbeschränkung im Grundbuch anzumerken (§ 223 PBG). Können sich die Eigentümer über die Ordnung der Rechtsverhältnisse nicht einigen, so sind baurechtliche Bewilligungen zu verweigern oder mit Nebenbestimmungen zu versehen, die das öffentliche Interesse in anderer Weise hinreichend wahrnehmen (§ 224 Abs. 1 PBG). Unter der gleichen Voraussetzung – und sofern das öffentliche Interesse mit Nebenbestimmungen zu einer baurechtlichen Bewilligung nicht hinreichend wahrgenommen werden kann oder eine Verweigerung unverhältnismässig ware – ist den Beteiligten ein Entwurf über die Regelung der Rechtsverhältnisse vorzulegen. Einigen sich die Beteiligten innert zweier Monate nicht, wird die erforderliche Ordnung durch Verfügung festgesetzt und im Grundbuch angemerkt (§ 224 Abs. 2 PBG).

Diese Bestimmungen bilden das Instrumentarium, mit dem die Erstellung und Benützung von Gemeinschaftsanlagen gegen den Widerstand einzelner Grundeigentümer erzwungen werden kann (vgl. die Weisung des Regierungsrats zu § 206 des seinerzeitigen PBG-Entwurfs [ABl 1973, S. 1854]). Die Ausübung von Zwang setzt aber ein überwiegendes baurechtlich relevantes öffentliches Interesse am Gemeinschaftswerk und der diesbezüglichen Regelung der Rechtsverhältnisse voraus. Es kann nicht Sinn der Zwangsbestimmungen sein, dass Verwaltungs- und Verwaltungsjustizbehörden sich nachbarlicher Bagatellstreitigkeiten anzunehmen haben, die anderweitig – allenfalls unter Inanspruchnahme der Zivilgerichte – erledigt werden können beziehungsweise müssen (BEZ 1989 Nr. 43).

11.3.3   Bau der Anlagen

Die Gemeinschaftswerke sind durch die beteiligten Grundeigentümer zu bauen (§ 225 Abs. 1 PBG). Ist eine Einigung hierüber nicht möglich, finden sinngemäss die Bestimmungen Anwendung, die beim ordentlichen Quartierplan im zeitlichen Bereich des Erschliessungsplans für den Bau der Erschliessungsanlagen, Ausstattungen und Ausrüstungen gelten (§ 225 Abs. 2, § 167 und § 169 PBG).

11.4 Immissionsschutz

11.4.1 Inhalt

Gemäss § 226 Abs. 1 PBG ist jedermann verpflichtet, bei der Eigentums- und Besitzesausübung alle zumutbaren baulichen und betrieblichen Massnahmen zu treffen, um Einwirkungen auf die Umgebung möglichst gering zu halten. Er hat diese Vorkehrungen in zeitlich und sachlich angemessener Weise der technischen Entwicklung anzupassen. Nach diesen Vorgaben sind in erster Linie alle Immissionen zu unterlassen, die mit verhältnismässigem Aufwand vermieden werden können. Erst die dadurch nicht zu beseitigenden Immissionen sind in einem zweiten Schritt daraufhin zu überprüfen, ob sie gemäss Art. 226 Abs. 2 PBG nicht übermässig sind (BEZ 1987 Nr. 36 [mit Hinweisen]). Diese Vorschrift bestimmt, dass bei der Benützung von Bauten, Anlagen, Ausstattungen, Ausrüstungen und Betriebsflächen nicht in einer nach den Umständen übermässigen Weise auf die Umwelt eingewirkt werden darf. Können übermässige Immissionen weder durch bauliche noch durch betriebliche Massnahmen vermieden werden, so ist die Baute oder Anlage zu untersagen.

§ 226 PBG will die polizeilich gebotene Wohn- und Bewerbungsruhe sicherstellen und massive Störungen oder Gefährdungen polizeilicher Güter, insbesondere der öffentlichen Ruhe, Ordnung und Gesundheit, abwehren. Massgebend für die Beurteilung der Übermässigkeit ist nicht das persönliche subjektive Empfinden eines einzelnen Betroffenen. Vielmehr ist auf die örtlichen Verhältnisse, auf den im jeweiligen Quartier vorherrschenden Normalimmissionspegel abzustellen. An die Frage der Zumutbarkeit ist ein umso strengerer Massstab zu legen, je niedriger der örtliche Immissionspegel zu veranschlagen ist. Für eine Bauverweigerung bietet § 226 PBG nur dann eine Handhabe, wenn von vornherein feststeht, dass ein Bauvorhaben zu einer unzumutbaren, durch keine baulichen und betrieblichen Massnahmen abzuwehrende Belästigung der Nachbarn führt oder führen kann (BGE 101 Ib 208).

11.4.2 Abgrenzung zum privatrechtlichen Immissionsschutz

Unter baurechtlich relevanten Immissionen sind stets Beeinträchtigungen physischer Art wie etwa Lärm, Gerüche, Dünste, Staubentwicklung, Rauch, Lichtentzug, Erschütterungen und dergleichen zu verstehen. Wie die Rekurs- und Beschwerdeinstanzen mehrfach entschieden haben, gewährt § 226 PBG keinen Schutz gegen sogenannte ideelle Einwirkungen seelischer oder psychischer Art, wie etwa durch den widerlichen Anblick oder unangenehmen Charakter einer Nutzung, zum Beispiel eines Sex-Gewerbes (RB 1997 Nr. 100; BEZ 1990 Nr. 24; RB 1985 Nr. 104; vgl. auch WALDMANN 2005: S. 156 ff. Der Schutz vor ideellen Immissionen in Wohngebieten – eine kritische Würdigung, in: BR 2005 S. 156 ff.). Hierzu ist gegebenenfalls der zivilrechtliche Weg zu beschreiten. Gemäss Art. 684 ZGB ist jedermann verpflichtet, bei der Ausübung seines Eigentums – wie namentlich beim Betrieb eines Gewerbes – sich aller übermässigen Einwirkungen auf das Eigentum seines Nachbarn zu enthalten. Im Unterschied zu den Vorschriften des öffentlichen Baurechts ist hier das Einspracherecht nicht auf die sogenannten körperlichen – positiven und negativen – Immissionen beschränkt. Das ZGB zieht die Grenze zwischen dem, was der Nachbar dulden muss, und dem, was er als übermässig abwehren darf, einzig nach den Anforderungen, die sich aus den Bedürfnissen des menschlichen Zusammenlebens ergeben (vgl. hierzu etwa BEZ 1985 Nr. 13 und BGE 132 III 49 ff.).

11.4.3 Schranken

Die Bedeutung von § 226 PBG wird in dreierlei Hinsicht eingeschränkt, nämlich durch die Zonenordnung, die Umweltvorschriften und die primären Baubegrenzungsnormen (BEZ 1987 Nr. 36):

Zonenordnung

Wo das Mass der zulässigen Immissionen bereits durch die Zonenordnung vorgezeichnet ist, deckt sich § 226 PBG weitgehend mit diesem. Es kann mithin eine nach der Zonenordnung hinsichtlich ihrer Immissionsstärke zulässige Baute und Anlage nur in Ausnahmefällen gestützt auf § 226 PBG untersagt werden (vgl. dazu § 226 Abs. 3 PBG sowie Seite 769 ff.).

Umweltschutzvorschriften

Die eidgenössische Umweltschutzgesetzgebung enthält detaillierte Vorschriften über die zulässigen Immissionen. Sie sind bei der Auslegung und Anwendung von § 226 PBG zu berücksichtigen (vgl. ausdrücklich § 13 und § 19 BBV I). § 226 PBG hat somit nur noch dort seine originäre Bedeutung, wo das eidgenössische Umweltschutzrecht keine Aussagen enthält (vgl. dazu Seite 1056 ff.). Das Verwaltungsgericht äusserte sich in BEZ 2006 Nr. 5 ausführlich zum Schutzumfang und zur Bedeutung von § 226 Abs. 1 PBG, insbesondere im Zusammenhang mit dem Umweltschutzrecht des Bundes.

Vorschriften über Abstände, Höhen und dergleichen

Gebäude, welche die primären Baubegrenzungsnormen einhalten, oder Bauten und Anlagen, welche keinen solchen unterworfen sind, können durch Lichtentzug oder Schattenwurf von vornherein nicht dergestalt auf Nachbargrundstücke einwirken, dass ihre Erstellung gestützt auf § 226 PBG verhindert oder eine Veränderung ihrer Lage verlangt werden könnte (BEZ 1990 Nr. 28).

11.4.4 Schwertransporte

Einen Spezialfall – Betriebe mit Schwertransporten – regelt § 227 PBG. Danach sind Betriebe unzulässig, die nach ihrer Zweckbestimmung auf dauernde und dicht aufeinander folgende Schwertransporte angewiesen sind, wenn ein solcher Verkehr im Einzugsbereich der Anlage durch vorwiegend zu Wohnzwecken beworbene Bauzonen führen muss und auf diese in unzumutbarer Weise einwirkt (zum Beispiel Kieswerke, Deponien). Die Baubewilligung bedarf auf Begehren der betroffenen Gemeinde der Genehmigung durch die Baudirektion.

11.5 Unterhalt und Parzellierung von Grundstücken

11.5.1 Unterhaltspflichten

Grundstücke, Bauten, Anlagen, Ausrüstungen und Ausstattungen sind zu unterhalten. Es dürfen weder Personen noch das Eigentum Dritter gefährdet werden (§ 228 Abs. 1 PBG). Allenfalls ist die Baubehörde berechtigt und verpflichtet, die gebotenen Anordnungen zur Behebung von Missständen zu treffen. Der Eigentümer eines mangelhaft unterhaltenen Gebäudes oder Grundstücks wird zudem nach Art. 58 OR haftpflichtig. Vgl. auch § 239 Abs. 1 PBG sowie Seite 997 ff.

11.5.2 Parzellierung von Grundstücken

11.5.2.1 *Gesetzliche Regelung und Schranken*

Durch Parzellierung oder Unterteilung von Grundstücken dürfen keine den Bauvorschriften widersprechenden Verhältnisse geschaffen werden (§ 228 Abs. 2 PBG). In der Praxis können einer Verkleinerung überbauter Grundstücke zahlreiche Ablehnungsgründe entgegenstehen. Am häufigsten sind Abstandsverletzungen und Ausnützungsüberschreitungen. Ferner kann die Parzellierung einer Arealfläche komplizierte Fragen aufwerfen, wenn diese ursprünglich nach einem Gesamtkonzept überbaut worden ist. Allfällige Abstandsunterschreitungen bedürfen daher einer nachbarlichen Zustimmung (§ 270 Abs. 3 PBG) oder einer Ausnahmebewilligung (§ 220 PBG), Ausnützungsüberschreitungen einer entsprechenden Ausnützungsübertragung. Sodann sind die Vorschriften über den erlaubten Grenzbau (§ 287 PBG), Öffnungen in Grenzfassaden (§ 289 PBG) und Brandmauern (§ 290 PBG) zu beachten. Die Grundstücksunterteilung braucht daher eine Baubewilligung, wenn die Unterteilung nach Erteilung einer baurechtlichen Bewilligung oder nach Überbauung erfolgt (§ 309 Abs. 1 lit. e PBG). Vgl. zur Abparzellierung des Kehrplatzes einer formlos dem Gemeingebrauch gewidmeten privaten Strasse BEZ 2006 Nr. 38.

Wird von einer ganz oder teilweise baulich bereits ausgenützten Parzelle ein Teil abgetrennt, so bleibt diese Restparzelle von Gesetzes wegen mit der erfolgten Ausnützung belastet (§ 259 Abs. 1 PBG). Damit wird verhindert, dass das Verbot doppelter Ausnützung eines Grundstücks durch nachträgliche Parzellierung umgangen wird. In derartigen Fällen darf die Parzellierung mit der Auflage verbunden werden, es sei im Grundbuch anzumerken, dass das Grundstück nicht oder nur noch in einem bestimmten Mass baulich weiter ausgenützt werden darf (§ 321 Abs. 2 PBG; sogenannter Ausnützungsrevers).

11.5.2.2 *Spätere Rechtsänderungen*

Erfolgt später eine Rechtsänderung, welche das Ausnützungsmass erhöht, so kann ein solcher Ausnützungsrevers nur so weit Wirkung entfalten, als er auch im neuen Recht eine gesetzliche Grundlage findet. Die neuen baulichen Nutzungsmöglichkeiten müssen grundsätzlich auch jenen Grundeigentümern zugute kommen, welche die Ausnützung unter der Herrschaft des alten Rechts konsumiert hatten. Für die Berechnung der aktuellen Nutzungsreserve muss daher die Ausnützung, die durch die unter altem Recht erstellte Überbauung konsumiert wurde, nach neuer Berechnungsweise von der nach neuem Recht für alle beteiligten Parzellen zulässigen Ausnützung in Abzug gebracht werden (BEZ 1988 Nr. 34). Die vorhandene Reserve kommt – vorbehältlich anders lautender privatrechtlicher Vereinbarungen – allen Parzellen entsprechend ihrer Grösse gleichermassen zugute (vgl. Näheres Seite 739 f.).

11.5.2.3 *Parzellierungen an der Bauzonengrenze*

Sind von der Parzellierung landwirtschaftliche Grundstücke (mit–)betroffen, so wird eine Bewilligung der kantonalen Baudirektion (früher: Volkswirtschaftsdirektion) erforderlich. Diese hatte mit Kreisschreiben vom 5. September 1991 Teilungsgrundsätze für Parzellen an der Bauzonengrenze festgelegt. Demgemäss wurden Teilungen von teils einer Bauzone, teils einer andern Zone zugehörigen Parzellen höchstens 3.5 m neben der Zonengrenze bewilligt, was dem kantonalrechtlichen Mindestgrenzabstand entspricht. Dem auszuscheidenden Baugrundstück durfte daher höchstens ein 3.5 m breiter Streifen Nichtbauland zugerechnet werden.

Mit Kreisschreiben vom 20. Dezember 2007 (wiedergegeben in PBG aktuell 1/2008, S. 30) hat die Baudirektion mitgeteilt, dass ab dem Jahr 2008 die vorstehend beschriebenen Abparzellierungen über die Bauzonengrenze hinaus nicht mehr zugelassen sind, zumal dadurch die Bauzonen faktisch erweitert werden. Gleichzeitig mit dieser Praxisänderung wurden die Gemeinden eingeladen, bei der nächsten Revision ihrer BZO den Abstand von Gebäuden zu den Nichtbauzonen verbindlich festzulegen (zum Beispiel 5 Meter) und ein Näherbaurecht auszuschliessen.

11.6 Inanspruchnahme von Drittgrundstücken

11.6.1 Inanspruchnahme von Nachbargrundstücken

11.6.1.1 *Voraussetzungen*

Gemäss § 229 PBG ist jeder Grundeigentümer berechtigt, Nachbargrundstücke zu betreten und vorübergehend zu benutzen, wenn dies für die Erstellung, die Veränderung oder den Unterhalt von Bauten, Anlagen, Ausstattungen und Ausrüstungen nötig ist. Das Eigentum des Betroffenen darf dadurch weder unzumutbar gefährdet noch beeinträchtigt werden (§ 229 Abs. 1 PBG). Die beschriebene Berechtigung ist möglichst schonend und gegen volle Entschädigung auszuüben (§ 229 Abs. 2 PBG). Massgebend für die Entschädigung sind grundsätzlich der Verkehrswert sowie allfällige Minderwerte und Inkonvenienzen.

Diese Vorschriften umschreiben das sogenannte «Hammerschlags- oder Leiterrecht». Die Kantone sind aufgrund von Art. 695 ZGB kompetent, solche Vorschriften zu erlassen (vgl. auch die entsprechenden Regelungen in §§ 175 f. und § 179 EG ZGB). Weil die Inanspruchnahme eines Drittgrundstücks stets einen Eingriff in die Eigentumsrechte des Belasteten bewirkt, hat sich diese in tatsächlicher und zeitlicher Hinsicht auf das absolut Notwendige zu beschränken. Die Interessen der Beteiligten sind gegeneinander abzuwägen (BEZ 2004 Nr. 18, auch zum Folgenden).

11.6.1.2 *Verfahren*

§ 229 geht davon aus, dass sich die beteiligten Nachbarn über die Inanspruchnahme und die allfällige Entschädigung einigen. Es liegt also im Interesse des Bauherrn, dass er möglichst frühzeitig mit den Nachbarn Kontakt aufnimmt. Für den Fall, dass keine Verständigung möglich ist, wird das Vorgehen ausdrücklich in § 230 PBG vorgeschrieben.

Das Verfahren ist frühzeitig einzuleiten, weil der Betroffene 30 Tage Zeit hat, über seine Zustimmung zu entscheiden (§ 230 Abs. 1 PBG). Stimmt der Betroffene innert 30 Tagen seit der Mitteilung nicht zu oder einigen sich die Beteiligten über die Entschädigung nicht, entscheidet auf Begehren des Ansprechers die örtliche Baubehörde in raschem Verfahren über die Zulässigkeit des Begehrens und über die Entschädigung (§ 230 Abs. 2 PBG).

Beim Hammerschlagsrecht von § 229 PBG handelt es sich zwar um eine privatrechtliche Vorschrift. Zum Entscheid in einem allfälligen Streitverfahren sind aber nicht die Zivilgerichte zuständig, sondern – wie erwähnt – die örtlichen Baubehörden. Deshalb muss im Rekursfall das Baurekursgericht entscheiden. Der Gesetzgeber ging davon aus, dass die Baubehörden besser als die Zivilgerichte beurteilen können, ob die vorübergehende Beanspruchung eines Nachbargrundstücks zur Realisierung einer Baute und Anlage nötig ist. Den Verwaltungsbehörden wird daher – in einem grundsätzlich nachbarrechtlichen Streit – eine Richterrolle zugewiesen. Nach dem Wortlaut von § 230 Abs. 2 PBG hat die Baubehörde denn auch nicht eine Bewilligung zur Inanspruchnahme des Nachbargrundstücks zu erteilen, sondern einen Entscheid über die Zulässigkeit des Begehrens und eine allfällige Entschädigung zu treffen. Daraus ergibt sich, dass die Behörde – anders als im Baubewilligungsverfahren – ihren Entscheid erst dann fällen darf, wenn ihr die Standpunkte der Beteiligten hinlänglich bekannt sind. Es ist deshalb mit Art. 29 Abs. 2 BV unvereinbar, den Entscheid allein aufgrund des Begehrens des Ansprechers zu fällen, ohne den Eigentümer des beanspruchten Grundstücks vorher angehört zu haben. Desgleichen sind allfällige privatrechtliche Vereinbarungen zu berücksichtigen (BEZ 1992 Nr. 36).

Die Entschädigung für die Beanspruchung eines Nachbargrundstücks für ein Jahr lässt sich nach folgender Formel berechnen.

E = B * A

Abkürzung	Bezeichnung	Berechnung
E	Entschädigung	Zu bezahlende Entschädigung für ein Jahr Beanspruchung
B	Bruttorendite	Die kostendeckende Bruttorendite liegt erfahrungsgemäss um 2 Prozentpunkte über dem aktuellen Zinssatz für 1. Hypotheken oder heute dem Referenzzinssatz.
A	Anlagewert	Verkehrswert der beanspruchten Anlage beziehungsweise Fläche

Zusätzlich zu entschädigen sind allfällige Wiederherstellungkosten und weitere Nachteile, welche der Nachbar durch die Bauarbeiten erleidet (zum Beispiel eingeschränkte Zufahrt, Unmöglichkeit wegen Bauarbeiten einen Gewerbebetrieb weiterzuführen).

11.6.1.3   *Beispiele*

Das Eigentum an Grund und Boden erstreckt sich nach oben und nach unten auf den Luftraum und das Erdreich, soweit für die Ausübung des Eigentums ein Interesse besteht (Art. 667 Abs. 1 ZGB). Dieses Eigentum darf also weder durch Unterhaltsarbeiten (etwa durch das Ausbessern der Grenzmauern oder das Schneiden einer Hecke; vgl. § 179 EG ZGB) noch durch eigentliche Bauarbeiten beeinträchtigt werden. §§ 229 f. PBG sind also insbesondere für alle typischen Beanspruchungen anwendbar, die im Rahmen von Bauarbeiten denkbar sind: Baugrubensicherungen, Bauabschrankungen, Humusdeponie, Standort eines Krans etc. Aber auch durch das Überragen des Baukrans – etwa durch den Gegenballast und, bei Freischaltung während der Nacht, durch den Auslegearm – besteht eine Verletzung des Eigentums, welche nur im Rahmen von § 229 PBG zulässig ist; das heisst, es muss dafür eine Notwendigkeit bestehen und es muss eine schonende Ausübung erfolgen. Zudem ist volle Entschädigung geschuldet (BEZ 2004 Nr. 18; BEZ 2009 Nr. 61 [Verneinung einer Entschädigungspflicht bei Überragen durch Baukran]).

11.6.2   Inanspruchnahme von öffentlichem Grund

11.6.2.1   *Im Allgemeinen*

§ 231 Abs. 1 PBG verlangt für die Inanspruchnahme öffentlichen Grundes mit Einschluss von Erdreich und Luftsäule zu privaten Zwecken je nach den Umständen eine Bewilligung oder Konzession (vgl. bezüglich Recht zum Plakataushang RB 1984 Nr. 22, BGE 125 I 209 [E. 6]). Ob im Einzelfall eine Bewilligung oder Konzession erforderlich ist, richtet sich danach, inwieweit die Inanspruchnahme einem gesteigerten Gemeingebrauch oder einer Sondernutzung gleichkommt. Vorübergehende oder dauernde Beanspruchungen durch Bauinstallationen, Erdanker, Leitungen, Reklameanlagen und dergleichen bedürfen in der Regel einer Konzession. Vgl. zum gesteigerten Gemeingebrauch und zur Sondernutzung HÄFELIN/MÜLLER/UHLMANN: Rz. 2392 ff.; BEZ 1995 Nr. 6; BEZ 2007 Nr. 4 (betreffend Bewilligungsfähigkeit von Schaufensterpuppen vor Modegeschäft).

Anders als bei der Anwendung der baupolizeilichen Vorschriften (vgl. § 320 PBG) besteht kein eigentlicher Rechtsanspruch auf Erteilung einer Sondernutzungskonzession beziehungsweise Bewilligung für den gesteigerten Gemeingebrauch. Die Konzessions- beziehungsweise Bewilligungsbehörde hat allgemein die öffentlichen – also nicht nur die baupolizeilichen – Interessen zu wahren. Sie darf in ihren Anforderungen denn auch über die baurechtlichen Normen hinausgehen (etwa bezüglich Gestaltung, indem strengere Anforderungen als nach § 238 PBG stipuliert werden). Allerdings sind auch hier die Verfassungsgrundsätze, insbesondere diejenigen der Rechtsgleichheit und des Willkürverbots, zu beachten

(BEZ 1988 Nr. 17; VB. 2007.00105). Das heisst etwa, dass die Bedingungen für eine Konzession, sofern sie in einem Erlass generell-abstrakt umschrieben sind, im Einzelfall genau eingehalten werden müssen (BEZ 1986 Nr. 6).

Die Inanspruchnahme ist zu entschädigen, soweit sie nicht nach planungsrechtlichen Festlegungen und Bestimmungen vorgeschrieben oder erlaubt ist (§ 231 Abs. 2 PBG). Die erwähnten Ausnahmen von der Gebührenpflicht betreffen etwa Gebäudevorsprünge, die sich innerhalb des Auskragungsmasses von § 100 Abs. 2 PBG halten (vgl. Antrag des Regierungsrats zum PBG [Abl 1973, S. 1855 f.]); nicht darunter fallen Mobilfunkanlagen, die in den öffentlichen Luftraum ragen (VB. 2004.00490). Bei der Bemessung der Entschädigung sind insbesondere das Ausmass, die Dauer der Beanspruchung, die wirtschaftliche Nutzung für den Konzessionär und die allfälligen Nachteile für das Gemeinwesen in billiger Weise zu berücksichtigen (§ 231 Abs. 3 PBG). Für die Sicherstellung der Entschädigung besteht zudem ein gesetzlicher Anspruch auf Errichtung eines Grundpfandrechts (§ 197 lit. d EG ZGB).

Die Inanspruchnahme öffentlichen staatlichen, das heisst kantonalen Grundes regelt die Sondergebrauchsverordnung als Ausführungserlass zu § 231 PBG (vgl. auch § 359 Abs. 1 lit. g PBG). Sie umfasst Bestimmungen über die Bewilligungsvoraussetzungen (§§ 3 ff.), Gebrauchsausübung (§§ 6 ff.), Benützungsgebühren (§§ 12 ff.), Beendigung der Konzession (§§ 16 ff.) und das Verfahren (§§ 21 ff.). Der Anhang zur Sondergebrauchsverordnung enthält einen ausführlichen Gebührentarif. Zuständig für die kantonalrechtliche Konzession ist die Baudirektion beziehungsweise – für vorübergehende oder untergeordnete Nutzungen – das zuständige kantonale Tiefbauamt (§ 22 der Sondergebrauchsverordnung).

Die Gemeinden sind berechtigt, für die Beanspruchung ihres öffentlichen Grundes im Rahmen des PBG eine eigene Gebührenverordnung zu erlassen (§ 231 Abs. 4 PBG). Sie können auch die Voraussetzungen für die Inanspruchnahme eigenständig regeln; die Bewilligungspflicht bedarf keiner Grundlage in einem formellen Gesetz, sofern sie sich – wie etwa bei der Bewilligungspflicht für Boulevardcafés – auf gesteigerten Gemeingebrauch bezieht, dessen Regelung dem Gemeinwesen kraft der Herrschaft über die öffentlichen Sachen zusteht. Der in § 231 Abs. 1 PBG enthaltene Hinweis, wonach je nach den Umständen eine Bewilligung oder Konzession erforderlich sei, ist rein deklaratorischer Natur (BEZ 2000 Nr. 3 und 2001 Nr. 18). Die Gemeinden können zur Gewährleistung einer einheitlichen Verwaltungspraxis zusätzlich zu einer Verordnung ausführende Richtlinien erlassen (vgl. BEZ 2000 Nr. 3 betreffend Bewilligungspflicht und Richtlinien für Boulevardcafés in der Stadt Zürich).

Bei der Erteilung des Rechts zum Plakataushang auf öffentlichem Grund durch das Gemeinwesen handelt es sich nicht um eine Vergabe im Sinn des Submissionsrechts, sondern um die Verleihung einer Sondernutzungskonzession. Gegen die Verleihung der Konzession stehen die ordentlichen Rechtsmittel der Verwaltungsrechtspflege zur Verfügung (BGE 125 I 209; BEZ 2000 Nr. 44; VB. 2007.00105). Das Baurekursgericht ist nur in jenen Fällen zuständig, da der öffentliche Grund durch bauliche Massnahmen (in den öffentlichen Grund hinausragende Markisen, Reklamen und dergleichen, Bauinstallationen) beansprucht werden soll, das heisst wenn relevante baurechtliche Anknüpfungspunkte vorhanden sind (BEZ 2001 Nr. 18; zu verneinen etwa in Bezug auf bloss vorübergehende Verkaufstätigkeit und Schaustellungen).

11.6.2.2 *Fernmeldedienste im Besonderen*

Für die Fernmeldedienste ist auf Art. 35 Abs. 1 des Fernmeldegesetzes (FMG) hinzuweisen. Danach haben Eigentümer von Boden im Gemeingebrauch (wie Strassen, Fusswege, öffentliche Plätze, Flüsse, Seen sowie Ufer) den Konzessionärinnen von Fernmeldediensten die Benützung dieses Bodens für Bau und Betrieb von Leitungen und öffentlichen Sprechstellen zu bewilligen, sofern diese Einrichtungen den Gemeingebrauch nicht beeinträchtigen. Art. 35 Abs. 2–4 FMG und Art. 75–79 der Verordnung über Fernmeldedienste (FDV) enthalten Detailbestimmungen hierzu.

Für private Grundstücke besteht keine analoge Regelung, sodass Anbieter von Fernmeldediensten Durchleitungsrechte nach Art. 691 ff. ZGB erwerben müssen (vgl. dazu auch nachfolgend Ziff. 11.6.4).

11.6.3 Inanspruchnahme privater Grundstücke durch das Gemeinwesen

Das Gemeinwesen ist berechtigt, auf Grundstücken sowie an Bauten und Anlagen Dritter im öffentlichen Interesse liegende Einrichtungen von geringfügiger Einwirkung auf die Grundstücksnutzungen unentgeltlich anzubringen (zum Beispiel Aufhängebolzen für Tramleitungen, unterirdische Leitungen). Es hat dabei auf die Interessen des Betroffenen billige Rücksicht zu nehmen (§ 232 Abs. 1 PBG). Die vorgesehene Beanspruchung ist den Betroffenen genau und rechtzeitig mitzuteilen (§ 232 Abs. 2 PBG). Das Gemeinwesen hat auf seine Kosten Anpassungen oder Verlegungen vorzunehmen, wenn Änderungen am Grundstück oder an Bauten und Anlagen es gebieten und keine wichtigen öffentlichen Interessen beeinträchtigt werden (§ 232 Abs. 3 PBG).

In analoger Anwendung von § 232 PBG sowie auch nach Gewohnheitsrecht sind die Behörden sodann befugt, Parzellen und Gebäude Dritter zu betreten, soweit dies für die Erfüllung von Kontrollaufgaben notwendig ist (MÄDER 1991: S. 323; vgl. auch Seite 490 f.).

11.6.4 Leitungsbaurecht

Innerhalb der Baulinien besteht für öffentliche Unternehmungen und solche, die öffentliche Aufgaben erfüllen, das Recht zum Bau von unterirdischen Leitungen samt zugehörigen Bauwerken (sogenanntes Leitungsbaurecht). Die Inanspruchnahme ist dem Eigentümer rechtzeitig schriftlich mitzuteilen. Entstandener Schaden ist zu ersetzen. Kommt über die Entschädigung keine Einigung zustande, ist das Verfahren nach dem AbtrG durchzuführen (§ 105 PBG).

Soweit nicht das Leitungsbaurecht nach § 105 PBG besteht oder quartierplanrechtliche Grundsätze Anwendung finden, sind die erforderlichen Durchleitungsrechte privatrechtlich zu erwerben. Dasselbe trifft für unterirdische Leitungen zu, die nicht unter § 232 PBG fallen, also insbesondere nicht der Erfüllung öffentlicher Aufgaben dienen. Nach Art. 691 Abs. 1 ZGB ist jeder Grundeigentümer gehalten, die Erstellung von unterirdischen Leitungen gegen

Schadenersatz zu gestatten, sofern sich der Leitungsbau ohne Inanspruchnahme seines Grundstücks gar nicht oder nur mit unverhältnismässigen Kosten durchführen liesse. Auf die Interessen des belasteten Grundeigentümers ist Rücksicht zu nehmen (Art. 692 Abs. 1 ZGB). Ändern sich die Verhältnisse, so kann der Belastete eine Verlegung der Leitung verlangen, wobei der Berechtigte – von besonderen Umständen abgesehen – die entstehenden Kosten zu tragen hat (Art. 693 ZGB).

12
Baureife

12.1 Allgemeines

12.1.1 Baureife als Element der Grundanforderungen

Das PBG umschreibt in den §§ 233 bis 249 PBG die Grundanforderungen, welchen ein Bauvorhaben genügen muss. Die Grundanforderungen sind, wie die Vorschriften über die baulichen Grundstücksnutzungen, die Anforderungen an Gebäude und Räume und das Brandstattrecht, Teil der (materiellen) Bauvorschriften. Es gehören dazu die Vorschriften zur Baureife, zu Einordnung und Gestaltung, «sonstigen Beschaffenheit» von Bauten und Anlagen, Verkehrssicherheit, zu Fahrzeugabstellplätzen, Spiel- und Ruheflächen sowie Gärten und Kehrichtbeseitigung.

Die Baureife ist also erstes Element der Grundanforderungen, wobei §§ 233 f. PBG die Grundsätze, § 235 PBG Näheres zur planungsrechtlichen Baureife und § 236 f. PBG die Erschliessung regeln. Zur Erschliessung gehören die Zugänglichkeit (Zufahrt), die Wasser- und Energieversorgung sowie die Beseitigung von Abwässern, Abfallstoffen und Altlasten.

Die weiteren Grundanforderungen werden im nächsten Kapitel behandelt.

12.1.2 Gemeinsame Bestimmungen

12.1.2.1 *Gesetzliche Ausgangslage*

Bauten und Anlagen dürfen nur auf Grundstücken erstellt werden, die baureif sind oder deren Baureife zumindest auf die Fertigstellung hin gesichert ist (§ 233 Abs. 1 PBG). Die Baureife ist auch bei Umbauten und Nutzungsänderungen zu überprüfen, bei denen von den bisherigen Verhältnissen wesentlich abgewichen wird (§ 233 Abs. 2 PBG).

Nach § 234 PBG ist ein Grundstück dann baureif, wenn es erschlossen ist und durch die bauliche Massnahme keine künftige planungsrechtliche Festlegung negativ beeinflusst wird. Erschlossen ist ein Grundstück, wenn es selber und die darauf vorgesehenen Bauten und Anlagen genügend zugänglich sind, wenn diese ausreichend mit Wasser und Energie versorgt werden können und wenn die einwandfreie Beseitigung von Abwässern, Abfallstoffen und Altlasten gewährleistet ist (Art. 19 RPG in Verbindung mit § 236 Abs. 1 PBG).

12.1.2.2 *Massgebender Zeitpunkt*

Die Baureife muss spätestens bei der Bezugsbereitschaft eines Gebäudes gegeben sein. Wo die Verhältnisse es erfordern, ist sie bereits auf den Baubeginn hin zu verlangen (§ 233 Abs. 1 PBG). Letzteres wird sich dann aufdrängen, wenn etwa der Strassenausbau für die verkehrssichere Abwicklung des Bauverkehrs, insbesondere auch zur Wahrung der Sicherheit von Fussgängern und Anwohnern erforderlich ist.

12.1.2.3 *Geltung für Umbauten und Nutzungsänderungen*

Nach § 233 Abs. 2 PBG gelten die Anforderungen an die Baureife auch für Umbauten und Nutzungsänderungen, durch die von den bisherigen Verhältnissen wesentlich abgewichen wird. Wesentlich sind Abweichungen dann, wenn sie bezüglich der Anforderungen an die Baureife ins Gewicht fallen (vgl. Abl

1973, S. 1856; VB.1997.00029; 2006.00062; 2006.000181). Zum Beispiel: Bezüglich der Zufahrtserfordernisse trifft dies dann zu, wenn die Abweichungen hinsichtlich der Anforderungen an die Verkehrserschliessung erheblich sind, wenn also die Zufahrt infolge erhöhter Bewerbungsdichte, beziehungsweise Zahl von Abstellplätzen, stärker beansprucht wird. Dies war zum Beispiel der Fall bei der Umnutzung eines Werkstattgebäudes in einen Dorfladen mit Imbissecke und fünf zusätzlichen Parkplätzen, mit welchem nicht nur die Dorfbewohner, sondern explizit auch der Durchgangsverkehr angesprochen werden sollten (VB.2006.00403). Umgekehrt sind der Einbau von 15 Dachflächenfenstern und eines Badezimmers sowie die Vergrösserung der Zimmer im Dachgeschoss in einem Einfamilienhaus keine wesentliche Abweichung. Auch führt nicht jede zusätzliche Wohneinheit zu einer wesentlichen Änderung im Sinne von § 233 Abs. 1 PBG (RB 1997 Nr. 83; VB.2006.00181 zum Einbau einer Zweizimmerwohnung in ein bestehendes Einfamilienhaus; VB.2006.00062 zur Aufstockung eines Attikageschosses mit neuer Wohneinheit). Auch die Erstellung eines zusätzlichen Parkplatzes ist keine wesentliche Änderung, wenn die bisherige Zufahrt und Erschliessung des Baugrundstücks unverändert bleiben (VB.2003.00430).

Zur Abgrenzung von § 233 Abs. 2 gegenüber § 357 Abs. 4 PBG (Verbesserungen im Rahmen eines bauvorschriftswidrigen Gebäudes) vgl. VB.2006.00403 und zu § 358 PBG (Verbesserungen unabhängig von Änderungsbegehren aufgrund erheblicher polizeilicher Missstände) vgl. VB.2006.00062.

12.2 Planungsrechtliche Baureife

12.2.1 Begriff und Zweck

12.2.1.1 *Ziel der Planungssicherung*

Baugesuche sind grundsätzlich nach den Vorschriften zu beurteilen, welche im Zeitpunkt des Entscheides gelten (RB 1989 Nr. 91). Nach § 234 PBG ist eine Baubewilligung aber immer dann ganz oder teilweise zu verweigern, wenn die Verwirklichung des Bauvorhabens auf eine noch ausstehende oder beantragte «planungsrechtliche Festlegung» nachteilig einwirken würde (vgl. RB 1980 Nr. 113). Eine solche befristete Bausperre soll verhindern, dass die künftigen planerischen Festlegungen durch Veränderungen an Grundstücken vereitelt werden. Die für die Planfestsetzung zuständigen Behörden sollen bei ihrem Entscheid nicht vor vollendete Tatsachen gestellt werden (vgl. etwa RB 1998 Nr. 113 und VB.2000.00282). Die Rechtsprechung geht davon aus, dass die planungsrechtliche Baureife einem Bauvorhaben nicht nur bei der erstmaligen Festlegung, sondern auch im Zusammenhang mit späteren Änderungen entgegengehalten werden kann (BGE 116 Ia 453, BGE 118 Ia 512).

Allerdings soll nach dem Grundsatz der Verhältnismässigkeit die Bausperre nicht weiter gehen, als es der Zweck der vorgesehenen Planung verlangt (RB 1984 Nr. 96). Dementsprechend ist die Überbauung eines im Planungsgebiet liegenden Grundstücks zulässig, sofern durch das infrage stehende Vorhaben keine Präjudizierung im erwähnten Sinne zu erwarten ist. Praktisch bedeutet dies, dass das betreffende Bauvorhaben in der Übergangsphase sowohl dem alten wie auch dem neuen Recht genügen muss. Dazu im Einzelnen:

§ 234 PBG ermöglicht nur eine negative, aber keine positive Vorwirkung; das heisst, eine heute unzulässige bauliche Massnahme kann nicht mit der Begründung bewilligt werden, das künftige Recht lasse sie zu (vgl. etwa VB.2008.00444). Es ist vielmehr die Rechtskraft dieses künftigen Rechts abzuwarten. Indessen steht der Umstand, dass ein Bauvorhaben die künftige Planung erleichtert beziehungsweise positiv präjudiziert, der Bewilligung nicht entgegen, wenn das aktuelle Recht eingehalten ist (RB 1998 Nr. 113). Das finanzielle Risiko einer solchen baulichen «Vorleistung» trägt im Fall, dass die erwartete künftige Planung nicht eintritt, die Bauherrschaft.

Sodann wirkt § 234 PBG zwingend; die Erteilung einer Baubewilligung etwa unter der Suspensivbedingung, dass die von der kommunalen Legislative bereits beschlossene, vom Regierungsrat aber noch nicht genehmigte Neuordnung in Kraft tritt, verstösst gegen das Legalitätsprinzip und ist unzulässig. Gestattet wäre jedoch die Sistierung des Bewilligungsverfahrens, sofern die Gesuchstellenden zustimmen. Beharren diese allerdings auf einem Entscheid, so ist das Bauvorhaben gemäss geltendem Recht zu beurteilen, sofern nicht ausnahmsweise eine Sistierung gegen den Willen der Gesuchstellenden infrage kommt.

Besonderheiten beim Quartierplan

§ 234 erfasst nach dem ausdrücklichen Wortlaut nur bauliche Massnahmen. Darin liegt ein Unterschied zur Spezialnorm von § 150 PBG (Quartierplanbann). Diese gewährleistet eine weitergehende Sicherung. Während die allgemeine Norm einen fehlenden Quartierplan (als fehlende planungsrechtliche Festlegung) schützt, hat § 150 Abs. 1 PBG tatsächliche und rechtliche Änderungen an Grundstücken und sonstigen Rechten nach der rechtskräftigen Einleitung des Quartierplans zum Gegenstand (MÜLLER/ROSENSTOCK/WIPFLI/ZUPPINGER: § 150 N 2). Die Bestimmung verbietet also nicht nur bauliche Massnahmen, sondern alle tatsächlichen und rechtlichen Änderungen, welche die Aufstellung oder den Vollzug des Quartierplans verunmöglichen oder wesentlich erschweren. Darunter fallen neben den baulichen Massnahmen auch die Unterteilung oder das Zusammenlegen von Grundstücken, Grenzänderungen, Begründung oder Änderung von Dienstbarkeiten, Vornahme von stark wertvermehrenden Umgebungsarbeiten, Terraingestaltungen, Quellgrabungen, Erschliessungsmassnahmen usw. (MÜLLER/ROSENSTOCK/WIPFLI/ZUPPINGER: § 150 N 3a).

§ 150 PBG ist allerdings beschränkt auf den rechtskräftig eingeleiteten Quartierplan. Insoweit ist die Bestimmung eine Sondernorm zu § 234 PBG, die ausschliesslich im Fall des rechtskräftig eingeleiteten Quartierplans zur Anwendung kommt und dann dem allgemeineren § 234 PBG vorgeht (RB 1987 Nr. 65). Vgl. zum Quartierplanbann Seite 179.

Spezialvorschrift von § 264 PBG

Gemäss § 264 PBG wird der Abstand von Verkehrsanlagen in erster Linie durch die bestehenden oder voraussichtlich nötigen Verkehrsbaulinien bestimmt. Auch diese Bestimmung stellt eine Spezialvorschrift zu § 234 PBG dar: Sie will verhindern, dass die Festsetzung eines künftigen Baulinienbereichs durch ein Bauvorhaben negativ präjudiziert wird (VB.2008.00048). Vgl. zu § 264 PBG Seite 824.

Planungszone

Die Gemeindebehörde kann anstelle der Berufung auf § 234 PBG auch den Erlass einer Planungszone beantragen. Gemäss § 346 Abs. 1 PBG können bis zum Erlass oder während der Revision von Gesamtrichtplänen oder Nutzungsplänen für genau bezeichnete Gebiete Planungszonen festgesetzt werden, innerhalb deren keine baulichen Veränderungen oder sonstigen Vorkehren getroffen werden dürfen, die der im Gange befindlichen Planung widersprechen. Planungszonen dürfen für längstens drei Jahre festgesetzt werden und, soweit nötig, um zwei Jahre verlängert werden (Abs. 2). In seinen Rechtswirkungen entspricht damit die kantonalrechtliche Planungszone gemäss § 346 PBG der im Bundesrecht vorgesehenen Planungszone nach § 27 Abs. 1 RPG, wonach innerhalb der Planungszone nichts unternommen werden darf, was die Nutzungsplanung erschweren könnte. Vgl. zur Planungszone ausführlich etwa VB.2006.00082 sowie Seite 100 f.

Landsicherungsmassnahmen

§ 234 PBG ist wie die Planungszone nach § 346 PBG von Landsicherungsmassnahmen abzugrenzen, wie sie in Form von Projektierungszonen nach dem Nationalstrassen-, dem Luftfahrt- und dem Eisenbahngesetz festgesetzt werden können. Wo eine solche Projektierungszone fehlt, kann das Trassee einer Eisenbahnlinie mit einer Bausperre nach Art. 18a EBG gesichert werden.

Der Werkplan nach kantonalem Recht (§ 114 PBG in Verbindung mit § 96 PBG) dient der Landsicherung für öffentliche Bauten und Anlagen, die nicht durch Baulinien gesichert werden können.

Das vorsorgliche Bauverbot (§ 120 PBG) dient der Sicherung öffentlicher Werke und Anlagen, die sich in Vorbereitung befinden, aber nicht Gegenstand eines Richt- oder Werkplans sind. Nach grammatikalischer, systematischer und teleologischer Auslegung sichert das vorsorgliche Bauverbot also nicht zukünftige Festlegungen des Richtplans, sondern das Land für projektierte öffentliche Werke und Anlagen; es handelt sich auch hier nicht um eine Plan- bzw. Planungs-, sondern um eine Landsicherungsmassnahme (VB.2007.00066; vgl. ebenso HALLER/KARLEN 1999: S. 98 f.).

Vgl. zu den Landsicherungsmassnahmen für öffentliche Werke Seite 165 ff.

12.2.2   Voraussetzungen

12.2.2.1   *Übersicht*

§ 234 PBG will wie erwähnt künftige Planungen sichern. Voraussetzungen für die Anwendung dieser Bestimmung sind:

- das Vorliegen einer fehlenden oder zu ändernden Planung, die gesichert werden soll;
- ernsthafte Realisierungschancen dieser Planung;
- wesentliche Abweichungen des konkreten Bauprojektes zur Planung;
- bei der «beantragten» Planung zudem: ein behördlicher Antrag.

Planung

§ 234 PBG betrifft ausschliesslich planungsrechtliche Festlegungen und erlaubt nicht allgemein die Voranwendung künftigen Rechts (BGE 116 Ia 449 ff;
RB 1984 Nr. 96). Es muss also der Erlass oder die Änderung eines unmittelbaren oder zumindest mittelbaren Planungsinstrumentariums infrage stehen.
Solche planungsrechtlichen Festlegungen, deren Fehlen einem Bauvorhaben
entgegengehalten werden kann, sind etwa: Richtpläne aller Stufen, kantonale
oder regionale Nutzungszonen, Bau- und Zonenordnungen inkl. deren «weitere Festlegungen» wie Waldabstandslinien (§ 66 PBG; vgl. RB 1987 Nr. 70
und VB.2000.00282), Gewässerabstandslinien (§ 67 PBG), Aussichtsschutz- und
Baumschutzbestimmungen (§§ 75 und 76 PBG) sowie Sonderbauvorschriften
und Gestaltungspläne (§§ 79 ff. PBG), Erschliessungspläne (§§ 90 ff. PBG), Bau-
und Niveaulinien (§§ 96 ff. PBG), Ski- und Schlittellinien (§§ 111 ff. PBG),
Werkpläne (§§ 114 ff. PBG) oder Quartierpläne (RB 1981 Nr. 128), nicht aber
Güterzusammenlegungen (RB 1992 Nr. 63). Wie die Baurekurskommission
IV entschieden hat, ist § 234 PBG auch anwendbar zur Sicherung eines durch
planungsrechtliche Massnahmen erst noch umzusetzenden Masterplans (BEZ
2009 Nr. 48, bestätigt durch das Verwaltungsgericht, BEZ 2008 Nr. 35, mit ausführlichen Erwägungen zur planungsrechtlichen Baureife, und durch das Bundesgericht mit BGer 1C_317/2008 vom 1. April 2009).

§ 234 bezieht sich ausschliesslich auf Festlegungen, die im PBG und seinen
Ausführungserlassen geregelt sind. Andere Planungen, insbesondere jene nach
Bundesrecht, sind davon nicht erfasst. Für die Sicherung solcher Massnahmen
stellt § 234 PBG nicht die erforderliche gesetzliche Grundlage dar (HALLER/
KARLEN 1999: S. 97).

Bauvorschriften

Zu den planungsrechtlichen Festlegungen gehören auch all jene Bestimmungen
der Bauordnung, die einen planerischen Gehalt aufweisen. Planerisch bedeutsam sind die Bestimmungen über den Zweck der Bauten (§ 253 PBG), Nutzungsziffern (§§ 254 ff. PBG), Geschosszahl (§§ 275 ff. PBG), Beschränkung der
Freilegung von Untergeschossen (RB 1996 Nr. 76), Gebäude- und Firsthöhe
(§§ 278 ff. PBG), offene und geschlossene Überbauung (§§ 286 ff. PBG; RB 2004
Nr. 69) sowie Gebäudelänge und -breite. Dasselbe gilt für planerisch festgelegte Abstandsbestimmungen (Abstandsregelungen in Gestaltungsplänen, Strassenabstände nach § 265 PBG, Abstände gemäss Verkehrs- und Gewässerbaulinien,
Wald- und Gewässerabstände) und etwa Vorschriften über die Einschränkung
freiwilliger Fahrzeugabstellplätze (vgl. zu Letzteren BEZ 1990 Nr. 29).

Nicht von § 234 PBG erfasst sind dagegen Ästhetiknormen wie § 238 PBG
sowie reine Massvorschriften wie die Grenz- und Gebäudeabstände. Da vom
kleinen wie vom grossen Grenzabstand nach § 270 Abs. 3 PBG befreit werden
kann, ist auch Letzterem keine planerische Wirkung mehr eigen (vgl. SCHÜP-
BACH SCHMID: S. 33 f.). Keine planerische Bedeutung haben auch die Mindestanforderungen an Fahrzeugabstellplätze, die verkehrspolizeilicher Natur sind,
sowie die SIA-Normen (vgl. hinsichtlich Schalldämmbestimmungen der SIA-

Norm 181 VB.2009.00503) oder Vorschriften, die überwiegend feuerpolizeilichen Zwecken dienen (VB.95.00066+00067).

12.2.2.3   *Fehlende oder zu ändernde Planung*

Fehlende Planung

Das Präjudizierungsverbot will nach dem Wortlaut von § 234 PBG vorerst eine noch fehlende Planung sichern. Anvisiert ist damit eine ausstehende Neuordnung, die aufgrund einer Änderung des übergeordneten Rechts zwingend erfolgen muss. Da alle Gemeinden im Kanton Zürich über eine an das PBG angepasste Bau- und Zonenordnung verfügen, ist die Planung insoweit nicht mehr «fehlend». Von einer noch fehlenden Planung ist aber auch dann zu sprechen, wenn zwar eine Bau- und Zonenordnung festgesetzt worden ist, aber noch zwingend erforderliche Festlegungen ausstehen, wie etwa ein Quartierplan, ein Gestaltungsplan (§ 48 Abs. 2 PBG), eine Baulinie (§§ 96 und 265 PBG) oder Waldabstandslinien (§ 66 PBG; vgl. dazu VB.2000.00282 mit Hinweisen).

Zu ändernde Planung

§ 234 will nicht nur den Erlass einer noch fehlenden planerischen Festlegung, sondern auch deren Änderung sichern. Steht also fest, dass vorhandene Festlegungen aus zwingenden Gründen des übergeordneten Rechts oder aufgrund neuer Erkenntnisse geändert werden müssen, so erscheint naheliegend, dass die noch ausstehende Planänderung in gleicher Weise unter dem Schutz des Präjudizierungsverbots von § 234 PBG steht (VB.2008.00035). Anvisiert sind insbesondere Änderungen der Bau- und Zonenordnung, also des Zonenplans und – soweit ihnen planerische Bedeutung zukommt – von Bestimmungen der Bauordnung, dann aber auch Änderungen an Waldabstandslinien, Gewässerabstandslinien und Aussichtsschutzbestimmungen.

12.2.2.4   *Ernsthafte Realisierungschancen*

Weiter gilt die Voraussetzung, dass die vom Gemeinderat verabschiedete Vorlage ernsthafte Realisierungschancen aufweisen muss. Um unberücksichtigt zu bleiben, muss jedoch ein krasser Fall von Fehlplanung vorliegen. Erweist sich die Planvorstellung der Exekutive lediglich als fragwürdig, muss sich die Bauherrschaft dagegen auf dem Rechtsmittelweg oder politisch zur Wehr setzen. Die Anwendung von § 234 PBG wird nicht gehindert. Der Schutz von § 234 PBG fällt auch nicht etwa wegen der Anfechtung selbst dahin (und dies selbst dann nicht, wenn die streitige Planung durch die erste Rechtsmittelinstanz aufgehoben worden ist, der Entscheid aber noch nicht in Rechtskraft steht, RB 1993 Nr. 79). Das einstweilige Bauverbot muss in einem solchen Fall bestehen bleiben, bis Klarheit über die künftige, für das Baugrundstück geltende Nutzungsordnung besteht. Andernfalls würde es genügen, die planerische Festlegung anzufechten, um so das befristete Bauverbot zu unterlaufen beziehungsweise wirkungslos werden zu lassen (RB 1993 Nr. 40). Der gemeinderätliche Antrag bleibt unter dem Aspekt von § 234 PBG auch dann rechtserheblich, wenn die Gemeindeversammlung eine Rückweisung mit der Weisung weitergehender Änderungen beschlossen hat (RB 2004 Nr. 69). Die ernsthaften Realisierungschancen fallen jedoch mit der Ablehnung des gemeinderätlichen Antrags durch die Gemeindeversammlung dahin.

Beschränkung auf bauliche Massnahmen

Nach dem Wortlaut von § 234 PBG darf das künftige Recht durch keine «baulichen Massnahmen» (insbesondere durch keine nach § 309 Abs. 1 lit. a und b PBG bewilligungspflichtigen Neu- oder Umbauten und Nutzungsänderungen) behindert werden. Nicht von der Bestimmung erfasst sind andere rechtliche oder tatsächliche Veränderungen von Grundstücken, etwa Parzellierungen, Begründung von Rechten, nicht bewilligungspflichtige Umgebungsarbeiten.

Verbot der wesentlichen Abweichung

Für eine auf § 234 PBG gestützte Bauverweigerung genügt nicht eine geringfügige Abweichung; die Abweichung muss vielmehr wesentlich, das heisst in Bezug auf die künftigen planungsrechtlichen Vorstellungen bedeutsam sein (BGE 118 Ia 510; BGE 116 Ia 449; PBG aktuell 1/2001, S. 29 ff., auch zum Folgenden). Das Bundesgericht hielt dazu fest, § 234 PBG verlange nicht, dass das beantragte künftige Recht strikt vorangewendet werde, wie wenn es bereits in Kraft stünde. Zu verhindern sei bloss, dass die beabsichtigte Planung durch eine bauliche Massnahme negativ präjudiziert werde. Dies sei noch nicht der Fall, wenn ein Projekt nur geringfügig von einer beantragten Planungsänderung abweiche.

So genügt zum Beispiel eine geringfügige Überschreitung der künftig erlaubten Gebäudehöhe nicht; die Baute muss vielmehr übergeschossig in Erscheinung treten (vgl. BEZ 1991 Nr. 10, auch zum Folgenden). § 234 PBG hindert auch nicht den Ausbau eines nach neuer Ordnung nicht mehr zulässigen Dachgeschosses, der das künftig gestattete Gebäudevolumen respektiert und die Überbauungsdichte unberührt lässt. Ebenso bewirkt eine geringfügige Überschreitung der Ausnützungsziffer um wenige Prozent, welche die Nachbarn kaum beeinträchtigt, noch keine negative Präjudizierung. Eine untergeordnete Überschreitung der ins Auge gefassten Baumassenziffer um 6.5 Prozent führt nicht dazu, dass dem streitigen Projekt die allenfalls später geltende Vorschrift entgegengehalten werden muss (VB 2003.00364; vgl. auch PBG aktuell 1/2001, S. 28). Umgekehrt wird eine vom Gemeinderat beantragte Herabsetzung der Ausnützung in einer W2 mit einer Baumassenziffer von 1.4 m³/m² auf 1.2 m³/m² durch das Bauprojekt mit einer Baumassenziffer von 1,4 m³/m² offenkundig nachteilig beeinflusst (VB.2004.00090).

Entscheid der Behörde als Ausgangspunkt

Steht nicht eine fehlende, sondern eine zu ändernde planungsrechtliche Festlegung infrage, ist sie nach dem Gesetzeswortlaut nur zu berücksichtigen, wenn sie hinreichend konkretisiert ist, mithin ein Antrag des Gemeinderates, das heisst der Gemeindeexekutive, vorliegt (VB.2008.00038; WOLF/KULL: Rz. 266). Die Einreichung einer Einzel- oder einer Volksinitiative ist noch kein «Antrag» im Sinne von § 234 PBG (vgl. hierzu ausführlich RB 1999 Nr. 113; PBG aktuell

4/1999, S. 38). Auch eine allenfalls vom Volk gutgeheissene Initiative in der Form einer allgemeinen Anregung ist für sich selbst noch nicht zu beachten (WOLF/KULL: Rz. 266 ff.) Selbst eine konkret formulierte Volksinitiative kann die Baureife nicht hindern. Ebenso bedeutet die Überweisung eines parlamentarischen Vorstosses, mit dem die Änderung von planungsrechtlichen Grundlagen verlangt wird, noch keineswegs, dass damit eine planungsrechtliche Festlegung bereits in Änderung stehe (RB 1999 Nr. 113). In all diesen Fällen fehlt es eben noch am behördlichen Antrag. Erst die behördliche Stellungnahme dazu ist ein «Antrag» nach § 234 PBG.

Zum Begriff «beantragt»

Es fragt sich somit, was mit einem behördlichen Antrag gemeint ist. Um einen formellen Antrag an die Gemeindeversammlung wird es sich dabei kaum handeln können, denn ein solcher ist erst nach dem Abschluss der Planungsarbeiten möglich. Die Planung muss jedoch schon vorher zur Diskussion gestellt werden. Damit sollen sowohl die Betroffenen wie auch die Bevölkerung Gelegenheit erhalten, an ihr mitzuwirken (vgl. Art. 4 RPG; §7 Abs. 2 PBG). Die beabsichtigten Änderungen müssen daher bereits in dieser Vorbereitungsphase vor einer Präjudizierung durch «Baugesuche der letzten Minute» geschützt sein. Wird die Anhörung der nach- und nebengeordneten Planungsträger (§7 Abs. 1 PBG) vor der öffentlichen Auflage durchgeführt, dürfte nicht schon diese, sondern eben erst die öffentliche Auflage Kriterium sein; denn erst durch diese wird die öffentliche Diskussion in Gang gesetzt.

Daher zählen in der Regel bereits die durch das zuständige Exekutivorgan zuhanden der öffentlichen Auflage verabschiedeten Festlegungen als beantragt im Sinne von § 234 PBG. Diese gemäss §7 Abs. 2 PBG öffentlich aufgelegten Planungsentwürfe stellen zwar noch keinen definitiven Antrag an die planfestsetzende Legislative dar, denn die zu berücksichtigenden Einwendungen können noch zu Änderungen führen. Dies ergibt sich aus §7 Abs. 3 PBG. Jedoch manifestieren sich in den detailliert ausgearbeiteten Entwürfen der Exekutive deren Planungsabsichten meistens in einem Ausmass, dass von einem Antrag im Sinne von § 234 PBG gesprochen werden kann (BEZ 1994 Nr. 3; VB.2008.00038 mit ausführlicher Darstellung der Rechtsprechung). Wie das Verwaltungsgericht unter Hinweis auf BGE 116 Ia 449 festgehalten hat, darf die Voraussetzung von § 234 PBG, wonach Planänderungen vom Gemeinderat beantragt sein müssten, auch nicht zu eng ausgelegt werden; das Gericht hat auch einer Planänderung den Schutz gegen Präjudizierung gewährt, die vom Gemeinderat beantragt, jedoch von der Gemeindeversammlung für weitergehende Beschränkungen an diesen zurückgewiesen worden war (VB.2008.00038). Je nach den Umständen beziehungsweise dem Verlauf der Planungsarbeiten kann auch der Antrag einer vom Gemeinderat eingesetzten Ortsplanungskommission auf Änderung der Bauordnung dem Gemeinderat zugerechnet werden. Diese Auslegung wird durch die Materialien zu § 234 PBG und auch durch die Rechtsprechung des Bundesgerichts (BGE 116 Ia 449) gestützt (RB 2004 Nr. 69).

Anders verhält es sich dagegen bei internen Vorentwürfen, die vom Gemeinderat noch nicht zur Kenntnis genommen und von diesem noch nicht irgendwie verabschiedet worden sind. Auch der unspezifiziert gehaltene Exekutivbeschluss, die Bau- und Zonenordnung einer Revision zu unterziehen, reicht noch nicht aus (RB 2004 Nr. 69). Der behördliche Antrag muss sodann positiv sein, das heisst, den Willen einer entsprechenden planungsrechtlichen Festlegung dokumentieren. Wird zum Beispiel eine Initiative eingereicht und die Exekutive unterbreitet sie mit ablehnendem Antrag der Gemeindeversammlung oder dem Parlament, steht die Planung noch nicht in Änderung (RB 1999 Nr. 113). Erst wenn die Legislative trotz ablehnendem Behördenantrag eine Änderung gutheisst, ist diese «beantragt» im Sinne von § 234 PBG.

Es ist auch nach hinten abzugrenzen: «Beantragt» ist die planungsrechtliche Festlegung so lange, als sie nicht rechtskräftig festgesetzt ist. Die Festsetzung bedingt nicht nur den Beschluss eines hierfür zuständigen Legislativvorgangs (Gemeindeversammlung oder Parlament), sondern auch die Erledigung allfälliger Rechtsmittelverfahren sowie die regierungsrätliche Genehmigung. Nach einhelliger Lehre hat die Genehmigung konstitutive Bedeutung (BGer 1P.236/2004 vom 20. Dezember 2004). § 234 PBG findet also auch dann Anwendung, wenn lediglich die Genehmigung noch aussteht.

Besonderheiten bei Parlamentsgemeinden

Besonders liegen die Verhältnisse in Parlamentsgemeinden. In diesen wäre es allenfalls denkbar, dass die Planauflage zuhanden der Öffentlichkeit gleichzeitig mit dem formellen Antrag an das Gemeindeparlament durchgeführt würde. Die Behandlung der Einwendungen könnte dann von einer parlamentarischen Kommission – in Zusammenarbeit mit der Exekutive – vorgenommen werden. Auch in diesem Fall muss gelten, dass jedenfalls erst eine von der Exekutive verabschiedete Vorlage (Weisung an das Parlament oder auch nur ein zuhanden der öffentlichen Auflage verabschiedeter Entwurf) nach der Anwendung von § 234 PBG ruft. Verwaltungsinterne oder von Experten erarbeitete Entwürfe, die – wenn auch im Einverständnis mit der Exekutive – öffentlich aufgelegt werden, reichen nicht aus.

Anwendung auf überkommunale Festlegungen

Die Wortwendung «… oder durch den Gemeinderat beantragte» fand erst im Rahmen der kantonsrätlichen Beratung (zweite Lesung, Redaktionslesung) im Jahre 1991 Eingang in den Gesetzestext. Damit wurde die von der vorberatenden Kommission übernommene Fassung des Regierungsrats («… oder in Änderung stehende») gestützt auf den Rückkommensantrag eines Ratsmitglieds konkretisiert (RB 1999 Nr. 113 mit ausführlicher Darlegung der Entstehungsgeschichte). Dabei hatte der Kantonsrat den häufigsten Anwendungsfall von § 234 PBG, die Änderung kommunaler Planungen im Auge. Die Bestimmung wird aber auch anwendbar, wenn die Änderung kantonaler oder regionaler Richt- beziehungsweise Nutzungsplanung infrage steht.

So ist etwa die regionale Richtplanung für die ihr nachgeordnete kommunale Richt- und Nutzungsplanung verbindlich (§ 16 PBG, Art. 9 RPG). Muss damit gerechnet werden, dass ein Richtplanentwurf zu einer Änderung der bestehenden Nutzungsordnung führt, ist die gesetzliche Voraussetzung der planungsrechtlichen Baureife gemäss § 234 lit. a PBG nicht erfüllt. Ein solcher Richtplanentwurf stellt eine hinlänglich klar umrissene Willenserklärung auf Planänderung und nicht bloss eine noch nicht genügend konkretisierte Planabsicht dar (BGE 100 Ia 165). Dasselbe gilt etwa für Entwürfe zu einer kantonalen Richtplanänderung (etwa Änderung des Verkehrsplans), zu überkommunalen Gestaltungsplänen (§ 44a PBG), zur kantonalen Landwirtschaftszone (§ 36 PBG) und zu Freihaltezonen (§§ 39 ff. PBG) sowie zu Bau- und Niveaulinien für kantonale Verkehrsanlagen im Sinne von § 108 PBG.

Die Voraussetzung «beantragt» gilt aber auch für diese überkommunalen Festlegungen, wobei die vorerwähnten Grundsätze zur Änderung kommunalen Rechts analog zu übernehmen sind. So müssen etwa ein kantonaler Bau- und Niveaulinienplan oder eine kantonale Nutzungszone mindestens zuhanden der öffentlichen Auflage verabschiedet worden sein (§ 108 Abs. 3 PBG; § 7 Abs. 2 PBG); oder die Revision der kantonalen Richtplanung muss dem Kantonsrat beantragt worden sein (Art. 32 Abs. 1 PBG). Bei der regionalen Richtplanung dürfte nicht schon die Stellungnahme oder Anhörung des regionalen Planungsverbandes (§ 13 Abs. 1 und 3 PBG), sondern wiederum erst die Verabschiedung zuhanden der öffentlichen Auflage (§ 7 Abs. 2 PBG) relevant sein.

12.2.3   Dauer des Präjudizierungsverbots

Planungsrechtliche Festlegungen, deren Fehlen einem Bauvorhaben entgegengehalten wird, sind innert längstens drei Jahren zu erlassen. Nach Ablauf dieser Frist darf die fehlende planungsrechtliche Baureife nur noch geltend gemacht werden, soweit die rechtzeitig erlassene Festlegung wegen Rekursen noch nicht in Kraft gesetzt werden kann (§ 235 PBG).

12.2.4   Intertemporale Anwendung von § 234 PBG

12.2.4.1   *Antrag als veränderte Sachlage*

Die massgeblichen planerischen Festlegungen können auch während der Hängigkeit eines Rechtsmittelverfahrens im erwähnten Sinne beantragt oder geändert, aber noch nicht rechtskräftig werden. Dabei ist von Folgendem auszugehen: Solange Bestrebungen zur Revision der Zonenplanung nicht ihren Abschluss in der rechtskräftigen Änderung der Bau- und Zonenordnung gefunden haben, stellen die darauf ausgerichteten Bemühungen keine Änderung der Rechtslage, sondern lediglich eine Änderung der für die Anwendung von § 234 PBG massgeblichen Sachumstände dar (KÖLZ/BOSSHART/RÖHL: § 20 N 49). Eine derart geänderte Sachlage wird im Rekurs- und Beschwerdeverfahren in der Regel berücksichtigt, sofern wichtige prozessökonomische Gründe dafür sprechen, der Streitgegenstand nicht verändert wird und keine neuen Ermessensfragen aufgeworfen werden (RB 1982 Nr. 40; KÖLZ/BOSSHART/RÖHL: § 20 N 47 und § 52 N 17; BEZ 2007 Nr. 19).

12.2.4.2   *Praxis des Verwaltungsgerichts*

Zur intertemporalen Anwendung von § 234 PBG hat das Verwaltungsgericht seine eigene Praxis entwickelt. Die Berücksichtigung der durch laufende Planungsverfahren geänderten Sachlage hängt von einer Interessenabwägung im Einzelfall ab. Das Verwaltungsgericht berücksichtigt dabei im Prinzip die geänderte Sachlage, das heisst den Stand der Planung im Zeitpunkt seines Entscheids, prüft jedoch im Rahmen der Interessenabwägung, ob dem Schutz der neuen Planung oder dem Vertrauen des Baugesuchstellers in die Beständigkeit der noch geltenden planungsrechtlichen Grundlagen der Vorzug gebührt (BEZ 2000 Nr. 38; RB 1985 Nr. 116; BEZ 1985 Nr. 20; VB.2007.00236; BEZ 2007 Nr. 19 auch zum Folgenden).

Bei der Interessenabwägung ist zu beachten, dass die Berücksichtigung der nachträglich eingetretenen fehlenden planungsrechtlichen Baureife für den Bauwilligen oft zur Folge hat, dass er hinterher Vorschriften unterworfen wird, die bei Einreichung des Baugesuchs und im Zeitpunkt des erstinstanzlichen Entscheids noch nicht erkennbar waren und schon gar nicht in einem konkretisierten Entwurf vorlagen. Auch wenn der Grundeigentümer keinen Anspruch darauf hat, dass seine baulichen Nutzungsmöglichkeiten dauernd bestehen bleiben (vgl. BGE 114 Ia 33; 107 Ia 36), muss er doch bei der Ausarbeitung eines Bauprojekts auf geltende und auf voraussehbare künftige planungsrechtliche Vorschriften abstellen können. Gestützt auf die bundesrechtliche Eigentumsgarantie ist somit den privaten Interessen der Bauherrschaft von vornherein ein erhebliches Gewicht beizumessen, das nur aufgewogen werden kann, soweit besondere öffentliche Anliegen infrage stehen (BGE 118 Ia 514; HALLER/KARLEN 1999: S. 99 f.). In diesem Sinne ist zu berücksichtigen, dass der kommunale Gesetzgeber nicht während der Dauer des Rechtsmittelverfahrens die kommunalen planungsrechtlichen Festlegungen eigens ändern darf, um einer von der örtlichen Baubehörde erteilten Baubewilligung nachträglich die Grundlage zu entziehen (ZBl 1986, S. 140 f.; BEZ 2000 Nr. 38 mit Hinweisen; VB.2007.00236). Ein dahingehender Vorstoss etwa in Form einer Initiative wird durch § 234 PBG nicht geschützt (VB.2009.00472).

Vgl. als Beispiele zur Interessenabwägung etwa RB 1985 Nr. 116, VB.2000.00124 (in BEZ 2000 Nr. 38 nicht publizierte Erwägungen) sowie instruktiv auch BEZ 2007 Nr. 19.

Die neue tatsächliche Situation (aktueller Planentwurf zur Zeit des Rechtsmittelentscheides) ist von Amtes wegen zu beachten (BEZ 2000 Nr. 38 mit Hinweisen). Das Bundesgericht hat diese Praxis bestätigt (PBG aktuell 1/2001, S. 26).

12.2.4.3   *Berücksichtigung neuer Tatsachen vor Bundesgericht*

Das Bundesgericht hat festgehalten, dass ihm die Berücksichtigung neu eingetretener Tatsachen im Rahmen des Beschwerdeverfahrens nicht möglich ist. Vielmehr hat das Bundesgericht von der Rechts- und Sachlage auszugehen, wie sie sich im Zeitpunkt des angefochtenen (letztinstanzlichen) Entscheides darstellte (vgl. dazu BGE 125 II 508; 120 Ia 126; PBG 1/2001, S. 28). Es gibt allerdings Ausnahmen, wenn seither Gründe eingetreten sind, die eine Revision rechtfertigen würden oder ausnahmsweise auch dann, wenn eine neue Überprüfung ohnehin aus anderen Gründen erforderlich wäre (BGE 125 II 217, 224 f.).

12.2.4.4   *Abgrenzungen*

Durch das Gebot der Interessenabwägung unterscheidet sich die intertemporale von der direkten Anwendung des § 234 PBG. Bei Letzterer ist die Interessenabwägung nicht angezeigt (VB.2004.00090; vgl. auch BGE 116 Ia 449). Zu unterscheiden ist die auf § 234 PBG gestützte intertemporale Anwendung künftigen Rechts auch von jenen Fällen, da das künftige Recht während des Rechtsmittelverfahrens in Kraft tritt (vgl. zu Letzterem etwa BGE 125 II 598; URP 2000, S. 626 f., je mit Hinweisen). Schliesslich ergibt sich wie erwähnt ein Unterschied zwischen dem kantonalrechtlichen und dem Verfahren vor Bundesgericht.

12.3   Zugänglichkeit

12.3.1   Begriffliches und Rechtsgrundlagen

12.3.1.1   *Zugänge und Zufahrten*

Ein Grundstück ist im Sinne von Art. 19 Abs. 1 und 22 Abs. 2 lit. b RPG und §§ 234–236 PBG unter anderem dann genügend erschlossen, wenn es selber und die darauf vorgesehenen Bauten und Anlagen genügend «zugänglich» sind. Die Zugänglichkeit gehört also zur Erschliessung eines Grundstücks beziehungsweise eines Bauvorhabens und damit zur Baureife (§§ 234–236 PBG).

Genügende Zugänglichkeit bedingt in tatsächlicher Hinsicht eine der Art, der Lage und der Zweckbestimmung der Bauten oder Anlagen entsprechende Zufahrt für die Fahrzeuge der öffentlichen Dienste und der Benutzer. Der Begriff «Zugänglichkeit» in § 237 PBG ist zu eng; die Bestimmung bezieht sich nämlich nicht primär auf «Geh»-Wege, sondern auf Zufahrten für Motorfahrzeuge und die Erschliessung durch den öffentlichen Verkehr. Zufahrten sollen für jedermann verkehrssicher sein. § 237 Abs. 1 und 2 PBG regeln die Grundsätze. Details dazu finden sich in den Normalien des Regierungsrates über die Anforderungen an die Zugänglichkeit (Zugangsnormalien, ZN).

Zugänge oder eben Zufahrten sind Verbindungen von Grundstücken und darauf bestehenden oder vorgesehenen Bauten und Anlagen mit dem hinreichend ausgebauten Strassennetz der Groberschliessung. Nicht unter diesen Begriff fallen die vom Zugang zur Haustür führenden Eingänge (§ 1 ZN).

12.3.1.2   *Anwendbares Recht*

Zugänge haben die Bestimmungen des PBG wie diejenigen über die Verkehrssicherheit und die Gestaltung zu erfüllen und überdies die Anforderungen der ZN zu beachten, welche der Regierungsrat gestützt auf § 237 Abs. 2 PBG erlassen hat. Die Bedürfnisse von Behinderten und Gebrechlichen sowie jene der Unterhaltsdienste sind gebührend zu berücksichtigen (§ 2 ZN). Diese kantonalrechtlichen Regelungen konkretisieren die Mindestanforderungen des Bundesrechts an die Erschliessung (Art. 19 und 22 Abs. 2 lit. b RPG) und erweitern diese hinsichtlich des öffentlichen Verkehrs (Art. 22 Abs. 3 RPG). Besondere bundesrechtliche Vorschriften für die Erschliessung von Wohnbauten enthält das WEG. Die bundesrechtlichen Erschliessungsanforderungen ergeben sich aber auch aus dem Umweltschutzrecht: Hinreichend im Sinne von Art. 19

RPG ist eine strassenmässige Erschliessung nämlich nur dann, wenn sie auch mit der Umweltschutzgesetzgebung vereinbar ist (URP 2003, S. 665 ff.) Das bedeutet etwa, dass der auf das Bauvorhaben zurückzuführende Mehrverkehr nicht zu einer Überschreitung der Lärmgrenzwerte führen darf. Nach Art. 14 Abs. 2 USG muss eine noch nicht erschlossene Bauzone für Wohngebäude etc., in welcher die Planungswerte für Wohngebäude überschritten werden, einer weniger lärmempfindlichen Nutzungsart zugeführt werden, sofern nicht durch planerische, gestalterische oder bauliche Massnahmen im überwiegenden Teil dieser Zone die Planungswerte eingehalten werden können. Gemäss Art. 30 Satz 2 LSV kann die Vollzugsbehörde für kleine Teile von Bauzonen Ausnahmen gestatten (URP 2005, S. 558).

12.3.1.3 *Geltungsbereich der Anforderungen*

Innerhalb und ausserhalb der Bauzonen
Die Anforderungen an die Erschliessung als grundlegende Voraussetzungen für die Erteilung einer Baubewilligung gelten innerhalb wie auch ausserhalb der Bauzonen (RB 1999 Nr. 107).

Baustellenverkehr
Das Erfordernis genügender Erschliessung gilt auch für den Baustellenverkehr. Bei der Erschliessung einer Baustelle gilt jedoch zu berücksichtigen, dass es sich dabei nur um eine vorübergehende Grundstücksnutzung handelt. An den Ausbaustandard eines Baustellenzuganges sind daher unter dem Gesichtspunkt der Verhältnismässigkeit geringere Anforderungen zu stellen (VB.2000.00319).

12.3.1.4 *Ermessensspielraum der Behörden*

Bei der Beurteilung der hinreichenden strassenmässigen Erschliessung steht der kommunalen Baubehörde eine von der Rekursinstanz zu beachtende Entscheidungs- und Ermessensfreiheit zu (RB 1986 Nr. 13; VB.2010.00184, VB.2009.00390, VB.2008.00286). Trotz ihrer umfassenden Prüfungsbefugnis (§ 20 VRG) ersetzen die Rekursinstanzen die Ermessensausübung nicht durch ihre eigene. Sie prüfen deshalb lediglich, ob der angefochtene Entscheid auf einer richtigen und vollständigen Feststellung der massgeblichen Sachumstände beruht und ob die bewilligte Erschliessungslösung als verkehrssicher und unter dem Gesichtswinkel der Zweckmässigkeit als vertretbar erscheint. Wie bei der Anwendung der Ästhetikvorschrift von § 238 PBG kann sich die kommunale Behörde aber nur dann auf ihren geschützten Beurteilungsspielraum berufen, wenn sie spätestens in der Rekursvernehmlassung die geforderte nachvollziehbare Begründung vorbringt (RB 1991 Nr. 2; VB.2007.00418).

12.3.2 Erreichbarkeit

12.3.2.1 *Distanz zum Bauvorhaben*

Zugänge sind so nahe an die zu erschliessenden Grundstücke beziehungsweise Bauten und Anlagen heranzuführen, dass ein wirksamer Schutz der öffentlichen Dienste möglich ist. Damit wird nicht verlangt, dass eine für Fahrzeuge ausgebaute Zufahrt direkt bis zur Haustür führt. Das ergibt sich schon aus dem Begriff der Zugänglichkeit. In diesem Sinne darf zwischen Ende der Zufahrt und dem Hauseingang eine nicht befahrbare, abgewickelte (also effektive) Weglänge von 80 m liegen (vgl. VB.2005.00334). Bei Gebäudehöhen über 13 m und für Gebäude mit starker Personenbelegung (Anstalten, Schulhäuser, Warenhäuser usw.) gelten (primär feuerpolizeilich motivierte) erhöhte Anforderungen an die Erreichbarkeit: Die abgewickelte Distanz darf höchstens 40 m betragen. Sofern keine Sicherheitstreppenhäuser vorhanden sind, muss eine ganze Längsfassade vom Zugang aus für fahrbare Rettungsgeräte erreichbar sein (Anhang ZN; vgl. RB 1995 Nr. 80).

Der Verzicht auf direkte Hauszufahrten kommt etwa innerhalb von Gesamtüberbauungen oder an steilen Hanglagen vor. Insbesondere an ausgeprägten Hanglagen sind lokale Verhältnisse gegeben, die einen Verzicht auf die Erschliessung einer Einfamilienhaus-Liegenschaft mit einer Zufahrt für Fahrzeuge erlauben. Unter den Gesichtspunkten der ortsplanerischen Ästhetik und des haushälterischen Umgangs mit dem Boden, denen an steilen Hanglagen besonderes Gewicht zukommt, ist mit dem Bau von neuen Erschliessungsstrassen Zurückhaltung zu üben. Es entspricht denn auch der Praxis im Kanton Zürich, dass an Hanglagen Bauparzellen in zweiter Bautiefe häufig nur über Fusswege erschlossen sind (vgl. RB 1995 Nr. 80, ferner auch RB 1997 Nr. 82 und VB.2000.00319; vgl. auch VB.2005.00334).

12.3.2.2 *Bauvorhaben mit Abstellplätzen*

Bei Bauvorhaben, die Fahrzeugabstellplätze erfordern, ist eine differenzierte Betrachtungsweise angebracht: Sind auf dem Baugrundstück Fahrzeugabstellplätze oder die Einfahrt zu einer Unterniveaugarage projektiert, müssen diese selbstverständlich hinreichend und verkehrssicher erschlossen sein (§ 244 Abs. 2 PBG). Auch in einem solchen Fall muss also die von Fahrzeugen befahrene Stichstrasse für jedermann verkehrssicher sein und den Anforderungen gemäss den ZN genügen (VB.2008.00163). Denn das Gebot genügender strassenmässiger Erschliessung gilt nicht bloss für die Zufahrt bis zur Grenze einer Parzelle. Es muss auch innerhalb eines Grundstücks, also etwa für Fahrzeugabstellplätze, beachtet werden, wobei die ZN hilfsweise beizuziehen sind (RB 1986 Nr. 91, BEZ 1993 Nr. 3).

Wenn mit regelmässigem Zulieferverkehr duch Handwerker, Reinigungs- und Hauslieferdienste, für Paketzustellungen, Möbellieferungen und dergleichen gerechnet werden muss, ist die Zufahrt zu den Besucherabstellplätzen derart auszugestalten, dass sie auch für grössere Kastenwagen mit Hochdach, Kleinlastwagen oder gar Lastwagen benützbar ist. Eine Durchfahrtshöhe von 2,6 m reicht dafür nicht (VB.2010.00184, teilweise in BEZ 2011 Nr. 5).

Das Gesetz sieht aber andererseits ausdrücklich vor, dass Abstellplätze auch in nützlicher Entfernung vom Baugrundstück erstellt werden können (§ 244 Abs. 1 PBG). Sie bedingen also nicht zwingend eine Zufahrt bis zum Baugrundstück (VB.2000.00319, 2004.00565).

12.3.2.3   *Notzufahrt als Minimallösung*

Jede Zufahrt ist mindestens als Notzufahrt auszugestalten, die den Notfalleinsatz öffentlicher Dienste (Feuerwehr, Krankenwagen, Polizei) jederzeit gewährleistet. Die Notzufahrt besteht aus einem Zufahrtsweg oder einer entsprechend ausgestalteten Fahrspur (§ 3 ZN und Anhang zu den ZN), also aus einer mindestens 3 m breiten Strasse mit Banketten und einer Tragfähigkeit von mindestens 16 Tonnen. Es ist allgemein anerkannt, dass etwa auch mit Hartbelag versehene Schulhausareale als Notzufahrt und zu Umschlagszwecken Verwendung finden können (VB.2005.00464).

Auf die Notzufahrt kann verzichtet werden, wenn der Einsatz der öffentlichen Dienste anderweitig, insbesondere über eine andere Strasse gewährleistet ist (§ 4 Abs. 2 ZN; vgl. dazu VB.2005.00334). Auch die Notzufahrt muss also nicht bis zur Haustür führen (VB.2009.00540). Die Transporte schwerer Güter, insbesondere bei Wohnungswechseln, werden nicht durch den Begriff der Notzufahrt erfasst und nicht durch die öffentlich-rechtlichen Erschliessungsanforderungen gewährleistet.

12.3.2.4   *Anforderungen an weiterführende Strassen*

Zur Zufahrt im Sinne von § 237 PBG gehört nicht nur das Verbindungsstück von der öffentlich zugänglichen Strasse zum Grundstück beziehungsweise zur Baute, sondern ebenso die weiterführende öffentliche Strasse, soweit der Besucher sie zwingend als Zufahrt benützen muss. Daran ändert nichts, dass die verkehrsorientierte Sammelstrasse gemäss Anhang ZN nicht mehr als «Zugang» im Sinne von § 237 PBG bezeichnet wird (vgl. Bild Seite 576). Ferner umfasst der Zufahrtsbegriff nicht nur die Fein-, sondern auch die Groberschliessungsanlagen. Wen die Erstellungspflicht für die Erschliessungsanlage trifft, ist beim Entscheid über das Genügen einer Zufahrt unerheblich. Genügt eine dem Gemeingebrauch dienende Strassenverbindung für die vorgesehene Baunutzung nicht, muss die Baubewilligung verweigert werden. Dabei ist eine Erschliessung auch dann als ungenügend zu qualifizieren, wenn die Umweltschutzgesetzgebung verletzt beziehungsweise wenn der Anschluss an eine bestehende Erschliessung die Umweltschutzgesetzgebung verletzen würde (BEZ 1991 Nr. 36 mit zahlreichen Hinweisen).

12.3.3   Technische Anforderungen

12.3.3.1   *Zugangsarten*

Nach § 2 Abs. 1 ZN haben Zugänge die Bestimmungen des PBG wie diejenigen über die Verkehrssicherheit und die Gestaltung zu erfüllen und überdies die Anforderungen der Normalien zu beachten. Die ZN sind richtunggebend, indem sie zeigen, was Fachleute bei durchschnittlichen örtlichen Verhältnissen für angemessen halten (BEZ 1985 Nr. 5, mit weiteren Hinweisen; VB.2008.00286). Sie bezeichnen im Anhang je nach der zu erbringenden Erschliessungsleistung verschiedene Zufahrtstypen. Dabei handelt es sich um die minimalen Querprofile, die im Hinblick auf die Verkehrssicherheit noch vertretbar sind (vgl. die Weisung in RRB Nr. 3990/1987, S. 2 Abs. 2). Je nach der Erschliessungsfunktion werden Zufahrtswege, Zufahrtsstrassen, Erschliessungsstrassen und nutzungsorientierte Sammelstrassen unterschieden.

→ Siehe Bild nächste Doppelseite

12.3.3.2   *Kriterium der Wohneinheiten*

Abstrakte Betrachtungsweise

Die Zugangsart bestimmt sich grundsätzlich nach dem voraussichtlichen Verkehrsaufkommen aufgrund der Nutzung mit Wohneinheiten gemäss den Anwendungsbereichen im Anhang ZN. Andere Nutzungen sind auf Wohneinheiten umzurechnen (§ 6 Abs. 1 ZN). Dabei kommt es nur auf die Anzahl der Wohneinheiten an. Eine Gewichtung der Wohneinheiten findet nicht statt (§ 6 Abs. 1 ZN). Auch bei ungleichen Wohnungstypen und -grössen kann es – aussergewöhnliche Fälle vorbehalten – bei einer blossen Addition der Wohneinheiten sein Bewenden haben, ohne dass die Fahrzeugbewegungen eines jeden Bewohners am bewussten Strassenzug zu eruieren wären.

Massgebliche Wohnungszahl

Massgeblich ist die am entsprechenden Strassenzug bestehende zuzüglich der mit dem konkreten Bauprojekt beabsichtigten Wohnungszahl. Nicht zu berücksichtigen sind zusätzlich realisierbare Überbauungen; die grundsätzliche Verpflichtung zum vollständigen Ausbau der Erschliessungs- und Versorgungsanlagen auch bei der Überbauung nur eines einzelnen Grundstücks gilt gemäss § 236 Abs. 2 PBG nur dort, wo entsprechende (grundeigentümerverbindliche) Pläne (wie insbesondere Quartierpläne) bestehen (VB.2007.00136). Vgl. dazu unten Seite 584.

Besonderheiten

Die abstrakte Berechnungsweise nach Wohnungseinheiten rechtfertigt sich indessen nur, solange die tatsächlichen Gegebenheiten ein solchermassen abstrakt berechnetes Verkehrsaufkommen überhaupt zulassen. Kann zum Beispiel die aufgrund der vorhandenen Wohneinheiten berechnete Anzahl Autos auf dem fraglichen Grundstück aus tatsächlichen oder rechtlichen Gründen gar nicht abgestellt werden, ist von der effektiven Anzahl der Abstellplätze auszugehen. Zur Bestimmung der Zugangsart ist die Anzahl der Abstellplätze in Umkehrung der kommunalen Bestimmungen über die Pflichtabstellplätze in Wohneinheiten umzurechnen, worauf gestützt auf die Zugangsnormalien die Ausbaugrösse der Zufahrt bestimmt werden kann.

12.3.3.3   *Zum Kehrplatz*

Gemäss Anhang ZN ist bei Zugangswegen sowie bei Zufahrtsstrassen im unteren Anwendungsbereich eine «Kehrmöglichkeit» notwendig, wenn diese als Stichstrasse ausgebildet ist. Demgegenüber wird bei Zufahrtsstrassen im oberen Anwendungsbereich und bei Erschliessungsstrassen ein «Kehrplatz» verlangt. Die unterschiedliche Begriffsverwendung zeigt, dass bei einer «Kehrmöglichkeit» nicht die gleichen Ausbauerfordernisse verlangt werden können wie bei einem «Kehrplatz». Der Kehrplatz oder die Kehrmöglichkeit müssen für den Benützer erkennbar sein (VB.2009.00659).

Technische Anforderungen an Zugänge (Quelle: Anhang ZN)

Anhang: Technische Anforderungen

	Zugangsarten	Anwendungs-bereiche (vgl. § 6)	Ausbaugrössen		
		Nutzung WE	R min. m'	LH min. m'	Breite m'
Zugänge (§ 237 PBG) — Quartierstrassen (§§ 123 ff. PBG)	Zufahrtsweg	bis 10 (30*)	5,00 (10,00 +)	4,50	3,00–3.50
	Zufahrts-strasse	bis 30 (60*)	10,00	4,50	4,00–4,75
		bis 150 (300*)	10,00	4,50	4,50–5,00
	Erschliessungs-strasse	bis 300 (600*)	15,00	4,50	4,50–5, 50
	nutzungsorient. Sammelstrasse	bis 600 (1000*)	20,00	4,50	5,00-6,00
	verkehrsorient. Sammelstrasse				grösser als 5,50

* in dichter Bebauung, sofern mit öffentlichen Verkehrsmitteln gut erschlossen

Erreichbarkeit:

1. Gebäudehöhe kleiner als 13 m, ohne Bauten mit starker Personenbelegung:
   Abgewickelte Distanz vom Zugang bis Gebäudeeingang = max. 80 m

2. Gebäudehöhe grösser als 13 m, sämtliche Bauten mit starker Personenbelegung (z. B. Anstalten, Schulhäuser, Warenhäuser):
   Abgewickelte Distanz vom Zugang bis Gebäudeeingang = max. 40 m
   Sofern kein Sicherheitstreppenhaus vorhanden ist, muss eine gesamte Längsfassade vom Zugang aus für fahrbare Rettungsgeräte erreichbar sein;
   Abstand von der Fassade: max. = 14,0 m, min. = 7,0 m

	Zugangsarten	Nutzung WE	R min. m'	LH min. m'	Breite m'
Ergänzende Anlagen	Fussweg			2,50	2,00–2,50
	Radweg		10,00	2,50	2,50–3,00
	Rad- und Gehweg		10,00	2,50	3,00–4,00

Abkürzungen:

PBG	= Planungs- und Baugesetz		LH	= Lichte Höhe
WE	= Wohneinheiten bzw. umgerechnete		B	= Bankett
	Auswirkungen anderer Nutzungen		F	= Fahrbahn
R	= Radius in der Achse		FGS	= Fussgängerschutzstreifen
			T	= Trottoir

Ausbaugrössen	Massgebender Begegnungs-fall	Bemerkungen
Querschnitt		
B　　F　　　B (FGS) ⊢──────────⊣ - - - 0,3　　b　　0,3 (1,0)	PW / RF PW / PW	– in speziellen Fällen evtl. verbreitertes Bankett als Fussgängerschutzstreifen oder Trottoir – bei Stichstrassen ist Kehrmöglichkeit notwendig (evtl. durch rechtliche Sicherung auf Privatgrund)
B　　F　　　T ⊢──────────⊣ 0.3　　b　　2,0–2,5	LW / PW LW / PW LW / LW	– evtl. Trottoir beidseitig – evtl. Trennstreifen, Breite nach örtlichen Verhältnissen, Grünstreifen mindestens 1,5 m – bei Stichstrassen ist Kehrplatz notwendig
		+) sofern Notzufahrt für Feuerwehr

Allgemeine Bemerkungen:

– Im Einmündungsbereich Gestaltung nach Verkehrssicherheitsverordnung
– Bei örtlicher Einengung: b min. 3,00 m', sofern die erforderliche Fahrgeometrie für Lastwagen (Feuerwehr) und genügende Sicht gewährleistet sind
– Anstelle von Banketten Verbreiterung der Fahrbahn um das entsprechende Mass zulässig
– Tragfähigkeit bei Notzufahrt mindestens für Fahrzeuge von 16 t Gesamtgewicht

| B FW/RW/RG B ⊢──────────⊣ 0,3　　b　　0,3 | FG / RS RS / RS RF / RF | – bei örtl. Einengung b min.1,50 m'
– bei örtl. Einengung b min. 2,00 m'
– bei Einbahnverkehr b = 2,0–2,5 m' |
| B TS FW/RW/RG B ⊢──────────⊣ ++)　　b　　0,3 | | – bei örtl. Einengung b min. 2,50 m'
– bei Einbahnverkehr b = 2,5–3,0 m'
++) Breite nach örtlichen Verhältnissen, Grünstreifen min. 1,5 m |

TS	= Trennstreifen	FG	= Fussgänger
b	= Breite der Fahrbahn	RS	= Rollstuhlfahrer (Kinderwagen)
FE	= Fussweg	RF	= Radfahrer
RW	= Radweg	PW	= Personenwagen
RG	= Rad- und Gehweg	LW	= Lastwagen / Bus

Die Kehrmöglichkeit beziehungsweise der Kehrplatz müssen allen Anstössern, welche auf die Erschliessung durch die Stichstrasse angewiesen sind, und auch den öffentlichen Diensten (also etwa der Kehrichtabfuhr) in rechtlich gesicherter Art und Weise zur Verfügung stehen. Die Zufahrt zu den einzelnen Grundstücken soll nicht durch Wendemanöver auf dem Strassengebiet beeinträchtigt werden. Daraus ergeben sich gewisse Anforderungen an die Dimensionierung. Darüber bestehen zwar keine zwingenden baurechtlichen Bestimmungen, doch ist die VSS-Norm/SN 640 052 «Wendeanlagen» hilfsweise heranzuziehen. Die Norm enthält Projektierungsgrundlagen für Wendeanlagen, stammt allerdings aus dem Jahre 1977. Sie unterscheidet die Anforderungen für Wohngebiete einerseits und Industrie- und Gewerbegebiete andererseits. Für Wohngebiete können auch die etwas vereinfachten Projektierungsgrundlagen der Stadt Winterthur, Tiefbauamt, für Wendemöglichkeiten Verwendung finden.

Die Kehrmöglichkeit (nicht aber der Kehrplatz) kann auf Privatgrund gesichert werden (Anhang ZN). Eine solche Sicherung ist dann nicht erforderlich, wenn das betreffende Grundstück im Eigentum der Gemeinde steht und damit von einer Widmung zum Gemeingebrauch ausgegangen werden kann (VB.2009.00659).

12.3.3.4   *Erhöhung der Grenzwerte*

Anwendungsbereich

In dichter Überbauung und bei guter Erschliessung mit öffentlichen Verkehrsmitteln können die Grenzwerte für die Anwendungsbereiche bis zu den im Anhang angegebenen Wohneinheiten erhöht werden (§ 6 Abs. 2 ZN). Die Dichte der Überbauung und die gute Erschliessung durch den öffentlichen Verkehr müssen kumulativ gegeben sein. Ob dies der Fall ist, muss im Einzelfall geprüft werden. Die sich dabei stellenden Rechtsfragen sind kantonal einheitlich zu beantworten, sodass diesbezüglich kein qualifizierter Ermessensspielraum der Gemeinden besteht. Die Rechtsmittelinstanzen dürfen und müssen diese Fragen frei überprüfen (vgl. etwa VB.2001.00326 und 2007.00393).

Voraussetzung der dichten Überbauung

Erstes Kriterium ist die Dichte der bestehenden Überbauung. Es kann zwar aus einer höheren Dichte nicht auf ein geringeres Verkehrsaufkommen geschlossen werden. Der Sinn dieses Kriteriums kann nur darin gesehen werden, dass bei dichter Überbauung der Grenzwert an Wohneinheiten in der Regel bereits bei einem vergleichsweise kurzen Zugang erreicht und damit die Zahl von Kreuzungsmanövern, welche für die Dimensionierung der Zugänge ausschlaggebend sind, naturgemäss geringer ist (BEZ 2002 Nr. 5).

Beim Entscheid ist nicht die tatsächliche Überbauungsdichte massgebend, sondern es kommt darauf an, welche Ausnützung in dem durch den fraglichen Zugang erschlossenen Gebiet zulässig ist. Diese planungsrechtliche, obere Begrenzung der baulichen Dichte ergibt sich aufgrund der Gesamtheit aller Vorschriften über das Mass an zulässiger baulicher Nutzung (§ 251 PBG; BEZ 2002 Nr. 5). Das Verwaltungsgericht stellt dabei auf § 49a Abs. 1 PBG ab. Diese Bestimmung schreibt, soweit der kantonale oder regionale Siedlungsplan keine Festlegungen der baulichen Dichte enthält, den Gemeinden allgemein bestimmte minimale Ausnützungsziffern oder entsprechend andere Ausnützungsbestimmungen vor. Dabei hängt die vorgeschriebene Mindestausnützung von der zulässigen Geschosszahl ab. Enthält eine Bauordnung keine Geschosszahlvorschriften, ist als Massstab zu nehmen, welche Geschosszahl aufgrund der zulässigen Ausnützung möglich ist. Jedenfalls dann, wenn die mögliche Ausnützung bis zum oder nur wenig über dem mittleren kantonalrechtlichen Mindestmass von 50 Prozent liegt, ist nicht von einer dichten Überbauung auszugehen (BEZ 2002 Nr. 5).

Gute Erschliessung mit dem öffentlichen Verkehr

Das Kriterium der guten Erschliessung mit öffentlichen Verkehrsmitteln als Voraussetzung für Erleichterungen beim Ausbau der Zufahrten leuchtet ohne Weiteres ein, da in diesem Fall mit einer geringeren Beanspruchung der Zufahrt durch eigene Motorfahrzeuge von Anwohnern und ihrer Besucher zu rechnen ist. §6 Abs. 2 ZN will Erleichterungen beim Ausbau der Zugänge nicht flächendeckend für das ganze Kantonsgebiet, sondern nur dort gewähren, wo das öffentliche Verkehrsnetz besonders dicht ist. Das ist jedenfalls mehr als die blosse Grundversorgung, wie sie §2 lit. a der Angebotsverordnung für das ganze Kantonsgebiet vorsieht. Ein tauglicher Massstab für die Beurteilung der Erschliessungsqualität lässt sich der Wegleitung zur Regelung des Parkplatzbedarfs in kommunalen Erlassen der Baudirektion vom Oktober 1997 (Wegleitung 1997) entnehmen. Dort wird für die gebietsweise Ermittlung der Erschliessungsqualität einerseits auf die Bedienungsqualität der Haltestelle abgestellt, die sich aus dem Kursintervall und der Art des Verkehrsmittels ergibt (vgl. auch URP 2000, S. 823), und andererseits auf die Erreichbarkeit der Haltestelle (Wegleitung 1997 S. 5; VB.2002.00292).

Wie das Verwaltungsgericht entschieden hat, entspricht die zweitschlechteste Erschliessungsgüteklasse D nicht einer guten Erschliessung durch den öffentlichen Verkehr im Sinne von §6 Abs. 2 ZN (BEZ 2002 Nr. 5; BEZ 2008 Nr. 19, auch zum Folgenden). Es kann hierzu auch auf die verwaltungsgerichtliche Praxis zu §237 Abs. 1, Satz 2 hingewiesen werden, wonach bei grösseren Überbauungen die Erreichbarkeit mit dem öffentlichen Verkehr gewährleistet sein muss (BEZ 2008 Nr. 19; vgl. Seite 586 ff.).

Fussgängerschutz

Fusswege

Zu den Erschliessungsanforderungen gehört auch die Erreichbarkeit für Fussgänger: Zum notwendigen Querschnitt einer Strasse zählt daher je nach deren Bedeutung ein Bankett, verbreitertes Bankett oder ein Trottoir (Anhang ZN). Dabei definieren die Zugangsnormalien abschliessend, welche Gehmöglichkeiten die verschiedenen Zugangsarten für Fussgänger aufzuweisen haben (Bankette von je 30 cm, Schutzstreifen, Trottoirs von mindestens 2 m). Zwei Fusswege können unter Umständen ein fehlendes Trottoir ersetzen (VB.2010.00184).

Daneben enthält der Anhang ZN auch Anforderungen für sogenannte ergänzende Anlagen, nämlich Fusswege, Radwege und kombinierte Rad- und

Gehwege. Radwege sind von vornherein keine Elemente der Zugänglichkeit. Dasselbe gilt für Fusswege, welche sich nicht auf das für die Zugänglichkeit erforderliche Minimum beschränken, also etwa im Rahmen eines Quartierplans zusätzlich festgelegt werden. So können etwa die Bedürfnisse der Bevölkerung (Art. 1 Abs. 1 am Ende RPG) und das Bestreben nach wohnlichen Siedlungen (Art. 1 Abs. 2 lit. b RPG) die Schaffung eines Wegnetzes (Art. 3 Abs. 3 lit. c RPG) rechtfertigen, welches mehr als nur die absolut notwendige Erschliessung sichert und damit insbesondere zur Verbesserung der Erreichbarkeit öffentlicher Bauten und Anlagen (Art. 3 Abs. 4 lit. b RPG) beiträgt. Das hat dann allerdings mit der genügenden Zugänglichkeit nach § 237 PBG nichts zu tun. Denn meistens findet sich der notwendige Fussgängerschutz entlang der Strassen, und ein separater Fussweg erübrigt sich aus dieser Sicht. Bezeichnenderweise scheitert die erschliessungstechnische Baureife eines Grundstücks denn auch kaum je an dessen mangelnder Erreichbarkeit über separate Fusswege. Dennoch anerkennt die Praxis seit Jahren das Bedürfnis, im Quartierplan zusätzliche vom Fahrverkehr entflechtete Fusswege zur Verkürzung der Verbindungen zu den öffentlichen Verkehrsmitteln und Versorgungseinrichtungen auszuscheiden (RB 1983 Nr. 86, 1980 Nr. 108, 1976 Nr. 102). Dogmatisch gesehen sind derartige Fusswege, die in erster Linie dem Komfort und nicht der Erschliessung dienen, eher als gemeinschaftliche Ausstattungen und Ausrüstungen denn als eigentliche Erschliessungsanlagen zu betrachten (VB.2000.00336).

Bankette

Wie erwähnt sind auch die Bankette von je 30 cm ein Element des Fussgängerschutzes, nämlich dort, wo gemäss dem Anhang ZN die Erstellung eines Trottoirs nicht erforderlich ist. Auf die Bankette darf in einem solchen Fall nur verzichtet werden, wenn der Schutz der Fussgänger bei Begegnungssituationen mit Fahrzeugen anderweitig gewährleistet ist (VB.2008.00163). Auch eine grundstücksinterne Zufahrt für ein Einfamilienhaus und entsprechende Fahrzeugabstellplätze erfordern keinen Fussgängerschutz, mithin also keine Bankette (BEZ 2010 Nr. 4).

12.3.3.6   *Sonderfälle*

Festlegung der Anforderungen im Einzelfall

In ungewöhnlichen Fällen sind die Zugangsanforderungen nach besonderen Anordnungen festzulegen. Dies wenn der zulässige Anwendungsbereich einer Zugangsart in einem funktionellen Teil überschritten wird (§ 7 ZN), wenn in begründeten Fällen ein Einbahnsystem gewählt wird (§ 8 ZN), wenn sich Ausweichstellen aufdrängen (§ 9 ZN) oder bei Bauten und Anlagen mit grossem Verkehrsaufkommen (§ 10 ZN).

Gemäss § 5 Abs. 3 ZN sind verkehrspolizeiliche Massnahmen (zum Beispiel Parkierungsmöglichkeiten, Parkverbote, Einbahnstrassen) bei der Auswahl und der Unterscheidung der einzelnen Zugangsarten zu berücksichtigen, weil sie auf die Funktionstüchtigkeit der Zugänge einen wesentlichen Einfluss haben (BEZ 2003 Nr. 29).

Verkehrsberuhigungsmassnahmen

Zugänge können in der Weise erstellt werden, dass die Verkehrsführung und die bauliche Gestaltung die Fahrzeuglenker zu zurückhaltender Fahrweise zwingen (§ 12 Abs. 1 ZN). Die Festlegungen über die Trennung des Fussgänger- und des Fahrverkehrs bleiben jedoch ausdrücklich vorbehalten (Abs. 2). Daraus ist zu schliessen, dass auf den gebotenen Fussgängerschutz auch dann nicht zu verzichten ist, wenn die Verkehrsberuhigung durch die Signalisation einer Tempo-30-Zone erfolgt. Eine solche soll die Verkehrssicherheit verbessern und nicht den Verzicht auf den durch die Zugangsnormalien gebotenen Fussgängerschutz rechtfertigen, der bei Zufahrtsstrassen im oberen Anwendungsbereich die Erstellung eines Gehwegs erfordert (VB.2005.00048). Das gilt besonders dann, wenn dem betroffenen Strassenabschnitt eine gewisse Bedeutung als Fussgängerverbindung und Spazierweg zukommt.

In einem solchen Fall also, wo für die Erschliessung von Wohnquartieren eine verminderte Fahrgeschwindigkeit geradezu erwünscht ist (vgl. etwa die «Tempo-30-Zone» und die «Begegnungszone» im Sinne der per 1. Januar 2002 revidierten SSV), genügt es, dass das Kreuzen von Motorfahrzeugen mit Ausweichstellen ermöglicht wird. Hingegen sollte das Kreuzen eines Fahrzeugs mit Fussgängern und Velofahrern auch ohne Ausweichstellen gewährleistet werden (BR 3/2000 Nr. 211).

Bauvorhaben an zwei oder mehreren Strassen

Es steht dem Eigentümer, dessen Grundstück von mehreren Strassen erschlossen ist (das heisst die Zugänge und Abstellplätze nicht alle auf eine Strasse hin orientiert sind, grundsätzlich frei, von welcher Strasse her er sein Grundstück erschliessen will, sofern jede für sich selbst den zusätzlichen Verkehr aufzunehmen vermag und keine zusätzlichen Erschliessungsanlagen erforderlich werden. Die Anzahl Wohneinheiten sind dann entsprechend der mutmasslichen Beanspruchung aufzuteilen (BEZ 1988 Nr. 45; vgl. analog auch VB.2005.00464 betreffend Erschliessung eines Schulhauses).

Die Wahlfreiheit ist allerdings ausgeschlossen, wenn im Quartierplan ausdrücklich festgelegt ist, über welche Strasse das Baugrundstück erschlossen werden darf (vgl. Seite 584). Aus den Überbauungsannahmen aber allein, auf denen die Planung der Erschliessung beruht und den für die Kostenverlegung festgesetzten Perimetern, kann keine Verpflichtung abgeleitet werden, das an eine bestimmte Quartierplanstrasse angrenzende Gebiet in jedem Fall über diese Strasse zu erschliessen (BEZ 2004 Nr. 2; VB.2007.00356).

Die Wahlfreiheit gilt auch dann nicht, wenn die Erschliessungskapazität der infrage stehenden Strassen gemessen am zu erschliessenden Gebiet gering ist, sodass die Gefahr besteht, dass ein über beide Strassen erschlossenes Grundstück unnötigerweise Erschliessungskapazitäten beansprucht, während andere Grundstücke, die ihrer Lage entsprechend nur über eine Strasse erschlossen werden können, mangels einer genügenden Erschliessung nicht oder nicht den Zonenvorschriften entsprechend genutzt werden können (BEZ 2004 Nr. 2; vgl. auch VB.2005.00048 und 2007.00356).

Besondere Verhältnisse nach den Normalien

Die Normalien sind Richtlinien, die bei normalen örtlichen Gegebenheiten anwendbar werden. Wenn es aufgrund der tatsächlichen Verhältnisse unerlässlich ist, können im Einzelfall unter Vorbehalt der Notzufahrt geringere Anforderungen gestellt werden, insbesondere bei steilen Hanglagen und im Interesse von Objekten des Natur- und Heimatschutzes. Unter demselben Vorbehalt sind Erleichterungen zulässig bei (§ 11 ZN):

- landwirtschaftlichen Heimwesen;
- gemeinschaftlichen Parkierungslösungen;
- separat geführter Rad- oder Fusswegerschliessung.

Diese Aufzählung besonderer Verhältnisse ist nicht abschliessend (BEZ 1988 Nr. 45; VB.2006.00507; 2009.00390).

Wichtige Gründe für Abweichungen nach § 360 Abs. 3 PBG

Auch «wichtige Gründe» im Sinne von § 360 Abs. 3 PBG können ein Abweichen von den Normalien erlauben. Ein wichtiger Grund kann etwa vorliegen, wenn geboten ist, auf die bestehende Siedlungsstruktur in städtischen Verhältnissen Rücksicht zu nehmen (vgl. RB 1983 Nr. 97 und VB.2005.00464). In einem weiteren Fall lagen nach Auffassung des Verwaltungsgerichts gerade klassische Verhältnisse für ein Abweichen vor: Die aufgrund der in der Kernzone liegenden ortsbaulichen Gegebenheiten liessen ein Abweichen von den Anforderungen gemäss Anhang zu den Zugangsnormalien als vertretbar erscheinen. Ein durchgehender Ausbau mit einer Fahrbahnbreite von 4,5 m und 2 m breitem Trottoir würde die Beseitigung einer Baumgruppe sowie einen – mindestens teilweisen – Abbruch gewisser Gebäude bedingen. Es liegt aber, wie das Verwaltungsgericht schon mehrmals festgehalten hat, gerade in der Zielsetzung von § 360 Abs. 3 PBG und § 11 ZN, in kleinräumigen Verhältnissen von Kernzonen zur Bewahrung des Ortsbildes den gewachsenen Strukturen Rechnung zu tragen und die technischen Anforderungen der Zugangsnormalien nicht rigoros durchzusetzen (VB.2008.00286; vgl. auch RB 1997 Nr. 82 und VB.2005.0026, mit Hinweisen). Auch bei nur geringfügiger Unterschreitung der geforderten Ausbaugrössen kann eine Bewilligung erteilt werden, wenn jedenfalls die Gebote der Verkehrssicherheit eingehalten sind (VB.2009.00659 betreffend einer um 10 cm unterschrittenen Strassenbeziehungsweise Bankettbreite). Besondere Verhältnisse können ebenso darin bestehen, dass eine vorbestandene genügende Verkehrserschliessung durch verkehrspolizeiliche Massnahmen wie etwa eine Einbahnsignalisation aufgehoben worden ist (BEZ 1988 Nr. 45). Vgl. zu den wichtigen Gründen ausführlich VB.2009.00540.

Zur letzten Baulücke insbesondere

Aus Gründen der Rechtsgleichheit und Verhältnismässigkeit ist beispielsweise auch dann von den Anforderungen der Normalien abzuweichen, wenn es sich beim Baugrundstück um eine der letzten Baulücken an der betreffenden Strasse handelt und dem Baugesuchsteller bei starrer Anwendung der Normalien die Überbauung seines Areals verwehrt wäre (BEZ 1985 Nr. 5, RB 1983 Nr. 97; hinsichtlich Einkaufszentren BEZ 2001 Nr. 3; vgl. auch VB.2005.00261). In einem weiteren Entscheid bezog sich das Verwaltungsgericht auf die engen räumlichen Verhältnisse und erwog, die im Rahmen dieser Verhältnisse möglichen Verbesserungen der Erschliessung seien jedoch vorgenommen worden. Weitere Verbesserungen schienen kaum möglich zu sein. Unter diesen Umständen hielt es das Verwaltungsgericht als unverhältnismässig, einen weiteren Ausbau der Erschliessungsflächen oder vom Bauherrn einen Verzicht auf Nutzungsmöglichkeiten zu verlangen (VB.2005.00261; vgl. dazu auch RB 1983 Nr. 97, wo es um die Schliessung einer Baulücke in einem städtischen Gebiet [Zürichberg] ging, in welchem eine nachträgliche Verbesserung der Erschliessungsverhältnisse praktisch ausgeschlossen war. Der Fall unterschied sich damit von denjenigen Sachverhalten, die den Entscheiden in VB.2005.00263 und 2005.00379 zugrunde lagen. Dort waren massvolle Verbesserungen der Erschliessungsverhältnisse realisierbar.

Ausschluss weiterer Erleichterungen

Soweit nicht eine der erwähnten Voraussetzungen für Erleichterungen gegeben ist, haben Neubauten in jeder Hinsicht den gesetzlichen Vorschriften und damit insbesondere auch dem Erfordernis einer hinreichenden Erschliessung zu entsprechen (Art. 22 Abs. 2 lit. b RPG). Dies gilt auch für Neubauten mit vorausgehendem Gebäudeabbruch (VB.2005.00379). Das Argument der inneren Verdichtung entbindet nicht vom Erfordernis hinreichender Erschliessung (VB.2004.00470 und 2005.00048).

Umfang der Abweichungen

Werden Erleichterungen gewährt, können, insbesondere wenn damit Verkehrsberuhigungsmassnahmen einhergehen, in begründeten Fällen die normaliengemässen Anforderungen unterschritten werden (vgl. § 12 ZN). Das kann im unteren Anwendungsbereich einer Zufahrtsstrasse (VB.2005.00048) den Verzicht auf den Fussgängerschutz und damit eine Verbreiterung der Strasse rechtfertigen, nicht jedoch denjenigen auf eine allen Strassenbenützern zur Verfügung stehende Kehrmöglichkeit (VB.2005.00132). Das erst recht, wenn sich eine Kehrmöglichkeit ohne wesentlichen zusätzlichen Landbedarf realisieren lässt (RB 2005 Nr. 66).

Bei Abweichungen von den Zugangsnormalien ist aber der Verkehrssicherheit so weit wie möglich durch bauliche und verkehrspolizeiliche Massnahmen Rechnung zu tragen, zum Beispiel durch Verlängerung eines bestehenden Trottoirs (BEZ 1985 Nr. 5 und 1988 Nr. 45). Die Anforderungen an die Notzufahrt dürfen nicht unterschritten werden. Dass möglicherweise schwere Lastwagen die Stelle während der Leerung der Behälter während einiger Minuten nicht oder nur über den Gehweg passieren können, kann hingenommen werden. Kurzfristige Störungen des Fahrverkehrs durch anhaltende Autobusse oder durch Versorgungs- oder Entsorgungsfahrzeuge (Tankwagen, Kehrichtabfuhr usw.) sind insbesondere in städtischen Verhältnissen keineswegs ungewöhnlich und keine unzulässige Verkehrsbehinderung.

Überprüfungsbefugnis

Bei der Gewährung von Erleichterungen kommt den Gemeinden ein von den Rekursinstanzen zu beachtender Ermessensspielraum zu (RB 1986 Nr. 13; BEZ 2004 Nr. 64, 1988 Nr. 45; VB.2005.00048; 2009.00659; 2009.00540). Diese prüfen, ob die Gemeindebehörde den ihr eingeräumten Ermessensspielraum nicht überschritten hat, das heisst im vorliegenden Zusammenhang insbesondere, ob die bewilligte Erschliessungslösung als verkehrssicher und unter dem Gesichtswinkel der Zweckmässigkeit als vertretbar erscheint. Eine Überprüfung dieser Ermessensausübung steht dem Verwaltungsgericht nicht zu; dieses hat im Rahmen seiner gemäss § 50 VRG eingeschränkten Prüfungsbefugnis unter anderem zu beurteilen, ob die Rekursinstanz den kommunalen Entscheid mit der gebotenen Zurückhaltung geprüft hat (VB.2005.0026 und 2006.00507).

12.3.3.8   *Besonderheiten im Quartierplan*

Wo entsprechende Pläne bestehen (zum Beispiel Quartierplan, Gestaltungsplan), sind sie für die Lage, die Art, die Ausgestaltung und das Leistungsvermögen der Anlagen verbindlich, auch wenn beabsichtigt ist, vorerst nur einzelne Grundstücke entsprechend zu nutzen. Die etappenweise Erstellung ist unter gewissen, gesetzlich umschriebenen Voraussetzungen zulässig (§ 236 Abs. 2 PBG). Im Quartierplan werden die Erschliessungen laut § 128 Abs. 2 PBG so festgelegt, dass sie bei vollständiger Nutzung der erfassten Grundstücke genügen. Der Grundsatz der Rechtssicherheit gebietet, dass ein Grundeigentümer auf die Rechtsbeständigkeit der Planung vertrauen darf. Die in § 236 Abs. 2 PBG statuierte Verbindlichkeit der entsprechenden Pläne hinsichtlich Route, Art und Ausgestaltung setzt nicht nur dem Bürger, sondern auch dem Gemeindewesen Grenzen, und jener darf auf das Genügen dieser Anlagen vertrauen. Ein Abweichen von diesem Grundsatz kommt nach § 240 Abs. 2 PBG beispielsweise infrage, wenn Bauten und Anlagen einen ungewöhnlich starken Verkehr auslösen. Sonst aber darf eine Baubewilligung nicht allein deshalb verweigert werden, weil eine Verkehrszunahme prognostiziert wird, welche die Kapazität einzelner Teile des Erschliessungsnetzes überschreiten würde (RB 1994 Nr. 81). Vgl. zur Verbindlichkeit des Quartierplankonzeptes auch BEZ 2001 Nr. 59 und BEZ 2004 Nr. 2 mit ausführlicher Darlegung der Entwicklung der Rechtsprechung.

12.3.3.9   *Anforderungen des Umweltschutzrechts*

Damit ein Gebiet im Sinne von Art. 24 Abs. 2 USG beziehungsweise Art. 30 LSV als erschlossen gilt, benötigt es grundsätzlich eine volle, der Nutzungszone angepasste Erschliessung, bei der im Wesentlichen nur noch die Hausanschlüsse zu erstellen sind (BGE 123 II 337; 117 Ib 308; VB.2008.00595). Ist aber eine Bauzone noch nicht in diesem Sinne erschlossen, darf die Erschliessung für Gebäude mit lärmempfindlichen Räumen gemäss Art. 24 Abs. 2 USG in Verbindung mit Art. 30 LSV nur vervollständigt werden, soweit die Planungswerte eingehalten sind oder durch eine Änderung der Nutzungsart beziehungsweise durch planerische, gestalterische oder bauliche Massnahmen eingehalten werden können. Die Vollzugsbehörde kann für kleine Teile von Bauzonen Ausnahmen gestatten.

12.3.4   Besondere Anforderungen für grössere Überbauungen

12.3.4.1   *Gleisanschlüsse*

Bei Bauten und Anlagen mit grossem Güterverkehr sind Gleisanschlüsse zu verlangen, wo dies technisch möglich und zumutbar ist (§ 237 Abs. 1 PBG). Die Zumutbarkeit wird sowohl von den betrieblichen Möglichkeiten wie auch von der wirtschaftlichen Belastung abhängen. Andererseits müssen im Sinne einer Interessenabwägung die erzielbaren Verbesserungen bei Lärm- und Luftbelastung berücksichtigt werden (WOLF/KULL: N 83). Bestimmungen über Bau, Betrieb und Unterhalt von Anschlussgleisen enthalten das AnGG sowie die zugehörige Verordnung (AnGV). Das Gesetz regelt im Weiteren die Beziehungen zwischen Bahn und Anschliessern, das raumplanerische und baurechtliche Verfahren sowie das Enteignungsrecht. Vgl. Näheres bei KASA/FURRER.

12.3.4.2   *Strassenverkehr*

Trennung Fahrzeug- und Fussgängerverkehr

Wo ein Bedürfnis besteht, die Verhältnisse es gestatten und es wirtschaftlich zumutbar ist, insbesondere bei grösseren Überbauungen (zum Begriff vgl. Seite 588 f.), soll der Fussgänger- vom Fahrverkehr getrennt werden (§ 237 Abs. 3 PBG). Auch wenn keine grössere Überbauung infrage steht, ist gemäss dem Wortlaut der Bestimmung eine Verkehrstrennung noch nicht von vornherein ausgeschlossen (was sich aus dem Wort «insbesondere» ergibt). Doch ist die Bestimmung nicht in erster Linie auf Bauvorhaben von bescheidener Grösse zugeschnitten. Indem § 237 Abs. 3 PBG aber eine Interessenabwägung vorsieht, wird der Gemeinde ein Ermessensspielraum eingeräumt, der von den Rechtsmittelinstanzen zu beachten ist (VB.2005.00370).

Unterirdische Anordnung oder Überdeckung von Fahrspuren

Nach § 237 Abs. 3 PBG kann auch, sofern das öffentliche Interesse entgegenstehende private Interessen wesentlich überwiegt, der Fahrverkehr unter den Boden gewiesen oder die Überdeckung der Fahrbahn verlangt werden. Auch hier ist eine Interessenabwägung geboten, welche primär von der zuständigen Baubehörde vorzunehmen ist.

Gesetzlicher Zugang von Einkaufszentren

Der gesetzliche Zugang von Einkaufszentren (mit mindestens 2000 m² Verkaufsfläche) darf in Wohnzonen nur über Strassen führen, die mindestens als Sammelstrassen ausgeführt sind. Im Übrigen gilt § 237 PBG (§ 12 Abs. 1 BBV II). Zum Begriff der Sammelstrasse vgl. die Zugangsnormalien.

Betriebe mit Schwertransporten

Unzulässig sind Betriebe, die nach ihrer Zweckbestimmung auf dauernde und dicht aufeinander folgende Schwertransporte angewiesen sind, wenn ein solcher Verkehr im Einzugsbereich der Anlage durch vorwiegend zu Wohnzwecken beworbene Bauzonen führen muss und auf diese in unzumutbarer Weise einwirkt. Der baurechtliche Entscheid über solche Betriebe bedarf auf Begehren einer voraussichtlich vom Verkehr betroffenen Gemeinde der Genehmigung durch die Baudirektion (§ 227 PBG). Zum Verfahren vgl. § 21 BVV und Seite 321.

Festlegungen im Einzelfall

Im Übrigen werden für Bauten und Anlagen mit grossem Verkehrsaufkommen, wie grosse Dienstleistungs- und Gewerbebetriebe, Industrie- und Grossparkierungsanlagen, die Anforderungen an die Zugänglichkeit im Einzelfall festgelegt (§ 10 ZN).

Baustellenverkehr

Zum Baustellenverkehr vgl. Seite 415.

12.3.5	Erreichbarkeit mit dem öffentlichen Verkehr
12.3.5.1	*Allgemeines*

Rechtliche Ausgangslage

Bei grösseren Überbauungen muss die Erreichbarkeit mit dem öffentlichen Verkehr gewährleistet sein (§ 237 Abs. 1 Satz 2 PBG). Auch wenn die Zugänglichkeit mit öffentlichem Verkehr nicht zu den Erschliessungselementen im Sinne von Art. 19 RPG gehört, ist es den Kantonen erlaubt, solche zusätzliche Anforderungen aufzustellen (BEZ 2000 Nr. 50). Der Kanton Zürich setzt mit § 237 Abs. 1 Satz 2 den bundesrechtlichen Planungsgrundsatz von Art. 3 Abs. 3 lit. a RPG um, wonach Wohn- und Arbeitsgebiete einander zweckmässig zugeordnet und durch das öffentliche Verkehrsnetz hinreichend erschlossen werden sollen (URP 2000, S. 823 ff. auch zum Folgenden). Wie das Bundesgericht erwogen hat, steht die Bestimmung auch im Dienste der in Art. 44a USG vorgesehenen Massnahmenplanung, welche übermässige Luftverunreinigungen im Sinne von Art. 11 Abs. 3 und Art. 14 USG beheben soll (URP 2002, S. 441 ff.).

Tragweite von § 237 Abs. 1 Satz 2 PBG

Im Urteil RB 2000 Nr. 93 hat sich das Verwaltungsgericht einlässlich mit der Tragweite von § 237 Abs. 1 PBG im Baubewilligungsverfahren auseinandergesetzt. Es gelangte zum Ergebnis, dass bei Anlagen, die einen bedeutenden Publikumsverkehr erzeugen, der Standort über ein leistungsfähiges und kundenfreundliches Verkehrsangebot verfügen müsse, welches eine attraktive Alternative zum motorisierten Privatverkehr darstelle. Das Bundesgericht hat dieses Urteil nicht nur bestätigt (URP 2001, S. 1061 ff.), sondern in einem weiteren Urteil einen Entscheid des Verwaltungsgerichts aufgehoben, in welchem dieses die erwähnte Rechtsprechung zwar grundsätzlich bestätigt hatte, im konkreten Fall jedoch aus Gründen der Verhältnismässigkeit von weniger strikten Voraussetzungen ausgehen wollte (URP 2002, S. 441 ff.). Allerdings sei – so das Bundesgericht – die Unbestimmtheit von § 237 Abs. 1 PBG hinsichtlich der an die Erschliessung durch den öffentlichen Verkehr (öV) gestellten Anforderungen nicht unproblematisch, werde aber dadurch gemildert, dass § 237 Abs. 1 PBG einerseits mit der kantonalen Gesetzgebung über den öffentlichen Verkehr und andererseits mit der kantonalen Wegleitung zur Ermittlung des Parkplatzbedarfs

(Wegleitung 1997) verknüpft werden könne. Gleichwohl hat es das Bundesgericht im Hinblick auf die Rechtssicherheit und Vorhersehbarkeit als wünschbar bezeichnet, dass das Verwaltungsgericht in genereller Form die Anforderungen an die Güte der öV-Verbindung präzisieren würde; es liess es aber in jenem Fall genügen, dass für ein Zentrum mit erheblichem Publikumsverkehr relativ hohe Anforderungen an die öV-Erschliessung gestellt wurden. In zwei weiteren Entscheiden (VB.2004.00041 sowie BEZ 2005 Nr. 18) hat das Verwaltungsgericht solche Präzisierungen vorgenommen, jedoch gleichzeitig darauf verwiesen, dass eine Regelung durch Verordnung die Forderung nach Rechtssicherheit und Voraussehbarkeit besser erfüllen würde (VB.2007.00136).

Kein Erschliessungsanspruch

Es besteht keine Erschliessungspflicht und kein Erschliessungsanspruch im Sinne von Art. 19 Abs. 2 und 3 RPG. Dies mangels Vorschrift, aus der eine Pflicht abzuleiten wäre, jedes als Gewerbe- oder Industriezone ausgeschiedene Gebiet für besonders verkehrsintensive Bauten und Anlagen und namentlich mit dem öffentlichen Verkehr zu erschliessen. Es ist vielmehr Aufgabe der Raumplanung, Bauzonen für immissionsträchtige Anlagen an geeigneten Orten so auszuscheiden, dass sie möglichst wenig Umweltbelastungen bewirken (URP 2000, S. 823 ff., vom Bundesgericht bestätigt mit Entscheid URP 2001, S. 1061 ff.; URP 2002, S. 795 ff., auch zum Folgenden). Sinn von § 237 Abs. 1 und Abs. 2 ist es damit eben gerade nicht, die Erstellung von publikumsintensiven Betrieben an jedem denkbaren Standort zu ermöglichen. Das Erfordernis des öffentlichen Verkehrs gilt aber ebenfalls für grössere neue Überbauungen im bereits besiedelten Gebiet. Es will allgemein verhindern, dass in Gebieten mit unzureichender öV-Erschliessung weitere publikumsintensive Bauvorhaben genehmigt werden, bevor die Erschliessung mit dem öffentlichen Verkehr angehoben worden ist. Diese Erreichbarkeit muss daher als Voraussetzung für eine Baubewilligung bei jedem einzelnen Bauprojekt gesichert sein (in diesem Sinne noch unzutreffend der Entscheid des Verwaltungsgerichts in BEZ 2001 Nr. 3). Wenn als Konsequenz davon grosse Betriebe an den Knotenpunkten des öffentlichen Verkehrs konzentriert werden müssen, so ist dies durchaus folgerichtig. Es dient dies dem vom Gesetzgeber angestrebten Ziel, den öffentlichen Verkehr zu stärken. Dieses Ziel erfasst nicht nur den Siedlungs- und Arbeitsverkehr, sondern insbesondere auch den Einkaufs- und den immer stärker wachsenden Freizeitverkehr. § 237 Abs. 1 Satz 2 PBG gilt selbst ausserhalb von Luftbelastungsgebieten. Als allgemeine Bauvorschrift ist sie nicht nur nach Massgabe des Massnahmenplans, sondern unmittelbar anwendbar.

Zwingender Charakter von § 237 Abs. 1 Satz 2 PBG

Hat es das Gemeinwesen versäumt, ein Gebiet mit dem öffentlichen Verkehr zu erschliessen, wird die Bauherrschaft nicht von der Einhaltung des Erschliessungserfordernisses dispensiert. Die baurechtliche Bewilligung darf dann nicht aus Gründen der Verhältnismässigkeit erteilt werden (Entscheid Bundesgericht in URP 2002, S. 441 ff. auch zum Folgenden). Dies insbesondere deshalb, weil § 237 Abs. 1 PBG Grundanforderungen an Bauten und Anlagen umschreibt; die Bestimmung gilt daher absolut und lässt Abweichungen nur unter den strengen Voraussetzungen von § 220 PBG zu (vgl. BR 3/2002, S. 107 ff.), was auch hinsichtlich des öffentlichen Verkehrs gilt. Zwar führt § 12 Abs. 2 lit. b BBV II eine Alternative zur guten Erschliessung mit dem öffentlichen Verkehr auf, die bei «vorwiegender Erschliessung mit privaten Motorfahrzeugen» gelten soll. Das Verwaltungsgericht hat indessen diese Vorschrift zu Recht als nicht anwendbar erklärt, weil sie § 237 Abs. 1 PBG widerspricht, der gerade verhindern will, dass neue grössere Vorhaben auf die Automobilisten ausgerichtet werden (BEZ 2000 Nr. 50).

Hinweise auf Beispiele in der Rechtsprechung

Zur Erschliessung mit öffentlichem Verkehr hat sich in den letzten Jahren eine ausführliche Praxis entwickelt. Vgl. etwa BEZ 2000 Nr. 50 (Kino- und Einkaufszentrum); URP 2001, S. 1060 ff. (Kino- und Einkaufszentrum Adliswil), URP 2002, S. 441 ff. mit Anmerkungen (Coop-Verbrauchermarkt Dietikon), BEZ 2005 Nr. 19 (Hobbymarkt Thalwil), 2004 Nr. 63 (Fachmärkte Dietikon, Gestaltungsplan) und 2005 Nr. 18 (Fachmarkt «Sihlpark» Gattikon); BR 3/2002, S. 115 Nr. 267, BR 1/2003, S. 18 Nr. 53; VB.2007.00136 (Neubau zweier Fischmärkte in Wädenswil); vgl. auch SCHEIDEGGER. Es ist ratsam, sich an diesen Präjudizien zu orientieren, da sie die nachfolgend nur summarisch wiedergegebenen Grundsätze, bezogen auf den Einzelfall, konkretisieren.

Grundlegende Anforderungen

Nach der Rechtsprechung des Verwaltungsgerichts richten sich die Anforderungen an die Erschliessung eines Bauvorhabens durch den öffentlichen Verkehr nach der konkreten Situation, insbesondere nach der Art, der Lage und der Zweckbestimmung der Bauten und Anlagen. Erreichbarkeit setzt dabei namentlich voraus, dass der Zugang auf die entsprechende Nutzung abgestimmt ist. Bei einer Anlage mit besonders grossem Publikumsverkehr bedeutet dies, dass der Standort über ein leistungsfähiges und kundenfreundliches Verkehrsangebot verfügt und eine attraktive Alternative zum motorisierten Privatverkehr darstellt (BEZ 2000 Nr. 50). Die Erreichbarkeit mit dem öffentlichen Verkehr muss dabei bezüglich aller massgeblichen Richtungen gegeben sein (VB.2007.00136 mit Hinweisen auf frühere Entscheide). Sie ist konsequenterweise bereits im Rahmen der Groberschliessungsplanung zu sichern (§ 91 PBG) und hat auch Konsequenzen auf das erforderliche Parkplatzangebot.

12.3.5.2 *Zum Begriff der «grösseren Überbauung»*

Angebotsverordnung als Ausgangslage

Der Begriff der grösseren Überbauung wird im Gesetz nicht näher umschrieben. Er ist aber im Zusammenhang mit dem Erschliessungsauftrag von § 4 Abs. 1 AngebotsV zu sehen, welche bestimmt:

Zusammenhängende überbaute Siedlungsgebiete mit mindestens 300 Bewohnern, Arbeits- und Ausbildungsplätzen werden mit mindestens einer Haltestelle erschlossen. Noch nicht überbauten Bauzonen wird Rechnung getragen.

Zentren, Fachmärkte etc. sind auf 300 Bewohner- oder Arbeitsplätze umzurechnen. Ein Fachmarkt, welcher aufgrund seiner Verkaufsfläche der UVP-

Pflicht unterliegt und für den im Durchschnitt mit täglich 2500 Kundenfahrten gerechnet wird, verursacht regelmässig weit stärkere Verkehrsbewegungen als ein Siedlungsgebiet mit 300 Einwohnern und hat deshalb für sich allein die Anforderung von § 237 Abs. 1 PBG an die genügende öV-Erreichbarkeit zu erfüllen. Eine strikte Bindung an dieses Mass besteht allerdings nicht, da § 237 Abs. 1 PBG keine ausdrückliche Verweisung auf § 4 Abs. 1 AngebotsV enthält und mit der Umschreibung «grössere Überbauungen» einen erheblichen Beurteilungsspielraum lässt. So werden insbesondere Verkaufsgeschäfte und andere publikumsorientierte Dienstleistungen eine besondere Prüfung erfordern (WOLF/KULL: N 66, VB.2004.0061).

Grosszentren und Begegnungsstätten

Für Grosszentren (mit mindestens 15 000 m² Verkaufsfläche) und Begegnungsstätten mit grossem Publikumsverkehr (an welchen gleichzeitig mehr als 3000 Personen teilnehmen können) enthält die BBV II ergänzende Bestimmungen (zu den Begriffen vgl. §§ 5 und 6 BBV II). Sie sind nur zulässig, wenn sie mit öffentlichen Verkehrsmitteln «gut» erreichbar sind (§ 12 Abs. 2 lit. a BBV II). Das Verwaltungsgericht hat ein Kinozentrum (10 Kinos mit 2458 Sitzplätzen) mit Restaurant-, Dancing- und Barbetrieben (weitere 753 Sitzplätze) als Anlage mit «besonders» grossem Publikumsverkehr bezeichnet, die durch den öffentlichen Verkehr erreichbar sein muss (BEZ 2000 Nr. 50).

Zum funktionellen Zusammenhang

Da im Rahmen von § 237 Abs. 1 PBG die Gesamtkapazität der Überbauung entscheidend ist, müssen die durch das Vorhaben potenziell verursachten Verkehrsbewegungen gesamthaft betrachtet werden. Davon ist aber abzusehen, wenn zwischen mehreren Gebäuden oder Zentren kein funktionaler Zusammenhang besteht. Es gilt dann Folgendes: Die hinreichende Erschliessung gehört zu den «Grundanforderungen an Bauten und Anlagen» und ist deshalb jeweils auf die einzelne Baute oder Anlage bezogen zu prüfen (VB.2007.00136).

12.3.5.3   *Erreichbarkeit*

Massgebliche Grundlagen

Entscheidend ist, dass es sich bei § 237 Abs. 1 PBG um eine kantonale Vorschrift handelt, die im ganzen Kanton einheitlich ausgelegt und angewandt werden muss. Während bei der Bestimmung der Parkplatzzahl die Berücksichtigung örtlicher Besonderheiten zweckmässig ist, sind bei der Beurteilung der öV-Erschliessung regelmässig auch ausserhalb des jeweiligen Gemeindegebiets liegende Umstände zu beachten. Nicht massgebend ist daher die Bauordnung oder Abstellplatzverordnung der Gemeinde, unabhängig davon, ob sie den Geboten der kantonalen Wegleitung 1997 entspreche oder nicht (VB.2007.00136).

Daher ist auf kantonalrechtliche Grundlagen abzustellen. § 237 Abs. 1 Satz 2 PBG schweigt sich über die Anforderungen an die Erreichbarkeit durch den öffentlichen Verkehr aus. Nach der verwaltungsgerichtlichen Praxis ist daher auf die Gesetzgebung über den öffentlichen Verkehr, insbesondere die AngebotsV sowie die Wegleitung 1997 zurückzugreifen. Diese Grundlagen liefern zwar Anhaltspunkte für die Beurteilung der Erreichbarkeit im Sinne von § 237 Abs. 1 PBG, stehen jedoch in anderen Regelungszusammenhängen. So liegt der Angebotsverordnung die Vorstellung zugrunde, dass das Angebot des öffentlichen Verkehrs der Siedlungsentwicklung und der Nachfrage folgen und einen wirtschaftlichen Betrieb gewährleisten soll (vgl. §§ 4, 5 und 11 AngebotsV), während § 237 Abs. 1 PBG im Interesse der Raumplanung und des Umweltschutzes verhindern will, dass die Bevölkerung für Schul- und Arbeitswege, Einkäufe, Freizeitaktivitäten und dergleichen in grossem Ausmass auf die Benützung privater Motorfahrzeuge angewiesen ist. Die Wegleitung 1997 als Instrument zur Bestimmung der erforderlichen beziehungsweise zulässigen Parkplatzzahlen in einem bestimmten Gebiet umschreibt sodann zwar Kriterien für die Beurteilung der Erschliessungsqualität; der Zweckbestimmung der Wegleitung 1997 entsprechend sind diese Kriterien aber nicht darauf ausgerichtet, die Erreichbarkeit eines bestimmten Objekts aus unterschiedlichen Richtungen und zu spezifischen Zwecken zu erfassen. Damit nehmen § 237 PBG über die Erreichbarkeit mit dem öffentlichen Verkehr sowie die AngebotsV und die Wegleitung 1997 zwar alle auf die Erschliessung durch den öffentlichen Verkehr Bezug, verfolgen jedoch teilweise unterschiedliche Ziele und sind nicht nahtlos aufeinander abgestimmt. Das ist zu beachten, wenn bei der Auslegung und Anwendung von § 237 PBG an die Gesetzgebung über den öffentlichen Verkehr sowie die Wegleitung 1997 angeknüpft wird (VB.2004.00361). Beidem kommt nur, aber immerhin Richtliniencharakter zu (VB.2007.00136).

Grundsätze

Die AngebotsV unterscheidet in § 2 drei Angebotsbereiche, nämlich den Angebotsbereich 1 für die Grundversorgung, den Angebotsbereich 2 (mit dem Ziel einer starken Marktstellung der öffentlichen Verkehrsmittel) sowie den Angebotsbereich 3 (für grosse, dichte Siedlungsgebiete). Die Erreichbarkeit muss aus allen massgeblichen Richtungen gewährleistet sein. Allerdings kann nach der Praxis des Verwaltungsgerichts zulässig sein, einen Teil des Einzugsgebiets, der nur 20 Prozent zum Verkehrsaufkommen beiträgt, als nicht massgeblich zu vernachlässigen. Ob und mit welchem Aufwand die öV-Erschliessung insofern verbessert werden könnte, brauchte deshalb weder von der Bauherrschaft noch von der Bewilligungsbehörde untersucht zu werden (VB.2007.00136 mit Hinweisen).

In der Wegleitung 1997 wird für die gebietsweise Ermittlung der Erschliessungsqualität einerseits auf die Bedienungsqualität der Haltestelle abgestellt, die sich aus dem Kursintervall und der Art des Verkehrsmittels ergibt (vgl. auch BEZ 2000 Nr. 50), und anderseits auf die Erreichbarkeit der Haltestelle (Wegleitung 1997 S. 5; VB.2002.00292).

Bedienungsqualität der Haltestelle

Die Bedienungsqualität einer Haltestelle wird einerseits durch die Betriebszeiten (beziehungsweise die Betriebsdauer) und anderseits durch das Kursangebot (beziehungsweise die Frequenzen der Kurse) und die Kapazität der Verkehrsmittel bestimmt (vgl. §§ 8, 9 und 11–13 AngebotsV). Das minimale

Verkehrsangebot des Angebotsbereichs 1 (Stundentakt, eventuell mit Lücken) dürfte jedoch in der Regel selbst für Wohnbauten nicht ausreichen. § 18 PVG legt daher fest, dass über die Grundversorgung (Satz 1) hinaus entsprechend der möglichen Nachfrage Fahrplanverdichtungen und zusätzliche Linien eingeführt werden. § 2 AngebotsV konkretisiert dies mit den Angebotsbereichen 1 und 3. Das Angebot muss in alle massgeblichen Richtungen erfüllt sein. Nach der Rechtsprechung ist ein Einkaufszentrum unzureichend erschlossen, wenn es an Wochentagen ausserhalb der Stosszeiten lediglich halbstündlich und an Samstagen nur während zwei Zeitblöcken viertelstündlich vom öffentlichen Verkehr bedient wird (VB.2002.00159 mit Hinweisen).

Bei «Grosszentren» und «Begegnungsstätten mit grossem Publikumsverkehr» im Sinne von § 5 Abs. 2 und § 6 BBV II verlangt § 12 Abs. 2 lit. a BBV II eine «gute» Erreichbarkeit mit dem öffentlichen Verkehr. Damit sind dort die Anforderungen höher als bei Zentren, die unter dieser Schwelle liegen. Es sind dann für eine Anlage die Anforderungen der «oberen Kategorie», nämlich der Güteklasse A oder B, zu erfüllen. In den andern Fällen genügt, wie das Verwaltungsgericht in VB.2004.00361 und 00370 (auszugsweise publiziert in BEZ 2005 Nr. 18) erwogen hat, eine Erschliessung der Güteklasse C (VB.2007.00136).

Distanz zur Haltestelle

Eine Baute ist nur dann im Sinne von § 237 Abs. 1 mit dem öffentlichen Verkehr erreichbar, wenn sie sich in Gehdistanz zur Haltestelle eines geeigneten öffentlichen Verkehrsmittels befindet. Bei der Frage nach der zulässigen Distanz ist wie erwähnt der Zusammenhang mit der Gesetzgebung über den öffentlichen Personenverkehr zu beachten. § 4 Abs. 3 AngebotsV bestimmt:

Die Siedlungsgebiete gelten als durch den öffentlichen Verkehr erschlossen, wenn die Luftlinienentfernung zu einer Haltestelle, unter Vorbehalt besonderer topografischer Verhältnisse, folgende Werte nicht übersteigen:

a) 400 Meter im Einzugsbereich der Haltestellen von Linien, die der Feinerschliessung dienen;

b) 750 Meter im Einzugsbereich der Haltestellen von Linien, die der Groberschliessung dienen.

Die genannten Distanzen dürften dem Grundsatz nach auch für die Erreichbarkeit im Sinne von § 237 Abs. 1 massgeblich sein. Allerdings sind auch hier die besonderen Umstände des Einzelfalles, insbesondere der vorgesehenen Nutzungsart, zu beachten. So werden die genannten Einzugsbereiche bei Wohnungen und Arbeitsplätzen als zumutbare Gehdistanzen betrachtet, da bei deren Einhaltung eine realistische Wahrscheinlichkeit besteht, dass die Benützer der Bauten auf die Verwendung privater Motorfahrzeuge verzichten. Dasselbe kann dagegen bei publikumsorientierten Gewerben kaum gesagt werden. Denn die Bereitschaft, zum Beispiel zum Einkaufen eine entsprechende Strecke zu Fuss zurückzulegen, ist erfahrungsgemäss wesentlich geringer (WOLF/KULL: N 74).

12.3.6   Rechtliche Sicherung der Erschliessung

12.3.6.1   *Grundsätze*

Nachweis der Benützungsrechte

Die Zugänglichkeit muss nicht nur tatsächlich genügen, sondern auch rechtlich gesichert sein. Diese rechtliche Sicherung umfasst den Nachweis, dass der Bauherr über dauernde und für die vorgesehene Bewerbung einer Baute ausreichende Benützungsrechte an einer Zufahrt verfügt oder dass ihm für den Ausbau die nötigen dinglichen Rechte zustehen. Der Nachweis kann durch Eigentum, Dienstbarkeit oder aber durch einfache schriftliche Zustimmung des berechtigten Eigentümers geleistet werden. Mit einem Revers muss sodann noch gewährleistet sein, dass die Erschliessung dem fraglichen Bauvorhaben dauernd zur Verfügung steht (für die Zufahrt ausdrücklich § 237 Abs. 4 PBG; BEZ 1981 Nr. 1). Die Verkehrssicherheit des Zufahrtswegs darf jedoch nicht dem Gutdünken der Nachbarn überlassen sein. Daraus folgt, dass das freie Umgelände, solange nicht entsprechende Benutzungsrechte eingeräumt sind, für die Beurteilung der Verkehrssicherheit des Zufahrtsweges nicht berücksichtigt werden darf (VB.2008.00163).

Nachweis der Widmung zum Gemeingebrauch

Dem Bauherrn steht aber in diesem Zusammenhang auch der Nachweis offen, dass die ihm dienende Zufahrt im fraglichen Bereich dem öffentlichen Gebrauch offen steht, das heisst dem Gemeingebrauch gewidmet ist. Damit dies der Fall ist, bedarf es im Kanton Zürich einer (in der Regel formlosen) Widmung zum Gemeingebrauch. Diese setzt voraus, dass dem Gemeinwesen die Verfügungsmacht über das betreffende Strassengebiet zukommt. Das ist regelmässig dann der Fall, wenn das Gemeinwesen das Strassengebiet zu Eigentum erworben hat, sei es freihändig oder durch Expropriation (vgl. VB.2009.00659). Die Verfügungsmacht kann aber auch auf einer privatrechtlichen Dienstbarkeit zugunsten der Öffentlichkeit oder einer öffentlich-rechtlichen Eigentumsbeschränkung beruhen. Ferner lassen Lehre und Rechtsprechung für die Begründung der Verfügungsmacht auch die blosse Zustimmung des Eigentümers zur Widmung genügen. Eine besondere Form dieser Zustimmung ist in keinem Fall erforderlich. Sie kann auch durch blosse Duldung erteilt werden (BEZ 1989 Nr. 2 mit Hinweisen auf Lehre und Rechtsprechung; VB.2000.00025).

12.3.6.2   *Verfahren*

Die Sicherung der Benutzbarkeit von Strassen- und Kehrflächen lässt sich, soweit es sich nicht um öffentliche Strassen oder solche im Mit- oder Gesamteigentum der Anstösser handelt, auch durch Fuss- und Fahrwegrechte an den dafür benötigten Flächen regeln.

Die Regelungen sind mit dem Baugesuch, aber auf jeden Fall auf Baubeginn hin sicherzustellen (§ 233 Abs. 1 PBG). Entgegen der noch in RB 1989 Nr. 84 vertretenen Auffassung schliesst das Verwaltungsgericht nun nicht mehr grundsätzlich aus, mit einer Nebenbestimmung die Heilung eines Mangels zu verlangen, den der Bauherr nicht aus eigener Kraft, sondern nur durch Mitwirkung eines Dritten beheben kann, wie beispielsweise durch die Abtretung von Land oder die Einräumung einer Dienstbarkeit (VB.2003.00050; BEZ 2006 Nr. 6). Braucht es für die Erschliessung aber noch umfangreiche privatrechtliche Verhandlungen oder gar ein Quartierplanverfahren, so muss die Bewilligung verweigert werden. Sonst läge nämlich eine unzulässige Baubewilligung auf Vorrat vor (BEZ 1981 Nr. 47, 1987 Nr. 4). Es kann in einem solchen Fall nicht davon ausgegangen werden, der Mangel lasse sich im Sinne von § 321 PBG «ohne besondere Schwierigkeiten» beheben (VB.2005.00132).

Ob ein tatsächlich nur 2,5 m breiter bestehender Servitutsweg gegen den Willen des angrenzenden Nachbarn auf die erforderliche Breite verbreitert werden kann, ist eine zivilrechtliche Vorfrage und als solche von den Verwaltungsbehörden mit Zurückhaltung zu prüfen. Bestehen erhebliche Zweifel an der zivilrechtlichen Berechtigung des Bauherren zur Verwirklichung seines Bauvorhabens, so ist die Baubewilligung zu verweigern, bis sich der Bauherr – nötigenfalls mithilfe des Zivilrichters – einen hinreichenden Ausweis über seine Berechtigung zur angestrebten Nutzung des Grundstücks verschafft hat (vgl. RB 1983 Nr. 106; ZBl 1981 S. 463; BEZ 1981 Nr. 1; VB.2006.00507; Mäder 1991: S. 50 f.).

Ist aber ein Baugrundstück in diesem Sinne rechtlich erschlossen, so kann der Bauherr nicht mit einer Nebenbestimmung zur Baubewilligung verpflichtet werden, die von einem Dritten finanzierten oder auch nur vorfinanzierten Erschliessungskosten abzugelten (RB 1992 Nr. 73). Abweichendes gilt für Erschliessungsanlagen, die im Rahmen eines Quartierplans erstellt wurden: Nach durchgeführtem Quartierplanverfahren besitzen Eigentümer, die sich an den Erstellungskosten nicht beteiligt haben, an den Erschliessungsanlagen ein über die Bedürfnisse der bisherigen Grundstücksnutzung hinausgehendes Recht erst, nachdem sie sich eingekauft haben (§ 173 Abs. 1 PBG, BEZ 2011 Nr. 22). Dasselbe gilt für Eigentümer, deren Anteil gestützt auf § 174 PBG gestundet worden ist (§ 174 Abs. 2 PBG).

12.3.6.3 *Anforderungen an die privatrechtliche Regelung*

Sicherung der Benützung

Werden Zugänge privatrechtlich geordnet, so muss durch diese Regelung die dauernde und jederzeite bestimmungsgemässe Benützung der Zufahrt gesichert sein. Ob die zivilrechtliche Ordnung diesem öffentlich-rechtlichen Erfordernis genügt, hat die Baubewilligungsbehörde bei der Prüfung des Baugesuchs zu entscheiden. Vgl. zur Prüfung von zivilrechtlichen Vorfragen Seite 255. Ist der Inhalt einer Dienstbarkeit nicht leicht feststellbar und ergibt die Auslegung kein unzweifelhaftes Resultat, ist die Baubewilligung zu verweigern, bis sich die Bauherrschaft – nötigenfalls mithilfe des Zivilrichters – einen hinreichenden Ausweis über seine Berechtigung am Zufahrtsgrundstück verschafft hat (BEZ 1981 Nr. 1). Andererseits ist über das Baugesuch gestützt auf das öffentliche Recht zu entscheiden. Dem Dienstbarkeitsberechtigten steht jedoch frei, die behauptete Verletzung des Servituts in einem Zivilprozess zu bekämpfen (BGE 122 III 358).

Zur Auslegung einer Dienstbarkeit und zum Verbot erheblicher Mehrbelastung bestehender Dienstbarkeiten vgl. Seite 1208 ff.

Anmerkung im Grundbuch

Mit Dienstbarkeiten geregelte Zufahrten dürfen ohne Zustimmung der örtlichen Baubehörde weder tatsächlich noch rechtlich verändert oder aufgehoben werden; diese Beschränkung ist im Grundbuch anzumerken (§ 237 Abs. 4 PBG). Sodann muss die Regelung die dauernde und jederzeit bestimmungsgemässe Benützung der Zufahrt gewährleisten (BEZ 1981 Nr. 1). Für Quartierplanstrassen ist § 173 PBG (späterer Einkauf) zu beachten.

Übernahme ins Eigentum der Gemeinde

Im Rahmen eines Quartierplanverfahrens ist die Gemeinde aufgrund der expliziten gesetzlichen Grundlage verpflichtet, Quartierstrassen nach ihrer Erstellung unentgeltlich in ihr Eigentum zu übernehmen, soweit das Eigentum nicht schon aufgrund der Zuteilung übernommen worden ist (§ 171 PBG). Eine Anwendung der quartierplanrechtlichen Vorschriften auf privatrechtliche Erschliessungsanlagen ist vom Gesetz aber nicht vorgesehen. Insbesondere sieht auch § 171 PBG eine solche Anwendung nicht vor. Demnach fehlt es bei der Wahl einer privatrechtlichen Erschliessung an einer gesetzlichen Grundlage, welche die Gemeinden zur Übernahme der privat erstellten Strasse verpflichtet. § 171 PBG kann nicht analog angewendet werden. Mangels Rechtsgrundlage verfügen Grundeigentümer, welche die private Erschliessungsanlage gewählt haben, deshalb nicht über einen Anspruch auf Übernahme durch das Gemeinwesen (PBG aktuell 4/2001, S. 27 ff.). Es besteht aber durchaus die Möglichkeit, dass die Gemeinde eine solche Strasse freiwillig einschliesslich Unterhalt und Reinigung übernimmt. Sie wird solche Strassen in der Regel aber nur dann übernehmen, wenn sie den heutigen Anforderungen entsprechend ausgebaut sind. Es geht damit auch die Haftung für Schäden durch mangelhaften Unterhalt auf die Gemeinde über (Art. 58 OR; BEZ 1998 Nr. 26).

12.3.6.4   *Flurwege als Zufahrten*

Zustimmungserfordernis

Führen Zufahrten über Flurwege, ist auf die Regelung im Landwirtschaftsgesetz (LG) hinzuweisen. Nach § 110 Abs. 2 LG bedarf die nicht landwirtschaftliche Benützung des Flurweges durch einen Beteiligten der Zustimmung der Mehrheit der übrigen Eigentümer oder der Genossenschaft. «Eigentümer» sind die Anstösser am Flurweg (Gesamteigentum; vgl. § 108 Abs. 1 lit. b LG), für deren Verhältnis untereinander grundsätzlich das Privatrecht gilt. Nur die Anstösser haben einen zivilrechtlichen Anspruch auf Abwehr ungerechtfertigter Eingriffe in das Privateigentum, während den weiteren allenfalls Berechtigten nach § 111 Abs. 2 LG lediglich ein primär landwirtschaftlich motiviertes Fuss- und Fahrwegrecht zusteht. Es wäre mit Wortlaut und Sinn von § 110 Abs. 2 LG unvereinbar, wollte man auch die Zustimmung solcher nur beschränkt dinglich Berechtigter für die nicht landwirtschaftliche Nutzung verlangen.

In BEZ 2004 Nr. 24 äussert sich das Verwaltungsgericht ausführlich zum notwendigen Zustimmungsquorum: Gemäss Art. 534 OR ist für Beschlüsse der einfachen Gesellschaft, auf dessen Recht das Landwirtschaftsgesetz verweist, grundsätzlich Einstimmigkeit erforderlich (Abs. 1). Sind vertraglich Mehrheitsbeschlüsse vorgesehen, so errechnet sich die Mehrheit nach der Personenzahl (Abs. 2). Es gilt also das Kopfstimmenprinzip. Mangels einer besonderen Bestimmung im Landwirtschaftsgesetz gilt das Kopfstimmenprinzip auch bei Ermittlung der Mehrheit im Sinne von § 110 Abs. 2 LG. Es steht mithin jedem Grundeigentümer unabhängig von der Anzahl der Grundstücke in seinem Eigentum eine Stimme zu. Der Entscheid ist insoweit nicht restlos klar, als die Frage im Raum steht, ob bei einem Grundstück, das zum Beispiel einer Erbengemeinschaft, Stockwerkeigentümern oder einem Baukonsortium gehört, nur eine Stimme zählt oder jeder Mit- beziehungsweise Gesamteigentümer eine Stimme hat. Es zählt wohl nur eine Stimme. Für deren Zustandekommen gilt das Recht, unter dem die entsprechende Gemeinschaft steht.

Mit der Wendung «oder der Genossenschaft» sind Genossenschaftswege im Sinne von § 108 Abs. 1 lit. a LG anvisiert. Diese stehen im Privateigentum einer öffentlich-rechtlichen Genossenschaft und sind als ausgeschiedene Grundstücke ins Grundbuch aufzunehmen. Sie wurden durch die Genossenschaft erstellt oder sind von ihr zu Eigentum übernommen worden (§ 108 Abs. 1 lit. a LG).

Verfahren

Nach § 110 Abs. 3 und 4 LG ist die Zustimmung für die nicht landwirtschaftliche Nutzung zu erteilen, wenn der Ausbaustand des Weges für den vorgesehenen Gebrauch genügt und dieser den land- und forstwirtschaftlichen Verkehr nicht wesentlich beeinträchtigt. Die Auferlegung einer Entschädigung sowie der Kosten eines allfälligen Ausbaus bleiben vorbehalten. Kommt eine Einigung unter den Flurwegeigentümern nicht zustande, so entscheidet der Gemeinderat (Exekutive; Art. 110 Abs. 3 und 4 LG). Mit dieser Bestimmung wird verhindert, dass die Zustimmung in missbräuchlicher Art und Weise verweigert wird. Rekursinstanz für die Überprüfung des gemeinderätlichen Entscheides ist der Bezirksrat, da es sich um keine baurechtliche Anordnung, sondern um eine Anordnung gestützt auf das Landwirtschaftsgesetz handelt.

Pflicht zur Aufhebung von Flurwegen

Flurwege sind ganz oder teilweise aufzuheben, wenn sie nicht mehr der land- oder forstwirtschaftlichen Nutzung dienen. Diese Forderung wäre bis Ende 1984 zu erfüllen gewesen (§ 177 LG). Das Erfordernis der grundsätzlichen Aufhebung ergibt sich einerseits daraus, dass sich die auf die Benutzung mit Geräten zur Bewirtschaftung von Wald und Feldern ausgerichteten Flur- und Genossenschaftswege ungenügend ausgebaut sind. Da anderseits Flurwege für die Erschliessung von Bauten, die nicht der Land- und Forstwirtschaft dienen, nur mit Zustimmung der Mehrheit der Wegberechtigten verwendet werden dürfen (§ 110 Abs. 2 LG), vermögen sie regelmässig auch in rechtlicher Hinsicht nicht zu genügen (VB.2009.00350).

Die Aufhebung erfolgt durch die Gemeindeexekutive auf Antrag der Mehrheit der unmittelbar betroffenen Anstösser. Die übrigen Beteiligten (das heisst insbesondere die weiteren landwirtschaftlichen Benützer) sind anzuhören. Die Aufhebung bedarf der Genehmigung durch die Volkswirtschaftsdirektion des Kantons Zürich. Innerhalb der Bauzonen kann die Aufhebung im Quartierplanverfahren oder durch die Volkswirtschaftsdirektion von Amtes wegen erfolgen (§ 115 Abs. 1–4 LG). Diese Aufhebung von Amtes wegen wird aktuell, wenn ein Flurweg in der Bauzone nicht mehr land- oder forstwirtschaftlichem Nutzen dient und sich die Mehrheit der Anstösser nicht zur Aufhebung entschliessen kann. Die Weggenossenschaft ist sodann zur Aufhebung von Gesetzes wegen verpflichtet, wenn dies in einem Quartierplan erforderlich ist. Für die Aufhebung im Quartierplanverfahren ist das Einverständnis der Wegberechtigten nicht erforderlich (§ 115 Abs. 3 und § 116 Abs. 1 LG; VB.2009.00350; vgl. dazu KLEB: S. 20 f.). Vgl. im Detail die Empfehlungen der Volkswirtschaftsdirektion vom 4. Januar 1984 zur Bereinigung der Flurweg- und Eigentümerverzeichnisse im Sinne von § 177 LG.

Rechtsfolgen der Flurwegaufhebung

Die Aufhebung eines Flurweges im erwähnten Sinne und die Streichung im Flurwegverzeichnis bleiben ohne Einfluss auf den tatsächlichen Bestand des Weges. Mit der Flurwegaufhebung entfällt die Unterstellung unter das Landwirtschaftsgesetz. Insbesondere entfallen die dauernde Unterhaltspflicht der Eigentümer (Anstösser) nach § 112 Abs. 1 LG und die Aufsicht durch die Gemeindeexekutive (§ 113 Abs. 1 LG). Nach der rechtlichen Aufhebung des Flurweges richtet sich das Verhältnis unter den Anstössern und das Eigentum am Weggebiet ausschliesslich nach Bundesprivatrecht (§ 115 Abs. 5 LG). Es besteht vorerst einmal Gesamteigentum im Sinne von Art. 652 ff. ZGB. Zur Ausübung des Eigentums und insbesondere zur Verfügung über die Sache bedarf es des einstimmigen Beschlusses aller Gesamteigentümer (Art. 653 Abs. 2 ZGB). Den Anstössern bleibt es indessen vorbehalten, Miteigentum gemäss Art. 646 ZGB zu begründen oder die Teilung gemäss Art. 651 ZGB (nötigenfalls unter Zuhilfenahme des Richters) durchzuführen. Wird auf Teilung verzichtet, ist die Flurwegaufhebung nötigenfalls mit der Begründung von Wegrechten zugunsten betroffener Berechtigter zu verbinden.

Können sich die Eigentümer über die Art der Teilung nicht einigen, so wird nach Anordnung des Richters die Sache körperlich geteilt oder allenfalls versteigert (Art. 651 Abs. 2 ZGB).

Gegebenenfalls erweist sich auch als zweckmässig, den Flurweg ins öffentliche Eigentum der Gemeinde zu überführen. Dies ist allerdings nur im Einverständnis mit allen Eigentümern möglich. Damit gehen Unterhalt und Sanierungspflichten auf die Gemeinde über. Der Flurweg wird zur öffentlichen Strasse. Hierzu bedarf es eines besonderen Beschlusses der Gemeinde (Öffentlicherklärung; § 109 LG).

12.3.6.5 *Exkurs: Anspruch auf Notwegrecht*

Fehlt eine rechtlich gesicherte und auch tatsächlich genügende Zufahrt und lässt sich diese auch nicht auf dem Verhandlungsweg beschaffen, so hat der betroffene Grundeigentümer grundsätzlich das Quartierplanverfahren zu veranlassen. Das Notwegrecht (Art. 694 ZGB), welches einem Grundeigentümer die Zufahrt zu einer öffentlichen Strasse verschaffen kann, steht nur zur Verfügung, wenn alle öffentlich-rechtlichen Mittel ausgeschöpft sind (BGE 120 II 185; BR 3/2000

Nr. 212, 4/2000 Nr. 330, 2/2010 Nr. 164 sowie BR 2003 S. 76 Nr. 257, auch zum Folgenden). Der Eigentümer, welcher ein Notwegrecht geltend macht, muss also beweisen, dass er alle öffentlich-rechtlichen Möglichkeiten ausgeschöpft hat. Das Privatrecht kann nicht für eine antizipierte Vornahme von sich im öffentlichen Planungsvorgang befindenden Sachverhalten benützt werden.

Diese bundesgerichtliche Praxis erweist sich somit als eher streng. REY 1996 vertritt daher eine andere Lehrmeinung: Danach sollten Ausnahmen von der strengen bundesgerichtlichen Praxis möglich sein, beispielsweise dann, wenn der Eigentümer eines überbauten Grundstücks ein für den bestimmungsgemässen Gebrauch seiner Liegenschaft notwendiges Fahrwegrecht geltend macht und den Nachweis erbringt, dass er alles ihm Zumutbare unternommen hat, um die Erschliessung mit öffentlich-rechtlichen Mitteln zu bewirken.

12.4 Versorgung mit Wasser und Energie

12.4.1 Grundlagen

Zur Erschliessung gehört ebenso eine ausreichende (aber nicht überdimensionierte) Versorgung von Grundstücken sowie Bauten und Anlagen mit Wasser und Energie (§ 236 Abs. 1 PBG). Die Wasserversorgung ist auf die Grundstücksnutzung und die Verhältnisse im Einzelfall abzustimmen. In der Regel muss sauberes Wasser für die zulässige Bodennutzung und unter ausreichendem Druck stehendes Löschwasser für Brandfälle zugeführt werden. Auch in der Beurteilung der genügenden Versorgung mit Energie (Elektrizität, Gas, Wärme) muss auf die konkreten Umstände und allfällig vorhandene Ersatzmittel (zum Beispiel Hausstromanlagen) abgestellt werden (HALLER/KARLEN 1999: S. 161).

12.4.2 Wasserversorgung

12.4.2.1 *Aufgaben der Gemeinden*

Bereitstellung von Trinkwasser

Gemäss § 27 Abs. 1 WWG stellen die Gemeinden die Wasserversorgung innerhalb ihres Gemeindegebiets sicher, welche laut § 25 WWG die Bereitstellung und Lieferung von Trinkwasser in einwandfreier Qualität, unter genügendem Druck und in ausreichender Menge zu Trink-, Brauch- und Löschzwecken umfasst. Trinkwasser ist haushälterisch zu verwenden (§ 26 WWG). Dabei besteht indessen keine gesetzliche Verpflichtung, die Wasserversorgung so zu dimensionieren, dass auch sämtliche Landwirtschaftsbauten ausserhalb der Bauzone derart mit Löschwasser aus Leitungen versorgt werden können, dass der Einsatz von Tankfahrzeugen von vornherein entbehrlich wäre (BEZ 2000 Nr. 40).

Die Gemeinden decken ausserordentliche Bedürfnisse, soweit dies ihnen zumutbar ist, ab. Sie bauen die Wasserversorgung nach dem generellen Wasserversorgungsprojekt und der Erschliessungsplanung aus. Sie erlassen ein Reglement über die Wasserversorgung (§ 27 WWG). Das Werk darf Lieferbeschränkungen für Trockenzeiten und für bestimmte Nutzungen (zum Beispiel Bewässerungszwecke) vorsehen (BEZ 1993 Nr. 30). Vgl. zu weiteren Verpflichtungen der Gemeinden, zu Beiträgen und Gebühren, Aufgaben des Staates, die

Anschlusspflicht und Staatsbeiträge §§ 27–35 WWG. Details und Verfahrensfragen zu den Staatsbeiträgen an Wasserversorgungsanlagen sind in der kantonalen Verordnung über die Wasserversorgung vom 14. Oktober 1992 geregelt. Vgl. zu den rechtlichen Aspekten der Wasserversorgung insbesondere auch die Informationsbroschüre des AWEL «Rechtsfragen der Wasserversorgung» (vgl. Liste der Arbeitshilfen, Seite 648) sowie ausführlicher das dieser zugrunde liegende Rechtsgutachten von SCHAUB Christoph.

Löschwasser

Die Löschwasserversorgung im Besonderen wird näher geregelt in § 16 der FeuerwehrV vom 22. April 2009. Gemäss den Richtlinien der GVZ zur Löschwasserversorgung sind Hydranten im Grundsatz so zu setzen, dass jedes Gebäude mit Schlauchmaterial von maximal 100 m erreicht werden kann. Werden einarmige Hydranten verwendet, so darf die maximale Schlauchlänge 60 m nicht überschreiten. In Gewerbe- und Industriezonen sind einarmige Hydranten nicht zugelassen.

Für jedes Gebäude muss in der Regel mindestens ein zweiter Hydrant zur Verfügung stehen, wobei die Schlauchlänge bis zum Gebäude in der Regel 100 m nicht überschreiten soll (vgl. dazu VB.2006.00340). Die Anzahl und die Standorte der Hydranten sind im Einvernehmen mit dem Kommandanten der Feuerwehr festzulegen. Hydrantenanlagen werden durch die GVZ nach den erwähnten Richtlinien subventioniert.

Finanzierung der Abwasseranlagen

Nach allgemeinen Grundsätzen des eidgenössischen und kantonalen Erschliessungsrechts, wie sie auch für die Wasserversorgung einschliesslich des Löschwassers massgebend sind (vgl. ENGELER 1976: S. 71; LINDENMANN 1989: S. 80 ff.; SCHAUB, Rechtsgutachten), ist die Finanzierung der Groberschliessung Sache des Gemeinwesens, das hierfür Beiträge und Gebühren von den Grundeigentümern verlangen kann (vgl. 29 WWG). Demgegenüber sind Anlagen der Feinerschliessung vollumfänglich von den Grundeigentümern zu finanzieren, unabhängig davon, ob die betreffende Feinerschliessung im Rahmen eines Quartierplans geregelt worden ist oder nicht (bezüglich der Kostenpflicht der Feinerschliessung im Quartierplanverfahren vgl. § 146 in Verbindung mit § 128 PBG). Diese Verteilung der Finanzierungspflicht nach Massgabe der Unterscheidung zwischen Grob- und Feinerschliessung entspricht auch der gesetzlichen Regelung der Erschliessungspflicht (vgl. §§ 90 ff. und 167 f. PBG und auch VB.2006.00340). Hydrantenanlagen und deren Zuleitungen gehören zwar zu den öffentlichen Leitungen, sind aber (wie die ebenfalls öffentlichen Versorgungsleitungen) durch die angeschlossenen Grundeigentümer zu finanzieren, was im Einklang damit steht, dass sie der Feinerschliessung zuzurechnen sind.

Anschlussgebühr

Gemäss den kommunalen Wasserreglementen haben die Grundeigentümer neben der Benutzungsgebühr in der Regel auch eine Anschlussgebühr zu bezahlen. Nach der Rechtsprechung ist zulässig, diese auf der Grundlage des Gebäudeversicherungswertes zu berechnen (vgl. BGE 125 I 1, VB.2009.00639;

HUNGERBÜHLER: S. 524 mit Hinweisen). Zur Fälligkeit und zum Gebührenschuldner vgl. VB.2009.00685.

Anschlussgebühren dienen der Finanzierung der Grob- oder Basiserschliessungsanlagen der Versorgung (ENGELER 1976: S. 71 f.); sie sind demnach ein Entgelt für die Bereitstellung einer genügenden Leistungsfähigkeit der Wasseranlagen. Aus diesem Grund lässt es sich ohne Weiteres rechtfertigen, auch den Gebäudeversicherungswert von Nebenbauten – wie vorliegend die Unterniveaugarage – mit einzubeziehen, weil der Nutzen, an das Wassernetz angeschlossen zu sein, primär im Anschluss der Liegenschaft als solcher liegt und nicht so sehr davon abhängig ist, wie viele Anschlüsse sich in der Liegenschaft resp. in den Nebenbauten befinden (VB.2006.00094).

Äquivalenzprinzip

Nach dem Äquivalenzprinzip darf die Abgabe nicht in einem offensichtlichen Missverhältnis zum objektiven Wert der Leistung stehen und muss sich in vernünftigen Grenzen halten. Dabei kann im Wasserreglement ein gewisser Schematismus festgelegt werden, der auf der Wahrscheinlichkeit und auf Durchschnittserfahrungen beruht. Es ist nicht notwendig, dass eine Gebühr in jedem Fall genau dem Verwaltungsaufwand beziehungsweise dem individuellen Nutzen entspricht, den die staatliche Leistung dem Pflichtigen bringt. Demzufolge kann eine entsprechende Abgabennorm im Anwendungsfall nicht ohne Weiteres unter Berufung auf das Äquivalenzprinzip beiseitegeschoben werden. So sind zum Beispiel gesetzeskonform berechnete Wassergebühren auch dann zulässig, wenn sie im Einzelfall ungewöhnlich hoch sind. Immerhin ist eine gesetzeskonforme Gebühr aus Gründen der Verhältnismässigkeit beziehungsweise Äquivalenz dann zu reduzieren, wenn die Anwendung der gesetzlichen Regelung im Einzelfall zu einer nicht mehr vertretbaren Abgabenhöhe führt (vgl. BGer 1P.645/2004; VB.2006.00094).

12.4.2.2   *Schutz des Grundwassers*

Grundsätze

Die Schweizer Bevölkerung bezieht ihr Trinkwasser zu rund 80 Prozent aus dem Grundwasser, weshalb dessen Schutz grosse Bedeutung zukommt. Grundwasserträger sind Teil des natürlichen Wasserkreislaufs. Bauten in nutzbaren Grundwasservorkommen beeinträchtigen das Speichervolumen und die Durchflusskapazität und somit auch die Nutzbarkeit eines Vorkommens. Zudem kann der Durchfluss derart behindert werden, dass der Grundwasserspiegel in unzulässiger Weise erhöht oder abgesenkt wird. Sodann besteht die Gefahr der Verschmutzung des Grundwassers.

Gemäss Art. 19 GSchG teilen die Kantone ihr Gebiet nach der Gefährdung der ober- und unterirdischen Gewässer in Gewässerschutzbereiche ein. Insbesondere bei Bauvorhaben im Bereich nutzbarer Grundwasservorkommen ist der Raumbedarf der unterirdischen Gewässer zu beachten. Die grösseren Vorkommen werden in der Grundwasserkarte des Kantons Zürich 1:25 000 abgebildet, welche eine wichtige Planungsgrundlage darstellt. Die Grundwasserkarte ist online auf dem GIS-Browser des Kantons Zürich einsehbar.

Um Grund- und Quellwasserfassungen sowie Grundwasseranreicherungsanlagen, welche im öffentlichen Interesse liegen, sind Grundwasserschutzzonen auszuscheiden und die nötigen Eigentumsbeschränkungen festzulegen (Art. 20 GSchG). Sie dienen dem unmittelbaren Schutz der Fassungsanlagen. Sodann werden mit Grundwasserschutzarealen Gebiete ausgeschieden, welche für die künftige Nutzung und Anreicherung von Grundwasservorkommen von Bedeutung sind.

Art. 29 GSchV enthält die notwendigen Detailbestimmungen. Gemäss Art. 30 GSchV haben die Kantone eine öffentlich zugängliche Gewässerschutzkarte zu erstellen, welche mindestens die Gewässerschutzbereiche, die Grundwasserschutzzonen, die Grundwasserschutzareale und die im öffentlichen Interesse liegenden Grundwasserfassaustritte und -fassungen beinhaltet. Die Gewässerschutzkarte des Kantons Zürich ist ebenfalls im GIS-Browser des Kantons Zürich einsehbar.

Zuständig für die ausnahmsweise Bewilligung von Bauten im Grundwasser sowie für die befristete Absenkung des Grundwasserspiegels bei Bauarbeiten ist die Baudirektion (vgl. Seite 370).

Grundwasserschutzzonen im Besonderen

Von Bedeutung sind insbesondere die Grundwasserschutzzonen (Art. 20 GSchG). Das Gesetz wird in Art. 29 Abs. 2 GSchV insoweit konkretisiert, als «die in Anhang 4 Ziffer 12 umschriebenen Grundwasserschutzzonen» auszuscheiden sind. Damit wird Anhang 4 Ziffer 12 GSchV zum direkt anwendbaren, für die Kantone und Gemeinden bei der Festsetzung von Grundwasserschutzzonen verbindlichen Recht (vgl. etwa EYMANN).

Der Fassungsbereich (Zone S1) soll verhindern, dass Grundwasserfassungen sowie deren unmittelbare Umgebung beschädigt oder verschmutzt werden (Anh. 4 Ziff. 122 Abs. 1 GSchV). Er umfasst die Grundwasserfassung selbst, den durch den Bohr- oder Bauvorgang aufgelockerten Bereich sowie die unmittelbare Umgebung der Fassung (Anh. 4 Ziff. 122 Abs. 2 GSchV). In der Regel wird zwischen der Fassung und der Zonenbegrenzung ein Abstand von mindestens 10 m gewählt.

Die engere Schutzzone (Zone S2) soll verhindern, dass Keime und Viren in die Grundwasserfassung gelangen, dass das Grundwasser durch Grabungen und unterirdische Arbeiten verunreinigt und dass der Grundwasserzufluss durch unterirdische Anlagen behindert wird (Anh. 4 Ziff. 123 Abs. 1 GSchV). Sie wird im Regelfall so dimensioniert, dass sie in der Zuströmrichtung mindestens 100 m misst und zusätzlich die Fliessdauer des Grundwassers vom äusseren Zonenrand bis zur Grundwasserfassung mindestens zehn Tage beträgt (Anh. 4 Ziff. 123 Abs. 2 GSchV).

Die weitere Schutzzone (Zone S3) schliesslich soll gewährleisten, dass bei unmittelbar drohenden Gefahren (zum Beispiel bei Unfällen mit wassergefährdenden Flüssigkeiten) ausreichend Zeit und Raum für die erforderlichen Massnahmen zur Verfügung stehen (Anh. 4 Ziff. 124 Abs. 1 GSchV). Es kommt der Zone S3 damit die Funktion einer Pufferzone zu. Deren Grösse hängt von derjenigen der Zone S2 ab. Im Regelfall ist der Abstand von der äusseren Grenze der Zone S2 bis zur äusseren Grenze der Zone S3 mindestens so gross zu bemessen wie der Abstand von der äusseren Grenze der Zone S1 bis zur äusseren Grenze der Zone S2 (Anh. 4 Ziff. 124 Abs. 2 GSchV).

Im Kanton Zürich sind für die Festsetzung von Grundwasserschutzzonen die Gemeinden zuständig (§ 7 Abs. 2 lit. b EG GSchG). Der Schutzzonenplan und die zugehörigen Schutzvorschriften sind nach ihrer Festsetzung mit Rechtsmittelbelehrung öffentlich bekannt zu machen und aufzulegen sowie den betroffenen Grundeigentümern mitzuteilen. Der Rechtsschutz der Betroffenen richtet sich nach § 152 GG beziehungsweise § 19 VRG (§ 39 Abs. 1 EG GSchV). Danach ist der Bezirksrat zuständige Rekursinstanz. Die Festsetzung bedarf der Zustimmung durch die Baudirektion (§ 35 Abs. 1 EG GSchG), welche nach Eintritt der Rechtskraft einzuholen ist. Die rechtskräftig festgesetzte Schutzzone kann im Grundbuch angemerkt werden (§ 36 Abs. 2 EG GSchG).

12.4.3 Energieversorgung und Energieplanung

12.4.3.1 *Energieversorgung*

Energieversorgung als zwingende Erschliessungsvoraussetzung

Die Versorgung mit Energie bildet eine zwingende Erschliessungsvoraussetzung (Art. 19 Abs. 1 RPG, § 236 Abs. 1 PBG). Dazu gehört mindestens ein Anschluss an das Elektrizitätsnetz, d.h. die Versorgung mit elektrischer Energie zwecks Licht- und Krafterzeugung (ENGELER 1976: S. 110). Das hängt damit zusammen, dass für die Versorgung mit Öl oder Gas technisch verschiedene Energieträger in Betracht fallen. Anders als bezüglich der elektrischen Energie, die mindestens innerhalb der Bauzonen in ihrer Funktion als Licht- und Kraftspenderin ohne echte Alternative bleibt und insofern zum baupolizeilich notwendigen Standard einer Erschliessung gehört, besteht im Bereich der Wärmeversorgung eine Konkurrenz von Energieträgern. In diese Konkurrenzsituation darf das Gemeinwesen unter dem Gesichtspunkt der Eigentumsgarantie sowie der Wirtschaftsfreiheit (Art. 27 BV) mit Massnahmen, die auf die Monopolisierung eines bestimmten Energieträgers hinauslaufen, nur eingreifen, wenn sie auf klarer gesetzlicher Grundlage beruhen, im öffentlichen Interesse liegen und dem Verhältnismässigkeitsgrundsatz genügen. Diese gesetzliche Grundlage ist mit Art. 19 RPG und § 236 Abs. 1 PBG nicht gegeben (RB 1996 Nr. 72).

Bundesrechtliche Grundlagen

Die Energieversorgung ist Sache der Energiewirtschaft. Bund und Kantone sorgen mit geeigneten staatlichen Rahmenbedingungen dafür, dass die Energiewirtschaft diese Aufgabe im Gesamtinteresse optimal erfüllen kann (Art. 1 Abs. 2 EnG). Gemäss den Leitlinien in Art. 5 EnG muss die Energieversorgung sicher, wirtschaftlich und umweltverträglich sein. Art. 7 EnG enthält Anschlussbedingungen für unabhängige Produzenten, die in Art. 2 ff. EnV näher ausgeführt werden. Grundlagen für die Energieversorgung sind auch im StromVG, welches zusammen mit einer Änderung des EnG seit 1. Januar 2009 in Kraft steht, aufgeführt. Die StromVV konkretisiert die im StromVG enthaltenen Bedingungen für den Netzzugang und das Entgelt für die Netznutzung. Das StromVG schafft die Voraussetzungen für eine schrittweise Öffnung des schweizerischen Strommarktes und die Stärkung der Versorgungssicherheit. Weitere Kernelemente des StromVG sind die schweizerische Netzgesellschaft (Swissgrid AG), die Elektrizitätskommission (ElCom) und die kantonalen Aufgaben im Bereich des Service public.

Umsetzung im Kanton Zürich

Gemäss Art. 106 KV schafft der Kanton Zürich günstige Rahmenbedingungen für eine ausreichende, umweltschonende, wirtschaftliche und sichere Energieversorgung. Er sorgt für eine sichere und wirtschaftliche Elektrizitätsversorgung. Das wird im EnerG konkretisiert. Das Gesetz will eine ausreichende, wirtschaftliche und umweltschonende Energieversorgung sowie das Energiesparen und die Anwendung erneuerbarer Energien fördern (§ 1 lit. a, b und d). Sodann soll die einseitige Abhängigkeit von einzelnen Energieträgern verhütet oder vermindert werden (§ 1 lit. c). Im Weiteren regelt das Gesetz den Vollzug von §§ 5 Abs. 1–4 und 14 Abs. 2 des StromVG (§ 1 lit. e sowie § 8a–8e EnerG). Danach teilt der Regierungsrat die gesamte Fläche des Kantons in Netzgebiete auf und weist sie den Netzbetreibern zu. Diese betreiben innerhalb ihres Gebietes das lokale und das regionale Verteilnetz (§ 8a). Der Regierungsrat kann die Netzbetreiber mittels Leistungsaufträgen zu bestimmten Leistungen verpflichten (§ 8b). Im zugewiesenen Gebiet ist ausschliesslich der Netzbetreiber berechtigt – aber auch verpflichtet –, Netzanschlüsse für Endverbraucher zu erstellen, soweit diese von ihrem Anschlussrecht Gebrauch machen. Befindet sich der Endverbraucher ausserhalb der Bauzone, dürfen ihm höchstens die tatsächlich verursachten Anschlusskosten auferlegt werden (§ 8c). Nach § 8d kann der Regierungsrat Massnahmen zur Angleichung unverhältnismässiger Unterschiede bei den Netznutzungstarifen beschliessen (Änderungen EnerG vom 20. September 2010, in Kraft seit 1. März 2011, vgl. Antrag und Weisung des Regierungsrates vom 12. August 2009 Nr. 4617, Amtsblatt 2009 S. 1697).

Versorgungsunternehmen

Staat und Gemeinden können in Körperschaften und Anstalten des öffentlichen und privaten Rechts an der Versorgung mit Elektrizität, Gas und Wärme mitwirken. Diese Unternehmen sind nach kaufmännischen Grundsätzen zu führen (§ 2 EnerG). Sie geben Energie grundsätzlich gestützt auf allgemein verbindliche Gebühren für Anschluss und Lieferung ab. Der Verkauf zu Tagespreisen ist zulässig, um überschüssige Energiemengen bestmöglich zu nutzen. Bei der Festsetzung der Gebühren werden nach Möglichkeit die tatsächlichen Kosten und die Art des Energiebezuges berücksichtigt (§ 3).

Die Aufgabe der sicheren Stromversorgung obliegt gemäss EKZ-G den EKZ (mit Ausnahme des Gebietes der Stadt Zürich) und aufgrund der im NOK-Gründungsvertrag vom 22. April 1914 (LS 732.2) verankerten Lieferpflicht an die Kantonswerke auch der «Axpo». Die EKZ sind ein Mitglied des 2001 gegründeten Axpo-Verbundes.

Die EKZ sind eine selbstständige Anstalt des öffentlichen Rechts im Sinne der §§ 2 und 3 EnerG und stehen ganz im Eigentum des Kantons. Sie versorgen den Kanton Zürich wirtschaftlich, sicher und umweltgerecht mit elektrischer Energie. Ausgenommen ist das Gebiet der Stadt Zürich (§ 2 EKZ-G). Die EKZ werden nach kaufmännischen Grundsätzen selbsttragend geführt. Im

Bereich Hausinstallationen haben sie einen angemessenen Gewinn anzustreben (§ 3). Die EKZ fördern im Rahmen ihrer Tätigkeit den sparsamen Umgang mit Energie. Sie erlassen hierüber Richtlinien (§ 4). Die weiteren Bestimmungen des Gesetzes und der zugehörigen EKZ-V regeln das Verhältnis zu Dritten, die Tarifgestaltung und die Organisation der EKZ.

Die EKZ sind verpflichtet, ihren Bedarf an elektrischer Energie bei den Nordostschweizerischen Kraftwerken (NOK) zu decken, solange diese in der Lage sind, zu annehmbaren Bedingungen zu liefern. Vorbehalten bleibt der Strombezug aus eigenen Anlagen und aus Werken Dritter (§ 6 EKZ-G; vgl. auch den Gründungsvertrag NOK vom 6. Juli 1914). Für die Stadt Zürich vgl. die Energetischen Bedingungen und Beschränkungen der Stromabgabe aus dem Netz des Elektrizitätswerkes (GRB vom 25. September 1991).

Energielieferung und Leitungsnetz

Die EKZ übernehmen die Grundversorgung in zahlreichen Zürcher Gemeinden mit elektrischer Energie. Mehr als 40 Gemeinden verfügen über eigene Elektrizitätswerke, die den Wiederverkauf besorgen. Die Wiederverkäufer sind berechtigt, die elektrische Energie in ihrem Absatzgebiet selbst zu verteilen (§ 7 Abs. 2 EKZ-G). In diesem Sinne verfügen sie über eigene, von ihnen finanzierte Verteilnetze.

Die elektrische Energie wird von den EKZ aufgrund allgemein verbindlicher Gebühren für Anschluss und Lieferung abgegeben. Bei der Festsetzung der Strompreise werden die Bedürfnisse und die Eigenart von Industrie, Gewerbe, Landwirtschaft, Haushalt und Wiederverkäufern nach Möglichkeit berücksichtigt. Die Bezügergruppen tragen nach Art und Wertigkeit ihres Energiebezugs angemessen an die Aufwendungen der EKZ bei (§ 8 EKZ-G).

Die Elektrizitätswerke der Gemeinden verfügen ihrerseits über eigene Reglemente, welche den Bau, den Betrieb und den Unterhalt sowie die Finanzierung der Stromversorgungsanlagen der Gemeinde und die Beziehungen zwischen dem Elektrizitätswerk und den Bezügern regeln, soweit die Vorschriften des Bundes oder des Kantons nichts Abweichendes enthalten.

In Bezug auf die Kosten- und Unterhaltspflichten werden die folgenden Bestandteile des Leitungsnetzes unterschieden:

Die EKZ liefern den Strom zumindest bis zur Abnahmestation, wo dieser im Gemeindebann weiterverteilt wird. Dies vorerst in Form von Mittelspannungsleitungen; als solche gelten nach Massgabe des kommunalen Versorgungsplans alle Leitungen, die der Zuleitung der elektrischen Energie zu den Transformatorenstationen dienen. Sie sind wie die Trafostation selbst Bestandteil der Groberschliessung und werden vom kommunalen Elektrizitätswerk beziehungsweise den EKZ auf eigene Kosten nach Massgabe des Erschliessungsplans beziehungsweise der baulichen Entwicklung erstellt. Die angeschlossenen Grundeigentümer haben angemessene Beiträge an die Kosten der Groberschliessung zu leisten. Die Beiträge werden kurz nach Fertigstellung der Anlagen fällig (Art. 6 Abs. 1 WEG).

Die Trafostationen dienen dann der Versorgung des Niederspannungsnetzes. Als Niederspannungsnetz gelten die Leitungen, welche die elektrische Energie von den Transformatorenstationen zu den Verteilkabinen leiten. Sie dienen der

Feinerschliessung des Versorgungsgebietes. Die Grundeigentümer haben die Erstellungskosten der Feinerschliessung nach Massgabe des quartierplanrechtlichen Kostenverlegers beziehungsweise privatrechtlicher Vereinbarungen zu tragen.

Verteilkabinen sind Schaltstellen im Niederspannungsnetz und Netzanschlussstellen für die Liegenschaften. Als Netzanschlussleitungen gelten die Leitungen vom Niederspannungsnetz zu den Eingangsklemmen des Anschlussüberstromunterbrechers (Grenzstelle zwischen der Netzanschlussleitung und der Hausinstallation). Als Hausinstallationen gelten alle Leitungen und Einrichtungen inner- und ausserhalb des Gebäudes nach den Eingangsklemmen des Anschlussüberstromunterbrechers.

Die Kosten für den Bau der Netzanschlussleitungen und deren Anschluss an das Verteilnetz trägt in der Regel der betreffende Grundeigentümer. Er trägt auch die Unterhaltspflichten, soweit die Leitung nach deren Erstellung nicht gemäss dem kommunalen Reglement an die Netzbetreiberin übergegangen ist. Werden mehrere Grundstücke über eine gemeinsame Netzanschlussleitung angeschlossen, tragen deren Eigentümer die Erstellungs- und Unterhaltskosten der mitbenutzten Leitungsabschnitte anteilsmässig. Für den Anschluss an das Leitungsnetz sind Anschlussgebühren geschuldet. Im Einzelfall ist das entsprechende Gebührenreglement zu konsultieren.

Abnahmeverpflichtungen

Gemäss den Bestimmungen des EnG sind die Netzbetreiber verpflichtet, in ihrem Netzgebiet die fossile und erneuerbare Energie, von Ausnahmen abgesehen, in einer für das Netz geeigneten Form abzunehmen und zu vergüten. Die Vergütung richtet sich nach den marktorientierten Bezugspreisen für gleichwertige Energien (Art. 7 EnG). Art. 7a EnG regelt die Anschlussbedingungen für Elektrizität aus erneuerbaren Energien und die entsprechende Vergütung sowie die wettbewerblichen Ausschreibungen für Effizienzmassnahmen, Art. 7b die Lieferung von Elektrizität aus erneuerbaren Energien.

In Aussicht stehende Rechtsänderungen

Die dargelegten Rechtsgrundlagen bilden eine Momentaufnahme. Neben der bereits erfolgten Ergänzung des EnerG (§§ 8a ff.) zur Umsetzung von §§ 5 und 14 StromVG müssen das EnerG wie auch das EKZ-G aufgrund weiterer Bestimmungen des StromVG angepasst werden (beispielsweise §§ 2 und 8 EKZ-G und § 3 EnerG). Hierfür ist ein späterer Rechtssetzungsprozess vorgesehen (vgl. Antrag des Regierungsrates vom 12. August 2009 Nr. 4617 zur Änderung des Energiegesetzes, Amtsblatt 2009 S. 1697).

12.4.3.2   *Erschliessungsbeiträge und Gebühren*

Das kantonale Recht enthält in § 3 EnG sowie in § 8 EKZ-Gesetz die gesetzlichen Grundlagen für die Erhebung von Erschliessungsbeiträgen und Anschlussgebühren im Zusammenhang mit der Stromversorgung. Die Gemeinden beziehungsweise Versorgungsunternehmen haben Reglemente über die Abgabe elektrischer Energie und die Gebühren erlassen. Der Bau und der Betrieb der Elektrizitätsversorgung müssen selbsttragend sein, wobei für die Kostendeckung in der Regel Erschliessungsbeiträge, Anschlussgebühren und Benutzungsgebühren (Grund- und Mengengebühren) festgelegt werden. Erschliessungsbeiträge sind einmalige Beiträge an die Elektrizitätsversorgung für die Projektierung, den Bau oder die Vergrösserung der Grob- und der Feinerschliessung. Die Aufteilung der Erschliessungsbeiträge auf die an der Erschliessung beteiligten Grundeigentümer richtet sich nach den Grundsätzen des Quartierplanrechts. Anschlussgebühren sind ein einmaliges Entgelt zur Deckung der Grob- und der Feinerschliessung. Benützungsgebühren sind wiederkehrende Gebühren für die Bezüger, bei deren Festsetzung die Inanspruchnahme der Anlagen sowie die Betriebsaufwendungen der Elektrizitätsversorgung berücksichtigt werden (VB.2006.00369).

12.4.3.3   *Energieplanung*

Der Staat betreibt eine Energieplanung. Sie enthält eine Beurteilung des künftigen Bedarfs und Angebots an Energie im Kanton (§ 6 EnerG). Die Gemeinden können für ihr Gebiet eine eigene Energieplanung durchführen. Der Regierungsrat kann einzelne Gemeinden oder die Gemeinden eines zusammenhängenden Gebietes zur Durchführung einer solchen Energieplanung verpflichten (§ 7 EnerG; zum Energieplan Seite 102 f.). Vgl. zur Energieplanung auf Stufe der Gemeinde HÖSLI.

12.4.3.4   *Energiesparmassnahmen*

Allgemein

Gemäss Art. 9 Abs. 1 EnG schaffen die Kantone im Rahmen ihrer Gesetzgebung günstige Rahmenbedingungen für die sparsame und rationelle Energienutzung sowie die Nutzung erneuerbarer Energien. Absatz 2 der Bestimmung verpflichtet die Kantone zum Erlass von Vorschriften über die sparsame und rationelle Energienutzung in Neubauten und bestehenden Gebäuden und unterstützen die Umsetzung entsprechender Verbrauchsstandards.

Kantonales Recht zu Energiesparmassnahmen enthalten §§ 9–13 EnerG: Sie betreffen die Installationspflicht von Geräten zur Erfassung und Regelung des individuellen Wärmeverbrauchs (§ 9), den Höchstanteil von 80 Prozent an nicht erneuerbaren Energien (§ 10a), die Ergänzung von Elektroheizungen mit Wärmepumpen (§ 10b), den Einbau von Klimaanlagen (§ 11), beheizte Schwimmbäder und Heizungen im Freien (§ 12), die Verwertung kompostierbarer Abfälle (§ 12a), dezentrale Wärmekraftkoppelungsanlagen (§ 12) sowie die Energieplanung für Grossverbraucher (§ 13a). Hinzuweisen ist sodann auf § 295 PBG (Anschlussverpflichtung an öffentliche Wärmeversorgungsanlagen). Vgl. zu all diesen Energiesparmassnahmen im Detail Seite 981 ff. und Seite 1003 ff.

Bestimmungen für Grossverbraucher

Grossverbraucher mit einem jährlichen Wärmeverbrauch von mehr als fünf Gigawattstunden oder einem jährlichen Elektrizitätsverbrauch von mehr als einer halben Gigawattstunde können durch die Baudirektion (oder auf ihrem Gebiet durch die Städte Zürich und Winterthur) verpflichtet werden, den eigenen Energieverbrauch zu analysieren und zumutbare Massnahmen zur Verbrauchsreduktion zu realisieren (§ 13a Abs. 1 EnerG, Fassung vom 22. März 2010, in

Kraft seit 1. Juli 2010). §13a Abs. 1 EnerG gelangt nicht zur Anwendung für Grossverbraucher, die mit der Baudirektion eine Zielvereinbarung gemäss Abs. 2 abschliessen. Vgl. Näheres hierzu und zum Verfahren bei VILLA.

12.4.3.5   *Förderung von Energiesparmassnahmen*

Gebäudeprogramm Bund

Förderungsmassnahmen des Bundes sind in Art. 10 ff. EnG enthalten. Der Bund kann insbesondere Pilotprojekte sowie Massnahmen zur Energie- und Abwärmenutzung, d.h. Massnahmen zur sparsamen und rationellen Energienutzung, zur Nutzung erneuerbarer Energien und von Abwärme unterstützen (Art. 12 und 13 EnV) sowie finanzielle Beiträge leisten (Art. 14 und 15 EnG). Die EnV enthält Ausführungsbestimmungen hierzu. In diesem Sinne leistet das Gebäudeprogramm Beiträge an die wärmetechnische Sanierung von Gebäudeteilen wie Wand, Dach, Boden und Fenster bei Wohnbauten, Dienstleistungsbauten, öffentlichen Bauten etc. Das in der ganzen Schweiz gültige Förderprogramm wird finanziert aus der CO_2-Abgabe (Näheres unter www.energie.zh.ch).

Das Gebäudeprogramm unterstützt die verbesserte Wärmedämmung von Einzelbauteilen in bestehenden, beheizten Gebäuden, die vor dem Jahr 2000 erbaut wurden. Einzelbauteile sind Fenster, Wände, Böden und das Dach. Es legt für die Wärmedämmung von Fenstern, Wänden, Böden und Dach Unterstützungsbeiträge pro Quadratmeter fest. Nur gut dämmende Einzelbauteile werden unterstützt. Minimale U–Werte müssen daher nachgewiesen werden. Ein Nachweis des Minergie-Moduls wird als gleichwertig akzeptiert. Im Internet ist ein Fördergeldrechner aufgeschaltet, der die Berechnung der Subventionen erlaubt.

Förderungsmassnahmen des Kantons

Über die Massnahmen des Bundes hinaus leisten die Kantone individuelle Zusatzförderungen, zum Beispiel für Gesamtsanierungen und für den Einsatz von erneuerbaren Energien. Grundlage für die Förderungsmassnahmen des Kantons Zürich sind in §16 EnerG und §§16a und b Energieverordnung umschrieben. In diesem Sinne fördert der Kanton Zürich unter anderem die Minergie-Sanierung bestehender Gebäude. Die Förderung setzt ein MINERGIE-Zertifikat für das ganze Gebäude voraus. Informationen zu MINERGIE und das Antragsformular sind auf www.minergie.ch zu finden. Im Weiteren werden Beiträge für grosse Holzheizungen, die Wärmenutzung aus Wasser und Abwasser, die Abwärmenutzung, Anlagen zur direkten Nutzung von Wärme aus tiefer Geothermie, die Erweiterung von Wärmenetzen, den Ersatz von Wärmeerzeugern, für thermische Solaranlagen, die Neuinstallation von elektronischen Heizkostenverteilern oder Wärmezählern in bestehenden Gebäuden sowie den Ersatz einer Elektroheizung geleistet (Details unter www.energie.zh.ch).

Weitere Förderprogramme

Verschiedene Gemeinden, kommunale und regionale Energieversorger sowie Organisationen der Energiewirtschaft unterstützen ebenfalls Projekte zur Nutzung erneuerbarer Energien. Auskünfte sind vor Ort erhältlich (Bauamt, Gemeindekanzlei oder Energieversorger) sowie auf www.energiefranken.ch.

Energieberatung

Bei der heutigen Vielfalt der Förderangebote ist es nicht einfach, den Überblick zu behalten. Das Programm «Jetzt – energetisch modernisieren» bietet unabhängige Informationen sowie eine individuelle Analyse und Beratung, die durch die EKZ beziehungsweise den Kanton verbilligt werden. Ein Fachmann ermittelt die möglichen Massnahmen, hilft bei der Kostenkalkulation und informiert über Energiefachfirmen für die Durchführung der Modernisierungsarbeiten. Und besonders wichtig: Er hat den Überblick über Fördermittel, Vergünstigungen und steuerliche Erleichterungen, Informationsanlässe in den Gemeinden sowie vergünstigte Energieberatung. Informationen unter www.energetisch-modernisieren.ch.

Die Gemeinden fördern die Information und die Beratung in Energiefragen (§ 15 EnerG). In diesem Sinne bieten immer mehr Gemeinden sowie einzelne Energieversorger eine kostenlose oder vergünstigte Energieberatung an. Auskunft gibt die Gemeindeverwaltung.

Das Forum Energie Zürich bietet neutrale energetische Bauberatungen an. Informationen und die Liste der Energieberater sind zu finden auf www.forumenergie.ch.

Steuerliche Anreize

Investitionen an bestehenden Gebäuden, die dem Energiesparen und dem Umweltschutz dienen, können bei der Einkommenssteuer als Kosten des Liegenschaftenunterhalts abgezogen werden. Dazu zählen Massnahmen, die zur rationellen Energieverwendung oder zur Nutzung erneuerbarer Energien beitragen wie Wärmedämmung der Gebäudehülle, Ersatz von Fenstern durch energetisch bessere Fenster, Sanierung der Heizung mit einer Wärmepumpe oder einer Holzfeuerung, Installation einer Solaranlage etc. Die abzugsfähigen Investitionen sind um die erhaltenen Förderbeiträge zu reduzieren. Weitere Details siehe Wegleitung zur Steuererklärung beziehungsweise Merkblatt des kantonalen Steueramtes. (www.steueramt.zh.ch unter «Erlasse und Merkblätter»).

Zur Förderung von Pilotprojekten vgl. insbesondere §§ 8 ff. EnV-ZH. Auch der Bund richtet zur Förderung der öffentlichen Investitionstätigkeit und der energetischen Qualität von Gebäuden Beiträge an die Kosten von Bauvorhaben aus.

12.5 Abwasserbeseitigung

12.5.1 Begriff und Rechtsgrundlagen

12.5.1.1 *Rechtsgrundlagen*

Die Erstellung öffentlicher Kanalisationsleitungen wie auch der Anschluss der Gebäude an diese Leitungen richten sich nach dem Gewässerschutzrecht des Bundes und der Ausführungsgesetzgebung des Kantons und der Gemeinden. Das öffentliche Baurecht des Kantons nimmt auf die Kanalisation nur insoweit Bezug, als die einwandfreie Behandlung des Abwassers zur erforderlichen

Erschliessung und damit zu den Voraussetzungen einer Baubewilligung gehört (§ 236 Abs. 1 PBG). Im Übrigen regelt das PBG die Erstellung der Kanalisation nicht und die Beurteilung von Streitigkeiten in diesem Bereich obliegt daher grundsätzlich nicht den Baurekurskommissionen. Etwas anderes gilt nur dann, wenn zwischen abwasser- und baurechtlichen Fragen ein derart enger Zusammenhang besteht, dass sie nicht getrennt und unabhängig voneinander angewendet werden dürfen (Art. 25a RPG); in einem solchen Fall kann eine gesamthafte Beurteilung durch die Baurekurskommissionen erforderlich sein (VB.2009.00152).

12.5.1.2 *Arten von Abwasser*

Das GSchG unterscheidet in Art. 4 lit. e drei verschiedene Arten von Abwasser, nämlich

- das durch häuslichen, industriellen, gewerblichen, landwirtschaftlichen oder sonstigen Gebrauch veränderte Wasser (verschmutztes Abwasser);
- das in der Kanalisation stetig damit abfliessende Wasser (Fremdwasser);
- das von bebauten oder befestigten Flächen abfliessende Niederschlagswasser (Meteorwasser).

Die Norm VSA/SN 592000 «Liegenschaftsentwässerung» gibt eine Übersicht über die verschiedenen Abwasserkategorien und die zulässigen resp. anzustrebenden Lösungen. Art. 3 GSchV regelt im Detail die Unterscheidung zwischen verschmutztem und nicht verschmutztem Abwasser.

Das AWEL und das BUWAL (seit 1. Januar 2006: BAFU) haben zahlreiche, neuere Anleitungen und Merkblätter zum Thema Abwasser publiziert (vgl. Liste der Arbeitshilfen, Seite 647).

«Verschmutztes Abwasser» ist solches Abwasser, welches das Gewässer, in das es gelangt, verunreinigen (das heisst, nachteilig physikalisch, chemisch oder biologisch verändern) kann.

Unter «Fremdwasser» (oder Reinabwasser) fallen etwa der Überlauf von Quellen, gefasste Bäche, der Ablauf von Brunnen sowie das durch undichte Kanalisationsrohre einlaufende Grundwasser oder Rücklaufwasser aus Kühlanlagen, Klimaanlagen und Wärmepumpen.

Als «Meteorwasser» (Regenabwasser) gilt das nicht oder nur wenig verschmutzte Dach- und Platzwasser.

12.5.1.3 *Trenn- und Mischsystem*

Die Entwässerung der Ortschaften erfolgt im Trenn- oder Mischsystem, wobei auch Kombinationen möglich sind. Im Trennsystem (getrennte Ableitung) werden Schmutz- und Regenwasser in zwei voneinander unabhängigen Leitungsnetzen abgeleitet. Während Schmutzwasserleitungen in die Kanalisationsanlage führen, wird das Meteorwasser in den nächsten Vorfluter (Gewässer, aus welchem das Wasser mit natürlichem Gefälle abzufliessen vermag) oder zur Versickerung geleitet. Im «Mischsystem» entfällt diese Trennung. Grundlage für die Ortsentwässerung bildet der Generelle Entwässerungsplan.

12.5.2   Genereller Entwässerungsplan (GEP)

12.5.2.1   *Zweck*

Die Haupt- und Nebenleitungen (Misch- oder Trennsystem), die Regenwasser-entlastungen sowie die zentralen Abwasserreinigungsanlagen werden im «Generellen Entwässerungsplan» (GEP), früher «Generelles Kanalisationsprojekt» (GKP) genannt, festgehalten (§ 14 EG GSchG).

In § 8 GSchV-ZH wird ausdrücklich festgelegt, dass die Gemeinden einen solchen GEP für das gesamte Gemeindegebiet zu erstellen haben. Bei Änderungen des Bauzonenplanes ist der generelle Entwässerungsplan gleichzeitig anzupassen und der Baudirektion zur Genehmigung vorzulegen.

Der GEP soll eine gesamtheitliche Planung der Siedlungsentwässerung sicherstellen und sich sowohl auf die Beseitigung des verschmutzten wie des unverschmutzten Abwassers beziehen. Zugleich soll er über die Gemeindegrenzen hinaus eine koordinierte Abwasserbeseitigung ermöglichen. Art. 4 GSchV sieht daher neben der kommunalen auch eine regionale Entwässerungsplanung vor, wenn die Gewässerschutzmassnahmen der Gemeinden aufeinander abzustimmen sind.

Der GEP zeigt den baulichen und hydraulischen Zustand des Kanalnetzes auf sowie Lösungsansätze zur Anpassung des Entwässerungskonzeptes an die Grundsätze der modernen Siedlungsentwässerung unter Berücksichtigung von Versickerung und Retention von Meteorwasser. Er bildet ferner die Grundlage zur Unterhaltsplanung und zeigt den Finanzbedarf für die künftigen Betriebs-, Erneuerungs- und Unterhaltsaufgaben.

Nicht zu verwechseln ist der GEP mit dem Erschliessungsplan, in den neben anderen Erschliessungswerken neue Kanalisationsanlagen und deren Finanzierung aufzunehmen sind (vgl. Seite 156 ff.). Der GEP konkretisiert jedoch dessen Aussagen. Er ist behördenverbindlich.

12.5.2.2   *Inhalt der kommunalen Entwässerungsplanung*

Der GEP der Gemeinde soll in deren Bereich einen sachgerechten Gewässerschutz und eine zweckmässige Siedlungsentwässerung gewährleisten (Art. 5 GSchV). Er legt mindestens fest:
- die Gebiete, für welche öffentliche Kanalisationen zu erstellen sind;
- die Gebiete, in denen das von bebauten und befestigten Flächen abfliessende Niederschlagswasser getrennt vom anderen Abwasser zu beseitigen ist (Trennsystem);
- die Gebiete, in denen nicht verschmutztes Abwasser versickern zu lassen oder in ein öffentliches Gewässer abzuleiten ist;
- die Massnahmen, mit denen nicht verschmutztes Abwasser, das stetig anfällt, von der Abwasserreinigungsanlage (ARA) fernzuhalten ist;
- wo, mit welchem Behandlungssystem und mit welcher Kapazität eine zentrale ARA zu erstellen ist;
- die Gebiete, in denen andere Systeme als zentrale ARA anzuwenden sind, und wie das Abwasser in diesen Gebieten zu beseitigen ist (Art. 5 Abs. 2 GSchV).

Der GEP wird gegebenenfalls an die Siedlungsentwicklung angepasst. Er ist öffentlich zugänglich (Art. 5 Abs. 3 und 4 GSchV).

Der GEP der Gemeinde bedarf der Genehmigung durch den Regierungsrat. Fristen sind nicht festgesetzt. Indessen erhielten die Gemeinden nur bis zum Jahre 2002 Subventionen. Der GEP ist regelmässig zu aktualisieren.

Zum GEP bestehen zahlreiche Unterlagen und Arbeitshilfen des AWEL (vgl. Liste der Arbeitshilfen, Seite 647).

12.5.3   Bau und Betrieb von Kanalisationsanlagen

12.5.3.1   *Öffentliche Anlagen*

Pflichten der Gemeinden

Zur Reinigung von verschmutzten Abwässern aus Bauzonen sind öffentliche Kanalisationen und Abwasserreinigungsanlagen zu erstellen. Solche Anlagen haben auch verschmutztes Abwasser aus Gebäudegruppen ausserhalb der Bauzonen aufzunehmen, sofern andere Verfahren der Abwasserbeseitigung (Art. 13 GSchG) keinen ausreichenden Gewässerschutz gewährleisten oder nicht wirtschaftlich sind (Art. 11 Abs. 1 und 2 GSchG). Die Details regelt der GEP.

Hauptleitungen

Die Gemeinden haben zur Ableitung und Reinigung der Abwässer ein öffentliches Kanalnetz mit den nötigen zentralen Reinigungsanlagen entsprechend den Forderungen eines zeitgemässen Gewässerschutzes und nach Massgabe der öffentlichen Bedürfnisse zu erstellen, zu verbessern, zu unterhalten und zu betreiben. Der Regierungsrat kann säumige Gemeinden zur Erfüllung dieser Pflichten anhalten (§ 15 EG GSchG).

In § 9 Abs. 1 GSchV-ZH (Fassung vom 1. Juli 2005) wird ausdrücklich formuliert, dass die Gemeinden für den systematischen Aufbau des Kanalnetzes mit den zugehörigen Spezialbauwerken nach Massgabe des GEP (lit. a), für den Bau und Ausbau der zentralen Abwasserreinigungsanlagen (lit. b) und den Bau der öffentlichen Sanierungsleitungen ausserhalb des Baugebietes (lit. c) zuständig sind. Sie dimensionieren die Hauptleitungen und die zentralen Anlagen nach dem GEP. Bei Mischsystemen können sie zusätzlich Areale als Beizugsgebiet für die Bemessung der Leitungskaliber berücksichtigen (§ 9 Abs. 2 GSchV-ZH, Fassung vom 1. Juli 2005).

Ortsteile und Weiler

Für Ortsteile, Weiler sowie Bauten und Anlagen ausserhalb des GEP ist die Erstellung von Kanalisationen Sache der Gemeinde, wenn sie mehr als 30 Einwohner oder Einwohnergleichwerte (EWG) aufweisen oder besondere öffentliche Interessen vorliegen (§ 15 Abs. 2 EG GSchG). Nach dem Sinn dieser Gesetzesbestimmung finden die EWG lediglich bei nicht bewohnten Liegenschaften (etwa Industriebauten) Anwendung.

Das Kriterium von 30 Einwohnern beziehungsweise Einwohnergleichwerten wird in § 9 Abs. 3 GSchV-ZH (Fassung vom 1. Juli 2005) relativiert: Es gilt nur noch «in der Regel». Liegt ein besonderes öffentliches Interesse vor oder sind die Eigentümer von Sanierungsobjekten in schlechter wirtschaftlicher Lage, erstellen die Gemeinden auch für kleinere Sanierungsgebiete öffentliche Abwasseranlagen.

Nebenanlagen

Nebenleitungen aus den Quartieren zur öffentlichen Kanalisation können durch die Gemeinde ganz oder teilweise auf Kosten der Eigentümer der anzuschliessenden Grundstücke erstellt werden. Die Nebenleitungen sind mit der Abnahme in das Eigentum der Gemeinde zu überführen (§ 15 Abs. 3 EG GSchG).

Subventionen

Die Subventionen des Kantons an die Kosten für die Erstellung von Siedlungsentwässerungsanlagen und Abwasserreinigungsanlagen etc. sind ausführlich geregelt in §§ 50 ff. GSchV-ZH (Fassung vom 1. Juli 2005).

Durchleitungsrechte

Die Erstellung von öffentlichen Leitungen (Groberschliessung) über private Grundstücke richtet sich nach § 232 PBG und – im Baulinienbereich – nach § 105 PBG. Vgl. hierzu Seite 556 f.

12.5.3.2   *Private Anlagen*

Allgemeine Pflichten der Privaten

Erstellung (inkl. Planung), Unterhalt (Sanierung beziehungsweise Erneuerung) und Reinigung der Abwasseranlagen der einzelnen Grundstücke (Feinerschliessung; Anlage, die der Ableitung des Abwassers einzelner Häuser oder kleinerer Häusergruppen dient) sind Sache der Grundeigentümer und richten sich nach den Vorschriften der Gemeinde. Erstellung, Unterhalt und Betrieb von Anlagen zur Vorreinigung industrieller und gewerblicher Abwässer sind Sache der Betriebsinhaber (§ 15 Abs. 4 EG GSchG). Die Grundeigentümer haben auch die entsprechenden Kosten zu übernehmen. Dies unabhängig davon, ob der Anschluss an die Kanalisation freiwillig oder aufgrund einer Anschlussverpflichtung erfolgte (BEZ 2000 Nr. 40).

Trennung des Abwassers bei Gebäuden

Die Inhaber von Gebäuden müssen bei deren Erstellung oder bei wesentlichen Änderungen dafür sorgen, dass das Niederschlagswasser (Meteorwasser) und das stetig anfallende unverschmutzte Abwasser bis ausserhalb des Gebäudes getrennt vom verschmutzten Abwasser abgeleitet werden (Art. 11 GSchV).

Mitbenützungsrechte

Eigentümer privater Kanalisationsanlagen können verpflichtet werden, Dritten gegen angemessene Entschädigung die Mitbenützung ihrer Anlagen zu gestatten. Streitigkeiten über die Höhe der Entschädigung werden im Schätzungsverfahren nach der Gesetzgebung über die Abtretung von Privatrechten entschieden. Der Mitbenützer kann in diesem Verfahren die sofortige Abtretung der erforderlichen Rechte verlangen (§ 16 EG GSchG; vgl. HADORN 2000: S. 12).

12.5.4   Voraussetzungen für Baubewilligungen

12.5.4.1   *Grundlagen*

Nach Art. 17 GSchG dürfen Baubewilligungen für Neu- und Umbauten nur erteilt werden, wenn im Bereich öffentlicher Kanalisationen gewährleistet ist, dass
das verschmutzte Abwasser in die Kanalisation geleitet oder landwirtschaftlich
verwertet wird (lit. a). Ausserhalb des Bereichs öffentlicher Kanalisationen muss
die zweckmässige Beseitigung des verschmutzten Abwassers durch besondere
Verfahren gewährleistet sein (lit. b). Ferner ist jenes Abwasser, das sich für die
Behandlung in einer Kläranlage nicht eignet, zweckmässig zu beseitigen (lit. c).
Soweit nicht kantonale Zuständigkeiten gegeben sind, wird die Kanalisations-
anschlussbewilligung durch die Gemeinde erteilt. Das zuständige Organ wird in
der kommunalen Siedlungsentwässerungsverordnung (SEVO) bezeichnet.

12.5.4.2   *Abwasserbeseitigung als Erschliessungsvoraussetzung*

Die einwandfreie Beseitigung der Abwässer ist Erschliessungsanforderung
(§ 236 Abs. 1 PBG). Die Anforderungen sind nicht nur für Neu-, sondern auch
für Umbauten einzuhalten (Art. 17 GSchG). Der Begriff «Umbau» wird im
GSchG nicht definiert. In § 233 Abs. 2 PBG wird indessen festgehalten, dass die
Vorschriften über die Baureife beziehungsweise Erschliessung auch für solche
Umbauten und Nutzungsänderungen gilt, durch die von den bisherigen Verhältnissen wesentlich abgewichen wird. Eine solche Abweichung ist etwa dann
gegeben, wenn durch den Umbau mehr oder andersartiges Abwasser anfällt.

In Übereinstimmung mit dem klaren Gesetzeswortlaut ist davon auszugehen,
dass verschmutztes Abwasser im Bereich der öffentlichen Kanalisation – abgesehen
von den in Art. 12 GSchG namentlich aufgeführten Ausnahmetatbeständen – in
die Kanalisation geleitet werden muss. Daran ändert § 20 Abs. 2 EG GSchG nichts.
Als kantonales Recht hat die Norm von vornherein der Regelung im Bundesgesetz zu weichen (RB 2004 Nr. 84). Eine Überprüfung von Zweckmässigkeit und
Zumutbarkeit des Anschlusses besteht nur ausserhalb von Bauzonen und anderen
Gebieten, für welche eine Kanalisation erstellt ist (Art. 11 Abs. 2 lit. c GSchG).

12.5.4.3   *Technische Voraussetzungen*

Die abwassertechnischen Voraussetzungen für die Erteilung von Baubewilligungen sind weitgehend im GSchG geregelt. Das Gesetz enthält auch Instrumente, um die Kanalisation und die Abwasserreinigungsanlagen vom nicht verschmutzten Abwasser zu entlasten. Bundesrechtliche Ausführungsbestimmungen zum GSchG finden sich, soweit die Abwasserbeseitigung betreffend, in der
GSchV und in der VWF. Die bundesrechtlichen Vorschriften werden ergänzt
durch das kantonale EG GSchG und die GSchV-ZH. Sodann ist für die Planung
und Erstellung von Anlagen der Siedlungsentwässerung in technischer Hinsicht
auch die Norm VSA/SN 592000 zu beachten. Diese Norm «Planung und Erstellung von Anlagen für die Siedlungsentwässerung», Ausgabe 2002 (Norm SN
592000) ist im Sinne von Richtlinien und Normalien beachtlich (Ziffer 2.72
Anhang BBV I in der Fassung vom 30. März 2005, in Kraft seit 1. Juli 2005). Von
ihr kann nur im Rahmen von § 360 Abs. 3 PBG, d.h. aus wichtigen Gründen,

abgewichen werden. Die Abweichungen sind im baurechtlichen Entscheid kurz zu begründen (§ 3 Abs. 4 BBV I). Vgl. Näheres Seite 343.

12.5.4.4   *Bewilligung*

Der Kanalisationsanschluss bedarf einer Bewilligung der kommunalen Behörde, soweit nicht kantonale Zuständigkeiten gegeben sind. In verschiedenen Bereichen wurde die private Kontrolle eingeführt (vgl. Anhang zur BBV I). Es betrifft dies die Liegenschaftsentwässerung bei Industrie und Gewerbe, Industrieabwässer, Löschwasser-Rückhaltemassnahmen, Absicherung von Güterumschlagplätzen, Lager- und Betriebsanlagen. Vgl. zur privaten Kontrolle auch Seite 328 ff.

12.5.5   Kanalisationsgebühren

12.5.5.1   *Rechtsgrundlagen*

Nach Art. 3a und 60a GSchG sorgen die Kantone dafür, dass die Kosten für Bau, Betrieb, Unterhalt, Sanierung und Ersatz der Abwasseranlagen mit Gebühren oder anderen Abgaben den Verursachern überbunden werden. Der Kanton Zürich ist diesem Auftrag mit dem Erlass des EG GSchG nachgekommen. Nach §§ 42 ff. EG GSchG haben die Grundeigentümer, deren Liegenschaften durch den Bau öffentlicher Abwassereinleitungen eine Wertvermehrung erfahren, der Gemeinde Beiträge an die Kosten zu leisten. Gemäss § 45 EG GSchG erheben die Gemeinden für die Benützung der öffentlichen Abwasseranlagen kostendeckende Gebühren. Gemäss § 9a Abs. 1 GSchV-ZH können die Gemeinden von den Grundeigentümern, die für die Bewerbung ihrer Bauten und Anlagen auf einen Anschluss an eine Sanierungsleitung angewiesen sind, einen Beitrag verlangen. Die Gemeinde bemisst den Beitrag im Einzelfall nach Massgabe des gezogenen Nutzens. Sie ist dabei an das Verursacher- sowie (da es sich bei den Kanalisationsgebühren um kostenabhängige Kausalabgaben handelt) das Äquivalenz- und das Kostendeckungsprinzip gebunden (HÄFELIN/MÜLLER/UHLMANN: S. 569). § 7 lit. e EG GSchG trägt den Gemeinden den Erlass von Kanalisations- und Gebührenverordnungen auf. Das AWEL hat im April 1995 beziehungsweise März 1997 Musterverordnungen mit Kommentar über die Siedlungsentwässerungsanlagen und die Gebühren für solche publiziert.

12.5.5.2   *Grundsätze und Verjährung*

Verursacherprinzip

Das in Art. 3a und Art. 60a GSchG statuierte Verursacherprinzip verlangt, dass alle Kosten der Abwasserentsorgung ihren Verursachern angelastet werden.

Äquivalenzprinzip

Das Äquivalenzprinzip konkretisiert das Verhältnismässigkeitsprinzip und das Willkürverbot für den Bereich der Kausalabgaben. Es verlangt, dass eine Kausalabgabe nicht in einem offensichtlichen Missverhältnis zum objektiven Wert der bezogenen Leistung oder des abgegoltenen Vorteils stehen darf und sich in vernünftigen Grenzen bewegen muss (BGE 118 Ib 349; BGE 121 I 238;

VB.1999.00369 und 2009.00537). Die periodische Abgabe muss mindestens zum Teil einen Bezug zur Benützung der fraglichen Anlage beziehungsweise zu dem in der Liegenschaft vorgenommenen Verbrauch haben (BGE 128 I 46 E. 5).

Kostendeckungsprinzip

Das Kostendeckungsprinzip verstanden als Einzelkostendeckungsprinzip weist eine gewisse Nähe zum Äquivalenzprinzip auf. Es besagt, dass die einzelne Gebühr die Kosten für die die Gebühr auslösende staatliche Handlung nicht oder nur geringfügig überschreiten darf. Wird das Einzelkostendeckungsprinzip überschritten, heisst dies jedoch nicht zwingend, dass die Gebühr unzulässig wäre. In einem solchen Fall ist die strittige Gebühr nämlich am Gesamtkostendeckungsprinzip zu messen. Dies bedeutet, dass der Gesamtertrag der Gebühren in der Regel die gesamten Kosten des betreffenden Verwaltungszweiges nicht übersteigen darf (VB.2009.00537 auch zum Folgenden; HÄFELIN/MÜLLER/UHLMANN: S. 569; BGE 132 II 47). Im Rahmen dieser Kosten sind dabei nicht nur die allgemeinen Unkosten des betreffenden Verwaltungszweiges mit einzubeziehen, sondern kann auch ein Anteil am Aufwand der leitenden Behörden berücksichtigt werden.

Verjährung

Nach der Rechtsprechung des Verwaltungsgerichts ist für Strassen- und Trottoirbeiträge, Kanalisations- und Wasseranschlussgebühren sowie vergleichbare Kausalabgaben in Analogie zu § 215 und § 130 StG eine relative Verjährungsfrist von 5 Jahren und eine absolute Verwirkungsfrist von 15 Jahren zu beachten. Sachverhalte, die sich vor dem 1. Januar 1999 vollendet haben, sind nach alter Praxis (10 Jahre, in Analogie zum alten Steuergesetz), jüngere Sachverhalte nach neuer Praxis zu entscheiden. Um den Gemeinden eine angemessene Reaktionszeit zu belassen, ist für die relative Verjährung übergangsweise ein zusätzliches Jahr vorzusehen. Konkret: Für im Jahr 1999 verwirklichte gebührenpflichtige Sachverhalte begann die relative Veranlagungsfrist erst am 1. Januar 2000 zu laufen und endete am 1. Januar 2005 (VB.2003.00273). Das Verwaltungsgericht hat seine Praxis mit VB.2010.00201 bestätigt.

12.5.5.3   *Anschlussgebühren*

Zweck

Gemäss der bundesgerichtlichen Rechtsprechung dienen Anschlussgebühren dazu, die Kosten der Erstellung der Infrastrukturanlagen zu decken, an welche die Liegenschaft angeschlossen wird (VB.2006.00369). Mit der Entrichtung der Gebühr erfolgt der Einkauf in das Infrastrukturnetz beziehungsweise die Möglichkeit, das fragliche Leitungsnetz zu benutzen. Die Abgabepflicht wird aufgrund des Anschlusses an das Abwasserleitungsnetz ausgelöst. Sobald also der Anschluss an die Kanalisation erfolgt und deren Benutzung möglich ist, ist die Anschlussgebühr geschuldet (STUTZ 2008: S. 192). Der Abgabe steht als Entgelt eine individualisierte Leistung des Gemeinwesens – der «Einkauf» – gegenüber (KARLEN 1999:S. 555).

Bemessungsgrundlagen und Pauschalisierung

Den Gemeinden wird weder vom Bund noch vom Kanton Zürich vorge-
schrieben, nach welcher Bezugsgrösse die kostendeckenden Gebühren für die
Siedlungsentwässerung zu bemessen sind (vgl. etwa VB.2007.00052). Bei der
Gebührenbemessung sind sodann im Interesse der Praktikabilität Schemati-
sierungen erlaubt (BGE 103 Ia 85). Das hat zur Folge, dass die Gebühr im
Einzelfall höher sein kann als die ihr gegenüberstehende staatliche Aufwen-
dung. In diesem Sinne ist grundsätzlich zulässig, die Anschlussgebühr auf der
Grundlage des Gebäudeversicherungswertes zu berechnen (VB.2004.00143 und
2006.00543, 2009.00431; BGer 1P.262/2005; STUTZ 2008: S. 192, auch zum
Folgenden). Wichtig sind jedenfalls Bemessungskriterien, die einen Bezug zur
Beanspruchung der öffentlichen Kanalisationsanlagen aufweisen (zum Beispiel
die Bruttogeschossfläche, das Gebäudevolumen, die Anzahl der Zimmer oder die
zulässige Ausnützung). § 45 EG GSchG verlangt auch nicht etwa, dass die Anschlussgebühr von der tatsächlichen Nutzung des erfolgten Anschlusses abhängen müsse. Es ist daher zulässig, dass sich eine Gebührenordnung am gesamten
Abwasserpotenzial eines Grundstücks und nicht nur am Potenzial eines einzelnen angeschlossenen Gebäudes orientiert. So ist auch die gewichtete Grundstücksfläche eine dem Verursacherprinzip (Art. 60a GSchG) entsprechende, in
der Praxis durchaus anerkannte Grösse (VB.2007.00052; KARLEN 1999), die auch
vom Verband Schweizer Abwasser- und Gewässerschutzfachleute (VSA) als Mo-
dell favorisiert wird (vgl. Richtlinie über die Finanzierung der Abwasserentsorgung auf Gemeinde- und Verbandsebene, 1994, S. 27 sowie die zugehörigen Erläuterungen, S. 44 ff.). Die Berechnung nach der gewichteten Grundstücksfläche
wird denn auch in der kantonalen Musterverordnung zur Gebührenverordnung
für Siedlungsentwässerungsanlagen als Variante empfohlen.

Vgl. zu den Grundsätzen zur Bestimmung der Kanalisationsanschlussge-
bühr auch ZBl 2004, S. 270.

Umbauten und Ersatzbauten

Falls die massgeblichen Vorschriften dies vorsehen, darf bei nachträglichen baulichen Veränderungen eine ergänzende Anschlussgebühr erhoben werden, ohne
dass es dabei auf die zu erwartende Mehr- oder Minderbelastung der öffentlichen Versorgungs- und Entsorgungsnetze ankommt (VB.2006.00369). Daher
gilt bei Kanalisationsanschlussgebühren, die häufig nach dem Gebäudeversicherungswert bemessen werden, die Erhöhung dieses Werts als Vermutung für eine
erhebliche zusätzliche Beanspruchung des Kanalisationssystems, welche die Erhebung einer zusätzlichen Anschlussgebühr rechtfertigt, die alsdann folgerichtig
nach der Erhöhung des Gebäudeversicherungswerts bemessen wird (KARLEN
1999: insbesondere S. 567 mit Hinweisen).

Mit Blick auf den mit den Anschlussgebühren verfolgten Finanzierungs-
zweck ist nicht gerechtfertigt, Ersatzbauten anders zu behandeln als Um- und
Erweiterungsbauten. Die Gleichbehandlung von Ersatz- und Erweiterungsbauten drängt sich bis zu einem gewissen Grad auch aus praktischen Gründen
auf, da zwischen Um- und Ausbauten sowie eigentlichen Ersatzbauten letztlich

keine scharfe Trennung gemacht werden kann (VB.2009.00160 mit Hinweisen auf die Praxis des Bundesgerichts).

Mehrwertsteuer

Kanalisationsanschlussgebühren unterstehen der Mehrwertsteuer (VB.2004.00190; vgl. auch BGE 125 II 480). Art. 84 Abs. 8 MWStV erlaubt den Gemeinwesen, die Mehrwertsteuer auf die Leistungsbezüger zu überwälzen (VB.2000.00339 und 2006.00093).

Schuldner

Weder das eidgenössische noch das kantonale Recht regeln verbindlich, wer für die Gebühren zahlungspflichtig ist. Den Gemeinden steht insoweit ein erheblicher Autonomiebereich zu. Sie sind bei der Festsetzung der Gebührenordnungen im Rahmen des Verfassungsrechts und der gesetzlichen Vorgaben autonom (VB.2002.00014; THALMANN: N 2.2 zu § 63 GG).

Sofern die kommunale Gebührenverordnung nichts anderes festschreibt und keine Schuldübernahme im Sinne von Art. 176 Abs. 2 OR stattgefunden hat, bleibt Schuldner der Anschlussgebühr der Eigentümer im Zeitpunkt der Entstehung der Leistungspflicht, auch wenn nachher ein Eigentumsübergang stattgefunden hat (VB.2000.00039). Schuldner ist und bleibt also in der Regel der Eigentümer zum Zeitpunkt des Kanalisationsanschlusses. Die Gebührenschuld ist eine persönliche Schuld dieses Grundeigentümers. Die Abgabesukzession, das heisst der Übergang der Gebührenschuld auf einen neuen Eigentümer (den Rechtsnachfolger) bedarf einer klaren gesetzlichen Grundlage in der kommunalen Gebührenverordnung. Die Bestimmung des Abgabesubjektes gehört nämlich zu den wesentlichen Elementen, welche im Grundlagenerlass enthalten sein müssen (BGE 97 I 348, 98 Ia 178; 102 Ia 26 betr. Einwohnergemeinde Engelberg; VB.2004.00162). Vgl. auch VB.2001.00209 (insbesondere zu Bauberechtigten als Schuldner).

Nach § 29a Abs. 1 Satz 1 VRG werden alle öffentlich-rechtlichen Forderungen der Verwaltungsbehörden und Privatpersonen 30 Tage seit Zustellung der Rechnung fällig. Diese Bestimmung gilt auch für Gebührenforderungen der kommunalen Verwaltungsbehörden (vgl. § 4 VRG) und kann durch kommunales Recht nicht geändert werden (VB.2009.00685).

Abgrenzung zu den Benützungsgebühren

Demgegenüber sind Benützungsgebühren das Entgelt für die Benutzung der öffentlichen Kanalisationsanlagen und werden jährlich erhoben. In der Regel wird im Kanalisationsreglement der Gemeinde zwischen Grund- und Mengengebühr unterschieden. Da eine verursachergerechte Kostenbelastung einen gewissen Bezug zum Abwasseranfall aufweisen muss (vgl. Art. 60a GSchG), darf die Mengengebühr nicht nur nebensächlich sein. Es muss ein mehr oder weniger direkter Bezug zur Abwassermenge geschaffen werden, zum Beispiel Bemessung anhand der Frischwassermenge (STUTZ 2008: S. 193). Vgl. zu den Benützungsgebühren, insbesondere zum Verhältnis zwischen Grundgebühr und Mengenpreis: URP 2004, S. 197 sowie URP 2004, S. 211, VB.2009.00048 und STUTZ 2008: S. 194 f.).

12.5.6   Ableitung von verschmutztem Abwasser

12.5.6.1   *Arten der Ableitung*

Grundsätze

Im Bereich öffentlicher Kanalisationen ist das verschmutzte Abwasser, das nicht landwirtschaftlich verwertet wird (Art. 12 Abs. 4 GSchG) in die Kanalisation einzuleiten (Art. 11 Abs. 1 GSchG). Der Bereich öffentlicher Kanalisationen umfasst Bauzonen (Art. 11 Abs. 2 lit. a GSchG), weitere Gebiete, sobald für sie eine Kanalisation erstellt worden ist (lit. b), sowie weitere Gebiete, in welchen der Anschluss an die Kanalisation zweckmässig und zumutbar ist (lit. c).

Keine generellen Ausnahmen

Das aktuelle Gewässerschutzrecht lässt – anders als das frühere Recht – die Befreiung von der Kanalisationsanschlusspflicht nicht mehr mit einer generellen Ausnahmebestimmung zu, sondern beschränkt sie auf bestimmte gesetzlich umschriebene Sonderfälle. Denn eine Überprüfung von Zweckmässigkeit und Zumutbarkeit des Anschlusses besteht nur ausserhalb von Bauzonen und anderen Gebieten, für welche eine Kanalisation erstellt ist (Art. 11 Abs. 2 lit. c GSchG). Es ist somit in Übereinstimmung mit dem klaren Gesetzeswortlaut davon auszugehen, dass verschmutztes Abwasser im Bereich der öffentlichen Kanalisation – abgesehen von den in Art. 12 GSchG namentlich aufgeführten Ausnahmetatbeständen – in die Kanalisation geleitet werden muss. Die Ausnahmen betreffen ausschliesslich Abwasser, das für die Behandlung in einer ARA nicht geeignet ist (Art. 12 Abs. 2 GSchG) und häusliches Abwasser eines landwirtschaftlichen Betriebes (Art. 12 Abs. 4 GSchG). Daran ändert § 20 Abs. 2 EG GSchG nichts, wonach das AWEL generelle Ausnahmen erteilen kann. Als kantonales Recht hat die Norm von vornherein der Regelung im Bundesgesetz zu weichen (RB 2004 Nr. 84).

Art. 6 ff. GSchV sehen allerdings neben der Einleitung in die Kanalisation auch die Einleitung in Gewässer und die Versickerung von verschmutztem Abwasser vor. Weitere Ausnahmen sind möglich, wenn die Anschlusspflicht zu einer vom Gesetzgeber nicht gewollten Härte führen würde oder offensichtlich unzweckmässig wäre (vgl. URP 1999, S. 805 ff.).

Einleitung in Gewässer

Die Einleitung von verschmutztem Abwasser in oberirdische oder unterirdische Gewässer oder in Dränagen wird bewilligt, wenn die Voraussetzungen nach Anhang 3 zur GSchV eingehalten sind. Die Anforderungen werden verschärft oder ergänzt, wenn sonst die Anforderungen an die Wasserqualität eines Gewässers nicht erfüllt sind. Umgekehrt sind auch Erleichterungen möglich. Art. 6 GSchV listet die entsprechenden Voraussetzungen detailliert auf.

Einleitung in die öffentliche Kanalisation

Die Einleitung von Abwasser in die öffentliche Kanalisation wird bewilligt, wenn die Qualitätsanforderungen der Anhänge 3.2 beziehungsweise 3.3 zur GSchV erfüllt sind. Art. 7 GSchV umschreibt detaillierte Anforderungen für Verschärfungen, Ergänzungen und Erleichterungen der Anforderungen. Zum Begriff «Stand der Technik» vgl. Mitteilungen zum Gewässerschutz Nr. 41/2001, Stand der Technik im Gewässerschutz – Erläuterungen zum Begriff Stand der Technik in der Gewässerschutzverordnung (GSchV).

Versickerung

Das Versickernlassen von verschmutztem Abwasser ist verboten. Die zuständige Behörde kann aber das Versickernlassen von kommunalem Abwasser oder anderem verschmutztem Abwasser vergleichbarer Zusammensetzung unter bestimmten kumulativ erforderlichen Voraussetzungen bewilligen. Voraussetzung ist, dass das Abwasser behandelt worden ist und die Anforderungen an die Einleitung in Gewässer erfüllt sind, eine Versickerungsanlage erstellt wird und die massgeblichen Anforderungen an die Wasserqualität der betroffenen Gewässer erfüllt sind (Art. 8 GSchV).

12.5.6.2   *Abwasser besonderer Herkunft*

Vorbehandlung

Wer Abwasser einleiten will, das den Anforderungen an die Einleitung in die Kanalisation nicht entspricht, muss es vorbehandeln. Die Kantone regeln die Vorbehandlung (Art. 12 Abs. 1 GSchG). Der Kanton Zürich ist dieser Pflicht mit §§ 8 und 17 Abs. 2 EG GSchG nachgekommen. Für Industrie- und Gewerbeabwasser besteht eine Wegleitung des AWEL. Vgl. zur bundesgerichtlichen Praxis HUBER-WÄLCHLI/KELLER: S. 18.

Abwasser aus beweglichen Sanitäranlagen

Abwasser aus beweglichen Sanitäranlagen muss gesammelt werden und darf nur unter Benützung der dafür vorgesehenen Einrichtungen in die ARA eingeleitet werden. Ausnahmen bestehen für Eisenbahnfahrzeuge (Art. 9 Abs. 3 GSchV).

Löschwasser

Nach Art. 3 und 6 GSchG sind Massnahmen gegen die Verunreinigung von Gewässern zu treffen. Daher sind überall, wo im Brandfall Gefahren für Gewässer, Boden und Anlagen drohen, Löschwasser-Rückhaltemassnahmen zu planen und zu realisieren. Das betrifft Betriebe, in denen wassergefährdende Stoffe (oder solche, die im Brandfall wassergefährdend werden) gelagert oder verwendet werden. Die Massnahmen können technischer, baulicher oder organisatorischer Art sein. Details in: AWEL: «Richtiger Umgang mit Löschwasser», in: ZUP April 2003. Bei bestehenden Betrieben werden Löschwasser-Rückhaltemassnahmen durch das AWEL angeordnet. Bei Bauvorhaben muss das Löschwasserkonzept bereits im Baugesuch enthalten sein.

Ungeeignetes Abwasser

Die kantonale Behörde (das AWEL) entscheidet über die zweckmässige Beseitigung von Abwasser, das für die Behandlung in einer zentralen Abwasserreinigungsanlage nicht geeignet ist (Art. 12 Abs. 2 und 17 lit. c GSchG).

Dies wird im kantonalen Recht konkretisiert: Abwässer, die wegen ihrer Beschaffenheit das Kanalnetz, die ARA oder die Gewässer schädigen oder den Betrieb der ARA übermässig erschweren könnten, sind vor ihrer Einleitung in die Kanalisation auf Kosten des Verursachers am Anfallort in geeigneter Weise vorzubehandeln (§ 14 Abs. 2 GSchV-ZH, Fassung vom 1. Juli 2005).

Abwasser aus Landwirtschaft und Gartenbau

Abwasser aus der Aufbereitung von Hofdünger, der Hors-sol-Produktion und ähnlichen Verfahren muss umweltverträglich und entsprechend dem Stand der Technik landwirtschaftlich oder gartenbaulich verwertet werden (Art. 14 GSchG und Art. 9 Abs. 2 GSchV). Art. 14 GSchG umschreibt die hierzu erforderlichen Lagereinrichtungen und Nutzflächen, Art. 22 ff. GSchV die Anforderungen im Einzelnen und Ausnahmen. Vgl. zur bundesgerichtlichen Praxis auch HUBER-WÄLCHLI/KELLER: S. 19.

Die Kantone können ergänzende Bestimmungen erlassen. Gemäss § 16 GSchV-ZH dürfen tierische Jauche, die Abwässer aus Mistwürfen sowie Silo- und Brennereiabwässer weder direkt noch indirekt einem öffentlichen Gewässer zugeführt noch den Kanalisationen zugeleitet werden. Sie sind in geschlossenen Gruben zu sammeln und gemäss den Anforderungen des GSchG landwirtschaftlich so zu verwerten, dass öffentliche Interessen nicht beeinträchtigt werden (Abs. 1). Für die Erstellung geschlossener Jauchegruben ist eine Bewilligung der Gemeinde erforderlich. Die Richtlinien des BUWAL (seit 1. Januar 2006: BAFU) über die Bemessung und Gestaltung der Hofdüngerlageranlagen sind zu beachten (Abs. 2).

Vgl. auch die zahlreichen Merkblätter und Hilfsmittel (Liste der Arbeitshilfen, Seite 647).

Häusliches Abwasser aus Landwirtschaftsbetrieben

In einem Landwirtschaftsbetrieb mit erheblichem Rindvieh- und Schweinebestand (das heisst mit mindestens acht Düngergrossvieheinheiten, Art. 12 Abs. 3 GSchV) darf das häusliche Abwasser zusammen mit der Gülle landwirtschaftlich verwertet werden. Vorausgesetzt ist, dass die Wohn- und Betriebsgebäude mit Umschwung in der Landwirtschaftszone liegen oder die Gemeinde Massnahmen trifft, um die Gebäude samt Umschwung der Landwirtschaftszone zuzuweisen. Ferner muss die Lagerkapazität (3 Monate, Art. 14 Abs. 3 GSchG) auch für das häusliche Abwasser ausreichen und die Verwertung auf der eigenen oder gepachteten Nutzfläche sichergestellt sein (Art. 12 Abs. 4 und 5 GSchG). Massgebend für die technischen Belange von Jauchegruben sind die Mitteilung Nr. 12 des BUWAL «Baulicher Gewässerschutz in der Landwirtschaft, Hinweise für Bau und Unterhalt». Erläuterungen enthält auch die Mitteilung Nr. 15 des BUWAL «Wegleitung für den Gewässerschutz in der Landwirtschaft (Bereich Hofdünger)».

Schon eine geringe Änderung der Bewirtschaftungsweise des Landwirtschaftsbetriebes kann dazu führen, dass der Hof an die Kanalisation angeschlossen werden muss. Das etwa dann, wenn der Tierbestand unter acht Grossvieheinheiten abgebaut wird, um auf Kräuter- oder Gemüseproduktion umzustellen, oder wenn von der Schweinemast auf die Pouletmast umgestellt wird. Im Weiteren ist Art. 12 Abs. 4 GSchG gemäss dem traditionellen Landwirtschaftsbegriff auszulegen. Wenn mehr häusliches Abwasser anfällt, als dies auf einem traditionellen Hof üblich ist und deshalb das Mischverhältnis eine gewässerschutzkonforme landwirtschaftliche Verwertung nicht mehr gewährleisten kann, besteht Anschlusspflicht. Daher kann etwa ein landwirtschaftlicher Betrieb mit Tierhaltung, der daneben noch ein Gastgewerbe führt, nicht von der Anschlusspflicht befreit werden, wenn er im Verhältnis zur anfallenden Jauche zu viel häusliches Abwasser produziert. Nach dem klaren Wortlaut von Art. 12 Abs. 4 GSchG, der sich nur auf Landwirtschaftsbetriebe bezieht, ist ebenso gewerbliches (nicht landwirtschaftliches) Abwasser der Kanalisation zuzuleiten. Vgl. zur bundesgerichtlichen Praxis auch HUBER–WÄLCHLI/KELLER: S. 17.

Kleinere Gebäude und Anlagen

Weitere Ausnahmen von der Anschlusspflicht bestehen schliesslich für kleinere Gebäude und Anlagen, die sich im Bereich öffentlicher Kanalisationen befinden, aber aus zwingenden Gründen noch nicht an die Kanalisation angeschlossen werden können. Die Baubewilligung darf erteilt werden, wenn der Anschluss kurzfristig möglich ist und das Abwasser in der Zwischenzeit auf eine andere befriedigende Weise beseitigt wird. Vorgängig ist das AWEL anzuhören (Art. 18 GSchG).

12.5.6.3   *Anschlusspflicht ausserhalb der Bauzonen*

Allgemeines

Zum Bereich der öffentlichen Kanalisation, an die grundsätzlich anzuschliessen ist, gehören neben Bauzonen auch weitere Gebiete – insbesondere Weiler –, sobald für sie eine Kanalisation erstellt worden ist (Art. 11 Abs. 2 lit. a und b GSchG) oder der Anschluss an die Kanalisation zweckmässig und zumutbar ist (Art. 11 Abs. 2 lit. c GSchG).

Im Unterschied zu häuslichem und industriellem Abwasser kommt für Jauche und Mistwasser wegen des Nährstoffgehalts im Grundsatz nur die landwirtschaftliche Verwertung infrage (vgl. Seite 619 f.).

Zweckmässigkeit

Für Abwasserproduzenten ausserhalb der Bauzonen ist der Kanalisationsanschluss zweckmässig, wenn er sich einwandfrei und mit normalem baulichen Aufwand herstellen lässt. Der Anschluss darf das Fassungsvermögen der Kanalisation nicht übersteigen. Er ist auch dann noch zweckmässig, wenn die Abwässer wegen der allfällig zu tiefen Lage des Hausanschlusses zum öffentlichen Anschlusspunkt gepumpt werden müssen (BGer 1A.162/1989).

Bei der Beurteilung der Zweckmässigkeit ist nach der Gerichtspraxis unerheblich, ob alternative Lösungen im Vergleich mit der Anschlusspflicht ebenbürtig oder sogar überlegen sind. Erst bei der Frage der Zumutbarkeit der Kosten darf die Möglichkeit alternativer Lösungen berücksichtigt werden (URP 2003, S. 252 ff. mit Hinweisen auf die bundesgerichtliche Praxis).

Zumutbarkeit

Der Kanalisationsanschluss ist zumutbar im Sinne von Art. 11 Abs. 2 lit. c GSchG, wenn die Kosten für vergleichbare Anschlüsse innerhalb der Bauzonen nicht wesentlich überschritten werden (Art. 12 Abs. 1 GSchV), wobei auf eine objektive Betrachtungsweise nach der möglichen Nutzung der betroffenen Liegenschaft bei voller Auslastung abzustellen ist (BGE 115 Ib 31 ff.) Das heisst, dass rund 10 bis 20 Prozent höhere Baukosten noch in Kauf zu nehmen sind. Das Verwaltungsgericht Bern hat entschieden, dass die Zumutbarkeit eines Kanalisationsanschlusses angesichts der Anschlusskosten von insgesamt rund 30 000 Franken oder 10 000 Franken pro Einwohnergleichwert zu verneinen ist, zumal eine gesetzeskonforme Entsorgung der Abwässer mittels Sanierung der bestehenden Grube deutlich günstiger erreicht werden kann (URP 2005, S. 76). Vgl. zur Zumutbarkeit und zur bundesgerichtlichen Praxis hierzu auch VB.2003.00174 sowie auch HUBER-WÄLCHLI/KELLER: S. 15. Beim Vergleich mit den Zahlen, die in den bundesgerichtlichen Entscheiden genannt werden, ist allerdings zu beachten, dass das Bundesgericht, im Unterschied zu den nachfolgend erwähnten kantonalen Richtlinien, von den Gesamtkosten inkl. Anschlussgebühren ausgeht (URP 2003, S. 252 ff. mit Hinweisen auf die bundesgerichtliche Praxis und die Praxis anderer Kantone).

Das AGW, heute AWEL, hat im März 1987 Richtlinien zur Anschlusspflicht erlassen. Diese Richtlinien sind durch neue Richtlinien vom 2. März 2004 «betreffend die Anschlusspflicht von Liegenschaften an die private und öffentliche Kanalisation» ersetzt worden. Die Richtlinien enthalten Ausführungen zur Zweckmässigkeit und Zumutbarkeit des Kanalisationsanschlusses sowie ein Schema zur Ermittlung der Anschlusspflicht. Für Wohnhäuser gelten im Normalfall Anschlusskosten bis 6500 Franken pro EGW (Index April 2003) als zumutbar. Der EGW entspricht der Anzahl Schlaf-, Wohn- und Arbeitsräumen eines Wohnhauses (ohne Küche, Bad, WC etc.). Ausnahmen nach oben und unten sowie die Verhältnisse beim gleichzeitigen Anschluss mehrerer Liegenschaften sind in den Richtlinien ausführlich geregelt. Die zumutbaren Anschlusskosten werden jeweils per 1. Januar eines Kalenderjahres gemäss dem Baupreisindex für Tiefbauten im Kanton Zürich des Bundesamtes für Statistik vom April des Vorjahres angepasst (Basis Oktober 1998 = 100).

Wie das Verwaltungsgericht (URP 2003, S. 252 ff.) erkannt hat, halten sich die erwähnten Richtlinien des AWEL im Rahmen des massgebenden Bundesrechts. Dieser Entscheid bezieht sich allerdings noch auf die Richtlinien 1987, gilt aber wohl auch für die neuen, wendet doch das Verwaltungsgericht diese an (VB.2008.00116). Den Richtlinien kommt keine Gesetzeskraft, jedoch eine das Gesetz präzisierende, die Auslegung beeinflussende Wirkung zu (vgl. KÖLZ/BOSSHART/RÖHL: § 50 N 65),

Als zusätzlicher Anhaltspunkt der Zumutbarkeit eines Kanalisationsanschlusses sollte mit den Kosten einer Einzelreinigungsanlage verglichen werden. Muss ein Gebäude nicht an die Kanalisation angeschlossen werden, so ist ja das Abwasser entsprechend dem Stand der Technik zu beseitigen (Art. 13 GSchG). So werden denn auch in den erwähnten Richtlinien (Ziffer 4) verschiedene Gründe für Erhöhungen oder Reduktionen des zumutbaren Betrages genannt.

Unter anderem wird ausdrücklich vorgesehen, das Vorliegen gewässerschutz-konformer Alternativlösungen bei fehlendem Kanalisationsanschluss oder die wirtschaftlichen Verhältnisse des Grundeigentümers zu berücksichtigen. Ziffer 5 der Richtlinien führt ergänzend aus, dass erst aufgrund einer alternativ an-zuordnenden Entsorgungsmassnahme über die Verhältnismässigkeit eines Ka-nalisationsanschlusses entschieden werden könne. Das Bundesrecht lässt Raum für eine solche Regelung. Ein Vergleich mit alternativen Lösungen zur Feststel-lung der Zumutbarkeit der Kosten ist zulässig. Allerdings kommt der Bau und der Betrieb einer Einzelreinigungsanlage unter Umständen nicht viel günstiger als der Kanalisationsanschluss (WIESTNER/MEYER STAUFFER: S. 12). Aber selbst wenn er sich im Einzelfall als günstiger erweisen sollte, spricht das noch nicht gegen die Zumutbarkeit des Kanalisationsanschlusses. So geht etwa das BAFU davon aus, dass der Anschluss auch dann noch zumutbar ist, wenn im Vergleich zu einer anderen Lösung Mehrkosten in der Grössenordnung von 15 bis 20 Prozent entstehen. Gemäss den erwähnten zürcherischen Richtlinien beträgt der entsprechende Wert 20 Prozent.

Ersatzmassnahmen

Wo der Kanalisationsanschluss weder zweckmässig noch zumutbar ist (für Bau-ten und Anlagen also ausserhalb des Bereiches öffentlicher Kanalisationen) ist das Abwasser entsprechend dem Stand der Technik zu beseitigen (Art. 13 Abs. 1 GSchG). Baubewilligungen für Neu- und Umbauten dürfen dann nur erteilt werden, wenn die zweckmässige Beseitigung verschmutzten Abwassers durch besondere Verfahren gewährleistet ist (Art. 17 lit. b GSchG). Solche besonderen Verfahren sind mit Rücksicht auf die Vorflutverhältnisse, die Gefährdung von Grundwasser oder Quellen und die Abwassermenge zu treffen. Primär ist an abflusslose Klärgruben zu denken (Art. 9 Abs. 1 GSchV). In Betracht kom-men auch Kleinkläranlagen. Für deren Auswahl, Einsatz und Bemessung dient die VSA-Richtlinie «Kleinkläranlagen»). Zu betonen ist, dass auf diese Weise nur häusliches Abwasser, nicht aber Abwässer aus der Tierhaltung, Meteorwas-ser und Abwässer, welche einer Sonderbehandlung bedürfen, entsorgt werden können. Vgl. allgemein hierzu AWEL: Arbeitshilfe SE.5.0 Entsorgung von häus-lichem Abwasser ausserhalb der Bauzonen.

12.5.7   Ableitung von Fremd- und Meteorwasser

12.5.7.1 *Fremdwasser*

Fremdwasser ist stetig anfallendes, nicht verschmutztes Abwasser, wie zum Bei-spiel Überlaufwasser von Quellen, Reservoiren und Brunnen, Rücklaufwasser aus Kühlanlagen, Klimaanlagen und Wärmepumpen, Dränage-, Sicker- und Grundwasser sowie Bachwasser. Solches Abwasser darf nicht mehr in die Ka-nalisation eingeleitet werden (Art. 12 Abs. 3 GSchG). Nur ausnahmsweise kann die kantonale Behörde die Einleitung von nicht verschmutztem Abwasser, das stetig anfällt, in die Kanalisation bewilligen, dann nämlich, wenn die örtlichen Verhältnisse die Versickerung oder die Einleitung in ein Gewässer nicht erlau-ben (Art. 12 Abs. 2 GSchV).

12.5.7.2   *Meteorwasser*

Primäres Gebot der Versickerung

Unter den Begriff «Meteorwasser» fällt das Dach- und Sickerwasser sowie das nicht verschmutzte Regenwasser von Strassen, Wegen und Plätzen. Das von den bebauten und befestigten Flächen ablaufende Meteorwasser soll, wenn immer möglich, nicht in die Kanalisation eingeleitet werden. Es ist nach den Angaben der zuständigen Behörde versickern zu lassen oder kann – wenn die örtlichen Verhältnisse keine Versickerung erlauben – direkt in ein Gewässer eingeleitet werden; dabei sind nach Möglichkeit Rückhaltemassnahmen zu treffen, damit das Wasser bei grossem Anfall gleichmässig abfliessen kann. Einleitungen, die nicht in einer vom Kanton genehmigten kommunalen Entwässerungsplanung ausgewiesen sind, bedürfen der Bewilligung der kantonalen Behörde, d.h. des AWEL (Art. 7 Abs. 2 GSchG).

Beim Meteorwasser geht das Bundesrecht aber weniger weit als bei den Vorschriften über das Fremdwasser, indem die Einleitung in die Kanalisation (Mischsystem) nicht generell ausgeschlossen ist. Die zuständigen Behörden müssen im Einzelfall gestützt auf den GEP anordnen, wie solches nicht verschmutztes Abwasser zu beseitigen ist. Der GEP zeigt auf, wo die Versickerung von Meteorwasser möglich beziehungsweise vorgeschrieben ist. Eine Versickerungskarte stellt die Sickerfähigkeit der Böden und die Grundwasserschutzzonen dar.

Die Richtlinie VSA, Regenwasserentsorgung, Ausgabe 2002, mit Update 2008, ist im Sinne von Richtlinien und Normalien beachtlich (Ziffer 2.72 Anhang BBV I). Von ihr kann nur im Rahmen von § 360 Abs. 3 PBG, d.h. aus wichtigen Gründen, abgewichen werden. Die Abweichungen sind im baurechtlichen Entscheid kurz zu begründen (§ 3 Abs. 4 BBV I). Vgl. Näheres Seite 343 f.

Oberflächliche Versickerung

Eine erste wirksame Massnahme besteht darin, grössere Flächen erst gar nicht zu versiegeln, sondern mit geeigneter Gartengestaltung durchlässig zu gestalten, damit das Meteorwasser am Ort des Anfalls weiterhin oberflächlich versickern kann (beispielsweise Parkplätze und andere Verkehrsflächen mit Schotterrasen, Rasengittersteinen, Pflaster- oder Verbundsteinen gestalten). Die oberflächliche Versickerung ist allerdings oft erschwert, da dem Wasser nicht genügend Zeit zur Verfügung steht, in den Boden einzudringen. Diese unerwünschten Auswirkungen können mit geeigneten Retentionsmassnahmen verringert werden. Dadurch soll möglichst viel Wasser am Ort des Anfalls zurückbehalten werden, um den Abfluss zu drosseln, das heisst zeitlich zu verzögern und mengenmässig zu begrenzen (beispielsweise durch Begrünung von Flachdächern, Biotop oder Badeweiher als Retentionsbecken, Staukanäle).

Dachbegrünung insbesondere

Die (extensive oder intensive) Begrünung von Flachdächern hat neben der Regenwasserrückhaltung noch weitere ökologische Vorteile (Senkung der sommerlichen Raumtemperatur, zusätzliche Wärmedämmung im Winter, Erhöhung der Vegetationsfläche). Daneben ergeben sich positive gestalterische Effekte. Letztlich bietet die Flachdachbegrünung auch eine langfristige wirt-

schaftliche Alternative zum herkömmlichen, oft reparaturanfälligen Flachda-
chaufbau (vgl. VASELLA und CATRINA). Im Jahr 2002 hat die Schweizerische
Fachvereinigung Gebäudebegrünung (SFG) gemeinsam mit dem BUWAL und
anerkannten Fachverbänden eine Richtlinie für Extensivdachbegrünungen publiziert, welche eine minimale Qualität für extensive Dachbegrünungen anhand
überprüfbarer Kriterien definiert.

Versickerungsanlage

Lassen die örtlichen Gegebenheiten, die Geologie des Untergrundes, die Aspekte
des Bodenschutzes oder die Menge des anfallenden Abwassers eine oberflächliche
Versickerung nicht zu, ist eine Versickerungsanlage zu erstellen. Der Anlagetyp wird
durch die hydrologischen Verhältnisse am Projektstandort und durch die Anforderungen des qualitativen Grundwasserschutzes bestimmt. Planungsgrundlagen und
Beispiele enthält die Broschüre des AGW (heute AWEL), «Die Versickerung von
Regenabwasser auf der Liegenschaft», ZUP 6/1996. Vgl. auch BUWAL, «Wohin
mit dem Regenwasser», Beispiele aus der Praxis (mit ausführlichen Literaturanga-
ben) sowie zur Beseitigung von Meteorwasser auch ausführlich BEZ 2003 Nr. 40.

Einleitung in ein Gewässer oder in die Kanalisation

Bei Böden, die nach dem GEP, der Versickerungskarte oder im Einzelfall aufgrund eines geologischen Gutachtens das Einsickern nur erschwert zulassen
oder gar nicht erlauben, ist ein Versickerungsnachweis für Dachwasser erforderlich und ist dieses gegebenenfalls – auch zur Verhinderung von Gefährdungen
der Nachbargrundstücke – in das öffentliche Leitungsnetz (Meteorwasserkana-
lisation) einzuleiten (BEZ 2003 Nr. 40). Wo auch diese Möglichkeit ausscheidet,
ist der Kanalisationsanschluss zuzulassen.

   Bei Regenwasser von Lastwagen-Parkplätzen sowie von Umschlag- und
Lagerplätzen besteht in der Regel eine erhebliche Verschmutzungsgefahr, sodass
dieses grundsätzlich in die Kanalisation abzuleiten ist. Auch Regenwasser von
Strassen kann in Abhängigkeit von Verkehrsart und -frequenz einen erheblichen
Verschmutzungsgrad aufweisen.

Ansprüche Dritter

Die dargelegte Rechtslage und Praxis zur Versickerung von Meteorwasser deckt
sich mit den privatrechtlichen Grundsätzen: Gemäss Art. 689 Abs. 1 ZGB ist jeder Grundeigentümer verpflichtet, das von dem oberhalb liegenden Grundstück
natürlicherweise abfliessende, nicht verschmutzte Abwasser abzunehmen, soweit
damit keine Schädigung fremden Eigentums verbunden ist (vgl. Art. 689 Abs. 2
ZGB). Da die Grundstücksentwässerung im GSchG und damit im öffentlichen
Recht verankert ist, wird der betroffene Nachbar nicht allein in das zivilrechtliche
Verfahren verwiesen (anders noch BEZ 1991 Nr. 46). Vielmehr hat eine Bauherrschaft gestützt auf § 239 Abs. 1 und § 310 Abs. 2 PBG mit dem Baugesuch oder
spätestens vor Baubeginn ein Konzept zur Beseitigung des Meteorwassers einzureichen, wenn keine problemlose Versickerung angenommen werden kann. Die
Beurteilung dieser Frage kann nicht einer blossen Baukontrolle überlassen werden, da ihr die nachbarschützende Publizitätswirkung abgeht (BEZ 2003 Nr. 40).

12.5.8	Unterhalt und Sanierung von Abwasseranlagen
12.5.8.1	*Kontroll- und Unterhaltspflichten*

Verantwortlichkeit des «Inhabers»

Gemäss Art. 15 Abs. 1 GSchG sorgen die Inhaber von Abwasseranlagen dafür, dass diese sachgemäss bedient, gewartet und unterhalten werden. Die Funktionsfähigkeit von Abwasseranlagen muss regelmässig überprüft werden. Art. 13 Abs. 1 GSchV bestimmt ergänzend, dass die Inhaber von Abwasseranlagen

- diese in funktionstüchtigem Zustand erhalten müssen;
- bei Abweichungen vom Normalbetrieb deren Ursachen feststellen, abklären und diese unverzüglich beheben müssen;
- beim Betrieb alle verhältnismässigen Massnahmen zu ergreifen haben, die zur Verminderung der Mengen der abzuleitenden Stoffe beitragen.

Das kantonale Recht verdeutlicht dies mit §15 Abs. 4 EG GSchG. Danach sind Erstellung, Unterhalt und Reinigung der Abwasseranlagen der einzelnen Grundstücke Sache der Grundeigentümer und richten sich nach den Vorschriften der Gemeinde. Gestützt darauf haben die Gemeinden kommunale Abwasserverordnungen zu erlassen, welche entsprechende Ausführungsbestimmungen enthalten (vgl. hierzu etwa VB.2002.00027 und VB.2004.00406). Im Einzelfall ist also die kommunale Abwasserverordnung zu konsultieren, welche die Unterhaltspflichten detailliert regelt.

Eine regelmässige Reinigung privater Kanalisationsanlagen ist weder im eidgenössischen noch im kantonalen Recht vorgeschrieben; hierfür bedarf es einer ausdrücklichen gesetzlichen Grundlage in der kommunalen Abwasserverordnung.

Besondere Anforderungen gelten für Inhaber von Betrieben, die Industrieabwasser in die öffentliche Kanalisation ableiten (vgl. hierzu etwa URP 2005, S. 744 ff.) und für die Inhaber einer Abwasserreinigungsanlage, die Abwasser in die öffentliche Kanalisation oder in ein Gewässer ableiten (Art. 13 Abs. 2–4 und Art. 14 GSchV) sowie für die Überwachung solcher Betriebe durch die Behörde (Art. 15 GSchV) und Massnahmen im Hinblick auf ausserordentliche Ereignisse (Art. 16 und 17 GSchV).

Begriff des Inhabers

Sanierungspflichtiger «Inhaber» einer Abwasseranlage ist diejenige natürliche oder juristische Person, welche für den Betrieb einer Anlage oder Installation verantwortlich ist, ohne dass es dabei auf deren privatrechtliche Stellung (Eigentümerin, Besitzerin usw.) ankommt (BGE 119 Ib 492). Sanierungspflichtig ist also diejenige Person, welche die tatsächliche Herrschaft über das Unternehmen oder die Installation ausübt und in der Lage ist, die nötigen Vorkehrungen zum Schutz der Gewässer vor Verunreinigung zu treffen. Soweit die Abwasserleitungen durch private Grundstücke führen, ist damit die jeweilige Eigentümerschaft für die Leitungen verantwortlich und somit deren Inhaberin. Was die Leitungsstücke in derelinquierten Strassenparzellen betrifft, so haben die Eigentümerinnen und Eigentümer der angeschlossenen Liegenschaften als einzige Benützerinnen und Benützer ein Interesse an deren Betrieb und Erhalt; ohne diese Abwasserleitungen wären die Liegenschaften gar nicht bewohnbar. Die Benützerinnen und Benützer sind deshalb mangels anderer an den Leitungen Berechtigter auch für die Betriebstauglichkeit verantwortlich. Insofern sind sie Inhaberinnen und Inhaber der Leitungen und dementsprechend massnahmen-, d.h. unterhaltspflichtig. Sie haben auch faktisch die Möglichkeit, den Unterhalt beziehungsweise die Sanierung vorzunehmen (URP 2005, S. 74).

Eine Leitung gilt allerdings gemäss Art. 676 Abs. 1 ZGB als Zugehör des Werkes, von dem sie ausgeht, und als Eigentum des Werkeigentümers; das setzt jedoch voraus, dass auf dem Grundstück, auf dem die Leitung liegt, eine Grunddienstbarkeit begründet worden ist, die den Eigentümer des Grundstücks zur Duldung verpflichtet (Art. 675 und 779 ZGB). Fehlt diese Grunddienstbarkeit, so ist Art. 676 ZGB nicht anwendbar, und die Leitung verbleibt im Eigentum des Grundeigentümers. Dasselbe trifft innerhalb des Grundstücks oder der Grundstücke zu, denen die Leitung dient. Folglich trägt in einem solchen Fall der entsprechende Grundeigentümer die Kosten des Unterhalts und der Sanierung der Leitung.

Hatten Eigentümer einer benachbarten Parzelle einen gesetzlichen Anspruch auf ein Durchleitungsrecht (Art. 691 ZGB) und haben sie dieses Recht seit Erstellung ihrer Liegenschaften tatsächlich ausgeübt, so kommt ihnen eine dem Sachbesitz gleichgestellte Position zu (Art. 919 Abs. 2 ZGB), die zur Ersitzung der Dienstbarkeit führen kann (Art. 731 Abs. 3 in Verbindung mit Art. 662 ZGB). Dann gelten sie als Berechtigte an der Leitung und tragen gestützt auf Art. 741 Abs. 1 ZGB die Unterhaltspflicht, allenfalls zusammen mit dem Eigentümer des belasteten Grundstücks, falls auch dieser zur Nutzung der Leitung berechtigt ist (Art. 741 Abs. 2 ZGB). Vgl. hierzu BVR 2004, S. 464 ff.

Überwachungspflicht der Behörden

Gemäss Art. 15 Abs. 2 GSchG sorgen die Kantone dafür, dass die Anlagen periodisch kontrolliert werden. Das EG GSchG überträgt den Gemeinden die unmittelbare Aufsicht und Kontrolle über die Einhaltung der Gewässerschutzbestimmungen des Bundes und des Kantons (§ 7 Abs. 1 EG GSchG). Der Kanton hat die Kontrollen zu überwachen, was sich aus dem Begriff «… sorgt für…» in Art. 15 Abs. 2 GSchG ergibt.

12.5.8.2 *Sanierungsmassnahmen*

Sanierungsziele der Gemeinden

Für die Sanierung von Kanalisationsanlagen sind die Gemeinden zuständig. Die Sanierungsziele und -massnahmen der Gemeinden haben die von ihnen und den privaten Grund- und Anlageeigentümern zu sanierenden Gebiete, Bauten und Anlagen im ganzen Gemeindegebiet (also auch ausserhalb der Bauzonen) zu enthalten. Sie bedürfen der Genehmigung durch den Regierungsrat (§ 22 Abs. 1 EG GSchG).

Zuständigkeiten für Anordnungen

Die Gemeinden treffen für die Verwirklichung ihrer Sanierungsziele rechtzeitig die erforderlichen Massnahmen. In den Sanierungsplänen beziehungsweise im GEP enthaltene Verbesserungen privater Anlagen (insbesondere Kanalisationsanschluss oder Sanierungen beziehungsweise Ersatz sanierungsbedürftiger privater Kanalisationsleitungen) werden von den Gemeinden angeordnet, auch wenn die Sanierungsmassnahme die Bewilligung durch eine kantonale Stelle erfordert; die Kosten tragen die Grund- oder Anlageeigentümer (§ 22 EG GSchG).

Ersatzvornahme

Die Sanierung privater Leitungen ist gegebenenfalls mit Ersatzvornahme im Sinne von § 30 Abs. 1 lit. b VRG durchzusetzen, so jedenfalls dann, wenn ein gemeinsames Vorgehen der Eigentümer der angeschlossenen Liegenschaften nicht zustande kommt und ein längeres Zuwarten wegen der Gefahr einer Gewässerverschmutzung vermieden werden muss (vgl. auch VB.2004.00273). Dann ist die Gemeinde auch für die Kostenverlegung unter mehreren Pflichtigen zuständig. Einzig zum Zweck, die Kosten für die Sanierung einer privaten Versorgungs- oder Entsorgungsleitung zu verlegen, bedarf es keines Quartierplanverfahrens nach § 123 ff. PBG. Die Quartierplangrundsätze können aber analog angewandt werden. Die Festsetzung hat dann durch Verfügung zu erfolgen. Dabei sind gewisse Verfahrensgrundsätze, wie etwa das rechtliche Gehör, zu beachten. Die Verfügung über die Kostenverlegung kann sodann in gleicher Weise wie ein Quartierplanfestsetzungsbeschluss mit Rekurs (allerdings nicht an die Baurekurskommission, sondern an den Bezirksrat) angefochten werden (VB.2004.00343).

12.5.8.3   *Besonderheiten*

Meteorwasser

Das GSchG schreibt die Sanierung von bestehenden Einleitungen von Niederschlagswasser in die Kanalisation nicht vor. Das Mischsystem darf fortbestehen. Art. 7 Abs. 2 GSchG, wonach nicht verschmutztes Abwasser grundsätzlich versickern zu lassen ist, gilt im Grundsatz nur für neue Bauten und Anlagen. Nach der Praxis kann aber nicht nur bei Neubauten, sondern auch bei wesentlichen Umbauten die Sanierung von Meteorwassereinleitungen verlangt werden, wenn das Bauvorhaben eine gewässerschutzrechtliche Bewilligung erfordert und die Erstellung einer Einrichtung zum Versickern verhältnismässig ist.

Im Kanton Zürich lässt sich eine Sanierungspflicht auf § 233 Abs. 2 PBG stützen, wonach die Vorschriften über die Baureife (§ 233 Abs. 1 PBG) auch für Umbauten oder Nutzungsänderungen gelten, durch die von den bisherigen Verhältnissen wesentlich abgewichen wird, d.h. wenn sie bezüglich der Anforderungen an die Baureife ins Gewicht fallen (vgl. Seite 560 f.). Wesentlich sind Umbauten oder Nutzungsänderungen gewiss immer dann, wenn eine gewässerschutzrechtliche Bewilligung beziehungsweise Beurteilung erforderlich ist. Zu berücksichtigen ist aber indessen auch das im Verwaltungsrecht allgemein geltende Verhältnismässigkeitsprinzip: Je höher die gesamten Baukosten und je intensiver der Umbau, desto eher wird zum Beispiel eine Versickerungsanlage zumutbar sein. Dasselbe gilt, wenn ein Gebäude so verändert wird, dass zusätzliches Meteorwasser anfällt (etwa durch Vergrösserung der Dachfläche oder eines Vorplatzes). Die Bezeichnung der Versickerungsgebiete im Generellen Entwässerungsplan hilft der Behörde im Einzelfall abzuwägen, ob hier sinnvollerweise das nicht verschmutzte Abwasser versickern zu lassen ist (vgl. Wiestner/Meyer

STAUFFER: S. 14 f.) Zu beachten sind auch die Sanierungsbestimmungen in den kommunalen Verordnungen über Siedlungsentwässerungsanlagen (SEVO).

Bestehende Einleitungen von Fremdwasser

Bis zum 31. Oktober 2007 (15 Jahre nach Inkrafttreten des GSchG) war sicherzustellen, dass die Wirkung einer Abwasserreinigungsanlage nicht mehr durch Fremdwasser (zum Begriff vgl. Seite 608) beeinträchtigt wird (Art. 76 GSchG). Verlangt wird danach nicht die Sanierung jedes noch so kleinen Zuflusses von Fremdwasser. Mit dem Hinweis auf die Wirkung der Kanalisationsanlage wird die Sanierungspflicht nach dem Verhältnismässigkeitsprinzip auf grössere Fremdwasserzuflüsse beschränkt. Diese sind auf jeden Fall vom Schmutzwasser zu trennen, auch wenn es im Einzelfall sehr aufwendig sein kann. Zumindest grössere Fremdwasserzuflüsse sind entsprechend zu verhindern.

Hofdüngeranlagen

Die Kantone legen die Frist zur Anpassung der Kapazität von Lagereinrichtungen für Hofdünger nach der Dringlichkeit des Einzelfalls fest. Sie hatten dafür zu sorgen, dass bis zum 31. Oktober 2007 (15 Jahre nach Inkrafttreten des GSchG) sämtliche Lagereinrichtungen saniert sind (Art. 77 GSchG).

12.6 Beseitigung von Abfallstoffen und Kehricht

12.6.1 Grundlagen

12.6.1.1 *Rechtsgrundlagen*

Die einwandfreie Behandlung von Abfallstoffen ist Erschliessungsvoraussetzung im Sinne von § 236 Abs. 1 PBG.

In 4. Kapitel des USG sind Grundsätze und Kompetenznormen für die Vermeidung und Entsorgung von Abfällen (Art. 30–30h USG), die Abfallplanung und Entsorgungspflicht (Art. 31–31c USG), Finanzierung der Entsorgung (Art. 32–32b USG) sowie Sanierung von Deponien und anderen durch Abfälle belasteten Standorten (Art. 32c–32e USG) enthalten. Nach der TVA haben die Kantone für die Behandlung, d.h. das Verwerten, Unschädlichmachen oder Beseitigen (Art. 3 TVA) von Siedlungsabfällen, kompostierbaren Abfällen, Sonderabfällen und Bauabfällen zu sorgen (Art. 6–9 TVA). Die Verordnung enthält im weiteren Bestimmungen über Verwertung bestimmter Abfälle (Art. 12–14 TVA), Abfallplanung (Art. 15–18 TVA), Bewilligung von Abfallanlagen (Art. 19 und 20 TVA) sowie über Bewilligung, Überwachung, Errichtung und Betrieb von Deponien (Art. 21–33 TVA), Abfallverbrennungs- und Kompostieranlagen (Art. 38–45 TVA). Für Sonderabfälle vgl. die VeVA.

Die bundesrechtliche Regelung des Abfallwesens ist indessen nicht abschliessend. § 249 PBG sowie primär das AbfG konkretisieren und ergänzen das Bundesrecht. Das AbfG regelt eine zeitgemässe Abfallbewirtschaftung.

12.6.1.2 *Grundsätze der Abfallwirtschaft*

Das AbfG regelt die Abfallwirtschaft mit dem Zweck, in Ausführung und Ergänzung der Bundesgesetzgebung Menschen, Tiere und Pflanzen, ihre Lebensgemeinschaften und Lebensräume gegen schädliche oder lästige Einwirkungen zu schützen, die Qualität von Luft, Wasser und Boden zu erhalten und zu verbessern sowie Stoffe haushälterisch zu verwenden (§ 1 AbfG).

Nach § 2 AbfG sind Abfälle so weit wie möglich zu vermeiden. Unvermeidliche Abfälle werden umweltgerecht verwertet, soweit dies technisch möglich, wirtschaftlich tragbar und im Interesse der Umwelt sinnvoll ist. Verwertbare Abfälle werden in der Regel getrennt gesammelt. Dafür geeignete Abfälle werden vergärt oder dezentral kompostiert. Nicht verwertbare Abfälle werden nach dem Stand der Technik so behandelt, dass möglichst endlagerungsfähige Stoffe verbleiben.

Kanton und Gemeinden beachten bei der Erfüllung ihrer Aufgaben wie der Erstellung von Werken sowie der Beschaffung von Produkten und Dienstleistungen die Grundsätze der Abfallwirtschaft (§ 3 AbfG). Aufsicht und Oberaufsicht über die Abfallwirtschaft obliegen der Baudirektion beziehungsweise dem Regierungsrat (§§ 5 und 6 AbfG). Kantonale Fachstelle für die Abfallwirtschaft ist das AWEL (§ 7 AbfG).

12.6.2   Abfallplanung, Abfallanlagen

12.6.2.1   *Abfallkonzept*

Der Regierungsrat setzt nach Anhören der Gemeinden ein für die kantonalen und kommunalen Behörden verbindliches Gesamtkonzept für die Abfallwirtschaft fest. Es umschreibt die Ziele der Abfallwirtschaft und zeigt Mittel auf, wie diese erreicht werden können. Es umfasst zudem die Abfallplanung nach Bundesrecht und wird regelmässig überprüft (§ 23 AbfG).

12.6.2.2   *Abfallanlagen*

Der Standort von Abfallanlagen (wie auch von Deponien) wird, soweit erforderlich, in den Richtplänen festgesetzt. Auch das Einzugsgebiet der Anlagen wird vom Regierungsrat festgelegt. Einzelfälle regelt die Baudirektion (§ 24 AbfG). Der Staat kann Abfallanlagen selbst erstellen und betreiben oder sich an solchen Anlagen beteiligen, wenn sie sich nicht privatwirtschaftlich erstellen lassen. Für die Benützung staatlicher Anlagen werden grundsätzlich kostendeckende Gebühren erhoben. Für Kleinmengen von Sonderabfällen aus Gewerbe und Haushaltungen kann der Kanton die Kosten für die Entsorgung ganz oder teilweise übernehmen. Er deckt seine Kosten mit der Erhebung einer Abgabe gemäss § 36 AbfG (§ 25 AbfG). § 26 AbfG regelt die Förderung und die Subventionierung.

12.6.2.3   *Deponien*

Auch der Standort von Deponien wird, soweit erforderlich, in den Richtplänen festgelegt (§ 24 Abs. 1 AbfG). Der Staat übernimmt die Nachsorgepflicht des Deponiehalters ab einem vom Regierungsrat bestimmten Zeitpunkt nach Abschluss der Deponie (§ 27 AbfG). Zur Deckung der Kosten für die Nachsorge und zur Bildung einer angemessenen Reserve für unvorhergesehene Massnahmen erhebt der Staat von den Deponiebetreibern eine nach Kategorie abgestufte Abgabe. Einzelheiten regelt die DeponieV (vgl. PBG aktuell 4/2000, S. 52).

12.6.3   Behandlung von Abfällen

12.6.3.1   *Pflichten und Zuständigkeiten*

Siedlungsabfälle

Siedlungsabfälle (d.h. Abfälle aus dem Haushalt sowie andere Abfälle vergleichbarer Zusammensetzung, Art. 3 TVA) sind dem öffentlichen Sammelwesen zu übergeben, sofern nicht für bestimmte Abfälle wie Glas, Metall, Papier usw. eine Separatsammlung vorgeschrieben ist (§ 16 AbfG). Gemäss § 3 AbfV ist die getrennte Sammlung für Glas, Metall und Papier sowie für Altöl aus Haushalten vorgeschrieben. Die Gemeinden können die getrennte Sammlung weiterer Siedlungsabfälle vorschreiben. Sie regeln das Sammelwesen und sorgen (allenfalls in Zweckverbänden) für die Erstellung und den Betrieb von entsprechenden Anlagen. Die Gemeinden erheben nach Volumen oder Gewicht bemessene, kostendeckende Gebühren (§§ 35–37 AbfG).

Gewerbe- und Sonderabfälle

Die Abfälle aus dem Gewerbe und der Industrie (sogenannte Betriebs- oder Unternehmensabfälle, ausgenommen Siedlungsabfälle) sind vom Inhaber, d.h. vom Unternehmer, auf eigene Kosten zu behandeln (§ 17 AbfG). Behandeln bedeutet verwerten, unschädlich machen oder beseitigen (Art. 3 Abs. 3 TVA).

Die Gemeinden haben gemäss § 56 AbfG dem Kanton eine jährliche Abgabe je Einwohner zu leisten, mit welcher die staatlichen Aufwendungen für die Entsorgung von Kleinmengen an Sonderabfällen gedeckt werden. Details regelt die Sonderabgabeverordnung.

Im Fachbereich Industrieabfall sind die Bestimmungen von Art. 30 ff. USG über die Entstehung, Lagerung und Entsorgung von Abfällen der privaten Kontrolle unterstellt (Ziffer 3.7 Anhang BBV I). Vgl. zur privaten Kontrolle Seite 328 ff. Vgl. insbesondere die Richtlinie der Baudirektion «Abfallbewirtschaftung in Betrieben», zur VeVA und zur Behandlung von Bauabfällen vgl. Seite 406 ff.

Mitwirkungspflichten

Gemäss Art. 46 Abs. 1 USG ist jedermann verpflichtet, den Behörden die für den Vollzug erforderlichen Auskünfte zu erteilen, nötigenfalls Abklärungen durchzuführen oder zu dulden. Wenn zum Beispiel unklar ist, auf welchem Weg der Betreiber eines Altautoverwertungsbetriebes grössere Mengen von Sonderabfall entsorgt hat, haben die Vollzugsbehörden Anlass, entsprechende Ermittlungen vorzunehmen. Wenn sie vom Anlagebetreiber eine Liste der Garagenbetriebe einholen, bei denen dieser die – gemäss seiner Behauptung bereits trockengelegten – Altfahrzeuge bezogen hat, so ist dies eine zweckmässige Massnahme (URP 2005, S. 58 ff.).

12.6.3.2   *Ablagerungs- und Verbrennungsverbot*

Abfälle dürfen nur auf Deponien abgelagert werden (Art. 30e USG). Das Ablagern oder Stehenlassen von Abfällen im Freien ist auf öffentlichem und privatem Grund verboten. Dies gilt auch für ausgediente Fahrzeuge, Möbel, Geräte usw. (§§ 14 Abs. 1 und 15 AbfG). Das Gesetz vom 4. März 1973 über die

Beseitigung von ausgedienten Fahrzeugen und von Schrott ist mit dem AbfG aufgehoben worden.

Abfälle dürfen nicht ausserhalb von geeigneten Anlagen (also im Freien, im Cheminée oder in der häuslichen Holzheizung) verbrannt werden (Art. 30c Abs. 2 USG; Art. 11 TVA; § 14 Abs. 2 AbfG). Abfälle in diesem Sinne sind auch Altpapier, Verpackungsmaterialien und Kunststoffe sowie Altholz (Spanplatten, chemisch behandeltes Holz usw.).

Als Ausnahme ist das offene Verbrennen von natürlichen Wald-, Feld- und Gartenabfällen erlaubt, sofern daraus keine übermässigen Immissionen entstehen (Art. 30c Abs. 2 USG; § 14 Abs. 3 AbfG). Dasselbe gilt für naturbelassenes, trockenes Brennholz. Zum Begriff der Übermässigkeit vgl. Art. 2 Abs. 5 LRV.

Die Gemeinden können (zum Beispiel in ihrer Polizei- oder Abfallverordnung) einschränkende Bestimmungen für das Verbrennen solcher Abfälle im bewohnten Gebiet erlassen (§ 14 Abs. 3 AbfG). Dies lässt auch ein absolutes Verbrennungsverbot zu. Unter «bewohnte Gebiete» fallen in erster Linie die überbauten oder anders genutzten Wohnzonen. Aber auch Gebiete ausserhalb der Bauzonen oder solche in Arbeitsplatzzonen können von erlassenen Beschränkungen betroffen sein, sofern sie an bewohnte Gebiete anstossen und allfällige Emissionen auf diese lästig wirken. Das AWEL hat ein «Merkblatt für den Betrieb von kleinen Holzfeuerungen und Cheminées» publiziert. Vgl. auch die Mitteilung Nr. 1 des BUWAL zur LRV und TVA «Verbrennung von Abfall, Altholz oder Restholz in Holzfeuerungen und im Freien». Die Gemeinden sorgen für den Vollzug des Ablagerungs- und Verbrennungsverbotes (§ 35 Abs. 4 AbfG). Für sie hat die schweizerische Vereinigung für Holzenergie (VHE) unter Mitwirkung kantonaler Umweltbehörden, des BUWAL und der EMPA im September 1998 den Leitfaden «Vorgehen bei unerlaubter Abfallverbrennung» herausgegeben. Die aus dem Jahr 1997 stammende Vollzugshilfe des AWEL zum Ablagerungsverbot wurde überarbeitet. Sie enthält Präzisierungen, beispielsweise betreffend Kostentragungspflichten sowie neu auch Muster für eine Räumungs- und eine Vollstreckungsverfügung.

Zur Verbrennung von Bauabfällen vgl. Seite 415.

12.6.3.3   *Räume und Plätze für das Abfuhrgut*

Abfuhrgut; Kompostierung

Bei Neubauten und wesentlichen Umbauten oder Zweckänderungen sind, wo die Verhältnisse es gestatten, ausserhalb des Strassengebiets in geeigneter Grösse und Lage Abstellplätze für das Abfuhrgut zu schaffen (§ 249 Abs. 1 PBG). Nach § 38 Abs. 1 BBV I sind diese Abstellplätze so zu situieren und auszuführen, dass Geruchseinwirkungen möglichst vermieden werden und das Abfuhrgut geordnet deponiert wird. Der Standort und die Grösse müssen zweckmässig sein (BEZ 2008 Nr. 52 und 62, 2010 Nr. 13, VB.2009.00571, alle betreffend Stadt Zürich). Die Zufahrt für die Kehrichtabfuhrwagen muss möglich sein. Der Standort ist daher von der Baubehörde (nicht etwa von der Gesundheitsbehörde, RB 1998 Nr. 120) zu genehmigen.

Die baurechtliche Bewilligung für grössere Gebäude kann überdies verlangen, dass in oder bei den Gebäuden geeignete Räume für Kehrichtbehälter erstellt werden (§ 249 Abs. 2 PBG). Diese dienen dem dauernden Abstellen der Kehrichtbehälter (Container), sodass die Bewohner ihren Kehricht dort im Container deponieren können, bis dieser zum Abstellplatz transportiert wird. Containerräume im Gebäudeinnern und Kehrichtabwurfschächte sind geeignet zu entlüften (§ 38 Abs. 2 BBV I).

Kompostierbare Abfälle

Kompostierbare Abfälle, die nicht dezentral kompostiert werden können, sind unter Ausschöpfung des Energiepotenzials in zentralen Anlagen zu marktfähigen Produkten zu verwerten, sofern dies technisch möglich und wirtschaftlich ist (§ 12a EnerG).

In Art. 43–45 TVA sind weitere Bestimmungen für Kompostierungsanlagen enthalten, in denen jährlich mehr als 100 t kompostierbare Abfälle verwertet werden.

Gemäss Art. 12 TVA kann die Behörde von Inhabern von Industrie-, Gewerbe- und Dienstleistungsbetrieben verlangen, dass sie abklären, ob für ihre Abfälle Möglichkeiten zur Verwertung bestehen oder geschaffen werden können. Sie kann auch von Inhabern von Abfällen verlangen, dass sie für die Verwertung bestimmter Abfälle sorgen, wenn die Verwertung technisch möglich und wirtschaftlich ist.

Einen Mittelweg zwischen dem dezentralen Verwerten der organischen Abfälle in Garten, Hof oder Quartier und der zentralen Verwertung in Kompostieranlagen bildet die Feldrandkompostierung. Hierzu haben verschiedene Kantone, darunter auch der Kanton Zürich, gemeinsame Richtlinien erarbeitet.

Kompetenzen der Gemeinden

Die Gemeinden können in ihren Bauordnungen weitere Bestimmungen über Einrichtungen zur zweckmässigen Abfallbeseitigung und die Kompostierung aufstellen (§ 249 Abs. 3 PBG). Gestützt auf § 321 Abs. 2 PBG kann im Grundbuch angemerkt werden, dass der Kompostplatz entsprechend seinem Zweck dauernd zur Verfügung steht.

12.6.4   Rücknahme- und Abgabepflichten

12.6.4.1   *Generell*

Hersteller und Händler von Waren und Verpackungen sind verpflichtet, diese zurückzunehmen, wenn sie verwertet werden können oder zu Problemen bei der Entsorgung führen. Für die Rücknahme kann ein angemessenes Entgelt erhoben werden (Rücknahmepflicht; § 18 Abs. 1 AbfG, in Kraft seit 1. Januar 2001). Dies gilt insbesondere für ausgediente Fahrzeuge, Möbel, Geräte und ihre Bestandteile, für sperrige Verpackungen und für Produkte, die zu Sonderabfällen werden, wenn sie nicht mehr bestimmungsgemäss gebraucht werden (§ 18 Abs. 2 AbfG, in Kraft seit 1. Januar 2001). Umgekehrt besteht die Pflicht, derartige Waren und Verpackungen, wenn sie nicht mehr gebraucht werden, den Herstellern, den Händlern oder einer Abfallanlage zurückzugeben (Ablieferungspflicht; § 19 AbfG). Der Regierungsrat regelt die Einzelheiten (§ 20

AbfG). Von dieser Kompetenz und Pflicht hat er mit der AbfV Gebrauch gemacht. Die Verordnung konkretisiert die Waren und Verpackungen mit Rücknahmepflichten, regelt die Ablieferung der Waren, das Entgelt und Erleichterungen für Kleinbetriebe.

12.6.4.2   *Besondere Bestimmungen für Einkaufszentren*

§ 249 Abs. 4 PBG schreibt ergänzend zu den Bestimmungen des AbfG vor, dass bei neuen und bestehenden Bauten und Anlagen, die Sonderabfälle oder grosse Mengen an Abfall verursachen, wie Warenhäuser und Einkaufszentren, Sammeleinrichtungen zu erstellen und zu betreiben sind, die auch Kunden zur Verfügung stehen.

§ 249 Abs. 4 PBG gilt nicht nur für «Warenhäuser und Einkaufszentren», sondern für alle Bauten und Anlagen, die in Bezug auf Abfallaufkommen und -zusammensetzung damit vergleichbar sind. Als Richtgrösse dient die Verkaufsfläche von 2000 m² (in Anlehnung an § 5 BBV II) für das ganze Ladenzentrum. Betroffen sind damit schon kleinere Geschäfte innerhalb eines Einkaufszentrums, sofern sie sammelpflichtige Güter im Sortiment führen. Es können jedoch auch andere, kleinere Läden verpflichtet werden, Sammeleinrichtungen zu erstellen, wenn sie Sonderabfälle oder grosse Mengen anderer Abfälle verursachen. Zum Begriff der Sonderabfälle vgl. VeVA, Anhang 2. Unter grossen Mengen an Abfall werden jene Abfallmengen verstanden, welche von den Gemeinden einen besonderen Aufwand erfordern beim Sammeln, Transportieren und bei der Weitergabe an Abnehmer. In den kundenzugänglichen Sammelstellen sind die in den erwähnten Erläuterungen genauer bezeichneten Abfälle entgegenzunehmen. Betroffen sind etwa Verpackungen, problematische Abfälle wie Kühlgeräte, elektrische und elektronische Geräte sowie Sonderabfälle. Der Begriff «Sammeleinrichtungen» umfasst neben Sammelbehältern und Containern auch die direkte Rückgabe bestimmter Abfälle an das Personal. § 249 Abs. 4 PBG beschränkt sich darauf, dass derartige Sammeleinrichtungen erstellt und betrieben und Abfälle damit sach- und umweltgerecht entgegengenommen werden. Diese werden über die bestehenden Wege weitergeleitet. Eigene Verwertungs- oder Behandlungsanlagen werden nicht gefordert und sind in der Regel auch nicht sinnvoll.

Vgl. ergänzend auch die Rücknahme- und Ablieferungspflichten nach §§ 18-20 AbfG.

12.7   Altlasten

12.7.1   Ausgangslage

12.7.1.1   *Rechtsgrundlagen*

Bundesrecht

Nicht nur die heutigen Abfälle sind umweltgerecht zu bewirtschaften. Es gilt auch, mit den Altlasten aus Zeiten fertig zu werden, in denen das Wissen und die Technik der heutigen Abfallwirtschaft noch nicht vorhanden waren.

Bundesrechtliche Bestimmungen hierzu finden sich in Art. 32c–e USG. Sie enthalten den Grundsatz, dass «Deponien und andere durch Abfälle belastete

Standorte» zu sanieren sind, wenn sie zu schädlichen oder lästigen Einwirkungen führen oder die Gefahr besteht, dass solche Einwirkungen entstehen (Art. 32c Abs. 1 USG). Die Kantone haben ferner einen öffentlich zugänglichen Kataster der belasteten Standorte zu erstellen (Art. 32c Abs. 2 USG). Mit Art. 32d und e erklärt der Bundesgesetzgeber Grundsätze über die Kostenverteilung bei der Altlastensanierung für verbindlich.

Diese Bestimmungen über die Sanierungspflichten werden in der AltlV näher ausgeführt. Die Verordnung enthält Vorschriften über die Erstellung und Führung des Altlastenkatasters, die Sanierungs- und Überwachungsbedürftigkeit, die Sanierung selbst und das Vorgehen der Behörden (Art. 1 AltlV).

Kantonales Recht

All diese bundesrechtlichen Regelungen stellen keine lückenlose Ordnung dar. Sie legen etwa nicht im Einzelnen fest, worin die Sanierungsziele bestehen sollen. Der Kanton Zürich hat im AbfG ergänzende und konkretisierende Regelungen und klare kantonale Rechtsgrundlagen für die Sanierung von Altlasten getroffen (§§ 30–34 AbfG). Diese sind nach wie vor gültig, soweit sie dem direkt anwendbaren Bundesrecht, insbesondere dem USG und der AltlV, nicht widersprechen.

Die Sanierung von Altlasten gehört zur rechtsgenügenden Erschliessung gemäss § 236 Abs. 1 PBG.

12.7.1.2   *Konsequenzen für den Grundeigentümer*

Das wahrscheinliche Vorhandensein von Schadstoffen hat Auswirkungen auf den Wert und die Handelbarkeit des Grundstücks (Pfandsicherheit, Nutzungseinschränkungen, Forderungen Dritter, Untersuchungs- und Sanierungskosten, Verzögerungen für die Realisierung von Bauprojekten etc.). Vor einem Grundstückserwerb ist insbesondere zu klären, ob sich der Kaufpreis für eine teil- oder totalsanierte Liegenschaft versteht oder ob der Käufer noch Kosten zu erwarten hat (vgl. im Detail BOLLER: S. 680 ff.).

12.7.2   Begriffe

12.7.2.1   *Belastete Standorte*

Die AltlV unterscheidet zwischen «Standorten, die durch Abfälle belastet sind» und den eigentlichen «Altlasten». Gemäss Art. 2 Abs. 1 AltlV sind «belastete Standorte» solche Orte, deren Belastung von Abfällen stammt und die eine beschränkte Ausdehnung aufweisen. Sie umfassen Ablagerungsstandorte (stillgelegte oder noch in Betrieb stehende Deponien), Betriebsstandorte (Standorte, deren Belastung aus Anlagen oder Betrieben mit umweltgefährdenden Stoffen stammen) und Unfallstandorte (Standorte, die wegen ausserordentlicher Ereignisse belastet sind). Die Belastung muss auf die bewusste Ablagerung von Abfällen zurückgehen oder auf den Umstand zurückzuführen sein, dass bewegliche Sachen an den Standort gelangt sind, die (zumindest aus heutiger Sicht) hätten zurückgehalten und ordnungsgemäss als Abfall hätten entsorgt werden müssen. Voraussetzung ist weiter, dass der Ort eine beschränkte Ausdehnung aufweist.

Das ist erfüllt, wenn sich der Ort als eng begrenzter und räumlich klar definierter Ausschnitt aus Boden und Untergrund vom nicht belasteten Umfeld abheben lässt. Die Parzellengrenzen sind unbeachtlich. Diffuse Schadstoffeinträge und Schadstoffeinträge als Folge einer bestimmungsgemässen Verwendung von Hilfsstoffen in Landwirtschaft, Forstwirtschaft und Gartenbau genügen also nicht zur Annahme eines belasteten Standortes. Sie erfüllen aber die Merkmale einer Bodenbelastung und fallen entsprechend unter die Bodenschutzbestimmungen (TSCHANNEN: Kommentar USG, Art. 32c N 9; vgl. zum Bodenaushub <u>Seite 409 f.</u>).

12.7.2.2   *Sanierungsbedürftige belastete Standorte (Altlasten)*

Sanierungsbedürftig im Sinne des Bundesrechts sind solche belasteten Standorte aber nur, wenn sie zu schädlichen oder lästigen Einwirkungen führen oder wenn die konkrete Gefahr besteht, dass solche Einwirkungen entstehen (Art. 2 Abs. 2 AltlV). Nur solche sanierungsbedürftigen Standorte sind «Altlasten» nach Art. 2 Abs. 3 AltlV beziehungsweise Art. 32c Abs. 1 USG und (auch ohne Bauvorhaben) im Sinne einer Gefahrenbeseitigung zu sanieren. Sobald eine Altlast aus irgendwelchen Gründen (zum Beispiel bei einem Bauvorhaben) ausgehoben wird, entsteht dabei Abfall, der nach den entsprechenden Bestimmungen zu behandeln ist.

Der Kanton Zürich hat die Sanierung von Altlasten bereits vor Inkrafttreten der bundesrechtlichen Bestimmungen der AltlV im AbfG geregelt. In Art. 30 Abs. 1 AbfG verwendet das kantonale Recht einen weiteren Begriff der «Altlasten» als die bundesrechtliche Neuregelung. Im Gegensatz zu Letzterer enthält das kantonale Recht auch den Begriff der «Verdachtsflächen» (vermutete, aber noch nicht nachgewiesene Altlasten, § 30 Abs. 2 AbfG). Auch dieser Begriff ist durch das Bundesrecht derogiert worden. Massgebend ist nunmehr allein die bundesrechtliche Definition, welche die kantonalrechtlichen Begriffe verdrängt. Heute wird nur noch von einer Altlastensanierung gesprochen, wenn ein Sanierungsbedarf im Sinne von Art. 32c Abs. 1 USG ausgewiesen ist.

12.7.3   Kataster der belasteten Standorte

12.7.3.1   *Der kantonale Verdachtsflächenkataster*

Die Baudirektion führte bisher aufgrund von Untersuchungen einen Kataster der Altlasten und Verdachtsflächen, der jeweils pro Gemeinde aus Übersichtsplänen und – bezogen auf die konkreten Standorte – aus Stammdatenblättern besteht. Der Kataster dient in erster Linie den Behörden als Vollzugsinstrument. Er erfüllt eine wichtige Funktion bei Planungsentscheiden und Baubewilligungsverfahren.

Aufgabe des Katasters ist es, erkannte Altlasten und Verdachtsflächen auszuweisen und die bauliche Nutzung solcher Grundstücke einer präventiven Kontrolle zu unterwerfen. Ist eine Fläche nicht im Kataster verzeichnet, so ist aber nicht garantiert, dass die Fläche altlastenfrei ist. Eine solche Funktion könnte der Kataster gar nicht erfüllen, sind doch die Kenntnisse über die tatsächlich vorhandenen Altlasten stets unvollständig (STUTZ/CUMMINS: S. 54).

Der Kataster kann von jedermann eingesehen werden. Damit soll der interessierten Bevölkerung rasch und einfach Zugang zu Informationen über bekannte Altlasten und Verdachtsflächen verschafft werden. Besonders wichtig sind derartige Informationen etwa für Personen, die ein Grundstück erwerben wollen und Auskunft über bekannte Altlastenrisiken erhalten möchten. Die Einsicht steht allerdings allen Personen zu; ein besonderer Interessennachweis ist nicht erforderlich.

Die Angaben im Kataster stellen Personendaten im Sinne des IDG dar. Sie müssen daher richtig und vollständig sein (§ 7 IDG), was die Nachführung des Katasters bedingt. Das heisst: Eine sanierte Liegenschaft ist im Kataster zu löschen. Zu beachten sind ferner die Schutzrechte nach §§ 20 ff. IDG.

Gegenwärtig ist der Kataster der Altlasten und Verdachtsflächen noch in Kraft, doch steht er mit den bundesrechtlichen Vorgaben nicht mehr in Übereinstimmung. Mit Kantonsratsbeschluss vom 26. August 2002 sind daher die entsprechenden Bestimmungen (§ 31–33 AbfG) zum Verdachtsflächenkataster aufgehoben worden. Die Änderung des AbfG (Anpassung an die Bestimmungen des Bundes) ist per 1. Mai 2004 in Kraft getreten.

12.7.3.2 *Vorgaben des Bundesrechts*

Erstellung des Altlastenkatasters

Nach der Altlastenverordnung des Bundes ermittelt die Behörde die belasteten Standorte, indem sie vorhandene Angaben wie Karten, Verzeichnisse und Meldungen auswertet. Sie kann von den Inhabern oder Inhaberinnen der Standorte oder von Dritten Auskünfte einholen. Sie teilt den Inhaberinnen oder Inhabern die zur Eintragung in den Kataster vorgesehenen Angaben mit und gibt ihnen Gelegenheit, Stellung zu nehmen und Abklärungen durchzuführen. Auf deren Verlangen trifft sie eine Feststellungsverfügung (Art. 5 Abs. 1 und 2 AltlV).

Inhalt des Katasters

Die zuständige Behörde trägt diejenigen Standorte in den Kataster ein, bei denen feststeht oder mit grosser Wahrscheinlichkeit zu erwarten ist, dass sie belastet sind. Soweit möglich enthalten die Einträge Angaben über Lage, Art und Menge der an den Standort gelangten Abfälle, Ablagerungszeitraum, bereits durchgeführte Untersuchungen und Massnahmen, bereits festgestellte Einwirkungen, gefährdete Umweltbereiche sowie besondere Vorkommnisse (Art. 5 Abs. 3 AltlV). Die belasteten Standorte werden dann nach den Angaben im Kataster, insbesondere über Art und Menge der an den Standort gelangten Abfälle in zwei Kategorien eingeteilt: in Standorte, bei denen keine schädlichen oder lästigen Einwirkungen zu erwarten sind, und in Standorte, bei denen untersucht werden muss, ob sie überwachungs- oder sanierungspflichtig sind. Für die Art der Untersuchung erstellt die Behörde eine Prioritätenliste. Sie berücksichtigt dabei die Angaben im Kataster (Art. 5 Abs. 4 und 5 AltlV). Der Kataster hat also nicht nur die eigentlichen Altlasten, sondern auch die übrigen belasteten Standorte zu enthalten.

Mit Kataster ist, anders als das Wort vermuten lässt, keine strikte grundstücksbezogene Abgrenzung gemeint, sondern eine standortbezogene. Ein belasteter Standort kann nur einen Teil eines Grundstücks betreffen oder aber mehrere Grundstücke gleichzeitig erfassen.

Führung des Katasters

Die zuständige Behörde ergänzt den Kataster mit Angaben über die Überwachungs- und Sanierungsbedürftigkeit, die Ziele und die Dringlichkeit der Sanierung, die von ihr durchgeführten oder angeordneten Massnahmen zum Schutz der Umwelt (Art. 6 Abs. 1 AltlV). Sie löscht den Eintrag im Kataster, wenn die Untersuchungen ergeben, dass der Standort nicht mit umweltgefährdenden Stoffen belastet ist oder die umweltgefährdenden Stoffe beseitigt sind (Art. 6 Abs. 2 AltlV).

Rechtliche Bedeutung

Dem Kataster der belasteten Standorte kommt faktisch die Bedeutung eines kaum widerlegbaren Beweismittels zu. Was im Kataster vermerkt ist, darf als richtig und bekannt vorausgesetzt werden. Dem Inhaber der belasteten Standorte – meist der Grundeigentümer – oder allenfalls auch besonders betroffenen Dritten steht deshalb das Recht zu, sich gegen die Aufnahme in den Kataster zu wehren (Art. 5 Abs. 2 AltlV). Diese Rechtslage unterscheidet sich von jener des aktuellen kantonalen Verdachtsflächenkatasters, bei welchem sich erst nach Durchführung einer Voruntersuchung ergibt, ob wirklich ein belasteter Standort im Sinne des Bundesrechts vorliegt.

Fristen

Der Kataster war bis zum 31. Dezember 2003 zu erstellen (Art. 27 AltlV). Bis dann wäre der kantonale Verdachtsflächenkataster an die Vorgaben des Bundesrechts anzupassen gewesen. Nach den Vorgaben der AltlV sind die belasteten Standorte entsprechend der bundesrechtlichen Definition zu bereinigen. Sodann sind zu den aufgenommenen belasteten Standorten die Angaben gemäss Art. 5 Abs. 3 AltlV zu ergänzen. Die vorgesehenen Angaben sind den betroffenen Inhabern nach Art. 5 Abs. 2 AltlV mitzuteilen. Die Anpassung ist deshalb nötig, weil der kantonale Kataster einen vom Bundesrecht abweichenden Begriff der belasteten Standorte verwendet.

12.7.3.3   *Kantonalrechtliche Umsetzung*

Zuständige Behörde

Gemäss §30 des revidierten AbfG obliegt der Vollzug der Bestimmungen über belastete Standorte der Baudirektion. Sie ist also zuständige Behörde im Sinne der AltlV. Insbesondere führt sie den (neuen) Kataster der belasteten Standorte gemäss Bundesrecht, in den jedermann Einblick nehmen kann. Die Gemeinden erhalten einen sie betreffenden Auszug.

Schrittweise Erstellung des neuen Katasters

Die Übergangsbestimmungen des AbfG sind durch §39a ergänzt worden. Danach erstellt die Baudirektion schrittweise den Kataster der belasteten Standorte nach Massgabe der vorhandenen Mittel sowie der Bundesvorschriften. Standorte bleiben im Kataster der Altlasten und Verdachtsflächen nach bisherigem Recht, bis über ihren Eintrag im neuen Kataster entschieden ist. Das erwähnte gestaffelte Vorgehen ist einerseits durch die hohen Kosten bedingt, welche eine Überprüfung der etwa 11 000 Standorte verursachen. Andererseits wird dadurch eine optimale Berücksichtigung der berechtigten Interessen von betroffenen Grundeigentümern gewährleistet. Die vom Bund gesetzte Frist bis 31. Dezember 2003 konnte nicht eingehalten werden (Weisung des Regierungsrates an den Kantonsrat zur Revision des AbfG, Abl 2002, S. 321). Der bundesrechtskonforme Altlastenkataster wird erst in einigen Jahren (voraussichtlich 2012) fertiggestellt sein.

Vgl. zur Entlassung aus dem zürcherischen Altlastenverdachtsflächenkataster und zu den Anforderungen des bundesrechtlichen Katasters ausführlich BEZ 2004 Nr. 55 sowie zum Verfahren betreffend Erarbeitung des Altlastenkatasters Aeschimann.

Anspruch auf vorzeitige Überführung

Die Inhaber der im bestehenden Kataster aufgeführten Parzellen können von der Baudirektion jederzeit eine Verfügung über die Eintragung im neuen bundesrechtskonformen Kataster verlangen, sofern sie ein aktuelles Interesse geltend machen können. Der Anspruch auf eine solche vorzeitige Überführung steht also (nur) dem Inhaber einer im bestehenden Kataster der Altlasten und Verdachtsflächen aufgeführten Parzelle zu. Als Inhaber oder Inhaberin gilt die natürliche oder juristische Person, die über ein Grundstück bestimmt und hierfür die Verantwortung trägt. Es ist dies primär der Grundeigentümer (allenfalls auch ein Pächter, Mieter, Verwalter oder Baurechtsnehmer).

Wer also in diesem Sinne berechtigt ist, kann jederzeit eine Verfügung über die Eintragung im neuen Kataster verlangen. Er/Sie muss also nicht den Zeitpunkt der schrittweisen Überführung abwarten, sondern kann unabhängig davon ein Gesuch um Prüfung des Eintrags stellen. Es muss indessen ein aktuelles Interesse glaubhaft gemacht werden. Es sind dies Fälle, wo (etwa zufolge bevorstehender Handänderung oder Überbauung) die Frage des Katastereintrags nicht länger aufgeschoben werden kann.

Der Antrag auf vorzeitige Überführung muss schriftlich an das AWEL, Abteilung Abfallwirtschaft und Betriebe, mit sämtlichen sachdienlichen Unterlagen und den umweltrelevanten Kenntnissen (insbesondere auch unter Bezug auf den alten Kataster) gestellt werden (Bucher: S. 749 ff.).

12.7.4   Überwachungs- und Sanierungsbedürftigkeit

12.7.4.1   *Voruntersuchung*

Aufgrund der Prioritätenordnung (Art. 5 Abs. 5 AltlV) verlangt die Behörde für die untersuchungsbedürftigen Standorte innert angemessener Frist die Durchführung einer Voruntersuchung, die in der Regel aus einem historischen und einem technischen Teil besteht. Damit werden die für die Beurteilung der Überwachungs- und Sanierungsbedürftigkeit erforderlichen Angaben (Art. 8 AltlV) ermittelt und im Hinblick auf die Gefährdung der Umwelt bewertet (Art. 7 Abs. 1 AltlV). Art. 7 Abs. 2–4 AltlV enthalten Details hierzu.

12.7.4.2   *Beurteilung*

Die Behörde beurteilt aufgrund der Voruntersuchung, ob ein belasteter Standort überwachungs- oder sanierungsbedürftig ist. Sie berücksichtigt dabei auch Einwirkungen, die durch andere belastete Standorte oder durch Dritte verursacht werden. Sie gibt im Kataster an, ob der belastete Standort überwachungsbedürftig, sanierungsbedürftig oder weder überwachungs- noch sanierungsbedürftig ist (Art. 8 AltlV). Art. 9–12 AltlV legen hinsichtlich Grundwasserschutz, Schutz der oberirdischen Gewässer, Schutz vor Luftverunreinigungen sowie Schutz vor Bodenbelastungen fest, wann ein Standort überwachungs- oder sanierungsbedürftig ist.

12.7.5   Sanierung

12.7.5.1   *Detailuntersuchung*

Zu Beurteilung der Ziele und zur Dringlichkeit der Sanierung werden die folgenden Angaben detailliert ermittelt und aufgrund einer Gefährdungsabschätzung bewertet: Art, Lage, Menge und Konzentration der umweltgefährdenden Stoffe; Art, Fracht und zeitlicher Verlauf der tatsächlichen und möglichen Einwirkungen auf die Umwelt; Lage und Bedeutung der gefährdeten Umweltbereiche (Art. 14 Abs. 1 AltlV). Weicht die Detailuntersuchung wesentlich von den Ergebnissen der Voruntersuchung ab, so beurteilt die Behörde erneut, ob der Standort nach Art. 9–12 AltlV sanierungsbedürftig ist (Art. 14 Abs. 2 AltlV).

12.7.5.2   *Ziele und Dringlichkeit*

Bundesrechtliche Umschreibung

Sanierungsziel ist die Beseitigung der Einwirkungen oder der konkreten Gefahr solcher Einwirkungen, die zur Sanierungsbedürftigkeit nach Art. 9–12 AltlV geführt haben (Art. 15 Abs. 1 AltlV).

Bei der Sanierung zum Schutz des Grundwassers oder von oberirdischen Gewässern wird von diesem Sanierungsziel abgewichen, wenn (kumulativ) dadurch die Umwelt weniger belastet wird, wenn sonst unverhältnismässige Kosten anfallen würden und wenn die Anforderungen der Gewässerschutzgesetzgebung erfüllt sind (Art. 15 Abs. 2 und 3 AltlV).

Konkretisierung gemäss kantonalem AbfG

Die mit der Altlast verbundenen Schadstoffgehalte und -flüsse sind auf ein Mass zurückzuführen, das möglichst dem natürlichen Stoffhaushalt entspricht. Eine Einschränkung macht das Gesetz für den Fall, dass in der Umgebung grossflächig erhöhte Schadstoffwerte nachgewiesen sind (§ 30 Abs. 1 AbfG). Kann dieses Ziel der vollständigen Sanierung aus technischen Gründen nicht erreicht werden, ist zumindest eine Teilsanierung durchzuführen. Deren Ziel ist, in erster Linie die im betreffenden Gebiet ohne Altlast denkbaren Nutzungen, in zweiter Linie die Beibehaltung der aktuellen Nutzungen oder eine andere zweckmässige Nutzung zu ermöglichen (§ 32 Abs. 2 AbfG).

Altlasten sind (auch bei der Teilsanierung) so zu behandeln, dass verwertbare oder endlagerfähige Stoffe verbleiben (§ 32 Abs. 1 AbfG). Altlasten dürfen nicht einfach umgelagert werden. Der Verursacher hat darzulegen, dass die Belastung der Umwelt bei einer Umlagerung insgesamt nicht höher wird (§ 32 Abs. 3 AbfG).

Für die Festlegung der Sanierungsziele ist nach dem Gesetzeswortlaut ausschliesslich die technische Machbarkeit massgebend. Raum für die Berücksichtigung der wirtschaftlichen Leistungsfähigkeit lässt der Gesetzestext nur in Bezug auf den zeitlichen Aspekt (STUTZ/CUMMINS: S. 60).

Dringlichkeit

Die AltlV definiert, wann Sanierungen besonders dringlich sind, nämlich wenn eine bestehende Nutzung beeinträchtigt oder unmittelbar gefährdet ist (Art. 15 Abs. 4 AltlV). Im Übrigen beurteilt die Behörde die Ziele und Dringlichkeit der Sanierung aufgrund der Detailuntersuchung (Art. 15 Abs. 5 AltlV).

12.7.5.3 *Massnahmen und Projekt*

Sanierungsmassnahmen

Das Sanierungsziel muss durch Massnahmen erreicht werden, mit denen umweltgefährdende Stoffe beseitigt werden (Dekontamination), die Ausbreitung der umweltgefährdenden Stoffe langfristig verhindert oder überwacht wird (Sicherung) oder bei Bodenbelastungen die Nutzung eingeschränkt wird (Art. 34 Abs. 2 USG; Art. 16 AltlV). Die Dekontamination umfasst die Beseitigung der umweltgefährdenden Stoffe (zum Beispiel durch Aushub und Deponierung). Sie bringt dem Grundeigentümer höchstens eine vorübergehende Nutzungsbeschränkung. Dafür können nach der Sanierung unter Umständen frühere Nutzungen wieder möglich werden. Die Sicherung verhindert langfristig die Ausbreitung der umweltgefährdenden Stoffe. Der Standort ist langfristig zu überwachen. Als Sicherungsmassnahmen kommen vor allem bauliche Massnahmen zur Verhinderung einer Ausbreitung der umweltgefährdenden Stoffe infrage (zum Beispiel oberflächliche Abdichtung). Sie schliessen gewisse Nutzungen aus oder schränken sie ein. Nutzungsbeschränkungen belassen die Altlast unverändert an ihrem Ort. Sie kommen als einzige Sanierungsmassnahme nur dann infrage, wenn von der Altlast keine schädlichen oder lästigen Auswirkungen auf Gewässer und Luft zu erwarten sind und einzig die Bodenbelastung durch die Altlast zum Eingreifen zwingt.

Bevor also eine Sanierung vorgeschlagen wird, gilt es zahlreiche Fragen zu klären: Was ist künftig auf dem betreffenden Grundstück vorgesehen? Ist eine ständige Überwachung sinnvoll? Kann eine Einschränkung der Nutzung hingenommen werden? Soll das Grundstück weiterveräussert werden? Inwieweit kann vom Verursacher eine Sanierung beziehungsweise die Übernahme entsprechender Kosten verlangt werden? Ist dieser überhaupt in der Lage, die Kosten zu tragen?

Projekt

Die Behörde verlangt, dass bei Altlasten entsprechend der Dringlichkeit der Sanierung ein Sanierungsprojekt ausgearbeitet wird. Dieses beschreibt insbesondere die Sanierungsmassnahmen, die Auswirkungen dieser Massnahmen auf die Umwelt, die nach der Sanierung verbleibende Umweltgefährdung sowie die

Anteile an der Verursachung der Altlast, wenn der oder die Sanierungspflichtige eine Verfügung über die Kostenverteilung verlangt (Art. 32d Abs. 3 USG).

Die Behörde beurteilt das Sanierungsprojekt unter Berücksichtigung von Art. 18 Abs. 1 AltlV. Gestützt auf diese Beurteilung legt sie in einer Verfügung insbesondere fest: die abschliessenden Sanierungsziele, die Sanierungsmassnahmen, die Erfolgskontrolle, die einzuhaltenden Fristen und allfällige weitere Auflagen und Bedingungen zum Schutz der Umwelt (Art. 18 Abs. 2 AltlV).

Erfolgskontrolle und Meldepflichten

Sanierungspflichtige müssen der Behörde die durchgeführten Sanierungsmassnahmen melden und nachweisen, dass die Sanierungsziele erreicht worden sind. Die Behörde nimmt dazu Stellung. Sie meldet dem zuständigen Bundesamt die sanierten Standorte, die Angaben nach Art. 17 AltlV (Sanierungsprojekt) sowie die angeordneten Massnahmen (Art. 19 AltlV).

12.7.5.4   *Sanierung im Rahmen von Baubewilligungsverfahren*

Pflichten der Bauherrschaft

Die einwandfreie Beseitigung allfälliger Altlasten ist Voraussetzung der Baureife (§ 236 Abs. 1 PBG). Im Baubewilligungsverfahren hat die kommunale Behörde daher stets abzuklären, ob das Bauvorhaben auf einem Altlastenstandort beziehungsweise auf einer Verdachtsfläche realisiert werden soll. Art. 3 AltlV verlangt bei der Erstellung oder Änderung von Bauten und Anlagen, die sich auf belastete Standorte auswirken, entweder den Nachweis, dass die belasteten Standorte nicht sanierungsbedürftig sind beziehungsweise werden, oder den Nachweis, dass durch das Bauvorhaben eine spätere Sanierung nicht wesentlich erschwert wird. Andernfalls ist der Standort gleichzeitig mit dem Bauvorhaben zu sanieren. Dadurch soll verhindert werden, dass aus einem belasteten Standort eine Altlast wird. Daraus ergibt sich, dass Bauten ohne negative Auswirkungen auf bestehende Altlasten nicht verhindert werden. Verschmutzter Aushub muss hingegen als Abfall umweltgerecht entsorgt werden.

Da im Rahmen eines Bauvorhabens meistens Dringlichkeit vorliegt, sind die Inhaber oder Bauherrschaften schon daher sanierungspflichtig, weil sie dem Gefahrenherd am nächsten stehen sowie rechtlich und persönlich zur Gefahrenbeseitigung in der Lage sind (vgl. schon BGE 107 Ib 25).

Koordinationspflicht

Wenn die Inhaber beziehungsweise Bauherrschaften nach den Bestimmungen der AltlV zur Sanierung verpflichtet werden, muss die Sanierungsverfügung koordiniert mit dem baurechtlichen Entscheid erlassen werden.

Private Kontrolle

Die Entsorgung beim Bauen auf nur belasteten Standorten wird neu der privaten Kontrolle unterstellt (Ziffer 3.10 Anhang BBV I, vermutlich in Kraft ab Herbst 2011). Die Befugnis zur privaten Kontrolle umfasst folgende Bereiche:
- Entsorgung belasteter Bauabfälle von belasteten Standorten,
- Entsorgung/Verschiebung von Bodenaushub aus belasteten Standorten,

- Entsorgung von Aushubmaterial, das mit Neobiota belastet ist
  (derzeit: asiatische Knötericharten und Essigbaum).

Vgl. zu den Bauarbeiten S. <u>Seite 408 f.</u> sowie auch die zahlreichen Dokumente und Hilfsmittel des AWEL (www.altlasten.zh.ch/Dokumente) und Wiestner Koller: S. 40 ff.

12.7.5.5   *Zuständigkeiten*

Zuständigkeiten des Inhabers

Die Untersuchungs-, Überwachungs- und Sanierungsmassnahmen sind grundsätzlich vom Inhaber eines belasteten Standortes durchzuführen (Art. 20 Abs. 1 AltlV). Denn ihm obliegt in erster Linie die Verantwortung für den polizeikonformen Zustand seines Eigentums. Die gesetzliche Grundlage für die Mitwirkungspflicht des Standortinhabers (wie auch eines allfällig beigezogenen Dritten) findet sich in Art. 46 Abs. 1 USG, wonach jedermann verpflichtet ist, den Behörden die für den Vollzug erforderlichen Auskünfte zu erteilen, nötigenfalls Abklärungen durchzuführen oder zu dulden. Die Grundregel gemäss Art. 20 Abs. 1 AltlV, welche also den Standortinhaber in den Vordergrund stellt, ist in der Regel schon aus Praktikabilitätsgründen zweckmässig und sachgerecht. Sie vermeidet insbesondere Streitigkeiten zwischen dem Standortinhaber und allfälligen Dritten (vgl. RB 1999 Nr. 130; BGE 130 II 321).

Beispiele aus der Praxis

Wenn ein belasteter Standort zwei verschiedenen Grundeigentümern gehört, von denen der eine aufgrund einer summarischen Prüfung nichts mit der Verschmutzung zu tun hat, darf die Behörde die Untersuchungs- und Sanierungspflicht und die vorläufige Kostenpflicht dem anderen Eigentümer allein überbinden (URP 2003, S. 284).

Bei Baurechtsverhältnissen kann zur Durchführung der Voruntersuchung der Grundeigentümer verpflichtet werden, wenn der Baurechtnehmer nicht Verursacher der Altlast ist und dessen Rechtsvorgänger – und wahrscheinlich Verursacher – durch Konkurs aufgelöst worden ist (Art. 32c und 46 USG, Art. 20 AltlV). Die Frage der Kostentragung (Art. 2 und 32d USG) ist nicht entscheidend (URP 2003, S. 285).

Der Inhaber eines belasteten Standortes im Sinne von Art. 20 Abs. 1 AltlV muss nicht identisch sein mit dem Eigentümer der Parzelle, die schliesslich verschmutzt wurde. Entscheidend in diesem Zusammenhang ist vielmehr, wo sich das örtliche Zentrum der Untersuchung befindet. Im Übrigen ist es zu diesem Zeitpunkt des Verfahrens auch nicht entscheidend, wie die Verschmutzung entstanden ist (Art. 20 Abs. 2 AltlV; URP 2003, S. 783 f.).

Sanierungspflichtige Inhaberin kann auch eine Erschliessungsgemeinschaft sein, wenn die Bauarbeiten durch diese veranlasst wurden und sie die tatsächliche Verfügungsgewalt über das verunreinigte Grundstück hat (BEZ 2004 Nr. 11).

Verpflichtung Dritter als Ausnahme

Zur Durchführung der Voruntersuchung, der Überwachungsmassnahmen oder der Detailuntersuchung kann die Behörde allerdings ausnahmsweise auch Dritte verpflichten, wenn Grund zur Annahme besteht, dass diese die Belastung des Standortes durch ihr Verhalten verursacht haben (Art. 20 Abs. 2 AltlV). Die «Kann-Formulierung» gemäss Abs. 2 bedeutet, dass der Entscheid ins Ermessen der zuständigen Behörde gelegt wird. Die Inpflichtnahme eines Dritten mag vielleicht dort zweckmässig sein, wo dieser das Grundstück nach wie vor bewirtschaftet, nicht aber etwa dort, wo er die Bewirtschaftung bereits vor Jahren aufgegeben hat. Daher wird Art. 20 Abs. 2 AltlV streng ausgelegt: Der ausnahmsweise Beizug des Verhaltensstörers (Verursachers) kommt erst in Betracht, wenn ein hinreichender Verdacht der Verursachung besteht und der Verhaltensstörer nach aller Voraussicht kostenpflichtig wird (vgl. URP 1999, S. 631 ff.).

Während sich Art. 20 Abs. 2 AltlV auf die Voruntersuchung, Überwachungsmassnahmen und die Detailuntersuchung bezieht, regelt Abs. 3 die Verpflichtung zur Ausarbeitung des Sanierungsprojektes und zur Durchführung von Sanierungsmassnahmen. Auch für solche Massnahmen können Dritte verpflichtet werden, jedoch nur mit Zustimmung des aktuellen Inhabers, weil Letzterem die Verfügungsmacht über das Grundstück zusteht.

Kostenpflichten

Von diesen Realleistungspflichten (Pflichten zur Vornahme schützender Massnahmen) gemäss Art. 20 AltlV sind die Kostenpflichten (Pflichten zur Bezahlung von Massnahmen) zu unterscheiden (vgl. Seite 644 ff.). Denn die Regelung der Massnahmenpflicht bezweckt eine wirksame Durchsetzung des Umweltrechts, diejenige der Kostentragpflicht hingegen eine möglichst gerechte Kostenbelastung (URP 2000, S. 590 ff.; RB 1999 Nr. 130).

12.7.5.6   *Pflichten der Behörden*

Zusammenarbeit

Die Behörden arbeiten beim Vollzug der AltlV mit den direkt Betroffenen zusammen. Dabei prüfen sie insbesondere, ob sich freiwillige in Branchenvereinbarungen der Wirtschaft vorgesehene Massnahmen für den Vollzug eignen. Sie streben an, sich mit den direkt Betroffenen über die erforderlichen Beurteilungen und Massnahmen im Rahmen von Gesetz und Verordnung ins Einvernehmen zu setzen. Zu diesem Zweck hören sie die Betroffenen möglichst frühzeitig an. Auf den Erlass von Verfügungen kann verzichtet werden, wenn die Durchführung der erforderlichen Untersuchungs-, Überwachungs- und Sanierungsmassnahmen auf andere Weise gewährleistet ist (Art. 23 AltlV). Im Kanton Zürich ist die Baudirektion die zuständige Behörde.

Ersatzvornahme

Nach Art. 32c Abs. 3 USG können die Kantone die Untersuchung, die Überwachung und die Sanierung belasteter Standorte selbst durchführen oder Dritte damit beauftragen, wenn dies zur Abwehr einer unmittelbar drohenden Einwirkung notwendig ist (lit. a) oder der Pflichtige nicht in der Lage ist, für die Durchführung der Massnahmen zu sorgen (lit. b), oder der Pflichtige trotz Mahnung und Fristansetzung untätig bleibt (lit. c).

12.7.6   Finanzierung

12.7.6.1 *Verursacherprinzip*

Kostentragpflicht des Verursachers

Am 16. Dezember 2005 hat das Parlament die Bestimmungen über die Finanzierung (Art. 32d und 2 USG) geändert (Inkrafttreten 1. November 2006). Der revidierte Artikel 32d Abs. 1 sieht vor, dass die bisherige Regelung über die Kostenverteilung bei der Sanierung von Altlasten auf die Kosten der Untersuchungen und der Überwachung ausgedehnt wird. Danach trägt der Verursacher die Kosten für notwendige Massnahmen zur Untersuchung, zur Überwachung und zur Sanierung belasteter Standorte. Die Kostentragung bei Altlasten ist nun umfassend geregelt, es wird die nötige Klarheit geschaffen und rechtliche Unsicherheiten werden stark reduziert.

Verursacher ist auch hier der Störer im polizeirechtlichen Sinne, d.h. derjenige, der die Belastung durch sein Verhalten verursacht hat (also zum Beispiel der Verantwortliche für die ehemalige Deponie).

Vgl. ausführlich zur Kostentragungspflicht STUTZ 1997; BUDLIGER; TSCHANNEN/FRICK; SCHERRER. Zum revidierten Altlastenrecht vgl. insbesondere STUTZ 2006.

Beteiligung mehrerer Verursacher

Sind mehrere Verursacher beteiligt, so tragen sie die Kosten entsprechend ihrem Anteil an der Verursachung. In erster Linie trägt die Kosten, wer die Sanierung durch sein Verhalten verursacht hat (Art. 32d Abs. 2 USG).

Oft ist aber seit dem Entstehen der Altlast längere Zeit verstrichen oder ist der seinerzeitige Verursacher aus andern Gründen nicht greifbar. Dann kann der aktuelle Eigentümer belangt werden. Denn Verursacher im Sinne des Gesetzes sind nicht nur die ursprünglich dafür Verantwortlichen, sondern auch die aktuellen Inhaber der Altlast, das heisst meistens die jetzigen Eigentümer (Zustandsstörer). Auch ein solcher Zustandsstörer, das heisst, wer die tatsächliche Verfügungsmacht über die Sache hat, kann (allerdings erst subsidiär) für die Sanierung kostenpflichtig werden. Er trägt aber dann keine Kosten, wenn er bei Anwendung der gebotenen Sorgfalt von der Belastung keine Kenntnis haben konnte (Art. 32d Abs. 2 USG, Fassung vom 16. Dezember 2005).

So oder so aber ist der aktuelle Grundeigentümer meistens erster Ansprechpartner: Es obliegen ihm die Pflichten der Voruntersuchung und Untersuchung. Er hat die Kostenansprüche gegenüber dem seinerzeitigen Verursacher beziehungsweise dem Gemeinwesen geltend zu machen. Ein Gemeinwesen kann gleich wie ein Privater als Zustands- oder Verhaltensstörer kostenpflichtig sein (URP 2005, S. 711).

Kostentragpflicht der Bauherrschaft

In den meisten Fällen entstehen heute die Sanierungskosten nicht bei der Sanierung von Altlasten, sondern beim Bauen auf belasteten Standorten, die nicht (oder noch nicht) sanierungsbedürftig sind. Hier gilt die Kostenregelung des

Altlastenrechts nicht. «Verursacher» von Massnahmen und damit verantwortlich für den Bauaushub ist nämlich die Bauherrschaft. Sie trägt die Kosten für die Entsorgung des Bauaushubs (vgl. WIESTNER KOLLER). Das schadstoffbelastete Material, das alle gesetzlichen Merkmale von Abfall aufweist, muss aufgrund von Art. 31c USG entsorgt werden.

Seit der USG-Änderung vom 16. Dezember 2005 (Art. 32b^{bis} USG) kann der Inhaber allerdings unter gewissen Voraussetzungen und in gewissem Mass auf den Verursacher zurückgreifen. Die Forderung kann beim Zivilgericht am Ort der gelegenen Sache geltend gemacht werden. Vgl. Näheres Seite 408 f.

Kostentragpflicht des Gemeinwesens

In Artikel 32d Absatz 3 USG wird neu der Grundsatz festgeschrieben, dass das Gemeinwesen die Ausfallkosten übernehmen muss, wenn kein Verursacher belangt werden kann, d.h. nicht ermittelt werden kann oder zahlungsunfähig ist. Dieser Grundsatz schafft hier die nötige Rechtssicherheit.

Kein Verursacher existiert auch dort, wo überhaupt keine Belastung vorliegt. Der neue Art. 32d Abs. 5 USG trägt dem Rechnung: Ergibt die Untersuchung eines im Kataster (Art. 32c Abs. 2 USG) eingetragenen oder für den Eintrag vorgesehenen Standortes, dass dieser nicht belastet ist, so trägt das zuständige Gemeinwesen die Kosten für die notwendigen Untersuchungsmassnahmen.

12.7.6.2   *Verfügung der Behörde*

Gemäss Art. 32d Abs. 3 USG kann ein Verursacher den Erlass einer Kostenverteilungsverfügung verlangen. Dabei sind die Kosten nach den Grundsätzen von Art. 32d Abs. 1 bis 3 zu verlegen. Das gilt nicht nur für die eigentlichen Sanierungskosten, sondern auch die Untersuchungskosten, einschliesslich der Kosten für die Voruntersuchung; derjenige, der primär die Untersuchungskosten übernommen hat, kann sich auf diese Weise wiederum entlasten.

Mit der Revision von Art. 32d ist nun (entsprechend der neueren bundesgerichtlichen Praxis; URP 2000, S. 600 f.) klargestellt, dass die behördliche Verfügung auch dann verlangt werden kann, wenn die Voruntersuchung keine eigentliche Sanierung erfordert. Die Kosten zwischen mehreren Verursachern sind entsprechend ihrem Anteil an der Schaffung der Verdachtssituation aufzuteilen. Der Eigentümer, auf dessen Grundstück sich keine Altlast befindet, soll nicht schlechter gestellt werden als derjenige, auf dessen Grundstück eine solche vorkommt und der sich nach Art. 32d Abs. 2 USG für die Sanierungskosten entlasten kann (unzutreffend daher insoweit die Entscheide des Verwaltungsgerichts in URP 1999, S. 631 ff. und des Regierungsrates in URP 2000, S. 386 ff.).

Das Kostenverteilungsverfahren bleibt trotz zivilprozessähnlichem Charakter dem öffentlichen Recht zugeordnet und ist nach den Verwaltungsverfahrensvorschriften abzuwickeln (Zürcher Regierungsrat in URP 2000, S 386 ff., auch zu weiteren Detailfragen der Kostenverteilung). Einen zusammenfassenden Überblick zu den Fällen, bei denen eine Kostenverteilungsverfügung verlangt werden kann, gibt die ausführliche Tabelle bei STUTZ 2001: S. 14/15; zum Kostenverteilungsverfahren vgl. STUTZ 2001: S. 23 ff.

Erwirkt der Sanierungspflichtige keine Verfügung über die Kostentragpflicht, ist ihm selbst überlassen, gegebenenfalls auf zivilrechtlichem Weg auf allfällige weitere Störer beziehungsweise Verursacher Rückgriff zu nehmen.

12.7.6.3 *Abgabe zur Finanzierung der Massnahmen*

Rechtsgrundlagen des Bundesrechts

Nach Art. 32e USG kann der Bundesrat vorschreiben, dass der Inhaber einer Deponie dem Bund auf der Ablagerung von Abfällen eine Abgabe entrichtet. Dasselbe gilt für die Ausführung von Abfällen (Abs. 1). Der Bundesrat legt die Abgabesätze fest (Abs. 2). Abs. 3 und 4 umschreiben die Verwendung der Abgaben. Der Bundesrat erlässt die ausführenden Vorschriften (Abs. 5). Heute aktuell ist die Verordnung über die Abgabe zur Sanierung von Altlasten (VASA) vom 26. September 2008, welche die Verordnung vom 5. April 2000 ersetzt. Sie regelt die Erhebung einer Abgabe auf der Lagerung von Abfällen im Inland und auf der Ausfuhr von Abfällen zur Ablagerung im Ausland. Der Abgabebetrag wird verwendet für die Untersuchung, die Überwachung und die Sanierung von belasteten Standorten, sofern der Verursacher nicht ermittelt werden kann beziehungsweise dieser zahlungsunfähig ist oder auf dem Standort zu einem wesentlichen Teil Siedlungsabfälle abgelagert worden sind. Sie wird auch verwendet für Massnahmen zur Untersuchung von Standorten, die sich als nicht belastet erweisen (Art. 32e Abs. 3 USG; Art. 10 VASA). Die Auszahlung erfolgt an die Kantone.

Das heisst, die zu sanierende Altlast darf nur Abfälle umfassen, die spätestens Ende Januar 1996 dorthin gelangt sind (URP 2005, S. 330 ff.). Vgl. zum Abgabensatz ausführlich BGE 131 II 271, zusammengefasst in URP 2005, S. 754 f.

Rechtsgrundlagen des kantonalen Rechts

Gemäss Art. 32e Abs. 6 USG kann das kantonale Recht zur Finanzierung der Untersuchung, der Überwachung und der Sanierung von belasteten Standorten eigene Abgaben vorsehen. Von dieser Kompetenz hat der Kanton bereits im AbfG Gebrauch gemacht. Kann der Verursacher nicht ermittelt werden oder ist er zahlungsunfähig, werden die Kosten vom Staat getragen (§ 33 Abs. 1 AbfG). Auch Billigkeitserwägungen lassen bisweilen zu, den Verursacher nicht oder nur teilweise mit Kosten zu belasten. So sieht Art. 32d Abs. 2 USG Folgendes vor: Wer lediglich als Inhaber der Deponie oder des Standortes beteiligt ist, trägt keine Kosten, wenn er bei Anwendung der gebotenen Sorgfalt von der Belastung keine Kenntnis haben konnte, die Belastung ihm keinen Vorteil verschaffte und ihm aus der Sanierung kein Vorteil erwächst.

Für solche Fälle, d.h. die Finanzierung der Altlastensanierung durch den Staat, wird ein Fonds geschaffen, der durch pauschale Abgaben gespeist wird, die von den Abgebern von Sonderabfällen gemäss Verordnung über den Verkehr mit Sonderabfällen vom Kanton erhoben werden. Die Fondsgelder werden vom Staat für jene Sanierungsmassnahmen verwendet, die er selbst durchzuführen oder deren Kosten er zu tragen hat (Art. 34 Abs. 1 AbfG). Die Höhe der Abgaben und weitere Einzelheiten werden vom Regierungsrat bestimmt (§ 34 Abs. 2 AbfG).

Arbeitshilfen

Suchbegriff	Bezeichnung	Bezugsquelle
Abfälle	BAUDIREKTION, Richtlinie «Abfallwirtschaft in Betrieben», Anweisungen für private Fachleute, Behördenmitarbeiter, Architekten, Planer, Industrie-, Gewerbe- und Handelsbetriebe	www.abfall.zh.ch
	BUWAL (heute BAFU), Vorgehen bei unerlaubter Abfallverbrennung, ein Leitfaden für Gemeinden, 1998	www.BAFU.ch
	BUWAL (heute BAFU), Verbrennen von Abfällen, Alt- und Restholz in Holzfeuerungen und im Freien, 2010	www.BAFU.ch
	HOLZENERGIE SCHWEIZ, Holzfeuerungen richtig betreiben, Merkblatt	www.holzenergie.ch
	AWEL: Vollzugshilfe zum Ablagerungsverbot für Gemeinden	www.abfall.zh.ch
Abwasser	AWEL: Muster einer Verordnung über die Siedlungs- entwässerung (SEVO), mit Kommentar, Fassung 2007	www.abwasser.zh.ch
	AWEL: Muster einer Verordnung über die Gebühren für Siedlungsentwässerungsanlagen (GebVO), mit Kommentar, Fassung 2004	www.abwasser.zh.ch
	AWEL: Zahlreiche weitere Anleitungen und Merkblätter zum Kanalisationsanschluss, zum Bewilligungsverfahren, zum Gewässerschutz ausserhalb der Bauzonen, zum Gewässerschutz in der Landwirtschaft, zur Entwässerungsplanung sowie zum Betrieb und zum Unterhalt von Abwasseranlagen	www.abwasser.zh.ch
	BUWAL (heute BAFU), «Wohin mit dem Regenwasser», Beispiele aus der Praxis, 2000	www.BAFU.ch/publikationen
	VSA, Richtlinie über die Finanzierung der Abwasser- entsorgung auf Gemeinde- und Verbandsebene, 1994 mit Erläuterungen	www.vsa.ch/publikationen
	VSA, Erläuterungen zum Musterpflichtenheft für den Generellen Entwässerungsplan (GEP), Juni 2010	www.vsa.ch/publikationen
	VSA/SN 592000, Liegenschaftsentwässerung, 2002	www.vsa.ch/publikationen
	VSA, Regenwasserentsorgung, Richtlinie zur Ver- sickerung, zur Retention und zur Ableitung von Nieder- schlagswasser in Siedlungsgebieten, 2002, Update 2008	www.vsa.ch/publikationen
	VSA, Finanzierung der Abwasserentsorgung – Dokumentationsordner inkl. Richtlinie, Erläuterungen und Anhängen	www.vsa.ch/publikationen
	VSA, Richtlinie «Kleinkläranlagen»	www.vsa.ch/publikationen
	VSA, zahlreiche weitere Publikationen	www.vsa.ch/publikationen
Altlasten	AWEL: Mit Abfall belasteter Standort: Was müssen Grundeigentümer und Bauherren wissen?, Merkblatt 2009	www.altlasten.zh.ch
	AWEL: Kostenverteilungsverfahren nach Art. 32d USG, insbesondere Verhandlungsverfahren, Merkblatt 2009	www.altlasten.zh.ch

Suchbegriff	Bezeichnung	Bezugsquelle
Altlasten	AWEL: Verfahren zur Verteilung der Kosten nach neuem Altlastenrecht, 2007	www.altlasten.zh.ch
	AWEL: Zahlreiche weitere Unterlagen zu den Altlasten	www.altlasten.zh.ch
Energie	AWEL: Kantonales Förderprogramm 2010	www.energie.zh.ch
	AWEL: Ratgeber Baubewilligung bei Sanierung, 2010	www.energie.zh.ch
	AWEL: Zahlreiche weitere Unterlagen, insbesondere auch zur Energieplanung	www.energie.zh.ch
	BAFU: Subventionen des Bundes für energetische Sanierungen	www.dasgebäudeprogramm.ch
	BEOBACHTER NATUR: Zusammenstellung aller Förderprogramme	www.energiefranken.ch
	STEUERAMT DES KANTONS ZÜRICH, Merkblatt über die steuerliche Behandlung von Investitionen, die dem Energiesparen und dem Umweltschutz dienen, bei Liegenschaften des Privatvermögens, 2009	www.energie.zh.ch
Gebäudebegrünung	Schweizerische Fachvereinigung Gebäudebegrünung: Gründachrichtlinie für Extensivbegrünung	www.sfg-gruen.ch/publikationen
Verkehr	AWEL: Wegleitung zur Regelung des Parkplatzbedarfs in kommunalen Erlassen, 1997 (Wegleitung 1997)	www.luft.zh.ch
	VOLKSWIRTSCHAFTSDIREKTION: Empfehlungen zur Bereinigung der Flurweg- und Eigentümerverzeichnisse im Sinne von § 177 LG, 4. Januar 1984	www.landwirtschaft.zh.ch
	TIEFBAUAMT WINTERTHUR, Projektierungs- grundlagen für Wendemöglichkeiten, Kehrplätze und Wendeschlaufen	www.bau.winterthur.ch
Wasser	SCHAUB CHRISTOPH, Rechtliche Aspekte der Wasserversorgung im Kanton Zürich, Rechtsgutachten 2003	AWEL: Abteilung Wasserwirtschaft, Walchetor, 8090 Zürich
	AWEL: Rechtsfragen der Wasserversorgung im Kanton Zürich, in ZUP April 2003 (Zusammenfassung eines Rechtsgutachtens von Christoph Schaub)	www.wasserversorgung.zh.ch
	GVZ, Richtlinien für die Ausführung der Löschwasser- versorgung und die Subventionen der Gebäude- versicherung des Kantons Zürich (GVZ) an die Hydranten, die Hydrantenkontrollwartung und den Hydrantenunterhalt, 1. Mai 2010.	www.gvz.ch

13
Weitere Grundanforderungen an Bauten und Anlagen

13.1   Einordnung

13.1.1   Generalklausel

13.1.1.1   *Befriedigende Gesamtwirkung*

Begriff

Nach § 238 Abs. 1 PBG sind Bauten, Anlagen und Umschwung für sich und in ihrem Zusammenhang mit der baulichen und landschaftlichen Umgebung im Ganzen und in ihren einzelnen Teilen so zu gestalten, dass eine befriedigende Gesamtwirkung erreicht wird. Diese Anforderung gilt auch für Materialien und Farben. Die damit geforderte befriedigende Gesamtwirkung einer Baute oder Anlage beurteilt sich nach ihrer Grösse, architektonischen Ausgestaltung und Beziehung, namentlich aus ihrer Stellung zu bereits vorhandenen Bauten sowie zur baulichen und landschaftlichen Umgebung. Bei dieser Beurteilung ist eine objektive Betrachtungsweise zugrunde zu legen (BGer 1P.280/2002). Dabei ist eine umfassende Würdigung aller massgebenden Gesichtspunkte vorzunehmen (BEZ 2000 Nr. 17; VB.2009.00390).

Zu berücksichtigen ist, dass § 238 PBG eine positive ästhetische Generalklausel darstellt. Im Unterschied zu den entsprechenden negativen Klauseln anderer Kantone, welche die Verunstaltung eines Stadt- oder Quartierbildes verbieten, verlangt § 238 Abs. 1 PBG positiv eine kubische und architektonische Gestaltung, welche sicherstellt, dass sowohl für die Baute selbst als auch für die bauliche und landschaftliche Umgebung eine befriedigende Gesamtwirkung erreicht wird (BGE 114 Ia 343; BGer 1P.280/2002; 1C_346/2007; VB.2005.00023).

Aber gleichwohl: § 238 Abs. 1 PBG verlangt nur eine «befriedigende» Einordnung, was sich an einem Durchschnittsmassstab orientiert. Daher können gestützt auf die Bestimmung keine architektonischen Sonderleistungen verlangt werden.

Gut gestaltete Überbauung

Dieses gut gestaltete Hofgebäude geht über die Mindestanforderungen von § 238 Abs. 1 PGB hinaus. Durch die Wahl eines geeigneten Architekten, allenfalls Durchführung eines Architekturwettbewerbes und Gespräche zwischen Baubehörde und Bauherrschaft, lassen sich in diesem Sinne gute Resultate erreichen. (Boltshauser Architekten AG)

Gut gestaltete Überbauung

Die Kantonsschule Freudenberg von Architekt Jacques Schader aus dem Jahre 1959 überzeugt noch heute. Das Projekt war aus einem Wettbewerb hervorgegangen. Das herausragende Merkmal der Gebäudeanlage ist die vielfältig kommunizierte Struktur, mit der die einzelnen Teile miteinander verbunden sind. Als ein klar definiertes Geviert wurde der Gebäudekomplex entschieden und doch schonungsvoll in den wertvollen Baumbestand eines alten Villenquartiers eingesetzt (fotografiert mit freundlicher Genehmigung des Hochbauamtes des Kantons Zürich).

§ 238 PBG als Grundanforderung an Bauten und Anlagen

Der gestalterischen Beurteilung unterliegt jede Baute: Auch wenn sie den Bau- und Zonenvorschriften massstäblich entspricht, ist sie so zu gestalten, dass eine befriedigende Gesamtwirkung erreicht wird. Dies ergibt sich unmissverständlich aus der Eingliederung von § 238 in den Gesetzesabschnitt «Grundanforderungen an Bauten und Anlagen» (BGE 114 Ia 345). § 238 PBG erlaubt es daher grundsätzlich, sonst baurechtskonforme Bauten allein aufgrund ihrer ungenügenden Einordnung in die bauliche Umgebung zu untersagen (RB 1979 Nr. 93; BGer 1P.280/2002).

Im Allgemeinen kein Aussichtsschutz

Die Aussicht wird (indirekt) durch die Bestimmungen über die Geschosszahl, die zulässigen Dachformen und das erlaubte Gebäudevolumen geschützt. Sind die massgeblichen Abstände eingehalten, ist eine Bauherrschaft in der Wahl des Ortes, wo genau sie auf dem Grundstück ein Gebäude realisieren will, grundsätzlich frei. § 238 Abs. 1 PBG bildet demgemäss für den Schutz von Aussicht keine Handhabe. Das Einordnungsgebot hat nicht zum Zweck, die bisherige, von den Nachbargebäuden aus bestehende Aussicht weiterhin freizuhalten. Gegebenenfalls wären Festlegungen nach § 75 PBG (Aussichtsschutz) im Zonenplan oder Schutzanordnungen nach § 203 Abs. 1 lit. B PBG zu treffen (BEZ 2000 Nr. 51).

    Dies gilt allerdings nicht uneingeschränkt: Zunächst kann und darf eine schöne Aussicht beziehungsweise ein schönes Panorama bei der ästhetischen Beurteilung etwa von Plakatstellen durchaus berücksichtigt werden (BEZ 2008

Nr. 2). Sodann kann der nachbarliche Aussichtsschutz bei der Erteilung von Ausnahmebewilligungen beziehungsweise bei der Interessenabwägung nach § 220 Abs. 3 PBG bedeutsam sein.

Kein Schutz vor Schattenwurf und Lichtentzug

Nach § 284 PBG und § 30 ABV darf die Nachbarschaft nicht durch Schattenwurf wesentlich beeinträchtigt werden. Diese Bestimmungen beziehen sich ausnahmslos auf den Spezialfall der Hochhäuser (Häuser mit einer Gebäudehöhe von mehr als 25 m). Die ausdrückliche Regelung des Schattenwurfs erklärt sich daraus, dass Hochhäuser definitionsgemäss (§ 282 PBG) die in § 278 Abs. 3 PBG auf 25 m begrenzte Gebäudehöhe überschreiten. Abgesehen davon wird der nachbarliche Schutz ausschliesslich durch die primären Baubeschränkungsnormen sichergestellt. Die Abstandsvorschriften und weitere Baubegrenzungsnormen bestimmen abschliessend, welche Auswirkungen durch Lichtentzug und Schattenwurf auf ein Nachbargrundstück zulässig sind; für die Anwendung der allgemeinen Immissionsschutzbestimmung von § 226 PBG bleibt kein Raum (BEZ 1990 Nr. 28). Es wäre mit dem Anliegen der Rechtssicherheit nicht vereinbar, wenn die Baumöglichkeiten, wie sie für ein Grundstück durch die Baubeschränkungsnormen des Gesetzes und der Bau- und Zonenordnung vorgezeichnet sind, im Einzelfall unter Berufung auf einen übermässigen Schattenwurf oder Lichtentzug immer wieder infrage gestellt werden könnten (VB.2005.00321). Der Schattenwurf von Gebäuden, die den Zonenvorschriften der Regelbauweise entsprechen, ist daher von den betroffenen Nachbarn im Grundsatz hinzunehmen. § 238 PBG gewährt keinen darüber hinausgehenden Schutz vor Schattenwurf.

Die Bestimmung von § 302 Abs. 1 PBG, wonach Räume genügend belichtet und lüftbar sein müssen, findet sich im Abschnitt «Anforderungen an Gebäude und Räume» des Gesetzes; sie bezieht sich auf die Anordnung und Gestaltung von Wohnräumen innerhalb eines Gebäudes und nicht auf das Verhältnis zwischen benachbarten Gebäuden (VB.2005.00321).

Die Beeinträchtigung durch Schattenwurf kann aber dann Bedeutung erhalten, wenn eine Interessenabwägung vorzunehmen ist beziehungsweise Interessen der Nachbarn zu würdigen sind. Das ist beispielsweise beim Erteilen von Ausnahmebewilligungen oder bei Änderungen an vorschriftswidrigen Bauten der Fall (§ 220 Abs. 3 PBG; § 357 Abs. 1 PBG).

13.1.1.2   *Wirkung des Objekts an sich*

Ein wesentlicher Bestandteil der in § 238 PBG geforderten befriedigenden Gesamtwirkung bildet die Aussenwirkung eines Objekts an sich. Damit wird – losgelöst von der baulichen und landwirtschaftlichen Umgebung – die Wirkung der ästhetisch-architektonischen Gestaltung eines Objekts als Ganzes und in seinen einzelnen Teilen erfasst.

Ungeachtet der Qualität der Umgebung soll damit erreicht werden, dass Bauwerke ein im öffentlichen Interesse liegendes ästhetisches Niveau erreichen, also auch in einer ästhetisch wertlosen Umgebung in künstlerisch-architektonischer Hinsicht befriedigend in Erscheinung treten.

In der Praxis sind allerdings nur ganz seltene Fälle denkbar, in denen eine Baute oder Anlage aufgrund von § 238 PBG verweigert werden muss, die nicht gleichzeitig hinsichtlich der Einordnung in das Orts- und Landschaftsbild eine unbefriedigende Gesamtwirkung ergibt. Die optische Qualität der Erscheinung eines Bauwerks erfasst der Betrachter immer in Relation zur bestehenden Umgebung, die es zusammen mit anderen Bestandteilen mitzuprägen vermag.

Lassen sich für das Objekt als Ganzes nur schwer fassbare Wertmassstäbe finden, so ergeben sich doch aus dem Verhältnis der einzelnen Teilwirkungen untereinander für eine objektive Beurteilung genügende Kriterien, welche sich ausschliesslich aus dem Objekt selbst ergeben. Für das Erreichen einer befriedigenden Gesamtwirkung muss so durch Kubatur, Gliederung, Farb- und Materialwahl ein gewisses Mass an Ausgewogenheit und Harmonie gegeben sein.

Die Wirkung des Objekts an sich als Bestandteil der Gesamtwirkung wird etwa dann für die Beurteilung herangezogen, wenn bei Um-, An- oder Aufbauten eine Teilwirkung hinzutritt, die wegen ihrer untergeordneten Bedeutung – infolge des geringen «optischen Gewichts» – nicht die Umgebung, sondern lediglich das Objekt an sich mitprägt. Aber auch bei Neubauten können Details, welche das Orts- oder Landschaftsbild nicht im Geringsten zu beeinflussen vermögen, wie etwa die Fensterstützen eines Bauprojekts, nicht aufgrund mangelnder Einordnung, sondern höchstens wegen unbefriedigender Wirkung des Objekts als solches verweigert werden (VON ARX S. 69 f.).

13.1.1.3   *Bezug zur Umgebung*

Massgebliche Umgebung

Bauten und Anlagen müssen nicht nur in sich selbst, sondern auch im Zusammenhang mit der baulichen und landschaftlichen Umgebung den Anforderungen von § 238 PBG entsprechen. Dabei ist nicht nur auf die unmittelbare Umgebung abzustellen. Vielmehr ist eine umfassende Würdigung aller massgeblichen Gesichtspunkte unter Einbezug der weiteren Umgebung und der optischen Fernwirkung vorzunehmen (BEZ 2000 Nr. 17 betreffend Ziegeln im Braunton). Dabei ist neben der baulichen auch die landschaftliche Umgebung zu würdigen (VB.2007.00294, bestätigt mit BGer 1C_346/2007 bezüglich einer Plattform, die mit ihren überdimensionierten Ausmassen keinerlei Rücksicht auf die bestehenden Geländeformen und den Geländeverlauf nimmt sowie VB.2006.00446; BEZ 2008 Nr. 20 betreffend Werbeanlagen am Waldrand, bestätigt mit BGer 1C_131/2008).

Kriterien

Die Anforderungen können nicht allgemeingültig definiert werden. Sie hängen im Einzelfall davon ab, wie das Gebäude mit seiner Umgebung und der Landschaft zusammenspielt. Das als Bezugspunkt dienende Orts- und Landschaftsbild kann unterschiedliche Merkmale aufweisen, die je nach ihrer Eigenart ein Bauvorhaben strenger oder milder zu beurteilen gebieten (BEZ 1983 Nr. 5; RB 1980 Nr. 122). § 238 Abs. 1 PBG erlaubt es der Baubehörde in der Regel nicht, in einem Quartier eine einheitliche und gleichgeschaltete Überbauung durchzusetzen. Aus der Bestimmung lässt sich eben nicht generell das Gebot ableiten, die in der Nachbarschaft bestehenden Baumaterialien, Formen und Farben zu übernehmen (RB 1980 Nr. 120).

Allerdings kann die Gleichförmigkeit wesentliches Gestaltungsmerkmal einer bestehenden Überbauung sein und aus diesem Grund besondere Rücksicht auf die bestehenden Bauformen verlangen (RB 1983 Nr. 99). Dabei braucht ein Quartier keine besonderen architektonischen Qualitäten aufzuweisen; wie das Verwaltungsgericht in verschiedenen Entscheiden erwogen hat (vgl. etwa VB.1995.00051), können sich auch mittelmässige Bauten zu einem guten Quartierbild fügen, wenn sie nach Lage, Kubatur, Materialien und dergleichen aufeinander abgestimmt sind. Kommt die gute Gesamtwirkung auf diese Weise und weniger durch die Qualität der einzelnen Bauten zustande, so ist das Quartierbild durch einzelne Veränderungen besonders gefährdet.

Die Gestaltungsanforderungen von § 238 Abs. 1 PBG behalten auch dann ihren Sinn, wenn die massgebliche Umgebung bereits durch sich nicht einordnende Bauten gestört ist; da sich die Bestimmung aber an der real bestehenden und nicht nach der erwünschten Umgebung orientiert, ist der erfolgten Beeinträchtigung adäquat Rechnung zu tragen.

Quergestelltes Einfamilienhaus
Dieses Einfamilienhaus weist einen First auf, der quer zu jenem der benachbarten Gebäude verläuft. In einer normalen Wohnzone liess sich dies gestützt auf § 238 Abs. 1 PBG am fraglichen Ort nicht verhindern. Es besteht im Allgemeinen keine Rechtspflicht, Dachformen und Firstrichtungen der Umgebung zu übernehmen.

Durchschnittliche Einfamilienhausquartiere

In einem durchschnittlichen Einfamilienhausquartier lassen sich vielfältige Formensprachen gestützt auf § 238 PBG nicht verhindern. Will dies eine Gemeinde gleichwohl tun, ist, soweit zulässig, die Bauordnung mit entsprechenden Gestaltungsanforderungen zu ergänzen (zum Beispiel bezüglich Dachform, Aufschüttungen, Abgrabungen, Gestaltungsplanpflicht).

Keine Beschränkung auf Landläufiges

Die genügende Einordnung fehlt nicht bereits bei der Einführung einer neuen Formensprache in ein einheitliches Bild einer älteren Überbauung; vielmehr setzt eine Bauverweigerung das Vorliegen eines konkreten Einordnungsmangels voraus (VB.99.00113; VB.2005.00335). Ein solcher ist erst gegeben, wenn sich die entsprechende Baute oder Anlage gegenüber der Ausgestaltung von Gebäuden, Häusergruppen oder Strassenzügen in störenden Widerspruch tritt oder sonst einen stossenden Gegensatz zu den die Umgebung prägenden Merkmalen oder zum Quartiercharakter bildet. Daher ist es einer Gemeinde nicht von vornherein verwehrt, ein zwar gestalterisch hochwertiges, aber ungewöhnliches Bauvorhaben zu bewilligen (BEZ 1989 Nr. 36).

Ungewöhnliche Architektur in einer Wohnzone

Dieses unkonventionelle Gebäude wurde am Rand einer herkömmlichen, aber heterogenen Einfamilienhausüberbauung bewilligt. Das brauchte sicher etwas Mut der Baubehörde.

Eine Beschränkung auf Landläufiges würde die Baukunst im Durchschnitt erstarren lassen. Da § 238 Abs. 1 PBG lediglich Minimalanforderungen stellt, muss dem Bauherrn ein nicht zu enger schöpferischer Spielraum belassen werden. Daher darf die Behörde nicht schon deshalb eine Baubewilligung verweigern, weil sie ein Projekt für ästhetisch verbesserungswürdig hält oder ihr ein anderes Projekt besser gefällt. Nur ein qualifiziertes öffentliches Interesse, das die privaten Anliegen des Gesuchstellers überwiegt, rechtfertigt eine Einschränkung des gestalterischen Freiraumes (BEZ 1989 Nr. 36).

Flachdachbaute in Wohnzone
Lässt eine Bauordnung in einer durchschnittlichen Wohnzone neben First- auch Flachdächer zu, kann ein solches Gebäude in der Regel nicht verhindert werden.

Zusätzliche Einschränkungen ihrer gestalterischen Freiheit müssen allerdings Eigentümer von Doppel- oder Reiheneinfamilienhäusern in Kauf nehmen. Von ihnen kann ein vermehrtes Mass an Rücksichtnahme und bauliche Abstimmung auf den bestehenden baulichen Zustand verlangt werden (PBG aktuell 4/1996, S. 30).

Dachaufbauten einer Randüberbauung
Bei der Gestaltung von Dachaufbauten sind die Formen jener der Nachbarhäuser zu übernehmen. Das gilt umso mehr (aber nicht nur), wenn, wie hier, Kernzonenvorschriften anzuwenden sind.

Zur Material- und Farbgebung

Die Anforderungen von § 238 PBG gelten auch für die Farb- und Materialwahl. Für einen Fassadenanstrich in der Wohnzone ist zwar grundsätzlich keine
Baubewilligung erforderlich (vgl. § 309 PBG). Nur in den Kernzonen können
die Gemeinden Aussenrenovationen mit Farbveränderungen für bewilligungspflichtig erklären. Die Befreiung von der Bewilligungspflicht entbindet jedoch
gemäss § 2 Abs. 2 BVV nicht von der Pflicht, die Vorschriften des materiellen
Rechts einzuhalten. Somit ist die Gestaltungsvorschrift von § 238 Abs. 1 PBG
auch dann einzuhalten, wenn für den Fassadenanstrich keine Baubewilligung
einzuholen ist. Instruktiv ist dazu VB.2007.00134. In diesem Fall wurde ein
intensiv blauer Farbton verweigert, der nicht Teil eines durchdachten Farbkon-
zeptes war. Da grundsätzlich keine Pflicht zur Einholung einer Baubewilligung
für die Fassadenbemalung bestand und im betreffenden Quartier bereits vergleichbar bunte Fassadenanstriche vorhanden waren, konnte aber angenommen
werden, dass der Beschwerdegegner gutgläubig davon ausging, die von ihm
gewählte Farbgebung genüge den im betreffenden Quartier geltenden Einord-
nungsanforderungen. Unter diesen Umständen und unter Berücksichtigung,
dass eine Wiederherstellung mit einem erheblichen finanziellen Aufwand verbunden wäre, der aufgrund der Gutgläubigkeit des Beschwerdegegners als nicht
gerechtfertigt erscheint, erwies sich die Wiederherstellung des rechtmässigen
Zustandes nach Auffassung des Verwaltungsgerichts als unverhältnismässig.

Beispiel für Farbgebung

*Bei der Umnutzung dieser Fabrikanlage wählte die Bauherrschaft Bauhausfarben mit
dem Farbendreiklang gelb-rot-blau. Die Baubehörde bewilligte nur das Gelb. Die Baurekurskommission liess dann auch das Rot zu. Eine Gestaltungsplanänderung ermöglichte
schliesslich noch das Blau.*

Zur Befristung der Bewilligung

Einem Einordnungsmangel kann allenfalls mit Auflagen, insbesondere auch einer Befristung der Baubewilligung im Sinne von § 321 PBG begegnet werden.
Gegenüber der Auflage, welche auf die Behebung eines Projektmangels gerichtet ist, kommt der Befristung, die sich mit der Rechtswidrigkeit abfindet,
hingegen deren zeitliche Folge mildert, geringe Bedeutung zu. Sodann sind

nach der Praxis des Verwaltungsgerichts befristete Bewilligungen für Vorhaben, die lediglich Einordnungsvorschriften zuwiderlaufen, eher hinzunehmen als zeitlich begrenzte Bewilligungen für Projekte, die massiv gegen Abstands- oder Höhenvorschriften verstossen (VB.2000.00035 betreffend Container für Asylunterkünfte; vgl. zur Befristung allgemein Seite 348).

13.1.1.4 *Verhältnis zur Zonenordnung*

Grundsätzlicher Anspruch auf Ausschöpfung der Verdichtungsmöglichkeiten

Die verfassungsrechtlich gebotene Verhältnismässigkeit des Eigentumseingriffs verbietet es, durch die Anwendung der Gestaltungsbestimmungen die zonengemässen Baumöglichkeiten für ein ganzes Geviert ausser Kraft zu setzen (BGE 114 Ia 346, 115 Ia 377). Es liegt vielmehr in der Natur der Sache, dass sich eine bauliche Verdichtung gestalterisch entsprechend auswirken kann. Sie bringt mit sich, dass sich Neubauten von der bestehenden Überbauungsstruktur abheben können, welche Folge vom Gesetzgeber bewusst in Kauf genommen worden ist (vgl. etwa BEZ 2004 Nr. 41).

Nach ständiger Rechtsprechung kann somit allein gestützt auf § 238 PBG keine generelle Herabsetzung des nach der Bau- und Zonenordnung zulässigen Bauvolumens verlangt werden. Lässt also die kommunale Bauordnung zum Beispiel eine bestimmte Geschosszahl zu, ginge es nicht an, generell ein Geschoss weniger zu bewilligen mit der Begründung, nur dadurch werde eine gute Gesamtwirkung erreicht (BGE 114 Ia 345). Analoges gilt etwa für die Gebäudelänge und die Ausnützung.

Nur in Ausnahmefällen, nämlich dann, wenn der Widerspruch zur baulichen Umgebung klar und krass ist, kann ein Verzicht auf die Realisierung des auf dem betreffenden Grundstück zulässigen Volumens durchgesetzt werden. Hierfür sind jedoch im Rahmen der bei Eigentumsbeschränkungen gebotenen Interessenabwägung besonders triftige Gründe erforderlich. Es müssen qualifizierte bauliche oder landschaftliche Umstände, wie eine überdurchschnittliche Qualität der bestehenden Überbauung, eine weiterum zurückhaltend ausgeschöpfte Ausnützung oder eine qualifizierte landschaftliche Empfindlichkeit vorliegen (BEZ 2002 Nr. 18 und 51, RB 1990 Nr. 78, 1992 Nr. 66; VB.2001.00092, 2004.00394, 2007.00036, 2010.00127; vgl. auch BGE 114 Ia 346 und PBG aktuell 4/1995, S. 31 f.).

Erhöhte gestalterische Anforderungen bei maximaler Verdichtung

Sind die Voraussetzungen für einen Volumenverzicht nicht gegeben, so verlangt § 238 PBG gleichwohl, dass ein Gebäude, das sich durch sein Volumen aus seiner baulichen Umgebung heraushebt, diesem Spannungsverhältnis in geeigneter Weise Rechnung trägt (BEZ 2002 Nr. 18). Je konsequenter von den Verdichtungsmöglichkeiten Gebrauch gemacht wird, umso höher sind die Anforderungen an die Gestaltung der Neubauten und insbesondere an ihre kubische Gliederung (VB.2001.00268; SIEBER: S. 160). Wie das Verwaltungsgericht in einem neuesten Entscheid (VB.2010.00127) klargestellt hat, ist ein Gebäude, das sich hinsichtlich seines Volumens von der Umgebung heraushebt, besonders sorgfältig zu gestalten. Und weiter:

Auszug aus VB.2010.00127

«Das bedeutet aber nicht, dass bei vergleichsweise grossem Volumen mehr als eine befriedigende Einordnung verlangt werden kann; aber dieses Ziel ist mit Projekten, die eine ohnehin schon hohe Ausnützung maximal beanspruchen, schwieriger zu erreichen als mit Bauten, die volumenmässig der bestehenden Überbauungsstruktur entsprechen und deren Projektierung nicht der Vorgabe einer maximalen Ausnützung des Baugrundstückes unterworfen ist.»

Überdimensioniertes Bauobjekt in Wohnzone

Dieses Mehrfamilienhaus weist ein Untergeschoss, drei Vollgeschosse und zwei Dachgeschosse auf, was die Bau- und Zonenordnung zulässt. Der Widerspruch zur vorbestandenen Überbauung (meistens nur zweigeschossig) rechtfertigte in diesem Fall keine Bauverweigerung.

Ausnützungsübertragung

Wird zur Realisierung eines Bauvorhabens Ausnützung übertragen, darf dies nicht zu einer unerwünschten, § 238 Abs. 1 PBG verletzenden Konzentrierung der Bausubstanz führen (BEZ 1994 Nr. 15; BEZ 2006 Nr. 54; VB.2010.00127). Dabei ist im jeweiligen Einzelfall zu prüfen, ob die Ausnützungsübertragung zu Baukörpern führt, welche den Rahmen der zonengemässen, durch Bauvorschriften und Parzellenanordnung geprüften Überbauungsstruktur sprengen und sich deshalb nicht mehr befriedigend in die bauliche Umgebung einordnen.

Näheres zur Ausnützungsübertragung vgl. Seite 732 ff.

<h4>13.1.1.5   Abgrenzungen</h4>

Arealüberbauung

Für Arealüberbauungen gelten erhöhte Gestaltungsanforderungen. Bauten, Anlagen und Umschwung müssen nicht nur befriedigend, sondern gut gestaltet sein. (vgl. Seite 134 ff.). Ob ein Vorhaben diese Anforderungen erfüllt, ist wie bei der Anwendung von § 238 PBG nach objektiven und grundsätzlichen Kriterien zu beurteilen, wobei es weder auf den Eindruck ästhetisch besonders empfindlicher Personen noch auf das Volksempfinden ankommt. Im Unterschied zur Regelüberbauung muss der Umgebungsplan bereits mit dem Bauprojekt eingereicht werden. Dasselbe gilt aber nicht für die Material- und Farbgebung sowie die weitere Detailgestaltung des Vorhabens: Gemäss § 316 Abs. 2 PBG wird sichergestellt, dass diese nachträgliche Bewilligung den rechtsmittelbefugten Nachbarn zu eröffnen ist, sodass ihnen aus der nachträglichen Bewilligung keine Nachteile erwachsen (VB.2007.00356).

Bei der Beurteilung der Arealüberbauungsqualität eines Bauprojekts im Sinne von § 71 PBG kommt der kommunalen Baubehörde ein von den Rechtsmittelinstanzen zu respektierender Beurteilungs- und Ermessensspielraum zu (VB.2009.00596). Dennoch muss dem Bauherrn auch hier ein nicht zu enger Gestaltungsspielraum belassen werden. Die ihm kraft der Eigentumsgarantie zustehende Freiheit ist – im Rahmen der gesetzlichen Schranken von § 71 PBG – zu achten. Das Verwaltungsgericht hat auch in diesem Zusammenhang festgestellt, dass die Baubehörde nicht lediglich deshalb eine Baubewilligung verweigern darf, weil sie die Gestaltung eines Bauvorhabens nicht für optimal hält. Sie muss entsprechend dem in Art. 36 Abs. 3 BV verankerten Verhältnismässigkeitsprinzip alle in der Sache erheblichen Interessen berücksichtigen und sorgfältig gegeneinander abwägen. Nur ein hinreichendes öffentliches Interesse, das die privaten Interessen des Bauherrn überwiegt, rechtfertigt einen Eingriff in dessen gestalterischen Freiraum und damit eine Bauverweigerung gestützt auf § 71 Abs. 1 PBG (BEZ 1988 Nr. 48; VB.2004.00462; VB.2004.00449).

Weitere Vorschriften
Sodann finden sich in §§ 292 und 293 PBG weitere Bestimmungen über die Erscheinung von Dachaufbauten und Untergeschossen (vgl. hierzu Seite 941 ff. und Seite 962 ff.). Vorschriften über die Erhaltung von Bäumen können sich auch in den kommunalen Bau- und Zonenordnungen oder in einer separaten Baumschutzverordnung finden (§ 76 PBG). Vgl. zu Spiel- und Ruheflächen sowie Gärten auch § 248 PBG (siehe Seite 719 ff.). Zu den erhöhten Anforderungen nach § 238 Abs. 2 PBG vgl. Seite 664 ff.

Seite 941 ff. und Seite 962 ff. ... Seite 719 ff. ... Seite 664 ff.

13.1.2   Besondere Rücksichtnahme auf Natur- und Heimatschutzobjekte

13.1.2.1   *Anwendungsbereich*

Vorhaben im Nachbarbereich von Schutzobjekten
Gemäss § 238 Abs. 2 PBG ist auf Objekte des Natur- und Heimatschutzes besondere Rücksicht zu nehmen. Diese Bestimmung wird anwendbar, sofern zwischen der projektierten Baute oder Anlage und dem Schutzobjekt aufgrund der örtlichen Verhältnisse überhaupt ein optischer Bezug gegeben ist, wenn also die beiden Objekte für einen neutralen Beobachter im Zusammenhang gesehen werden. Es genügt also nicht schon, dass Sichtdistanz besteht (BGE 1.P.280/2002).

Vorhaben an Schutzobjekten selbst
§ 238 Abs. 2 PBG kommt auch zur Geltung, wenn Massnahmen an einem Einzelschutzobjekt selbst vorgesehen sind, soweit dieses nicht formell unter Schutz gestellt, sondern nur etwa im Inventar enthalten ist. Wird ein solches Objekt

durch ein Umbauvorhaben gefährdet, so hat das Gemeinwesen vorab einen Schutzentscheid zu treffen, das heisst, Schutzmassnahmen anzuordnen oder ganz oder teilweise darauf zu verzichten (BEZ 1991 Nr. 23). Es ist entweder das Baubewilligungsverfahren zu sistieren, bis der Schutzentscheid der Exekutive vorliegt, oder aber die beiden Verfahren sind zu koordinieren (BEZ 2000 Nr. 22; VB.2002.00172; VB.2005.00242).

Nur wenn eine Gefährdung eines inventarisierten Objekts durch ein Bauvorhaben von vornherein ausgeschlossen werden kann, besteht für das Gemeinwesen keine Veranlassung, über die Schutzwürdigkeit und den Schutzumfang des Inventarobjekts zu entscheiden, und die Baubewilligung kann direkt, mit den gebotenen Auflagen, erteilt werden (vgl. etwa BEZ 2000 Nr. 22; VB.2002.00172).

Bei formell unter Schutz gestellten Objekten sind naturgemäss die entsprechenden Schutzanordnungen massgebend.

Geltungsbereich in der Kernzone

Nach der Rechtsprechung gelten auch in Kernzonen, welche gemäss § 50 Abs. 1 PBG schutzwürdige Ortsbilder umfassen, die in ihrer Eigenart erhalten oder erweitert werden sollen, die erhöhten Gestaltungsanforderungen von § 238 Abs. 2 PBG (vgl. etwa VB.2001.00192; 2004.00543).

In solchen Kernzonen ist die Geltung von § 238 Abs. 2 aber insoweit beschränkt, als primär die spezifischen Gestaltungsanforderungen der Bauordnung zu beachten sind; sie gehen der allgemeinen Norm des PBG vor, soweit sie gestützt auf § 50 Abs. 3 PBG konkretere und/oder strengere Bestimmungen enthalten.

Die Kernzone wird aber damit nicht zum Schutzobjekt. Bauvorhaben ausserhalb der Kernzone haben auf die Kernzone nicht im Sinne von § 238 Abs. 2 PBG Rücksicht zu nehmen. Anderes gilt nur, wenn konkrete Schutzobjekte am Rande der Kernzone liegen, sodass ihnen diese Zone keinen ausreichenden Schutz zu bieten vermag (BEZ 2006 Nr. 55; VB.2008.00286 und 00552).

Keine Geltung in der Quartiererhaltungszone

Bei den Quartiererhaltungszonen (§ 50a PBG) geht es nicht um die Erhaltung eines schutzwürdigen Ortbildes, sondern um die Erhaltung und Förderung der Siedlungsqualität. Sie stellen keine Schutzobjekte dar, sodass nur die Anforderungen von § 238 Abs. 1 PBG (befriedigende Einordnung) gelten. § 238 Abs. 2 PBG wäre höchstens im Zusammenhang mit konkreten Schutzobjekten zu beachten (RB 1996 Nr. 78; VB.2009.00511 und 2010.00001).

13.1.2.2   *Begriff der Schutzobjekte*

Die Schutzobjekte sind in § 203 PBG abschliessend aufgezählt. § 238 Abs. 2 PBG fordert keine formelle Unterschutzstellung im Sinne von § 205 PBG (BEZ 1983 Nr. 5, 1987 Nr. 3). Indessen muss sich die Schutzwürdigkeit aus konkreten und objektiven Gesichtspunkten ergeben. Solche liefern etwa die Aufnahme des Schutzobjekts in ein Inventar (§ 203 Abs. 2 PBG) oder die Anerkennung der Selbstbindung durch das Gemeinwesen (§ 204 PBG). Beeinträchtigungen solcher Schutzobjekte durch Bauten oder Anlagen in der Umgebung wie auch durch Massnahmen an ihnen selbst will § 238 Abs. 2 PBG verhindern. Schutzobjekte sind unter anderem auch Ortskerne, Quartiere und Gebäudegruppen, die als geschichtliche Zeugen oder kraft ihrer prägenden Wirkung erhaltungswürdig sind (§ 203 Abs. 1 lit. c PBG). Deren Schutz erfolgt oftmals durch Kernzonen (§ 50 PBG). Zum Begriff der Schutzobjekte vgl. ausführlich Seite 204 ff.

Zuständig für den Erlass von Schutzmassnahmen für Objekte von kommunaler Bedeutung ist nach § 211 Abs. 2 PBG der Gemeinderat (Exekutive), welcher nicht notwendigerweise auch die Baubehörde sein muss. Diesfalls ist Letztere nicht befugt, im Rahmen eines Baubewilligungsverfahrens vorfrageweise einen materiellen Schutzentscheid zu treffen.

13.1.2.3   *Gestaltungsanforderungen*

Erfordernis einer guten Einordnung

Ist auf Objekte des Natur- und Heimatschutzes besondere Rücksicht zu nehmen, wird eine gute Einordnung gefordert (vgl. etwa VB.2003.00301). Gestützt hierauf kann die Behörde gestalterische Sonderleistungen verlangen, die über die Anforderungen von Abs. 1 von § 238 PBG hinausgehen. Doch darf auch hier nicht mehr verlangt werden, als es der Charakter der Umgebung beziehungsweise des Schutzobjekts gebietet.

Neuüberbauung, an Schutzobjekt angrenzend
Diese Neuüberbauung war besonders gut zu gestalten; dabei musste sie allerdings die Bausprache des Schutzobjekts nicht übernehmen, sondern konnte auch in der Farbgebung bewusste Gegensätze schaffen. Der Umnutzung der Fabrikgebäude liegt eine kontrastierende Haltung in Bezug auf den Umgang mit der bestehenden Bausubstanz zugrunde. Dies zeigt sich im Äusseren durch die Farbgebung und die Materialisierung und im Inneren durch die präzisen und modernen Einbauten, welche im Kontrast zu den ehemalig erhaltenen Böden und der Rekonstruktion der Fensteröffnungen stehen (Siedlung Im Lot, Uster; Architektur durch Ateliergemeinschaft Basel).

Verbindung von Alt und Neu

Dieses Bürogebäude anstelle einer alten Fabrikliegenschaft (Kesselhaus) verbindet mit guter architektonischer Lösung Alt und Neu. (Terlinden Küsnacht, Architektur Burckhardt + Partner AG)

Wie bei § 238 Abs. 1 PBG darf nur aufgrund ausserordentlicher Umstände (hervorstechende Qualität der vorbestandenen Überbauung, nicht ausgeschöpfte Ausnützung, qualifizierte landschaftliche Empfindlichkeit) eine Ausnützungsreduktion verlangt werden (RB 1990 Nr. 78).

Unterhalt und Nutzungsänderungen

Schutzobjekte dürfen auch nicht durch Nutzungsänderungen und Unterhaltsarbeiten, für die keine Baubewilligung nötig ist, beeinträchtigt werden. Dies ergibt sich im Grundsatz bereits aus § 2 Abs. 2 BVV. Danach entbindet die Befreiung von der Bewilligungspflicht nicht von der Pflicht, die Vorschriften einzuhalten. Darüber hinaus kann in Anwendung von § 238 Abs. 2 PBG verlangt werden, dass Abholzungen oder Neuanpflanzungen im Bereich von Schutzobjekten der herkömmlichen Umgebungsgestaltung entsprechen (RB 1984 Nr. 106).

Abgrenzung zur Anordnung von Schutzmassnahmen

§ 238 Abs. 2 und 3 PBG kommt die ausschliessliche Aufgabe zu, Objekte des Natur- und Heimatschutzes vor negativen gestalterischen Einflüssen zu schützen. Die Bestimmung stellt keine Rechtsgrundlage für Substanzerhaltung als solche dar. Der innere und äussere physische Bestand eines Schutzobjekts ist durch Schutzmassnahmen nach § 203 PBG zu sichern (BEZ 1986 Nr. 46). Die Bestimmung von § 238 PBG bezweckt auch keine «Naturschutzziele». Hierzu sieht die Gesetzgebung andere Regelungsmöglichkeiten vor (VB.2005.00144). § 238 Abs. 2 PBG bildet damit also keine Rechtsgrundlage, um die etwa ein Bachufergehölz nutzenden Vögel vor benachbarten Fensterfronten zu schützen.

Zu den Vorschriften in der Bauordnung

Nach Massgabe der kommunalen Bauordnung haben Bauvorhaben in den Kernzonen meistens in Grösse, kubischer Gestaltung, Fassadengestaltung, Material, Farbe und Umgebungsgestaltung der bestehenden, das Ortsbild prägenden Überbauung zu entsprechen. Zur Anwendung einer solchen Bestimmung vgl. etwa BGer 1P.42/2002 vom 17. April 2002.

Ist nach den Zonenvorschriften die Errichtung eines Wohnhauses anstelle eines abzubrechenden Ökonomiegebäudes oder die Errichtung von Wohnnutzung in einer ehemaligen Scheune erlaubt, sind Abweichungen vom bisherigen Erscheinungsbild, namentlich hinsichtlich Fassaden- und Dachflächengestaltung, zwangsläufig hinzunehmen, soweit sie nicht gegen die Interessen des Ortsbildschutzes verstossen (BEZ 2000 Nr. 2, auch zum Folgenden). Weitergehende Einschränkungen in der Nutzungs- und Gestaltungsfreiheit der Bauherrschaft könnten nur durch individuelle Schutzanordnungen erreicht werden. Es gilt dies selbst dann, wenn die Bauordnung nur «kleinere» oder «untergeordnete» Abweichungen vom bisherigen Baubestand zulässt (vgl. den unveröffentlichten Entscheid der Baurekurskommission I Nr. 0221/2010 betreffend Gemeinde Neerach, womit in Bestätigung der kommunalen Baubewilligung sehr weitgehende Änderungen zugelassen wurden).

Ausbau einer Scheune
Dieser Scheunenausbau zeigt ein recht gut gelungenes Beispiel, wie der ursprüngliche bäuerliche Charakter erhalten werden kann.

Gestattet eine kommunale Bauordnung in der Kernzone sowohl Ersatzbauten als auch Neubauten, so kann der Bauherr wählen, auf welche Weise er sein Grundstück überbauen will. Anders verhält es sich nur, wenn neue Bauten ausschliesslich in Form von Ersatzbauten zugelassen werden sollen (etwa mit farblicher Kennzeichnung der Baute in den Kernzonenplänen) oder wenn eine Bauordnung die Erstellung von Neubauten ausschliesst. Ein Ersatzbauzwang bedarf somit einer ausdrücklichen gesetzlichen Grundlage (BEZ 2005 Nr. 11). Zur Zonenkonformität einer Baulücke vgl. BEZ 2010 Nr. 39.

Auch wenn die zu beachtenden Kernzonenvorschriften keine allgemeine Gestaltungsvorschrift enthalten, die den Bauherrn eines Neubaus auf eine ortsbildgerechte Gestaltung verpflichten, sondern lediglich Detailvorschriften zur Dach-, Fassaden- und Umgebungsgestaltung aufführen, hat sich ein Neubau in der Kernzone in gestalterischer Hinsicht am Zweck der Kernzone, wie er durch § 50 Abs. 1 PBG vorgezeichnet wird, zu orientieren (VB.2001.00192; VB.2005.00543, VB.2006.00084).

Kommt ergänzend zu den Kernzonenvorschriften § 238 Abs. 2 PBG zur Anwendung ist wie bei der Grundnorm (§ 238 Abs. 1 PBG) zu berücksichtigen, dass die Qualität der bestehenden Bauten sehr unterschiedlich sein kann und sich wertvolle Altbauten neben Bauten jüngeren Datums befinden, deren Gestaltung keine besonderen Qualitäten erkennen lassen. Einzelne «Bausünden» aus der Vergangenheit führen aber nicht dazu, dass § 238 Abs. 2 PBG geradezu ausser Kraft gesetzt und generell geringere Anforderungen an die Gestaltung in der Kernzone zu stellen wären (BGer 1P.208/2005, E. 2.6; VB.2006.00084).

Vgl. zur Einordnung in einer Kernzone auch etwa VB.2004.00390 (Einfamilienhaus), VB.2004.00062 (Sitzplatzüberdachung in der Kernzone «Walder-Dörfli», Wangen-Brüttisellen), VB.2004.00543 (Mehrfamilienhaus in Kernzone) und VB.2002.00315 (neuzeitlicher Anbau an älteres Haus; die BO Meilen lässt in der Kernzone auch neuzeitliche Um- und Neubauten zu) sowie BEZ 2008 Nr. 21 (Kernzonenvorschriften der Stadt Zürich) und – neueren Datums – VB.2008.00433 («Wolke», Bahnhof Wädenswil) und 2009.00527 (Fassadengestaltung in Aeugst a.A.).

Neuzeitliche Formensprache in der Kernzone

Dieses Foto veranschaulicht den Fall gemäss VB.2002.00315 (Meilen). Die Baubehörde liess diesen Baukubus gestützt auf die offen formulierten Kernzonenbestimmungen (Art. 12 Abs. 1 BZO, wonach neuzeitliche Neu- und Umbauten ausdrücklich gestattet sind) zu. Die Baudirektion genehmigte den Entscheid (überkommunales Ortsbild). Die Baurekurskommission II hiess einen dagegen erhobenen Nachbarrekurs gut. Das Verwaltungsgericht stellte die Baubewilligung jedoch wieder her.

Entsprechend den Kernzonenvorschriften sind auch an die äussere Farb- und Materialwahl erhöhte Anforderungen gestellt. Das heisst aber auch dort nicht zwingend, dass diese diskret gestaltet sein muss.

Farbgestaltung in der Kernzone
Diese renovierten Altstadthäuser an der Augustinergasse in Zürich ergeben wohltuende Farbtupfer, welche auch in der Kernzone zulässig sind.

Die Kernzonenvorschriften sind kompetenzgemäss erlassenes kommunales Recht, dessen Auslegung durch die kommunalen Behörden nach ständiger Rechtsprechung zu schützen ist, wenn sie vertretbar und nicht rechtsverletzend ist. Auch insofern haben sich die kantonalen Rechtsmittelinstanzen bei der Überprüfung zurückzuhalten (VB.2006.00061).

Die Baudirektion hat eine Sammlung von Beispielen mit guten architektonischen Lösungen in der Kernzone sowie einen Leitfaden für die Überarbeitung von Kernzonenvorschriften publiziert.

13.1.3   Beurteilungsmassstab und Beurteilungsspielraum

13.1.3.1   *Interessenabwägung*

Mit Rücksicht auf die Eigentumsgarantie sind die sich gegenüberstehenden öffentlichen und privaten Interessen gegeneinander abzuwägen. Der Entscheid hat auf einem öffentlichen Interesse zu beruhen und muss verhältnismässig sein (BEZ 2000 Nr. 17; VB.2005.00023). Das heisst auch, dass an das Erfordernis einer befriedigenden Gesamtwirkung im Sinne von § 238 Abs. 1 PBG keine Anforderungen gestellt werden dürfen, die sich mit dem Gebot der Verhältnismässigkeit nicht vertragen (BEZ 2000 Nr. 37, VB.2004.00199).

Kriterien für die Interessenabwägung sind nicht die Wertmassstäbe besonders empfindlicher Personen; massgebend sind vielmehr Anschauungen, die eine gewisse Verbreitung und Allgemeingültigkeit beanspruchen können. Die Bewertung muss sich auf objektive und grundsätzliche Kriterien stützen können (BGE 114 Ia 345) und hat nicht nach subjektivem Empfinden, sondern objektiven Massstäben und mit nachvollziehbarer Begründung zu erfolgen. Dabei ist eine umfassende Würdigung aller massgebenden Gesichtspunkte vorzunehmen (BGer 1P.280/2002; VB.2008.00286; VB.2010.00127).

13.1.3.2   *Überprüfungsbefugnisse*

Beurteilungsspielraum der Behörde

Nach der Rechtsprechung des Verwaltungsgerichts steht der Gemeinde aufgrund der ihr durch Art. 85 Abs. 1 KV eingeräumten Autonomie bei der Anwendung des kantonalrechtlichen unbestimmten Gesetzesbegriffs «befriedigende Gesamtwirkung» ein besonderer beziehungsweise qualifizierter Beurteilungsspielraum zu (BGer 1P.280/2002; BEZ 2006 Nr. 55; VB.2010.00127 mit Hinweisen; KÖLZ/BOSSHART/RÖHL: § 20 N 19). Sie hat diesen allerdings pflichtgemäss auszuüben.

Das ist nicht nur für die kommunale Baubehörde, sondern auch für die Baudirektion beachtlich, wenn sie im Rahmen der wegen der Lage des Bauprojekts ausserhalb der Bauzone erforderlichen kantonalen Bewilligung (vgl. Anhang BVV, Ziff. 1.2.1) einen Einordnungsentscheid zu treffen hat (BEZ 2005 Nr. 20).

Bedeutung eines eingeholten Gutachtens

Im Rahmen des der kommunalen Behörde gegebenen Beurteilungsspielraumes kommt einer Stellungnahme der kantonalen Natur- und Heimatschutzkommission oder einer entsprechenden kommunalen Fachkommission erhebliche Bedeutung zu. Die kantonalen und kommunalen Behörden und ihre Amtsstellen sind zwar nicht an die Anträge der Kommissionen gebunden. Aufgrund der besonderen Fachkompetenz der Kommission kommt aber ihre Stellungnahme einem eigentlichen Gutachten gleich, das bei der Entscheidfindung grosses Gewicht hat (BEZ 2005 Nr. 27, VB.2008.00433, auch zum Folgenden). Das gilt insbesondere für die solchen Gutachten zugrunde liegenden tatsächlichen Feststellungen, von welchen nur aus triftigen Gründen abgewichen werden darf – etwa dann, wenn das Gutachten Irrtümer, Lücken oder Widersprüche enthält. In ihrer rechtlichen Würdigung dagegen sind die zuständigen Bewilligungsbehörden frei (vgl. URP 1999, S. 798, BGE 118 Ib 599 E. 6).

Eingeschränkte Überprüfung durch das Baurekursgericht

Die erstinstanzliche Rechtsmittelbehörde hat sich sowohl im Rahmen der Angemessenheits- als auch der Rechtskontrolle Zurückhaltung aufzuerlegen. Das Baurekursgericht überprüft zwar von Gesetzes wegen (§ 20 VRG) nicht nur die Rechtmässigkeit, sondern auch die Zweckmässigkeit der kommunalen Verfügung, ersetzt aber in solchen Fällen nicht einen vertretbaren Ermessensentscheid der Gemeinde durch sein eigenes Ermessen. Nach der verwaltungsgerichtlichen Praxis darf es aber – trotz umfassender Überprüfungsbefugnis – nur dann einschreiten, wenn die ästhetische Würdigung der kommunalen Behörde sachlich nicht mehr vertretbar ist (RB 1981 Nr. 20, KÖLZ/BOSSHART/RÖHL, § 20 N 19; vgl. auch Zbl 107/2006, S. 430 ff., mit Bemerkungen von Arnold Marti; VB.2006.00181 mit Hinweisen; VB.2008.00286; BEZ 2010 Nr. 28). Bemerkenswert, was das Verwaltungsgericht im letztgenannten Entscheid unter anderem ausführt:

Auszug aus BEZ 2010 Nr. 28

«Die Festlegung ästhetischer Kriterien ist von vornherein schwierig, weil diese von subjektiven Meinungen, Vorlieben und Prägungen abhängig sind. Zudem wird das ästhetische Empfinden durch Sehgewohnheiten bestimmt, die von Faktoren wie Gesellschaft, Mode, Politik, Umwelt beeinflusst werden und deshalb einem ständigen Veränderungsprozess unterliegen. Die ästhetische Beurteilung durch die Rechtsmittelinstanzen läuft deshalb stets Gefahr, nicht die richtige, sondern nur eine andere zu sein. Auch aus diesem Grund kann es nicht genügen, dass die Rechtsmittelinstanz eine vertretbare ästhetische Würdigung bloss durch ihre eigene ersetzt, sondern sie hat darzulegen, dass und inwiefern die ästhetische Würdigung der kommunalen Behörde sachlich nicht mehr vertretbar ist.»

Die durch das Verwaltungsgericht erzwungene Zurückhaltung der Baurekurskommissionen (jetzt des Baurekursgerichts) bei der Überprüfung der Anwendung von § 238 PBG wurde zu Recht kritisiert (vgl. WALKER SPÄH 2009: insbesondere S. 21, und PFANNKUCHEN HEEB). Dies auch in der Beschwerde ans Bundesgericht gegen den vorerwähnten Entscheid des Verwaltungsgerichts (BEZ 2010 Nr. 28). Es ging dabei um Folgendes: Die Stadt Zürich hatte die baurechtliche Bewilligung für die Erstellung eines Mehrfamilienhauses insbesondere wegen Verletzung von § 238 Abs. 1 PBG verweigert. Dagegen wehrte sich die Bauherrschaft mit Rekurs, worauf die Baurekurskommission I nach durchgeführtem Augenschein die Verweigerung aufhob. Die von der Stadt erhobene Beschwerde hiess das Verwaltungsgericht gut. Das Bundesgericht bestätigte mit Urteil 1C_414/2010 vom 23. Dezember 2010 den vorinstanzlichen Entscheid. Unter Bezugnahme auf sein früheres Urteil 1C_19/2008 vom 27. Mai 2008 hielt das Bundesgericht in Erwägung 2.3.2 unter anderem fest,

Auszug aus BGer 1C_414/2010

«dass es sich bei der Anwendung von § 238 Abs. 1 PBG um einen typischen Anwendungsfall der Gemeindeautonomie handelt. Der kommunalen Baubehörde steht bei der Anwendung dieser Ästhetikvorschrift ein besonderer Ermessensspielraum zu, der im Rechtsmittelverfahren zu beachten ist. Trotz ihrer grundsätzlich umfassenden Kognition hat sich die Baurekurskommission deshalb bei der Überprüfung solcher Entscheide Zurückhaltung aufzuerlegen. Ist der Einordnungsentscheid einer kommunalen Baubehörde nachvollziehbar, das heisst beruht er auf einer vertretbaren Würdigung der massgebenden Sachumstände, so hat die Baurekurskommission diesen zu respektieren und darf das Ermessen der kommunalen Behörde nicht durch ihr eigenes ersetzen (a.a.O., E. 5.3 mit Hinweis).»

Bedeutung des nachbarlichen Zustellbegehrens

Einem Nachbarn ist unbenommen, seine Einwände bezüglich der Einordnung bereits im Baubewilligungsverfahren vorzubringen (vgl. § 315 Abs. 2 PBG, wonach die Baubehörde dem Bauherrn von den Begehren um Zustellung des baurechtlichen Entscheids «samt den darin vorgebrachten Einwendungen» Kenntnis gibt). Wenn er im Baubewilligungsverfahren von diesen Äusserungsmöglichkeiten keinen Gebrauch gemacht hat, muss er umso mehr in Kauf nehmen, dass eine nur eingeschränkte Ermessensüberprüfung stattfindet (VB.2006.00061).

Rechtskontrolle des Verwaltungsgerichts

Im Gegensatz zu den Baurekurskommissionen kommt dem Verwaltungsgericht, namentlich auch für die Beurteilung von ästhetischen Belangen, nur Rechtskontrolle zu (§ 50 Abs. 1 VRG). Es überprüft deshalb lediglich, ob die Rekursinstanz die ästhetische Würdigung durch die kommunale Baubehörde, die zur Erteilung der Bewilligung führte, zu Recht für vertretbar halten durfte. Es ist indes nicht Aufgabe des Verwaltungsgerichts, eine eigene umfassende Beurteilung der Gestaltung und der Einordnung des Bauvorhabens vorzunehmen; in diesem Fall würde es nach bundesgerichtlicher Rechtsprechung in willkürlicher Weise seine eigene Kognition überschreiten (vgl. etwa BGer 1P.678/2004; ZBl 2006, S. 430 ff.).

13.1.3.3 *Begründungspflicht*

Auf ihren Beurteilungsspielraum kann sich die kommunale Baubehörde nur berufen, wenn sie die geforderte nachvollziehbare Begründung für ihren Entscheid vorbringt (RB 1991 Nr. 2). Wie das Verwaltungsgericht aber bereits in RB 1991 Nr. 2 festgehalten und seither bestätigt hat (BEZ 2006 Nr. 55; VB.2006.00532), kann diese Begründung noch mit der Rekursantwort nachgebracht werden. Es wäre nach Auffassung des Gerichts ein bürokratischer Leerlauf, wenn die Baubehörde immer auch dort, wo sie die Einordnung eines Bauvorhabens für unproblematisch hält, diese Auffassung bereits in der Baubewilligung eingehend begründen müsste. Ein anfechtungsberechtigter Nachbar kann seine gegenteilige Auffassung anhand der Baueingabepläne und aufgrund der bekannten baulichen Umgebung auch ohne eine solche behördliche Begründung geltend machen. Es genügt deshalb, wenn die Baubehörde erst in der Rekursantwort ihre Gründe für die Beurteilung der Einordnungsfrage näher erläutert. Aus Gründen des rechtlichen Gehörs ist aber dem Rekurrenten Gelegenheit zu geben, im Rahmen eines zweiten Schriftenwechsels oder anlässlich eines Augenscheins zur nachgebrachten Begründung Stellung zu nehmen (VB.2006.00532).

Das «Nachschieben» der Begründung erst in der Vernehmlassung erweist sich allerdings oft als unbefriedigend. Daher sollte ein (positiver) Einordnungsentscheid insbesondere dann bereits in der Baubewilligung wenigstens summarisch begründet werden, wenn Dritte ein Begehren um Zustellung des baurechtlichen Entscheids gestellt haben (vgl. auch KÖLZ/BOSSHART/RÖHL, § 10a N 6) und nicht ein «alltägliches» Projekt vorliegt. Umgekehrt hat eine Bauherrschaft Anspruch darauf, dass eine Anordnung (wozu die Verweigerung einer Baubewilligung oder die Bewilligung mit Auflagen gehören) nach §§ 10 und 10a VRG eine Begründung enthält.

Die Gemeinde ist also gehalten, ihren Ermessensentscheid spätestens in der Rekursvernehmlassung nachvollziehbar zu begründen. Dies gilt unabhängig davon, ob sie die baurechtliche Bewilligung erteilt oder aber verweigert. Weist die Behörde allein auf eine von ihr geübte Praxis hin und spricht deshalb etwa eine Bauverweigerung aus, verzichtet sie zu Unrecht auf die Ausübung des ihr zustehenden Ermessens bei der konkreten Prüfung des Baubewilligungsgesuchs. Dies stellt eine rechtsverletzende Ermessensunterschreitung dar. Bei der Anwendung von § 238 Abs. 1 PBG kann zwar eine bestehende Praxis, welche auf eine einheitliche und rechtsgleiche ästhetische Beurteilung vergleichbarer Vorhaben ausgerichtet ist, durchaus ein taugliches und wichtiges Beurteilungselement bilden. Der blosse Hinweis auf eine diesbezügliche Praxis vermag indessen eine einzelfallbezogene konkrete Beurteilung nicht zu ersetzen (BEZ 1997 Nr. 23 und 2005 Nr. 20).

Die Durchführung eines Studienauftrags oder eines Architekturwettbewerbs mit Beizug externer, fachkundiger Juroren «garantiert» zwar keine rechtsgenügende Einordnung, erhöht aber generell die Qualität der Bauprojekte und erlaubt der Bewilligungsbehörde, ihren Entscheid auf eine breite fachlich abgestützte Entscheidungsgrundlage zu stellen (VB.2008.00428; VB.2009.00390). Analoges gilt hinsichtlich einer von der Baubehörde beigezogenen Fachkommission, welche die Behörde beratend unterstützt (vgl. etwa VB.2009.00525 betreffend die Stadtbildkommission Uster).

13.1.4   Interessenabwägung bei besonderen Anlagen

13.1.4.1   *Grundsätze*

Grundsätzlich haben unabhängig vom Verwendungszweck alle Bauten und Anlagen den Gestaltungsanforderungen von § 238 Abs. 1 und 2 PBG zu genügen. Dies gilt insbesondere auch für Ausrüstungen und Ausstattungen, also etwa für technische Anlagen wie Sonnenkollektoren, Aussenantennen, Reklameanlagen und Wertstoffsammelstellen. Es gelten aber einige Besonderheiten.

13.1.4.2   *Wertstoffsammelstellen*

Die Baurekurskommissionen und das Verwaltungsgericht haben entschieden, dass sich Standort und Ausgestaltung einer Wertstoffsammelstelle vor allem nach deren Zweck richten. Einordnungsvorschriften dürfen nicht verhindern, dass eine zonenkonforme Sammelstelle errichtet wird (BEZ 1994 Nr. 6, vgl. auch BGE 114 Ia 346, 115 Ia 119). Wie das Bild zeigt, können aber auch solche Anliegen ansprechend wirken. Zu Unterflurcontainern vgl. BEZ 2005 Nr. 16.

Wertstoffsammelstelle
Auch Wertstoffsammelstellen können ansprechend gestaltet sein.

13.1.4.3   *Antennenanlagen*

Im Allgemeinen

Antennenanlagen zum Empfangen von Funk- sowie Radio- und Fernsehsignalen stehen unter dem Schutz der Informationsfreiheit. Nach Art. 52 RTVG ist jedermann frei, die an die Allgemeinheit gerichteten, im In- und Ausland ausgestrahlten Programme zu empfangen. Gemäss Art. 53 Abs. 1 lit. a und b RTVG können Aussenantennen in bestimmten Gebieten verboten werden, wenn dies für den Schutz bedeutender Orts- und Landschaftsbilder oder von Natur- und Kunstdenkmälern erforderlich ist und der Empfang von Programmen, wie er mit durchschnittlichem Antennenaufwand möglich wäre, unter zumutbaren Bedingungen gewährleistet bleibt. Diese Vorschriften stellen öffentliches Recht des Bundes dar. Sie sind nach ihrem Wortlaut, Sinn und Zweck sowohl für die zuständigen Behörden als auch für die Privaten verbindlich und unmittelbar anwendbar. Art. 53 RTVG wird faktisch nur im Geltungsbereich von § 238 Abs. 2 PBG relevant. Er soll dort eine vernünftige Abwägung zwischen den Ästhetikinteressen einerseits und der Informationsfreiheit andererseits gewährleisten (HÄNNI 2008: S. 320). Wie das Bundesgericht entschieden hat, liegen zumutbare Bedingungen im Sinne von Art. 53 RTVG etwa dann vor, wenn via Kabelnetz 21 Programme empfangen werden können (BGE 120 Ib 66 ff.). Gemäss Art. 53 Abs. 2 RTVG muss jedoch das Errichten einer Aussenantenne für zusätzliche Programme ausnahmsweise bewilligt werden, wenn das Interesse am Empfang dieser Programme dasjenige am Ortsbild- und Landschaftsschutz überwiegt. Das besondere Interesse ist vom Gesuchsteller nachzuweisen (BGE 120 Ib 66 ff.; RB 2005 Nr. 64).

Übergeordnetes Recht gilt nicht nur für reine Empfangsanlagen, sondern auch für Sendeanlagen oder kombinierte Sende- und Empfangsanlagen. Soweit etwa Amateurfunkantennen zu beurteilen sind, ist zu beachten, dass ein Konzessionär von Bundesrechts wegen zum Betrieb einer Amateurfunkanlage berechtigt ist. Die Möglichkeit, Funksignale ohne behördliche Eingriffe zu senden und zu empfangen, steht unter dem Schutz der durch die BV (vgl. Art. 16 und 17 BV) sowie durch Art. 10 EMRK gewährleisteten Meinungsäusserungs- und Informationsfreiheit. Deshalb hat das kantonale Recht dann zurückzutreten, wenn das Bundesrecht in concreto das höhere und damit schutzwürdigere Interesse schützt beziehungsweise wenn die unter dem Gesetzesvorbehalt stehende Grundrechtsausübung übermässig erschwert würde (BGE 91 I 423; BEZ 1997 Nr. 18).

Mobilfunkantennen im Besonderen

Bei den Mobilfunkantennen ist von Art. 1 FMG auszugehen, wonach eine zuverlässige und erschwingliche Grundversorgung der Bevölkerung mit Fernmeldediensten und ein wirksamer Wettbewerb beim Erbringen dieser Dienste im öffentlichen Interesse liegen. Mit den vom Bund erteilten Grundversorgungskonzessionen ist die Auflage verbunden, im Konzessionsgebiet die Dienste der Grundversorgung allen Bevölkerungskreisen anzubieten (Art. 14 FMG). Die Versorgung mit Mobilfunkdiensten gehört allerdings nur ausnahmsweise zur Grundversorgung im Sinne von Art. 92 BV, nämlich wenn ein Anschluss ans Festnetz nicht oder nur mit grossem Aufwand möglich wäre. Im Stadtzentrum von Winterthur ist dies zweifellos nicht der Fall. Zu beachten ist hingegen, dass das Bundesrecht auf der Gesetzes- und Verordnungsstufe die Errichtung von Mobilfunknetzen mit einer weitgehenden Abdeckung der Bevölkerungszentren vorsieht und dass die Mobilfunkbetreiberinnen gestützt auf Art. 22 FMG eine entsprechende Konzession erhalten haben. Die Konzession befreit sie zwar nicht von der Beachtung des kantonalen Baurechts, doch darf dieses nicht so weit gehen, dass es die Bestrebungen des Bundesrechts geradezu vereitelt. Aus dem Bundesrecht ergibt sich somit die Notwendigkeit einer Interessenabwägung: Die Anliegen des kantonalen Baurechts sind den auf der Informationsfreiheit und der Wirtschaftsfreiheit beruhenden Interessen der Mobilfunkbetreiberinnen und ihrer Kunden an der Bereitstellung einer ausreichenden Mobilfunkversorgung gegenüberzustellen und gegeneinander abzuwägen (BEZ 2006 Nr. 10; vgl. auch BGE 131 II 545). Das kann im Einzelfall dazu führen, dass eine Mobilfunkanlage selbst dann zu bewilligen ist, wenn sie den Einordnungsgeboten von § 238 PBG widerspricht.

In Anwendungsfällen von § 238 Abs. 1 PBG überwiegt in der Regel (von Extremfällen abgesehen) das Interesse am Senden oder Empfangen jenes am Schutz der baulichen oder landschaftlichen Umgebung. Das Erscheinungsbild der Antennenanlagen wird durch technische Erfordernisse weitgehend vorbestimmt, weshalb der Bauherrschaft kaum ein Gestaltungsspielraum offensteht. Aufgrund des im Vergleich zu Wohnbauten gänzlich anderen Erscheinungsbildes und der erkennbaren Bestimmung zu einem technischen Zweck sind derartige Antennen im Allgemeinen nicht geeignet, das Quartierbild negativ zu beeinträchtigen. Die Rechtsprechung lässt denn auch entsprechende Antennen in Wohnzonen grundsätzlich zu (BEZ 1998 Nr. 21).

Mobilfunkantenne

Bild links: Auch eine Antenne muss die Gestaltungsanforderungen erfüllen. Ausserhalb der Kernzone kann sie allerdings nur ausnahmsweise verweigert werden.

Bild rechts: Diese Anlage könnte aufgrund ihrer Höhe in einer niedrigen Wohnzone kaum bewilligt werden.

Eine Verweigerung wäre aber etwa denkbar, wenn sich durch eine Häufung entsprechender Anlagen in einem einzigen Quartier eine überdurchschnittliche Beeinträchtigung dieses Quartiers ergeben würde (BEZ 1997 Nr. 18; vgl. ausführlich BEZ 1989 Nr. 36) oder die Anlage als überdimensioniert gross erscheint (VB.2008.00442). Auch die strengeren Anforderungen von § 238 Abs. 2 PBG sind zu gewichten (BGE 124 II 219; BEZ 1998 Nr. 21). Mobilfunkantennen sind aber sogar im überkommunal geschützten Ortsbild nicht von vornherein unzulässig (vgl. VB.2004.00549 betreffend Anlage in einem «urban geprägten Erscheinungsbild»). Vgl. zur Interessenabwägung zahlreiche Entscheide des Verwaltungsgerichts in www.vgrzh.ch/Mobilfunk, neuestens etwa VB.2010.00330 und (betreffend Röhrenantenne) VB.2009.00363.

13.1.4.4   *Reklameanlagen*

Plakatwerbung als Element des Wirtschaftslebens
Reklameanlagen kommen im Rahmen der Anwendung von § 238 PBG grundsätzlich keine Sonderstellung zu (BGer 1.P.280/2002, auch zum Folgenden). Wie bei andern Bauten und Anlagen darf die Bewilligung für einen auf privatem Grund anzubringenden Werbeträger nur verweigert werden, wenn überwiegende öffentliche Interessen dies erfordern (VB.2002.00085, bestätigt mit PBG aktuell 3/2003, S. 34 f.). Bei der erforderlichen Interessenabwägung ist zu berücksichtigen, dass Plakatwerbung zum heutigen Wirtschaftsleben gehört und im Rahmen der Gesetzgebung durch die Wirtschaftsfreiheit (Art. 27 BV) geschützt ist (vgl. etwa BGer 1C_293/2008). Der kommunalen Behörde steht wie generell bei der Anwendung von § 238 PBG ein von der Rekursinstanz zu beachtender Ermessens- und Beurteilungsspielraum zu (vgl. etwa BEZ 2008 Nr. 20, bestätigt mit BGer 1C_131/2008; VB.2009.00455).

Gebot der Einzelfallbeurteilung
Wie das Verwaltungsgericht entschieden hat, darf eine Baubewilligung nicht aus allgemeinen Gründen – ohne Bezugnahme auf den zur Diskussion stehenden Fall – verweigert werden. Denn die Baubehörde verzichtet diesfalls auf die Ausübung des ihr zustehenden Ermessens bei der konkreten Prüfung des Vorhabens, was eine rechtsverletzende Ermessensunterschreitung darstellt. Insbesondere wird der allgemeine Hinweis auf die Bemühungen der Gemeinde um den Erhalt des Ortsbildes der erforderlichen einzelfallweisen Beurteilung nicht gerecht (BEZ 1997 Nr. 23, auch zum Folgenden). § 238 PBG ist kein Planungsinstrument. Reklameanlagen können nach dieser Vorschrift also nur dort verhindert werden, wo sie sich nach den konkreten Umständen nicht befriedigend in die bauliche Umgebung einordnen (RB 1988 Nr. 76; VB.2000.00372; HALLER/KARLEN 1999: S. 177). Dabei kann sich bei besonders hohen Gestaltungsanforderungen sowie bei besonderen Umständen des Einzelfalls eine periodische Befristung der Werbedauer von Plakatwerbestellen rechtfertigen (BEZ 2004 Nr. 27).

Es ist gestützt auf § 238 PBG nicht zulässig, Reklamen, die der Fremdwerbung dienen, oder solche, die eine bestimmte Grösse aufweisen, generell ohne Prüfung der konkreten Einordnungssituation auszuschliessen (VB.2002.00085).

Ebenso wenig liesse sich ein kategorischer Ausschluss einer bestimmten Werbeform aus ganzen eingezonten Gebieten auf § 238 PBG stützen (RB 1985 Nr. 108, vgl. aber BEZ 2006 Nr. 37). Unzulässig ist auch etwa die Praxis, in Vorgärten von reinen Wohnhäusern prinzipiell keine Fremdreklamen zuzulassen. Eine derartige generelle Einschränkung der Baufreiheit findet in § 238 PBG keine Stütze. Diese nach dem verfassungsmässigen Gebot der Verhältnismässigkeit auszulegende Bestimmung lässt die Verweigerung eines Bauvorhabens aus ästhetischen Gründen nur zu, wenn die konkrete bauliche Situation keine befriedigende Gesamtwirkung erreichen lässt (VB.2004.00052).

Zu den Plakatanschlagstellen

Nach dem Gesagten steht die Werbedichte einer befriedigenden Einordnung im Allgemeinen nur entgegen, wenn zwischen den bereits bestehenden und der neu geplanten Anlage ein räumlicher Zusammenhang gegeben ist. Dies zeigt sich insbesondere bei Plakatanschlagstellen (Werbestellen für wechselnde Plakate).

Es fragt sich, wo die Grenze bezüglich Anzahl und Standort und damit zwischen bewilligungsfähigen Plakatwerbestellen (mit wechselnden Reklamen) und solchen Reklameanlagen, die verweigert werden müssen, zu ziehen ist. Eine derartige Grenzziehung im Rahmen einer «Gesamtbetrachtung» führt zwangsläufig zu Bauverweigerungen für Werbeflächen, welche für sich allein betrachtet noch toleriert werden könnten. Voraussetzung für eine derartige Gesamtbetrachtung ist aber, dass die betreffende Gemeinde ihre Vorstellungen im Rahmen von Richtlinien – oder zumindest in einer solche Richtlinien widerspiegelnden einheitlichen Bewilligungspraxis – konkretisiert hat. Allein ein solches Vorgehen bietet Gewähr dafür, dass entsprechend dem Gebot der rechtsgleichen Behandlung eine einheitliche und einer Gesamtbetrachtung verpflichtete Rechtsanwendung erfolgt (VB.2002.00085).

Eine Gemeinde darf (und soll) daher die Modalitäten der Plakatierung im Rahmen eines Gesamtkonzepts regeln (BGE 128 I 3, 16 E. 3e/cc), um eine rechtsgleiche Handhabung der Einordnungsvorschrift sicherstellen. Der Bewilligungsbehörde sollen damit Leitlinien und Gesichtspunkte zur Konkretisierung der Ermessensvorschrift von § 238 PBG vorgegeben werden. Ein solches Konzept erweist sich damit als Verwaltungsverordnung. Eine solche Verwaltungsverordnung, die Leitlinien und Gesichtspunkte zur rechtsgleichen Handhabung der Gestaltungsanforderungen enthält, stellt aber keine rechtlich verbindliche Rechtsquelle dar, an welche die Gerichte gebunden wären. Das Konzept entbindet nicht von der Einzelfallbeurteilung (BEZ 2008 Nr. 2, mit ausführlicher Wiedergabe der Rechtsprechung; VB.2009.00321 mit Hinweisen). Daher reicht der blosse Verweis auf eine Verwaltungsverordnung nicht aus, um eine unbefriedigende Einordnung eines Plakatwerbeträgers zu begründen (BEZ 2004 Nr. 26). Etwas anderes kann höchstens gelten, wenn ein Plakatierungskonzept die infrage stehenden Situationen bereits so weit konkretisiert, dass es die Beurteilung des Einzelfalls vorwegnimmt (VB.2009.00321).

Andere Reklamen

Lastwagenanhänger mit Werbebotschaften sind Reklameanlagen (vgl. SAPUTELLI 2010). Auch permanente Reklamen, die etwa als Bezeichnung und Werbung für einen konkreten Betrieb an Gebäudefassaden angebracht werden, unterstehen den Geboten von § 238 PBG.

Reklamenanlagen

Eine solche Massierung von Reklameanlagen kann in städtischen Verhältnissen (jedenfalls ausserhalb der Kernzone) kaum verhindert werden.

Reklameanlage

Auch eine Fassadenreklame hat die Gestaltungsanforderungen zu erfüllen. Dieses Beispiel ausserhalb des Dorfes hat da keine Probleme.

Die Gemeinden können § 238 PBG durch eine (behördenverbindliche) Verwaltungsverordnung konkretisieren. Aktuell wird dies etwa für grossformatige Werbungen.

Megaposter

Solche grossflächigen Megaposter sind in besonderem Masse an die Anforderungen von § 238 PBG gebunden.

Die Städte Zürich und Opfikon haben ein «Megaposter-Konzept» erarbeitet. In einem solchen Konzept können für den öffentlichen Grund aufgrund des Hoheitsrechts strengere Massstäbe als für den Privatgrund gesetzt werden (BEZ 2003 Nr. 39). Dabei ist aber hier immer auch zu prüfen, ob die Abstützung auf die Richtlinie beziehungsweise das Konzept zu einer einzelfallgerechten Lösung führt (VB.2003.00336).

Bei grossflächigen Anlagen kann die baurechtliche Bewilligung mit zeitlichen Auflagen hinsichtlich Brachen (Zeiten ohne Werbung) und Befristung versehen werden. Dies dann, wenn solche Massnahmen geeignet und erforderlich sind, um die mit den Einordnungsvorschriften verfolgten öffentlichen Interessen zu erreichen (Art. 36 Abs. 3 BV) beziehungsweise Mängel des Bauvorhabens zu beheben (§ 321 Abs. 1 PBG).

Ein Beispiel: Gemäss dem «Megaposter-Konzept» der Stadt Zürich in der Fassung von März 2006 gelten sachliche und zeitliche Beschränkungen: In den Kernzonen kann ein Megaposter an den Fassaden nur als Eigenwerbung mit einer Brachzeit (Zeit ohne Werbung) von mindestens sechs Monaten pro Jahr bewilligt werden. Die Zeiträume der Belegung beziehungsweise der werbefreien Perioden sind frei wählbar. Ausserhalb der Kernzonen ist sowohl Eigen- wie auch Fremdwerbung bei einer Brachzeit von drei Monaten pro Jahr möglich. Die Belegungs- und Brachzeiten sind ebenfalls frei wählbar. Die Bewilligungsdauer für Anlagen an Fassaden ist auf maximal zwei Jahre beschränkt. Die grosse Wirkung auf das Umfeld über längere Zeit bedingt eine periodische Überprüfung der Standorte in Bezug auf die gebaute und landschaftliche Umgebung. Falls keine relevante Veränderung der Situation vorliegt und das Umfeld nicht gestört wird, können die Bewilligungen für weitere zwei Jahre verlängert werden.

Dem Einordnungsgebot unterstehen auch Leuchtreklamen.

Leuchtreklame

Bei solchen Leuchtreklamen stellt sich auch die Frage nach der zulässigen Leuchtintensität (vgl. das Beispiel in VB.2008.00060). Zu den Lichtimmissionen vgl. Seite 1104 f.

Verordnungskompetenzen der Gemeinden

Zur Durchsetzung ortsbildschützerischer Anliegen stehen den Gemeinden im Rahmen der kommunalen Nutzungsplanung grundsätzlich Legiferierungskompetenzen zu. Die Gestaltungs- und Einordnungsvorschriften sind allerdings auf den Bereich von Kern- und Quartiererhaltungszonen beschränkt (§ 49 Abs. 1 i.V.m. §§ 50 und 50a Abs. 2 PBG, vgl. VB.1998.00181). Für solche Vorschriften ist im Unterschied zu einem Plakatierungskonzept als Verwaltungsverordnung nicht die Exekutive, sondern einzig die Legislative zuständig (§ 88 PBG). Ausserhalb der Kern- und der Quartiererhaltungszone richtet sich die ästhetische Gestaltung von Bauten und Anlagen ausschliesslich nach § 238 Abs. 1 PBG, dessen Norm als Rechtsgrundlage für eine kommunale Verordnung untauglich ist (BEZ 2003 Nr. 39).

13.1.4.5   *Sonnenenergieanlagen*

Kantonalrechtliche Grundlagen

Sonnenenergieanlagen werden vom kantonalen Gesetzgeber insoweit gefördert, als sie nicht der Beschränkung von § 292 PBG (Dachaufbauten) unterliegen. Nach Art. 1 lit. k BVV sind sie bis zu einer Fläche von 35 m² unter bestimmten

Voraussetzungen von der Baubewilligungspflicht befreit. § 49 Abs. 2 lit. e PBG gibt den Gemeinden ferner die Möglichkeit, in der Bau- und Zonenordnung weitere Anordnungen zur erleichterten Nutzung von Sonnenenergie zu treffen. Das öffentliche Interesse an der Nutzung von Alternativenergien darf aber andererseits nicht dazu verleiten, die zwingenden Anforderungen von § 238 Abs. 1 und 2 PBG generell oder im Einzelfall zu relativieren.

Drehbare Sonnenkollektoren
Diese drehbaren Sonnenkollektoren wurden in einer Wohnzone bewilligt (vgl. BRKE III Nr. 0090-93/2010).

Bei optimaler Anordnung, Einfügung in die Dachfläche und Materialwahl sind Sonnenenergieanlagen auch in Ortsbildschutzzonen zulässig.

Sonnenenergieanlage
Diese Sonnenenergieanlage fügt sich optimal in die Dachfläche ein. Sie ist auch in einer Kernzone im Allgemeinen zulässig.

Der Produktwahl ist jedoch die gebührende Beachtung zu schenken. Allgemein gültige Regeln für die Gestaltung von Sonnenenergieanlagen sind weder sinnvoll noch möglich, weil sich angesichts der verschiedenartigen Dachlandschaften, Umgebungsbereiche und Produkte eine einzelfallbezogene Betrachtungsweise aufdrängt. In der Kernzone haben Sonnenenergieanlagen auf Firstdächern in der Regel dann eine echte Chance auf Bewilligung, wenn sie möglichst bündig zum Dach, in rechteckigen, zusammengefassten Feldern und der entsprechenden Dachfläche angepasst werden sowie nicht überdimensioniert gross erscheinen. Die Praxis und die Rechtslage in den Gemeinden sind aber unterschiedlich.

Vgl. zur Abwägung zwischen dem öffentlichen Interesse an einer umweltverträglichen Energieversorgung (Förderung erneuerbarer Energien) und demjenigen an der Erhaltung intakter Ortsbilder BEZ 2004 Nr. 73. Die Interessenabwägung kann durch kommunale Kernzonenvorschriften massgeblich beeinflusst werden.

Hinweis auf Art. 18a RPG

Gemäss Art. 18a RPG sind sorgfältig in Dach- und Fassadenflächen integrierte Solaranlagen zu bewilligen, sofern keine Kultur- und Naturdenkmäler von kantonaler und kommunaler Bedeutung beeinträchtigt werden. Zweifel an der Verfassungsmässigkeit sind durchaus berechtigt, da dem Bund in den Bereichen der Raumplanung (Art. 75 RPG) und der Energie (Art. 89 BV) nur eine Grundsatzgesetzgebung zusteht. Vgl. dazu ausführlich AEMISEGGER/KUTTLER/MOOR/RUCH: Art. 18a Rz. 3 ff. Wie das Verwaltungsgericht daher zu Recht erkannt hat, darf Art. 18a nicht zur Annahme verleiten, integrierte Solaranlagen seien – ausser bei einer Beeinträchtigung von Kultur- und Naturdenkmälern – stets zu bewilligen. Aufgrund von Art. 18a RPG muss dem öffentlichen Interesse an der Nutzung erneuerbarer Energien aber vermehrt Gewicht beigemessen werden (VB.2008.00322, VB.2007.00307).

13.1.4.6   *Landwirtschaftliche Bauten*

Der Grundsatz, dass die Eigentumsfreiheit nicht durch überspannte Anforderungen an die ästhetische Gestaltung strapaziert werden darf, ist zwar vorab auf den Sachverhalt zugeschnitten, dass ein Bauherr das ihm von der Bau- und Zonenordnung zugestandene Bauvolumen in aller Regel ausschöpfen darf und sich nur in besonderen Fällen an kleinmassstäbliche Gebäudeformen in der Nachbarschaft anpassen muss (RB 1992 Nr. 66). Er lässt sich aber auch auf andere Konstellationen übertragen. In der Landwirtschaftszone gelten keine über § 238 Abs. 1 PBG hinausgehenden Anforderungen, nicht einmal in einem Landschaftsförderungsgebiet (BEZ 2000 Nr. 37). Auch hinsichtlich eines Projekts mit Gewächshaus und acht Folientunnels dürfen keine überhöhten gestalterischen Anforderungen gestellt werden. Moderne Ökonomiebauten eines Landwirtschafts- oder Gärtnereibetriebs sind auf Funktionalität und Rentabilität ausgerichtet.

Landwirtschaftsbauten

Ein solcher Silo gehört zu einer landwirtschaftlichen Siedlung. Er ist in Grösse und Gestaltung weitgehend technisch bedingt. Bei ansprechender Farbgebung kann er sich gleichwohl akzeptabel einfügen.

So wirken etwa Scheunen und Ställe neben Wohnhäusern oft überdimensioniert und nehmen deren traditionelle Formensprache nicht auf; Hochsilos wirken gar als ausgesprochene Fremdkörper. Ein Gewächshaus und Folientunnels mit den vorliegenden Ausmassen bewirken fast überall ausserhalb von Industriezonen einen ästhetischen Eingriff in die Umgebung. Die Erscheinung solcher Zweckbauten ist kaum je gefällig und Verbesserungen liessen sich höchstens mit übermässigem finanziellem Aufwand erzielen. Weil sich der Betrachter daran gewöhnt hat und zwischen Wohnhäusern und übrigen Gebäuden unterscheidet, stört er sich kaum daran. Selbst in geschützten Ortsbildern braucht es Ökonomiebauten, damit die Urproduktion erhalten bleibt; die Verbannung solcher Bauten und Anlagen würde einer Siedlung im Gegenteil ein museales Gepräge verleihen (VB.2004.00391).

13.1.4.7   *Weitere Beispiele*

Selbst Kleinbauten und befristete Bauten haben die Anforderungen an die Einordnung und Gestaltung zu erfüllen. Den Besonderheiten ist aber bei der Interessenabwägung Rechnung zu tragen.

Kleinbauten und Provisorien

Ein solcher Verkaufsstand kann je nach Standort auch grell wirken, ohne § 238 Abs. 1 PBG zu widersprechen.

Dasselbe gilt für ein Kunstwerk.

Kunstwerk

Diese Plastik von Max Bill hat allerdings keine Schweirigkeiten, den Einordnungsgeboten zu entsprechen.

Auf öffentlichem Grund können im Rahmen der Interessenabwägung erhöhte Gestaltungsanforderungen gestellt werden.

Marronihäuschen

Im öffentlichen Raum ist es möglich, für Bauten wie etwa Marronihäuschen eine einheit-lliche Gestaltung durchzusetzen. Das wäre auf Privatgrund kaum denkbar.

13.1.5   Gestaltung der Umgebung

13.1.5.1   *Gesetzliche Regelung*

§ 238 Abs. 1 und 2 PBG gelten auch für den Umschwung. Dies entspringt dem Gedanken, dass das Siedlungsbild nicht allein durch Bauten und Anlagen, son-dern auch durch die umgebenden Strassen, Plätze, Gärten und Höfe sowie ihre Beziehung zueinander bestimmt wird (BEZ 1983 Nr. 17). Vgl. zur Einordnung einer Bruchsteinmauer VB.2009.00147.

Stützmauer aus Blocksteinen

Auch eine solche Stützmauer hat die Anforderungen von § 238 Abs. 1 PBG einzuhal-ten. Sie muss hinreichend gestaffelt und begrünt werden. Beim folgenden Beispiel ist dies nur unbefriedigend der Fall.

Maschendrahtzaun

Ein derartiger Maschendrahtzaun, an den sich Efeu ranken sollte, untersteht den Geboten von § 238 Abs. 1 PGB. Die nachträgliche baurechtliche Bewilligung für diese Anlage wurde (in etwas reduziertem Umfang) erteilt, durch die Baurekurskommission aber nachträglich aufgehoben.

13.1.5.2   *Erhaltung und Herrichtung von Grünflächen und Vorgärten*

Zur Gestaltung des Umschwungs gehört auch eine angemessene, der baulichen und landschaftlichen Umgebung angepasste Begrünung (BEZ 1983 Nr. 17). Dementsprechend kann, wo die Verhältnisse es zulassen, mit der baurechtlichen Bewilligung verlangt werden, dass vorhandene Bäume bestehen bleiben, neue Bäume und Sträucher gepflanzt werden sowie der Vorgarten und andere geeignete Teile des Gebäudeumschwungs als Grünfläche erhalten oder hergerichtet werden (§ 238 Abs. 3 PBG). Während bei § 238 Abs. 1 und 2 PBG der Umschwung den Gestaltungsanforderungen der Baute entsprechen muss, regelt Abs. 3 einige Besonderheiten bei der Einordnung des Umschwungs. Diese Bestimmung ist überall da direkt anwendbar, wo nicht eine Spezialnorm die Gestaltung des Umschwungs (Beispiel Kernzonen) regelt. Aus ihr lässt sich wohl keine Bewilligungspflicht für Pflanzen als solche ableiten, jedoch zwanglos die Befugnis der Baubehörden, gegen Verunstaltungen des Umschwungs einzuschreiten, die nicht auf bauliche Massnahmen im engeren Sinne, sondern auf Änderungen an der Bepflanzung zurückzuführen sind. Das muss vor allem dort gelten, wo die Gemeinde gestützt auf § 50 Abs. 3 PBG besondere Gestaltungsanforderungen für die Kernzone erlassen hat und wo gestützt auf § 238 Abs. 2 PBG Objekte des Natur- und Heimatschutzes auch nicht durch Massnahmen beeinträchtigt werden dürfen, die keiner baurechtlichen Bewilligung bedürfen (RB 1984 Nr. 106).

Wie § 238 Abs. 2 PBG ist auch Abs. 3 ein positives Gestaltungsgebot und erlaubt der Behörde, eine Sonderleistung zu verlangen: die Bepflanzung und Begrünung des Gebäudeumschwungs. Auch dort, wo heute Asphalt besteht, kann im Rahmen des Verhältnismässigkeitsprinzips mit der Bewilligung eines Bauvorhabens die Wiederherstellung des Vorgartens oder die Bepflanzung des Gartens verlangt werden.

Vorgarten

Ein solcher Vorgarten trägt wesentlich zur Qualität einer Siedlung bei. Dessen Erhaltung kann gestützt auf § 238 PBG durchgesetzt werden.

Wenn sich die Frage der Erhaltung eines Vorgartens in Zusammenhang mit einem Abstellplatzprojekt stellt, stehen sich regelmässig das öffentliche Interesse an intakten Vorgärten dem öffentlichen und privaten Interesse an der Schaffung von Abstellplatzmöglichkeiten für Fahrzeuge ausserhalb des öffentlichen Grundes gegenüber. Das Verwaltungsgericht hat die Regel in den Städten Zürich und Winterthur, zur Nutzung als Parkplatz höchstens ein Drittel der Anstosslänge des Vorgartens zu bewilligen, als Leitlinie für die Ermessensausübung sanktioniert. Liegen aber im Einzelfall besondere Umstände vor, so ist von dieser Regel, sei es im Interesse erhöhter Gestaltungsanforderungen, sei es im Interesse besonderer Parkierungsbedürfnisse, abzuweichen (RB 1989 Nr. 73). Vgl. im Übrigen § 242 Abs. 2 und § 244 PBG.

Die Anforderungen an die Umgebungsgestaltung im Sinn von § 238 Abs. 3 PBG, das heisst eine angemessene Bepflanzung, gelten auch für Gewerbeliegenschaften (VB.2005.00370 mit Hinweisen).

Die Einzelheiten betreffend die angemessene Terrain- und Umgebungsgestaltung sind im Umgebungsplan, der im Allgemeinen vor Baubeginn einzureichen ist, festzulegen (VB.2005.00370).

13.1.5.3 *Erhaltung von Bäumen*

§ 238 Abs. 3 PBG befasst sich mit der Gestaltung und Bepflanzung des Gebäudeumschwungs als Elemente der befriedigenden (Abs. 1) beziehungsweise guten (Abs. 2) Einordnung in die Umgebung. Nicht Gegenstand dieser Bestimmung ist der Schutz von Bäumen um ihrer selbst willen beziehungsweise als Objekte des Natur- oder Ortsbildschutzes. Dieser Schutz ist in §§ 203 ff. PBG sowie gegebenenfalls in der Bau- und Zonenordnung (gestützt auf § 76 PBG) geregelt (siehe Seite 218 ff. und Seite 138 ff.). Wohl können bestehende, während Jahren gewachsene Bäume eine erhebliche raumgestaltende Wirkung aufweisen. Damit ist jedoch keineswegs dargetan, dass eine befriedigende Einordnung in die Umgebung nicht auch durch eine Grünraum- beziehungsweise Umschwunggestaltung möglich ist, die auf die Erhaltung der vorhandenen Bäume verzichtet (RB 1994 Nr. 88).

Erhaltenswerter Baumbestand

Dieser Baum musste im Rahmen einer grossen Neuüberbauung erhalten werden.

Gemäss § 238 Abs. 3 PBG kann die Erhaltung «vorhandener» Bäume verlangt werden. Grundsätzlich, das heisst unter dem Vorbehalt eines treuwidrigen beziehungsweise rechtsmissbräuchlichen Verhaltens seitens des Bauherrn, ist für die Baubewilligung der Sachverhalt massgebend, wie er sich im Zeitpunkt der Beurteilung des Baugesuchs präsentiert. Vor dem baurechtlichen Entscheid eingetretene Tatsachen sind daher regelmässig zu berücksichtigen, das heisst, als Faktum hinzunehmen (RB 1994 Nr. 88). Die Erhaltungspflicht richtet sich nach dem Verhältnismässigkeitsprinzip («Wo die Verhältnisse es zulassen…»).

Mit der Erhaltungspflicht kann die Baubehörde die Schutzmassnahmen für die Zeit der Bauarbeiten in die Baubewilligung aufnehmen (Zustandsprotokoll vor und nach den Bauarbeiten, Abschrankung, Verbot der Ablagerung von Baumaterialien, Beaufsichtigung durch Fachperson etc.). Grundsätzlich kann die Baubehörde aufgrund von § 238 Abs. 3 PBG auch die Erhaltung von Pflanzen über die Zeit der Verwirklichung des Bauvorhabens hinaus verlangen. Hier stellt sich jedoch die Frage der Kontrollierbarkeit und der Verhältnismässigkeit einer solchen Massnahme; generell sollte die Pflege eines Gartens im Interesse des Privaten sein und der Staat «vor dem Zaun» bleiben, wenn nicht wirklich erhebliche öffentliche Interessen ein Eingreifen aus städtebaulichen oder wohnhygienischen Gründen gebieten. Solche öffentlichen Interessen können zum Beispiel in einer Kernzone gegeben sein. Sofern verhältnismässig, ist die Erhaltung eines Gehölzes mit Anmerkung im Grundbuch zu sichern (entsprechende Auflage in der Baubewilligung).

Weisstanne als Inventarobjekt

Besonderheiten ergeben sich dann, wenn ein Baum im kommunalen Inventar der Natur-schutzobjekte enthalten ist. Der Baum muss – wenn er wie hier einer Neuüberbauung zu wei-chen hat – vor oder gleichzeitig mit der Baubewilligung aus dem Inventar entlassen werden.

13.1.5.4   *Neupflanzungen*

Nach § 238 Abs. 3 kann mit der baurechtlichen Bewilligung (unter Wahrung des Verhältnismässigkeitsprinzips) auch verlangt werden, dass neue Bäume und Sträucher gepflanzt werden. Diese Bestimmung hat gegenüber den privatrecht-lichen Pflanzabständen Vorrang. Die Anordnung einer den Vorschriften des ZGB widersprechenden Bepflanzung ist daher zulässig, sofern folgende Voraus-setzungen erfüllt sind: Es muss im Rahmen der Zweckbestimmung von § 238 PBG (Schutz des Siedlungsbildes) ein öffentliches Interesse an einer den Ab-standsvorschriften widersprechenden Bepflanzung vorliegen und dieses muss die entgegenstehenden privaten Interessen des Nachbarn überwiegen. Ausser-dem sollten dem Nachbarn, der in das Bewilligungsverfahren allenfalls mit ein-bezogen werden muss, durch die Bepflanzungsauflage keine grösseren Nachteile entstehen als dem Verfügungsadressaten selbst (HADORN 1996a: S. 14).

13.2   ## Sonstige Beschaffenheit von Bauten und Anlagen

13.2.1   ### Übersicht

In § 239 PBG hat der Gesetzgeber mit dem Randtitel «Sonstige Beschaffenheit» Vorschriften zusammengefasst, die verschiedene Bereiche betreffen. Sie enthal-ten Grundsätze über die Regeln der Baukunde, Anforderungen an Baumate-rialien, die Wohn- und Arbeitshygiene, den Brandschutz, die Wärmedämmung,

Ausstattungen und Ausrüstungen sowie über Rücksichtnahme auf Anliegen von Behinderten und Betagten. Der Gesetzgeber hat diese Grundsätze im Kapitel des PBG über die Grundanforderungen an Bauten und Anlagen eingeordnet und ihnen dadurch entsprechendes Gewicht beigemessen.

13.2.2   Regeln der Baukunde

13.2.2.1   *Anforderungen*

Bauten und Anlagen müssen nach Fundation, Konstruktion und Material den anerkannten Regeln der Baukunde entsprechen. Sie dürfen weder bei ihrer Erstellung noch durch ihren Bestand Personen oder Sachen gefährden (§ 239 Abs. 1 PBG).

Diese Anforderungen gelten schon während der Bauzeit. Auch bestehende Bauten müssen eine sichere Benützung zulassen. Bauten und Anlagen sind also fachgerecht zu erstellen und zu unterhalten. Als fachgerecht gilt, was nach dem jeweiligen Stand der Technik möglich ist und aufgrund ausreichender Erfahrung oder Untersuchungen als geeignet und wissenschaftlich anerkannt wird. Richtlinien, Normalien und Empfehlungen staatlicher Stellen und anerkannter Fachverbände werden bei der Beurteilung mitberücksichtigt (§ 2 BBV I). Soweit sie als Verordnungsbestimmungen befolgt oder als Richtlinien und Normalien im Sinne von § 360 PBG beachtet werden müssen, sind sie im Anhang zur BBV I aufgeführt (§ 3 Abs. 1 BBV I).

Baustelle
Die Regeln der Baukunde sind schon während der Bauarbeiten (auf Baustellen) einzuhalten. Vgl. im Besonderen Seite 402 ff.

Die vorsätzliche oder fahrlässige Verletzung der anerkannten Regeln der Baukunde kann nach Art. 229 StGB bestraft werden. Der Werkeigentümer kann sodann auch nach Art. 58 OR haftpflichtig werden. Er kann sich in der Regel nicht entlasten, indem er sich auf die behördliche Bewilligung des Werkes (etwa durch die Baubehörde) oder gar die behördliche Duldung problematischer Zustände beruft (BGE 91 II 208).

Vgl. zu den Aspekten der Sicherheit sowie (insbesondere) betreffend der SIA-Norm 358 FRITZSCHE 2005.

13.2.2.2   *Bedeutung im Baubewilligungsverfahren*

Die Einhaltung der Regeln der Baukunde stellt eine der Grundanforderungen dar, welchen ein Bauvorhaben genügen muss; die Anforderung ist, soweit technisch möglich, bereits bei Erteilung der Baubewilligung zu erfüllen oder zumindest auf den Baubeginn hin sicherzustellen (BEZ 1982 Nr. 32). Aufgrund der gemäss § 3 BVV einzureichenden Baueingabepläne im Massstab 1:100 lassen sich aber diese technischen Fragen nicht abschliessend beurteilen. Es genügt deshalb im Regelfall, dass die Baubehörde die Einhaltung von § 239 Abs. 1 PBG bei der Kontrolle der Bauausführung (§ 327 PBG) überwacht. Gewöhnlich besteht auch kein Anlass, die technischen Details in das baurechtliche Verfahren einzubeziehen oder ein ergänzendes Bewilligungsverfahren für Sicherheitsmassnahmen durchzuführen, da davon ausgegangen werden darf, dass fachkundige Personen mit der Bauplanung und Bauausführung betraut werden, die auch nicht alltägliche Situationen einwandfrei zu meistern vermögen (BEZ 2008 Nr. 42).

Anders verhält es sich dagegen, wenn bereits die Baueingabepläne erkennen lassen, dass die geplante Baute nicht den anerkannten Regeln der Baukunde entspricht oder die geplanten Bauarbeiten die Umgebung des Baugrundstücks zu gefährden drohen, oder konkrete Anhaltspunkte vorliegen, die auf eine ganz besondere Gefährdung hindeuten und nahelegen, vom Bauherrn einen speziellen Nachweis oder bestimmte Vorkehren zu verlangen; dies namentlich dann, wenn nicht ohne Weiteres damit gerechnet werden kann, dass der Bauherr die gebotene Sorgfalt walten lässt (BEZ 2008 Nr. 42). In einem solchen Fall hat die Baubewilligungsbehörde bereits im Rahmen des Bewilligungsverfahrens die notwendigen Anordnungen zu treffen, um zu verhindern, dass durch Erstellung oder Bestand der Baute Personen oder Sachen gefährdet werden. Neben den zu wahrenden öffentlichen Interessen haben auch Dritte Anspruch darauf, dass vorgängig, das heisst bereits im Rahmen des Baubewilligungsverfahrens, die konkrete Gefahrensituation abgeklärt und gegebenenfalls die für die Sicherheit der Bauparzelle und der Nachbargrundstücke notwendigen Vorkehren getroffen werden. Gestützt auf § 310 Abs. 2 PBG sind gegebenenfalls mit dem Baugesuch entsprechende ergänzende Unterlagen einzureichen (BEZ 2003 Nr. 40; VB.2004.00012). Die baurechtliche Bewilligung darf aber wegen Stabilitätsproblemen nicht verweigert werden. Denn die aktuelle Bautechnik gestattet selbst bei schwierigen Baugrundverhältnissen einwandfreie Lösungen (RB 1993 Nr. 43).

Die Beurteilung der Baubehörde betrifft weitgehend eine Frage des technischen Ermessens, das die Baurekurskommissionen nur zurückhaltend überprüfen (vgl. den instruktiven Entscheid der Baurekurskommission I in BEZ 2008 Nr. 42 betreffend Erschütterungen durch Bauarbeiten).

13.2.3   Baumaterialien

Das in Art. 73 BV verankerte Postulat der Nachhaltigkeit verlangt unter anderem die Verwendung von Baumaterialien, die bei der Herstellung, dem Gebrauch und dem Rückbau möglichst wenig Energie benötigen und die Umwelt möglichst wenig belasten sowie ein gesundes Raumklima schaffen. Vgl. hierzu die Checklisten des SIA für energiegerechtes, ökologisches Planen und Bauen sowie PREISIG/DUBACH/KASSER/VIRIDEN.

Nach § 239 Abs. PBG dürfen die zum Bau verwendeten Materialien zu keinen gesundheitlichen Beeinträchtigungen führen. Sie müssen einwandfrei entsorgt werden. Beim Abbruch von Gebäuden sind die Materialien im Hinblick auf eine einwandfreie Entsorgung zweckmässig zu trennen.

Vorschriften finden sich auch im Umweltschutzgesetz. Gemäss Art. 28 USG darf mit Stoffen nur so umgegangen werden, dass sie und ihre Folgeprodukte oder Abfälle die Umwelt oder mittelbar den Menschen nicht gefährden können. Diese allgemeine Sorgfaltspflicht wird in der ChemV und der Chem-RRV konkretisiert. Vgl. dazu Näheres bei GRIFFEL/RAUSCH, Kommentar USG, Ergänzungsband, Art. 28 N 6 ff.

Nach dem BauPG dürfen Baumaterialien in Verkehr gebracht werden, wenn sie die Voraussetzungen nach anderen Bundesgesetzen erfüllen und brauchbar sind. Brauchbar sind Bauprodukte, wenn die Bauwerke, für welche sie zweckentsprechend verwendet werden, die wesentlichen Anforderungen erfüllen hinsichtlich mechanischer Festigkeit und Standsicherheit, Brandschutz, Hygiene, Gesundheit und Umweltschutz, Nutzungssicherheit, Schallschutz, sparsamer und rationeller Energieverwendung (Art. 3). Die dazugehörige Verordnung regelt Detailfragen. Vgl. zur Baustellenentsorgung im Detail Seite 406 ff.

13.2.4   Hygiene, Brandschutz, Wärmedämmung

Bauten müssen den Geboten der Wohn- und Arbeitshygiene sowie des Brandschutzes genügen. Im Hinblick auf einen möglichst geringen Energieverbrauch sind Bauten und Anlagen ausreichend zu isolieren. Ausstattungen und Ausrüstungen sind fachgerecht zu erstellen und zu betreiben. Vgl. Kapitel 17 und 18.

13.2.5   Bedürfnisse der Behinderten

Bei Bauten und Anlagen, die dem Publikum zugänglich sind, bei denen nach ihrer Zweckbestimmung sonst ein Bedarf besteht oder die das Gemeinwesen durch Beiträge unterstützt, sind die Bedürfnisse von Behinderten und Betagten zu berücksichtigen. Nur «angemessen» sind die Bedürfnisse von Behinderten und Betagten in Wohnüberbauungen und Geschäftshäusern zu berücksichtigen (vgl. Näheres hierzu Seite 988 ff.).

Im Vernehmlassungsentwurf des Regierungsrates vom 9. Juli 2009 zur Revision des PBG sind auch neue Bestimmungen betreffend das behindertengerechte Bauen vorgesehen. Sie schaffen als kantonales Ausführungsrecht die Voraussetzung zur Anwendbarkeit des BehiG.

13.3 Verkehrssicherheit

13.3.1 Allgemeines Gebot und Rechtsgrundlagen

Durch Bauten, Anlagen und sonstige Grundstücknutzungen dürfen weder der Verkehr behindert oder gefährdet noch der Bestand und die Sicherheit des Strassenkörpers beeinträchtigt werden (§ 240 Abs. 1 PBG). Diese Bestimmung ist vernunftgemäss auszulegen: Dass möglicherweise schwere Lastwagen die Stelle während der Leerung der Behälter während einiger Minuten nicht oder nur unter Beanspruchung des Gehwegs passieren können, kann hingenommen werden. Kurzfristige Störungen des Fahrverkehrs durch anhaltende Autobusse oder durch Versorgungs- oder Entsorgungsfahrzeuge (Tankwagen, Kehricht-abfuhr usw.) sind insbesondere in städtischen Verhältnissen keineswegs unge-wöhnlich (VB.2004.00470). Im Zusammenhang mit Bauten und Anlagen, die besonders starken Verkehr auslösen, können sodann auf Kosten der Bauherr-schaft besondere Vorkehren zur Gewährleistung der Verkehrssicherheit angeord-net werden (Abs. 2). Verkehrserschliessungen im Bereich wichtiger öffentlicher Strassen haben nach Möglichkeit rückwärtig oder durch Zusammenfassung mehrerer Ausfahrten zu erfolgen (Abs. 3).

§ 240 PBG wird durch die Verkehrssicherheitsverordnung (VSiV) kon-kretisiert, welche in § 3 festhält, dass die Zulässigkeit der Auswirkungen von Grundstücksnutzungen auf den Verkehr und den Strassenkörper aufgrund der Verkehrsbedeutung der Strasse sowie deren Ausbaugrad und -geschwindigkeit unter Berücksichtigung verkehrspolizeilicher Signalisationsvorschriften sowie aufgrund der örtlichen Verhältnisse und von Strassenverlauf und -verzweigun-gen zu beurteilen ist. Beim Entscheid darüber steht den mit den örtlichen Ver-hältnissen am besten vertrauten Baubehörden ein Beurteilungsspielraum zu.

Die VSiV regelt sodann im Detail die Zulässigkeit und technische Gestal-tung von Ausfahrten in Strassen, Plätze und Wege. Sie enthält Vorschriften über bauliche Vorkehren im Bereich der Strassen, Geländeänderungen an Strassen, Immissionen auf Strassen (Blendungen, Schneerutsche, Regen- und Schmelz-wasser) und Ausnahmetransporte.

Die VSiV ersetzt in ihrem Regelungsbereich die VSS-Norm SN 640 050 über die Grundstückszufahrten. Bestimmungen zur Verkehrssicherheit enthält auch die Strassenabstandsverordnung (StrAV). Sie betreffen Mauern, Einfrie-dungen und Pflanzen an Strassen. Zu den Strassenabständen vgl. Seite 824 ff. Die StrAV gilt für das ganze Kantonsgebiet mit Ausnahme der Städte Zürich und Winterthur (§ 1 Abs. 1 StrAV).

Hinsichtlich Reklameanlagen sind auch die Anforderungen des Strassen-verkehrsrechts zu beachten.

Zu verkehrspolizeilichen Auflagen bei Einkaufszentren vgl. BGE 125 II 132.

13.3.2 Ausfahrten und Sichtbereiche

13.3.2.1 *Unterscheidungen*

Vorschriften über Ausfahrten und Sichtbereiche finden sich sowohl in der VSiV sowie in der StrAV. In beiden Verordnungen sind die privaten Grundeigentümer angesprochen, doch ist die Art und Weise, wie die Vorschriften angewendet werden, verschieden. Die StrAV enthält hinsichtlich der Sichtbereiche nur Regelungen für Pflanzen und richtet sich, da das PBG keine Bewilligungspflicht für Pflanzen kennt, unmittelbar an den Grundeigentümer jenes Grundstücks, auf dem die Pflanzen stehen. Demgegenüber werden die Bestimmungen der VSiV, welche allgemeine Anforderungen an Ausfahrten und Sichtbereiche enthalten, anhand der gegebenen Umstände im Rahmen eines Baubewilligungsverfahrens konkretisiert und können – sind die Sichtweiten auf dem eigenen oder dem Nachbargrundstück nicht eingehalten – zur Verweigerung einer Ausfahrt führen.

13.3.2.2   *Lage und Gestaltung von Ausfahrten*

Als Ausfahrt im Sinne der nachfolgenden Anforderungen gilt jede für die Benützung mit Fahrzeugen oder auch nur für Fussgänger bestimmte Verbindung zwischen einem Grundstück und der Strasse (§ 2 Abs. 3 VSiV).

Im Bereich von Strassenverzweigungen und von Haltestellen öffentlicher Verkehrsmittel sind Ausfahrten in der Regel nicht zulässig (§ 5 Abs. 1 VSiV). Von dieser in der Marginalie ausdrücklich als «Grundsatz» gekennzeichneten Bestimmung können unter Beachtung der in § 3 VSiV aufgeführten Gesichtspunkte (Verkehrsbedeutung der Strasse, örtliche Verhältnisse, Strassenverlauf) Erleichterungen gewährt werden (VB.2009.00188).

Für Fussgängerverbindungen, die auf ein Trottoir führen, gilt der Grundsatz von § 5 Abs. 1 VSiV nicht (§ 5 Abs. 2 VSiV). Führen Fusswegverbindungen direkt auf die Strasse, ist an der Anschlussstelle für genügend Sichtweite und für einen ausreichenden Warteraum zu sorgen (§ 8 VSiV).

Was als im «Bereich von Strassenverzweigungen» im Sinne von § 5 Abs. 1 VSiV zu gelten hat, ist im Einzelfall zu entscheiden. Jedenfalls reicht der Kreuzungsbereich mindestens so weit wie die Einlenkerradien und umfasst die Distanz von 5 m ab der Querfahrbahn, innerhalb welcher laut Art. 18 Abs. 2 lit. d VRV nicht angehalten werden darf. Nach dem Wortlaut der Bestimmung, welche den Kreuzungsbereich nicht näher umschreibt, ist es aber auch zulässig, diesen Bereich im Einzelfall weiter zu fassen, wenn dies aus Gründen der Verkehrssicherheit erforderlich ist. Diese Betrachtungsweise findet ihre Grundlage in § 240 Abs. 1 PBG, wonach durch Bauten und Anlagen der Verkehr weder behindert noch gefährdet werden darf (VB.2004.00386). Ausfahrten aus Kies- und Lehmgruben, Deponien usw., bei denen Fahrzeuge stark verschmutzt werden, sind auf einer hinreichenden Strecke bis zur Strasse mit festem Oberflächenbelag zu versehen (§ 9 Abs. 1 VSiV). Gegen Verschmutzungen sind sodann weitere Massnahmen zu treffen (§ 9 Abs. 2 VSiV).

13.3.2.3   *Technische Anforderungen*

Bauten, Anlagen, Terrainveränderungen
Die technischen Anforderungen an Ausfahrten sind vorerst einmal im Anhang zur VSiV geregelt (§ 6 VSiV). Danach sind entsprechend der verkehrstechnischen Bedeutung von Ausfahrt und Strasse unterschiedliche Bestimmungen über die Gestaltung der Ausfahrt, die Neigungen, den Einlenkerradius und die

Technische Anforderungen für Ausfahrten (Quelle: Anhang VSiV)

Verkehrssicherheitsverordnung (VSiV)   **722.15**

Anhang

1.[4] Technische Anforderungen für Ausfahrten

Anwendung verschiedener Ausfahrt-Typen

von[1]	Anschluss an[1]	Zufahrts- weg	Zufahrts- strasse	Erschlies- sungs- strasse	Sammel- strasse	Über- geordnete Strassen
Ausfahrten mit der verkehrstechnischen Bedeutung von:						
– einzelner Abstellplatz	A	A	A	B[2]	B[2]
– Zufahrtsweg	A	A	B	B[2]	B[2]
– Zufahrtsstrasse	–	A/B	B	B/C	C[2]
– Erschliessungsstrasse	–	–	B/C	B/C	C[2]

Mindestanforderungen[3]

Kriterium	Ausfahrt-Typ	Typ A	Typ B	Typ C[4]
Aus- und Einfahrt nur vorwärts		nein	ja	ja
Trottoir entlang übergeordneter Strasse (falls vorhanden)		(durch-gehend)	durch-gehend	unterbrochen oder durchgehend
Maximale Neigung innerhalb 6 m ab Strassengrenze	%	± 5	± 3	± 3
Maximaler Gefällsbruch ohne Vertikalausrundung (an der Strassengrenze)	%	6	5	3
Einlenkerradius	m	4	5	6–12
Sichtweite in Richtung Fahrstreifenmitte der übergeordneten Strasse[5]	m	40–70	50–90	90–120
Beobachtungsdistanz ab Fahrstreifenrand[5]	m	2,5	2,5	3–4
Breite der Ausfahrt – mit Gegenverkehr – mit Einbahnverkehr	m m	3 3	5–6 3	5,5–6 3

---

[1] Strassentypen gemäss Zugangsnormalien vom 9. Dezember 1987.

[2] Anwendung unter Vorbehalt von §§ 240 Abs. 3 und 241 PBG.

[3] Ist die Ausfahrt eine Notzufahrt im Sinne der Zugangsnormalien, sind deren Mindestwerte einzuhalten.

[4] Vorbehalten bleiben Massnahmen gemäss § 7.

[5] Gilt für Innerortsstrecken; ausserorts ist die einschlägige VSS-Norm wegleitend zu verwenden.

1. 7. 10 - 69   7

Sichtbereiche enthalten. Je nach Typus sind – in Richtung Fahrstreifenmitte der übergeordneten Strasse – Sichtbereiche von 40 bis 120 m einzuhalten.

Der massgebende Strassentyp wird bestimmt durch die Zugangsnormalien und die tatsächliche verkehrstechnische Bedeutung und nicht durch die Bezeichnung im kommunalen Verkehrsrichtplan (BEZ 2003 Nr. 4).

Für die Messweise der Sichtbereiche kann auf den Anhang StRAV (vgl. auch Seite 696) verwiesen werden. Nach dem Geltungsbereich der VSiV sind die im Anhang angeführten Sichtbereiche ausschliesslich von baurechtlich bewilligungspflichtigen Bauten und Anlagen (auch Terrainveränderungen), nicht aber von anderen Grundstücksnutzungen einzuhalten. Zu den Terrainveränderungen vgl. § 17 VSiV.

Für die Sichtweiten ausserorts (und nur dort) verweist der Anhang VSiV auf die «einschlägige» VSS-Norm, welche «wegleitend» zu berücksichtigen ist. Massgebend ist die VSS-Norm SN 640 273. Diese legt in Abhängigkeit von der durchschnittlichen Fahrgeschwindigkeit auf der übergeordneten Strasse Sichtweiten fest. Die Beobachtungsdistanz ausserorts beträgt 5 m.

Zu den Strassenabständen von Mauern und Einfriedungen vgl. Seite 833 f.

Pflanzen

§ 16 StRAV erfasst Sichtbereiche für Pflanzen (zum Begriff vgl. § 3 StRAV) und für nicht bewilligungspflichtige Mauern und Einfriedungen. Nicht nur bei Strassenverzweigungen und Ausfahrten, sondern auch auf der Innenseite von Kurven sind Sichtbereiche gemäss dem Anhang zur Verordnung einzuhalten (§ 16 Abs. 1 StRAV). Bezüglich der Strassenverzweigungen und Ausfahrten betragen sie innerorts 90 m, ausserorts 150 m. Im Falle eines begleitenden Radweges ist zu diesem eine Knotensichtweite von 50 m vorgeschrieben. In diesen Sichtbereichen dürfen Pflanzen eine Höhe von 0,8 m nicht überschreiten. Zwischen 0,8 m und 3 m Höhe dürfen auch keine Teile von ausserhalb wurzelnden Pflanzen hineinragen (§ 16 Abs. 2 StRAV). Der Grundeigentümer oder Bewirtschafter kann die Grenze des Sichtbereichs bei Gemeindestrassen durch die örtliche Baubehörde, bei Staatsstrassen durch das Amt für Verkehr unentgeltlich bestimmen lassen (§ 16 Abs. 3 StRAV).

→ Siehe Bild nächste Seite

Ein Unterschied zu den Anforderungen der VSiV besteht darin, dass Sichtbehinderungen durch nachbarliche Pflanzen einem Bauvorhaben nicht entgegengehalten werden können; vielmehr sind die Eigentümer von Pflanzen nach § 16 StRAV verpflichtet, die Sichtbereiche freizuhalten. Bei Ausfahrten im Grenzbereich eines Grundstücks muss zwar der gesamte Einlenkerbereich auf dem Grundstück liegen (es sei denn, der Nachbar gewähre ein Überfahrtsrecht), der Sichtbereich kann jedoch ohne nachbarliche Zustimmung in ein Nachbargrundstück hineinragen. In einem solchen Fall sind auch Pflanzen auf den Nachbargrundstücken von der Regelung in § 12 StRAV betroffen und müssen innerhalb des Sichtbereichs auf eine maximale Höhe von 0,8 m zurückgeschnitten werden. Allfällige Sichtbehinderungen durch nachbarliche Pflanzen hindern daher ein Bauvorhaben nicht. Ein Bauherr hat deshalb im Zusammen-

Strassenverzweigungen und Ausfahrten (Quelle: Anhang StrAV)

700.4   Strassenabstandsverordnung (StrAV)

B. Strassenverzweigungen und Ausfahrten

1. Übergeordnete Strasse ohne Nebenfahrbahn:

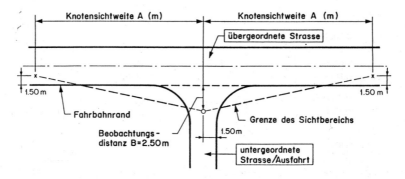

Knotensichtweite:

innerorts $A_i = 90$ m

ausserorts $A_a = 150$ m

2. Übergeordnete Strasse mit begleitendem Radweg:

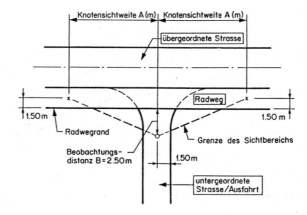

Knotensichtweite $A_R = 50$ m

8

hang mit der Planung einer Ausfahrt bei den betroffenen Nachbarn vorstellig zu werden. Kommt eine Einigung nicht zustande, ist die Baubehörde einzuschalten beziehungsweise hat diese (oder die hierfür zuständige kommunale Behörde beziehungsweise Amtsstelle) die zur Gewährleistung der Verkehrssicherheit nötigen Anordnungen gegenüber den Nachbarn durchzusetzen (vgl. unpublizierte Entscheide BRKE II Nr. 0087/2003 und BRKE III Nr. 0097-0104/2005).

Zu den Strassenabständen von Pflanzen und zum Lichtraumprofil vgl. §§ 14, 15 und 17 StrAV (<u>Seite 834 und Seite 702</u>).

13.3.2.4   *Ausnahmen*

Regelung in der VSiV

Für Bauten, Anlagen und Terrainveränderungen sind Abweichungen von den technischen Anforderungen zulässig, nämlich (§ 6 Abs. 2 VSiV)

- in Wohnstrassen (im Sinne von Art. 43 SSV);
- in Zufahrtswegen, Zufahrtsstrassen und Erschliessungsstrassen, sofern besondere ortsbauliche Verhältnisse oder die Topografie dies erfordern;
- wenn Gründe des Heimatschutzes oder andere öffentliche Interessen überwiegen.

Abweichungen sind nur innerhalb des in dieser Verordnung gesteckten Rahmens gestattet, also bei lit. a und b nicht auch in Staatsstrassen (BEZ 2010 Nr. 4). Anzumerken bleibt, dass es gute Gründe geben mag, um die Bewilligungen für Ausfahrten auf Staatsstrassen allgemein etwas weniger einschränkend zu handhaben (ähnlich, wie dies der Regierungsrat mit seiner Praxisänderung zu § 240 Abs. 3 PBG betreffend die rückwärtige Erschliessung angestrebt hat [RRB Nr. 1048/1997, BEZ 1997 Nr. 24]); dazu wäre jedoch eine Änderung der Verordnung erforderlich (VB.2009.00253).

Im Unterschied zu § 6 VSiV kennt § 16 StrAV über die von Pflanzen einzuhaltenden Sichtbereiche keine Bestimmungen über Abweichungen. Ausnahmen sind daher nach § 220 PBG zu beurteilen.

In Wohnstrassen im Besonderen

Art. 43 SSV über die Wohnstrassen ist mit Änderung der SSV vom 28. September 2001 aufgehoben worden. An deren Stelle bestehen die «Tempo-30-Zone» (Art. 22 a SSV), die «Begegnungszone» (Art. 22 b SSV) und die «Fussgängerzone» (Art. 22 c SSV). In der Tempo-30-Zone soll besonders vorsichtig und rücksichtsvoll gefahren werden. Besondere Vorschriften über den Vortritt bestehen nicht. In der Begegnungszone dürfen die Fussgänger die ganze Verkehrsfläche benützen, und sie sind gegenüber den Fahrzeugen vortrittsberechtigt. Auch in der Fussgängerzone kann ausnahmsweise beschränkter Fahrzeugverkehr zugelassen werden. Es darf jedoch höchstens im Schritttempo gefahren werden und die Fussgänger haben Vortritt.

§ 6 VSiV wird der neuen Rechtslage anzupassen sein. Es dürfte unproblematisch sein, die Bestimmung im Sinne des neuen Rechts auszulegen und auch bei Tempo-30-Zonen, Begegnungs- und Fussgängerzonen Abweichungen zuzulassen.

Weitere Abweichungen

Das Verwaltungsgericht hat entgegen dem Wortlaut entschieden, dass dem Katalog zulässiger Abweichungen (§ 6 VSiV) keine abschliessende Bedeutung zukommt. Bei den im Anhang zur Verkehrssicherheitsverordnung geregelten technischen Anforderungen handelt es sich um Normalien, von denen gestützt auf den in § 6 Abs. 2 VSiV genannten – nicht abschliessenden – Katalog zulässiger Abweichungen sowie allgemein auf § 360 Abs. 3 PBG abgewichen werden könne (VB 88/0078); zu § 11 Zugangsnormalien vgl. Seite 582. Es genügt, wenn im Sinne von § 360 Abs. 3 PBG ein wichtiger Grund vorliegt, der ein Abweichen von den im Anhang VSiV enthaltenen technischen Anforderungen rechtfertigt (RB 1999 Nr. 128; VB.2005.00379; VB.2005.00261 betreffend Abweichung in kleinräumigen Verhältnissen; VB.2008.00163; VB.2009.00390).

Das Verwaltungsgericht begründet seine Auffassung auch damit, dass der Baubehörde bei der Beurteilung der hinreichenden strassenmässigen Erschliessung ein von der Rekursinstanz zu beachtender Ermessensspielraum zustehe (RB 1986 Nr. 13). Dies gelte auch bei der Prüfung der Frage der Verkehrssicherheit (VB.2001.00205; BEZ 2004 Nr. 64; vgl. auch VB.2004.00461 und BEZ 2010 Nr. 4). Daher seien mögliche Abweichungsgründe zum Beispiel auch: besonders geringes Verkehrsaufkommen, Funktion der übergeordneten Strasse als ausschliessliche Parkplatzzufahrt ohne Durchgangsverkehr, bauliche Ausgestaltung oder Zweckbestimmung der übergeordneten Strasse, die langsame Fahrweise nach sich ziehen. Aus derartigen Gründen kann also von den technischen Anforderungen befreit werden, ohne dass Ausnahmegründe im Sinne von § 220 PBG vorliegen müssten.

Gebot der Verkehrssicherheit als Schranke

Bei Abweichungen müssen aber gleichwohl die Sicherheit der Verkehrsteilnehmer gewährleistet und übergeordnetes Bundesrecht eingehalten werden (vgl. etwa VB.2009.00188). Gemäss Art. 36 Abs. 4 SVG darf, wer sein Fahrzeug aus einem Parkplatz wieder in den Verkehr einfügt, andere Strassenbenützer nicht behindern und hat ihnen den Vortritt zu gewähren. Er muss das Gebotene vorkehren, um herannahende Vortrittsberechtigte weder zu beeinträchtigen noch zu gefährden. Die unter dem Titel Verkehrssicherheit aufgestellten Vorschriften schützen das Leben und die Gesundheit der Verkehrsteilnehmer. Abweichungen dürfen daher nicht zugelassen werden.

Bauliche Hinweise

In baulicher Hinsicht sind auch die Empfehlungen in der VSS-Norm SN 640 050 über Grundstückszufahrten zu beachten (Ziffer 5). Danach ist längs von Mauern, Hecken, Zäunen usw. seitlich der Grundstückszufahrt eine zusätzliche lichte Breite von mindestens 20 cm vorzusehen. Die Ausfahrten sind auf eine Tiefe von mindestens 5 m ab Strassenrand so zu befestigen, dass eine Verschmutzung der Strasse vermieden wird. Sie sind so zu entwässern, dass kein Oberflächenwasser auf die vortrittsberechtigte Strasse abfliesst.

13.3.2.5   *Bauten und Anlagen mit starkem Verkehr*

Bei Bauten und Anlagen, die ungewöhnlich starken Verkehr auslösen, können auf Kosten des Bauherrn besondere Vorkehrungen zur Gewährleistung der Verkehrssicherheit angeordnet werden (§ 240 Abs. 2 PBG). Gedacht wurde vor allem an Einkaufszentren oder an Sportanlagen. § 7 StrAV regelt Einzelheiten. Besondere Vorkehren sind namentlich Abbiegespuren, Verzögerungs- und Beschleunigungsspuren, Verkehrsregelungs- und Beleuchtungsanlagen sowie Personenübergänge.

13.3.3   Verkehrserschliessungen im Bereich wichtiger Strassen und Strassen mit Durchgangsverkehr

13.3.3.1   *Wichtige Strassen*

Zum Begriff der wichtigen öffentlichen Strassen

Verkehrserschliessungen im Bereich wichtiger öffentlicher Strassen haben nach Möglichkeit rückwärtig oder durch Zusammenfassung mehrerer Ausfahrten zu erfolgen (§ 240 Abs. 3 PBG). Die beiden Varianten sind gleichwertig (VB.2010.00184). Zur Zusammenfassung von Ausfahrten vgl. VB.2005.00161.

Als wichtige öffentliche Strassen im Sinne dieser Bestimmung gelten nach der Praxis vorab übergeordnete Strassen von kantonaler oder regionaler Bedeutung. Zwar schliesst der Wortlaut der Bestimmung eine Anwendung auf wichtige kommunale Strassen nicht aus. Indessen ist zu beachten, dass diesen in der Regel die Funktion von Sammelstrassen zukommt, die, soweit sie nutzungsorientiert sind, den Anstössern auch als Zugänge im Sinne von § 237 PBG dienen (vgl. § 5 ZN). Entsprechend geht auch die VSiV davon aus, dass die Erschliessung einzelner Liegenschaften auf Sammelstrassen grundsätzlich zulässig ist (vgl. Anhang ZN). Eine Einschränkung des seitlichen Zutritts, wie ihn § 240 Abs. 3 PBG ermöglicht, kann deshalb von vornherein nur bei Sammelstrassen in Betracht fallen, bei denen aufgrund ihrer Verbindungsfunktion die Verkehrsorientierung im Vordergrund steht. Bereits der Wortlaut von § 240 Abs. 3 PBG, wonach Verkehrserschliessungen im Bereich wichtiger öffentlicher Strassen nach Möglichkeit rückwärtig oder durch Zusammenfassung mehrerer Ausfahrten zu erfolgen haben, eröffnet der rechtsanwendenden Behörde einen erheblichen Beurteilungsspielraum. Sodann stellen sich in diesem Zusammenhang Fragen der Verkehrssicherheit und -planung, deren Beurteilung nach ständiger Praxis weitgehend im Ermessen der verfügenden Behörde liegt (VB.2008.00551)

Praxis des Regierungsrates

Nach älterer Auffassung wurde diese Bestimmung durch Baudirektion und Regierungsrat relativ streng ausgelegt und darauf geachtet, dass die seitlichen Zutritte auf Staatsstrassen so gering wie möglich gehalten werden können. Notwendige Erschliessungen für neue Bauvorhaben wurden daher zum Teil während Jahren blockiert, weil zum Beispiel Quartierplanverfahren für eine rückwärtige Erschliessung abzuwarten waren.

Der Regierungsrat hat daher seine strenge Praxis aufgegeben (RRB Nr. 1048/1997). Er legt nunmehr der abstrakten Gefährdung durch zusätzliche direkte Erschliessungen nicht mehr das bisher zugemessene Gewicht bei, sondern entscheidet in jedem Einzelfall anhand der konkreten Verhältnisse, ob eine direkte Erschliessung auf die Staatsstrasse verantwortet werden kann. Dabei sind vor allem folgende Gesichtspunkte zu gewichten: Überbauungsgrad, bestehende Ausfahrten, erlaubte Geschwindigkeit, Sichtweiten und Verkehrssicherheit sowie der Schwierigkeitsgrad einer rückwärtigen Erschliessung (BEZ 1997 Nr. 24).

13.3.3.2   Strassen mit Durchgangsverkehr

Bei Strassen für den grossen Durchgangsverkehr kann der Regierungsrat, in Zürich und Winterthur für städtische Strassen der Stadtrat, den seitlichen Zutritt allgemein untersagen. Das anordnende Gemeinwesen hat eine für die Grundstücksnutzung unerlässliche Ersatzzufahrt zu schaffen, die in ihrer Benutzbarkeit der bisherigen Zufahrt, jedoch höchstens der erlaubten Grundstücksnutzung entsprechen muss. Es steht ihm zu diesem Zweck das Enteignungsrecht zu (§ 241 PBG).

Der Regierungsrat setzt Routen für Ausnahmetransporte in einem Plan fest, der auf der Gemeindeverwaltung aufliegt (§ 22 VSiV). Es gelten die Mindestanforderungen gemäss § 22 VSiV.

13.3.4   Anlagen und Pflanzen

13.3.4.1   Tankstellen

Für Tankstellen enthalten §§ 10–12 VSiV besondere Bestimmungen. § 11 VSiV regelt die Zu- und Wegfahrten, § 12 VSiV die verkehrstechnischen Anforderungen an die Gestaltung. Im Übrigen sind die allgemeinen Vorschriften über Ausfahrten der VSiV sinngemäss anwendbar (§ 10 VSiV).

13.3.4.2   Reklamen

Gebot der Verkehrssicherheit

Art. 6 SVG regelt das Anbringen von Reklamen im Bereich der für Motorfahrzeuge und Fahrräder offenen Strassen (Strassenreklamen). Verboten sind demgemäss Werbestellen, die zu Verwechslungen mit Verkehrssignalen oder Markierungen Anlass geben oder sonst, namentlich durch Ablenkung der Strassenbenützer, die Verkehrssicherheit beeinträchtigen könnten. Bei der Anwendung des unbestimmten Rechtsbegriffs «Verkehrssicherheit» spielen örtliche und technische Verhältnisse eine beträchtliche Rolle, weshalb der lokalen Bewilligungsbehörde ein Ermessensspielraum zukommt (VB.2003.00397).

Zum Begriff der Strassenreklamen

Das Strassenverkehrsrecht kennt einen von den Bauvorschriften abweichenden Reklamebegriff. Es bezieht sich ausschliesslich auf die sogenannten Strassenreklamen und enthält für die Bewilligungspflicht keine Mindestgrössen.

Strassenreklamen sind alle Werbeformen und anderen Ankündigungen in Schrift, Bild, Licht, Ton usw., die im Wahrnehmungsbereich der Fahrzeugführenden liegen, während diese ihre Aufmerksamkeit dem Verkehr zuwenden (Art. 95 Abs. 1 SSV). Strassen sind die von Motorfahrzeugen, motorlosen

Fahrzeugen oder Fussgängern benützten Verkehrsflächen. Öffentlich sind diese, wenn sie nicht ausschliesslich dem privaten Gebrauch dienen (Art. 1 Abs. 1 und 2 VRV). Massgeblich ist dabei nicht, ob die Strasse in privatem oder öffentlichem Eigentum steht, sondern ob sie dem allgemeinen Verkehr dient. Letzteres trifft zu, wenn sie einem unbestimmbaren Personenkreis zur Verfügung steht, selbst wenn die Benutzung nach Art oder Zweck eingeschränkt ist (BGE 101 IV 173; 104 IV 105; 109 IV 131). Daraus ergibt sich, dass auch eine jedermann zugängliche Tankstelle als öffentliche Strasse im Sinne des SVG gilt (VB.2003.00397, auch zum Folgenden).

Gemäss Art. 95 Abs. 2 SSV befinden sich Strassenreklamen im Bereich öffentlicher Strassen, wenn sie vom Strassenbenützer wahrgenommen werden können. Somit haben auch die auf den Innenbereich der Tankstelle gerichteten Plakatstellen ohne Weiteres als im Bereich öffentlicher Strassen befindliche Strassenreklamen zu gelten (KÜNG MANFRED: S. 50, unter Hinweis auf den Parkplatz eines Einkaufszentrums; BGE 100 IV 59 E. 1).

Unzulässige Standorte

Art. 96 SSV präzisiert das Gesetz mit einer (nicht abschliessenden) Aufzählung von Standorten, an denen Strassenreklamen unzulässig sind. Danach können Strassenreklamen nicht bewilligt werden, wenn sie

- das Erkennen anderer Verkehrsteilnehmender erschweren, wie im näheren Bereich von Fussgängerstreifen, Verzweigungen oder Ausfahrten (lit. a);
- die Berechtigten auf den für Fussgänger bestimmten Verkehrsflächen behindern oder gefährden (lit. b);
- mit Signalen oder Markierungen verwechselt werden könnten (lit. c) oder
- die Wirkungen von Signalen oder Markierungen herabsetzen (lit. d).

Stets untersagt sind Reklamen, wenn sie in das Lichtraumprofil der Fahrbahn vorstehen, sowie auf der Fahrbahn (ausgenommen in Fussgängerzonen) und in signalisierten Tunnels oder Unterführungen ohne Trottoir. Sie dürfen ferner keine Signale oder wegweisende Elemente enthalten (Art. 96 Abs. 2 SSV) und (mit Ausnahmen) nicht an Signalen oder in unmittelbarer Nähe davon angebracht werden (Art. 97 SSV). Im Bereich von Autobahnen und Autostrassen sind Reklamen ebenfalls (mit Ausnahmen) untersagt. Über die Strassen gespannte Reklamen sind nur mit Ausnahmebewilligung für besondere Anlässe gestattet (Art. 3 und 8 SSV).

Sofern die Verkehrssicherheit nicht beeinträchtigt wird, können ausserorts Reklamen aller Art bewilligt werden.

Selbstverständlich haben Strassenreklamen auch die Vorschriften des Planungs- und Baugesetzes einzuhalten, so etwa jene des RPG über Bauten und Anlagen ausserhalb der Bauzonen oder die Bestimmungen über die Baulinien. Sie können unter Wahrung der Verkehrssicherheit in der Regel gestützt auf § 100 Abs. 3 PBG im Baulinienbereich bewilligt werden (mit Beseitigungsrevers).

Bewilligungsinstanz ist die Gemeinde beziehungsweise die Kantonale Sicherheitsdirektion (vgl. Seite 377). Der Kanton darf für Strassenreklamen innerorts Ausnahmen von der Bewilligungspflicht festlegen (Art. 99 Abs. 2 SSV).

13.3.4.3   *Abschrankungen*

Mauern und Einfriedungen dürfen auf der strassenabgewandten Seite keine vorspringenden Bestandteile aufweisen, welche die Verkehrssicherheit beeinträchtigen können. Eingebaute Türen und Tore dürfen sich in der Regel nicht in den Abstandsbereich öffnen lassen (§ 11 StrAV). Die Verwendung von spitzen oder scharfen Materialien zur Grundstücksabgrenzung gegenüber Strassen ist bis zu einer Höhe von 2,5 m untersagt (§ 12 StrAV). Zu den Abständen von Mauern und Einfriedungen vgl. Seite 833 f.

13.3.4.4   *Weitere Bauten und Anlagen*

Durch den Verkauf ab Automaten, aus Ladengeschäften und Kiosken usw. darf der Verkehr weder behindert noch gefährdet werden (§ 14 VSiV). Vorplätze und Gärten sind von der Strasse abzugrenzen (§ 15 VSiV). Dasselbe gilt für gewisse Zufahrten, Park- und Kehrplätze (§ 16 VSiV). § 17 VSiV enthält Vorschriften für Geländeänderungen und Abgrabungen im Bereich der Strasse. Unterirdische Bauten, Anlagen, Ausrüstungen und Ausstattungen dürfen den Strassenkörper und die Verkehrssicherheit nicht gefährden (§ 18 VSiV).

13.3.4.5   *Bäume und Sträucher*

Lichtraumprofil

Das Lichtraumprofil begrenzt den freien Raum, welcher zur sicheren und vollen Ausnützung der Verkehrsflächen notwendig ist (§ 2 Abs. 2 VSiV). Das Lichtraumprofil der Strasse darf – vorbehältlich der Baulinien-, Abstands- und Sondergebrauchsvorschriften – weder durch feste noch durch bewegliche Teile von Bauten und Anlagen beeinträchtigt werden (§ 13 VSiV).

Das Ast- und Blattwerk von Bäumen hat über der bestehenden Strasse einen Lichtraum von 4,5 m, bei Versorgungs- und Exportrouten (§ 22 VSiV) einen solchen von 4,8 beziehungsweise 5,2 m zu wahren (§ 17 Abs. 1 und 2 StrAV). Bei Rad- und Fusswegen kann der Lichtraum bis auf eine Höhe von 2,5 m verkleinert werden (§ 17 Abs. 3 StrAV). Diese Lichtraumprofile sind durch die Grundeigentümer dauernd freizuhalten (§ 17 Abs. 4 StrAV). Vgl. auch § 100 Abs. 2 PBG betreffend Vorsprüngen im Baulinienbereich.

Morsche Bäume und Äste

Morsche oder dürre Bäume und Äste sind zu beseitigen, wenn sie auf die Strasse stürzen könnten. Bei unmittelbarer Gefährdung kann der Strasseneigentümer notfalls selber die erforderlichen Massnahmen treffen (§ 18 StrAV).

Abstandsvorschriften

Zu den Abstandsvorschriften vgl. Seite 834 und Seite 1202 ff.

13.3.4.6   *Immissionen im Bereich von Strassen*

Im Bereich von öffentlichen Strassen gelten einige Spezialvorschriften für die Zulässigkeit von Immissionen. Die VSiV legt fest, dass

- durch Grundstücknutzungen auf der Strasse keine Behinderungen und Gefährdungen namentlich durch Blendung, Staub, Rauch, Dampf oder Lärm verursacht werden dürfen (§ 19);
- die Verkehrssicherheit nicht durch Materialien und Gegenstände beeinträchtigt werden darf, die von Grundstücken stammen (§ 20);
- gegen Schneerutsche, Bälle von Sportanlagen usw. ausreichende Schutzmassnahmen zu treffen sind (§ 20);
- Regen- und Schmelzwasser nicht auf die Strasse abfliessen dürfen (§ 21).

13.3.5   Bedürfnisse von Behinderten und Betagten

Nach § 14 des Strassengesetzes sind bei der Projektierung von Strassen die Bedürfnisse von Behinderten und Gebrechlichen angemessen zu berücksichtigen. Zu den Strassen gehören auch Rad- und Fusswege sowie Plätze (§ 4 StrAV). Sodann sind die Bedürfnisse von Behinderten und Gebrechlichen auch bei der Ausgestaltung von Zufahrten gebührend zu berücksichtigen (§ 2 ZN). § 22a VSiV legt fest, dass bei der Projektierung und beim Bau von Strassen die im Anhang aufgeführten Richtlinien und Normalien zu beachten sind (Norm SN 521 500, Behindertengerechtes Bauen, einstweilen in der Fassung 1988, da für die Aussenbereiche noch keine entsprechende VSS-Norm als Ersatz vorhanden ist. Die erwähnte Norm enthält quantitative Vorgaben vor allem für Erschliessungen, die Trennung von Fussgänger- und Fahrbereich, die Fussgängerübergänge, Lichtsignalanlagen, Geländer und Brüstungen und macht auch Angaben über Wegbreiten, die Erreichbarkeit von Eingangsgeschossen, Aufzügen ab Strassen und Autoeinstellhallen. Geregelt sind im Weitern Hindernisse im Fussgängerbereich, Belagsarten, Gestaltung und Neigungen von Rampen, Quergefälle, Handläufe und Beleuchtung. Von den Anforderungen soll nur aus wichtigen Gründen abgewichen werden (§ 360 Abs. 3 PBG). Für die Beratung und Begutachtung von Projekten stehen regionale Beratungsstellen für behindertengerechtes Bauen kostenlos zur Verfügung (aktuelle Liste bei der Schweizerischen Fachstelle für behindertengerechtes Bauen, Kernstrasse 57, 8004 Zürich, www.hindernisfrei-bauen.ch).

13.4   Fahrzeugabstellplätze

13.4.1   Anzahl

13.4.1.1   *Grundanforderungen*

Die Zahl der Abstellplätze richtet sich nach den örtlichen Verhältnissen, nach dem Angebot des öffentlichen Verkehrs und der Nutzung des Grundstücks. Die Gemeinden haben konkrete Bestimmungen über die Anzahl der erforderlichen Abstellplätze in ihre Bauordnungen oder in besondere Abstellplatzverordnungen aufzunehmen (§ 242 Abs. 1 PBG).

Gewisse Nutzungen verlangen nur während der Abendzeiten Parkplätze (Kinos, Theater). In solchen Fällen wird eine Doppelnutzung (für die jeweils freie Zeit) in der Regel gestattet.

Im Normalfall soll die Zahl der Abstellplätze so festgelegt werden, dass die Fahrzeuge ausserhalb des öffentlichen Grundes abgestellt werden können. Besteht ein überwiegendes öffentliches Interesse (Verkehr oder Schutz von Wohngebieten, Natur- und Heimatschutzobjekten, Luft und Gewässern) können die Gemeinden die Zahl der erforderlichen Abstellplätze tiefer als nach den Grundsätzen von § 242 Abs. 1 ansetzen und die Schaffung zusätzlicher Abstellplätze untersagen (§ 242 Abs. 2 PBG).

13.4.1.2 *Rechtsgrundlagen*

Massnahmenplan

In Gemeinden, die zu den lufthygienisch sanierungsbedürftigen Gebieten des Kantons Zürich gehören, sind nach den Vorschriften der LRV korrektive Massnahmen anzuordnen und durchzuführen. In diesem Sinne hatte der Regierungsrat am 25. April 1990 den kantonalen Massnahmenplan Lufthygiene (Luftprogramm) festgesetzt und im Juni 1990 zuhanden der Gemeinden eine Wegleitung mit Erläuterungen zur Ermittlung des Parkplatzbedarfs erlassen. In den folgenden Jahren ist der Massnahmenplan durchgehend überarbeitet und mit RRB vom 19. Juni 1996 neu festgesetzt worden.

Massgebend ist nun aber der Massnahmenplan 2008, welcher den bisherigen Massnahmenplan mit dessen Ergänzungen ersetzt. Die Aktualisierung ist wegen neuer gesetzlicher Grundlagen (Revision LRV 2007) und neuer wissenschaftlicher Erkenntnisse zur Wirkung von Feinstaub auf die menschliche Gesundheit erforderlich geworden. Der Massnahmenplan 2008 umfasst insgesamt 25 Massnahmen in den Bereichen Verkehr, Feuerungen, Land- und Forstwirtschaft, Industrie und Gewerbe und Flughafen.

Der Massnahmenplan zeigt auf, wie das Ziel der LRV, nämlich die Beseitigung übermässiger Immissionen (Art. 31 LRV), erreicht werden soll. Er stipuliert eine Reihe von Vorkehrungen, um den Personenverkehr einzuschränken. So sind in der Agglomeration, wo die Strassenkapazitäten bald ausgeschöpft sind und zudem die Luft übermässig mit Schadstoffen belastet ist, durch Herabsetzung der minimalen Pflichtparkplatzzahl und Festsetzung eines Maximums bei Neubauten weniger Parkplätze zu erstellen. Zudem soll Anreiz geschaffen werden, dass über das Minimum hinaus möglichst wenige Parkplätze erstellt werden (Massnahme PV 2). Als Folge der verbesserten Erschliessungsqualität und des lufthygienischen Sanierungsbedarfs liegt die Festlegung einer oberen Parkplatzbegrenzung im öffentlichen Interesse (BEZ 1991 Nr. 20).

Der Massnahmenplan hat den Charakter einer behördenverbindlichen Verwaltungsverordnung und bildet für sich allein keine Grundlage für behördliche Massnahmen gegenüber Privaten. Hingegen lassen sich die im Massnahmenplan vorgesehenen Massnahmen unter anderen dann direkt auf das USG abstützen, wenn sie den Charakter von Verkehrs- oder Betriebsvorschriften im Sinne von Art. 12 Abs. 1 lit. c USG haben (BGE 125 II 129 E. 7b; 124 II 272 E. 4).

In Aussicht stehende Rechtsänderungen

Die Massnahme V4 des Massnahmenplans 2008 fordert die Berücksichtigung der Erfordernisse der Luftreinhaltung bei der bevorstehenden Teilrevision des Planungs- und Baugesetzes (PBG) zu den Parkierungsvorschriften und publikumsintensiven Einrichtungen sowie die Abstimmung der Siedlungsentwicklung auf die Erschliessung mit öffentlichen Verkehrsmitteln.

In diesem Sinne enthält der Vernehmlassungsentwurf des Regierungsrates vom 9. Juli 2009 zur Teilrevision des PBG eine gesamtheitliche Vereinigung der Kriterien zur Ermittlung des Parkplatzbedarfs sowie die Stärkung der Zentren durch Einführung von Eignungsgebieten für stark verkehrserzeugende Nutzungen. Durch eine neue Verordnung soll die bestehende Wegleitung zur Ermittlung des Parkplatzbedarfs ersetzt werden. Die Vorlage enthält auch Bestimmungen über die Erhebung von Parkgebühren sowie zum Fahrtenmodell.

Die Vorlage ist allerdings umstritten. In diesem Kapitel wird daher von der geltenden Rechtslage ausgegangen.

Direkte Anwendung des USG

Wenn die Massnahmenplanung anerkanntermassen unzureichend ist oder eine Neuanlage überdurchschnittliche Emissionen verursacht, können direkt gestützt auf Art. 11 Abs. 3 und 12 USG verschärfte Emissionsbegrenzungen angeordnet werden (BGE 124 II 272). Eine solche Parkplatzreduktion aus lufthygienischen Gründen muss auch dann realisiert werden, wenn kantonales oder kommunales Recht die nicht fordert. Die entsprechenden Bestimmungen des USG über die Emissionsbeschränkungen (Art. 11 und 12 USG) sind direkt anwendbar (URP 1995, S. 498 ff.). Sie derogieren weniger strenges kantonales und kommunales Recht (BEZ 2001 Nr. 3).

Der Massnahmenplan Lufthygiene 1996 sah unter «PV 2 Parkraumbewirtschaftung» Massnahmen zur Beschränkung des Parkplatzangebots vor, nämlich insbesondere die Empfehlung an die Gemeinden, ihre kommunalen Parkierungsvorschriften unter Berücksichtigung der lokalen Gegebenheiten an die Wegleitung zur Regelung des Parkplatzbedarfs in kommunalen Erlassen der Baudirektion vom Oktober 1997 anzupassen. Soweit dies noch nicht erfolgt ist (und nur dann), kann die Wegleitung bei Bauvorhaben mit überdurchschnittlichen Emissionen direkt im Baubewilligungsverfahren angewandt werden (BGE 124 II 272; BEZ 2007 Nr. 48; BEZ 2010 Nr. 12).

Wegleitung der Baudirektion

Die «Wegleitung zur Regelung des Parkplatzbedarfs in kommunalen Erlassen» vom Oktober 1997 zeigt mit konkreten Bedarfszahlen, wie die kommunalen Parkplatzreglemente ausgearbeitet werden sollen, damit sowohl die Anliegen einer geordneten Parkierung als auch jene des Umweltschutzes im Einzelfall erfüllt werden können. Sie ordnet alle Gemeinden in die beiden Typen «Gemeinden mit Zielverkehr» und «übrige Gemeinden» ein und definiert für diese Typen unterschiedliche Anforderungen. Sie enthält eine weitere Reduktion der Pflichtparkplatzzahl für Neubauten. In Gemeinden mit Zielverkehr wird zusätzlich eine Begrenzung der maximal vertretbaren Parkplatzzahl vorgesehen.

Für Nutzungen, die ein grosses Verkehrsaufkommen erzeugen, wird in beiden Gemeindetypen eine obere Begrenzung der Parkplatzzahl vorgesehen.

Die Wegleitung ist nicht in einer verbindlichen Rechtsform festgesetzt worden. Insbesondere ist die noch im Massnahmenplan 1996 als Massnahme PV 2 statuierte Pflicht zur Anpassung der kommunalen Parkplatzverordnungen mit RRB vom 12. November 1997 aufgehoben worden. Die kantonalen Vorgaben besitzen somit ausschliesslich (aber immerhin) den Charakter eines Hilfsmittels. Den Gemeinden wird lediglich empfohlen, die kommunalen Parkierungsvorschriften unter Berücksichtigung der lokalen Gegebenheiten an die kantonale Wegleitung anzupassen.

Die Wegleitung kann auch als Anwendungshilfe im Einzelfall dienen, auch wenn sich diese gemäss ihrem Titel nur auf die Regelung des Parkplatzbedarfs in kommunalen Erlassen bezieht. Kommunale Parkplatzverordnungen, welche aus lufthygienischen Gründen tiefe Minima und Maxima für Fahrzeugabstellplätze vorsehen, sind als umweltrechtliche Erlasse zu bezeichnen. Nach konstanter Rechtsprechung des Bundesgerichts sind Änderungen umweltrechtlicher Erlasse um der öffentlichen Ordnung willen auf alle noch nicht letztinstanzlich abgeschlossenen Verfahren anzuwenden (URP 2000, S. 622 ff.).

Im Baubewilligungsverfahren steht den Gemeinden bei der Anwendung der Wegleitung Ermessen zu (BGE 124 II 272; BEZ 2001 Nr. 3).

Kommunale Verordnungen

In den kommunalen Verordnungen werden die Pflichtparkplätze in der Regel (zumindest bei betrieblichen Nutzungen) nach Massgabe der Geschossfläche bestimmt. Da seit der PBG-Revision von 1991 Flächen in Dach- und Untergeschossen nur noch beschränkt zur Ausnützung zählen (§ 255 PBG), können Auslegungsschwierigkeiten entstehen. Werden nur diese zur Ausnützung anrechenbaren Flächen für die Parkplatzberechnung herangezogen, müssen und dürfen gegebenenfalls für ausgedehnte genutzte Flächen (Flächen in Dach- und Untergeschossen) keine Abstellplätze realisiert werden. Altrechtlichen Parkplatzverordnungen darf nicht dieser neue Sinn unterstellt werden (BEZ 1994 Nr. 11). Den Gemeinden ist zu empfehlen, die für die Parkplatzberechnung massgebliche Geschossfläche klar zu definieren.

Auch wenn eine spezielle kommunale Parkplatzverordnung (PPV) besteht, ist eine Regelung der Parkplätze in einem Gestaltungsplan zulässig, selbst wenn diese von der PPV abweicht (BEZ 2004 Nr. 46).

Sofern das kommunale Recht für bestimmte Nutzungen keine Parkplatzanforderungen festlegt, gilt die VSS-Norm SN 640 281 «Parkieren, Angebot an Parkfeldern für Personenwagen». Sie beschreibt zwei Verfahren zum Ermitteln des Angebots an Parkfeldern für verschiedene Nutzungstypen: Ein vereinfachtes Verfahren für wenig verkehrsintensive Anlagen und ein detailliertes Verfahren, das für verkehrsintensive Anlagen angewendet werden soll, grundsätzlich aber für alle Anlagen anwendbar ist. Das vereinfachte Verfahren erlaubt es, aufgrund von tabellarisch aufgelisteten Richtwerten sowie weniger Standortkriterien sehr schnell und unkompliziert eine Richtgrösse für eine angemessene Anzahl an Parkplätzen für eine Liegenschaft zu ermitteln. In der neuen Norm wurde insbesondere die Bestimmung der Standortkriterien stark reduziert und vereinfacht. Das detaillierte Verfahren besteht in einem Optimierungsprozess, dargestellt als Ablaufschema.

«Fahrtenmodell»

Das kantonale Recht erlaubt es bereits jetzt, ein Fahrtenmodell anzuwenden, das anstelle einer maximalen Parkplatzzahl eine Begrenzung der durch das Bauvorhaben erzeugten Fahrten umfasst (BEZ 2004 Nr. 46). Das Bundesgericht hat die Zulässigkeit des Fahrtenmodells bestätigt (Entscheid Stadion Zürich, URP 2005, S. 15 ff., vgl. hierzu die Zusammenfassung in PBG aktuell 1/2005, S. 33 ff. sowie auch URP 2004, S. 530 ff. mit redaktionellem Kommentar; ebenso LORETAN 2005 und grundsätzlich zum Fahrtenmodell SPOERRI).

13.4.2   Erstellungspflicht

13.4.2.1   *Allgemeine Voraussetzungen*

Mit der Pflicht zur Erstellung von Fahrzeugabstellplätzen soll erreicht werden, dass die Fahrzeuge ausserhalb der öffentlichen Grundstücke abgestellt werden können. Nach § 243 Abs. 1 PBG sind Abstellplätze im gebotenen Ausmass zu schaffen: bei Neuerstellung von Bauten und Anlagen (lit. a), bei allgemeinen baulichen Änderungen, die einen erheblichen Teil der Baute oder Anlage erfassen oder durch die eine wesentlich stärkere Nutzung als bisher ermöglicht wird (lit. b), und bei Nutzungsänderungen, die voraussichtlich wesentlich andere Verkehrsbedürfnisse schaffen (lit. c). Diese (alternative) Aufzählung ist abschliessend (BEZ 2001 Nr. 28).

13.4.2.2   *Besonderheiten bei Umbauten und Nutzungsänderungen*

Umfassende bauliche Änderungen

Weder das Gesetz noch die Materialien geben näher darüber Aufschluss, wann der bauliche Eingriff im Sinne von § 243 Abs. 1 lit. b PBG die nötige Intensität erreicht. Jedenfalls lösen bauliche Massnahmen, die noch unter die Begriffe Unterhalt und Instandstellung fallen, keine Erstellungspflicht aus. Dasselbe trifft für nicht eingreifende bauliche Änderungen zu. Die erforderliche Eingriffsintensität beginnt dort, wo erhebliche Teile der Baute oder Anlage umgebaut werden. Unmassgeblich ist, ob die tragenden Gebäudeteile von den Massnahmen berührt werden oder nicht. Entscheidend ist vielmehr, inwieweit die Gesamtheit der Änderungen eine Erstellungspflicht auslösen kann (BEZ 1979 Nr. 27).

§ 243 Abs. 1 lit. b PBG bezweckt nicht die Schaffung neuer Parkflächen unabhängig vom bestehenden Angebot. Neu hinzukommende Geschossflächen können somit nur dann zu einer Erweiterung der vorhandenen Parkplatzzahl führen, wenn die für das ganze Gebäude (einschliesslich der projektierten Geschossflächen) erlaubte Zahl von Parkplätzen noch nicht erreicht ist. Andernfalls liessen sich die Vorschriften über die Begrenzung der Parkplatzzahlen ohne Weiteres umgehen (RB 1999 Nr. 117).

Umbauten mit wesentlich anderer Nutzung

Nach § 243 Abs. 1 lit. b PBG sind Fahrzeugabstellplätze auch dann zu erstellen, wenn bauliche Änderungen vorgenommen werden, die zwar nicht einen erheblichen Teil der Baute oder Anlage erfassen, doch eine wesentlich andere Nutzung als bisher ermöglichen. Das schliesst die Einführung einer Nutzung ein, welche sich von der vorhergehenden in rechtlich relevantem Mass unterscheidet. Nicht verlangt wird demgegenüber, dass diese Nutzungsänderung einen grösseren oder gar erheblichen Teil der Baute umfasst. Ob eine wesentlich andere Nutzung vorliegt, entscheidet sich demnach einzig unter Beachtung des von den baulichen Änderungen erfassten Gebäudeteils. Somit kann auch nicht verlangt werden, dass der zusätzliche Parkplatzbedarf erheblich sei. Vielmehr ist bei einer Nutzungsänderung im Sinne von § 243 Abs. 1 lit. b PBG grundsätzlich jeder sich daraus ergebende Abstellplatz(mehr)bedarf abzudecken (BEZ 2001 Nr. 28).

Nutzungsänderungen

Nach § 243 Abs. 1 lit. c PBG lösen nicht nur Nutzungsänderungen, die «einen stärkeren Verkehr nach sich ziehen», sondern generell solche Nutzungsänderungen, die «voraussichtlich wesentlich andere Verkehrsbedürfnisse schaffen», eine Erstellungspflicht aus. Dies ist allerdings kein Hinweis darauf, dass eine Anpassung auch bei einer wesentlichen Reduktion der Parkplatzbedürfnisse verlangt werden könnte. Denn § 243 Abs. 1 PBG erwähnt einleitend nur die Schaffung, nicht aber die Aufhebung von Abstellplätzen. Eine Nutzungsänderung, die zusätzliche Parkplatzbedürfnisse schafft, ist von baurechtlicher Bedeutung und damit nach § 309 Abs. 1 lit. b PBG bewilligungspflichtig.

Gemeinsame Grundsätze

§ 243 Abs. 1 lit. b und c PBG ist gemeinsam, dass nur für den Mehrbedarf Abstellplätze zu erstellen sind (vgl. BEZ 2001 Nr. 28). Eine Gesamtberechnung ist insoweit nicht zulässig. Für Fälle, da die betreffende Baute oder Anlage bereits vor der Änderung über keine oder zu wenig Abstellplätze verfügt, wird § 243 Abs. 2 PBG anwendbar.

13.4.2.3   *Massnahmen bei bestehenden Bauten und Anlagen*

Regelung im PBG

Nach § 243 Abs. 2 PBG kann bei bestehenden Bauten oder Anlagen auch ohne Zusammenhang mit Änderungen die Schaffung oder Aufhebung von Abstellplätzen verlangt werden.

Dies zum einen, wenn der bisherige Zustand regelmässig Verkehrsstörungen oder andere Übelstände bewirkt. Die Unterschreitung der Normen ist noch kein Missstand (BEZ 2002 Nr. 46). Ein bereits vor Einführung der Bewilligungspflicht für Fahrzeugabstellplätze (1. Juli 2008) bestehender und als solcher genutzter Parkplatz geniesst grundsätzlich Bestandesgarantie und kann nicht nachträglich einem Bewilligungsverfahren unterworfen werden. Die Aufhebung des Parkplatzes kann nur bei Missständen im Sinne von § 243 Abs. 2 PBG verlangt werden (BEZ 2007 Nr. 6).

Zum andern kann eine Reduktion von Abstellplätzen verlangt werden, wenn die Beschäftigtenparkplätze die festgesetzte Gesamtzahl deutlich überschreiten. Die Verpflichtung muss technisch und wirtschaftlich zumutbar sein. Beschäftigtenparkplätze können also nach § 243 Abs. 2 PBG auch ohne den Nachweis eines besonderen Übelstandes durch behördliche Anordnung nachträglich reduziert oder aufgehoben werden, wenn sie die festgesetzte Gesamtzahl erheblich überschreiten. Die Anwendung dieser Vorschrift setzt voraus, dass für das betreffende Gebiet eine Obergrenze der zulässigen Anzahl Parkplätze gestützt auf § 242 Abs. 2 PBG festgelegt wurde. Nach dem gesetzgeberischen Willen und auch dem klaren Wortlaut von § 243 Abs. 2 PBG besteht diese nachträgliche Reduktionsmöglichkeit nicht bei Parkplätzen für Wohnungen und nicht für Besucher- und Kundenparkplätze. Eine solche kann hiermit nur im Rahmen von Änderungen (§ 243 Abs. 1 PBG) oder bei regelmässigen Verkehrsstörungen beziehungsweise anderen Übelständen verlangt werden (WOLF/KULL: N 93).

Gebote der LRV

Die Emissionsbegrenzungen nach Art. 11 USG gelten sowohl für neue wie auch für bestehende Anlagen. Gemäss Art. 16 Abs. 1 USG müssen Anlagen, die den Vorschriften des Umweltschutzgesetzes oder den Umweltvorschriften anderer Bundesgesetze nicht genügen, saniert werden. Insbesondere darf gemäss Art. 18 Abs. 1 USG eine sanierungsbedürftige Anlage nur umgebaut oder erweitert werden, wenn sie gleichzeitig saniert wird. Der Grundsatz der Gleichbehandlung von neuen und alten Anlagen bedarf jedoch der Umsetzung im Ausführungsrecht. So hat der Bundesrat Vorschriften über die (zu sanierenden) Anlagen, den Umfang der zu treffenden Massnahmen, die Fristen und das Verfahren zu erlassen (Art. 16 Abs. 2 USG). Soweit in der Luftreinhalteverordnung Emissionsbegrenzungen vorgesehen sind, gelten diese somit auch für Altanlagen (vgl. Näheres in BEZ 2007 Nr. 48 sowie bei GRIFFEL 2009 S. 1).

13.4.3   Lage

13.4.3.1   *Lage auf dem Baugrundstück oder in nützlicher Entfernung*

Zumutbare Distanz

Parkplätze sind primär real zu erstellen. Darunter ist die Schaffung von Parkfeldern auf dem Baugrundstück oder in nützlicher Entfernung von diesem zu verstehen (§ 244 Abs. 1 PBG), ferner die Erstellung einer Gemeinschaftsanlage oder die Beteiligung an einer solchen (§ 245 Abs. 2 PBG; FREY 1987: S. 77 f.).

Nützlich ist eine Entfernung, wenn anzunehmen ist, dass die Abstellplätze von durchschnittlichen Benützern auch aufgesucht werden (RB 2005 Nr. 69). Es ist zu erwägen, ob den Berechtigten die Benützung der Pflichtabstellplätze trotz ihrer Entfernung vom Hauseingang zugemutet werden darf. Bei Motorfahrzeugabstellplätzen für Besucher und Kunden wird die zumutbare Distanz grösser sein als bei solchen für Bewohner. Nach den von der Rechtsprechung zu § 244 Abs. 1 PBG entwickelten Grundsätzen kann eine Distanz von 300 m im Innenstadtbereich ohne Weiteres noch als «nützliche Entfernung» im Sinne dieser Bestimmung qualifiziert werden (RB 2005 Nr. 69; BEZ 1988 Nr. 12; VB.2007.00067). Für Dauermieter ist eine Distanz von maximal 600 m in dicht überbauten Stadtgebieten zumutbar, sofern keine andere und nähere, gleichwertige Parkierungsmöglichkeit zur Verfügung steht. In Villenquartieren darf diese Distanz demgegenüber 150 bis 200 m nicht überschreiten (BEZ 1988 Nr. 12). Im Zusammenhang mit einer Hafenanlage hielt das Verwaltungsgericht eine Distanz von 175 bis 250 m für die Besucher, die ihren Freizeitsport ausüben, noch für «nützlich» (VB.2005.00226).

Zur rechtlichen Sicherung auf Fremdgrundstücken

Bei Abstellplätzen besteht ein erhebliches Interesse daran, dass sie ihrer Zweckbestimmung erhalten bleiben, solange Bedarf hierfür besteht (BEZ 1986 Nr. 49). Dies bedingt entsprechende Sicherungen für Abstellplätze auf fremden Grundstücken. Als Sicherungsmöglichkeiten bieten sich etwa die Begründung von Mit-/Gesamteigentum an Abstellplätzen oder der Erwerb eines diesbezüglichen Baurechtes im Sinne von Art. 675 ZGB an; ferner namentlich die Errichtung einer Dienstbarkeit. Das Verwaltungsgericht hat auch einen Mietvertrag als rechtsgenügend erachtet (RB 1987 Nr. 74). Nach dem Ablauf der vereinbarten Mietdauer hat die Baubehörde konsequenterweise zu prüfen, ob das pflichtige Grundstück weiterhin über die notwendigen Pflichtabstellplätze verfügt oder ob sich die (aufgeschobene) Abgabepflicht nunmehr aktualisiert (FREY 1999: S. 25 N 16).

FREY 1999: S. 9 erachtet eine kontrollierbare Mindestdauer des Mietvertrages von einem Jahr an aufwärts als rechtsgenügend. Es ist den Baubehörden danach ohne Weiteres zuzumuten, ein Mal im Jahr zu kontrollieren, ob das Mietverhältnis noch besteht. Andererseits hat die Baurekurskommission entschieden, dass der entsprechende jährliche Verwaltungsaufwand zu gross sei. Mittels geeigneter Sicherungsmassnahmen kann der Kontrollaufwand allerdings stark reduziert werden. So ist es beispielsweise ohne Weiteres zulässig (und nach der Rechtsprechung auch erforderlich), für den Fall einer Auflösung des Mietvertrages die Anmerkung einer Anzeige- oder Meldepflicht im Grundbuch zulasten des Baugrundstücks wie auch des Vermietergrundstückes zu verlangen (BEZ 2008 Nr. 43, auch zum Folgenden). Dies zur Sicherung der Pflichtabstellplätze beziehungsweise der im Falle der Auflösung des Mietvertrages zu erhebenden Ersatzabgabe. Der Nachweis des Reverses zulasten des Vermietergrundstückes kann lediglich die Bauherrschaft (und nicht auch die Eigentümerschaft des Vermietergrundstücks) treffen; dies in dem Sinne, dass der Nachweis des Reverses zulasten des Vermietergrundstücks eine Bedingung für die Anerkennung der Abstellplätze als Pflichtabstellplätze bildet. Hingegen kann diese für die Bauherrschaft geltende Bedingung nicht zugleich als Auflage zulasten der Eigentümerschaft des Vermietergrundstücks statuiert werden.

Beispiel für die Auflage in einer Baubewilligung:

Vor Baubeginn hat die Bauherrschaft beziehungsweise verfügungsberechtigte Grundeigentümerschaft auf dem Baugrundstück und dem Abstellplatzgrundstück die nachfolgende Bestimmung als öffentlich-rechtliche Eigentumsbeschränkung im Grundbuch anmerken zu lassen und hierüber dem Bauamt ein Zeugnis des Grundbuchamtes einzureichen:

Pflichtparkplatz auf Drittgrundstück:

Die durch Mietvertrag vom ... gesicherten ... (Anzahl) Autoabstellplätze in der Sammelgarage auf der Parzelle Kat.-Nr. 08 dienen als Pflichtparkplätze für die Parzelle Kat.-Nr. 01. Die jeweilige Eigentümerschaft der Parzelle Kat.-Nr. 01 ist verpflichtet, eine allfällige vorzeitige Auflösung des Mietvertrages dem Bauamt sofort schriftlich mitzuteilen. Im Falle der Auflösung des Mietvertrages ist die Grundeigentümerschaft der Parzelle Kat.-Nr. 01 verpflichtet, die entsprechenden Abstellplätze anderweitig nachzuweisen oder eine Ersatzabgabe zu bezahlen.

Stimmt die Eigentümerschaft des vermietenden Grundstücks nicht zu, ist der Nachweis gescheitert. Die Kündigung des Mietverhältnisses selbst kann die Baubehörde dagegen nicht verhindern, auch nicht von ihrer Zustimmung abhängig machen (FREY 1999: S. 9 unter Hinweis auf nicht publizierte Rekursentscheide).

13.4.3.2   *Anforderungen an die Verkehrssicherheit*

Parkplätze müssen verkehrssicher angelegt sein. Im Strassenabstandsbereich dürfen sie nur liegen, wenn die spätere Verlegung auf Kosten des Pflichtigen möglich ist und rechtlich gesichert wird (§ 244 Abs. 2 PBG). Es muss also auf dem Grundstück freier Raum zur Verfügung stehen, um die Abstellplätze im Falle eines Strassenausbaus, oder wenn verkehrspolizeiliche Bedürfnisse dies erfordern, dorthin zu verlegen. Da § 244 Abs. 2 PBG allgemein von Strassenabstandsbereich spricht, spielt es keine Rolle, ob dieser durch Verkehrsbaulinien gesichert ist oder ob § 265 PBG beziehungsweise in Einzelfällen kommunale Strassenabstandsvorschriften Anwendung finden. Der Verlegungsnachweis muss im Rahmen des Baugesuchs erbracht werden. Die rechtliche Sicherung ist mit einer entsprechenden Anmerkung im Grundbuch zu gewährleisten.

Beispiel für die Anmerkung einer öffentlich-rechtlichen Eigentumsbeschränkung im Grundbuch:

Pflichtabstellplätze im Strassenabstandsbereich:

Der jeweilige Eigentümer des Grundstücks Kat.-Nr. ist verpflichtet, bei einem allfälligen Ausbau der Strasse, oder wenn andere öffentliche Interessen dies erfordern, die im Strassenabstandsbereich gelegenen (oder die im Baulinienbereich gelegenen) mit Beschluss Nr. ... vom ... des Stadtrates bewilligten Pflichtabstellplätze ohne Entschädigung (hinter die Baulinien) zu verlegen oder die Abstellplatzerstellungspflicht anderweitig zu erfüllen.

Zu Abstellplätzen im Vorgartenbereich vgl. die Ausführungen zu § 238 Abs. 3 PBG (siehe Seite 686). Die VSS-Norm SN 640 293 «Parkieren, Betrieb» enthält Richtlinien und Hinweise zur Gewährleistung der Verkehrssicherheit, die bei der Anordnung von Parkplätzen zu berücksichtigen sind. Sie gilt für öffentlich zugängliche wie auch für private Anlagen.

13.4.3.3   *Besucherparkplätze an leicht zugänglicher Lage*

Eine angemessene Anzahl Abstellplätze ist an leicht zugänglicher Lage für Besucher vorzusehen (§ 244 Abs. 3 PBG). Die «leichte Zugänglichkeit» kann auch in einer Unterniveaugarage gegeben sein, soweit die entsprechenden Parkplätze während der Öffnungszeiten des fraglichen Betriebes für Besucher ohne besondere Schwierigkeiten (in der Regel ohne Schlüssel) benutzbar sind.

13.4.4   Gestaltung und Betrieb von Fahrzeugabstellplätzen

13.4.4.1   *Unterirdische Anordnung oder Überdachung*

Ziel

Die nicht für Besucher vorgesehenen Abstellplätze müssen unterirdisch angelegt oder zumindest überdeckt werden, wenn dadurch die Nachbarschaft wesentlich geschont werden kann, die Verhältnisse es gestatten und die Kosten zumutbar sind (§ 244 Abs. 3 Satz 2 PBG; PBG aktuell 3/1998, S. 28). Diese Bestimmung zielt auf die Schaffung von Gemeinschaftsanlagen und auf ein Verbot grösserer oberirdischer Parkflächen hin. Damit sollen die mit dem oberirdischen, nicht überdachten Parkieren von Motorfahrzeugen verbundenen Lärmimmissionen (Öffnen und Schliessen der Türen, Starten des Motors, Manövrieren) reduziert werden. Daneben verfolgt § 244 Abs. 3 Satz 2 PBG auch verkehrs- und siedlungspolitische Ziele, nämlich die Steigerung der Wohnqualität, Sanierung von Hinterhöfen, Ausdehnung begrünter Flächen usw. (RB 1996 Nr. 80).

In lärmschutzrechtlicher Hinsicht hat § 244 Abs. 3 Satz 2 PBG wegen des Vorrangs des Bundesrechts keine selbstständige Bedeutung mehr. Dies auch insoweit, als § 244 PBG die unterirdische oder überdeckte Anordnung ausdrücklich auf die nicht für Besucher vorgesehenen Abstellplätze beschränkt (FREY 1999: S. 14). Diese Beschränkung kann unter der Herrschaft des Umweltschutzrechts des Bundes keinen Bestand mehr haben. Auch Besucherparkplätze sind daher mindestens zu überdachen oder mit anderen Lärmschutzmassnahmen zu versehen, wenn dies das übergeordnete Bundesrecht gebietet.

Voraussetzungen

Die Belastungsgrenzwerte in Ziffer 1 Abs. 1 lit. d Anhang LSV gelten nur für den Lärm von Parkhäusern sowie von grösseren Parkplätzen ausserhalb von Strassen. Für kleinere Anlagen gilt primär ausschliesslich das Vorsorgeprinzip. Sind die Planungswerte nach LSV eingehalten oder untersteht die betreffende Anlage diesen nicht, darf die Erstellung oder weitere Benützung von Abstellplätzen nicht mit der Begründung verweigert werden, sie verursachte zu viel Lärm. Für die Auflage zur unterirdischen Anordnung oder Überdachung von Parkplätzen bleibt daher nur Raum, wenn es sich im Sinne von Art. 11 Abs. 2 USG beziehungsweise Art. 7 Abs. 1 lit. a LSV um eine technisch und betrieblich mögliche sowie wirtschaftlich tragbare Massnahme handelt.

Diese bundesrechtliche Umschreibung des Vorsorgeprinzips wird in § 244 Abs. 3 PBG zulässigerweise konkretisiert (ZBl 1999, S. 441). Bei der Beurteilung kann daher auf die zu § 244 Abs. 3 Satz 2 PBG entwickelten Grundsätze abgestellt werden. Der Bau einer Einstellhalle ist meistens technisch und betrieblich möglich. Die wirtschaftliche Tragbarkeit beurteilt sich nach dem Verhältnismässigkeitsprinzip. Erstens muss die unterirdische Lage oder Überdachung geeignet sein, die von den Fahrzeugen ausgehenden Lärmemissionen zu reduzieren, was meistens der Fall ist. Zweitens ist weiter zu prüfen, ob der angestrebte Zweck (Reduktion der Lärmemissionen) nicht mit weniger weit gehenden Massnahmen (zum Beispiel einer Lärmschutzwand) ebenso gut erreichbar wäre, und drittens muss zwischen Ziel und Freiheitsbeschränkung ein vernünftiges Verhältnis bestehen, was eine Abwägung der betroffenen öffentlichen und privaten Interessen bedingt.

Die Zumutbarkeit beziehungsweise wirtschaftliche Tragbarkeit ist nicht im Vergleich mit einem Bauprojekt zu beurteilen, das die Abstellplätze im Freien vorsieht. Massgebend sind die mögliche Verbesserung der Immissionsverhältnisse und die Kosten, die sich ergeben hätten, wenn von Anfang an unterirdische oder überdeckte Abstellplätze eingeplant worden wären (RB 1990 Nr. 79). Dass mit der unterirdischen oder überdachten Anordnung der Abstellplätze allgemein höhere Kosten anfallen, spricht noch nicht dagegen; die gleichen Wirkungen haben auch andere Beschränkungen der Baufreiheit. Sie sind einzuhalten, auch wenn für den Bauherrn finanzielle Nachteile entstehen (BGE 97 I 799). Sodann ist auch zu berücksichtigen, dass durch den Bau einer Tiefgarage regelmässig ein Mehrwert resultiert. Dieser besteht einerseits darin, dass den Anwohnern für ihre Fahrzeuge ein Einstellplatz und nicht nur ein ungeschützter Parkplatz zur Verfügung steht, und andererseits in der erhöhten Wohnqualität. Massgebend ist mithin, ob das Preis-Leistungs-Verhältnis massgebend verschlechtert wird oder nicht, und ob der grösseren Attraktivität einer Überbauung ein noch moderater Mehrpreis gegenübersteht. Trifft dies zu, sind Tragbarkeit der Anordnung und Verhältnismässigkeit gegeben.

Das Bundesgericht hat Mehrkosten von fünf bis sieben Prozent des Verkaufspreises eines Hauses beziehungsweise 35 000 bis 40 000 Franken pro unterirdischen Abstellplatz noch als verhältnismässig bezeichnet (ZBl 1999, S. 442 f.). In einem anderen Fall, welcher die Stadt Zürich betraf, hat das Bundesgericht einen Gesamtaufwand von 700 000 Franken für 15 unterirdische Parkplätze (also zirka 46 600 Franken pro Parkplatz) als zumutbar bezeichnet. Im selben Entscheid hat das Gericht ausgeführt, die Verlegung der Abstellplätze ins Gebäudeinnere führe regelmässig zur Verdrängung anderweitig nutzbaren Raumes und sei noch kein Grund, eine Unzumutbarkeit im Sinne von § 244 Abs. 3 PBG anzunehmen (ZBl 1994, S. 264 ff., vgl. auch RB 1996 Nr. 80).

Umweltrechtlicher Bagatellfall

In der Praxis hat sich der Begriff des umweltrechtlichen Bagatellfalls eingebürgert. Gemeint ist damit ein Sachverhalt, der aus immissionsrechtlicher Sicht unbedeutend oder gar vernachlässigbar erscheint, dass nicht mehr von einer Umweltbeeinflussung im Rechtssinne gesprochen werden kann. Das Bundesgericht hat in BGE 133 II 169 hierzu präzisierend ausgeführt: Sofern sich geringfügige Emissionen mit kleinem Aufwand erheblich verringern lassen, so dürfte es grundsätzlich verhältnismässig sein, entsprechende Massnahmen zu verlangen. Wenn sich eine Reduktion bei derartigen Emissionen hingegen als unverhältnismässig oder sogar als unmöglich erweist, so ist dahingehend zu entscheiden, dass solche Immissionen von den Betroffenen hinzunehmen sind. Gestützt auf eine solche Interessenabwägung ist auch die generell-abstrakte Festlegung eines unteren Schwellenwerts denkbar, bei dem – vorbehältlich neuer Erkenntnisse – keine zusätzlichen Massnahmen mehr gefordert werden können. Vgl. auch BEZ 2010 Nr. 33.

Bei Abstellplätzen wird der Begriff des umweltrechtlichen Bagatellfalls regelmässig dort angerufen, wo es lediglich um Immissionen aus einem Abstellplatz oder einigen wenigen Abstellplätzen geht. In solchen Fällen sind die damit verbundenen Immissionen grundsätzlich ohne Weiteres hinzunehmen und es besteht kein Anlass, gestützt auf das Vorsorgeprinzip konkrete Immissionsschutzmassnahmen anzuordnen (FREY 1999: S. 18 ff. unter Hinweis auf nicht publizierte Entscheide der Baurekurskommissionen).

13.4.4.2 *Anlage*

Fahrzeugabstellplätze sind bewilligungspflichtige Anlagen (§ 309 Abs. 1 lit. i PBG). Sie müssen, um den gesetzlichen Anforderungen zu genügen, «angelegt» sein (§ 244 Abs. 2 PBG). Dies bedingt, dass sie als Ausstattungen zu Bauten und Anlagen gegenüber dem übrigen Grundstücksbereich deutlich ausgeschieden und abgegrenzt sind. In den Baugesuchsunterlagen müssen sie enthalten und eingezeichnet sein. Sie müssen bestimmungsgemäss dem Abstellen von Motorfahrzeugen dienen (BEZ 1993 Nr. 3; FREY 1987: S. 12 f.) Dies ist nur dann der Fall, wenn sie für ihren Zweck reserviert sind und dafür auch freigehalten werden. Die Benützer müssen genau wissen, wo sie ihr Fahrzeug abzustellen haben. Ob bauliche Vorkehren zu treffen sind (Befestigung des Bodens, bauliche Abgrenzung), hängt von der konkreten Situation ab. Jedenfalls (und als Mindestanforderung) muss ihre Zahl und Lage genau erkennbar sein, was am besten durch entsprechende Bodenmarkierungen und/oder Hinweistafeln erreicht werden kann. Irgendeine unbegrenzte Fläche, die für alle möglichen Vorgänge zur Verfügung steht, kann nicht als Abstellplatz im Sinne des gesetzlichen Begriffs verstanden werden (BEZ 1993 Nr. 3).

13.4.4.3 *Technische Anforderungen*

Über die Abmessungen von Parkfeldern bestehen keine gesetzlichen Bestimmungen. Die Gemeinden stützen sich indessen auf die VSS-Norm SN 640 291a «Anordnung und Geometrie von Parkierungsanlagen». Diese Norm, welche per 1. Februar 2006 die frühere Norm «Geometrie von Parkierungsanlagen» ersetzt hat, enthält die geometrischen Grundlagen, die bei der Projektierung von Parkierungsanlagen anzuwenden sind, damit diese möglichst problemlos betrieben werden können. Die Komfortstufen richten sich nach den Fahrzeugkategorien und der Zugänglichkeit: Stufe A gilt insbesondere für Wohn- und Geschäftshäuser (Bewohner und Beschäftigte), Stufe B für öffentlich zugängliche Parkhäuser (Einkaufszentren, Hotel etc.), Stufe C für die Nutzung mit Lieferwagen (Gewerbebetriebe, Autovermietungen, Hotels, Sportplätze). Für die Stufe A haben Längsparkierfelder normalerweise eine

Länge von 5,7 m, eine Breite von 1,9 m und eine seitliche Freifläche von 3,3 m aufzuweisen. Für Senkrechtparkfelder sind im Regelfall eine Länge von 5 m und eine Breite von minimal 2,35 m erforderlich. Bei Vorliegen von festen Hindernissen am Parkfeldrand (Mauern, Stützen usw.) sind diese Normalmasse um bestimmte Zuschläge zu erhöhen. Die Komfortstufen B und C erfordern erhöhte Abmessungen. Generell weichen die Anforderungen zum Teil erheblich von der alten Norm ab.

Für Rampen und Ausfahrten gelten die technischen Anforderungen gemäss Anhang VSiV, insbesondere auch die maximal zulässigen Neigungen innerhalb 6 m ab Strassengrenze. Zur Strasse gehört auch das Trottoir (§ 267 Abs. 1 PBG). Ausserhalb dieses Bereiches ist die vorerwähnte VSS-Norm SN 640 291a zu beachten. Danach beträgt die maximale Längsneigung einer Rampe für die Komfortstufe A 15 Prozent (ungedeckte Rampe) beziehungsweise 18 Prozent (gedeckte Rampe), für die Komfortstufen B und C 12 Prozent beziehungsweise 15 Prozent. Gegenüber der alten Norm wurden die Anforderungen etwas gelockert.

Die VSS-Norm SN 640 291a ist (wie andere technische Normen auch) nicht als verbindlich oder beachtlich erklärt worden, sie dient aber den Behörden wegen des darin verarbeiteten Fachwissens als Auslegungshilfe. Der Norm kommt mithin eine präzisierende, die Auslegung beeinflussende, rechtssatzähnliche Wirkung zu, die auch im Rekurs- und Beschwerdeverfahren Beachtung findet (KÖLZ/BOSSHARD/RÖHL: § 50 N 65). Sie ist also auch bei der Projektierung von Fahrzeugabstellplätzen und -einstellhallen zu berücksichtigen, sofern und soweit nicht besondere Umstände Abweichungen rechtfertigen.

13.4.4.4   *Betriebsvorschriften*

Nicht nur die Reduktion der Parkplatzzahlen, sondern auch die Bewirtschaftungspflicht von Parkierungsanlagen (Aufteilung der zulässigen Parkplatzzahlen auf die verschiedenen Benützerkategorien, zeitliche Parkierungsbeschränkungen, Einführung einer Gebührenpflicht) stellt ein geeignetes Instrument zur Reduktion der Umweltbelastung durch Fahrzeuge dar. Massnahmen der Parkplatzbewirtschaftung können dann als Betriebsvorschriften im Sinne von Art. 12 Abs. 1 lit. c USG gelten, wenn sie in einem hinreichend engen Zusammenhang mit dem Betrieb der infrage stehenden Anlage stehen und wenn sie einen Beitrag zur Verringerung von Emissionen an der Quelle zu leisten vermögen. Diese Voraussetzung ist bezüglich der Bewirtschaftung von Kundenparkplätzen bei Einkaufszentren zu bejahen. Das Bundesgericht hat bestätigt, dass die Anordnung einer Parkplatzbewirtschaftung mit Gebührenpflicht eine gestützt auf den Massnahmenplan zulässige und unter den hier gegebenen Umständen notwendige Betriebsvorschrift darstellt (BGE 125 II 129 ff.; URP 1999, S. 234 ff.; vgl. auch BGE 124 II 280 ff.). Da es sich nicht um eine öffentliche Abgabe handelt, sondern die Verpflichtung zur Gebührenerhebung ausschliesslich das Verhältnis zwischen dem Anlagebetreiber und den Nutzern beschlägt, gelten nicht dieselben strengen Anforderungen an die gesetzliche Grundlage wie bei öffentlichen Abgaben (BGE 125 II 129; VB.2008.00115).

Wie das Verwaltungsgericht entschieden hat, wird der auch bei der Gebührenhöhe bestehende Ermessensspielraum der Gemeinde nach unten grundsätzlich dadurch begrenzt, dass die Gebühr ihrer Höhe nach geeignet sein muss, um zu einer Verminderung der Fahrtenzahl und damit zum Ziel einer geringeren Luftbelastung beizutragen. Ob dies zutrifft, ist im Zusammenhang mit den übrigen Massnahmen zur Emissionsbegrenzung, das heisst insbesondere mit der Erschliessung durch den öffentlichen Verkehr und der Begrenzung der Parkplatzzahl zu beurteilen (BEZ 2007 Nr. 48, VB.2007.00136, VB.2008.00115 mit zahlreichen Hinweisen). Das Bundesgericht hat eine Gebühr von Fr. 2.– pro Stunde als lenkungswirksam bezeichnet (BGer 1C_412/2008), was allerdings als fraglich erscheint.

Zulässig – und aus Gründen der Rechtsgleichheit geboten – ist unter gewissen Voraussetzungen auch der Einbezug grösserer bestehender Parkierungsanlagen (etwa in Einkaufszentren) in die Bewirtschaftungspflicht (BGE 125 II 150). Massnahmen betreffend Bewirtschaftung von Betriebsparkplätzen (im Unterschied zu Kundenparkplätzen) und solche zur Förderung des öffentlichen Verkehrs können demgegenüber nicht in einer Baubewilligung auferlegt werden. Sie sind keine zulässigen Betriebsvorschriften im Sinne von Art. 12 Abs. 1 lit. c USG und keine Emissionsbegrenzungen an der Quelle gemäss Art. 11 Abs. 1 USG (BGE 123 II 353 f.).

13.4.5   Ersatzlösungen

13.4.5.1   *Primat der Realerfüllung*

Nach dem Planungs- und Baugesetz zählt das Vorhandensein einer genügenden Anzahl von Abstellplätzen für Motorfahrzeuge zu den Grundanforderungen an Bauten und Anlagen. Diese Anforderungen gelten jedoch nicht absolut in dem Sinn, dass eine Baubewilligung verweigert werden muss, wenn die Parkplätze nicht auf dem Baugrundstück oder in nützlicher Entfernung davon erstellt werden können (BEZ 1983 Nr. 31). Vielmehr sind unter den in § 245 Abs. 2 PBG genannten Voraussetzungen Ersatzlösungen möglich, nämlich in erster Linie die Schaffung beziehungsweise Beteiligung an Gemeinschaftsanlagen beziehungsweise, wenn dies «innert nützlicher Frist» nicht möglich ist, die Leistung einer Ersatzabgabe (§ 246 Abs. 1 PBG). Dabei kann, wie § 245 Abs. 2 PBG ausdrücklich festhält, die erste Ersatzlösung, nämlich die Schaffung beziehungsweise Beteiligung an einer öffentlichen oder privaten Gemeinschaftsanlage, im baurechtlichen Bewilligungsverfahren verfügt und näher geordnet werden.

Das Gesetz geht also in erster Linie von der Realerfüllung aus. Ist eine solche nicht möglich, kommen die Ersatzlösungen zum Zug (VB.2009.00609). In ganz seltenen Ausnahmefällen ist eine Bauverweigerung zulässig, wenn ein Betrieb ohne eine genügende Anzahl von Abstellplätzen auf dem Baugrundstück gar nicht geführt werden kann. Dies ist etwa der Fall bei Betrieben der Automobil- oder Transportbranche. Diese müssen die Fahrzeuge, mit denen oder an denen sie arbeiten, auf dem eigenen Betriebsgelände abstellen können. Nicht bewilligt werden darf daher:

- eine Garage, bei der Autos auf der Strasse repariert werden;
- ein Transportunternehmen, deren Lastwagen entlang der Strasse abgestellt werden.

Voraussetzung für die erwähnten Ersatzlösungen ist, dass ein öffentliches Interesse der Schaffung von Abstellplätzen auf den einzelnen Grundstücken entgegensteht (§ 245 Abs. 1 lit. a PBG) oder dem Baupflichtigen die Realerfüllung wegen der örtlichen Verhältnisse nicht möglich oder nicht zumutbar ist (§ 245 Abs. 1 lit. b PBG).

13.4.5.2   *Gemeinschaftsanlage*

Die Beteiligung an einer Gemeinschaftsanlage kann nur dann als erstes Erfüllungssurrogat an die Stelle der realen Erstellung von Abstellplätzen treten, wenn sie innert nützlicher Frist auch tatsächlich erfolgt. Ansonsten ist eine Ersatzabgabe zu leisten, da im Zeitpunkt der Bewilligungserteilung kaum Gemeinschaftsanlagen mit verfügbaren Plätzen bereits vorhanden oder wenigstens geplant und bewilligt sind. Regelmässig ist deshalb der rechtmässige Zustand mit einer öffentlich-rechtlichen Eigentumsbeschränkung im Grundbuch zu sichern. Die Pflicht, sich an einer Gemeinschaftsanlage zu beteiligen oder, falls dies innert nützlicher Frist nicht möglich ist, eine entsprechende Ersatzabgabe zu leisten, ist im Grundbuch anzumerken (BEZ 1993 Nr. 2).

Vor Fristablauf hat diejenige Partei, welche die Erfüllung der Abstellplatzerstellungspflicht durch Beteiligung an einer Gemeinschaftsanlage anstrebt, die ihr obliegenden Vorkehren zu treffen. Die Baubehörde hat den Grundeigentümer vor Ablauf dieser Frist zur Beteiligung aufzufordern und der Grundeigentümer hat vor Fristablauf der Baubehörde ein Beteiligungsangebot zur Bewilligung zu unterbreiten. Der ungenutzte Ablauf der zur Beteiligung an einer Gemeinschaftsanlage angesetzten Frist führt daher dazu, dass die Ersatzabgabe zu entrichten ist (BEZ 1993 Nr. 33).

13.4.5.3   *Ersatzabgabe*

Verpflichtung

Ist die Beteiligung an einer Gemeinschaftsanlage innert nützlicher Frist nicht möglich, hat der Grundeigentümer, der kraft behördlicher Feststellung keine oder nur eine herabgesetzte Anzahl eigener Abstellplätze schaffen muss oder darf, der Gemeinde eine angemessene Abgabe zu leisten (§ 246 Abs. 1 PBG). Keine Abgabe ist zu leisten, soweit das Fehlen von Abstellplätzen auf die behördliche Aufhebung privater Parkierungsmöglichkeiten zurückzuführen ist (§ 246 Abs. 2 PBG). § 246 Abs. 3 PBG enthält Grundsätze über die Höhe der Abgaben. Vgl. ausführlich zur Zulässigkeit und Bemessung von Parkplatzersatzabgaben sowie zur gesetzlichen Grundlage ZBl 2003 S. 551 ff., auch zum Folgenden. Es verstösst nicht gegen verfassungsrechtliche Grundsätze, den aus dem Fehlen von eigenen Abstellplätzen erwachsenden, bei der Berechnung der Ersatzabgabe zu berücksichtigenden «Wertverlust» schematisierend festzulegen.

Fällt die mit der Baubewilligung auferlegte Verpflichtung zur Erstellung von Fahrzeugabstellplätzen aufgrund einer Verordnungsänderung nachträglich ganz oder teilweise dahin, so entfällt im selben Umfang die Grundlage für die noch nicht rechtskräftig veranlagte (zum Beispiel erst sichergestellte) Ersatzabgabe und für die diese sichernde Nebenbestimmungen (BEZ 1993 Nr. 2). Streitigkeiten über die Abgabepflicht werden nach dem Verfahren gemäss Abtretungsgesetz entschieden (§ 246 Abs. 4 PBG).

Parkplatzfonds

Die Gemeinden haben die Abgaben in einen Fonds zu legen, der nur auf zwei Arten verwendet werden darf (§ 247 Abs. 1 PBG):

- Schaffung von Parkraum in nützlicher Entfernung von den bestehenden Grundstücken oder/und
- Ausbau des öffentlichen Verkehrs, der den betreffenden Grundstücken dient.

Zum Begriff «nützliche Entfernung» vgl. oben Seite 709 f. Ob das öffentliche Verkehrsmittel den belasteten Grundstücken «dient», wird sinngemäss nach den gleichen Grundsätzen zu beurteilen sein wie beim Erfordernis der Erreichbarkeit nach § 237 Abs. 1 PBG (vgl. Seite 589 f.). Die Fondsmittel sind einzusetzen, sobald es die Umstände erlauben (§ 247 Abs. 2 PBG). § 247 Abs. 3 PBG verpflichtet die Gemeinden, die einen Parkraumfonds bilden, zur Parkraumplanung. Der Fonds kann auch von anderen Gemeinwesen oder Unternehmungen beansprucht werden, sofern sie Parkraum schaffen, der sonst von der Gemeinde bereitzustellen wäre (§ 247 Abs. 4 PBG). Verwendet eine Gemeinde diese Fondsmittel nicht bestimmungsgemäss oder überhaupt nicht, bildet dies für einen Grundeigentümer keinen Grund, die Zahlung von Ersatzabgaben zu verweigern. Allenfalls kann die Ausschöpfung der Fondsgelder mit einer Aufsichtsbeschwerde erreicht werden. Vgl. zur Zulässigkeit und Bemessung von Ersatzabgaben ausführlich ZBl 2003, S. 551 ff.

13.4.6   Besondere Anforderungen an Veloabstellplätze

13.4.6.1   *Verpflichtung und Lage*

§ 242 PBG gilt «insbesondere» für Motorfahrzeuge, verpflichtet aber auch zur Schaffung von Zweiradabstellplätzen. Die entsprechenden Anforderungen sind meistens in den Bauordnungen oder Parkplatzverordnungen der Gemeinden enthalten. Subsidiär gilt Ziffer 5 der Parkplatzwegleitung der Baudirektion vom Oktober 1997, welche sich an die VSS-Norm SN 640 065 «leichter Zweiradverkehr, Abstellanlagen, Bedarfsermittlung» anlehnt. Die Wegleitung enthält den nach Gemeindetypus abgestuften Standardbedarf für verschiedene Nutzungen.

Bei Velo- oder allgemein Zweiradabstellplätzen hängt die Akzeptanz weitgehend von der Lage ab. Sie sind nahe beim Ziel, ebenerdig oder über Rampen zugänglich und wenn möglich überdacht auszuführen. Eine gute Beleuchtung und Einsehbarkeit verringert die Gefahr von Diebstahl und Vandalismus.

13.4.6.2   *Geometrie und Anordnung*

Zur Geometrie der Abstellanlagen vgl. die VSS-Norm SN 640 066 «Leichter Zweiradverkehr, Abstellanlagen, Geometrie». Nach dieser Norm sollen Abstellanlagen möglichst nahe an den Zielen des leichten Zweiradverkehrs (Fahrrad- und Mofaverkehrs) liegen. Kleinere dezentral angeordnete Abstellanlagen sind mit geringeren Gehdistanzen verbunden und deshalb in der Regel grösseren zentralen Abstellanlagen vorzuziehen. Höhendifferenzen in den Anlagezufahrten sind beim Kurzzeitabstellen (etwa bei Verkaufsläden) zu vermeiden und beim Langzeitabstellen (bei Wohnungen) möglichst klein zu halten. Abstellsysteme sollten das gleichzeitige Anschliessen von Rahmen und einem Rad mit einem einzigen Bügelschloss ermöglichen. Abstellanlagen zum Langzeitparkieren sollen überdacht sein. Beim Kurzzeitparkieren ist eine Überdachung empfehlenswert. Alle Anlagen sind an Standorten anzuordnen, wo die soziale Kontrolle spielt und welche beleuchtet sind. Die Norm enthält sodann Entscheidungskriterien für die Projektierung und Hinweise in Tabellenform zur Wahl der Abstellsysteme beziehungsweise zur Wahl der Aufstellarten sowie zum Platzbedarf. Ziffer 12 der Norm definiert Anforderungen an Rampen und Treppen: Sind Höhendifferenzen zu überwinden, können Rampen oder Treppen eingesetzt werden. Rampen sind vorzuziehen. Treppen sind nur dann sinnvoll, wenn sie vorwiegend einer Fussgängerverbindung dienen und nur in einem geringen Ausmass mit Fahrrädern benutzt werden. Führt die Rampe oder die Treppe direkt zur Tür eines Abstellraumes, so ist vor der Tür ein mindestens 2,5 m × 1,4 m grosses Podest vorzusehen. Treppen sind mit Schieberillen zu versehen. Für die maximale Länge und Neigung von Rampen wird auf die VSS-Norm SN 640 060 «Leichter Zweiradverkehr, Grundlagen» verwiesen. Nach deren Tabelle 2 soll die Neigung für lange Abschnitte nicht mehr als 3 Prozent, für Strecken bis 100 m höchstens 5 Prozent und für Rampen bis 20 m höchstens 10 Prozent betragen.

Die VSS-Normen über den leichten Zweiradverkehr sind nicht im Sinne von § 360 PBG als verbindlich erklärt worden. Sie sind aber bei der Auslegung und Anwendung von § 242 ff. PBG, ergänzend zu allfälligen Bestimmungen der Bauordnung, zu beachten.

13.5   ## Spiel- und Ruheflächen; Gärten

Bei der Erstellung von Mehrfamilienhäusern sind in angemessenem Umfang verkehrssichere Flächen als Kinderspielplätze, Freizeit- und Pflanzengärten oder, wo nach der Zweckbestimmung der Gebäude ein Bedarf besteht, als Ruheflächen auszugestalten. Gleiches kann bei bestehenden Bauten verlangt werden, wenn dafür ein Bedürfnis vorhanden und die Verpflichtung zumutbar ist (§ 248 Abs. 1 PBG). Diese Verpflichtung gilt ausschliesslich für Mehrfamilienhäuser, nicht aber etwa für Einfamilienhäuser (auch Gruppen von solchen), Reiheneinfamilienhäuser, Altersheime und gewerbliche Nutzungen.

Der Begriff «in angemessenem Umfang» bedeutet, dass die örtlichen Gegebenheiten und Möglichkeiten sowie die konkrete, aus den Plänen ersichtliche Nutzung zu berücksichtigen sind. Die Bau- und Zonenordnung kann – muss aber nicht – ergänzende Bestimmungen enthalten (§ 248 Abs. 2 PBG). Insbesondere für Kinderspielplätze ist das Gebot der Sicherheit wichtig und allenfalls durch Abschrankungen zu gewährleisten. Vgl. zur Sicherheit von Kinderspielplätzen die Bfu-Dokumentation 2.025 sowie Bfu-Fachbroschüre «Kinderspielplätze». Nach der Praxis können Kinderspielplätze auch auf Flachdächern ange-ordnet werden, wenn die Sicherheit, die Zugänglichkeit und die hinreichende Nähe gewährleistet sind. § 248 PBG ist direkt anwendbar. Detaillierte, über die Zweckbestimmung hinausgehende baurechtliche Gestaltungsvorschriften zu Spiel- und Ruheflächen sowie Gärten bestehen nicht. Über die Ausrüstung von Kinderspielplätzen bestehen jedoch Richtlinien und Anregungen der Pro Juventute.

§ 248 PBG beinhaltet (sinngemäss) auch die Verpflichtung, die im Rahmen des Neubaus realisierten Kinderspielplätze etc. fortbestehen zu lassen sowie zu unterhalten; entsprechende Auflagen können nach § 321 PBG im Grundbuch angemerkt werden (KAPPELER: S. 606).

Beispiel für Anmerkung im Grundbuch:

Kinderspielplatz:

Der mit Beschluss Nr. ... vom ... des Stadtrates Uster bewilligte Kinderspielplatz auf dem Grundstück Kat.-Nr. ... ist dauernd seinem Zweck entsprechend zu unterhalten.

Da die Benützung von Kinderspielplätzen etc. letztlich vom Bedarf abhängt, sollte zulässig sein, im Rahmen eines Neubaus auf die Realisierung vorerst zu verzichten und diese vorderhand lediglich rechtlich und finanziell zu sichern.

Arbeitshilfen

Suchbegriff	Bezeichnung	Bezugsquelle
Baumaterialien	SIA, «Checklisten für energiegerechtes, ökologisches Planen und Bauen», Dokumentation D 0137	www.webnorm.ch
Einordnung und Gestaltung	Baudirektion (ARV), Bestimmungen für die Kernzone, Leitfaden für Bauordnungsregelungen in ländlichen Gemeinden, 2010	www.arv.zh.ch
	Baudirektion (ARV), Um- und Neubauten im Ortsbild, 2010	www.arv.zh.ch
	Baudirektion (ARV), Umnutzung und Verdichtungspotenzial in ländlichen Gemeinden, 2010	www.arv.zh.ch
	Bauliche Verdichtung im ländlichen Umfeld, 2010 (Zusammenfassung der vorerwähnten drei Grundlagen)	www.arv.zh.ch
Kinderspielplätze	Bfu, Dokumentation 2.025, «Spielräume», 2009, Tipps zur Planung und Gestaltung von sicheren, attraktiven Lebens- und Spielräumen	www.bfu.ch
	Bfu, Fachbroschüre «Kinderspielplätze», Die wichtigsten Tipps und Sicherheitshinweise 2009	www.bfu.ch
Parkplätze	AWEL, Wegleitung zur Regelung des Parkplatzbedarfes in kommunalen Erlassen», Oktober 1997	www.luft.zh.ch
	VSS/SN 640 060, Leichter Zweiradverkehr, Grundlagen, 1994	www.vss.ch
	VSS/SN 640 065, Leichter Zweiradverkehr, Abstellanlagen, Bedarfsermittlung, 1996	www.vss.ch
	VSS/SN 640 065, Leichter Zweiradverkehr, Abstellanlagen, Bedarfsermittlung, 1996	www.vss.ch
	VSS/SN 640 066, Leichter Zweiradverkehr, Abstellanlagen, Geometrie und Ausstattung, 1996	www.vss.ch
	VSS/SN 640 281, Parkieren, Angebot an Parkfeldern für Personenwagen, 2006	www.vss.ch
	VSS/SN 640 281, Parkieren, Angebot an Parkfeldern für Personenwagen, 2006	www.vss.ch
	VSS/SN 640 291a, Parkieren, Anordnung und Geometrie der Parkierungsanlagen, 2006	www.vss.ch
Regeln der Baukunde	SIA, Norm 358, «Geländer und Brüstungen»	www.webnorm.ch
Verkehrssicherheit	VSS/SN 640 050 Grundstückszufahrten	www.vss.ch
	VSS/SN 640 050 Grundstückszufahrten, zu bestellen beim Schweizerischen Verband der Strassen- und Verkehrsfachleute	www.vss.ch

14
Nutzungsdichte und Nutzungsart

14.1   Nutzungsdichte

14.1.1   Übersicht

Die zulässige Ausnützung (Dichte einer Überbauung) wird in erster Linie festgelegt durch die Nutzungsziffern. Die Mess- und Berechnungsweisen sowie
Minimalanforderungen sind in den §§ 254 ff. PBG sowie in der ABV festgeschrieben. Die Gemeinden können davon in ihrer Bau- und Zonenordnung
nur dort abweichen, wo es ausdrücklich vorgesehen ist (§ 45 Abs. 2 PBG).

Das Planungs- und Baugesetz stellt den Gemeinden vier verschiedene Ar-
ten von Nutzungsziffern zur Verfügung und definiert diese abschliessend:
- Ausnützungsziffern beschränken die zulässige Geschossfläche;
- Baumassenziffern bestimmen den zulässigen Baukubus;
- Überbauungsziffern beschränken die zulässige überbaubare Grundstücks-
  fläche;
- Freiflächenziffern enthalten dagegen nicht Höchst-, sondern Mindest-
  masse, nämlich für Spiel- und Ruheplätze sowie Gärten.

Alle diese Grössen beziehen sich auf die massgebliche Grundstücksfläche (§ 254
PBG).

14.1.2   Massgebliche Grundstücksfläche

14.1.2.1   *Begriff*

Massgebliche Grundstücksfläche ist die von der Baueingabe erfasste Fläche
der baulich noch nicht ausgenützten Grundstücke oder Grundstückteile der
Bauzone (§ 259 Abs. 1 PBG). Als Berechnungsgrundlage wird grundsätzlich
die im Grundbuch eingetragene Parzellenfläche übernommen. Die Formulierung «von der Baueingabe erfasste Fläche» bedeutet, dass sich die massgebliche Grundfläche auf mehrere im Grundbuch eingetragene Parzellen erstrecken
kann (WOLF/KULL: N 131). § 259 Abs. 2 PBG zählt die ausser Ansatz fallenden
Flächen abschliessend auf.

Die geltende Formulierung von § 259 PBG steht seit 1. Februar 1992 in
Kraft. Ziel der Revision dieser Bestimmung war, dass die für die Ausnützungsberechnung massgebliche Grundstücksfläche nach durchgeführter Ortsplanung
im Grundsatz feststeht. Sie wird durch die spätere Ausdehnung von Wald, die
Offenlegung von Gewässern oder die Umgebungsgestaltung beim Bauprojekt
nicht beeinflusst (vgl. die Weisung des Regierungsrates zur Revisionsvorlage,
Abl. 1989, S. 1760). Dies kann allerdings nur als Ausdruck des gesetzgeberischen
Willens verstanden werden. Es sind durchaus auch Fälle denkbar, in welchen
sich die massgebliche Grundfläche auch nach durchgeführter Ortsplanung noch
verändert (zum Beispiel durch die Neufestsetzung der Waldgrenze im Zusammenhang mit einer Revision der Ortsplanung, wenn die Waldabstandslinie weniger als 15 m vom Waldrand entfernt liegt, oder als Folge der Landabtretung
für eine Gemeindestrasse).

14.1.2.2   *Grundstücke in verschiedenen Zonen*

Schranken nach den zulässigen Nutzweisen

Liegen Grundstücke in verschiedenen Zonen, ist zu entscheiden, welche Flächen einzurechnen sind. Massgebliche Grundfläche sind nur Grundstücksteile in der Bauzone. Bauzonen sind die in § 48 PBG abschliessend aufgezählten Zonen. Nicht zu den Bauzonen zählen jene Zonen, die nur Bauten zulassen, die mit bodenerhaltenden Nutzungen verbunden oder sonst wie von ihrer Bestimmung her standortgebunden sind (BEZ 1993 Nr. 31): Landwirtschaftszonen, Reservezonen, Freihaltezonen. Aber auch innerhalb der Bauzonen im engeren Sinne ist abzugrenzen: Nur jene Bauzonenteile dürfen in die massgebende Grundfläche eingerechnet werden, in denen die infrage stehenden Bauten auch von ihrer Nutzung her zulässig sind. Liegt zum Beispiel ein Grundstück sowohl in einer Wohnzone wie auch in der Zone für öffentliche Bauten, dürfen Wohngebäude (mit Ausnahme von Alterswohnungen) naturgemäss nicht in letztere Zone hineingestellt werden (§ 60 PBG). Demzufolge darf der Wohnungsbau auch nicht von der entsprechenden Grundstücksfläche profitieren. Analoges gilt für Grundstücksteile in der Erholungszone, da die zulässigen Nutzweisen in dieser stark eingeschränkt sind.

Unzulässigkeit von Mischrechnungen

Liegt ein Bauareal in verschiedenen Zonen, sind in jeder solchen – von ausdrücklich anderer gesetzlicher Normierung abgesehen – die einschlägigen Zonenvorschriften einzuhalten. Das Bundesgericht lehnt die sogenannte Mischrechnung zur Kompensation von Minder- und Mehrausnützung in zwei verschiedenen Bauzonen ab. Die Zulässigkeit von Mischrechnungen würde eben bedeuten, dass die vom Zonenplan festgelegte Zonengrenze missachtet und durch gewöhnliche Verwaltungsverfügung die vom kommunalen Gesetzgeber beschlossene Unterteilung des Baugebietes verändert würde. Vom Zufall bedingte Mischrechnungen würden normalerweise auch keinen harmonischen Übergang von einer Zone zur anderen gewährleisten. Das Mass der Nutzung ist daher je für die Parzellenteile in derselben Zone gesondert ermitteln zu lassen, wobei im Zweifel die strengeren Vorschriften gelten (HUBER 1986: S. 83 f.)

14.1.2.3   *Anrechenbare beziehungsweise nicht anrechenbare Flächen*

Zu den anrechenbaren beziehungsweise nicht anrechenbaren Flächen ist als Übersicht vorerst die zeichnerische Darstellung im Anhang ABV massgebend.

Anrechenbare Grundstücksfläche (Quelle: Anhang ABV)

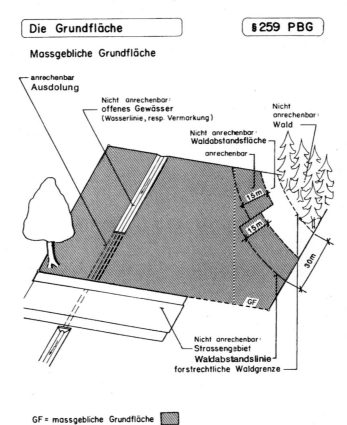

| Die Grundfläche | § 259 PBG |

Massgebliche Grundfläche

GF = massgebliche Grundfläche

Beispiele anrechenbarer beziehungsweise nicht anrechenbarer Grundstücksflächen

(Zeichnung: Stefan Reimann)

*Im folgenden theoretischen Beispiel sieht die Grundeigentümerin vor, in der Zone W2
zwei weitere EFH zu erstellen. In diesem Zusammenhang ist die massgebliche Grundstücksfläche zu erheben. Die Gemeinde und die Eigentümerin der Bahn wären bereit, die
Ausnützung der öffentlichen Strasse, des öffentlichen Fussweges und des Bahntrasses zu
übertragen. In der Zeichnung sind die Spezialfälle dargestellt und erläutert.*

→ Siehe Grafik rechte Seite

Zu den einzelnen Flächen im Detail:

Waldabstand und Wald

Nach § 259 Abs. 2 PBG fallen ausser Ansatz (das heisst sind von der Grundstücksfläche abzuziehen) Waldabstandsflächen, soweit sie mehr als 15 m hinter
der Waldabstandslinie liegen. Umgekehrt ausgedrückt: Jene Fläche, die sich, von
der Waldabstandslinie Richtung Wald gemessen, innerhalb eines Streifens von
15 m befindet, zählt noch zur anrechenbaren Grundstücksfläche. Was weiter ge-

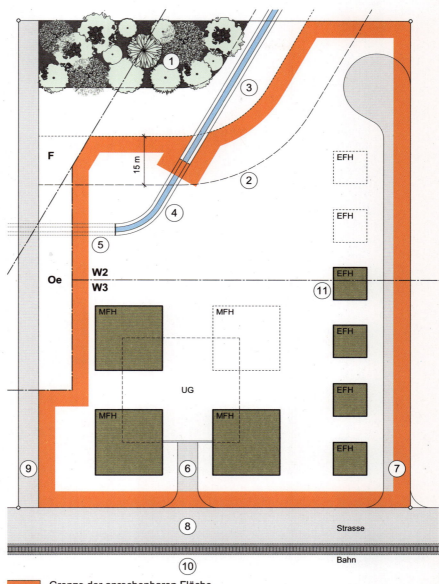

Grenze der anrechenbaren Fläche

Legende

(F)	Freihaltezone nicht anrechenbar	(5)	Unterirdisch geführtes Gewässer anrechenbar
(Oe)	Zone für öffentliche Bauten nicht anrechenbar (Wohnbauten nicht zonenkonform)	(6)	Einfahrt Tiefgarage anrechenbar (unabhängig von der Parkplatzanzahl)
(W2/W3)	Wohnzone W2 und W3 anrechenbar (Mischrechnung nicht zulässig)	(7)	Privater Zufahrtsweg für einige EFH anrechenbar
(1)	Wald nicht anrechenbar	(8)	Übergeordnete Strasse (Quartierplanstrasse oder Gemeindestrasse) nicht anrechenbar,
(2)	Waldabstandslinie; 15-m-Bereich ab Waldabstandslinie Richtung Wald anrechenbar (liegt Waldabstandslinie näher beim Wald: ganze Fläche zwischen Wald und Waldabstandslinie anrechenbar)		Ausnützungsübertragung nicht zulässig
		(9)	Öffentlicher Fussweg nicht anrechenbar
		(10)	Industriegleise, in Verkehrsrichtplanung vorgesehen, mit einer Breite von 3.38 m nicht anrechenbar,
(3)	Offenes oder vor 1. Februar 1992 ausgedoltes Gewässer nicht anrechenbar		Ausnützungsübertragung nicht zulässig
(4)	Nach 1. Februar 1992 ausgedoltes Gewässer anrechenbar	(11)	Haus, durch Zonengrenze geteilt: Ausnützung muss je separat in W2 und W3 eingehalten sein

gen den Wald hin liegt, wird abgezogen. Das hat den Vorteil, dass eine Änderung der forstrechtlichen Waldgrenze keinen Einfluss auf die anrechenbare Fläche mehr hat, sofern der Waldabstand mehr als 15 m beträgt (in der Regel ist dieser auf 30 m anzusetzen, § 66 Abs. 2 PBG).

Liegt die Waldabstandslinie gestützt auf § 66 Abs. 2 PBG ausnahmsweise näher als 15 m zum Wald, erfolgt kein Abzug. Die anrechenbare Grundstücksfläche reicht dann bis zur forstrechtlichen Waldgrenze (gemäss Waldfeststellungsverfahren; vgl. hierzu Seite 124). Kein Abzug erfolgt nach dem klaren Gesetzeswortlaut auch für Waldabstandsflächen, wenn keine Waldabstandslinie festgesetzt worden ist. Es ist aber zu beachten, dass die Gemeinden (innerhalb des Baugebietes) auch bei kleinen Waldparzellen Waldabstandslinien festsetzen müssen. Nicht anrechenbar sind jedoch in allen Fällen die Waldflächen selbst (im Gegensatz zu Bestockungen, die nicht Wald im rechtlichen Sinne darstellen). Vgl. zum Waldbegriff Seite 124.

Gewässer

Nicht anrechenbar sind auch offene Gewässer (§ 259 Abs. 2 PBG). Deren Grenze richtet sich nach § 3 WWG. Bei Ausdolungen von Gewässern erfährt die massgebliche Grundstücksfläche jedoch keine Änderung (§ 259 Abs. 3 PBG). Da die Formulierung von § 259 auf den 1. Februar 1992 änderte, dürfen Gewässer, die schon vor diesem Datum offen lagen, nach Absatz 2 nicht an die massgebliche Grundfläche angerechnet werden. Gewässer, die nach diesem Zeitpunkt ausgedolt (also freigelegt) wurden, sind nach Absatz 3 anrechenbar (WOLF/KULL: N 136). Auch gegenüber eingedolten Gewässern ist aber der Gewässerabstand einzuhalten.

14.1.2.4 *Verkehrsanlagen im Besonderen*

Allgemein

Gemäss § 259 Abs. 2 PBG in der ursprünglichen Fassung von 1975 fielen «Flächen für oberirdische offene Anlagen, die für die Zugänglichkeit notwendig oder für sonstige Verkehrsanlagen, die durch Baulinien gesichert werden können, vorgesehen sind», bei der Ermittlung der für die Ausnützung massgeblichen Grundfläche ausser Ansatz. Gemäss der revidierten Fassung von 1991 sind nur noch «Waldabstandsflächen, soweit sie mehr als 15 m hinter der Waldabstandslinie liegen, Wald und offene Gewässer» abzuziehen. Verkehrsanlagen sind in dieser abschliessenden Aufzählung nicht erwähnt und werden also eingerechnet. Dies entspricht der gesetzgeberischen Absicht, dass die für die Ausnützung massgebliche Grundfläche durch die Umgebungsgestaltung beim Bauprojekt nicht verändert werden soll.

Gemäss der verwaltungsgerichtlichen Interpretation sind somit Verkehrsflächen – zumindest solche, die nicht auf übergeordneten Festlegungen beruhen – auch dann zur massgeblichen Grundfläche zu zählen, wenn sie nicht nur der grundstücksinternen Erschliessung dienen und unabhängig davon, ob sie aufgrund von Dienstbarkeiten festgelegt oder als selbstständige Parzellen ausgeschieden sind (RB 1993 Nr. 45, 1995 Nr. 83, VB.2000.00305). Das ist vorerst als Grundsatz festzuhalten. Im Einzelnen ergeben sich allerdings Präzisierungen:

Übergeordnete Strassen

Verkehrsflächen, die auf übergeordneten Festlegungen beruhen, gehören nicht zur massgeblichen Grundfläche. Es handelt sich um solche Verkehrsflächen, die ihre Grundlage in einem kommunalen (oder auch regionalen oder kantonalen) Verkehrsplan haben (VB.2003.00084, gekürzt wiedergegeben in BEZ 2003 Nr. 46, mit ausführlicher Darstellung der bisherigen Rechtsprechung). Der kantonale Verkehrsrichtplan enthält, soweit in diesem Zusammenhang wesentlich, die National- und Staatsstrassen (§ 24 lit. a PBG), der regionale Richtplan die Strassen von regionaler Bedeutung (§ 30 Abs. 4 lit. a PBG). Hier stellen sich wohl kaum Fragen. Der kommunale Verkehrsrichtplan seinerseits enthält die kommunalen Strassen für die Groberschliessung (Sammelstrassen; vgl. Anhang zur RDV) und die Wege von kommunaler Bedeutung (§ 31 Abs. 2 PBG). Sammelstrassen sind alle kommunalen Strassen, die nicht Quartierstrassen sind (vgl. Anhang ZN, wonach zwischen verkehrs- und nutzungsorientierten Sammelstrassen einerseits und Quartierstrassen andererseits unterschieden wird).

Solche Strassen dürfen also schon von ihrer Funktion her nicht ausgenützt werden (VB.2000.00164 mit ausführlicher Darlegung der Rechtsprechung; BEZ 2007 Nr. 2). Sie gehören regelmässig nicht zur von der Baueingabe erfassten «Fläche der baulich noch nicht ausgenützten Grundstücke oder Grundstücksteile der Bauzone». Denn sie sind öffentlich und dem Gemeingebrauch gewidmet. Sie dienen, anders als private Grundstücke, der Allgemeinheit. Sie stehen grundsätzlich im Eigentum des Staates und der politischen Gemeinden (§ 1 StrG).

Quartierplanstrassen

Gleiches gilt für Verkehrsflächen, die in einem Quartierplan festgelegt worden sind. Solche Erschliessungsanlagen gehen nach ihrer Vollendung gemäss der vom Verwaltungsgericht als ausnahmslos geltend gewürdigten Vorschrift von § 171 PBG in das Eigentum der Gemeinde über (RB 1998 Nr. 102) und sind damit allgemein dem öffentlichen Verkehr zugänglich. Eine Anrechnung solcher Strassen widerspräche auch dem Grundsatz, dass die massgebliche Grundstücksfläche nach Abschluss der Quartierplanung feststehen soll (VB.2000.00164).

Öffentliche Fusswege

Nicht anrechenbar sind auch öffentliche Fusswege, wie das Verwaltungsgericht entschieden hat. In concreto stand eine im Eigentum der Gemeinde stehende 3 m breite Wegverbindung zwischen einem Aussenquartier und dem Dorfzentrum infrage. Der Weg ist mit einem Fahrverbot für Autos und Motorräder signalisiert und steht damit lediglich Fussgängern und Velofahrern offen. Das Verwaltungsgericht qualifizierte diesen Weg als eine Verkehrsverbindung im öffentlichen Interesse, die keine anrechenbare Grundstücksfläche enthält, die übertragen werden könnte. Die Abtrennung der für den Fussweg nicht benötigten «Überbreite» zugunsten angrenzender Privatgrundstücke setzt deshalb eine vorherige Entwidmung nach Massgabe von § 38 Abs. 1 StrG voraus. Solange eine solche nicht erfolgt ist, darf bei der Errechnung der Ausnützung nicht davon ausgegangen werden, die Wegparzelle könne verschmälert und die «abgespaltene» Teilfläche in die massgebliche Grundfläche im Sinne von § 259 Abs. 1 PBG einbezogen werden (BEZ 2006 Nr. 7, auch zum Folgenden).

Das gilt erst recht für einen Weg, der im kommunalen Verkehrsplan als Fuss- und Wanderweg eingetragen ist. Diese übergeordnete Festlegung steht dem Einbezug der Wegfläche in die massgebliche Grundfläche gemäss § 259 Abs. 1 PBG selbst dann entgegen, wenn der Weg (nicht abparzelliert) auf privatem Areal verläuft. Die entsprechende Fläche ist dann von der massgeblichen Grundstücksfläche in Abzug zu bringen.

Abtretungsflächen

Flächen übergeordneter Strassen, von Quartierplanstrassen und von öffentlichen Wegen dürfen also nach den dargelegten Grundsätzen nicht in die massgebliche Grundfläche einbezogen werden. Privatrechtliche Vereinbarungen über solche Verkehrsflächen sind ausgeschlossen. Trotzdem getroffene Vereinbarungen wären unbeachtlich (VB.2000.00164, auch zum Folgenden). Muss also Privatland an eine derartige Strasse oder ein zugehöriges Trottoir abgetreten werden, reduziert sich dessen anrechenbare Grundstücksfläche, was bei der Abtretungsentschädigung zu berücksichtigen ist. Eine andere Festlegung lässt sich nicht treffen. Ist das angrenzende Privatgrundstück bereits überbaut und vollständig ausgenützt worden, wird es durch die Abtretung baurechtswidrig im Sinne von § 357 PBG.

Andere Verkehrsflächen

Alle anderen Verkehrsflächen gehören im Sinne der zitierten Rechtsprechung zur massgeblichen Grundfläche, was das Verwaltungsgericht etwa in VB.2000.00164 apodiktisch festgehalten hat. Dies unabhängig davon, ob die entsprechenden Flächen nur der grundstücksinternen Erschliessung dienen oder eine darüber hinausgehende Funktionen haben (RB 1993 Nr. 45, 1995 Nr. 83, BEZ 2001 Nr. 5; VB.2000.00164 und VB 2003.00084, gekürzt wiedergegeben in BEZ 2003 Nr. 46; RB 2005 Nr. 71). Infrage kommen etwa grundstücksinterne Fusswege, sofern sie nicht im Verkehrsrichtplan enthalten sind. Oder grundstücksexterne Privatstrassen, so zum Beispiel altrechtliche Quartierstrassen, die nicht ins Eigentum der Gemeinde übergegangen sind. Oder ein freiwillig erstellter Gehweg, der zu keiner übergeordneten Festlegung gehört und nicht zwingende Erschliessungsvoraussetzung bildet (VB.2000.00164). Derartige Verkehrsflächen können also in die massgebliche Grundstücksfläche eingerechnet werden. Dies ungeachtet der Anzahl der durch sie erschlossenen Wohneinheiten. Durch den Verzicht auf das Kriterium der Wohneinheiten und die ausschliessliche Bezugnahme auf das Kriterium der übergeordneten Festlegung ergeben sich im Einzelfall klare und praktikable Lösungen. In diesem Sinne sind die Ausführungen bei HUBER (1995a: S. 10 f.) überholt.

Eisenbahnanlagen

Analog wie bei den Strassen ist auch hinsichtlich anderer Verkehrsanlagen wie zum Beispiel des Eisenbahnnetzes über den Einbezug in die massgebliche Grundfläche zu entscheiden.

Gemäss Art. 18 Abs. 1 EBG dürfen Bauten und Anlagen, die ganz oder überwiegend dem Bau und Betrieb einer Eisenbahn dienen (Eisenbahnanlagen), nur mit einer Plangenehmigung erstellt oder geändert werden. Gleise, die Teil einer solchen Eisenbahnanlage bilden, beruhen damit auf einer übergeordneten planerischen Festlegung. Sie sind durch die eisenbahnrechtliche Plangenehmigung dem Eisenbahnverkehr gewidmet und gehören deshalb nicht zur anrechenbaren Fläche im Sinne von § 259 Abs. 1 PBG. Dies gilt auch dann, wenn das Gleisareal einer Bauzone zugewiesen wurde. Eine solche kommunale Festlegung ist von vornherein nur insoweit rechtswirksam, als davon keine Bahnanlagen betroffen sind, und deshalb nur auf betriebsfremde Nutzungen des Bahnareals anwendbar (BGE 115 Ib 166 E. 4).

Das Verwaltungsgericht hat allerdings entschieden, dass das beim durch Gleisanlagen erfassten Areal die Zuweisung zur Bauzone erst rechtswirksam wird, wenn die betroffenen Gleise abgebrochen und nach Eisenbahnrecht aus ihrer bisherigen Zweckbestimmung entlassen werden (BEZ 2007 Nr. 12). Dieser Entscheid ist realitätsfremd und bewirkt eine nicht gerechtfertigte Ungleichbehandlung zwischen Bahnarealen und anderen Verkehrsflächen:

- Sehr viele Bahnhöfe und Güterschuppen dienen heutzutage überwiegend Nichtbahnnutzungen. Diese Nutzungen wären alle baurechtswidrig, wenn die Bahnareale nicht als anrechenbare Grundstücksfläche beigezogen werden dürfte.
- Wie erwähnt zählen bei den dem Motorfahrzeugverkehr dienenden Verkehrsflächen arealinterne Parkplätze, Manövrierflächen zur anrechenbaren Grundstücksfläche. Beim Eisenbahnverkehr erfüllen Abstell- und Rangiergleise und Vorfahrten den gleichen Zweck. Also müssen sie auch zur anrechenbaren Grundstücksfläche gezählt werden.

An der in der 4. Auflage dieses Buches vertretenen Auffassung (S. 10–11) wird festgehalten. Nicht angerechnet werden dürfen also die Flächen der Streckengleise. Bei solchen Gleisen ist der Gleiskörper mit einer Breite von 1,44 m und der beidseitig maximal zulässige Wagenüberhang von 0,97 m pro Streckengleis von der anrechenbaren Grundstücksfläche abzuziehen, also ein Streifen von 3,38 m ($2 \times 0,97$ m + 1,44 m). Analog sind auch Flächen von Anschlussgleisen (etwa Industriegleisen) und frei geführten Tramgleisen, die im Sinne von § 30 Abs. 4 lit. c und d PBG Bestandteil der Richtplanung bilden oder in einem Quartierplan festgelegt sind, nicht ausnützbar. Dabei versteht sich von selbst, dass das nicht zum Gleisgebiet gehörende Vorgelände (wie zum Beispiel auch der Strassenabstands- oder Baulinienbereich bei Strassen) in die massgebliche Grundfläche einbezogen werden darf.

Weitere Grundstücksteile

Da § 259 PBG eine abschliessende Regelung der massgebenden Grundfläche enthält, erfolgen keine weiteren Abzüge ausser in den ausdrücklich erwähnten Fällen. Das heisst: Baulinienbereiche sowie Strassen-, Gewässer- und Grenzabstandsbereiche werden zur massgebenden Grundfläche hinzugezählt.

14.1.2.5   *Ausnützungsübertragung*

Begriff und Zulässigkeit

Ausnützungsübertragung heisst, dass ein Bauprojekt nicht nur die sich aus einer einzelnen Bauparzelle ergebende Nutzungsmöglichkeit, sondern auch Nutzungsreserven anderer Grundstücke beansprucht. Sie erlaubt dem Grundeigentümer, durch Überschreiten der festgelegten Nutzungsziffern ein bestimmtes Projekt trotz fehlender Grundfläche zu verwirklichen. Andererseits kann der sich einschränkende Eigentümer seine Parzelle nachträglich wenigstens wirtschaftlich voll nutzen, falls er diese baulich nicht voll ausgenützt hat beziehungsweise ausnützen will. Dadurch wird die Ausnützung des zur Verfügung stehenden Baulandes verbessert, ohne dass die zonengemässe Baudichte insgesamt überschritten wird (HUBER 1986: S. 80). Ausnützungsübertragungen sind auch häufig bei Gesamtüberbauungen (zum Beispiel Reihenhausüberbauungen) nötig, wenn das Bauareal nachträglich parzelliert wird und dadurch teilweise unternutzte, teilweise übernutzte Grundstücke entstehen.

Über die Zulässigkeit solcher Ausnützungsverschiebungen enthält das PBG keine ausdrückliche Regelung. Lehre und Rechtsprechung leiten aber aus § 259 Abs. 1 PBG ab, dass Ausnützungsübertragungen zwischen verschiedenen Parzellen grundsätzlich zulässig sind (vgl. insbesondere ZBl 1999 S. 218 ff.). Seit der PBG-Revision 1991 wird nicht mehr vorausgesetzt, dass die interessierenden Flächen zusammenhängen. Indessen gelten nach wie vor die nachfolgenden Voraussetzungen:

Zum Übertragungsbereich

Es fragt sich, über welche Distanz beziehungsweise Grundstücke hinweg Übertragungen möglich sind, wenn die betroffenen Grundstücke nicht aneinanderstossen. Gemäss Rechtsprechung ist die Ausnützungsübertragung innerhalb der nämlichen Zone über ein oder mehrere Drittgrundstücke grundsätzlich zulässig und darf auch über öffentliche Strassen erfolgen (VB.2006.00322 unter Bezugnahme auf RB 1997 Nr. 91, auch zum Folgenden). Solche Ausnützungsübertragungen dürfen jedoch die vom kommunalen Gesetzgeber festgelegten Nutzungsordnungen und Zonenstrukturen nicht in erheblichem Ausmass beeinträchtigen oder zu einer Überlastung der auf die Normnutzung abgestimmten Infrastrukturanlagen führen (HALLER/KARLEN 1999: S. 173). Daher ist etwa eine zoneninterne Ausnützungsübertragung, die sich über eine Distanz von nahezu einem Kilometer und über zahlreiche Grundstücke verschiedener Zonenart erstreckt, nicht zulässig. Vielmehr dürfen Ausnützungsübertragungen nur innerhalb des gleichen Zonenabschnitts beziehungsweise einer zusammenhängenden Fläche der entsprechenden Zone vorgenommen werden.

In diesem Sinne wurden den Zusammenhang wahrende Unterbrüche zwischen zwei Grundstücken regelmässig als zulässig erklärt. Das gilt primär für Fusswege, frei geführte Trottoirs und kleine Gewässer (RB 1989 Nr. 74). Auch Strassen, welche die Grundstücke voneinander trennen, stehen einer Übertragung – zumindest soweit es sich nicht um Hauptverkehrsstrassen handelt – nicht im Wege (RB 1997 Nr. 91; VB.2003.00084, in BEZ 2003 Nr. 46 nicht publizierte Erwägungen, bezüglich einer öffentlichen Strasse, die 40 m vom Baugrundstück entfernt verlief; Wolf/Kull: N 132). Die Baurekurskommissionen haben selbst eine zoneninterne Ausnützungsübertragung über ein oder mehrere Drittgrundstücke hinweg als grundsätzlich zulässig erachtet (BEZ 1998 Nr. 19). Die Zustimmung des Grundeigentümers des «übersprungenen» Grundstücks ist dabei nicht erforderlich (VB.2001.00092, in BEZ 2001 Nr. 48 nicht publizierte Erwägungen).

Verbot der unerwünschten Baudichte

Nutzungsziffern sollen nicht nur im grossflächigen Rahmen beziehungsweise für das gesamte Gebiet einer Zone eine bestimmte Baudichte festlegen, sondern zur Wahrung des Zonencharakters auch eine gleichmässige Verteilung der Baudichte innerhalb der einzelnen Zone herbeiführen. Die Ausnützungsübertragung darf nicht dazu führen, dass dieser Zweck der Nutzungsziffern illusorisch wird und eine unerwünschte, § 238 PBG verletzende Konzentrierung der Bausubstanz entsteht (BEZ 1994 Nr. 15 und 1998 Nr. 19). Grundsätzlich kann es also nicht dem Belieben von Grundeigentümern überlassen bleiben, durch Ausnützungsübertragungen eine städtebaulich unerwünschte Baudichte zu schaffen. Dieses Verbot unerwünschter Baudichte kommt vor allem dann zum Tragen, wenn die betroffenen Grundstücke durch eine Strasse oder sonst wie voneinander getrennt sind. Bei aneinanderstossenden Parzellen kann das Ziel der Nutzungsübertragung auch durch deren sachenrechtliche Vereinigung oder die Erstellung von Gebäuden im Baurecht erreicht werden (Huber 1986: S. 81).

Das Verwaltungsgericht hat das Verbot unerwünschter Baudichte allerdings relativiert und festgehalten, dass eine Ausnützungsübertragung grundsätzlich nicht wegen einer unerwünschten Ausnützungskonzentration verweigert werden könne. Jede Ausnützungsübertragung habe in einem bestimmten Bereich eine Ausnützungskonzentration zur Folge. Einziges Kriterium bilde demnach § 238 PBG (VB.2003.00084; BEZ 2006 Nr. 54).

Das steht in Übereinstimmung mit der bundesgerichtlichen Praxis: Wie das Bundesgericht in mehreren Entscheiden klarstellte, gewinnt die verdichtete Bauweise mit Blick auf die Ziele und Grundsätze des RPG an Bedeutung. Solange das Baupolizeirecht (wie im Kanton Zürich) keine Regelung zur maximal übertragbaren Fläche enthält, findet diese ihre Grenze an der Einhaltung der übrigen Baupolizei- und Zonenvorschriften. Diese regeln den baulichen Charakter des jeweiligen Gebietes und führen automatisch dazu, dass nicht beliebig viel Ausnützung transportiert werden könne. Durch die fehlende Beschränkung des Umfanges der zulässigen Ausnützungsübertragung hat der Gesetzgeber verdichtetes Bauen in gewissem Umfang fördern wollen. Das Bundesgericht liess deshalb eine durch Transfer entstehende Ausnützungserhöhung von 0,45 auf 0,79 zu (BGer 1P.134/2005). Umgekehrt schützte das Gericht einen Entscheid der Luzerner Behörden, die eine Ausnützungsübertragung von rund 29% der anrechenbaren Geschossfläche als nicht mehr massvoll erachteten und dadurch den Zonencharakter verletzt sahen (vgl. BGer 1P.459/2004 sowie BGer 1P.270/2005 und Spori).

Ausnützungsübertragung über Zonengrenzen hinweg

Das kantonale Recht erwähnt interzonale Ausnützungsübertragungen nur im Zusammenhang mit Arealüberbauungen (§ 72 Abs. 3 PBG), nicht aber (im Sinne eines qualifizierten Schweigens) für die Regelbauweise. Bei dieser ist daher nach ständiger Rechtsprechung unzulässig, die Ausnützung von einer Zone auf die andere zu übertragen, weil dies zu verpönten Überbauungsverdichtungen und zu überhöhten Bewerbungsdichten entlang der Zonengrenze führen würde (BGE 119 Ia 113 E. 3c; ZBl 1999 S. 218 ff., auch zum Folgenden; RB 1995 Nr. 82; BEZ 1998 Nr. 19). Im gleichen Sinne äussert sich die Lehre (etwa WOLF/KULL: N 133). Gerade die Übertragung von Restnutzungen aus Zonen mit hoher Ausnützung auf beliebige Flächen mit tiefer Ausnützung könnte zu planerisch unmotivierten Verdichtungen führen. So gesehen sind etwa eine Wohnzone W2 einerseits und eine Wohnzone W2 mit Gewerbeerleichterung andererseits nur dann unterschiedliche Zonen, wenn sie auch abweichende Ausnützungen zulassen.

Bei Arealüberbauungen sind wie erwähnt Ausnützungsverschiebungen über Zonengrenzen hinweg ausdrücklich zugelassen (§ 72 Abs. 3 PBG). Die Praxis lässt aber solche Ausnützungsübertragungen nur innerhalb der Arealfläche zu, weshalb grundsätzlich vom Verbot des Nutzungstransfers über die Arealgrenze hinaus auszugehen ist. Die Ausnützungsübertragung von einem ausserhalb des Areals liegenden Grundstücks auf die Arealüberbauungsfläche ist nicht zulässig. Die entsprechende Fläche wäre in die Arealfläche einzubeziehen (BEZ 1995 Nr. 31).

Zur Zulässigkeit kommunaler Regelungen

Im Entscheid ZBl 1999 S. 218 ff. betonte das Bundesgericht, dass das kantonale Recht zur Ausnützungsübertragung über die Zonengrenzen hinweg (interzonale Ausnützungsübertragung) mit § 72 Abs. 3 PBG eine abschliessende, auf Arealüberbauungen beschränkte Regelung trifft. Daraus schliesst das Bundesgericht, dass der kantonale Gesetzgeber kommunale Vorschriften für interzonale Ausnützungsverschiebungen, die weiter gehen als § 72 Abs. 3 PBG, stillschweigend ausgeschlossen hat (qualifiziertes Schweigen). Das Gericht steht damit in Übereinstimmung mit der zürcherischen Lehre und Rechtsprechung. Auf diesen Sachverhalt (und nicht ebenso auf die zoneninterne Ausnützungsübertragung) beziehen sich auch die vom Bundesgericht genannten Präjudizien.

Ob dagegen kommunale Regelungen über die zoneninterne Ausnützungsübertragung zulässig seien (also etwa die Beschränkung auf «angrenzende Grundstücke»), hatte das Verwaltungsgericht noch im VB.2006.00322, publiziert in BEZ 2007 Nr. 20, offengelassen. Es kann dies aber bejaht werden: Die Autonomie der Gemeinden reicht nämlich so weit, wie es die kantonale Gesetzgebung zum Planungs- und Baurecht zulässt. Das Bundesgericht hat schon verschiedentlich erkannt, dass den Zürcher Gemeinden aufgrund von § 2 lit. c und § 45 ff. PBG beim Erlass der baurechtlichen Grundordnung ein weiterer Gestaltungsspielraum zusteht. Es handelt sich um einen Bereich, in dem die Zürcher Gemeinden grundsätzlich Autonomie geniessen (vgl. den erwähnten Bundesgerichtsentscheid ZBl 1999 S. 220 mit Hinweisen). Gemäss § 48 haben die Zürcher Gemeinden Zonen unterschiedlicher Ausnützung, Bauweise und/

oder Nutzweise vorzusehen. Sie können die zulässige bauliche Grundstücknut-
zung (Ausnützung, Bauweise und Nutzweise) näher ordnen (§ 49 Abs. 1 PBG).
Soweit das kantonale Recht für die einzelnen Zonenarten nichts Abweichendes
bestimmt, können sie insbesondere Ausnützungs-, Baumassen-, Überbauungs-
und Freiflächenziffern festlegen (§ 49 Abs. 2 lit. a PBG). In dieser Kompetenz ist
mitenthalten, dass die Ausnützungsübertragung durch den kommunalen Gesetzgeber beschränkt werden kann. Es liegt solches in der erwähnten Befugnis einer
Gemeinde, unter anderem auch Bestimmungen über die Ausnützungsziffer zu
erlassen (§ 49 Abs. 2 lit. a PBG). Damit wird nicht etwa in die abschliessende
kantonale Befugnis zur Definition der Ausnützungsziffer (§ 45 Abs. 2 PBG) eingegriffen, sondern nur die vom kantonalen Recht stillschweigend zugelassene
Ausnützungsübertragung näher normiert.

Das Verwaltungsgericht hat diese Auffassung nun bestätigt (BEZ 2011
Nr. 7). Infrage stand Art. 40 der Bau- und Zonenordnung Erlenbach mit folgendem Wortlaut:

Art. 40 BZO Erlenbach:

«Die Ausnützungsübertragung innerhalb der gleichen Zone ist gegen Revers gestattet,
wenn die betroffenen Grundstücke direkt aneinanderstossen. Die Erhöhung der Ausnützung in den begünstigten Parzellen darf ein Fünftel der Grundausnützung nicht übersteigen.»

Das Gericht sah keine Gründe, vom Genehmigungsentscheid des Regierungsrates abzuweichen. Dass die Baubehörde die erwähne Bestimmung in den letzten Jahren nicht durchgesetzt hat, vermochte daran nichts zu ändern. Im Entscheid wurde hierzu festgehalten:

Aus VB.2010.00574

«Dass diese Praxis während rund zehn Jahren in anderen Fällen unangefochten angewandt wurde, rechtfertigt jedoch keine Gleichbehandlung im Unrecht. Denn grundsätzlich
kann davon ausgegangen werden, dass die Baubehörde dem Entscheid des Verwaltungs-
gerichtes Folge leisten und ihre gesetzwidrige Praxis aufgeben wird.»

In diesem Sinne kann an der verallgemeinernden Bemerkung auf Seite 10–11
in der 4. Auflage dieses Buches nicht festgehalten werden. Unzulässig sind nach
dem Gesagten nur kommunale Bestimmungen über die interzonale, also zo-
nenübergreifende Ausnützungsübertragung (soweit sie nicht Arealüberbauungen betreffen), nicht jedoch über die zoneninterne.

Verfahren

Ausnützungsübertragungen bedürfen der Zustimmung des belasteten Eigentümers, was durch einfache Schriftlichkeit erfolgen kann. Die Einräumung einer
Dienstbarkeit ist nicht erforderlich. Steht das betroffene Grundstück (zum Beispiel eine private Erschliessungsstrasse) im Miteigentum, so wird Art. 646 ZGB
anwendbar. Gemäss Art. 646 Abs. 3 ZGB hat jeder Miteigentümer für seinen
Anteil die Rechte und Pflichten eines Eigentümers und es kann dieser Anteil

von ihm veräussert, verpfändet und von seinen Gläubigern gepfändet werden. Der Anteil kann also auch mit einer Ausnützungsübertragung belastet werden. Es liegt damit eine Verfügung über die Quote vor, was mit Art. 646 Abs. 3 ZGB vereinbar ist (vgl. dazu: BRUNNER/WICHTERMANN: Art. 646 N. 21 ff.). Ein Sachverhalt im Sinne von Art. 648 Abs. 2 ZGB ist offensichtlich nicht gegeben. Weder wird die Sache als Ganzes (das Grundstück als solches) veräussert, noch im Sinne dieser Bestimmung belastet. Mit der Ausnützungsübertragung im Rahmen der einem Miteigentümer zustehenden Quote wird nicht in die Rechte der übrigen Miteigentümer eingegriffen. Diese haben daher nicht zuzustimmen (VB.2000.00305). Es steht ihnen selbstverständlich das gleiche Recht zu.

Die Zustimmung des belasteten Grundeigentümers ist insbesondere auch für ausparzellierte Verkehrswege erforderlich. Soweit solche Verkehrswege (ausnahmsweise) überhaupt zur massgeblichen Grundfläche gezählt werden können (siehe Seite 728 ff.), lässt sich aufgrund planerischer Zweckmässigkeitsüberlegungen entscheiden, ob und inwieweit die Ausnützung solcher Strassen abgetreten werden soll. Namentlich kann durch einen solchen Transfer verhindert werden, dass durch spätere Landabtretungen an auszubauende Strassen anstossende Liegenschaften übernutzt und damit baurechtswidrig werden. Auch die Abtretungsentschädigung fällt geringer aus, wenn die Ausnützung der Abtretungsfläche dem verpflichteten Grundeigentümer verbleibt. Gründe der Rechtssicherheit und Rechtsgleichheit gebieten, dass die Zustimmung des Gemeinwesens in Bezug auf ein massgebliches Strassenteilstück generell erteilt oder nicht erteilt wird.

Im Grundbuch ist ein Revers anzumerken, der festhält, inwieweit die belastete Parzelle zusätzlich baulich ausgenützt wird. Dadurch ist sichergestellt, dass deren Ausnützbarkeit bei einer späteren Überbauung entsprechend reduziert wird. Als Mass der Ausnützungsübertragung ist richtigerweise die massgebliche Grundstücksfläche (und nicht etwa die Geschossfläche) zu wählen. Zur erforderlichen privatrechtlichen Regelung vgl. PIOTET: S. 39 ff.

Beispiel für Ausnützungsrevers im Grundbuch:

Eine Teilfläche von *** m des Grundstücks Kat.-Nr. *** ist durch die auf dem benachbarten Grundstück Kat.-Nr. *** mit *** bewilligten Bauten baulich ausgenützt und demzufolge bei der Berechnung der massgeblichen Grundfläche (§ 259 PBG) in Abzug zu bringen.

Abgrenzung zur Übertragung von Nutzweisen

Von Ausnützungsübertragungen im vorerwähnten Sinne ist die Übertragung von Nutzweisen, etwa von Wohnanteil, klar zu trennen. Während Ausnützungsvorschriften, die auf einem Grundstück zulässige Dichte und damit die Nutzungsquantität reglementieren, sprechen sich die Normen über die Nutzungsweise und damit auch über den Wohnanteil über die Art und Qualität der Nutzung aus. Daher lassen sich die für die Ausnützungsübertragung entwickelten Grundsätze, insbesondere das Verbot zonenübergreifender Verlagerungen, nicht ohne Weiteres auf die Übertragung von Nutzweisen anwenden. Gleichwohl ist aber auch für Letztere eine gewisse räumliche Einheit erforderlich (PBG aktuell 2/1995, S. 31). Vgl. zur Übertragung von Nutzweisen insbesondere zum Wohnanteil Seite 778 f. sowie WOLF/KULL: N 163. Die Gemeinde kann eigene

Vorschriften zur Übertragung von Nutzweisen erlassen. Wie die Ausnützungs-übertragung ist aber auch die Übertragung von Nutzweisen ohne ausdrückliche Regelung in der Bau- und Zonenordnung zulässig.

Exkurs: Verkehrswert von Übertragungsflächen

Der Verkehrswert von Flächen für Ausnützungsübertragungen in niederen Wohnzonen beträgt zwischen 50 bis 66 Prozent des Verkehrswertes des betreffenden Grundstücks. Bei Zonen hoher Dichte, wo auf das Vorhandensein eines grösseren Umschwungs kein Gewicht gelegt wird, kann der Verkehrswert bis auf 80 Prozent steigen.

14.1.3   Besonderheiten bei Nutzungsziffern

14.1.3.1 *Erhöhte Nutzungsziffern*

Gewerbliche Nutzungen und Familienwohnungen

§ 49 a Abs. 3 PBG erlaubt den Gemeinden, für gewerbliche Nutzungen sowie für Familienwohnungen mit vier und mehr Zimmern eine erhöhte Nutzungs-ziffer festzusetzen. Der Begriff der gewerblichen Nutzung ist weit zu fassen. Dazu gehören auch Büros, Praxen und Dienstleistungen.

Lässt eine Bauordnung in Anwendung von § 49a Abs. 3 PBG für gewerbliche Nutzungen eine erhöhte Ausnützung (Gewerbebonus) zum Beispiel um ein Fünftel zu, ist die Berechnungsart dieses Bonus aus Wortlaut sowie Sinn und Zweck der entsprechenden Bestimmung zu ermitteln. In der Regel ist klar, dass reine Wohnbauten höchstens die Grundziffer, reine Gewerbebauten dagegen die erhöhte Grundziffer vollumfänglich beanspruchen dürfen. Wird ein Gebäude teils zu gewerblichen, teils zu Wohnzwecken genutzt, ist nicht zutreffend, dass der Ausnützungsbonus nur im Verhältnis zu realisierten beziehungsweise geplanten Gewerbeflächen gewährt werden darf (wie noch gemäss BEZ 1984 Nr. 44). Vielmehr hat das Privileg in der Regel (lediglich) folgende Bedeutung: Der gewährte Bonus (das heisst die zusätzlich beanspruchte Fläche) darf nur als Gewerbe- und nicht als Wohnfläche oder als andere vom Zweck des Gewerbebonus nicht erfasste Nutzfläche beansprucht werden. Dies ermöglicht in überbauten Gebieten selbst dann eine Nutzungsdurchmischung, wenn die Grundausnützung bereits durch reine Wohnbauten konsumiert ist (BEZ 1989 Nr. 22).

Arealüberbauungen

Die Gemeinden können in ihren Bauordnungen auch für Arealüberbauungen eine erhöhte Nutzungsziffer festsetzen. Wie die jeweilige Formulierung in der Bauordnung auszulegen ist (ob mit oder ohne Bezug auf das zulässige Ausnützungsmass für Regelüberbauungen), ist durch Auslegung zu ermitteln. In der Regel ergibt nur der erwähnte Bezug einen vernünftigen Sinn, weil sonst das Prinzip der nach Zonen abgestuften Nutzungsziffern durchbrochen und bei Bauzonen mit geringer Ausnützung eine unerwünschte Verdichtung entstünde (BEZ 1986 Nr. 42).

Der Bonus für Gewerbe und jener für Arealüberbauungen können kumuliert werden.

14.1.3.2   *Bürogebäude in Industriezonen*

In den Industriezonen, wie in den anderen Zonen auch, sind die Gemeinden frei, Nutzungsziffern (Ausnützungsziffern, Baumassenziffern, Überbauungsziffern) festzulegen oder darauf zu verzichten. Vor der PBG-Revision 1992 galt indessen noch § 58 PBG, wonach in den Industriezonen zwingend Baumassenziffern festzulegen waren und diese (nur) für Bürogebäude durch Ausnützungsziffern ergänzt werden konnten. Nach der Aufhebung dieser Bestimmung ist auch § 13 Abs. 1 ABV über die entsprechende Berechnungsweise entfallen. Gleichwohl aber findet sich die (auch neu zulässige) Kombination Baumassenziffer/Ausnützungsziffer in mancher Bauordnung. Zur Auslegung kann § 13 Abs. 1 altABV herangezogen werden. Danach muss die Grundfläche insgesamt der Fläche genügen, welche für die Baumasse und die anrechenbare Geschossfläche, je gesondert berechnet, nötig ist (vgl. zum alten Recht BEZ 1991 Nr. 17). Da § 58 altPBG von Bürogebäuden und nicht Büronutzungen spricht und in den Bauordnungen diese Formulierung zumeist unverändert bestehen blieb, ist naheliegend, dass ein selbstständiges Gebäude oder mindestens ein klar erkennbarer Bürotrakt vorliegen muss, damit die Ausnützungsziffer anwendbar wird. Bei gemischt genutzten Gebäuden oder Gebäudeteilen muss abgeklärt werden, wo das Schwergewicht liegt. Allerdings steht den Gemeinden bei der Auslegung dieses nun kommunal gewordenen Rechts ein erheblicher Beurteilungsspielraum zu. Vorbehalten bleibt natürlich auch eine konkrete, nun zulässigerweise anders lautende Bestimmung in der Bauordnung.

14.1.3.3   *Messtoleranzen*

Ausnützungsberechnungen werden im Baubewilligungsverfahren aufgrund der in diesem Planungsstadium vorhandenen Grundrisspläne 1:100 vorgenommen. Derartigen Berechnungen wohnt bereits systembedingt ein gewisser Unsicherheitsfaktor inne, wenngleich die heute zumeist benützten CAD-Programme eine sehr exakte Berechnung von Flächen und Volumina ermöglichen. Auch bei der Bauausführung gelten Bautoleranzen, welche etwa dem Baumeister erlauben, in den Fertigmassen bei einer Messdistanz von 20 m bis zu 2 cm von den Planmassen abzuweichen (vgl. SIA-Norm V 414/10, Masstoleranzen im Hochbau, Tabelle 30). Sodann bestehen Ungenauigkeiten bei der Feststellung des für die Baumasse massgeblichen gewachsenen Terrains. Das Verwaltungsgericht hat daraus gefolgert, dass minuziöse Korrekturen der vom Gesuchsteller aufgrund der Pläne 1:100 eingereichten Flächenberechnungen im Baubewilligungsverfahren keinen Sinn machen; dies jedenfalls so weit nicht, als die festgestellten Abweichungen weniger als 1% (der zulässigen Masse) betragen. Dies kann zwar bei grösseren Überbauungen in absoluten Zahlen durchaus gewichtige Flächendifferenzen ausmachen, was jedoch im Interesse der Rechtssicherheit als zwangsläufige Folge der Addition vermehrter Kleinstmassabweichungen hinzunehmen ist (BEZ 1995 Nr. 31). Nach wie vor zu korrigieren sind aber Unzulänglichkeiten, die keine Folge von Massungenauigkeiten, sondern davon sind, dass ganze Räume oder Raumteile entgegen den Vorschriften nicht in die Berechnung miteinbezogen worden sind.

Das Bundesgericht hat diese Praxis mit Urteil vom 4. April 2002 (1P.52/2002) bestätigt und zugleich ausgeführt, dass eine in diesem Sinne untergeordnete Ausnützungsüberschreitung auch kein strafrechtlich relevanter Verstoss gegen das PBG sein kann (PBG aktuell 3/2002, S. 19).

14.1.3.4   *Anwendung auf altrechtliche Verhältnisse*

Ausnützungserhöhungen als Folge von Rechtsänderungen

Aufgrund der Änderung von § 255 PBG per 1. Februar 1992 (Befreiung von Dach- und Untergeschossen sowie der Aussenwandquerschnitte) kam es zu Ausnützungserhöhungen, die Fragen der Zuordnung entstandener Reserven aufwerfen können. Ausnützungserhöhungen können sich auch als Folge von Bauordnungsänderungen ergeben. Ist das seinerzeitige Baugrundstück nicht weiter unterteilt worden, ist die Ausnützungsfrage von den beteiligten Privaten (zum Beispiel Stockwerkeigentümern) unter sich zu klären. Soweit erkennbar ist, dass sich die Beteiligten über die Verwendung von Ausnützungsreserven uneinig sind, kann die Baubehörde von einer Bauherrschaft gestützt auf § 310 Abs. 3 PBG den Nachweis der privatrechtlichen Berechtigung, die fragliche Ausnützungsreserve zu konsumieren, verlangen. Soll das Grundstück parzelliert werden, ist die aktuelle Ausnützung bei jeder einzelnen neuen Parzelle aufgrund der aktuellen baulichen und baurechtlichen Verhältnisse zu berechnen (BEZ 1992 Nr. 35). Eine allfällige Nutzungsreserve ist anteilsmässig aufzuteilen, es sei denn, man einige sich vertraglich auf Nutzungsübertragungen und trage diese als Anmerkungen im Grundbuch ein.

Verhältnisse bei mehreren bestehenden Grundstücken

Es kann sein, dass Baugrundstücke, die seinerzeit im Rahmen einer einheitlichen baurechtlichen Bewilligung überbaut worden waren, nachträglich parzelliert worden sind. Es fragt sich dann, welche Ausnützung jedem Baugrundstück zur Verfügung steht. Hierfür ist jedenfalls das aktuelle Recht massgebend. Ergibt dann die Berechnung, dass Parzellen auch nach heutigem Recht übernutzt, andere unternutzt sind, ist anteilsmässig nach Landflächen zulasten der unternutzten Parzellen eine Ausnützungsübertragung zugunsten der übernutzten Parzellen vorzunehmen und durch Grundbuchanmerkung zu sichern. Dadurch wird eine gesamthafte Übernutzung verhindert. Ein gesetzlicher Anspruch eines Grundeigentümers auf eine höhere als bloss die Übernutzung ausgleichende Ausnützung besteht nicht. Die neue Ausnützungsreserve der nicht übernutzten Grundstücke ergibt sich aus der jeweils maximal zulässigen abzüglich der realisierten sowie der transferierten Ausnützung (BEZ 1988 Nr. 34; Huber 1995a: S. 13). Zur altrechtlichen Ausnützungsübertragung unter dem neuen Regime der Baumassenziffer vgl. HUBER 1995a: S. 13 f.

Nachträglich abparzellierte Grundstücke

Soll ein Teil eines bestehenden Grundstücks abparzelliert werden, ist von Folgendem auszugehen: Bezugspunkt für die Ermittlung der zulässigen Ausnützung bildet die massgebliche Grundfläche. Diese ist definiert als die von der Baueingabe erfasste zusammenhängende Fläche der baulich noch nicht ausgenützten Grundstücke oder Grundstücksteile in der Bauzone (§ 259 Abs. 1 PBG). Mit der Einschränkung «baulich noch nicht ausgenützt» gibt § 259 Abs. 1 PBG den selbstverständlichen Grundsatz wieder, dass eine Fläche nur einmal ausgenützt werden darf. Soweit diese Fläche ausgenützt ist, lastet auf dem betreffenden Grundstück ohne Weiteres ein Bauverbot. Wird nachträglich ein nicht überbauter, rechnerisch aber bereits ganz oder teilweise ausgenützter Teil einer Parzelle abgetrennt, bleibt dieser Teil von Gesetzes wegen im entsprechenden Umfang belastet. Die Parzellierung bewirkt also nicht etwa die Übernutzung der einen und die Unternutzung der andern Parzelle. Einer Eintragung oder Anmerkung im Grundbuch bedarf dies nicht (BEZ 2008 Nr. 57; BGE 108 Ia 116; BGer 1P.392/2001; Huber 1986: S. 259).

Bei Arealüberbauungen im Besonderen

Steht die Ausnützungsreserve eines Grundstücks infrage, das Bestandteil einer als Arealüberbauung bewilligten Siedlung ist, ergeben sich Besonderheiten:

Das Verbot der mehrfachen Ausnützung einer Parzelle kommt auch dort zum Tragen, wo ein Arealüberbauungsgrundstück (also ein Grundstück, das Bestandteil einer ursprünglichen Arealüberbauung war) parzelliert wird. Dies mit der Folge, dass durch nachträgliche bauliche Änderungen auf dem Areal dessen gesamthaft zulässige Ausnützung nicht überschritten werden darf. Ein einzelnes abparzelliertes Grundstück, das für sich betrachtet noch Ausnützungsreserven aufweist, darf demnach dann nicht weiter ausgenützt werden, wenn die zulässige Gesamtausnützung der Arealfläche bereits vollständig konsumiert ist.

Besteht demgegenüber für das gesamte Areal eine Ausnützungsreserve, kommt diese den einzelnen Grundstücken nach Massgabe ihrer Fläche im Verhältnis zur Fläche des ganzen Areals zugute. Unerheblich ist, ob das einzelne Grundstück für sich betrachtet bereits vollständig ausgenützt oder sogar übernutzt ist. Damit wird dem Umstand Rechnung getragen, dass mit Arealüberbauungen punktuelle bauliche Verdichtungen zugunsten von Verdünnungen andernorts im Areal (Freiflächen zu Spiel-, Ruhe- oder Gestaltungszwecken) geradezu angestrebt werden (vgl. § 71 PBG). Die hieraus resultierende arealüberbauungstypische, qualifizierte Überbauungsstruktur ist auch bei der Ausschöpfung von Ausnützungsreserven zu wahren, was dann nicht mehr der Fall wäre, wenn mit der Aufteilung des Areals die Ausnützungsverhältnisse auf den einzelnen Grundstücken massgeblich und damit die Reserven nur den unternutzten Grundstücken zuteil würden (BEZ 2008 Nr. 57, auch zum Folgenden, mit Hinweisen).

Besagter Verteilmodus gilt jedenfalls dann, wenn die Überbauung (aufgrund einer späteren Rechtsänderung) nicht nach der Regelbauweise bewilligt werden könnte; aber auch diesfalls dürfte die Gesamtausnützung aufgrund des Verbotes der mehrfachen Ausnützung keinesfalls überschritten werden. Unerheblich ist, ob die Ausnützungsreserve des Gesamtareals von Anfang an besteht oder Folge einer nachträglichen Rechtsänderung bildet. Es ist sodann die heute geltende und nicht etwa die seinerzeit für Arealüberbauungen festgesetzte Ausnützungsziffer massgebend; die damals erteilte Baubewilligung für die Arealüberbauung führt nicht zu einer Perpetuierung jener Ausnützungsziffer.

14.1.4   Ausnützungsziffer

14.1.4.1   *Begriff*

Die Ausnützungsziffer gibt das Verhältnis der anrechenbaren Geschossfläche zur massgeblichen Grundfläche wieder (§ 254 Abs. 1 PBG). Sie berechnet sich nach folgender Formel:

$$\frac{\text{anrechenbare Wohn-/Arbeitsräume in Vollgeschossen (m}^2\text{)}}{\text{massgebliche Grundstücksfläche (m}^2\text{)}}$$

Anrechenbar sind alle dem Wohnen, Arbeiten oder sonst dem dauernden Aufenthalt dienenden oder hierfür verwendbaren Räume unter Einschluss der dazu gehörigen Erschliessungsflächen und Sanitärräume samt inneren Trennwänden (§ 255 Abs. 1 PBG). Entsprechende Flächen in Dach- und Untergeschossen sind nur ausnahmsweise anrechenbar (§ 255 Abs. 2 PBG). § 10 ABV enthält zudem eine Liste von Wohn- und Arbeitsräumen, die als Ausnahmen nicht zur Ausnützung zählen.

14.1.4.2   *Wohn- und Arbeitsräume*

Zur Ausnützung zählen also vorerst die dem Wohnen oder Arbeiten dienenden Räume. Der Begriff «Raum» ist enger als jener des Gebäudes gemäss § 260 ff. PBG, welcher bisweilen auch offene, wenn auch überdachte Flächen umfassen kann (vgl. Seite 835 ff.). «Raum» deutet auf eine seitlich und oben abgeschlossene Fläche hin. Daher sind zum Beispiel nicht vollständig geschlossene Dachterrassen, Balkone und Loggias sowie offene Erdgeschossflächen keine «Räume» im Sinne von § 255 PBG. Ausnützungsbefreit sind auch (nicht mit einem Wohnraum verbundene) Gartenhäuser und Gartenhallen ohne Heizung, auch wenn sie dem Aufenthalt von Personen dienen. Denn sie können erfahrungsgemäss nur wenige Wochen im Jahr sinnvoll genutzt werden und sind daher keine «Wohnräume». Demgegenüber zählt zum Beispiel ein verglaster Balkon oder Wintergarten grundsätzlich zur Ausnützung, sofern er die Privilegierungsvoraussetzungen von § 10 ABV nicht erfüllt. Denn ein solcher Raum kann auch ohne Heizung während mehr als der Hälfte des Jahres ohne Weiteres als Wohnraumerweiterung genutzt werden (BEZ 1985 Nr. 39).

Die Begriffe «Wohn-, Schlaf- oder Arbeitsräume» dürfen nicht einschränkend aufgefasst werden. Als «Wohnen und Arbeiten» haben vielmehr alle Bewerbungen zu gelten, die im weitesten Sinne als raumgebundene Erscheinungsformen dieser zwei Grundtypen menschlicher Lebensentfaltung verstanden werden können. Daher fallen unter den Begriff des Wohnens auch etwa Hobby- oder Bastelräume, Gemeinschaftsmehrzweckräume sowie Saunas, Hallenbäder, Fitness- und andere Freizeiträume (vgl. BEZ 2003 Nr. 31 und 2010 Nr. 37), obschon für sie die in § 302 Abs. 2 und 3 umschriebenen spezifischen Anforderungen an «Wohn- und Schlafräume» (Fenster) nicht gelten. Auch Schlafen ist als eine besondere Form des Wohnens zu verstehen (BEZ 1985 Nr. 22).

Arbeitsräume sind zum Beispiel Werkstätten (auch unbeheizte), Büros, Praxen, Verkaufslokale, Ausstellungsräume und Trainingsräume mit entsprechenden

Nebenräumen, aber ebenso Toiletten- und Garderobenräume. Auch Letztere erfüllen keinen reinen Sachzweck, sondern dienen dem zwar in der Regel kurzfristigen, aber mehr als vereinzelten Aufenthalt von Menschen (BEZ 1995 Nr. 3). Arbeitsräume sind anrechenbar, auch wenn sie im Sinne von § 302 Abs. 4 PBG sowie §§ 8 und 11 BBV I künstlich belichtet und belüftet werden.

Da die Ausnützungsziffer Flächen und nicht Kuben miteinander vergleicht, spielt die Höhe eines Raumes keine Rolle. Überhöhte Räume werden daher in ihrer, die durchschnittliche Geschosshöhe übersteigenden vertikalen, Ausdehnung von der Ausnützungsziffer nicht erfasst (zum Beispiel bei Läden, Gewerbehallen, Kirchen oder Kulturbauten).

14.1.4.3   *Räume für den dauernden Aufenthalt*

Voraussetzungen der Anrechenbarkeit

Neben Wohn- und Arbeitsräumen sind anrechenbar alle Räume, die «sonst dem dauernden Aufenthalt dienen» (§ 255 Abs. 1 PBG). Damit wird dem Umstand Rechnung getragen, dass die Begriffe der Wohn- und Arbeitsräume verschiedene ausserhalb des Wohnens und der gewerblichen Tätigkeit liegende Raumnutzungen nicht oder nur zweifelhaft erfassen. Mit dem Kriterium des dauernden Aufenthaltes besteht anstelle der Unterscheidung nach Nutzungsart eine solche nach der Dauer des Aufenthaltes. Allerdings kommt der einzelnen Benützungsdauer nur untergeordnete Bedeutung zu. Den Ausschlag gibt in erster Linie, ob ein Raum seiner Art nach praktisch unabhängig von der Anwesenheit irgendwelcher Personen einen Sachzweck erfülle oder ob er (ausschliesslich oder neben der genannten Funktion) für die Ausübung menschlicher Tätigkeiten und damit für den Aufenthalt von Personen bestimmt sei. Daher sind zum Beispiel auch Ausstellungsräume sowie Räume für Sport oder Entspannung sowie Dienstleistung anrechenbar, auch wenn in ihnen nicht oder nicht primär im eigentlichen Sinne «gewohnt» oder «gearbeitet» wird.

Nicht anrechenbare Räume

Demgegenüber sind etwa gewerbliche Lagerräume (unabhängig davon, in welchem Geschoss sie vorhanden sind) nicht anrechenbar (BEZ 1991 Nrn. 2 und 18), sofern sie jedenfalls keine festen Arbeitsplätze enthalten. Sie bedingen keine Anwesenheit von Personen. Weitere Räume, die dem dauernden Aufenthalt nicht dienen, finden sich in § 10 Abs. 1 ABV gemäss alter Fassung (vor 1. Februar 1992). Die Aufhebung der Bestimmung bewirkte keine materielle Rechtsänderung. Danach sind zum Beispiel nicht anrechenbar geschlossene Einstellräume für Vorräte und Hausrat, Wasch- und Trockenräume, Heiz- und Heizmaterialräume, Maschinenräume für Lift-, Ventilations- und Klimaanlagen sowie Einstellräume für Motorfahrzeuge, Velos, Kinderwagen, Kehrichtbehälter. Dasselbe gilt für Gerätehäuser und andere Besondere Gebäude, auch wenn sie die Masse von § 49 Abs. 3 PBG überschreiten. Alle diese Räume dienen einem reinen Sachzweck und sind nicht anrechenbar. Im Gegensatz zu ganzen Maschinenräumen etc. werden aber geschlossene Schächte (Kamin-, Lüftungs- und Installationsschächte) gleich wie Innenwandquerschnitte als anrechenbar erklärt (vgl. HUBER 1986: S. 66).

Wohnungsinterne Einstellräume und dergleichen

Die Liste in § 10 Abs. 1 altABV war nicht abschliessend. Da sie nicht mehr in Kraft steht und daher lediglich als Auslegungshilfe anwendbar ist, entfällt die altrechtliche Einschränkung bei den wohnungsinternen Einstellräumen: Sie werden unabhängig von ihrer Lage (in Unter-, Dach- oder Vollgeschossen) und ihrer Grösse nicht zur Ausnützung gerechnet. Von Fällen klaren Rechtsmissbrauchs abgesehen, dürfte mit dem Grundsatz gesetzmässiger Verwaltung unvereinbar sein, auf dem Wege der Rechtsanwendung eine solche flächenmässige Beschränkung festzulegen (VB.2001.00149). Es ist aber gleichwohl im Sinne einer Gesamtwürdigung zu entscheiden, ob die in den Plänen dargestellte Nutzung aufgrund von Ausstattung, Lage und Grösse der Räume als hinreichend gesichert erscheint. Das trifft dann nicht mehr zu, wenn solche Räume die Anforderungen an Wohn- und Arbeitsräume ganz oder fast vollständig erfüllen. Allein die Bezeichnung als Keller- beziehungsweise Waschraum und die in den Plänen angegebene Ausstattung mit Waschmaschinen und dergleichen vermag an der Eignung solcher Räume zu anrechenbaren Nutzungen nichts zu ändern (BEZ 2005 Nr. 37, auch zum Folgenden). Werden solche Räume so angelegt und ausgestattet, dass sie auch für Wohn- und Arbeitszwecke geeignet sind, besteht auch die Gefahr einer Verletzung von §§ 297 PBG und 39 BBV I über die Mindestfläche von 8 m² für Nebenräume.

Einbauschränke sind keine «Räume», sondern dem Wohnraum zugehörig, dem sie dienen; ihre Fläche ist zur Ausnützung anrechenbar.

14.1.4.4 *Für entsprechende Nutzungen verwendbare Räume*

Beurteilungskriterien

Anrechenbar sind sodann Räume, die zum Wohnen, Arbeiten oder sonst zum dauernden Aufenthalt «verwendbar» sind (§ 255 Abs. 1 PBG). Neben das Kriterium des Dienens tritt alternativ jenes der Eignung. Also auch ein Raum, der gemäss den Angaben der Bauherrschaft zwar keinem Wohn- oder Arbeitszweck dient, aber als solcher verwendbar ist, gehört zur Ausnützung. «Verwendbar» heisst, dass die Eignung ohne wesentliche bauliche Änderungen herbeigeführt werden kann (vgl. RB 2000 Nr. 100). Ausser Betracht fallen subjektive Gesichtspunkte. Auf die Bezeichnung eines Raumes in den Plänen, also auf den blossen Parteiwillen, kann es nicht ankommen. Ob ein Raum für den dauernden Aufenthalt verwendbar ist, muss aufgrund dessen objektiver Eignung und nicht der vom Bauherrn beabsichtigten Nutzung entschieden werden (BEZ 2005 Nr. 37 mit Hinweisen, auch zum Folgenden). Die Eignung ist gegeben, wenn die in §§ 299 ff. PBG festgelegten Anforderungen an Räume, welche zum dauernden Aufenthalt von Menschen dienen können, erfüllt oder nur unwesentlich unterschritten sind.

Genügt ein Raum sämtlichen Anforderungen, die an Wohn- oder Arbeitsräume gestellt werden, so ist er ohne Weiteres rechtlich als solcher zu behandeln. Trifft dies nicht zu, ist im Sinne einer Gesamtwürdigung zu prüfen, in welchem Ausmass der tatsächliche Zustand die an einen Wohn- oder Arbeitsraum gerichteten Anforderungen verletzt. Sind zum Beispiel die wohnhygienischen Anforderungen nicht vollständig erfüllt, kann gleichwohl ein anrechenbarer Raum bestehen. Je mehr die Gestaltung eines Raumes von den Anforderungen an Wohn- und Arbeitsräume abweicht, desto weniger darf auf eine solche Nutzung geschlossen werden (BEZ 1985 Nr. 22; BEZ 1986 Nr. 3, BEZ 2001 Nr. 4 und BEZ 2005 Nr. 37 mit Zusammenfassung der Praxis). Nicht anrechenbar sind Räume, die sich aufgrund gesundheitspolizeilicher oder feuerpolizeilicher Bestimmungen für den länger dauernden Aufenthalt von Personen nicht eignen. Von den nachfolgenden Beispielen lassen sich insbesondere die Beurteilungskriterien ableiten. Sie erübrigen aber nicht eine einzelfallbezogene Würdigung.

Beispiele anrechenbarer Räume

Gestützt auf die erwähnten Grundsätze haben das Verwaltungsgericht und die Baurekurskommissionen etwa folgende Räume als anrechenbar erklärt (vgl. die Zusammenfassung der bis dato ergangenen Rechtsprechung in BEZ 2001 Nr. 4 sowie BEZ 2005 Nr. 37):

- Raumhöhe 2,20 m statt 2,30 m (§ 304 PBG) und Fensterfläche 8,5% statt 10 % der Bodenfläche (§ 302 PBG); dies mit der Begründung, eine Vielzahl älterer Bauten weise derartige Verhältnisse auf (BEZ 1985 Nr. 22);
- Galerie mit nur 1,60 m Raumhöhe und Breite der Erschliessungstreppe von nur 0,60 m, jedoch über diese bequem erreichbar, mit hinreichender Belichtung und gemäss Ausbaustandard mindestens als Ruheraum verwendbar. Sie ist vorliegend mehr als ein innenarchitektonisch motiviertes Stilelement (BEZ 1985 Nr. 22);
- Hobbyraum im Untergeschoss von 32 m² mit mehr als 2,90 m Fensterfläche, mehr als 4,50 m breiter, in einem Winkel von 35° zur Erdoberfläche ansteigender, nach Südwesten ausgerichteter Abgrabung, mit Erschliessung durch Wendeltreppe sowie mit WC und Dusche in der Nähe;
- Bastelraum im Dachgeschoss, der im Bereich mit lichter Höhe über 1,20 m rund 17 m², im Bereich mit 2,30 m Raumhöhe aber nur 5,1 m² Fläche aufweist, mit Neigungswinkel der Zimmerdecke von 20°, mit nach Süden gerichteter Fensterfläche von 3 m² sowie mit zusätzlichem Dachflächenfenster, gleicher Zugangsebene wie das Wohn-/Schlafzimmer im OG, in unmittelbarer Nähe von Bad/WC. Vgl. zum Problem Bastelräume auch BEZ 1985 Nr. 22;
- unterirdischer Erweiterungsbau mit etwa 200 m² Grundfläche und grosszügigen Fensterflächen, da sich dieser nach objektiven Kriterien für eine Wohnnutzung eignet und daher nicht mehr unter den Begriff eines Besonderen Gebäudes fällt (VB.96.000201);
- Räume für «Keller» und «Waschen», die in ihrer Fläche weit über das für einen Haushalt aus praktischen Gründen Erforderliche und über das Mindestmass von 10 m² (§ 303 Abs. 1 PBG) hinausgehen und mehr als 10% Fensterfläche aufweisen (§ 302 Abs. 2 PBG), auch wenn die Räume nicht direkt mit den entsprechenden Wohnungen verbunden sind; allein die Bezeichnung als Keller- bzw. Waschräume und die in den Plänen angegebene Ausstattung mit Waschmaschinen und dergleichen vermag an der Eignung solcher Räume zu anrechenbaren Nutzungen nichts zu ändern (BEZ 2005 Nr. 37);

- zwei Bastelräume, beide im Untergeschoss, welche über einen direkten, niveaugleichen Zugang zu den zugehörigen Wohnungen verfügen und über einen Lichtschacht Tageslicht und Frischluft erhalten; sie sind mindestens zu Arbeitszwecken geeignet und deshalb ohne Weiteres anrechenbar (VB.2006.00272);
- zwei als «Reduits» bezeichnete Räume im Erdgeschoss eines Mehrfamilienhauses, die aufgrund von Grösse und Belichtung sowie der wohnungsinternen Erschliessung ohne Weiteres als private Büroarbeitsplätze oder dergleichen geeignet sind, zumal im Kellergeschoss ausreichend Nebenräume bestehen; eine Verwendung zu reinen Lagerzwecken erschien dem Verwaltungsgericht daher als eher unwahrscheinlich (VB.2008.00135);
- ein «Reduit», das direkt von einem Wohnraum aus zugänglich ist und deshalb als Ankleideraum oder dergleichen dieser Nutzung zugerechnet werden muss (VB.2008.00135).

Einen instruktiven Fall hatte das Verwaltungsgericht in VB.2008.00012 zu entscheiden: Das «Reduit» in der westlichen und der «Keller Ost» in der östlichen Hälfte eines Doppeleinfamilienhauses, deren Anrechnung zur Ausnützungsziffer streitig war, verfügen über Flächen von 6,8 bzw. 20,1 m² sowie über je ein gegen Süden gerichtetes Fenster mit je 1,6 m² Fläche (125 cm × 130 cm). Wie der Grundrissplan des entsprechenden (Sockel-) Geschosses zeigt, sind diese beiden Räume über einen Flur mit den angrenzenden anrechenbaren Räumen und der ins Obergeschoss zu den weiteren Wohnräumen führenden Treppe verbunden (vgl. nachfolgende Abbildung).

Beispiel anrechenbarer Räume (Reduit und Keller in einem Sockelgeschoss)
(Quelle: VB.2008.00012)

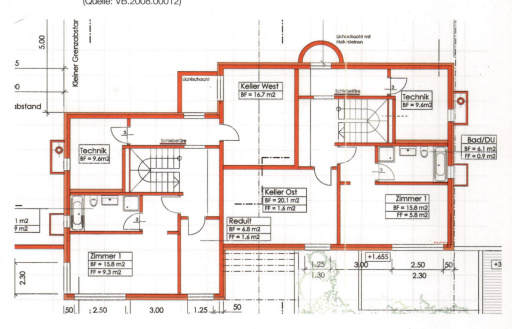

Das Verwaltungsgericht führte aus:

«Da die Mindestfläche für Räume von 10 m² bei Einfamilienhäusern und vergleichbaren Wohnungsarten gemäss § 303 Abs. 1 PBG nicht zur Anwendung kommt und die Fensterfläche den Anforderungen von § 302 Abs. 2 PBG genügt, verstösst das so bezeichnete «Reduit» nicht gegen baupolizeiliche Minimalanforderungen. Angesichts der geringen Grösse ist es für sich allein zwar nicht als Wohnraum geeignet. Entscheidend ist indessen die vollständige Integration dieses Raumes in den von den bergseitigen Kellerräumen durch eine Schiebetür abgetrennten Wohnbereich, welche die Nutzung als Schrank- oder Ankleideraum nahelegt. Dank der ausreichenden Belichtung durch das gegen Süden gerichtete Fenster kommt auch die Einrichtung eines privaten Büro-Arbeitsplatzes infrage. Ausserdem erscheint die Abtrennung vom Wohnbereich als zufällig und könnte die Fläche mit geringem baulichem Aufwand dem angrenzenden Zimmer zugeschlagen werden. Mit der «Waschküche» und einem Gartengeräteraum im Erdgeschoss sowie dem «Keller West» verfügt das Einfamilienhaus bei Weitem über die gemäss § 297 PBG erforderlichen Nebenräume. Unter diesen Umständen ist von der Anrechenbarkeit des «Reduit» auszugehen.

Der sogenannte «Keller Ost» bei der anderen Haushälfte ist ebenfalls vollständig in den Wohnbereich integriert. Die gemäss § 302 Abs. 2 PBG vorgeschriebene Fensterfläche von einem Zehntel der Bodenfläche ist zwar um 0,4 m² unterschritten. Das nach Süden ausgerichtete Fenster mit einer Fläche von 1,6 m² erlaubt es aber ohne Weiteres, den 20,1 m² grossen Raum zu Wohnzwecken, sei es als Schlafzimmer, Arbeitszimmer oder dergleichen zu nutzen. Anders als die andere Haushälfte verfügt zwar dieser Hausteil über keinen weiteren als Keller nutzbaren Raum; indessen sind im Erdgeschoss ebenfalls eine 9,5 m² grosse «Waschküche» sowie ein Gartengeräteraum geplant und ist in der Tiefgarage zusätzlicher Stauraum vorhanden. Es kann deshalb nicht gesagt werden, eine Zweckentfremdung des sogenannten «Keller Ost» als Wohn- oder Arbeitsraum sei mangels anderer Nebenräume wenig wahrscheinlich.»

Nicht anrechenbare Räume

Umgekehrt haben das Verwaltungsgericht und die Baurekurskommissionen etwa folgende Räume als nicht anrechenbar erklärt (vgl. zur bis dato ergangenen Rechtsprechung BEZ 2001 Nr. 4 sowie BEZ 2005 Nr. 37):

- ein früherer Archivraum, der sich aufgrund seiner Ausgestaltung (ungenügende Fensterflächen, fehlende sanitäre Einrichtungen) nicht zum dauernden Aufenthalt eignet (VB.91/0003);
- reine Lager- und Archivräume in Untergeschossen, die keinen häufigen oder dauernden Aufenthalt von Personen erfordern (VB.96/0196);
- ein durch kleine Lichtschächte belichteter Wäschetrocknungsraum (VB.25/1986);
- ein Raum, der ausschliesslich mit Glasbausteinen belichtet wird, die keinen Ausblick erlauben, nur beschränkt lichtdurchlässig sind und nicht geöffnet werden können; die Möglichkeit der hinreichenden Belüftung fehlt; die ins Freie führende Tür kann wegen allenfalls ungebetener Besucher nicht als hinreichende Belüftungsmöglichkeit angesehen werden; die Verwendung von Glasbausteinen mit unterem Rand von mehr als 1,50 m über dem Boden verleiht dem Raum im konkreten Fall ein gefängnishaftes Aussehen (BEZ 2001 Nr. 4);

- ein Raum, der nur durch Lichtschächte belichtet ist; er eignet sich gestützt auf § 302 Abs. 1 PBG nicht als Wohnraum, wäre aber allenfalls als Arbeitsraum nutzbar und diesfalls anrechenbar, vgl. § 8 BBV I).Wenn eine hinreichende Belichtung gewährleistet ist, kommt allenfalls auch eine Nutzung als (anrechenbarer) Bastelraum infrage. Für solche und andere Räume, die nicht «Wohn- und Schlafräume» im Sinne von § 302 Abs. 2 und 3 PBG sind, gelten die spezifischen Anforderungen an die Fenster nicht, sodass für die Auslegung des Begriffs der Verwendbarkeit ein weiter Ermessensspielraum besteht;
- drei (Hobby-) Räume, die je ein kleines Fenster aufweisen, welches in einen engen, ca. 50 cm tiefen und rund 1,50 m hohen Schacht führt. Die Räume sind zudem nicht über wohnungsinterne Erschliessungen, sondern nur über das allgemeine Treppenhaus zugänglich. Unter diesen Umständen sind sie objektiv von ihrer Ausgestaltung her für eine Nutzung zu Wohn-, Schlaf- oder Arbeitszwecken gänzlich ungeeignet (VB.2003.00364);
- ein unter der Dachschräge liegendes Reduit, das eine Belichtungs- und Lüftungsfläche von 0,5 m², eine Fläche von nur 6 m² und eine Raumhöhe von weitgehend nur 1,80 m aufweist; es ist nicht für Wohn- oder Arbeitszwecke geeignet und lässt sich kaum zweckentfremden (VB.2008.00012).

Verhinderung verbotener Nutzung

Sprechen die tatsächlichen Verhältnisse klar gegen eine gesetz- und bewilligungswidrige Verwendung zu Wohn- oder Arbeitszwecken, darf eine solche nicht einfach unterstellt werden (BEZ 2001 Nr. 4). Eignet sich aber zum Beispiel ein Estrichraum oder eine Waschküche offensichtlich zur – verbotenen – Wohnnutzung, so ist diese durch bauliche Massnahmen zu verhindern. Denn nur dadurch kann der Mangel, nämlich die Eignung zu Wohnzwecken, auch behoben werden. Ist also ein Raum komfortabel ausgebaut, lässt sich der unerlaubten Nutzung einzig durch bauliche Massnahmen begegnen. Eine bloss im Grundbuch angemerkte Eigentumsbeschränkung würde dauernde behördliche Kontrollen voraussetzen, was nicht nur unzumutbar ist, sondern auch unerwünschte Eingriffe in die Privatsphäre mit sich brächte. In einem Fall wurde der Entzug des Lichtes und die Entfernung der Heizung angeordnet. Dabei genügte es nicht, die Dachflächenfenster mit Ziegeln zu überdecken (BEZ 1988 Nr. 35; vgl. aber BEZ 1995 Nr. 31). In einem anderen Fall forderte das Verwaltungsgericht zur Vermeidung der widerrechtlichen Wohnnutzung eines Untergeschosses den Verzicht auf Treppenabgänge und Sanitärräume (VB.2005.00527, vgl. dazu neuestens auch BEZ 2010 Nr. 37).

Eine Nutzungsbeschränkung (mit im Grundbuch anzumerkender öffentlich-rechtlicher Eigentumsbeschränkung) kommt nur in Grenzfällen in Betracht, wo ein Missbrauch zwar nicht auf der Hand liegt, aber doch nicht auszuschliessen ist (BEZ 2005 Nr. 37 mit Hinweisen; in diesem Fall zweifelte das Verwaltungsgericht auch am Willen der Gemeinde, eine derartige Nutzungsbeschränkung durchzusetzen).

Beispiel für Anmerkung einer öffentlich-rechtlichen Eigentumsbeschränkung im Grundbuch:

Nutzungsrevers

«Die mit Beschluss Nr. *** des Stadtrates *** bewilligten Räume im Dachgeschoss des Gebäudes Assek.-Nr. *** dürfen nicht zu Wohn-, Schlaf- oder Arbeitszwecken genutzt werden.»

14.1.4.5   *Erschliessungsflächen*

Allgemeines

Nach § 255 Abs. 1 PBG sind die «dazugehörigen» Erschliessungsflächen zur Ausnützung anrechenbar. Damit sind jene Erschliessungsflächen in Vollgeschossen gemeint, die anrechenbare Räume erschliessen. Als Erschliessungsflächen gelten sämtliche Flächen wie Gänge, Vorräume und Nischen, aber auch Hotel-, Schalter- und Empfangshallen (Huber 1986: S. 59). Ebenso sind Windfänge und andere Eingangsbereiche als Erschliessungsflächen anrechenbar, selbst wenn sie keine Heizungsinstallationen aufweisen (die Privilegierung in § 10 Abs. 3 lit. h altABV ist entfallen). Auch sind alle die einzelnen Geschosse verbindenden Erschliessungsanlagen anzurechnen, also Treppen (mit Ausnahme von reinen Not- oder Feuertreppen, welche nur im Notfall benützt werden) mit den Massen des ganzen Treppenhauses (einschliesslich allfälliger Treppenaugen) sowie Waren- und Personenaufzüge (mit den Massen des Liftschachtes in jedem Geschoss mit anrechenbaren Räumen). Anrechenbar sind solche Erschliessungsflächen, falls sie (ausschliesslich oder teilweise) zu anrechenbaren Räumen führen. Nur die ausschliesslich zu nicht anrechenbaren Räumen führenden Verkehrswege werden also von der Ausnützungsziffer ausgenommen. Sodann gilt die Privilegierung der Dach- und Untergeschosse auch in Bezug auf die Erschliessungsflächen. Befindet sich zum Beispiel ein Hauseingang in einem Untergeschoss, das keine anrechenbaren Räume aufweist, ist er mitsamt Treppe nicht anrechenbar, auch wenn er zu anrechenbaren Räumen in den oberen Geschossen führt. Auch die Fläche, welche unter der von einem nicht anrechenbaren Geschoss ausgehenden Treppe liegt, ist nicht anrechenbar. Erfolgt die Erschliessung durch einen Lift, kann analog dazu die Schachtfläche im nicht anrechenbaren Geschoss von der Berechnung ausgenommen werden.

Sämtliche Verkehrswege sind grundsätzlich in ihrer tatsächlichen Ausdehnung anzurechnen: Hingegen ist gerechtfertigt, lediglich die gesetzlich erforderliche Gangbreite (§ 305 Abs. 1 PBG) anzurechnen, falls der Zugang durch nicht abgetrennte, von der Ausnützung befreite Räume wie Estrich- oder Kellerräume führt.

Unbeheizte und offene Erschliessungsflächen

Auch unbeheizte und offene Erschliessungsflächen zählen zur Ausnützung, da § 255 Abs. 1 PBG in diesem Zusammenhang von «Flächen» und nicht von «Räumen» spricht. Darunter fallen etwa Lauben, Laubengänge und Windfänge (auch ohne Heizung). Laubengänge sind nach allgemeinem Sprachgebrauch gedeckte balkonartige Gebäudevorsprünge, über die einzelne Wohnungen oder Räume erschlossen werden. Indem sie Treppenhaus und Hausgänge ersetzen, dienen sie der inneren Erschliessung (vgl. auch den unpublizierten Entscheid BRKE IV Nr. 0057/2001). Sie sind deshalb grundsätzlich an die Ausnützung anrechenbar (RB 1999 Nr. 118), im Unterschied zu nicht eingewandeten Balkonen ohne Erschliessungsfunktion. Anrechenbar sind auch offene Aussentreppen und offene Flächen im Erdgeschoss, soweit ihnen erkennbar vorwiegend Erschliessungsfunktion zukommt und sie daher mindestens teilweise an die Stelle von Korridorflächen treten (HUBER 1986: S. 59). Dies gilt aber nur in jenen Fällen, da die Erschliessung durch Bereiche führt, die im weiten Sinne die Merkmale eines Geschosses, also insbesondere eine Geschossdecke aufweisen. Offene, nicht überdachte Erschliessungsflächen (zum Beispiel Aussentreppen) sind nicht anrechenbar.

Anrechenbare und nicht anrechenbare Erschliessungsflächen
Die Eingangspartien in diesem Bild sind anrechenbar, da sie eine Überdachung aufweisen. Nicht anrechenbar ist aber eine offene Aussentreppe.

Grundsätze zu den Treppen im Besonderen

Ausgangspunkt für die Qualifikation der Treppe ist selbstverständlich das Geschoss mit den anrechenbaren Räumen beziehungsweise die Funktion der Treppe, wobei eine Treppe von einem Geschoss mit anrechenbaren Räumen in ein Geschoss mit nicht anrechenbaren Räumen hinab- oder hinausführen kann. Solche, von einem Geschoss hinauf- oder hinabführenden Treppen sind (gedanklich) jeweils bis zur halben Geschosshöhe diesem Geschoss zuzuschlagen und in dessen Grundrissplan einzubeziehen. Damit wird berücksichtigt, dass Treppen, die Geschosse verbinden, einen Bezug zu zwei Geschossen aufweisen (VB.2005.00115, in RB 2005 Nr. 70).

    Räume und Raumteile unter der Treppe, welche also von der Treppe überlagert werden, sind je nach deren Zweckbestimmung und Ausgestaltung (lichte Raumhöhe wenigstens 1,20 m gemäss analoger Anwendung von § 10 Abs. 2 altABV) anrechenbar oder nicht.

    Zur Darstellung der Treppen in den Bauplänen ist auf die SIA-Norm 400, Planbearbeitung im Hochbau, Ausgabe 2000, S. 40 hinzuweisen. Danach werden Treppen in den Grundrissplänen in ca. zwei Drittel ihrer Höhe geschnitten. Bei mehrgeschossigen Treppen werden der obere Teil des unteren und der untere Teil des oberen Laufs dargestellt. Die durchgehende Linie mit Pfeil zeigt bei Treppen und Rampen in Richtung der Steigung. Führt die Treppe nur über ein Geschoss, so wird die Treppe über der Schnittlinie strichpunktiert gezeichnet. Dies ermöglicht eine «Zuordnung» der Treppen zu den einzelnen Geschossen.

Auszug aus SIA-Norm 400

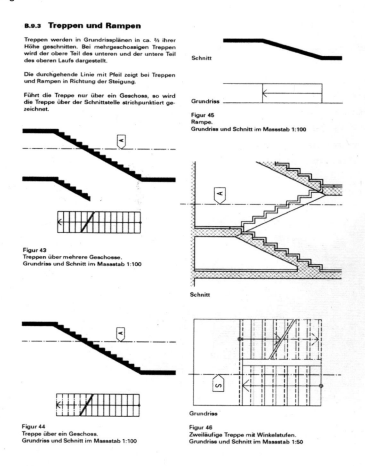

B.9.3 Treppen und Rampen

Treppen werden in Grundrissplänen in ca. ⅔ ihrer Höhe geschnitten. Bei mehrgeschossigen Treppen wird der obere Teil des unteren und der untere Teil des oberen Laufs dargestellt.

Die durchgehende Linie mit Pfeil zeigt bei Treppen und Rampen in Richtung der Steigung.

Führt die Treppe nur über ein Geschoss, so wird die Treppe über der Schnittstelle strichpunktiert gezeichnet.

Schnitt

Grundriss

Figur 45
Rampe.
Grundriss und Schnitt im Massstab 1:100

Figur 43
Treppen über mehrere Geschosse.
Grundriss und Schnitt im Massstab 1:100

Schnitt

Figur 44
Treppe über ein Geschoss.
Grundriss und Schnitt im Massstab 1:100

Grundriss

Figur 46
Zweiläufige Treppe mit Winkelstufen.
Grundriss und Schnitt im Massstab 1:50

In diesem Sinne will § 255 PBG (real vorhandene) Erschliessungsflächen und nicht auch Lufträume anrechnen. Jede Treppenfläche darf deshalb nur (höchstens) einmal gerechnet werden, auch wenn sie in beiden Geschossen, welche sie verbindet, dargestellt ist.

Treppen, die zu nicht anrechenbaren Räumen führen

Nach dem Wortlaut von § 255 Abs. 1 PBG sind Erschliessungsflächen, mithin also auch Treppen anrechenbar, wenn sie zu Räumen «gehören», die dem Wohnen, Arbeiten oder sonst wie dem dauernden Aufenthalt dienen oder hierfür verwendbar sind. Dies im Unterschied zu Treppen, die keine solchen Räume erschliessen, und zwar unabhängig davon, in welchem Geschoss sie planlich dargestellt werden. Weist also zum Beispiel ein Gebäude je ein Unter- und ein Dachgeschoss ohne Wohn- und Schlafräume, ein Erdgeschoss (mit dem Hauseingang) und zwei Obergeschosse auf, ergibt sich nach der Praxis folgendes Bild (vgl. die nachfolgende Darstellung): Im Untergeschoss ist keine Treppenfläche anrechenbar. Im Erdgeschoss ist die zum Untergeschoss führende obere Treppenhälfte nicht, jene zum Obergeschoss führende untere Treppenhälfte indessen anrechenbar. Im ersten Obergeschoss fallen die halbe, vom Erdgeschoss hinaufführende Treppe und die zum zweiten Obergeschoss führende erste Treppenhälfte als anrechenbar an. Im zweiten Obergeschoss ist nur die halbe vom ersten Obergeschoss heraufführende Treppe anrechenbar. Im Grundriss des Dachgeschosses ist wie beim Untergeschoss keine Treppenfläche anrechenbar. Im Erdgeschoss (die hinaufführende) und im zweiten Obergeschoss (die hinabführende) sind also nur je die halbe Treppenhausfläche in die Ausnützung einzubeziehen.

Ausnützungsberechnung bei Treppen. (Zeichnung: Heinz Beiner)

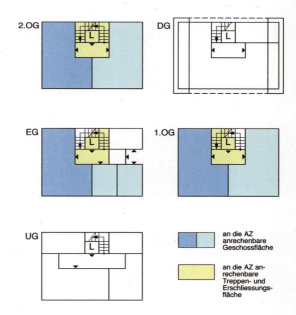

Gebäude mit nutzbaren Räumen im Dach- und im Untergeschoss

Anders liegen die Verhältnisse, wenn sich im Dach- bzw. Untergeschoss Wohn- oder Arbeitsräume oder sonst zum Wohnen geeignete Räume befinden. Dann sind zwar in diesen beiden Geschossen keine Erschliessungsflächen anzurechnen (weil – vorbehältlich von § 255 Abs. 2 PBG – auch die dortigen Räume nicht anrechenbar sind). Doch ist dann die zum Untergeschoss und zum Dachgeschoss führende Treppenfläche zur Hälfte anzurechnen (das heisst, soweit sie dem Erdgeschoss beziehungsweise dem zweiten Obergeschoss «zuzuschlagen» ist). Massgebend ist also nicht, ob die Räume im Dach- oder im Untergeschoss zur Ausnützung anrechenbar sind, sondern lediglich, ob solche Räume dem Wohnen/Arbeiten dienen beziehungsweise hierfür verwendbar sind. Dann haben die entsprechenden Treppen Erschliessungsfunktion und sind anrechenbar, selbst wenn die dadurch erschlossenen Räume nach § 255 Abs. 2 PBG von der Ausnützung befreit sind (VB.2005.00115, in RB 2005 Nr. 70 nur mit dem Leitsatz zitiert, der unzutreffend generalisiert).

14.1.4.6   *Sanitärräume*

Sanitärräume sind gemäss ausdrücklichem Verordnungstext zur Ausnützung anrechenbar (§ 255 Abs. 1 PBG). Darunter fallen im Wesentlichen Abortanlagen (auch ein Gäste-WC; VB.2008.00012) sowie Badezimmer und Duschanlagen (BEZ 2010 Nr. 37).

14.1.4.7   *Innere Trennwände und Aussenwände*

Zur Ausnützung zählen auch die inneren Trennwände (§ 255 Abs. 1 PBG), während die Aussenwandquerschnitte ausser Ansatz fallen. Grenzt im Gebäudeinnern ein anrechenbarer Raum an einen nicht anrechenbaren, ist die ganze entsprechende innere Trennwand anzurechnen (nicht nur etwa die Hälfte). Als «Innenwände» sind diejenigen Wände zu verstehen, die sich im Gebäudeinnern befinden, also nicht einseitig an den Aussenraum grenzen. Den Innenwänden werden geschlossene Schächte (Kamin-, Lüftungs- und Installationsschächte) gleichgestellt. Auch sie sind anrechenbar (vgl. HUBER 1986: S. 66).

Damit sind die in geschlossener Bauweise erstellten Gebäude insoweit benachteiligt, als auch die diese unterteilenden inneren Brandwände in die Ausnützung einzurechnen sind. Dieser Nachteil ist nach der Praxis des Verwaltungsgerichts jedoch hinzunehmen. Grund für die Privilegierung der Aussenwandquerschnitte ist, das Energiesparen in Form vermehrter Fassadenisolationen, welche in aller Regel zu einer erhöhten Wandstärke führen, zu fördern. Für die Privilegierung von Brandwänden zwischen den Gebäuden bestand und besteht jedoch kein Anlass. Die Wandstärke wird hier vorwiegend aufgrund statischer und feuerpolizeilicher, nicht jedoch aufgrund energetischer Überlegungen bestimmt (BEZ 1995 Nr. 31). Räume, die an die Aussenfassade grenzen, sind dort nur mit den Innenmassen anrechenbar. In Bereichen, wo die Glasfront bis zum Geschossboden reicht, ist diese für die Berechnung der massgeblichen Geschossfläche bestimmend.

14.1.4.8   *Dach- und Untergeschosse*

Mehrfläche

Gemäss § 255 Abs. 1 PBG müssen grundsätzlich nur Räume in Vollgeschossen zur Ausnützung angerechnet werden. Räume in Dach- und Untergeschossen sind dagegen, auch wenn sie dem Wohnen, Arbeiten oder sonst wie dem dauernden Aufenthalt dienen, in der Regel nicht anrechenbar (wenn auch nach Massgabe von § 276 PBG allenfalls für die Anrechnung als Geschoss bestimmend). Um Missbräuchen vorzubeugen und insbesondere Untergeschosse mit übergrossen Ausmassen zu verhindern, hat der Gesetzgeber in § 255 Abs. 2 PBG Einschränkungen angebracht: Danach sind ausnützungspflichtige Räume in Dach- und Untergeschossen ausnahmsweise anrechenbar, soweit sie je Geschoss die Fläche überschreiten, die sich bei gleichmässiger Aufteilung der gesamten zulässigen Ausnützung auf die zulässige Vollgeschosszahl ergäbe.

Anders ausgedrückt ergibt sich folgende Formel:

$$\frac{\text{gesamte zulässige Ausnützung in m}^2}{\text{Zahl der zulässigen Vollgeschosse}}$$

Was mehr ist pro Dach- oder Untergeschoss, ist ebenfalls zulässig, wird aber zur Ausnützung gerechnet (VB.2008.00135). Die Privilegierung entfällt also nur in Bezug auf die effektive Überschreitung des sich aus der Formel ergebenden Masses (RB 1999 Nr. 118). Praktisch bedeutsam wird diese Regel vor allem, wenn die Anzahl zulässiger Vollgeschosse nicht ausgeschöpft wird (vgl. die zeichnerische Darstellung zu § 255 PBG im Anhang ABV). Nach dem klaren Gesetzeswortlaut wird jedes Dach- beziehungsweise Untergeschoss für sich betrachtet (vgl. auch HUBER 1995a: S. 9). Es erfolgt keine Zusammenzählung oder Mischrechnung.

Mehrflächen in Dach- und Untergeschossen (Quelle: Anhang ABV)

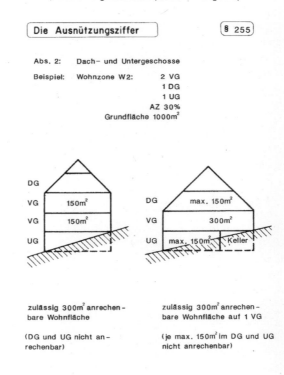

zulässig 300 m² anrechenbare Wohnfläche

(DG und UG nicht anrechenbar)

zulässig 300 m² anrechenbare Wohnfläche auf 1 VG

(je max. 150 m² im DG und UG nicht anrechenbar)

Die ABV enthält keine Regelung, bis zu welcher Raumhöhe Mehrflächen in Dachgeschossen anrechenbar sind. Massgebend ist, inwieweit solche Flächen noch für menschliche Tätigkeiten «verwendbar» sind. Nach altem, vor dem 1. Februar 1992 geltendem Recht war formuliert:

§ 10 Abs. 2 altABV

«Als für das Wohnen oder das Gewerbe sowie für den dauernden Aufenthalt nicht verwendbar gelten namentlich Räume und Raumteile mit einer lichten Höhe von weniger als 1,20 m in Dachgeschossen.»

Diese Bestimmung kann als Auslegungshilfe des Begriffes «verwendbar» weiterhin dienen, auch wenn sie formell nicht mehr in Kraft steht (Vgl. auch BEZ 2011 Nr. 15).

Die gesamte zulässige Ausnützung im Sinne von § 255 Abs. 2 PBG bildet dasjenige Mass, welches die Bauordnung in den jeweils fraglichen Bauzonen für die zonenkonformen Verwendungszwecke insgesamt zur Verfügung stellt. Gewährt die Bau- und Zonenordnung einen Gewerbebonus, so sind diesbezügliche Ausnützungserhöhungen bei der Frage, in welchem Umfang Nutzungsflächen in Dach- und Untergeschossen nicht anrechenbar seien, zu berücksichtigen. Nach BEZ 1998 Nr. 13 gilt dies selbst dann, wenn im Einzelfall auf diesen Bonus verzichtet wird, während in RB 1998 Nr. 115 einschränkend ausgeführt wird: «zumindest im beanspruchten Umfang».

Dach- und Untergeschosse, die ein Vollgeschoss ersetzen

Vollgeschosse können durch Dach- und Untergeschosse ersetzt werden; zusammengerechnet dürfen sie die erlaubte Zahl der Vollgeschosse nicht überschreiten (§ 276 Abs. 2 PBG). Solche Dach- beziehungsweise Untergeschosse gelten hinsichtlich der Ausnützung als Vollgeschosse, sind also an diese anrechenbar (§ 9 ABV, 1. Halbsatz).

Bei dieser Bestimmung geht es nach dem klaren Wortlaut nur um solche Dach- und Untergeschosse, die (auf Kosten der Vollgeschosse) über die nach Bauordnung zulässige Zahl hinausgehen (wenn also zum Beispiel statt – wie gemäss Bauordnung zwei Vollgeschosse und ein Dachgeschoss – nur ein Vollgeschoss, dafür aber zwei Dachgeschosse erstellt werden), vgl. BEZ 1988 Nr. 36. Zur Ausnützung sind dann die Räume beziehungsweise Flächen jenes Geschosses zu rechnen, das näher bei den Vollgeschossen liegt.

Mehrheitlich über dem gewachsenen Boden liegende Untergeschosse

Nach § 9 ABV, 2. Halbsatz, gelten Untergeschosse, die mehrheitlich über dem gewachsenen Boden liegen, für die Berechnung der Ausnützungsziffer als Vollgeschosse. Als Untergeschoss in diesem Sinne gilt auch ein solcher Gebäudeabschnitt, der nur sehr wenig oder in einem beschränkten Bereich in den gewachsenen Boden hineinragt (§ 275 Abs. 2 PBG, vgl. Seite 891 f.). Werden Untergeschosse auch in solchen Verhältnissen in Form der Ausnützungsbefreiung privilegiert, ergibt sich eine vom kantonalen Gesetzgeber ungewollte zusätzliche Verdichtungswirkung (Weisung des Regierungsrates vom 5. August 1992 zur Revision der ABV). Dem soll § 9 ABV 2. Halbsatz entgegenwirken.

Der Begriff «mehrheitlich» bezieht sich auf das Volumen. Nach zutreffender Auffassung der Rechtsmittelbehörden bildet Teil des Untergeschosses auch dessen Betondecke. Das ergibt sich schon aus der Definition von § 2 Abs. 1 ABV, wonach Gebäude einen Raum gegen äussere, namentlich atmosphärische Einflüsse abschliessen, was einen oberen Abschluss, bei Geschossen also eine Decke voraussetzt. Während somit die Betondecke dem Untergeschoss zuzurechnen ist, gilt aber der Fertigboden des darüber liegenden Geschosses als jenem Gebäudeabschnitt zugehörig (BEZ 2009 Nr. 63, VB.2008.00163) siehe Seite 892.

Zur Gesetzmässigkeit von § 9 ABV

Die Baurekurskommission I hat nun aber § 9 ABV hinsichtlich der Unterscheidung zwischen mehrheitlich über beziehungsweise unter dem gewachsenen Boden liegenden Untergeschossen als mit § 255 PBG unvereinbar und daher unbeachtlich bezeichnet (BEZ 1995 Nr. 24). Die Kommission ist mit einlässiger Begründung zum Schluss gelangt, die Privilegierung der Dach- und Untergeschosse sei in § 255 PBG abschliessend geregelt. Der Verordnungsgeber habe mit dem Erlass von § 9 ABV seine Ausführungskompetenz überschritten, da diese Bestimmung der Zielsetzung des Gesetzes nicht folge und diese konkretisiere, sondern die gesetzliche Bestimmung vielmehr abändere. Der in § 255 Abs. 2 PBG verwendete Begriff des Untergeschosses sei im Gesetz klar bestimmt. Angesichts der die Erscheinungsweise der Bauten massgeblich prägenden und sich auf das Überbauungsbild entscheidend auswirkenden Geschosszahlvorschriften sei die detaillierte Umschreibung der verschiedenen Geschosstypen auf Gesetzesstufe erfolgt und bewusst nicht einer Vollzugsverordnung überlassen worden. Dies habe zur Folge, dass eine unterschiedliche Behandlung der definierten Geschosse ebenfalls auf Gesetzesstufe geregelt werden müsse. Eine Ergänzung von § 255 PBG im Sinn von § 9 ABV müsse daher durch den Gesetzgeber selber normiert werden. Die Bestimmung von § 9 ABV erweise sich daher hinsichtlich der Unterscheidung von mehrheitlich über und unter dem gewachsenen Terrain liegenden Untergeschossen als gesetzwidrig und sei daher unbeachtlich.

Das Verwaltungsgericht hat sich nun in einem neuesten Entscheid dieser Auffassung ausdrücklich angeschlossen (BEZ 2011 Nr. 23). Es wird dort unter anderem ausgeführt:

Auszug aus BEZ 2011 Nr. 23

Die in BEZ 1995 Nr. 24 dargelegte Rechtsauffassung beruht auf einer einlässigen und einleuchtenden Begründung. Einwände dagegen zielen auf eine Änderung der in § 255 PBG getroffenen gesetzlichen Regelung ab. Solange der Gesetzgeber nicht tätig wird, sind die rechtsanwendenden Behörden bei der Beurteilung von Untergeschossen, die mehrheitlich über dem gewachsenen Boden liegen, nicht befugt, § 9 ABV anzuwenden. Angesichts des langen Zeitraums, in welchem die erwähnte Praxis unangefochten blieb und entsprechende Bewilligungen erteilt wurden, sprechen für dieses Ergebnis im Übrigen auch Gründe der Rechtssicherheit.

Der Hinweis auf die Rechtssicherheit ist durchaus nachvollziehbar. Denn § 9 ABV in der geltenden Fassung steht seit 1. Oktober 1992 in Kraft und aufgrund des in BEZ 1995 Nr. 24 wiedergegebenen Entscheides der Baurekurskommission I sind viele Gemeinden dazu übergegangen, Untergeschosse unabhängig davon, in welchem Masse sie in den gewachsenen Boden hineinragen, von der Ausnützung zu befreien. Ein «Zurückkrebsen» würde zur nachträglichen Baurechtswidrigkeit vieler Gebäude führen. Die Kehrtwendung wäre daher – wenn schon – vom Gesetzgeber und nicht durch die Rechtsmittelinstanzen vorzunehmen.

Festzuhalten ist, dass sich weder die Baurekurskommissionen (bzw. das Baurekursgericht) noch das Verwaltungsgericht (auch in seinem neuesten Entscheid) zur Anwendung von § 9 ABV äusserten, soweit Dach- und Untergeschosse infrage stehen, die ein Vollgeschoss ersetzen. Insoweit ist die Rechtslage nach wie vor ungeklärt. Ein Entscheid des Verwaltungsgerichts aus dem Jahr 1995 (VB.1995.00094) lässt einstweilen eher den Schluss zu, dass § 9 ABV insoweit anwendbar bleibt. Das Gericht hielt fest, der in BEZ 1995 Nr. 24 publizierte Entscheid der Baurekurskommission I gebe keinen Anlass, auf die davon abweichende eigene Rechtsprechung (VB.1993/0048) zurückzukommen. In jenem Fall war ein Untergeschoss zu beurteilen, welches nicht nur mehrheitlich über dem gewachsenen Terrain lag, sondern auch ein Vollgeschoss ersetzte.

14.1.4.9   *Ausdrücklich nicht anrechenbare Nebenräume*

Nach § 256 Abs. 3 PBG können durch Verordnung «der Wohnlichkeit oder der Arbeitsplatzgestaltung dienende Nebenräume» als nicht anrechenbar erklärt werden. Der Regierungsrat hat dies mit § 10 ABV umgesetzt. Danach zählen drei Gruppen von Räumen nicht zur Ausnützung:
* der Freizeit dienende Gemeinschaftsmehrzweckräume von Mehrfamilienhäusern und Einfamilienhaussiedlungen, soweit sie mindestens 20 m² erreichen und bei grösserem Ausmass 2 % der anrechenbaren Geschossfläche nicht übersteigen;
* der Arbeitsplatzgestaltung dienende Nebenräume (also klar abgegrenzte Räume und nicht Raumteile) bis zu 2 % der anrechenbaren Geschossfläche (zum Beispiel Erfrischungsräume, kleine Küchen, Kleiderräume, Garderoben, Duschen);
* verglaste Balkone, Veranden und Vorbauten ohne heiztechnische Installationen, soweit sie dem Energiesparen dienen, bis zu 10 % der Summe aller anrechenbaren Geschossflächen (§ 10 ABV).

Mit dem Hinweis auf «anrechenbare» Geschossflächen wird präzisiert, dass bei der Prozentberechnung (im Normalfall) keine Dach- und Untergeschosse einzubeziehen sind. Entsprechende, über die erwähnten Masse hinausgehende Mehrflächen (und nur diese) zählen zur Ausnützung.

Nach § 20 BBV II sind auch Baubaracken für die Dauer der Bauarbeiten von den Ausnützungsbestimmungen befreit, soweit dadurch keine wesentlichen Interessen der Öffentlichkeit oder der Nachbarschaft verletzt werden. Allerdings brauchen derartige Bauten nach § 1 lit. c BVV ohnehin keine Baubewilligung.

Vgl. Details zum Thema Baubaracken Seite 264 f.

14.1.4.10   *Verglaste Balkone und dergleichen im Besonderen*

Grundsätze

Wintergärten, verglaste Balkone und ähnliche Räume, welche direkt vom beheizten Gebäude her zugänglich sind, zählen zur Ausnützung, sofern nicht die Voraussetzungen von § 10 lit. c ABV gegeben sind.

Das Ausnützungsprivileg von § 10 lit. c ABV können nicht nur Wohn-, sondern auch Gewerbebauten beanspruchen. Eine Beschränkung auf Wohnbauten ergibt sich weder aus dem Wortlaut der genannten Verordnungsbestimmung noch aus der diese konkretisierenden Wärmedämmvorschriften (BEZ 2009 Nr. 62).

Zu den baulichen Gegebenheiten

Das Verwaltungsgericht geht davon aus, dass unter «verglasten Balkonen und Veranden» im Sinne von § 10 lit. c ABV begrifflich Fassadenvorsprünge oder Anbauten zu verstehen seien. Auch der vom Verordnungsgeber zusätzlich verwendete Ausdruck der Vorbaute setze voraus, dass «an ein dahinterliegendes Hauptgebäude angebaut» werde. Damit sind Räume, die innerhalb des durch die Hauptfassaden gebildeten Baukörpers liegen, von vornherein nicht privilegiert (VB.2008.00012 und VB.2008.00135).

Die Baudirektion hat den Begriff der verglasten Vorbauten wie folgt definiert: Mindestens 70 Prozent der vertikalen Bauhüllenteile gegen Aussenluft müssen als verglaste Elemente (Fenster, Fenstertüren, Glasfaltwände usw.) ohne übermässigen Rahmenteil ausgebildet sein (Vollzugsordner Energie, Ziffer 2.5, S. 1). Der Vollzugsordner dient den Gemeinden als Hilfsmittel und Nachschlagewerk für den praktischen Vollzug der Energiegesetzgebung. Er wird von der Rechtsprechung als Entscheidungsgrundlage anerkannt (vgl. BEZ 2009 Nr. 62; VB.2008.00012). Vgl. im Detail auch das von der Baudirektion publizierte Merkblatt mit Schema «Wintergarten aus rechtlicher Sicht».

Sodann können gemäss den genannten Entscheiden nur solche Räume privilegiert werden, die in räumlicher und funktionaler Hinsicht als den anrechenbaren «Wohn- und Arbeitsräumen» untergeordnet erscheinen. Es ist zwar grundsätzlich etwa zulässig, die wärmedämmende Trennwand als verglaste Schiebetür auszugestalten. Dies darf jedoch nicht dazu führen, dass der sogenannte Wintergarten nicht mehr als ein den angrenzenden Wohn- und Arbeitsräumen untergeordneter Nebenraum erscheint, sondern Teil eines gemäss § 255 Abs. 1 PBG anrechenbaren Raumes wird. Denn die Delegationsnorm von § 255 Abs. 3 PBG erlaubt dem Verordnungsgeber lediglich die Privilegierung von Nebenräumen. Ob die Voraussetzung der Unterordnung gegeben sei, ist im Einzelfall aufgrund von Grösse, Lage und Raumbeziehungen zu beurteilen. Diese Voraussetzungen waren beim Doppeleinfamilienhaus, den das Verwaltungsgericht in VB.2008.00012 zu beurteilen hatte, nicht gegeben: Das Obergeschoss des Doppeleinfamilienhauses weist folgenden Grundriss auf:

Zur Ausnützung anrechenbare «Wintergärten» (Quelle: VB.2008.00012)

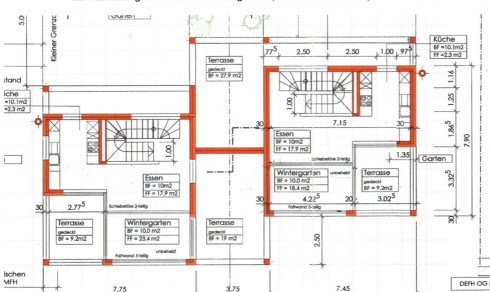

Bereits die Baubehörde hatte festgestellt, dass der östliche Wintergarten nicht den erforderlichen Glasanteil aufweist, weshalb die Mauer westseits durch eine Verglasung zu ersetzen war. Das genügte aber nicht. Aus den Erwägungen des Verwaltungsgerichts:

Aus VB.2008.00012

«Der umstrittene Wintergarten ragt auf keiner Seite über die Hauptfassaden des Doppeleinfamilienhauses vor, sondern liegt vollständig innerhalb des Grundrisses des darunter liegenden Erdgeschosses und wird vollständig vom Attikageschoss und dessen Terrassen überdeckt. Damit handelt es sich jedenfalls nicht um einen verglasten Balkon und werden mit der Qualifikation als Veranda oder Vorbau diese Begriffe bis an die Grenze des Zulässigen gedehnt. Hinzu kommt jedoch, dass der Wintergarten mit 10 m² ebenso gross ist wie der unmittelbar angrenzende Essraum, von dem er auf seiner Längsseite nur durch eine als Schiebetür ausgestaltete Glaswand getrennt ist. Sodann muss dieser angrenzende Essraum auch als Verkehrsfläche zwischen Küche, Treppe, Wintergarten und Terrasse dienen, weshalb der vollständige Einbezug des Wintergartens in den Wohnbereich vorgezeichnet ist. Aufgrund all dieser Umstände handelt es sich beim Wintergarten nicht mehr um einen Nebenraum im Sinn von §10 lit. c ABauV, wie er gemäss §255 Abs. 3 PBG vom Verordnungsgeber ausnützungsmässig privilegiert werden kann.»

Dieselben Überlegungen trafen für den westlichen Wintergarten zu.

Dem Energiesparen dienend

Was «dem Energiesparen dienend» heisst, ist in Abschnitt VIII der Wärmedämmvorschriften 2009 der Baudirektion festgehalten. Bei verglasten Vorbauten
an Neubauten muss der Heizenergiebedarf des zugehörigen Gebäudes mindestens 10 Prozent tiefer liegen als entsprechend den Normalanforderungen an
den Wärmeschutz. Bei der Erstellung von verglasten Balkonen, Veranden und
Vorbauten an bestehende Gebäude dürfen die Energiekennzahlen nach Tabelle
10 nicht überschritten werden. Werden die massgeblichen Energiekennzahlen
nicht eingehalten, zählt der Vorbau vollumfänglich zur Ausnützung. Dies hat
zur Folge, dass bei älteren Gebäuden mit hohen Energiekennzahlen verglaste
Vorbauten zur Ausnützung anrechenbar sind, falls nicht zugleich eine Nachiso-
lation erfolgt.

Es muss grundsätzlich immer die Energiekennzahl des ganzen Gebäudes
ermittelt und den Anforderungen gegenübergestellt werden. Bei eigentlichen
Reihenbauten (Reiheneinfamilienhäusern, Terrassenhäusern, Altstadtzeilen
etc.) sowie bei Bauten mit mehreren Nutzungszonen mit unterschiedlicher Beheizung (zum Beispiel Wohnhaus mit Gewerberäumen) kann der Berechnung
wahlweise der ganze Baukörper oder die einzelne Nutzungszone beziehungsweise das einzelne Terrassen- oder Reihenhaus zugrunde gelegt werden. Vgl.
hierzu und für die Fälle von Stockwerkeigentum den Vollzugsordner Energie
der Baudirektion, Abschnitt 2.4, S 3.

Keine Heizinstallationen

Die Vorbauten dürfen ferner keine Heizung aufweisen. Damit sind sämtliche
Arten von Heizinstallationen (Elektroheizungen, Bodenheizungen usw.) wie
auch sämtliche Feuerungen (Gartencheminées, Warmluftcheminées usw.) ausgeschlossen. Ist eine auf höchstens etwa 4° C angelegte Frostschutzheizung
installiert, gilt der Wintergarten als unbeheizter Pufferraum. Er zählt zur Ausnützung, sofern der Dämmperimeter an der Aussenhülle angenommen wird
(Vollzugsordnung Energie der Baudirektion, Abschnitt 2.4, S. 2).

Mass der Ausnützungsbefreiung

Erfüllen verglaste Vorbauten die erwähnten Voraussetzungen (also auch die Voraussetzung der untergeordneten Anbaute), sind sie bis zu 10% der Summe aller
anrechenbaren Geschossflächen von der Ausnützung befreit. Es sind somit 10%
all jener Flächen zulässig, die zur Ausnützung zählen (und nicht aller Geschossflächen). Der Wortlaut von § 10 lit. c ABV ist da klar. Ist eine Vorbaute grösser als
10 Prozent, wird die entsprechende Mehrfläche (und nicht der ganze Vorbau)
zur Ausnützung gerechnet. Zu den Einzelheiten vgl. den erwähnten Vollzugsordner Energie der Baudirektion, Abschnitt 2.4.

14.1.5   Überbauungsziffer

14.1.5.1   *Begriff*

Auch die Überbauungsziffer gibt das Verhältnis der anrechenbaren Fläche zur
massgeblichen Grundfläche wieder (§ 254 Abs. 1 PBG). Die anrechenbare Flä-

che ergibt sich aus der senkrechten Projektion der grössten oberirdischen Gebäudeumfassung auf den Erdboden (§ 256 Abs. 1 PBG). Die Überbauungsziffer berechnet sich nach folgender Formel:

$$\frac{\text{senkrechte Projektion grösste oberirdische Gebäudefläche (m}^2\text{)}}{\text{massgebliche Grundstücksfläche (m}^2\text{)}}$$

Massgebend ist nicht ohne Weiteres die Fläche des untersten Geschosses, sondern die grösste oberirdische Gebäudeumfassung (allenfalls auch in einem oberen Geschoss). «Oberirdisch» und damit anrechenbar ist in diesem Zusammenhang die Gebäudefläche, welche den gewachsenen Boden (zur Definition vgl. § 5 ABV und Seite 906 ff.) übersteigt.

Die Bestimmung von § 269 PBG, welche oberirdische Gebäudeteile bis 0,50 m hinsichtlich der Abstände privilegiert, ist hier nicht direkt anwendbar. Der sprachlich etwas unglücklich gefasste Ausdruck der «grössten oberirdischen Gebäudeumfassung» lässt sich allerdings nach Auffassung der Baurekurskommission sinnvollerweise nur als «grösste Umfassung des oberirdischen Gebäudes» verstehen. Dieses Verständnis von § 256 Abs. 1 PBG verweist implizit auf die Bestimmung von § 269 PBG. Daher sind zum Beispiel Teile einer Tiefgarage, die den gewachsenen Boden nicht mehr als 50 cm überragen, von der Anrechenbarkeit an die Überbauungsziffer befreit. Das Verwaltungsgericht hat diese Auslegung in einem älteren Entscheid als «vertretbar» bezeichnet (VB 90/0221).

Im Gegensatz zur Ausnützung (§ 255 PBG) ist die oberirdische Gebäudefläche unabhängig von der Nutzung der einzelnen Räume anrechenbar. Massgebend ist ausschliesslich der Umfang dieser Fläche (RB 1999 Nr. 118). Korrekturen ergeben sich aufgrund von § 256 Abs. 2 PBG (Abzüge).

14.1.5.2   *Abzüge*

Generelles

Ausser Ansatz fallen oberirdische geschlossene Vorsprünge bis zu einer Tiefe von 1,50 m, oberirdische Vorsprünge wie Balkone bis zu einer Tiefe von 2 m, Erker und Laubengänge jedoch nur, soweit sie nicht mehr als ein Drittel der betreffenden Fassade messen (§ 256 Abs. 2 PBG). Die Bestimmung lehnt sich an § 100 Abs. 1 (Baulinien) und § 260 Abs. 3 PBG (Abstände) an, ohne aber mit diesen Regelungen übereinzustimmen. Die Allgemeine Bauverordnung enthält keine ausführenden Bestimmungen hierzu. Vgl. jedoch die Skizze zu § 256 PBG im Anhang ABV. Verständlich wird § 256 Abs. 2 eigentlich nur, wenn die vor dem 1. Februar 1992 geltende Fassung mitberücksichtigt wird: Ursprünglich lautete die Bestimmung: «Ausser Ansatz fallen dabei oberirdische Vorsprünge bis zu einer Tiefe von 1,50 m, Erker und Laubengänge nur, soweit sie nicht mehr als ein Drittel der betreffenden Fassadenlänge messen». Die mit der Revision erfolgte Ergänzung «oberirdische Vorsprünge wie Balkone bis zu einer Tiefe von 2 m» und der Einschub «geschlossene» im ersten Satzteil haben nur den Sinn, die oberirdischen offenen Vorsprünge weitergehend als die geschlossenen zu privilegieren.

Oberirdische geschlossene Vorsprünge

Ausser Ansatz fallen also vorerst oberirdische geschlossene Vorsprünge bis zu einer Tiefe von 1,50 m. Geschlossen sind primär Vorsprünge, die – wie zum Beispiel Erker – ein Dach und eine Fassade aufweisen. Als geschlossen werden in Analogie zum Begriff der Fassadenlänge (§ 27 Abs. 1 ABV) auch überdachte Balkone zu verstehen sein, die eine geschlossene (gemauerte) Brüstungshöhe von mehr als 1,30 m aufweisen. Dünne Sicht- oder Windschutzabschlüsse wie zum Beispiel Glastrennwände sind keine Brüstungen in diesem Sinne. Ebenso sind Laubengänge als geschlossene Vorsprünge zu betrachten, zumal sie in § 256 PBG gleichberechtigt neben dem Begriff «Erker» erwähnt sind (zur Unterscheidung zwischen Laubengängen und Balkonen vgl. RB 1999 Nr. 118: Laubengänge sind balkonartige Vorsprünge, über die einzelne Wohnungen erschlossen werden; indem sie Treppenhaus und Hausgänge ersetzen, dienen sie der inneren Erschliessung). Solche geschlossenen Vorsprünge dürfen, gemessen ab Hauptfassade, höchstens 1,50 m hinausragen. Sie sind ferner auf ein Drittel der betreffenden Fassadenlänge beschränkt (wobei § 256 Abs. 2 PBG nur Erker und Laubengänge ausdrücklich erwähnt). Zum Begriff der Fassade vgl. § 27 Abs. 1 ABV und die entsprechenden Ausführungen auf Seite 959 ff.

Oberirdische offene Vorsprünge

Eine weitergehende Privilegierung enthält § 256 Abs. 2 PBG für die oberirdischen offenen Vorsprünge. Dazu gehören insbesondere Balkone mit normaler Brüstungshöhe und Vordächer. Solche Vorsprünge dürfen bis zu 2 m und ohne Drittel-Beschränkung hinausragen, ohne dass sie zur Überbauungsziffer anrechenbar sind. Zur Anrechnung eines Verbindungsdachs vgl. BEZ 2011 Nr. 30.

Gemeinsame Begriffe

Gemeinsam ist den beiden Arten von Vorsprüngen, dass sie «oberirdisch» sein müssen. Das bedeutet im vorliegenden Zusammenhang «frei auskragend». Vorsprünge, die bis zum (gestalteten) Terrain reichen oder abgestützt sind, sind also an die Überbauungsziffer anzurechnen.

Gebäudevorsprünge, die das Mass von 1,50 m beziehungsweise 2,0 m überschreiten, sind nicht mit ihrem ganzen Umfang, sondern nur im überschreitenden Ausmass zur Überbauungsziffer anrechenbar. Diese Auslegung widerspricht zwar der zeichnerischen Darstellung in den Skizzen zur ABV, S. 12. Sie wird jedoch vom Wortlaut von § 256 Abs. 2 PBG gedeckt, wonach Vorsprünge «bis zu einer Tiefe» von 1,50 m beziehungsweise 2 m ausser Ansatz fallen. Analog zur Auslegung von § 255 Abs. 2 PBG ist also nur die Mehrfläche anrechenbar (RB 1999 Nr. 118, auch zum Folgenden). Die Anrechnung entfällt naturgemäss, falls die entsprechenden Vorsprünge ohnehin hinter die massgebende Projektionslinie fallen.

14.1.6   Baumassenziffer

14.1.6.1   *Begriff*

Die Baumassenziffer bestimmt, wie viele Kubikmeter anrechenbaren Raums auf den Quadratmeter Grundfläche entfallen dürfen (§ 254 Abs. 2 PBG). Anrechenbar ist der oberirdisch umbaute Raum mit seinen Aussenmassen (§ 258 Abs. 1 PBG).

Die Baumassenziffer berechnet sich nach folgender Formel:

$$\frac{\text{oberirdische Baumasse (m}^3)}{\text{massgebliche Grundstücksfläche (m}^2)}$$

Ausser Ansatz fallen Räume, die als öffentliche Verkehrsflächen benützt werden oder sich innerhalb des Witterungsbereiches unter vorspringenden freitragenden Bauteilen befinden (§ 258 Abs. 2 PBG). § 12 ABV umschreibt die Begriffe «oberirdisch» und «Witterungsbereich».

14.1.6.2   *Oberirdisch umbauter Raum*

Umbauter Raum

Der Begriff «umbauter Raum» wird weder in § 258 PBG noch § 12 ABV definiert. Auszugehen ist wohl vom Gebäudebegriff in § 2 ABV auch wenn ein Verweis auf diese Bestimmung fehlt und nur § 12 ABV (im Zusammenhang mit der Umschreibung des oberirdisch umbauten Bereiches) von Gebäude spricht, während § 258 PBG den erwähnten Begriff «umbauter Raum» enthält. Damit wird der umbaute Raum durch Aussenfassaden, Abstützungen und Dach definiert. Massgebend sind im Unterschied zur Ausnützung also die Aussenmasse der Fassaden (inbegriffen die Wärmedämmung, VB.2005.00104); die äusseren Trennwände werden nicht abgezogen. Voraussetzung ist, dass im Sinne von § 2 Abs. 1 ABV ein Witterungsschutz, das heisst, zum Schutz für Menschen oder Sachen ein mehr oder weniger vollständiger Abschluss besteht. Der Raum muss nicht allseitig abgeschlossen sein (BEZ 1982 Nr. 34; vgl. zum Gebäudebegriff Seite 835 ff.). Daher vermag auch ein überdachter Gebäudeteil ohne Aussenwände die Qualifikation als «umbauter Raum» zu erfüllen. Nur dann haben die Bestimmungen über den Witterungsbereich auch ihren Sinn (BEZ 2000 Nr. 33).

Somit gehören zum umbauten Raum etwa auch überdeckte, offene Bauteile (zum Beispiel innen liegende, überdachte Balkone) sowie Räume unter Dachvorsprüngen und Vordächern mit mehr als der üblichen Auskragung (1,50 m).

Für die Berechnung der Aussenmasse ist die senkrechte Projektion der grössten oberirdischen Gebäudeumfassung auf den Erdboden massgebend. Zum massgeblichen Kubus gehören auch Dachaufbauten (zum Beispiel Lukarnen, Liftaufbauten, Aufbauten für Klimaanlagen). Nach unpublizierter Auffassung der Baurekurskommissionen scheint selbst ein Swimmingpool auf einem Flachdach zur Baumassenziffer zu gehören.

Zur Vereinfachung wird die Hülle des Baukörpers generalisierend betrachtet, das heisst, kleinere örtliche Vor- und Rücksprünge werden vernachlässigt (zum Beispiel Fensternischen und Fenstersimse, Kapitelle, Verzierungen, Dachflächenfenster, Lichtkuppeln). Nicht zum umbauten Raum gehören auch (weil es am Gebäude- beziehungsweise Raumkriterium fehlt): übliche Dachvorsprünge und Vordächer (bis maximal 1,50 m Auskragung); offene Dacheinschnitte; nicht überdachte Balkone, Brüstungen (zum Beispiel über Flachdächern), Pflanzentröge, freistehende Mauerscheiben; Kamine (auch freistehende), Antennen, Sonnenenergieanlagen; nur mit Balkenlagen überdeckte Bauteile (Pergolen); Erdreich über Gebäuden (zum Beispiel Dachbegrünung); Freitreppen; technische Ausstattungen und Ausrüstungen im Sinne von §§ 3 und 4 ABV.

Aussenwärmedämmung

Seit 1. Juli 2009 ist § 12 Abs. 3 ABV in Kraft. Die Bestimmung lautet:

«Wird die Konstruktionsstärke der Fassade und des Dachs aufgrund der Wärmedämmung grösser als 35 cm, ist sie nur bis zu diesem Mass zu berücksichtigen.»

Damit wird ein wertvolles Zeichen zum Energiesparen gesetzt: Nach § 258 Abs. 1 PBG fliessen nämlich wie erwähnt im Unterschied zur Ausnützungsziffer die Aussenwandstärken in die Berechnung der Baumassenziffer mit ein. Eine dickere Wärmedämmung führt somit zu einem Verlust an zulässiger Nutzfläche. Damit die zunehmend erhöhten Anforderungen an die Wärmedämmung der Bauten die mögliche Ausnützung der Grundstücke nicht vermindern, wurde die Berechnung der Baumassenziffer angepasst. Allerdings ging der Verordnungsgeber nicht so weit wie bei der Ausnützungsziffer, indem Konstruktionsstärken bis 35 cm gleichwohl angerechnet werden. Das Mass von 35 cm entspricht jedoch der Empfehlung in der MuKEn (Antrag des Regierungsrates vom 10. September 2008 zur Änderung der Allgemeinen Bauverordnung, Abl 2008, S. 1535).

Zum Begriff «oberirdisch»

Nach § 12 ABV gelten als «oberirdisch» und damit für die Baumassenziffer anrechenbar alle Gebäudeteile, die über dem gewachsenen Boden liegen. Die Betondecke des Untergeschosses wird dabei diesem zugerechnet (vgl. Seite 892). § 269 PBG, wonach Gebäudeteile, die den gewachsenen Boden um nicht mehr als 50 cm überragen, von den Abstandsvorschriften befreit sind, gilt nicht auch für die Berechnung der Baumassenziffer.

Damit ist die Bestimmung des gewachsenen Bodens für die Berechnung der Baumassenziffer von wesentlicher Bedeutung. Der gewachsene Boden beurteilt sich nach § 5 ABV (vgl. hierzu ausführlich Seite 911 ff.). Er lässt sich bei bestehenden Bauten oft nicht mehr feststellen. Es empfiehlt sich deshalb, die Lage des massgeblichen gewachsenen Terrains vorgängig durch den Geometer oder das Bauamt ermitteln zu lassen und allenfalls durch einen Entscheid der Baubehörde abzusichern.

Grundlage für die Berechnungsweise bildet der Grundbuchplan mit den amtlichen Höhenkurven von nicht mehr als einem Meter Äquidistanz. Die Anzahl der zu erhebenden Höhenkoten ist von den topografischen Gegebenheiten abhängig. Bei einer mehr oder weniger regelmässigen Gebäudemodulation genügen die Koten in den vier Ecken eines rechteckigen Bauteils, bei ungleichmässigen Neigungen müssen von Fall zu Fall zusätzliche Koten miteinbezogen werden. Vorteilhaft ist die Ermittlung der Messebene pro Gebäudeteil (ausgemittelter gewachsener Boden). Über dieser Messebene gilt das Bauvolumen als oberirdisch und damit als anrechenbar.

Gesetzliche Regelung

Nach § 258 Abs. 2 PBG werden nicht zur Baumassenziffer gerechnet: Räume, die als öffentliche Verkehrsflächen genutzt werden oder sich innerhalb des Witterungsbereiches unter vorspringenden freitragenden Bauteilen befinden. Die Aufzählung ist abschliessend.

Öffentliche Verkehrsflächen

Öffentlich sind solche Verkehrsflächen, die rechtlich (zum Beispiel mit Wegrecht zugunsten der Öffentlichkeit) und tatsächlich dem Gemeingebrauch gewidmet sind (vgl. WALKER SPÄH 1994a: S. 30). Es geht also um gebäudeinterne Strassen, Rad- und Fusswege (zum Beispiel in Form von Arkaden), die in der Regel von jedermann uneingeschränkt benützt werden können. Ausser Ansatz fällt der zugehörige umbaute Raum solcher öffentlicher Verkehrsflächen. Nicht öffentlich und damit zur Baumassenziffer hinzuzurechnen sind dagegen interne Erschliessungsflächen, denen (ausschliesslich) die Funktion von Hauszufahrten (zum Beispiel für Unterniveaugaragen) und Hauszugängen zukommt.

Nichtanrechenbarkeit von öffentlichen Verkehrsflächen am Beispiel einer Arkade
(Quelle: WALKER SPÄH 1994a: S. 28 ff. beziehungsweise SUTER. VON KÄNEL. WILD.AG)

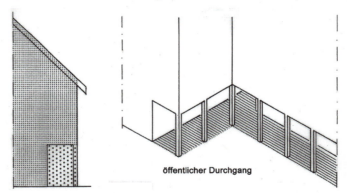

öffentlicher Durchgang

Witterungsbereiche

Bei der Berechnung der Baumassenziffer fallen sodann Räume ausser Ansatz, die sich innerhalb des Witterungsbereiches unter vorspringenden freitragenden Bauteilen befinden. Als Witterungsbereich gilt der äussere Teil des offenen Raumes bis zu einer Tiefe, die der halben Raumhöhe entspricht (§ 12 Abs. 2 ABV). Diese Bestimmung ist schwer verständlich und daher auslegungsbedürftig.

Als «vorspringend» gelten Bauteile, welche die Fassadenebenen nach aussen durchstossen. Dazu gehören etwa Dachvorsprünge, Vordächer, Auskragungen, Balkone, Erker etc., wobei keine Rolle spielt, wie diese Bauteile statisch konstruiert sind. Nicht «vorspringend» in diesem Sinne sind etwa innen liegende Balkone (welche zum umbauten Raum gehören). Sie sind «freitragend», wenn sie nicht bis zum gewachsenen oder gestalteten Boden reichen oder auf diesem abgestützt sind. Sie müssen baustatisch vom Grundkubus abhängig sein (zum Beispiel auskragend, angehängt, fassadengestützt). Diese Regelung benachteiligt zum Beispiel abgestützte Balkone. Diese sind nur hinsichtlich der Abstände (vgl. § 260 Abs. 3 PBG), nicht aber betreffend der Baumassenziffer den frei auskragenden Balkonen gleichgestellt. Witterungsbereich und Raumbildung sind aber bei abgestützten und nicht abgestützten Balkonen gleich zu beurteilen. Die ungleiche Behandlung ist stossend (Walker Späh 1994a: S. 32). Angesichts der klaren gesetzlichen Regelung («freitragend») kann jedoch nicht davon abgewichen werden. Es bestehen zu wenige Anhaltspunkte dafür, dass der Wortlaut nicht den wahren Sinn der Bestimmung wiedergibt.

Nicht anrechenbare und anrechenbare Vorsprünge

(Quelle: WALKER SPÄH 1994a: S. 28 ff. beziehungsweise SUTER. VON KÄNEL. WILD.AG)

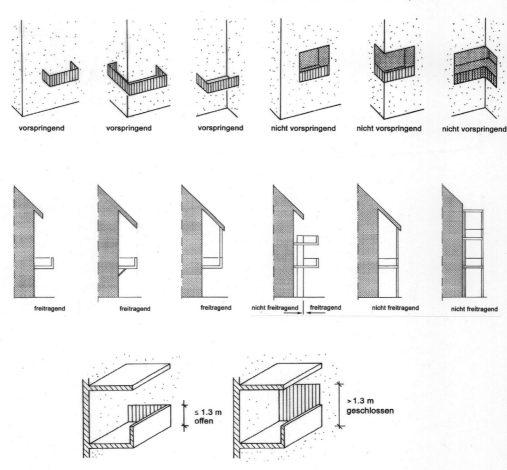

«Freitragend» ist auch die folgende Konstruktion (links im Bild):

Freitragende Balkonkonstruktion

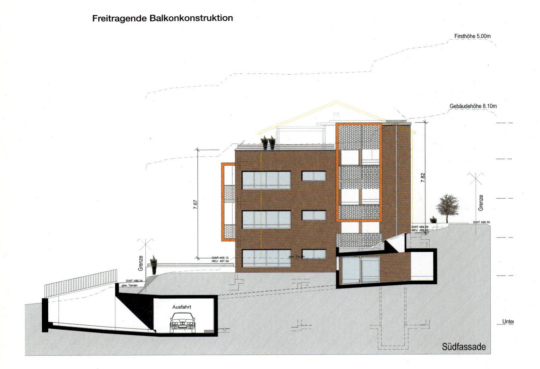

In diesem Beispiel sind die Balkone freitragend, da keiner von ihnen bis zum Boden reicht oder auf diesem abgestützt ist. Die (quadratischen) Eckpfeiler im ersten und im zweiten Vollgeschoss sind für das Kriterium «freitragend» unerheblich (BRKE II Nr. 0092/2010).

Der Witterungsbereich kann nur bei «offenen» Räumen abgezogen werden. Als ein solcher offener Raum gelten überdeckte Räume vorspringender freitragender Bauteile, die nicht vollständig gegen die Witterung geschützt sind. Der äussere Abschluss eines solchen Raumes (Brüstung) darf höchstens 1,30 m geschlossene Höhe aufweisen (analog zum Begriff der Fassadenlänge, vgl. § 27 Abs. 1 ABV). Raumteile mit Abschlüssen von mehr als 1,30 m geschlossener Höhe sind dagegen ohne Abzug zum umbauten Raum zu rechnen, sofern sie jedenfalls gemauert sind. Dünne Sicht- oder Windschutzabschlüsse wie zum Beispiel Glastrennwände unterliegen dieser Anrechenbarkeit nicht.

Witterungsbereich (Zeichnung: Stefan Reimann)

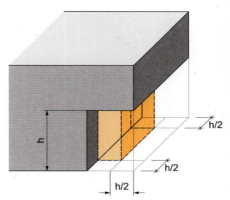

Der Witterungsbereich ist nicht anzurechnen

Bei der Bemessung der halben Raumhöhe wird von denjenigen Höhen ausgegangen, welche der Witterung zugänglich sind. Die Raumhöhe wird daher (im Unterschied zur Berechnung der Baumasse) auf den gestalteten und nicht auf den gewachsenen Boden bezogen. Bei Schrägdächern ergeben sich durch die unterschiedlichen Raumhöhen auch unterschiedliche Tiefen. Zur Vereinfachung kann in solchen Fällen von einer Durchschnittshöhe ausgegangen werden.

Vgl. zur Berechnung der Baumassenziffer auch die Skizzen zu §258 PBG und §12 ABV im Anhang ABV sowie im Detail WALKER SPÄH 1994a: S. 28 ff. Sodann hat die SUTER/VON KÄNEL AG einen Leitfaden mit zahlreichen zeichnerischen Darstellungen publiziert, dem die vorstehenden Ausführungen teilweise entnommen sind.

Verglaste Vorbauten

Im Unterschied zur Ausnützungsziffer sind verglaste Vorbauten bei der Baumassenziffer nicht schon nach kantonalem Recht von der Anrechenbarkeit ausgenommen.

Seit 1. Januar 2004 (Änderung von §13 ABV) können die Gemeinden die Baumassenziffer aufteilen und je gesondert regeln für Hauptgebäude, Besondere Gebäude im Sinne von §273 PBG sowie (und nur das ist neu) für verglaste Balkone, Veranden und andere Vorbauten ohne heiztechnische Installationen, soweit sie dem Energiesparen dienen. Diese Bestimmung ist (im Unterschied zu §10 lit. c ABV bezüglich der Ausnützungsziffer) nicht direkt anwendbar, sondern eine reine Kompetenznorm zugunsten der Gemeinden. Die Gemeinden können, müssen aber nicht, ihre Bauordnung entsprechend anpassen beziehungsweise ergänzen. Sie sind dabei an die in der ABV verwendeten Begriffe der verglasten Balkone, Veranden und Vorbauten (vgl. dazu Seite 757 ff.), nicht aber an eine bestimmte Verhältniszahl gebunden. Das Verwaltungsgericht hat erkannt, dass §13 ABV eine zulässige Konkretisierung von §258 PBG darstellt. Die kantonalrechtliche Regelung von §13 ABV darf auch auf eine früher erlassene kommunale Bestimmung angewandt werden, ohne dass der kommunale

Gesetzgeber nochmals einen entsprechenden Beschluss gefasst hat (BEZ 2006 Nr. 31).

Haupt- und Besondere Gebäude

Gemäss § 13 ABV kann in der Bau- und Zonenordnung auch eine getrennte Erfassung von Haupt- und Besonderen Gebäuden im Sinne von § 273 PBG vorgesehen werden. Von dieser Kompetenz haben zahlreiche Gemeinden Gebrauch gemacht, indem zum Beispiel für Besondere Gebäude eine zusätzliche Baumasse von 0,2 m³/m² erstellt werden kann. Die mit § 13 ABV zugelassene Differenzierung führt zu einer sachgerechteren Würdigung der baulichen Dichte. Denn die ursprünglich vor allem für die Ausdehnung von Industriebauten verwendete Baumassenziffer trifft keine Unterscheidung nach der inneren Struktur eines Gebäudes. Daher und aus weiteren Gründen lag die Einfügung von § 13 ABV jedenfalls im zulässigen Spielraum des Verordnungsgebers zur Konkretisierung von § 258 PBG (VB.2005.00518, auch zum Folgenden). Kommunale Regelungen, welche bereits vor Inkrafttreten der Änderung von § 13 ABV per 1. Januar 2004 erlassen worden sind, werden durch die kantonale Kompetenznorm legalisiert.

14.1.7   Freiflächenziffer

14.1.7.1   *Begriff*

Die Freiflächenziffer berechnet sich nach folgender Formel:

$$\frac{\text{Spiel-/Ruheflächen und Garten (m}^2\text{)}}{\text{massgebliche Grundstücksfläche (m}^2\text{)}}$$

Bei der Freiflächenziffer sind offene Flächen für dauernde Spiel- und Ruheplätze sowie Gärten anrechenbar (§ 257 Abs. 1 PBG). Damit regelt die Freiflächenziffer nicht die kubische oder flächenmässige Ausdehnung eines Gebäudes selbst, sondern beeinflusst die Umgebungsgestaltung. Sie will primär Flächen für die Erholung (also nicht nur Grünflächen) sichern. Dies drängt sich insbesondere in Stadt- und Quartierzentren, in Wohnzonen mit Gewerbeerleichterungen sowie in Industrie- und Gewerbezonen auf, wo sonst unter Umständen auch Vorgärten und Hinterhöfe vollständig für Fahrzeugabstellplätze, Lagerplätze usw. hergerichtet würden.

14.1.7.2   *Anrechenbare Flächen*

§ 257 Abs. 1 PBG enthält Grundsätze zu den anrechenbaren Flächen. Die Bestimmung fordert nicht, dass Freiflächen begrünt sind. Zur Freifläche werden daher auch zum Beispiel Tennisplätze, Gartensitzplätze, Gartenwege und asphaltierte Spielflächen gerechnet. Abs. 3 der Bestimmung legt fest, dass sonst nicht anrechenbare Flächen, die dem Zweck der Freiflächenziffer entsprechen, durch Verordnung als anrechenbar erklärt werden können. § 11 ABV bezeichnet daher ergänzend zum Gesetz als Spiel-, Ruhe- und Gartenflächen anrechenbar:

- einfache Garten- und kleine Gerätehäuschen sowie überdeckte und seitlich mindestens zur Hälfte der Abwicklung offene Gartensitzplätze (lit. a);
- Spiel-, Ruhe- und Gartenanlagen auf Dachflächen, soweit sie mit der übrigen diesem Zweck dienenden Fläche zusammenhängen und über einen freien Zugang verfügen (lit. b).

14.1.7.3   *Ausser Ansatz fallende Flächen*

Gemäss ausdrücklicher gesetzlicher Bestimmung fallen ausser Ansatz Flächen von Gebäuden, Wäldern und Gewässern (§ 257 Abs. 2 PBG). Fahrzeugabstellplätze und weitere Verkehrsflächen entsprechen nicht dem Zweck der Freiflächen. Sie sind (selbst wenn sie mit Rasengittersteinen ausgelegt sind) nicht anrechenbar.

14.2   Nutzungsart

14.2.1   Übersicht

Als Voraussetzung für die Erteilung einer Baubewilligung verlangt Art. 22 Abs. 2 lit. a RPG, dass die Baute oder Anlage dem Zweck der Nutzungszone entspricht. Die Bau- und Zonenordnung kann die zulässige bauliche Grundstücksnutzung nicht nur durch Bestimmungen über die Ausnützung und die Bauweise, sondern auch über die Nutzweise näher ordnen (§ 49 Abs. 1 PBG). Solche Vorschriften über die Nutzweise bestimmen, welchem Zweck Bauten dienen dürfen oder müssen (§ 254 PBG). In diesem Sinne kann die Gemeinde für ganze Zonen, gebietsweise oder einzelne Geschosse die Nutzung zu Wohnzwecken oder gewerblichen Zwecken zulassen, vorschreiben oder beschränken und für gewerbliche Nutzungen sowie Familienwohnungen mit vier und mehr Zimmern eine erhöhte Nutzungsziffer festsetzen. In Kern-, Quartiererhaltungs- und Zentrumszonen kann für geeignete Lagen überdies bestimmt werden, dass im Erdgeschoss nur Läden und Gaststätten zulässig sind. Bei ihren Festlegungen ist die Gemeinde an die vom PBG vorgegebenen Grundnutzungen für die einzelnen Zonen (§§ 50 ff. PBG) gebunden.

Das vorliegende Kapitel stellt die in den einzelnen Zonen zugelassenen Nutzweisen. Zur Umschreibung der einzelnen Zonen vgl. Seite 127 ff.

14.2.2   Umschreibung der zulässigen Nutzungen

14.2.2.1   *Allgemeines*

In den Bauordnungen der Gemeinden sind die zulässigen Nutzweisen mit sogenannten zonenbedingten Immissionsvorschriften umschrieben, so zum Beispiel: In der Industriezone I 4 und in der Gewerbezone G 3 sind nur «mässig störende Betriebe» gestattet. In den Wohnzonen sind (neben Wohnungen) nur «nicht störende Betriebe» zulässig. Derartige planungsrechtliche Vorschriften in den Bauordnungen sind darauf ausgerichtet, Anlagen und Bewerbungsarten zu verhindern, die einen für die einzelnen Zonen näher umschriebenen Einwirkungspegel überschreiten. Sie wollen somit positiv auf eine geordnete Bodennutzung hinlenken, bei der immissionsstarke Betriebe von vornherein einer bestimmten Zone zugewiesen werden ohne Rücksicht darauf, ob sie im konkreten Fall stören oder nicht. Welche Arten von Gewerbebetrieben nach ihrer Immissionsstärke in einer Zone zugelassen beziehungsweise verboten sind, wird in typisierten, der allgemeinen Erfahrung entsprechenden Umschreibungen gesagt, welche durch die Unterscheidung zwischen «nicht», «mässig» oder «stark störenden Betrieben» geprägt sind. Das PBG lässt eine derartige Kategorisierung ausdrücklich zu (§ 52 Abs. 2 bezüglich der Wohnzonen, gilt aber allgemein). Entsprechende Festlegungen gehören heute zu den wichtigsten Elementen jeder Bau- und Zonenordnung.

14.2.2.2 *Wohnnutzung*

Vorrang des Wohnens

Wohnzonen sind in erster Linie für Wohnbauten bestimmt; dieser Nutzweise zugerechnet werden auch Arbeitsräume, die mit einer Wohnung zusammenhängen und in einem angemessenen Verhältnis zur eigentlichen Wohnfläche stehen (§ 52 Abs. 1 PBG). Damit kommt der Vorrang eindeutig dem Wohnen zu, was sich nicht nur im eigentlichen Zonenzweck, sondern auch in der Ausgestaltung und der Lage der Zonen, ferner in der Bauweise und der Nutzung der Bauten sowie im weitgehenden Immissionsschutz äussert. Zum Schutz des Wohnens rechtfertigt sich eine strenge Ordnung, und zwar immissionsmässig wie funktional (VB.2001.00277). Es trifft dies nicht nur für die eigentlichen Wohnzonen, sondern auch andere Zonen zu, in welchen die Bau- und Zonenordnung das Wohnen in den Vordergrund stellt.

Begriff des Wohnens

Der Begriff «Wohnbauten» im Sinne von § 52 PBG schliesst neben den eigentlichen Wohnbauten auch diejenigen Bauten ein, die zum Wohnen nötig sind beziehungsweise dazu gebraucht werden (z.B. auch Garagen oder Gartenhäuser). Ebenso fällt die Hobbynutzung darunter (BEZ 1988 Nr. 32). Vgl. hiezu wie auch insbesondere zur Pferdehaltung in der Wohnzone WALKER SPÄH 2004. In diesem Sinne sind etwa die hobbymässige Haltung von maximal einem Grosspferd und zwei Kleinpferden (BR 1/2005 S. 22 Nr. 12) sowie von vier Hühnern und einem Hahn in einem Hühnerstall mit Freilaufgehege (BEZ 2007 Nr. 36) in einer Wohnzone grundsätzlich bewilligungsfähig. Nicht zonenkonform ist jedoch das hobbymässige Halten von Mastschweinen in der Wohnzone (AGVE 2001 Nr. 67; BR 2003, S. 16 Nr. 26).

Auch Archiv- und Lagerräume im Keller eines Einfamilienhauses und eine Gelegenheitswerkstatt mit Lager in einem Untergeschossanbau stellen «eine zum Wohnen bezugaufweisende und damit in einer Wohnzone zulässige Freizeitbeschäftigung» dar (VB.2001.00277). Auch ein Probe- und Vereinslokal (RB 1997 Nr. 101), kleine Infrastrukturanlagen oder ein religiöses Kulturzentrum (VB.2001.00277; BEZ 2006 Nr. 18) sind dem Wohnen zugehörig. Eine durchschnittlich dimensionierte Mobilfunk-Sendeanlage ist in einer Wohnzone als kleinere Infrastrukturanlage zonenkonform (BEZ 1998 Nr. 21 und seither viele weitere Entscheide wie etwa VB.2009.00511), dies etwa im Gegensatz zu einem 25 m hohen Antennenmast in einer eingeschossigen Wohnzone (VB.2008.00442).

Der Wohnnutzung sind ebenso Kindertagesstätten zuzurechnen. Hierzu hat das Bundesgericht unter anderem ausgeführt:

Entscheid BGer 1C_148/2010

«Wohnzonen sind offensichtlich auch für den Aufenthalt von Kindern bestimmt, womit Kinderlärm in ihnen grundsätzlich geduldet werden muss. Die Auffassung des Verwaltungsgerichts, kleinere Anlagen und Einrichtungen für den Aufenthalt oder die Betreuung von Kindern seien daher in Wohnzonen zonenkonform, ist ebenso wenig zu beanstanden wie seine Einschätzung, dass dies auf die vorliegend zu beurteilenden Kindertagesstätten zutrifft.»

Der Begriff des Wohnens wird aber im Planungs- und Baurecht nicht einheitlich verwendet. Lässt etwa eine Bauordnung in der Kernzone zum Schutz des herkömmlichen Charakters der nur wenige Bauten umfassenden Weiler ausschliesslich «Wohnungen» zu, darf der Begriff im Hinblick auf den Zonenzweck eng ausgelegt werden. Ein Durchgangsheim für Asylsuchende fällt nicht unter den Begriff der so verstandenen Wohnnutzung (VB.2006.00155 und BEZ 2008 Nr. 38). Weder die einzelnen Unterkünfte des projektierten Durchgangszentrums für Asylsuchende noch die Unterkunft als Ganzes stellen «Wohnungen» dar und sie widersprechen dem Charakter der betreffenden Weilerzone.

Mit einer Wohnung zusammenhängende Arbeitsräume

Sofern keine besonderen Bestimmungen über die in der betreffenden Zone zulässigen Betriebsarten gelten, ist gewerbliche Nutzung auf das Mass von § 52 Abs. 1 PBG beschränkt. Danach werden der Wohnnutzung auch Arbeitsräume zugerechnet, die mit einer Wohnung zusammenhängen und in einem angemessenen Verhältnis zur eigentlichen Wohnfläche stehen. Diese Bestimmung wurde geschaffen, um freiberuflich Tätigen die Ausübung ihres Berufs im eigenen Haus oder in der eigenen Wohnung zu ermöglichen, wobei der Gesetzgeber in erster Linie an Ärzte, Architekten, Anwälte, Grafiker und dergleichen dachte (vgl. Protokoll der Kommission des Kantonsrats für das Planungs- und Baugesetz, 1975, S. 214; Antrag des Regierungsrats zu einem Gesetz über die Neuordnung des Planungs- und Baurechts, Abl 1973, Textteil, S. 1818; VB.2003.00372). Es handelt sich um eine Sonderregelung, die nur eingreift, wenn der oder die Freiberufliche am Ort, wo die Vergünstigung beansprucht wird, auch tatsächlich wohnt und dort den Mittelpunkt der Lebensbeziehungen hat (BEZ 1981 Nr 3). Die Bestimmung hat die Zusammenfassung von Wohn- und Arbeitsort zum Ziel. Ein Zusammenhang mit einer Wohnung liegt demnach nur vor, wenn diejenige Person, die von der Begünstigung profitieren will, dort auch den Mittelpunkt ihrer Lebensverhältnisse hat (BEZ 1981 Nr. 3; RB 1988 Nr. 56). Die zugehörigen Arbeitsräume müssen im Verhältnis zur Wohnfläche untergeordnet sein, das heisst flächenmässig deutlich weniger ausmachen (in der Praxis kann ein Viertel bis zu einem Drittel so gewerblich genutzt werden).

14.2.2.3 *Betriebliche Nutzungen*

Bedeutung der zonenbedingten Immissionsvorschriften

Andere Nutzungsweisen als Wohnen können durch die Bau- und Zonenordnung zugelassen, beschränkt oder ganz untersagt werden. In diesem Sinne werden, soweit die Bauordnung nicht detailliertere Formulierungen enthält, die zulässigen Betriebsarten zumeist mit «nicht», «mässig» oder «stark störenden Betrieben» umschrieben. Die Bedeutung solcher Zonenvorschriften ist indessen eingeschränkt. Denn die Zulässigkeit von Betrieben richtet sich heute unter lärmschutzrechtlichen Aspekten ausschliesslich nach dem USG und seinen Ausführungsbestimmungen. Was also an zulässigen Lärmimmissionen hinzunehmen ist, ergibt sich primär aus der LSV. Die vollständige Erfassung des von einer Anlage ausgehenden Lärms durch das Bundesrecht lässt grundsätzlich keinen Raum für die Anwendung eines weitergehenden Immissionsschutzes durch das kommunale Planungsrecht (BEZ 2004 Nr. 31 betreffend Bauschuttlagerplatz; BEZ 2006 Nr. 18 betreffend islamisches Kulturzentrum; VB.2009.00324, BEZ 2010 Nr. 45).

Soweit es aber um raum- und ortsplanerische Anliegen geht, haben die erwähnten Kategorien von Betrieben ihre Bedeutung nicht verloren (BGE 123 II 560 E. 3c; 118 Ia 112 E. 1b; RB 1994 Nr. 73; HALLER/KARLEN 1999: S. 153 f.). Entscheidend für die selbstständige Bedeutung des kantonalen oder kommunalen Rechts ist, ob die entsprechenden Bestimmungen raumplanerische Ziele verfolgen, wie beispielsweise die Erhaltung der Eignung eines bestimmten Gebiets zu Wohnzwecken, und nicht bloss den Sinn haben, den verschiedenen Zonen die jeweiligen Empfindlichkeitsstufen zuzuordnen (BEZ 2010 Nr. 2). Solche raumplanerischen Ziele stehen etwa dort im Vordergrund, wo durch die Nutzungsplanung Betriebe mit grossem Verkehrsaufkommen nicht in erster Linie wegen der damit verbundenen Lärm- oder Luftbelastung, sondern aus Gründen der Verkehrssicherheit oder wegen Parkplatzproblemen aus bestimmten Zonen ferngehalten werden (VB.2004.00063 betreffend Art. 57 BO Winterthur; VB.2009.00417). Vgl. auch BRÜNGGER.

Vereinbarkeit mit dem Zonenzweck

Diese sogenannten zonenbedingten Immissionsvorschriften stellen aber gemäss konstanter Praxis des Verwaltungsgerichts nur einen Teil der Nutzungsordnung dar, und die Zonenkonformität misst sich nicht nur an ihnen. Vielmehr muss die Vereinbarkeit mit dem Zonenzweck auch aufgrund einer funktionalen Betrachtungsweise geprüft werden (BEZ 1997 Nr. 1, VB.2001.00277 mit weiteren Hinweisen, auch zum Folgenden). Eine Baute oder Anlage muss daher nicht nur hinsichtlich der von ihr ausgehenden Einwirkungen auf die Umgebung, sondern auch von ihrer raumplanerischen Zweckbestimmung her in eine bestimmte Zone passen. Dieses Erfordernis gilt aufgrund der allgemein gebotenen Übereinstimmung mit dem Zonenzweck auch dort, wo es in der Bau- und Zonenordnung nicht ausdrücklich festgehalten ist (BEZ 1997 Nr. 1; VB.2009.00324).

Ausgangspunkt für die damit angesprochene funktionelle Betrachtungsweise bilden aber die in der Bauordnung umschriebenen zulässigen Nutzweisen. Eine Bauverweigerung allein auf die fehlende Übereinstimmung mit dem raumplanerischen Zweck der primär auf Wohnnutzungen ausgerichteten Zone zu stützen ist indessen nur dort zulässig, wo die Bauordnung eine funktionelle Betrachtungsweise ausdrücklich vorschreibt oder keine Umschreibung der zulässigen Nutzungen enthält. Werden dagegen die neben dem Wohnen zulässigen Nutzungen in Bezug auf ihr Störpotenzial näher umschrieben, so sind entsprechend dem Grundsatz der Gesetzmässigkeit des Verwaltungshandelns diese Kategorien für die rechtsanwendende Behörde verbindlich und kann sie sich nicht unter Berufung auf eine funktionale Betrachtungsweise darüber hinwegsetzen (BEZ 2010 Nr. 2).

Zum Begriff des Betriebes

Die funktionale Betrachtungsweise ist freilich nur dort erforderlich, wo es sich bei der streitbetroffenen Nutzung um einen «Betrieb» beziehungsweise um ein «Gewerbe» handelt. Es ist daher vorerst der Betriebsbegriff zu klären.

Nach der verwaltungsgerichtlichen Praxis ist dabei von einem weiten Betriebsbegriff auszugehen, welcher die Zusammenfassung personeller und sachlicher Mittel für einen wirtschaftlichen Zweck und damit jede Art von Arbeitsplatznutzung umfasst (BEZ 1999 Nr. 1; WOLF/KULL N 160). Es ist darunter gemäss § 52 Abs. 3 PBG jede Art von Arbeitsplatznutzung, also sowohl Produktion als auch Verkauf zu verstehen. Insbesondere gehören zu den Betrieben nicht nur solche gewerblicher Art, sondern auch Dienstleistungsnutzungen, freie Berufe usw. (BEZ 1999 Nr. 1; BGE 101 Ia 206; WOLF/KULL: N 160). Selbst bei einer Kindertagesstätte handelt es sich im hier interessierenden Zusammenhang um einen Betrieb (BEZ 2010 Nr. 1). Keine «Betriebe» sind aber in der Regel Mobilfunkanlagen (mit Ausnahmen, vgl. etwa VB.2008.00442).

Nicht störende Betriebe

Nicht störende Betriebe erlaubt (stillschweigend) bereits das PBG (RB 1998 Nr. 95). Das kommunale Recht könnte ihre Zulässigkeit in Anwendung von § 49a Abs. 3 Satz 1 PBG beschränken. Ob das kommunale Recht eine solche Einschränkung enthält, ist durch Auslegung zu ermitteln. Lässt die Bauordnung in einer Zone nicht störende Betriebe ausdrücklich zu und fehlt eine entsprechende Bestimmung für die Landhauszone, ist von einer gewollten Unterscheidung auszugehen.

In den Wohnzonen bildet die Wohnnutzung den primären Zonenzweck. Zur Wahrung dieses Zonenzwecks dürfen gewerbliche Nutzungen nur dann bewilligt werden, wenn sie mit der Wohnnutzung vereinbar sind (vgl. statt vieler RB 1994 Nr. 73, auch zum Folgenden). Sind in einer Wohnzone gemäss Bau- und Zonenordnung nur nicht störende Betriebe erlaubt (indem die Bau- und Zonenordnung mässig störende Betriebe nicht zulässt), sind unbesehen der von einem Betrieb ausgehenden Immissionen erhöhte Anforderungen an diese Vereinbarkeit zu stellen, welche sich etwa dahingehend umschreiben lassen, dass Betriebe ihrem Wesen nach in die Wohnzone passen müssen. Damit wird die Zonenkonformität enger umschrieben, als wenn auch mässig störende Betriebe gestattet wären. Dergestalt können die Gemeinden den Wohnzonen einen «raumplanerischen Schutz» vor gewerblicher Nutzung verschaffen, der über den Immissionsschutz des Bundesumweltschutzrechts hinausgeht. Nur, aber immerhin insoweit kommt dem Begriff des «nicht störenden Betriebes» beziehungsweise der Zulassung ausschliesslich solcher Betriebe eine weiterhin zu beachtende selbstständige Bedeutung zu. Dies gilt im Übrigen nicht nur in der Wohnzone, sondern auch in den andern (auch) dem Wohnen dienenden Bauzonen, also in Quartiererhaltungszonen oder in Kernzonen, in denen mit der Bau- und Zonenordnung ebenfalls nur nicht störende Betriebe zugelassen werden (BEZ 2008 Nr. 56).

In diesem Sinne sind nicht störend solche Betriebe, die höchstens ein geringes Konfliktpotenzial aufweisen und ein gesundes und ruhiges Wohnen nicht beeinträchtigen (BEZ 2010 Nr. 2). Sie lassen sich ohne Weiteres mit dem Wohnen vereinbaren. Dazu gehören etwa Bäckereien, andere zum Wohnen gehörende Geschäftsbetriebe, Quartierrestaurants, Arzt- und Anwaltspraxen. Sie alle weisen regelmässig wenig Motorfahrzeugverkehr auf und können auch «stille» Gewerbe genannt werden. Das heutige Planungsverständnis befürwortet ein gewisses Mass an Nutzungsdurchmischung, um die Verkehrswege kurzzuhalten und eintönige Quartierbildungen zu vermeiden. Als «nicht störend» hat die Praxis denn auch etwa Kleintierstallungen, Pferde- und Ponyboxen und eine kleine Tennisanlage bezeichnet. Aber auch andere Einrichtungen, die dazu beitragen, dass Wohngebiete mit genügend erreichbaren öffentlichen und privaten Diensten für die Versorgung, Entsorgung (zum Beispiel Quartier-Kompostierung; Abfallsammelstelle), Fürsorge, Kultur, Bildung und Naherholung ausgestattet sind, verdienen Erwähnung. In diesem Sinne hat das Verwaltungsgericht auch eine Kindertagesstätte und einen Kindergarten als nicht störend und zonenkonform bezeichnet (BEZ 2010 Nr. 1). Auch ein Büro- oder Dienstleistungsbetrieb kann als «nicht störend» qualifiziert werden, selbst wenn er nicht der Quartierversorgung dient (BEZ 1999 Nr. 1). Dasselbe gilt für ein Kulturzentrum, obschon es am Abend beziehungsweise in der Nacht erheblich länger als ein Bürogebäude geöffnet ist. Längere Öffnungszeiten weisen zum Beispiel auch Bürogebäude auf, die noch Schulungsräume enthalten und die im Allgemeinen ohne Weiteres als nicht störend beurteilt werden (BEZ 2000 Nr. 1, VB.2009.0324, in BEZ 2010 Nr. 1 nicht zitierte Erwägungen). Nicht mehr «nicht störend» ist aber eine Kleinwerkstatt (BEZ 2010 Nr. 45).

Mässig störende Betriebe

Sind, wie etwa in der Wohnzone mit Gewerbeerleichterung, mässig störende Betriebe gestattet, ist ein deutlich höheres Konfliktpotenzial hinzunehmen als in den «reinen» Wohnzonen oder in Zonen mit zugelassenen nicht störenden Betrieben (BEZ 2010 Nr. 2, auch zum Folgenden). Andererseits sind nicht mehr zulässig solche Betriebe, deren Konfliktpotenzial derart ist, dass sie nach allgemeiner Erfahrung ein erträgliches Wohnen weitgehend verunmöglichen, wie dies bei stark störenden Nutzungen vorausgesetzt wird. Aus Gründen der Rechtsgleichheit geht nicht an, den Begriff des «mässig störenden Betriebes» in einer Wohn- und Gewerbezone anders zu interpretieren als etwa in einer Kern- oder Zentrumszone.

Mässig störend sind zum Beispiel übliche Handwerks- und Gewerbebetriebe, aber auch schon kleinere industrielle Betriebe, Schreinereien, Schlossereien, das ganze Autogewerbe, Landwirtschaftsbetriebe usw. Diese Betriebskategorie weist in aller Regel recht lebhaften Motorfahrzeugverkehr auf, und auch aus den Betrieben selber sind sehr oft Immissionen hör- oder riechbar. Es handelt sich aber um Betriebe, die sich in aller Regel an die üblichen Arbeitszeiten halten.

Im Unterschied zu den Wohnzonen, wo auch mässig störende Betriebe mit dem Wohnen vereinbar sein müssen, kommt der Zulassung nur mässig, statt auch stark störender Betriebe in Industrie- und Gewerbezonen keine vergleichbare funktionale Bedeutung zu. In diesen Zonen ist die Wohnnutzung (mit Einschränkungen) unzulässig (§ 56 Abs. 3 PBG), weswegen dort das Bedürfnis nach einem Schutz vor gewerblicher Nutzung, wie er den dem Wohnen dienenden Zonen eigen ist, von vornherein nicht bestehen kann. Die primär infrage stehenden physikalischen Einwirkungen wie Lärm und Luftverunreinigung werden vollumfänglich vom Bundesumweltschutzrecht erfasst. Der kommunale Gesetzgeber kann dies durch die Ausscheidung entsprechender Empfindlichkeitsstufen steuern oder Massnahmen nach § 57 PBG treffen. Raumplanerisch unerwünschte Nutzungen können mit Festlegungen gemäss § 56 Abs. 3 ausgeschlossen werden (BEZ 2008 Nr. 56).

Stark störende Betriebe

Stark störend sind grössere Handels- und Dienstleistungsunternehmen mit starkem Zubringerverkehr, aber auch Betriebe der Schwerindustrie, die regelmässig mit dem Wohnen unvereinbar sind und daher in die Industriezone gehören. Es handelt sich um Betriebe, die unabhängig von den durch die Umweltschutzgesetzgebung des Bundes erfassten Immissionen gegenüber der Wohnnutzung ein so erhebliches Konfliktpotenzial aufweisen, dass sie nach allgemeiner Erfahrung ein erträgliches Wohnen weitgehend verunmöglichen und deshalb in der Regel nur in reinen Gewerbe- oder Industriezonen zugelassen sind (BGer 1C_ 66/2010).

Betriebe mit ideellen Immissionen

Bei der Beurteilung der Zonenkonformität eines Betriebes lassen sich auch sogenannte «ideelle Immissionen» berücksichtigen, das heisst Einwirkungen, welche das seelische Empfinden verletzen beziehungsweise unangenehme psychische Eindrücke erwecken (BGE 108 Ia 140). Auch solche Einwirkungen können die Wohnqualität, und sei es auch nur über den Ruf der Wohngegend, in erheblichem Mass beeinträchtigen. Dabei wird nicht vorausgesetzt, dass die Störungen des Wohlbefindens an nach aussen in Erscheinung tretende Vorgänge anknüpfen, wie beispielsweise bei Betrieben des Sexgewerbes an aufreizende Werbung oder die Begegnung mit Freiern und dergleichen, sondern es werden in Anlehnung an die zu Art. 684 des Zivilgesetzbuches entwickelte Praxis auch solche Einwirkungen auf das psychische Wohlbefinden berücksichtigt, die aus der blossen Vorstellung darüber entstehen, was im Innern eines benachbarten Gebäudes vor sich geht (BGer 1C_ 66/2010 betreffend Freitodbegleitung, in Bestätigung des Entscheides der Baurekurskommission II in BEZ 2010 Nr. 46).

Die Unterscheidung nach «nicht», «mässig» oder «stark störenden Betrieben» greift somit auch bei den ideellen Immissionen. Die Qualifizierung ideeller Immissionen als «stark störend» setzt allerdings ein erhebliches Konfliktpotenzial zwischen den sich entgegenstehenden Nutzungen voraus, was bei einem Erotiksalon in einer Wohnzone mit 60 Prozent Wohnanteil gegeben ist. Andererseits führt das Angebot sexueller Dienstleistungen von Personen in ihrer Privatwohnung nicht zu gleich hohen, ideellen Immissionen wie bei einem Sexsalon (BEZ 2000 Nr. 18, auch zum Folgenden; ZBI 2004, S. 111). Bestehen keine anderen Festlegungen im Sinne von § 49a Abs. 3 PBG, so ist ein der sexgewerblichen Nutzung dienender Massagesalon etwa in einer Zentrumszone, die neben dem Wohnen vorab auch dem Handels- und Dienstleistungsgewerbe zur Verfügung stehen soll, zonenkonform.

Beurteilung von Parkplätzen und Erschliessungsflächen

Ein einzelner Abstellplatz, wie auch eine ganze Parkierungsanlage, erfüllt in aller Regel keinen Selbstzweck, sondern hat eine dienende Funktion. Die Beurteilung der Zonengemässheit eines Parkplatzes ist also grundsätzlich mit derjenigen der zugehörigen Baute oder Anlage verknüpft. Solange die Hauptbaute in der Zone, in welcher zugehörige Abstellplätze erstellt werden sollen, zonenkonform ist, sind es auch die entsprechenden Parkplätze (BEZ 2008 Nr. 47).

Mithin ist zu unterscheiden, ob Abstellplätze Wohnbauten, Industrie- oder Gewerbebetriebe, Sportanlagen, öffentliche Bauten oder ein Erholungsgebiet für Wanderer erschliessen oder irgendeinem anderen Zweck dienen sollen. Eine selbstständige Beurteilung ist nur dort angezeigt, wo eine Parkfläche – ohne einen Zusammenhang im genannten Sinne aufzuweisen – gewerblich genutzt wird. In einem solchen Fall kann von einem «Betrieb» (zum Begriff vgl. Seite 773) gesprochen werden, der je nach den konkreten Verhältnissen als «nicht störend», «mässig störend» oder «stark störend» einzustufen ist. So sind etwa Parkplätze für ein Gemeindezentrum in einer Wohnzone nicht zonenkonform (BEZ 1985 Nr. 21).

Dasselbe gilt für Erschliessungsflächen: Auch deren Zonenkonformität richtet sich nach dem Zweck der Bauten und Anlagen, denen sie dienen (VB 2005.00051).

Beurteilungsspielraum der Baubehörden

Zu berücksichtigen ist, dass die Frage, ob in einer Wohnzone nicht oder mässig störende Betriebe zulässig sein sollen und welche Voraussetzungen hierfür gelten, von der Gemeinde in der Bau- und Zonenordnung gestützt auf die Kompetenznorm von § 49a Abs. 3 PBG zu beantworten ist. Die Auslegung ihres kommunalen Rechts obliegt primär den zuständigen Gemeindebehörden. Die Rechtsmittelinstanzen dürfen nicht ihr eigenes Ermessen, beziehungsweise ihre eigene Sinngebung, an die Stelle der kommunalen Auffassung setzen, wenn sich diese auf vertretbare Gründe stützt (vgl. etwa BEZ 2010 Nr. 45).

14.2.3   Weitere Vorschriften über die Nutzweise

14.2.3.1   *Wohnanteil*

Die Gemeinden können gebietsweise oder für einzelne Geschosse die Wohnnutzung vorschreiben oder aber beschränken. Solche Nutzungsvorschriften (minimaler beziehungsweise maximaler Wohnanteil) werden in der Form von Wohnanteilvorschriften in der Bauordnung oder im Zonenplan festgelegt. Sie setzten ein hinreichendes öffentliches Interesse voraus. Ein solches Interesse kann in der Bekämpfung der Verödung der Innenstadt, in der Durchmischung von Arbeits- und Wohnplätzen (BGE 111 Ia 93 ff.) und in der Erhaltung von günstigem Wohnraum liegen.

In Zürich bestanden schon seit 1980 für das ganze Bauzonengebiet mit Ausnahme der Industriezone solche Wohnanteilvorschriften. Diese Vorschriften wurden praktisch unverändert in die Bau- und Zonenordnung 1992/1999 übernommen. Durch solche sollen die Verödung der Innenstadt bekämpft sowie die Durchmischung von Arbeits- und Wohnplätzen und die Erhaltung von günstigem Wohnraum gefördert werden (VB.2009.00324).

Zur Wohnnutzung werden neben den eigentlichen Wohnräumen und den zugehörigen Nebenräumen auch Arbeitsräume zugerechnet, wenn diese Räume mit einer Wohnung zusammenhängen und in einem angemessenen Verhältnis zur eigentlichen Wohnfläche stehen (in der Praxis dürfen solche Arbeitsräume zirka ein Drittel bis ein Viertel der Gesamtfläche ausmachen; § 52 Abs. 1 PBG, vgl. Seite 771).

Bei der Berechnung des Wohnanteils sind in der Regel alle für Wohn- oder Arbeitszwecke nutzbaren Geschossflächen (auch in Dach- oder Untergeschossen) zu berücksichtigen. In der Bauordnung können aber abweichende Bestimmungen festgelegt werden (unzutreffend RB 1998 Nr. 111).

Hotelzimmer und andere wohnähnliche Nutzungen, wie Heime oder Gefängnisse, gelten als Wohnnutzung (vgl. BEZ 1988 Nr. 14). Umstritten ist, ob die Gemeinden in ihren Bauordnungen gegenüber § 52 PBG die Wohnnutzung noch näher umschreiben dürfen (Nichtanrechnung von Hotelflächen oder von Zweitwohnungen an einen vorgeschriebenen Wohnanteil). Dass Hotelflächen nicht auf den Wohnanteil anzurechnen sind, hat das Bundesgericht jedenfalls im Fall der Stadt Opfikon aufgrund der dort anwendbaren Bauordnungsbestimmung entschieden (vgl. ZBl 1993, S. 560).

Wenn streitig ist, ob gewisse Räume der Wohnnutzung zuzurechnen sind, ist eine bauliche und funktionale Betrachtungsweise geboten: So hat das Verwaltungsgericht entschieden, dass zwei Zimmer, welche nicht über eigene sanitäre Anlagen verfügen, nicht der Wohnnutzung zugerechnet werden können, wenn die übrigen – baulich nicht abgetrennten – Zimmer desselben Stockwerks als Massagesalon beworben werden (BEZ 2002 Nr. 65, VB.2007.00459). Erscheint nach den Umständen die unzulässige Umnutzung von Wohnräumen etwa in Massagesalons als wahrscheinlich, kann mit einer Nebenbestimmung verlangt werden, dass vor Mietantritt die Zustimmung der Baubehörde zu neuen Mietverträgen einzuholen ist (BEZ 1997 Nr. 2). Allerdings spricht auch ein Mietvertrag nicht zwingend für den dortigen Wohnsitz oder für eine tatsächliche Wohnnutzung (RB 1988 Nr. 56 mit Hinweisen).

14.2.3.2   *Besondere Nutzungsanordnungen*

In der Bauordnung kann für ganze Zonen, gebietsweise oder für einzelne Geschosse die Nutzung zu Wohnzwecken oder gewerblichen Zwecken zugelassen, vorgeschrieben oder beschränkt werden (§ 49a Abs. 3 Satz 1 PBG). «Gewerbe» ist in diesem Zusammenhang umfassend im Sinne des Betriebsbegriffs (vgl. Seite 773) zu verstehen.

Beispiel

«In der Wohn-/Gewerbezone WG3/55 gilt ein Wohnanteil und ein Gewerbeanteil von je mindestens 30 Prozent der anrechenbaren Geschossfläche.»

Die Bedeutung einer solchen Nutzungsbestimmung ist durch Auslegung zu ermitteln. Im Beispiel ist klar, dass sich die Verhältniszahlen auf die zur Ausnützung anrechenbare Geschossfläche beziehen, also im Normalfall Dach- und Untergeschosse nicht miteinbezogen werden.

Detailliertere Spezifikationen als gemäss § 49a Abs. 3 Satz 1 PBG sind ausschliesslich in Kern-, Quartiererhaltungs- und Zentrumszonen möglich, wo für geeignete Lagen überdies bestimmt werden kann, dass im Erdgeschoss nur Läden und Gaststätten zulässig sind (§ 49a Abs. 3 Satz 2 PBG).

Der besonderen Nutzung werden die ihr unmittelbar dienenden Räume unter Einschluss der dazugehörigen Erschliessungsflächen und Sanitärräume samt inneren Trennwänden zugerechnet (§ 18 ABV). Die Räume und Flächen sind also entsprechend ihrer Verwendung für die einzelnen Nutzungen aufzuteilen.

14.2.3.3   *Übertragung von Nutzweisen*

Die Übertragung von Nutzweisen, insbesondere von Wohnanteil vom einem auf ein anderes Grundstück, richtet sich nicht nach den Regeln über die Ausnützungsübertragung, die auf § 259 Abs. 1 PBG beruhen (vgl. Seite 732 ff.). Nach der Aufhebung von § 17 Abs. 2 ABV sind die Gemeinden frei, eigene Vorschriften zu erlassen. Sie haben zum Beispiel die Möglichkeit, Nutzungsverlagerungen einzuschränken oder auch über grössere Distanzen zu erlauben. Sie können die Voraussetzungen und Begrenzungen einer Umlagerung selbstständig umschreiben (WOLF/KULL: N 164; BEZ 1996 Nr. 17). Das Mass der zulässigen Nutzungsübertragung richtet sich damit nach kommunalem Recht. Lässt eine Bauordnung etwa «angemessene Nutzungsübertragungen» zu, können sich diese auch über ein ganzes Geviert und somit über mehrere Parzellen erstrecken. Dasselbe dürfte auch zutreffen, wenn eine kommunale Regelung über die Nutzungsübertragung fehlt. Die Nutzungsübertragung muss auch hinsichtlich ihres Ausmasses noch angemessen sein; die in der kommunalen Nutzungsplanung zugeteilten Nutzungen dürfen nicht infrage gestellt werden.

Beispiel von Vorschriften zur Übertragung von Wohnanteilen (BZO Zürich):

Art. 6 Wohnanteil

3 Die Wohnfläche kann innerhalb des Gebäudes und innerhalb eines Umkreises mit einem
   Radius von 150 m in der Kernzone Altstadt und von 300 m in den übrigen Zonen verlegt
   werden. Eine Weiterverlegung aus diesem Umkreis hinaus ist nicht zulässig. Diese Beschränkung ist vor Baubeginn im Grundbuch anzumerken.

Mit einem solchen Nutzungstransfer besteht die Möglichkeit, entlang von
Strassen Gewerberäumlichkeiten als Lärmriegel für die dahinter liegenden
Wohnungen zu bauen. Wenn ein Pflichtanteil (Gewerbe- oder Wohnanteil) aber
tatsächlich pro Gebäude gebaut werden muss und eine Übertragungsmöglich-
keit, welche planerisch sinnvoll wäre, ausgeschlossen werden soll, so braucht es
dafür eine ausdrückliche Regelung in der Bauordnung (falsch daher: BEZ 1996
Nr. 1). Vgl. die Abgrenzung zur Ausnützungsübertragung Seite 736 f.

Arbeitshilfen

Suchbegriff	Bezeichnung	Bezugsquelle
Baumassenziffer	Suter. Von Känel. Wild.AG: Zur Anwendung der Baumassen-ziffer, Leitfaden zur Klärung auslegungsbedürftiger Begriffe und Messweise, Zürich 8.7.2008	Suter. Von Känel. Wild.AG, Baumackerstrasse 42, Postfach, 8050 Zürich
Ausnützung	SIA: Norm V 414/10, Masstoleranzen im Hochbau, 1987	www.webnorm.ch
	Baudirektion: Vollzugsordner Energie, aktuelle Ausgabe Juli 2009	www.energie.zh.ch
	Baudirektion, Wintergarten aus rechtlicher Sicht, Merkblatt, Juli 2009	www.energie.zh.ch
	Baudirektion, Wärmedämmvorschriften, Ausgabe 2009	www.energie.zh.ch
	EnDK (Konferenz Kantonaler Energiedirektoren), Mustervorschriften der Kantone im Energiebereich (MuKEn), 2008	www.endk.ch
	SIA: Norm 400, Planbearbeitung im Hochbau, 2000	www.webnorm.ch
Energiesparen	Mustervorschriften der Kantone im Energiebereich (MuKEn), Ausgabe 2008	www.endk.ch

15
Lage von Gebäuden

15.1 Einleitung

15.1.1 Übersicht

Das PBG regelt die Abstände in den §§ 260–274. § 260 enthält eine als gemeinsam bezeichnete allgemeine Bestimmung. Dann folgen Regelungen über Abstände von politischen Grenzen, Wald sowie von Verkehrsanlagen (insbesondere Strassen), Versorgungsleitungen und Anschlussgleisen (§§ 261–268). §§ 269 und 270 betreffen die Grenzabstände von Nachbargrundstücken, §§ 271–274 die Gebäudeabstände. Weitere Abstandsbestimmungen finden sich insbesondere in §§ 99–101 PBG (im Zusammenhang mit Verkehrsbaulinien), in §§ 21–26 ABV (Begriff und Messweisen des kommunalen Grenzabstandes), im Wasserwirtschaftsgesetz (Gewässerabstand), in der Strassenabstands- und der Verkehrssicherheitsverordnung (Strassenabstände von Mauern, Einfriedungen und Pflanzen), in der Besonderen Bauverordnung II (Verschärfungen und Milderungen) sowie in der eidgenössischen Starkstromverordnung. Alle diese Abstandsbestimmungen werden im vorliegenden Zusammenhang dargestellt. Demgegenüber finden sich die Bestimmungen über das Zusammenbauen und den Grenzbau im Kapitel über die offene und die geschlossene Überbauung (§§ 286–291). Sie werden in jenem Zusammenhang erläutert. Die Grenzabstände von Bäumen, Sträuchern und Einfriedungen gehören nicht dem öffentlichen Baurecht, sondern dem kantonalen Privatrecht an (Art. 688 ZGB in Verbindung mit §§ 169 ff. EG ZGB; vgl. Seite 1202 ff.).

15.1.2 Gemeinsame Bestimmung

Den Abstandsvorschriften ist mit § 260 PBG eine «gemeinsame Bestimmung» (so der Übertitel) vorangestellt. Das Marginale «Grenz- und Gebäudeabstand» würde nun allerdings den Schluss zulassen, dass die Vorschrift nur die Grenz- und Gebäudeabstände regelt. Hierzu enthält Absatz 1 eine allgemeine Begriffsumschreibung. Demzufolge bestimmt der Grenzabstand die nötige Entfernung zwischen Fassade und massgebender Grenzlinie, der Gebäudeabstand diejenige zwischen zwei Gebäuden.

Absatz 2 enthält Grundsätze zur Messweise der in der Bau- und Zonenordnung geregelten Abstände (vgl. Seite 844 ff.) und bildet die rechtliche Grundlage für den kantonalen Mehrhöhenzuschlag (vgl. Seite 842 ff.).

Absatz 3 bestimmt, inwieweit einzelne Vorsprünge in den Abstandsbereich hineinragen dürfen. Diese letztere Bestimmung gleicht die Regelung des Sachverhaltes dem § 100 Abs. 1 PBG (Überstellung Baulinien durch einzelne Vorsprünge) an. Trotz der systematischen Einordnung vor sämtlichen Abstandsvorschriften enthält sie insbesondere für die Strassenabstände keine ausdrückliche Regelung (vgl. dazu Seite 826).

15.1.3 Hinweis auf Begriffe

Gebäude

Die öffentlich-rechtlichen Abstände sind grundsätzlich nur von Gebäuden, nicht aber von anderen Bauten und Anlagen einzuhalten (vgl. insbesondere §§ 260, 261, 262, 264, 265, 270, 271 PBG). Ausnahmen bestehen lediglich in

Bezug auf den Gewässerabstand (§ 21 WWG) und den Strassenabstand (Mauern und Einfriedungen). Daher ist der Begriff des Gebäudes von zentraler Wichtigkeit. Vgl. dazu Näheres im Zusammenhang mit den Grenz- und Gebäudeabständen (Seite 835 ff.).

Fassade

Abstände sind immer ab Fassade zu messen (§ 260 Abs. 1 PBG). Dabei ist für die Abstandsberechnung die horizontale Lage der Fassade massgebend, also grundsätzlich die Projektion der grössten oberirdischen Gebäudeumfassung auf den Erdboden (vgl. § 28 Abs. 1 ABV), korrigiert um die nach § 260 Abs. 3 PBG erwähnten Vorsprünge. Die Details werden im Zusammenhang mit den Grenz- und Gebäudeabständen dargestellt (Seite 838 ff.).

Grenze

Hinsichtlich des Grenzabstandes ist ferner die «Grenze» von Bedeutung. Denn der Grenzabstand bestimmt die nötige Entfernung zwischen Fassade und massgebender Grenzlinie (§ 260 PBG). Mit «Grenzlinie» kann nur die Grundstücksgrenze gemeint sein, was sich aus dem Zusammenhang, insbesondere dem Titel vor § 269 PBG ergibt. Näheres bei den Grenzabständen (Seite 840 f.).

15.2 Abstand zu politischen Grenzen

Gegenüber Gemeinde-, Bezirks- und Kantonsgrenzen sind keine Abstände einzuhalten. Gebäude dürfen diese Grenzen jedoch nicht überstellen (§ 261 PBG). Zwei Gebäude können aber, durch eine Brandmauer getrennt, an der politischen Grenze zusammengebaut werden.

15.3 Abstand von Zonengrenzen

Von Zonengrenzen ist mangels einer entsprechenden Vorschrift kein kantonalrechtlicher Abstand einzuhalten (BEZ 1989 Nr. 21; ZBl 1961, S. 524 f.). Gebäude dürfen Zonengrenzen auch überstellen. Jeder Gebäudeteil muss dann die für die betreffende Zone geltenden Abstands- und anderen Vorschriften einhalten (RB 1994 Nr. 84). Dabei ist das Gebäude gleichwohl als Einheit aufzufassen. Enthält also das Dachgeschoss nur im Bereich der einen Zone für die Bestimmung der Geschosszahl anrechenbare Räume, so gilt dieses Geschoss auch in der anderen Zone als anrechenbar (RB 1994 Nr. 84; vgl. das Beispiel auf Seite 887).

Für landwirtschaftliche Grundstücke und Bauten an der Bauzonengrenze gelten besondere Vorschriften. Vgl. vorerst die Teilungsgrundsätze der Volkswirtschaftsdirektion für Parzellen an der Bauzonengrenze, siehe Liste der Arbeitshilfen Seite 881. Sodann haben Anlagen der bäuerlichen Tierhaltung und der Intensivtierhaltung im Sinne von Art. 3 Abs. 2 lit. a LRV und Anhang 2 Ziff. 51 LRV Mindestabstände zu bewohnten Zonen einzuhalten, wie sie nach den anerkannten Regeln der Tierkunde erforderlich sind. Als solche gelten insbesondere die Empfehlungen der eidg. Forschungsanstalt für Betriebswirtschaft und Landtechnik, 8355 Tänikon. Näheres vgl. Seite 1067 f.).

15.4 Waldabstand

15.4.1 Zweck

Mit den Waldabstandsvorschriften werden gesundheits- und forstpolizeiliche, landschaftsschützerische und in einem weiteren Sinne raumplanerische Ziele verfolgt. Sie dienen dem Schutz waldnaher Bauten und ihrer Bewohner gegen Schädigung durch Windwurf sowie gegen Schatten und Feuchtigkeit. Darüber hinaus schützen sie den Wald vor Brandgefahr, sichern seine Wohlfahrts- und Erholungsfunktion, erhalten ihn als Umweltfaktor und gewähren einen nicht zu schroffen Übergang zwischen Wohngebieten und Waldlandschaft (BGE 119 Ia 122 Erw. 5). Demgemäss sind nach Art. 17 Abs. 1 WaG Bauten und Anlagen in Waldesnähe nur zulässig, wenn sie die Erhaltung, Pflege und Nutzung des Waldes nicht beeinträchtigen. Die Kantone haben einen angemessenen Mindestabstand der Bauten und Anlagen vom Waldrand vorzuschreiben. Sie berücksichtigen dabei die Lage und die zu erwartende Höhe des Bestandes. Für den Kanton Zürich sind die massgebenden Abstände im PBG geregelt.

15.4.2 Der massgebliche Abstandsbereich

Innerhalb der Bauzonen

Innerhalb der Bauzonen wird der massgebliche Waldabstand durch die im Rahmen der Nutzungsplanung festzusetzenden Waldabstandslinien bestimmt (§ 262 Abs. 1 PBG).

Der Erlass von Waldabstandslinien ist zwingend (§ 66 Abs. 1 PBG). Damit kommt der Kanton Zürich der bundesrechtlich statuierten Pflicht nach, wonach die Kantone einen angemessenen Mindestabstand der Bauten und Anlagen vom Waldrand vorzuschreiben haben (Art. 17 Abs. 2 WaG). Die Festlegung einer Freihaltezone vermag die zwingend vorgeschriebene Festlegung von Waldabstandslinien in der Regel nicht zu ersetzen (VB.2000.00282).

Gemäss § 66 Abs. 2 PBG sind die Waldabstandslinien in einem Abstand von 30 m von der Waldgrenze festzusetzen; bei kleinen Waldparzellen oder bei besonderen örtlichen Verhältnissen können sie näher an oder weiter von der Waldgrenze gezogen werden (vgl. hierzu BEZ 1996 Nr. 18). Dies zum Beispiel, wenn der 30-m-Abstand bereits durch bestehende Gebäude unterschritten wird, oder bei steilen Hanglagen (VB.2000.00282). Anzumerken bleibt, dass das Verwaltungsgericht einen Waldabstand von weniger als 10 m wiederholt als ungenügend bezeichnet hat (ZBl 1988, S. 321; VB.2000.00282; BEZ 2002 Nr. 60; VB.2006.00070).

→ Siehe Bild rechte Seite

Ausserhalb der Bauzonen

Ausserhalb des Bauzonengebietes, mithin in Landwirtschafts-, Freihalte- und Reservezonen, beträgt der Abstand von der forstrechtlichen Waldgrenze 30 m (§ 262 Abs. 1 PBG; zum Begriff des Waldes vgl. Seite 124). Gemessen wird von der forstrechtlichen Waldgrenze aus, welche im Rahmen des Waldfeststellungsverfahrens festgesetzt worden ist.

Waldabstandslinie

Die Waldabstandslinie «umfährt» in diesem Beispiel die vorbestandenen Gebäude. Entlang der Winikerstrasse ist zusätzlich eine Verkehrsbaulinie festgesetzt.

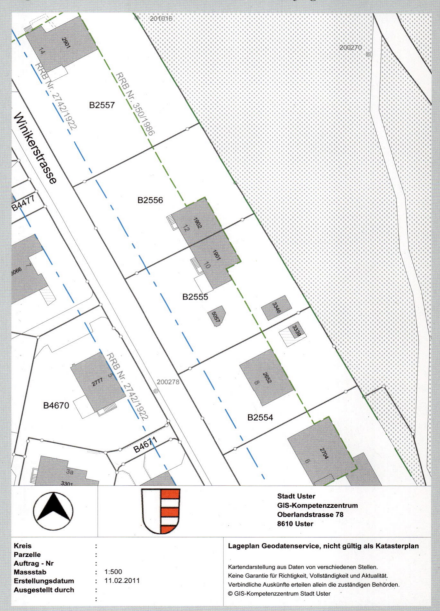

Kreis	:	
Parzelle	:	
Auftrag - Nr	:	
Massstab	:	1:500
Erstellungsdatum	:	11.02.2011
Ausgestellt durch	:	
	:	

Stadt Uster
GIS-Kompetenzzentrum
Oberlandstrasse 78
8610 Uster

Lageplan Geodatenservice, nicht gültig als Katasterplan

Kartendarstellung aus Daten von verschiedenen Stellen.
Keine Garantie für Richtigkeit, Vollständigkeit und Aktualität.
Verbindliche Auskünfte erteilen allein die zuständigen Behörden.
© GIS-Kompetenzzentrum Stadt Uster

15.4.3   Kantonalrechtliche Abstände

15.4.3.1   *Abstandspflichtige Gebäude*

Oberirdische Gebäude

Neue oberirdische Gebäude dürfen die im Zonenplan festgelegte Waldabstandslinie beziehungsweise den ausserhalb der Bauzone geltenden Waldabstand nicht überschreiten (§ 262 Abs. 1 PBG). Gegenüber den Waldabstandslinien ist kein Abstand einzuhalten; Gebäude dürfen unmittelbar an sie herangestellt werden. Dies gilt auch für jene Fälle, da die Waldabstandslinie in Anwendung von § 66 Abs. 2 näher als 30 m vom Wald, um bestehende Gebäude herumgezogen worden ist (vgl. hierzu ausführlich VB.2001.00123). Wird ein solches Gebäude abgebrochen oder auf andere Weise zerstört, bleibt die Waldabstandslinie gleichwohl bestehen. Auch ein neues Gebäude kann von der Privilegierung des alten profitieren. Will dies eine Gemeinde verhindern, muss die Waldabstandslinie entsprechend neu festgesetzt werden.

Balkone

§ 262 Abs. 2 PBG enthält eine Sonderregelung für Balkone im Waldabstandsbereich. Die Bestimmung wird anwendbar sowohl bei festgesetzten Waldabstandslinien wie auch ausserhalb der Bauzonen, wenn der Abstand von 30 m massgeblich ist. Danach dürfen offene, nicht abgestützte Balkone ohne Rücksicht auf ihre Länge 2 m tief in den Abstandsbereich hineinragen. Andere Vorsprünge, wie abgestützte Balkone, Erker und dergleichen, sind nicht privilegiert, da § 260 Abs. 3 PBG nur für Grenz- und Gebäudeabstände gilt. Sie haben den Abstand wie Hauptgebäude einzuhalten.

Weitere Ausnahmen für oberirdische Gebäude beziehungsweise Gebäudeteile richten sich nach § 220 PBG.

15.4.3.2   *Zulässige Bauten und Anlagen im Waldabstandsbereich*

Unterirdische Gebäude und Gebäudeteile

Unterirdische Gebäude und Gebäudeteile sind von den Abstandsvorschriften befreit (Umkehrschluss aus § 262 Abs. 1 PBG). Unterirdisch heisst in diesem Zusammenhang: vollständig unter dem gewachsenen Terrain liegend. § 269 PBG (abstandsfreie Gebäude, die den Boden um nicht mehr als 50 cm überragen) bezieht sich nur auf die Grenzabstände und findet vorliegend keine Anwendung.

Andere Bauten und Anlagen

Neben den unterirdischen Gebäuden und Gebäudeteilen sind auch alle anderen (unter- wie oberirdischen) Bauten und Anlagen, die nicht unter den Gebäudebegriff im Sinne von § 262 Abs. 1 PBG fallen (Parkplätze, Schwimmbassins, Strassen und Wege, Mauern, Einfriedungen, Terrainveränderungen, Kinderspielplätze, Gartenanlagen etc.) vom Waldabstand nach § 262 PBG befreit. Sie haben indessen gleichwohl die Anforderungen des Forstpolizeirechts einzuhalten (§ 262 Abs. 2 PBG).

Bestehende Gebäude

Für bestehende Gebäude innerhalb der Waldabstandslinie oder des 30-m- Waldabstandes gilt § 357 PBG. Sie sollen auf dem Wege der natürlichen Erneuerung beseitigt und das Grundstück in den unüberbauten Zustand überführt werden. Dabei wird in Kauf genommen, dass dieser Prozess viele Jahrzehnte dauern kann, weil Bauten, die nach früherem Recht in Waldesnähe erstellt worden sind, dem neuen Recht aber nicht entsprechen, ein Bestandesprivileg geniessen und innerhalb der Grenzen von § 357 PBG umgebaut, erweitert und umgenutzt werden können (VB.2002.00030). Die betroffenen Gebäude dürfen wohl auch nach Massgabe von § 307 nach Zerstörung durch Brand oder andere Katastrophen wieder aufgebaut werden. Andere Ersatzbauten sind aber ausgeschlossen, so insbesondere auch jene nach Art. 24c RPG, weil es im vorliegenden Zusammenhang nicht um die Zonenkonformität, sondern die kantonalrechtlichen Abstandsbestimmungen über den Waldabstand geht.

15.4.3.3   *Ausnahmen*

Wie erwähnt haben Gebäude und Gebäudeteile die Waldabstandslinie oder (ausserhalb der Bauzone) einen Abstand von 30 m einzuhalten. Sie sind mithin innerhalb des Abstandsbereichs nur mit Ausnahmebewilligung nach § 220 PBG zulässig, welche von der kommunalen Baubehörde zu erteilen ist.

Nach der Praxis des Verwaltungsgerichts darf aber der gesetzlich erforderliche Waldabstand, an dem ein erhebliches öffentliches Interesse besteht, durch eine Ausnahmebewilligung nicht generell infrage gestellt werden. Daher rechtfertigt sich ein strenger Massstab, zumal mit der Festsetzung der Waldabstandslinie den besonderen örtlichen Verhältnissen angemessen Rechnung getragen werden konnte. Werden Unterschreitungen ausnahmsweise bewilligt, so sind sie stets möglichst gering zu halten. Es ist immer ein Mindestabstand zu verlangen. Das Verwaltungsgericht erachtet einen Waldabstand unter 10 m in der Regel als zu gering, weil dadurch den Zielen des Waldabstandes nicht mehr entsprochen werden kann. Erst recht vermag ein Waldabstand von nur 2 m nicht mehr zu genügen (BEZ 2002 Nr. 60, vgl. aber VB.2010.00147).

15.4.4   Mindestabstände nach Forstpolizeirecht

15.4.4.1   *Zweck*

Art. 17 Abs. 2 WaG, wonach die Kantone einen angemessenen Waldabstand vorzuschreiben haben, soll sicherstellen, dass die in Abs. 1 dieser Bestimmung umschriebenen Ziele, das heisst die Erhaltung, die Pflege und die Nutzung des Waldes nicht beeinträchtigt werden. Angemessen ist somit ein Waldabstand, wenn er den Schutz der im öffentlichen Interesse liegenden Zwecke gewährleistet, welche durch eine zu enge Nachbarschaft von Bauten und Anlagen infrage gestellt wären. Nach der bundesgerichtlichen Praxis liegt eine solche Beeinträchtigung vor, wenn eine oder mehrere der gesetzlich vorgeschriebenen Schutzfunktionen des Waldes ernsthaft gefährdet erscheinen oder eine solche Beeinträchtigung mit Wahrscheinlichkeit zu erwarten ist. Eine aktuelle und konkrete Gefährdung braucht nicht vorzuliegen.

15.4.4.2   *Kriterien*

Die Festsetzung des forstrechtlichen Waldabstandes unter Berücksichtigung all
dieser Kriterien hängt stark von den konkreten Verhältnissen im Einzelfall ab,
bei deren Würdigung der entscheidenden Behörde ein Ermessensspielraum eingeräumt ist. Der Sachverstand von fachspezifischen Amtsstellen oder Gremien
ist im Allgemeinen zu respektieren (ausführlich ZBl 2002, S. 485 ff. hinsichtlich
einer Strasse im Waldabstandsbereich).

Vgl. zur erforderlichen kantonalen forstrechtlichen Bewilligung und zu
deren Voraussetzungen Seite 368 f. sowie zur Ausnahmebewilligung Seite 787. Weitere Erläuterungen zum Waldabstand auch bei STUTZ HANS-PETER.

Waldrand
Solche Verhältnisse sollen Waldabstandslinien verhindern.

15.4.4.3   *Geltungsbereich*

Der forstrechtliche Minimalabstand hat Konsequenzen für die Erteilung allfälliger Ausnahmebewilligungen nach § 220 PBG wie auch die Bewilligung nicht
abstandspflichtiger Bauten und Anlagen. Er gilt auch für die nicht abstandspflichtigen Bauten und Anlagen sowie für Terrainveränderungen. Daraus folgt,
dass zum Beispiel auch Abgrabungen im Waldabstandsbereich nur so weit gehen dürfen, als die Bewirtschaftung des Waldes nicht verunmöglicht und der
Wurzelbereich nicht beeinträchtigt wird. Ein Waldabstand von 4–5 m für ein
Schwimmbassin ist genügend (BR 1/2001 Nr. 95).

15.5   Gewässerabstand

Revision der eidgenössischen Gewässerschutz-verordnung (GSchV)

Nach Abschluss des Manuskriptes und kurz vor Drucklegung ist am 1. Juni 2011 eine Revision der eidgenössischen Gewässerschutzverordnung (GSchV) in Kraft getreten. Es ist gerechtfertigt, diese soweit möglich noch zu berücksichtigen. Der Inhalt der neuen Regelungen ist wie folgt kurz zusammenzufassen:

Ausgangslage

Am 11. Dezember 2009 hat das Parlament mit einer Änderung des GSchG und weiterer Bundesgesetze einen Gegenvorschlag zur Volksinitiative «Lebendiges Wasser» beschlossen. Die Gesetzesänderungen sind am 1. Januar 2011 in Kraft getreten. Konkret wurden insbesondere Bestimmungen erlassen über die Revitalisierung der Gewässer sowie die Sicherung und extensive Bewirtschaftung des Gewässerraums.

Gemäss dem neuen Art. 36a GSchG legen die Kantone den Raumbedarf der oberirdischen Gewässer fest, der erforderlich ist für die Gewährleistung folgender Funktionen (Gewässerraum): die natürlichen Funktionen der Gewässer, den Schutz vor Hochwasser und die Gewässernutzung (Abs. 1). Der Bundesrat regelt die Einzelheiten (Abs. 2). Die Kantone sorgen dafür, dass der Gewässerraum bei der Richt- und Nutzungsplanung berücksichtigt sowie extensiv gestaltet und bewirtschaftet wird. Der Gewässerraum gilt nicht als Fruchtfolgefläche. Für einen Verlust an Fruchtfolgeflächen ist nach den Vorgaben der Sachplanung des Bundes nach Art. 13 RPG Ersatz zu leisten (Abs. 3).

Die am 4. Mai 2011 vom Bundesrat erlassene und seit 1. Juni 2011 in Kraft stehende Revision der GschV enthält ausführende Bestimmungen dazu. Die nachfolgenden Ausführungen beschränken sich auf den Gewässerraum (Art. 41a–41c GSchV).

Festlegung des Gewässerraums
Auftrag an die Kantone

Art. 36a GSchG beauftragt den kantonalen Gesetzgeber, den Raumbedarf für oberirdische Gewässer festzulegen. Er muss den Gewässerraum bei der Richt- und Nutzungsplanung «berücksichtigen». Weil der Kanton nur, aber immerhin für die Umsetzung zu «sorgen» hat, kann er gewisse Aufgaben auch an die Gemeinden delegieren.

Art. 41a und 41b GSchV enthalten Mindestanforderungen für die Breite des Gewässerraums, und zwar für Fliessgewässer einerseits und stehende Gewässer andererseits. Die entsprechenden Verordnungsbestimmungen bilden als Vorgaben an die Kantone abschliessendes Bundesrecht. Die kantonalen Planungen und Bauvorschriften sind entsprechend anzupassen. Abs. 1 der Übergangsbestimmungen zur Revision der GSchV vom 4. Mai 2011 setzt den Kantonen eine Frist für die Umsetzung bis 31. Dezember 2018.

Minimalanforderungen
Fliessgewässer

Den Gewässerraum für Fliessgewässer (Bäche, Flüsse) regelt Art. 41a GSchV. Danach muss der Gewässerraum eine von der Gerinnesohle abhängige Mindestbreite aufweisen.

Die Gerinnesohle entspricht bei mittlerem Wasserstand der Breite des Wasserspiegels und ist die massgebende Grösse zur Berechnung der Uferbereichsbreite.

Die Mindestbreite des Gewässerraumes beträgt in Naturschutzobjekten, etwa in Biotopen von nationaler Bedeutung und in kantonalen Naturschutzgebieten:
– für Fliessgewässer mit einer Gerinnesohle von weniger als 1 m natürlicher Breite: 11 m;
– für Fliessgewässer mit einer Gerinnesohle von 1–5 m natürlicher Breite: die 6-fache Breite der Gerinnesohle plus 5 m;
– für Fliessgewässer mit einer Gerinnesohle von mehr als 5 m natürlicher Breite: die Breite der Gerinnesohle plus 30 m (Art. 41a Abs. 1 GSchV).

In den übrigen Gebieten muss die Mindestbreite des Gewässerraums mindestens betragen:
– für Fliessgewässer mit einer Gerinnesohle von weniger als 2 m natürlicher Breite: 11 m;
– für Fliessgewässer mit einer Gerinnesohle von 2–15 m natürlicher Breite: die 2,5-fache Breite der Gerinnesohle plus 7 m (Art. 41a Abs. 2 GSchV).

Zum Schutze vor Hochwasser, für eine Revitalisierung, aus überwiegenden Interessen des Natur- und Heimatschutzes oder eine Gewässernutzung ist die Breite des Gewässerraums zu erhöhen (Abs. 3). Andererseits kann die Breite des Gewässerraums in dicht überbauten Gebieten, etwa in Städten und Ortzentren, den baulichen Gegebenheiten angepasst werden, soweit der Schutz vor Hochwasser gewährleistet bleibt (Abs. 4). Wenn das Gewässer im Wald liegt, eingedolt oder künstlich angelegt ist, kann auf die Festlegung des Gewässerraumes verzichtet werden, wenn keine überwiegenden Interessen entgegenstehen (Abs. 5).

Der Gewässerraum stellt einen Korridor dar, wobei das Gerinne nicht in der Mitte des Korridors liegen muss. Das eröffnet den Behörden bei der Festsetzung einen Spielraum (BAFU, Erläuternder Bericht zur Parlamentarischen Initiative Schutz und Nutzung der Gewässer (07.492) – Änderung der Gewässerschutz-, Wasserbau-, Energie- und Fischereiverordnung, S. 11).

Stehende Gewässer
Art. 41b GSchV enthält Mindestanforderungen an den Gewässerraum bei stehenden Gewässern (Seen). Danach muss die Breite des Gewässerraums, gemessen ab der Uferlinie, mindestens 15 m betragen (Abs. 1). Sie ist in denselben Fällen wie bei Fliessgewässern zu erhöhen (Abs. 2) oder kann in dichter Überbauung reduziert werden (Abs. 3). Wenn das Gewässer im Wald liegt, eine Fläche von weniger als 0,5 ha hat oder künstlich angelegt ist, kann auf die Festlegung des Gewässerraums verzichtet werden, sofern keine überwiegenden Interessen entgegenstehen (Abs. 4).

Als Uferlinie gilt die Begrenzungslinie eines Gewässers, bei deren Bestimmung in der Regel auf einen regelmässig wiederkehrenden höchsten Wasserstand abgestellt wird (BAFU, Erläuternder Bericht, S. 13).

<u>Anpassungsbedarf</u>
Der Kanton Zürich wird seine Vorschriften über den wasserpolizeilichem Mindestabstand zu ändern und eine an das Bundesrecht angepasste Neuregelung festzusetzen haben. Nicht mehr haltbar in der bestehenden Formulierung ist insbesondere Art. 21

WWG, soweit die Bestimmung für oberirdische Gewässer einen Minimalabstand von (nur) 5 m festlegt und Ausnahmen davon zulässt. Regelungsbedarf besteht auch für die Zuständigkeitsordnung Kanton/Gemeinde, das Verfahren und den Rechtsschutz.

Bauten und Massnahmen im Gewässerraum

Zulässige standortgebundene Bauten und Anlagen

Art. 41c GSchV regelt, welche Bauten und Massnahmen im Gewässerraum zulässig sind. Die Bestimmung ist abschliessendes Bundesrecht und seit 1. Juni 2011 zu beachten.

Danach dürfen im Gewässerraum nur standortgebundene, im öffentlichen Interesse liegende Anlagen erstellt werden (Art. 41c Abs. 1). Ausgenommen davon sind Teile von Gewässerräumen, die ausschliesslich der Gewährleistung der Gewässernutzung dienen (Abs. 6).

Als standortgebunden gelten Anlagen, die aufgrund ihres Bestimmungszwecks nicht ausserhalb des Gewässers angelegt werden können. Gemäss der exemplarischen Aufzählung in Art. 41c Abs. 1 GSchV sind dies etwa Fuss- und Wanderwege, Flusskraftwerke oder Brücken. Sodann sind auch Anlagen zulässig, die aufgrund der standörtlichen Verhältnisse an einen Ort gebunden sind. Solche Fälle sind etwa Schluchten oder durch Felsen eingeengte Platzverhältnisse, wo Fahrwege, Leitungen etc. im Gewässerraum geführt werden müssen (BAFU, Erläuternder Bericht, S. 14).

Auch standortgebundene Anlagen sind nur zulässig, wenn sie im öffentlichen Interesse liegen. Ein solches öffentliches Interesse besteht zum Beispiel an Wegen zur Erholungsnutzung. Im Einzelfall ist eine Abwägung mit anderen öffentlichen Interessen vorzunehmen.

Ausnahmen in dicht überbauten Gebieten

In dicht überbauten Gebieten kann die Behörde für zonenkonforme Anlagen Ausnahmen bewilligen, soweit keine überwiegenden Interessen entgegenstehen (Art. 41c Abs. 1 GSchV). Mit dieser Ausnahmebestimmung wird eine Siedlungsentwicklung nach innen und eine aus Sicht der Raumplanung erwünschte städtebauliche Verdichtung (z.B. durch das Füllen von Baulücken) ermöglicht (BAFU, Erläuternder Bericht, S. 15). Damit wird klar, dass unter den Begriff «Anlagen» auch Bauten, insbesondere Gebäude, fallen.

Dicht überbaute Gebiete sind namentlich Städte und Dorfzentren. Weitere Indizien für das Vorliegen eines dicht überbauten Gebietes sind zum Beispiel:
– baulich weitgehend ausgenützte Grundstücke in der Umgebung,
– angrenzende Bauten und Anlagen, welche den entsprechenden Gewässerraum bereits beanspruchen,
– eine Baulücke auf dem zur Überbauung vorgesehenen Grundstück.
Entgegenstehende Interessen sind insbesondere solche des Hochwasserschutzes oder des Natur- und Heimatschutzes.

Bestandesgarantie

Rechtmässig erstellte und bestimmungsgemäss nutzbare Anlagen im Gewässerraum sind in ihrem Bestand grundsätzlich geschützt (Art. 41 c Abs. 2 GSchV). Der notwendige Unterhalt von bestehenden Anlagen (wozu auch Bauten, Verkehrswege sowie Terrainveränderungen gehören) ist erlaubt. Die Bestandesgarantie ist allerdings eine erweiterte: Für zonenfremde und nicht standortgebundene Bauten und Anlagen ausserhalb der Bauzonen richtet sie sich nach Art. 24 ff. und 37a RPG (so jedenfalls BAFU, Erläuterungen S. 15). Innerhalb der Bauzonen haben die Kantone bei der Regelung dieser Fragen im Rahmen der Eigentumsgarantie einen Spielraum; im Kanton Zürich wird § 357 Abs. 1 PBG Massstab bilden.

Weitere Massnahmen
Art. 41c Abs. 3 und 4 GSchV regeln die zulässige landwirtschaftliche Nutzung (sofern das Gewässer nicht eingedolt ist, Abs. 6), Absatz 5 enthält Massnahmen gegen die natürliche Erosion.

Übergangsbestimmung
Inhalt
Solange die Kantone den Gewässerraum nicht festgelegt haben, gelten die Vorschriften für Anlagen nach Artikel 41c Absätze 1 und 2 entlang von Gewässern auf einem beidseitigen Streifen mit einer Breite von je:
– 8 m plus die Breite der bestehenden Gerinnesohle bei Fliessgewässern mit einer Gerinnesohle bis 12 m Breite;
– 20 m bei Fliessgewässern mit einer bestehenden Gerinnesohle von mehr als 12 m Breite;
– 20 m bei stehenden Gewässern mit einer Wasserfläche von mehr als 0,5 ha.
Bei einem Fliessgewässer mit einer Gerinnesohle von 6 m Breite beträgt also der Gewässerraum gemäss Übergangsbestimmung insgesamt 34 m (6 m Breite Gerinnesohle plus links 6 m + 8 m plus rechts 6 m + 8 m; siehe Skizze).

Gewässerraum bei Fliessgewässern gemäss den Übergangsbestimmungen, Beispiel (Quelle: BAFU, Erläuternder Bericht, S. 30)

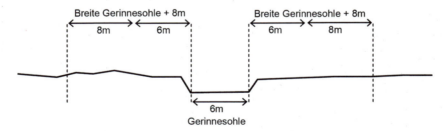

Damit legt die Übergangsbestimmung den Rahmen fest, in welchem die Vorschriften von Art. 41c Abs. 1 und 2 GSchV über die standortgebundenen Anlagen und die Bestandesgarantie für den Zeitraum zwischen dem Inkrafttreten der Verordnungsänderung (1. Juni 2011) und der Festlegung des Gewässerraumes durch die Kantone gemäss Art. 41a und 41b GSchV gelten. Die Anforderungen von Art. 41c Abs. 3–5 GSchV (Bewirtschaftung) gelten allerdings erst, wenn der Kanton die Festlegung vorgenommen hat.

Die Übergangsbestimmung bezieht sich auf die aktuelle Gerinnesohlenbreite der Fliessgewässer und nicht auf die natürliche Gerinnesohlenbreite wie Art. 41a GSchV, wo ein Korrekturfaktor berücksichtigt ist. Aus diesem Grund sind die Zahlenangaben gemäss den Übergangsbestimmungen in der Regel grösser als bei Art. 41a GSchV. Als weiterer Unterschied ist in der Übergangsbestimmung links und rechts von Fliessgewässern ein Streifen mit einer bestimmten Breite auszuscheiden, während der Gewässerraum gemäss Art. 41a GSchV ein Korridor ist, in dem das Fliessgewässer nicht in der Mitte fliessen muss.

Bei stehenden Gewässern gelten die Anforderungen auf einer Breite von 20 m ab der Uferlinie. Als Uferlinie gilt die Begrenzungslinie eines Gewässers, bei deren Bestimmung in der Regel auf einen regelmässig wiederkehrenden höchsten Wasserstand abgestellt wird (BAFU, Erläuterungen, S. 13).

Rechtsfolgen

Bundesrecht bricht entgegenstehendes kantonales Recht, geht also diesem vor (Art. 49 BV), was auch für das Verordnungsrecht des Bundes und dessen Übergangsbestimmungen gilt. Dies findet allerdings an der Kompetenzaufteilung zwischen Bund und Kantonen seine Schranken. Bundesrecht hat somit nicht von sich heraus Vorrang, sondern nur, wenn der Bund zu seinem Erlass zuständig war.

Die GSchV stützt sich, soweit hier wesentlich, auf Art. 36a Abs. 2 GSchG. Nach dieser Bestimmung regelt der Bundesrat die Einzelheiten für die Festlegung des Raumbedarfs der oberirdischen Gewässer. Man kann sich ernsthaft fragen, ob diese Kompetenz dem Bundesrat auch erlaubt, zwingendes materielles Recht zu erlassen, welches bis zur Neuregelung der Kantone gilt und in Kraft stehendes kantonales Recht sofort ausser Kraft setzt. Nach dem Wortlaut von Art. 36a Abs. 2 GSchG kann der Bund nur vorschreiben, in welchem Rahmen sich die Kantone zu bewegen haben, nicht aber abschliessendes Recht festlegen.

Die Übergangsbestimmung trifft in ihrem Anwendungsbereich sehr restriktive und unflexible Anordnungen. Unzählige Bauten und Anlagen unterschreiten den geforderten Gewässerabstand und werden auf die Bestandesgarantie gemäss Art. 41c Abs. 2 GSchV beschränkt, sofern sie nicht die Voraussetzungen nach Art. 41c Abs. 1 GSchV erfüllen. Viele Grundstücke sind sodann unüberbaubar oder erschwert überbaubar geworden. Es bleibt immerhin die Hoffnung, dass die Übergangsbestimmung zeitlich nur sehr beschränkt anwendbar bleibt und bald, d.h. vor dem 31. Dezember 2018, durch definitives Recht abgelöst wird, welches den jeweiligen örtlichen Verhältnissen angemessen Rechnung trägt.

Allerdings ist die Übergangsbestimmung nicht immer anwendbar. So geht der nach § 21 WWG definierte Gewässerabstand in seltenen Fällen weiter. Sodann ist denkbar, dass Aspekte des Vertrauensschutzes (Art. 9 BV) eine Anwendung des alten Rechts aufdrängen. Dies kann sein, wenn ein längst vor dem 1. Juni 2010 eingereichtes Bauprojekt erst nach diesem Datum bewilligt wird oder eine vor dem Stichtag erteilte baurechtliche Bewilligung wegen Rechtsmittelverfahren noch nicht rechtskräftig ist. Es wird dann im Rahmen einer pflichtgemässen Abwägung zu prüfen sein, ob dem Interesse an der sofortigen Durchsetzung des neuen Rechts oder dem Vertrauen des Baugesuchstellers in die Beständigkeit der noch geltenden rechtlichen Ordnung der Vorrang gebührt.

Aus diesen Gründen wird der wasserbaupolizeiliche Gewässerabstand nach § 21 WWG nachfolgend gleichwohl dargestellt. Dargestellt werden auch die Gewässerabstandslinien und die Gewässerbaulinien, die jedenfalls insoweit anwendbar bleiben, als sie strenger als die Übergangsbestimmung sind.

15.5.1   Wasserbaupolizeilicher Mindestabstand

15.5.1.1   *Grundlagen*

Zweck

Bauten und Anlagen haben grundsätzlich einen Gewässerabstand von 5 m einzuhalten (§ 21 Abs. 1 WWG). Dieser wasserbaupolizeiliche Mindestabstand bezweckt primär, ein Durchflussprofil für Hochwasser freizuhalten. Bauten und Anlagen sollen vor besonderer Überflutung geschützt werden. Zudem soll der jederzeitige Zugang zum Ufer für die Ausführung von Wasserbau- und Unterhaltsarbeiten gesichert werden.

Wie das Verwaltungsgericht in Präzisierung seiner früheren Rechtsprechung entschieden hat, kommt dem Mindest-Gewässerabstand aber nicht nur wasserbaupolizeiliche Funktion zu. Er dient vielmehr weiteren Interessen. Danach soll mit dem Gewässerabstand neben den wasserbaupolizeilichen Anliegen auch eine klare Trennung des Gewässerraumes von den überbauten und überbaubaren Flächen, der Schutz der Ufervegetation sowie eine ästhetisch ansprechende Erscheinung des Gewässers gewährleistet werden. In diesem Sinne erfüllt der Gewässerabstand auch Funktionen der Raumplanung, des Natur- und des Landschaftsschutzes.

Dieses von Bundesrechts wegen zu beachtende öffentliche Interesse ergibt sich zudem aus § 2 WWG, wonach bei der Anwendung des WWG darauf zu achten ist, dass unter anderem bestehende Erholungsräume sowie bestehende Lebensräume von Tieren und Pflanzen erhalten bleiben und neue geschaffen werden können (BEZ 2002 Nr. 23; vgl. auch VB.2005.00458 betreffend Parkplätzen und Containerabstellplatz).

In diesem Sinne werden die öffentlichen Interessen an einem ausreichenden Gewässerabstand in den Richtlinien der Baudirektion vom 11. August 2009 «für das Festlegen des Abstandes von ober- und unterirdischen Bauten und Anlagen von öffentlichen Gewässern» (nachfolgend Richtlinien Gewässerabstand 2009 genannt) konkretisiert.

Betroffene Gewässer

Der Gewässerabstand ist gegenüber allen Oberflächengewässern (im Gegensatz zum Grundwasser), wie Seen, Teichen, Flüssen und Bächen, einzuhalten, und zwar gegenüber offenen wie auch gegenüber eingedolten (§ 21 Abs. 1 WWG). Die Abstandsvorschrift findet aber nur auf öffentliche, nicht auf private Oberflächengewässer Anwendung (vgl. § 6 WWG). Als öffentlich gelten alle (eingedolten oder offenen) Oberflächengewässer, an denen kein Privateigentum nachgewiesen ist oder wird (§ 5 Abs. 1 WWG). Die öffentlichen Oberflächengewässer stehen unter der Hoheit des Staates. Sie werden vom Staat bezeichnet und für jede Gemeinde in einem rechtsverbindlichen Plan dargestellt.

Gewässerparzellen

Öffentliche Oberflächengewässer werden in der Regel als eigene Parzellen ausgeschieden (§ 7 WWG und § 2 Abs. 1 HWV) und sind dann Eigentum des Staates (§ 5 Abs. 2 WWG). Auf die Ausscheidung einer Gewässerparzelle kann verzichtet werden, wenn Gewässer bezüglich Wasserführung oder in ökologischer oder landschaftlicher Hinsicht unbedeutend sind (Servitutsgewässer).

Öffentliche Oberflächengewässer, an welchen Hochwasserschutz- oder Wiederbelebungsmassnahmen vorgenommen worden oder geplant sind, werden in der Regel zusätzlich vermarkt. Dabei werden insbesondere die Bedürfnisse der Zugänglichkeit für den Unterhalt berücksichtigt. Es ist aber bereits an dieser Stelle darauf hinzuweisen, dass der Gewässerabstand nicht von der Parzellengrenze, sondern der Gewässergrenze zu messen ist.

Abstandspflichtige Bauten und Anlagen

Nach § 21 Abs. 1 WWG haben «ober- und unterirdische Bauten und Anlagen» einen Gewässerabstand von in der Regel 5 m einzuhalten.

Den mit dem Gewässerabstand verfolgten öffentlichen Interessen können nicht allein Gebäude, sondern auch andere Bauten und Anlagen sowie Terrainveränderungen hinderlich sein (BEZ 1987 Nr. 42). Der Gewässerabstand nach § 21 WWG gilt daher (im Unterschied zum Grenzabstand) generell für alle ober- und unterirdischen Bauten und Anlagen, also insbesondere für Mauern und Einfriedungen, Sport-, Spiel- und Erholungsanlagen, Schwimmbassins, Fahrzeugabstellplätze (auch ohne Überdachung) und (auch arealinterne) Verkehrsanlagen, namentlich Strassen (BEZ 2002 Nr. 23; vgl. auch VB.2005.00458 betreffend Parkplätzen und Containerabstellplatz). Weitere Bauten und Anlagen sind in § 1 ABV aufgezählt, worauf mangels Definition im WWG abzustellen ist. Keine Rolle spielt, ob die streitige Baute oder Anlage als solche im Sinne von § 1 ABV, als Ausstattung gemäss § 3 ABV oder Ausrüstung nach § 4 ABV zu beurteilen ist (VB.2005.00458).

Balkone (auch frei auskragende) und andere Gebäudevorsprünge sind nicht privilegiert. Die für Grenzabstände geltende Regelung ist nicht analog anwendbar. Ebenso klar ist § 21 Abs. 1 WWG insoweit, als auch unterirdische Bauten und Anlagen den Gewässerabstand einzuhalten haben. Auch solche baulichen Massnahmen, die also vollständig unter dem gewachsenen Terrain liegen, sind abstandspflichtig.

Terrainveränderungen

Terrainveränderungen im Gewässerabstandsbereich, die eine Fläche von mehr als 10 m² Ufervegetation vorübergehend oder dauernd schädigen, sind nur mit Ausnahmebewilligung zulässig. Keine solche brauchen Terrainveränderungen bis zu einer Höhe von 1 m und einer Fläche von 50 m², die keine Ufervegetation tangieren und auch nicht im Zusammenhang mit anderen bewilligungspflichtigen Bauten und Anlagen stehen (§ 5 Abs. 3 lit. d HWV).

Leitungen

Leitungen für Strom, Wasser, Abwasser etc. im Gewässerabstandsbereich sind nur mit Ausnahmebewilligung zulässig (weil damit wasserbaupolizeiliche Massnahmen erschwert werden). Davon ausgenommen sind die in § 5 Abs. 3 lit. e, f und g HWV ausdrücklich erwähnten Leitungen.

Grösse des Gewässerabstandes

Der Gewässerabstand beträgt, wie erwähnt, grundsätzlich 5 m. Die Anwendung dieser Abstandsvorschrift obliegt primär den kommunalen Baubewilligungsbehörden (§ 21 Abs. 1 WWG). Die Baudirektion kann aber im Einzelfall den Regelabstand von 5 m erhöhen, wenn wasserbauliche Bedürfnisse dies erfordern. Sie kann auch eine Ausnahme zur Unterschreitung des Mindestabstandes gewähren, wenn besondere Verhältnisse dies rechtfertigen (§ 21 Abs. 2 WWG). Gemäss Regierungsratsbeschluss vom 24. Februar 1993 sind diese Befugnisse an das AWEL übertragen worden.

Ein wasserbauliches Bedürfnis ist auch die Sicherung eines künftigen Bachabstandes infolge einer Bachrandverschiebung. Es sollen keine Bauten und Anlagen entstehen, die besonderen Überflutungsgefahren ausgesetzt sind (BEZ 1997 Nr. 14).

Massgebende Gewässergrenzen

Für die Festlegung des Gewässerabstandes ist die Gewässerdefinition nach § 3 WWG massgebend (§ 15 Abs. 1 HWV). Nach § 3 WWG umfasst der Gewässerbereich das Bett mit Uferböschungen, Vorländern und Dämmen einschliesslich des darin stehenden oder fliessenden Wassers, sowie das darunterliegende Erdreich und die Luftsäule. Nach Massgabe dieser Kriterien legen die Gemeinden das Gewässergebiet im Einzelfall oder gebietsweise fest (§ 15 Abs. 2 HWV). Massgebend sind im Detail die Richtlinien Gewässerabstand 2009, welche jene vom 23. November 1993 ersetzt haben. Die Richtlinien enthalten zur Messweise aussagekräftige Zeichnungen.

In Abweichung zur früheren Regelung und zu den Richtlinien 1993 ist für die Bemessung des 5-m-Abstandes ausnahmslos auf die Grenzen des Gewässers, nicht auf allfällige Grundstücksgrenzen abzustellen, welche das Gewässer begrenzen. Letzteres liesse sich mit § 21 WWG nicht vereinbaren (BEZ 2001 Nr. 60). Ein allfälliger Grenzabstand ist aber unabhängig vom Gewässerabstand ebenso einzuhalten.

Der Gewässerabstand wird von der Wasserlinie des Bemessungshochwassers HQ, zuzüglich Freibord (0,5 m bei Bächen, 1 m bei Flüssen) gemessen. Die Wasserlinie des Bemessungshochwassers HQ bestimmt sich nach dem Schutzziel für den jeweiligen Standort, zum Beispiel gilt im geschlossenen Siedlungsgebiet und bei Industrieanlagen das 100-jährliche Hochwasser (HQ100) als Bemessungshochwasser. Das heisst: Siedlungen und Industrieanlagen müssen bis zu einem statistisch alle 100 Jahre auftretenden Hochwasser sicher sein. Das Bemessungshochwasser wird in Abstimmung mit dem AWEL situationsbezogen festgelegt. In Gemeinden, für die (noch) keine Hochwassergefahrenkarte vorliegt, finden sich die Angaben zu den Wassermengen HQ100 im technischen Bericht zur Hochwasserkarte. Der Bericht kann beim Bauamt der Gemeinde eingesehen werden.

Aufgrund der Richtlinien Gewässerabstand 2009 ergeben sich (auszugsweise) die nachfolgenden Abstandsbilder.

Öffentliches Gewässer mit vermarkter Grundstücksgrenze

(Quelle: Richtlinien Gewässerabstand 2009)

Der Abstand wird ab Gewässergrenze und nicht einer allenfalls vorhandenen Grundstücksgrenze gemessen. Eine solche ist aber für den ebenso einzuhaltenden Grenzabstand massgeblich. Der Grenzabstand ist auch dann einzuhalten, wenn die Gewässerparzelle nur grundbuchlich ausgeschieden, aber nicht vermarkt ist. Der genaue Grenzverlauf wäre dann im Einzelfall durch den Geometer zu vermessen.

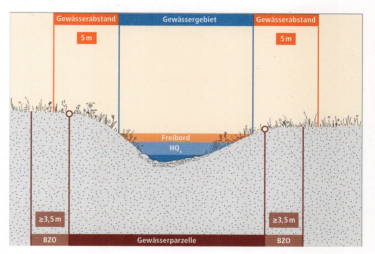

Ufervegetation

Die Ufervegetation gilt von Bundesrechts wegen als Bestandteil des Oberflächengewässers (Art. 4 GSchG). Wo die Ufervegetation über die theoretische Wasserlinie hinausreicht, ist der Gewässerabstand von der äusseren Begrenzung der Ufervegetation zu messen. Ein allfälliger Grenzabstand ist separat dazu einzuhalten. Vorschriften über den Waldabstand bleiben vorbehalten.

Messweise bei einem Gewässer mit Ufervegetation (Quelle: Richtlinien Gewässerabstand 2009)

Der Gewässerabstand ist von der äusseren Begrenzung der Ufervegetation oder bei Bäumen ab Mitte Stamm (Stockmass) zu messen.

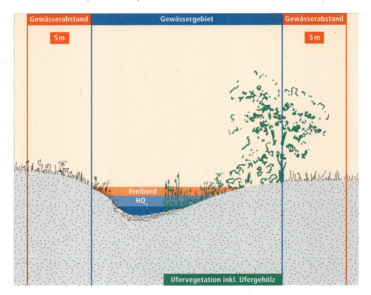

Uferwege

Uferwege liegen in der Regel (aber nicht immer) ausserhalb des Gewässergebietes. Der Gewässerabstand darf deshalb in diesen Fällen von der Gewässergebietsgrenze aus über Uferwege hinweg gemessen werden (BEZ 2001 Nr. 60).

Dämme und Vorländer

Bei Flüssen mit Vorländern und Dämmen ist der Gewässerabstand unabhängig von der Vermarkung vom gewässerabgewandten Dammfuss aus zu messen. Dies erscheint ohne Weiteres als zweckmässig. Hierdurch werden Zugang zum Damm und Unterhalt gewahrt, und es können im Falle von Hochwassern durch geeignete Massnahmen Dammbrüche verhindert werden. In diesem Zusammenhang ist auch §2 Abs. 2 HWV zu sehen, wonach öffentliche Oberflächengewässer, an welchen Hochwasserschutzmassnahmen vorgenommen oder geplant sind, in der Regel zu vermarken sind, dies insbesondere unter Berücksichtigung der erforderlichen Zugänglichkeit für den Unterhalt. Die Parzellengrenze und die abstandsrelevante Gewässergrenze dürften in diesen Fällen häufig zusammenfallen (BEZ 2001 Nr. 60). Vgl. das Bild auf S. 9 der Richtlinien Gewässerabstand 2009.

Ufermauern

Bei Ufermauern wird der Gewässerabstand von der wasserseitigen Oberkante der Mauerkrone aus gemessen. Diese Messweise gilt im Unterschied zu den Richtlinien 1993 auch dann, wenn die Gewässerparzelle vermarkt ist. Ein allfälliger Abstand zur Grundstücksgrenze ist separat zum Gewässerabstand einzuhalten.

Messweise bei Ufermauern mit Vermarkung (Quelle: Richtlinien Gewässerabstand 2009)

Bei Ufermauern ist auf deren Innenmass abzustellen. Ein allfälliger Grenzabstand ist zusätzlich zu berücksichtigen.

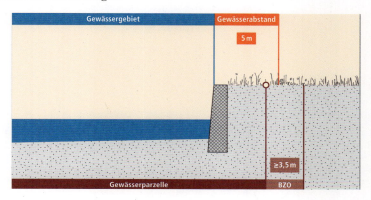

Eingedolte Gewässer

Im Hinblick auf eine allfällige Wiederöffnung eines Gewässers (vgl. § 2 WWG) ist das öffentliche Interesse an der Freihaltung eines angemessenen Gewässerabstandsbereichs besonders gross. Der Gewässerabstand wird ab der grössten Breite der Dole (Innenmass) bestimmt. Im Unterschied zu den Richtlinien 1993 gilt dies nun auch für ausgemarkte Parzellen. Unabhängig davon ist ein allfälliger Grenzabstand einzuhalten.

Messweise bei eingedolten Gewässern (Quelle: Richtlinien Gewässerabstand 2009)

Das Innenmass der Dole ist massgebend. Ein allfälliger Grenzabstand ist wie in den andern Fällen zusätzlich zu berücksichtigen.

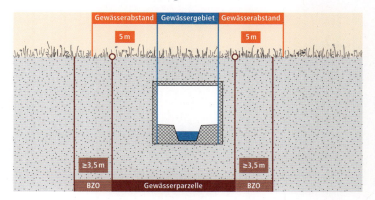

Seen (Stillgewässer)

Der Gewässerabstand wird auch bei stillen Gewässern (Seen) von der theoretischen Uferlinie des Bemessungshochwassers HQ aus gemessen. Das bei Fliessgewässern übliche Freibord entfällt.

Messweise bei Seen mit schwankendem Wasserstand (Quelle: Richtlinien Gewässerabstand 2009)

Bei einem See ist auf die theoretische Uferlinie abzustellen, bei Ufergehölz auf dessen äussere Begrenzung. Ein allfälliger Grenzabstand fällt zusätzlich in Anschlag.

Grenz- und Gebäudeabstand

Es wurde bereits ausgeführt und ist den Skizzen in den Richtlinien Gewässerabstand 2009 zu entnehmen, dass zusätzlich zum Gewässerabstand auch ein Grenzabstand einzuhalten ist, wenn das Gewässer als selbstständige Parzelle ausgeschieden ist. Auch über das Gewässer hinweg wird ein Grenz- und Gebäudeabstand (einschliesslich eines allfälligen Mehrlängen- oder Mehrhöhenzuschlages) nach Bauordnung gemessen. Es besteht keine Vorschrift im PBG oder im WWG, welche dies ausschliessen würde. Daher sind bei schmalen Gewässerläufen Fälle denkbar, da Neubauten entsprechend weiter vom Gewässer zurückzusetzen sind.

15.5.1.3   *Ausnahmebewilligungen*

Voraussetzungen

§ 21 Abs. 2 WWG regelt abschliessend, dass der Gewässerabstand von allen ober- und unterirdischen Bauten und Anlagen einzuhalten ist. Mithin sind solche innerhalb des Gewässerabstandsbereichs ohne Ausnahmebewilligung nicht zulässig. Die dem Gesetz widersprechende Bestimmung in den Richtlinien 1993, wonach etwa Strassen und Wege ohne Ausnahmebewilligung zulässig seien (BEZ 2002 Nr. 23), ist in den neuen Richtlinien Gewässerabstand 2009 nicht mehr enthalten.

Das AWEL kann Ausnahmebewilligungen für die Unterschreitung des Gewässerabstandes erteilen, wenn besondere Verhältnisse gegeben sind (§ 21 Abs. 1 WWG). Dabei ist allerdings den mit dem Gewässerabstand verbundenen besonderen öffentlichen Interessen Rechnung zu tragen. Ausnahmebewilligungen für die Unterschreitung des Gewässerabstandes dürfen also nicht gegen Sinn und Zweck des Gewässerabstandes verstossen und auch sonst keine öffentlichen Interessen verletzen. Insbesondere dürfen der Ausnahme keine wasserbaupolizeilichen Gründe entgegenstehen und es dürfen auch sonst keine öffentlichen Interessen (zum Beispiel des Naturschutzes, des Hochwasserschutzes oder der Raumplanung) verletzt werden (vgl. etwa VB.2005.00458), es sei denn, es würde sonst die Erfüllung einer dem Gemeinwesen gesetzlich obliegenden Aufgabe verunmöglicht oder übermässig erschwert (§ 21 Abs. 3 WWG). Damit lehnt sich § 21 WWG an § 220 PBG an. Zur Auslegung kann daher auf § 220 PBG verwiesen werden (vgl. Seite 1124 ff.).

Gemäss den Richtlinien Gewässerabstand 2009 darf eine Ausnahmebewilligung nur erteilt werden, wenn die Interessenabwägung zugunsten der Abstandsunterschreitung ausfällt. Eine Ausnahmebewilligung kommt somit umso eher infrage, je weniger im konkreten Fall die mit dem Gewässerabstand verfolgten Ziele als gefährdet erscheinen. Bei der Beurteilung sind vor allem die Art und das Ausmass der Abstandsunterschreitung zu berücksichtigen. Erlaubt kommunales Recht (zum Beispiel innerhalb von Kernzonen) einen geringeren Abstand als wasserbaupolizeilich erforderlich, entbindet dies nicht von der Einholung einer Ausnahmebewilligung für die Unterschreitung des kantonalrechtlichen Gewässerabstandes (vgl. S. 5 der Richtlinien Gewässerabstand 2009).

Auflagen

Die Ausnahmebewilligung darf mit Auflagen verbunden werden, welche den Unterhalt nach Art und Umfang dem Bewilligungsinhaber überbinden. Anstelle der Unterhaltspflicht kann eine Kostenbeteiligung treten (§§ 18 und 19 Abs. 1 und 2 WWG). Die Idee der Bestimmungen ist, dass private Bauten und Anlagen im Abstandsbereich erfahrungsgemäss eine erhebliche Erschwernis für den rationellen, das heisst weitgehend maschinellen Gewässerunterhalt darstellen. Beim Unterhalt von Ufermauern hat die Baudirektion festgestellt, dass heute grundsätzlich kein öffentliches Interesse an einer durchgehenden Längsverbauung der Gewässer in Hartbauweise mehr besteht. Der Fortbestand einer solchen Mauer liegt daher meistens im Interesse der Anstösser (Schutz vor allfälligen

Hochwasserschäden), was die Haftung und Unterhaltspflicht rechtfertigt. (BEZ 2002 Nr. 23).

15.5.2   **Gewässerabstandslinien**

15.5.2.1 *Zweck und Anwendungsbereich*

Zweck

Einfacher wird es, wenn mit der kommunalen Nutzungsplanung im Sinne von § 67 PBG sogenannte Gewässerabstandslinien festgelegt worden sind. Mit einer solchen kann der kantonalrechtliche Gewässerabstand erhöht (aber nicht reduziert) und vom Grenzabstand gegenüber Nachbargrundstücken abgewichen werden (§ 67 PBG). Sie ist als Instrument für die Erhöhung des kantonalrechtlichen Mindestgewässerabstandes vorgesehen und erfüllt mehr als dieser eine raumplanerische Funktion, beispielsweise zur Sicherung von Erholungsräumen, geschützten Landschaften oder Vegetationen entlang von Fluss- und Bachufern (BEZ 1995 Nr. 7, VB.1999.00101). Sie ist wie die Freihaltezone, die Waldabstandslinie oder bau- und zonenrechtliche Regelungen zum Schutze des Baumbestandes eine planerische Schutzmassnahme (§ 14 NHV). Daher beträgt der Abstand der Gewässerbaulinie in der Regel 10 m oder mehr ab der Gewässergrenze, wobei bestehende Gebäude nach Möglichkeit (analog zu den Waldabstandslinien) umfahren werden.

→ Siehe Bild rechte Seite

Gewässerabstandslinie

Auf dem Foto sieht das durch die Gewässerabstandslinie gesicherte Gebiet so aus. Das Gebäude links steht auf der Abstandslinie. Rechts ist der Bach.

Bauverbotszone

Ober- und unterirdische Gebäude dürfen direkt auf die Gewässerabstandslinie gestellt werden. Fällt die Gewässerabstandslinie in gewissen Bereichen mit dem kantonalen Gewässerabstand zusammen, entfaltet sie insoweit keine selbstständigen Rechtswirkungen.

Innerhalb einer Gewässerabstandslinie dürfen keine baulichen Massnahmen getroffen werden, welche mit deren Zielsetzung in Widerspruch stehen. Der

Plan Gewässerabstandslinie (Quelle: Chimlibach, Gemeinde Schwerzenbach,

Plan reproduziert mit Bewilligung des ARE)

Auf der Gebäudeflucht verläuft die Gewässerabstandslinie. Sodann hat der Kanton entlang des Baches eine Gewässerbaulinie festgesetzt (siehe dazu Seite 805*).*

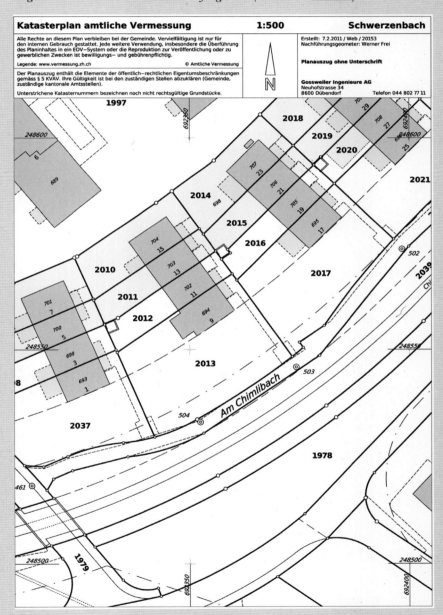

Gewässerabstandslinie kann eine gleichbedeutende Schutzfunktion zukommen wie den Verkehrsbaulinien oder einer Freihaltezone. Sie schafft ähnlich wie die Baulinien (§ 96 ff. PBG) oder die Freihaltezonen (§ 61 ff. sowie § 39 ff. PBG) Bauverbotsbereiche, ohne allerdings wie diese ihrem Zweck entsprechende Bauten und Anlagen zuzulassen oder für andere Bauten gesonderte Bestimmungen aufzustellen, wie diese gemäss § 100 Abs. 3 PBG für Baulinien und gemäss § 40 Abs. 1 PBG für Freihaltezonen gelten. Es ist somit davon auszugehen, dass die Gewässerabstandslinie eine strenge Bauverbotszone für alle Bauten und Anlagen schafft (so auch BEZ 2006 Nr. 19).

Keine privilegierten Gebäudevorsprünge

Für Balkone oder unterirdische Gebäude beziehungsweise Gebäudeteile bestehen keine ausdrücklichen Regelungen (im Gegensatz zu § 262 betreffend die Waldabstandslinien). Balkone und andere Vorsprünge können auch nicht gestützt auf § 100 Abs. 1 PBG bewilligt werden, da sich die Gewässerabstandslinien auf § 67 PBG und nicht § 96 ff. PBG stützen. Aus demselben Grund entfällt auch die Ausnahmemöglichkeit nach § 100 Abs. 3 PBG.

Zuständigkeit zur Festsetzung

Da die Gewässerabstandslinien nicht wasserbaupolizeilich, sondern − wie erwähnt − raumplanerisch motiviert sind, liegt die Zuständigkeit zu deren Festsetzung ausschliesslich auf kommunaler Ebene, auch wenn die entsprechenden Gewässer im kantonalen Eigentum stehen. Sie sind als «weitere Festlegung der Bau- und Zonenordnung» (vgl. Titel vor § 66 PBG) wie etwa auch die Waldabstandslinien ein Element der kommunalen Nutzungsplanung.

15.5.2.2   *Ausnahmen*

Ausnahmen bis zum polizeilichen Gewässerabstand von 5 m richten sich ausschliesslich nach § 220 PBG oder − für bestehende Bauten und Anlagen − nach § 357 PBG. Zuständig hierfür ist die örtliche Baubehörde (§ 2 lit. c PBG). Hinsichtlich § 220 PBG haben die Baurekurskommissionen allerdings entschieden, dass es sich bei einem durch Gewässerabstandslinien vorgeschriebenen Abstand nicht um eine «Bauvorschrift» im Sinne von § 220 PBG handle, von welcher mittels Dispens befreit werden könne. Es gelte zu beachten, dass Gewässerabstandslinien regelmässig unter Berücksichtigung der konkreten Verhältnisse bei den einzelnen Grundstücken festgesetzt würden und damit individuell-konkreten Festlegungen gleichkämen. Damit könne es sich von vornherein nicht mehr um generell-abstrakte Regeln handeln, deren Anwendung im Einzelfall zu Ergebnissen führen könnte, welche als vom Gesetzgeber nicht gewollt zu betrachten wären. Somit fehle es an einer grundlegenden Voraussetzung für die Anwendbarkeit von § 220 PBG. Es stehe den betroffenen Grundeigentümern nur der Weg über die Anfechtung der Gewässerabstandslinie beziehungsweise über ein Revisionsbegehren offen (BRKE II Nrn. 0317/2001−0318/2001).

Dies ist so nicht richtig. Es fehlt zwar im IV. Kapitel des PBG streng genommen eine «Bauvorschrift», von der im Sinne von § 220 Abs. 1 PBG dispensiert werden könnte. Es rechtfertigt sich aber gleichwohl eine Analogie zu den

Waldabstandsvorschriften. Danach sind Ausnahmebewilligungen denkbar, wenn auch stark eingeschränkt. Dieser Auffassung scheint sich das Verwaltungsgericht anzuschliessen (BEZ 2007 Nr. 19). Soll mit der Ausnahme auch der gewässerpolizeiliche Mindestabstand von 5 m unterschritten werden, wird in Bezug auf Voraussetzungen und Zuständigkeiten § 21 WWG anwendbar. Werden also durch ein Bauvorhaben sowohl die (kommunalen) Gewässerabstandslinien wie auch der kantonalrechtliche Mindestgewässerabstand von 5 m verletzt, so hat zunächst die Gemeinde zu entscheiden, ob die Unterschreitung des kommunalen Abstandes zulässig sei oder nicht. Zur Koordination von kommunalen mit kantonalen Entscheiden vgl. Seite 296 ff.

15.5.3 Baulinien für Fluss- und Bachkorrektionen

Gemäss § 96 Abs. 2 lit. b PBG können besondere Baulinien für beabsichtigte Fluss- und Bachkorrektionen (Gewässerbaulinien) festgesetzt werden. Deren Zweck besteht, im Unterschied zu den Gewässerabstandslinien, in der Sicherung geplanter Anlagen und Flächen (§ 96 PBG). Für Korrekturen im Gewässerverlauf soll der hierfür notwendige Raum freigehalten werden. Demnach sichern Gewässerbaulinien den Rand des Gewässers selber. Unter den Begriff der mittels Gewässerbaulinien zu sichernden Fluss- und Bachkorrektionen fallen diejenigen baulichen und gestalterischen Massnahmen, die dem eigentlichen Oberflächengewässer selber dienen. Dazu gehören auch Massnahmen zur Revitalisierung eines Baches oder Flusses, das heisst Massnahmen zur Wiederherstellung eines natürlichen Bach- oder Flussbettes insbesondere durch dessen Öffnung (BEZ 1997 Nr. 13). Vgl. auch Seite 162 f.

Seit der Aufhebung von § 263 PBG besteht für den Abstand zu Gewässerbaulinien keine Spezialvorschrift mehr. Es gelten die Rechtswirkungen gemäss §§ 99 ff. PBG. Für Ausnahmen sind also §§ 100 und 101 PBG anwendbar. Darin liegt der Unterschied zur Gewässerabstandslinie, welche keine Baulinie in diesem Sinne ist.

15.5.4 Massnahmen in Hochwasser-Gefahrenbereichen

15.5.4.1 *Grundlagen*

Dem Hochwasser kann nicht nur mit Schutzbauten begegnet werden, weil die Schutzansprüche und das Schadenpotenzial stetig ansteigen. Zudem lassen sich die Gewässer nicht beliebig einengen. Die Nutzungen müssen daher den natürlichen Gegebenheiten angepasst werden. Das Schadenpotenzial soll in erster Linie durch raumplanerische Massnahmen vermindert werden. Wo eine schützenswerte Nutzung bereits besteht oder wo nach Abwägung aller Interessen eine Änderung der Nutzung unbedingt erforderlich ist, sollen wasserbaupolizeiliche Massnahmen das Gefahrenpotenzial mindern. Nur im Zusammenwirken von aktiven (wasserbaulichen) und passiven (raumplanerischen) Massnahmen kann der Hochwasserschutz nachhaltig verbessert werden. Davon geht Art. 3 WBG aus, wonach die Kantone den Hochwasserschutz in erster Linie durch den Unterhalt der Gewässer und durch raumplanerische Massnahmen zu gewährleisten haben. Erst wenn dies nicht ausreicht, kommen wasserbaupolizeiliche Massnahmen wie Verbauungen, Eindämmungen, Korrektionen, Hochwasserrückhalteanlagen etc. zum Tragen (vgl. dazu ausführlich VB.2007.00413).

15.5.4.2   *Gefahrenkarten*

Nach Art. 6 Abs. 2 lit. c RPG haben die Kantone festzustellen, welche Gebiete durch Naturgefahren oder schädliche Einwirkungen erheblich bedroht sind. Die Baudirektion erlässt nach Anhören der Gemeinden einen Plan über die Gefahrenbereiche (§ 22 Abs. 2 WWG). Diese Gefahrenkarten bilden die wichtigste Grundlage zum Erreichen des Hochwasserschutzes und sind Voraussetzung für dessen Umsetzung mit raumplanerischen Massnahmen. Es werden vier Gefahrenstufen unterschieden.

Gefahrenstufen

(Quelle: Baudirektion/GVZ Broschüre Hochwasser, Vorbeugen, Schützen, Schäden vermeiden)

Es werden folgende Gefahrenstufen unterschieden:

Erhebliche Gefährdung (Verbotsbereich) Personengefährdung sowohl innerhalb als auch ausserhalb von Gebäuden; Zerstörung von Gebäuden möglich

Mittlere Gefährdung (Gebotsbereich) Personengefährdung vor allem ausserhalb von Gebäuden; Schäden an Gebäuden möglich

Geringe Gefährdung (Hinweisbereich) Kaum Personengefährdung; geringe Schäden an Gebäuden möglich

Restgefährdung (Hinweisbereich) Ereignisse mit sehr geringer Eintretenswahrscheinlichkeit, aber evtl. starker Intensität

Nach dem derzeitigen Kenntnisstand keine oder vernachlässigbare Gefährdung.

Gefahrenkarte (Ausschnitt) (Quelle: www.hochwasser.zh.ch [Töss])

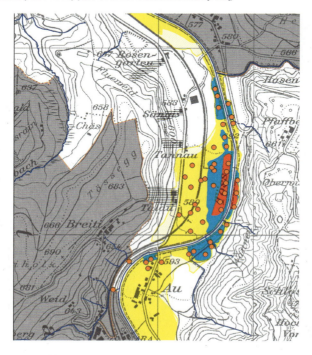

Zur Festlegung der Gefahrenbereiche infolge Hochwasser hat das AWEL ein Konzept erarbeitet, von dem der Regierungsrat mit Beschluss Nr. 1111 vom 9. Juni 1999 Kenntnis genommen hat. Das Konzept sah vor, in den nächsten zehn Jahren in 30 Gemeinden des Kantons Gefahrenkarten zu erstellen und durch den Regierungsrat festsetzen zu lassen. Dementsprechend wurden in den Jahren bis 2008 für 32 Gemeinden Gefahrenkarten erarbeitet, die mögliche Überschwemmungsflächen bei Hochwasser aufzeigen. Im Jahre 2008 bewilligte der Regierungsrat einen neuen Kredit. Bis ins Jahr 2014 sollen für weitere 113 Gemeinden Hochwasser-Gefahrenkarten ausgearbeitet werden.

Gefahrenkarten sind nicht statisch. Verschiedene Gründe können zur Revision einer Gefahrenkarte führen: Analog der Revision von Zonenplänen löst das AWEL alle 10 bis 15 Jahre eine Revision aus. Sodann kann die Ausführung von baulichen und technischen Massnahmen an Gewässern bestehende Gefährdungen vermindern oder eliminieren. Und letztlich: Auftretende Ereignisse oder neue fachliche Erkenntnisse können zu einer veränderten Beurteilung der Gefährdung führen.

15.5.4.3 *Massnahmen*

Die Gefahrenbereiche sind bei allen künftigen Planungsmassnahmen zu berücksichtigen. Im Einzelfall haben die örtlichen Baubehörden die notwendigen Massnahmen (zum Beispiel Dämme oder Mauern; Höhe von Lichtschächten, Garageneinfahrten, Kellertreppen; Sicherungsmassnahmen bei Eingängen, Fenstern, Türen, Öltanks, Verkehrs- und Versorgungsanlagen) im baurechtlichen Bewilligungsverfahren anzuordnen (§ 22 Abs. 3 und 4 WWG). Die Massnahmen bedürfen der Genehmigung durch die Baudirektion. Die Grundeigentümer in den gefährdeten Gebieten sind durch die Gemeindebehörden auf die potenziellen Wassergefahren aufmerksam zu machen. Den betroffenen Grundeigentümern ist zu empfehlen, die Nutzungen der entsprechenden Gefahrenstufe anzupassen oder Objektschutzmassnahmen zu ergreifen, die zu einer Verminderung des Schadenpotenzials beitragen (vgl. etwa Verfügung Baudirektion Nr. 1519 vom 9. Juli 2001 betreffend Festsetzung Gefahrenbereiche und Massnahmenplanung Stadt Uster).

→ Siehe Bild nächste Doppelseite

Vgl. allgemein zum Hochwasserschutz §§ 12 ff. WWG. Im Nachgang zu den Unwettern vom Sommer 2005 hat die GVZ eine Broschüre publiziert, die Vorschläge zur Objektprävention im Gefahrenbereich aufzeigt. Weitere Informationen unter www.hochwasser.zh.ch/dokumente.

Massnahmen gemäss den Gefahrenkarten Hochwasser

(Quelle Leitfaden zur Umsetzung der Hochwasser-Gefahrenkarte [Seite 7])

Massnahmen	Erhebliche Gefährdung **rot**	Mittlere Gefährdung **blau**
Planungsrechtliche Festlegungen	Keine Ausscheidung neuer Bauzonen Rückzonung nicht überbauter Bauzonen	Ausscheidung neuer Bauzonen nur mit Auflagen Festlegung von Anforderungen an die räumliche Anordnung, Nutzung und Gestaltung, ggf. auch Erschliessung von Bauten und Anlagen
Baurechtliche Verfahren	Keine Errichtung oder Erweiterung von Bauten und Anlagen Wiederaufbau zerstörter Bauten nur in Ausnahmefällen und nur mit Auflagen Umbauten und Zweckänderungen nur mit Auflagen zur Risikoverminderung	Keine Erstellung von sensiblen Objekten Baubewilligung mit Auflagen
Genehmigung von Bauvorhaben durch Baudirektion	Genehmigung von Auflagen der Baubehörde durch die Baudirektion *	Genehmigung von Auflagen der Baubehörde durch die Baudirektion *
Information	Information der Grundeigentümer und Benutzer der Bauten und Anlagen durch die Gemeinde: • über die bestehende Gefährdung • dass Massnahmen zur Schadenverhütung geprüft werden müssen	Information der Grundeigentümer und Benutzer der Bauten und Anlagen durch die Gemeinde: • über die bestehende Gefährdung • dass Massnahmen zur Schadenverhütung geprüft werden müssen
Bauliche Massnahmen	Anordnung von wasserbaulichen Schutzmassnahmen bei bestehenden Siedlungen durch den Kanton oder die Gemeinde Objektschutzmassnahmen können auch durch die Gebäudeversicherung angeordnet werden	Anordnung von wasserbaulichen Schutzmassnahmen bei bestehenden Siedlungen durch den Kanton oder die Gemeinde Objektschutzmassnahmen können auch durch die Gebäudeversicherung angeordnet werden
Notfallplanung	In Einsatzplanung integrieren (Feuerwehr, Sanität, Zivilschutz, Polizei, Technische Betriebe)	In Einsatzplanung integrieren (Feuerwehr, Sanität, Zivilschutz, Polizei, Technische Betriebe)

Geringe Gefährdung **gelb**	Restgefährdung **gelb-weiss**
Vermeidung von Anlagen mit sehr hohem Schadenpotenzial Hinweise (z.B. in Quartierplänen)	Vermeidung von Anlagen mit sehr hohem Schadenpotenzial Hinweise (z.B. in Quartierplänen)
Empfehlungen durch die Gemeinde Selbstdeklaration der Bauherren bezüglich Schadenverhütungsmassnahmen zum vorbehaltlosen Versicherungsschutz (siehe Seite 14)	Vermeidung von Anlagen mit sehr hohem Schadenpotenzial Empfehlungen durch die Gemeinde (z.B. bei sensiblen Objekten)
Information der Grundeigentümer über die bestehende Gefährdung durch die Gemeinde Beratung für mögliche Schadenverhütungsmassnahmen durch die Gebäudeversicherung	Information der Grundeigentümer über die bestehende Gefährdung durch die Gemeinde Beratung für mögliche Schadenverhütungsmassnahmen durch die Gebäudeversicherung
Spezielle Massnahmen für sensible Objekte, Anordnung durch die Gebäudeversicherung	Spezielle Massnahmen für sensible Objekte, Anordnung durch die Gebäudeversicherung
In Einsatzplanung integrieren (Feuerwehr, Sanität, Zivilschutz, Polizei, Technische Betriebe)	In Einsatzplanung integrieren (Feuerwehr, Sanität, Zivilschutz, Polizei, Technische Betriebe)

*Mögliches zukünftiges Vorgehen: Genehmigung der Auflagen durch unabhängige, von der BD bezeichnete Prüfstelle

15.6   ## Baulinienabstand

15.6.1   ### Zwecke und Arten von Baulinien

15.6.1.1   #### *Allgemein*

Baulinien dienen, wo das Gesetz nicht etwas Besonderes vorsieht, der Sicherung bestehender und geplanter Anlagen und Flächen (§ 96 Abs. 1 PBG).

§ 96 Abs. 2 PBG unterscheidet drei Arten von Baulinien:

- Verkehrsbaulinien für Strassen, Wege, Plätze und Eisenbahnen, gegebenenfalls samt begleitenden Vorgärten, Lärmschutzanlagen, Grünzügen und Fahrzeugabstellplätzen (lit. a);
- Baulinien für Betriebsanlagen zu Verkehrsanlagen, wie Parkhäuser, Grossparkierungsanlagen, Unterhalts-, Überwachungs- und Versorgungsdienste, sowie für Fluss- und Bachkorrektionen (lit. b);
- Baulinien für Versorgungsleitungen und für Anschlussgleise (lit. c).

Die nachfolgenden Ausführungen gelten für alle Arten dieser Baulinien, welche sich auf § 96 PBG stützen, nicht aber für Waldabstandslinien und Gewässerabstandslinien, die ihre Grundlage in § 66 beziehungsweise 67 PBG haben. Bedeutungsvoll sind insbesondere die Verkehrsbaulinien.

15.6.1.2   #### *Verkehrsbaulinien insbesondere*

Verkehrsbaulinien dienen vorerst den Bedürfnissen des Verkehrs; sie ermöglichen es, das für die Erstellung neuer sowie den Ausbau und die Korrektion bestehender Strassen erforderliche Land von Überbauung freizuhalten. Sodann soll Raum frei und zugänglich bleiben, um Werkleitungen ohne übermässigen Aufwand erstellen und verlegen zu können (§ 105 PBG; BEZ 1986 Nr. 44; VB.2008.00596; vgl. Näheres zum Leitungsbaurecht nach § 105 PBG Seite 556 f.). Zweck ist auch die Gewährleistung der Verkehrssicherheit (BEZ 1994 Nr. 23).

Für die Sicherung allfälliger Erweiterungen werden mit den Verkehrsbaulinien unüberbaubare Bereiche auf den an den Strassenraum anstossenden Baugrundstücken ausgeschieden. Solche Bereiche sind die in § 96 Abs. 2 lit. a PBG erwähnten «Vorgärten», die nach § 238 Abs. 3 PBG zu begrünen sind. Mit der Ausscheidung von Vorgärten verschaffen die Baulinien den an der Strasse stehenden Gebäuden eine ausreichende Belichtung, Belüftung und Besonnung sowie einen gewissen Schutz vor Verkehrsimmissionen (BEZ 1981 Nr. 42 und 2006 Nr. 50).

Verkehrsbaulinien haben aber auch eine weitere Funktion, nämlich die der Schaffung dauerhaft unüberbauter Landstreifen und damit auch die Gestaltung einheitlicher Häuserfluchten in städtischen wie in ländlichen Quartieren entlang der Verkehrsanlagen. Damit kommt den Verkehrsbaulinien neben anderem eine ortsbauliche Funktion zu (BEZ 2006 Nr. 50).

Vorgarten

Die Baulinien verschaffen den angrenzenden Grundstücken einen Freiraum, der nicht zuletzt auch eine städte- oder ortsbaulich erwünschte Grüngestaltung entlang des Strassenraumes möglich macht.

15.6.1.3   *Gestaltungsbaulinien*

Verkehrsbaulinien können Festlegungen über die Pflicht zur geschlossenen Bauweise enthalten. Sie dürfen ferner ein öffentliches Interesse an der bestimmten Gestaltung von Verkehrsräumen und Plätzen wahrnehmen und näher umschreiben, insbesondere das Bauen auf die Baulinie vorschreiben (§ 97 PBG).

Gestaltungsbaulinie

Bei dieser Baulinie innerhalb einer Kernzone müssen Neubauten gemäss Bauordnung zwingend auf die Baulinie (rote Linie) gestellt werden (Plan reproduziert mit freundlicher Genehmigung der Gemeinde Volketswil).

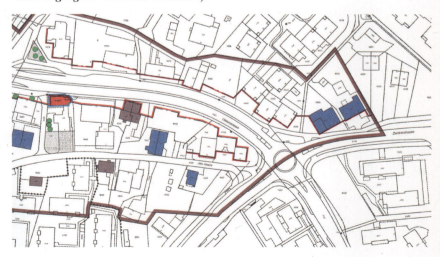

15.6.2   Rechtswirkungen von Baulinien

15.6.2.1   *Grundsätzliches Bauverbot*

Gebäude dürfen auf die Baulinie gestellt werden. Das gilt vorerst für Verkehrsbaulinien gemäss § 96 Abs. 2 lit. a PBG, dann aber auch in Bezug auf Baulinien für Betriebsanlagen zu Verkehrsbauten (lit. b). Auf Baulinien für Versorgungsleitungen und Anschlussgleise darf hingegen nur gebaut werden, wenn es die Vorschriften über die Grenz- und Gebäudeabstände gegenüber Nachbargrundstücken erlauben (§ 268 PBG). Danach haben Gebäude sowohl die entsprechende Baulinie als auch den Grenzabstand zu Nachbargrundstücken einzuhalten. Das strengere Recht ist massgebend.

Baulinien statuieren ein grundsätzliches Bauverbot für alle Bauten und Anlagen (nicht nur für Gebäude), die ihrem Zweck widersprechen (§ 99 Abs. 1 PBG). Im Baulinienbereich darf also grundsätzlich nicht gebaut werden. Dabei sind allerdings Besonderheiten zu beachten und Ausnahmen möglich. Diese sind in § 100 PBG geregelt. § 101 PBG umschreibt die Besonderheiten bei bestehenden, baulinienwidrigen Anlagen. Die §§ 99, 100 und 101 PBG legen abschliessend fest, in welchen Fällen Abweichungen vom grundsätzlichen Bauverbot zulässig sind.

Baulinien sind auch für unterirdische Bauten und Anlagen verbindlich, sofern nicht gestützt auf § 99 Abs. 2 PBG im Baulinienplan eine andere Festlegung getroffen worden ist (dies im Unterschied zum Strassenabstand gemäss § 265 Abs. 1 PBG, der nur für oberirdische Gebäude gilt).

15.6.2.2   *Anspruch auf Überprüfung*

Nach § 110a PBG haben Eigentümer von Grundstücken, die von Bau- und Niveaulinien betroffen sind, Anspruch auf deren Überprüfung, wenn die Richtplanung den durch solche Linien gesicherten Ausbau (also etwa den Neubau oder Ausbau einer Strasse) nicht mehr vorsieht. Zumindest in klaren Fällen besteht die Möglichkeit einer solchen akzessorischen Überprüfung auch direkt im Baubewilligungsverfahren (BEZ 2009 Nr. 60). Indessen wird der Verweis in ein separates Verfahren dann regelmässig angezeigt sein, wenn – nicht zuletzt aufgrund der meist mehrfachen Zweckbestimmung der Baulinie – gute Gründe gegen den Wegfall jeglichen Baulinienzwecks sprechen (RB 1997 Nr. 66).

15.6.2.3   *Weitere Rechtswirkungen*

Weitere Rechtswirkungen sind die Entschädigungspflicht infolge materieller Enteignung (§ 102 PBG), das Heimschlagsrecht (§ 103 f. PBG) sowie das Leitungsbaurecht (§ 105 PBG). Vgl. dazu Seite 242, Seite 245 und Seite 556.

15.6.3   Neubauvorhaben innerhalb des Baulinienbereichs

15.6.3.1   *Vorhaben, die dem Baulinienzweck nicht widersprechen*

Zweck der Baulinie als Ausgangspunkt
Innerhalb der Baulinien sind jene Bauten und Anlagen zulässig, die dem Zweck der Baulinien nicht widersprechen (§ 99 PBG). Sie müssen aber umgekehrt nicht dem Baulinienzweck entsprechen oder gar dienen (BEZ 1981 Nr. 43).

§ 99 PBG weist darauf hin, dass Baulinien entsprechend § 96 Abs. 2 lit. a–c PBG verschiedene Zwecke haben können. Der Zweck einer konkreten Baulinie ist im Baulinienplan darzustellen (§ 96 Abs. 2 PBG). Aktuell wird die Zweckumschreibung insbesondere bei Verkehrsbaulinien gemäss § 96 Abs. 2 lit. a PBG, da bei ihnen besonders häufig um Ausnahmen nachgesucht wird. Die nachfolgenden Ausführungen beschränken sich daher auf diese.

Öffentliche Vorhaben im Rahmen des Baulinienzwecks

Von vornherein dem Zweck von Baulinien entsprechen solche Bauten und Anlagen, die in § 96 Abs. 2 lit. a PBG ausdrücklich genannt sind: Strassen, Wege, Plätze, gegebenenfalls samt begleitenden Vorgärten, (strassenseitige) Lärmschutzanlagen, Grünzügen und (öffentlichen) Fahrzeugabstellplätzen. Die in dieser Bestimmung abschliessend aufgezählten Bauten und Anlagen können also nicht in Widerspruch zum Zweck der Baulinie stehen (BEZ 2006 Nr. 50 und 2009 Nr. 60).

Zur Strasse gehören ausser den Flächen für den fliessenden und den ruhenden öffentlichen und privaten Verkehr (inkl. Trottoire und Schutzstreifen, § 267 PBG) alle dem bestimmungsgemässen Gebrauch, der technischen Sicherung und dem Schutz der Umgebung dienenden Bauten und Einrichtungen, insbesondere auch etwa Stützmauern, strassenseitige Anlagen zum Schutz der Umgebung gegen unzumutbare Verkehrseinwirkungen, Beleuchtungsanlagen, Ausstattungselemente für Wohnstrassen sowie Böschungen, deren Bewirtschaftung und Unterhalt dem Anstösser nicht zugemutet werden kann (§ 3 StrG).

Die in § 96 Abs. 2 lit. a enthaltene Aufzählung ist abschliessend. Für alle anderen Bauten und Anlagen, mit denen ein Baulinienbereich erstmals beansprucht wird, gilt § 100 PBG (BEZ 2009 Nr. 60). So für Bauten, Anlagen und Ausstattungen wie Unterstände, Gartenhäuser oder Kunden- und Besucherparkplätze, Autounterstände, Holzschöpfe, Stützmauern oder Einfriedungen, aber auch Garagenvorplätze, Garageneinfahrten oder (gegebenenfalls eingewandete beziehungsweise überdachte) Abfahrtsrampen. Diese Bauten und Anlagen fallen nicht unter § 96 Abs. 2 lit. a PBG, da sie nicht zur Strassenanlage gehören und zugleich mit ihnen der prinzipiell freizuhaltende Vorgartenbereich überstellt wird (BEZ 2006 Nr. 50). Das gilt nach strenger Auffassung auch etwa für Wartekabinen, welche dem öffentlichen Verkehr dienen.

Wartehalle im Baulinienbereich

Eine solche Wartehalle im Baulinienbereich bedarf einer Bewilligung nach § 100 Abs. 3 PBG.

Soweit die Situierung solcher Bauten und Anlagen im Vorgartengebiet zwingend ist, was namentlich auf der grundstücksinternen Erschliessung dienende Anlagen zutrifft, ist dem folglich mit einer Bewilligungserteilung nach § 100 Abs. 3 PBG Rechnung zu tragen (BEZ 2006 Nr. 50 mit Hinweisen).

Lärmschutzanlagen im Besonderen

Lärmschutzmassnahmen, die im Interesse des Umweltschutzes erstellt werden, sind Bestandteil der Strasse (§ 3 StrG) und innerhalb der Baulinien ohne Weiteres zulässig. Ein «Beseitigungsrevers», wie er für private Nutzungen des Baulinienbereichs (und mithin auch für rein im privaten Interesse stehende Lärmschutzanlagen) gelten würde, kann nicht auferlegt werden. Lärmschutzmassnahmen sind also im Baulinienbereich ohne Weiteres gestattet, selbst wenn sie private Grundstücke beanspruchen. Es ergibt sich dies auch aus § 14 StrG, wonach Strassen entsprechend ihrer Bedeutung und Zweckbestimmung nach den jeweiligen Erkenntnissen der Bau- und Verkehrstechnik, mit bestmöglicher Einordnung in die bauliche und landschaftliche Umgebung sowie unter Beachtung der Sicherheit, des Umweltschutzes, der Wirtschaftlichkeit und mit sparsamer Landbeanspruchung zu projektieren sind.

Lärmschutzanlage innerhalb des Baulinienbereichs zulässig
Diese Lärmschutzwand ist Bestandteil der Strasse und im Baulinienbereich zulässig.

Das Verfahren für die Erstellung von strassenseitigen Lärmschutzanlagen richtet sich denn auch konsequenterweise nach StrG. Dem Werkträger steht das Enteignungsrecht zu (§ 110 PBG). Soweit der Baulinienbereich für die Erstellung der Lärmschutzanlage nicht ausreicht, ist eine Revision der Baulinie zu prüfen. Das wird insbesondere dann der Fall sein, wenn ein gegebenenfalls noch erforderlicher Strassenausbau (zum Beispiel in Form eines zusätzlichen Trottoirs) mit Anliegen des Lärmschutzes (Lärmschutzwand) kollidiert und der verfügbare Platz dafür nicht ausreicht.

Private Vorhaben

Es sind nur wenige private Bauten und Anlagen denkbar, welche dem primären Zweck einer Verkehrsbaulinie nicht grundsätzlich widersprechen. Daher sind insoweit kaum Bewilligungen gestützt auf § 99 PBG möglich.

Oftmals ist aber der primäre Zweck einer Baulinie – Sicherung eines künftigen Strassenausbaus – bereits erfüllt, weil zum Beispiel das erforderliche Trottoir erstellt (oder das Land zumindest im Eigentum der Gemeinde steht) und ein weiterer Ausbau der Strasse weder erforderlich noch vorgesehen ist. Ein Verstoss gegen diesen primären Zweck kann in solchen Fällen nicht mehr vorliegen. Voraussetzung ist jedoch allerdings die klare Feststellung, dass die Strasse keinen Ausbau mehr erfahren wird und im beanspruchten Baulinienbereich auch keine anderen Werkanlagen mehr zu erstellen sind, deren Realisierung durch das Bauvorhaben verunmöglicht oder zumindest erschwert werden könnte (BEZ 1981 Nr. 43). Nur dann kann eine private Baute oder Anlage gestützt auf § 99 PBG ohne Beseitigungsrevers zugelassen werden (VB.2004.00109). In den anderen Fällen ist nur eine Bewilligung nach § 100 Abs. 3 PBG möglich.

Gleichwohl bleibt aber auch in solchen Fällen die städtebauliche Funktion einer Baulinie zu beachten. Diese ist nicht tangiert, wenn die Terrainverhältnisse eine Vorgartengestaltung noch zulassen. Ein Verstoss gegen den Baulinienzweck wird aber immer dann anzunehmen sein, wenn der Vorgartenbereich entlang der Strasse unterbrochen wird.

Will eine Gemeinde in Kernzonen vom Zweck der einheitlichen Gebäudefluchten abweichen, kann sie in der Bau- und Zonenordnung das Bauen auf die Strassengrenze oder bestehende Baufluchten vorschreiben, das Bauen bis auf die Strassengrenze gestatten sowie die Stellung der Bauten sonst näher ordnen (§ 50 Abs. 2 PBG). In allen Bauzonen besteht sodann die Möglichkeit, im Rahmen eines Gestaltungsplans Mantellinien festzusetzen.

Unterirdische Bauteile im Besonderen

Wie erwähnt, gelten die Baulinienbereiche im Allgemeinen auch für unterirdische Bauten und Anlagen, insbesondere etwa für Unterniveaugaragen. Insbesondere in Zentrumsgebieten besteht seitens von Bauherrschaften ein starker Wille, Unterniveaugaragen in den Baulinienbereich ragen zu lassen, um entsprechend mehr Abstellplätze schaffen zu können. Auch dies kann höchstens dann gestützt auf § 99 PBG bewilligt werden, wenn der primäre Zweck der Baulinie unangetastet bleibt. Auch wenn kein Strassenausbau mehr infrage steht, sind die Sicherheit des Strassenkörpers zu wahren und das Leitungsbaurecht zu sichern. Letzteres kann mit Auflagen in der Baubewilligung geschehen, welche die Zugänglichkeit für die Verlegung und den Unterhalt von Leitungen sichern. Eine Haftungsverpflichtung für Schäden an Leitungen lässt sich indessen nicht auf das öffentliche Baurecht stützen (BEZ 1986 Nr. 44).

Beizufügen ist, dass der Baulinienplan die Wirkung der Baulinien auf bestimmte Vertikalbereiche beschränken kann (§ 99 Abs. 2 PBG). Danach lassen sich insbesondere unterirdische Bauten als zulässig erklären.

Gebäudeabstand

Beansprucht eine Neubaute den Baulinienbereich, ist über den Strassenraum hinweg ein Gebäudeabstand (nicht aber ein Grenzabstand) nach Bauordnung zu messen (§ 272 PBG). Indessen wird kein Strassenabstand nach § 265 PBG anwendbar. Allerdings ist den Geboten der Verkehrssicherheit gleichwohl angemessen Rechnung zu tragen. Der Verkehr auf der Strasse darf weder behindert noch gefährdet und die Sicherheit des Strassenkörpers darf nicht beeinträchtigt werden (§ 240 Abs. 1 PBG). Dies erfordert in den meisten Fällen gleichwohl einen angemessenen Strassenabstand. Sodann sind die erforderlichen Sichtbereiche bei Kurven und Ausfahrten zu wahren (vgl. hierzu Seite 692 ff.).

15.6.3.2   *Einzelne oberirdische Gebäudevorsprünge*

Gesetzliche Ausgangslage

Einzelne oberirdische Gebäudevorsprünge dürfen bis zu 1,5 m über Baulinien hinausragen, müssen jedoch entschädigungslos beseitigt werden, sobald die Ausführung des Werks oder der Anlage, wofür die Baulinie festgesetzt worden ist, dies erfordert (§ 100 Abs. 1 PBG). Diese Erleichterung gilt nach dem Gesetzeswortlaut nur bei Verkehrsbaulinien (§ 96 Abs. 2 lit. a PBG) sowie Baulinien für Versorgungsleitungen und für Anschlussgleise (§ 96 Abs. 2 lit. c PBG), nicht aber für Betriebsanlagen gemäss § 96 Abs. 2 lit. b PBG (§ 100 Abs. 1 PBG). § 100 Abs. 1 PBG verwendet noch den alten Begriff «Industriegleise» statt «Anschlussgleise», obwohl die entsprechende Bestimmung in § 96 Abs. 2 lit. c PBG geändert worden ist. Die Abweichung entspricht einem gesetzgeberischen Versehen und ist ohne Bedeutung.

Die zulässigen Vorsprünge

Das Gesetz definiert nicht, welche Gebäudeteile unter den Begriff der einzelnen oberirdischen Vorsprünge fallen. Im Unterschied zu § 260 Abs. 3 PBG ist die Länge eines Vorsprungs nicht auf ein Drittel der betreffenden Fassadenlänge beschränkt. Gleichwohl müssen die Vorsprünge im Verhältnis zur Fassade untergeordnet sein, weil sonst nicht mehr von «einzelnen» Vorsprüngen gesprochen werden kann (BEZ 2006 Nr. 65).

Abweichend zu § 260 Abs. 3 findet sich in § 100 Abs. 1 PBG auch keine beispielhafte Aufzählung. Beispiele sind: Erker, Balkone, Vordächer. Ein Gebäude oder Gebäudeteil, der bis zum Boden reicht oder innerhalb des Baulinienbereichs Stützen aufweist, gilt nicht als «oberirdisch» (BEZ 1981 Nr. 42).

Wenn das Gesetz solche Vorsprünge grundsätzlich erlaubt, so beruht dies auf der Überlegung, dass sie in aller Regel mit dem Zweck der Baulinie nicht in Widerspruch geraten, sondern zur Verhinderung monotoner Fassaden durchaus erwünscht sein können. Das ergibt sich auch aus § 100 Abs. 2 PBG, wonach dann, wenn Baulinie und Grenze des für die Anlage benötigten Raumes zusammenfallen, derartige Vorsprünge einen dem Charakter der betreffenden Anlage entsprechenden Vertikalabstand, in der Regel wenigstens 3 m, einzuhalten haben; es ist also durchaus möglich, dass solche Vorsprünge nicht nur das sogenannte Vorgartengebiet, sondern sogar den öffentlichen Strassenraum überragen (vgl. beispielsweise den Erker der Liegenschaft Militärstrasse 36 in Zürich, in welcher das Verwaltungsgericht untergebracht ist). In diesem Sinne sanktionierte das Verwaltungsgericht einen Gebäudekörper, der im Bereich des ersten Obergeschosses mit fünf erkerartigen, zwischen 3 und 15 m langen Auskragungen bis zu 1,50 m in den Baulinienbereich hineinragt (VB.2008.00309).

Zulässiger erkerartiger Vorsprung nach § 100 Abs. 1 PBG

Dieser Vorsprung ist nach § 100 Abs. 3 PBG zulässig. Er kann unter Beachtung des Lichtraumprofils über das Trottoir hinausragen.

Beseitigungsverpflichtung

Falls ausnahmsweise ein solcher Vorsprung gleichwohl der Anlage oder dem Werk im Wege steht, zu dessen Sicherung die Baulinie festgesetzt wurde, sind solche Vorsprünge nach dem Gesetzeswortlaut entschädigungslos zu beseitigen. Anders als bei den «weitergehenden und andersartigen Beanspruchungen des Baulinienbereichs» nach § 100 Abs. 3 PBG wird von der Rechtsprechung bei den einzelnen oberirdischen Gebäudevorsprüngen im Sinne von § 100 Abs. 1 PBG nicht vorausgesetzt, dass sie nötigenfalls «ohne Weiteres», das heisst, mit verhältnismässigem Aufwand beseitigt werden können (BEZ 2007 Nr. 17, VB.2008.00309).

15.6.3.3   *Weitergehende Beanspruchungen*

Zur Ausgangslage

Nach § 100 Abs. 3 PBG können «weitergehende und andersartige Beanspruchungen des Baulinienbereichs» (als die gemäss Abs. 1 erlaubten) mit der baurechtlichen Bewilligung, nötigenfalls unter sichernden Nebenbestimmungen, gestattet werden. Im grundlegenden, in BEZ 2006 Nr. 50 publizierten Entscheid haben die Baurekurskommissionen ihre Praxis zu dieser Bestimmung geändert. Das Verwaltungsgericht seinerseits hat in seinem Entscheid in BEZ 2007 Nr. 17 die Rechtsprechung der Baurekurskommissionen übernommen und deren Erwägungen (im zustimmenden Sinne) wie folgt wiedergegeben:

Auszug aus BEZ 2007 Nr. 17

«Ungeachtet der Bezeichnung in der Marginale betrifft § 100 Abs. 3 PBG keine Ausnahmen im technischen Sinn, sondern stellt als «Kann-Vorschrift» die Bewilligung in das Ermessen der Behörde. Diese hat im Einzelfall abzuwägen zwischen den mit der Baulinienfestsetzung verfolgten öffentlichen Interessen auf der einen und den privaten Interessen des Grundeigentümers an einer zweckmässigen Nutzung seines Grundstücks auf der anderen Seite sowie den Interessen allfälliger Drittbetroffener. Nicht bewilligungsfähig sind dabei von vornherein solche Bauten und Anlagen, welche bei der Verwirklichung des durch die Baulinie gesicherten Zwecks nicht ohne Weiteres beseitigt werden können, sei es aus technischen oder rechtlichen Gründen oder weil die Beseitigung angesichts der investierten Mittel unverhältnismässig wäre.»

Der Entscheid wurde in VB.2009.00390 und VB.2010.00184 bekräftigt. Als Beispiele für die in der Praxis häufige Beanspruchung des Baulinienbereichs in Anwendung von § 100 Abs. 3 PBG werden in der Literatur Mauern und Einfriedungen, Reklamen, Schwimmbassins, offene und gedeckte Fahrzeugabstellplätze, Einzelgaragen, Terrainaufschüttungen, Ein- und Ausfahrten, Pergolas, Gartensitzplätze, Gartenhäuser und Schöpfe genannt.

Private Anlagen im Baulinienbereich

Diese Lärmschutzwand ist ein privates Bauvorhaben. Ein solches braucht eine Ausnahmebewilligung nach § 100 Abs. 3 PBG.

Ausnahmegründe

Nach der dargelegten Rechtsprechung ist durch Abwägen der Interessen des Gesuchstellers, der Allgemeinheit (Ausmass des Widerspruchs zur Baulinie) und Dritter ist zu entscheiden, ob besondere Umstände eine Bewilligung rechtfertigen. Im Rahmen der Interessenabwägung ist insbesondere zu berücksichtigen, dass Baulinien wichtige öffentliche Interessen verfolgen und grundsätzlich eine Bauverbotszone bezeichnen (BEZ 1981 Nr. 42). Die Ausnahme darf daher nicht gegen Sinn und Zweck der Baulinie verstossen und auch sonst keine öffentlichen Interessen verletzen (RB 1981 Nr. 107 und 1991 Nr. 52).

Wie die Baurekurskommissionen zu Recht festgehalten haben, kann die nach der neuen Praxis erforderliche Interessenabwägung nicht die Bedeutung haben, dass nun ein Mehreres an Bauten und Anlagen im Baulinienbereich zulässig wäre. Es ist unverändert davon auszugehen, dass zwischen Verkehrsbaulinien grundsätzlich ein Bauverbot besteht, es sei denn, es gehe um die Realisierung von Verkehrsbauten im Sinne von § 96 Abs. 2 lit. a PBG. Die mit § 100 Abs. 3 PBG gegebene Erlaubnis der «weitergehenden und andersartigen Beanspruchungen» dient vor allem der Realisierung von Bauten und Anlagen, die aufgrund ihrer Funktion notwendigerweise auf einen Standort im Baulinien- beziehungsweise Vorgartenbereich angewiesen sind, zumindest aber anderswo nur unzweckmässig lokalisiert werden könnten, womit deren Bewilligung mehr oder weniger zwingend erscheint. Eine solche «Standortgebundenheit» im Baulinienbereich ist in aller Regel bei Bauten und Anlagen wie Stützmauern, Garagenvorplätzen, Garageneinfahrten, Abfahrtsrampen oder Kunden- und Besucherparkplätzen zu bejahen. Darüber hinaus kann die gebotene Interessenabwägung auch in anderen Fällen zur Bewilligungserteilung führen (BEZ 2009 Nr. 60). Pergolas, Gartensitzplätze, Gartenhäuser und Schöpfe sind aber in der Regel nicht an einen Standort im Baulinienbereich gebunden. Der örtlichen Baubehörde kommt ein qualifizierter Ermessensspielraum zu.

Zur Beseitigungspflicht

Zu klären ist nun, welchen Charakter die «weitergehenden und andersartigen Beanspruchungen» konkret haben können. Auszugehen ist davon, dass § 100 Abs. 3 Ausnahmen für zweckwidrige Beanspruchungen regelt. Als eigenständige Ausnahmebestimmung (Randtitel) kann § 100 Abs. 3 PBG nicht die Funktion zukommen, die Baulinien, von deren Rechtswirkungen des Bauverbotes (Randtitel zu § 99 PBG) sie unter bestimmten Umständen befreien soll, im Ergebnis selbst aufheben zu lassen. Die Ausnahme darf daher keine Neubauten mit definitivem Charakter umfassen, der die Baulinien obsolet werden lässt. § 100 Abs. 3 PBG kann somit nicht an die Stelle von Baulinienrevisionen treten, selbst wenn diese im Einzelfall als sinnvoll erscheinen mögen. Entspricht eine Baulinie nicht mehr den städtebaulichen Vorstellungen, ist sie zu revidieren. Dies gilt auch in Kernzonen (BEZ 1994 Nr. 23). Eine Ausnahme besteht dann, wenn es um den Schutz eines Einzelobjektes geht. Für diese einzelfallweise Objekterhaltung aus Gründen des Denkmalschutzes ist von jeher die Überstellung der Baulinie gestattet und keine vorgängige Baulinienrevision verlangt worden (BEZ 1986 Nr. 45).

Abgesehen von dieser Besonderheit kann aber eine Baubewilligung nur erteilt werden, wenn die bewilligte Baute oder Anlage bei Bedarf beziehungsweise Durchführung der Baulinie wieder beseitigt werden kann. § 100 Abs. 3 PBG erlaubt derartige sichernde Nebenbestimmungen, sofern sie verhältnismässig sind (BEZ 1983 Nr. 9). Daher kommen Bewilligungen in der Regel nur für untergeordnete Bauten und Anlagen infrage, deren Beseitigung im Sinne von § 321 Abs. 1 PBG «ohne besondere Schwierigkeiten» (auch finanzieller Art) möglich ist (BEZ 1981 Nr. 42): zum Beispiel für Mauern und Einfriedungen, Reklamen, offene oder gedeckte Fahrzeugabstellplätze (mit Auflagen gemäss § 244 Abs. 2 PBG), Einzelgaragen, Terrainaufschüttungen, Ein- und Ausfahrten.

Sichernde Nebenbestimmungen

Mit der Bewilligung können nötigenfalls sichernde Nebenbestimmungen verbunden werden, sofern die bewilligte Anlage im Falle eines Strassenausbaus weichen müsste (§ 100 Abs. 3 PBG). Unter sichernden Nebenbestimmungen sind Massnahmen zu verstehen, welche die Erfüllung des Zwecks der Baulinie garantieren. Dabei handelt es sich normalerweise um einen Anpassungs- und Beseitigungsrevers, welcher die entschädigungslose Entfernung der im Baulinienbereich liegenden Bauteile verlangt, wenn die Ausführung des Werks oder der Anlage, wofür die Baulinie festgesetzt worden ist, dies erfordert (VB.2008.00596). Eine solche Auflage entspricht – als Minus zu einer Bauverweigerung – grundsätzlich dem Verhältnismässigkeitsprinzip (BEZ 1993 Nr. 9).

Bei Pflichtparkplätzen muss die spätere Verlegung auf Kosten des Pflichtigen möglich sein und rechtlich gesichert werden (§ 244 Abs. 2 PBG). Es ist die Anmerkung eines entsprechenden Verlegungsreverses im Grundbuch zu verlangen.

Beispiele für die Anmerkung einer öffentlich-rechtlichen Eigentumsbeschränkung im Grundbuch:

Beseitigungs-/Anpassungsrevers:

Der jeweilige Eigentümer des Grundstücks Kat.-Nr. *** ist verpflichtet, bei einem allfälligen Ausbau der ***strasse oder wenn andere öffentliche Interessen dies erfordern, die im Baulinienbereich gelegenen, mit Beschluss Nr. *** vom *** des Stadtrates *** bewilligten Bauteile (***) ohne Entschädigung zu beseitigen beziehungsweise den veränderten Verhältnissen anzupassen.

Pflichtabstellplätze im Baulinienbereich:

Der jeweilige Eigentümer des Grundstücks Kat.-Nr. *** ist verpflichtet, bei einem allfälligen Ausbau der ***strasse oder wenn andere öffentlichen Interessen dies erfordern, die im Baulinienbereich gelegenen, mit Beschluss Nr. *** vom *** des Stadtrates *** bewilligten Pflichtabstellplätze ohne Entschädigung hinter die Baulinien zu verlegen oder die Abstellplatzpflicht anderweitig zu erfüllen.

Garagenvorplätze

Vorplätze von Garagen müssen ohne Rücksicht auf die Verkehrsbaulinien so lang sein wie der grösste Einstellplatz, mindestens aber 5,50 m (§ 266 PBG). Diese Regelung gilt auch, wenn Verkehrsbaulinien einen geringeren Strassenabstand von Garagen erlauben würden. Vgl. Näheres zu dieser Bestimmung Seite 832 f.

Aussenisolation

Das Anbringen einer Aussenisolation an vor dem 1. Januar 1987 erstellten Gebäuden gilt als eine zweckmässige Anpassung im Sinne von § 357 Abs. 5 PBG. Dadurch darf der nach Gesetz und Bauordnung massgebliche Abstand bis zu 15 cm unterschritten werden (§ 33a ABV). Darunter fällt auch der Baulinienabstand, da auch dieser im Planungs- und Baugesetz geordnet ist (§ 264 PBG).

Die Bestimmung privilegiert also Gebäude, die baulinienkonform sind und eine Aussenisolation erhalten sollen. Für bereits baulinienwidrige Gebäude wird § 101 PBG anwendbar.

15.6.4 Änderungen an baulinienwidrigen Bauten und Anlagen

15.6.4.1 *Allgemeines*

§ 101 regelt bauliche Änderungen an baulinienwidrigen Bauten und Anlagen. Danach dürfen baulinienwidrige Bauten und Anlagen im Baulinienbereich entsprechend dem bisherigen Verwendungszweck unterhalten und modernisiert werden (Abs. 1). Weitergehende Vorkehren sind nur bewilligungsfähig, wenn die Baulinien in absehbarer Zeit nicht durchgeführt werden und wenn mit sichernden Nebenbestimmungen zur baurechtlichen Bewilligung ausgeschlossen wird, dass das Gemeinwesen bei Durchführung der Baulinien den entstandenen Mehrwert zu entschädigen hat (Abs. 2).

Diese Bestimmung stellt eine Spezialnorm zu § 357 Abs. 1 PBG dar, was die Anwendung der letztgenannten Vorschrift ausschliesst, soweit nicht auch noch primäre Baubeschränkungsnormen, wie etwa die Gebäudehöhe, tangiert sind (BEZ 1982 Nr. 49 und 1986 Nr. 45; BEZ 2007 Nr. 18; BEZ 2009 Nr. 60 E. 5.2 betreffend Arkadenbaulinie, auch zum Folgenden). § 357 PBG verlangt, dass mit baulichen Änderungen an zufolge Rechtsänderungen baurechtswidrig gewordenen Gebäuden keine neuen oder weitergehenden Abweichungen von Vorschriften entstehen dürfen. Diese Einschränkung muss auch für Änderungen von Gebäuden gelten, die unter § 101 fallen. Neue oder weitergehende Überstellungen eines bereits baulinienwidrigen Gebäudes beurteilen sich somit nach § 100 Abs. 3 PBG.

15.6.4.2 *Unterhalt und Modernisierung*

Baulinienwidrige Bauten und Anlagen dürfen entsprechend dem bisherigen Verwendungszweck unterhalten und modernisiert werden (§ 101 Abs. 1 PBG). Diese Bestimmung berücksichtigt, dass bestehende Gebäude, die durch die Festsetzung von Baulinien baurechtswidrig geworden sind, im Interesse des Investitionsschutzes ein Bestandesprivileg geniessen (BEZ 1981 Nr. 2). Für die Erhaltung des Besitzstandes notwendig sind dabei nicht bloss eigentliche Unterhaltsarbeiten, die ein Gebäude vor dem eigentlichen Zerfall bewahren, sondern auch – wie § 101 Abs. 1 PBG ausdrücklich festhält – Modernisierungen, das heisst Massnahmen, welche die Zeitumstände gebieten, damit das Haus seinem bisherigen Zweck zu dienen geeignet bleibt (BEZ 1981 Nr. 2). Unter den Begriff des «Unterhalts» fallen Vorkehren, welche eine Baute oder Anlage vor dem baulichen Zerfall bewahren, während unter Modernisierungen Massnahmen zu verstehen sind, welche die Zeitumstände gebieten, damit ein bestehendes Gebäude weiterhin seinem bisherigen Zweck entsprechend genutzt werden kann, wie beispielsweise der Einbau zeitgemässer Sanitär- und Heizungseinrichtungen, Gebäudeisolationen und dergleichen (BEZ 2007 Nr. 18, auch zum Folgenden).

Nicht mehr unter § 101 Abs. 1 fallen aber Vorkehren, die das Gebäude in einen höheren Rang aufrücken lassen, so zum Beispiel (vgl. hierzu ausführlich BEZ 1981 Nr. 2 und 1983 Nr. 9):

- Ausbau des Dachgeschosses
- Aufbau einer Dachlukarne
- Umwandlung eines Einfamilienhauses in ein Mehrfamilienhaus
- Ändern der inneren Raumaufteilung mit Verlegung einer Treppe
- Vermehrung der Zahl von Wohn- oder Arbeitsräumen
- Einbau einer Wohnung in einer Scheune

Soweit die Besitzstandsgarantie reicht, darf der Eigentümer nicht mit einem Mehrwertrevers belastet werden (vgl. § 101 Abs. 1 in Verbindung mit Abs. 2 PBG; BEZ 1981 Nr. 2). Mehrwertreverse sollen vielmehr nur in der Baubewilligung Aufnahme finden, wenn Gebäude durch Umbauten oder Zweckänderungen in einen höheren Rang versetzt werden (BEZ 1982 Nr. 49).

15.6.4.3   *Weitergehende Vorkehren*

Voraussetzungen

Vorkehren, welche über Massnahmen nach § 101 Abs. 1 (Unterhalt und Modernisierung) hinausgehen, sind nur zu bewilligen, wenn die Baulinie in absehbarer Zeit nicht durchgeführt werden soll und wenn mit sichernden Nebenbestimmungen zur baurechtlichen Bewilligung ausgeschlossen wird, dass bei einer allfälligen Durchführung der Baulinie der entstandene Mehrwert zu entschädigen ist (§ 101 Abs. 2 PBG).

§ 101 Abs. 2 PBG nennt die Voraussetzungen für «weitergehende Vorkehren» ausdrücklich und abschliessend. Es besteht kein Raum und kein Anlass, daneben – einschränkend – auch noch § 220 PBG anzuwenden (BEZ 1983 Nr. 36).

Die mit § 101 Abs. 2 PBG anvisierten Massnahmen sind einerseits gegenüber jenen gemäss Abs. 1 der Bestimmung abzugrenzen. Auch drängt sich eine Abgrenzung zu den (nicht mehr zulässigen) tiefgreifenden Umgestaltungen auf, die rechtlich einem Neubau gleichzusetzen sind. Darum gilt § 101 Abs. 2 PBG nur für jene Fälle, in denen die zeitliche Ungewissheit der Baliniendurchführung eine Bauverweigerung als unverhältnismässig erscheinen lässt. Dann kann im Sinne einer geringeren Belastung die Bewilligung mit einem Mehrwertrevers erteilt werden (BEZ 1981 Nr. 2).

Massnahmen gemäss § 101 Abs. 2 PBG können zwar über Unterhalt und Modernisierung hinausgehen, müssen aber gleichwohl untergeordnet sein (zum Beispiel teilweise Nutzungsänderung, Verschieben von Zwischenwänden, Ausbau Dachgeschoss, rückwärtiger oder seitlicher Anbau, der die Baulinien respektiert). Gehen nämlich die baulichen Änderungen so weit, dass Sinn und Zweck der Baulinie im Kern getroffen werden und etwa die Zulassung baulicher Vorkehren mit Mehrwertrevers gegen das Verhältnismässigkeitsprinzip verstösst, kann nicht mehr von zulässigen «weitergehenden Vorkehren» gesprochen werden. Es darf für die Grundeigentümer einer vom Mehrwertrevers belasteten Liegenschaft kein durch das Verhältnismässigkeitsprinzip nicht mehr gedecktes finanzielles Missverhältnis entstehen (BEZ 1982 Nr. 49). Praxisgemäss fallen daher bauliche Massnahmen, die über den blossen Unterhalt oder die Modernisierung hinausgehen, dann nicht unter den Begriff der «weitergehenden Vorkehren» im Sinne von § 101 Abs. 2 PBG, wenn sie – wie bei § 357 Abs. 1 PBG – so intensiv sind, dass sie das Ausmass einer neubauähnlichen Umgestaltung erreichen. Solche baulichen Änderungen sind nach den für Neubauten geltenden Bestimmungen von §§ 99 f. PBG zu beurteilen (BEZ 2007 Nr. 18; BEZ 1986 Nr. 45; WILLI: S. 135).

Nicht gestattet sind daher etwa eine Aushölung des Gebäudes oder ein weitgehender oder vollständiger Abbruch mit Wiederaufbau. Derartige Vorhaben kommen rechtlich einem Neubau gleich, der die Baulinien zu respektieren hat (BEZ 1986 Nr. 45). Ein Anbau ist auf die Baulinie zurückzusetzen. Im Einzelnen sind die von der Rechtsprechung und Lehre zu § 357 Abs. 1 PBG entwickelten Abgrenzungskriterien entsprechend anzuwenden. Demgemäss sind neubauähnliche Umgestaltungen nur dann anzunehmen, wenn sie den Tatbestand einer Gesetzesumgehung erfüllen, das heisst, wenn zwar die Bestimmung ihrem Wortlaut nach, nicht aber nach ihrem Sinn und Zweck beachtet wird. Bei Änderungen an vorschriftswidrigen Bauten trifft das dann zu, wenn bei objektivierter Betrachtungsweise die Berufung auf die erweiterte Besitzstandsgarantie nicht darauf abzielt, bestehende Investitionen zu schützen, sondern es ausschliesslich oder vorwiegend darum geht, die Anwendung der für einen Neubau geltenden Bestimmungen zu verhindern (BEZ 2007 Nr. 18 mit Hinweisen, vgl. Seite 1137 ff.). Daher wurde selbst eine Aufstockung um ein Vollgeschoss und ein ausgebautes Dachgeschoss als zulässig erklärt. Für ganz oder teilweise zerstörte Gebäude gilt das Brandstattrecht nach § 307 PBG (siehe Seite 1145 f.).

Auch wenn – im Gegensatz zu § 357 Abs. 1 PBG – in § 101 Abs. 2 PBG nicht ausdrücklich in allgemeiner Weise erwähnt ist, dass der Bewilligung von weitergehenden Vorkehren (als Unterhalt und Modernisierung) keine überwiegenden öffentlichen oder nachbarlichen Interessen entgegenstehen dürfen, greift dieser Vorbehalt auch hier ein (WILLI: S. 136; vgl. auch KOCH: S. 109). Es ist insbesondere an Gefährdungen der Verkehrssicherheit zu denken.

Mehrwertrevers

Mit der baurechtlichen Bewilligung ist ein Mehrwertrevers aufzuerlegen. Dieser ist aber derart zu formulieren, dass er sich nur auf solche Vorkehren bezieht, die über Unterhalt und Modernisierung im Sinne von § 101 Abs. 1 PBG hinausgehen. Er kann selbstverständlich nicht jeden Erwerb durch die Gemeinde betreffen, sondern nur einen solchen, den ein künftiger Strassenausbau erforderlich macht (BEZ 1981 Nr. 2).

Beispiel für die Anmerkung einer öffentlich-rechtlichen Eigentumsbeschränkung im Grundbuch:

Mehrwertrevers:

Bei einem allfälligen Erwerb des Gebäudes Assek.-Nr. *** auf dem Grundstück Kat.-Nr. *** durch die Stadt *** fällt der durch die mit Beschluss Nr. *** vom *** des Stadtrates *** bewilligten baulichen Änderungen bewirkte Mehrwert ausser Ansatz.

15.7   ## Strassen- und Wegabstand

15.7.1   Strassenabstand von Gebäuden

15.7.1.1   *Voraussetzungen und Messweise*

Ausgangslage

Als Ausgangslage ist auf § 264 PBG Bezug zu nehmen. Danach wird der Abstand von Gebäuden gegenüber Verkehrsanlagen in erster Linie durch die bestehenden oder voraussichtlich nötigen Verkehrsbaulinien bestimmt (vgl. zum Baulinienabstand Seite 810 ff.). Nur wenn keine Baulinien festgesetzt oder nötig sind, wird ein Strassenabstand nach § 265 Abs. 1 PBG anwendbar. Dieser erfüllt dann die übrigen gleichwohl wahrzunehmenden Aufgaben der Baulinien (Wohnhygiene und Verkehrssicherheit).

Der Strassenabstand beträgt 6 m gegenüber Strassen und Plätzen und 3,50 m gegenüber öffentlichen Wegen. Er wird nur für oberirdische Gebäude anwendbar (im Unterschied zu den Baulinien, die weitergehend für ober- und unterirdische Bauten und Anlagen gelten). Die Bau- und Zonenordnung kann andere Festlegungen treffen. Mit dem Hinweis auf die fehlenden und nicht nötigen Baulinien in § 265 Abs. 1 PBG ist ein Unterschied zum wasserpolizeilichen Gewässerabstand nach § 21 WWG gegeben, welcher unabhängig allfälliger Abstands- oder Baulinien anwendbar bleibt (BEZ 1997 Nr. 14).

Zu den fehlenden Baulinien

§ 265 PBG ist insoweit klar, als die Bestimmung auf die «fehlenden» Baulinien abstellt. Was aber bedeutet die Ergänzung «… und erscheint eine Festsetzung nicht nötig …»? Die Festsetzung von Baulinien ist in der Regel dann nicht nötig, wenn ihr Hauptzweck, der Strassenausbau, bereits verwirklicht ist und wenn keine gestalterischen Festlegungen beabsichtigt sind (BEZ 1982 Nr. 20, auch zum Folgenden). Oder umgekehrt: Die Baulinien müssen für einen künftigen Strassenausbau gemäss Erschliessungsplan als nötig erachtet werden (zum Beispiel wenn die Strasse den heutigen Anforderungen gemäss den Zugangsnormalien offensichtlich nicht genügt oder künftig weitere Grundstücke zu erschliessen hat). Die künftige Lage der Strasse (oder des zusätzlich nötigen Trottoirs) muss hinreichend feststehen. Dies setzt entsprechende konkrete Vorstellungen des Planungsorgans (Exekutive) voraus. Zwar ist § 264 PBG eine Spezialvorschrift zu § 234 PBG. Öffentlich aufgelegt oder gar «beantragt» müssen die Baulinien aber nicht sein. Von § 234 PBG weicht § 265 Abs. 1 PBG auch insoweit ab, als die Bestimmung positive Vorwirkung zeitigt. Diese positive Vorwirkung der künftigen Verkehrsbaulinie ist eine vom Gesetz beabsichtigte Folge (BEZ 1994 Nr. 28). Die künftig nötige Verkehrsbaulinie ist mithin auch dann beachtlich, wenn sich die Strassenabstandsvorschrift nach § 265 PBG strenger auswirkt. Allerdings sind diese Fälle selten, nachdem bei § 265 PBG der Bezug auf die Grenzabstände der Bauordnung mit der PBG-Revision von 1991 entfallen ist.

Kompetenzen der Gemeinden

Entsprechend dem klaren Wortlaut von § 265 Abs. 1 PBG sowie nach § 49 PBG sind in der Bau- und Zonenordnung abweichende Strassenabstände zulässig, was insbesondere für die Kernzone von Bedeutung ist: Gemäss § 50 Abs. 2 PBG kann die Bau- und Zonenordnung in Kernzonen das Bauen auf die Strassengrenze vorschreiben oder das Bauen bis auf die Strassengrenze gestatten. Dies wird etwa damit umschrieben, dass das Bauen auf oder näher an die Strassengrenze zugelassen ist, wenn dadurch das Ortsbild verbessert wird und die Wohnhygiene sowie die Verkehrssicherheit nicht beeinträchtigt werden (vgl. zur Auslegung einer kommunalen Vorschrift VB.2005.00261). Ein derart reduzierter Strassenabstand ist auch gegenüber Staatsstrassen zulässig und bei der Erteilung von strassenpolizeilichen Bewilligungen durch die Baudirektion beachtlich.

Aber auch ausserhalb der Kernzonen sind kommunale Regelungen direkt gestützt auf die in § 265 PBG enthaltene Kompetenz möglich. Dabei haben die Gemeinden einerseits die Möglichkeit, in ihrer Bau- und Zonenordnung grössere (wie auch kleinere) Strassen- und Wegabstände festzulegen, als sie in § 265 PBG vorgesehen sind. Andererseits steht es ihnen offen, in der Bau- und Zonenordnung Bezüge zu den Grenzabständen zu schaffen, so etwa zu bestimmen, dass der grosse Grundabstand auch gegenüber Strassen und öffentlichen Wegen gilt oder dass zu öffentlichen Wegen mindestens der kleine Grundabstand einzuhalten ist (RB 1999 Nr. 119). Abweichend zu § 265 PBG kann auch für unterirdische Gebäude oder Gebäudeteile ein Strassenabstand festgelegt werden. Die Gemeinden können auch Besondere Gebäude hinsichtlich des Strassenabstandes privilegieren.

Zu beachten ist aber, dass ausserhalb der Bauzonen kein kommunaler Grenzabstand, sondern ausschliesslich der kantonale Mindestgrenzabstand von 3,50 m einzuhalten ist, wenn kein Abstand nach § 265 PBG anwendbar wird. Das heisst, dass dort keine Legiferierungskompetenzen der Gemeinde bestehen (vgl. § 49 PBG beziehungsweise dessen Einordnung in Kapitel «II. Bauzonen»). In diesem Sinne wird die in § 265 PBG enthaltene Kompetenz durch § 49 PBG eingeschränkt.

Abstandspflichtige Gebäude(-teile)

§ 265 PBG ist ausschliesslich für oberirdische Gebäude und Gebäudeteile anwendbar. Als solche gelten jene, die den gewachsenen Boden, wenn auch nur geringfügig, überragen. Oberirdische Gebäude, die den gewachsenen Boden bis höchstens 50 cm überragen, sind nur in Bezug auf die Grenzabstände zu Nachbargrundstücken, nicht aber in Bezug auf die übrigen Abstände privilegiert. Dies ergibt sich aus § 269 PBG und dessen Stellung im Kapitel «Grenzabstände von Nachbargrundstücken». Die Gemeinden sind allerdings, wie erwähnt gestützt auf § 265 Abs. 1 PBG in Verbindung mit § 49 Abs. 2 lit. b PBG grundsätzlich befugt, Strassenabstände auch für unterirdische Gebäude und Gebäudeteile vorzuschreiben. Doch fragt sich, wo das öffentliche Interesse an solchen liegen könnte (vgl. SCHÜPBACH SCHMID: S. 24). Am ehesten ist an unterirdische Leitungen zu denken. Im Unterschied zum Grenzabstand sieht das Gesetz für Besondere Gebäude keine Privilegierung vor. Sie haben den Strassenabstand wie Hauptgebäude einzuhalten.

Privilegierte Gebäudevorsprünge

§ 265 PBG enthält im Unterschied zu § 100 Abs. 2 PBG keine Erleichterungen für Gebäudevorsprünge. Sie haben den Strassenabstand einzuhalten, da sich § 260 Abs. 3 PBG nur auf den Grenz- und Gebäudeabstand, nicht aber auf den Strassenabstand bezieht (vgl. auch Seite 782). Das folgt aus dem Marginale «Grenz- und Gebäudeabstand» sowie aus dem Inhalt von § 260 Abs. 1 und 2 PBG, welche Bestimmungen sich auf den «Grenzabstand» beziehungsweise die «Abstände der Bau- und Zonenordnung» (zu welchen die Strassenabstände eben gerade nicht gehören) beziehen. Von daher ist nur folgerichtig, dass sich auch Abs. 3 betreffend die einzelnen Vorsprünge ausschliesslich auf diese kommunalen Abstände bezieht. Hinsichtlich des Waldabstandes gelten denn auch besondere Vorschriften für Vorsprünge (§ 262 PBG) und in den Gewässerabstand dürfen Vorsprünge nicht hineinragen (§ 21 WWG, früher § 263 PBG). Wie beim Wald- und Gewässerabstand erheischen auch beim Strassenabstand die öffentlichen Interessen eine vom Grenz- und Gebäudeabstand abweichende Betrachtungsweise.

Die Baurekurskommissionen waren allerdings der gegenteiligen Auffassung, dass nämlich § 260 Abs. 3 PBG auch hinsichtlich des Strassenabstandes gelte (unveröffentlichte Entscheide BRKE II Nr. 13/1996; BRKE I Nr. 11/2003; BRKE II Nr. 259/2005). Das Verwaltungsgericht liess, soweit ersichtlich, die Frage bisher offen (vgl. VB.2003.00430). Die Baurekurskommissionen argumentierten damit, dass dem Strassen- und Wegabstand eine ähnliche Funktion wie Grenz- und Gebäudeabständen zukomme. Das trifft nicht zu: Letztere sind primär wohnhygienisch und feuerpolizeilich motiviert, während der Strassenabstand neben der Wohnhygiene primär die Wahrung der Verkehrssicherheit zum Ziel hat. Für eine analoge Anwendung der Grenzabstandsvorschriften (wie im Übrigen auch von § 100 Abs. 1 PBG betreffend die Baulinien) besteht keine Rechtsgrundlage. Es wäre Aufgabe des Gesetzgebers, § 265 hinsichtlich der zulässigen Gebäudevorsprünge zu ergänzen.

Begriff der Strassengrenze

Der Strassenabstand ist von der Strassengrenze aus zu messen. Die Parzellengrenzen sind unmassgeblich. Unter Strasse ist das ganze Strassengebiet einschliesslich der Trottoire und Schutzstreifen zu verstehen (§ 267 Abs. 1 PBG). Weil § 265 PBG ausdrücklich auch für private Strassen gilt, gehören Trottoire und Schutzstreifen auf privaten Grundstücken ebenfalls zum relevanten Strassenraum (BEZ 2001 Nr. 29; VB.2007.00393). Damit gehören also auch die Bankette zur Strasse, unabhängig davon, ob sie auf öffentlichem oder privatem Grund liegen (vgl. die zeichnerische Darstellung im Anhang ZN). Auch sie dienen dem Verkehr, insbesondere der Fussgängersicherheit. Sofern also ein Bankett besteht, ist der Strassenabstand ab dessen Hinterkante zu messen (auch bei Sicherung mit Dienstbarkeit auf Privatgrundstück). Der Strassenabstand ist auch von Kehrplätzen (insbesondere Wendeplätzen am Ende von Stichstrassen) einzuhalten, welche Teile des Strassengebietes bilden (VB.2004.00252). Anders verhält es sich nur hinsichtlich rechtlich gesicherter Kehrmöglichkeiten auf Privatgrund (BEZ 2001 Nr. 29). Dabei kann es sich nur um Wendemöglichkeiten auf Privatgrund handeln, die Bestandteil der privaten Parkplatzzufahrt sind und nicht Bestandteil der Strasse bilden.

Ist eine Strasse noch nicht dem Planungsrecht entsprechend ausgebaut, ist die voraussichtlich spätere Strassengrenze massgebend (§ 267 Abs. 2 PBG). Dieser letztere Fall ist selten, da in einem solchen Fall meistens Baulinien festgesetzt sind. Denkbar wäre die Festsetzung eines Strassenausbaus in einem Quartier- oder Erschliessungsplan.

Verhältnis zum Grenz- und Gebäudeabstand

Der Strassenabstand tritt an die Stelle des Grenzabstandes nach kommunaler Bau- und Zonenordnung, auch wenn diese (etwa in Form des grossen Grundabstandes) einen grösseren Abstand vorschreibt. Sofern die Gemeinde in ihrer Bauordnung keine davon abweichende Regelung trifft, entfällt der grosse Grenzabstand, wenn ein solcher gemäss Bauordnung durch die Bauherrschaft frei wählbar ist (RB 1998 Nr. 116; 1999 Nr. 119; BEZ 2006 Nr. 7) oder definitionsgemäss gegenüber der Strasse anwendbar wäre. Der Strassen- beziehungsweise Wegabstand gemäss § 265 PBG geht also den Grenzabständen vor und tritt an deren Stelle. Zu den Kompetenzen der Gemeinden, andere Strassenabstände als die in § 265 PBG genannten festzulegen (vgl. Seite 825).

Findet § 265 PBG Anwendung, wird über die Strasse hinweg generell (und nicht nur ausnahmsweise wie bei den Baulinien) ein Gebäudeabstand nach Bauordnung gemessen (§ 272 PBG, aus Umkehrschluss).

Ausschluss des Näherbaurechts

Wird der Strassenabstand nach § 265 PBG anwendbar, kann kein Näherbaurecht nach § 270 Abs. 3 PBG begründet werden. Dies gilt auch dann, wenn eine Verkehrsfläche zwar im Privateigentum steht und als selbstständige Wegparzelle ausgeschieden ist, ihr aber aufgrund der Zweckbestimmung öffentliche Bedeutung im Sinne von § 237 PBG zukommt. Denn in solchen Fällen bestimmt sich das einzuhaltende Abstandsmass eben nicht nach den Bestimmungen über die Grenzabstände von Nachbargrundstücken, sondern einzig nach den Strassenabstandsvorschriften, die einer abweichenden Regelung in Form eines Näherbaurechts nicht zugänglich sind. Dies geht auch aus den Zielen der fraglichen Vorschriften hervor: Strassen- und Wegabstände nehmen in Fällen, wo eine Baulinienfestsetzung zur Sicherung des künftigen Strassenbaus oder aus Gründen einer gestalterischen Festlegung nicht notwendig ist, die übrigen öffentlichen Aufgaben der Baulinien wahr und dienen der Verkehrssicherheit und (bei Wohnbauten) der Wohnhygiene. Auch aus dem Zusammenhang und der Stellung der den Abstandsvorschriften vorangestellten allgemeinen Bestimmungen (§ 260 PBG) ergibt sich, dass sich § 270 Abs. 3 PBG über das Näherbaurecht nur auf den Grenz- und Gebäudeabstand, nicht aber auf andere Abstände wie den Strassenabstand beziehen kann (BRKE II 2000.00158).

Erleichterungen und Ausnahmen

Gestützt auf § 33a ABV sind vor dem 1. Januar 1987 erstellte Gebäude hinsichtlich der Wärmedämmung privilegiert. Wird an derartigen Gebäuden, die den Abstand aktuell einhalten, nachträglich eine Aussenisolation angebracht, darf der nach § 265 PBG massgebliche Abstand bis zu 15 cm unterschritten werden. Für bereits vorher abstandswidrige Gebäude gilt § 357 Abs. 1 PBG.

Weitere und andersartige Ausnahmen von § 265 PBG richten sich nach § 220 PBG. Dabei gilt zu berücksichtigen dass § 265 PBG keine nachbarschützende Norm darstellt (BEZ 1991 Nr. 14). Der Regierungsrat hat bestätigt, dass zur Erschliessung eines Doppeleinfamilienhauses mit einem entsprechenden Zufahrtsweg eine Ausnahmebewilligung für die Unterschreitung des Wegabstandes erteilt werden kann. Im konkreten Falle ging es um die letzte unüberbaute Parzelle im Quartier und die vorgesehene Erschliessungsvariante drängte sich auf. Unter den gegebenen Umständen konnte auf die Durchführung eines Teilquartierplanverfahrens und die Festsetzung einer Baulinie verzichtet werden (BEZ 1991 Nr. 14).

Die Ausnahmebewilligung kann grundsätzlich mit Nebenbestimmungen verbunden werden, was theoretisch einen Anpassungs- und Beseitigungsrevers nicht ausschliesst. Dabei gilt es aber zu beachten, dass § 265 PBG lediglich dort Anwendung findet, wo Baulinien fehlen oder nicht nötig sind (§ 265 Abs. 1 PBG). Sind Baulinien nötig, müssen sie festgesetzt werden und der Abstand von der Strasse beurteilt sich nach §§ 99 ff. PBG. Der Revers bei Ausnahmen nach § 265 PBG kann daher nur ausnahmsweise mit dem Argument eines Strassenausbaus begründet werden, in solchen Fällen nämlich, da ein künftiger Strassenausbau zwar nicht auszuschliessen ist, sich aber aus besonderen Gründen keine Festsetzung von Baulinien aufdrängt.

Unterscheidung zwischen Strassen/Plätzen und Wegen

Strassen und Plätze

Die Grösse des einzuhaltenden Strassenabstandes (6 m oder 3,50 m) ist von der Bedeutung der Verkehrsfläche abhängig. Wie das Verwaltungsgericht im wegleitenden Entscheid BEZ 1982 Nr. 20 festgehalten hat, ist die Abgrenzung zwischen Strassen und Wegen nicht scharf und kann sich vor allem nicht nach der oft inkonsequenten Bezeichnung in Strassennamen, Grundregistern und dergleichen richten. Neben dem technischen Ausbau ist vor allem die Zweckbestimmung, insbesondere die Erschliessungsfunktion der Anlage, von Bedeutung. Unter diesem Gesichtswinkel können die ZN als Richtlinie dienen. § 5 ZN unterscheidet als Zugangsarten den Zufahrtsweg, die Zufahrtsstrasse und die Erschliessungsstrasse. Die Festlegung der Zugangsart erfolgt gemäss § 6 Abs. 1 ZN nach dem voraussichtlichen Verkehrsaufkommen aufgrund der Nutzung mit Wohneinheiten gemäss den Anwendungsbereichen im Anhang. Laut Anhang genügt bis zu 10 Wohneinheiten ein Zufahrtsweg. In dichter Überbauung, sofern mit öffentlichen Verkehrsmitteln gut erreichbar, können bis zu 30 Wohneinheiten mit einem Zufahrtsweg erschlossen werden.

Nach der Rechtsprechung des Verwaltungsgerichts müssen für die Qualifikation als Strasse oder Weg auch die zukünftigen Überbauungsmöglichkeiten auf den erschlossenen Grundstücken mitberücksichtigt werden; indessen ist nicht auf das nach den Bauvorschriften theoretisch mögliche Maximum an Wohneinheiten, sondern auf die unter konkreten Umständen in absehbarer Zeit zu erwartende Überbauungsdichte abzustellen (VB.2002.00273; VB.2006.00471).

Der Abstand von 6 m gilt gegenüber jenen Anlagen, denen mindestens die Funktion einer Zufahrtsstrasse zukommt, die also mehr als 10 (beziehungsweise in dicht bebauten und mit öffentlichem Verkehr gut erschlossenen Gebieten mehr als 30) Wohneinheiten erschliessen. Dabei kommt es nur auf die Zahl der Wohneinheiten an. Diese sind hinsichtlich der Zimmerzahl oder Art der Bewerbung (von Extremfällen abgesehen) nicht zu gewichten. Stösst ein Grundstück indessen an zwei Strassen an und sind die Hauszugänge und die Abstellplätze nicht alle auf eine Strasse hin orientiert, ist genau zu prüfen, welcher Erschliessung die einzelnen Wohneinheiten zuzurechnen sind. Andere Nutzungen (zum Beispiel Büros, Gewerbe, Parkierungsanlagen) werden in Wohneinheiten umgerechnet (§ 6 ZN).

Wege

Als «Weg» im Sinne von § 265 PBG gelten jene Verkehrsflächen, welche die Bedeutung eines Zufahrtsweges gemäss Anhang ZN (Erschliessung für 10 beziehungsweise 30 Wohneinheiten) nicht überschreiten. Bei solchen Anlagen fordern weder Interessen der Verkehrssicherheit noch der Wohnhygiene einen Minimalabstand von 6 m, wie er gegenüber Strassen einzuhalten ist. Die Funktion gemäss den Zugangsnormalien beziehungsweise die erschlossenen Wohneinheiten bleiben im Grundsatz massgebend, auch wenn der tatsächliche Ausbau des Weges darüber hinausgeht. Dies zumindest dann, wenn nach den örtlichen Verhältnissen nicht mit anderen Fahrzeugen in grösserer Anzahl zu rechnen ist (BEZ 1982 Nr. 20). Denn für die Unterscheidung Strasse/Weg kommt es nicht auf den Ausbaustandard, sondern die Erschliessungsfunktion an.

Würdigung unterschiedlicher Strassenabschnitte

Die Unterscheidung zwischen Strasse und Weg kann dann schwierig sein, wenn die gesamte Strecke in verschiedene Bereiche unterteilt ist. Kommt etwa einem hintersten Strassenteil (weil vorher eine Abzweigung erfolgte) nur noch die Funktion eines Zufahrtsweges zu, gilt der Abstand von 3,50 m. Umgekehrt waren die Verhältnisse in einem andern Fall zu würdigen: Infrage stand eine Erschliessungsstrasse, also eine Strasse im Sinne von § 265 Abs. 1 PBG. Damit die Strasse als Stichstrasse ihre Erschliessungsfunktion erfüllen konnte, war gemäss den Zugangsnormalien an ihrem Ende ein Kehrplatz erforderlich (vgl. Anhang: Technische Anforderungen). Es war deshalb in diesem Fall nicht sachgerecht, die Erschliessungsfunktion des hintersten Abschnitts der Strasse für sich allein zu betrachten; der Kehrplatz dient nicht bloss den Liegenschaften in diesem hintersten Bereich, sondern gewährleistet die Funktionsfähigkeit der Strasse auch für die weiter vorn gelegenen Abschnitte (VB.2004.00252).

15.7.1.3   *Besonderheiten beim Wegabstand*

Öffentlicher Zufahrtsweg

Der Abstand von § 265 PBG (3,50 m) gilt nur gegenüber «öffentlichen» Wegen. Ob ein Weg als privat oder öffentlich gilt, beurteilt sich unabhängig von den Eigentumsverhältnissen an der Wegparzelle oder einer allfälligen Widmung zum Gemeingebrauch (BEZ 1982 Nr. 20 und 1989 Nr. 28 und 2001 Nr. 48, auch zum Folgenden). Unerheblich ist auch, ob das betreffende Wegstück nur servitutarisch gesichert oder als separate Wegparzelle ausgeschieden ist. Auch ein servitutarisch gesicherter Weg kann mithin «öffentlich» sein. Für die Abgrenzung ist vielmehr ausschliesslich die Zweckbestimmung der Anlage entscheidend. Hat sie die Funktion einer gesetzlichen Zufahrt im Sinne von § 237 PBG, so wird sie – jedenfalls wenn sie mehrere Grundstücke erschliesst – notwendigerweise von einem unbestimmten Benützerkreis beansprucht und gilt als öffentlich. Auch nach dem Strassenverkehrsrecht gilt in solchen Fällen eine Verkehrsfläche als öffentlich, und zwar unabhängig davon, ob sie im öffentlichen Eigentum steht oder förmlich dem Gemeingebrauch gewidmet ist (VB.2006.00510, 2007.00049, je mit Hinweisen). Auch ein Flurweg fällt unter § 265 PBG, wenn ihm im umschriebenen Sinne öffentliche Funktion (zum Beispiel für die Erschliessung von landwirtschaftlichen Liegenschaften) zukommt.

Als öffentlich hat das Verwaltungsgericht zum Beispiel die folgenden Wege qualifiziert:
- ein Weg, welcher vier Einfamilienhäusern als gesetzliche Zufahrt dient (BEZ 1982 Nr. 20);
- ein Weg, welcher einem Grundstück als gesetzliche Zufahrt und einem weiteren als Zugang für Fussgänger dient (RB 1987 Nr. 77);
- ein Fussweg, weil die Gemeinde Miteigentümerin der Wegparzelle war und Besucher der gemeindeeigenen Liegenschaften und damit ein nicht näher bestimmter Personenkreis zur Benützung der Wegparzelle befugt war (BEZ 2001 Nr. 48);
- eine Wegparzelle, welche neben dem Baugrundstück einer Einfamilienhausliegenschaft als gesetzliche Zufahrt diente und an der eine weitere Liegenschaft ein – im Zeitpunkt des Entscheides nicht beanspruchtes – Fuss- und Fahrwegrecht zustand. Nach den Erwägungen des Gerichts stellte damit der Weg nicht nur eine grundstücksinterne Erschliessung dar, sondern stand als gesetzliche Erschliessung von mindestens zwei Grundstücken einem unbestimmten Benützerkreis offen (VB.2003.00382).
- ein Weg, der als gesetzliche Zufahrt zu zwei Liegenschaften und als Fussweg mit unbestimmtem Benutzerkreis dient, an dem mehrere Grundstücke mit erheblichen Baulandflächen berechtigt sind (VB.2006.00510).

Aber als nicht öffentlich beurteilte das Verwaltungsgericht etwa:
- einen Fussweg, der im relevanten Bereich einem einzelnen Drittgrundstück als alternative Fusswegerschliessung dient (unpublizierter Entscheid).
- zwei Wege mit Allgemeinem Verbot des Einzelrichters; zudem sind an den Zugängen zu den beiden Wegen Tore angebracht. Die Wege stehen

somit nicht nur rechtlich, sondern auch faktisch einem beschränkten Personenkreis zur Verfügung und sind somit vorliegend als privat im Sinne von § 265 Abs. 1 PBG und Art. 12 BZO zu würdigen (VB.2010.00089). Das Verwaltungsgericht stellte im letztgenannten Entscheid unter anderem fest:

Auszug aus VB.2010.00089

«Daran ändert nichts, dass sie (gemeint: die beiden Wege) auch für die Postzustellung und Abfallentsorgung, ferner als Notzufahrt, etwa für Arzt und Feuerwehr, genutzt werden dürfen. In all diesen Fällen erfolgt die Nutzung zu einem klar bestimmten (Sach-)Zweck und dient sie den Bewohnern. Als öffentlich wären die Wegverbindungen nur dann einzustufen, wenn irgendwelche Drittpersonen in eigenem Interesse zirkulieren dürften.»

Kein «öffentlicher Weg» nach § 265 Abs. 1 ist erst recht eine Verkehrsfläche, die ausschliesslich der Bewirtschaftung unüberbauter landwirtschaftlicher Grundstücke dient. Es kommt ihr keine Erschliessungsfunktion im Sinne von § 237 PBG beziehungsweise der Zugangsnormalien zu.

Von solchen nicht öffentlichen Wegen ist kein Strassenabstand einzuhalten (BEZ 1982 Nr. 20). Sofern sie allerdings als selbstständige Grundstücke ausgeschieden sind, ist (innerhalb der Bauzonen) der entsprechende Grenzabstand gemäss Bau- und Zonenordnung zu beachten. Ausserhalb der Bauzonen gilt der kantonalrechtliche Grenzabstand von 3,50 m (§ 270 Abs. 1 PBG).

Fuss- und Fahrradwege

Nach der Praxis lässt aber nicht allein die Zweckbestimmung als gesetzliche Zufahrt zu mehreren Grundstücken einen Weg als öffentlich und damit abstandspflichtig erscheinen. Es muss genügen, dass der Weg einem nicht näher bestimmten Personenkreis zur Benützung offen steht. Es kommt also darauf an, ob die Öffentlichkeit zur Benützung des entsprechenden Weges befugt ist. Das kann auch bei einem Fuss- oder Fahrradweg der Fall sein (und zwar auch hier unabhängig von den Eigentumsverhältnissen oder einer allfälligen Widmung zum Gemeingebrauch). Nicht öffentlich ist ein Weg, der Bestandteil des grundstücksinternen Fusswegnetzes bildet, dem also rein grundstücksinterne Funktion zukommt. Strassenabstände nach § 265 PBG sind dann nicht einzuhalten. Dasselbe gilt für einen Fussweg, wenn die Grundeigentümer ein Benützungsverbot für die Allgemeinheit erwirkt haben (auch wenn sie die Benützung durch die Öffentlichkeit in der Folge dulden, BEZ 2001 Nr. 48; vgl. auch BEZ 1999 Nr. 6).

Abstände über den Strassenraum hinweg

Vor der PBG-Revision 1991 hatten Gebäude gegenüber Strassen und Wegen ohne Baulinien den gleichen Abstand einzuhalten wie von Nachbargrundstücken, mindestens jedoch 6 m gegenüber Strassen und 3,50 m gegenüber öffentlichen Wegen (§ 265 PBG in der alten Fassung). Seit der Revision gilt nur der kantonalrechtliche Abstand, sofern die Gemeinde keine andere Regelung trifft. Damit hat der Gesetzgeber im Interesse der angestrebten baulichen Verdichtung unangemessen grosse Gebäudeabstände über den Strassenraum hinweg vermeiden wollen. Das kann nun aber bei Fusswegen, die in der Regel schmaler sind

als die für Zufahrtswege erforderliche Minimalbreite von 3 m, zu Gebäudeabständen führen, die weit geringer sind, als sie sich durch die ordentlichen Grenzabstände bei zwei direkt aneinander grenzenden Grundstücken ergäben. Diese
Problematik wird noch dadurch verschärft, dass dort, wo der Strassenabstand
nach § 265 PBG gilt, weder Mehrlängenzuschläge noch ein grosser Grenzabstand zu beachten sind. Nach Auffassung des Verwaltungsgerichts leuchtet es
auch nicht ein, dass gegenüber einem privaten vermarkten Weg in der Regel
der grössere kommunale Grenzabstand, gegenüber einem öffentlichen Weg hingegen nur der regelmässig geringere von 3,50 m gemäss § 265 PBG einzuhalten
ist. Um diesen sich insbesondere bei schmalen Wegen ergebenden gesetzgeberischen Ungereimtheiten Rechnung zu tragen, ist nicht nur bei privaten Wegen,
sondern auch über öffentliche Wege hinweg ein Grenzabstand zum gegenüberliegenden Grundstück einzuhalten. § 272 PBG (der sich auf Gebäude-, nicht auf
Grenzabstände bezieht) stehe einer solchen Betrachtungsweise nicht entgegen.
Den Verdichtungsbestrebungen des Gesetzgebers bleibe Rechnung getragen,
weil der Gebäudeabstand nicht um die Breite des Weges vergrössert werde. Im
Übrigen sei den Eigentümern unbenommen, durch Einräumung von Näherbaurechten beidseits des Weges nur einen Abstand von 3,50 m gemäss § 265
Abs. 1 PBG einzuhalten (BEZ 2001 Nr. 48; VB.2001.00149).

Diese Rechtsauffassung wurde von HUBER 2002a und auch in der 3. Auflage dieses Buches kritisiert; dies insbesondere mit dem Hinweis, der Gesetzeswortlaut lasse die erwähnte Korrektur von «Ungereimtheiten» nicht zu. Die
Gemeinden könnten denn auch die Wegabstände selbst definieren oder Baulinien festlegen, falls sie die Auswirkungen dieser Rechtslage korrigieren woll-
ten. Die neue Praxis des Verwaltungsgerichts greife in Abweichung vom klaren
Wortlaut in das gesetzlich statuierte Verdichtungspotenzial des PBG und in die
der kommunalen Bau- und Zonenordnung überlassene Güterabwägung ein.

Das Verwaltungsgericht hat der Kritik teilweise Rechnung getragen und
seine Auffassung präzisiert. Danach ist über einen nicht durch Baulinien gesicherten öffentlichen Weg zum gegenüberliegenden Grundstück zwar der
Grenzabstand, höchstens aber ein solcher von 6,50 m (3,50 m Wegabstand und
3 m Wegbreite) einzuhalten (BEZ 2006 Nr. 7). Auch der revidierten Auffassung
fehlt allerdings die für öffentliche Eigentumsbeschränkungen erforderliche gesetzliche Grundlage (vgl. die berechtigte Kritik der Baurekurskommission I in
BEZ 2005 Nr. 43).

Ein Gebäudeabstand wird höchstens dann gemessen, wenn eine Ausnahmebewilligung für die Unterschreitung des Strassenabstandes erteilt wird (§ 272
PBG).

15.7.2   **Weitere Abstandsvorschriften**

15.7.2.1 *Vorplätze von Garagen*

Vorplätze von Garagen müssen ohne Rücksicht auf die Verkehrsbaulinien so
lang sein wie der grösste Einstellplatz, mindestens aber 5,50 m (§ 266 PBG).
Sinn und Zweck der Norm bestehen darin, Raum für das (vorübergehende)
Abstellen des Fahrzeugs zu schaffen, ohne dass beim Schliessen oder Öffnen

der Garage der Fussgänger- oder der Fahrzeugverkehr auf dem Trottoir oder der Fahrbahn beeinträchtigt wird. Daher kann sich die Bestimmung dem Sinne nach nur auf mit Schliessvorrichtungen versehene Garagen, nicht jedoch auf Einstellräume ohne Tore oder sonstige Abschrankungen und erst recht nicht auf offene Carports beziehen. Als «Schliessvorrichtung» in diesem Sinne, die also zur Anwendung von § 266 PBG führt, gilt auch eine vom Fahrzeug aus bedienbare Anlage. Diese Gesetzesauslegung ist allerdings nicht angebracht, wenn die Strasse ein nur sehr geringes Verkehraufkommen aufweist und übersichtlich ist. Zur Erinnerung: § 266 PBG war in seinem wesentlichen Inhalt bereits Bestandteil des PBG in der Fassung vom 7. September 1975. Damals waren elektrische Garagentore weder üblich noch hat der Gesetzgeber an solche gedacht. Eine teleologische Gesetzesauslegung lässt daher ohne Weiteres eine Unterschreitung des Masses von 5,50 m zu, wenn ein automatisches Garagentor vorhanden ist (was heutigem Standard entspricht) und die Verkehrssicherheit nach § 240 PBG gleichwohl gewährleistet bleibt (vgl. BEZ 2008 Nr. 11).

15.7.2.2   *Mauern, Einfriedungen und Pflanzen*

Rechtsgrundlagen

Über den Abstand von Mauern, Einfriedungen und Pflanzen erlässt der Regierungsrat Vorschriften (§ 265 Abs. 3 PBG). Er hat diesen Auftrag mit der Strassenabstandsverordnung (StrAV) erfüllt, welche für das ganze Kantonsgebiet mit Ausnahme der Städte Zürich und Winterthur gilt (§ 265 Abs. 3 PBG und § 1 StrAV). Die Städte Zürich und Winterthur haben entsprechende Bestimmungen in ihre Bauordnungen aufgenommen. Vorbehalten sind insbesondere die Bestimmungen über die Baulinien und das Forstwesen (§ 1 Abs. 2 StrAV).

Messweise

Strassen im Sinne der Strassenabstandsverordnung sind öffentliche und private Strassen und Plätze, Rad- und Fusswege, die nicht ausschliesslich privatem Gebrauch dienen; grundstücksinterne Strassen jedoch nur, sofern sie als gesetzliche Zufahrt Verwendung finden (§ 4 Abs. 1 StrAV). Im Unterschied zu § 265 Abs. 1 PBG (Strassenabstand von Gebäuden) ist die Zufahrtsfunktion also nur bei grundstücksinternen Strassen (und Wegen) von Bedeutung. Ausserhalb davon gilt der Abstand auch gegenüber privaten Strassen und Wegen (vgl. zum Begriff Seite 830 f.), soweit sie nicht nur privatem Gebrauch dienen.

Unter Strasse ist das ganze Strassengebiet einschliesslich der Trottoire und Schutzstreifen zu verstehen (§ 5 Abs. 1 StrAV in Verbindung mit § 267 PBG). Wie bei Gebäuden wird also von Hinterkant Trottoir beziehungsweise Schutzstreifen gemessen. § 5 Abs. 2 StrAV enthält Details für Fälle, da die Strasse noch nicht dem Planungsrecht entsprechend ausgebaut ist. In diesen Fällen ist für Mauern und Einfriedungen ein Beseitigungs-, Anpassungs- und Minderwertrevers anzumerken, und aus Gründen der Verkehrssicherheit kann die entschädigungslose Beseitigung von Pflanzen verfügt werden. § 15 ABV, worauf § 5 Abs. 1 StrAV verweist, ist mit der PBG-Revision von 1991 aufgehoben worden. Die Grundstücksgrenzen sind für die Messweise des Strassenabstandes nicht massgebend.

Mauern und Einfriedungen

Sofern die Verkehrssicherheit nicht beeinträchtigt wird, dürfen offene Einfriedungen an die Strassengrenze gestellt werden. Dasselbe gilt für Mauern und geschlossene Einfriedungen bis 0,80 m Höhe sowie – an geraden Strassenstrecken und in der Aussenseite von Kurven – auch über 0,80 m Höhe (§ 7 StrAV). Die Höhe wird ab der maximalen Höhenlage der dem fahrenden oder ruhenden Verkehr dienenden Fläche auf der jeweiligen Anstösserseite bestimmt (§ 6 StrAV). Die Verkehrssicherheit beurteilt sich nach § 8 Abs. 2 StrAV.

In den anderen Fällen entscheidet die örtliche Baubehörde über die Pflicht zur Einhaltung eines Abstandes und dessen Mass. Dies gilt insbesondere auch im Bereich von Strassenverzweigungen und bei Ein- und Ausfahrten (§ 8 Abs. 1 StrAV). Die Anordnungen haben sich an das verhältnismässig Notwendige zu halten (§ 8 Abs. 3 StrAV). Für Mauern und Einfriedungen, die dem bestimmungsgemässen Gebrauch der Strasse dienen vgl. § 9 StrAV. Für die Gestaltung und Konstruktion vgl. §§ 10–12 StrAV.

Pflanzen

Grundsätzlich sind bei Pflanzen zumindest die Anforderungen gemäss § 14 StrAV einzuhalten. Danach gilt für Bäume ein Strassenabstand von 4 m, gemessen ab Mitte Stamm (§ 14 Abs. 1 StrAV). Gegenüber Fusswegen, freigeführten Trottoirs, Radwegen und Strassen, die vorwiegend dem Quartier- oder Anstösserverkehr dienen, oder im Interesse des Ortsbildschutzes kann der Abstand von Bäumen auf 2 m verringert werden (§ 14 Abs. 2 StrAV). Für andere Pflanzen gilt ein Abstand, bei dem sie im Verlaufe ihres natürlichen Wachstums nicht über die Strassengrenze hinausragen, es sei denn, sie würden unter der Schere gehalten. Der Mindestabstand für Sträucher und Hecken beträgt 0,50 m (§ 14 Abs. 1 StrAV). Beansprucht ein Grundeigentümer Erleichterungen nach § 14 Abs. 2 StrAV kann die entschädigungslose Beseitigung von Pflanzen verfügt werden, wenn die Verkehrssicherheit nicht gewahrt bleibt (§ 15 StrAV).

Zu den Sichtbereichen (§ 16 StrAV), zum Lichtraumprofil (§ 17 StrAV) und zur Beseitigungspflicht für morsche oder dürre Bäume und Äste (§ 18 StrAV) sowie für weitere Vorschriften über Grundstücksnutzungen im Bereich von Strassen (§§ 5 ff. VSiV) vgl. Seite 695 und Seite 702. Zum Abstand von Strassenbäumen gegenüber privaten Nachbargrundstücken vgl. § 174bis EG ZGB.

Reklamen

Bis zum 1. März 2006 mussten freistehende Reklametafeln innerorts einen Mindestabstand von 3 m zum Fahrbahnrand einhalten (Art. 6 SVG, Art. 97 Abs. 2 SSV; BEZ 2003 Nr. 24).

Am 1. März 2006 traten neue Bestimmungen in Kraft. Die bisherigen Art. 95–100 SSV wurden auf das Wesentliche reduziert. Ein Mindestabstand in Metern ab Fahrbahnrand ist nicht mehr vorgesehen. Demgemäss ist nun im konkreten Einzelfall zu überprüfen, ob Reklamen mit geringerem Abstand als 3 m ab Fahrbahnrand den Sicherheitsgeboten entsprechen (vgl. zur Revision der Vorschriften über Reklamen HADORN 2006).

Die Strassenreklamevorschriften der SSV (Art. 95 ff. SSV) sind, soweit nicht Sondervorschriften vorgehen, auch auf Plakatwerbestellen im Bereich der öffentlich zugänglichen Verkehrsflächen von Tankstellen anwendbar (VB.2003.00397).

15.8 Grenzabstände von Nachbargrundstücken

15.8.1 Begriffe

15.8.1.1 *Gebäude und Gebäudeteile*

Begriffselemente

Die öffentlich-rechtlichen Abstände sind grundsätzlich nur von Gebäuden, nicht aber von anderen Bauten und Anlagen einzuhalten (vgl. insbesondere §§ 260, 261, 262, 264, 265, 270, 271 PBG). Ausnahmen bestehen lediglich in Bezug auf den Gewässerabstand (§ 21 WWG) und den Strassenabstand (Mauern und Einfriedungen). Daher ist der Begriff des Gebäudes von zentraler Wichtigkeit.

Gebäude sind als Unterbegriff der allgemeinen Umschreibung «Bauten und Anlagen» zu verstehen. Sie sind solche Bauten und Anlagen, die einen Raum zum Schutz von Menschen oder Sachen gegen äussere, namentlich atmosphärische Einflüsse mehr oder weniger vollständig abschliessen (§ 2 Abs. 1 ABV). Der Gebäudebegriff besteht somit aus zwei wesentlichen Merkmalen, nämlich der Schutzfunktion für Menschen und Sachen sowie dem mehr oder weniger vollständigen Abschluss. Ob eine Baute ein Gebäude in diesem Sinne darstellt, ist aufgrund einer Gesamtbetrachtung zu entscheiden (RB 1981 Nr. 142).

Das dritte Element bezieht sich auf die Grösse (§ 2 Abs. 2 ABV). Aus der allgemeinen Begriffsbestimmung für Bauten und Anlagen kommt ein viertes Element hinzu, nämlich eine gewisse Ortsbezogenheit (§ 1 lit. a ABV).

Schutzfunktion für Menschen und Sachen

Bei der begriffswesentlichen Schutzfunktion gilt es zu berücksichtigen, ob der Abschluss gegen äussere Einflüsse der Bestimmung eines Bauwerks entspricht oder nur zufällige Folge einer aus andern Gründen gewählten Konstruktionsart darstellt. Daher fallen zum Beispiel Tank- und Siloanlagen unter den Gebäudebegriff, nicht aber etwa eine Fussgängerbrücke (BEZ 1988 Nr. 54) und Wertstoffsammelstellen. Bei Letzteren hat das Verwaltungsgericht ausgeführt, dass deren Ausgestaltung die Interessen des Lärmschutzes und des rationellen Sammelns und Umschlagens der Wertstoffe berücksichtigt. Deren Schutz gegen Witterung ist weder beabsichtigt noch nötig (BEZ 1994 Nr. 6, mit Leitsatz in RB 1994 Nr. 83).

Mehr oder weniger vollständiger Abschluss

Für den geforderten, mehr oder weniger vollständigen Abschluss muss eine Baute von der Konstruktion und dem gewählten Material her gesehen ein gewisses Mass an Resistenz gegen atmosphärische Einflüsse aufweisen, sodass der Schutz von Menschen oder Sachen auf eine gewisse als zweckmässig zu beurteilende Dauer hin und nicht bloss sehr kurzfristig gewährleistet ist (RB 1981 Nr. 142). Für die Gebäudequalifikation sind also nicht vier Wände und ein Dach erforderlich; vielmehr genügt bereits, wenn ein so weit gehender Raumabschluss vorliegt, dass die Schutzfunktion erreicht wird (BEZ 1991 Nr. 37).

Allerdings verstärkt eine ausser dem Dach vorhandene dreiseitige Einwandung die Funktion, Witterungsschutz zu bieten (VB.2003.00321).

Die Gebäudequalifikation wird, wie erwähnt, insbesondere bei den Vorschriften über die Abstände bedeutsam. Da es sich hierbei um öffentlich-rechtliche Eigentumsbeschränkungen handelt, die unter anderem einer hinreichenden gesetzlichen Grundlage bedürfen (vgl. schon BGE 90 I 210), darf der Gebäudebegriff nicht allzu extensiv interpretiert werden.

Beispiele für Konstruktionen ohne Gebäudecharakter

Kein Gebäude ist, weil es am geforderten resistenten Witterungsschutz fehlt, eine echte Pergola, das heisst eine Holzbalken- oder Stahlkonstruktion mit oder ohne Seitenwände, an der sich Pflanzen ranken können (BEZ 1989 Nr. 34; LGVE 1993 III Nr. 20);

Die Pergola ist auch dann kein Gebäude, wenn sie mit einer einfachen Sonnenstore überdacht ist oder werden kann, die im Unterschied zu einer festen Plane oder einem festen Dach keinen wetterunabhängigen Betrieb ermöglicht, sondern lediglich gegen Sonne schützt (vgl. VB.2001.00187, sinngemäss).

Pergola ohne Witterungsschutz
Die Pergola hat zwar (im Sommer) ein dichtes Laubwerk, sie ist aber kein Gebäude.

Kein abstandspflichtiger Gebäudeteil ist auch eine Sonnenstore ohne Resistenz, deren Gestänge hinaus- und wieder zurückgefahren werden kann (BEZ 1989 Nr. 34; LGVE 1993 III Nr. 20; Mäder 1991 N 184);
→ Siehe Bild nächste Seite

Dasselbe gilt für eine Wäscheaufhängevorrichtung mit über Schiene ausfahrbarem verstellbarem Lamellendach oder mit Sonnenstore (BEZ 1989 Nr. 34, 1982 Nr. 34).

Nicht als Gebäude zu beurteilen sind ferner die folgenden in § 1 lit. b ABV aufgezählten Bauten und Anlagen: Mauern und Einfriedungen, Reklamen, Aussenantennen, Schwimmbassins, offene Fahrzeugabstellplätze sowie Werk- und Lagerplätze, Gartencheminées (RB 1983 Nr. 105), freistehende Sichtschutzmauern und Fahnenmaste (BEZ 2003 Nr. 30).

Sonnenstoren ohne Resistenz

Solchen Sonnenstoren fehlt die Resistenz; sie sind nicht Gebäudeteil.

Beispiele für Gebäude

Demgegenüber gelten als Gebäude:

- ein Fahrzeugunterstand (Carport) oder ein anderer Unterstand mit Dach und vier Säulen, mit oder ohne Seitenwände (BEZ 1988 Nr. 55);
- eine nur teilweise überdachte, aber vier Wände aufweisende «Pergola», soweit die Überdachung reicht (RB 1981 Nr. 142);
- eine Lagerhalle, auch wenn sie keine Aussenwände, sondern nur Stützen aufweist (BEZ 1991 Nr. 37);
- eine überdachte «Pergola», selbst wenn das Dach nur aus beweglichen Lamellen besteht und keine Aussenwände vorhanden sind (BEZ 1982 Nr. 34, kommentiert in BEZ 1989 Nr. 34; BRKE IV Nr. 4/2002);
- eine mit einem durchsichtigen Wellkunststoff aus Scobalit überdachte «Pergola» (VB.2002.00077, nicht in www.vgrzh.ch);
- eine überdachte «Pergola» inkl. eines beweglichen, das heisst absenkbaren Vordachs, welches je nach Bedarf hinauf- oder heruntergeklappt werden kann (VB.2003.00321);
- eine «Pergola», bei welcher der Witterungsschutz ausgefahren werden kann (VB.2003.00321; VB.2003.00208); denn die Möglichkeit des Zurück- und Ausziehens ändert an der Funktion der Einrichtung (Schutz vor Wind, Sonne, Regen) nichts (BLVGE 1985 S. 42 Nr. 45);
- ein Holzscheiterstapel von 20 m Länge, 12 m Breite und 3,50 m Höhe, der mit einem sich selbst tragenden Dach aus Holz und Eternit versehen ist (hierzu und zu weiteren Beispielen vgl. MÄDER 1991: S. 87); dies im

Unterschied zu einem Holzstapel, auf welchem ein Witterungsschutz in Form von Planen oder Wellblech einfach daraufgelegt ist;

- ein mit einem Zeltdach von 2 m × 2 m überdachter Kombiturm auf einem Kinderspielplatz (VB.2004.00035).
- ein für Kinder erstelltes, stabiles Baumhaus.

Baumhaus
Dieses «Baumhaus» ist stabil gebaut und gewährt Witterungsschutz. Es gilt als Gebäude.

Grösse und Ortsbezogenheit

Keine Gebäude sind Bauten und Anlagen, deren grösste Höhe nicht mehr als 1,50 m beträgt und die eine Bodenfläche von höchstens 2 m² überlagern (§ 2 Abs. 2 ABV). Sie sind nicht abstandspflichtig, auch wenn sie die übrigen Voraussetzungen eines Gebäudes erfüllen. Beispiele: Hundehütten, Warenautomaten. Die «grösste Höhe» ist nicht identisch mit der Gebäudehöhe und der grössten Höhe bei Besonderen Gebäuden. Sie wird (unabhängig vom Verlauf des gewachsenen Terrains) vom untersten bis zum obersten Gebäudeteil gemessen.

Zur Ortsbezogenheit vgl. Seite 259 f.

Mit dem Gebäude verbundene Bauteile

Die Abstandspflicht gilt grundsätzlich für alle mit dem Hauptgebäude verbundenen Teile, auch wenn sie für sich selbst keine Gebäudequalität (insbesondere Überdachung) aufweisen. Dies ist im Zusammenhang mit den Grenz- und Gebäudeabständen (§ 260 Abs. 3 PBG) näher darzustellen (vgl. Seite 854 f.). Kein Gebäude oder Gebäudeteil ist dagegen ein Erdkollektor, auch wenn er als Ausrüstung (§ 4 ABV) mit dem Gebäude verbunden ist (BEZ 1985 Nr. 38).

15.8.1.2   *Messweise ab Fassade*

Abstände sind immer ab Fassade zu messen (§ 260 Abs. 1 PBG). Dabei ist für die Abstandsberechnung die horizontale Lage der Fassade massgebend, also grundsätzlich die Projektion der grössten oberirdischen Gebäudeumfassung auf den Erdboden (vgl. § 28 Abs. 1 ABV), korrigiert um die nach § 260 Abs. 3 PBG erwähnten Vorsprünge.

In Abweichung hierzu ist bei der Gebäudehöhenberechnung die vertikale Lage der Fassade massgebend, korrigiert um die nach § 280 Abs. 1 PBG erwähnten Rücksprünge (vgl. hierzu Seite 933 f.). Dadurch kann sich in Einzelfällen ein Unterschied zwischen den beiden Fassadenbegriffen ergeben.

Springt die Fassade in den Obergeschossen vor, weist sie also Auskragungen auf, ist ab äusserster Fassadenkante zu messen, wenn der vorspringende Bereich nicht ganz unbedeutend ist.

Fassade bei vorspringendem Obergeschoss
Der Rücksprung im Erdgeschoss ist für die Abstandsberechnung unmassgeblich. Es wird ab der Fassade im ersten Obergeschoss gemessen.

Analoges gilt, wenn die Fassade schräg nach oben verläuft, sodass sie oben weiter vorspringt als unten: Dann ist eben die senkrechte Projektion der oberen Fassadenbegrenzung nach unten massgebend. Umgekehrt wird am Fassadenfuss gemessen, wenn die Fassade nach oben rückspringt. Gebäudeteile, welche unterhalb des gewachsenen Terrains liegen, werden für die Abstandsberechnung nicht berücksichtigt, auch wenn sie freigelegt sind (vgl. § 269 PBG).

Massgebliche Fassade (Messweise im Lot) (Zeichnung: Stefan Reimann)
Entscheidend ist die maximale Ausdehnung über dem gewachsenen Terrain.

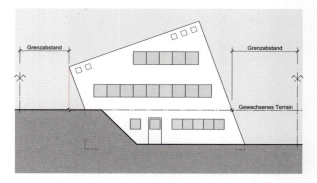

Zum Dach beziehungsweise Dachgeschoss oder einem Dachaufbau wird kein Grenz- und Gebäudeabstand gemessen. Daran ändert sich auch dann nichts, wenn statt eines Dachgeschosses unter einem Schrägdach ein Attikageschoss erstellt wird (VB.2003.00196). Nur bei einer offenen Überdachung, wo also eine Fassade fehlt, wird in Erweiterung des Gesetzestextes, der von Fassaden spricht, von der Dachkante (und nicht den sie tragenden Stützen) aus gemessen (BEZ 1991 Nr. 37 sowie VB.2004.00062 betreffend überdachtem Gartensitzplatz). Massgeblich ist lediglich die Qualifikation als Gebäude.

Messweise Fassade ab Dachkante
Bei dieser Tankstelle werden die Abstände ab Dachkante gemessen (Baulinie; Grenzabstand).

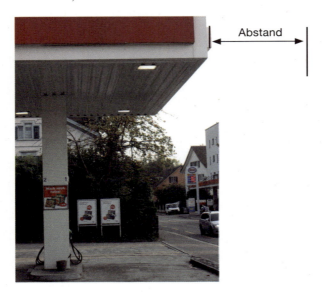

15.8.1.3   *Massgebliche Grenzlinie*

Der Grenzabstand bestimmt die nötige Entfernung zwischen Fassade und massgebender Grenzlinie (§ 260 PBG). Zum Begriff der Fassade vgl. Seite 838 ff.

Mit «Grenzlinie» kann nur die Grundstücksgrenze gemeint sein, was sich aus dem Zusammenhang, insbesondere dem Titel vor § 269 PBG ergibt. Damit sind Grenzabstände nur von Grundstücksgrenzen, nicht etwa von Dienstbarkeitsflächen (etwa Wegrechtsgebieten, selbst wenn sie lagemässig genau bestimmt sind) oder von anderen Nutzungsbegrenzungslinien einzuhalten (vgl. PBG aktuell 1/2002, S. 37). Voneinander zu unterscheiden sind der kantonalrechtliche Mindestgrenzabstand (§ 270 PBG) und der kommunale Grenzabstand gemäss Bau- und Zonenordnung (§ 260 PBG), der meistens über das kantonalrechtliche Minimalmass hinausgeht. Wo den Gemeinden entsprechende Legiferierungskompetenzen zustehen, kann der kantonale Grenzabstand unterschritten werden.

Aus dem PBG ergibt sich weder ausdrücklich noch dem Sinne nach ein Hinweis, ob der Abstand nur bis zur nächsten Grenze oder darüber hinaus auch bis zu einer weiteren Grenze einzuhalten sei. Besteht das angrenzende Grundstück oder der angrenzende Grundstücksteil nur aus einem schmalen Streifen, kann in Fällen, da das Bauen auf die Grundstücksgrenze gestattet ist (vgl. § 287 PBG) oder ein Näherbaurecht gewährt wird, in der Tat auch der Abstand zur übernächsten Grenze unterschritten sein. Wird nicht auch dieser Abstand als massgeblich erachtet, wird der betroffene Eigentümer schlechter gestellt, als wenn sein Grundstück direkt angrenzen würde. Es ist ihm insbesondere nicht die Möglichkeit gegeben, seine Interessen durch Gewährung beziehungsweise Verweigerung eines Näherbaurechts nach § 270 Abs. 3 PBG zu wahren. Der bauwillige Grundeigentümer hätte es in der Hand, durch Ausscheidung einer beliebigen schmalen Parzelle (und sich dann selbst ein Näherbaurecht oder ein Grenzbaurecht einzuräumen) die Abstandsvorschriften zu unterlaufen. Das kann nicht dem gesetzgeberischen Willen entsprechen. Daher ist in einem solchen Fall auch zur übernächsten Parzelle ein Abstand einzuhalten. Dem steht auch der Wortlaut von § 260 Abs. 1 nicht entgegen. «Massgebend» ist diesfalls eben die übernächste Grenzlinie.

Grenzabstand zur übernächsten Parzelle (Zeichnung: Stefan Reimann)
Das Bürohaus auf Parzelle A (das mit Zustimmung des Eigentümers der Parzelle B auf die Nachbargrenze gestellt werden soll) hat den Grenzabstand zur Parzelle C einzuhalten. Das Gebäude ist entweder von der Grenze zurückzusetzen oder es ist ein Näherbaurecht des Eigentümers von Parzelle C einzuholen.

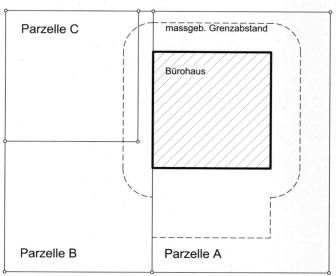

15.8.2   *Zusammensetzung des Grenzabstandes*

Der Grenzabstand setzt sich aus dem Grundabstand (und einem allfälligen Mehrhöhenzuschlag) sowie dem Mehrlängenzuschlag gemäss Bau- und Zonenordnung zusammen (§ 21 Abs. 1 ABV). Treffen die Voraussetzungen für Mehrlängen- und Mehrhöhenzuschlag zusammen, so werden dem Grundabstand vorerst der Zuschlag für die Mehrlänge und hernach jener für die Mehrhöhe zugefügt (§ 21 Abs. 2 ABV). Die Grösse des einzuhaltenden Grenzabstandes mitsamt des Mehrlängenzuschlages sind in der Bau- und Zonenordnung geregelt, während der Mehrhöhenzuschlag (§ 260 Abs. 2 PBG) sowie insbesondere die Mess- und Berechnungsweisen (§§ 21 ff. ABV) abschliessend durch das kantonale Recht bestimmt werden. Der Anhang zur ABV enthält ausführliche Skizzen zu den Mess- und Berechnungsweisen.

15.8.3   Kantonaler Mindestgrenzabstand

15.8.3.1   *Minimalabstand*

Als kantonalrechtliches Mindestmass gilt ein Grenzabstand von 3,50 m. Eine in diesem Abstand parallel zur Grenze verlaufende Linie darf nicht unterschritten werden, sofern nicht der Grenzbau vorgeschrieben oder erlaubt ist (§ 270 Abs. 1 PBG). Zum Grenzbau vgl. Seite 877. Der Abstand von 3,50 m gilt allerdings nur im seitlichen Bereich und nur innerhalb von 20 m ab der Verkehrsbaulinie oder der sie ersetzenden Baubegrenzungslinie (§ 270 Abs. 2 PBG). Ansonsten wird kein Mehrhöhenzuschlag anwendbar.

15.8.3.2   *Mehrhöhenzuschlag*

Grundsatz

Mehr als 20 m hinter der Verkehrsbaulinie oder der sie ersetzenden Baubegrenzungslinie und in allen Fällen auch rückwärtig ist zusätzlich zum Minimalabstand ein Mehrhöhenzuschlag zu beachten. Ab 12 m über dem gewachsenen Boden ist die Fassade um das Mass der Mehrhöhe zurückzuversetzen. Der Grenzabstand ist jedoch auf maximal 16,50 m beschränkt. Vorbehalten bleiben die Bestimmungen für Hochhäuser (§ 270 Abs. 2 PBG). Vgl. hierzu die Skizzen zu § 270 Abs. 2 PBG (Anhang ABV).

Baubegrenzungslinien sind ein Ersatz für Baulinien, die anstelle von Verkehrsbaulinien den Abstand von Gebäuden gegenüber Strassen, Plätzen und öffentlichen Wegen bestimmen. Es sind dies nicht nur konkrete Festlegungen im Rahmen von Kernzonenbestimmungen oder Gestaltungsplänen (etwa Gestaltungsbaulinien, Arkadenbaulinien oder Mantellinien); auch der Strassen- oder Wegabstand nach § 265 PBG ist eine die Verkehrsbaulinie «ersetzende Baubegrenzungslinie» im Sinne von § 270 Abs. 2 PBG (VB.2007.00049).

Kantonaler Mehrhöhenzuschlag Vertikaldarstellung (Quelle: Anhang ABV)

Gegenüber der Skizze ist allerdings zu präzisieren, dass die Fassade in einem Abstand von 3,50 m ab Grenze bis zur Höhe von 12 m ansteigen darf und erst ab dieser Höhe entsprechend der Mehrhöhe rückspringen muss.

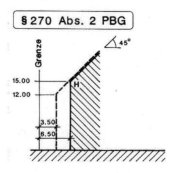

Grenzabstand infolge Mehrhöhe =
3.50m + 3.00m = 6.50m

Kantonaler Mehrhöhenzuschlag Horizontaldarstellung (Zeichnung: Stefan Reimann)

Im schattierten Bereich ist seitlich kein Mehrhöhenzuschlag zu messen.

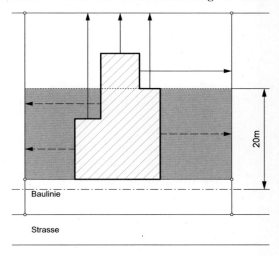

◄ – –   Ohne MHZ : seitlich innerhalb einer Tiefe von 20m

◄———   Mit MHZ   : rückwärtig und seitlich über einer Tiefe von 20m

Ausnahmen

Ein Mehrhöhenzuschlag ist nicht einzuhalten bei hohen Bauwerken (Kirchtürmen, Silos etc.). Vorbehalten bleiben die besonderen Anforderungen an Hochhäuser. Die Nachbarschaft darf durch solche Bauwerke nicht wesentlich beeinträchtigt werden (§ 19 BBV II). Erleichterungen gelten auch für den Anbau von Liften an ein vor dem 1. Juli 1978 erstelltes Gebäude, wenn diese der behindertengerechten Erschliessung des Gebäudes dienen und keine den Bauvorschriften entsprechende Lösung möglich ist. Überwiegende öffentliche oder nachbarliche Interessen dürfen der Bewilligung nicht entgegenstehen (§ 19a BBV II).

15.8.4   Kommunaler Grenzabstand

15.8.4.1   *Begriff*

Der Grenzabstand bestimmt die nötige Entfernung zwischen Fassade und massgebender Grenzlinie (§ 260 Abs. 1 PBG). Er setzt sich aus dem Grundabstand (und einem allfälligen Mehrhöhenzuschlag) sowie dem Mehrlängenzuschlag gemäss Bau- und Zonenordnung zusammen (§ 21 Abs. 1 ABV).

15.8.4.2   *Grundabstand*

Begriff und Messweise

Der Grundabstand ist der kleinste erforderliche Grenzabstand ohne Mehrlängen- und Mehrhöhenzuschlag. Er wird rechtwinklig zu den Fassaden und radial über die Gebäudeecken herumgeschlagen (§ 22 Abs. 1 ABV). Die Bau- und Zonenordnung kann – zum Beispiel in Abhängigkeit von der Orientierung der Fassade – verschieden grosse Grundabstände (grosser und kleiner Grundabstand) bestimmen. Ist dies der Fall, so wird der kleinere über die Gebäudeecken radial herumgeschlagen (§ 22 Abs. 2 ABV).

Grosser und kleiner Grundabstand

Die Umschreibung des grossen und des kleinen Grundabstands variieren aufgrund der kommunalen Legiferierungskompetenzen von Gemeinde zu Gemeinde. So gilt der grosse Grundabstand zum Beispiel bezogen auf die «Hauptwohnseite», die «am meisten nach Süden gerichtete längere Gebäudeseite» usw. Die Gemeinden können allerdings auch auf eine solche Unterscheidung verzichten. Muss (oder auch nur kann) der grosse Grundabstand gegenüber der Strassenseite gewählt werden, tritt der Strassenabstand an dessen Stelle, was zur Folge hat, dass ein Abstand im Ausmass des grossen Grundabstandes auf keiner Gebäudeseite einzuhalten ist. Will eine Gemeinde diese Rechtsfolge vermeiden, hat sie in ihrer Bauordnung gemäss der in § 265 Abs. 1 PBG enthaltene Kompetenz, eine andere Festlegung zu treffen (RB 1998 Nr. 116; RB 1999 Nr. 119).

Der Begriff der «Hauptfassade», wie er in den Bauordnungen häufig verwendet wird, ist ein kommunaler, der Auslegung zugänglicher unbestimmter Rechtsbegriff, welcher der örtlichen Baubehörde bei seiner Anwendung im Einzelfall einen erheblichen Beurteilungs- beziehungsweise Ermessensspielraum lässt (RB 1982 Nr. 38). Bei der Auslegung ist vom Sinn und Zweck des grossen Grenzabstands auszugehen, im Interesse des Bauherrn, wie der Nachbarn, zwischen Gebäude und Grenze auf jener Seite mehr Raum zu schaffen, zu der sich das Gebäude orientiert. Auf dieser Seite sollen durch den grösseren Abstand neben den Belichtungsverhältnissen der Immissionsschutz verbessert werden, da auf dieser Seite regelmässig auch der Aussenraum die intensivste Nutzung erfährt. Aufgrund dieser Zielsetzung sind für die Bestimmung der massgeblichen Hauptfassade verschiedene Anknüpfungspunkte möglich. So kann auf die Ausrichtung der Fensterflächen, auf Art und Flächen der zur betreffenden Fassade orientierten Räume oder, wenn in erster Linie ein besserer Immissionsschutz erreicht werden soll, auf die Orientierung bezüglich der Aussenräume abgestellt werden. Zumindest hilfsweise kann auch darauf abgestellt werden, welche Fassade aufgrund ihrer Gestaltung mehr dominiert (BEZ 2005 Nr. 21 betreffend Bauordnung Stäfa). Primär zu beachten ist selbstverständlich der Wortlaut der betreffenden Bauordnung. Vgl. zur Auslegung einer kommunalen Bestimmung über den grossen Grenzabstand auch VB.2004.00145 (Bauordnung Adliswil).

15.8.4.3 *Mehrlängenzuschlag*

Definition

Der Mehrlängenzuschlag entspricht einem bestimmten Teil der Fassadenlänge, welche über ein definiertes Mass hinausgeht. Der Zuschlag kann auf ein Höchstmass beschränkt werden (§ 23 Abs. 1 ABV). Der Mehrlängenzuschlag wird wie der Grundabstand rechtwinklig zu den Fassaden gemessen. Über die Gebäudeecken fällt er (im Gegensatz zum Grundabstand) ausser Ansatz (§ 23 Abs. 2 ABV).

Massgebliche Fassadenlänge

Wie die Fassadenlänge bestimmt wird, ist weder im PBG noch in der ABV geregelt. Namentlich ist nicht bestimmt, ob auch unterirdische, das heisst unter dem gewachsenen Boden liegende Fassadenteile anzurechnen seien. Dies ist klar zu verneinen. Andernfalls würde etwa die Verbindung von zwei Hauptgebäuden durch ein gemeinsames Untergeschoss (jedenfalls durch ein solches mit anrechenbaren Räumen) dazu führen, dass der Komplex als Ganzes an die Fassadenlänge anzurechnen wäre, was gesetzgeberisch nicht gewollt und auch fernab der Praxis wäre. Diese Auslegung wird auch durch die gesetzliche Umschreibung der Gebäudelänge in § 28 ABV gestützt, welche ebenso wie der Mehrlängenzuschlag auf der Fassadenlänge basiert. Danach ist für die Gebäudelänge auf die «senkrecht auf den Erdboden projizierte grösste, durch die massgebliche Fassade gebildete Gebäudeumfassung» abzustellen. Nur was oberirdisch ist, kann in diesem Sinne senkrecht auf den Erdboden projiziert werden (vgl. auch VB.2003.00364 und VB.2005.00519). Auch oberirdische, nach § 269 PBG abstandsfreie Gebäude, die den gewachsenen Boden um nicht mehr als einen halben Meter überragen, sind nicht einzurechnen. Denn der Gesetzgeber wollte offensichtlich unterirdische Gebäude oder Gebäudeteile und solche, die den gewachsenen Boden um nicht mehr als 50 cm überragen, gleich behandeln. Es wäre unsinnig, dass Gebäude oder Gebäudeteile, die selber keinen Abstandsvorschriften unterliegen, für die Bemessung des Mehrlängenzuschlages beigezogen werden müssten (VB.2005.00519 und 2008.00373).

Hingegen sind Fassaden und Fassadenteile, welche den Abstandsvorschriften unterliegen, an die für die Bemessung des Mehrlängenzuschlages massgebende Fassadenlänge anzurechnen; hierzu gehören auch über dem gewachsenen Boden gelegene Fassadenabschnitte, die durch Aufschüttung verdeckt sind (VB.2008.00373).

Im Lichte der wohnhygienischen und nachbarschützenden Funktion des Mehrlängenzuschlages ist unmassgeblich, auf wie viele Parzellen ein Gesamtgebäude situiert ist. In gleicher Weise ist irrelevant, ob die Fassade eines Gebäudes eine einheitliche oder aber unterschiedliche Gestaltungsabschnitte aufweist. Für die Ermittlung des Mehrlängenzuschlages ist ein zusammenhängendes Gebäude als Einheit zu betrachten, auch wenn dieses auf verschiedenen Grundstücken steht und die Fassaden unterschiedlich ausgestaltet sind (VB.2001.00260).

Oberirdische Gebäudevorsprünge

Zur Fassadenlänge werden oberirdische Vorsprünge über mehr als einem Geschoss hinzugerechnet, wenn sie in der Richtung der betreffenden Fassade je einzeln eine geschlossene Höhe von mehr als 1,3 m aufweisen (§ 27 Abs. 1 ABV; vgl. die Skizze zu § 260 PBG und § 25 ABV im Anhang ABV). Diese Bestimmung ist auf offene Balkone (vgl. Skizze im Anhang ABV) und Vorsprünge im Sinne von § 260 Abs. 3 PBG ausgerichtet, also auf einzelne Vorsprünge beziehungsweise solche, die höchstens ein Drittel der betreffenden Fassadenlänge einnehmen. Es würde daher auf eine Umgehung der auf der Fassadenlänge basierenden Baubeschränkungen (Gebäudelänge, Mehrlängenzuschlag beim Grenzabstand) hinauslaufen, wenn Wohnraumerweiterungen mit eigentlichen Fassadenausbuchtungen ungeachtet ihrer Länge nicht zur massgeblichen Gebäudelänge hinzugezählt würden. § 27 Abs. 1 ABV darf nicht derart weit ausgelegt werden (VB.2003.00364). Dass die Vorsprünge (im Unterschied zu jenen, die in den Grenzabstand hineinragen) nicht abgestützt werden dürfen, ergibt sich bereits aus der Wortwendung «oberirdisch» im Verordnungstext.

Massgebliche Fassadenlänge (Quelle: Anhang ABV)

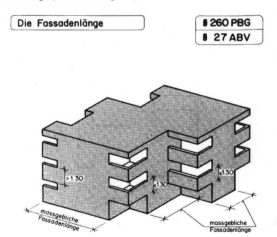

Besondere Gebäude im Sinne von § 49 Abs. 3 PBG fallen bei der Berechnung des Mehrlängenzuschlages ausser Betracht, sofern die Bau- und Zonenordnung nichts anderes bestimmt (§ 25 ABV). Enthalten Anbauten aber andererseits zur Ausnützung anrechenbare Räume und sind sie daher keine Besonderen Gebäude, werden sie auf jeden Fall in die massgebliche Fassadenlänge eingerechnet.

Messweise bei besonderem Fassadenverlauf

§ 24 ABV bestimmt, wie der Mehrlängenzuschlag bei besonderem Fassadenverlauf zu messen ist. Danach wird bei seitlich gegliederten Fassaden die für den Mehrlängenzuschlag massgebende Länge grundsätzlich für jeden Fassadenteil für sich bestimmt (§ 24 Abs. 1 ABV und allgemein § 260 Abs. 2 PBG). Zurückliegende Fassadenteile werden aber durch vorspringende Fassadenteile hindurch bis zur äussersten sichtbaren Gebäudekante in oder vor der Fassadenflucht gemessen.

Grenzabstand bei gestaffelten Fassaden

(Zeichnung: Stefan Reimann, gestützt auf die Skizzen im Anhang zur ABV)

Legende:

G	= Grundabstand	ML	= Mehrlänge
GL	= Grundlänge	MLZ	= Mehrlängenzuschlag

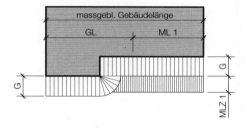

Vorspringende Fassadenteile gelten nur dann als selbstständig, wenn ihr gegenseitiger Abstand wenigstens der Summe zweier Grundabstände entspricht (§ 24 Abs. 2 ABV). Grundabstand ist der zonengemässe Abstand ohne Mehrlängen- oder Mehrhöhenzuschlag. Sieht die Gemeinde einen grossen und einen kleinen Grundabstand vor, kann im vorliegenden Zusammenhang nur Letzterer massgeblich sein.

Mehrlängenzuschlag bei Rücksprung von mehr als 2G Breite

(Zeichnung: Stefan Reimann, gestützt auf die Skizzen im Anhang zur ABV)

Legende:

G	= Grundabstand	ML	= Mehrlänge
GL	= Grundlänge	MLZ	= Mehrlängenzuschlag

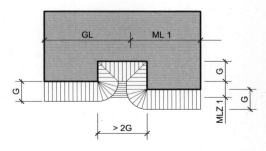

Wird der Abstand (2 × Grundabstand) unterschritten, weist die betroffene Baute nicht «selbstständige Fassadenteile» auf, sondern einen unselbstständigen (unbeachtlichen) Rücksprung auf. In diesem Fall verläuft die für die Abstandsbemessung massgebliche Fassadenflucht für das ganze Gebäude entlang der Fassaden beider Vorsprünge. Diese Gesamtlänge ist dann für die Berechnung des Mehrlängenzuschlages massgebend (BEZ 2002 Nr. 6). Der Grenzabstand (mit Mehrlängenzuschlag) wird dann ab den Vorsprüngen in der Ebene des kürzeren Vorsprungs auch im Zwischenraum gemessen. Vgl. zur Abstandsmessung bei seitlich gegliederten Fassaden im Detail auch RB 1993 Nr. 41 sowie die Skizzen im Anhang ABV.

Mehrlängenzuschlag bei Rücksprung von weniger als 2G Breite

(Zeichnung: Stefan Reimann, gestützt auf die Skizzen im Anhang zur ABV)

Legende:

G   = Grundabstand   ML   = Mehrlänge

GL   = Grundlänge   MLZ   = Mehrlängenzuschlag

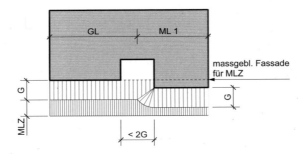

Analog wird der Mehrlängenzuschlag bei abgewinkelten oder abgerundeten Fassaden bestimmt. Dabei ist die Abwinklung oder Abrundung als seitlich gegliederte Fassade mit unendlich kleinen Abtreppungen zu betrachten (§ 24 Abs. 3 ABV). Konkretisiert bedeutet die Regelung Folgendes: Ein zurückgestaffelter Fassadenteil löst beim vorgestaffelten Fassadenteil keinen Mehrlängenzuschlag aus, wenn die Rückstaffelung mindestens dem Mehrlängenzuschlag entspricht. Entsprechendes gilt für schräg abgewinkelte Fassadenteile: Springt der Winkel im Ausmass des Mehrlängenzuschlages zurück, muss der vordere Fassadenteil keinen Mehrlängenzuschlag mehr einhalten, wenn er für sich selbst die Grundlänge nicht überschreitet. Vgl. auch die Skizzen im Anhang ABV.

Besonderheiten bei benachbarten Hauptgebäuden

Die Bau- und Zonenordnung kann bestimmen, dass die für den Mehrlängenzuschlag massgeblichen Fassadenlängen von benachbarten Hauptgebäuden zusammengerechnet werden, wenn der Gebäudeabstand ein bestimmtes Mass unterschreitet (§ 27 Abs. 2 ABV). Diese Kompetenznorm bezieht sich nur auf Hauptgebäude und kann dann aktuell werden, wenn der Gebäudeabstand aufgrund von Näherbaurechten reduziert wird (vgl. zum Näherbaurecht Seite 861 ff.).

Es sind dann die Fassadenlängen der beiden Gebäude zusammenzurechnen; der Zwischenraum fällt ausser Ansatz. Im Einzelnen und zur fraglichen Gesetzesgrundlage vgl. SCHÜPBACH SCHMID: S. 86 f.

15.8.4.4 Kommunaler Mehrhöhenzuschlag

Für Gebäudeteile, welche die für die Regelüberbauung zulässige Gebäudehöhe überschreiten, sind die Abstände um das Mass der Mehrhöhe zu vergrössern (§ 260 Abs. 2 PBG). Dieser Mehrhöhenzuschlag ist nicht mit jenem nach § 270 Abs. 2 zu verwechseln, welcher sich auf den kantonalen Mindestgrenzabstand von 3,50 m bezieht. Er findet im Rahmen von Arealüberbauungen oder Gestaltungsplänen Anwendung, wenn die für Regelüberbauungen im betreffenden Gebiet geltenden Gebäudehöhen vergrössert werden. Überhohe Gebäudeteile sind entsprechend zurückzuversetzen. Wenn Gebäudeteile aber das Mass für Regelüberbauungen einhalten, sind sie vom Mehrhöhenzuschlag befreit. Es hat also wie beim Mehrhöhenzuschlag nach § 270 Abs. 2 eine Staffelung stattzufinden, ausgehend jedoch vom kommunalen Grenzabstand (mit allfälligem Mehrlängenzuschlag; § 21 Abs. 2 ABV) und nicht vom kantonalen Mindestabstand von 3,50 m. Der Mehrhöhenzuschlag wird rechtwinklig zu den Fassaden und radial über die Gebäudeecken gemessen (§ 26 ABV).

15.8.5 Abstandsfreie Gebäude und Gebäudeteile

Unterirdische Gebäude und Gebäudeteile sowie oberirdische, die den gewachsenen Boden um nicht mehr als 0,50 m überragen und die keine Öffnungen gegen Nachbargrundstücke aufweisen, unterliegen keinen Vorschriften über Grenzabstände (§ 269 PBG). Massgebend für die Beurteilung ist der oberste Gebäudeteil. Die Bau- und Zonenordnung kann etwas anderes bestimmen.

Für das Höhenmass sind alle Bauteile anrechenbar, die räumlich, baulich und funktionell mit dem Gebäude verbunden sind. Eine Brüstungsmauer, die zwar nicht für die Festigkeit der darunterliegenden Flachdachbaute notwendig ist, die aber deshalb konstruktiv fest mit der Gebäudedecke verbunden sein muss, weil sie hinterfülltes Terrain stützt, ist anzurechnen (BRKE I Nr. 222/2003, nicht publiziert).

Sobald sich also ein solcher Teil eines Gebäudes unter dem gewachsenen Boden befindet (oder diesen um nicht mehr als 0,50 m überragt), gelten für eben diesen Teil keine Abstandsvorschriften. § 269 PBG verwendet damit ein rein terrainbedingtes Kriterium und lässt die Geschossstruktur unberücksichtigt. Ob der privilegierte Gebäudeteil ein ganzes Geschoss oder nur Teil eines solchen bildet und ob die abstandsfreien Teile baulich separiert sind oder nicht, ist nicht massgeblich. Die Unterteilung in abstandspflichtige und abstandsfreie Gebäudeteile ergibt sich ausschliesslich aus dem Verlauf des gewachsenen Bodens beziehungsweise einer 50 cm höher liegenden Ebene (RB 1986 Nr. 97; BEZ 1993 Nr. 18).

Ein (bezogen auf das massgebende gewachsene Terrain) oberirdisches Gebäude wird somit nicht durch nachträgliche Aufschüttungen zu einem unterirdischen Gebäude und Abgrabungen machen ein unter dem gewachsenen Terrain liegendes Gebäude nicht zu einem oberirdischen.

Die Regel von § 269 PBG, wonach das nicht abstandspflichtige Gebäude keine Öffnungen gegen Nachbargrundstücke aufweisen darf, gilt nicht nur für die das gewachsene Terrain um bis zu 50 cm überragenden, sondern auch für die durch Abgrabungen freigelegten Teile einer unterirdischen Baute (BEZ 2004 Nr. 66). Werden aber Arbeits- und Wohnräume anstelle eines terrassierten Gebäudes so erstellt, dass die neuen Bauteile nach aussen nicht als Teil einer unterirdischen Baute in Erscheinung treten und somit nicht mehr im Gelände eingebettet, sondern optisch dem Gebäude vorgelagert sind, kann nicht mehr von einem abstandsprivilegierten unterirdischen Gebäude gesprochen werden.

15.8.6   Einzelne Vorsprünge

15.8.6.1   *Begriff und Beispiele*

Der Fassade «vorgelagerte Gebäudeteile»

Gemäss § 260 Abs. 3 PBG dürfen einzelne Vorsprünge höchstens 2 m in den Abstandsbereich hineinragen; Erker, Balkone und dergleichen jedoch höchstens auf einem Drittel der betreffenden Fassadenlänge.

§ 260 PBG unterscheidet damit zwischen der grenzabstandspflichtigen Fassade (Abs. 1) und den Vorsprüngen, deren Abstandspflicht sich nach Abs. 3 richtet, indem diese den Grenzabstand um 2 m unterschreiten dürfen; dies bei «Erkern, Balkonen und dergleichen» allerdings auf höchstens einem Drittel der betreffenden Fassadenlänge. Sachverhaltlich klar ist die Unterscheidung zwischen Vorsprung und Fassade bei Balkonen, auch etwa bei auf den Boden gestellten, an der Fassade befestigten Balkontürmen, wie sie heutzutage bei Sanierungen älterer Gebäude häufig anzutreffen sind (BEZ 2009 Nr. 37). Diese Konstruktionen sind der Fassade «vorgelagert» und damit klassische Fälle der Anwendung von § 260 Abs. 3 PBG.

Seit der PBG-Revision 1991 müssen die Vorsprünge nicht mehr «oberirdisch» sein. Dies hat zur Folge, dass sie im Abstandsbereich auch abgestützt sein (was durch Umkehrschluss aus § 262 PBG folgt) oder (etwa in Form von Treppen) bis zum Erdboden ragen dürfen.

Kriterien der Auslegung

Grenz- und Gebäudeabstände liegen im gesundheits- und feuerpolizeilichen sowie ortsplanerischen Interesse und haben eine nachbarschützende Funktion. Bei Unterschreitung der ordentlichen Grenz- und Gebäudeabstände werden die benachbarten Anstösser benachteiligt, indem sich deren wohnhygienische Bedingungen verschlechtern, die Wohnimmissionen zunehmen und überdies das feuerpolizeiliche Gefahrenpotenzial wächst (VB.2001.00084). Damit der mit den Abstandsvorschriften verfolgte Zweck nicht unterlaufen wird, ist eine restriktive Auslegung der von der Abstandsprivilegierung von § 260 Abs. 3 PBG erfassten Gebäudeteile geboten (VB.2006.00150).

Das bedeutet ganz offensichtlich eine Auslegung, welche sich nahe am Begriff des «Vorsprungs» orientiert, wie er in § 260 Abs. 3 PBG Verwendung findet. Ein Vorsprung springt eben der Fassade vor und bildet nicht Teil derselben. So können zwar nach dem Gesetzeswortlaut Erker (die wie erwähnt definitionsgemäss nicht bis zum Boden reichen), jedoch nicht ganze Treppenhäuser, Wintergärten und andere eigentliche Fassadenausbuchtungen Vorbauten im Sinne der Bestimmung sein. Erker und (abgestützte) Balkone sind daher das Maximum, was der Nachbar innerhalb des Abstandsbereiches dulden muss.

Vorsprünge dürfen also zwar, wie erwähnt, bis zum Erdboden reichen. Der Gesetzgeber hat hier aber wohl viel eher abgestützte Balkonvorsprünge als eigentliche Fassadenausbuchtungen anvisiert. Die Baurekurskommission II hält daher in ihrem in BEZ 2009 Nr. 37 publizierten Entscheid zu weitgehend generalisierend fest, dass abstandsprivilegierte drittelsbeschränkte Vorsprünge von Fassaden umschlossen und überdies auf den Boden gestellt sein könnten. Die Auslegung ist weder vom Wortlaut noch vom Sinn des § 260 Abs. 3 gedeckt.

Vorgelagerte Wohntrakte

Bei diesem Gebäude sind das vorgelagerte Treppenhaus und der vorgelagerte Wohntrakt nicht privilegierte Gebäudevorsprünge. Sie sind Bestandteil der Fassade und dieser nicht vorgelagert. Die Eingangspartie ist aber ein Gebäudevorsprung.

Die Traufe durchbrechende Bauteile

Wie das Verwaltungsgericht zu Recht entschieden hat, sind die Begriffe «Erker» und der anderen «Vorsprünge» nur auf Gebäudevorsprünge anwendbar, welche die Schnittlinie zwischen Fassade und Dach nicht durchbrechen, und nicht eine mit der Fassade verbundene Raumerweiterung im Sinne eines Dachvorbaus umfassen. Es wäre dies mit der gebotenen restriktiven Gesetzesauslegung nicht vereinbar. Mit der Begriffsdefinition in § 275 Abs. 2 PBG («Kniestockregelung») und der Bestimmung von § 292 PBG betreffend Dachaufbauten hat der Gesetzgeber die Ausgestaltung der Dachgeschosse umfassend und abschliessend geregelt. Der Gesetzgeber wollte mit der Privilegierung «einzelner Vorsprünge» nicht die im Gesetz festgelegte Ausgestaltung des Dachbereichs durchbrechen. In Fortführung der bisherigen Praxis hielt das Verwaltungsgericht fest, dass Bauteile, welche bei Dachgeschossen (Attikageschossen) über die Fassade hinausragen (wie Terrassen, Balkone) nicht unter § 260 Abs. 3 PBG fallen (VB.2006.00150 betreffend Balkonaufbau). Daher ist auch ein vom zweiten

Obergeschoss bis ins Dachgeschoss hinaufreichender, 4,30 m breiter Vorbau, der das Dachgesims auf seiner vollen Breite durchstösst, kein Erker, der den Mindestgrenzabstand unterschreiten darf (RB 1989 Nr. 75).

Abgestützter Balkon/Balkonturm

Diese unter der Traufe angesetzten Balkone sind Gebäudevorsprünge im Sinne von § 260 Abs. 3 PBG. Der Gebäudeteil auf dem Dach ist eine Dachaufbaute.

Keine privilegierten Gebäudevorsprünge

Hier durchbrechen die Balkonkonstruktionen die Traufe. Die Dachaufbaute dient dem obersten Balkon als Zugang. Die Vorbauten sind nicht abstandsprivilegiert.

Erker

Besonderheiten sind bei einem Erker gegeben, da dieser in aller Regel einen durch Fassaden umbauten Raum und nicht einen der Fassade vorgelagerten Annex bildet. Dies ist jedoch unerheblich, da das Abstandsprivileg von § 260 Abs. 3 PBG nach dem Wortlaut dieser Norm ausdrücklich auch für solche Erker gilt. Der Umstand, dass ein Vorsprung durch eine Fassadenausstülpung gebildet wird, kann insoweit der Inanspruchnahme des Abstandsprivilegs nicht von vornherein und grundsätzlich entgegengehalten werden.

Unter «Erker» versteht man landläufig einen der Fassade oder Ecke eines Gebäudes vorgelagerten, geschlossenen, überdachten, über ein oder mehrere

Geschosse reichenden Ausbau, der nicht vom Boden aufsteigt. Ein bis zum gestalteten Terrain reichender Fassadenvorsprung etwa im Sinne einer Wohnraumerweiterung ist naturgemäss kein privilegierter Erker. Das Verwaltungsgericht hat einem Abstand zwischen Erkerunterkante und gestaltetem Terrain von 1 m als genügend angesehen. In der Architektursprache wird der Erker allerdings anders umschrieben, nämlich als Gebäudeteil, der ab dem ersten Obergeschoss frei auskragt (KOEPF/BINDING; FROMMHOLD/GAREISS). Vgl. zur Abgrenzung des Erkers von den nicht mehr privilegierten Fassadenvorbauten auch RB 1985 Nr. 114.

Privilegierter Gebäudevorsprung (Erker)
Der Erker ist abstandsprivilegiert. Er überschreitet den Drittel der Fassade nicht.

Keine Rolle spielt, wie der Erker im Detail ausgestaltet ist, soweit er nur die Eigenart als «Vorsprung» bewahrt. Die dahinterliegende Nutzung ist unmassgeblich. Es können daher auch eigentliche (mehrgeschossige) «Rucksäcke», etwa in Form von Schalldämmmassnahmen Erker bilden, sofern sie erst in oberen Geschossen vorspringen.

Privilegierter Gebäudevorsprung (Erker)

Ein solcher Gebäudevorsprung ist ein «Erker» und daher abstandsprivilegiert.

Keine Anwendung bei «Besonderen Gebäuden»

Besondere Gebäude werden durch das Planungs- und Baugesetz in zweierlei Hinsicht privilegiert: Einerseits beträgt der Gebäudeabstand nur 3,50 m (und nicht zweimal der Grenzabstand; § 273 PBG). Andererseits sind die Gemeinden befugt, in ihrer Bau- und Zonenordnung Abweichungen von den kantonalen Mindestabständen vorzusehen und den Grenzbau zu erleichtern. Eine Kumulation dieser Abstandsprivilegien mit den Erleichterungen gemäss § 260 Abs. 3 PBG wäre gesetzgeberisch nicht gewollt. Denn dieser dachte an die Erweiterung von Wohn- und Arbeitsräumen und nicht an Vorsprünge von Bauten, die eben gerade nicht Wohn- oder Arbeitszwecken dienen dürfen (BEZ 2001 Nr. 36).

Ein Beispiel hierzu: Von der Drittelsregelung befreite Vorsprünge können auch Vordächer sein. Ein Vordach ist ein Dach, das über die Fassade hinausragt. Wenn aber zum Beispiel eine Sitzplatzüberdachung mangels Einwandungen keine Fassade aufweist und die Positionen der tragenden senkrechten Holzstützen – im Rahmen dessen, was von der Statik her möglich ist – frei verändert, also auch ganz zur Dachkante hin verschoben werden können, ist die Ausscheidung eines Teils der Überdachung als Dachvorsprung, der gesondert unter dem Aspekt der Erleichterung gemäss § 260 Abs. 3 PBG betrachtet wird, nicht richtig, da dies zu einer unzulässigen Kumulation mit den bestehenden Abstandsprivilegien für Besondere Gebäude führen würde (BEZ 2001 Nr. 36; VB.2004.00062).

Nicht abstandspflichtige Gebäudevorsprünge

Nicht abstandspflichtig sind vorspringende Gebäudebestandteile (zum Begriff vgl. auch ZBl 1969, S. 433 f.), welche für den Bestand des Gebäudes und die Nutzung des Gebäudeinnern notwendig sind und insofern keine selbständige Funktion erfüllen (zum Beispiel Dachtraufen, Fensterläden oder angebaute Sichtschutzwände; vgl. VB 95/0074; BEZ 2003 Nr. 30). Eine selbständige Funktion erfüllen dagegen Gebäudebestandteile wie Balkone, Erker und Vordächer; sie sind grundsätzlich wie Aussentreppen abstandspflichtig (BEZ 2003 Nr. 30). Die Abstandspflicht ist aber nur in jenen Bereichen gegeben, wo Vorsprünge das Mass von 50 cm ab gewachsenem Terrain überragen (§ 269 PBG). Im Unterschied zu den vorstehend beschriebenen Sachverhalten unterliegen auch bauliche Vorrichtungen, die für sich allein keine Gebäude sind und mangels räumlicher, baulicher und funktioneller Verbundenheit auch nicht als Bestandteil eines Gebäudes erscheinen, in der Regel keinen Abstandsvorschriften (RB 1969 Nr. 57; VB.2005.00294). Beispiele hierfür sind etwa Gartencheminées, Schwimmbecken, freistehende Sichtschutzmauern oder Fahnenmaste (BEZ 2003 Nr. 30). So ist auch eine reine Stützmauer kein abstandspflichtiger Gebäudevorsprung, selbst wenn sie an ein Hauptgebäude anschliesst. Der dafür massgebliche Grenzabstand bestimmt sich ausschliesslich nach Privatrecht, das heisst nach § 178 EG ZGB (VB.2002.00105).

15.8.6.2   *Abstand*

Messweise

Für den massgeblichen Abstand, in den Vorsprünge hineinragen dürfen, ist vom Abstand auszugehen, den die entsprechende Fassade einzuhalten hat. Ist also eine Fassade (durch allfällige vorspringende Gebäudeteile hindurch gemessen) länger als 12 m und hat sie daher einen Mehrlängenzuschlag einzuhalten, ist dies (und nicht etwa der Grundabstand) für den Abstandsbereich massgebend. Liegt eine Fassade weiter zurück als es die Abstandsvorschriften gebieten würden, darf ein Vorsprung auch tiefer als 2 m sein.

Schutz der Nachbarinteressen

Das zürcherische Baurecht kennt keinen besonderen Schutz der Privatsphäre. Diesem wird lediglich im Rahmen der primären Bauvorschriften Rechnung getragen. Sind die Grenzabstandsvorschriften eingehalten, kann etwa einem Balkonvorsprung nicht entgegengehalten werden, es werde (etwa in Form gegenseitiger Einblicke oder der Nähe benachbarter Balkone) ein sozial unverträglicher Zustand geschaffen (VB.2009.00223).

Keine seitliche Abstandspflicht

Im seitlichen Bereich haben Balkone keine Grenzabstände einzuhalten. Denn das PBG sieht eine solche Abstandspflicht nirgends vor (dies im Unterschied zum alten Baugesetz 1893, welches in § 110 für Balkone und Erker einen seitlichen Abstand von mindestens einem Meter von der Grenze des Nachbargrundstücks vorgeschrieben hatte, VB.90.00209, in RB 1991 Nr. 65 nur mit dem Leitsatz zusammengefasst, auch zum Folgenden; RB 1997 Nr. 99). Nicht grenzabstandspflichtig sind daher auch Sichtschutzwände, welche Balkone voneinander trennen. Sie sind unter diesem Gesichtswinkel baurechtlich nicht anders zu beurteilen als hausinterne Trennwände.

Diese hinsichtlich Balkonen festgelegte Praxis muss auch für Gebäudevorsprünge anderer Art (zum Beispiel Erker) gelten. Auch sie sind vorbehältlich abweichender kommunaler Regelung nur in rechtwinkliger Richtung zur dahinterliegenden Gebäudefassade, grundsätzlich aber nicht im seitlichen Ver-

hältnis abstandspflichtig. Präzisierend haben die Baurekurskommissionen entschieden, dass das seitliche Abstandsprivileg allerdings beschränkt ist. Zugunsten des seitlich anstossenden Grundstücks muss eine analoge Beschränkung des
Abstandsprivilegs auf 2 m gelten, gemessen ab der Gebäudefassade hinter dem
Vorsprung. Ein einzelner Vorsprung kann mit anderen Worten (unter Vorbehalt
des erlaubten zustimmungsfreien Grenzbaus im Sinne von § 287 PBG) nur bis
zu einer Ausladung von 2 m grenzbündig oder grenznah erstellt werden; weiter
reicht das seitliche Abstandsprivileg nicht (BEZ 2003 Nr. 30 und 2011 Nr. 31).

Keine seitliche Abstandspflicht (Zeichnung: Stefan Reimann)

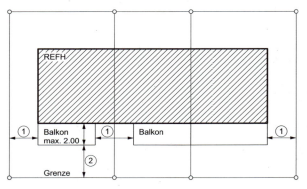

(1)   Kein seitlicher Grenz- und Gebäudeabstand (BEZ 2003, Nr. 30)

(2)   Grenz - und Gebäudeabstand einhalten (§ 260 Abs. 3 PBG)

Beizufügen ist, dass Vorsprünge, auch wenn sie für sich selbst nicht seitlich abstandspflichtig sind, gegebenenfalls der zur Berechnung des Mehrlängenzuschlages (§ 27 Abs. 1 ABV) massgeblichen Fassade zuzurechnen sind.

15.8.6.3   *Längenbeschränkung*

Messweise

Nach dem Gesetzeswortlaut sind (abgestützte und frei auskragende) Balkone,
Erker und dergleichen auf ein Drittel der Fassadenlänge beschränkt. Sie können zwar auch länger sein, dürfen aber nur im Masse von einem Drittel den
Grenzabstand unterschreiten. Ohne Längenbeschränkung sind dagegen etwa
frei auskragende Vordächer und Vortreppen zulässig, welche die Nachbarschaft
wesentlich weniger tangieren. Es stellt sich die Frage nach der Messweise des
zulässigen Drittels beziehungsweise der massgeblichen Fassadenlänge. Dabei
können die für die Messweise des Drittels der Dachaufbauten (vgl. Seite 958 ff.)
massgebenden Grundsätze nicht analog übernommen werden, weil der gesetz-
geberische Zweck ein anderer ist. Die Beschränkung der Dachaufbauten ist
ästhetisch motiviert, während sich die Längenbeschränkung von Erkern etc. als
Element von Grenzabstandsbestimmungen qualifiziert und insbesondere auch
Nachbarinteressen schützen will. Es liegt daher nahe, die massgebliche Fassa-

denlänge wie bei der Messweise des Mehrlängenzuschlages zu bestimmen. Ist also etwa ein Balkon der zurückliegenden Fassade vorgelagert, wird wie beim Mehrlängenzuschlag durch den vorspringenden Fassadenteil hindurch gemessen und die massgebliche Fassadenlänge so bestimmt.

Massgebliche Fassadenlänge

Der Balkon ist der zurückliegenden Fassade vorgelagert. Die massgebliche Fassadenlänge wird durch die Zimmer hindurch gemessen. Das Drittel ist überschritten.

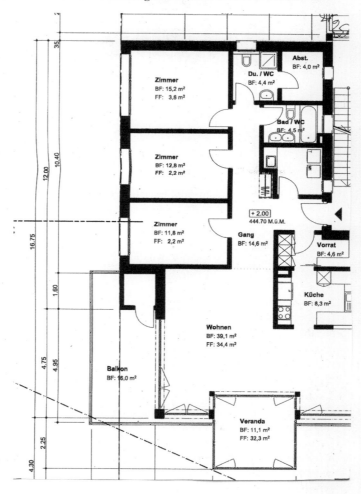

Die massgebliche Fassadenlänge ist sodann für jede Fassade für sich selbst zu bestimmen. Sind auf mehreren Fassaden Balkone, Erker und dergleichen vorgelagert, ist keine «Mischrechnung» zulässig. Da im seitlichen Bereich keine Abstandspflicht besteht, dürfen die Seiten der Vorbauten länger als ein Drittel der dortigen Fassade sein, sofern die Vorbaute nicht auch jener Fassade «vorgelagert» ist.

Auf zwei Fassaden «vorgelagerte» Balkone

Diese Balkone sind auf beiden Seiten «vorgelagert», das heisst abstandspflichtig.

Von der Drittelsregelung befreite Vorsprünge

Andere Vorsprünge als «Erker, Balkone und dergleichen» sind nicht an die Drittelsbeschränkung gebunden. Sie dürfen ohne Längenbeschränkung bis 2 m in den Abstandsbereich hineinragen. Es gilt dies zum Beispiel für Vordächer und überdachte Eingangspartien.

Dasselbe gilt aber auch für Vorsprünge, die zwar für sich selbst keine Gebäudemerkmale (also keine Überdachung aufweisen), aber dank ihrer räumlichen, baulichen und funktionellen Verbundenheit als Bestandteil eines Gebäudes erscheinen (RB 1969 Nr. 57; VB.2005.00294; MÄDER 1991, S. 87). Unter diesen Voraussetzungen sind etwa eine Terrassenerweiterung oder ein Sitzplatz (VB.2005.00294), Vortreppen oder dergleichen als (abstandspflichtige) Gebäudeteile und nicht als (abstandsfreie) selbstständige Bauten zu würdigen (BEZ 2003 Nr. 30; vgl. auch RB 1969 Nr. 57; VB.2001.00084 betreffend unüberdachter Aussentreppe, in BEZ 2001 Nr. 36 nicht publizierte Erwägungen; BEZ 1997 Nr. 12, ebenfalls betreffend unüberdachter Aussentreppe). Mit den letztgenannten Entscheid haben die Baurekurskommissionen ihre frühere Praxis aufgegeben (vgl. hierzu BEZ 1988 Nr. 54), wonach die Abstandspflicht nur für solche Bauteile besteht, welche die Gebäudequalität erfüllen (Witterungsschutz).

Dies hat zur Folge, dass auch derartige Gebäudeteile nur 2 m in den Abstandsbereich hineinragen dürfen. Hat ein solcher Gebäudeteil eine bauliche Verbindung zu einem anderen Vorbau, ist er bei dessen Breite und Länge einzubeziehen (so ausdrücklich BEZ 1997 Nr. 12 betreffend Aussentreppe, die Balkon mit Garten verbindet). Die Begründung hierfür liegt darin, dass § 260 Abs. 3 PBG in nicht bloss marginalem Umfang und mehr, als dies für sonstige Abstandsvorschriften zutrifft, auch nachbarliche Interessen berührt. Es verbietet sich daher, diese Norm zulasten der betroffenen Nachbarn extensiv auszulegen. Andererseits sind die Vorsprünge nur dort abstandspflichtig, wo sie der Fassade im erwähnten Sinne vorgelagert sind.

Vordach

Die Eingangsüberdachung ist abstandsprivilegiert. Sie hat, da nur untergeordnet, das Drittel nicht einzuhalten.

15.8.7 Weitere Erleichterungen

15.8.7.1 *Reduzierter Grenzabstand*

Zahlreiche Bauordnungen bestimmen, dass die kommunalen Grenzabstände unter Vorbehalt des kantonalen Mindestmasses um 1 m pro weggelassenes Vollgeschoss reduziert werden können. Zu einer derartigen Regelung sind die Gemeinden gestützt auf § 49 Abs. 2 lit. b PBG (Regelungskompetenz für Abstände) befugt. Sinn und Zweck solcher Vorschriften ist, eine geringere Geschosszahl beziehungsweise Gebäudehöhe wegen der unter nachbarlichen, städtebaulichen und wohnhygienischen Gesichtspunkten kleineren Gesamtmasse durch einen etwas verkürzten Grenzabstand ausgleichen zu lassen. Das heisst zweierlei: Zum einen privilegiert eine solche Vorschrift nur jene Gebäudeteile, welche die Vollgeschosszahl nicht ausnützen (vgl. BEZ 1988 Nr. 36 bezüglich vorspringendem, als Vollgeschoss geltendem Untergeschoss). Zum andern muss nicht nur die Vollgeschosszahl, sondern auch die Gebäudehöhe entsprechend reduziert sein.

15.8.7.2 *Hohe Bauwerke·*

Bei Gebäuden oder Teilen von ihnen, deren Höhe und Standort durch ihre besondere Art oder ihre Funktion bestimmt wird, wie Kirchtürme, Hochkamine und Silos für Landwirtschaftsbetriebe, haben keinen Mehrhöhenzuschlag einzuhalten (§§ 260 Abs. 2 und 270 Abs. 2 PBG). Vorbehalten bleiben die besonderen Anforderungen an Hochhäuser (§ 19 Abs. 1 BBV II).

15.8.7.3 *Besondere Gebäude*

Die kantonalen Mindestvorschriften von § 270 Abs. 1 und 3 PBG gelten auch für sogenannte «Besondere Gebäude», sofern nicht in der Bau- und Zonenordnung davon abweichende Vorschriften enthalten sind. Nach § 49 Abs. 3 PBG kann für Gebäude oder Gebäudeteile, die nicht für den dauernden Aufenthalt von Menschen bestimmt sind und deren grösste Höhe 4 m, bei Schrägdächern 5 m nicht übersteigt («Besondere Gebäude»), von den kantonalen Mindestabständen abgewichen und der Grenzbau erleichtert werden. Diese Bestimmung ist indessen eine reine Kompetenznorm an die Gemeinden und erlaubt kein Abweichen im Einzelfall, sofern die Gemeinde nicht vom Recht zur Festlegung von Spezialbestimmungen für Besondere Gebäude Gebrauch gemacht hat. Die meisten Bauordnungen enthalten für Besondere Gebäude Erleichterungen, so etwa dass für sie (allenfalls bis zu einer bestimmten Fläche) ausschliesslich der kantonale Mindestabstand gilt oder dieser für kleine (Besondere) Gebäude reduziert werden kann. Enthält die Bau- und Zonenordnung keine Regelung mit Bezug auf den notwendigen Abstand von Besonderen Gebäuden, ist der kantonalrechtliche Abstand von 3,5 m und nicht der kommunale Abstand für Hauptgebäude einzuhalten. Das hat die Baurekurskommission II entschieden (BEZ 2010 Nr. 47). An der davon abweichenden Auffassung in der 4. Auflage dieses Buches wird nicht festgehalten.

Zur Abgrenzung Flachdach/Schrägdach: Ein Besonderes Gebäude darf im Sinne von § 49 Abs. 3 PBG eine grösste Höhe von 5 m aufweisen, wenn es mit einem mindestens 10° geneigten Schrägdach überdeckt ist (BEZ 1996 Nr. 30). Zum Begriff der Besonderen Gebäude im Detail vgl. Seite 869 ff.

15.8.7.4 *Familiengartenhäuser*

Familiengartenhäuser samt den zugehörigen gemeinschaftlichen Nebenbauten wie Wasch- und Abortanlagen sind von den Bestimmungen über die Grenzabstände von Nachbargrundstücken (und über die Gebäudeabstände) befreit, sofern die schriftliche Zustimmung der betroffenen Nachbareigentümer vorliegt (§ 18 Abs. 2 BBV II).

15.8.7.5 *Aussenisolation*

Das Anbringen einer Aussenisolation an vor dem 1. Januar 1987 erstellten Gebäuden gilt als eine zweckmässige Anpassung im Sinne von § 357 Abs. 5 PBG. Dadurch darf der nach Gesetz und Bauordnung massgebliche Abstand bis zu 15 cm unterschritten werden (§ 33a ABV). Die Bestimmung gilt in erster Linie für Gebäude, die den erforderlichen Grenzabstand aktuell einhalten. Für Gebäude, die den Abstand bereits unterschreiten (also bauvorschriftswidrig sind), wird primär § 357 Abs. 1 PBG anwendbar, weil der Rahmen von § 33a ABV gesprengt wird. Die Praxis lässt aber solche Erweiterungen zu, wenn sie das Mass von 15 cm einhalten (vgl. Entscheid der Baurekurskommission I, wiedergegeben in VB.2005.00006). Die Abstandsunterschreitung kann regelmässig bewilligt werden, weil kaum je überwiegende nachbarliche oder öffentliche Interessen entgegenstehen. Allerdings muss dem Nachbarn der Nachweis gleichwohl offenbleiben, dass seine Interessen aufgrund ganz besonderer Verhältnisse doch überwiegen. Dies ist etwa dann der Fall, wenn Abstände massiv unterschritten sind und die Aussenisolation objektiv betrachtet geringen Nutzen bringt (BEZ 1991 Nr. 11).

15.8.8   Näherbaurecht

15.8.8.1   *Anwendungsbereich*

Nach § 270 Abs. 3 PBG kann durch nachbarliche Vereinbarung unter Vorbehalt einwandfreier wohnhygienischer und feuerpolizeilicher Verhältnisse ein Näherbaurecht begründet werden. Dadurch hat das öffentliche Interesse an den Abstandsvorschriften eine deutliche Relativierung erhalten (VB.2008.00252, bestätigt durch das Bundesgericht mit Urteil BGer 1C_516/2008).

§ 270 Abs. 3 PBG ist im Abschnitt «Grenzabstände von Nachbargrundstücken» eingeordnet. Andere Abstände als diese (insbesondere Strassen-, Wald- und Gewässerabstände) unterliegen nicht der nachbarlichen Verfügungsmacht, weil sie keine Nachbarinteressen, sondern ausschliesslich öffentliche Interessen wahren. Es fehlt für diese eine positive Normierung des Näherbaurechts; eine analoge Anwendung von § 270 Abs. 3 PBG verbietet sich. Hinsichtlich des Strassenabstandes gilt dies auch dann, wenn eine Verkehrsfläche zwar im Privateigentum steht und als selbstständige Parzelle ausgeschieden ist, ihr aber aufgrund der Zweckbestimmung öffentliche Bedeutung zukommt (BRKE II Nr. 0226/2000; vgl. beim Strassenabstand Seite 827). Dasselbe gilt für Abstände, die etwa in Gestaltungsplänen oder Kernzonenvorschriften planerisch fixiert sind (SCHÜPBACH SCHMID: S. 28).

Daher wird auch die Frage, ob mit dem Näherbaurecht das Bauen an die Grenze und allenfalls auch das Zusammenbauen erlaubt werden kann, nicht in § 270 Abs. 3 PBG normiert, da sich diese Bestimmung nur auf die Grenz- und Gebäudeabstände, nicht aber auf die im V. Abschnitt geregelte offene und geschlossene Überbauung bezieht (vgl. Seite 874 ff.). Das hat zur Konsequenz, dass Grenz- und/oder Gebäudeabstände zumindest dort, wo die kommunale Bauordnung die geschlossene Überbauung nicht erlaubt, mittels Näherbaurecht zwar unterschritten, jedoch nicht auf null reduziert werden können (SCHÜPBACH SCHMID: S. 83). Das in § 287 lit. b PBG (Grenzbau) genannte Erfordernis der nachbarlichen Zustimmung hat mit § 270 Abs. 3 PBG nichts zu tun.

Nach dem Willen des Gesetzgebers darf mit der Näherbaurechtsvereinbarung nicht nur der Grenzabstand, sondern ebenso der Gebäudeabstand unterschritten werden (vgl. BEZ 1993 Nr. 5 mit Hinweisen; BEZ 2009 Nr. 14). Dies gilt selbstverständlich auch für grundstücksinterne Gebäudeabstände. In diesem Fall bedarf es keiner Vereinbarung und keiner besonderen Erklärung zuhanden der Baubehörde (BEZ 1993 Nr. 5 mit Hinweisen). Die Zustimmung wird selbstredend vorausgesetzt. Eine entsprechende Regelung wird erst nötig, wenn das Grundstück später aufgeteilt wird. Eine solche nachträgliche Parzellierung überbauter Grundstücke bedarf der baurechtlichen Bewilligung (§ 309 Abs. 1 lit. e PBG). Das Näherbaurecht von neu betroffenen Grundeigentümern ist im Bewilligungsverfahren nachzuweisen. Sodann darf gestützt auf § 270 Abs. 3 PBG sowohl der kantonale (3,50 m) wie auch der (in der Regel grössere) kommunale Grenzabstand unterschritten werden (BEZ 1992 Nr. 34).

Zustimmungsberechtigter Nachbar

Zustimmungsberechtigter Nachbar ist primär der Eigentümer. Bei Eigentumsgemeinschaften wie Erben-, Miteigentums- oder Stockwerkeigentümergemeinschaften beantwortet sich die Frage nach dem erforderlichen Quorum nach den Vorschriften der jeweiligen Gemeinschaft und ist zivilrechtlicher Natur. Bei Erbengemeinschaften (wie anderen Gesamthandschaften) wird im Zweifelsfall die Zustimmung aller Mitglieder erforderlich sein (Art. 602 Abs. 2 ZGB). Bei Miteigentums- oder Stockwerkeigentümergemeinschaften wird mangels anderweitiger Vereinbarung nur für die Einräumung einer Dienstbarkeit Einstimmigkeit vorausgesetzt. Handelt es sich aber lediglich um die Einräumung einer obligatorischen Berechtigung der Bauherrschaft zum Näherbau, genügt gemäss Art. 647b Abs. 1 ZGB eine qualifizierte Mehrheit der Mit- beziehungsweise Stockwerkeigentümer. Im Gegensatz zur einfachen Mehrheit verlangt eine qualifizierte Mehrheit die Mehrheit nach Personen und die Mehrheit aller Anteile. Die Zustimmung des Verwalters reicht nicht aus, sofern nicht ausdrücklich eine weitergehende Vollmacht erteilt worden ist (SCHÜPBACH SCHMID: S. 105 ff., auch zum Folgenden). Nicht erforderlich (und umgekehrt auch nicht ausreichend) ist die Zustimmung der Mieter oder der aus einem Wohnrecht Berechtigten. Anders ist die Frage bei Baurechtsverhältnissen zu entscheiden: Da sich für das mit einem Näherbaurecht belastete Grundstück bauliche Einschränkungen ergeben können, ist neben der Zustimmung des Grundeigentümers auch jene des Baurechtsnehmers zu verlangen.

Die Vereinbarung und deren Rechtsfolgen

Form der Vereinbarung

§ 270 Abs. 3 PBG äussert sich nicht zur Form der vertraglichen Vereinbarung, mit welcher das Näherbaurecht begründet wird. Der Vertrag kommt nach den allgemeinen Vertragsregeln auch mündlich zustande. Keinen Näherbaurechtsvertrag begründet aber die jahrelange stillschweigende Duldung einer bestehenden Baute (VB.2003.00321).

Die Einräumung des Näherbaurechts stellt also ein Rechtsgeschäft dar. Inhalt des zweiseitigen und daher nicht einseitig widerrufbaren Rechtsgeschäfts ist eine private Abstandsregelung, welche von den gesetzlichen öffentlich-rechtlichen Abständen abweicht (BEZ 2001 Nr. 49, auch zum Folgenden). Die Vereinbarung entfaltet aufgrund von § 270 Abs. 3 in Verbindung mit § 218 Abs. 2 PBG öffentlich-rechtliche Wirkung. Eine Anmerkung des Näherbaurechts im Grundbuch erübrigt sich (BEZ 1995 Nr. 17, im Unterschied noch zu BEZ 1992 Nr. 34). Es wäre sogar unzulässig, eine solche zwingend zu verlangen; es fehlt dafür an der entsprechenden rechtlichen Grundlage.

Nachweis

Für den gemäss § 5 lit. l BVV erforderlichen Nachweis der Näherbaurechtsvereinbarung gegenüber der Baubehörde genügt eine einfache, schriftlich abgefasste Erklärung des belasteten Grundeigentümers (BEZ 2001 Nr. 49). Diese muss sich klar zur Abstandsunterschreitung aussprechen und bedingungslos sein. Sie kann sich aus einer früher im Grundbuch eingetragenen Dienstbarkeit ergeben oder konkret für das infrage stehende Projekt erteilt werden. Die Erklärung ist mit den Baugesuchsunterlagen (auf der Katasterkopie, auf den Plänen oder mit separatem Formular, das oft bei der Gemeinde bezogen werden kann) einzureichen. Da die Schriftlichkeit nicht schon von Gesetzes wegen (§ 270 Abs. 3 PBG) verlangt ist, sondern sich lediglich als Verfahrensbestimmung (§ 5 lit. l BVV) qualifiziert, kann von ihr in untergeordneten und klaren Fällen auch abgewichen werden, was im Ermessen der Baubehörde beziehungsweise des Bauamtes liegt. Die Zustimmung kann auch später (etwa auf Baubeginn hin) verlangt werden, wenn sie sich etwa nur auf eine untergeordnete Nebenbaute beziehen muss und das Bauvorhaben auch sonst verwirklicht werden kann.

Auslegung der Vereinbarung

Der Inhalt einer Vereinbarung ist (als zivilrechtliche Vorfrage) nötigenfalls durch Auslegung zu ermitteln. Steht nicht zweifelsfrei fest, dass das konkret zu beurteilende Projekt von der Vereinbarung erfasst ist, muss der Inhalt auf zivilprozessualem Weg geklärt werden. Das Bauvorhaben (beziehungsweise der allenfalls auf das Näherbaurecht angewiesene Teil des Vorhabens) ist zu verweigern, sofern es nicht so geändert wird, dass es ohne die nachbarliche Zustimmung bewilligungsfähig ist. Im Einverständnis des Gesuchstellers kann das Baugesuch auch sistiert werden, bis die zivilrechtliche Frage geklärt ist (vgl. zur Auslegung eines Näherbaurechts ausführlich VB.2002.00144, BEZ 2001 Nr. 49, BEZ 2007 Nr. 25 und BEZ 2008 Nr. 48).

Konsequenzen für das belastete Grundstück

Bei einem nur einseitig gewährten Näherbaurecht ist – vorbehältlich späterer Gegenseitigkeit – grundsätzlich davon auszugehen, dass der später bauende Nachbar seinerseits den Gebäudeabstand zu wahren hat; er muss also entsprechend weiter von der Grenze zurückweichen (BEZ 1992 Nr. 34).

Der erforderliche Grenzabstand beurteilt sich dann allerdings nach § 274 Abs. 1 PBG, da das Gebäude des Erstbauenden (infolge der nachbarlichen Zustimmung) zwar nicht im Sinne von § 357 Abs. 1 PBG den «Bauvorschriften widerspricht», aber näher an der Grenze steht, «als es nach den Bauvorschriften zulässig ist» (BEZ 1995 Nr. 17; SCHÜPBACH SCHMID S. 54 f.; vgl. zu § 274 PBG Seite 872). Es genügt somit die Summe des neu erforderlichen und des kantonalrechtlichen Mindestgrenzabstandes von 3,50 m. Mit dem Näherbaurecht darf nun aber nicht nur der Grenz-, sondern auch der Gebäudeabstand unterschritten werden. Die bis zur PBG-Revision 1991 bestehende Pflicht zur Wahrung des vorgeschriebenen Gebäudeabstandes bei der Einräumung eines Näherbaurechts wurde aufgehoben. Vom Nachbar, der mit einem Näherbaurecht belastet ist, darf die Baubehörde seither nicht mehr verlangen, eine Abrückungserklärung abzugeben und sich damit zu verpflichten, bei der Realisierung eines späteren Bauvorhabens einen grösseren als den gesetzlichen Grenzabstand einzuhalten (BEZ 2010 Nr. 14, in Bestätigung eines Entscheides der BRK II, in BEZ 2010 Nr. 22; BEZ 1995 Nr. 17; SCHÜPBACH SCHMID, S. 47). Sie hat sich vielmehr auf die Prüfung des konkret zur Beurteilung stehenden Bauvorhabens zu beschränken. Steht nur dem Erstbauenden ein Näherbaurecht zu, so braucht sich die Baubehörde vorderhand nicht darum zu kümmern, welche Konsequenzen sich hinsichtlich künftiger Bauten auf dem Nachbargrundstück ergeben würden (SCHÜPBACH SCHMID S. 47).

Projektbezogenes und generelles Näherbaurecht

Die Zustimmung zum Näherbaurecht kann projektbezogen erteilt werden. Von einem solchen projektbezogenen Näherbaurecht wird dann gesprochen, wenn der belastete Nachbar seine Zustimmung an ein genau definiertes Bauvorhaben knüpft. Es will insbesondere sicherstellen, dass nur solche Bauten und Anlagen im Abstandsbereich erstellt werden, wie sie geplant und vom Bauherrn bewilligt wurden. Regelmässig werden deshalb einem projektbezogenen Näherbaurecht von beiden Nachbarn unterschriebene Baupläne beigefügt oder aber es wird im Grundbuch auf Baupläne verwiesen. Davon zu unterscheiden ist ein generelles, im Grundbuch eingetragenes Näherbaurecht, womit sich der Nachbar verpflichtet, Gebäude im Abstandsbereich im Voraus und generell zu dulden (BEZ 2010 Nr. 9, auch zum Folgenden).

Wird ein Gebäude gestützt auf das erteilte projektbezogene Näherbaurecht erstellt, ist grundsätzlich nur das den Plänen zugrunde liegende Projekt als von der Näherbaurechtsvereinbarung abgedeckt zu betrachten. Abweichungen bedürfen mangels anderweitiger Vereinbarung einer erneuten Zustimmung. Aus der Zustimmung zu einem früheren Projekt lässt sich keine Pflicht des Nachbarn ableiten, irgendwelchen Änderungen in Form von Umbauten oder Aufstockungen zuzustimmen, wenn er jedenfalls mit solchen nicht rechnen musste (VB.1996.00064). Eine spätere Aufstockung muss daher den Grenzabstand einhalten, sofern nicht ein neues Näherbaurecht erteilt wird. Ein Fall von § 357 PBG liegt nicht vor, da die Abstandsunterschreitung nicht auf einer nachträglichen Rechtsänderung, sondern auf einer rechtskonformen privatrechtlichen Vereinbarung mit öffentlich-rechtlicher Wirkung gründet.

Wie das Verwaltungsgericht zu Recht entschieden hat, ist nicht zwingend vorausgesetzt, dass in einer Vereinbarung, mit welcher sich beide Nachbarn gegenseitig ein Näherbaurecht einräumen, dieses auf beiden Seiten projektbezogen sein muss. Es ist durchaus denkbar und zulässig, dass für ein Grundstück ein projektbezogenes Näherbaurecht und für das andere ein unbestimmtes Gegenrecht festgelegt wird (BEZ 2008 Nr. 48).

Zum Eintrag im Grundbuch

Wollen die Nachbarn, über das Erfordernis von § 270 Abs. 3 PBG hinausgehend, eine längerfristige und gegenseitige Sicherung ihrer Rechte erreichen, was vor allem dann aktuell ist, wenn nur der eine sofort baut, drängt sich die Eintragung einer entsprechenden Dienstbarkeit im Grundbuch auf. Dienstbarkeiten wirken dinglich, das heisst binden nicht nur die gegenwärtigen, sondern auch die künftigen Eigentümer. Die Begünstigung besteht dann für alle von der Vereinbarung erfassten Grundstücke im Ausmass der vertraglichen Abmachung.

Nach Art. 680 Abs. 2 ZGB muss der Vertrag, mit welchem die Nachbarn eine solche Dienstbarkeit begründen, öffentlich beurkundet werden. Trotz einem solchen gegenseitigen Näherbaurecht hat der Zweitbauende zu bedenken, dass er dereinst aufgrund der wohnhygienischen und feuerpolizeilichen Verhältnisse allenfalls weiter von der Grenze wird abrücken müssen, als es nach den privatrechtlichen Abmachungen zulässig wäre (BEZ 1995 Nr. 17).

15.8.8.4   *Widerruf des Näherbaurechts*

Das Näherbaurecht muss wie andere Bauvoraussetzungen spätestens im Zeitpunkt der Baubewilligung nachgewiesen sein. Der zur Zeit der Bewilligung gegebene Sachverhalt ist massgebend. Daher kann eine im Rahmen der Gesuchsunterlagen eingereichte Zustimmung jedenfalls bis zur Erteilung der Baubewilligung zurückgezogen werden, zum Beispiel durch den neuen Eigentümer, falls er mit dem Näherbau nicht mehr einverstanden ist. Zweckmässigerweise wird dann das Baugesuch sistiert, bis die Rechtslage geklärt ist. Nach Erteilung der Baubewilligung beurteilt sich die Frage eines nachträglich zurückgezogenen Näherbaurechts nach den Grundsätzen über den Widerruf der Baubewilligung.

Unabhängig von diesen öffentlich-rechtlichen Folgen stellt sich die zivilrechtliche Frage nach der Rechtmässigkeit der Auflösung einer vertraglichen Näherbaurechtsvereinbarung. Hierfür sind die Zivilgerichte zuständig. Ein allfälliger sich an den Rückzug anschliessender Zivilprozess hindert die Baufreigabe (§ 322 Abs. 1 PBG, vgl. Seite 391).

15.8.8.5   *Bindung der Behörde*

Verbindlichkeit des Näherbaurechts

Das Näherbaurecht ist für die Behörden (vorbehältlich der unten erwähnten Schranken) verbindlich (§ 218 Abs. 2 PBG). Bei dessen Beurteilung darf sich die Behörde ohne Weiteres auf eine Prüfung des jeweils gerade zur Beurteilung stehenden konkreten Vorhabens beschränken. Es drängen sich keine Regelungen im Hinblick auf künftiges Bauen auf den Nachbargrundstücken auf. Mit der gesetzlich geschaffenen Möglichkeit, Näherbaurechte zu begründen, sind die Abstände zwischen Grundstücksgrenzen und Gebäuden weitgehend der Disposition der Grundeigentümer anheimgestellt worden. Die ordentlichen öffentlich-rechtlichen Abstände können von der Baubehörde nicht mehr durchgesetzt werden (BEZ 1995 Nr. 17; BEZ 2008 Nr. 28). Ein erteiltes Näherbaurecht derogiert also die kommunalen Abstandsvorschriften. Dass die Gemeinden nach wie vor kommunale Regelungen über die Abstände aufstellen können (vgl. § 49 Abs. 2 lit. b PBG) vermag daran nichts zu ändern. Schranken bilden lediglich die wohnhygienischen und feuerpolizeilichen Gegebenheiten, sofern eine Unterschreitung des Gebäudeabstandes infrage steht.

Hygiene, Brandschutz und weitere Schranken

Das Näherbaurecht kann voraussetzungslos verweigert werden. Wird es aber gewährt, sind von der Bewilligungsbehörde die in § 270 Abs. 3 erwähnten Vorbehalte einwandfreier wohnhygienischer und feierpolizeilicher Verhältnisse zu beachten.

Mit dem Vorbehalt einwandfreier wohnhygienischer und feuerpolizeilicher Verhältnisse sollen allfällige Missbräuche verhindert werden. Gestützt auf diesen Vorbehalt ist denkbar, dass – trotz zustande gekommener Vereinbarung – die Abstandsunterschreitung verweigert werden kann und muss.

Wohnhygienische Bedenken sind grundsätzlich nicht am Platz, solange der kantonale Mindestgebäudeabstand von 7 m (2 × 3,50 m), zuzüglich allfälliger Mehrhöhenzuschläge gewahrt ist (BEZ 1990 Nr. 28). Denn das Gesetz geht davon aus, dass die Abstände ausreichen, um den minimalen Anforderungen der Wohnhygiene (wie auch der Feuerpolizei) zu genügen. Dieser kantonale Mindestabstand darf daher aber auch nur in Ausnahmefällen unterschritten werden, so etwa wenn sich fensterlose oder wenig hohe Fassaden gegenüberstehen, die Fassaden sich nicht direkt, sondern nur über Eck gegenüberstehen, oder die betroffenen Gebäude im relevanten Bereich keine Wohn-, Schlaf- oder Arbeitsräume aufweisen. Mit dem Argument mangelnder Wohnhygiene kann allenfalls ein Mieter die erteilte Baubewilligung anfechten, selbst wenn der Eigentümer sein Einverständnis zur Abstandsunterschreitung erteilt hat. Im Streitfall ist allenfalls ein Schattendiagramm im Sinne von § 30 ABV zu erstellen.

Neben den Schranken der Wohnhygiene sind auch jene des Brandschutzes zu beachten. Nach den Bestimmungen der BSN und der Brandschutzrichtlinie «Schutzabstände, Brandabschnitte» können die Schutzabstände (etwa durch ein Näherbaurecht) unterschritten werden, wenn geeignete Ersatzmassnahmen getroffen werden (vgl. Seite 1037 f.).

Kaum denkbar ist allerdings eine Unterschreitung des erhöhten Schutzabstandes bezüglich von Gebäuden mit feuer- oder explosionsgefährlichen Nutzungen.

Selbstverständlich hat die Bewilligungsbehörde auch die weiteren Bauvorschriften, insbesondere jene zur Einordnung und Gestaltung (§ 238 PBG) zu beachten (vgl. etwa VB.2001.00304). Der Näherbau kann also trotz nachbarlicher Zustimmung zum Beispiel auch aus Gestaltungsgründen verweigert werden. In einem vom Verwaltungsgericht zu beurteilenden Fall hatte die Verringerung der vorgeschriebenen Gebäudeabstände mit (grundstücksinternen) Näherbaurechten allein den Zweck, die gemäss Regelbauweise möglichen Bauvolumina zu vergrössern. In concreto konnte eine derartige «Verdichtung» gegenüber der vom Bauordnungsgesetzgeber als «Normalfall» des in der Wohnzone W2 zulässigen Überbauungsmusters nicht mehr hingenommen werden. Von einer befriedigenden Gesamtwirkung kann keine Rede mehr sein, wenn das Bauvolumen gegenüber der Regelbauweise mittels Näherbaurechten vergrössert wird, obschon die bauliche und landschaftliche Umgebung ein feinkörniges und aufgelockertes Bebauungsmuster verlangt (VB.2004.00120, auch zum Folgenden). Wird in einem solchen Fall die befriedigende Einordnung wegen der Einräumung von Näherbaurechten verneint und aus diesem Grund die Baubewilligung verweigert, bedeutet dies keinen Verzicht auf das nach den primären Bauvorschriften zulässige Volumen (vgl. hierzu Seite 660), denn die auf einem Grundstück zulässige bauliche Nutzung ergibt sich gemäss § 250 Abs. 1 PBG nach Ausnützung, Bau- und Nutzweise aus der Bau- und Zonenordnung und aus den Bauvorschriften (vgl. auch BEZ 1996 Nr. 12, zum Vergleichsprojekt).

Vergleichsprojekt

In Zonen, in denen das zulässige Mass der Ausnützung nicht mittels Nutzungsziffern, sondern ausschliesslich durch Bestimmungen über die Abstände, die Grösse und die Stellung des Baukörpers usw. festgelegt wurde (vor allem in Kern- und Zentrumszonen), kommt das vom Gesetz unverzichtbar vorgeschriebene Ausnützungsmass abhanden, wenn gestützt auf § 270 Abs. 3 PBG Näherbaurechte begründet werden. In solchen Fällen ist deshalb die Unterschreitung der gesetzlichen Grenz- und Gebäudeabstände nur dann zulässig, wenn anhand eines Vergleichsprojektes nachgewiesen wird, dass das Projekt die aufgrund der primären Baubegrenzungsnormen erlaubte Ausnützung einhält (BEZ 1996 Nr. 12). Der von SCHÜPBACH SCHMID (S. 100 ff.) an dieser Rechtsprechung mit guten Gründen erhobenen Kritik sind Baurekurskommissionen und Verwaltungsgericht nicht gefolgt (BEZ 2004 Nr. 3 und Nr. 40).

Zum Begriff des Vergleichsprojektes vgl. auch VB.2004.00234.

15.9   Gebäudeabstand

15.9.1   Allgemeines und Messweise

15.9.1.1   *Gesetzliche Regelung*

Der Abstand zwischen Gebäuden, die Grenzabstände einhalten müssen, hat ohne Rücksicht auf grundstücksgrenzen der Summe der beiden Grenzabstände zu entsprechen (§ 271 PBG).

Sind seitens des einen Gebäudes bezüglich des Grenzabstandes nach Massgabe der Bauordnung Reduktionsgründe gegeben (zum Beispiel beim Verzicht auf ein Vollgeschoss), wirkt sich dies selbstverständlich auch auf den Gebäudeabstand aus.

Wird für den Grenzabstand im Sinne von § 270 Abs. 3 PBG ein Näherbaurecht gewährt und von der Baubehörde sanktioniert, reduziert sich im entsprechenden Umfang auch der erforderliche Abstand zu einem bereits bestehenden benachbarten Gebäude (BEZ 1993 Nr. 5 mit Hinweisen). Vgl. zum Näherbaurecht Seite 861 ff.

In Bezug auf die Messweise kann auf die Ausführungen zum Grenzabstand verwiesen werden. Vgl. § 260 Abs. 2 PBG und §§ 21 ff. ABV.

15.9.1.2   *Zur Abstandspflicht zwischen Gebäudeteilen*

Der Abstand zwischen blossen Teilen desselben Gebäudes wird nicht gemessen. Als solche Gebäudeteile kommen Aussenkamine, Lift- und Treppenhausanbauten, Balkone, aber auch Vorsprünge des eigentlichen Hauptgebäudes in Betracht; bezüglich der letzten allerdings nur in beschränktem Rahmen, nämlich soweit, als es sich mit Sinn und Zweck der Gebäudeabstandsvorschrift noch vereinbaren lässt. Nicht mehr als Gebäudeteil dürfen klarerweise ganze Gebäudetrakte qualifiziert werden. Zwischen ihnen sind Abstände zu messen.

Werden zwei Gebäude oder Gebäudeteile mit einem Zwischendach verbunden, so besteht unter diesem ein «Zusammenbau» und ein Gebäudeabstand ist nicht einzuhalten. Voraussetzung ist, dass diese Verbindung selbst Gebäudecharakter aufweist (mindestens Dach zum Schutz von Personen oder Sachen).

Die wohnhygienischen und feuerpolizeilichen Vorschriften sind hingegen anzuwenden und stehen einem solchen Zusammenbau allenfalls im Wege. Durch entsprechende Anordnung der Räume und Fenster lassen sich aber solche Mängel beheben.

Eine derartige Verbindung zweier Hauptgebäude eliminiert die Messung des Gebäudeabstandes im oberen Bereich nicht, könnten doch sonst die Gebäudeabstände überall und ohne Probleme mit Schöpfen, überdachten Sitzplätzen, Windfängen usw. umgangen werden. Ferner würde dies meist auch dem Sinn des Gebäudeabstandes, lockere Überbauungen mit wohnhygienisch und feuerpolizeilich einwandfreien Verhältnissen zu erreichen, zuwiderlaufen.

Besonderes Gebäude als Zwischenbau (Zeichnung: Stefan Reimann)
Hier ist oberhalb des Zwischenbaus ein Gebäudeabstand zu messen. Es gilt dies auch dann, wenn die Zwischenbauten Hauptgebäudecharakter aufweisen.

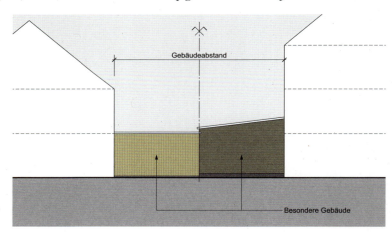

15.9.1.3 *Abstand über Verkehrsräume*

Über den durch Verkehrsbaulinien oder sie ersetzenden Baubegrenzungslinien gesicherten Raum wird kein Gebäudeabstand gemessen, ausser wenn eine Neubaute über die betreffende Linie hinausgestellt wird (§ 272 PBG). Vgl. dazu Seite 815. Unter «Baubegrenzungslinie» im Sinne von § 272 PBG ist wohl dasselbe zu verstehen wie in § 270 Abs. 2 PBG (vgl. dazu Seite 842).

15.9.2 Erleichterungen

15.9.2.1 *Allgemein*

Abstandsfreie Gebäude (§ 269 PBG) sind nicht nur vom Grenz-, sondern auch vom Gebäudeabstand befreit. Sodann gelten die Privilegien für einzelne Vorsprünge (§ 260 Abs. 3 PBG) auch hinsichtlich des Gebäudeabstandes.

15.9.2.2   *Besondere Gebäude*

Gesetzliche Regelung

§ 273 PBG enthält Erleichterungen für «Besondere Gebäude». Wo die Bau- und Zonenordnung nichts anderes bestimmt, haben Gebäude, die nicht für den dauernden Aufenthalt von Menschen bestimmt sind und deren grösste Höhe 4 m, bei Schrägdächern 5 m, nicht übersteigt, einen Gebäudeabstand von nur 3,50 m einzuhalten. Diese Bestimmung wiederholt inhaltlich die in § 49 Abs. 3 PBG enthaltene Umschreibung der Besonderen Gebäude. Sie gilt nur, sofern die Gemeinde nicht gestützt auf § 49 Abs. 3 PBG geringere Gebäudeabstände festlegt oder umgekehrt die Privilegierung einschränkt.

Nicht für den dauernden Aufenthalt bestimmt

Gemäss § 49 Abs. 3 PBG wie auch nach § 273 PBG darf das infrage stehende Gebäude nicht für den dauernden Aufenthalt von Menschen bestimmt sein. Anders beziehungsweise weitergehend sind gemäss § 255 Abs. 1 PBG unter dem Titel der Ausnützung «alle dem Wohnen, Arbeiten oder sonst dem dauernden Aufenthalt dienenden oder hierfür verwendbaren Räume» anrechenbar. Nach dieser letzteren Bestimmung genügt damit für die Anrechnung an die erlaubte Ausnützung bereits die blosse Verwendbarkeit zu den genannten Zwecken, ohne dass der Raum ausdrücklich hierfür bestimmt sein muss. Das gilt auch beim Entscheid über die Frage, ob eine Baute als Besonderes Gebäude im Sinne von § 49 Abs. 3 beziehungsweise § 273 zu qualifizieren sei. Es ist daher auch in diesem Zusammenhang auf die zu § 255 Abs. 1 PBG entwickelte Praxis zurückzugreifen (VB.2000.00304, in RB 2000 Nr. 100 nicht publizierte Erwägungen). Nicht zum dauernden Aufenthalt im Sinne von § 273 beziehungsweise § 49 Abs. 3 PBG bestimmt sind Gebäude, die keine Wohn-, Schlaf- oder Arbeitsräume enthalten (zum Beispiel Einstellgaragen, Geräteräume, Gebäude für die Unterbringung von Tieren). Dabei beurteilt sich die Zweckbestimmung des Gebäudes nicht nach den erklärten Nutzungsabsichten oder der Bezeichnung in den Plänen; massgebend ist vielmehr die objektive Eignung beziehungsweise Verwendbarkeit eines Raumes aufgrund der baulichen Ausgestaltung (BEZ 1988 Nr. 26). Daher liegt kein Besonderes Gebäude mehr vor, wenn dessen Ausstattung (Belichtung, Beheizung, Grösse) eine Nutzung während des grössten Teils des Jahres erlaubt oder die Anordnung eines Raumes eine dauernde Nutzung erleichtert, das heisst wenn durch eine direkte Verbindung zu dauernd genutzten Räumen damit gerechnet werden muss, dass ein solcher Raum in die Wohn- oder Arbeitsnutzung einbezogen wird (vgl. zum Thema der anrechenbaren Räume Seite 743 ff.).

Besondere Gebäude sind beispielsweise:
- unbeheizte, wenn auch geschlossene Gartenhallen, die nicht mit Wohnräumen verbunden sind; das gilt erst recht für teilweise oder seitlich ganz offene Gebäude (vgl. etwa VB.2004.00064 betreffend überdachtem Gartensitzplatz);
- ein nicht in den Wohnbereich der Hauptbaute integrierter Anbau, der ausschliesslich mit Glasbausteinen (mit Unterkante 1,50 m ab Boden) belichtet ist, die keinen Ausblick gewähren, nur beschränkt lichtdurchlässig

sind und nicht geöffnet werden können; dies auch dann, wenn in den Anbau noch eine Sanitärzelle integriert wird (VB.2000.00304).

Nach der Praxis sind keine Besonderen Gebäude mehr:

- verglaste Vorbauten wie Wintergärten, da sie auch ohne Heizung während 180–220 Tagen im Jahr als Wohnraumerweiterung nutzbar sind (BEZ 1988 Nr. 26). Sie sind nur hinsichtlich der Ausnützung, nicht aber betreffend der Abstände privilegiert (RB 1988 Nr. 79);
- die weiteren, in § 10 ABV privilegierten Räume (Gemeinschaftsmehrzweckräume, der Arbeitsplatzgestaltung dienende Nebenräume)
- eine Sauna, da sie dem Aufenthalt von Personen dient.

Eine Nutzung des Daches als Terrasse macht das Gebäude nicht zum Hauptgebäude. Die mit einer solchen Terrasse verbundenen Immissionen sind vom Nachbarn grundsätzlich hinzunehmen (BEZ 2007 Nr. 25 E. 6). Einer ungedeckten Terrasse kommt von vornherein keine Gebäudequalität zu (vgl. § 2 ABV). Sie dient auch nicht dem dauernden Aufenthalt von Menschen. Der Umstand, dass vom Hauptgebäude direkt auf die Terrasse gelangt werden kann, ändert daran nichts. Sodann hat der Nachbar Einblicke ab der Terrasse auf seine Liegenschaft hinzunehmen, da das Baurecht im Allgemeinen keinen Schutz gegen ideelle Immissionen gewährt.

Vgl. zur Definition des Besonderen Gebäudes auch VB.2003.00210 und VB.2004.00062 (zur Unterscheidung zwischen Vordach und Besonderem Gebäude).

Verhältnisse beim Anbau an ein Hauptgebäude

§ 273 über den reduzierten Gebäudeabstand bei Besonderen Gebäuden verwendet den Begriff «Gebäude», § 49 Abs. 3 PBG über die zulässigen Bauvorschriften jedoch jenen der «Gebäude und Gebäudeteile». Damit scheint die letztgenannte Bestimmung etwas weiterzugehen, indem eine Gemeinde nicht nur Gebäude, sondern auch Gebäudeteile privilegieren kann.

Besondere Gebäude können sowohl bei der Festlegung des Gebäudeabstandes wie auch im Rahmen des nach Bauordnung zulässigen Grenzabstandes oder Grenzbaus entweder freistehend oder an ein Hauptgebäude angebaut sein. Wie das Verwaltungsgericht entschieden hat (VB.2006.00278), muss ein angebautes Gebäude optisch und funktionell als selbstständig wahrnehmbar sein. In concreto wurde die funktionelle Eigenständigkeit eines Anbaus verneint, der die Heizung für das Hauptgebäude enthält. Die Baurekurskommission IV hat nun dieser Auffassung in einem in BEZ 2010 Nr. 23 publizierten Entscheid mit der Begründung widersprochen, eine solche Einschränkung lasse sich nicht dem Gebäudebegriff entnehmen. Massgebend nach diesem neuen Entscheid der BRK IV ist somit ausschliesslich eine bauliche und optische Selbstständigkeit, was jedenfalls dann zu bejahen ist, wenn ein angebautes Nebengebäude beseitigt werden kann, ohne dass wesentlich in die Substanz des Hauptgebäudes eingegriffen oder diese ergänzt werden muss. Dem Entscheid ist zuzustimmen.

Grösste Höhe

Die «grösste Höhe» ist nicht identisch mit der Gebäudehöhe im Sinne von §§ 278 ff. PBG (Schnittlinie zwischen Dachfläche und Fassade). Das Besondere Gebäude darf vielmehr in keinem Bereich, gemessen ab gewachsenem Boden, die Höchstmasse von 4 beziehungsweise 5 m übersteigen. Die Höhenbeschränkung ist im Zusammenhang mit dem erlaubten privilegierten Abstand zu sehen. Der Nachbar soll im Nahbereich der Grundstücksgrenze nur Gebäude, also mauerartige Gebilde von geringer Höhe hinnehmen müssen. Ein offenes Sicherungsgeländer oder eine offene und nicht überdachte Pergola sind daher im Gegensatz zu festen Brüstungen nicht an die massgebliche Höhe anzurechnen (RB 1998 Nr. 110). Aus denselben Überlegungen ist als unterer Ausgangspunkt des Höhenmasses der gewachsene Boden sowohl bei Aufschüttungen wie auch bei Abgrabungen massgeblich.

Nach der Praxis der Baurekurskommissionen wird die 5-m-Begrenzung nur anwendbar, wenn ein Schrägdach mindestens 10° Neigung aufweist (vgl. BEZ 1996 Nr. 30).

Ausnahmen

Von den in § 49 Abs. 3 PBG statuierten Merkmalen des Besonderen Gebäudes kann nicht auf dem Weg der Ausnahmebewilligung befreit werden. Die Bestimmung ist keine «Bauvorschrift» im Sinne von § 220 PBG, sondern eine Kompetenznorm zugunsten des kommunalen Gesetzgebers. Sie enthält sodann eine Legaldefinition zum Begriff des Besonderen Gebäudes; aber auch Legaldefinitionen sind keine Bauvorschriften; sie werden vielmehr von Bauvorschriften vorausgesetzt. Mit einem solchen Dispens kann daher nicht erreicht werden, dass ein Gebäude beziehungsweise Gebäudeteil, der nicht alle Voraussetzungen eines Besonderen Gebäudes erfüllt, bei der Berechnung des Mehrlängenzuschlages und der Gebäudelänge ausser Ansatz fällt (BEZ 2004 Nr. 75).

15.9.2.3   *Weitere Erleichterungen*

Gartenhäuser, Schöpfe und Familiengartenhäuser

Weitergehende Erleichterungen sieht § 18 Abs. 1 BBV II für Gartenhäuser und Schöpfe sowie für überdeckte, aber mindestens zur Hälfte offenen Gartensitzplätze vor. Sie sind von den Abständen gegenüber grundstücksinternen Gebäuden befreit, wenn sie folgende Masse nicht überschreiten: Grundfläche: 10 m², Fassadenlänge einschliesslich allfälliger Pergolen: 6 m, grösste Höhe: 3 m.

Familiengartenhäuser samt den zugehörigen gemeinschaftlichen Nebenbauten wie Wasch- und Abortanlagen sind von den Gebäudeabständen befreit. Gegenüber von Gebäuden Dritter darf der Abstand von 3,50 m für Besondere Gebäude aber nur mit nachbarlicher Zustimmung unterschritten werden (§ 18 Abs. 2 BBV II). Diese Regelungen sind angesichts von § 270 Abs. 3 PBG (Näherbaurecht) weitgehend bedeutungslos geworden.

Aussenisolation

An Gebäuden, die vor dem 1. Januar 1987 erstellt worden sind, darf mit einer nachträglichen Aussenisolation der erforderliche Gebäudeabstand bis zu 15 cm unterschritten werden (§ 33a ABV).

Bestehende Gebäude

§ 274 PBG enthält eine weitere übergangsrechtliche Regelung für bestehende Gebäude, wie sie viele Bauordnungen schon vor Inkrafttreten des Planungs- und Baugesetzes gekannt haben. Abs. 1 der Bestimmung lautet:

«Steht ein nachbarliches Gebäude näher an der Grenze, als es nach den Bauvorschriften zulässig ist, so genügt als Abstand die Summe aus dem Grenzabstand, den das neue Bauvorhaben benötigt, und dem kantonalrechtlichen Mindestabstand.»

Diese Vorschrift will verhindern, dass ein Grundeigentümer infolge altrechtlicher Überbauungen auf dem Nachbargrundstück übermässig benachteiligt wird. Aber auch nach neuem Recht können Gebäude näher an der Grenze stehen, als es die Bauvorschriften erlauben. So, wenn gestützt auf § 220 PBG eine Ausnahmebewilligung erteilt (also von Bauvorschriften befreit) worden ist oder für den seinerzeitigen Näherbau eine nachbarliche Zustimmung vorliegt (§ 270 Abs. 3 PBG).

Nach Abs. 2 der Bestimmung gilt diese Begünstigung aber nicht, wenn der Eigentümer des aktuellen Baugrundstücks gegenüber der Baubehörde seinerzeit die Erklärung abgegeben hat, er habe Kenntnis davon, dass er wegen des nachbarlichen Näherbaus selber einen grösseren Grenzabstand werde einhalten müssen, oder wenn durch eine nachträgliche Grenzänderung ein vorher ausreichender Abstand ungenügend gemacht worden ist (§ 274 Abs. 2 PBG). Da mit dem Näherbaurecht keine Wegrückungsverpflichtung verbunden werden darf, sind kommunale Vorschriften, welche eine solche noch vorsehen, durch den seit der PBG-Revision 1991 in Kraft stehenden § 270 Abs. 3 PBG ersetzt worden (BEZ 2010 Nr. 14, in Bestätigung eines Entscheides der BRK II, in BEZ 2010 Nr. 22, auch zum Folgenden; BEZ 1995 Nr. 17; vgl. Seite 863). § 274 Abs. 2 PBG, dessen Bestimmung nach dem Grundsatz «pacta sund servanda» die Erleichterung nach Abs. 1 ausschalten wollte, wenn der Nachbar der Baubehörde gegenüber eine Abrückungserklärung abgegeben hatte, ist somit in seiner Bedeutung erheblich relativiert worden. Die Bestimmung steht aber nach wie vor in Kraft. Altrechtliche Abrückungserklärungen sind daher weiterhin verbindlich. Sie stehen einer Begünstigung nach § 274 Abs. 1 PBG entgegen.

15.9.3   **Verschärfungen**

15.9.3.1   *Bei brennbaren Aussenwänden*

Soweit nicht das Gesetz von der Beachtung eines Gebäudeabstandes befreit, beträgt dieser mindestens 10 m, wenn eines der Gebäude brennbare Aussenwände aufweist (§ 14 Abs. 1 BBV II).

Die Bau- und Zonenordnung kann für Gebiete mit ländlichem Baucharakter und für Kernzonen Erleichterungen vorsehen (§ 14 Abs. 2 BBV II). Wird bei einem konkreten Bauvorhaben dergestalt vom verschärften Gebäudeabstand (der zugleich feuerpolizeilicher Schutzabstand ist) abgewichen, sind die in Ziffer 3.5 der Brandschutzrichtlinie 6.100 «Schutzabstände und Brandabschnitte» festgelegten Ersatzmassnahmen vorzunehmen (vgl. hierzu Seite 1037 f.).

Gartenhäuser und Schöpfe sowie Familiengartenhäuser im Sinne von § 18 BBV II sind dem verschärften Abstand zwischen Gebäuden mit brennbaren Aussenwänden nicht unterstellt (§ 18 Abs. 3 BBV II).

15.9.3.2   *Bei feuer- oder explosionsgefährlichen Nutzungen*

Bauten und Anlagen, in denen feuer- oder explosionsgefährliche Stoffe gelagert oder verarbeitet werden oder die dem Transport solcher Stoffe dienen, haben unter sich und gegenüber benachbarten Bauten und Anlagen, soweit die Sicherheit von Personen und Sachen es erfordert, erhöhte Abstände einzuhalten (§ 15 Abs. 1 BBV II).

Die Sicherheitsabstände werden durch die kantonale Feuerpolizei im Verfahren festgesetzt, das für Bauten und Anlagen mit erhöhtem Brandrisiko gilt. Es werden dabei die einschlägigen Richtlinien und Normalien anerkannter Fachstellen mitberücksichtigt (§ 15 Abs. 2 BBV II).

15.10   Abstand von Starkstromanlagen

Für Hochspannungsfreileitungen gelten die Gebäudeabstände nach Art. 38 und dem Anhang 8 (mit zeichnerischen Erläuterungen) der eidgenössischen Leitungsverordnung vom 30. März 1994 (LeV). Danach ist ein Mindestgebäudeabstand zu den Leitungen und ihren Tragwerken von 5 m, horizontal gemessen, einzuhalten. Für Gebäude, die den untersten Leiter überragen, ist der Horizontalabstand entsprechend zu erhöhen. Ist das Gebäude niedriger als die Hochspannungsfreileitung, darf der Horizontalabstand ausnahmsweise unterschritten werden. Über die Zulässigkeit von Ausnahmen entscheidet die Kontrollbehörde (das eidg. Starkstrominspektorat). Im Leitungsbereich dürfen sich keine Gebäude, Festhütten, Zelte oder ähnliche Einrichtungen mit grossen Menschenansammlungen, grossem Brandrisiko oder explosiven Stoffen befinden. Das eidg. Starkstrominspektorat kann Ausnahmen bewilligen und Schutzmassnahmen vorschreiben. Art. 39 LeV regelt die Anforderungen bei Arealen mit Spiel- und Sportanlagen, Campingplätzen, Pausenplätzen, öffentlichen Liegewiesen usw. Nähere Auskünfte erteilt die Abteilung Leitungsbau der NOK. Gemäss Art. 37 LeV und Anhang 7 gelten für Niederspannungsfreileitungen weniger strenge Anforderungen.

15.11   Abstand von Öl- und Gasleitungen

Auch bezüglich Öl- und Gasleitungen gelten Sicherheitsabstände. Sie sollen vor allem die Leitungen vor Beschädigungen durch Dritte schützen. Die Errichtung und Änderung von Bauten und Anlagen Dritter im Abstandsbereich von 10 m darf nur mit Zustimmung des zuständigen Bundesamtes bewilligt werden, wenn sie Rohrleitungsanlagen kreuzen oder die Betriebssicherheit der Rohrleitungsanlage beeinträchtigen könnten (Art. 28 RLG, Art. 26 RLV). Diese Pflicht beginnt mit dem Eintritt der Rechtskraft der Plangenehmigungsverfügung. Die Betreiberin der Anlage (zum Beispiel Erdgas Ostschweiz AG) macht die Grundeigentümer in einem Abstandsbereich von 10 m alle vier Jahre darauf aufmerksam, dass für die Ausführung von Bauarbeiten im vorerwähnten Bereich eine Bewilligung der zuständigen Aufsichtsbehörden einzureichen ist. Das Gesuch ist zusammen mit den notwendigen Planunterlagen und soweit möglich mit der Stellungnahme der Betreiberin dem eidg. Rohrleitungsinspektorat einzureichen (Art. 26 und 27 RLV).

15.12   Offene und geschlossene Überbauung; Grenzbau

15.12.1   Grundsatz der offenen Überbauung

Gemäss § 49 Abs. 2 lit. f. PBG sind in der Bau- und Zonenordnung Regelungen gestattet über die offene und geschlossene Bauweise mit der Gesamtlänge und der zustimmungsfreien Bautiefe beim Grenzbau. Wie § 286 Abs. 2 PBG präzisiert, kann die geschlossene Überbauung samt der dabei zulässigen Bautiefe und Gesamtlänge durch die Bau- und Zonenordnung, durch Sonderbauvorschriften und Gestaltungspläne, durch den Quartierplan oder durch den Baulinienplan vorgeschrieben oder erlaubt werden. Die «Gesamtlänge» gemäss § 286 Abs. 2 PBG kann in der Bau- und Zonenordnung mit den Begriffen der Gebäude- oder der Fassadenlänge oder auf andere Weise umschrieben werden.

Wo die Bau- und Zonenordnung keine Festlegungen über die geschlossene Bauweise enthält, gilt die Grundordnung: Gebäude sind in offener Überbauung zu erstellen (§ 286 Abs. 1 PBG). Das schliesst konsequenterweise auch den Grenzbau aus.

Es ist somit begrifflich zu klären, was unter einem Einzelgebäude sowie einer geschlossenen und einer offenen Überbauung zu verstehen ist. Mit anderen Worten ist die «geschlossene Überbauung» gegenüber dem Einzelgebäude einerseits und einer «offenen Überbauung» andererseits abzugrenzen. Sodann gehört in diesem Zusammenhang auch der Grenzbau als ein Sondertatbestand der geschlossenen Überbauung.

15.12.2   Begriffe

Offene Überbauung

Als «offen» gilt eine Überbauung, deren Gebäude nach allen Seiten frei stehen (§ 31 Abs. 1 ABV), das heisst, die vorgeschriebenen Grenz- und Gebäudeabstände (allenfalls mit Näherbaurecht) einhalten. Das schliesst als Regel das Bauen an der Grenze aus und gilt für alle Gebäude; nur die Voraussetzungen für den abweichend von dieser Regel zulässigen Grenzbau können für Hauptgebäude und Besondere Gebäude unterschiedlich geregelt, das heisst, der Grenzbau für Besondere Gebäude erleichtert, werden (§ 49 Abs. 3 PBG; BEZ 2003 Nr. 34).

Geschlossene Überbauung

Als «geschlossen» gilt eine Überbauung, bei welcher die Gebäude einseitig oder mehrseitig zusammengebaut oder an die Grenze gestellt sind oder gestellt werden dürfen beziehungsweise müssen (§ 31 Abs. 2 ABV). Dies bedingt eine (bis auf den Baugrund) durchgehende baulich-funktionale Vertikaltrennung der Baukörper aufgrund eines seitlichen Zusammenbaus. Auf den frontseitigen beziehungsweise übereinander angeordneten Zusammenbau kommt es bei der Abgrenzung zwischen offener und geschlossener Überbauung nicht an (RB 1998 Nr. 118).

Der Begriff der geschlossenen Bauweise im Sinne von §286 PBG und §31 der ABV setzt also eine funktionale Eigenständigkeit der einzelnen Baukörper voraus. Entscheidend hierfür ist neben der deutlichen vertikalen Trennung (RB 1998 Nr. 118), dass jeder Baukörper auch für sich allein über eine genügende interne Erschliessung verfügt. Sind diese Voraussetzungen nicht erfüllt, können die Baukörper nicht als funktional eigenständig gelten. Die Überbauung ist nicht «geschlossen» (VB.2004.00028). Das schliesst nicht aus, dass die beiden Gebäude über einer sich unter beiden Baukörpern erstreckenden Unterniveaugarage erstellt werden und über einen einzigen Lift verfügen.

Grenzbau

Der Grenzbau ist ein Sondertatbestand der geschlossenen Überbauung (§31 Abs. 2 ABV), weil dem Nachbarn die Möglichkeit offensteht, jederzeit anzubauen und damit eine geschlossene Überbauung herzustellen (BEZ 1987 Nr. 29, VB.2008.00210 mit Hinweisen). Er gehört damit zum Regelungsbereich der offenen beziehungsweise geschlossenen Überbauung (Ziffer V des Abschnittes im PBG über die baulichen Grundstücksnutzungen) und nicht zu jenem der Abstände (Ziffer III), vgl. BEZ 1991 Nr. 7 und RB 1991 Nr. 66. Für die Qualifikation eines Gebäudes als Grenzbau kommt es auf den Fassadenverlauf an der Grenze an (BEZ 1999 Nr. 38). Neben Dachvorsprüngen sind auch Balkone nicht fassadenbildend (VB.2003.00254).

15.12.3   Geschlossene Überbauung

15.12.3.1   *Zulässigkeit*

Die «geschlossene» Überbauung besteht häufig in Form von Doppel- oder Reiheneinfamilienhäusern im Rahmen einer Gesamtüberbauung. Sie wird aber oft auch entlang von Verkehrsbaulinien oder anderen Baubegrenzungslinien vorgeschrieben erlaubt, um auf eine städtebaulich erwünschte geschlossene Fassadenflucht hinzuwirken. Dies hat zur Folge, dass die Gebäude bis zu einer bestimmten Bautiefe seitlich an die Nachbargrenze gestellt werden können. Im Einzelnen sind allerdings die Vorschriften über den Grenzbau zu konsultieren.

Wie erwähnt kann die geschlossene Überbauung mitsamt der Gesamtlänge in der Bau- und Zonenordnung gestattet werden. Die Festlegung der Gesamtlänge ist zwingend (§49 Abs. 2 lit. f PBG; BEZ 2003 Nr. 34), da ansonsten unzählig viele Gebäude, die je für sich die zulässige Gebäudelänge einzuhalten haben, aneinandergereiht werden könnten. Enthält die Bau- und Zonenordnung keine Regelung, gilt die festgelegte Gebäudelänge sowohl für Einzelbauten wie für in geschlossener Bauweise erstellte Gebäudekörper (VB.2009.00659). Die zustimmungsfreie Bautiefe muss nur im Zusammenhang mit dem Grenzbau festgelegt werden, was in §49 Abs. 2 lit. f PBG, nicht aber in §286 Abs. 2 PBG klar zum Ausdruck kommt.

15.12.3.2   *Gesamtlänge*

Zum Einbezug der Besonderen Gebäude

In § 286 PBG und § 31 ABV, wo der Begriff der Gesamtlänge genannt ist, wird nicht unterschieden, ob zwei Hauptgebäude, zwei Besondere Gebäude oder ein Hauptgebäude und ein Besonderes Gebäude zusammengebaut werden. Eine derartige Unterscheidung wird nur bei der Berechnung der Gebäudelänge getroffen, wo nach § 28 Abs. 2 ABV die Länge von Besonderen Gebäuden ausser Ansatz fällt, wenn die Bau- und Zonenordnung nichts anderes bestimmt. Daraus folgt, dass nach Wortlaut und Sinn der kommunalen Regelung im Einzelfall zu entscheiden ist, ob ein Besonderes Gebäude zur Gesamtlänge zählt oder nicht. Dabei kann auf die in § 28 ABV enthaltende Regelung über die Gebäudelänge zurückgegriffen werden. Enthält die kommunale Bauordnung keine Regelung gilt § 28 Abs. 2 ABV, wonach bei der Bestimmung der Gebäude- beziehungsweise Gesamtlänge Besondere Gebäude im Sinne von § 49 Abs. 3 PBG unberücksichtigt bleiben (BEZ 2003 Nr. 34).

Unterirdische Gebäudeteile

In einem weiteren Sinne ist auf die Regelung über die Gebäudelänge zurückzugreifen: Gemäss Rechtsprechung sind unterirdische beziehungsweise den Boden nicht mehr als 50 cm überragende Gebäudeteile nicht zur Gebäudelänge hinzuzurechnen (VB.2005.00519; 2009.00659). Vgl. zur Gebäudelänge Seite 839 ff.

Benachbarte Hauptgebäude

Das Verwaltungsgericht hat sodann eine Trennung zwischen zwei Baukörpern von 20 bis 30 cm nicht als hinreichend für eine offene Überbauung beziehungsweise eine getrennte Messung der Gebäudelänge gewürdigt (VB.2009.00659, auch zum Folgenden). Die Regelung über die offene und die geschlossene Bauweise samt der dabei zulässigen Bautiefe könne durch die Begründung von Näherbaurechten nicht ausser Kraft gesetzt beziehungsweise umgangen werden. Die offene Bauweise beruhe auf einem (kantonalen) Mindestgebäudeabstand von 7 m (§ 271 in Verbindung mit § 270 Abs. 1 PBG). Folgerichtig müssten zwei Gebäude, die – aufgrund eines nachbarlichen Näherbaurechtes – dieses Mass unterschreiten, mit Bezug auf die Gebäudelänge so behandelt werden, als wenn sie in geschlossener und nicht in offener Bauweise erstellt wären, mit der Rechtsfolge, dass bei solchen Bauten die Bestimmungen über die maximal zulässige Gebäudelänge eingreifen würden. Der Gesetz- und Verordnungsgeber habe beim Mehrlängenzuschlag das Problem erkannt (§ 27 Abs. 2 ABV, vgl. Seite 848), nicht aber beim Zusammenbauen. Es sei daher von einer echten Regelungslücke auszugehen: Bestimme die Bau- und Zonenordnung in Anwendung von § 27 Abs. 2 ABV mit Bezug auf die Berechnung des Mehrlängenzuschlages eine Zusammenrechnung der Fassadenlänge, wenn der Gebäudeabstand ein bestimmtes Mass unterschreitet, könne davon ausgegangen werden, dass der kommunale Gesetzgeber das gleiche Mass für die Zusammenrechnung von Gebäuden bei Ermittlung der Gebäudelänge bestimmt hätte. Mithin könne dieses Mass auch für die Annahme einer «geschlossenen Bauweise» mit den aufgezeigten Konsequenzen für die Berechnung der Gebäudelänge herangezogen werden. Habe der kommunale Gesetzgeber von dieser Befugnis keinen Gebrauch gemacht, sei von einer geschlossenen (und nicht mehr offenen) Bauweise wohl dann auszugehen, wenn der Gebäudeabstand das aus wohnhygienischen oder feuerpolizeilichen Gründen gebotene Mass (§ 270 Abs. 3 PBG) unterschreite. Naheliegend sei ein Abstand von 3,50 m.

15.12.4   Grenzbau

15.12.4.1 *Hauptgebäude*

Anwendbare Vorschriften

Hauptgebäude dürfen grundsätzlich nicht an die Grenze gestellt werden. Die Ausnahmen hiervon sind in § 287 PBG geregelt. Die in dieser Bestimmung wiedergegebenen Voraussetzungen (lit. a–c) müssen kumulativ erfüllt sein. Daneben sind die Bestimmungen der Bauordnung zu beachten, da § 287 PBG über den Grenzbau sowie die Grundordnung (§ 286 Abs. 1 PBG) nur dann und insoweit gelten, als nichts anderes bestimmt ist. In diesem Sinne wird etwa in einer Bau- und Zonenordnung festgelegt, dass der Grenzbau ohne schriftliche Zustimmung der benachbarten Eigentümerschaft zulässig ist, soweit an ein bestehendes Gebäude angebaut werden kann oder wenn die geschlossene Bauweise vorgeschrieben ist.

Keine Verletzung von Mindestabständen

Erstens setzt der erlaubte Grenzbau voraus, dass keine Verletzung kantonaler oder kommunaler Mindestabstände eintritt (lit. a). Damit sind die Gebäudeabstände gemeint (Protokoll der Kommission des Kantonsrates für das PBG, Sitzung vom 11. Juli 1974, S. 481). Zu den beachtenswerten kantonalen Vorschriften über die Gebäudeabstände gehört auch die Bestimmung von § 274 PBG, wonach sich der nach § 271 PBG erforderliche Gebäudeabstand für den Fall reduziert, dass ein nachbarliches Gebäude näher an der Grenze steht, als es nach den Bauvorschriften zulässig ist (vgl. Seite 872). So oder so aber wird mit lit. a deutlich, dass § 287 PBG kein Instrument zur Unterschreitung der vorgeschriebenen Gebäudeabstände ist. Die Bestimmung kommt angesichts der Einschränkung in lit. a nur in Ausnahmefällen zum Tragen, was jedoch der Absicht des Gesetzgebers entspricht (RB 1996 Nr. 82). Zu präzisieren ist allerdings, dass mit nachbarlicher Zustimmung im Sinne von § 270 Abs. 3 PBG nicht nur der Grenz-, sondern auch der Gebäudeabstand unterschritten werden darf, sofern keine wohnhygienischen oder feuerpolizeilichen Gründe dagegen sprechen. Die Voraussetzung der Mindestgebäudeabstände kann somit durch das Näherbaurecht durchbrochen werden (RB 1996 Nr. 82; WOLF/KULL: N 186 f.).

Keine Überschreitung der Bautiefe

Die nach der Bau- und Zonenordnung zulässige Bautiefe darf nicht überschritten werden. In den anderen Fällen ist die nachbarliche Zustimmung für den Grenzbau erforderlich. Legt die Bau- und Zonenordnung nichts anderes fest, beträgt die zustimmungsfreie Bautiefe in Zentrums- und Industriezonen 20 m, in den anderen Zonen 14 m (§ 287 lit. b PBG). Diese Bestimmung privilegiert Gebäude entlang von Strassen, für welche Baulinien oder andere Baubegrenzungslinien festgesetzt sind. Fehlen solche, bedarf es für den Grenzbau immer der nachbarlichen Zustimmung. Das gilt auch für den Gebäudebereich, welcher hinter der massgeblichen Bautiefe liegt.

Die «Bautiefe» wird im PBG oder der ABV nicht explizit definiert. Aus § 287 lit. b PBG lässt sich indessen ableiten, dass mit dem Begriff der gesamte Rücksprung ab Verkehrsbaulinie beziehungsweise ab der sie ersetzenden Baubegrenzungslinie umschrieben wird. Baubegrenzungslinien sind ein Ersatz für Baulinien, die anstelle von Verkehrsbaulinien den Abstand von Gebäuden gegenüber Strassen, Plätzen und öffentlichen Wegen bestimmen (MÜLLER, S. 15). Der Strassen- und Wegabstand nach § 265 PBG ist mithin eine die Verkehrsbaulinie «ersetzende Baubegrenzungslinie» (VB.2007.00049 betreffend Mehrhöhenzuschlag nach § 270 Abs. 2 PBG, gilt aber auch für denselben Begriff in § 287 lit. b PBG). Enthält die Bauordnung keine davon abweichende Regelung, dürfte sich der massgebliche Rücksprung ohne allenfalls angebaute Besondere Gebäude bestimmen (analoge Anwendung von § 28 Abs. 2 ABV).

Beschränkung auf den seitlichen Grenzbau

Sodann ist der zustimmungsfreie Grenzbau nach dem ausdrücklichen Gesetzeswortlaut nur im seitlichen Verhältnis, nicht aber rückwärtig möglich. Der rückwärtige Grenzbau bedarf immer der nachbarlichen Zustimmung (§ 287 lit. b PBG). Im Weiteren ist für den rückwärtigen Grenzbau gemäss § 287 lit. c PBG erforderlich, dass nach Lage, Beschaffenheit und Zugehörigkeit des nachbarlichen Grundstücks der Anbau eines Hauptgebäudes möglich ist. Wird ein Grundstück von zwei oder mehreren Strassen mit Baulinien umgrenzt, entfällt der rückwärtige Bereich; rückwärtig im Verhältnis zur einen ist immer auch seitlich (und damit privilegiert) im Verhältnis zur anderen Strasse. Eine Unterscheidung nach Bedeutung oder Breite der Strassen wird nicht vorgenommen.

Abweichende kommunale Bestimmungen

Die Gemeinden können ergänzende, das heisst, einschränkendere Bestimmungen über den Grenzbau erlassen. Erlaubt zum Beispiel eine Bauordnung den Grenzbau ohne Zustimmung des betroffenen Nachbarn nur, soweit an dessen bestehendes Gebäude angebaut werden kann, ist das Ausmass des zustimmungsfreien Anbaus durch das Profil der nachbarlichen Baute vorgegeben. Für eine weitergehende Beanspruchung der Grenze in der horizontalen oder vertikalen Ausdehnung ist die nachbarliche Zustimmung unumgänglich (BEZ 1999 Nr. 38). Ein im Grundbuch eingetragenes generelles Grenzbaurecht stellt eine solche Zustimmung dar (BEZ 2002 Nr. 63).

Der Grenzbau kann nicht gestützt auf § 270 Abs. 3 PBG mit nachbarlicher Zustimmung ermöglicht werden (vgl. hierzu Seite 861).

15.12.4.2   *Besondere Gebäude*

§ 275 und § 276 PBG gelten nicht nur für Hauptgebäude, sondern auch für Besondere Gebäude im Sinne von § 49 Abs. 3 PBG. Nach dieser Bestimmung liegt es in der Zuständigkeit der Gemeinde, in ihren Bau- und Zonenordnungen Erleichterungen für den Grenzbau von Besonderen Gebäuden vorzusehen. Soweit sie diese nicht nutzt, werden Besondere Gebäude hinsichtlich des Grenzbaus wie Hauptgebäude behandelt (BEZ 1991 Nr. 7). § 49 Abs. 3 PBG ist eine reine Kompetenznorm und erlaubt kein Abweichen im Einzelfall.

Den Gemeinden steht für die Regelung der Besonderen Gebäude ein erheblicher Ermessensspielraum zu. Sie können zum Beispiel die Höhenmasse tiefer (aber nicht höher) ansetzen, als sie in § 49 Abs. 3 PBG enthalten sind, eine flächenmässige Begrenzung einführen oder die nachbarliche Zustimmung für den Grenzbau vorsehen.

Teilweise haben die Gemeinden die bisher in § 288 altPBG enthaltene Regelung im Grundsatz in ihre kommunale Bau- und Zonenordnung übernommen. Danach waren Besondere Gebäude, die nicht an der Grenze zusammengebaut werden, auf ein Drittel der nachbarlichen Grenze beschränkt. Bei der Drittelsregelung spielt keine Rolle, wie die Grenze verläuft. Auch bei abgewinkeltem Grenzverlauf ist ausschliesslich die gesamte Länge der gemeinsamen Grenze massgeblich. Sind etwa in Eckbereichen mehrere Nachbargrundstücke betroffen, ist die entscheidende Länge pro Nachbargrundstück zu messen (BEZ 1991 Nr. 9). Zum Begriff der Besonderen Gebäude vgl. Seite 869 ff.

15.12.4.3   *Öffnungen in Grenzfassaden*

Öffnungen in Grenzfassaden bedürfen der baurechtlichen Bewilligung der Baubehörde und der Zustimmung des Nachbarn. Der Nachbar kann mangels abweichender privatrechtlicher Regelung solche Öffnungen seinerseits verbauen, es sei denn, das bisherige Recht habe einen Anspruch auf deren Fortbestand gegeben (§ 289 PBG).

15.12.4.4   *Verbot der überragenden Bauteile*

Gebäude sind grundsätzlich innerhalb bestimmter Parzellen zu errichten. Bei einer Grenzbaute bedeutet dies, dass kein Bauteil die Grenze überstellen darf. Dies schliesst zwar nicht aus, dass beispielsweise das Dach einer Grenzbaute auf ein benachbartes Grundstück ragt. Diesfalls hat jedoch der Bauwillige nach § 310 Abs. 3 PBG seine Berechtigung nachzuweisen. Bei der genannten Norm handelt es sich allerdings nicht um eine zwingende, sondern um eine blosse Ordnungsvorschrift.

Überragende Bauteile, die ohne Einwilligung der Nachbarn erstellt werden, verstossen aber in materieller Hinsicht gegen die Parzellarordnung. Die Parzellarordnung und die Pflicht von Behörden und Privaten, diese zu beachten, ist im Gesetz zwar nirgends ausdrücklich verankert, wird jedoch stillschweigend vorausgesetzt. Die Tatsache, dass der zur baulichen Nutzung bestimmte Boden in Grundstücken unterteilt ist, liegt dem gesamten Planungs- und Baurecht zugrunde. Im Baupolizeirecht knüpfen insbesondere die Abstandsvorschriften an diese Ordnung an. Deren Beachtung stellt daher einen ungeschriebenen, auch im Baubewilligungsverfahren massgebenden öffentlich-rechtlichen Grundsatz dar. Die Baubewilligung für überragende Vordächer, Dachrinnen usw. darf daher nur mit nachbarlicher Zustimmung erteilt werden (BEZ 1987 Nr. 2, 1991 Nr. 6). Es kann vorkommen, dass der Grenzverlauf nicht ganz klar ist beziehungsweise Grenzverletzungen ohne entsprechende Absicht auftreten. Dann steht dem verletzten Grundeigentümer nach Art. 674 ZGB ein Beseitigungsanspruch zu. Er verwirkt ihn aber, wenn er nicht rechtzeitig, das heisst unmittelbar nach der objektiven Erkennbarkeit der Verletzung, Einspruch erhebt und der Überbauende gutgläubig war. Der Überbauende kann die Einräumung einer Dienstbarkeit oder die Abtretung von Boden gegen angemessene Entschädigung beanspruchen, wenn dem Verletzten die Duldung des Überbaus eher zuzumuten ist als dem Überbauenden die Beseitigung (BR 1995 Nr. 249 mit redaktioneller Anmerkung). Vgl. auch Seite 1199 f.

15.12.4.5 *Brandmauern*

Erstellungspflicht

Werden Gebäude aneinander gebaut (§ 286 PBG) oder wird ein Gebäude an die Grenze gestellt (§ 287 PBG), so ist eine Brandmauer zu errichten (§ 290 Abs. 1 PBG). Die Anforderungen an Brandmauern richten sich nach den Anforderungen der BSN und der Brandschutzrichtlinie «Schutzabstände, Brandabschnitte» (vgl. hierzu Seite 1039).

Wo ein wirksamer Brandschutz es erfordert, sind Zwischenbrandmauern zu erstellen (§ 290 Abs. 2 PBG). Umgekehrt sind Öffnungen in Brandmauern oder deren Weglassung in einzelnen Geschossen zulässig, wenn die Nutzungsart oder andere Verhältnisse es rechtfertigen und ein genügender Brandschutz gewährleistet bleibt (§ 290 Abs. 3 PBG).

Das bedeutet zum einen, dass dort keine Brandmauer zu erstellen ist, wo ein Gebäude gegenüber der Grenze offen ist, das heisst, lediglich Stützen aufweist (zum Beispiel ein offener Carport). Denn in einem solchen Fall besteht keine Fassade, welche feuerpolizeilich von irgendwelcher Relevanz wäre. Im Weiteren sollte auch bei Kleinbauten (Gartenhäusern und Schöpfen im Sinne von § 18 BBV II), die dem verschärften Abstand zwischen Gebäuden mit brennbaren Aussenwänden ohnehin nicht unterstellt sind, auf eine Brandmauer verzichtet werden können. Allgemein rechtfertigt es sich, § 290 Abs. 3 PBG nach dem Grundsatz der Verhältnismässigkeit auszulegen. Dabei kommt den öffentlichen Interessen des Brandschutzes naturgemäss ein entsprechend hohes Gewicht bei. Andererseits darf dieses Interesse auch nicht überdehnt werden. Den rechtsanwendenden Behörden (Baubehörden der Gemeinden) kommt bei der Auslegung und Anwendung der Norm im Einzelfall ein gewisser Beurteilungsspielraum zu.

Verhältnis zu den feuerpolizeilichen Anforderungen

Gemäss den seit dem 1. Januar 2005 geltenden Brandschutzrichtlinien sind Brandmauern nur noch zwischen Wohnbauten sowie bei landwirtschaftlichen Gebäuden zwischen dem Wohn- und dem Wirtschaftsteil erforderlich (Ziff. 3.10.4 und 3.10.5 der Brandschutzrichtlinie «Schutzabstände/Brandabschnitte», vgl. Näheres Seite 1039). Demgemäss verlangt § 290 PBG, darüber hinausgehend, bei geschlossener Bauweise regelmässig die Erstellung von Brandmauern; dies auch dann, wenn ein wirksamer Brandschutz dies nicht erfordert (§ 290 Abs. 2 PBG).

Diese materiellrechtlichen Differenzen werden vom Gesetzgeber auszuräumen sein. Dabei erscheint es sinnvoll, bei Grenzbauten sowie bei nachträglichen Parzellierungen auch weiterhin die Errichtung einer Brandmauer zu verlangen, da hiermit der grösstmögliche Eigentumsschutz gewährleistet ist und dies den Brandschutzrichtlinien nicht widerspricht (BEZ 2007 Nr. 53). Einstweilen aber ist § 290 PBG in der geltenden, strengeren Formulierung in Kraft und unabhängig von den feuerpolizeilichen Anforderungen anzuwenden.

Die technischen Erfordernisse an Brandmauern, wie etwa an den Feuerwiderstand, ergeben sich aus der Brandschutzrichtlinie «Schutzabstände/Brandabschnitte» (vgl. dazu Seite 1039).

Rechtliche Regelungen

Kommt zwischen Nachbarn kein privatrechtlicher Vertrag über die Erstellung einer gemeinsamen Brandmauer zustande, hat jeder auf eigenem Grund eine hinreichende Brandmauer zu errichten (§ 291 Abs. 1 PBG).

Erfolgt keine anders lautende privatrechtliche Regelung, darf über eine gemeinsame Brandmauer jeder Beteiligte nach den anerkannten Regeln der Baukunde verfügen, wenn dadurch die Zweckbestimmung der Mauer, Gebäude zu scheiden und zu sichern, nicht beeinträchtigt wird. Das Recht umfasst insbesondere (also nicht abschliessend) das Unterfangen, Erhöhen, Vertiefen oder Verlängern der Brandmauer. Für das Verfahren gelten die Bestimmungen über die Inanspruchnahme von Nachbargrundstücken (§ 291 Abs. 2 PBG).

Arbeitshilfen

Suchbegriff	Bezeichnung	Bezugsquelle
Gewässerabstand	BAFU: Erläuternder Bericht zur Parlamentarischen Initiative «Schutz und Nutzung der Gewässer» (07.492). Änderung der Gewässerschutz-, Wasserbau-, Energie- und Fischereiverordnung, S. 11).	www.bafu.ch
	BAUDIREKTION: Richtlinien «für das Festlegen des Abstandes von ober- und unterirdischen Bauten und Anlagen von öffentlichen Gewässern», vom 11. August 2009 (Richtlinien Gewässerabstand 2009)	www.wasser.zh.ch
	BAUDIREKTION/GEBÄUDEVERSICHERUNG, Leitfaden zur Umsetzung der Gefahrenkarten Hochwasser	www.hochwasser.zh.ch
Hochwasser	BAUDIREKTION/GEBÄUDEVERSICHERUNG, Broschüre für Grundeigentümer: «Hochwasser, vorbeugen, schützen, Schäden vermeiden»	www.hochwasser.zh.ch
Parzellierung	BAUDIREKTION: Teilungsgrundsätze für Parzellen an der Bauzonengrenze, Kreisschreiben vom 20.12.2007	Amt für Landschaft und Natur, 8090 Zürich, wiedergegeben auch in PBG aktuell 1/2008 Seite 30

16
Gebäudedimensionen und Umgebung

16.1   Geschosse

16.1.1   Horizontale Gebäudeabschnitte

16.1.1.1   *Grundsatz*

§ 275 PBG legt die Begriffsdefinition für Voll-, Unter- und Dachgeschosse als horizontale Gebäudeabschnitte abschliessend fest. Davon zu unterscheiden ist die Anrechenbarkeit eines solcherart definierten Gebäudeabschnittes an die gemäss Bau- und Zonenordnung erlaubte Geschosszahl. Diese wird in § 276 PBG geregelt (vgl. Seite 890 ff.).

Geschossschema nach PBG (Zeichnung: Stefan Reimann)
Dieses Gebäude liegt in der Wohnzone W2. Zulässig sind zwei Vollgeschosse und zwei anrechenbare Dachgeschosse.

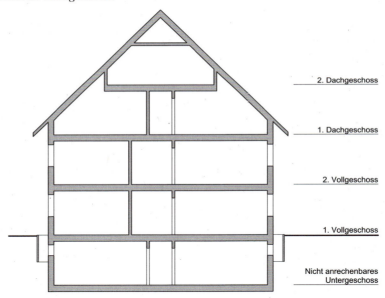

2. Dachgeschoss

1. Dachgeschoss

2. Vollgeschoss

1. Vollgeschoss

Nicht anrechenbares
Untergeschoss

Geschosse sind also horizontale Gebäudeabschnitte. Je nach ihrer Lage in Bezug auf die Schnittlinie Dachfläche/Fassade beziehungsweise das gewachsene Terrain gelten sie als Voll-, Dach- oder Untergeschosse (§ 275 PBG). Einen einzigen Gebäudeabschnitt bildet, was eine optisch-architektonische Einheit darstellt. Unmassgeblich ist, ob separate Eingänge oder eine Brandmauer bestehen. Ist ein Gebäude in diesem Sinne ein organisches Ganzes und besteht es nicht aus einzelnen höhenverschobenen Baukörpern, so bildet die gleiche horizontale Ebene (unabhängig der Eigentumsverhältnisse, der Zugänge und der Funktionen) ein und dasselbe Geschoss. Sie ist hinsichtlich der Geschosszahlberechnung als Einheit zu betrachten (BEZ 1987 Nr. 18). Ein horizontal durchgezogenes Geschoss kann also nicht auf der einen Seite ein Vollgeschoss, auf der anderen Seite dagegen ein Dach- oder Untergeschoss sein.

Überstellt ein Bauvorhaben die Zonengrenze, so muss es die Vorschriften beider Zonen einhalten. Enthält also ein Dach- oder ein Untergeschoss nur im Bereich der einen Zone für die Bestimmung der Geschosszahl anrechenbare Räume, so gilt dieses Geschoss auch in der anderen Zone als anrechenbar (RB 1994 Nr. 84).

16.1.1.2   *Gestaffelte und nicht durchgehende Geschosse*

Höhenversatz

Der Gebäudeabschnitt kann hinsichtlich Höhe und Fassadenverlauf gestaffelt sein (BEZ 1986 Nr. 50). Tritt ein solcher abgestufter Gebäudeteil nicht als zusätzliches Geschoss in Erscheinung, so bildet er kein solches (RB 1992 Nr. 71 sowie RB 1993 Nr. 49, wo eine Abstufung innerhalb der Geschossfläche um 50 cm als zulässig bezeichnet wurde). Das Verwaltungsgericht hat selbst bei einem Geschossversatz von 1 m ein durchgehendes Geschoss angenommen (BEZ 2003 Nr. 23). Es ging dort um den Anbau neuer Räume. Das Verwaltungsgericht hielt fest, dass die neuen Räume konstruktiv als Teil des bisherigen Gebäudes erscheinen. Sie sind durch die innere Erschliessung so mit dem bisherigen (Keller-)Geschoss verbunden, dass die ganze Ebene als einheitliches Geschoss beurteilt werden muss.

Zulässiger Geschossversatz (Zeichnung: Stefan Reimann)
Die Ebenen 1 und 2 gelten trotz des (untergeordneten) Versatzes als je ein Geschoss.

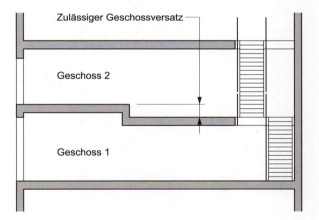

Galerie als Geschoss

Auch eine Galerie ist ein «Geschoss» und als solches anrechenbar, wenn ihr mehr als reine Erschliessungsfläche für Estrichräume zukommt (BEZ 1985 Nr. 22 allerdings noch zu § 69 des alten Baugesetzes, doch noch immer aktuell). Entscheidend ist, ob die Galerie zu einer Wohn- oder Arbeitsnutzung objektiv geeignet ist oder mit geringem Aufwand entsprechend ausgebaut werden kann. Das ist zu verneinen bei einer Galerie von 1,50 m Breite, die in erster Linie als Erschliessungsfläche zu den Estrichräumen dient und für eine zusätzliche Nutzung ungünstige Proportionen aufweist (VB.2003.00370).

Galerie als Geschoss (Zeichnung: Stefan Reimann)

Das Geschoss 2 ist eine Galerie und als solches anrechenbar, obschon keine durchgehende Ebene vorhanden ist.

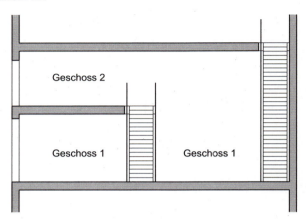

16.1.1.3   *Besonderheiten bei zusammengebauten Häusern*

Grundsatz

Grundsätzlich sind die Geschosse für jedes eigenständige Gebäude separat zu zählen. Bei zusammengebauten Gebäuden kann bisweilen unklar sein, ob die einzelnen Gebäude «eigenständig» in diesem Sinne sind. Nach der Praxis wird ein Teil eines zusammengebauten Baukörpers nur dann zu einem eigenständigen Gebäude, wenn er eine von andern Teilen des Baukörpers abgegrenzte separate Grundfläche aufweist und sich in einem gewissen Masse auch optisch verselbstständigt hat. Andernfalls liegt ein als Einheit zu betrachtendes Gebäude vor, bei dem die Geschosse durchgehend zu betrachten und zu zählen sind. Zwei oberirdisch freistehende Gebäude bleiben trotz durchlaufendem Untergeschoss (etwa in Form einer Tiefgarage) selbstständig (VB.2006.00107).

→ Siehe Schnitt rechte Seite

16.1.1.4   *Geschosszählung bei terrassierten Baukörpern*

Im Allgemeinen

Dem Gelände angepasste abgestufte Geschossflächen sind zulässig. Dann sind in Gemeinden, die keine besonderen Vorschriften für Terrassenhäuser kennen, die Geschosse durchgehend als horizontale Ebenen zu betrachten und jeweils für jeden abgestuften Gebäudeteil getrennt zu zählen (vgl. etwa VB.2006.00107). Dabei drängt es sich auf, die Geschosszahlvorschriften jeweils bei jeder Abtreppung anzuwenden, das heisst bei den talseitigen Geschossbegrenzungen. Das Gesamtgebäude darf bei keinem Teil die zulässige Geschosszahl gemäss Bau- und Zonenordnung übersteigen (vgl. RB 1974 Nr.81; RB 1992 Nr.71; VB.98.00149; RB 1999 Nr.112; BEZ 2001 Nr.16). Die Grundsätze der zusammengebauten Häuser gelten also auch, wenn diese an Hanglagen terrassiert sind. Denn das PBG kennt keine spezifische Geschosszahlqualifikation und Geschosszählung für terrassierte Häuser.

Durchgehende Geschosszählung

Bei diesem über die Zonengrenze zusammengebauten Haus sind die einzelnen Teile nicht eigenständig. Die Geschosse werden durchgehend gezählt. Der in der zweigeschossigen Wohnzone liegende Teil ist übergeschossig, weil das durchgehende zweite Dachgeschoss im Kernzonenteil anrechenbare Räume enthält (vgl. RB 1994 Nr. 84 und 85).

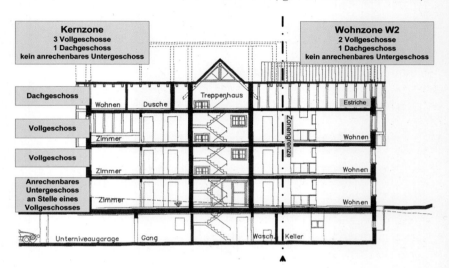

Durchgehende Geschosse bei einem terrassierten Haus (Zeichnung: Heinz Beiner)

Das Beispiel liegt in der Wohnzone W3. Zulässig sind ein anrechenbares Untergeschoss, drei Vollgeschosse und ein anrechenbares Dachgeschoss. Jedes Geschoss wird durchgehend (und nicht abschnittsweise) betrachtet. Für Geschosszahlberechnung sind sämtliche übereinander liegenden Geschosse in Anschlag zu bringen. Die Geschosse sind jeweils als ganzes als solche anrechenbar und nicht nur in jenen Bereichen, in welchen anrechenbare Räume vorhanden sind. Die «Vollgeschosse» liegen alle teilweise im gewachsenen Boden, sodass sie als Untergeschosse gelten, welche anstelle eines Vollgeschosses erstellt werden.

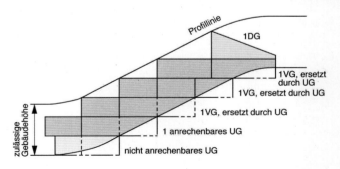

Geschosszahlberechnung bei gedeckten Sitzplätzen (Zeichnung: Andreas Lichti)

Schematisierte Darstellung des in VB.98.00149 abgehandelten Falles. Das Beispiel liegt in den Wohnzone W2. Zulässig sind zwei Vollgeschosse und ein anrechenbares Dachgeschoss. Die Vollgeschosse liegen alle im gewachsenen Boden, sodass sie als Untergeschosse gelten, welche anstelle eines Vollgeschosses erstellt werden. Die Geschosse enden talseitig jeweils mit einem gedeckten Sitzplatz, welcher teilweise überdacht und seitlich geschlossen ist. Diesen Sitzplätzen kommt Gebäudequalität zu, weshalb sie Bestandteil des jeweiligen (durchgehenden) Geschosses bilden. Im Bereich 3 sind daher drei Geschosse vorhanden, was nicht zulässig ist.

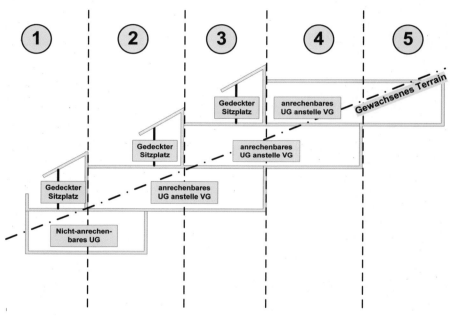

Auch terrassierte Baukörper können somit nur dann als zusammengebaute Einzelhäuser mit separater Geschosszählung qualifiziert werden, wenn die einzelnen Teile bis auf den Baugrund durchgehend baulich-funktional getrennt sind (vgl. BRKE IV Nr. 0020/1998, bestätigt in VB.1998.00149). Hieran fehlt es in den beiden vorstehenden Beispielen, bestehen doch keine baulich-funktionalen Vertikaltrennungen der Baukörper, die eigenständige Gebäude auf separaten Grundflächen ausscheiden (auch wenn sie separate Wohnungserschliessungen und Hausnummern haben mögen).

Kompetenzen der Gemeinden

Die Gemeinden können für Terrassenhäuser besondere Bauvorschriften aufstellen, die von den vorerwähnten Grundsätzen der Geschosszählung abweichen (§ 77 PBG). Nur wenn eine derartige kommunale Bestimmung besteht, stellt sich die Frage nach der Definition des Begriffes «Terrassenhaus». Entspricht eine projektierte Überbauung den Vorgaben einer Terrassenüberbauung, untersteht sie den entsprechenden Terrassenbauvorschriften der Bau- und Zonenordnung und nicht wahlweise den Vorschriften über die Regelbauweise, selbst wenn letztere günstiger sind (BEZ 2001 Nr. 16, bestätigt mit VB.2000.00300, auch zur Höhenbeschränkung von Terrassenhäusern, kritisiert in RPG-NO Nr. 2/2000 und bei Kull 2001).

Die Formulierung «Terrassen- und ähnliche Überbauungen» erfasst Baukörper mit entsprechend dem Terrainverlauf horizontal verschobenen Geschossen, lässt dem kommunalen Gesetzgeber aber auch die Möglichkeit, genauere Spezifikationen des Überbauungstypus festzulegen. Die Gemeinden können daher gestützt auf § 77 PBG auch Spezialvorschriften für terrassierte Einzelgebäude erlassen, die den Besonderheiten der an den Terrainverlauf angepassten Bauweise besser Rechnung tragen. In vielen Bauordnungen wird beispielsweise eine besondere Geschosszählung festgelegt, indem anstelle der für die Regelbauweise geltenden Geschossqualifikation (Voll-, Unter- und Dachgeschosse) der Begriff «Stufe» verwendet wird. Es finden sich auch Kombinationen von «Stufenzahlen» (mit oder ohne Beziehung zur erlaubten Geschosszahl) mit Gebäudehöhenvorschriften; dies etwa mit den Formulierungen, dass die zonengemässe Gebäudehöhe nur in der seitlichen Ansicht zu beachten sei oder an keinem Punkt überschritten werden dürfe. Die Zielsetzung solcher Bestimmungen liegt darin, eine «Überhöhe» von terrassierten Bauten zu verhindern und die äussere Erscheinung eines Terrassenhauses zu regeln. Solche Normierungen enthalten nicht zuletzt auch eine gestalterische Komponente, indem sie sicherstellen, dass Terrassenhäuser hangaufwärts gesehen nicht wesentlich anders wirken als ein nicht terrassiertes Gebäude (BEZ 2001 Nr. 16).

Zum Begriff Terrassenhaus

In § 77 PBG wird der Begriff «Terrassen- oder ähnliche Überbauungen» verwendet. In den Bauordnungen ist meistens von «Terrassenhaus» oder «Terrassenüberbauung» die Rede. Was darunter zu verstehen ist, wird weder im PBG noch in der ABV definiert. Nach allgemeinem Sprachgebrauch sind Terrassenhäuser Gebäude, bei denen – bedingt durch die Hangneigung – horizontale Gebäudeabschnitte stufenförmig so versetzt sind, dass die Dachfläche eines vorgelagerten Gebäudeteils gleichzeitig als Terrasse für das darüber liegende Geschoss fungiert. Entscheidend für das äussere Erscheinungsbild ist die Terrassierung (Abstufung). Diese muss als solche erkennbar sein, was heisst, dass das Verhältnis zwischen (offener) Terrassenfläche zur Wohnfläche mindestens 1:3 betragen soll (BEZ 2001 Nr. 16). Vgl. im Übrigen zum Begriff der Terrassenhäuser RB 1993 Nr. 49, 1999 Nr. 121; BEZ 1995 Nr. 21; Walker Späh 1996 S. 23 ff.

Eine solche Staffelung liegt nicht bereits vor, wenn einzelne Baukörper höhenversetzt aneinandergereiht werden, sondern nur dann, wenn ein terrassiertes Haus über durchgehende Geschosse verfügt, die teilweise übereinander liegen. Nur dann treten die für solche Bauten typischen Probleme hinsichtlich der Geschosszählung auf, welche der Grund dafür sind, dass § 77 PBG die Gemeinden ermächtigt, für Terrassen- und ähnliche Überbauungen eigene Bestimmungen aufzustellen, die von den normalen Zonenvorschriften abweichen. Terrassenhäuser im umschriebenen Sinne dürfen also mehr Vollgeschosse aufweisen als sonst zulässig wären, sofern diese Geschosse (Stufen) so ausreichend versetzt sind, dass jeweils nicht mehr als die zulässige Zahl übereinander liegt. Ähnliches gilt auch für die Gebäude- und die Firsthöhe (vgl. KULL 2001: S. 46; VB. 2006.00247).

16.1.2   Voll-, Dach- und Untergeschosse

16.1.2.1   *Vollgeschosse*

Vollgeschosse sind horizontale Gebäudeabschnitte, die über dem gewachsenen Boden und unter der Schnittlinie zwischen Fassade und Dachfläche liegen (§ 275 Abs. 1 PBG). Alle Vollgeschosse sind zur Geschosszahl anrechenbar, auch wenn sie keine Wohn-, Schlaf- oder Arbeitsräume enthalten, was sich aus der in § 276 Abs. 1 PBG getroffen Unterscheidung zwischen Vollgeschossen einerseits sowie Dach- und Untergeschossen andererseits ergibt.

16.1.2.2   *Dachgeschosse*

Begriff

Dachgeschosse sind horizontale Gebäudeabschnitte, die über der Schnittlinie zwischen Fassade und Dachfläche liegen. Gebäudeabschnitte mit einer Kniestockhöhe von höchstens 0,90 m, gemessen 0,40 m hinter der Fassade, gelten als Dachgeschosse (vgl. zur Kniestockdefinition Seite 895 ff.). Bei vor dem 1. Juli 1978 bewilligten Gebäuden darf die Kniestockhöhe bis 1,30 m betragen (§ 275 Abs. 2 PBG).

Ein Dachgeschoss, das die für ein Schrägdach zulässigen Dachebenen durchbricht, zählt als Vollgeschoss (RB 1993 Nr. 42).

Anrechenbarkeit

Dachgeschosse sind zur Geschosszahl anrechenbar, wenn sie Wohn-, Schlaf- oder Arbeitsräume enthalten. Oder umgekehrt: Ein Dachgeschoss, das zum Beispiel nur Estrich- oder Heizräume enthält, gilt nicht als anrechenbares Geschoss. Zum Begriff der Wohn-, Schlaf- oder Arbeitsräume vgl. die Ausführungen zu § 255 PBG (Seite 741 f.). Damit sind weitgehend dieselben Räumlichkeiten angesprochen, deren Flächen auch zur Anrechnung an die Ausnützungsziffer führen (BEZ 2003 Nr. 31, auch zum Folgenden). Ergänzend zum (eng gefassten) Wortlaut führen neben eigentlichen Wohn-, Schlaf- und Arbeitsräumen auch weitere Räume für den dauernden Aufenthalt wie etwa Toiletten, Garderobenräume oder Bastelräume sowie Sanitärräume (Toiletten, Dusche) oder ein Büroraum zur Anrechenbarkeit eines Geschosses (BEZ 1995 Nr. 3; BEZ 2010 Nr. 37 mit Hinweisen). Dasselbe gilt für eine Sauna. Denn auch solche Räume dienen dem Wohnen, wozu auch die Ausübung eines Hobbys und in untergeordnetem Umfang das Arbeiten gehören. Zur Anrechenbarkeit einer Galerie vgl. Seite 885.

Im Übrigen aber ist die Geschosszahl von der Ausnützung unabhängig. Daher sind auch die nach § 10 Abs. 3 ABV ausdrücklich von der Ausnützung befreiten Räume (Gemeinschaftsräume, der Arbeitsplatzgestaltung dienende Nebenräume, verglaste Balkone) Wohn- beziehungsweise Arbeitsräume im Sinne der Dachgeschossdefinition. Aber umgekehrt sind ein Hauszugang und ein Treppenhaus keine «Räume» nach § 276 Abs. 1 PBG, sondern «Flächen» und führen nicht nur Anrechenbarkeit (BEZ 2003 Nr. 31).

Der Umfang anrechenbarer Räume ist unbeachtlich. Selbst wenn ein Dachgeschoss lediglich einen Wohn- oder Arbeitsraum enthält, ist es an die Geschosszahl anrechenbar. Es kann daher auch nicht darauf ankommen, in welchem Bereich der Geschossfläche sich Wohn-, Schlaf- oder Arbeitsräume befinden. Das muss auch dann gelten, wenn eine Baute die Zonengrenze überstellt. Die Geschossfläche ist eine Einheit. Ein Dachgeschoss ist als Ganzes anrechenbar, wenn ein Raum im Sinne von § 276 Abs. 1 PBG vorhanden ist (RB 1994 Nr. 84).

16.1.2.3   *Untergeschosse*

Begriff

Untergeschosse sind horizontale Gebäudeabschnitte, die ganz oder teilweise in den gewachsenen Boden (zum Begriff vgl. Seite 906 ff.) hineinragen (§ 275 Abs. 3 PBG).

Für die Qualifikation als Untergeschoss ist unerheblich, in welchem Mass das Geschoss unterhalb des gewachsenen Terrains liegt. Ein horizontaler Gebäudeabschnitt ist also selbst dann ein Untergeschoss, wenn er nur geringfügig (das heisst in den Plänen 1: 100 darstellbar) in den gewachsenen Boden hineinragt (vgl. etwa VB.2005.00051). Das ergibt sich klar aus dem Wortlaut von § 275 Abs. 3 PBG. Der Umstand, dass nach landläufiger Auffassung ein Untergeschoss mehrheitlich unter dem gewachsenen Boden liegen muss, rechtfertigt nicht, der klaren Legaldefinition von § 275 Abs. 3 PBG die Anwendung zu versagen (VB.2003.00370). Damit öffnet das Gesetz für die Gestaltung von Untergeschossen einen weiten Spielraum. Das Untergeschoss wird inkl. Betondecke gemessen (vgl. dazu Seite 892).

Ob ein Untergeschoss mehrheitlich oder weniger in den gewachsenen Boden hineinragt, wird somit erst für dessen Anrechenbarkeit zur Geschosszahl entscheidend, sofern keine Wohn-, Schlaf- oder Arbeitsräume vorhanden sind (§ 276 Abs. 1 PBG). Abzugrenzen ist auch hinsichtlich der Ausnützung: Nach § 9 ABV (zur Gesetzmässigkeit dieser Norm vgl. Seite 755 f.) gelten mehrheitlich über dem gewachsenen Terrain liegende Untergeschosse nur hinsichtlich der Ausnützung als Vollgeschosse. Sie bleiben aber Untergeschosse im Sinne von § 275 Abs. 3 PBG.

Untergeschosse mit Wohn-, Schlaf- oder Arbeitsräumen

Ein Untergeschoss, das Wohn-, Schlaf- oder Arbeitsräume enthält (zum Begriff vgl. Seite 741 f. und die vorstehenden Ausführungen zu den Dachgeschossen), ist unabhängig davon zur Geschosszahl anrechenbar, wie weit es in den gewachsenen Boden hineinragt. Die Tatsache allein, dass Räume im erwähnten Sinne vorhanden sind, führt zur Anrechenbarkeit.

Wie beim Dachgeschoss bewirken ein Hauszugang und ein Treppenhaus allein nicht die Anrechenbarkeit als Geschoss. Denn sie sind keine «Räume», die im Sinne von § 276 Abs. 1 PBG dem dauernden Aufenthalt dienen, sondern «Erschliessungsflächen», die unter bestimmten Voraussetzungen an die Ausnützung anrechenbar sind. Solche Erschliessungsflächen werden im Gesetz denn auch nur im Zusammenhang mit der Anrechenbarkeit an die Ausnützungsziffer, nicht aber auch an die Geschosszahlvorschriften erwähnt (§ 255 Abs. 1 und § 276 Abs. 1 PBG; BEZ 2009 Nr. 50 unter Bezugnahme auf BEZ 2003 Nr. 31).

Wird ein bisher nicht anrechenbares Untergeschoss, das mehrheitlich unter dem gewachsenen Boden liegt und keine Wohn-, Schlaf- oder Arbeitsräume enthält, nachträglich für solche Räume ausgebaut, so wird es damit anrechenbar. Die Umnutzung kann also nur geschehen, wenn die kommunale Bau- und Zonenordnung ein anrechenbares Untergeschoss erlaubt; sonst müsste das Geschoss im Sinne von § 276 Abs. 2 PBG als Vollgeschoss qualifiziert werden (BEZ 2009 Nr. 23).

Untergeschosse, die mehrheitlich über dem gewachsenen Terrain liegen
Zur Geschosszahl anrechenbar sind auch Untergeschosse, die mehrheitlich über dem gewachsenen Boden liegen (§ 276 Abs. 1 PBG). «Mehrheitlich» meint das Volumen. Es ist also das Volumen des über- bzw. unter dem gewachsenen Terrain liegenden Geschossteils zu berechnen.

Dabei bildet Teil des Untergeschosses auch dessen Betondecke. Dies ergibt sich schon aus der Definition von § 2 Abs. 1 ABV, wonach Gebäude einen Raum gegen äussere, namentlich atmosphärische Einflüsse abschliessen, was einen oberen Abschluss, bei Geschossen also eine Decke, voraussetzt. Zum gleichen Schluss führt alsdann auch die fachsprachliche Betrachtungsweise, wonach die horizontale Trennung zwischen zwei Geschossen als Decke und nicht als Boden bezeichnet wird, diese bauliche Trennung also jeweils dem unteren Geschoss als dessen Decke zuzurechnen ist (BEZ 2009 Nr. 63; VB.2008.00163, auch zum Folgenden). Der Fertigboden des darüberliegenden Geschosses ist hingegen jenem Gebäudeabschnitt zugehörig. An der anders lautenden Auffassung (Messweise Unterkant Fussboden bis Unterkant Decke) in der 4. Auflage dieses Buches (S. 11–26) ist nicht festzuhalten.

Untergeschoss (Zeichnung Stefan Reimann)
Die Betondecke, nicht aber der Fertigboden gehören zum Untergeschoss.

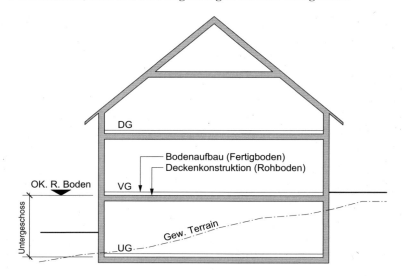

Die Bau- und Zonenordnung kann die Freilegung von Untergeschossen näher regeln (§ 293 PBG; Seite 964 f.). Inwieweit Untergeschosse aber gemäss § 293 PBG über dem gestalteten Boden in Erscheinung treten, ist für deren Qualifikation und Anrechenbarkeit ohne Belang, da auf den gewachsenen (und nicht gestalteten) Boden abzustellen ist.

16.1.3   Zulässige Anzahl von Geschossen

Regelungskompetenzen der Gemeinden

Nach §§ 49 Abs. 2 lit. c und 49a Abs. 2 PBG sind die Gemeinden befugt, die Geschosszahl in bestimmtem Rahmen selbst zu regeln. In den Bauordnungen können je nach den örtlichen Verhältnissen und den Vorgaben der Richtplanung zonenweise oder für Teilbereiche von Zonen bis zu sieben Vollgeschosse, zwei Dachgeschosse unter Schrägdächern oder ein Dachgeschoss über Flachdächern sowie ein anrechenbares Untergeschoss zugelassen werden. Die zulässige Geschosszahl darf an keiner Stelle des Gebäudes überschritten sein.

Zur ausnützungsregulierenden Funktion von Geschosszahlvorschriften

Geschosszahlvorschriften haben eine ausnützungsregulierende Funktion. Das Verwaltungsgericht hat deshalb entschieden, dass ein Gebäude, das bereits ein Vollgeschoss zuviel aufweist, nicht durch ein (für sich selbst zulässiges) anrechenbares Dachgeschoss erweitert werden darf, wenn dies zu einer Übergeschossigkeit des Gebäudes führt. An der früheren Praxis, wonach die Geschosszahl für jede Geschossart einzeln zu bestimmen ist, hat das Verwaltungsgericht nicht mehr festgehalten (BEZ 2007 Nr. 30).

Zulässige Dachgeschosse insbesondere

Wie erwähnt können die Gemeinden bei Schrägdächern zwei Dachgeschosse, bei Flachdächern jedoch nur ein Dachgeschoss zulassen. Das ruft vorerst nach einer Definition des Flachdaches. Es kann hierzu auf Seite 928 f. hingewiesen werden. Zum anderen stellt sich die Frage nach der Auslegung einer kommunalen, zwei Dachgeschosse zulassenden Bestimmung. Hier ist vorerst klar, dass entsprechend der gesetzeskonformen Auslegung zwei (anrechenbare) Dachgeschosse nur unter Schrägdächern zulässig sind. Flachdachbauten sind auf ein Dachgeschoss beschränkt. Dasselbe gilt bei einer zwischen Flach- und Schrägdach gemischten Dachform (Pultdächer oder Halbtonnendächer). Die Privilegierung von Schrägdächern erweist sich nur dann als mit der gesetzgeberischen Motivation in Übereinstimmung, wenn die Schrägdachanteile überwiegen bzw. insoweit eine mehr oder weniger geschlossene Schrägdachlandschaft erscheint. Das ist insbesondere bei einem Firstdach gegeben.

Halbtonnendach (Zeichnung Stefan Reimannn)

Das Gebäude weist zwei Dachgeschosse auf. Optisch überwiegen die Flachdachanteile, weshalb nur ein Dachgeschoss zulässig wäre. Sodann wird rechts die Dachprofillinie nicht eingehalten. Vgl. zum Kniestock Seite 895 ff.

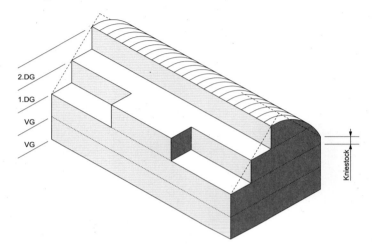

Weiter ist zu klären, ob nur die anrechenbaren oder ebenso die nicht anrechenbaren Dachgeschosse in die Beschränkung einzubeziehen sind. Die Baurekurskommission II hat Letzteres mit der Begründung verworfen, dass §276 Abs. 1 über die zulässigen Geschosszahlen die Anrechenbarkeit der in §275 PBG definierten Geschosse an die kommunalen rechtlichen Geschosszahlvorschriften festlege, wobei diese Vorgaben für den kommunalen Gesetzgeber bindend seien (§45 Abs. 2 PBG). Nicht zu Wohn-, Schlaf- oder Arbeitszwecken dienende Dachgeschosse seien demnach der Einschränkung durch kommunalrechtliche Geschosszahlvorschriften von vornherein entzogen. Dem könne auch nicht unter Hinweis auf §49a PBG widersprochen werden. Dass in §49a Abs. 2 PBG nur im Kontext mit den Untergeschossen die Einschränkung «anrechenbar» genannt sei, basiere auf einer redaktionellen Ungenauigkeit des Gesetzgebers (BRKE II Nr.0032/2004, nicht publiziert). Es sind also auch bei Flachdächern oder diesen gleichgestellten Dachformen neben einem anrechenbaren Dachgeschoss zusätzliche Dachgeschosse mit Estrichräumen zulässig.

Ersatz von Vollgeschossen durch Dach- und Untergeschosse

Die gemäss Bau- und Zonenordnung zulässige Geschosszahl ist grundsätzlich verbindlich; zum einen muss aber diese Vollgeschosszahl nicht ausgeschöpft werden. Zum andern dürfen Vollgeschosse durch Dach- oder Untergeschosse ersetzt werden. Es darf also die nach Bau- und Zonenordnung zulässige Anzahl der Dach- und Untergeschosse überschritten werden, wenn im entsprechenden Umfang auf Vollgeschosse verzichtet wird. Solche überzähligen Dach- oder Untergeschosse dürfen aber mit Einbezug der Vollgeschosse die erlaubte Anzahl der Vollgeschosse nicht überschreiten (§276 Abs. 2 PBG). Andererseits kennt aber das kantonale

Recht keine Vorschrift, welche es erlauben würde, ein anrechenbares Dachgeschoss durch ein Vollgeschoss oder Untergeschoss zu ersetzen (BEZ 2003 Nr. 23).

Gemäss § 276 Abs. 2 PBG können zwar in allen Bauzonen wie erwähnt die nach der kommunalen Bau- und Zonenordnung zulässigen Vollgeschosse durch (anrechenbare) Dach- oder Untergeschosse ersetzt werden. Indessen kann weder die erlaubte Vollgeschosszahl durch Verzicht auf zulässige Dach- oder Untergeschosse erhöht werden noch sind Dach- und Untergeschosse in diesem Sinn untereinander austauschbar. Ein überzähliges Dachgeschoss lässt sich nicht durch Verzicht auf die Wohnnutzung des Untergeschosses «heilen» (VB.2007.00383, mit Hinweisen).

Gemeinden ohne Geschosszahlvorschriften

Zahlreiche Gemeinden verzichten in ihren Bauordnungen ganz oder teilweise für bestimmte Zonen auf Geschosszahlvorschriften. In diesen Fällen können oberirdisch so viele Geschosse erstellt werden, wie sich innerhalb des durch die festgelegte Gebäude – und Firsthöhe bestimmten Kubus unterbringen lassen (RB 1999 Nr. 121). Dabei müssen aber die Mindestraumhöhen (§ 304 PBG) eingehalten werden.

Erleichterungen für Liftanbauten

Zur Förderung einer behindertengängigen Erschliessung von Altbauten wurde § 19a in die BBV II eingefügt (in Kraft seit 1.11.2009). Danach sind beim Anbau von Liften an ein Gebäude die Bestimmungen über die Geschosszahl, die Gebäude- und Firsthöhen sowie Abstandsvergrösserungen zufolge Mehrhöhen nicht anwendbar. Es gelten hierfür die folgenden Voraussetzungen:

    a) Der Anbau muss der behindertengerechten Erschliessung des Gebäudes dienen;

    b) das Gebäude muss vor dem 1. Juli 1978 bewilligt worden sein;

    c) es dürfen keine überwiegenden öffentlichen oder nachbarlichen Interessen entgegenstehen;

    d) es darf keine den Bauvorschriften entsprechende Lösung möglich sein.

Die Berücksichtigung entgegenstehender öffentlicher (Denkmal-, Ortsbild-, Natur- und Heimatschutz usw.) bzw. nachbarlicher Interessen bei der Beurteilung eines Liftbaus verhindert eine allgemeine Ausnahme von den Bauvorschriften und ermöglicht die notwendige Interessenabwägung im Einzelfall (Antrag des Regierungsrates vom 25. Februar 2009, Amtsblatt 2009, S. 431).

16.1.4   Kniestock

16.1.4.1   *Entscheidendes Mass*

Allgemein

Für die Abgrenzung zwischen Voll- und Dachgeschossen stellt § 275 Abs. 2 PBG auf die Höhe des sogenannten Kniestockes ab. Gebäudeabschnitte mit einer Kniestockhöhe von höchstens 0,90 m gelten als Dachgeschosse.

Der Kniestock ist ein Begriff aus dem Holzbau und bezeichnet einen konstruktionsbedingten Bauteil (RB 1993 Nr. 42). Ein solcher entsteht dann, wenn zwischen dem Dachgeschossboden und der Dachschräge eine senkrechte Wand geschaffen wird, also wenn der Geschossboden des infrage stehenden Gebäudeabschnittes unterhalb der Schnittlinie Fassade/Dach liegt. Andernfalls (Geschossboden gleichauf oder höher als die Schnittlinie Fassade/Dach) besteht begriffsmässig kein Kniestock (VB.2005.00484).

Erleichterungen für bestehende Dachgeschosse

Bei vor dem 1. Juli 1978 bewilligten Gebäuden darf der Kniestock 1,30 m betragen (§ 275 Abs. 2 PBG). Diese Spezialbestimmung für bestehende Altbauten geht davon aus, dass die Kniestockhöhe bei solchen oft das für Neubauten geltende Mass überschreitet (Mansardendächer), obschon sie offenkundig als «Dachgeschosse» ausgestaltet sind. Ohne eine entsprechende Spezialregelung müssten sie darum als Vollgeschosse gelten, sodass bei einer bereits bestehenden Anzahl zulässiger Vollgeschosse deren Ausbau eine unstatthafte Ausnützungssteigerung zur Folge hätte. Das gewählte Datum vom 1. Juli 1978 entspricht dem zweiten Inkraftsetzungsdatum des PBG. Die Erleichterung gilt nur für bestehende Dachgeschosse und ist auf neu zu erstellende Dachgeschosse nicht anwendbar (BEZ 1997 Nr. 19).

16.1.4.2   *Messweise*

Ausgangspunkt: Fassade

Der Kniestock ist 0,40 m hinter der Fassade zu messen. Mit dieser in § 275 Abs. 2 PBG geregelten Messweise, die 0,40 m hinter der Fassade und nicht an der Aussenmauerinnenseite ansetzt, wird verhindert, dass die Kniestockhöhe von der Isolationsdicke der Gebäudeaussenmauern abhängig ist. Vgl. zum Fassadenbegriff, insbesondere zur Messweise bei einem zurückspringenden Obergeschoss Seite 921 und BEZ 2009 Nr. 53.

Äusserer Ausgangspunkt bildet mithin die Fassade. Dabei ist nicht auf die statisch tragende Aussenmauer, sondern (wie etwa auch bei den Abstands- und Höhenmassen) auf die äusserste Schicht der Gebäudehülle abzustellen. Vorbehältlich einer nicht zu schützenden Umgehungsabsicht ist daher auch eine Aussenwärmedämmung, obwohl konstruktiv nicht wesentlicher Fassadenteil, für die Messweise des Kniestocks massgebend (BEZ 2010 Nr. 10).

Höhenmass

Die maximal zulässigen 0,90 m beziehungsweise 1,30 m werden ab Oberkant Unterlagsboden (Fertigmass) bis Unterkant Dachverkleidung (Fertigmass) gemessen (BEZ 1994 Nr. 21).

Befindet sich die Dachverkleidung zwischen den Sparren, wird bis zu den Sparren gemessen.

Messweise des Kniestocks (Quelle: Anhang ABV)

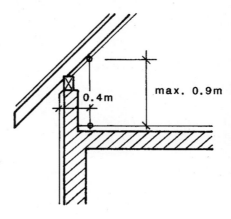

Bei der Messweise nach dem Innenmass sind konstruktiv eher untergeordnete Dachteile (wie etwa eine reine Deckenverkleidung oder ein Aufschiebling, dem rein gestalterische Funktion zukommt) nicht entscheidend. Vielmehr sind die konstruktiv wesentlichen Dachteile massgebend, also im Grundsatz die Sparrenlage beziehungsweise – sofern vorhanden – die Dachverkleidung inklusive Lattung (BEZ 1994 Nr. 21). Sonst wären der Umgehung von § 275 Abs. 2 PBG mit der Definition des Dachgeschosses Tür und Tor geöffnet, indem beispielsweise durch Anbringen eines Podests auf dem Unterlagsboden oder aber durch eine reine Deckenverkleidung die Kniestockhöhe «künstlich» verkleinert werden könnte und diese nicht mehr der gewählten Konstruktionsart entspricht (VB.2005.00484). Auch wenn § 275 Abs. 2 PBG grundsätzlich von einer Innenraummessung ausgeht, darf dies nicht dazu führen, dass die Kniestockhöhe von konstruktiv untergeordneten Dachteilen abhängig und damit beliebig variierbar ist (VB.2005.00484 und 2005.00527; vgl. BEZ 2010 Nr. 10).

Im erwähnten Fall VB.2005.00484 hatte die Bauherrschaft beim Kniestock, also an den traufseitigen Aussenwänden des Dachgeschosses eine Innendeckenverkleidung angebracht mit einer Neigung von rund 70°, während das Satteldach des Gebäudes eine Neigung von 45° aufweist. Diese Deckeninnenverkleidung hatte keinerlei konstruktive Funktion, sondern höchstens eine gestalterische Wirkung. Es war offensichtlich, dass die Abdeckung allein deshalb angebracht wurde, um das Satteldach anzuheben. Dadurch wurde einerseits die begehbare Fläche vergrössert. Andererseits wurde dem Dachgeschoss durch die Anhebung des Dachs und die Verkleinerung der Dachschrägen auch ein räumlich anderer Eindruck vermittelt. Daher war das Geschoss als Vollgeschoss zu würdigen (und musste – da bereits erstellt – geändert werden).

Beim Vorhaben, das dem Entscheid VB.2005.00527 zugrunde lag, plante der Bauherr beim Kniestock, an der Innenseite der traufseitigen Aussenwände des Dachgeschosses, eine Deckenverkleidung mit einer Neigung von 60°, während das Satteldach des Gebäudes eine Neigung von 45° aufweist. Das Gericht nahm verdienstvollerweise die nachfolgende Darstellung in den Entscheid auf:

Kniestock im Entscheid VB.2005.00527

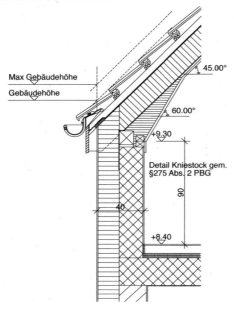

Wie der Detailplan zeigt, hat diese Deckenverkleidung mit Bezug auf das Dach keinerlei konstruktive Funktion, sondern ist höchstens ein gestalterisches Element untergeordneter Bedeutung. Wird der Kniestock jedoch durch eine Deckenverkleidung hindurch zur Sparrenlage gemessen und eine Dachverkleidung wie beim übrigen, mit 45° geneigten Teil des Dachs berücksichtigt, so ergibt dies eine massgebliche Kniestockhöhe von mindestens 1,10 m. Abgesehen davon hielt das Verwaltungsgericht für fraglich, ob ein Unterlagsboden mit der in den Plänen eingezeichneten Höhe von etwa 0,12 m gerechtfertigt war. Jedenfalls musste das streitbetroffene Geschoss wegen Überschreitung der erlaubten Kniestockhöhe als unzulässiges viertes Vollgeschoss qualifiziert werden (VB.2005.00527).

Horizontale Ebene

Bildet ein Gebäude ein organisches Ganzes und besteht es nicht aus einzelnen höhenverschobenen Baukörpern, so sind die Kniestockhöhen auf beiden Seiten von der gleichen horizontalen Ebene aus zu messen. Diese Regel gilt auch dann, wenn das betroffene Gebäude versetzte Dächer aufweist (jedenfalls in Fällen, da die versetzten Dächer nicht topografisch bedingt sind; vgl. BEZ 1987 Nr. 18).

Messweise des Kniestocks bei unterschiedlicher Dachgestaltung (Zeichnung: Stefan Reimann)

Das zweitoberste Geschoss ist ein Vollgeschoss, weil der Kniestock rechts mehr als 90 cm beträgt.

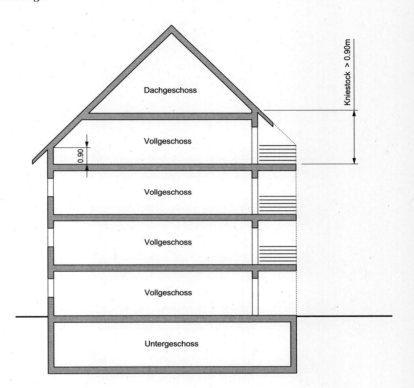

Dachgeschoss mit nur einem Kniestock (Zeichnung: Stefan Reimann)

Beim folgendem Beispiel steigt das Dach hangwärts ab einer Kote, welche niveaumässig dem Geschossboden des obersten Geschosses entspricht, mit einer Neigung von 80 Prozent an. Unabhängig von der erwähnten Steilheit handelt es sich bei der entsprechenden Gebäudebegrenzung nicht um ein Fassaden-, sondern ein Dachelement, da ihm die üblichen Fassadenmerkmale (Mauer) fehlen. Ein Kniestock ist hier nicht vorhanden. Das anschliessende Pultdach steigt mit einer Neigung von neun Prozent an. Talseits endet das Steildach oberhalb des Dachfussbodens und bildet dort einen Kniestock. Sofern dieser das Mass von 90 cm einhält, liegt ein (zulässiges) Dachgeschoss vor (PBG aktuell 1/2003, S.23 f.).

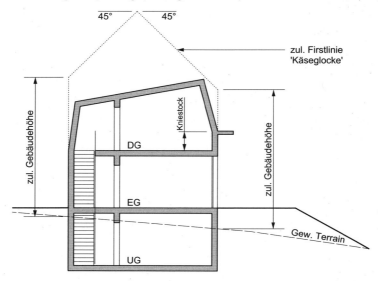

Verhältnisse beim auskragenden Dachgeschoss

Bei der Kniestockdefinition scheint der Gesetzgeber vom primären Zweck des Daches ausgegangen zu sein, ein Gebäude nach oben abzuschliessen und es gegen Witterungseinflüsse zu schützen. Bei fast allen üblichen Dachformen liegt deshalb das Dach auf den Umfassungsmauern eines Gebäudes auf. Daher muss bei einem auskragenden «Dachgeschoss» (soweit ein solches etwa nach §255 Abs. 2 PBG überhaupt zulässig ist) die Kniestockhöhe 0,40 m hinter der Fassade des darunter liegenden Vollgeschosses gemessen werden (BEZ 1997 Nr.7). Andererseits besteht bei einem Dacheinschnitt kein Kniestock. Das Dach ist imaginär bis zur Fassade fortzudenken.

Messung des Kniestocks bei auskragendem Dachgeschoss (Zeichnung: Stefan Reimann)

Der Kniestock wird bei der Fassade und nicht der Auskragung gemessen. Das «Dachgeschoss» ist daher ein Vollgeschoss.

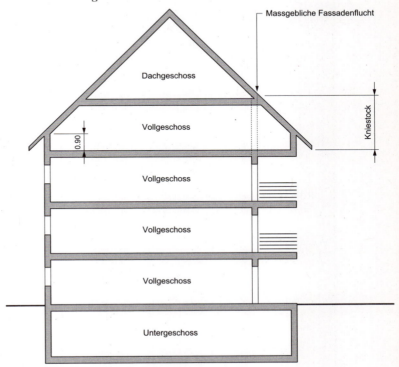

Massgebend sind demnach die Verhältnisse, wie sie sich beim obersten Vollgeschoss, das heisst, dort darstellen, wo die Kniestockhöhe zu messen ist. Dabei kann der Fassadenverlauf durchaus gestaffelt sein, was zur Folge hat, dass der Kniestock an verschiedenen Stellen verschieden hoch ist. Bei gegliederten Fassaden genügt es, wenn der Kniestock auf dem längeren Hauptteil der jeweiligen Fassade eingehalten wird. Die Regelung über die Gebäuderücksprünge bei der Gebäudehöhe (§ 280 Abs. 1 PBG, vgl. Seite 918 f.) ist reflexweise auch für die Kniestockhöhe von Bedeutung: Das im Bereich von Gebäuderücksprüngen im Sinne von § 280 Abs. 1 PBG vorhandene Kniestockmass muss bei der Geschossqualifikation der entsprechenden Gebäudeabschnitte unberücksichtigt bleiben. Massgebend ist allein, ob der Kniestock an der Hauptfassade eingehalten ist (BEZ 1997 Nr. 19; BEZ 2009 Nr. 53).

16.1.4.3   *Kniestock bei besonderen Dachformen*

Besonderer Fassadenverlauf

Es gibt besondere Baukörper, die (etwa zur Anpassung an besondere Grundstücksformen) mehr als vier abgewinkelte Aussenwandflächen aufweisen. Das findet oft auch in den Dachformen ihren Niederschlag, indem nur teilweise

eigentliche Traufen (horizontale Begrenzung der Dachunterseite) beziehungsweise Giebelseiten (Fassade rechtwinklig zum Dachfirst) erkennbar sind. Der
übrige Teil der Gebäudeseiten findet bei solchen Bauten ihren oberen Abschluss
in den schräg ansteigenden Unterseiten der Dachflächen, was eine markante
Vergrösserung der dem Dachgeschoss zugeordneten Fassadenflächen ermöglicht. Dies hat wiederum zur Folge, dass die Kubatur eines derartigen Geschosses zu weiten Teilen unter die Schnittlinie zwischen Fassade und Dachfläche zu
liegen kommt. Für die Qualifikation eines horizontalen Gebäudeabschnittes als
Dachgeschoss genügt es jedoch nicht, dass sich der Rauminhalt nur an wenigen
Stellen über dieser Schnittlinie befindet. Das Dachgeschoss muss auch äusserlich
als solches erscheinen. Daher haben die im Bereich der schräg verlaufenden
Dachflächenunterkanten über die Decke des obersten Vollgeschosses hinausra-
genden Teile der Umfassungsmauern als Kniestock zu gelten und das entsprechende Maximalmass einzuhalten (BEZ 1993 Nr. 17).

Pultdach
Auch bei einem Gebäude mit Pultdach ist grundsätzlich ein Kniestock zu messen.

Pultdach als Vollgeschoss (Zeichnung: Stefan Reimann)
*Hier durchstösst das oberste Geschoss die massgebliche Profillinie. Der Kniestock ist
beidseits an der äusseren Fassade zu messen. Rechts wird der zulässige Kniestock überschritten. Das oberste Geschoss ist daher kein Dach-, sondern ein Vollgeschoss. Die Gebäudehöhe ist auch am rechten oberen Fassadenende zu messen.*

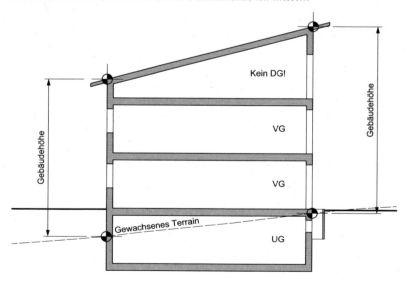

Das Verwaltungsgericht hat allerdings befunden, dass Pultdächer als halbe Giebeldächer nur auf ihrer abgeschrägten Seite eine Kniestockhöhe einhalten müssen. Die gegenüberliegende Seite gilt als für die Firsthöhe massgebende Fassade
(VB.99.00085, Leitsatz in RB 1999 Nr. 120 und BR 1/2001 Nr. 116). Dies

ist allerdings im Sinne des Verwaltungsgerichtsentscheides, der dem erwähnten Leitsatz zugrunde liegt, zu präzisieren: Das Pultdach muss innerhalb des Schrägdachprofils liegen, das durch die massgeblichen Aussenfassaden beim obersten Vollgeschoss gebildet wird. Das Dachgeschoss darf nicht für sich allein betrachtet werden. Vielmehr ist vom ganzen Gebäude als Einheit auszugehen. Springt die Fassade des Dachgeschosses (etwa in Form von Schlafgalerien) gegenüber der äusseren Fassade zurück (und nur dann), ist dort kein Kniestock, sondern nur die Firsthöhe zu messen. Voraussetzung ist, dass diese Firsthöhe innerhalb des Profils gemäss § 281 Abs. 1 PBG liegt. Das ist bei der nachfolgenden Skizze «Kniestock beim zurückversetzten Pultdach» der Fall.

Kniestock beim zurückversetzten Pultdach (Zeichnung: Stefan Reimann)
Da sich das oberste Geschoss innerhalb der Dachprofillinie befindet, wird rechts kein Kniestock gemessen. Links darf aber ein Kniestock mit einer Höhe von 90 cm erstellt werden. Auf dem Bild sieht dies etwa so aus:

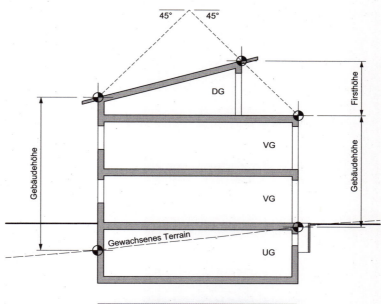

Flachdach

Die Dachgeschossdefinition in §275 Abs. 2 Satz 2 PBG nimmt auf die Besonderheiten beim Flachdach (wo eben kein Kniestock vorhanden ist) nicht Rücksicht (zum Begriff des Flachdaches vgl. Seite 928 f.). Die Kniestockregelung ist eine Präzisierung (das heisst Erweiterung) des Dachgeschossbegriffs, soweit es sich um First- beziehungsweise Giebeldächer handelt. Denn eine Schrägdachkonstruktion benötigt einen Kniestock, um sie nach den Regeln der Baukunde erstellen zu können. Bei Flachdächern entfällt aber diese Sichtweise. Bei ihnen ist daher ausschliesslich auf Satz 1 von §275 Abs. 2 PBG abzustellen, wonach Dachgeschosse horizontale Gebäudeabschnitte sind, die über der Schnittlinie zwischen Dachfläche und Fassade liegen. Die Rechtsmittelinstanzen haben gestützt hierauf entschieden, dass die Profillinie am Schnittpunkt der tatsächlichen Dachfläche mit der Fassade, unabhängig von der Dicke der Dachhaut, anzusetzen sei (BRKE I Nr.1/1997). Ein Kniestock darf daher nicht in Anschlag gebracht werden, wenn das oberste Geschoss ein Dachgeschoss sein muss (BEZ 1995 Nr. 36; PBG aktuell 1/1994, S.22 ff.; BEZ 2003 Nr. 41). Der Grund für diese Praxis liegt darin, dass Attikageschosse, welche sich an einem derart erhöhten hypothetischen Dachprofil orientieren würden, von Vollgeschossen praktisch nicht zu unterscheiden wären (BEZ 1997 Nr. 19). Das Gesagte gilt selbst an steilen Hanglagen (BEZ 2003 Nr. 41).

Schrägdachprofil und Attikaprofil (Zeichnung: Heinz Beiner)

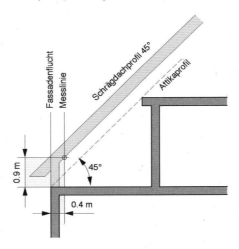

Die durch die gesetzliche Regelung bewirkte Benachteiligung der Flachdachbauten kann nicht auf dem Wege der Auslegung korrigiert werden. Vgl. andererseits die Regelung, wenn keine Geschosszahlvorschriften bestehen (Seite 930 f.).

Zulässiges Attikageschoss (Zeichnung: Heinz Beiner)

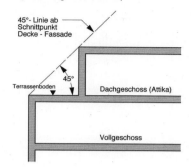

Nicht zulässiges Attikageschoss (Zeichnung: Heinz Beiner)

Dieses Dachgeschoss ist nicht zulässig, ausser es wird auf ein Vollgeschoss verzichtetet.

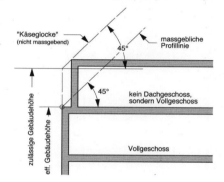

Tonnendach

Die Geschosszahlbestimmungen gelten auch für Tonnendächer. Die Praxis zeigt verschiedene Varianten der architektonischen Ausgestaltung von Tonnendächern. Sie sind hinsichtlich des zulässigen Dachprofils Schrägdächern gleichgestellt (vgl. hierzu ausführlich BEZ 1997 Nr. 19).

Beispiel zu Tonnendächern (Zeichnung: Heinz Beiner)

Dieses Tonnendach weist links einen Flachdachteil auf, weshalb kein Kniestock ausgebildet werden durfte.

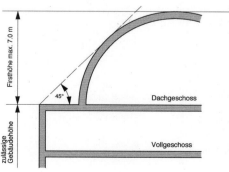

Wird ein Gebäudeabschnitt auf der einen Seite als Attikageschoss und auf der anderen Seite als Dachgeschoss (unter einem Tonnendach) ausgebildet, kann auf der Dachgeschossseite ein effektiver Kniestock in Anschlag gebracht werden (BEZ 1997 Nr.19; vgl. auch RB 1999 Nr.120 bezüglich eines Pultdaches).

Halbtonnendach (Zeichnung: Stefan Reimann)
Beim Halbtonnendach kann auf der Seite des Tonnendaches ein Kniestock bestehen, nicht aber auf der Flachdachseite.

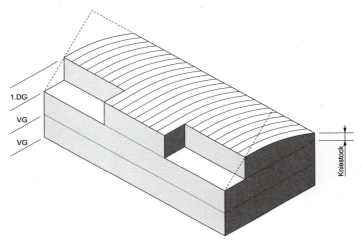

Gewachsener Boden

Ausgangslage

Wichtiges Element für die in diesem Kapitel dargelegten Bauvorschriften bildet der gewachsene Boden. Er ist insbesondere massgebend für den Begriff und die Anrechenbarkeit von Untergeschossen (§ 275 Abs. 3 und § 276 Abs. 1 PBG), die Messweise der Gebäudehöhe (§ 280 Abs. 1 PBG) sowie die Fassaden- und Gebäudelänge (§ 28 ABV). Ferner basieren auch die Baumassenziffer (§ 258 Abs. 1 PBG), die Überbauungsziffer bezüglich der Berechnung der grössten oberirdischen Gebäudeumfassung (§ 256 Abs. 2 PBG) und die Abstandsbefreiung von Gebäuden (§ 269 PBG) auf dem gewachsenen Boden.

Der gewachsene Boden wird im PBG verschiedentlich erwähnt, aber nicht definiert. Gestützt auf § 359 Abs. 1 lit. d PBG hat der Regierungsrat die ABV erlassen, welche der Kantonsrat genehmigt hat. In § 5 ABV wird der gewachsene Boden wie folgt umschrieben.

---

§ 5 ABV

1 Gewachsener Boden ist der bei Einreichung des Baugesuchs bestehende Verlauf des Bodens.

2 Auf frühere Verhältnisse ist zurückzugreifen, wenn der Boden

a) innert eines Zeitraumes von 10 Jahren vor der Baueingabe in einem im Zeitpunkt der Ausführung der Bewilligungspflicht unterliegenden Ausmass aufgeschüttet und das neue Terrain in der baurechtlichen Bewilligung oder in einem förmlichen Planungs- oder Projektgenehmigungsverfahren nicht ausdrücklich als künftig «gewachsener Boden» erklärt worden ist;

b) im Hinblick auf die beabsichtigte Nutzung des Grundstücks oder zur Umgehung von Bauvorschriften umgestaltet worden ist.

Wie das Bundesgericht im Rahmen der Willkürprüfung erkannt hat, steht § 5 ABV mit den Grundsätzen der Gewaltenteilung und der Gesetzmässigkeit im Einklang (BGer 1P.327/2004).

Nach der Rechtsprechung beziehen sich Abs. 1 und 2 lit. a der Bestimmung auf Neubauten, Abs. 2 lit. b, 1. Halbsatz dagegen auf Umbauten und Erweiterungen von bestehenden Gebäuden. Abs. 2 lit. b, 2. Halbsatz kann sowohl bei Neu- wie auch bei Umbauten anwendbar sein. Das ist im Folgenden näher darzulegen.

16.2.2   Gewachsener Boden bei Neubauten

16.2.2.1   *Massgeblichkeit des aktuellen Terrains*

Grundsätze

Die Frage, wo das gewachsene Terrain verläuft, ist vorerst bei der erstmaligen Überbauung eines noch freien Grundstücks zu entscheiden. Nach der mittlerweile gefestigten Rechtsprechung ist aber auch dann, wenn der Überbauung bestehende Gebäude zu weichen haben, auf den aktuellen Verlauf des Bodens (und nicht wie bei Um- und Erweiterungsbauten auf jenen zur Zeit der «Stammbaubewilligung», vgl. Seite 911 ff.) abzustellen. Der Gefahr allfälligen Missbrauchs (Aufschüttungen, um für sich Vorteile zu gewinnen) wird dadurch hinreichend Rechnung getragen, dass gemäss § 5 Abs. 2 lit. a ABV auf die früheren Verhältnisse zurückzugreifen ist, wenn der Boden innert eines Zeitraums von zehn Jahren vor der Baueingabe in einem im Zeitpunkt der Ausführung der Bewilligungspflicht unterliegenden Ausmass aufgeschüttet und das Terrain nicht ausdrücklich als künftig gewachsener Boden erklärt worden ist (BEZ 2009 Nr. 24; VB.2010.00156 mit Hinweisen auf frühere Entscheide). Das Bundesgericht hat die Auslegung des Verwaltungsgerichts geschützt und die Argumentation hierzu als «in sich schlüssig, konsequent und durch den Wortlaut der strittigen Bestimmung vollumfänglich abgedeckt» bezeichnet (BGer 1C_170/2009, E. 3.4).

Vorhaben «auf der grünen Wiese»

Gewachsener Boden ist grundsätzlich der bei Einreichung des Baugesuches bestehende Terrainverlauf (§ 5 Abs. 1 ABV). Dieser «dynamische» Begriff des gewachsenen Bodens (vgl. RB 1995 Nr. 84) impliziert die Vorstellung natürlich entstandener («gewachsener») Terrainverhältnisse auf einem Baugrundstück. Die Bestimmung ist also zunächst auf unüberbaute Parzellen zugeschnitten (BEZ 2006 Nr. 9) und will besagen, dass der (natürliche) Terrainverlauf als gegeben hinzunehmen ist und bei einer Baueingabe als Referenz auf die hierauf abstellenden Vorschriften zu gelten hat. Dabei wird nicht nach den Umständen gefragt, wie der gewachsene Boden entstanden und ob die dafür allenfalls erforderliche baurechtliche Bewilligung erteilt worden ist. Der gewachsene Boden ist schlichtweg ein Faktum, von dem auszugehen ist. Er lässt sich aufgrund von bestehenden Höhenkurvenplänen und Terrainkoten der Vermessung bestimmen.

Der gewachsene Boden umfasst die gesamte Oberfläche eines Grundstücks ohne die Oberfläche von bestehenden Bauten und Anlagen. Zu berücksichtigen sind im Grundsatz nicht nur die naturbelassenen Bereiche, sondern auch die künstlich geschaffenen und veränderten Flächen wie zum Beispiel geteerte Garagenvorplätze und mit Platten belegte Aussensitzplätze (Huber 2002b: S.7).

Verhältnisse innerhalb bestehender (und abzubrechender) Gebäude

Innerhalb des Grundrisses von Bauten und Anlagen (Gebäuden, Mauern, Treppen etc.) besteht kein gewachsener Boden. So kann beispielsweise der Kellerboden nicht als gewachsener Boden betrachtet werden, da es sich um den Bestandteil eines Gebäudes handelt (Huber 2002b: S. 7). Besteht die Absicht, den bestehenden Kubus durch ein anderes Gebäude zu ersetzen, so sind die massgeblichen Terrainverhältnisse nicht mehr exakt rekonstruierbar. Die seinerzeitige Baugrube ist aufzufüllen bzw. rechnerisch auf dem Wege der Interpolation zu schliessen. Dabei kann der Bodenverlauf entlang der Fassaden als Referenz dienen (BEZ 2002 Nr. 56; Huber: 2002b: S. 9 f., auch zum Folgenden). Hat die Überbaubarkeit eines Grundstücks aufgrund von Aufschüttunen und Abgrabungen für die zu beseitigende Altbaute in geradezu unzumutbarer Weise gelitten, ist dem mit Ausnahmebewilligungen (§ 220 PBG) beizukommen. Dabei ist von der jeweiligen Bauvorschrift, also etwa der Gebäudehöhe, und nicht von § 5 ABV zu dispensieren. Denn von Legaldefinitionen darf nicht befreit werden (BEZ 2008 Nr. 59).

Bestehende Gebäudeteile unterhalb seinerzeitiger Aufschüttungen

Mit der Realisierung einer nach den damaligen Terrainverhältnissen unter dem gewachsenen Boden befindlichen Unterniveaugarage oder anderen unterirdischen Bauten ist in der Regel keine ins Gewicht fallende Veränderung des Terrains verbunden. Vielmehr wird die zur Erstellung des unterirdischen Gebäudes notwendige Baugrube nachfolgend zumeist unter weitgehender Wiederherstellung des vormaligen Terrainverlaufs wieder aufgefüllt (BEZ 2002 Nr. 56; bestätigt etwa mit unpubliziertem Entscheid der Baurekurskommission I 0038/2010 vom 12. Februar 2010).

Auch wenn mit der seinerzeitigen baurechtlichen Bewilligung eine Aufschüttung gestattet worden ist, mit welcher die den gewachsenen Boden überragenden Bauteile überdeckt wurden, so kann dieses gestaltete Terrain nach Massgabe von § 5 ABV zum künftigen gewachsenen Boden mutieren (vgl. auch VB.2001.00249 bezüglich einer Sammelgarage, die talseits in Erscheinung trat, sowie auch den unpublizierten Entscheid BRKE I Nr.0038/2010).

Alte Garageneinfahrten und andere «Gruben»

Im erwähnten Entscheid BRKE I Nr.0038/2010 erwog die Baurekurskommission, der Umschwung des Gebäudes bestehe zu einem überwiegenden Teil aus (aufgeschüttetem) Terrain, das frei von irgendwelchen (unterirdischen) Bauten sei. Nur gerade beim abzubrechenden Garagengebäude mit einer Breite von 7,50 m verhalte es sich anders. In jenem Bereich sei der massgebliche Boden anhand des beidseits des Garagengebäudes bestehenden Terrainverlaufs zu interpolieren, womit sich ein einigermassen sinnvoller Terrainverlauf ergebe. Andernfalls läge, da im Bereich der Garage von einem unvermittelt rund 2 m tiefer gelegenen Terrain auszugehen wäre, ein völlig unnatürlicher Terrainverlauf vor. Solche Interpolationen seien stets dort vorzunehmen, wo vorgängig der Neubaute eine Altbaute zu beseitigen ist und damit dort Gruben entstehen, wo zuvor Untergeschosse, aber auch etwa Ausstattungen wie Rampen zu Tiefgaragen lokalisiert waren. Solche Gruben und Senken, wie sie bei der Abtragung von Altbauten zwangsläufig entstehen, könnten – anders als Aufschüttungen und Abgrabungen im Umfeld der Altbaute – nicht als Teil des für die Neubaute massgeblichen Terrainverlaufs betrachtet werden.

Gewachsenes Terrain im Falle einer abzubrechenden Garage
Dieses Foto entspricht dem Entscheid BRKE I Nr. 0038/2010. Das Niveau der Garageneinfahrt ist nicht gewachsenes Terrain. Es ist von dem angrenzenden Terrain her zu interpolieren.

Gebäudeteile über dem gewachsenen Boden

Ein Gebäudeteil, der bereits bei seiner Erstellung den gewachsenen Boden überragt, kann nicht «gewachsenen Boden» bilden. Das gilt selbst dann, wenn die Baute gestützt auf § 269 PBG (obwohl oberirdisch) wie ein unterirdisches Gebäude noch abstandsprivilegiert ist (BEZ 2002 Nr. 56, auch zum Folgenden). Zur Beurteilung stand ein Reservoir, das zur Zeit seiner Erstellung zu mindestens einem Drittel aus dem Boden ragte. Die Baurekurskommission I erwog zu Recht, dass der funktionale Zusammenhang zwischen dem Reservoir und der damals zur verbesserten Isolation vorgenommenen Erdüberdeckung derart offenkundig sei, dass Letztere als Teil des Gebäudes und nicht als gewachsenes Terrain zu gelten habe.

Anders bliebe zu entscheiden, wenn im Rahmen der Altbaubewilligung oder später (vor mehr als zehn Jahren) eine Überdeckung erfolgt wäre.

Folgen der Beweislosigkeit

Im Baubewilligungsverfahren wird die Untersuchungspflicht durch die Mitwirkungspflicht des Gesuchstellers (§ 7 Abs. 2 lit. a VRG) relativiert, weshalb die Beweismittelbeschaffung auf diesen überwälzt werden kann und er die Folgen der Beweislosigkeit trägt. Der Gesuchsteller hat also die für ihn günstigen Verhältnisse nachzuweisen. Zur Vermeidung von Unklarheiten empfiehlt sich, die Lage des mutmasslichen gewachsenen Terrains vorgängig durch den Geometer oder das Bauamt ermitteln zu lassen und allenfalls durch einen Entscheid der Baubehörde abzusichern.

16.2.2.2   *Aufschüttungen in den vergangenen 10 Jahren*

Zurückgreifen auf frühere Verhältnisse

Unter bestimmten, in § 5 Abs. 2 ABV abschliessend normierten Voraussetzungen ist auf frühere Verhältnisse zurückzugreifen. Das Bundesgericht hat diese Bestimmung im Rahmen der Willkürprüfung als mit dem Legalitätsprinzip vereinbar anerkannt (1P.327/2004 vom 5. Januar 2005).

Nach § 5 Abs. 2 lit. a ABV sind bei Neubauten dann frühere Verhältnisse massgebend, wenn der Boden in den letzten zehn Jahren vor Baugesuchseingabe in einem bewilligungspflichtigen Ausmass aufgeschüttet und das neue Terrain nicht ausdrücklich als künftig massgebend erklärt worden ist. Diese Einschränkung will verhindern, dass sich eine Bauherrschaft zulasten ihrer Nachbarn einen baulichen Vorteil verschaffen kann, der aufgrund des natürlichen Terrainverlaufs nicht bestünde. So soll insbesondere ausgeschlossen werden, dass ein Grundeigentümer durch Aufschüttungen den Ausgangspunkt für die Messung der Gebäudehöhe anhebt, um die Erstellung (kotenmässig) höherer Gebäude zu ermöglichen. Auch hinsichtlich der Baumassenziffer entstünden Nutzungsreserven, wenn bei einem bestehenden Gebäude der anrechenbare oberirdisch umbaute Raum durch Aufschüttungen verkleinert oder etwa Mulden und Senkungen aufgefüllt werden dürften. Daher sind also jene Verhältnisse massgebend, die vor der Aufschüttung bestanden haben.

§ 5 Abs. 2 lit. a ABV knüpft also einerseits an den Zeitraum von zehn Jahren vor der aktuellen Baueingabe an. Ob die Frist von nur zehn Jahren dem richtig verstandenen Sinn des gesetzlichen Begriffs «gewachsener Boden» entspricht oder zu kurz ist, wurde bisher offengelassen (VB.2003.00364); der Verordnungstext ist jedenfalls klar. Sodann sind nur die bewilligungspflichtigen Aufschüttungen von der Bestimmung erfasst. Bewilligungspflichtig sind (und waren schon vor zehn Jahren) Aufschüttungen, die entweder im Zusammenhang mit anderen bewilligungspflichtigen Bauten und Anlagen erstellt werden oder 1 m Höhe beziehungsweise 500 m² überschreiten (§ 1 lit. d BVV; vgl. Seite 270). Die Anknüpfung an die Bewilligungspflicht findet ihre Berechtigung darin, dass sich in den (bewilligungsbefreiten) untergeordneten Fällen nicht rechtfertigt, vom Grundsatz des § 5 Abs. 1 ABV (Massgaben des gewachsenen Bodens zur Zeit der Baueingabe) abzuweichen.

Aufschüttungen finden somit innerhalb von zehn Jahren (im Unterschied zu solchen, die mehr als zehn Jahre zurückliegen, und solchen, die zur Zeit ihrer Realisierung nicht bewilligungspflichtig waren) bei Neubauvorhaben keine Berücksichtigung.

Lit. a von § 5 Abs. 2 ABV bezieht sich nach dem klaren Wortlaut nur auf Aufschüttungen (nicht aber auf Abgrabungen). Ist das Terrain nicht aufgeschüttet, sondern (wann auch immer) abgegraben worden, ist nach Massgabe von § 5 Abs. 1 ABV im Grundsatz auf den zur Zeit des Baugesuchs bestehenden Terrainverlauf abzustellen. Eine andere Lösung rechtfertigt sich nach Massgabe von § 5 Abs. 2 lit. b ABV nur bei Umbauten bestehender Gebäude.

Bezeichnung des massgebenden Terrains als Ausnahme

Im Sinne einer Ausnahme wird auch innerhalb von zehn Jahren nicht auf frühere Verhältnisse zurückgegriffen, wenn das neue Terrain in der baurechtlichen Bewilligung oder in einem förmlichen Planungs- oder Projektgenehmigungsverfahren ausdrücklich als künftig gewachsener Boden erklärt worden ist (§ 5 Abs. 1 lit. a ABV). Als solche förmliche Entscheide gelten etwa Projektgenehmigungen im Sinne von § 309 Abs. 2 PBG, Quartierplanfestsetzungen, Festsetzungen von Baulinien und baurechtliche Bewilligungen von Geländeveränderungen. In diesen Fällen hat ja die Behörde geprüft und bewusst in Kauf genommen, dass gewisse Nachteile für die Nachbarschaft entstehen. Diese Nachteile sind aber nicht durch die Bauherrschaft beziehungsweise Grundeigentümer aus Eigennutz hervorgerufen, sondern behördlich gewollt und im Rahmen einer Güterabwägung bewilligt worden. Wenn also zum Beispiel als Teil eines rechtskräftig festgesetzten und vollzogenen Quartierplanverfahrens die Verlegung eines Baches oder einer Strasse mit entsprechenden Terrainveränderungen beschlossen und ausgeführt wurde, gilt das neue Terrain, selbst wenn dessen Gestaltung noch nicht zehn Jahre zurückliegt.

Voraussetzung ist im Grundsatz eine förmliche Erklärung, dass das neue Terrain als gewachsenes gilt. In einer baurechtlichen Bewilligung bedarf es diesbezüglich einer ausdrücklichen Bestimmung im Dispositiv; die Bewilligung als solche reicht nicht aus. Hinsichtlich eines Quartierplanverfahrens hat das Verwaltungsgericht allerdings auch die stillschweigende Definition des gewachsenen Bodens als Erklärung im Sinne von § 5 Abs. 2 lit. a PBG anerkannt (RB 1998 Nr. 117). Das Bundesgericht hat diese Praxis des Verwaltungsgerichts, die etwas über den strengen Wortlaut hinausgeht, aber dem Sinn und Zweck der Norm entspricht, als nicht willkürlich bezeichnet (Entscheid vom 19. Februar 1999, vgl. PBG aktuell 2/1999, S. 28 f.).

16.2.3   Gewachsener Boden bei Umbauten und Erweiterungen

16.2.3.1   *Anwendungsfälle*

Umbauten

Der gewachsene Boden ist auch bei bestehenden Gebäuden zu bestimmen, die umgebaut oder erweitert werden sollen. Es kann sich die Frage nach dem Terrainverlauf zum Beispiel dann stellen, wenn ein bestehendes Kellergeschoss ganz oder teilweise zu Wohn- oder Arbeitsräumen umgenutzt werden soll. Dann ist für die Zulässigkeit derartiger Massnahmen möglicherweise relevant, ob dieses

Untergeschoss anrechenbar ist oder nicht, was wiederum davon abhängt, inwieweit es oberhalb oder unterhalb des gewachsenen Terrains liegt.

Erweiterungen

Als Erweiterung gilt insbesondere die Aufstockung durch ein oder mehrere Vollgeschosse.

Streitig kann der gewachsene Boden auch bei Anbauten sein: Dann ist zu unterscheiden: Ist der Anbau geringfügig und beschränkt sich in seiner Fläche auf den Bereich von Abgrabungen oder Aufschüttungen, die seinerzeit, bei der Erstellung des Gebäudes und in engem Zusammenhang mit diesem vorgenommen worden sind, ist von einer Erweiterung des Bestehenden zu sprechen. Der ursprünglich gewachsene Boden wird massgebend. Geht der Anbau aber darüber hinaus und beansprucht Flächen, die seinerzeit höchstens im Rahmen der Umgebungsgestaltung verändert worden sind, kommt die Erweiterung einem Neubau gleich, für welchen der aktuelle seit zehn Jahren bestehende Bodenverlauf massgebend ist.

Abbruch und Neubau?

Klar ist schliesslich, dass die Massgeblichkeit des ursprünglichen Terrains gemäss § 5 Abs. 2 lit. b ABV nur jene Fälle betrifft, da das betreffende Gebäude selbst umgebaut oder erweitert wird. Im Falle eines Abbruchs und Neubaus oder eines Neubaus «auf der grünen Wiese» kann nicht gesagt werden, das heutige Terrain sei im Sinne von § 5 Abs. 2 lit. b ABV im Hinblick auf die neu beabsichtigte Nutzung des Grundstücks (Neuüberbauung) umgestaltet worden (BEZ 2008 Nr. 59 mit zahlreichen Hinweisen; VB.2010.00156, ebenfalls mit zahlreichen Hinweisen). Bei einer Neuüberbauung ist der Gefahr des Missbrauchs damit hinreichend Rechnung getragen, dass gemäss § 5 Abs. 2 lit. a ABV auf die früheren Verhältnisse zurückgegriffen wird, wenn der Boden innert eines Zeitraums von zehn Jahren vor der Baueingabe in einem im Zeitpunkt der Ausführung der Bewilligungspflicht unterliegenden Ausmass aufgeschüttet und das Terrain nicht ausdrücklich als künftig gewachsener Boden erklärt worden ist.

Das Bundesgericht hat diese Auslegung geschützt und die Argumentation hierzu als «in sich schlüssig, konsequent und durch den Wortlaut der strittigen Bestimmung vollumfänglich abgedeckt» bezeichnet (BGer 28. August 2009, 1C_170/2009, E. 3.4).

16.2.3.2 *Massgeblicher Boden*

Ausgangslage

Gewachsener Boden ist grundsätzlich der bei Einreichung des Baugesuchs bestehende Terrainverlauf (§ 5 Abs. 1 ABV). Es wurde dies im Zusammenhang mit den Neubauvorhaben bereits erwähnt (siehe Seite 907). Nun ist aber «auf frühere Verhältnisse zurückzugreifen», wenn der Boden «im Hinblick auf die beabsichtigte Nutzung des Grundstücks» umgestaltet worden ist.

Frühere Verhältnisse

Wie das Verwaltungsgericht in nunmehr gefestigter Praxis hierzu entschieden hat (erstmals mit VB.2004.00202), gilt der bei der Einreichung des ursprünglichen Baugesuchs bestehende Verlauf des Terrains als gewachsener Boden. Unter «Baugesuch» im Sinne von § 5 Abs. 1 ABV ist somit das «Stammbaugesuch» zu verstehen. Bei Änderung oder Erweiterung einer Baute ist also nach § 5 Abs. 1 ABV der gewachsene Boden bei Einreichung des ursprünglichen Gesuchs für die «Stammbaubewilligung» massgebend und nicht das Terrain bei Einreichung eines Änderungs- oder Erweiterungsgesuchs. Nur diese Auslegung des Verordnungstexts führt zu einer gesetzeskonformen und sinnvollen Rechtsanwendung. Da sich der frühere Terrainverlauf aufgrund der seinerzeit genehmigten Pläne in der Regel ohne Weiteres feststellen lässt, stehen dieser Rechtssprechung auch keine Gründe der Rechtssicherheit oder Praktikabilität entgegen (BEZ 2006 Nr. 9 mit zahlreichen Hinweisen).

Abgrabungen und Aufschüttungen für einen Neubau (Zeichnung: Stefan Reimann)
Bei der Beurteilung einer allfälligen späteren Aufstockung ist auf das in den Plänen als «bestehend» bezeichnetes Terrain abzustellen. Die künftige Gebäudehöhe ist auf dieses gewachsene Terrain zu beziehen.

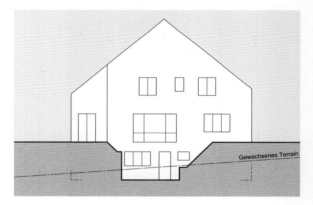

Zum Begriff «Umgestaltung»

Es stellt sich die Frage, was dieses Zurückgreifen auf die früheren Verhältnisse konkret bedeutet, wenn der Boden seither verändert worden ist. § 5 Abs. 2 lit. b ABV enthält den Begriff «umgestaltet», was neben Aufschüttungen auch Abgrabungen erfasst (BEZ 2006 Nr. 9). Abgrabungen bleiben also nach dieser Bestimmung (auch falls sie mehr als zehn Jahre zurückliegen) wie Aufschüttungen unberücksichtigt, wenn sie im Hinblick auf die beabsichtigte Nutzung des Grundstücks ausgeführt worden sind (1. Halbsatz). «Die beabsichtigte Nutzung» meint nicht, wovon das Verwaltungsgericht in seiner früheren Praxis ausging, Terrainveränderungen im Hinblick auf ein späteres Neubauvorhaben, sondern die Terraingestaltung, wie sie aufgrund der Stammbaubewilligung für das umzubauende oder zu erweiternde Gebäude ausgeführt worden ist. Diese Terraingestaltung bleibt also unberücksichtigt, was heisst, dass auf jene Verhältnisse abzustellen ist, die vor Ausführung des Neubauvorhabens bestanden hatten. Der vorbestandene, gewachsene Bodenverlauf bildet also so lange den rechtlichen Ausgangspunkt für (insbesondere) die Baumassenziffer, die Geschosszahl und die

Gebäudehöhe, als ein bestehendes Gebäude umgebaut und erweitert wird und dieses nicht einem Neubau zu weichen hat. Es wurde dies bereits ausgeführt.

Mit dieser nun gefestigten Rechtsprechung wird der vom Gesetz nicht gewollte Effekt vermieden, dass bei Abgrabungen, die aufgrund der Stammbaubewilligung ausgeführt worden sind, das gestaltete Terrain zum gewachsenen Boden wird und Bauten mit ausgeschöpfter Gebäudehöhe oder Baumassenziffer baurechtswidrig würden, weil die Gebäudehöhe und der umbaute Raum ab gewachsenem Boden (§ 280 Abs. 1 PBG und § 258 Abs. 1 PBG in Verbindung mit § 12 Abs. 1 ABV) gemessen werden (vgl. etwa VB.2004.00202). Ein Weiteres kommt aber hinzu: Die Regelung von § 5 ABV über den gewachsenen Boden dient nämlich nicht nur dem Grundeigentümer, sondern auch dem Schutz des Nachbarn und soll verhindern, dass sich ein Bauherr zulasten seiner Nachbarn einen baulichen Vorteil verschaffen kann, der aufgrund des natürlichen Geländeverlaufs nicht bestünde.

16.2.3.3   *Einschränkungen des «Rückgriffs»*

Zu den Verhältnissen vor Inkrafttreten des PBG
In einem Fall, da die ursprüngliche Baubewilligung im Jahre 1975 erteilt worden war, hat das Verwaltungsgericht erwogen, bei der Baumassenziffer (§ 258 PBG) handle es sich um eine Nutzungszifferart, welche dem zürcherischen Baurecht vor Inkrafttreten des PBG fremd war. Daher sei bei der Bestimmung des «oberirdisch umbauten Raumes» gemäss § 256 Abs. 1 PBG auch bei überbauten Liegenschaften nicht auf Verhältnisse vor dem Inkrafttreten des PBG abzustellen. Das gelte hingegen nicht für die Gebäudehöhe, welche – mit praktisch gleicher Messweise – bereits in § 62 des Baugesetzes für Ortschaften mit städtischen Verhältnissen vom 23. April 1893 festgelegt war. Bei dieser könne auf Verhältnisse vor Inkrafttreten des PBG abgestellt werden, wenn sie klar feststellbar seien (VB.2005.00104; VB.2007.00212).

Diese Sonderstellung der Baumassenziffer wurde allerdings von der Baurekurskommission II mit Grund als unberechtigt erachtet. Die Anknüpfung an den Zeitpunkt des Inkrafttretens des PBG ist der Rechtssicherheit schon deswegen nicht dienlich, weil dieser Zeitpunkt je länger, desto weiter zurückliegt. Sodann bezeichnet § 5 ABV mit dem «Baugesuch» stets das «Stammbaugesuch» (BEZ 2008 Nr. 60). Eine zeitliche Limite ist damit nicht verbunden.

Nicht mehr feststellbare frühere Verhältnisse
Die Massgeblichkeit des ursprünglichen Bodenverlaufs geht davon aus, dass sich dieser auch wirklich feststellen lässt. So ist gemäss der verwaltungsgerichtlichen Praxis ein Rückgriff auf frühere Terrainverhältnisse «jedenfalls dann» angesagt, wenn die damaligen Terrainverhältnisse klar feststellbar sind (VB.2007.00212). Nicht in Kauf zu nehmen sind aber Rechtsunsicherheiten, welche sich im Rahmen des vorzunehmenden Rückgriffs auf frühere Verhältnisse daraus ergeben könnten, dass sich die massgeblichen «historischen» Bodenverhältnisse anhand vager Indizien höchstens noch ungenau ermitteln lassen (BEZ 2006 Nr. 9). Wie das Verwaltungsgericht entschieden hat, ist dem aktuellen Baugesuchsteller vorerst die Möglichkeit einzuräumen, den von ihm behaupteten günstigeren Ter-

rainverlauf mittels anderer Unterlagen nachzuweisen. Ist dies nicht möglich, so treffen die Folgen der Beweislosigkeit den Baugesuchsteller (VB.2006.00512). In diesem Sinne wird die Untersuchungspflicht durch die Mitwirkungspflicht des Baugesuchstellers (§ 7 Abs. 2 lit. a VRG) relativiert. Umgekehrt trifft die Nachweispflicht die Baubehörde, wenn sie zu Ungunsten des Gesuchstellers (d.h. bei Aufschüttungen) auf frühere Verhältnisse zurückgreifen will. Scheitert im einen wie im anderen Sinne der Nachweis, ist auf jenen Verlauf des Bodens abzustellen, der sich mit hinreichender Sicherheit bestimmen lässt und als sachgerecht erscheint. Es ist dies in der Regel das aktuelle Terrain.

Beschränkung auf 30 Jahre?

In einem Fall, den die Baurekurskommission II zu beurteilen hatte, ging es um ein im Jahre 1929 bewilligtes Gebäude, das umgebaut und erweitert werden sollte. Die Baugesuchsunterlagen waren in Bezug auf den Geländeverlauf vor Erstellung des Gebäudes gänzlich unergiebig, und auch im Übrigen war die Aktenlage derart illiquid, dass selbst Jagdkarten aus dem vorletzten Jahrhundert als Beweismittel eingereicht wurden, welche keinen genauen Aufschluss gaben, sondern nur letztlich unbrauchbare Vermutungen zuliessen.

Die Rekurskommission nahm den konkreten Fall zum Anlass, bei der Ermittlung des rechtsrelevanten Terrainverlaufs in Analogie zur Rechtsprechung zum Rückbau rechtswidriger Gebäude eine generelle Befristung, nämlich eine solche von 30 Jahren festzulegen. Eine solche Zeitspanne erscheint nach Auffassung der Baurekurskommission als zweckmässig; zugleich ist sie erforderlich, weil sich die Bestimmung von § 5 ABV grundsätzlich nur auf neu zu überbauende Grundstücke bezieht und deshalb für bauliche Änderungen bestehender Gebäude der Ergänzung bedarf.

Daraus ergibt sich nach Auffassung der Rekurskommission als Fazit, dass bei Umbauten oder Erweiterungen an bestehenden Gebäuden jene Terrainverhältnisse massgebend sind, wie sie sich bei der seinerzeitigen Errichtung des betreffenden Gebäudes präsentierten, dass aber zugleich die Terrainverhältnisse maximal 30 Jahre ab dem Datum der Baueingabe zurückzuverfolgen sind. (BEZ 2008 Nr. 60).

Das Verwaltungsgericht hat sich in einem neuesten Entscheid eingehend mit der Auffassung der Baurekurskommission II auseinandergesetzt und sie in Bestätigung seiner bisherigen Rechtsprechung mit einleuchtenden Überlegungen verworfen (BEZ 2010 Nr. 40, mit ausführlicher Darstellung der Rechtsprechung zum gewachsenen Boden). Soweit die betreffende Stammbaubewilligung nach Inkrafttreten des PBG (1976) ergangen ist, sollten gemäss § 310 PBG und §§ 3 ff. BVV die für die Bestimmung des damals bestehenden Terrainverlaufs erforderlichen Unterlagen vorliegen. Auf die Verhältnisse vor Inkrafttreten des PBG ist nach der Rechtsprechung des Verwaltungsgerichts nur abzustellen, wenn diese «klar feststellbar» sind (vgl. Seite 914).

16.2.4   Abgrabungen und Aufschüttungen zur Umgehung von Bauvorschriften

§ 5 Abs. 2 lit. b wird auch anwendbar, wenn der Boden zur Umgehung von Bauvorschriften umgestaltet worden ist (2. Halbsatz). In solchen, allerdings seltenen, weil schwer nachzuweisenden Fällen wird ebenfalls auf frühere Verhältnisse zurückgegriffen; dies auch bei Aufschüttungen und selbst dann, wenn bereits 10 Jahre verstrichen sind. Eine Umgehung von Bauvorschriften liegt insbesondere dann vor, wenn ein Rechtsinstitut zweckwidrig zur Verwirklichung von Interessen verwendet wird, die es nicht schützen will (HUBER 2002b mit Hinweis auf BGE 121 I 367 E. 3b und BGE 121 II 97 E. 4). Ob eine Rechtsumgehung vorliegt oder nicht, ergibt sich aus denjenigen Normen, bei denen der gewachsene Boden als Entscheidungsgrundlage dient. Es ist jeweils aufgrund der konkreten Umstände zu prüfen, ob eine Umgehung vorliegt oder nicht. Dies ergibt sich allerdings schon aus dem Rechtsmissbrauchsverbot von Art. 2 ZGB.

16.2.5 Zusammenfassender Überblick

Zusammenfassend gilt also Folgendes: Bei unüberbauten Grundstücken oder Grundstücksteilen ist der bei Einreichung des Baugesuchs bestehende Terrainverlauf massgebend (§ 5 Abs. 1 ABV). Dasselbe gilt, wenn ein bestehendes Gebäude abgebrochen und durch einen Neubau ersetzt werden soll. Auf das alte Terrain ist nach Massgabe von § 5 Abs. 2 lit. a ABV dann zurückzugreifen, wenn dieses in den vergangenen 10 Jahren in bewilligungspflichtigem Masse aufgeschüttet worden und das neue Terrain nicht ausdrücklich als massgebend bezeichnet worden ist.

Mit Bezug auf bestehende Gebäude, die umgebaut oder erweitert werden sollen, ist davon auszugehen, dass der gewachsene Boden in der Regel bereits mit der ursprünglichen Neubaubewilligung rechtskräftig festgestellt worden ist. Bei Änderungen an solchen Gebäuden ist für die Frage des gewachsenen Bodens der Terrainverlauf massgebend, wie er vor Realisierung der Neubaute bestand. Und dies unabhängig davon, ob mit dem Neubau Abgrabungen oder (auch) Aufschüttungen realisiert worden sind. Anders ist die Rechtslage nach der hier vertretenen Auffassung nur, wenn diese alten Verhältnisse nicht mehr hinreichend klar feststellbar sind. Dann (und nur dann) ist aus Gründen der Rechtssicherheit in der Regel auf den Bodenverlauf abzustellen, wie er sich aktuell präsentiert.

Auf die vorbestandenen Verhältnisse ist auch in jenen seltenen Fällen abzustellen, da der Boden zur Umgehung von Bauvorschriften abgeändert worden ist.

16.3 Gebäudehöhe

16.3.1 Regelungskompetenzen der Gemeinden

Die zulässige Gebäudehöhe wird durch die erlaubte Vollgeschosszahl und, sofern die Bau- und Zonenordnung es nicht ausschliesst, durch die Verkehrsbaulinien bestimmt. Entscheidend ist das geringere Mass (§ 278 Abs. 1 PBG). In der Bauordnung kann die Gebäudehöhe auch in Metern angegeben werden (§ 49 Abs. 2 lit. b PBG). Dies insbesondere dann, wenn (etwa in Industriezonen) keine Geschosszahl festgeschrieben wird oder sich die Berechnung nach Massgabe der Geschosszahl als unzweckmässig erweist. Daneben steht der Gemeinde zu, bei der Festsetzung von Verkehrsbaulinien Anordnungen über die Gebäudehöhe zu treffen (§ 97 Abs. 2 PBG). Solche Festlegungen gehen als planerische Massnahme der Bemessung der Gebäudehöhe aufgrund der Geschosszahl oder generellen Meterangaben vor. Vom kantonalen Recht zwingend vorgegeben ist, dass die Gebäudehöhe, unter Vorbehalt der Bestimmungen über Hochhäuser, nicht mehr als 25 m betragen darf.

16.3.2   Berechnung

16.3.2.1   *Nach Massgabe der Vollgeschosszahl*

Sofern die Bau- und Zonenordnung nichts anderes bestimmt (also nicht etwa die zulässige Gebäudehöhe in Metern angibt), berechnet sich die Gebäudehöhe nach der erlaubten Vollgeschosszahl wie folgt (§ 279 Abs. 1 PBG):

Erlaubte Vollgeschosszahl gemäss Bauordnung für die einschlägige Bauzone; multipliziert mit der theoretischen Bruttogeschosshöhe von 3,30 m (in Zentrums- und Industriezonen: 4 m) zuzüglich 1,50 m für die Erhebung des Erdgeschosses über dem gewachsenen Boden. Die 1,50 m sind eine rein rechnerische Grösse, die nichts zu tun hat mit der effektiven Ansetzung des Erdgeschossfussbodens oder der Terraingestaltung.

Damit ergibt sich in Kern- und Wohnzonen folgende Formel:

Gebäudehöhe = 1,50 m + (Zahl der zulässigen Vollgeschosse × 3,30 m)

16.3.2.2   *Aufgrund von Verkehrsbaulinien*

Die Gebäudehöhe aufgrund der Baulinien gilt bis auf eine Tiefe von 15 m. Sie ergibt sich aus deren um ein Neuntel vergrösserten Abstand; sie kann um das Mass einer allfälligen Gebäuderückversetzung erhöht werden (§ 279 Abs. 2 PBG). Sinn und Zweck dieser Bestimmung liegt darin, in Zonen mit hoher Geschosszahl allzu hohe Gebäude entlang schmaler Wege und Strassen zu verhindern (VB.2008.00210). Der Zuschlag von einem Neuntel bewirkt, dass die nach § 62 des alten Baugesetzes erstellten Gebäude nicht gesetzwidrig werden (Antrag des Regierungsrates zum PBG, Abl 1973, S. 1862). Mit «Abstand» ist die Distanz zwischen den Baulinien, über den Verkehrsraum hinweg gemessen, gemeint. Im Bereich unterschiedlicher Baulinienabstände und im Bereich von Verzweigungen oder Kreuzungen ist bis auf eine Tiefe von 15 m der grössere Abstand massgebend (§ 279 Abs. 3 PBG). Die Berechnung aufgrund von Verkehrsbaulinien kommt nicht zur Anwendung, wenn keine Verkehrsbaulinien festgesetzt sind, die Gemeinde im Sinne von § 278 Abs. 1 PBG diese Berechnungsart ausschliesst oder wenn die Berechnung nach Geschosszahl engere Schranken setzt (§ 278 Abs. 1 PBG; BEZ 2001 Nr. 17).

16.3.3   Messweise der Gebäudehöhe

16.3.3.1   *Im Allgemeinen und bei Schrägdächern*

Grundsätze

Die zulässige Gebäudehöhe wird von der jeweiligen Schnittlinie zwischen Fassade und Dachfläche auf den darunter liegenden gewachsenen Boden gemessen (§ 280 PBG). Für den gewachsenen Boden gilt § 5 ABV (effektiver Verlauf und nicht etwa ein mittlerer Niveaupunkt). Vgl. zum Begriff des gewachsenen Bodens im Detail Seite 906 ff.). Alle Höhenmasse werden im Lot gemessen (§ 29 ABV). Massgebend ist die traufseitige Fassade; giebelseitig wird nur bei den Gebäudeecken eine Gebäudehöhe gemessen (BEZ 2009 Nr. 41). Die so gemessene Gebäudehöhe darf bei keinem Gebäudeteil das zulässige Mass überschreiten. Bei der Schnittlinie Fassade/Dachfläche gilt das Aussenmass (Aussenkant fertige Fassade/Oberkant Dachbedeckung). Bei Pultdächern wird die Gebäudehöhe beidseits, also insbesondere auch an der höheren Fassade gemessen.

Fassadenrücksprünge

Fassadenrücksprünge (Einbuchtungen) können zu entsprechenden Mehrhöhen, das heisst zu einer höheren Lage der Schnittlinie Dachoberfläche/Fassadenflucht führen. Für solche Fälle wird bestimmt, dass die Mehrhöhen bei einzelnen, nicht mehr als 1,5 m tiefen Rücksprüngen unberücksichtigt bleiben (§ 280 Abs. 1 PBG). Solche Rücksprünge (wo also keine Gebäudehöhe gemessen wird) müssen in Bezug auf die Fassadenlänge untergeordnet sein. Sie dürfen sich nicht auf einen erheblichen Teil der Fassadenlänge erstrecken. Darauf deutet der Begriff «einzelne» hin. Massgebend für die Berechnung der Gebäudehöhe ist die Schnittlinie der traufseitigen Fassade/Dachfläche. Folgerichtig sind Rücksprünge solche der traufseitigen Fassade. Für die Frage, ob Rücksprünge bezüglich der zulässigen Gebäudehöhe unbeachtlich sind, ist daher deren Mass (Tiefe) gegenüber der für die Gebäudehöhe massgebenden Trauflinie entscheidend (BEZ 2001 Nr. 50).

Rücksprung (Zeichnung: Stefan Reimann)

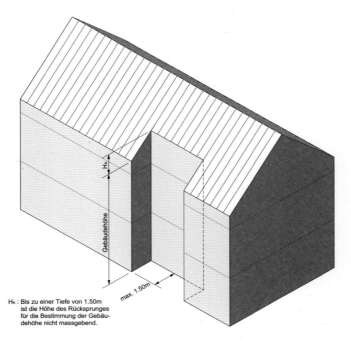

H_R : Bis zu einer Tiefe von 1.50m
ist die Höhe des Rücksprunges
für die Bestimmung der Gebäudehöhe nicht massgebend.

Die Vorschrift über die Rücksprünge ist auf Bauten mit Steildächern ausgerichtet. Sie will verhindern, dass durch «Vorziehen» des Steildachs, die Bestimmung über die Gebäudehöhe «umgangen» werden kann. Bei Bauten mit Flachdächern ist der obere Gebäudehöhenmesspunkt die Schnittlinie zwischen (traufseitiger) Fassade und Dachfläche, wobei als Dachfläche jene des obersten Vollgeschosses zu verstehen ist (vgl. § 275 Abs. 1 und 2 PBG; VB.2003.00005). Bei Flachdächern befindet sich die Dachfläche – im Gegensatz zu Steildächern – überall auf der gleichen Kote. Das Verwaltungsgericht liess bisher offen, ob derartige Rücksprünge bei Flachdachbauten überhaupt beachtlich sind. Auf jeden Fall bleibt auch bei Rücksprüngen die Dachfläche des obersten Vollgeschosses Gebäudehöhenmesspunkt, und für die Berechnung der Gebäudehöhe ist nicht die Dachfläche des Attikageschosses massgebend (BEZ 2006 Nr. 8, VB.2008.00435).

16.3.3.2   *Gebäudehöhe beim Flachdach*

Schnittlinie Fassade/Dachfläche
Bei Bauten mit Flachdächern hat die Rechtsprechung in Auslegung der in § 275 Abs. 2 PBG definierten Dachgeschosse (Attikageschosse) sowie der in § 292 lit. b PBG in Verbindung mit § 281 PBG geregelten zulässigen Dachaufbauten bestimmt, dass der obere Gebäudehöhenmesspunkt die Schnittlinie zwischen (traufseitiger) Fassade und Dachfläche ist, wobei als Dachfläche jene des obersten Vollgeschosses gilt (VB.2008.00435; VB.2009.00171, in BEZ 2009 Nr. 41 mit zahlreichen Hinweisen). Dabei wird auch bei Flachdachbauten die Gebäudehöhe nur auf der (hypothetischen) Traufseite des betreffenden Gebäudes gemessen (BEZ 2006 Nr. 8).

Die Gebäudehöhe ist unter Einschluss des Flachdachabschlusses zu messen. Resultieren etwa bei begrünten Flachdächern oder Terrassenbrüstungen entsprechend vergrösserte Gebäudehöhen, so sind die Gebäude um dieses Mass herabzusetzen oder die Brüstung ist derart von der Fassade zurückzunehmen, dass sie sich innerhalb des zulässigen Dachprofils hält. Auch bleibt die Möglichkeit, die Vorteile einer Dachbegrünung mit extensiver Begrünung ohne massgebenden Verlust bei der Gebäudehöhe ebenfalls zu erreichen (PBG aktuell 2/1994, S. 29 ff.)

Gebäudehöhe bei Brüstungen (Zeichnung: Heinz Beiner beziehungsweise WALKER SPÄH 1994b: S. 30 f.)

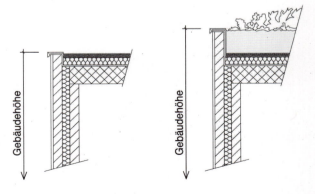

Brüstungen einer Dachterrasse, die über die so definierte Dachfläche hinausgehen, sind aber entsprechend dem klaren Wortlaut von § 280 Abs. 1 PBG (Massgabe der Schnittlinie Dachfläche/Fassade) nicht an die Gebäudehöhe anzurechnen. Auf begehbaren Flachdächern angebrachte gemauerte Brüstungen, welche das zulässige Dachprofil durchstossen, führen also nicht zu einer Überschreitung der Gebäudehöhe (BEZ 2006 Nr. 19, auch zum Folgenden). Sie sind indessen den Vorschriften über Dachaufbauten unterworfen und dürfen ohne gegenteilige kommunale Bestimmung nicht breiter als ein Drittel der betreffenden Fassadenlänge sein, sofern sie das Dachprofil durchstossen (§ 292 PBG, vgl. Seite 944). Von dieser Beschränkung sind offene Sicherungsgeländer befreit (vgl. RB 1998 Nr. 110; VB. 2002.00172 E. 4).

Eine etwas andere Betrachtungsweise ist nach Auffassung der Baurekurskommission II geboten, wenn die zulässige Gebäudehöhe nicht ausgeschöpft wird. Werden bei solchen zur Absicherung des Flachdachs Brüstungen geplant, deren Oberkante sich innerhalb der erlaubten Gebäudehöhe hält, so ist eine Zurückversetzung auch dann nicht erforderlich, wenn sie gemauert sind. Dies deswegen, weil Nachbarn akzeptieren müssen, dass die zulässige Gebäudehöhe ausgeschöpft wird, sei es nun durch das Gebäude selbst oder eine – aus Sicht der Nachbarn – gebäudeähnlich in Erscheinung tretende gemauerte Brüstung (BEZ 2006 Nr. 19).

Messweise bei fassadenbündigen Attikageschossen

Unklarheiten können dann entstehen, wenn ein Attikageschoss oder eine Dachaufbaute (bei denen naturgemäss keine Gebäudehöhe zu messen ist) wie zulässig bündig mit der traufseitigen Fassade erstellt wird. Der obere Gebäudehöhenmesspunkt ist «die Schnittlinie zwischen (traufseitiger) Fassade und Dachfläche», wobei als «Dachfläche» jene des obersten Vollgeschosses zu verstehen ist (vgl. § 275 Abs. 1 und 2 PBG). Der Schnittpunkt Fassade/Dachfläche im Sinne von § 280 Abs. 1 PBG und damit die Gebäudehöhe ändern sich dadurch nicht. Als massgebliche Dachfläche gilt auch im Bereich solcher Aufbauten die Dachfläche des obersten Vollgeschosses und nicht etwa neu der Dachabschluss des Attikageschosses (VB. 2003.00005). Ist dadurch die Oberkante des obersten Vollgeschosses nicht ablesbar, so sind Verbindungslinien, denen die nämliche Funktion zukommt, zwischen den traufseitigen Enden der Geschossoberkanten zu ziehen.

Messung Gebäudehöhe beim Flachdach (Zeichnung Stefan Reimann)

Die Gebäudehöhe wird auch beim Flachdach auf der Traufseite gemessen. Fassadenbündige Dachaufbauten sind nicht gebäudehöhenrelevant.

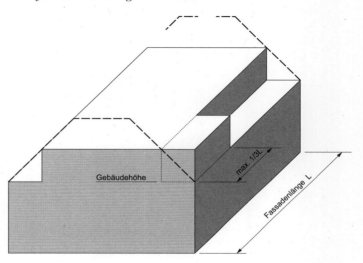

Besonderheiten bei der Giebelseite

In Anlehnung an die Bauweise von Schrägdachbauten findet die Regelung betreffend die Profillinie an den Giebelseiten des betreffenden Gebäudes keine Anwendung. So wird die Gebäudehöhe nur auf der (hypothetischen) Traufseite des betreffenden Gebäudes gemessen (BEZ 2006 Nr.8; VB.2010.00126, mit Hinweisen). Die Ausrichtung des hypothetischen Dachfirstes und damit der hypothetischen Traufseite wird so ermittelt, wie wenn beim betreffenden Gebäude effektiv ein Schrägdach erstellt würde. Im Regelfall verläuft der Dachfirst eines Schrägdachs parallel zur Gebäudelängsseite, ausnahmsweise quer zur Gebäudeseite («Chaletstil»; BEZ 2005 Nr. 22, 2006 Nr. 8, je mit Hinweisen, BEZ 2010 Nr. 41, VB.2010.00126, vgl. Seite 931 ff.).

Messweise bei zurückgestaffelten Fassaden

Es fragt sich, wo die Gebäudehöhe zu messen ist, wenn die «Trauffassade» in der Höhe gestaffelt ist, zum Beispiel das zweite Obergeschoss (oberstes Vollgeschoss) gegenüber dem ersten Obergeschoss und dem Erdgeschoss zurückspringt. Auszugehen ist davon, dass die Gebäudehöhe sowohl bei Steildach- als auch bei Flachdachbauten am tatsächlichen Gebäude ansetzt. Sie ist also am Gebäudekörper zu messen. Dies gilt auch dann, wenn ein Baukörper vorliegt, der von der «klassischen» Bauform abweicht, auf welche der Gesetzgeber die Messweise der Gebäudehöhe ausrichtete. Daher bildet auch bei zurückversetzten Fassaden die Dachfläche des obersten Vollgeschosses den oberen Messpunkt der Gebäudehöhe.

Messweise Gebäudehöhe beim zurückliegenden obersten Vollgeschoss (Zeichnung Stefan Reimann)

Die Gebäudehöhe wird (auch) beim zurückliegenden obersten Geschoss gemessen.

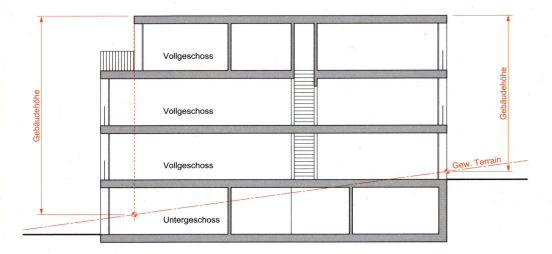

Auch wenn also die Fassade dieses obersten Vollgeschosses gegenüber unteren Geschossen zurückspringt, ist sie für die Bemessung der Gebäudehöhe relevant. Das ist zu unterscheiden vom hypothetischen Gebäudeprofil, welches begrenzt ist durch einen 45°-Winkel, angesetzt auf der maximal zulässigen Gebäudehöhe, also einer fiktiven Schnittlinie Fassade/Dachfläche (vgl. Seite 930 f. sowie VB.2008.00435, mit Hinweisen).

Die Fassade ist nun allerdings nicht geschossweise zu bestimmen. Es ist vielmehr auf die optische Erscheinung abzustellen. Beim erwähnten zurückliegenden obersten Vollgeschoss ist daher zu entscheiden, inwieweit dieses in der Gesamtbetrachtung fassadenbildend wirkt beziehungsweise im Zusammenhang mit den darunterliegenden Geschossen in Erscheinung tritt. Instruktiv ist dazu der in BEZ 2009 Nr. 53 wiedergegebene Verwaltungsgerichtsentscheid. In diesem Fall wurden die vollständig überdeckten Terrassen im obersten Vollgeschoss trotz ihrer Ausdehnung über die ganze Gebäudelänge als einkragend und deshalb nicht fassadenbildend betrachtet.

Beurteilung aufgrund Gesamterscheinung

Bei diesem Doppeleinfamilienhaus in der Gemeinde Erlenbach (Projekt gemäss BEZ 2009 Nr. 53) besteht die Besonderheit, dass das zweite Vollgeschoss auf beiden Längsseiten je eine über die ganze Fassadenlänge reichende Terrasse aufweist. In der Flucht der unteren Geschosse erscheinen lediglich eine Flügelmauer, welche die Terrassen der beiden Häuser trennt, sowie die Abstützungen der Überdeckung, deren Stirnseite und die Terrassengeländer. Gleichwohl hat das Verwaltungsgericht wie schon die Baurekurskommission beim zweiten Vollgeschoss beidseits auf die Fassadenflucht der darunter liegenden Geschosse abgestellt. Daran vermochte nichts zu ändern, dass auf der einen Seite ausser dem zurückversetzten zweiten Obergeschoss nur das erste Vollgeschoss in Erscheinung tritt.

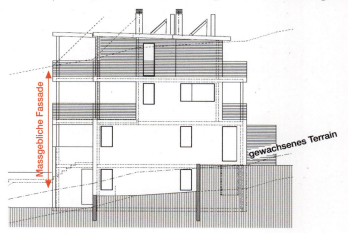

16.3.3.3   *Gebäudehöhe bei besonderen Dachformen*

Die in § 280 PBG definierte Messweise der Gebäudehöhe ist auf Gebäude mit klassischen Schrägdächern zugeschnitten. Bei anderen Dachformen muss jeweils im Einzelfall eine dem Sinn und Zweck der Bestimmung über die Gebäudehöhe gerecht werdende Messweise ermittelt werden (BEZ 2009 Nr. 41). Im erwähnten Entscheid ging es um Folgendes: Das Bauprojekt umfasste zwei L-förmige Mehrfamilienhäuser, deren Höhe sich von einem Geschoss am Ende der Schenkel zu drei Geschossen am Scheitelpunkt entwickelt. Die zum Scheitelpunkt ansteigenden Dachflächen werden durch Terrassen eingeschnitten. Das Verwaltungsgericht kam wie schon die Baurekurskommission (BEZ 2009 Nr. 64) zum Schluss, dass auch am obersten Ende der ansteigend verlaufenden Gebäudeflügel eine Gebäudehöhe zu messen sei. Dies im Wesentlichen mit folgender Begründung:

Auszug aus BEZ 2009 Nr. 64

«Die Gebäudehöhe hat einerseits eine planerische Komponente, indem sie – neben anderen volumetrischen Bauvorschriften – die Dimensionierung der in einem Gebiet zulässigen Bauten und damit die bauliche Dichte regelt, andererseits aber auch eine nachbarschützende Funktion, indem sie bestimmt, welche geschlossene Fassade – in der vertikalen Ausdehnung – und damit welche diesbezügliche Beeinträchtigung ein Nachbar hinzunehmen hat.»

Gebäudehöhe bei einem zusammengebauten Pultdach

Diese Fotomontage zeigt das Bauvorhaben gemäss BEZ 2009 Nr. 41 und 64, welches aus drei gleichen Baukörpern bestand. Das Verwaltungsgericht bezeichnete die von der Baurekurskommission vertretene Rechtsauffassung, die Mehrfamilienhäuser seien am ehesten mit zwei im rechten Winkel zusammengebauten Pultdachbauten vergleichbar und die Gebäudehöhe sei – analog der Messweise bei Pultdachbauten – sowohl bei der tieferen als auch bei der höheren Traufseite zu ermitteln, als sachlich gerechtfertigt und nicht rechtsverletzend.

In der Perspektive unten ist vereinfacht dargestellt, wo die Gebäudehöhe gemessen wurde. Sie war in concreto, gemessen am obersten Ende der ansteigenden Dachfläche, um mehr als 3 m überschritten. (Zeichnung: Bünzli&Courvoisier Architekten)

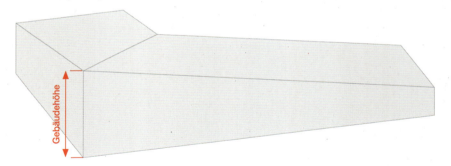

Der in BEZ 2009 Nr. 41 wiedergegebene Verwaltungsgerichtsentscheid (VB.2009.00171) ist in PBG aktuell kommentiert und kritisiert worden. Es wird dort auch eine neue Regel für die Messweise der Gebäude- und Firsthöhe beim Pultdach vorgeschlagen (vgl. MEISSER).

16.4   Firsthöhe

16.4.1   Begriff

Als Firsthöhe gilt der senkrechte Abstand zwischen Schnittlinie Fassade/Dachfläche und First, also nicht etwa die gesamte Höhe einer Baute vom Erdboden bis zum First. Sie wird – wie die Gebäudehöhe – im Aussenmass, also bis zur oberen äusseren Begrenzung des Daches gemessen. Damit unterscheidet sich die Firsthöhe von der Gebäudehöhe, welche von der Schnittlinie zwischen Dachfläche und Fassade auf den darunterliegenden Boden zu messen ist.

Begriff Firsthöhe (Zeichnung: Stefan Reimann)

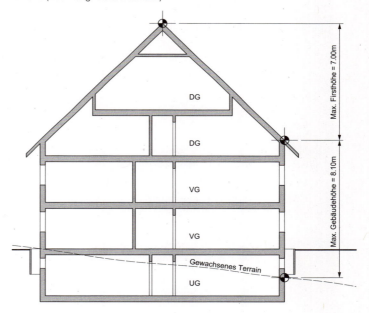

Die Begriffe des Gebäudefirstes und der Firsthöhe sind definitionsgemäss den Gebäuden mit Schrägdächern zugeordnet. Flachdachbauten haben grundsätzlich keinen First (BEZ 1995 Nr. 21). Bei Flachdachbauten entfällt damit die Bestimmung der Firsthöhe beziehungsweise die Anwendung der diesen Begriff betreffenden Vorschriften. Nur soweit es um Dachaufbauten auf Flachdächern geht, kommen (indirekt) die Vorschriften über die Firsthöhe zur Anwendung (§ 292 PBG). Abgesehen davon kann zum Beispiel auch bei einem Terrassenhaus die oberste Gebäudeebene mit einem Schrägdach versehen werden, was die Anwendung der Vorschriften über die Firsthöhe indiziert.

Der First eines Schrägdachs muss innerhalb von Ebenen liegen, die unter 45° an die Schnittlinie zwischen der Dachfläche und der zugehörigen Fassade angelegt werden. Die Firsthöhe darf maximal 7 m über der Ebene der Gebäudehöhe liegen, sofern die Bau- und Zonenordnung nichts anderes, zum Beispiel eine Firsthöhe von nur 5 m, festgelegt (§ 281 Abs. 1 PBG). Ist die Dachneigung steiler als 45°, ist die Gebäudehöhe auf die Ebene zu projizieren, die das Dach unter 45° berührt (vgl. hierzu die Skizzen zur ABV, S. 25). Gemäss dem klaren Wortlaut von § 281 PBG bezieht sich die Vorschrift lediglich auf Schrägdächer.. Unter den Begriff eines Schrägdachs fallen nicht nur Satteldächer, sondern auch Pultdächer sowie gewölbte Dächer wie etwa Tonnendächer (BEZ 1997 Nr. 19).

16.4.2   Messweise

Dachneigung bis 45°
§ 281 Abs. 1 PBG gilt für Dachneigungen mit 45° oder weniger. Für diese Fälle wird mit dem Hinweis auf die «zugehörige» Fassade klargestellt, dass nur die tatsächlich geplante Fassade gemeint sein kann. Die Vorschrift ist ästhetisch motiviert. Die zulässige Firsthöhe ist daher stets ab der tatsächlichen Schnittlinie zwischen Dachfläche und der zugehörigen Fassade und nicht ab irgendwelchen hypothetischen Schnittlinien zu messen (BEZ 1996 Nr. 9). Wird die zulässige Gebäudehöhe nicht ausgeschöpft, darf dies nicht generell, sondern nur nach Massgabe von § 282 Abs. 1 lit. b PBG durch eine Vergrösserung der Firsthöhe kompensiert werden (SCHWENDENER: S. 45). Nach dieser Vorschrift darf die Firsthöhe maximal 7 m betragen, sofern die Bau- und Zonenordnung nichts anderes festlegt. Vgl. zu den maximal möglichen Dachformen die Skizzen auf S. 22 im Anhang ABV.

Maximale Ausschöpfung der gesetzlichen Möglichkeiten (Zeichnung: Stefan Reimann)
Zulässig sind hier neben einem Untergeschoss und drei Vollgeschossen auch zwei anrechenbare Dachgeschosse. Das Projekt schöpft die maximalen Möglichkeiten optimal aus (mit Estrich als drittem Dachgeschoss). Der First verläuft parallel zur Gebäudequerseite, was eine intensive Nutzung der Dachgeschosse erlaubt. Die maximal zulässige Firsthöhe wird nur deshalb eingehalten, weil die Dachfläche im oberen Teil abgeknickt wird.

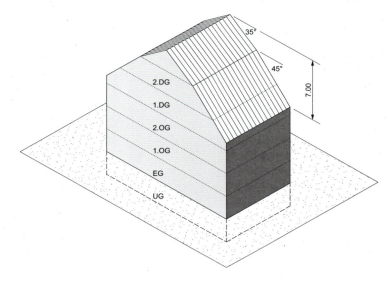

Dachneigung über 45°

Wird die erlaubte Gebäudehöhe nicht ausgeschöpft (und nur dann) können Dächer steiler als 45° sein. Für solche Dächer enthält § 281 Abs. 2 PBG eine Spezialregelung. Die Gebäudehöhe ist dann auf die Ebene zu projizieren, die das Dach unter 45° berührt. Lediglich in solchen Fällen (bei Dächern oder Dachhälften, die steiler als 45° sind) wird die Schnittlinie nicht von der tatsächlich realisierten Gebäudehöhe bestimmt. § 281 Abs. 2 PBG stellt vielmehr auf eine Projektion (der unteren Ebene) ab. Diese Projektion bedingt eine (bis zum Mass der zonengemässen Gebäudehöhe mögliche) hypothetische vertikale Verlängerung der Fassade (vgl. die Skizzen im Anhang zu ABV, S. 23 und BEZ 1996 Nr. 9). Oder einfacher ausgedrückt: Man geht von der effektiven Dachform aus und legt an den First die Tangentiale unter 45°. Diese Tangentiale darf beim Schnitt mit der (verlängerten) Fassade die zulässige Gebäudehöhe nicht überschreiten. Die maximal zulässige Firsthöhe darf, gemessen von der massgeblichen, das heisst von der projizierten (nicht effektiven) Schnittlinie zwischen Dachfläche und Fassade aus, eine Höhe von 7 m nicht überschreiten. Einfacher ausgedrückt: Das Schrägdach darf zwar eine Neigung von mehr als 45° aufweisen. Doch hat dies gemäss § 281 Abs. 2 PBG zur Folge, dass die an sich zulässige Gebäudehöhe an den betreffenden Fassaden nicht voll ausgeschöpft werden darf, sondern deren Schnittlinie mit der Dachfläche tiefer liegen muss (PBG aktuell 2/2001, S. 44 f.).

Diese Regelung erlaubt die Realisierung von Tonnen-, Pult-, Mansardendächern usw., die steiler als 45° sind, sofern die maximal zulässige Gebäudehöhe nicht ausgeschöpft wird (VB.2002.00298 und 2008.00435, mit Hinweisen, auch zum Folgenden). Sie ist auch dann anwendbar, wenn die Bauordnung Geschosszahlvorschriften enthält. Dies umsomehr, als die Gemeinden gemäss § 49 Abs. 2 lit. d PBG in ihrer Bau- und Zonenordnung die Dachgestaltung näher regeln können.

Messweise der Firsthöhe bei Dachneigung über 45° (Quelle: Anhang ABV)

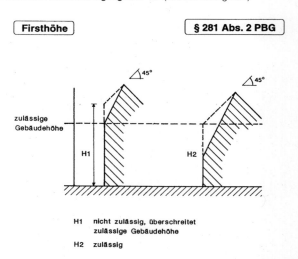

H1   nicht zulässig, überschreitet
      zulässige Gebäudehöhe

H2   zulässig

Im Bild auf Seite 900 «Dachgeschoss mit nur einem Kniestock» sind die beiden Steildächer eben Dach- und keine Fassadenelemente. Sie sind steiler als 45°, weshalb ein Anwendungsfall von § 281 Abs. 2 PBG vorliegt. Mit Ausnahme des Vordachs hält die Dachkonstruktion das zulässige Profil ein.

Auch Mansardflächen sind «Dächer» und keine Fassaden. Alte Mansarddächer durchstossen häufig das zulässige Dachprofil (vgl. Seite 896 und zur Messweise der Firsthöhe bei Steildächern auch PBG aktuell 1/2003, S. 23 ff.)

Dachprofil bei Dachneigung über 45° (Zeichnung: Heinz Beiner)
Die nachfolgende Skizze verdeutlicht diese Messweise für ein Gebäude mit oberstem Geschoss als Dachgeschoss. Die maximal zulässige Gebäudehöhe darf nicht ausgeschöpft werden. Die Firsthöhe wird nicht von der effektiven, sondern der hypothetischen Schnittlinie Fassade/Dachfläche aus gemessen.

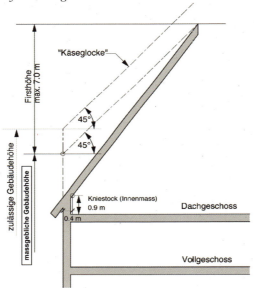

16.4.3   Das zulässige Gebäudeprofil beim Flachdach und bei besonderen Dachformen

16.4.3.1   *Zum Begriff des Flachdachs*

Die nachfolgenden Besonderheiten gelten nur für Flachdächer, weshalb vorerst der Begriff zu klären beziehungsweise vom flach geneigten Pult- oder Firstdach abzugrenzen ist. Die SIA-Norm 271 «Abdichtungen von Hochbauten» definiert das Flachdach als Oberbegriff für Dächer mit geringer oder fehlender Neigung und fugenloser Abdichtung. Nicht jede noch so geringe Dachneigung führt somit zur Qualifikation als Pultdach. Auch jedes Flachdach benötigt eine minimale Neigung, damit der Wasserabfluss gewährleistet ist. Diese aus bautechnischen Gründen erforderliche Minimalneigung ist oft kaum sichtbar und liegt erfahrungsgemäss zwischen 1–5°. Auch bei der Dacheindeckung besteht ein klarer Unterschied zwischen Flach- und Steildächern. Flachdächer weisen aus Dichtigkeitsgründen eine fugenlose Bedeckung wie etwa eine geschlossene Blecheindeckung, ein Kiesklebedach oder ein begrüntes Dach auf. Demgegenüber herrschen bei den Schrägdächern Tafelbedeckungen vor. Ein Tonziegeldach beispielsweise muss, damit es dicht ist, eine Neigung von mindestens 16-20° aufweisen. Mit gestossenen Eternittafeln können im Flachland normalerweise Dächer ab einer minimalen Neigung von etwa 10° bedeckt werden. Daher werden im Allgemeinen Dächer mit einer Neigung bis zu 10° noch als Flachdächer bezeichnet (BEZ 1996 Nr. 30).

16.4.3.2   *Das hypothetische Dachprofil*

Generell

Beim Flachdach besteht kein First und damit keine Firsthöhe. Die für Schrägdächer zulässige Firsthöhe bildet aber zusammen mit der Gebäudehöhe auch hierfür ein theoretisches Profil. Dieses muss im Zusammenhang mit den zulässigen Dachgeschossen und den Dachaufbauten zwingend gebildet werden. Dachgeschosse (Attikageschosse) sind laut der Definition von § 275 Abs. 2 PBG Gebäudeabschnitte, welche über der Schnittlinie Fassade/Dachfläche liegen. Bei Flachdächern dürfen sie – vorbehältlich § 292 lit. b PBG – grundsätzlich die für ein entsprechendes Schrägdach zulässigen Ebenen nicht durchstossen, das heisst jene Profillinie, die unter 45° an die Schnittlinie zwischen der tatsächlichen Dachfläche (des obersten Vollgeschosses) und der dazugehörigen Fassade ansetzt (§ 281 Abs. 1 lit. a in Verbindung mit § 292 PBG; RB 1993 Nr. 42, auch zum Folgenden; BEZ 2005 Nr. 22). Diese Regel greift indessen nur gegenüber der hypothetischen Traufseite des betreffenden Gebäudes ein; «giebelseitig» (stirnseitig) darf das Attikageschoss – wie ein Dachgeschoss unter Schrägdach – mit der Fassade des Vollgeschosses bündig sein. Bauteile (Dachaufbauten), welche traufseitig die erwähnte Dachprofillinie durchstossen, sind nach Massgabe von § 292 PBG zulässig, das heisst sie dürfen bei Flachdächern insgesamt nicht breiter sein als ein Drittel der betreffenden Fassadenlänge (§ 292 lit. b PBG). Derartige Dachaufbauten dürfen bis zur Fassadenflucht des darunterliegenden Vollgeschosses vorstossen, das heisst mit der betreffenden Fassade bündig sein (vgl. Skizze zu § 292 PBG im Anhang zur ABV).

Kein fiktiver Kniestock

Dieses ausschliesslich für Bauten mit Flachdächern geltende Dachprofil ist unabhängig davon, ob die maximal zulässige Gebäudehöhe erreicht wird oder nicht am tatsächlichen Schnittpunkt zwischen Fassade und Flachdachfläche anzusetzen. Ein fiktiver Kniestock darf nicht in Anschlag gebracht werden, wenn die Bauordnung Geschosszahlvorschriften enthält (BEZ 1995 Nr. 36 und RB 1993 Nr. 42). Der Grund liegt nach Auffassung der Rechtsmittelinstanzen darin, dass Attikageschosse, welche sich an einem derart erhöhten hypothetischen Dachprofil orientieren würden, von Vollgeschossen praktisch nicht mehr zu unterscheiden wären (BEZ 1997 Nr. 19). Damit ergibt sich eine unterschiedliche baupolizeiliche Behandlung von Gebäuden mit First und solchen mit Flachdächern, was aber aufgrund der Verschiedenheit beider Dachformen sachlich klar gerechtfertigt ist (VB.2002.00298 und 2005.00093).

Ansetzung Dachprofillinie beim Flachdach (Zeichnung: Stefan Reimann)

*Ein fiktiver Kniestock darf nicht in Anschlag gebracht werden. Da die beiden Vollge-
schosse im Verhältnis zum rückspringenden Untergeschoss weit mehr als die Hälfte der
Fassadenhöhe ausmachen, wird die Firstlinie dort angesetzt.*

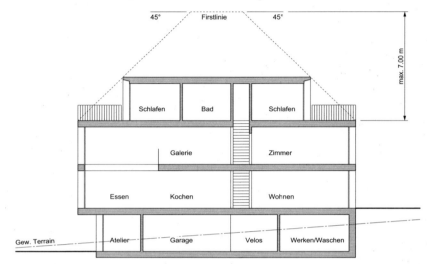

§ 292 PBG lässt indessen abweichende kommunale Regelungen zu, welche
etwa die Stadt Zürich in Art. 7a ihrer Bauordnung getroffen hat:

Art. 7a Bauordnung Stadt Zürich

1 Dachgeschosse über Flachdächern (Attikageschosse) müssen mit Ausnahme der nach
§ 292 PBG zulässigen Dachaufbauten ein Profil einhalten, das auf den fiktiven Traufseiten
unter Einhaltung der zulässigen Gebäudehöhe maximal einen Meter über der Schnittlinie
zwischen der Aussenkante der Fassade und der Oberkante des fertigen Fussbodens des
Attikageschosses unter 45° angelegt wird.

2 In den 2- und 3-geschossigen Wohnzonen darf das Attikageschoss hangseitig fassaden-
bündig angeordnet werden, wenn auf dieser Seite unter Einbezug des Attikageschosses
die zulässige Gebäudehöhe eingehalten wird und seine Fläche nicht grösser wird als die
eines Attikageschosses gemäss Abs. 1.

3 Brüstungen von Dachterrassen sind von den Breitenbeschränkungen für Dachaufbauten
ausgenommen, sofern sie die zulässige Gebäudehöhe nicht überschreiten.»

Wird ein Gebäudeabschnitt auf der einen Seite als Attikageschoss und auf der
anderen Seite als Dachgeschoss (First- oder Tonnendach) ausgebildet, kann auf
der Dachgeschossseite ein (effektiver) Kniestock in Anschlag gebracht werden
(BEZ 1997 Nr. 19). Vgl. auch Seite 906.

Bauordnung ohne Geschosszahlvorschriften
Enthält eine Bauordnung keine Geschosszahlvorschriften, sind also in Bezug
auf die Ausdehnung nach oben ausschliesslich die Gebäude- und die Firsthöhe

massgebend, können Bauten innerhalb dieses (für Bauten mit Satteldach) vorgegebenen Profils grundsätzlich frei gestaltet werden (BEZ 1995 Nr. 36). Massgebend ist einzig, dass sich der Baukörper im Rahmen des Profils befindet, das durch die jeweilige Schnittlinie zwischen der Fassade beziehungsweise ihrer theoretischen Verlängerung bis zur zulässigen Gebäudehöhe und einer imaginären, im Winkel von 45° gelegenen Dachfläche gebildet wird. Massgebend ist also nicht die tatsächliche, sondern die theoretisch zulässige Gebäudehöhe. Denn wenn die Bauordnung die Art, die Zahl sowie die Verteilung der Geschosse offenlässt, besteht auch kein Grund, die nach § 292 PBG in Verbindung mit § 281 Abs. 1 PBG Anwendung findende Profillinie am Schnittpunkt der tatsächlichen Dachfläche mit der Fassade anzusetzen, damit Attikageschosse auch visuell als solche klar erkennbar sind (BEZ 1995 Nr. 36; RB 1993 Nr. 42; BEZ 2008 Nr. 37).

«Käseglocke» aufgrund der theoretisch zulässigen Gebäudehöhe (Zeichnung Stefan Reimann)
Enthält eine Bauordnung keine Geschosszahlvorschriften (und nur dann) basiert das Dachprofil auf der nach Bauordnung zulässigen Gebäudehöhe. Die maximale Firsthöhe von 7 m (oder gemäss BZO auch weniger) ist entsprechend dem Wortlaut von § 281 Abs. 1 lit. b senkrecht zur Linie zwischen den zulässigen Gebäudehöhen abzutragen (insoweit unzutreffend die Zeichnung im Anhang ABV). Innerhalb des Profils wird keine Gebäudehöhe gemessen. Das oberste Geschoss kann also auch ein Vollgeschoss sein (wie in diesem Bild). Nach Massgabe von § 292 PBG dürfen Dachaufbauten das Profil durchstossen.

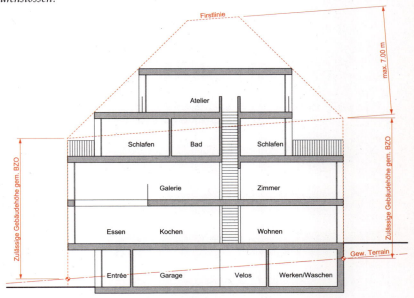

Diese im Zusammenhang mit der Ausgestaltung von Attikageschossen gebildete Praxis hat konsequenterweise nicht nur bei Flachdächern zu gelten, sondern ist auch auf Gebäude mit anderen Dachformen anzuwenden. Auf die Qualifikation und die Anzahl der einzelnen horizontalen Gebäudeabschnitte kommt es nicht an.

Massgebliche «Firstrichtung»

Was Giebel- und was Traufseite ist, muss imaginär festgelegt werden. In Analogie zu üblichen Satteldachgebäuden ist die kürzere Fassade als Giebelseite, die längere als Traufseite zu bestimmen.

Die Ausrichtung des hypothetischen Dachfirstes und damit der hypothetischen Traufseite wird so ermittelt, wie wenn beim betreffenden Gebäude effektiv ein Schrägdach erstellt würde. Im Regelfall verläuft der Dachfirst eines Schrägdaches parallel zur Gebäudelängsseite, ausnahmsweise quer zur Gebäudeseite («Chaletstil»; BEZ 2006 Nr. 8; BEZ 2005 Nr. 22, je mit Hinweisen).

Das Gesetz schreibt nicht explizit vor, wie das für die zulässige Ausdehnung von Attikageschossen anzunehmende Profil eines hypothetischen Schrägdaches zu bilden sei. Nach der Rechtsprechung sollen jedoch Attikageschosse klar von Vollgeschossen unterscheidbar und als Dachgeschosse erkennbar sein. Letzteres wird, da wie erwähnt Attikageschosse giebelseitig bis zu den Vollgeschossen vorspringen dürfen, zunichte gemacht, wenn bei Gebäuden mit deutlich unterschiedlicher Länge und Breite die Längsseite als (hypothetische) Giebelfassade angenommen wird und das Attikageschoss daher über weite Strecken des Gebäudeumfanges mit den Vollgeschossfassaden bündig ausgestattet werden kann (BEZ 2002 Nr. 37). Nach diesen Überlegungen ist im Einzelfall zu entscheiden, wie die hypothetische Firstrichtung des Dachprofils zu verlaufen hat. Wie Baurekurskommissionen und das Verwaltungsgericht befunden haben, sind als Stirnseiten diejenigen Fassaden anzunehmen, die im Falle eines Schrägdachs die massgeblichen Giebelseiten darstellen. Dies sind bei Gebäuden mit Grundrissen in Form eines lang gezogenen Rechtecks in aller Regel die Schmalseiten. Vgl. hierzu BEZ 2001 Nr. 40 betreffend Wohnkubus mit einem Grundriss von 8,15 m × 12,6 m (Verhältnis 2:3). Davon wird auch in der Skizze zu §292 gemäss Anhang ABV ausgegangen.

Imaginäre Firstrichtung eines Flachdachgebäudes (Zeichnung: Stefan Reimann)
Die imaginäre Firstrichtung darf nicht (wie im Bild) parallel zur Schmalseite, sondern muss in der Längsrichtung verlaufen. Die Schmalseite bildet die imaginäre Giebelseite.

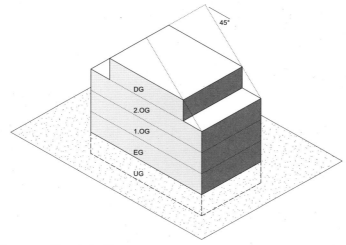

Gebäude mit nahezu quadratischem Grundriss

Nach der Praxis kann dann nicht mehr von einer missbräuchlichen Festlegung der Firstlinie gesprochen werden, wenn das Gebäude einen nahezu quadratischen Grundriss aufweist oder wenn die Längsseiten nur unwesentlich (in einem nicht publizierten Entscheid 1,8 m oder 9,2 Prozent) länger als die kürzeren Seiten sind. Die Baurekurskommissionen haben selbst bei Seitenlängen im Verhältnis von 3:4 (12,10 m zu 16,10 m) erkannt, dass sich Gebäudelänge und -breite nicht so ausgeprägt voneinander unterscheiden, dass nicht auch die Gebäudeschmalseite als Traufseite des hypothetischen Profils deklariert werden kann (BEZ 2002 Nr. 37). Bei solchen Grenz- und begründeten Fällen ist aber stets zu beachten, dass es sich bei § 292 PBG um eine Ästhetikvorschrift handelt, welche bezweckt, dass Dach und Dachaufbauten in einem abgerundeten harmonischen Bild als ein aufeinander abgestimmtes Ganzes erscheinen. Insbesondere sollen überdimensionierte, dem Dachbereich ein Übergesicht verleihende Aufbauten verhindert werden. In seiner bisherigen Praxis hat sich das Verwaltungsgericht stets vom Sinn und Zweck der gesetzlichen Vorschrift leiten lassen, dass die Dachgeschosse noch als solche erkennbar sind und nicht den Eindruck eines Vollgeschosses vermitteln (vgl. insbesondere RB 1991 Nr. 67, 1993 Nr. 42, 1999 Nr. 121 und Nr. 122; VB.2003.00005; BEZ 2005 Nr. 22 mit Hinweisen; VB.2005.00335).

16.4.3.3   *Massgebliche Fassade*

Die Fassade ist die Aussenhaut eines Gebäudes (also in der Regel die wärmegedämmte, feste Mauer, welche das Gebäude umschliesst und trägt). Sowohl die Geschosszahlvorschriften (Messweise des Kniestocks) als auch die Bestimmungen über die Gebäude- und die Firsthöhe (Schnittlinie Dachfläche/Fassade) sowie jene zum zulässigen Dachprofil stellen auf den Begriff der Fassade ab. Dieser ist oft unklar, insbesondere wenn die Fassade gestaffelt verläuft oder ihr Balkone, Laubengänge, Wintergärten usw. vorgelagert sind.

Primär ist auf das sichtbare Bauvolumen abzustellen: Tritt ein vorgelagerter Teil derart in Erscheinung, dass die Fassade als gestaffelt erscheint (zum Beispiel vorspringender Erschliessungstrakt), ist die vordere Fassadenflucht massgebend. Beim Vorhaben gemäss Bild auf Seite 923 machten die Unter- und Erdgeschossfassaden – ohne die dem zurückversetzten Obergeschoss vorgelagerte Terrassenverglasung – in der Höhe rund die Hälfte der sichtbaren Fassaden aus. Die Baurekurskommission setzte daher das Profil bei den vorgelagerten Gebäudeteilen (ohne Berücksichtigung der Terrassenverglasung) und nicht an der zurückversetzten Obergeschossfassade an. Bei dieser zurückversetzten Fassade ist daher auch keine Gebäudehöhe zu messen.

Umgekehrtes gilt, wenn der sichtbare Gebäudekörper insgesamt auf einem in der Fassadenansicht untergeordneten vorspringenden Gebäudesockel plaziert oder zum Beispiel ein eingeschossiger Anbau (etwa als Wintergarten) vorgelagert wird. Massgebend ist dann allein die hintere (Haupt-)Fassade. Das zulässige Profil von Gebäuden in Zonen ohne Geschosszahlvorschriften darf nicht anhand von solchen untergeordneten (in der Regel) eingeschossigen Gebäudevorsprüngen bestimmt werden, da sonst zu voluminöse Baukuben ermöglicht und solche Bauvorhaben in Zonen ohne Geschosszahlvorschriften übermässig privilegiert würden. Im Beispiel gemäss Skizze wurde daher die Fassade nicht an den leicht vorkragenden Umwandungen der Terrasse, sondern an der Aussenwand des Unter- und des Erdgeschosses angesetzt.

Messweise bei vorgelagerten Fassadenteilen (Zeichnung: Heinz Beiner)
Der Vorbau wird für die massgebliche Fassade nicht berücksichtigt.

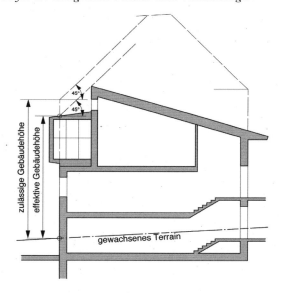

Balkone, Laubengänge und dergleichen

Weitere Unklarheiten bestehen, wenn Balkone, Laubengänge usw. vorhanden sind. Vorerst ist festzuhalten, dass einkragende Balkone nicht fassadenbildend sind. Die Fassade wird vorne gemessen. Umgekehrt können auch Balkone oder andere, im Sinne von § 260 Abs. 3 PBG privilegierte Gebäudevorsprünge nicht massgebend sein. Sie sind eben der Fassade «vorgelagert» und nicht Bestandteil derselben, auch wenn sie das privilegierte Mass überschreiten. Dies gilt nach der Praxis der Baurekurskommissionen selbst dann, wenn die Balkone seitlich eingewandet sind oder wenigstens einen Abschluss von mehr als 1,30 m aufweisen. Sie sind zwar zur Fassadenlänge hinzuzurechnen (§ 27 ABV vgl. <u>Seite 846</u>), doch nur dann in ihrer Aussenseite für die Fassade massgebend, wenn sie im Rahmen des seitlichen Abschlusses zumindest auch überdacht sind. Nach der Praxis müssen die Balkone so verglast sein, dass sie (zusammen allenfalls mit weiteren Vorsprüngen) eine mindestens zur Hälfte optisch geschlossene Fassade bilden. Analoges gilt auch für Laubengänge; auch diese müssen eine bestimmte Geschlossenheit (feste Brüstungen) und Überdachung aufweisen und optisch fassadenbildend wirken, um für das zulässige Dachprofil massgebend zu sein.

16.5 Hochhäuser und weitere hohe Bauwerke

16.5.1 Hochhäuser

16.5.1.1 *Begriff und Zulässigkeit*

Hochhäuser sind Gebäude mit einer Höhe von mehr als 25 m (§ 282 Abs. 1 PBG). Sie sind nur gestattet, wo sie die Bau- und Zonenordnung (zum Beispiel mit Umschreibungen in den Zonenvorschriften oder der Festlegung von Hochhausgebieten im Zonenplan) zulässt. Analoge Festlegungen können im Rahmen von Sonderbauvorschriften oder Gestaltungsplänen getroffen werden. Auch sie gehören zur Bau- und Zonenordnung im Sinne von § 282 PBG. Die Bauordnung kann Hochhäuser auch im Rahmen von Arealüberbauungen zulassen (§ 72 PBG).

Insbesondere die Stadt Zürich hat in ihrer Bauordnung Hochhausgebiete ausgeschieden und – nach diversen Rechtsmittelverfahren – mit zusätzlichen Bauvorschriften am 26. Februar 2005 in Kraft gesetzt.

16.5.1.2 *Anforderungen*

Ortsbaulicher Gewinn

Hochhäuser müssen verglichen mit einer gewöhnlichen Überbauung ortsbaulich einen Gewinn bringen, sofern sie nicht durch die Art und Zweckbestimmung eines Gebäudes bedingt sind. Sie sind architektonisch besonders gut zu gestalten (§ 284 Abs. 1 und 2 PBG). Die Stadt Zürich hat Richtlinien für die Planung und die Beurteilung von Hochhausprojekten erarbeitet, die als Massstab für die Anwendung von § 284 PBG gelten.

Keine erhöhte Ausnützung

Die Ausnützung darf nicht grösser als bei einer gewöhnlichen Überbauung sein. Eine Ausnahme ist ausgeschlossen. Vorbehalten bleiben die Bestimmungen über Arealüberbauungen, Sonderbauvorschriften und Gestaltungspläne (§ 284 Abs. 3 PBG). Gemäss ausdrücklichem Gesetzeswortlaut darf die Ausnützung auch nicht gestützt auf die allgemeine Dispensbestimmung von § 220 PBG erhöht werden.

Keine wesentliche Beeinträchtigung der Nachbarschaft

Die Nachbarschaft darf durch Hochhäuser nicht wesentlich beeinträchtigt werden, insbesondere nicht durch Schattenwurf in Wohnzonen oder gegenüber bewohnten Gebäuden (§ 284 Abs. 4 PBG).

Nach der Rechtsprechung des Verwaltungsgerichts ist der Begriff der Wohnzonen nicht im engen Sinne von § 48 Abs. 2 PBG zu verstehen. Auch Kern- oder Quartiererhaltungszonen können unter den Begriff der Wohnzonen fallen, sofern für sie ein hoher Wohnanteil festgesetzt ist (VB.2006.00354 betreffend Wohnanteil von 90 Prozent).

§ 30 ABV bestimmt, was als wesentliche Beeinträchtigung durch Schattenwurf im Sinne der genannten Bestimmung zu gelten hat. Bei überbauten Grundstücken ist nach Abs. 1 lit. a die an den mittleren Wintertagen länger als zwei Stunden dauernde Beschattung der bewohnten oder in Wohnzonen liegenden Nachbargebäude, in der Regel an ihrem Fusspunkt gemessen, massgebend. Bei unüberbauten Grundstücken gilt (nur in Wohnzonen) die an den mittleren Wintertagen länger als zwei Stunden dauernde Beschattung überbaubarer Flächen des Nachbargrundstücks, sofern dadurch eine den örtlichen Verhältnissen und der Bau- und Zonenordnung entsprechende Überbauung verunmöglicht oder erheblich erschwert wird (Abs. 1 lit. b). Wenn auf dem Nachbargrundstück eine überalterte Überbauung steht oder diese Überbauung den Zielen der Bau- und Zonenordnung (zum Beispiel bezüglich Gestaltung oder Nutzungsmass) widerspricht, finden die Regeln für überbaute und unüberbaute Grundstücke gemäss § 30 Abs. 1 lit. a und b ABV Anwendung.

Allerdings liegt nach Abs. 2 der Bestimmung keine wesentliche Beeinträchtigung durch Schattenwurf vor, wenn mit einem in allen Teilen den Vorschriften entsprechenden kubischen Vergleichsprojekt nachgewiesen wird, dass eine der Bau- und Zonenordnung entsprechende Überbauung keine geringere Beschattung des Nachbargrundstücks nach sich zieht. Gemäss § 30 Abs. 2 ABV muss der Schattenwurf verglichen werden mit einem in allen Teilen den Vorschriften entsprechenden kubischen Vergleichsprojekt (VB.2004.00234).

Zum Vergleichsprojekt

Das Vergleichsprojekt ist in doppelter Hinsicht von Bedeutung: Zum einen als Nachweis dafür, dass keine erhöhte Ausnützung besteht, zum andern im Zusammenhang mit der Beschattung.

Weder das PBG noch die ABV erläutern den Begriff des Vergleichsprojekts. Das Vergleichsprojekt war jedoch im Kanton Zürich bereits unter der Herrschaft des kantonalen Baugesetzes bekannt und wird zumindest inhaltlich auch heute noch zur behelfsmässigen Ausnützungsberechnung gemäss § 251 lit. b PBG herangezogen (BEZ 1996 Nr. 12). § 30 Abs. 2 ABV lehnt sich an dieses Verständnis des Vergleichsprojekts an. Was als kubisches Vergleichsprojekt den Vorschriften entspricht, ist grundsätzlich anhand der geltenden Bau- und Zonenordnung zu prüfen. Das bedeutet ein regelkonformes Bauen nach den primären Bauvorschriften wie Bestimmungen über die Abstände, die Geschosszahl, den Grenzbau, das Zusammenbauen, die Gebäudelänge und die Gebäudebreite (vgl. § 251 lit. b PBG). Gebunden ist das Vergleichsprojekt an die Beschränkung des kantonalen Rechts (Gebäudehöhe von 25 m und Firsthöhe von 7 m; BEZ 2007 Nr. 16; VB.2004.00193). Da es sich beim Vergleichsprojekt lediglich um eine kubische und damit hypothetische Lösung und nicht um ein konkretes Ausführungsprojekt handelt, dürfen dafür keine möglichen und teilweise im behördlichen Ermessen liegenden Ausnahmebewilligungen beansprucht werden. Gleichzeitig müssen aber umgekehrt auch keine besonderen gestalterischen Rücksichten auf umliegende Überbauungen oder Schutzobjekte genommen werden (VB.2004.00234). Zugrunde gelegt werden dem Vergleichsprojekt dürfen auch, wenn die Voraussetzungen dafür erfüllt sind, die zusätzlichen Baumöglichkeiten der Arealüberbauung (BRKE I Nrn. 0271–0273/2005). Das Vergleichsgebäude kann in die für den Nachbarn ungünstigste Position gebracht werden, wo es am meisten Schatten wirft.

Beispiel eines Vergleichsprojekts (Quelle: Projekt Hochhaus, Grosswiesenstrasse Hirzenbachstrasse 40/42, Zürich-Schwamendingen, Boltshauser Architekten AG)

Bei diesem Projekt wirft das Hochhaus nur einen kleinen dreieckigen Schatten auf einen unüberbauten Teil des Nachbargrundstücks. Dieser ist sogar kleiner als der Schatten des Vergleichsprojekts. § 30 Abs. 2 ABV kommt gar nicht zur Anwendung.

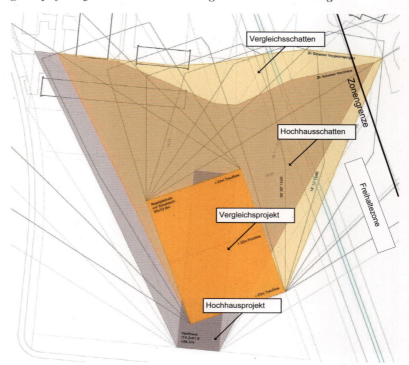

16.5.1.3   *Verfahren*

Die baurechtliche Bewilligung für ein Hochhaus bedarf der Genehmigung durch die Baudirektion (§ 285 in Verbindung mit § 2 lit. a PBG). Durch diesen Genehmigungsvorbehalt wurde der Baudirektion allerdings nicht eine allgemeine Baupolizeikompetenz verliehen und gleichzeitig die kommunalen Befugnisse beschränkt. Die Baudirektion hat sich bei der Prüfung eines Hochhausprojekts auf die Aspekte von § 284 PBG zu beschränken (EGGER: S. 97).

16.5.1.4   *Hohe Bauwerke*

Gebäude oder Teile von ihnen, deren Höhe und Standort durch ihre besondere Art oder ihre Funktion bestimmt wird, sind von den Bestimmungen über die Geschosszahl sowie die Gebäude- und Firsthöhen befreit (§ 19 Abs. 1 BBV II).

Solche hohen Bauwerke sollen nicht auf den Ausnahmeweg verwiesen oder gänzlich unterbunden werden. Als Beispiele nennt die Bestimmung Kirchtürme, Hochkamine und Silos für Landwirtschaftsbetriebe. Es sind aber auch andere hohe Bauwerke wie etwa ein Aussichtsturm denkbar. Entscheidend ist, dass es sich um Bauwerke handelt, die aufgrund ihrer Art und Funktion überhoch sind und nicht ebenso zweckmässig an einem anderen Standort erstellt werden könnten. Diese Voraussetzungen fehlen zum Beispiel bei selbstständigen gewerblichen Silos oder gar Bürohochhäusern, für die ein zonengemässer Standort gefunden werden muss (RRB Nr. 1693 vom 27 Mai 1981, Weisung zur BBV II).

Vorbehalten bleiben die besonderen Anforderungen an Hochhäuser (vgl. Seite 935 ff.). Die Nachbarschaft darf durch solche Bauwerke nicht wesentlich beeinträchtigt werden (§ 19 Abs. 2 BBV II).

Weiter ist zu beachten, dass Hochbauten, Hochkamine, Antennen, Baukräne, Material- und Holztransportseilbahnen den Zivil- und Militärluftverkehr behindern können. Für derartige Anlagen und deren Planung besteht eine Meldepflicht (Art. 63 VIL). Primär sind Objekte mit einer Höhe von 60 m (in einer dicht besiedelten Zone) beziehungsweise 25 m (in andern Gebieten) davon betroffen. Auskünfte erteilt die für den Kanton Zürich zuständige Meldestelle: Flughafen Zürich AG, Zonenschutz, Kantonale Meldestelle, Postfach 8058 Zürich, zonenschutz@kantmeldestelle.ch.

16.6 Gebäudelänge und Gebäudebreite

16.6.1 Umschreibung

16.6.1.1 *Messweise*

Allgemein

Gemäss § 49 Abs. 2 lit. b PBG können die Gemeinden die Gebäudelänge und die Gebäudebreite beschränken, allerdings nur oberirdisch. Die Messweise wird in § 28 ABV umschrieben. Danach gilt als Gebäudelänge die längere Seite des flächenkleinsten Rechtecks im Grundriss, welches die grösste durch die massgebliche Fassadenlänge gebildete Gebäudeumfassung umschreibt. Schon aus diesem Wortlaut ergibt sich, dass unter dem gewachsenen Terrain liegende Gebäudeteile nicht einzurechnen sind (BEZ 2003 Nr. 34; VB.2003.00364; VB.2005.00519 auch zum Folgenden). Nicht einzurechnen sind auch Gebäudeteile, die das gewachsene Terrain nicht mehr als einen halben Meter überragen und deshalb keine Grenzabstände einzuhalten haben. Vgl. zur Fassadenlänge ausführlich Seite 845 f.

Als Gebäudebreite gilt die kürzere Seite dieses Rechtecks (§ 28 Abs. 1 ABV; vgl. die zeichnerische Darstellung auf S. 20 im Anhang ABV). Der Begriff der Gebäudebreite ist erst mit der Revision 1991 in das PBG und die ABV aufgenommen worden und ersetzt den altrechtlichen Begriff der Gebäudetiefe. Mit Einführung dieses neuen Begriffs war keine materielle Änderung, sondern lediglich eine Klarstellung in Richtung des allgemeinen Sprachgebrauchs beabsichtigt. Insbesondere sollten Verwechslungen mit der Bautiefe nach §§ 286 f. PBG vermieden werden (RB 1994 Nr. 85).

Berechnung Gebäudelänge/Gebäudebreite (Quelle: Anhang ABV)

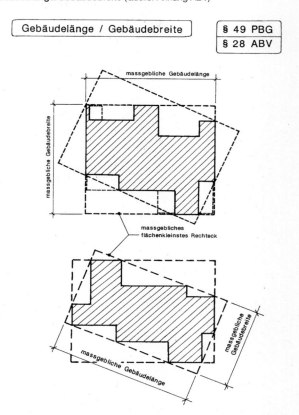

Bei zonenübergreifenden Bauten mit unterschiedlichen Vorschriften über die Gebäudelänge haben die Gebäudeteile in jeder Zone für sich genommen die dort zulässige Gebäudelänge einzuhalten. Gleichzeitig ist das Gebäude bezüglich seiner Gesamtlänge als Einheit zu betrachten. Der Gesamtkomplex darf daher die grössere von beiden Längen nicht überschreiten (BVR 2004 S. 419, zusammengefasst wiedergegeben in BR 1/2005 S. 29 Nr. 79).

Bei freistehenden Gebäuden

Das Verwaltungsgericht hat eine Trennung zwischen zwei Baukörpern von 20 bis 30 cm nicht als hinreichend für eine offene Überbauung bzw. eine getrennte Messung der Gebäudelänge gewürdigt (BEZ 2010 Nr. 30, auch zum Folgenden). Bestimme die Bau- und Zonenordnung in Anwendung von § 27 Abs. 2 ABV mit Bezug auf die Berechnung des Mehrlängenzuschlages eine Zusammenrechnung der Fassadenlänge, wenn der Gebäudeabstand ein bestimmtes Mass unterschreitet, könne davon ausgegangen werden, dass der kommunale Gesetzgeber das gleiche Mass auch für die Zusammenrechnung von Gebäuden bei Ermittlung der Gebäudelänge bestimmt hätte. Mithin könne dieses Mass auch für die Annahme einer «geschlossenen Bauweise» mit den Konsequenzen für die Berechnung der Gebäudelänge herangezogen werden. Habe der kommunale Gesetzgeber von dieser Befugnis keinen Gebrauch gemacht, sei von einer geschlossenen (und nicht mehr offenen) Bauweise wohl dann auszugehen, wenn der Gebäudeabstand das aus wohnhygienischen oder feuerpolizeilichen Gründen gebotene Mass (§ 270 Abs. 3 PBG) unterschreite. Naheliegend sei ein Abstand von 3,50 m.

Es kann immerhin bezweifelt werden, ob diese Annahme einer echten Regelungslücke der bundesgerichtlichen Überprüfung standhalten würde.

16.6.1.2   *Besondere Gebäude*

Besondere Gebäude im Sinne von § 49 Abs. 3 PBG fallen ausser Ansatz, sofern die Bau- und Zonenordnung nichts anderes bestimmt (§ 28 Abs. 2 ABV). Dabei spielt keine Rolle, ob ein solches zwischen die Hauptgebäude gestellt oder je auf der andern Seite der beiden Hauptgebäude angebaut wird.

Ein Besonderes Gebäude ist schon nach kantonalem Recht bezüglich Gebäudehöhe beschränkt, sodass es sich deutlich von Hauptgebäuden abhebt und trotz des Zusammenbaus nicht der Eindruck durchgehender Gebäuderiegel entsteht. Die Gebäudelänge ist daher je für die beiden Hauptgebäude separat zu beurteilen, sofern das besondere Gebäude nicht gestützt auf die Bauordnung einzurechnen ist. Das gilt zum Beispiel auch dann, wenn die Hauptgebäude etwa durch eine Unterniveaugarage (die als Besonderes Gebäude gilt) baulich/funktionell miteinander verbunden sind und auf dem Zwischenbau eine durchgehende Terrasse angelegt ist. Falls eine Gemeinde verhindern will, dass durch das Aneinanderreihen von Haupt- und Besonderen Gebäuden «unendlich» lange Überbauungen entstehen, steht es ihr frei, gestützt auf § 28 Abs. 2 ABV die Besonderen Gebäude als an die Gebäudelänge anrechenbar zu erklären (BEZ 2003 Nr. 34).

16.6.1.3   *Vorsprünge*

Nach § 27 Abs. 1 ABV, welche Bestimmung kraft Verweises in § 28 ABV bei der Bemessung der Gebäudelänge zur Anwendung gelangt, werden oberirdische Vorsprünge über mehr als einem Geschoss zur massgeblichen Fassadenlänge hinzugerechnet. Diese Bestimmung ist auf offene Balkone (vgl. Skizze im Anhang ABV) und Vorsprünge im Sinne von § 260 Abs. 3 PBG ausgerichtet, also auf einzelne Vorsprünge beziehungsweise solche, die höchstens ein Drittel der betreffenden Fassadenlänge einnehmen (VB.2003.00364).

16.6.1.4   *Abgrenzungen*

Mit der Gebäudelänge und der Gebäudebreite sollen die Ausmasse der Gebäudegrundflächen beschränkt werden können, etwa zur Erreichung einer kleinmassstäblichen Überbauung, meistens in Anpassung an bestehende empfindliche Bausubstanz, oder um den Durchblick zwischen Gebäuden zu erhalten (Seeufer, Aussichtslagen). Dagegen haben diese Beschränkungen nichts zu tun mit der Mehrlängenzuschlagsberechnung bei der Bestimmung des Grenzabstandes. Für jene ist die Fassadenlänge massgebend. Die Gebäudebreite hat auch nichts gemeinsam mit der «Bautiefe». Letztere legt beim Grenzbau die Tiefe ab

Verkehrsbaulinie fest, innerhalb welcher ein Gebäude ohne Zustimmung des Nachbarn auf die Grenze gestellt werden darf (§§ 286 und 287 PBG).

16.7 Dachaufbauten

16.7.1 Begriff und Beispiele

16.7.1.1 *Ziel der Beschränkung von Dachaufbauten*

Wo nichts anderes bestimmt ist, dürfen Dachaufbauten insgesamt nicht breiter als ein Drittel der betreffenden Fassadenlänge sein. Diese Beschränkung gilt für Dachaufbauten, die bei Schrägdächern über die tatsächliche Dachebene hinausragen und bei Flachdächern, die für ein entsprechendes Schrägdach zulässigen Ebenen durchstossen. Nicht eingerechnet werden Kamine, Anlagen zur Nutzung der Sonnenenergie und kleinere technisch bedingte Aufbauten (§ 292 PBG).

Das Verwaltungsgericht hat sich schon verschiedentlich mit der Auslegung von § 292 PBG befassen müssen (vgl. insbesondere RB 1991 Nr. 67, 1993 Nr. 42; 1999 Nr. 121; 1999 Nr. 122; VB.2003.00005; vgl. zur Praxis der Baurekurskommissionen auch BEZ 2003 Nr. 41). Es hat sich dabei stets vom Sinn und Zweck dieser gesetzlichen Vorschrift leiten lassen, dass Dachgeschosse noch als solche erkennbar sein und nicht den Eindruck von Vollgeschossen vermitteln sollen (VB.2004.00203, wonach auskragende Terrassen im Attikageschoss unzulässig sind).

Bei § 292 PBG handelt es sich also um eine reine (spezielle) Ästhetiknorm, die bezweckt, dass Dach und Dachaufbauten in einem abgerundeten, harmonischen Bild, als ein aufeinander abgestimmtes Ganzes erscheinen. Im Ergebnis sollen überdimensionierte, der Firstpartie ein Übergewicht verleihende Dachaufbauten verhindert werden (vgl. etwa VB.2004.00203). Nach dem klaren Wortlaut gilt § 292 PBG nur, sofern nichts anderes bestimmt ist.

16.7.1.2 *Kommunale Regelungskompetenzen*

Die Gemeinde kann verschärfte Bestimmungen erlassen. Wie das Verwaltungsgericht hierzu entschieden hat, ist eine kommunale Bestimmung zulässig, wonach Attikageschosse und Brüstungen das zulässige Schrägdachprofil (unter 45°) nicht durchstossen dürfen und damit sämtliche Bauteile verboten sind, welche das Schrägdachprofil durchstossen (VB.2004.00203). Sodann beruht die mit Art. 31 Abs. 2 BZO verbundene Beschränkung der Informations- und Wirtschaftsfreiheit auf einer hinreichenden gesetzlichen Grundlage und ist durch das öffentliche Interesse an einer guten Gestaltung der Dachlandschaft jedenfalls so lange gerechtfertigt, als – wie hier – eine schwerwiegende, einen erheblichen Teil des Baugebiets umfassende Beschränkung der möglichen Antennenstandorte nicht konkret dargetan ist (VB.2008.00251 E. 2 betreffend Bauordnung Herrliberg).

16.7.1.3 *Typische Dachaufbauten*

Der Gesetzgeber hatte die klassischen Aufbauten wie Lukarnen, Gauben, Ochsenaugen usw. im Auge (BEZ 1991 Nr. 43; RB 1999 Nr. 122; PBG aktuell 3/1996, S. 43).

Unter Dachaufbauten sind also Bauteile zu verstehen, welche wie Lukarnen oder Ähnliches oberhalb der Dachhaut in Erscheinung treten (BEZ 1993

Nr. 9) beziehungsweise die Dachfläche nach aussen durchstossen (RB 1991 Nr. 67). Unmassgebend ist, ob sich das darunterliegende Geschoss als Dach oder (infolge Kniestock über 90 cm) als Vollgeschoss darstellt oder ob für die betreffende Zone überhaupt Geschosszahlvorschriften bestehen. Auch kommt es auf eine Durchstossung der Trauflinie nicht an. Dachaufbauten dürfen auch bis zur Fassadenflucht des darunterliegenden Vollgeschosses vorstossen, das heisst, mit der betreffenden Fassade bündig sein (vgl. Skizze zu §292 PBG im Anhang zur ABV; VB.2004.00481). Massgeblich ist einzig, ob Aufbauten «über die tatsächliche Dachebene hinausragen» (vgl. hierzu Skizzen zu §292 im Anhang zur ABV; BEZ 1986 Nr. 10; RB 1991 Nr. 67).

Die typische Dachaufbaute besteht aus einem kleinen Giebeldach (deshalb der Name «Giebelgaube»), seitlichen Fassadenteilen und einem frontseitigen Fenster. Sie sitzt vollständig auf dem Hauptdach. Ihr rechtwinklig zur Dachfläche angeordneter Giebel setzt also unterhalb des Hauptgiebels an und das Frontfenster endet oberhalb der Traufe des Hauptdachs. Beidseits des Giebels verläuft die Dachfläche (BEZ 1993 Nr. 9). Hinsichtlich ihrer Form (nicht aber der Grösse) kommt die Giebelgaube am ehesten einem Kreuzfirst gleich.

Giebelgaube oberhalb der Traufe

Eine Dachaufbaute kann auch die Traufe, das heisst den Dachrand durchbrechen:

Dachaufbaute, die Traufe durchbrechend

Eine Dachaufbaute kann zum Beispiel auch als Schleppgaube ausgestaltet sein.

Dachaufbaute als Schleppgaube
Hier eine typische Schleppgaube

Dachaufbaute als Schleppgaube
Auch diese Dachaufbaute ist als Schleppgaube ausgebildet. Sie reicht zulässigerweise bis zur Hauptfassade.

Hinweis: Beispiele typischer Dachaufbauten finden sich im Glossar (Seite 1217) unter dem Stichwort «Dachaufbaute».

16.7.1.4   *Dachaufbauten und ihre Teile*

Grundsatz

Nach der Praxis gehören zu den Dachaufbauten im Sinne von § 292 PBG nicht nur die «reinen» Baukörper, sondern jeder Gebäudeteil, der zu einer optischen Aufblähung des Gebäudekörpers führt, also zum Beispiel auch Vordächer (sofern sie mehr als üblich auskragen), Brüstungen und andere massive Bauteile (vgl. etwa den unpublizierten Entscheid BRKE II Nr. 0080/2008–0081/2008).

Vordächer

Vordach als Bestandteil der Dachaufbaute

Dieses überbreite Vordach ist an das Drittel der Dachaufbaute anzurechnen.

Brüstungen

Auf begehbaren Flachdächern angebrachte gemauerte Brüstungen, welche das zulässige Dachprofil durchstossen, führen zwar nicht zu einer Überschreitung der Gebäudehöhe (BEZ 2006 Nr.19, auch zum Folgenden). Sie sind indessen den Vorschriften über Dachaufbauten unterworfen und dürfen ohne gegenteilige kommunale Bestimmung nicht breiter als ein Drittel der betreffenden Fassadenlänge sein, sofern sie das Dachprofil durchstossen. Von dieser Beschränkung sind offene Sicherungsgeländer befreit (vgl. RB 1998 Nr.110; VB.2002.00172 E. 4). Eine etwas andere Betrachtungsweise ist nach Auffassung der Baurekurskommission II geboten, wenn die zulässige Gebäudehöhe nicht ausgeschöpft wird. Werden bei solchen zur Absicherung des Flachdachs Brüstungen geplant, deren Oberkante sich innerhalb der erlaubten Gebäudehöhe hält, so ist eine Zurückversetzung auch dann nicht erforderlich, wenn sie gemauert sind. Dies deswegen, weil Nachbarn akzeptieren müssen, dass die zulässige Gebäudehöhe ausgeschöpft wird, sei es nun durch das Gebäude selbst oder eine – aus Sicht der Nachbarn – gebäudeähnlich in Erscheinung tretende gemauerte Brüstung (BEZ 2006 Nr.19).

Nicht anrechenbar sind indessen offene, auf die Sicherungsfunktion beschränkte Geländer, da sie nicht als massive Gebäudebestandteile in Erscheinung treten.

Pergolen

Pergolen sind grundsätzlich an das Drittel von Dachaufbauten anzurechnen. An der davon abweichenden Auffassung in der 4. Auflage dieses Buches, S.13–43 ist nicht festzuhalten. Es gilt dies jedenfalls für solche Pergolen, die etwa in Form von massiven Holz- oder Betonkonstruktionen (auch wenn sie nicht bewachsen sind) optisch als den Gebäudekubus erweiternde Aufbauten wahrgenommen werden.

Keine Dachaufbauten oder Bestandteile derselben sind höchstens solche Pergolen, welche als filigrane Holz- oder Stahlkonstruktionen gar nicht als Teil des Gebäudekubus wahrgenommen werden beziehungsweise die Masse desselben optisch nicht vergrössern (vgl. den unpublizierten Entscheid BRKE II Nr. 0080/2008–0081/2008).

Pergolen, die nicht Bestandteile von Dachaufbauten sind.
Nach den vorstehenden Ausführungen sind die Pergolen in einem solchen Fall zu den Dachaufbauten zu zählen. Das Drittel wäre dann überschritten.

16.7.1.5   *Privilegierung technisch bedingter Aufbauten*

Kamine und Anlagen zur Nutzung von Sonnenenergie
Kamine, Anlagen zur Nutzung von Sonnenenergie und kleinere technisch bedingte Aufbauten fallen zwar unter den Begriff der Dachaufbauten, wenn sie die Dachebene durchstossen. Sie werden aber gemäss § 292 PBG nicht in die Drittelsregelung eingerechnet.

Kamine und Anlagen zur Nutzung von Sonnenenergie sind regelmässig technisch bedingt, müssen aber nach dem Wortlaut des Gesetzes nicht «kleiner» sein. Auch wenn Sonnenenergieanlagen nicht den Vorschriften über Dachaufbauten gemäss § 292 PBG unterstehen, müssen sie aber eine befriedigende Gesamtwirkung im Sinne von § 238 PBG erreichen (VB.2009.00466).

Sonnenkollektoren

Derartige Sonnenkollektoren sind nicht an die Beschränkung von Dachaufbauten gebunden. Sie dürfen das für Schrägdächer zulässige Dachprofil (ohne Drittelsbeschränkung) überragen.

Kleinere technisch bedingte Aufbauten

Neben Kaminen und Sonnenenergieanlagen sind auch «kleinere technisch bedingte Aufbauten» von der Drittelsregelung befreit. Dieser Begriff ist, auch wenn er kommunal verwendet wird, einheitlich auszulegen, unabhängig von den besonderen Verhältnissen des Einzelfalls; eine Interessenabwägung ist nicht geboten (BGer 1C_244/2007, E. 2.4, www.bger.ch, VB.2008.00250 mit Hinweisen). Aber die Auslegung von solchen kompetenzgemäss erlassenen kommunalen Vorschriften durch die Gemeindebehörden ist nach ständiger Rechtsprechung zu schützen, wenn sie vertretbar und nicht rechtsverletzend ist; zudem handelt es sich bei den Vorschriften über Dachformen und -aufbauten um Gestaltungsvorschriften. Auch insofern steht der örtlichen Baubehörde eine relativ erhebliche Entscheidungsfreiheit bzw. ein besonderer Beurteilungsspielraum zu (vgl. etwa VB.2007.00005 mit Hinweisen).

Vgl. zum Begriff «technisch bedingt» VB.2004.00187, Dachaufstieg zu Dachterrasse. Wenn es nur darum geht, den Abgang von der Dachterrasse sicherer auszugestalten, so genügt dazu eine mit einem Schiebedeckel zu schliessende Öffnung des Dachausstiegs. Dieser kann auf drei Seiten mit einem Geländer umgeben werden. Ein beidseitiger Handlauf muss nur unwesentlich im Bereich des Schiebedeckels unterbrochen werden und kann am Einfassungsgeländer fortgesetzt werden. Daher war der Dachausstieg vorliegend nicht «technisch bedingt» im Sinne der Bauordnung der Stadt Zürich (übertragbar auf § 292 PBG; VB.2007.00005).

Gewöhnliche Mobilfunkantennen sind kleinere technisch bedingte Aufbauten (BEZ 2000 Nr. 52; VB.2008.00450, 2009.00262 und 2009.00587). Es trifft zwar zu, dass sie nicht in erster Linie den Bedürfnissen der Bewohner des Standortgebäudes dienen und nicht in direktem Zusammenhang mit der Nutzung der betreffenden Liegenschaft stehen. Dieser Umstand wird jedoch nach der Rechtsprechung des Verwaltungsgerichts zu § 292 PBG in Kauf genommen, da sonst die Errichtung derartiger Anlagen unverhältnismässig erschwert würde, was nicht die Zielsetzung kantonaler Bauvorschriften sein kann (BGer 1C_244/2007, E. 2; 1A.129/2006, E. 5.3; VB.2009.00059 mit zahlreichen Hinweisen).

Mobilfunkantenne

Diese Antenne wurde bewilligt, obwohl man sich fragen könnte, ob die Dachaufbaute noch «kleiner» im Sinne von § 292 PBG sei.

Anders war aber im folgenden Fall zu entscheiden: Neben den eigentlichen Antennen umfassten die Aufbauten auf dem Attikadach der Liegenschaft eine Erhöhung des bestehenden, 1,9 m × 1,8 m grossen Liftaufbaus um 2,30 m, sodass dieser die Dachfläche neu um 3,80 m überragen sollte. Zudem waren fünf (zu einem einzigen Volumen zusammengefasste) Technikschränke Gegenstand des Vorhabens (VB.2007.00005). Vgl. zum Technikschrank auch BEZ 2011 Nr. 11.

Das Gesetz bestimmt nicht, wo die noch zulässigen kleineren technisch bedingten Aufbauten anzuordnen sind. Im Falle dreier Lifttürme hat das Verwaltungsgericht entschieden, es komme nicht darauf an, ob der Liftstrang, der die Aufbaute erfordert, innerhalb der Fassadenfluchten untergebracht oder als Gebäudevorsprung ausgestaltet werde. Im konkreten Fall waren drei Lifttürme mit einem Grundriss von jeweils 1,9 m × 2,4 m streitig, welche das Flachdach um 1.40 m überragen und das Gebäudeprofil um bis zu 1 m durchstossen. Die obersten Teile der Lifttürme wurden als kleinere technisch bedingte Dachaufbauten betrachtet (VB.2001.00149; vgl. auch die Darstellung und den Text auf Seite 954).

Dachflächenfenster insbesondere

Dachflächenfenster sind zwar Dachaufbauten, soweit sie die Dachhaut durchstossen. Sie sind aber regelmässig technisch bedingt und unterliegen der Breitenbeschränkung von § 292 PBG nicht. Dachflächenfenster sind sodann von Elementen der Dachhaut abzugrenzen: Wird die Dachhaut (etwa mit Glasziegeln) teilweise fest verglast, entsteht kein Dachflächenfenster (VB.2001.00092).

16.7.2   Abgrenzungen

16.7.2.1   *Besondere Dachformen*

Abzugrenzen ist die Dachaufbaute von unkonventionellen Konstruktionen im Dachbereich von Gebäuden, bei welchen keine Aufbauten auf die Dachebene gesetzt, sondern der Verlauf der Dachfläche selbst abgestuft wird, was etwa bei Mansard-, Rhomben-, Falt- oder Zwiebeldächern und andern ungewöhnlichen Dachformen anzutreffen ist (BEZ 1991 Nr. 43).

Dachgestaltung (keine Dachaufbaute)
Hier wird das Dach gestaltet. Eine solche Konstruktion ist keine Dachaufbaute und hat daher das Drittel nicht einzuhalten.

16.7.2.2   *Kreuzfirst*

Die Dachaufbaute unterscheidet sich auch vom sogenannten Kreuzfirst. Dieser ist nicht nur eine besondere Dachform, sondern auch ein oberer Abschluss einer besonderen Gebäudeform. Deshalb ist der Kreuzfirst nicht nur am Dach, sondern auch am darunter liegenden Baukörper, insbesondere auch an der Fassade erkennbar. Der herkömmliche Kreuzfirst setzt auf der Höhe des Hauptfirstes an und verläuft horizontal im rechten Winkel zur Fassade. Er kann nur auf der einen Seite des Hauptfirstes angeordnet sein oder diesen durchschneiden und beidseits des Hauptfirstes von Fassade zu Fassade verlaufen. Die Fassade ist dementsprechend im Bereich des Kreuzfirstes ohne Unterbrechung bis zum First hinaufgezogen. Der Kreuzfirst kann die ganze Breite des Gebäudes oder nur einen Teil davon einnehmen. Die Fassade des Kreuzfirstes verläuft entweder auf der gleichen Flucht wie die Fassade des Hauptgebäudes oder ist dieser in der Breite des Kreuzfirstes leicht vorgelagert (BEZ 1993 Nr. 9). Auf solche Baukonstruktionen sind die Vorschriften über die Dachaufbauten nicht anwendbar.

Beispiel eines Kreuzfirstes mit Dachaufbauten (Zeichnung: Stefan Reimann)

Das Beispiel ist die Isometrie zum Entscheid BEZ 1993 Nr. 9. Es kommen hier ein Kreuzfirst und zwei verschiedene Dachaufbauten vor.

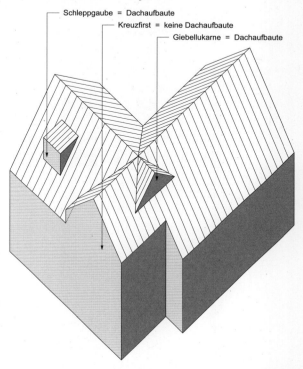

Schleppgaube = Dachaufbaute

Kreuzfirst = keine Dachaufbaute

Giebellukarne = Dachaufbaute

Ein Kreuzfirst und keine Dachaufbaute liegt vor, wenn folgende zwei Bedingungen kumulativ erfüllt sind:

- Der Höhenunterschied zwischen Hauptfirst und Kreuzfirst ist relativ klein.
- Die Stirnfassade des Kreuzfirstes ist mindestens bündig mit der darunterliegenden Fassade des Hauptbaukörpers oder kragt vor.

Quergiebel (keine Dachaufbaute)

Giebelgaube, kein Quergiebel

Diese Giebelgaube setzt unter dem Hauptfirst an und ist kein Quergiebel.

16.7.2.3   *Vorgelagerte Baukonstruktionen*

Im Einzelfall ist es oft schwierig Bauteile zu beurteilen, die zwar auf das Dach des Hauptkubus gebaut sind, aber über die zugehörige Fassade hinausragen. Bei solchen vorgelagerten Baukonstruktionen ist für die rechtliche Beurteilung entscheidend, ob der Aufbau funktionell und optisch Teil eines Vorbaus ist oder mit diesem höchstens zufällig eine gewisse optische Einheit bildet. Nur im zweiten Fall überwiegen die Elemente einer Dachaufbaute.

Das Verwaltungsgericht hatte einen überdeckten Balkon zu beurteilen. Das Gericht qualifizierte die Balkonüberdachung als Dachaufbaute, weil sie über die tatsächliche Dachebene hinausragt. Dass der Gebäudeteil mit dem tragenden Windfang auch visuell eine gewisse Einheit bildete, rechtfertigte es nach Auffassung des Gerichts nicht, ihn gleichsam als blossen baulichen Fortsatz, mithin rechtlich als Anbauteil zu würdigen (RB 1991 Nr. 67). Analog sind auch negative Ausgestaltungen derselben Idee zu beurteilen. (vgl. hierzu PBG aktuell 1/1993, S. 27).

Dachaufbaute

Diese vorgelagerten Konstruktionen bestehen aus gedeckten und abgestützten Balkonen, die mit je einer Dachaufbaute überdacht werden. Die Dachaufbauten erscheinen konstruktiv nicht als baulicher Fortsatz von Vorbauten, sondern «sitzen» im Wesentlichen auf dem Dach. Sie dürften als Dachaufbaute gewürdigt werden. Dass die Aufbauten mit den vorgelagerten Balkonen visuell eine gewisse Einheit bilden, ändert daran nichts.

Als Dachaufbau wird auch ein die Trauflinie durchbrechender Dacherker (Gebäudeelement, das in den unteren Geschossen als Erker ausgebildet ist und sich über das Dach fortsetzt) gewürdigt, da sonst die Breitenbeschränkung für Dachaufbauten (§ 292 PBG) oder kommunale Vorschriften über die Dachaufbauten (RB 1991 Nr. 67, auch zum Folgenden) umgangen würden. Voraussetzung ist, dass der Bauteil optisch als Aufbau auf dem Dach und nicht als Vorbau(teil) in Erscheinung tritt.

Dacherker

Dieser Dacherker sitzt oberhalb der Dachtraufe und erscheint damit konstruktiv wie optisch als Teil des Daches. Es ist von einem Dachaufbau auszugehen.

Von solchen Besonderheiten abgesehen sind aber der Schnittlinie zwischen Fassade und Dachfläche vorgelagerte Konstruktionen, auch wenn sie die Dachebene durchstossen, grundsätzlich keine Dachaufbauten. Das gilt für Bauteile, welche als offene Überdachungen von Gebäudevorsprüngen, Erkern oder Windfängen die Traufe durchbrechen, aber nicht auf dem Dach des Hauptkubus, sondern eines Gebäudevorsprunges sitzen. Ein solcher Bauteil ist als eigentlicher Dach- beziehungsweise Fassadenvorbau zu würdigen, welcher § 292 PBG nicht unterliegt. Er hat indessen die Gebäudehöhe einzuhalten. In diesem Sinne hat die Baurekurskommission in einem unpublizierten Fall entschieden: Es ging dort um eine Anbaute in Form von übereinanderliegenden, abgestützten Balkonen im 1. und 2. Obergeschoss. Der überdachte Raum im Erdgeschoss sollte verglast werden und der Erdgeschosswohnung als Wintergarten dienen. Die Anbaute sollte mit einem Satteldach überdacht werden, dessen Firstrichtung senkrecht zu derjenigen des Hauptdachs verläuft. Das ist keine Dachaufbaute mehr (BRKE IV Nr.0057/2001).

Dach auf Vorbau

Hier erscheint der Dachabschluss des der Fassade vorgelagerten Bauteils als funktioneller und optischer Bestandteil des Vorbaus. Er sitzt nicht auf dem Dach, bildet also keinen Dachaufbau.

Dachaufbaute (Zeichnung: Heinz Beiner)

Dieser Dachaufbau sitzt zwar auf dem Vorbau mit der Küche, er bildet aber mit dieser nur eine optische, nicht aber eine funktionelle Einheit. Optisch überwiegt die Erscheinung als Dachaufbaute.

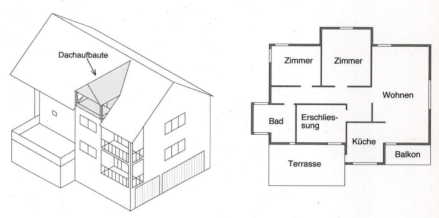

Turmartiger Gebäudevorsprung (keine Dachaufbaute)

Dieses Dach erscheint funktionell und optisch als Abschluss des Vorbaus und nicht den Hauptdachs. Daher steht keine Dachaufbaute infrage.

Abweichend hierzu hat das Verwaltungsgericht hinsichtlich dreier einem Flachdachgebäude vorgelagerter Lifttürme entschieden.

→ Siehe Skizze nächste Seite

Liftvorbaute (Zeichnung: Stefan Reimann)

Diese Liftanlage ist funktionell und konstruktiv den Gebäuden zugehörig und sowohl vom Gebäudegrundriss wie auch vom Flachdachprofil miterfasst. Der oberste Teil der Liftanlage ist eine (technisch bedingte, kleinere) Dachaufbaute (VB.2001.00149). Bei diesem Entscheid ging es um eine Flachdachbaute. Bei einem Gebäude mit Firstdach würde ein entsprechender Liftvorbau das Dachprofil übersteigen beziehungsweise neben ihm stehen, also nicht oberhalb der Dachhaut in Erscheinung treten, wie für Dachaufbauten verlangt. Es wäre dann von einem Vorsprung auszugehen, der nicht der Drittelsregelung untersteht, aber die Gebäudehöhe einzuhalten hat.

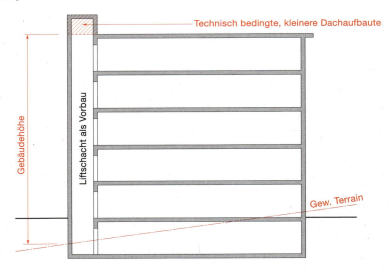

16.7.2.4   Dacheinschnitte

Der Begriff des Dacheinschnitts ist baurechtlich nicht definiert. Allgemein werden hierunter bauliche Massnahmen verstanden, welche zu einem «Loch» in der Dachfläche führen. Ein solches Loch ist klarerweise keine Dachaufbaute.

Wird aber die Dachfläche durch irgendwelche Bauteile durchstossen, also der Dacheinschnitt mit einer festen Überdachung versehen, so liegt eine Dachaufbaute vor. So kann unter einem Dachaufbau eine Terrasse angeordnet sein, welche in das Dach eingeschnitten ist. Beim Dachausbau ist dann von einer Dachaufbaute auszugehen, welcher der Beschränkung von § 292 PBG unterliegt (BEZ 2006 Nr. 21 auch zum Folgenden).

Derartige Konstruktionen können aber – je nach Ausgestaltung – zusätzlich als Dacheinschnitte zu qualifizieren sein, dann nämlich, wenn von einem Versuch zur Umgehung eines kommunalrechtlich statuierten Verbotes von Dacheinschnitten auszugehen ist. Von einem solchen Versuch ist aber nicht leichthin auszugehen. Kommt hinzu, dass die Beschränkung von Dacheinschnitten regelmässig dem kommunalen Recht angehört, bei dessen Auslegung und Anwendung der zuständigen Baubehörde ein erheblicher Entscheidungsspielraum gegeben ist.

Dacheinschnitt, kombiniert mit Dachaufbaute

Bei diesem Bauteil werden die Vorschriften von Dachaufbauten anwendbar.

16.7.3   Massgebliche Dachebene

Schrägdächer

Die Definition der «tatsächlichen Dachebene» bei Schrägdachbauten (denen Tonnendächer gleichgestellt sind, BEZ 1997 Nr.19) bietet keine besonderen Schwierigkeiten. Der Beschränkung von §292 PBG unterliegen sämtliche, die tatsächliche (Haupt-)Dachfläche überragende Bauteile, sofern es sich nicht um Kamine, Anlagen zur Nutzung von Sonnenenergie oder kleinere technisch bedingte Aufbauten handelt (BEZ 1997 Nr.19).

Dachaufbaute bei Schrägdach (Zeichnung: Stefan Reimann)

Dachaufbauten dürfen gemäss §292 PBG ein Drittel der Fassadenlänge nicht überschreiten, sofern die Bauordnung nichts anderes festlegt.

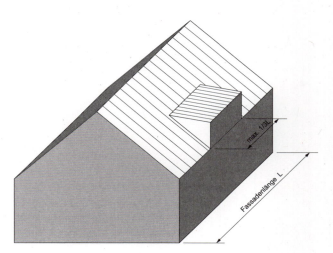

Flachdächer

Bei Flachdachbauten wird das massgebliche Dachprofil durch die für ein entsprechendes Schrägdach zulässigen Ebenen gebildet (§ 292 lit. b PBG). Nach der Praxis wird dabei auf die tatsächliche Dachfläche abgestellt, sofern die Bauordnung Geschosszahlvorschriften enthält. Andernfalls gilt die theoretische Profillinie an der maximal zulässigen Gebäudehöhe (VB.2008.00286; BEZ 2008 Nr. 37; vgl. Näheres auf Seite 930 f.). Bei Flachdächern ist nicht Voraussetzung, dass sich Dachaufbauten durch eine gewisse Selbstständigkeit in Funktion und/oder Erscheinungsbild kennzeichnen müssen. Denn bei Flachdachbauten, wo die begrenzende Dachebene (§ 292 lit. b PBG) nur rein hypothetisch besteht, fehlt diese Unterscheidbarkeit von vornherein und kann weder eine funktionelle noch eine optische Selbstständigkeit der die fiktive Dachfläche durchstossenden Bauteile verlangt werden (VB.2003.00005). Dachaufbauten dürfen also (wie bei Schrägdächern) bis zur Fassadenflucht des darunterliegenden Vollgeschosses vorstossen, das heisst, mit der betreffenden Fassade bündig sein (BEZ 2005 Nr. 22).

Dachaufbauten beim Flachdach (Zeichnung: Stefan Reimann)
Auch beim Flachdach dürfen Dachaufbauten gemäss § 292 PBG ein Drittel der Fassadenlänge nicht überschreiten, sofern die Bauordnung nichts anderes festlegt.

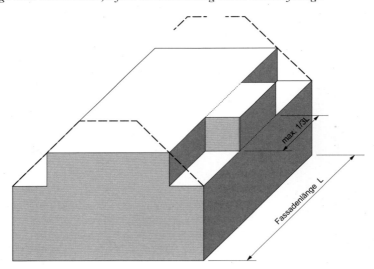

Verhältnisse auf der Stirnseite

Die Beschränkung der Dachaufbauten bei Flachdächern greift – wie bei Dachgeschossen unter Schrägdächern – stirnseitig nicht ein (vgl. VB.2004.00481, in BEZ 2005 Nr. 22; vgl. Anhang ABV, S. 24). Die Qualifikation als Dachaufbaute wird also nicht aufgehoben, wenn der entsprechende Gebäudeteil bis an die Stirnseite reicht und wie als Teil von dieser in Erscheinung tritt. Denn es besteht keine Vorschrift, dass Dachaufbauten nicht an die Gebäudeecken der betreffenden Traufseiten, sondern nur in der Mitte der Fassaden platziert werden dürfen.

Auch wenn nicht unbedingt üblich, sind mithin Situierungen der Dachaufbauten an den Gebäudeecken grundsätzlich zulässig. Das darf allerdings nicht
dazu führen, dass das Dachgeschoss nicht mehr als solches erkennbar ist und
deshalb das Gebäude als übergeschossig in Erscheinung tritt (BEZ 2005 Nr. 22).
Zur Einhaltung der Gebäudehöhe in solchen Fällen vgl. <u>Seite 920</u>. Wenn allerdings
in einer Bauordnung keine Geschosszahlen festgelegt sind, kann ein Gebäude
«übergeschossig» wirken. Aber auch hier stellt sich dann die Frage der befriedigenden Einordnung nach § 238 PBG (VB.2008.00286 mit Hinweisen).

Dachaufbauten an der Stirnseite (Zeichnung: Stefan Reimann)
Dachaufbauten an der Stirnseite sind sowohl bei Flachdachbauten wie auch bei Gebäu-
den mit First zulässig. Die Messweise der Gebäudehöhe ist zu beachten. (Vgl. <u>Seite 921</u>)

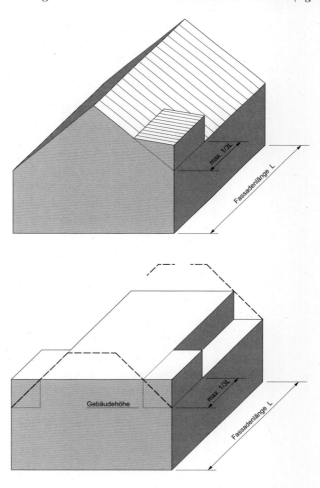

Daher ist also auch eine solche Anordnung zulässig:

Dachaufbauten an der Stirnseite

Das oberste Geschoss ist ein Dachgeschoss. Dieses darf links (imaginäre Traufseite) bis zur Fassade des darunter liegenden Vollgeschosses reichen. Rechts muss das Dachgeschoss zurückspringen. Sichtbar sind die an der Ecke situierten Gebäudeteile. Sie halten sich innerhalb eines Drittels nach § 292 PBG.

16.7.4   Zur Messweise des Drittels

16.7.4.1   *Breite der Dachaufbaute*

Die Frage stellt sich, wie die zulässige Breitenbeschränkung zu messen sei. Massgebend ist grundsätzlich die grösste Ausdehnung (also Aussenkant Fassade) ohne übliches Vordach. Bei Dachaufbauten in Form eines Dreiecks oder etwa bei Ochsenaugen wird die grösste Ausdehnung gemessen. Gewissen Härtefällen wäre nach § 220 PBG (Ausnahmebewilligung) zu begegnen.

Messweise der Breite

Bei diesem Ochsenauge wird unten, bei der grössten Ausdehnung gemessen.

Da die Dachaufbauten «insgesamt» nicht breiter als ein Drittel der betreffenden Fassadenlänge sein dürfen (so ausdrücklich § 292 PBG), sind jene auf verschiedenen Ebenen zusammenzurechnen.

Messweise der Breite
Hier werden alle drei Dachaufbauten zusammengerechnet. Sie dürfen in ihrer Gesamtheit ein Drittel nicht überschreiten, sofern die Bauordnung nichts anderes festlegt.

16.7.4.2   *Fassadenlänge*

Zur Fassadenlänge werden oberirdische Vorsprünge über mehr als einem Geschoss hinzugerechnet, wenn sie in der Richtung der betreffenden Fassade eine geschlossene Höhe von mehr als 1,30 m aufweisen (§ 27 Abs. 1 ABV). Abzugrenzen ist die Fassadenlänge von der Gebäudelänge (§ 28 ABV).

Im Übrigen ist davon auszugehen, dass § 292 PBG unter dem Titel «IV. Weitere Bestimmungen über die Erscheinung von Gebäuden» aufgeführt ist. Ziel der Vorschrift ist, die Dachgestaltung ruhigzuhalten. Als massgebend gilt hiermit jene Fassadenlänge oder jener Teil der Fassade, welche beziehungsweise welcher eine baulich-architektonische Einheit bildet (VB.2000.00086). Entscheidend ist der optische Eindruck des Grössenverhältnisses einer Dachaufbaute zur betreffenden Dachfläche.

In diese Sinne entschied das Verwaltungsgericht etwa bei zwei zusammengebauten Hausteilen (VB.2008.00286).

Werden die Fassaden oder die Dachflächen eines Gebäudes durch benachbarte Bauten oder Gebäudeteile (etwa Quergiebel) teilweise abgedeckt oder auch nur optisch verkleinert, kann die massgebliche Fassadenlänge aus dem Mittel zwischen First- und sichtbarer Trauflänge berechnet werden (RB 1999 Nr. 122).

Eine solche optische Einheit kann auch dann noch gegeben sein, wenn zwei Fassadenelemente schiefwinklig aneinanderstossen oder die Fassade seitlich gegliedert ist. Es ist eine fallbezogene Beurteilung vorzunehmen.

Dachaubauten und Fassadenlänge

Beim folgenden Beispiel befindet sich in der Mitte eine überlange Schlepplukarne, da der mittlere Gebäudeteil optisch selbstständig wirkt und daher für die Berechnung der Fassadenlänge massgebend ist. Der Bauteil auf dem rechten Hausteil ist (trotz gleicher Firsthöhe wie das Hauptdach) eine Dachaufbaute und kein Quergiebel, da die Stirnfassade gegenüber der darunter liegenden Trauf-Fassade zurückgesetzt ist.

Uneinheitliche Fassade

In diesem Bild besteht keine einheitliche Fassade. Das Drittel ist bei jedem Abschnitt separat einzuhalten.

Für die massgebliche Länge ist nur eine optische Einheit der Fassade, nicht eine funktionelle Einheit gefordert. Keine Rolle spielen daher die Eigentumsverhältnisse, sodass bei Reihenhäusern nicht nur die einem Eigentümer zugeteilten Gebäudeabschnitte (auch wenn sie selbstständige Parzellen bilden), sondern stets die ganze Fassadenlänge gilt, sofern diese als gestalterische Einheit erscheint. Denn die Frage, ob bei der Anwendung der «Drittelsregelung» die Fassadenlänge des Gesamtbaus oder diejenige der betreffenden Wohneinheit zugrunde zu legen sei, sei vom öffentlichen Recht her und in Auslegung der fraglichen Vorschrift anzugehen und zu beantworten. Die anderen Eigentümer müssen sich damit abfinden, dass bei der späteren Einreichung eines analogen Baugesuchs nicht mehr die gleiche Situation vorliegt, d.h. dass das Drittel bereits ganz oder teilweise beansprucht ist. Eine andere Betrachtungsweise würde letztlich darauf hinauslaufen, mit Mitteln des öffentlichen Rechts ein Problem lösen zu wollen, das typischerweise auf die Ebene des Privatrechts gehört (AGVE 1997 S. 334 betreffend Stockwerkeigentümergemeinschaft, doch wohl auch übertragbar auf abparzellierte Grundstücke).

Das erweist sich zwar im Ergebnis oft als unbefriedigend, weil dann der zuerst Bauende das Drittelsmass zulasten seiner Nachbarn ausschöpfen kann, ohne dass diese sich mit baurechtlichen Gründen dagegen wehren können. Das Problem wird zweckmässigerweise privatrechtlich gelöst (zum Beispiel durch Vereinbarungen beziehungsweise Dienstbarkeiten im Rahmen der Parzellierung, wonach die zulässige Breite weitergehend als gemäss § 292 PBG beschränkt wird).

Reihenhäuser mit einheitlicher Fassade
Hier wird das Drittel über die ganze Fassade und nicht nur über die einzelnen Teilabschnitte gemessen. Die Häuser erscheinen trotz der unterschiedlichen Farben der Fensterläden und Fassaden als ein einheitliches Ganzes.

Es war somit auch folgende Dachaufbaute zulässig:

Dachaufbaute, die das Drittel einhält

Diese Dachaufbaute überschreitet zwar das Drittel des Mittelhauses; doch ist die zulässige Breite, nach Massgabe der gesamten Fassade, eingehalten. Die Nachbarn müssen das tolerieren (zumal eine Dachaufbaute auch keinen Grenzabstand einzuhalten hat). Alternative wäre eine privatrechtliche Vereinbarung, wonach zum Beispiel jeder Eigentümer nur «sein» Drittel beanspruchen darf.

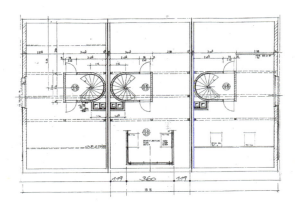

16.8   Freilegung von Untergeschossen

16.8.1   Nach kantonalem Recht

16.8.1.1   *Grundsatz*

Gemäss § 293 Abs. 1 PBG dürfen nicht anrechenbare Untergeschosse höchstens 1,5 m über dem gestalteten Boden in Erscheinung treten. Diese rein gestalterische Norm bildet neben § 292 PBG über die Dachaufbauten eine Ergänzung zur allgemeinen Einordnungsbestimmung von § 238 PBG und schliesst deren Anwendung nicht grundsätzlich aus. Als Ausdruck der gestalterischen Funktion stellt § 293 PBG auf den gestalteten, nicht den gewachsenen Boden ab. Zur Anrechenbarkeit von Untergeschossen vgl. § 276 PBG (siehe Seite 891 f.). Bei mehreren nicht anrechenbaren Untergeschossen wird ihre Höhe über dem gestalteten Terrain zusammengezählt, sofern eine architektonische Einheit gegeben ist. Eine «schnittweise» Betrachtung der einzelnen Untergeschosse ist auch dann nicht zwingend zulässig, wenn deren Fassaden gestaffelt sind (PBG aktuell 1/1994. S. 32, mit illustrativer Skizze; BEZ 1986 Nr. 50).

Freilegung von Untergeschossen (Quelle: PBG aktuell 1/1994, S. 32)

Die beiden untersten Geschosse genügen zusammen betrachtet und auch je für sich den Anforderungen von § 293 PBG nicht, da sie mehr als zulässig freigelegt sind. Beim Garagengeschoss beanstandete die Rekursinstanz, dass das Garagentor knapp zwei Fünftel der Fassadenbreite einnimmt.

16.8.1.2   *Ausnahmen*

Von der Beschränkung nach § 293 Abs. 1 PBG ausgenommen sind Haus- und Kellerzugänge, Gartenausgänge sowie Ein- und Ausfahrten zu Einzel-, Doppel- oder Sammelgaragen (Abs. 2 der Bestimmung). Bei der Anwendung solcher Bestimmungen gilt es Missbräuchen vorzubeugen: Sind zum Beispiel Fenstertüren vorhanden, welche zum Garten führen, ist es unzulässig, die ganze dortige Fensteröffnung als Gartenausgang zu qualifizieren. Die Abgrabung ist in solchen Fällen auf die übliche Türbreite zu beschränken, wenn die Bauordnung «Gartentüren» privilegiert (vgl. VB.2001.00092). Analoges gilt für Ein- und Ausfahrten von Garagen, die nur im Umfange üblicher Torweiten (mit den dafür nötigen Abgrabungen) privilegiert sind (VB.2005.00370, auch zum Folgenden). Pflanzentröge erfüllen die Anforderungen an ein gestaltetes Terrain im Sinn von § 293 Abs. 1 PBG nicht.

16.8.2   Kommunale Bestimmungen

16.8.2.1 *Zulässigkeit*

Die Gemeinden können die Freilegung von Untergeschossen und die Abgrabungen näher regeln (§ 293 Abs. 4 PBG). Die Vorschrift ist mit der PBG-Revision 1991 in das Gesetz aufgenommen worden. Sie trat an die Stelle der kantonalen Bestimmungen über die Anrechenbarkeit beziehungsweise die Zulässigkeit von Untergeschossen in empfindlichen Baugebieten (BEZ 2000 Nr. 19). In diesem Sinne sind in zahlreichen kommunalen Bauordnungen Beschränkungen festgehalten, die das Mass der zulässigen Abgrabungen in Metern und/oder bezogen auf den Gebäudeumfang beschränken. Oder es ist bestimmt, dass Abgrabungen zulässig sind, soweit sie natürlich anfallen oder untergeordnet sind. Die Gemeinden können gegenüber § 293 Abs. 1 PBG nicht nur zusätzliche Schranken setzen, sondern auch weniger weit gehende Bestimmungen erlassen (vgl. VB.2008.00553 betreffend Gemeinde Erlenbach). Sie gehen der kantonalen Regelung, soweit sie davon abweichen, in jedem Falle vor.

16.8.2.2 *Zur Auslegung*

Mit kommunalen Vorschriften über die zulässigen Abgrabungen wird zumeist bezweckt, ein überhöhtes Erscheinungsbild von Gebäuden zu verhindern; überdies sollen einordnungsmässig unbefriedigende Terraingestaltungen vermieden werden. Neben diesen gestalterischen Aspekten kann kommunalen Abgrabungsvorschriften auch eine nutzungsbeschränkende Funktion zukommen; dies dort, wo die zulässige Ausnützung mittels Baumassenziffer geregelt ist und nicht gleichzeitig Geschosszahlvorschriften bestehen (BEZ 2000 Nr. 19). Es gilt dann zu vermeiden, dass das durch die Baumassenziffer bestimmte Ausnützungsmass unterlaufen wird (VB.2000.00042). Die Zweckbestimmung kommunaler Bestimmungen ist im Rahmen der Auslegung zu berücksichtigen.

Die Anwendung kommunaler Bestimmungen obliegt in erster Linie der örtlichen Baubehörde, welche die Verhältnisse an Ort und Stelle am besten kennt und die Gesetzgebung seinerzeit beratend bzw. antragstellend begleitet hat. Stellen sich bei der Anwendung solchen Rechts Auslegungsfragen, so ist deren Beantwortung durch die Baubehörde der Gemeinde dann zu schützen, wenn sie als vertretbar und nicht rechtsverletzend erscheint. Solche Entscheide dürfen daher von den kantonalen Rechtsmittelinstanzen nur mit Zurückhaltung überprüft werden (BEZ 2000 Nr. 19 mit Hinweisen).

Das Verwaltungsgericht hatte sich bisher insbesondere mit dem Ausdruck «natürlich anfallend» und mit der Geringfügigkeit von Abgrabungen zu befassen. Ein Untergeschoss fällt dann «natürlich» an, wenn es aufgrund des (gewachsenen) Terrainverlaufs ohne Abgrabungen freiliegt. Die talseitige Fassade muss vollständig oder sehr weitgehend über dem gewachsenen Terrain situiert sein (VB.2010.00156). Die Frage nach der Geringfügigkeit der Abgrabung beurteilt sich vorab aufgrund eines Gesamteindrucks und nicht in erster Linie nach quantitativen Gesichtspunkten, sofern die anwendbare Bestimmung keine Masszahlen enthält (RB 1995 Nr. 86; VB.2000.00042, auch zum Folgenden).

Die im Text der Bau- und Zonenordnung allenfalls vorhandenen Erläuterungen sind zur Auslegung hilfsweise heranzuziehen.

Bei anrechenbaren Untergeschossen, welche anstelle eines Vollgeschosses erstellt werden, ist im Einzelfall durch Auslegung der entsprechenden kommunalen Norm zu klären, ob und inwieweit die mit einer Abgrabungsvorschrift bezweckten Ziele tangiert beziehungsweise infrage gestellt werden (BEZ 2006 Nr. 20; vgl. VB.99.00085 und – mit umgekehrter Schlussfolgerung – VB.2000.00042).

Vgl. im Weiteren zur Auslegung solcher kommunaler Bestimmungen etwa RB 1995 Nr. 85, BEZ 2000 Nr. 19; 2002.00149 und VB.2005.00362.

16.8.3   Nachbarrechtliche Bedeutung

Terrainveränderungen wurden seit je nicht nur baupolizeilich, sondern auch, lange Zeit sogar ausschliesslich, zivilrechtlich erfasst. Einschlägig ist hier vor allem Art. 685 ZBG (vgl. BEZ 1991 Nr. 46):

1 Bei Grabungen und Bauten darf der Eigentümer die nachbarlichen Grundstücke nicht dadurch schädigen, dass er ihr Erdreich in Bewegung bringt oder gefährdet oder vorhandene Vorrichtungen beeinträchtigt.

2 Auf Bauten, die den Vorschriften des Nachbarrechtes zuwiderlaufen, finden die Bestimmungen betreffend überragende Bauten Anwendung.

Diese Bestimmung hat vor allem beim heutigen Trend, Steilhänge zu überbauen und sich möglichst stolz basteiartige Gartensitzplätze zu sichern, ihre Bedeutung. Sie beantwortet auch die Frage, wer für die Kosten und den Unterhalt notwendiger Stützmauern aufzukommen hat. Grundsätzlich gilt: Wer zuerst gräbt oder aufschüttet und ausserdem Nachbarn gefährdet, bezahlt die Vorkehr gegen die Gefährdung, also in der Regel die Stützmauer. Der Unterlieger, der zuerst den Hang anschneidet, hat die bergseitige Stützmauer auf seinem Grundstück zu erstellen; der Oberlieger, der zuerst aufschüttet, hat für die talseitige Hangsicherung besorgt zu sein (vgl. Seite 1196).

Wie nahe und wie hoch an die nachbarliche Grenze eine Stützmauer erstellt werden darf, bestimmt das kantonale Zivilrecht (insbesondere nach § 178 EG ZGB; vgl. Seite 1198).

Arbeitshilfen

Suchbegriff	Bezeichnung	Bezugsquelle
Hochhaus	Hochbaudepartement der Stadt Zürich, Amt für Städtebau: Hochhäuser in Zürich, Richtlinien für die Planung und Beurteilung von Hochhausprojekten, 2001	www.stadt-zürich.ch
Isolation	SIA-Norm 271 «Abdichtungen von Hochbauten»	www.webnorm.ch

17
Gebäude und Räume; Ausrüstungen

17.1 Grundlagen

17.1.1 Überblick

Das PBG enthält in §§ 295 ff. Anforderungen an Gebäude und Räume, zum Beispiel betreffend Wärmeversorgung, Beförderungsanlagen, Nebenräume sowie Gebäude mit mehr als sechs anrechenbaren Geschossen (§§ 295–298 PBG); dann aber insbesondere für Räume, welche zum Aufenthalt von Menschen bestimmt sind (§§ 299–306 PBG). Diese Anforderungen werden zum Teil in der BBV I und BBV II konkretisiert.

Wo nicht für einzelne Bereiche etwas anderes festgelegt ist, gelten die §§ 299 ff. PBG (Anforderungen an zum Aufenthalt von Menschen bestimmte Räume) für Wohn- und Schlafräume, Küchen sowie Räume, in denen nach ihrer Zweckbestimmung Personen einen mehr oder weniger festen Arbeitsplatz haben oder haben können. Sie gelten auch für Räume, die nach ihrem Ausbau und ihrer Ausrüstung dem Aufenthalt von Menschen dienstbar gemacht werden können (§ 299 PBG).

Das vorliegende Kapitel erläutert sodann die Bestimmungen über Ausrüstungen, das heisst technische Einrichtungen von Bauten und Anlagen, die der Benützung oder der Sicherheit dienen (§ 4 ABV): Heizungsanlagen, Klima- und Belüftungsanlagen, Elektroinstallationen, Beförderungsanlagen, Briefkästen.

17.1.2 Berücksichtigung des Standes der Technik

Räume sind gegen inneren und äusseren Lärm, Erschütterungen, Feuchtigkeit, schädliche Temperatureinflüsse und Brandgefahr fachgerecht zu schützen (§ 300 Abs. 1 PBG). Ausrüstungen sind fachgerecht zu erstellen und zu betreiben. Als fachgerecht gilt, was nach dem jeweiligen Stand der Technik möglich ist und aufgrund ausreichender Erfahrung oder Untersuchungen als geeignet und wissenschaftlich anerkannt wird. Richtlinien, Normalien und Empfehlungen staatlicher Stellen und anerkannter Fachverbände werden bei der Beurteilung mit berücksichtigt (§ 2 BBV I). Zur Bedeutung der Normalien vgl. ausführlich Seite 73 ff.

17.2 Vorschriften für Wohn- und Arbeitsräume

17.2.1 Ausgestaltung; Ausrüstungen

17.2.1.1 *Wohnungen und Gemeinschaftsunterkünfte*

Wohnungen müssen Räume mit den üblichen sanitären Einrichtungen enthalten. Für Appartements und Einzimmerwohnungen können Erleichterungen gewährt werden (§ 9 BBV I). Erhöhte Anforderungen gelten für Gemeinschaftsunterkünfte. So sind etwa nach Geschlechtern getrennte Waschgelegenheiten und Abortanlagen erforderlich (§ 10 BBV I).

17.2.1.2 *Arbeitsräume und Räume für den Publikumsverkehr*

Allgemein

§ 11 BBV I enthält die Anforderungen an Arbeitsräume. Arbeitsräume oder bauliche Einheiten von solchen müssen in genügender Zahl, Grösse und Art enthalten: künstliche Belüftungen oder Klimaanlagen (sofern aus klimatischen

oder hygienischen Gründen nötig), Abortanlagen, zweckmässige Waschgelegenheiten mit fliessendem kaltem und warmem Wasser; zudem Duschen, sofern die
Arbeit mit grosser Hitze verbunden ist oder starke Beschmutzung oder Verunreinigung mit schädlichen oder übel riechenden Stoffen mit sich bringt.

Bauten und Anlagen mit Publikumsverkehr

Für Bauten und Anlagen mit Publikumsverkehr, wie Verwaltungsgebäude, Hotels, Restaurants, Theater, Kinos, Spitäler, Grossläden und Sportanlagen sind für
das Publikum nach Geschlechtern getrennte Abortanlagen in genügender Zahl,
Grösse und Art bereitzustellen (§ 12 BBV I).

Nach Massgabe des Bundesgesetzes vom 3. Oktober 2008 zum Schutz vor
Passivrauchen, in Kraft seit 1. Mai 2010, gilt sodann ein Rauchverbot in allen
geschlossenen Räumen, die öffentlich zugänglich sind oder mehreren Personen
als Arbeitsplatz dienen. Art. 2 Abs. 2 und 3 des Gesetzes sowie die zugehörige
Verordnung sehen Ausnahmen vor.

Öffentlich zugängliche Räume sind zum Beispiel Gebäude der öffentlichen
Verwaltung, Spitäler, Kinder- und Altersheime, Gefängnisse, Schulen, Museen,
Theater, Kinos, Sportanlagen, Restaurations- und Hotelbetriebe, Gebäude und
Fahrzeuge des öffentlichen Verkehrs sowie alle Verkaufsgeschäfte und Einkaufs-
zentren. Unter Räume mit Arbeitsplätzen fallen grundsätzlich alle Räume, in
denen sich Arbeitnehmende bei der Ausführung ihrer Arbeit aufhalten also auch
Sitzungszimmer, Treppenhäuser oder Kantinen. Kein Rauchverbot gilt in priva-
ten Haushalten, an Einzelarbeitsplätzen und im Freien.

Die Kontrolle der Einhaltung der Arbeitnehmerschutzvorschriften zum
Schutze vor Passivrauchen in den Betrieben liegt, wie bis anhin, in der Verantwortung des Bereichs Arbeitsbedingungen des AWA im Rahmen seiner
ordentlichen Kontrolltätigkeit oder aufgrund allfälliger Hinweise von Arbeit-
nehmenden.

Für den Vollzug des Rauchverbots in den öffentlich zugänglichen Räumen,
in denen Arbeitsplätze eine untergeordnete Rolle spielen, ist die Gesundheitsdi-
rektion verantwortlich. Darunter fallen zum Beispiel Museen, Theater oder Kinos, Publikumsbereiche in der öffentlichen Verwaltung sowie Verkaufsgeschäfte,
die von Geschäftsinhabern allein, also ohne Arbeitnehmer, betrieben werden.

Gastwirtschaftsräume

Das Gastgewerbegesetz vom 1. Dezember 1996 (GGG) regelt die Patentpflicht
für den Betrieb einer Gastwirtschaft und die Betriebsführung. Die Finanzdirektion hat am 18. Juli 1997 einen «Leitfaden für die Erstellung und Einrichtung von Gastwirtschaftsbetrieben im Kanton Zürich» herausgegeben, der noch
immer gültig ist. Die Broschüre hat keinen Gesetzes-, sondern nur Empfeh-
lungscharakter und dient als Richtlinie unter anderem für die Auslegung der
geltenden baurechtlichen Vorschriften wie etwa von § 12 BBV I. Danach haben
Gastwirtschaftsbetriebe (Ziffer III 4.1.1. des Leitfadens) sowohl für die Gäste
wie auch das Personal Abortanlagen aufzuweisen. Bei Ausgabestellen (Take-
Away-Betrieben) sind Erleichterungen zulässig: Bis zu 10 Sitzplätzen oder 20
Stehplätzen sind keine Gästetoiletten erforderlich. Auf eine in nützlicher Di-

stanz gelegene und jederzeit benützbare Personaltoilette kann demgegenüber nicht verzichtet werden (BEZ 2003 Nr. 17).

Die Bestimmungen über Abluftanlagen von Wirtschaftsküchen (§ 41 sowie Anhang Ziffer 2.25 BBV I) sind hinsichtlich Projekt und Ausführung der privaten Kontrolle unterstellt. Das gilt in diesem Bereich auch für die Mindesthöhe von Kaminen (Anhang Ziffer 3.41 lit. d BBV I). Vgl. zur privaten Kontrolle auch Seite 328 ff.).

Das Bundesgesetz zum Schutz vor Passivrauchen gilt auch für Gastwirtschaftsbetriebe. Diesbezüglich ist aber auch das kantonale Recht zu beachten, welches strengere (aber nicht mildere) Anforderungen als das Bundesrecht stellen kann (Art. 4 des Bundesgesetzes). Per 1. Mai 2010 wurde das Gastgewerbegesetz durch § 22 ergänzt. Danach ist das Rauchen in Innenräumen von Gastwirtschaftsbetrieben verboten. Im Sinne von Art. 2 Abs. 2 des Bundesgesetzes kann unter bestimmten Voraussetzungen das Rauchen in besonderen, abgetrennten Räumen gestattet werden. Es besteht die Möglichkeit, zum Rauchen abgetrennte Räumlichkeiten zur Verfügung zu stellen. § 12 Abs. 1 der Verordnung zum Gastgewerbegesetz legt fest, für welche Betriebe das Verbot gilt. Mit dem Verbot von Raucherbetrieben geht das kantonale Recht zulässigerweise über das Bundesrecht hinaus.

Die Gemeinden vollziehen das Gastgewerbegesetz. Sie sind auch für die Kontrolle der Einhaltung des Rauchverbots in Gastronomiebetrieben und die Ahndung von Widerhandlungen in diesen zuständig.

Lebensmittelbetriebe

Für Lebensmittelbetriebe gelten die Bestimmungen der Hygieneverordnung (HyV), welche das EDI gestützt auf die Lebensmittel- und Gebrauchsgegenständedeverordnung LGV erlassen hat. Diese legt allgemeine Hygienevorschriften fest für den Umgang mit Lebensmitteln und Gebrauchsgegenständen (Art. 1 und Art. 7 ff.). Nach Art. 10 HyV müssen (unter anderem) genügend Toiletten mit Wasserspülung und Kanalisationsanschluss vorhanden sein. Diese dürfen nicht direkt in die Räume öffnen, in denen mit Lebensmitteln umgegangen wird. An geeigneten Standorten müssen genügend Handwaschbecken mit Warm- und Kaltwasseranschluss sowie Material zum hygienischen Händewaschen und Händetrocknen vorhanden sein. Alle sanitären Einrichtungen müssen über eine angemessene natürliche oder künstliche Belüftung verfügen.

Die kantonale Einführungsverordnung zum eidg. Lebensmittelgesetz regelt im Weiteren die Zuständigkeiten der Behörden, die Aufsicht und die periodischen Kontrollen sowie das Rechtsmittelverfahren.

17.2.2   Besonnung, Belichtung, Belüftung

17.2.2.1 *Wohnräume*

Ausrichtung

Wohnräume von Mehrzimmerwohnungen dürfen gesamthaft mit den gesetzlich nötigen Fenstern nicht mehrheitlich nach dem Sektor Nordost/Nordwest gerichtet sein. Die Bestimmung bezieht sich nur auf Wohnräume, nicht aber auf Schlafräume (die im Sektor Nordost/Nordwest vielfach besser vor Lärm geschützt werden können). Unter den «gesetzlich nötigen Fenstern» ist nicht deren Anzahl, sondern die Gesamtfläche im Sinne von § 302 Abs. 2 PBG zu verstehen (BEZ 1992 Nr. 25).

Abweichungen sind zulässig in Kern- und Zentrumszonen oder in Hotels sowie bei besonderen Verhältnissen, wo eine andere Orientierung übermässige Einwirkungen öffentlicher Bauten und Anlagen (zum Beispiel Strassen, Eisenbahn) abwendet (§ 301 PBG).

Belichtung

Räume müssen genügend belichtet sein (§ 302 Abs. 1 PBG). Diese allgemeine, im Übrigen auch für Arbeitsräume geltende Forderung wird für Wohn- und Schlafräume näher konkretisiert: sie sind gemäss § 302 Abs. 2 PBG mit Fenstern zu versehen, die

- über dem Erdreich liegen;
- ins Freie führen;
- in ausreichendem Mass geöffnet werden können (vgl. Seite 973);
- mindestens ein Zehntel der Bodenfläche betragen.

Die «Fensterfläche» wird als äusseres Lichtmass, das heisst, als die vor dem Anschlagen des Fensters von aussen sichtbare Öffnung definiert (BEZ 2000 Nr. 13). Mit der Bestimmung, dass Fenster über dem Erdreich zu liegen haben, wird vorausgesetzt, dass der Luftraum horizontal (und in gewissem Masse auch seitlich) vor dem Fenster nicht verstellt ist und das natürliche Licht ungehindert einfallen kann. Führt ein Fenster eines Raumes im Untergeschoss in einen (selbst gross dimensionierten) Lichtschacht, sind diese wohnhygienischen Anforderungen nicht erfüllt. Der Raum darf somit nicht zu Wohn- oder Schlafzwecken genutzt werden (BEZ 2001 Nr. 30).

Ungenügend belichteter Raum

Diese Situation hielt die Baurekurskommission II in einem unpublizierten Entscheid vom 2. Dezember 2008 (BRKE II Nr. 0234/2008) gleich wie schon die örtliche Baubehörde zur Belichtung eines Wohn- und Schlafraumes für ungenügend. Dies zusammenfassend deshalb, weil die Abgrabung mit ihrer terrassierten und geschosshohen Betonstützmauer, welche die unter dem Erdreich liegenden Fenster auf drei Seiten umfasst, einen genügenden Lichteinfall nicht zulasse und auch die Möglichkeit verhindere, den Blick durch die Fenster ins Weite schleifen zu lassen. Daher konnte nach Auffassung der Rekurskommission von einwandfreien wohnhygienischen Verhältnissen nicht gesprochen werden, auch wenn das Mindestmass der Fensterfläche von 10% der Bodenfläche mehr als erfüllt war.

Nach § 302 Abs. 2 PBG müssen Fenster nicht unbedingt unmittelbar ins Freie führen. Damit sollen Wintergärten auch dann erlaubt sein, wenn der dahinter liegende Raum gefangen ist (vgl. auch BEZ 1992 Nr. 7 eine Wohnküche betreffend).

Es ist zulässig, Wohn- oder Schlafräume im Dachgeschoss nur mit Dachflächenfenstern zu belichten, sofern diese zehn Prozent der Bodenfläche betragen und geöffnet werden können. Der Lichteinfall ist sogar besser als bei Fenstern in der Fassade. Einer behördlichen Auflage, die Brüstungshöhe dürfe höchstens 1,20 m betragen, fehlt daher die gesetzliche Grundlage. Denn das PBG schreibt nicht ausdrücklich vor, dass Wohnungsräume über bestimmte Blickfelder verfügen müssen, die den Bewohnern aus sitzender Position den Kontakt zur Aussenwelt, zum Gegenüber, die Wahrnehmung des Geschehens ausserhalb der eigenen vier Wände» ermöglichen, die Gewährleistung einer (besonderen)

Sicht ins Freie aus sitzender Position fällt von Gesetzes wegen nicht unter die Wohnhygiene. Art. 24 Abs. 5 erster Satz der Verordnung 3 zum Arbeitsgesetz (ArGV 3), wonach «von ständigen Arbeitsplätzen aus […] die Sicht ins Freie vorhanden sein» muss, ist nicht auf Wohnräume anwendbar. Dachflächenfenster oder Oberlichter ermöglichen sodann auch in sitzender Position die Sicht ins Freie, selbst wenn vorwiegend Abschnitte des Himmels sichtbar sind (ausführlich BEZ 2008 Nr. 27).

Abweichungen regelt § 302 Abs. 3 PBG. Sie sind bei besonderen Verhältnissen zulässig, insbesondere zum Schutz vor übermässigen Einwirkungen öffentlicher Bauten und Anlagen sowie bei einschränkenden Schutzbestimmungen für die Dachgestaltung bei geschützten Einzelobjekten oder in Kernzonen. In diesen Fällen kann die Fensterfläche ausnahmsweise weniger als zehn Prozent der Bodenfläche betragen.

Belüftung

Gemäss § 302 Abs. 1 PBG müssen Räume nicht nur genügend belichtet, sondern auch genügend lüftbar sein. Für Wohn- und Schlafräume wird dies in Abs. 2 der Bestimmung insoweit verschärft, als die Räume mit Fenstern zu versehen sind, die «in ausreichendem Masse geöffnet» werden können. Die Fachstelle Lärmschutz der Baudirektion folgert daraus ein Soll von 5% der Bodenfläche (Leitfaden «Bauen im Lärm», Ermittlungsort der Lärmbelastung). Allein ist eine solche Auslegung aus wohnhygienischen Gründen nicht zwingend geboten. Dem Bauherrn steht hier ein Gestaltungsspielraum zu. Entsprechend den auch heute noch weit verbreiteten Wohngewohnheiten wird das Mass ohnehin deutlich überschritten.

Fenster, die geöffnet werden können, sind auch im Falle einer kontrollierten Wohnungslüftung geboten, um die Anlage zum Zwecke des Energiesparens im Sommer abschalten zu können. Es ist auch immer mit Stromausfall oder anderen Störungen zu rechnen.

Fenster aus Glasbausteinen, die wegen Fehlens eines entsprechenden Mechanismus nicht geöffnet werden können, erlauben die notwendige Frischluftzufuhr nicht. Eine ins Freie führende Tür kann nicht als hinreichende Belüftungsmöglichkeit angesehen werden. Mit der offenen Tür würde ein ungehinderter Zugang geschaffen, dies insbesondere für «ungebetene Besucher» (VB.2000.00304).

17.2.2.2   *Weitere Räume*

Arbeitsräume

Auch Arbeitsräume müssen genügend belichtet und lüftbar sein (§ 302 Abs. 1 PBG in Verbindung mit § 299 PBG), wenn auch die konkretisierende Bestimmung in § 302 Abs. 2 PBG (zehn Prozent Fensterfläche) nur für Wohn- und Schlafräume, nicht aber für Arbeitsräume gilt. Bei Letzteren steht für die Beurteilung, was noch als genügend belichtet und lüftbar gilt, ein gewisser Spielraum zu. Es sind – auch dies im Unterschied zu Wohn- und Schlafräumen – künstliche Belichtung und Belüftung zulässig, wenn durch entsprechende technische Ausrüstungen einwandfreie Verhältnisse geschaffen werden (§ 302 Abs. 4 PBG).

§ 8 BBV I präzisiert die Voraussetzungen, unter denen künstliche Belüftung und Belichtung in Arbeitsräumen zulässig sind, nämlich wenn

- sie zwingend notwendig sind oder
- die Arbeit nicht an einem festen Sitz- oder Standort, jedoch überwiegend in Kontakt mit Publikum sowie in einem Raum mit einer Mindestfläche von 50 m² (100 m² bei vorwiegendem Aufenthalt des Personals) verrichtet wird oder
- ein Verbot wegen besonderer örtlicher Verhältnisse (zum Beispiel Fussgängerpassagen) oder bei besonderer Zweckbestimmung (zum Beispiel Kino, Theater) sinnwidrig wäre.

Das Gebot von Mindestflächen und Publikumskontakt sowie das Verbot von Arbeitsplätzen mit festem Sitz- oder Standort verhindern Verhältnisse, die Arbeitnehmer isolieren oder beengen könnten. Zu beachten sind ausserdem die bundesrechtlichen Vorschriften zum Arbeitnehmerschutz (vgl. Seite 996 f.).

Gastwirtschaftsräume

Gastwirtschaftsräume für die Bewirtung von Gästen, Wirtschaftsküchen und bei Bedarf weitere Betriebsräume, die dem Gastwirtschaftsgesetz unterstehen, sind mit künstlicher Belüftung auszurüsten. Erleichterungen sind in begründeten Fällen zulässig, sofern keine hygienischen Missstände auftreten (§ 41 BBV I). Vgl. die Richtlinie SWKI 96–2 «Lüftungsanlagen in Gastwirtschaftsbetrieben» sowie den Leitfaden der Finanzdirektion des Kantons Zürich «Gastwirtschaftsbetriebe».

Zusätzlich sind die Vorschriften zum Schutz vor dem Passivrauchen einzuhalten (§ 22 GGG und § 12 GGV, vgl. Seite 969 f.).

Küchen

§ 36 Abs. 2 BBV I regelt die wohnhygienischen Anforderungen an Küchen. Sie müssen in Wohnungen mit mindestens drei Zimmern und in Einfamilienhäusern hinsichtlich Belichtung und Belüftung den Anforderungen für Wohn- und Schlafräume entsprechen. Eine Wohnküche mit Esstisch ist ein Wohnraum und hat die entsprechenden Anforderungen an die Fensterfläche zu erfüllen (BEZ 2008 Nr. 30).

Küchendämpfe und -gerüche sind als Luftverunreinigungen im Sinne von Art. 7 Abs. 3 USG zu bezeichnen und fachgerecht abzuleiten. Auch solche kleinen lufttechnischen Anlagen haben die Anforderungen von Art. 6 Abs. 2 LRV zu erfüllen, was heisst, dass die Emissionen in der Regel über Dach zu führen sind. Diese Verpflichtung besteht unabhängig davon, ob das Störpotenzial im Einzelfall zumutbar oder unzumutbar ist. Sie ist jedenfalls bei Neubauten (insbesondere bei Mehrfamilienhäusern) zu beachten. Der seitliche Austritt lässt sich jedoch bei Einfamilienhäusern oder Reiheneinfamilienhäusern und – im Rahmen des Verhältnismässigkeitsprinzips – beim nachträglichen Einbau von Abluftanlagen in bestehende Gebäude rechtfertigen (vgl. die unpublizierten Entscheide BRKE III Nr. 0225/1997; BRKE III Nr. 0044/2001).

17.2.3   Bezug neu erstellter Wohn- und Arbeitsräume

Wohn- und Arbeitsräume in Neu- und Umbauten dürfen erst bezogen werden, nachdem die Gemeindebehörde sie besichtigt und als bezugsfähig erklärt hat. Das Bauwerk muss genügend ausgetrocknet und die sanitären Einrichtungen müssen benutzbar sein (§ 12a BBV I). Massgebend sind im Einzelnen die Richtlinien der Baudirektion über den Bezug neu erstellter Wohn- und Arbeitsräume, Ausgabe 1986. Vgl. zur Bezugskontrolle Seite 397 f.

17.2.4   Lärm und Luftreinhaltung

17.2.4.1   *Schutz gegen Aussen- und Innenlärm*

Der Schutz gegen Aussenlärm richtet sich nach dem USG und seinen Ausführungsbestimmungen, insbesondere der LSV (§ 13 BBV I; vgl. hierzu Seite 1070 ff.). In allen Fällen ist sodann die SIA-Norm 181 «Schallschutz im Hochbau», Ausgabe 2006 zu beachten. Die Norm regelt die bautechnischen Mindestanforderungen an den Schallschutz von Aussen- und Trennbauteilen lärmempfindlicher Räume sowie von haustechnischen Anlagen. Sie enthält die für den Schallschutz massgebenden, anerkannten Regeln der Baukunde (Art. 32 Abs. 1 LSV). Die aktuelle Norm ersetzt die Norm aus dem Jahre 1988. Es gelten nun erhöhte Anforderungen für Doppel- und Reiheneinfamilienhäuser und neu errichtetes Stockwerkeigentum. Neben den Anpassungen der Anforderungen sowie formellen Neugliederungen wurden Angleichungen an aktuelle ISO- und EN-Normen vorgenommen.

Bei kleineren Aussenlärmbelastungen als 60 dB am Tag beziehungsweise 50 dB nachts wird in der Regel kein Aussenlärm-Schallschutznachweis verlangt, weil die SIA-Norm 181 erst ab dieser Grenze Mindestanforderungen an die Schalldämmung der einzelnen Bauteile definiert. Zu den erhöhten Anforderungen an den Schallschutz in lärmbelasteten Gebieten siehe Seite 1092 ff.

Hinsichtlich des Innenlärms (Luft- und Trittschall) sind die Trennbauteile nachzuweisen. Als solche gelten Bauteile lärmempfindlicher Räume, die verschiedene Nutzungseinheiten gegeneinander abgrenzen. Nutzungseinheiten sind Räume oder zusammenhängende Raumgruppen, die in Bezug auf die Nutzung eine selbstständige rechtliche oder organisatorische Einheit bilden oder bilden können, zum Beispiel Wohnungseinheiten, Büro- oder Gewerbebetriebe (SIA-Norm 181, Ziffer 1, S. 7). Daher ist bei Mehrfamilienhäusern und Reiheneinfamilienhäusern, nicht aber bei Einfamilienhäusern ein Nachweis für den internen Schallschutz zu erbringen.

Schutz gegen Luftverunreinigungen

Auch der Schutz gegen Luftverunreinigungen richtet sich primär nach dem USG und seinen Ausführungsbestimmungen (§ 19 BBV I), insbesondere der LRV. Vgl. Seite 1065 ff.

17.2.5 Mindestflächen, Raumhöhen, innere Erschliessung

17.2.5.1 *Geltung der Vorschriften*

Wenn nichts anderes erwähnt ist, sind die nachfolgenden Bestimmungen (§§ 303–305 PBG) nicht anwendbar für Einfamilienhäuser und vergleichbare Wohnungsarten. Was darunter zu verstehen ist, definiert § 32 ABV. Danach gelten als mit Einfamilienhäusern vergleichbar Wohnungen, die

- nicht an einem gemeinsamen Treppenhaus mit anderen Wohnungen liegen und einen unmittelbaren Zugang ins Freie haben;
- sich überdies in einem Gebäudeteil befinden, der äusserlich ähnlich einem Einfamilienhaus in Erscheinung tritt.

Die Anforderungen an Küchen (§ 306 PBG und § 36 BBV I) sind abweichend geregelt.

17.2.5.2 *Massvorschriften im Einzelnen*

Mindestflächen

Die Mindestfläche von Räumen beträgt 10 m² (§ 303 Abs. 1 PBG). Für Küchen gilt gemäss § 36 Abs. 1 BBV I eine Mindestfläche von 4 m² (Einzimmerwohnungen) beziehungsweise 6 m² (Mehrzimmerwohnungen). Sie dürfen ohne Abtrennung mit Wohnräumen verbunden sein, wenn sie den Erfordernissen eines wirksamen Brandschutzes entsprechen und mit einwandfreien Lüftungsanlagen ausgerüstet sind (§ 306 PBG).

Raumhöhen (lichte Höhen) und Rauminhalte

Die lichten Mindesthöhen von Räumen betragen 2,40 m; in Kernzonen genügen 2,30 m. Das Mass darf durch kleinere, technisch bedingte Bauteile (zum Beispiel Balken, Lüftungsrohre, Beleuchtungskörper) unterschritten werden. In Dachräumen muss die Mindesthöhe wenigstens über der halben Bodenfläche vorhanden sein (§ 304 PBG).

Verkaufsgeschäfte, Begegnungsstätten mit grossem Publikumsverkehr und Räume mit grosser Personenbelegung (zu den Begriffen vgl. §§ 3–7 BBV II) haben einen von der Bodenfläche abhängigen Mindestinhalt aufzuweisen. Die erforderliche Raumhöhe ist nicht in Metern zwingend festgeschrieben, sondern ergibt sich aus dem Rauminhalt gemäss § 10 Abs. 1 BBV II. Dieser beträgt 2,40 m³ je Quadratmeter für Bodenflächen bis zu 200 m² und erhöht sich um 0,002 m³ für jeden zusätzlichen Quadratmeter; ab 500 m² Bodenfläche bleibt der Mindestinhalt von 3,0 m³ je Quadratmeter konstant. Die mittlere Höhe, die erforderlich ist, um den Mindestinhalt zu erreichen, muss wenigstens über einem Drittel der Bodenfläche eingehalten werden (§ 10 Abs. 2 BBV II). Details vgl. § 10 BBV II; Abweichungen vgl. § 11 BBV II. Zu den Mindesthöhen von Grossraumbüros nach Arbeitsgesetz vgl. BEZ 2010 Nr. 11.

Innere Erschliessungen

Haustüren erfordern ein Lichtmass von 1 m, Treppen und Gänge, welche zu dauernd genutzten Räumen führen, ein solches von 1,20 m. Für Treppen und Gänge genügen in Einfamilienhäusern und bei vergleichbaren Wohnungsarten sowie Treppen im Wohnungsinnern 0,90 m (§ 305 Abs. 1 PBG). Die grundsätzlichen Anforderungen an Fluchtwege sind in § 305 Abs. 2 PBG enthalten (Details hierzu vgl. Seite 1040). Nach § 40 BBV I sind Gebäude, die über oder unter dem Eingangsgeschoss mehr als fünf anrechenbare Geschosse aufweisen, je nach der vorgesehenen oder gesetzlich erlaubten Bewerbungsart mit einem auch für Krankentransporte geeigneten und zugänglichen Aufzug auszurüsten. Dessen lichte Innenmasse müssen im geschlossenen Zustand wenigstens 2,10 m × 1,10 m, und die Türbreite muss mindestens 0,80 m betragen. Sind mehr als neun Geschosse vorhanden, müssen diese mit mindestens zwei Aufzügen erschlossen sein.

17.3 Besondere Bestimmungen für Einstellräume

17.3.1 Garagen

17.3.1.1 *Lüftungsanlage*

Einstellräume für Motorfahrzeuge sind so zu belüften, dass keine schädlichen Abgaskonzentrationen entstehen. Nötigenfalls sind künstliche Belüftungen einzurichten (§ 37 BBV I). Abgase müssen durch Kamine über Dach ausgestossen werden. Details enthält die Richtlinie SWKI 96–1, Lüftungsanlagen für Fahrzeugeinstellhallen, Ausgabe 1997, von der nur aus wichtigen Gründen abgewichen werden darf (Anhang Ziffer 2.31 zur BBV I in Verbindung mit § 3 BBV I und § 360 Abs. 3 PBG).

Hinsichtlich Kaminhöhe gilt ergänzend die BUWAL-Empfehlung über die Mindesthöhen von Kaminen.

17.3.1.2 *Heizung*

Als zusätzliche Bestimmung zur Richtlinie SWKI 96–1 gilt gemäss Anhang Ziffer 2.31 BBV I, dass Fahrzeugeinstellräume, die nicht gewerblichen Zwecken dienen, nur mit Abwärme, die nicht anderweitig genutzt werden kann, beheizt werden darf.

Das Beheizungsverbot gemäss Ziffer 2.31 Anhang BVV gilt auch für Fahrzeugeinstellräume von Firmen für ihre Mitarbeiter und Kunden. Als gewerblich (wo also die konventionelle Heizung zugelassen ist) gelten lediglich Räume, in denen gearbeitet wird (zum Beispiel Autoreparaturwerkstätten, gewerblich betriebene Auto-Waschboxen). Bestehende Heizungseinrichtungen von Garagen und Fahrzeugeinstellräumen sind bei einem bewilligungspflichtigen Umbau der Heizung stillzulegen (§ 357 Abs. 4 PBG).

17.3.1.3 *Hinweise*

Zur Lufterneuerung ohne Elektrizität besteht ein Merkblatt von Energie 2000 «Einstellhallen natürlich belüften». Siehe auch die feuerpolizeilichen Vorschriften, zum Beispiel die Richtlinien über «Parkhäuser und Einstellräume» und «Lufttechnische Anlagen» sowie die Empfehlungen des BUWAL über die Mindesthöhen von Kaminen (Seite 1013). Zu den technischen Anforderungen an Rampen vgl. VSS-Norm/SN 640 291a, Ziffer 18 sowie Seite 715.

17.3.2   ## Weitere Einstellräume

17.3.2.1   ### Kehrichtbeseitigung

Anlagen für die Kehrichtabfuhr sind so zu situieren und auszuführen, dass Geruchseinwirkungen wenn möglich vermieden werden und das Abfuhrgut möglichst geordnet deponiert wird. Containerräume im Gebäudeinnern sind geeignet zu entlüften (§ 38 BBV I).

17.3.2.2   ### Hausräte und Vorrat

In Wohnhäusern sind ausreichende Nebenräume wie Trockenräume und Einstellgelegenheiten für Vorräte, Hausrat und dergleichen zu schaffen (§ 297 PBG). Nach § 39 BBV I müssen die Einstellgelegenheiten für Vorräte und Hausrat pro Wohnung eine Grundfläche von mindestens 8 m² aufweisen (5 m² für Wohnungen mit höchstens zwei Zimmern).

17.4   # Gebäudehülle und Heizenergiebedarf

17.4.1   ## Grundlagen

17.4.1.1   ### Rechtsgrundlagen

Bundesverfassung

Der Verfassungsgrundsatz von Art. 73 BV (Nachhaltigkeit) fordert aus Sicht der Umwelt unter anderem einen tiefen Energieverbrauch für Heizen und Warmwasser dank guter Wärmedämmung, die Erzeugung der benötigten Wärme mit modernen Technologien und erneuerbaren Energieträgern sowie einen energiesparenden Betrieb des Gebäudes. Diese Aspekte werden in den nachfolgenden Bestimmungen des kantonalen und eidgenössischen Gesetzes- beziehungsweise Verordnungsrechts konkretisiert.

Besondere Bauverordnung I

Nach § 15 BBV I (in der ab 1. Juli 2009 geltenden Fassung) sind Bauten und Anlagen so zu projektieren und auszuführen, dass sie mit möglichst wenig Energie genutzt werden können. Die Anforderungen guter Raumlufthygiene sind dabei zu berücksichtigen. Zur Konkretisierung hat die Baudirektion Wärmedämmvorschriften erlassen, welche als Verordnungsbestimmungen gelten (Ziffer 1.11 Anhang BBV I). Aktuell ist derzeit die Ausgabe 2009. Die Vorschriften sind anwendbar auf:

a) Bauten und Anlagen, die beheizt oder gekühlt werden,
b) Ausrüstungen zur Bereitstellung und zur Verteilung von Wärme und Brauchwarmwasser, soweit diese nicht durch das Bundesrecht geregelt sind,
c) lüftungstechnische Anlagen.

Die Baubewilligungsbehörde kann Erleichterungen von den Bestimmungen der Wärmedämmvorschriften über den winterlichen Wärmeschutz gewähren für Bauten und Anlagen, die auf weniger als 10 °C aktiv beheizt werden oder die für höchstens drei Jahre bewilligt werden.

Wärmedämmvorschriften

Die Wärmedämmvorschriften der Baudirektion (aktuelle Ausgabe 2009) stützen sich in wesentlichen Belangen auf die Normen und Empfehlungen des SIA ab. Von zentraler Bedeutung ist insbesondere die SIA-Norm 380/1 «Thermische Energie im Hochbau», Ausgabe 2009, welche die Einhaltung von Systemanforderungen im Sinne von spezifischen Heizenergie-Verbrauchswerten oder Einzelanforderungen an die Bauteile der Gebäudehülle verlangt (Ziffer I der Wärmedämmvorschriften). Die Wärmedämmvorschriften definieren solche System- oder Einzelanforderungen für Neu- und Umbauten/Umnutzungen.

SIA-Norm 380/1

Die SIA-Norm 380/1 steht in der aktuellen Fassung seit dem Jahr 2009 in Kraft. Entsprechend sind auch die Wärmedämmvorschriften auf die neue Norm umgestellt worden. Auf der Website www.energie.zh.ch finden sich Fragen und Antworten zu dieser Norm.

SIA-Norm 180

Zu beachten ist ferner die SIA-Norm 180 «Wärme- und Feuchteschutz im Hochbau», Ausgabe 1999, welche Anforderungen an die Dichtigkeit der Gebäudehülle enthält. Sie umschreibt insoweit den Stand der Technik und verlangt für jeden Bau ein Lüftungskonzept. Der Luftwechsel wird nicht mehr einfach der Gebäudeundichtheit überlassen, sondern muss kontrolliert über eigens dafür vorgesehene Öffnungen oder über natürliche oder mechanische Lüftungseinrichtungen erfolgen. Die Norm verlangt eine grundsätzlich luftdichte Gebäudehülle, in der man wenn nötig Lüftungsöffnungen vorsieht. Im Formular EN-2 (a oder b) ist zu deklarieren, wie die Raumlufthygiene gewährleistet werden soll.

17.4.1.2   *Begriffe*

Stand der Technik

Die notwendigen energetischen und raumlufthygienischen Massnahmen sind nach dem Stand der Technik zu planen und auszuführen. Soweit Gesetz und Verordnung nichts anderes bestimmen, gelten als Stand der Technik die Anforderungen und Rechenmethoden der geltenden Normen und Empfehlungen der Fachorganisationen (insbesondere des SIA) sowie der Energiedirektorenkonferenz und der Konferenz kantonaler Energiefachstellen.

Energiebezugsfläche

Die Energiebezugsfläche (Abkürzung: EBF, Symbol: A_E) ist in der Norm SIA 416/1, Ausgabe 2007, Kapitel 3.2 definiert. Sie ist die Summe aller ober- und unterirdischen Geschossflächen, für deren Nutzung ein Beheizen oder Klimatisieren notwendig ist. Geschossflächen mit einer lichten Raumhöhe kleiner als 1,0 m zählen nicht zur Energiebezugsfläche A_E (Details siehe Norm SIA 416/1, Ziffer 3.2.2). Die Energiebezugsfläche wird brutto, das heisst aus den äusseren Abmessungen, gemessen. Zu Details vgl. die Vollzugshilfe EN-2 «Wärmeschutz von Gebäuden» der Konferenz kantonaler Energiefachstellen, Ausgabe Januar 2009 (Kapitel 2.3 des Vollzugsordners Energie).

U-Werte

Der Wärmedurchgangskoeffizient U – vereinfacht U-Wert und früher k-Wert genannt – ist im Zusammenhang mit dem Wärmeschutz im Hochbau eine der wichtigsten Rechengrössen. Der U-Wert wird vor allem verwendet, um einen Bauteil hinsichtlich seiner Wärmedämmfähigkeit beurteilen zu können. In den Normen und in den Wärmedämmvorschriften nimmt er eine zentrale Stellung ein. Für die üblichsten Konstruktionen können die U-Werte direkt den Broschüren «U-Wert-Berechnung und Bauteilkatalog Neubauten» oder «U-Wert-Berechnung Bauteilkatalog-Sanierungen» des Bundesamtes für Energie entnommen werden.

17.4.1.3   *Vollzugsordner Energie*

Der Vollzugsordner Energie (aktuelle Ausgabe: Januar 2011) dient primär Gemeinden und Befugten für die private Kontrolle als Nachschlagewerk bei Fragen zu den energetischen Bauvorschriften. Er ist kein Fachbuch mit Hinweisen zur energetischen, bau- oder haustechnischen Optimierung, sondern enthält vielmehr eine Kommentierung der massgeblichen rechtlichen Bestimmungen sowie Interpretationen und Beispiele aus der Vollzugspraxis. Im Vollzugsordner Energie werden die im Energiebereich relevanten Vorschriften nach Sachthemen aufgeführt (Bereiche: Gebäudehülle, Höchstanteil, Heizung, Lüftung und Klimatisierung, spezielle Anlagen). Alle Eigentümer eines Vollzugsordners Energie werden in einer Adressliste erfasst und erhalten periodisch Ergänzungen zugeschickt. Der Vollzugsordner und die in ihm enthaltenen Dokumente (Rechtsgrundlagen, Merkblätter, Vollzugshilffen, Formulare) können unter www.energie.zh.ch heruntergeladen werden.

17.4.2   Winterlicher Wärmeschutz an Neubauten

17.4.2.1   *Bestandteile*

In einem ersten Teil sind die Mindestanforderungen an die Gebäudehülle zu erfüllen. In einem zweiten Teil sind die entsprechenden Massnahmen zu treffen, damit höchstens 80 Prozent des zulässigen Wärmebedarfs für Heizung und Warmwasser mit nicht erneuerbaren Energien gedeckt werden. Die beiden Teile können sich je nach den getroffenen Massnahmen gegenseitig beeinflussen (Ziffer II, am Anfang, der Wärmedämmvorschriften).

17.4.2.2   *Wärmedämmung der Gebäudehülle*

Nachweis der Mindestanforderungen

Der winterliche Wärmeschutz kann grundsätzlich mit der Einhaltung der Systemanforderungen nach der SIA-Norm 380/1 oder mit den Einzelanforderungen (Wärmedämmvorschriften, Tabelle 1: Grenzwerte für den Heizwärmebedarf von Neubauten; Tabelle 2: U-Werte für Einzelbauteile) nachgewiesen werden. Der Nachweis kann mit dem Formular «Nachweis der energetischen und schalltechnischen Massnahmen» erfolgen.

Systemanforderungen

Der berechnete jährliche Heizwärmebedarf in MJ/m² gemäss SIA-Norm 380/1 darf einen nach Gebäudekategorie bestimmten Grenzwert nicht überschreiten. Gemischte Bauten sind entsprechend der Energiebezugsfläche (EBF) auf die einzelnen Kategorien aufzuteilen.

Einzelanforderungen

Alternativ zum Systemnachweis kann der Nachweis auch mittels Einzelanforderungen an die Gebäudehülle erbracht werden. Dieser alternative Nachweis ist immer zulässig, ausser bei Vorhangfassaden und bei der Verwendung von Sonnenschutzgläsern mit einem Gesamtenergiedurchlassgrad von weniger als 0,3 (Ziffer II, Teil 1 lit. b und Tabelle 2 der Wärmedämmvorschriften). Er ist einfacher als der Systemnachweis. Andererseits ist eine Kompensation nicht möglich: Alle einzelnen Grenzwerte für die verschiedenen Bauteile sind einzuhalten.

Bei Gebäuden oder Gebäudeteilen, deren Standardnutzungen Raumtemperaturen über oder unter 20° vorsehen, sind die Grenzwerte für Einzelbauteile anzupassen. Wärmebrücken sind zu berücksichtigen (Ziffer II, Teil 1 lit. b der Wärmedämmvorschriften).

Erleichterungen

Die Baubewilligungsbehörde kann Erleichterungen von den Bestimmungen der Wärmedämmvorschriften über den winterlichen Wärmeschutz gewähren für Bauten und Anlagen, die auf weniger als 10 °C aktiv beheizt oder für höchstens drei Jahre bewilligt werden (§ 16 Abs. 2 BBV I in der seit 1. Juli 2009 geltenden Fassung). Erleichterungen können (müssen aber nicht) bis hin zu einer gänzlichen Befreiung gehen (Vollzugsordner Energie, Kapitel 2.5 S. 3). Hingegen sind etwa «provisorische Unterkünfte» für Saisonniers oder Asylbewerber sowie «mobile» Baracken und Container (zum Beispiel «provisorische» Schulzimmer), die an verschiedenen Orten, aber insgesamt während mehr als drei Heizperioden aufgestellt werden, vorschriftsgemäss wärmegedämmt zu erstellen (Vollzugsordner Energie, Kapitel 2.5, S. 4).

17.4.2.3   *Höchstanteil an nicht erneuerbaren Energien*

Geltungsbereich

Die nachstehenden Anforderungen gelten ausschliesslich für Neubauten. Als solche gelten auch Erweiterungen von bestehenden Bauten (Aufstockungen, Anbauten etc.), sofern die neu geschaffene Energiebezugsfläche mindestens 50 m² und gleichzeitig entweder mehr als 20 Prozent der Energiebezugsfläche des bestehenden Gebäudeteils oder mehr als 1000 m² beträgt (Ziffer II, Teil 2 lit. a der Wärmedämmvorschriften). Darunterliegende Bagatellerweiterungen von bestehenden Gebäuden werden nicht als Neubauten im Sinne von § 10a EnerG beurteilt.

Anforderungen

Nach § 10a EnerG müssen Neubauten so ausgerüstet sein, dass höchstens 80 Prozent des zulässigen Wärmebedarfs für Heizung und Warmwasser mit nicht erneuerbaren Energien gedeckt werden. Der zulässige Wärmebedarf ergibt sich aus dem Grenzwert für den Heizwärmebedarf und dem Wärmebedarf für Warmwasser (§ 47a BBV I; Ziffer II, Teil 2, lit. b der Wärmedämmvorschriften).

Rechnerischer Nachweis

Im Normalfall ist ein auf der SIA-Norm 380/1 basierender rechnerischer Nachweis der Einhaltung von § 10a EnerG für jeden Neubau erforderlich. In der Vollzugshilfe EN-1 «Höchstanteil an nicht erneuerbaren Energien in Neubauten» der Konferenz kantonaler Energiefachstellen, Ausgabe Januar 2009 (Kapitel 3.2 des Vollzugsordners Energie) ist das Vorgehen für einen rechnerischen Nachweis in einer «Schritt für Schritt»-Anleitung aufgeführt. Darauf kann verwiesen werden.

Bei elektrischen Widerstandsheizungen sind Standardlösungen nicht möglich. Denn Strom wird mit dem Faktor 2 gewichtet und die Standardlösungen sind nicht darauf ausgerichtet.

Standardlösungen

Im Abschnitt II (Neubauten), Teil 2 der Wärmedämmvorschriften werden gestützt auf § 47a BBV I elf Standardlösungen zu § 10a EnerG definiert, welche alternativ zum rechnerischen Nachweis einen vereinfachten Weg anbieten. In der erwähnten Vollzugshilfe EN-1-Broschüre werden die Standardlösungen ausführlich erläutert. Stichwortartig enthalten die Standardlösungen: (1) verbesserte Wärmedämmung, (2) verbesserte Wärmedämmung und Komfortlüftung, (3) verbesserte Wärmedämmung und Solaranlage, (4) Holzfeuerung, Solaranlage, (5) automatische Holzfeuerung, (6) Wärmepumpe mit Erdsonde oder Wassert, (7) Wärmepumpe mit Aussenluft, (8) Komfortlüftung und Solaranlage, (9) Sonnenkollektoren für Wohnbauten, (10) Abwärmenutzung und (11) Wärmekraftkoppelung. Die Standardlösungen gelten aber nicht für Elektroheizungen.

Nachweis

Mit dem «Nachweis der energetischen und schalltechnischen Massnahmen» (Formular Papagei) ist die Einhaltung von § 10a EnerG zu bestätigen. Im Normalfall ist dazu entweder das Formular EN-1a «Höchstanteil/Standardlösung» oder das EN-1b «Höchstanteil/Rechnerische Lösung» zu verwenden. Als Alternative zum Formular EN-1b steht das Excel-Tool Rechnach.xls (Formularnummer EN-1c) zur Verfügung. Dieser Nachweis untersteht, gleich wie die Nachweise der anderen energetischen Massnahmen, der privaten Kontrolle in den jeweils zuständigen Fachbereichen Wärmedämmung, Heizungsanlagen und Klima/Lüftung (Unterschrift auf der Vorder- beziehungsweise Rückseite des entsprechenden Formulars).

Private Kontrolle

Die Bestimmungen über den Höchstanteil an erneuerbaren Energien (§ 47a BBV I, § 10 a EnerG und Abschnitt II, Teil 2 der Wärmedämmvorschriften) sind der privaten Kontrolle unterstellt. Dies aber nur dann, wenn die Zielerreichung ausschliesslich mittels Massnahmen an der Wärmedämmung erfolgt. Sind zur Zielerreichung auch andere Massnahmen erforderlich, gilt die Bestätigung nur in Kombination mit der Bestätigung der entsprechenden Fachbereiche (Anhang Ziffer 3.2 lit. b zur BBV I.Vgl. zur privaten Kontrolle auch Seite 328 ff.

17.4.3   Anforderungen an Umbauten und Nutzungsänderungen

17.4.3.1   *Geltungsbereich der Anforderungen*

Die nachfolgenden Anforderungen in Ziffer III der Wärmedämmvorschriften gelten für Umbauten und Nutzungsänderungen. Anbauten, Aufstockungen und neubauartige Umbauten (wie Auskernungen und dergleichen) gelten als Neubauten und haben die Anforderungen gemäss Abschnitt II der Wärmedämmvorschriften zu erfüllen.

17.4.3.2   *Grundsätze*

Die Wärmedämmvorschriften enthalten klare Anforderungen an den Wärmeschutz bei Umbauten und Umnutzungen. Die Anforderungen sind im gleichen System gehalten wie jene an Neubauten: Auch bei Umbauten und Umnutzungen kommt das Verfahren nach der SIA-Norm 380/1 zur Anwendung, und auch die Ermittlung der Grenzwerte für den Wärmebedarf erfolgt in der gleichen Weise wie bei Neubauten.

Bei Umbauten und baurechtlich beachtlichen Nutzungsänderungen an Gebäuden, welche nicht den geltenden Bestimmungen entsprechen, sind Verbesserungen gegenüber dem bestehenden Zustand vorzunehmen, soweit dies nach den Umständen zumutbar ist. Grundsätzlich sind die in Ziffer III der Wärmedämmvorschriften analog zu den Anforderungen an Neubauten definierten Systemanforderungen oder die Einzelanforderungen einzuhalten.

Die örtliche Baubehörde kann bei besonderen Verhältnissen die Anforderungen angemessen reduzieren (zum Beispiel bei schützenswerten Bauten oder aus bauphysikalischen Gründen). Der Antrag an die Baubehörde betreffend Milderung der Anforderungen hat einen bauteilbezogenen Nachweis der Probleme bei der Einhaltung der Anforderungen und einen objektbezogenen Vorschlag über angemessene Sanierungsmassnahmen zu enthalten.

17.4.3.3   *Einzelbauteilanforderungen*

Grenzwerte

Für alle vom Umbau oder von der Umnutzung betroffenen Bauteile gelten die Einzelanforderungen der Wärmedämmvorschriften, Tabelle 5, welche teilweise den Anforderungen für Neubauten entsprechen (vgl. zu jenen Tabelle 2 und den Korrekturfaktor bezüglich Raumtemperatur sowie die Berücksichtigung von Wärmebrücken).

Neue Bauteile und betroffene Bauteile

Bei Umbauten und Umnutzungen wird beim Einzelbauteilnachweis zwischen neuen Bauteilen (es gelten die Einzelbauteilgrenzwerte für Neubauten) und betroffenen Bauteilen (es gelten die Einzelbauteilgrenzwerte für Umbauten) unterschieden.

Vom Umbau betroffene Bauteile

Ein Raumteil gilt als vom Umbau betroffen, wenn daran mehr als blosse Anstrich-, Tapezier- oder Reparaturarbeiten vorgenommen werden. Wird zum Beispiel der Aussenputz ersetzt, gilt die entsprechende Wand als betroffen und hat den Anforderungen für Umbauten zu genügen. Bei Nutzungsänderungen, die mit einer Änderung der Raumlufttemperatur verbunden sind, gelten alle Bauteile der umgenutzten Räume als betroffen, auch wenn keine eigentlichen Umbauarbeiten vorgenommen werden (Ziffer III B der Wärmedämmvorschriften).

17.4.3.4   *Systemanforderungen*

Anstelle der Einhaltung der Einzelanforderungen ist für Umbauten und Umnutzungen immer auch die Einhaltung der Systemanforderungen zulässig. Der berechnete Heizwärmebedarf darf den in früher erteilten Baubewilligungen direkt oder indirekt über Einzelanforderungen geforderten Grenzwert nicht und die Grenzwerte von Neubauten um maximal 25 Prozent überschreiten.

Der Systemnachweis muss mindestens alle Räume umfassen, die betroffene Bauteile aufweisen (Ziffer III lit. e der Wärmedämmvorschriften).

Nachweis

Die Einhaltung der energetischen Anforderungen ist schriftlich nachzuweisen, zum Beispiel mit dem Formularsatz «Nachweis der energetischen und schalltechnischen Massnahmen». Die Bestimmungen über die Wärmedämmung von Bauten und Anlagen, also auch jene bei Umbauten und Nutzungsänderungen sind hinsichtlich Projekt und Ausführung der privaten Kontrolle unterstellt (Ziffer 3.2 Anhang BBV I). Vgl. zur privaten Kontrolle auch Seite 328 ff.

Bei geringfügigen Umbauten und Umnutzungen (ohne Erhöhung der Raumlufttemperatur und mit Baukosten von höchstens Fr. 200 000 oder 30 Prozent des Gebäudeversicherungswertes) ist kein Nachweis erforderlich, sofern die Einzelanforderungen für alle betroffenen Bauteile gemäss Tabelle 5 der Wärmedämmvorschriften erfüllt sind und deren Einhaltung deklariert wird (Ziffer C der Wärmedämmvorschriften).

17.4.4   Sommerlicher Wärmeschutz

17.4.4.1   *Anforderungen*

Der sommerliche Wärmeschutz richtet sich nach den Wärmedämmvorschriften der Baudirektion, Abschnitt IV. Die Anforderungen sind in der Vollzugshilfe EN-2 «Wärmeschutz von Gebäuden» der Konferenz kantonaler Energiefachstellen (EnFK), Kapitel 8, beschrieben. Danach sind bei gekühlten Räumen oder bei Räumen, bei welchen eine Kühlung notwendig oder erwünscht ist, die Anforderungen an den g-Wert (Gesamtenergiedurchlassgrad), die Steuerung und die Windfestigkeit des Sonnenschutzes nach dem Stand der Technik einzuhalten. Bei den anderen Räumen sind die Anforderungen an den g-Wert des Sonnenschutzes nach dem Stand der Technik einzuhalten. Zu den Details vgl. die SIA-Normen 382/1 «Lüftungs- und Klimaanlagen – Allgemeine Grundlagen und Anforderungen» und 180 «Wärme- und Feuchteschutz im Hochbau».

17.4.4.2   *Ausnahmen*

Die Bestimmungen der Wärmedämmvorschriften über den sommerlichen Wärmeschutz gelten nicht für:

     a. Bauten und Anlagen, die für höchstens drei Jahre bewilligt werden,

     b. Bauvorhaben, für die mit einem anerkannten Rechenverfahren nachgewiesen wird, dass durch das Abweichen von diesen Bestimmungen der Energieverbrauch insgesamt nicht ansteigt (§ 16 Abs. 3 BBV I).

17.4.5   Technische Anforderungen an besondere Räume

17.4.5.1   *Verglaste Vorbauten («Wintergärten»)*

Anforderungen an das Energiesparen

Soweit verglaste Balkone, Veranden und Vorbauten dem Energiesparen dienen, sind sie nach Massgabe von § 10 lit. c ABV nicht an die Ausnützungsziffer anrechenbar (vgl. Details Seite 757 ff.). Was «dem Energiesparen dient» wird in Ziffer VIII der Wärmedämmvorschriften umschrieben, getrennt nach Neubauten einerseits und Anbauten an bestehende Gebäude andererseits. In Tabelle 10 werden dort Energiekennzahlen für das zugehörige Gebäude ohne den geplanten verglasten Vorbau definiert. Werden die massgeblichen Energiekennzahlen nicht eingehalten, zählt der Vorbau vollumfänglich zur Ausnützung. Das Merkblatt «Wintergarten aus rechtlicher Sicht im Kanton ZH» im Register 10 des Vollzugsordners Energie gibt zusätzlich eine Übersicht über die Anforderungen. Details sind auch im Vollzugsordner Energie, Kapitel 2.4 enthalten.

Definition des «Wintergartens»

Im Zusammenhang mit dem Ausnützungsbonus für energiesparende Wintergärten ist eine Definition der Begriffe «verglaste Balkone, Veranden und Vorbauten» (§ 10 lit. c resp. § 13 lit. c ABV) nötig, weil wegen einer tiefen Energiekennzahl des Hauptgebäudes nicht jeder beliebige Anbau unter diesem Titel als faktische Wohnraumerweiterung toleriert werden kann. Auch wenn nirgends eine rechtsverbindliche Definition der Begriffe festgelegt ist, kann davon ausgegangen werden, dass gemäss allgemeinem Sprachgebrauch damit einige eindeutige Vorstellungen verbunden sind. Um § 10 lit. c resp. § 13 lit. c ABV in Anspruch nehmen zu können, sollte der geplante Vorbau deshalb die folgende Bedingung erfüllen:

Auszug aus Ziff. 2.4 Vollzugsordner/Energie

     Mindestens 70 Prozent der vertikalen Bauhüllenteile gegen Aussenluft müssen als verglaste Elemente (Fenster, Fenstertüren, Glasfaltwände etc.) ohne übermässigen Rahmenanteil ausgebildet sein.

Heizung

Für Wintergärten, die den Ausnützungsbonus beanspruchen, sind sämtliche Arten von Heizinstallationen (Elektroheizungen, Bodenheizungen etc.) wie auch sämtliche Feuerungen (Gartencheminées, Warmluftcheminées etc.) ausgeschlossen. Ist eine Heizung installiert, die nur als Frostschutzheizung (z.B. auf 4 °C) ausgelegt ist, ist der Wintergarten als unbeheizter (Puffer-) Raum zu beurteilen, und es gilt, was dazu auch in den Abschnitten 2.1 bis 2.3 des Vollzugsordners gesagt wird: Grundsätzlich darf die thermische Gebäudehülle auch an der Aussenhülle angenommen werden. Der verglaste Anbau zählt aber in diesem Fall (und nur in diesem) zur Ausnützung. Ist der Anbau auf über 4 °C beheizt, hat die Aussenhülle den Anforderungen der Wärmedämmvorschriften zu genügen. Heizungsräume (oder andere nur durch Abwärme temperierte Räume) gelten als unbeheizt. Bei einem Nachweis mit Einzelbauteilen sind die entsprechenden U-Werte gegen unbeheizte Räume einzuhalten.

17.4.5.2   *Kühlräume*

Bei Räumen, die auf weniger als 8 °C gekühlt werden, gelten die Wärmedämmvorschriften (§ 16 Abs. 1 lit. c BBV I). Der Wärmeschutz muss gewährleisten, dass der mittlere Wärmefluss durch die kühlraumbegrenzenden Bauteile pro Temperaturzone 5 W/m² nicht überschreitet. Details vgl. Ziffer VI der Wärmedämmvorschriften.

17.4.5.3   *Gewächshäuser und beheizte Traglufthallen*

Gewächshäuser und beheizte Traglufthallen sind anderen Anforderungen an den Wärmeschutz unterstellt, als sie für die übrigen Neu- und Umbauten gelten. In Abschnitt VI der Wärmedämmvorschriften wird verlangt, dass sie hinsichtlich Wärmeschutzes nach der Empfehlung EN-7 «Beheizte Gewächshäuser» resp. der Empfehlung EN-8 «Beheizte Traglufthallen» der Konferenz der kantonalen Energiefachstellen zu erstellen sind.

17.4.5.4   *Spezialfälle*

Besonderheiten bestehen etwa für Heizungsräume, Waschküchen, Schutzräume, Fahrzeugeinstellhallen, Gebäudeeingänge mit grossem Publikumsverkehr, beheizte oder reduziert beheizte Anlagen. Es kann hierzu auf den Vollzugsordner Energie, Kapitel 2.5 verwiesen werden.

17.4.6   Das Minergie-Konzept

17.4.6.1   *Grundlagen*

MINERGIE steht für rationelle Energieanwendung und den Einsatz erneuerbarer Energie – bei gleichzeitiger Verbesserung von Lebensqualität und Konkurrenzfähigkeit sowie Senkung der Umweltbelastung. MINERGIE reduziert den Verbrauch nicht erneuerbarer Energien auf ein umweltverträgliches Niveau. Mit dem Begriff soll der Energie-Anwender direkt angesprochen werden. MINERGIE soll ihm helfen, sich über das vielfältige Angebot von Ideen, Systemen, Produkten und Dienstleistungen selber eine Meinung zu bilden und gezielter auszuwählen.

MINERGIE® ist eine eingetragene Marke und als solche ohne Einschränkungen geschützt. Die Bezeichnung MINERGIE®-Haus beispielsweise basiert also keineswegs auf einer subjektiven Einschätzung, sondern darf nur für Gebäude verwendet werden, die den MINERGIE®- oder den MINERGIE-P-

Standard tatsächlich erfüllen. Neben Bauten können auch Bauteile und Systeme als MINERGIE®-Module ausgezeichnet werden.

MINERGIE® ist als Verein organisiert und im Handelsregister eingetragen. Für die strategische Führung ist der neunköpfige Vorstand verantwortlich. Präsident ist Regierungsrat Heinz Tännler (ZG). Die operative Führung obliegt der Geschäftsstelle und der Agentur Bau. Der Verein MINERGIE® wird von den MINERGIE®-Mitgliedern getragen. Neben Bund, Kantonen, Wirtschaft und Schulen hat MINERGIE® viele Einzelmitglieder (Quelle: www.minergie.ch).

MINERGIE geht über die Grundanforderungen hinaus und ist freiwillig. Leistungen, welche den MINERGIE-Standard erfüllen, werden mit MINER-GIE-Labels gekennzeichnet. Ausführliche Informationen zur Zertifizierung und zum Verfahren sind abrufbar unter www.minergie.ch. Der Kanton leistet Förderbeiträge. Informationen dazu unter www.energie.zh.ch.

17.4.6.2   *Standards*

Minergie

Der MINERGIE®-Standard ist wie erwähnt ein freiwilliger Baustandard, der den rationellen Energieeinsatz und die breite Nutzung erneuerbarer Energien bei gleichzeitiger Verbesserung der Lebensqualität, die Sicherung der Konkurrenzfähigkeit und die Senkung der Umweltbelastung ermöglicht. Die folgenden Anforderungen müssen eingehalten werden:

- Primäranforderung an die Gebäudehülle
- ganzjährig kontrollierbarer Luftwechsel
- MINERGIE®-Grenzwert (gewichtete Energiekennzahl)
- Nachweis über den thermischen Komfort im Sommer
- Zusatzanforderungen, je nach Gebäudekategorie betreffend Beleuchtung, gewerbliche Kälte und Wärmeerzeugung
- Begrenzung der Mehrkosten gegenüber konventionellen Vergleichsobjekten auf maximal 10 Prozent

Die MINERGIE®-Anforderungen sind in der SIA-Norm SIA 380/1 (2009) umschrieben.

Minergie P

Der Standard MINERGIE-P® (Kooperationsmodell der Vereine MINER-GIE und eco-bau) bezeichnet und qualifiziert Bauten, die einen noch tieferen Energieverbrauch als MINERGIE® anstreben. MINERGIE-P® bedingt ein eigenständiges, am niedrigen Energieverbrauch orientiertes Gebäudekonzept. Als ungenügend erweist sich insbesondere, das Projekt eines MINERGIE®-Hauses lediglich mit einer zusätzlichen Wärmedämmschicht einzupacken. Ein Haus, das den sehr strengen Anforderungen von MINERGIE-P® genügen soll, ist als Gesamtsystem und in allen seinen Teilen konsequent auf dieses Ziel hin geplant, gebaut und im Betrieb optimiert. Der Standard MINERGIE-P® stellt hohe Anforderungen an das Komfortangebot und an die Wirtschaftlichkeit. Zum erforderlichen Komfort gehört namentlich auch eine gute und einfache Bedienbarkeit des Gebäudes beziehungsweise der technischen Einrichtungen. Die Anforderungen sind in der SIA-Norm 380/1 (2009) umschrieben.

Minergie-ECO

MINERGIE-ECO® (Kooperationsmodell der Vereine MINERGIE und eco-bau) ist eine Ergänzung zum MINERGIE®- beziehungsweise MINERGIE-P®-Standard: Voraussetzung für eine Zertifizierung nach MINERGIE-ECO® ist eine konsequente Bauweise nach MINERGIE® respektive nach MINER-GIE-P®.

Während Merkmale wie Komfort und Energieeffizienz MINERGIE®-Gebäuden eigen sind, erfüllen zertifizierte Bauten nach MINERGIE-ECO® auch Anforderungen einer gesunden und ökologischen Bauweise. Das breite Wissen, die bewährten Planungswerkzeuge und nicht zuletzt die Erfahrungen von eco-bau bilden die Grundlage für das Planen und Bauen nach MINER-GIE-ECO®.

17.5   Behinderte und Betagte

17.5.1   Rechtsgrundlagen

17.5.1.1   *Behindertengleichstellungsgesetz*

Gemäss Art. 8 BV sind alle Menschen vor dem Gesetze gleich. Niemand darf diskriminiert werden, namentlich nicht wegen «… einer körperlichen, geistigen oder psychischen Behinderung». In diesem Sinne sieht das am 1. Januar 2004 in Kraft getretene BehiG Massnahmen zur Beseitigung von Benachteiligungen der Behinderten vor. Die BehiV konkretisiert unter anderem die Beschwerdelegitimation und das bei der Gesetzesanwendung massgebliche Verhältnismässigkeitsprinzip. Vgl. ausführlich zum BehiG HERZ 2004.

Die Normen des BehiG geben für den Baubereich lediglich grundsätzliche Regeln und Rahmenbedingungen zur Umschreibung des Diskriminierungsverbots gegenüber Behinderten vor. Im Wesentlichen verweist der Bundesgesetzgeber hinsichtlich der konkreten Ausgestaltung der Regelungen und den Vollzug auf die Hoheit der Kantone und die kantonale Baugesetzgebung. Insoweit ist das BehiG nur ein Rahmengesetz. Die Bestimmungen erfordern kantonalrechtliche materielle Bauvorschriften, um im konkreten Fall anwendbar zu sein (BGE 132 I 82 E. 2.3.2 und 2.3.3; BGer 1C_48/2008). Diese Rechtsprechung wird allerdings nicht ohne Grund kritisiert (HERZ 2007: S. 7).

17.5.1.2   *Kantonales Recht*

Kantonsverfassung

Gemäss Art. 11 Abs. 4 KV haben Menschen mit Behinderungen Anspruch auf Zugang zu den öffentlichen Bauten, Anlagen, Einrichtungen und Leistungen. Entsprechende Massnahmen müssen wirtschaftlich zumutbar sein. Die Bestimmung setzt für Menschen mit Behinderungen einen verfassungsmässigen Individualanspruch fest, der in letzter Instanz vor Bundesgericht eingeklagt werden kann. Dies allerdings erst nach Ablauf einer fünfjährigen Übergangsfrist seit Inkrafttreten der Kantonsverfassung, das heisst ab dem 1. Januar 2011 (Art. 138 KV).

Planungs- und Baugesetz

Auf Gesetzesstufe werden die grundlegenden Anforderungen in § 239 Abs. 4 PBG umschrieben. Danach sind bei Bauten und Anlagen, die dem Publikum zugänglich sind oder das Gemeinwesen durch Beiträge unterstützt, hinsichtlich Gestaltung und Ausrüstung die Bedürfnisse von Behinderten und Betagten zu berücksichtigen. Bei Wohnüberbauungen und Geschäftshäusern sind die Bedürfnisse «angemessen» zu berücksichtigen.

Besondere Bauverordnung I

Am 30. März 2005 hat der Regierungsrat sodann die BBV I dem BehiG angepasst und die §§ 34 und 35, welche Detailanforderungen über Bauten und Anlagen mit Publikumsverkehr beziehungsweise Wohnüberbauungen und Geschäftshäusern enthielten, in der bisherigen Form aufgehoben. Gemäss § 34 Abs. 1 BBV I richtet sich das behindertengerechte Bauen nach dem BehiG und dessen Ausführungsvorschriften sowie nach den Bestimmungen des kantonalen Rechts. Abs. 2 verweist auf die Normalien gemäss Anhang 2.5 Anhang BBV I.

SIA-Norm 500

Am 1. Januar 2009 hat der Schweizerische Ingenieur- und Architketenverein (SIA) die neue Norm SIA 500 «Hindernisfreie Bauten» in Kraft gesetzt. Sie ersetzt die Norm SN 521 500 «Behindertengerechtes Bauen» aus dem Jahr 1988. Die Norm SIA 500 definiert die Standards, mit denen im Hochbaubereich das Postulat der Gleichstellung von Menschen mit Behinderung zu erfüllen ist. Die Bestimmungen der Vorgängernorm wurden im Wesentlichen übernommen, Lücken geschlossen sowie neue Entwicklungen und Erkenntnisse berücksichtigt. Die neue Norm ist seit 1. Juli 2009 im Sinne von Richtlinien und Normalien zu beachten (Ziffer 2.51 Angang BBV I).

In Aussicht stehende Rechtsänderungen

Am 3. Juli 2009 hat der Regierungsrat die Vernehmlassung zu einer Teilrevision des Planungs- und Baugesetzes eröffnet. Mit der Revision des geltenden § 239 Abs. 4 PBG über das behindertengerechte Bauen und dessen Ersatz durch die neuen §§ 239a und 239b PBG sollen das Thema behindertengerechtes Bauen seiner Bedeutung entsprechend auf Gesetzesstufe geregelt und die nötige Klarheit hinsichtlich Geltungsbereich und Anforderungen geschaffen werden. Während § 239a das Bundesrecht umsetzt, erläutert § 239b den Anwendungsbereich beziehungsweise die unbestimmten Begriffe von Art. 11 Abs. 4 KV. Ausserdem sollen die Anwendung und – soweit erforderlich – die materielle Bezugnahme auf die neue Norm SIA 500 «Hindernisfreie Bauten» sichergestellt werden (Vorentwurf zur Änderung Planungs- und Baugesetz, Behindertengerechtes Bauen, Vernehmlassungsentwurf vom 3. Juli 2009, Erläuterungsbericht S. 4).

Nachfolgend werden, soweit zweckmässig, neben dem geltenden Recht auch die Neuerungen kurz dargestellt.

17.5.2   Pflichtige Bauten und Anlagen

17.5.2.1   *Kategorien*

Art. 3 BehiG umschreibt, bei welchen drei Kategorien von Bauten und Anlagen (öffentlich zugänglichen Bauten und Anlagen, Wohngebäuden, Gebäuden mit Arbeitsplätzen) die Pflicht zum behindertengerechten Bauen besteht. § 239 Abs. 4 PBG enthält sodann als weitergehenden Anwendungsbereich Bauten und Anlagen, die das Gemeinwesen durch Beiträge unterstützt.

17.5.2.2   *Öffentlich zugängliche Bauten und Anlagen*

Das BehiG gilt vorerst für öffentlich zugängliche Bauten und Anlagen (vgl. zum Begriff der Bauten und Anlagen). Die BehiV konkretisiert in Art. 2 lit. c, was unter «öffentlich» in diesem Sinne zu verstehen ist. Es sind nicht nur öffentliche Gebäude wie Restaurants, Einkaufsgeschäfte, Banken, Schulen, Spitäler etc., sondern auch Arztpraxen, Architekturbüros und analoge Dienstleistungsbetriebe sowie Anlagen (Verkehrsanlagen, Parkplätze, Fusswege). Beim Begriff der «Bauten und Anlagen» knüpft das BehiG an die bundesgerichtliche Praxis zur Auslegung von Art. 22 RPG an (vgl. hierzu Seite 258 ff.). Daher unterstehen auch nur befristete Bauten und Anlagen dem BehiG, sofern sie bewilligungspflichtig sind.

17.5.2.3   *Wohngebäude mit mehr als acht Wohneinheiten*

Das BehiG umfasst Wohngebäude mit mehr als acht Wohneinheiten (Art. 3 Abs. 1 lit. c BehiG).

Sowohl im Gesetz wie auch in der BehiV wird auf eine Definition des Begriffs «Wohngebäude» verzichtet. Der Gesetzgeber wollte die Definition den Kantonen überlassen (HERZ 2004: S. 16). Die Baurekurskommission hielt klärend fest, dass sich der Begriff «Gebäude» nicht mit jenem der «Wohnüberbauung» im Sinne des aufgehobenen § 35 BBV I gleichsetzen lässt. Vielmehr ist auf das umgangssprachliche Verständnis des Begriffs «Gebäude», aber auch auf die Rechtsprechung zur geschlossenen Bauweise zurückzugreifen (vgl. § 286 PBG, Seite 874 f.). Gebäude, die in diesem Sinne «zusammengebaut» sind, und Gebäude, die frei stehen, sind je für sich selbst zu betrachten, auch wenn sie zu einer grösseren Überbauung gehören (BEZ 2005 Nr. 12). Umgekehrt ist aber ein nicht zusammengebautes, sondern eine Einheit bildendes Mehrfamilienhaus als ein Gebäude zu betrachten, selbst wenn es mehrere Hauseingänge aufweist (vgl. das dem Entscheid VB.2004.00028 zugrunde liegende Gebäude).

Im BehiG wird auch der Begriff «Wohneinheiten» nicht definiert. Gemäss üblichem Sprachgebrauch gilt als Wohnung oder Wohneinheit eine bauliche Einheit, die mindestens einen Raum (Wohnen/Schlafen) sowie die erforderlichen Nasszellen und eine Küche aufweist. Es muss sich um einen räumlich vom übrigen Haus abgetrennten, selbstständig zugänglichen und nutzbaren Bereich handeln (VB.2004.00405).

17.5.2.4   *Gebäude mit mehr als 50 Arbeitsplätzen*

Das Gesetz findet Anwendung bei Gebäuden mit mehr als 50 Arbeitsplätzen (Art. 3 lit. d BehiG). Ausgangspunkt bildet der oben umschriebene Gebäudebegriff. Sind in einem solchen Gebäude insgesamt mehr als 50 Arbeitsplätze vorhanden, kommt das BehiG zur Anwendung, und zwar auch dann, wenn das konkrete Bauvorhaben zum Beispiel nur ein Geschoss mit weniger als 50 Arbeitsplätzen umfasst (HERZ 2004: S. 18). Zu beachten ist sodann, dass das BehiG von Arbeitsplätzen und nicht von «Beschäftigten» spricht. Teilzeitbeschäftigte sind auf die Anzahl (Voll-)Stellen umzurechnen.

Schwierigkeiten ergeben sich dann, wenn bei der Baueingabe die konkrete Nutzung nicht oder noch nicht im Detail feststeht. Entsprechend geht aus den Baueingabeplänen die Anzahl der geplanten Arbeitsplätze vielfach nicht hervor (HERZ 2004: S. 18). Es muss deshalb in solchen (häufigen) Fällen der rechtsanwendenden Behörde überlassen werden, die konkrete Situation im Einzelfall zu würdigen, um festzustellen, ob ein Gebäude in den Geltungsbereich des BehiG fällt oder nicht (Bundesamt für Justiz, Erläuterungen vom November 2003 zur BehiV, S. 2). Es erscheint dann eine Lösung sinnvoll, die sich an der Geschossfläche orientiert und von einer durchschnittlichen Quadratmeterzahl pro Arbeitsplatz ausgeht. Die Schweizerische Fachstelle für behindertengerechtes Bauen empfiehlt als Richtgrösse für Dienstleistungsarbeitsplätze eine Geschossfläche von 20 m² (inkl. Erschliessungsfläche) pro Arbeitsplatz (HERZ 2004: S. 18 f.)

17.5.2.5   *Bauten und Anlagen des öffentlichen Verkehrs*

Das BehiG gilt auch für öffentlich zugängliche Einrichtungen des Verkehrs (neben Fahrzeugen unter anderem auch Bauten und Anlagen), die einem Spezialgesetz des Bundes, nämlich dem Eisenbahngesetz, dem Bundesgesetz über die Trolleybusunternehmungen, dem Bundesgesetz über die Binnenschifffahrt oder dem Luftfahrtgesetz unterstehen (Art. 3 lit. b BehiG). Für solche bauliche Vorhaben ist ein bundesrechtliches Plangenehmigungsverfahren durchzuführen, in welchem die Anforderungen des BehiG durchzusetzen sind.

17.5.2.6   *Bauten und Anlagen mit Beiträgen des Gemeinwesens*

§ 239 Abs. 4 PBG geht insoweit über den Anwendungsbereich des BehiG hinaus, als auch Bauten und Anlagen den Anforderungen für Behinderte unterstehen, die das Gemeinwesen durch Beiträge unterstützt. Der Begriff «Gemeinwesen» wird im Gesetz nicht näher spezifiziert. In Anlehnung an die inzwischen aufgehobene Bestimmung in § 34 lit. c BBV I sind wohl Gemeinde-, Staats- oder Bundesbeiträge gemeint. Zu denken ist insbesondere an den subventionierten Wohnungsbau. Da das BehiG einer derartigen weitergehenden kantonalen Bestimmung nicht entgegensteht (Art. 4 BehiG), haben entsprechende Wohngebäude die Anforderungen für Behinderte auch dann zu erfüllen, wenn sie nur acht oder weniger Wohnungen aufweisen.

17.5.3   Pflichtauslösende bauliche Massnahmen

17.5.3.1   *Bestandesgarantie*

Bereits bestehende Bauten und Anlagen, die nicht umgebaut oder renoviert werden, geniessen Bestandesgarantie. Sie müssen keine Anpassungen zugunsten

Behinderter vornehmen. Die Vorschriften des Gesetzes finden nur Anwendung, wenn eine Baute nach dem 1. Januar 2004 neu erstellt oder renoviert wird.

17.5.3.2 *Neubauten*

Gemäss Art. 3 BehiG besteht die Verpflichtung zum behindertengerechten Bauen vorerst bei der Erstellung von Neubauten, sofern diese dem baurechtlichen Bewilligungsverfahren unterstellt sind, was immer der Fall sein dürfte.

17.5.3.3 *Erneuerung von Bauten und Anlagen*

Grundsätzlich liegen auch sämtliche Änderungen von Bauten und Anlagen im Geltungsbereich des BehiG, sofern sie (im ordentlichen oder Anzeigeverfahren, Art. 2 lit. a BehiV) einer Baubewilligung bedürfen (Art. 3 BehiG). Der Umfang einer Erneuerung ist in diesem Zusammenhang nicht von Belang. Vgl. zur Bewilligungspflicht von Änderungen an Gebäuden insbesondere Seite 261 f. (bauliche Massnahmen) und Seite 267 ff. (Nutzungsänderungen). Bei der Beurteilung, ob ein Zweifelsfall über die Bewilligungspflicht vorliegt (vgl. Seite 256 f.), sind die Anforderungen an Behinderte mitzuberücksichtigen.

17.5.4 Anforderungen an die behindertengerechte Gestaltung

17.5.4.1 *Gesetzliche Grundlagen*

Das BehiG äussert sich nur indirekt, nämlich im Rahmen der in Art. 2 enthaltenen Definitionen zu den Anforderungen an die behindertengerechte Gestaltung von Bauten und Anlagen. Nach Art. 2 Abs. 3 liegt eine Benachteiligung beim Zugang zu einer Baute, einer Anlage oder einer Wohnung vor, wenn der Zugang für Behinderte aus baulichen Gründen nicht oder nur unter erschwerten Bedingungen möglich ist. Damit wird immerhin klar, dass sich die Anforderungen des BehiG nur (aber immerhin) auf die Zugänge, nicht aber auf die interne Gestaltung etwa von Wohneinheiten und Wohnräumen beziehen. Diese Lücke schliesst mindestens sinngemäss das kantonale Recht, indem der neue § 34 Abs. 2 BBV I auf die im Anhang Ziffer 2.5 der Verordnung erwähnten Richtlinien und Normalien zum behinderten- und betagtengerechten Bauen verweist.

17.5.4.2 *Anforderungen an Zugänge*

Die konkreten Anforderungen in Bezug auf den Zugang bei den einzelnen Kategorien von Bauten werden weder im Gesetz noch in der Verordnung näher definiert. Ausführungen dazu finden sich lediglich in der Botschaft zum BehiG und in den Erläuterungen zur BehiV.

Öffentlich zugängliche Bauten und Anlagen

Bei öffentlich zugänglichen Bauten müssen der Zugang zum Gebäude wie auch die Benutzbarkeit der öffentlich zugänglichen Teile und der dazugehörenden Annexeinrichtungen (Toiletten, Lifte usw.) im Gebäudeinnern gewährleistet sein. Grundsätzlich gilt, dass nicht sämtliche Zugänge behindertengerecht gestaltet sein müssen. Es genügt, wenn der Haupteingang die Anforderungen erfüllt. Es dürfen jedoch keine unverhältnismässigen Umwege entstehen. Unstatthaft wäre auch der Zugang über einen Warenlift eines Hintereingangs oder der ausschliessliche Zugang über die Tiefgarage.

Wohnbauten

Analoges gilt für Wohnbauten. Der Zugang muss auch über die Tiefgarage erfolgen können. Mit der Forderung, dass der Zugang für die einzelne «Wohnung» gewährleistet werden muss, verlangt das BehiG bei mehrgeschossigen Gebäuden zwingend die Erstellung eines Liftes, während das bisherige kantonale Recht lediglich Anforderungen an das Erdgeschoss sowie jene Geschosse stellte, die ohnehin mit einem Lift erschlossen werden. Die behindertengerechte Ausgestaltung des Wohnungsinnern oder der Nebenräume wie Waschküche und Keller wird indessen nicht verlangt. Der Gesetzgeber wollte auch hier der rechtsanwendenden Behörde die genaue Abgrenzung unter Würdigung der konkreten Umstände überlassen.

Geschäftsbauten

Bei Geschäftshäusern muss nur der Zugang zum Gebäude den Ansprüchen der Behinderten entsprechen, es sei denn, dass es sich gleichzeitig um ein Gebäude mit Publikumsverkehr handelt. Dann müssen die entsprechenden Betriebe in den Obergeschossen mit Lift erschlossen sein. Ferner muss ein Arbeitgeber, der Behinderte beschäftigt, aufgrund der Bundesvorschriften über den Arbeitnehmerschutz für die Anpassung des Arbeitsplatzes, der Arbeitsräume und der sanitären Einrichtungen sorgen.

17.5.4.3   *Weitergehende kantonale Anforderungen*

Geltendes Recht

In § 34 BBV I geht das kantonale Recht über die Anforderungen des BehiG hinaus. Die Bestimmung verweist in Verbindung mit Ziffer 2.5 des Anhanges «insbesondere auch für das Innere der Gebäude» auf die SIA-Norm 500 (2009), hindernisfreie Bauten, und die Empfehlung «Wohnungsbau hindernisfrei anpassbar» der Schweiz. Fachstelle für behindertengerechtes Bauen, Ausgabe 1992. Das heisst, dass wohnungsintern ausreichende Durchgangsbreiten für Türen und Gänge, genügende Bewegungsflächen vor Türen und in Foyers und mindestens ein behindertengerechter Sanitärraum pro Wohnung vorhanden sein müssen. Auf unnötige Schwellen und Treppen ist zu verzichten. Wohnungen müssen ferner so angepasst werden können, dass sie bei Bedarf für Behinderte und Betagte dauernd benützbar sind. Vgl. dazu die ausführliche Checkliste der Behindertenkonferenz Kanton Zürich, BKZ «Hindernisfrei bauen», aktualisierte Ausgabe 2009 sowie weitere Hilfsmittel der BKZ.

Vorentwurf des Regierungsrates

Im Vorentwurf des Regierungsrates zur Teilrevision des PBG sind öffentlich zugängliche Bauten und Anlagen nach Art. 3 lit. a (BehiG) und Art. 2 lit. c BehiV so zu gestalten, dass sie auch für Menschen mit Behinderung zugänglich und benützbar sind (§ 239a Abs. 1 des Entwurfes). Damit wird, über das BehiG hinausgehend, eine durchgehende Benützbarkeit auch im Innern des Gebäudes gefordert.

Für Wohngebäude gilt Folgendes: Bei Gebäuden mit mehr als acht Wohneinheiten müssen alle Einheiten für Menschen mit Behinderung zugänglich sein. Bei Gebäuden mit bis zu acht Wohneinheiten müssen die Einheiten wenigstens eines Geschosses für Menschen mit Behinderung zugänglich sein. Die Erschliessung der übrigen Wohneinheiten muss anpassbar sein. Umfasst ein Gebäude fünf oder mehr Wohneinheiten, müssen diese im Innern an die Bedürfnisse von Menschen mit Behinderung anpassbar sein (§ 239a Abs. 2 des Entwurfes). Damit wird dem Umstand Rechnung getragen, dass die Baurekurskommissionen den Begriff des Wohngebäudes bisher eng ausgelegt haben und deshalb nur verhältnismässig wenige Wohnbauten in den Geltungsbereich des BehiG fallen. Mit der in § 239a Abs. 2 PBG-E vorgesehenen Ausdehnung des Anwendungsbereiches kann ein grösserer Teil der Wohnbauten erfasst werden (vgl. Vernehmlassungsentwurf vom 3. Juli 2009, Erlauterungsbericht, S. 8).

Gebäude mit mehr als 50 Arbeitsplätzen oder mit mehr als 1000 m² Geschossfläche müssen für Menschen mit Behinderung zugänglich und im Innern an deren Bedürfnisse anpassbar sein (§ 239a Abs. 3 des Entwurfes).

Das Nähere zu den nach § 239a Abs. 1 bis 3 erforderlichen baulichen Massnahmen bestimmt sich nach den anerkannten Regeln der Baukunde. Der Regierungsrat bezeichnet die massgebenden Regelwerke (§ 239a Abs. 4 des Entwurfes). Dieser Obliegenheit ist der Regierungsrat bereits nachgekommen (§ 34 und Ziffer 2.5 Anhang BBV I).

Im Übrigen ist das Behindertengleichstellungsgesetz anwendbar (§ 239a Abs. 5 des Entwurfes).

Mit § 239b des Entwurfes soll Art. 11 Abs. 4 KV umgesetzt werden: Wer öffentliche Aufgaben erfüllt, muss unabhängig von einem bewilligungspflichtigen Umbau oder Sanierungsvorhaben sicherstellen, dass die öffentlich genutzten Bauten und Anlagen auch für Menschen mit Behinderungen zugänglich und benützbar sind. Im Übrigen sind auch hier die anerkannten Regeln der Baukunde massgebend. Auf bauliche Massnahmen kann verzichtet werden, wenn sie 5 Prozent des Gebäudeversicherungswertes des vor dem Umbau bewerteten Gebäudes übersteigen.

17.5.4.4   *Verhältnismässigkeitsprinzip*

Verbot des Missverhältnisses

Auch wenn ein Gebäude grundsätzlich in den Geltungsbereich des BehiG fällt und die oben erwähnten Anforderungen erfüllen müsste, sehen das BehiG in Art. 11 und 12 sowie das kantonale Recht gewisse Schranken vor. Ganz allgemein darf der für Behinderte zu erwartende Nutzen nicht in einem Missverhältnis stehen zum wirtschaftlichen Aufwand (Art. 11 Abs. 1 lit. a BehiG). Das wird in Art. 6 Abs. 1 BehiV konkretisiert: Massgebend sind insbesondere die Zahl der behinderten Benützer, die Dauer der Baute oder Anlage und deren Bedeutung für die Bedürfnisse von Behinderten.

Das Verbot des Missverhältnisses ergibt sich auch im Anwendungsbereich des kantonalen Rechts, verweist doch § 34 BBV I mit Ziffer 2.5 der Verordnung auf Normen, die lediglich als Richtlinien und Normalien zu beachten sind. Von ihnen kann aus wichtigen Gründen im Sinne von § 360 PBG abgewichen werden.

Kosten

Mit Bezug auf die Kosten wird im BehiG klar definiert, welche baulichen Massnahmen zur Schaffung eines hindernisfreien Zugangs nicht mehr als verhältnismässig betrachtet werden. Bauliche Anpassungen können nur verlangt werden, wenn der Aufwand 5 Prozent des Gebäudeversicherungswertes beziehungsweise des Neuwertes oder 20 Prozent der Erneuerungskosten nicht übersteigt (Art. 12 Abs. 1 BehiG). In Art. 7 BehiV wird präzisiert, wie diese beiden Maximalwerte zu berechnen sind. Der maximale Wert von 5 Prozent des Gebäudeversicherungswertes muss auf der Grundlage des Versicherungswertes des Gebäudes vor der Erneuerung berechnet werden (Abs. 1). Als Erneuerungskosten gelten die voraussichtlichen Baukosten ohne besondere Massnahmen für Behinderte (Abs. 2). Die Beweislast liegt bei der Bauherrschaft, falls sich diese auf die Kostenschranke beruft. Die Baubehörde wird von der Bauherrschaft den entsprechenden Kostennachweis (zum Beispiel in Form einer konkreten Baufofferte) verlangen müssen. Sie ist gehalten, den von der Bauherrschaft eingereichten Kostennachweis einer Plausibilitätsprüfung zu unterziehen. Der Umstand, dass eine bauliche Massnahme diese Kostenschranke erreicht, bedeutet nun aber nicht, dass gar keine Massnahmen getroffen werden müssten. Anpassungen sind vielmehr soweit anzuordnen, bis der Wert erreicht ist. So kann es verhältnismässig und wirtschaftlich zumutbar sein, einen stufenlosen Zugang zu einem Gebäude zu schaffen, während etwa der Einbau eines Liftes die massgeblichen Kosten übersteigen würde. Bei Etappierungen von Bauvorhaben ist in Bezug auf die Kostenfrage eine Gesamtbeurteilung vorzunehmen (HERZ 2004: S. 21). Der provisorische Charakter einer Baute oder Nutzung ist in die Interessenabwägung einzubeziehen (BEZ 2006 Nr. 66 betreffend Pflicht zum Einbau dreier Hebebühnen für befristete Ausstellungsräume mit Kommentar bei HERZ 2007 S. 10).

Abwägung mit anderen öffentlichen Interessen

Nach Art. 11 Abs. 1 lit. b BehiG sind die Anliegen der Behinderten auch gegen die Interessen des Umweltschutzes, des Naturschutzes, des Heimatschutzes und der Denkmalpflege abzuwägen. Art. 6 Abs. 2 BehiV präzisiert, was dabei insbesondere zu berücksichtigen ist, nämlich die Bedeutung der Baute oder Anlage aus Sicht der erwähnten öffentlichen Interessen und das Ausmass der Beeinträchtigung. Die Interessenabwägung dürfte insbesondere in Kernzonen oder bei Denkmalschutzobjekten von Bedeutung sein.

Hinweis auf kantonales Recht

Das kantonale Recht enthält keine konkrete Regelung für die Prüfung der Verhältnismässigkeit. Lehre und Rechtsprechung sind daher bis anhin von den allgemeinen Prinzipien vom Grundsatz der Verhältnismässigkeit ausgegangen, welche materiell jenen des BehiG und der BehiV entsprechen. Es fehlt im kantonalen Recht ebenso eine Kostenschranke. Daher sind in dessen Geltungsbereich auch Massnahmen zum behindertengerechten Bauen denkbar, welche die «massgeblichen Kosten» gemäss Art. 12 Abs. 1 BehiG überschreiten, sofern die Auflage im Einzelfall dennoch verhältnismässig erscheint.

Bei Änderungen an bestehenden Bauten und Anlagen, die Bauvorschriften widersprechen (§ 357 Abs. 1 PBG; vgl. Seite 1136) ist auf § 357 Abs. 4 PBG hinzuweisen (vgl. hierzu Seite 1144). Danach können unter anderem auch Verbesserungen der Behindertengängigkeit angeordnet werden (vgl. hierzu ausführlich und grundlegend BEZ 1999 Nr. 2). Diesbezüglich ist § 357 Abs. 4 PBG so auszulegen und anzuwenden, dass kein Widerspruch zu Art. 11 und 12 BehiG sowie Art. 6 und 7 betreffend der Verhältnismässigkeit entsteht.

Vorentwurf des Regierungsrates

In § 239a Abs. 5 des regierungsrätlichen Entwurfes findet sich ein Hinweis darauf, dass bauliche Massnahmen insbesondere verhältnismässig im Sinne der Art. 11 und 12 BehiG zu sein haben.

17.5.5   ## Auskünfte und Hilfsmittel

Auskünfte erteilen die schweizerische Fachstelle für behindertengerechtes Bauen, Kernstrasse 57, 8004 Zürich, sowie die Behindertenkonferenz Kanton Zürich, BKZ, Bauberatung, ebenfalls Kernstrasse 57, 8004 Zürich. Weiter ist im kantonalen Hochbauamt eine Beratungsstelle für behindertengerechtes Bauen eingerichtet (Hochbauamt Kanton Zürich, Beratungsstelle für behindertengerechtes Bauen, Walchestrasse 15, 8090 Zürich). Für Baubehörden der Gemeinden verfügt sie über eine Checkliste zur Überprüfung von Baugesuchen; abrufbar unter www.bkz.ch. Vgl. auch Hochparterre, Beilage zu Hochparterre 4/2003, Hindernisfrei bauen: Auf dem Weg zu einem Standard.

17.6   # Arbeitsrechtliche Bestimmungen

Das ArG des Bundes enthält Bestimmungen für Betriebe. Grundsätzlich haben alle Betriebe die einschlägigen Arbeitnehmerschutzbestimmungen des ArG, namentlich betreffend Gesundheitsvorsorge, Arbeitszeiten, Sonderschutz für Jugendliche und Frauen, aber auch diejenigen des UVG und insbesondere auch VUV betreffend Arbeitssicherheit einzuhalten. Diese Vorschriften können Einfluss haben auf die bauliche Ausgestaltung eines Betriebes. Sie beeinflussen auch die Ausgestaltung der Bauinstallationen und -maschinen (Baugerüste, Abschrankungen, Krane etc.) Vollzugsbehörden, sogenannte Durchführungsorgane, sind im Wesentlichen die Kantonalen und Eidgenössischen Arbeitsinspektorate sowie die SUVA.

Wenige Bestimmungen des ArG (so etwa Art. 7 betr. Plangenehmigung; Art. 37 und 38 betreffend Betriebsordnung) gelten nur für sogenannte «industrielle» Betriebe. Die Voraussetzungen für die Qualifizierung als industriellen Betrieb finden sich in Art. 5 ArG. Die spezifischen Bestimmungen für industrielle Betriebe sind nur anwendbar, wenn ein Betrieb durch Verfügung des Staatssekretariats für Wirtschaft (SECO) ausdrücklich unterstellt ist. Die Kriterien für die Unterstellung finden sich in Art. 5 Abs. 2 ArG.

In der Verordnung 3 zum Arbeitsgesetz (ArGV 3) werden Fragen der Gesundheitsvorsorge geregelt. Ist ein Betrieb dem Arbeitsgesetz unterstellt, müssen die entsprechenden Vorschriften eingehalten werden. Sie gelten nicht nur für die «industriellen» Betriebe. Es wird empfohlen, in einem frühen Stadium der

Planung mit der zuständigen Behörde, dem Kantonalen Amt für Wirtschaft und Arbeit, AWA, Arbeitnehmerschutz/Arbeitsinspektorat, 8090 Zürich, Verbindung aufzunehmen.

Zur Arbeitssicherheit bestehen zahlreiche Richtlinien der SUVA und der EKAS. Hingewiesen sei insbesondere auf die Wegleitung der EKAS durch die Arbeitssicherheit, aktuelle Fassung 6, November 2008. Dieses umfassende Nachschlagewerk erläutert im Wesentlichen die Bestimmungen der Verordnung über die Verhütung von Unfällen und Berufskrankheiten. Daneben sind Erklärungen zu verwandten Themen wie Arbeitsgesetz, Elektrizitätsgesetz und Sprengstoffgesetz zu finden. Das Dokument ist auch im Internet verfügbar (mit Stichwortsuche und Links).

17.7 Sicherheit

17.7.1 Statik

17.7.1.1 *Grundlegende Anforderungen*

Bauten und Anlagen müssen nach Fundation, Konstruktion und Material den anerkannten Regeln der Baukunde entsprechen. Sie dürfen weder bei ihrer Erstellung noch durch ihren Bestand Personen oder Sachen gefährden (§ 239 Abs. 1 PBG). Zum Begriff «fachgerecht» vgl. § 2 BBV I. Dieses Gebot beinhaltet unter anderem die hinreichende Sicherheit gegen Absturzgefahren. Diesbezüglich spezifiziert § 20 BBV I, dass zugängliche überhöhte Stellen wie Terrassen, Balkone, Laubengänge, brüstungslose Fenster, Treppen, Stützmauern, Schächte und Zugänge oder Zufahrten zu Hofunterkellerungen so zu sichern sind, dass insbesondere für Kinder keine Absturzgefahr besteht. § 239 PBG steht im IV. Titel, 1. Abschnitt lit. B des PBG. Die Einhaltung der Regeln der Baukunde stellt damit eine der Grundanforderungen an Bauten und Anlagen dar. Die Bestimmung soll eine Gefährdung der Umgebung wie auch der Bewohner und Benützer verhindern. Die Anforderungen an Fundation, Konstruktion und Material sind daher bereits bei Erteilung der Baubewilligung zu erfüllen oder zumindest auf den Baubeginn hin sicherzustellen. Sie gelten auch während der Bauzeit. Sodann müssen ebenso bereits bestehende Bauten eine sichere Benützung zulassen; sie dürfen nicht durch mangelhaften Unterhalt Personen oder Sachen gefährden. Daher können und müssen die Behörden gestützt auf § 239 Abs. 1 PBG nicht nur im Rahmen der Baubewilligung präventiv, sondern ebenso während der Bauausführung und bei Missständen auch später einschreiten. Angesichts der hohen öffentlichen Interessen gehen die Anforderungen an die Gebäudesicherheit den ästhetischen Anliegen (§ 238 PBG) im Allgemeinen vor (FRITZSCHE 2005: S. 5 ff.). Stabilitätsprobleme rechtfertigen allerdings keine Bauverweigerung. Denn die aktuelle Bautechnik gestattet selbst bei schwierigen Baugrundverhältnissen einwandfreie Lösungen (RB 1993 Nr. 43). Vgl. zur Bauausführung Seite 402 f.

17.7.1.2 *Die anerkannten Regeln der Baukunde*

Weder § 239 Abs. 1 PBG noch § 20 BBV I oder andere baurechtliche Bestimmungen beinhalten eine Umschreibung der «Regeln der Baukunde». Auszugehen ist von § 2 BBV. Danach gilt als «fachgerecht» und damit als «nach den Regeln der Baukunde», was nach dem jeweiligen Stand der Technik möglich ist und aufgrund ausreichender Erfahrung oder Untersuchungen als geeignet und wirtschaftlich anerkannt wird. Richtlinien, Normalien und Empfehlungen staatlicher Stellen und anerkannter Fachverbände werden bei der Beurteilung mitberücksichtigt. Damit können also die anerkannten Regeln der Baukunde als die Summe der Erfahrungen auf dem fraglichen Gebiet und als die Gesamtheit der daraus abgeleiteten Verhaltens- und Vorgehensnormen bezeichnet werden. In diesem Sinne enthält der Anhang zur BBV I Richtlinien, Normalien und Empfehlungen, die als Verordnungsbestimmungen befolgt oder im Sinne von § 360 PBG beachtet werden müssen (§ 3 Abs. 1 BBV I). Verweise auf Normen zur Sicherheit fehlen allerdings. Die eidgenössischen Fachverbände haben aber auch hierzu zahlreiche Normen und Empfehlungen erlassen, welche zwar nicht «verbindlich» oder «beachtlich» sind, doch den Baubehörden immerhin als Auslegungshilfen dienen. Sie helfen den Baubehörden bei der Handhabung des pflichtgemässen Ermessens und Durchsetzung einer einheitlichen Rechtsanwendung. Sie dienen einer grösseren Rechtsklarheit und Rechtssicherheit, können aber nicht eine vom Gesetzes- oder Verordnungsrecht abweichende Behandlung rechtfertigen. Da sie auf durchschnittliche Gegebenheiten abstellen, ist von ihnen abzuweichen, wenn es die Umstände des Einzelfalles gebieten; Ausnahmevoraussetzungen (§ 220 PBG) oder «wichtige Gründe» (§ 360 Abs. 3 PBG) müssen nicht gegeben sein (FRITZSCHE 2005: S. 8 ff., auch zum Folgenden, mit zahlreichen Hinweisen).

Im Bereich der Gebäudesicherheit gelten als anerkannte Regeln der Baukunde insbesondere die SIA-Normen 260–267 (Tragwerksnormen), die SIA-Norm 465 «Sicherheit von Bauten und Anlagen», zahlreiche SUVA-Vorschriften und auch die SIA-Norm 358 (vgl. nachfolgend). Wird von diesen Grundlagen abgewichen, muss nachgewiesen werden, dass die Sicherheit beziehungsweise die Einhaltung der Grundnorm von § 239 Abs. 1 PBG trotzdem gewährleistet ist. Wertvolle Grundlage bildet auch die SIA-Dokumentation D 0227 «Erdbebensicherheit von Gebäuden, Rechts- und Haftungsfragen».

Zu beachten sind auch die neuen, im Jahre 2011 publizierten Normen 269–269/7 über die Erhaltung von Tragwerken.

Die erwähnten Tragwerksnormen erhöhen die Anforderungen an die Erdbebensicherheit von Bauwerken; so schreibt die neue SIA-Norm 261 für Neubauten die Annahme wesentlich höherer Erdbebeneinwirkungen als bisher vor. Zur rechtlichen Tragweite der Tragwerksnormen sowie allgemein zum Begriff der anerkannten Regeln der Baukunde vgl. auch SCHUMACHER 2005.

17.7.2 Abschrankungen, Geländer

17.7.2.1 *Grundlagen*

Abschrankungen sind überall dort nötig, wo die Gefahr eines Absturzes für Personen, insbesondere für Kinder besteht. § 20 BBV I zählt als Beispiele auf: überhöhte Stellen, Terrassen, Balkone, Laubengänge, Fenster, Treppen, Stützmauern und Schächte. Abschrankungen und Geländer sind so zu erstellen, dass keine

Absturzgefahr besteht. Details enthält die SIA-Norm 358, Ausgabe 1996, über Geländer, Brüstungen und Handläufe.

Die SIA-Norm 358

Schutzziel

Nach dem Schutzziel der SIA-Norm 358 (die nun in der neuen Fassung 2010 vorliegt) sollen Geländer und Brüstungen so sicher sein, wie man es vernünftigerweise erwarten darf. Die Norm gibt an, auf welche Annahmen sich die Risikoabschätzungen abstützen: die normale Benützung und das normale Verhalten. Das Fehlen von jeder Eigenverantwortung, von möglicher und vernünftiger Vorsicht ist allerdings nicht «normal». Aber alles, was in einer bestimmten Anlage erfahrungsgemäss möglich ist, zum Beispiel auch das Spielen von Kindern auf dem Balkon von Wohnbauten, gilt als normal. Normal ist, dass kleine Kinder nicht «vernünftig» sind. Die Norm berücksichtigt daher auch das erhöhte Risiko durch das «normale» Verhalten vorschulpflichtiger Kinder, die eine Gefahr noch nicht erkennen können oder deren Verhalten noch nicht vernünftig sein kann. Bei Wohnbauten ist daher das Fehlverhalten unbeaufsichtigter Kinder massgebendes Gefährdungsbild (Ziffer 1.3.3 der Norm), auf welches sich die Anforderungen abstützen (FRITZSCHE 2005: S. 9)

Anforderungen

In diesem Sinne enthält die SIA-Norm 358 grundsätzliche Anforderungen an die Höhen der Schutzvorrichtungen, Materialien und Details der Ausführung, die bei normalem, durchschnittlichem Verhalten in der betroffenen Anlage nötig sind. Bei Treppen von mehr als fünf Stufen sind auf einer Höhe von 90 cm Handläufe anzubringen. Die Treppengeländer müssen eine Höhe von mindestens 90 cm aufweisen. Der Abstand zwischen unterer Traverse des Treppengeländers und Stufenkante darf maximal 5 cm betragen. Bei Treppenpodesten, Balkonen, Terrassen und dergleichen muss eine Absturzsicherung eingebaut werden, sofern die Absturzhöhe mehr als 1 m beträgt. Diese kann bis zu einer Absturzhöhe von 1,50 m zum Beispiel mit einer Bepflanzung realisiert werden. Geländer und Brüstungen müssen eine Mindesthöhe von 1 m aufweisen, feste Brüstungen mit einer Mindestbreite von 20 cm eine solche von 90 cm. Beim Gefährdungsbild 1 (Fehlverhalten unbeaufsichtigter Kinder) darf bis auf eine Höhe von 75 cm keine Öffnung grösser als 12 cm Durchmesser sein. Das Beklettern der Schutzelemente ist durch geeignete Massnahmen zu verhindern beziehungsweise zu erschweren (was heisst, dass die Stäbe senkrecht anzuordnen sind). Alle diese Höhen werden ab begehbarer Fläche gemessen. In einem Anhang zur Norm werden die Anforderungen zeichnerisch erläutert.

Abweichungen

Die SIA-Norm 358 gilt als Auslegungshilfe. Dies bedeutet, dass von ihr abgewichen werden kann, sofern die in § 239 Abs. 1 PBG umschriebenen grundlegenden Anforderungen an die Sicherheit trotzdem erfüllt sind. In diese Richtung gehen die neu formulierten Ziffern 0.3.1 und 0.3.2, wonach von den gestellten Anforderungen abgewichen werden kann, wenn das Schutzziel der Norm nachweislich durch andere Massnahmen erreicht wird. Abweichungen sind in den Bauwerksakten mit nachvollziehbarer Begründung zu dokumentieren. Sie sind unter dem Aspekt von § 239 PBG und § 20 BBV I unproblematisch, weil sie ausdrücklich die Gebote der Sicherheit und das Schutzziel vorbehalten. Die Analyse muss ergeben, dass ein Ausnahmefall vorliegt, bei dem mit guten Gründen von der Norm und daher von den üblichen Regeln der Baukunde abgewichen werden darf. Kommt die Analyse aber zum Schluss, dass die Idee für eine Abweichung zwar ästhetisch überzeugt, aber grosse Gefahren birgt, muss darauf verzichtet werden. Dies gebieten nicht nur das Schutzziel der Norm, sondern auch die erwähnten Bestimmungen des PBG und der BBV I (FRITZSCHE 2005: S. 11 mit Hinweisen).

Die Norm sieht zu Recht keine generellen Ausnahmen für Wohnbauten mit besonders anspruchsvoller Architektur vor. Ästhetisch begründete Abweichungen sind daher nur unter dem Vorbehalt zulässig, dass das Schutzziel nachweislich durch andere Massnahmen erreicht wird. Für die Beurteilung von unterschiedlichen und aussergewöhnlichen Gefährdungsbildern ist ein Sicherheitsplan zu erstellen. Wer beim Entscheid für die Normabweichung umsichtig vorgeht, eine Entscheidung erst nach umfassender Analyse der Situation trifft und die Gründe hierfür in der Baudokumentation festhält, hat schon viel getan, um das Risiko zu minimieren.

Keine Abweichungen für selbst genutztes Wohneigentum

Die alte Norm, Ausgabe 1996 sah – mit ausdrücklicher Zustimmungserklärung des Eigentümers – auch Abweichungen für selbst genutztes Wohneigentum vor. Die neue Norm verzichtet nun darauf. Der SIA trägt dadurch der gegen die Ziffern 0.31 und 0.32 in der alten Fassung erhobenen Kritik, nicht zuletzt auch in der 4. Auflage dieses Buches, Rechnung. Damit ist ein Stein des Anstosses entfallen. In der Tat: § 239 Abs. 1 PBG und § 20 BBV I sind als Bauvorschriften zwingendes Recht (§ 218 Abs. 1 PBG). Bauvorschriften sind einer für Behörden verbindlichen privatrechtlichen Regelung nur zugänglich, wo dies ausdrücklich vorgesehen ist (§ 218 Abs. 2 PBG). Das ist bezüglich § 239 Abs. 1 PBG nicht der Fall und es liegen kaum je Ausnahmevoraussetzungen im Sinne von § 220 PBG vor. Die Bauvorschriften unterscheiden auch nicht zwischen selbst genutztem und vermietetem Wohneigentum. In der Tat wäre eine solche Unterscheidung auch sachfremd, weil immer mit Besuchern und einer Änderung der Rechtsverhältnisse (spätere Vermietung oder Veräusserung) zu rechnen ist.

Somit besteht also keine Ausnahme mehr für selbst genutztes Wohneigentum. Die Baubehörde ist nun auch nach der SIA-Norm 358 nicht davon befreit, die grundlegenden Anforderungen an die Sicherheit gegebenenfalls mit Auflagen in der Baubewilligung festzuschreiben und durchzusetzen. Auch die Bauherrschaft kann sich nicht der gesetzlichen Verpflichtung, kindersichere Geländer zu erstellen, entziehen. Vgl. zu den Haftungsfragen und zu den Pflichten der Behörden im Detail FRITZSCHE 2005 sowie Seite 392 ff.

17.7.3   Störfallvorsorge

17.7.3.1   *Anforderungen der Störfallverordnung*

Betriebe, in denen gewisse Mengenschwellen für Stoffe, Erzeugnisse oder Sonderabfälle überschritten werden oder in denen Mikroorganismen in einem geschlossenen System Verwendung finden, unterstehen der Störfallverordnung des Bundes (StFV). Die Anhänge 1.1 und 1.2 der Verordnung enthalten detaillierte Umschreibungen des Geltungsbereichs. Betroffen können zum Beispiel folgende Branchen sein:

- Freibäder/Hallenbäder;
- Kunsteisbahnen;
- Metallbetriebe;
- Entsorgungs- und Recyclingbetriebe;
- Grosstankanlagen;
- Betriebe der Wasser- und Energieversorgung;
- Betriebe, in denen Farben/Lacke hergestellt oder verwendet werden.

Der Inhaber eines solchen Betriebes muss alle zur Verminderung des Risikos geeigneten Massnahmen treffen, die nach dem Stand der Sicherheitstechnik verfügbar und wirtschaftlich tragbar sind. Dazu gehören Massnahmen, mit denen das Gefahrenpotenzial herabgesetzt, Störfälle verhindert und deren Einwirkungen begrenzt werden (Art. 3 StFV).

Anhang 2 StFV umschreibt die zwingend einzuhaltenden Grundsätze für Sicherheitsmassnahmen. Als solche gelten:

- die Wahl eines geeigneten Betriebsstandortes
- die Vermeidung gefährlicher Stoffe und Prozesse (soweit möglich)
- die feste Gestaltung tragender Gebäudeteile
- die geordnete Lagerung gefährlicher Stoffe
- geeignete sicherheitstechnische Einrichtungen, Schutzmassnahmen und Alarmeinrichtungen
- die Regelung der innerbetrieblichen Zuständigkeiten und des Zutritts zum Betrieb, die Ausbildung des Personals
- die Bereitstellung der erforderlichen Einsatzmittel für den Störfall.

Die StFV enthält sodann die Aufgaben der Kantone bei Störfällen (Art. 12–14 StFV).

17.7.3.2   *Vollzug im Kanton Zürich*

Der Regierungsrat des Kantons Zürich hat eine Verordnung über den Vollzug der StFV erlassen. Fachstelle und Vollzugsbehörde ist grundsätzlich die Koordinationsstelle für Störfallvorsorge im AWEL (§ 1 und 3 der Verordnung). Sie und die Gemeinden verfügen über Adressen von der StFV unterstehenden Betrieben (nur ein sehr kleiner Teil aller Betriebe). Zu den Schutzzielen der Störfallvorsorge, vgl. Seite 1058.

Ferner muss der Inhaber eines der StFV unterstehenden Betriebes der Vollzugsbehörde einen Kurzbericht über den Betrieb, die Versicherungen, Sicherheitsmassnahmen und mögliche Risiken einreichen (Art. 5 StFV). Für bestehende Betriebe war dieser Kurzbericht bis 1. April 1993 einzureichen (Art. 25 StFV).

Die Vollzugsbehörde prüft den Bericht und die Risikoermittlung (Art. 6 und 7 StFV) und ordnet allenfalls zusätzliche Sicherheitsmassnahmen an (Art. 8 StFV).

17.7.3.3   *Brandschutz und Baumaterialien*

Mit dem Erlass der Verordnung über den vorbeugenden Brandschutz hat der Regierungsrat die neue Brandschutznorm sowie 18 Brandschutzrichtlinien des Interkantonalen Organs zum Abbau technischer Handelshemmnisse in die kantonale Gesetzgebung übernommen. Die einheitlichen Regelungen führen zu einer Liberalisierung der Brandschutzbestimmungen und fördern durch die erweiterte Anwendung des Baustoffes Holz das ökologische Bauen. Vgl. zum Brandschutz ausführlich Seite 1028 ff., zu den Baumaterialien Seite 690 f.

17.7.4   Schutzraumbaupflicht

17.7.4.1   *Rechtsgrundlagen*

Massgebend sind das Bevölkerungs- und Zivilschutzgesetz (BZG) und die zugehörige Verordnung (ZSV). Auf kantonaler Ebene gilt insbesondere die Zivilschutzverordnung (KZV).

17.7.4.2   *Baupflicht*

Nach dem Grundsatz von Art. 45 BZG ist für jede Einwohnerin und jeden Einwohner in erreichbarer Nähe des Wohnortes ein Schutzplatz bereitzustellen. Die Hauseigentümer und -eigentümerinnen haben beim Bau von Wohnhäusern, Heimen und Spitälern Schutzräume zu erstellen, auszurüsten und diese zu unterhalten (Art. 46 Abs. 1 BZG). Die Anzahl der erforderlichen Schutzplätze ist in Art. 17 ZSV festgehalten. Für Wohnungen und Wohnheime sind zwei Schutzplätze pro drei Zimmer, für Spitäler etc. ein Schutzplatz pro Patientenbett zu erstellen. Halbe Zimmer werden nicht mitgezählt. Nach § 22 Abs. KZV sind unter anderem Ferien- und Personalhäuser den Wohnungen gleichgestellt.

Nach dem klaren Wortlaut von Art. 46 Abs. 1 BZG sind reine Umbauten nicht schutzraumpflichtig. Unselbstständige, vom Hauptgebäude abhängige Anbauten gelten rechtlich gesehen als Umbauten und unterliegen nicht der Schutzraumbaupflicht. Selbstständige Anbauten (z.B. eine Anbauwohnung) sind schutzraumbau- beziehungsweise ersatzabgabepflichtig.

17.7.4.3   *Gemeinsame Schutzräume*

Die Gemeinden können bei Neubauten für zwei oder mehrere benachbarte Wohnhäuser und Wohnheime gemeinsame Schutzräume anordnen, wenn ein Gebäude weniger als fünf Schutzplätze benötigt und die Neubauten in einem Gebiet mit zu wenig Schutzplätzen stehen. Diese Auflage ist im Baubewilligungsverfahren zu verfügen (§ 22 KZV).

17.7.4.4   *Ersatzabgabe*

Das kantonale Amt für Militär und Zivilschutz kann anstelle des Baus von Schutzräumen die Leistung eines Ersatzbeitrages verfügen (Art. 47 Abs. 2 BZG und § 23 ZSV). Dies gilt vorerst für die in Art. 18 ZSV aufgeführten Fälle: Gebäude in besonders stark gefährdeten Gebieten, namentlich in dicht überbauten oder stark brandgefährdeten Gebieten; Gebäude mit weniger als fünf Schutzplätzen; Häuser, die nach dem Minergie-Standard gebaut sind sowie abgelegene, nur zeitweise bewohnte Gebiete. Sodann sieht das kantonale Recht weitere Ausnahmen vor, nämlich für Neubauten mit reduzierter Zahl von Schutzplätzen und nicht unterkellerte Gebäude (§ 23 KZV).

Die Ersatzbeiträge sind vor Baubeginn zu entrichten (Art. 21 ZSV). Sie beurteilen sich nach den durchschnittlichen Mehrkosten für Schutzräume, welche vom Bund periodisch ermittelt werden. Die Kantone veröffentlichen jährlich die Höhe der Ersatzbeiträge (Art. 21 ZSV). Die Ersatzbeiträge sind zweckgebunden für öffentliche Schutzräume sowie weitere Massnahmen des Zivilschutzes zu verwenden (Art. 22 ZSV). Art. 23 und 24 ZSV regeln die Verjährung. §§ 27 und 28 KZV regeln die Einzelheiten und die Verwendung der Ersatzabgabe.

17.7.4.5   *Bewilligung und Kontrollen*

Das Amt für Militär und Zivilschutz bewilligt die Schutzraumbauprojekte. Es kann die Gemeinden zur Erteilung von Bewilligungen ermächtigen. Die Gemeinden erteilen die Baufreigabe erst nach der Bewilligung des Schutzraumbauprojektes. Die Bewilligungen verfallen, wenn nicht innerhalb von drei Jahren mit dem Bau begonnen wird (Art. 24 KZV). Diese Frist ist identisch mit jener für die Baubewilligung. In der Baubewilligung kann Sicherheitsleistung verlangt werden für die Mängelbehebung und die Aufwendungen des Kontrollorgans. Die Gemeinde bezeichnet ein Kontrollorgan. Das Kontrollorgan führt die Abnahme innert zweier Monate nach Meldung der Fertigstellung des Schutzraumes durch die Projektverfasserin oder den Projektverfasser, spätestens aber nach Erteilung der Bezugsbewilligung des Gebäudes durch.

17.7.4.6   *Planung der Schutzbauten*

Die Gemeinden führen eine Liste der auf ihrem Gebiet verfügbaren Schutzplätze für die ständige Wohnbevölkerung. Sie weisen Gebiete aus, in denen zu wenig, genügend und zu viel Schutzplätze vorhanden sind. Sie weisen der Bevölkerung die Schutzräume zu. Sie legen dem Amt alle fünf Jahre die Planung des Schutzraumbaus zur Genehmigung vor (§ 19 KZV).

Die Gemeinden legen ferner die Gebiete fest, in denen öffentliche Schutzräume erstellt oder bestehende Schutzräume erneuert werden müssen. Das Amt für Militär und Zivilschutz entscheidet auf Antrag der Gemeinde über die Zahl der Schutzplätze, den Standort und die Dringlichkeit der Bereitstellung.

17.8   Haustechnische Anlagen

17.8.1   Grundlagen

17.8.1.1   *Inhalt des Kapitels*

Dieses Kapitel erläutert Bestimmungen über technische Ausrüstungen von Bauten und Anlagen, die der Benützung oder der Sicherheit dienen (§ 4 ABV). Details sind im Vollzugsordner Energie enthalten, dem die nachfolgenden Ausführungen teils entnommen worden sind.

17.8.1.2   *Stand der Technik*

Allgemein gilt, dass Ausrüstungen fachgerecht zu erstellen und zu betreiben sind. Als fachgerecht gilt, was nach dem jeweiligen Stand der Technik möglich ist und aufgrund ausreichender Erfahrung oder Untersuchungen als geeignet und wissenschaftlich anerkannt wird. Richtlinien, Normalien und Empfehlungen staatlicher Stellen und anerkannter Fachverbände werden bei der Beurteilung mit berücksichtigt (§ 2 BBV I). Zur Bedeutung der Normalien vgl. ausführlich Seite 73 ff.

17.8.1.3   *Energierechtliche Anforderungen*

Eidgenössisches Energierecht

Das EnG enthält allgemeine Rechtsgrundlagen auch für Massnahmen, welche den Gebäudebereich betreffen. Die Kantone schaffen im Rahmen ihrer Gesetzgebung günstige Rahmenbedingungen für die sparsame und rationelle Energienutzung sowie die Nutzung erneuerbarer Energien. Sie erlassen Vorschriften über die sparsame und rationelle Energienutzung in Neubauten und bestehenden Bauten. Sie erlassen insbesondere Vorschriften über den maximal zulässigen Anteil nicht erneuerbarer Energien zur Deckung des Wärmebedarfs für Heizung und Warmwasser sowie über die verbrauchsabhängige Heiz- und Warmwasserkostenabrechnung in Neubauten (Art. 9 Abs. 3 lit. a EnG).

Kantonale Rechtsgrundlagen

In § 1 EnerG sind die energiepolitischen Ziele des Kantons Zürich umschrieben. Das Gesetz will eine ausreichende, wirtschaftliche und umweltschonende Energieversorgung sowie den sparsamen Umgang mit Primärenergien insbesondere mit nicht erneuerbaren Energieträgern fördern, den Energieverbrauch kontinuierlich senken, die Effizienz der Energieanwendung fördern und im Rahmen des kantonalen Zuständigkeitsbereiches bis zum Jahr 2050 den CO_2-Ausstoss auf 2,2 Tonnen pro Einwohnerin und Einwohner und Jahr senken. Es will ferner die einseitige Abhängigkeit von einzelnen Energieträgern verhüten oder mindern und – last but not least – die Anwendung erneuerbarer Energien zu fördern.

Das Gesetz enthält Bau- und Ausrüstungsvorschriften zum Energiesparen und schafft die Basis für die in der Energieverordnung (EnV-ZH) präzisierten Bereiche der Energieplanung, der Förderung von Pilotprojekten, der Information, Beratung und beruflichen Weiterbildung. Die BBV I und die in deren Anhang beachtlich erklärten Richtlinien und Normalien konkretisieren die im Baubewilligungsverfahren zu vollziehenden Bestimmungen des Energierechts. Sie präzisieren das Gebot der rationellen Energienutzung in den Bereichen Wärmedämmung, Feuerungsanlagen und Wassererwärmung, Nutzung von Abwärme und erneuerbaren Energien, individuelle Heizkostenabrechnung, Aussenheizungen sowie Klima-, Belüftungs- und Beleuchtungsanlagen.

§ 28 BBV I legt fest, dass die Baudirektion als Grundlage für die Überprüfung der Luftreinhaltung einen Gebäudekataster (Emissions- und Wärmeverbrauchskataster) zu führen hat. Die Grundeigentümer haben auf Verlangen die erforderlichen Angaben zu liefern.

Die anschliessenden Ausführungen beschränken sich auf die Bau- und Ausrüstungsvorschriften. Zur Energieplanung und zu Förderungsmassnahmen vgl. Seite 605 ff.

Seite 605 ff.

17.8.2   Heizungsanlagen

17.8.2.1   *Begriff und Bewilligungspflicht*

Begriff

Unter den Begriff «Heizungsanlagen» fallen Wärmeerzeugung, Wärmeverteilung und Wärmeabgabe. «Wärmeerzeuger» sind alle Arten von Wärmeproduktionsanlagen wie zum Beispiel Heizkessel, Wärmepumpen, Fernwärmeübergabestationen, Elektroheizungen und Wärmekraftkoppelungsanlagen.

Bewilligungpflicht für Neu- und Umbauten

Für die Einrichtung oder den Umbau einer Heizung ist eine (baurechtliche) Bewilligung erforderlich (§ 309 Abs. 1 lit. d PBG; § 14 lit. i BVV). Der Begriff «Umbau» ist nicht scharf definiert. Es muss im Einzelfall entschieden werden, ob die beabsichtigten Eingriffe in einem bestehenden Heizsystem Bestandteile betreffen, für welche Vorschriften bestehen. Auf jeden Fall ist jedoch der Ersatz eines Heizkessels und/oder Brenners oder Kamins bewilligungspflichtig. Es gelten die Anforderungen für den Ersatz des Wärmeerzeugers.

Bestandteile einer Heizung und gemäss § 4 BVV bewilligungspflichtig sind sowohl Wärmepumpen und elektrische Widerstandsheizungen als auch Fernwärmeumformer. Dasselbe gilt für die Erstellung neuer oder die Erhöhung bestehender Kamine. Es gelten grundsätzlich die gleichen Anforderungen. Für die Nutzung von Grund- und Oberflächenwasser sowie für Erdsonden ist eine kantonalrechtliche Bewilligung erforderlich.

Gesuch

Die Bewilligung wird vom Gesuchsteller bei der Gemeinde mit dem Formular «Gesuch für die Erstellung, den Umbau und den Betrieb von wärmetechnischen Anlagen oder stationären Verbrennungsmotoren» vor Erstellung der Anlage beantragt (siehe Muster in Register 10 des Vollzugsordners). Mit diesem Gesuchsformular werden gleichzeitig die baurechtliche Bewilligung und die feuerpolizeiliche Bewilligung der Gemeinde, falls nötig die Bewilligung der Baudirektion und allenfalls auch der kantonalen Feuerpolizei beantragt.

Private Kontrolle

Im Bereich der Heizungsanlagen sind manche Bereiche der privaten Kontrolle unterstellt (vgl. Ziffer 3.3 Anhang BBV I sowie Seite 328 ff.).

17.8.2.2   *Anforderungen beim Umbau einer Heizungsanlage*

Beim Umbau einer Heizungsanlage beziehungsweise Ersatz eines Wärmeerzeugers ist die gesamte Anlage, soweit dies nach den Umständen zumutbar ist, den Anforderungen der gültigen Vorschriften anzupassen (§ 357 Abs. 4 PBG). Dies heisst:

- die Anlage ist mit den Instrumenten gemäss § 24 BBV I auszurüsten;
- die Warmwassertemperatur ist gemäss § 26 BBV I zu beschränken;
- die Heizverteilleitungen und Armaturen sind entsprechend den Wärmedämmvorschriften zu dämmen;
- bestehende Heizungen von nicht gewerblichen Fahrzeugeinstellräumen sind stillzulegen (Ziff. 2.31 Anhang BBV I);
- bestehende Heizungen von Freiluftbädern sind abzukoppeln (vgl. hierzu im Besonderen ZBl 1995, S. 284);
- angeschlossene Hallenbadlüftungen sind den Anforderungen der §§ 29 und 30a BBV I anzupassen;
- angeschlossene Aussenheizungen sind abzukoppeln, sofern sie nicht die Voraussetzungen von Art. 12 Abs. 2 EnerG erfüllen;
- zu kurze Kamine sind anzupassen;
- die neue Anlage muss gemäss LRV typengeprüft sein.

Vgl. dazu den Vollzugsordner Energie Kapitel 4.1. Nach der Praxis besteht die Anpassungspflicht unabhängig davon, ob die Heizungsanlage auf behördliche Aufforderung hin oder aus eigener Initiative geändert wird. Bei der erforderlichen Interessenabwägung ist nicht auf die sich im Einzelfall ergebende Energieersparnis abzustellen. Vielmehr gilt der Grundsatz, dass bei konsequenter Anwendung der gesetzlichen Bestimmungen in einer Vielzahl von Fällen eine beträchtliche Einsparung möglich ist.

17.8.2.3   *Standortgerechte Heizzentralen*

Werden Heizungen mit Brennstoffen betrieben, die Luftverschmutzungen bewirken können, so sind die Überbauungen mit standortgerechten Heizzentralen auszurüsten, die auch Abwärme und Energie aus erneuerbaren Quellen nutzen können (§ 295 Abs. 1 PBG). Als Überbauungen im Sinne dieser Bestimmung sind in der Regel Bauvorhaben mit mindestens drei Baukörpern (Einfamilienhäuser oder Mehrfamilienhäuser) zu verstehen (Vollzugsordner Energie Kapitel 4.1). Wenn sich Bauherren nicht freiwillig auf eine standortgerechte Heizzentrale einigen können, lässt sich ihre Erstellung gestützt auf §§ 222 f. PBG (Gemeinschaftswerk) durchsetzen.

Liegen die Gebäude innerhalb von Gebieten, die für die Nutzung von Umgebungswärme, Abwärme oder Energieholz durch eine kommunale Energieplanung festgelegt sind oder deren Eignung hierfür sonst wie bekannt ist, müssen Heizzentralen so geplant und ausgerüstet werden, dass eine spätere Nutzung dieser Energien nicht erschwert oder verunmöglicht wird. Bei Nutzung von Umgebungs- oder Abwärme mithilfe einer Wärmepumpe darf die Vorlauftemperatur des Verteilnetzes höchstens 50° betragen. Bei Nutzung von Holz ist ausreichend Platz für eine Schnitzelfeuerung mit zugehörigem Silo vorzusehen. Mehr, das heisst die konkrete Nutzung von Abwärme beziehungsweise

Energie aus erneuerbaren Quellen, kann gestützt auf § 295 Abs. 1 PBG nicht verlangt werden. Wenn keine derartige Nutzung zur Diskussion steht, sich keine lufthygienischen Nachteile ergeben und die dezentrale Lösung wegen der Vermeidung von Verteilverlusten energetisch wirtschaftlicher ist, kann die Behörde nach § 220 PBG von § 295 Abs. 1 PBG dispensieren.

17.8.2.4 *Anschluss an Fernwärmeversorgung*

Gesetzliche Grundlage

Die baurechtlichen Erschliessungsanforderungen enthalten keine genügende gesetzliche Grundlage, um zum Beispiel für ein Quartierplangebiet eine Fernwärme-/Gasversorgung vorzuschreiben. Vielmehr bedarf es einer besonderen energierechtlichen Grundlage (BEZ 1996 Nr. 19).

Wenn eine öffentliche Fernwärmeversorgung (zum Beispiel eine Kehrichtsverbrennungsanlage und eine Abwasserreinigungsanlage) lokale Abwärme oder erneuerbare Energien nutzt und die Wärme zu technisch und wirtschaftlich gleichwertigen Bedingungen wie aus konventionellen Anlagen anbietet, kann der Staat oder die Gemeinde Grundeigentümer verpflichten, ihre Gebäude innert angemessener Frist an das Leitungsnetz anzuschliessen und Durchleitungsrechte zu gewähren.

Öffentliche Fernwärmeversorgung

Voraussetzung ist vorerst eine «öffentliche» Fernwärmeversorgung. Eine Fernwärmeversorgung ist öffentlich, wenn sie durch den Kanton oder die Gemeinde betrieben wird. Wird die Fernwärmeversorgung durch andere Organisationen betrieben, muss die öffentliche Hand dazu mit einer Konzession den Auftrag zur Wärmeversorgung eines definierten Gebietes erteilen. Nicht Voraussetzung ist die Festlegung im Energieplan: Die Anschlussverpflichtung nach § 295 Abs. 2 PBG kann unabhängig von einer Gebietsausscheidung nach Energieplan durchgesetzt werden. Für das Erstellen von Anlagen zur Nutzung von Abwärme, welche im öffentlichen Interesse stehen, können die Kantone enteignen oder dieses Recht Dritten übertragen (Art. 27 EnG).

Erneuerbare Energie und lokale Abwärme

Unter die Begriffe «erneuerbare Energie» oder «lokale Abwärme» fallen: Biomasse (zum Beispiel Holz), Umweltwärme, Abwärme aus Kehrichtverbrennungs-, Abwasserreinigungs- oder Industrieanlagen.

Technische und wirtschaftliche Gleichwertigkeit

Ein Fernwärmeanschluss ist einer konventionellen Anlage technisch gleichwertig, wenn der Bezüger seinen Bedarf an Warmwasser mit minimal 55° ganzjährig und seine Raumtemperaturbedürfnisse während der Heizperiode abdecken kann.

Die wirtschaftliche Gleichwertigkeit eines Fernwärmeanschlusses gegenüber einer konventionellen Heizanlage wird durch den Vergleich der Jahreskosten (Kapital- und Betriebskosten) beurteilt. Begründet durch die energetischen und lufthygienischen Vorteile eines Wärmeverbundes mit Nutzung von erneuerbarer Energie oder Abwärme sind für den Fernwärmeanschluss 10 Prozent höhere Jahreskosten verhältnismässig und zumutbar. Da die Kosten weitgehend geschätzt werden müssen, steht den anwendenden Behörden eine entsprechende Ermessensfreiheit zu. Vgl. zur bundesgerichtlichen Praxis ZBl 1995 S. 272. Demgegenüber verfolgt das Verwaltungsgericht eine zurückhaltendere Praxis (vgl. BEZ 1997 Nr. 15, 1996 Nr. 19; RB 1999 Nr. 123). Zur Beurteilung der Frage, ob Fernwärme zu technisch und wirtschaftlich gleichwertigen Bedingungen wie aus konventionellen Anlagen angeboten wird, kann von der Website www.energie.zh.ch das Merkblatt «Anschlusspflicht an Wärmeverbunde (Nr. 11)» mit Beispiel und Kalkulatikonshilfe heruntergeladen werden.

17.8.2.5   *Nutzung von Erdwärme, Luft und Wasser zu Heizzwecken*

Bedeutung

Neubauten müssen so ausgerüstet werden, dass höchstens 80 Prozent des zulässigen Heizenergiebedarfes für Heizung und Warmwasser mit nicht erneuerbaren Energien gedeckt werden (§ 10a EnerG; vgl. Seite 981 ff.). Daher kommt der Nutzung alternativer Energien erhöhte Bedeutung zu. Mit der Wärmequelle Erdwärme werden die Wärmekapazität des Erdreichs und die Phasenverschiebung des jährlichen Temperaturverlaufs zwischen Luft und Erdreich genutzt. Diese Nutzung kann erfolgen durch horizontale Erdkollektoren oder Erdwärmesonden, allenfalls kombiniert mit einem Erdspeicher. Als weitere natürliche Wärmequellen kommen grundsätzlich infrage: Umgebungsluft, Seen, Flüsse und Grundwasser.

Der Wahl der Wärmequelle kommt im Einzelfall entscheidende Bedeutung zu. Sind ohnehin ausgedehnte Erdarbeiten nötig, kann ein horizontaler Erdkollektor in Betracht gezogen werden. Bei begrenzten Platzverhältnissen sind Erdwärmesonden die bessere Lösung. Die Nähe eines Flusses, Sees oder von Grundwasser drängt die Abklärung auf, ob das Wärme- und/oder Kältepotenzial dieser Quellen genutzt werden kann. Die Umgebungsluft sollte nur für kleinere Anlagen in Betracht gezogen und bei tiefen Temperaturen durch andere Wärmequellen ersetzt werden.

Oberflächengewässer

Im Kanton Zürich eignen sich der Zürichsee, der Greifensee und der Pfäffikersee sowie die grösseren Fliessgewässer (Rhein, Limmat, Reuss, Thur, Glatt und streckenweise die Töss) gut zur Wärmenutzung. Begrenzend werden dabei vor allem technische, ästhetische und lokal-ökologische Faktoren sein. Kleinere Bäche und Fischereiaufzuchtgewässer dürfen in der Regel nicht zur Wärmegewinnung genutzt werden.

Grundwasser

Eine Wärmenutzung des Grundwassers wird in erster Linie durch die Interessen bestehender und zukünftiger Trinkwasserfassungen begrenzt. Eine dauernde Abkühlung des für die Trinkwasserversorgung genutzten Grundwassers ist in der Regel nicht erwünscht. Fassungs- und Rückgabestellen können Herde von Infektionen des Grundwassers sein. Die Zahl solcher Anlagen ist deshalb im Interesse der Trinkwasserversorgung möglichst zu beschränken.

Erdwärme

Erdwärmesonden, deren Tiefe von 40 bis 300 m variieren kann, eignen sich nicht für jedes Grundstück. Generell darf keine Erdwärme entzogen werden, wenn die Erdsonde einen zur Trinkwassergewinnung genutzten oder vorgesehenen Grundwasserstrom durchstossen würde. Der Wärmenutzungsatlas (www. gis.zh.ch) stellt jene Gebiete des Kantons Zürich dar, in welchen Erdwärmesonden für die Gebäudeheizung oder -kühlung aus Sicht des Gewässerschutzes zulässig sind. Sie ist öffentlich und wird durch das AWEL laufend auf den neuesten Stand gebracht (§ 36 GSchV-ZH).

Zentrales Element eines derartigen Heizsystems ist die Wärmepumpe. Sie erlaubt, die Temperatur der aus dem Boden, dem Wasser oder der Luft gewonnenen Wärme auf das für die Raumheizung oder die Warmwasserproduktion nötige Niveau anzuheben. Es bestehen keine expliziten energierelevanten Anforderungen an Wärmepumpen. Allerdings sind die allgemeinen Anforderungen hinsichtlich Fachgerechtigkeit zu beachten.

Die am 1. Januar 2010 in Kraft gesetzte SIA-Norm 384-6 «Erdwärmesonden» enthält Vorgaben für die Projektierung und die Dimensionierung sowie für die Bohrarbeiten, die Installation und die Abnahmeprüfungen von Erdwärmesonden.

Bewilligungsverfahren

Für die Nutzung von Grund- und Oberflächenwasser sowie für die Nutzung der Erdwärme ist neben der baurechtlichen Bewilligung (§ 309 Abs. 1 lit. d PBG) eine Konzession beziehungsweise Bewilligung des Kantons erforderlich (§ 8 EG GSchG, § 35 GSchV-ZH).

Das AWEL hat ausführliche Erläuterungen zur Bewilligungspraxis publiziert, mit denen aufgezeigt wird, welche Nutzungen aufgrund des heutigen Wissens verantwortet und somit bewilligt werden können. Vgl. die Planungshilfe des AWEL «Energienutzung aus Grundwasser und Untergrund» vom Juni 2010, in www.grundwasser.zh.ch.

Für das Erstellen von Anlagen zur Gewinnung von Geothermie und Kohlenwasserstoffen, welche im öffentlichen Interesse stehen, können die Kantone enteignen oder dieses Recht Dritten übertragen (Art. 27 EnG).

17.8.2.6 *Abwärmenutzung und Wärmerückgewinnung, Wärmekraftkoppelung*

Abwärmenutzung

Unter einer Abwärmenutzung versteht man die Nutzung von Abwärme aus dem einen Prozess in einem anderen Prozess, beispielsweise die Abwärmenutzung einer Kältemaschine zur Wassererwärmung. § 30a BBV I bestimmt, dass im Gebäude anfallende Abwärmemengen für die Heizung oder Wassererwärmung zu nutzen sind, soweit dies im Einzelfall wirtschaftlich ist. Eine solche Abwärmenutzung ist im Allgemeinen dann vorzusehen, wenn während der Betriebszeit der Anlage ein entsprechender Wärmebedarf (zum Beispiel für den Warmwasserverbrauch) besteht. Nicht mehr wirtschaftlich aber ist eine Abwärmenutzung, wenn die Anlage nachweislich nur wenige Stunden im Jahr in Betrieb steht.

Wärmerückgewinnung

Wärmerückgewinnung andererseits ist die Rückführung von Wärme in den gleichen Prozess, beispielsweise bei Lüftungsanlagen die Wärmerückgewinnung aus der Fortluft zur Erwärmung der Zuluft. Sie ist vorgeschrieben für Klima- und Belüftungsanlagen, wobei Abweichungen bei besonderen Verhältnissen, namentlich bei Abluftanlagen aus innenliegenden Räumen, zulässig sind (§ 29 Abs. 2 BBV I). Vgl. zu den Anforderungen an Klima- und Lüftungsanlagen Seite 1019 ff.

Wärmekraftkoppelung

Wärmekraftkoppelung ist die gleichzeitige Gewinnung von mechanischer Arbeit und Wärme aus anderen Energieformen mittels Dampfturbinen, Gasturbinen, Diesel- oder Gasmotoren. Bewilligungen für Heizanlagen mit einer Feuerungswärmeleistung von 2 MW oder mehr können unter Berücksichtigung von Umweltverträglichkeit, Wirtschaftlichkeit und betrieblichen Gegebenheiten mit der Auflage einer dezentralen Wärmekraftkoppelungsanlage verbunden werden (§ 48 BBV I). § 30a Abs. 2 BBV I erlaubt den Betrieb derartiger Anlagen mit fossilen Brennstoffen nur, wenn die Abwärme vollständig und fachgerecht genutzt werden kann. Die Elektrizitätswerke der Gemeinden sind verpflichtet, Elektrizität aus dezentralen Wärmekraftkoppelungsanlagen auf ihrem Gebiet in einer für das Netz geeigneten Form abzunehmen. Der Preis richtet sich nach den Gestehungskosten für gleichwertige elektrische Energie, die das Werk zusätzlich anderweitig beschaffen müsste. Für Werke im Versorgungsgebiet der EWZ und ihrer Wiederverkäufer gelten die mengenmässigen Einschränkungen aus den Verpflichtungen des Staates gegenüber den NOK (§ 13 Abs. 2 EnerG). Zu beachten ist auch Art. 7 EnG. In Anbetracht der angekündigten Revision des StromVG per 2015 wird § 13 Abs. 2 EnerG angepasst werden müssen.

17.8.2.7   *Energie aus eigenen Erzeugeranlagen*

Fossile und erneuerbare Energie

Netzbetreiber sind verpflichtet, in ihrem Netzgebiet die fossile und die erneuerbare Energie, ausgenommen Elektrizität aus Wasserkraftanlagen mit einer Leistung über 10 MW, in einer für das Netz geeigneten Form abzunehmen und zu vergüten. Bei der Produktion von Elektrizität aus fossilen Energien gilt die Abnahmepflicht nur, wenn die Elektrizität regelmässig produziert und gleichzeitig die erzeugte Wärme genutzt wird. Die Vergütung richtet sich nach marktorientierten Bezugspreisen für gleichwertige Energie (Art. 7 EnG). Art. 2–2c EnV regeln die Einzelheiten der Anschlussbedingungen.

Elektrizität aus erneuerbaren Energien

Netzbetreiber sind verpflichtet, in ihrem Netzgebiet die gesamte Elektrizität, die aus Neuanlagen durch die Nutzung von Sonnenenergie, Geothermie, Windenergie, Wasserkraft bis zu 10 MW sowie Biomasse und Abfällen aus Biomasse gewonnen wird, in einer für das Netz geeigneten Form abzunehmen und zu vergüten, sofern diese Neuanlagen sich am betreffenden Standort eignen. Als Neuanlagen gelten Anlagen, die nach dem 1. Januar 2006 in Betrieb genommen, erheblich erweitert oder erneuert werden. Die Vergütung richtet sich nach den im Erstellungsjahr geltenden Gestehungskosten von Referenzanlagen, die der jeweils effizientesten Technologie entsprechen. Die langfristige Wirtschaftlichkeit der Technologie ist Voraussetzung (Art. 7a EnG). Art. 3–6a EnV regeln die Einzelheiten.

17.8.2.8   *Feuerungen mit Öl, Gas oder Holz*

Emissionsvorschriften

§ 24 BBV I enthält Anforderungen für die Instrumentierung von Grossfeuerungsanlagen. Grossfeuerungsanlagen, für welche die Vorschriften von § 24 BBV I gelten und die Baudirektion für die Bewilligung zuständig ist, sind solche Feuerungen mit einer Feuerungswärmeleistung von mehr als 1000 kW (§ 21 Abs. 3 BBV I und Ziffer 4.2 Anhang BVV).

Die LRV legt Grenzwerte für Immissionen, die Pflicht zu periodischen Kontrollen sowie die Typenprüfung für Heizkessel und Zerstäuberbrenner fest. Neue, handbeschickte Holzheizungsanlagen müssen – mit Ausnahmen – gemäss Anhang 3 Ziff. 523 LRV mit einem Wärmespeicher ausgerüstet sein.

Die gültigen Emissionsvorschriften für Feuerungen basieren auf dem kantonalen Massnahmenplan Lufthygiene 2008 und insbesondere §§ 2 ff. der zugehörigen Verordnung. Zu beachten sind sodann die Richtlinien der Baudirektion über die Abgasverluste von Feuerungsanlagen mit Prozesstemperaturen über 100 °C, Ausgabe 1992 und die Empfehlungen des BUWAL (seit 1. Januar 2006: BAFU) vom Februar 1992 zur Messung der Abgase von Feuerungen für Heizöl «extra leicht» oder Gas (Ziff. 2.22 und 2.23 Anhang BBV I, im Sinne von § 360 PBG zu beachten). Eine Zusammenstellung der Anforderungen, welche LRV und Massnahmenplan Lufthygiene stellen sowie zu den Sanierungsfristen sind in den Tabellen «Emissions- und Abgasverlustgrenzwerte im Kanton Zürich» enthalten.

Typenprüfung

Öl- und Gasanlagen nach Artikel 20 LRV müssen seit der LRV-Änderung vom 1. Januar 2005 kein BUWAL-Zulassungsverfahren (keine Typenprüfung) mehr durchlaufen. Es ist vielmehr lediglich eine Konformitätserklärung abzugeben. Verfahren und Anforderungen sind dem «Merkblatt für das Inverkehrbringen von Öl- und Gasfeuerungen nach Artikel 20 LRV» (siehe Beilage in Kapitel 4.2 des Vollzugsordners Energie) zu entnehmen.

Vorschriften für Holzfeuerungen

In der Schweiz ist ein Qualitätssiegel für Holzfeuerungen erhältlich. Das Siegel wird von Holzenergie Schweiz, einer privatrechtlich organisierten Vereinigung, vergeben und stützt sich auf Typenprüfungen akreditierter Institute. Holzenergie Schweiz führt ein Verzeichnis der zertifizierten Holzfeuerungen, das auf www.holzenergie.ch abrufbar ist. Wird gewerbliches Restholz (Spanplatten, Presslinge, Bauholz etc.) verbrannt, so ist für die Anlage eine Bewilligung der Baudirektion erforderlich. Sofern als Rohstoff für Holzpellets nur Schnitzel, Sägemehl und Hobelspäne aus naturbelassenem Holz von Sägereien und Hobelwerken verwendet wird (was in der Regel der Fall ist), erfordern Holzpellet-Heizungen unter 70 kW keine Bewilligung der Baudirektion.

Damit keine übermässigen Immissionen entstehen, ist die Holzfeuerung fachgerecht zu betreiben, insbesondere dürfen für nichtgewerbliche Anlagen neben naturbelassenem Holz keine anderen Brennstoffe oder sogar Abfälle zur Feuerung verwendet werden (nützliche Tipps bezüglich Betrieb von Holzfeuerungen unter www.holzenergie.ch, Rubrik Publikationen). Der Eigentümer ist für die Einhaltung der Vorschriften verantwortlich. Es ist ein möglichst rauchfreier Betrieb anzustreben, was in der Regel mit einer geeigneten Feuerungsanlage durch einen zügigen Vollbrand erreicht werden kann.

Bewilligungen und Kontrollen

Feuerungsanlagen sind wie alle Heizungen baurechtlich bewilligungspflichtig (vgl. Seite 266 f.). Für Grossfeuerungsanlagen (ab 1000 kW; § 21 Abs. 2 BBV I), stationäre Verbrennungsmotoren und Feststofffeuerungen mit einer Wärmeleistung über 70 kW ist die Bewilligung der Baudirektion erforderlich (Ziff. 4.2 Anhang BVV).

Feuerungen sind kurz nach ihrer Betriebsaufnahme und hierauf regelmässig zu kontrollieren (§ 22 Abs. 1 BBV I). Für die Durchführung der Feuerungskontrolle ist die eidgenössische Berufsprüfung als Feuerungskontrolleur erforderlich. Die Baudirektion kann in besonderen Fällen Ausnahmen gewähren (§ 22 Abs. 2 BBV I). Die Feuerungen werden überdies vom Kaminfeger bei jeder Kaminreinigung auf Russ- und Rauchbildung visuell überprüft § 22 Abs. 3 BBV I).

Dabei unterscheidet man drei obligatorische Kontrollarten: Die Erst- oder Abnahmekontrolle von neuen oder sanierten Anlagen wird ausschliesslich durch einen amtlichen Feuerungskontrolleur durchgeführt. Sie ist vergleichbar mit einer Garantieabnahme. Dies gibt dem Betreiber die Sicherheit, dass die Anlage korrekt arbeitet und die Emissionsgrenzwerte nach der LRV eingehalten werden. Die Routinekontrolle findet in der Regel alle zwei Jahre statt (Art. 13 LRV) und wird durch einen amtlichen Feuerungskontrolleur oder durch eine anerkannte Fachfirma durchgeführt. Werden bei der Überprüfung Überschreitungen der Emissionsgrenzwerte gemessen, ist eine Nachregulierung und Nachkontrolle der Anlage durch eine anerkannte Fachfirma notwendig. Zur Sanierungspflicht vgl. BEZ 2007 Nr. 29, bestätigt mit VB.2007.00065.

Seit 1. Oktober 2007 werden im Kanton Zürich auch alle Holzfeuerungen kontrolliert (ausgenommen sind Anlagen, welche selten betrieben werden, zum Beispiel Cheminées und dergleichen, in welchen weniger als 200 kg Holz [ca. 0,5 Ster] pro Jahr verbrannt werden). In einer ersten Stufe ab 2007 wird eine Sichtkontrolle durchgeführt. Diese umfasst eine Prüfung und Beurteilung der Anlage, der Asche und des Brennstoffs. Ab 2009 ist bei Anlagen ab 40 kW zusätzlich eine Emissionskontrolle vorgesehen.

Zu Details über die periodische Kontrolle und zu den Sanierungsfristen vgl. www.luft.zh.ch/Feuerungskontrolle.

Diese Kontrollen gestützt auf die LRV bestehen unabhängig von den Kontrollvorschriften der Brandschutzbehörden (feuerpolizeiliche Kontrollen, Kontroll- und Reinigungsturnus der Kaminfeger).

17.8.2.9   *Elektroheizungen*

Gemäss dem noch geltendem § 10b EnG kann der Regierungsrat für Elektroheizungen mit Wasserverteilsystemen vorschreiben, dass sie innert angemessener Frist mit einer Wärmepumpe ergänzt werden (Sanierungspflicht). Die nun vom Kantonsrat am 11. Juli 2011 beschlossene Neufassung entspricht den Vorgaben der Mustervorschriften der Kantone im Energiebereich, MuKen. Danach dürfen ortsfeste elektrische Widerstandsheizungen zur Gebäudeheizung nicht neu installiert oder ersetzt werden (Abs. 1 lit. a und b). Sie sind auch nicht als Zusatzheizung gestattet (Abs. 1 lit. c); diese Anforderung deckt sich mit der neuen Norm SIA 384/1 «Heizungsanlagen in Gebäuden – Grundlagen und Anforderungen» (Ausgabe 2009). In dieser Norm wird insbesondere auch der Begriff der Zusatzheizung festgelegt. Notheizungen sind im begrenzten Umfang zulässig (Abs. 2).

17.8.2.10   *Kamine*

Anwendbare Bestimmungen

Nach Art. 6 LRV sind Emissionen so abzuleiten, dass keine übermässigen Immissionen entstehen. Sie sind in der Regel durch Kamine oder Abluftkanäle über Dach auszustossen. Details hierzu sind in den Empfehlungen des BUWAL (seit 1. Januar 2006: BAFU) vom 15. Dezember 1989, Stand 2001, über die Mindesthöhe von Kaminen über Dach enthalten. Sie sind als Richtlinien zu beachten, von denen nur aus wichtigen Gründen abgewichen werden soll (Ziff. 2.25 Anhang BBV I). Somit handelt es sich nicht um Rechtsnormen, doch enthalten sie Grundsätze, welche die Ansicht von Sachverständigen über die Gesetzesauslegung wiedergeben und den mit der Gesetzesanwendung betrauten Behörden dazu dienen sollen, die einschlägigen Bestimmungen anhand sachlicher Kriterien anzuwenden. Vgl. zur Bedeutung der Empfehlungen ebenso URP 2004, S. 168 ff.

Zu beachten sind auch die feuerpolizeilichen Vorschriften (vgl. ebenso URP 1992 S. 643 f.), massgebend ist jeweils die strengere der beiden Anforderungen.

Nach Ziffer 23 der Empfehlungen sind die Kamine möglichst am First oder in unmittelbarer Nähe des Firstes (Satteldächer), im Bereich der Gebäudeschmalseite (Flachdächer) oder am höchsten Gebäudeteil (bei abgestuften Gebäuden) anzuordnen.

Geltungsbereich für selten benutzte Anlagen

Gestützt auf Ziffer 24 der Empfehlungen können bei nur selten benützten Anlagen Erleichterungen von den Vorschriften über Anordnung und Höhe der Kamine gewährt werden. Gleichwohl dürfen aber keine übermässigen Immissionen auftreten. Nach der Praxis der Baurekurskommissionen wird eine Anlage als selten benützt qualifiziert, wenn sie während maximal 50 Stunden im Jahr in Betrieb ist. Dies kann bei Cheminées und Schwedenöfen zutreffen und bedeutet, beschränkt auf das Winterhalbjahr, dass sie 25-mal während zweier Stunden betrieben werden dürfen. Generell gelten aber die Empfehlungen insbesondere auch für Kamine von Cheminées, Schwedenöfen usw. Der Rauchgaskanal von Cheminées muss dicht abschliessbar sein (Cheminéeklappen; § 25 BBV I).

Anforderungen

Bei kleinen Feuerungen (Öl/Gas < 1000 kW, Holz/Kohle < 70 kW) muss die Kaminhöhe den höchsten Gebäudeteil um 0,50 m (Firstdächer) beziehungsweise 1,50 m (Flachdächer) überragen (Ziff. 32 Abs. 1 der Empfehlungen). Die Kaminlage ist ferner so zu wählen, dass die Abgase im Bereich von Dachfenstern, Zuluftöffnungen und dergleichen zu keinen übermässigen Immissionen führen (Ziff. 32 Abs. 3 der Empfehlungen).

Bei Gasfeuerungen bis 30 kW, deren Kamin nicht im Bereich des Kamins ausmündet, muss die Kaminmündung die Dachfläche im rechten Winkel um mindestens 0,40 m (bei raumluftunabhängigen Apparaten mit Ventilator und kombinierten Zuluft-/Abgasrohren) beziehungsweise 1 m (in allen übrigen Fällen) überragen (Ziff. 32 Abs. 2 der Empfehlungen). Die Abgase dürfen jedoch auch in solchen Fällen nicht im Bereich von Dachfenstern, Zuluftöffnungen und dergleichen ausmünden (Ziff. 32 Abs. 3 der Empfehlungen).

Kaminhöhen über Dach (Quelle: Empfehlungen BUWAL, Mindesthöhen über Dach)

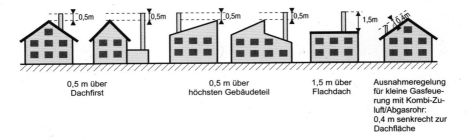

| 0,5 m über Dachfirst | 0,5 m über höchsten Gebäudeteil | 1,5 m über Flachdach | Ausnahmeregelung für kleine Gasfeuerung mit Kombi-Zuluft/Abgasrohr: 0,4 m senkrecht zur Dachfläche |

Für die Kaminhöhen von grossen Feuerungsanlagen (Gas/Öl > 1000 kW, Holz/Kohle > 70 kW) wie auch von industriellen und gewerblichen Anlagen gelten besondere, strengere Vorschriften (Ziffern 4 und 5 der Empfehlungen). Sie werden anwendbar, soweit die Kaminhöhen nicht nach Anhang 6 der LRV berechnet werden können.

Die Anforderungen der Empfehlungen können im Einzelfall mit jenen des Ortsbildschutzes (zum Beispiel in Kernzonen) kollidieren. Dies falls der Kamin etwa bei Umbauten mit Neuinstallation einer Feuerungsanlage nicht in der Nähe des Firstes angebracht werden kann. Hier ist zu entscheiden, ob wichtige Gründe für ein Abweichen von den Empfehlungen vorliegen (§ 360 PBG). Übermässige Immissionen dürfen auch hier nicht auftreten.

Private Kontrolle

Die Einhaltung der Empfehlungen untersteht in lüftungstechnischer Hinsicht im Fachbereich Heizungsanlagen hinsichtlich Projekt und Ausführung der privaten Kontrolle (Ziffer 3.3 Anhang BBV I). Im Fachbereich Klima- und Lüftungsanlagen gilt dies nach dem Wortlaut nur für Abluftanlagen von Wirtschaftsküchen (Ziffer 3.4.1 Anhang BBV I).

17.8.2.11   *Warmwasser, Wärmeverteilleitungen, Wärmespeicher*

Wassertemperatur

§ 26 BBV I legt fest, dass die Wassertemperatur 60 °C nicht übersteigen darf (ausser wenn höhere Werte aus betrieblichen Gründen unerlässlich sind). Beim Neubau oder beim vollständigen Ersatz einer Anlage zur Versorgung von Wohnbauten mit Brauchwarmwasser darf das Wasser nur dann direkt-elektrisch erwärmt werden, wenn es während der Heizperiode mit dem Wärmeerzeuger für die Raumheizung erwärmt oder vorgewärmt wird oder zu einem wesentlichen Anteil mittels erneuerbarer Energie oder nicht anders nutzbarer Abwärme erwärmt oder vorgewärmt wird.

Wird ein Wärmeabgabesystem neu eingebaut oder ersetzt, darf die Vorlauftemperatur bei der massgebenden Auslegetemperatur höchstens 50 °C, bei Fussbodenheizungen höchstens 35 °C betragen. Ausgenommen sind Hallenheizungen mit Bandstrahlern und Heizungssysteme für Spezialbauten wie Gewächshäuser, die nachgewiesenermassen eine höhere Vorlauftemperatur benötigen.

Anforderungen an Geräte

In beheizten Räumen sind Einrichtungen zu installieren, die es ermöglichen, die Raumlufttemperatur einzeln einzustellen und selbsttätig zu regeln. Dies gilt nicht für Räume, die überwiegend mittels träger Flächenheizungen mit einer Vorlauftemperatur von höchstens 30 °C beheizt werden (§ 23 BBV I). Zu beachten hierfür ist die SIA-Norm 384.201, «Heizungsanlagen in Gebäuden – Verfahren zur Berechnung der Norm-Heizlast»

Dämmvorschriften

Die Dämmvorschriften für Wärmeverteilleitungen und Wärmespeicher sind in den Tabellen 6 und 7 der Wärmedämmvorschriften festgelegt. Sie basieren auf § 17 BBV I. Sie gelten für alle Heizverteilleitungen in unbeheizter Umgebung (unbeheizte Räume, erdverlegte Heizleitungen), alle andern Wärmeverteilleitungen (Warmwasserleitungen, Prozesswärmeleitungen) sowie Wärmespeicher (Warmwassererwärmer, Wärmetauscher). Abweichungen sind zulässig gemäss § 18 BBV I, sofern kein erhöhter Verbrauch eintritt.

17.8.2.12   *Verbrauchsabhängige Heiz- und Warmwasserkostenabrechnung (VHKA)*

Betroffene Gebäude und Vorhaben

Am 11. Juli 2011 hat der Kantonsrat einer Revision des EnerG zugestimmt (Umsetzung der Mustervorschriften der Kantone im Energiebereich, MuKen) und in diesem Zusammenhang auch § 9 über die Heiz- und Warmwasserkostenabrechnung geändert. Gemäss Abs. 1 dieser Bestimmung sind neue Gebäude und Gebäudegruppen mit zentraler Wärmeversorgung für mindestens fünf Nutzeinheiten mit Geräten zur Erfassung des individuellen Wärmeverbrauchs für Heizung und Warmwasser auszurüsten. Abs. 4 sieht vor, dass Gebäude und Gebäudegruppen von der Abrechnungspflicht befreit werden können, wenn besondere Verhältnisse es rechtfertigen. Die Ausnahmevoraussetzungen (etwa für Minergiebauten) sollen in der BVV I noch konkretisiert werden.

Als Wärmebezüger gelten Wohnungen mit eigener Kücheneinrichtung (mehr als eine Kochplatte) sowie auch Betriebe, Büros, Verkaufsläden usw. mit eigenem Stromzähler, sofern die Mietdauer in der Regel mehr als ein Jahr beträgt. Alterssiedlungen mit einem überwiegenden Anteil an Gemeinschaftsräumen gelten als ein Wärmebezüger (§ 42 Abs. 1 und 2 BBV I). Generell gelten Einheiten nicht als VHKA-Wärmebezüger, wenn die Mietdauer in der Regel weniger als ein Jahr beträgt (zum Beispiel Hotels, Saisonnierunterkünfte).

Altbauten

Neu wird in § 9 EnerG verlangt, dass bei Gesamterneuerungen des Heizungs- oder Warmwassersystems auch bei bestehenden Bauten der Einbau der Geräte für die verbrauchsabhängige Abrechnung zu erfolgen hat (Abs. 2). Damit wird Art. 11a Abs. 4 EnV umgesetzt. Bestehende Gebäudegruppen mit zentraler Wärmeversorgung sind mit Geräten zur Erfassung des Heizwärmeverbrauchs pro Gebäude auszurüsten, wenn an einem oder mehreren Gebäuden die Gebäudehülle zu über 75% wärmetechnisch saniert wird (Abs. 3). Auch insoweit gilt die Ausnahmemöglichkeit nach Abs. 4 EnerG.

Abrechnungspflicht

Bestehen in zentral beheizten Gebäuden und Gebäudegruppen mit mindestens fünf Wärmebezügern die erforderlichen messtechnischen Einrichtungen, sind mindestens 60 Prozent der Wärmekosten dem einzelnen Bezüger entsprechend dem tatsächlichen Verbrauch zu belasten (§ 44 Abs. 1 BBV I). Die Baudirektion kann Ausnahmen von der Abrechnungspflicht bewilligen, wenn besondere Verhältnisse dies rechtfertigen (§ 44 Abs. 2 BBV I). Nach § 44 Abs. 3 BBV I umfassen die Wärmekosten die anrechenbaren Heiz- und Warmwasserkosten gemäss den Bestimmungen des OR zum Mietvertrag (Art. 5 und 6 VMWG).

Das öffentliche Recht geht einer privatrechtlichen Regelung vor. Die verbrauchsabhängige Heizkostenabrechnung ist deshalb auch in Bauten von Stockwerkeigentümergemeinschaften und Mietliegenschaften einzurichten, die in ihrem Vertrag eine pauschale Abrechnung der Heizkosten vorsehen.

17.8.2.13   *Besondere Heizungen*

Beheizte Freiluftbäder

Der Bau neuer und die Sanierung bestehender beheizter Freiluftbäder sowie der Ersatz und die wesentliche Änderung der technischen Einrichtungen zu deren Beheizung sind nur zulässig, wenn die Beheizung ausschliesslich mit erneuerbarer Energie oder mit nicht anderweitig nutzbarer Abwärme erfolgt (§ 12 Abs 3 EnerG in der vom Kantonsrat am 11. Juli 2011 beschlossenen Fassung). Diese Vorschrift gilt für Freiluftbäder, sofern sie einen Inhalt von mehr als 8 m³ aufweisen. Elektrische Wärmepumpen dürfen zur Beheizung von Freiluftbädern eingesetzt werden, wenn eine Abdeckung der Wasserfläche gegen Wärmeverluste vorhanden ist (§ 12 Abs. 4 EnerG in der vom Kantonsrat am 11. Juli 2011 beschlossenen Fassung). Die bis anhin geltende Beschränkung der elektrischen Wärmepumpen auf die Sommerzeit ist zugunsten der neuen Regelung entfallen. Damit wurde das kantonale Recht an die Vollzugshilfe EN 11 «beheizte Freiluftbäder» der Konferenz Kantonaler Energiefachstellen (EnFK) angepasst.

Als erneuerbare Energie zählt insbesondere die Erzeugung von Wärme mit Sonnenkollektoren oder der Einsatz einer Holzheizung. Elektrische Wärmepumpen dürfen zur Freiluftbadheizung nur in den Sommermonaten vom 1. Mai bis zum 30. September eingesetzt werden. Eine Elektroheizung (elektrische Widerstandsheizung) ist hingegen nicht zulässig. Wird bei öl- beziehungsweise gasbeheizten Freiluftschwimmbädern der Kessel ersetzt, so muss die Anlage neu bewilligt werden. Das bedeutet, dass die Freiluftbadheizung abgekoppelt werden muss. Analoges gilt bei Elektroheizungen, sobald ein bewilligungspflichtiger Umbau der Heizanlage vorgenommen wird (vgl. Vollzugsordner Energie, Kapitel 6.2).

Hallenbäder

Der Grundsatz, dass anfallende Abwärme fachgerecht genutzt werden muss, soweit dies im Einzelfall wirtschaftlich ist, gilt generell (§ 30a Abs. 1 BBV I) und bedeutet für Hallenbäder die Nutzung der Abluftwärme zur Erwärmung der Zuluft (Wärmerückgewinnung). Der Ersatz des Heizkessels, an welchem auch die Hallenbadheizung hängt, macht den Einbau einer Wärmerückgewinnungsanlage bei Abluft und Abwasser notwendig (§ 357 Abs. 4 PBG). Der nachträgliche Einbau einer Wärmerückgewinnungseinrichtung wird zudem durch Art. II Ziff. 3 der Energiegesetzänderung vom 25. Juni 1995 bis zum 30. September 2002 verlangt. Diese Pflicht zur Nachrüstung besteht weiterhin, auch wenn die gesetzliche Frist mittlerweile abgelaufen ist. Noch nicht mit Wärmegewinnung versehene Anlagen sind nachzurüsten. Die Gemeinde wird die entsprechenden Anordnungen im Einzelfall zu treffen haben.

Bei grösseren (in der Regel öffentlichen) Hallenbädern ist eine Abwasserwärme-Rückgewinnungseinrichtung einzubauen. Betreffend Wärmedämmung gelten für Hallenbäder ebenfalls die Bestimmungen der Wärmedämmvorschriften. Dies betrifft sowohl Neu- als auch Umbauten. Die Wärmedämmvorschriften basieren auf der Norm SIA 380/1 und diese definiert die Gebäudekategorie «Hallenbäder» (XII) mitsamt einer zugehörigen Standardnutzung. Aufgrund der Raumtemperatur von 28 °C ergeben sich strengere Anforderungen als beispielsweise für Wohnbauten.

Heizungen im Freien

Heizungen im Freien dürfen nur mit erneuerbarer Energie oder nicht anders nutzbarer Abwärme betrieben werden (§ 12 Abs. 1 EnerG in der vom Kantonsrat am 11. Juli 2011 beschlossenen Fassung). Diese Bestimmung gilt auch für mobile Heizungen wie etwa Heizpilze; die vom Regierungsrat beantragte teilweise Befreiung der Heizpilze (Abl 2010 S. 383) wurde vom Kantonsrat nicht übernommen.

Mit § 12 Abs. 2 EnerG in der vom Kantonsrat am 11. Juli 2011 beschlossenen Fassung wird die Grundlage geschaffen, um in der Verordnung die Befreiungstatbestände zu präzisieren (Antrag des Regierungsrats vom 3. März 2010 zur Änderung des EnerG, Abl 2010 S. 383). Danach kann die Verordnung Abweichungen zulassen, sofern gewichtige Interessen vorliegen und die zumutbaren Massnahmen für eine effiziente Energienutzung getroffen werden. Wenn etwa mit baulichen Massnahmen die Sicherheit von Personen, Tieren oder Sachen nicht gewährleistet werden kann und keine erneuerbaren Energien einsetzbar sind, kann eine mit nichterneuerbaren Energien betriebene Heizung im Freien angebracht sein. Auch der zeitlich auf eine kurze Dauer beschränkte Einsatz an einem Arbeitsplatz im Freien, bei einem Marktstand, einem Festzelt oder an einer Sportveranstaltung soll nicht vollständig ausgeschlossen werden. Bei solchen mobilen Einsätzen sind bauliche oder betriebliche Massnahmen in der Regel nicht möglich oder unverhältnismässig.

Für Rampenheizungen ist in jedem Fall der Nachweis zu erbringen, dass sowohl eine Rampenüberdachung wie auch eine geringere Steigung nur mit unverhältnismässigem Aufwand zu realisieren sind und eine Schneeräumung nicht ausführbar oder unverhältnismässig aufwendig ist. Auf öffentlichen Strassen oder Fusswegen kommen Steigungen bis über 20 Prozent und bei Zufahrten für Tiefgaragen solche bis 15 Prozent vor, ohne dass Rampenheizungen als erforderlich betrachtet werden. Die kurzzeitige Sperrung einer Rampe nach dem Schneefall bis zur Schneeräumung wird im Allgemeinen als zumutbar erachtet.

Eine Rampe aber, die innerhalb von 6 m ab Strassengrenze eine Neigung von 14,8 % aufweist, verstösst gegen die im technischen Anhang zur Verkehrssicherheitsverordnung festgehaltenen Mindestanforderungen für Ausfahrten. Ihr wohnt ein erhebliches Gefahrenpotenzial inne. Den von der zu steilen Rampe ausgehenden Gefahren lässt sich nur mit einer Heizung hinreichend begegnen. Damit erweist sich die Rampenheizung gemäss § 12 Abs. 2 EnergieG als zulässig. Dass sie nur in Betrieb gesetzt wird, wenn dies aus Sicherheitsgründen zwingend erforderlich ist, ist durch eine entsprechende Steuerung sicherzustellen (VB.2002.00176). Zu Unrecht nicht geprüft hat das Verwaltungsgericht, ob die Gefahren mit verhältnismässigem Aufwand auch durch eine Heizung mit erneuerbaren Energien abwendbar wären.

Heizungen im Freien benötigen wie andere Heizungsanlagen eine Baubewilligung (§ 309 Abs. 1 lit. d PBG); bei einem bewilligungspflichtigen Umbau einer Heizung muss eine allenfalls angeschlossene Aussenheizung abgekoppelt und stillgelegt werden, wenn sie die Voraussetzungen für eine Bewilligung nicht erfüllt.

Für weitere Detailerklärungen siehe die Vollzugshilfe: «Heizungen im Freien» der Konferenz kantonaler Energiefachstellen (EnFK), wiedergegeben in Kapitel 6a des Vollzugsordners Energie.

Heizung von Garagen

Die Beheizung von nicht gewerblichen Garagen und Fahrzeugeinstellräumen darf nur unter Verwendung von nicht anders nutzbarer Abwärme erfolgen (Ziff. 2.31 Anhang BBV I). Dies schliesst auch eine «Temperierung» der Garage (Frostschutzheizung) aus.

17.8.3   Klima- und Belüftungsanlagen

17.8.3.1   *Allgemeine Anforderungen*

Bewilligungspflicht

Eine baurechtliche Bewilligung ist nötig für Anlagen, Ausstattungen und Ausrüstungen (§ 309 lit. d PBG). Somit sind auch lüftungstechnische Anlagen bewilligungspflichtig. Die besondere Bewilligungspflicht für Klimaanlagen nach § 11 EnerG wurde mit Kantonsratsbeschluss vom 11. Juli 2011 aufgehoben. Anstelle eines Bedarfsnachweises sind heute somit technische Anforderungen an die Klimaanlagen zu stellen. Diese werden in die BBV I übernommen. Die Vollzugshilfe EN-4 «Lüftungstechnische Anlagen» der Konferenz kantonaler Energiefachstellen (EnFK) enthält Details. Die Vollzugshilfe findet sich ebenfalls im Vollzugsordner Energie.

Wärmerückgewinnung

Lüftungstechnische Anlagen mit Aussen- und Fortluft sind mit Wärmerückgewinnungseinrichtungen auszurüsten. Zu Details vgl. § 29 BBV I.

Nachrüstung bestehender Anlagen

Bestehende Anlagen waren bis spätestens 30. September 2002 mit Wärmerückgewinnungseinrichtungen auszurüsten, sofern dies im Einzelfall wirtschaftlich ist (Art. II Ziff. 3 der Gesetzesänderung zum EnerG). Die Baudirektion konnte bestimmte Anlagen von der Pflicht zur Nachrüstung ausnehmen (§ 48c BBV I). Sie hat mit Verfügung vom 22. Juli 1997 von dieser Kompetenz Gebrauch gemacht.

Die Pflicht zur Nachrüstung besteht weiterhin, auch wenn die gesetzliche Frist mittlerweile abgelaufen ist. Noch nicht mit Wärmegewinnung versehene Anlagen sind nachzurüsten. Die Gemeinde wird die zu treffenden Anordnungen im Einzelfall zu treffen haben.

17.8.3.2   *Vorschriften für Garagen und Restaurants*

Garagen

Einstellräume für Motorfahrzeuge (Garagen, Fahrzeugeinstellräume) sind gemäss § 37 Abs. 1 BBV I so zu belüften, dass keine schädlichen Abgaskonzentrationen entstehen können, nötigenfalls sind künstliche Belüftungen einzurichten. Die Richtlinie SWKI 96-1, «Lüftungsanlagen für Fahrzeug-Einstellhallen» ist zu beachten (Anhang 2.31 BBV I).

Bei gewerblichen Garagebetrieben mit Arbeitsplätzen von Arbeitnehmern ist eine Beheizung zugelassen. Handelt es sich dagegen nicht um einen solchen Betrieb, darf für die Beheizung ausschliesslich nicht anderweitig nutzbare Abwärme eingesetzt werden (Anhang zur BBV I, Ziffer 2.31). Für die Bewilligung von stationären Anlagen der Industrie, des Gewerbes und der Landwirtschaft ist bezüglich Vorschriften über die Luftreinhaltung ausserhalb der Städte Zürich und Winterthur das AWEL zuständig (Ziffer 4.1 Anhang zur BVV). Für einen Gesuchsteller ist die örtliche Baubehörde des Anlagenstandorts die erste Anlaufstelle. Bezüglich der Ausgestaltung von Lüftungsanlagen werden für die Erteilung der Bewilligung primär die Anforderungen von Art. 6 LRV überprüft.

Restaurants

Für Restaurants gilt die entsprechende SWKI-Richtlinie «Raumtechnische Anlagen in Gastwirtschaftsbetrieben», für deren Anwendung die Gemeinden zuständig sind.

17.8.3.3   *Klimaanlagen im Besonderen*

Klimaanlagen sind solche Anlagen, mit denen die Raumlufttemperatur herabgesetzt und/oder die Raumluftfeuchtigkeit beeinflusst werden kann (§ 45 Abs. 1 BBV I).

Vor rund 25 Jahren war wegen des hohen Energieverbrauchs von Klimaanlagen § 11 EnG erlassen worden. Eine Klimaanlage sollte nur noch dort eingebaut werden dürfen, wo ein Bedarf nachgewiesen werden konnte. Mit diesem Bedarfsnachweis konnte allerdings der Bau von Klimaanlagen nicht verhindert werden. In Absprache mit den Behörden wurden sie weiterhin eingebaut. Der Druck des Bedarfsnachweises führte aber zu besseren Projekten. Heute ist es nun aber möglich, gestützt auf die technischen Normen des SIA, angenehm kühle Bauten zu haben, ohne dass der Stromverbrauch für die Klimatisierung stark zunimmt. Mit Beschluss vom 11. Juli 2011 hat der Kantonsrat § 11 EnerG nun aufgehoben. Damit entfallen auch die konkretisierenden Bestimmungen hierzu in der BBV I. Anstelle eines Bedarfsnachweises werden in der BVV I technische Anforderungen an die Klimaanlagen gestellt (vgl. Antrag des Regierungsrates vom 3. März 2010 zur Revision des Energiegesetzes, Abl 2010, S. 381).

17.8.4   Elektroinstallationen

17.8.4.1   *Vorschriften für Beleuchtungsanlagen*

Beleuchtungsanlagen sind so zu erstellen und zu unterhalten, dass baurechtlich einwandfreie Verhältnisse bestehen (§ 29 Abs. 1 BBV I). Weitere energetische Bestimmungen bestehen dazu nicht.

Als Besonderheit gelten in der Stadt Zürich aufgrund des Gemeinderatsbeschlusses über «Energetische Bedingungen und Beschränkungen der Stromabgabe ans Netz des Elektrizitätswerkes in der Stadt Zürich» vom 25. September 1991 spezielle Anforderungen.

17.8.4.2   *Verantwortung für Niederspannungsanlagen*

Nach der NIV müssen elektrische Niederspannungsinstallationen ein erstes Mal bei der Erstellung (Annahmekontrolle) und später in regelmässigen Abständen (periodische Kontrolle) kontrolliert werden. Verantwortlich für die Durchführung der Kontrollen ist neu der Eigentümer der Installation. Er wird periodisch aufgefordert, innerhalb von sechs Monaten den Nachweis zu erbringen, dass die Installationen den grundlegenden Anforderungen an die Sicherheit entsprechen. Aufgrund einer solchen Aufforderung muss der Eigentümer eine kontrollberechtigte Person, welche nicht an der Planung, der Erstellung, der Änderung oder Instandstellung der Installation beteiligt war, mit den Kontrollen beauftragen. Die kontrollberechtigte Person wird danach den guten Zustand der Anlage bestätigen und den Sicherheitsnachweis aushändigen. Die Kosten für Kontrolle, Nachkontrolle, Instandstellung sowie den Sicherheitsnachweis gehen zulasten des Eigentümers. Details zur NIV vgl. die Website: www.energie-schweiz.ch.

17.8.5   Beförderungsanlagen

Technische Vorschriften

Grundsatzvorschriften für Beförderungsanlagen enthält § 296 PBG. § 31 BBV I definiert den Begriff der Beförderungsanlagen: Lifte, Hebebühnen, Rolltreppen, Fahrbänder, Treppenlifte usw. Sie bedürfen nach § 32 BBV I nicht nur einer Bau-, sondern auch einer maschinentechnischen Beurteilung und sind periodisch zu überprüfen.

Die baurechtliche beziehungsweise bautechnische Beurteilung erfolgt durch die Gemeinde. In maschinentechnischer Hinsicht gelten für die Erstellung, den Ersatz oder den Umbau einer Beförderungsanlage die folgenden Verfahrensbestimmungen: Vorgängig der Bewilligung sind die technischen Unterlagen sowie eine Erklärung beizubringen, welche die gemäss dem Stand der Technik angewendeten technischen Vorschriften, Normen oder Spezifikationen verbindlich aufführt. Nach Abschluss der Arbeiten ist eine Kopie der Konformitätserklärung oder eine Bestätigung einzureichen, welche die einwandfreie Ausführung gemäss der Erklärung und die sichere Funktion der Anlage nachweist (§ 32 Abs. 1 BBV I). Anlagen dürfen erst in Betrieb genommen werden, nachdem ihre einwandfreie Ausführung und ihre Funktionstüchtigkeit überprüft wurden.

Materielle Vorschriften für das Inverkehrbringen, den Umbau und die Erneuerung sowie die Kontrollen von Aufzugsanlagen richten sich vorerst nach der Aufzugsverordnung des Bundes. Für die Ausführung gelten heute neue europäische Normen, weshalb Ziffer 2.4 im Anhang BBV I entfallen konnte. Das Hochbauamt des Kantons Zürich führt eine Liste der wichtigsten Normen und Richtlinien, die den Stand der Technik wiedergeben. Sie wird in der Regel einmal jährlich nachgeführt.

Die periodischen Kontrollen richten sich ausschliesslich nach kantonalem Recht. Danach sind die Anlagen periodisch, mindestens alle fünf Jahre in anlagetechnischer und baurechtlicher Hinsicht zu kontrollieren. Die Eigentümer haben auf Verlangen zur Mithilfe bei der Kontrolle fachkundiges Personal zu stellen (§ 32 Abs. 2 BBV I).

§ 33 BBV I regelt den Umgang mit vorschriftswidrigen Anlagen. Sie sind den aktuellen Vorschriften anzupassen, soweit die Sicherheit es erfordert. Nötigenfalls ist der Betrieb zu untersagen.

Pflicht zur Erstellung von Aufzugsanlagen

Gebäude, die über oder unter dem Eingangsgeschoss mehr als fünf anrechenbare Geschosse aufweisen, sind je nach der vorgesehenen oder gesetzlich erlaubten Bewerbungsart mit einem auch für Krankentransporte geeigneten und zugänglichen Aufzug auszurüsten. Die lichten Innenmasse im geschlossenen Zustand müssen wenigstens 210 cm × 110 cm und die Türbreite mindestens 80 cm betragen. Weist ein Gebäude mehr als neun anrechenbare Geschosse auf, sind diese mit mindestens zwei Aufzügen zu erschliessen (§ 40 BBV I).

Liftanbauten an bestehende Gebäude

Beim Anbau von Liften an ein Gebäude sind die Bestimmungen über die Geschosszahl, die Gebäude- und Firsthöhen sowie Abstandsvergrösserungen zufolge Mehrhöhen nicht anwendbar (§ 19a BBV II), wenn:

    a. der Anbau der behindertengerechten Erschliessung des Gebäudes dient,

    b. die für die Erstellung des Gebäudes erforderlichen Bewilligungen vor dem 1. Juli 1978 erteilt worden sind,

    c. keine überwiegenden öffentlichen oder nachbarlichen Interessen entgegenstehen und

    d. keine den Bauvorschriften entsprechende Lösung möglich ist.

17.8.6   Briefkästen

Briefkästen müssen gewissen Normen entsprechen, welche in der Verordnung des UVEK zur Postverordnung festgehalten sind. Die Verordnung regelt im Detail den Standort, die Masse und die Anschrift des Briefkastens. Der Briefkasten ist auf Kosten des Bauherrn bzw. Grundeigentümers an der Grundstücksgrenze beim allgemein benützten Zugang zum Haus bzw. zur Häusergruppe zu erstellen. Bei Mehrfamilien- und Geschäftshäusern können die Briefkästen im Bereich der Hauseingänge aufgestellt werden, sofern eine gemeinsame Anlage errichtet wird. Bei Ferienhaussiedlungen und in Gebieten mit vorwiegend Ferien- und Wochenendhäusern ist auf Verlangen der Schweizerischen Post an der Zufahrt zur Siedlung bzw. zum Gebiet eine zentrale Briefkasten- oder Postfachanlage einzurichten (Art. 11–13 der Verordnung). Art. 14 sieht Ausnahmen von den Standortbestimmungen vor.

Arbeitshilfen

Suchbegriff	Bezeichnung	Bezugsquelle
Wohn- und Arbeitsräume	BAUDIREKTION: Richtlinien über den Bezug neu erstellter Wohn- und Arbeitsräume, Ausgabe 1986	Baudirektion, 8090 Zürich
Gastwirtschaftsräume	Finanzdirektion des Kantons Zürich: «Leitfaden für die Erstellung und Einrichtung von Gastwirtschaftsbetrieben im Kanton Zürich», 1997	www.kdmz.zh.ch
	Schweizerischer Verein von Gebäudetechnik-Ingenieuren (SWKI): Richtlinie VA 102-01 «Raumlufttechnische Anlagen in Gastwirtschaftsbetrieben»	www.swki.ch
Lärm/Luftreinhaltung	SIA-Norm 181 «Schallschutz im Hochbau», Ausgabe 2006	www.webnorm.ch
	Schweizerischer Verein von Gebäudetechnik-Ingenieuren (SWKI): Richtlinie 96-1, Lüftungsanlagen für Fahrzeug-Einstellhallen, Ausgabe 1997 (in Überarbeitung)	www.swki.ch
	BUWAL (heute BAFU), Empfehlung über die Mindesthöhen von Kaminen, 1989, Fassung 2001	www.bafu.ch
	Schweizerischer Verein von Gebäudetechnik-Ingenieuren (SWKI): Weitere Richtlinien zu Wärme- und Klimaanlagen	www.swki.ch
	VSS-Norm/SN 640 291a «Parkieren, Anordnung und Geometrie von Parkierungsanlagen», 2006	www.vss.ch
Energie	BAUDIREKTION: Wärmedämmvorschriften (aktuelle Ausgabe 2009)	www.energie.zh.ch
	SIA-Norm 380/1 «Thermische Energie im Hochbau», Ausgabe 2009	www.webnorm.ch
	SIA-Norm 382/1, «Lüftungs- und Klimaanlagen – Allgemeine Grundlagen und Anforderungen», Ausgabe 2007	www.webnorm.ch
	SIA-Norm 180 «Wärme- und Feuchteschutz im Hochbau», Ausgabe 1999.	www.webnorm.ch
	Vollzugshilfen Konferenz kantonaler Energiefach-stellen, Ausgabe Januar 2009 (Kapitel 2.3 des Vollzugsordners Energie)	www.energie.zh.ch
	VZGV/ Baudirektion/HEV/Städte Zürich und Winterthur: Ratgeber Baubewilligung, Energetische Sanierung von Ein- und Mehrfamilienhäusern, Informationen und Tipps für Hauseigentümer und Baufachleute, 2010	www.energie.zh.ch
	Bundesamt für Energie: «U-Wert-Berechnung und Bauteilkatalog Neubauten» oder «U-Wert-Berechnung Bauteilkatalog-Sanierungen»	www.energie.zh.ch
	Baudirektion: Vollzugsordner Energie (aktuelle Ausgabe: Juli 2009)	www.energie.zh.ch
	Merkblatt «Wintergarten aus rechtlicher Sicht im Kanton ZH», in Kapitel 10 des Vollzugsordners Energie	www.energie.zh.ch
	AWEL, Abteilung Energie: Merkblatt «Anschlusspflicht an Wärmeverbund (Nr. 11)» mit Beispiel und Kalkulatikonshilfe	www.energie.zh.ch

Suchbegriff	Bezeichnung	Bezugsquelle
Energie	SIA: Norm 384-6 «Erdwärmesonden»	www.webnorm.ch
	AWEL: «Energienutzung aus Grundwasser und Untergrund» vom Juni 2010	www.grundwasser.zh.ch
Behinderte und Betagte	SIA-Norm 500, Hindernisfreie Bauten, 2009	www.webnorm.ch
	Schweizerische Fachstelle für behindertengerechtes Bauen: «Wohnungsbau hindernisfrei-anpassbar» Ausgabe 1992	www.hindernisfrei-bauen.ch
	Behindertenkonferenz Kanton Zürich, BKZ «Hindernisfrei bauen», aktualisierte Ausgabe 2009 sowie weitere Hilfsmittel der BKZ	www.bkz.ch
	Behindertenkonferenz Kanton Zürich, BKZ: Checkliste zur Überprüfung von Baugesuchen	www.bkz.ch
Regeln der Baukunde	EKAS: Wegleitung durch die Arbeitssicherheit, aktuelle Fassung 6. November 2008	www.ekas.ch
	SIA-Normen 260-267 (Tragwerksnormen, Ausgaben zumeist 2003)	www.webnorm.ch
	SIA-Normen 269–269/7 «Erhaltung von Tragwerken»	www.webnorm.ch
	SIA-Norm 465 (Ausgabe 1998) «Sicherheit von Bauten und Anlagen»	www.webnorm.ch
	SIA-Norm 358 (Ausgabe 2010) «Geländer und Brüstungen»	www.webnorm.ch
	SIA: Dokumentation D 0227, Ausgabe 2008, «Erdbebensicherheit von Gebäuden, Rechts- und Haftungsfragen»	www.webnorm.ch
	SIA: Dokumentation: D 0158 «Geländer und Brüstungen, Aspekte zur Anwendung der Norm SIA 358»	www.webnorm.ch

18
Brandschutz

18.1   ## Rechtsgrundlagen

18.1.1   ### Feuerpolizeirecht

18.1.1.1   #### *Feuerpolizeigesetz und Verordnungen*

Im FFG werden im Wesentlichen die Aufgaben von Feuerpolizei und Feuerwehr, die Kompetenzen der in diesen Bereichen tätigen kommunalen und kantonalen Organe sowie die Aufsicht und der Rechtsschutz festgelegt. Es handelt sich primär um ein organisatorisches Gesetz, das keine materiellen Feuerpolizeivorschriften enthält.

Das Gesetz wurde an das «Konzept Feuerwehr 2010» angepasst. Die entsprechenden Änderungen sind seit 1. Juni 2009 in Kraft.

Gestützt auf § 14 FFG hat der Regierungsrat die Verordnung über den vorbeugenden Brandschutz (VVB) erlassen. Sie bezeichnet die zuständigen Behörden und enthält zahlreiche Verfahrensbestimmungen. Materiell verweist die Verordnung primär auf die Brandschutznorm und die im Anhang bezeichneten Brandschutzrichtlinien. Im Weiteren gilt die Verordnung über die Subventionen der Gebäudeversicherung an den Brandschutz (VSGB), die in einem Reglement der GVZ näher konkretisiert wird.

18.1.1.2   #### *Brandschutznorm und Brandschutzrichtlinien*

Geltung

Seit 1. Januar 2005 gelten die Brandschutznorm und die Brandschutzrichtlinien, die das «Interkantonale Organ Technische Handelshemmnisse» (IOTH) gestützt auf Art. 6 der Interkantonalen Vereinbarung zum Abbau technischer Handelshemmnisse vom 23. Oktober 1998 für verbindlich erklärt hat. Diese Vorschriften gelten kraft Verweises in § 1 VVB und dem Anhang zur VVB als direkt anwendbares Recht auch für den Kanton Zürich. Damit sind insbesondere die Brandschutzrichtlinien trotz ihrer Bezeichnung als «Richtlinien» zwingendes Recht. Das gilt indessen nicht für die Anhänge zu den Brandschutzrichtlinien. Ausführungen und Zeichnungen in den Anhängen erklären einzelne Richtlinienbestimmungen, ohne selbst Eigenständigkeit oder zusätzlich Vorschriftenstatus beanspruchen zu können (vgl. jeweils die Ausführungen im Ingress zu den einzelnen Anhängen).

Inhalt

Die Brandschutznorm (BSN) und die Brandschutzrichtlinien bilden zusammen mit den Prüfbestimmungen die Brandschutzvorschriften. Die Brandschutznorm setzt den Rahmen für den allgemeinen, baulichen, technischen und betrieblichen sowie den damit verbundenen abwehrenden Brandschutz. Sie bestimmt den geltenden Sicherheitsstandard. Die Brandschutzrichtlinien ergänzen mit detaillierten Anforderungen und Massnahmen die in der Brandschutznorm gesetzten Vorgaben. Die Prüfbestimmungen ihrerseits regeln Verfahren und Voraussetzungen für die Zulassung und die Zertifizierung von Brandschutzprodukten (Art. 4–7 BSN).

Sinn und Zweck

Die grundsätzlich (Art. 75 BSN) für alle Kantone geltenden und einheitlichen Regelungen führen letztlich zu einer Liberalisierung der Brandschutzbestimmungen und fördern durch die erweiterte Anwendung des Baustoffes Holz das ökologische Bauen. Der Bauwirtschaft stehen grössere Spielräume und ein im Vergleich zu bisher wesentlich schlankeres Vorschriftenwerk zur Verfügung. Das von der Vereinigung der kantonalen Feuerversicherungen VKF/AEAI erarbeitete Regelwerk ist europakonform. Vgl. zu den Brandschutzvorschriften allg. NEERACHER.

Die erwähnten Rechtsgrundlagen sind im roten Ordner A der VKF/AEAI enthalten, können aber auch einzeln bezogen werden.

Änderungen

Auf Beschluss des IOTH vom 20. Oktober 2008 sind die Brandschutznorm (betreffend Verkaufsgeschäfte, Art. 12 lit. b) und ein Teil der Brandschutzrichtlinien revidiert worden. Neben der Norm betreffen die Änderungen die folgenden Richtlinien: «Flucht und Rettungswege» (Türen, Korridore), «Schutzabstände Brandabschnitte» (Abwurfanlagen), «Kennzeichnung von Fluchtwegen, Sicherheitsbeleuchtung, Sicherheitsstromversorgung» (Stromversorgung für Sicherheitszwecke) sowie «Aufzugsanlagen» (Aufzugsschacht, Triebwerks- und Rollenraum). Alle diese Änderungen stehen seit 20. Oktober 2008 in Kraft. Sie erweisen sich über das Ganze gesehen als untergeordnet.

18.1.1.3   *Erläuterungen und Arbeitshilfen*

Allgemeines

Der rote Ordner A enthält auch Dokumente, denen keine Rechtsverbindlichkeit zukommt. So findet sich dort ein Verzeichnis von Begriffen, die für oder in Brandschutzmassnahmen massgebend sind. Ein anderes Dokument enthält ein Verzeichnis von weiteren Anwendungsvorschriften, die nebst den VFK-Brandschutzvorschriften zu beachten sind.

Der blaue Ordner B enthält Brandschutzerläuterungen und Arbeitshilfen. Die Erläuterungen enthalten «Lösungsvorschläge» beziehungsweise «spezifizierte Erklärungen», die aber für sich selbst weder Eigenständigkeit noch Vorschriftenstatus beanspruchen. Sie sind als Hilfsmittel bei der Auslegung und Anwendung der Brandschutzvorschriften zu beachten, stellen aber für sich selbst keine solchen dar. Arbeitshilfen enthalten Auszüge der wichtigsten, im Normalfall geltenden brandschutztechnischen Anforderungen.

Interpretationen der Kantonalen Feuerpolizei

Der Kantonalen Feuerpolizei (KFP) ist es ein Anliegen, Antworten auf oft gestellte Fragen zu den «Schweizerischen Brandschutzvorschriften VKF» (Vollzugsfragen, Auslegungen, Problemstellungen, Praxis) einem grösseren Kreis bekannt zu machen, um so unter anderem die Rechtssicherheit im Kanton Zürich zu fördern. Auch die Vereinigung Kantonaler Feuerversicherungen (VKF), Bern, beantwortet Fragen und führt diese auf ihrer Website als sogenannte FAQs mit Links zu den jeweils betreffenden Stellen in den Brandschutzvorschriften auf. Auf der Internetsite der Gebäudeversicherung (www.gvz.ch) findet sich ein Verzeichnis der Fragen und Antworten zu den «Schweizerischen Brandschutzvorschriften VKF».

Reglemente, Weisungen und Merkblätter der GVZ

Die GVZ hat sodann Reglemente, Weisungen und Merkblätter erlassen. Die Ersteren sind rechtlich verbindlich; die Merkblätter enthalten Auszüge der wichtigsten feuerpolizeilichen Anforderungen, so etwa für Mehrfamilienhäuser und Einfamilienhäuser.

18.1.2   Baurecht

Das PBG enthält nur einige wenige allgemein gehaltene feuerpolizeiliche Vorschriften (vgl. etwa §§ 239, 290, 291, 300, 305 und 306). Sodann hat eine Reihe von baupolizeilichen Vorschriften auch eine feuerpolizeiliche Komponente, so zum Beispiel §§ 219, 228, 237, 260, 262, 270, 271 und 273.

Die BBV I regelt in Ausführung von Generalklauseln des PBG die technischen und übrigen Anforderungen an Bauten, Anlagen, Ausstattungen und Ausrüstungen (§ 359 Abs. 1 lit. h PBG). Allerdings sind in der Verordnung nur die nicht brandschutztechnischen Aspekte enthalten. Die feuerpolizeilichen Anforderungen sind in den auf das FFG abgestützten Erlassen zu finden.

Die BBV II enthält Verschärfungen und Milderungen von Bauvorschriften für besondere Bauten und Anlagen. Feuerpolizeilich von Belang sind § 13 (Breiten von Türen, Treppen, Gängen), § 14 (Gebäudeabstand bei brennbaren Aussenwänden) und § 15 (Gebäudeabstand bei feuer- oder explosionsgefährlicher Nutzung).

18.1.3   Bundesvorschriften

Zu beachten sind namentlich das Arbeitsgesetz, die Verordnung III zum Arbeitsgesetz, das UVG und die VUV. Im Gegensatz zu diesen Gesetzen bezwecken die Kantonalen Feuerpolizeibestimmungen nicht primär den Schutz der Arbeitnehmer, sondern jenen der Gebäude und/oder des Publikums. Die Arbeitnehmer werden nur indirekt geschützt.

Vgl. auch die Zusammenstellung im Verzeichnis «Weitere Bestimmungen» der VKF/AEAI (im roten Ordner A).

18.2   Brandschutzbehörden

18.2.1   Gemeinden

Die feuerpolizeilichen Aufgaben werden von den politischen Gemeinden besorgt, soweit nicht die Kantonale Feuerpolizei ausdrücklich zuständig ist. Die Gemeinden haben hierfür fachkundige Organe zu bestellen (§ 2 FFG). Die Gemeindefeuerpolizei prüft die Baugesuche in Bezug auf den Brandschutz und beantragt der Baubehörde die notwendigen Brandschutzmassnahmen. Diese bilden Bestandteil der Baubewilligung. Die Gemeindefeuerpolizei kontrolliert auch die Einhaltung der feuerpolizeilichen Anordnungen. Sie erteilt sodann die in die Zuständigkeit der Gemeinde fallenden feuerpolizeilichen Bewilligungen (§ 3 FFG).

Die Feuerpolizei der Gemeinde ist primäre Brandschutzbehörde im Sinne der BSN. Sie überwacht die Einhaltung der Brandschutzvorschriften und ordnet soweit nötig Kontrollen an.

18.2.2 Statthalter

Als erstinstanzliches Aufsichtsorgan über die Gemeindefeuerpolizei fungiert der Statthalter. Die Gemeindefeuerpolizei hat dem Statthalter jährlich Bericht über ihre Tätigkeit zu erstatten. Der Statthalter leitet die Berichte mit seinen Bemerkungen und Anträgen an die Kantonale Feuerpolizei weiter und sorgt für die Behebung allfälliger feuerpolizeilicher Mängel (§ 4 FFG).

18.2.3 Kantonale Feuerpolizei

Die Kantonale Feuerpolizei überwacht den Vollzug der Feuerpolizeivorschriften. Sie kann den Gemeinden im Rahmen des übergeordneten Rechts Weisungen erteilen. Sie kann ferner durch eigene Beamte oder von ihr ernannter Fachleute Kontrollen in den Gemeinden durchführen. Die Kontrollen sind der Gemeinde vorher anzuzeigen. Wenn in einer Gemeinde der Brandschutz nicht gewährleistet ist, trifft die kantonale Feuerpolizei die nötigen Anordnungen, nötigenfalls durch Benützungsbeschränkung oder Ersatzvornahme (§ 6 FFG und Art. 74 BSN). Sie ist auch Brandschutzbehörde, sofern es sich um Bauten und Anlagen mit erhöhtem Brandrisiko (§ 2 lit. b Ziffer 1 in Verbindung mit § 3 VVB) handelt. Dasselbe gilt für Abweichungen vom Regelfall, Besonderheiten und Ausnahmen, die in § 2 lit. b Ziffer 2 VVB mit Hinweisen auf entsprechende Bestimmungen der BSN und in § 2 lit. b Ziffer 3 VVB mit Hinweisen auf entsprechende Bestimmungen von Brandschutzrichtlinien ausdrücklich und abschliessend erwähnt sind. Sodann erteilt die Kantonale Feuerpolizei die ihr durch die Feuerpolizeivorschriften vorbehaltenen Bewilligungen, zum Beispiel für grössere Feuerungsanlagen, grössere Treibstofflager, Lagerung brennbarer Gase, Feuerwerk und Sprengstoff (§ 8 FFG). Sie berät auch Gemeinden und Private in Angelegenheiten des Brandschutzes (§ 10 FFG).

Die Kantonale Feuerpolizei wird durch die Gebäudeversicherungsanstalt ausgeübt (§ 5 FFG). Über die örtlichen zuständigen Sachbearbeiter kann die Gemeindefeuerpolizei Auskunft geben. Die Gebietszuteilungen der Kantonalen Feuerpolizei, der Fachstellen für Brandschutzanlagen und der Blitzschutzaufseher sind auch unter www.gvz.ch abrufbar.

18.3 Ziele und Grundsätze

18.3.1 Geltungsbereich der Brandschutzvorschriften

18.3.1.1 *Betroffene Bauten und Anlagen*

Neubauten

Die Brandschutzvorschriften gelten für neue Bauten und Anlagen sowie sinngemäss auch für Fahrnisbauten, das heisst nicht fest mit dem Boden verbundene Bauten wie Baracken, Provisorien und dergleichen (Art. 2 Abs. 1 BSN).

Bestehende Bauten und Anlagen

Bestehende Bauten und Anlagen sind nach dem Verhältnismässigkeitsprinzip an die Brandschutzvorschriften anzupassen, wenn (alternativ)

- wesentliche bauliche oder betriebliche Veränderungen, Erweiterungen oder Nutzungsänderungen vorgenommen werden,

• oder die Gefahr für Personen besonders gross ist (Art. 2 Abs. 2 BSN).
Zu beachten sind hierzu auch §§ 357 Abs. 4 und 358 PBG (Verbesserungen an bestehenden vorschriftswidrigen Gebäuden), die unabhängig von den Brandschutzvorschriften selbstständig anwendbar sind (vgl. Seite 1144 f.).

18.3.1.2   *Adressaten*

Die Brandschutzvorschriften richten sich an
• Eigentümer- und Nutzerschaft von Bauten und Anlagen;
• alle Personen, die bei Planung, Bau, Betrieb oder Instandstellung von Bauten und Anlagen tätig sind (Art. 3 BSN).

18.3.1.3   *Definitionen*

Art. 12 BSN enthält einige für den Brandschutz wichtige Definitionen:

Beherbergungsbetriebe
In Art. 12 lit. a BSN werden beispielhaft («insbesondere») aufgezählt, welche Nutzungen als Beherbergungsbetriebe gelten, nämlich
• Krankenhäuser, Alters- und Pflegeheime, in denen dauernd oder vorübergehend 10 oder mehr Personen aufgenommen werden, die auf fremde Hilfe angewiesen sind,
• Hotels, Pensionen und Ferienheime, in denen dauernd oder vorübergehend 15 oder mehr nicht auf fremde Hilfe angewiesene Personen aufgenommen werden.

Geschosse
Für den Brandschutz zählen als Geschosse alle Voll-, Dach- und Attikageschosse (Art. 12 lit. e BSN), nicht aber die Untergeschosse.

Grosse Personenbelegung
Als Bauten und Anlagen mit Räumen mit grosser Personenbelegung gelten (Art. 12 lit.b):
• insbesondere Mehrzweck-, Sport- und Ausstellungshallen, Schulbauten mit Sälen, Bahnstationen, Theater, Kinos, Restaurants und ähnliche Versammlungsstätten mit Räumen, in denen sich mehr als 100 Personen aufhalten können;
• Verkaufsgeschäfte mit einer gesamten Verkaufsfläche von weniger als 1200 m², sofern die ermittelte Anzahl Personen 100 übersteigt.

Hochhäuser
Als Hochhäuser im Sinne des Brandschutzes gelten Gebäude, die (alternativ):
• nach der Baugesetzgebung als Hochhaus gelten (§ 282 Abs. 1 PBG, vgl. hierzu Seite 935 f.) oder
• deren oberstes Geschoss (gemeint Geschossboden) mehr als 22 m über dem der Feuerwehr dienenden angrenzenden Terrain (vgl. hierzu S. 9–11, Erreichbarkeit) liegt oder
• mehr als 25 m Traufhöhe aufweisen (Art. 12 lit. f BSN).

Parkhäuser

Als Parkhäuser und Einstellräume für Motorfahrzeuge im Sinne der Brandschutzvorschriften gelten solche mit einer Grundfläche von mehr als 150 m² (Art. 12 lit. d BSN).

Verkaufsgeschäfte

Als Verkaufsgeschäfte im Sinne der Brandschutzvorschriften gelten solche mit einer gesamten, brandabschnittsmässig zusammenhängenden Verkaufsfläche von mehr als 1200 m² (Art. 12 lit. b BSN, Fassung vom 20. Oktober 2008).

Vgl. ergänzend hierzu auch das (nicht rechtsverbindliche) «Verzeichnis von Begriffen, die für oder in Brandschutzmassnahmen massgeblich sind» im roten Ordner sowie die Ausführungen in den nachfolgenden Abschnitten.

18.3.2   Schutzziel und Anforderungskriterien

18.3.2.1   *Schutzziel*

Bauten und Anlagen sind so zu erstellen, zu betreiben und instand zu halten, dass die Sicherheit von Personen und Tieren gewährleistet ist, der Entstehung von Bränden und Explosionen vorgebeugt wird, die Ausbreitung des Feuers begrenzt wird, die Tragfähigkeit während eines bestimmten Zeitraumes erhalten bleibt sowie eine wirksame Brandbekämpfung vorgenommen werden kann (Art. 9 BSN).

18.3.2.2   *Kriterien für Brandschutzanforderungen*

Die Anforderungen an den Brandschutz in Bauten und Anlagen werden insbesondere bestimmt nach Massgabe von Bauart, Lage, Geschosszahl, Personenbelegung, Brandbelastung und Brandbekämpfungsmöglichkeit durch die Feuerwehr.

Zusätzliche Sicherheitsstandards für Behinderte sind im Einzelfall mit der zuständigen Behörde festzulegen (Art. 10 BSN).

18.3.3   Normalfall und Abweichungen

18.3.3.1   *Normalfall*

Im Normalfall wird das Schutzziel mit vorgeschriebenen Standardmassnahmen erreicht (Art. 11 Abs. 1 BSN).

18.3.3.2   *Alternative Brandschutzmassnahmen*

Anstelle vorgeschriebener Brandschutzmassnahmen können alternative andere Brandschutzmassnahmen als Einzel- oder Konzeptlösung treten, soweit für das Einzelobjekt das Schutzziel gleichwertig erreicht wird. Über die Gleichwertigkeit entscheidet die Brandschutzbehörde (Art. 11 Abs. 2 BSN), das heisst die kantonale Feuerpolizei (§ 2 lit. b Ziff. 2 VVB).

18.3.3.3   *Ausnahmen*

Weicht die Brandgefahr im Einzelfall so vom Normalfall ab, dass vorgeschriebene Anforderungen als ungenügend oder – umgekehrt – als unverhältnismässig erscheinen, sind die zu treffenden Massnahmen angemessen zu erweitern oder zu reduzieren (Art. 11 Abs. 3 BSN). Für diesen Entscheid ist die Gemeindefeuerpolizei zuständig, da in der VVB keine andere Zuständigkeit festgelegt ist. Die Anordnungen der Gemeindefeuerpolizei bedürfen aber der Genehmigung durch die Kantonale Feuerpolizei (§ 5 Abs. 1 VVB), sofern keine Befreiung nach Abs. 2 der Bestimmung erfolgt ist.

18.3.3.4 *Brandrisikobewertung*

Sind die Brandschutzvorschriften für die Fluchtwege eingehalten, können zur Beurteilung von Brandgefahr, Brandrisiko und Brandsicherheit das Verfahren der Brandrisikobewertung oder andere VKF-anerkannte Berechnungsmethoden beigezogen werden (Art. 13 BSN).

18.4 Allgemeiner Brandschutz

18.4.1 Pflichten

Art. 17–20 BSN enthalten vier Pflichten, nämlich die Sorgfaltspflicht, die Unterhaltspflicht, die Aufsichts- und die Meldepflicht. Details zur allgemeinen Brandverhütung enthält die Brandschutzrichtlinie «Brandverhütung, Sicherheit in Betrieben und auf Baustellen».

18.4.2 Sorgfalts- und Unterhaltspflicht im Besonderen

Art. 17 Abs. 1 BSN regelt den Umgang mit Feuer und offenen Flammen, mit Maschinen etc. Abs. 2 betrifft Eigentümer- und Nutzerschaft von Bauten und Anlagen: Sie haben dafür zu sorgen, dass die Sicherheit von Personen, Tieren und Sachen gewährleistet ist. Gemäss Art. 18 BSN sind Eigentümer- und Nutzerschaft von Bauten und Anlagen auch dafür verantwortlich, dass Einrichtungen für den baulichen, den technischen und den abwehrenden Brandschutz sowie haustechnische Anlagen bestimmungsgemäss instand gehalten und jederzeit betriebsbereit sind. Vgl. auch die Brandschutzerläuterung «Bühnen».

18.5 Baulicher Brandschutz

18.5.1 Baustoffe und Bauteile

18.5.1.1 *Baustoffe*

Prüfung und Klassifizierung
Baustoffe (zum Begriff Art. 21 BSN) werden über genormte Prüfungen oder andere anerkannte Verfahren entsprechend dem Brand- und Qualmverhalten und der Wärmefreisetzung klassifiziert (Art. 22 Abs. 1 BSN). Zu den Details vgl. die Brandschutzrichtlinie «Baustoffe und Bauteile, Klassierung».

Verwendung
Leicht entzündbare oder rasch abbrennbare Materialien sind als Baustoffe nicht zugelassen und dürfen nicht verwendet werden (Art. 22 Abs. 2 BSN).

Brennbare Baustoffe dürfen nur verwendet werden, wenn sie nicht zu einer unzulässigen Gefahrenerhöhung führen. Massgebend sind insbesondere das Brand- und Qualmverhalten, die Art und der Umfang der Verwendung, die Personenbelegung, die Geschosszahl sowie Bauart und Nutzung (Art. 23 BSN). Das Brandverhalten der Baustoffe wird mit einer Brandkennziffer bezeichnet. Zu den Details vgl. die Brandschutzrichtlinie «Verwendung brennbarer Baustoffe», die im Anhang auch die Brandkennziffern enthält.

18.5.1.2   *Bauteile*

Begriff

Als Bauteile gelten alle Teile eines Bauwerkes, an deren Feuerwiderstand Anforderungen gestellt werden (Art. 24 BSN).

Prüfung und Klassifizierung

Bauteile werden nach ihrem Brandverhalten, insbesondere der Dauer ihres Feuerwiderstandes, beurteilt. Sie werden Klassen zugeordnet und nach ihrem Feuerwiderstand gekennzeichnet (Art. 25 BSN; Ziffer 4 der Brandschutzrichtlinie «Baustoffe und Bauteile»). Seit August 2003 ist die Klassierungsnorm EN 13501–2 für Bauteile als nationale Norm anerkannt. Diese Norm unterscheidet sich in wesentlichen Details von den VKF-Prüfvorschriften für Bauteile. Die beiden Klassierungssysteme werden bis auf Weiteres parallel geführt.

Klassierung nach EN

R   Tragfähigkeit
E   Raumabschluss
I   Wärmedämmung

Klassierung nach VKF

F   tragende Bauteile; nicht tragende raumabschliessende Bauteile
T   bewegliche Abschlüsse wie Türen und Tore
R   Rauch- und flammendichte Abschlüsse
K   Brandschutzklappen
S   Abschottungen
A   Aufzugsschachttüren.

Der Feuerwiderstand ist die Mindestzeit in Minuten, während der ein Bauteil die an ihn gestellten Anforderungen erfüllen muss. Je nach Art des Bauteils wird er mit einer der folgenden Zahlen angegeben: 30, 60, 90, 120, 180 oder 240. Zum Beispiel bedeutet dann T 30 eine Tür mit einem Feuerwiderstand von 30 Minuten. Zu den Details vgl. die Brandschutzrichtlinie «Baustoffe und Bauteile, Klassierung».

Nachfolgend werden die Bezeichnungen nach VFK verwendet.

Anforderungen

Je nach Sicherheitserfordernis müssen Bauteile aus nicht brennbaren Baustoffen bestehen. Vgl. im Übrigen die Brandschutzrichtlinie «Verwendung brennbarer Baustoffe».

18.5.2   Schutzabstände

18.5.2.1   *Begriff und Messweise*

Als Schutzabstand zwischen Bauten und Anlagen gilt:
- im Normalfall der baurechtlich verlangte Abstand

und
- wo erforderlich ergänzend auch der (erhöhte) Abstand, der für einen ausreichenden Brandschutz mindestens einzuhalten ist (Art. 26 BSN).

Der Schutzabstand ist zwischen den Fassaden zu messen, soweit Dachvorsprünge oder Bauteile nicht mehr als 1 m auskragend sind. Andernfalls vergrössert sich der Abstand um das 1 m übersteigende Mass.

Messweise Schutzabstände

Quelle: Brandschutzrichtlinie «Schutzabstände, Brandabschnitte», S. 19

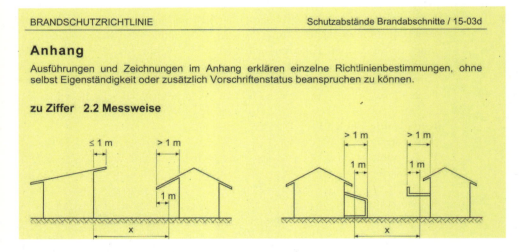

BRANDSCHUTZRICHTLINIE   Schutzabstände Brandabschnitte / 15-03d

Anhang

Ausführungen und Zeichnungen im Anhang erklären einzelne Richtlinienbestimmungen, ohne selbst Eigenständigkeit oder zusätzlich Vorschriftenstatus beanspruchen zu können.

zu Ziffer 2.2 Messweise

18.5.2.2   *Bemessung*

Allgemein

Der Schutzabstand ist so festzulegen, dass Bauten und Anlagen nicht durch gegenseitige Brandübertragung gefährdet sind. Dabei sind Bauart, Lage, Ausdehnung und Nutzung zu berücksichtigen (Art. 27 BSN).

Sofern baurechtliche Regelungen nicht einen grösseren Schutzabstand erfordern, sind für den Brandschutz folgende Schutzabstände einzuhalten:
- 10 m, wenn beide benachbarten Aussenwände eine brennbare äusserste Schicht aufweisen;
- 7,5 m, wenn eine Aussenwand eine brennbare, die andere eine nicht brennbare äusserste Schicht aufweist;
- 5 m, wenn beide Aussenwände eine nicht brennbare äusserste Schicht aufweisen.

Brennbare Anteile der Aussenflächen oder vorspringende Teile von Bauten und Anlagen wie Balkone, Dachvorsprünge und Wintergärten sind entsprechend zu berücksichtigen (Ziffer 2.3 der Brandschutzrichtlinie «Schutzabstände, Brandabschnitte»).

Soweit die erwähnten Bestimmungen bei einer brennbaren und einer nicht brennbaren äussersten Schicht einen Abstand von 7,50 m verlangen, gehen sie weniger weit als § 14 Abs. 1 BBV II, wonach auch in einem solchen Fall ein Abstand von 10 m einzuhalten ist. Die strengere kantonale Bauvorschrift geht vor.

Umgekehrt beanspruchen die feuerpolizeilichen Schutzabstände auch dann Geltung, wenn gestützt auf § 270 Abs. 3 PBG Näherbaurechte begründet werden (vgl. hierzu Seite 865 f.). Mindestens sind Ersatzmassnahmen anzuordnen (siehe unten).

Einfamilienhäuser

Sofern baurechtliche Regelungen nicht einen grösseren Schutzabstand erfordern, dürfen zwischen Einfamilienhäusern die Schutzabstände wie folgt reduziert werden:

- auf 7 m, wenn beide benachbarten Aussenwände eine brennbare äusserste Schicht aufweisen;
- auf 6 m, wenn eine Aussenwand eine brennbare, die andere eine nicht brennbare äusserste Schicht aufweist;
- auf 4 m, wenn beide Aussenwände eine nicht brennbare äusserste Schicht aufweisen (Ziffer 2.4.1 der Brandschutzrichtlinie «Schutzabstände, Brandabschnitte»).

«Nebenbauten»

Nebenbauten (z.B. Gartenhäuser, Velounterstände, Kleintierställe, Kleinlager), die nicht für den dauernden Aufenthalt von Personen bestimmt sind, haben gegenüber grundstücksinternen Bauten keine Schutzabstände einzuhalten, wenn die Grundfläche 20 m² nicht übersteigt und keine gefährlichen Stoffe vorhanden sind (Ziffer 2.4.2 der Brandschutzrichtlinie «Schutzabstände, Brandabschnitte»). Sind derartige Bauten aber grösser als 20 m², sind die Schutzabstände einzuhalten. Dies auch dann, wenn gestützt auf § 270 Abs. 3 PBG selbstredend ein Näherbaurecht besteht. Zu beachten ist auch § 18 BBV II (vgl. hierzu Seite 871). Es gilt die jeweils strengere Norm.

Weitere Besonderheiten

Für Bauten mit gefährlichen Stoffen gelten erhöhte Schutzabstände und für Landwirtschaftsbauten Erleichterungen (Ziffern 2.4.3 und 2.4.4 der erwähnten Brandschutzrichtlinie).

18.5.2.3   *Ungenügende Schutzabstände*

Wenn baurechtlich erforderliche Abstände als Schutzabstand nicht genügen, aber nicht vergrössert werden können, sind Massnahmen zu treffen, die einen Brandübergriff verhindern (Art. 28 BSN). Als geeignete Massnahmen gelten zum Beispiel:

- bei Aussenwänden: feuerwiderstandsfähige Ausführung, Hintermauerung oder Unterbruch brennbarer Flächen mit nicht brennbarem Material;

- bei Öffnungen (Türen, Tore, Fenster): Brandschutzabschlüsse wie feuerwiderstandfähige Türen, Tore; Abdeckungen bei Fenstern; festverschraubte, feuerwiderstandsfähige Brandschutzverglasungen, versetzte Anordnung der Öffnungen;
- bei Dachuntersichten: feuerwiderstandsfähige Verkleidungen (Ziffer 2.5 und Anhang der Brandschutzrichtlinie «Schutzabstände, Brandabschnitte»).

Dies ist insbesondere dann aktuell, wenn die Bau- und Zonenordnung gestützt auf § 14 Abs. 2 BBV II für Gebiete mit ländlichem Baucharakter und in Kernzonen Erleichterungen vorsieht oder wenn nachbarliche Zustimmungen für die Unterschreitungen von Gebäudeabständen (§ 270 Abs. 3 PBG) erteilt werden (vgl. zum Näherbaurecht Seite 865 f.).

18.5.3 Tragwerke

18.5.3.1 *Begriff*

Als Tragwerk von Bauten und Anlagen gilt die Gesamtheit aller zur Lastaufnahme und Lastableitung sowie zur Stabilisierung notwendigen Bauteile und deren Verbindungen (Art. 29 BSN).

18.5.3.2 *Feuerwiderstand*

Der Feuerwiderstand von Tragwerken ist so festzulegen, dass die Personenevakuierung und die Brandbekämpfung gewährleistet sind. Massgebend sind insbesondere die Geschosszahl, die Brandbelastung sowie Bauart, Nutzung etc. Sprinkleranlagen können bei der Festlegung des Feuerwiderstandes von Tragwerken angemessen berücksichtigt werden (Art. 30 BSN).

Auf Verlangen der Brandschutzbehörde ist der Feuerwiderstand nachzuweisen (Art. 31 BSN).

Vgl. Näheres in der Brandschutzrichtlinie «Tragwerke». Sie enthält unter anderem konkrete Anforderungen für bestimmte Gebäudearten (Hochhäuser) und für bestimmte Nutzungen. Bei Einfamilienhäusern werden keine Anforderungen an den Feuerwiderstand des Tragwerks gestellt (Ziffer 5.4 der Richtlinie).

18.5.4 Brandabschnitte

18.5.4.1 *Begriffe*

Brandabschnitte sind Bereiche von Bauten und Anlagen, die durch brandabschnittsbildende Bauteile voneinander getrennt sind. Brandabschnittsbildende Bauteile sind raumabschliessende Bauteile wie Brandmauern, brandabschnittsbildende Wände und Decken, Brandschutzabschlüsse und Abschottungen (Art. 32 BSN).

18.5.4.2 *Erstellungspflicht*

Die Brandabschnittsbildung in Bauten und Anlagen richtet sich nach deren Bauart, Lage, Ausdehnung und Nutzung (Art. 33 BSN). In Brandabschnitte abzutrennen sind insbesondere

- aneinandergebaute und ausgedehnte Bauten und Anlagen
- einzelne Geschosse

- Korridore und Treppenanlagen, die als Fluchtwege dienen
- Aufzugs- und Lüftungsschächte
- technische Räume
- Räume unterschiedlicher Nutzung.

18.5.4.3   *Feuerwiderstand*

Der Feuerwiderstand von brandabschnittsbildenden Bauteilen ist so festzulegen, dass die Ausbreitung von Bränden auf andere Brandabschnitte verhindert wird. Massgebend sind insbesondere Art, Feuerwiderstand der Tragwerke, Geschosszahl, Brandbelastung sowie Bauart, Lage und Nutzung der betroffenen Bauten und Anlagen. Er beträgt mindestens 30 Minuten. Sprinkleranlagen können angemessen berücksichtigt werden (Art. 34 BSN). Die Detailanforderungen für bestimmte Nutzungen sind in Ziffer 3.10 der Brandschutzrichtlinie «Schutzabstände, Brandabschnitte» enthalten.

Art. 35 BSN fordert für Durchgänge in brandabschnittsbildenden Bauteilen feuerwiderstandsfähige Abschottungen und Brandschutzabschlüsse (T 30).

Bei Bauten mit Doppelfassaden sowie bei Atriumbauten sind Massnahmen zu treffen, damit die Brandausbreitung über Zwischenfassadenbereiche (Pufferzonen) und Innenhöfe eingeschränkt wird (Art. 36 BSN). Vgl. die Brandschutzerläuterungen «Bauten mit Doppelfassaden» und «Atriumbauten».

Besondere Vorschriften gelten auch für Bühnen (vgl. die Brandschutzrichtlinie «Bühnen»).

18.5.4.4   *Brandmauern*

Erstellungspflicht

Werden Gebäude aneinandergebaut oder wird ein Gebäude an die Grenze gestellt, so ist eine Brandmauer zu errichten (§ 290 Abs. 1 PBG). Wo es einen wirksameren Brandschutz erfordert, sind Zwischenbrandmauern zu erstellen (§ 290 Abs. 2 PBG). Vgl. zu weiteren baurechtlichen Anforderungen Seite 880 f.

Das Feuerpolizeirecht geht weiter als die baurechtlichen Vorschriften: Aneinandergebaute und ausgedehnte Gebäude sind auch dort, wo das Baurecht dies nicht verlangt (also unabhängig von einer Parzellengrenze), mit Brandmauern zu unterteilen (vgl. im Detail die Brandschutzrichtlinie «Schutzabstände, Brandabschnitte»; zum Verhältnis und zum Unterschied zu den baurechtlichen Vorschriften siehe BEZ 2007 Nr. 53 sowie Seite 880 f.).

Ausgestaltung

Brandmauern sind vertikal durchgehend im Ausmass der jeweils höheren und breiteren Fassadenfläche der zusammengebauten Bauten und Anlagen auszuführen und bis unmittelbar unter die nicht brennbare Dach- oder an die äusserste Schicht der Fassadenkonstruktion zu führen. Zu den technischen Anforderungen an eine Brandmauer vgl. Ziffer 3.3. der Richtlinie «Schutzabstände, Brandabschnitte» und deren Anhang.

18.5.5   Fluchtwege

18.5.5.1   *Begriff*

Fluchtwege sind gleichzeitig Rettungswege. Zu den Grundsätzen vgl. § 305 Abs. 2 PBG.

Als Fluchtweg gilt der kürzeste Weg,

- der Personen zur Verfügung steht, um von einer beliebigen Stelle in Bauten und Anlagen ins Freie an einen sicheren Ort zu gelangen;
- der Feuerwehr und den Rettungskräften als Einsatzweg zu einer beliebigen Stelle in Bauten und Anlagen dient (Art. 37 BSN).

Vgl. zu den Anforderungen an Fluchtwege neben den untenstehenden Ausführungen insbesondere die Brandschutzrichtlinie «Flucht- und Rettungswege», die u.a. auch entsprechende Anforderungen für bestimmte Gebäudearten und Nutzungen enthält.

18.5.5.2   *Anordnung und Messweise*

Anordnung

Fluchtwege sind so anzulegen, zu bemessen und auszuführen, dass sie jederzeit rasch und sicher benützbar sind. Massgebend sind insbesondere die Personenbelegung, die Geschosszahl sowie Bauart, Lage, Ausdehnung und Nutzung von Bauten, Anlagen und Brandabschnitten. Vorgeschriebene Mindestanforderungen dürfen nicht unterschritten werden (Art. 38 BSN).

Messweise

Die gesamte Fluchtweglänge setzt sich zusammen aus:

- der Fluchtweglänge im Raum, gemessen in der Luftlinie; besitzt ein Raum nur einen Ausgang, darf kein Punkt des Raumes mehr als 20 m davon entfernt sein; bei zwei oder mehr Ausgängen sind 35 m zulässig;
- der Fluchtweglänge im Korridor, gemessen in der Gehweglinie.

Die Strecke innerhalb der Treppenanlage bis ins Freie wird nicht gemessen. Die Gesamtlänge des Fluchtweges darf, je nachdem ob er zu einer oder zu zwei voneinander entfernte nTreppenanlagen führt, 35 m beziehungsweise 50 m nicht übersteigen (Art. 39–41 BSN).

Vgl. hierzu die instruktiven Zeichnungen im Anhang zur Brandschutzrichtlinie «Flucht- und Rettungswege».

18.5.5.3   *Treppen, Türen, Korridore*

Treppenanlagen

Anzahl und Lage von Treppenanlagen sind in Art. 42 BSN geregelt. Danach sind mindestens zwei Treppenanlagen erforderlich

- wenn die Bruttogeschossfläche mehr als 600 m² beträgt oder
- wenn Räume mit einer Personenbelegung von mehr als 100 Personen vorhanden sind sowie
- für Bauten und Anlagen mit mehr als zwei Untergeschossen, sofern nicht aus Gründen des Arbeitnehmerschutzes weitergehende Anforderungen gestellt werden.

Bei sehr grossflächigen Bauten und Anlagen mit einer sehr geringen Personenbelegung und gesichertem Einsatzweg für die Feuerwehr und die Rettungskräfte kann die Zahl der Treppenanlagen mit Zustimmung der zuständigen Behörde angemessen vermindert werden.

Führen Fluchtwege zu mehreren Treppenanlagen, darf die Bruttogeschossfläche je Treppenanlage höchstens 900 m² betragen.

Unter «Bruttogeschossfläche» wird die anrechenbare Fläche gemäss § 256 PBG verstanden (§ 6 VVB). Sie umfasst die für die Überbauungsziffer anrechenbare Fläche (senkrechte Projektion der grössten oberirdischen Gebäudeumfassung auf den Erdboden, Aussenmasse, unter Abzug der Vorsprünge gemäss § 256 Abs. 2 PBG.

Treppenhäuser sind von den einzelnen Geschossen durch Brandabschlüsse von mindestens F 30 abzutrennen. Sie sind je nach Nutzung und Geschosszahl mit direkt ins Freie führenden Rauch- und Wärmeabzugsanlagen auszurüsten.

Für Treppenhäuser, die als Fluchtweg dienen, gelten verschärfte Anforderungen. Sie sind als Brandabschnitte mit dem für das Tragwerk erforderlichen Feuerwiderstand, mindestens aber F 60 zu erstellen (Art. 43 BSN).

Treppen im Einzelnen

Aussentreppen sind so anzuordnen, dass Benutzende nicht durch einen Brand oder durch Bauten und Anlagen gefährdet sind (Art. 44 BSN).

Treppen und Podeste sind sicher begehbar, nicht brennbar und geradläufig auszuführen. Gewendelte Treppen können für überbreite, repräsentative und für wohnungsinterne Verbindungen zugelassen werden (Art. 45 BSN).

Korridore

Korridore, die als Fluchtweg dienen, sind als Brandabschnitte mit dem für das Tragwerk erforderlichen Feuerwiderstand, mindestens aber mit F 30 zu erstellen.

Von angrenzenden Räumen sind Korridore durch Brandschutzabschlüsse von F 30 abzutrennen.

Korridore, die Treppenanlagen miteinander verbinden, sind durch Brandschutzabschlüsse T 30 zu unterteilen (Art. 46 BSN).

Türen

Türen müssen in Fluchtrichtung geöffnet werden können. Ausgenommen bleiben Türen zu kleinen Räumen mit kleiner Personenbelegung oder zu Räumen ohne erhöhte Brandgefahr (Räume mit nicht mehr als 30 m² Grundfläche, in denen sich im Allgemeinen nur einzelne Personen aufhalten, das heisst gleichzeitig nicht mehr als sechs Personen, vgl. Ziffer 3.5.5 und Anhang hierzu der Brandschutzrichtlinie «Flucht- und Rettungswege»).

Türen in Fluchtwegen müssen sich von den Flüchtenden jederzeit ohne Hilfsmittel rasch öffnen lassen. Von den Einsatzkräften müssen auch sie von aussen geöffnet werden können.

Kipp-, Hub-, Roll- Schnelllauf- und Schiebetore sowie Drehtüren sind nur zulässig, wenn zweckmässig angeordnete, in der Richtung des Fluchtweges öffnende Türen vorhanden sind (Art. 48 BSN). Sie müssen bei Stromausfall oder einem Defekt selbsttätig öffnen oder rasch und ohne Hilfsmittel von Hand geöffnet werden können.

18.5.5.4 *Breiten und Gestaltung*

Breiten

Die Breite von Türen, Korridoren und Treppen ist nach der möglichen Personenbelegung zu bemessen. Der Raum mit der grössten Personenbelegung bestimmt die erforderliche Breite des Fluchtweges.

Die Mindestbreite von Treppen und Korridoren muss 1,20 m betragen. Bei wohnungsinternen Verbindungen genügen 0,90 m. Das lichte Durchgangsmass von Türen hat 0,90 m zu betragen (Art. 47 BSN).

Im Weiteren ist § 305 PBG zu beachten, soweit diese Bestimmung strengere Anforderungen stellt. Das trifft für Haustüren zu (Lichtmass 1 m). Andererseits gehen die Brandschutzvorschriften § 305 PBG insoweit vor, als sie keine Erleichterungen für Einfamilienhäuser kennen.

Ausbau

Wand und Deckenverkleidungen von Treppenanlagen, Korridoren und Vorplätzen, die als Fluchtweg dienen, sind mit nicht brennbaren Materialien auszurüsten. Für Bodenbeläge und Beläge von Treppenstufen sind je nach Nutzung von Bauten und Anlagen brennbare Materialien zulässig (Art. 49 BSN). Zu den Bürobauten vgl. Ziffer 5.1.2 der Brandschutzrichtlinie «Flucht- und Rettungswege», in der Fassung vom 20. Oktober 2008.

Freihaltung

Treppenanlagen, Korridore, Ausgänge und Verkehrswege, die als Fluchtwege dienen, sind jederzeit frei und sicher benützbar zu halten. Sie dürfen keinen anderen Zwecken dienen (Art. 50 BSN).

Kennzeichnung

Je nach Personenbelegung, Geschosszahl, Lage, Ausdehnung und Nutzung von Bauten, Anlagen oder Brandabschnitten sind Fluchtrichtung und Ausgänge mit Rettungszeichen und einer Sicherheitsbeleuchtung erkennbar zu machen (Art. 51 BSN). Vgl. hierzu die Brandschutzrichtlinie «Kennzeichnung von Fluchtwegen, Sicherheitsbeleuchtung, Sicherheitsstromversorgung».

18.5.5.5 *Besondere Bestimmungen*

Hochhäuser

In Hochhäusern sind die erforderlichen Treppenanlagen als Sicherheitstreppenhäuser mit F 30 zu erstellen. Je Sicherheitstreppenhaus darf die Bruttogeschossfläche höchstens 600 m² betragen. Als Sicherheitstreppenhäuser gelten Treppenanlagen, die gegen das Eindringen von Rauch und Feuer besonders geschützt sind (Art. 52 BSN).

Unter «Bruttogeschossfläche» wird die anrechenbare Fläche gemäss § 256 PBG verstanden (§ 6 VVB). Sie umfasst damit die für die Überbauungsziffer anrechenbare Fläche (senkrechte Projektion der grössten oberirdischen Gebäudeumfassung auf den Erdboden, Aussenmasse, unter Abzug der Vorsprünge gemäss § 256 Abs. 2 PBG).

Atriumbauten, Bauten mit Doppelfassaden

In Atriumbauten dürfen Fluchtwege nicht in oder offen durch überdachte Innenhöfe, in Bauten mit Doppelfassaden nicht über Zwischenfassadenbereiche (Pufferzonen) führen (Art. 53 BSN). Vgl. zu Details die Brandschutzerläuterungen «Atriumbauten» und «Bauten mit Doppelfassaden».

18.5.6   ### Erläuterungen und Arbeitshilfen für bestimmte Bauten und Nutzungen

18.5.6.1   *Erläuterungen der VKF*

Für bestimmte Arten von Bauten und Nutzungen bestehen Erläuterungen, welche die Brandschutzvorschriften zusammenfassen und erläuternd ergänzen. Vgl. die Brandschutzerläuterungen «Bühnen», «Abgelegene Beherbergungsbetriebe», «Zivilschutzbauten und Truppenunterkünfte», «Tourismus in der Landwirtschaft» (Schlafen in der Scheune), «Anbringen von brennbaren Geweben an Gebäuden» und «Munitionslager» sowie die Arbeitshilfen «Wohnbauten», «Parkhäuser und Einstellräume für Motorfahrzeuge», «Büro- und Gewerbebauten», «Beherbergungsbetriebe», «Bauten mit Räumen mit grosser Personenbelegung», «Verkaufsgeschäfte» und «Hochhäuser».

18.5.6.2   *Merkblätter der Kantonalen Feuerpolizei*

Auch die Kantonale Feuerpolizei hat (neue, an die BSN und die Brandschutzrichtlinien angepasste) Merkblätter publiziert: «Mehrfamilienhäuser (MFH) aus nicht brennbaren Materialien», «Mehrfamilienhäuser (MFH) aus brennbaren Materialien», «Einfamilienhäuser», «Kerzen mit offener Flamme in Heimen und Krankenhäusern».

18.6   ## Hinweise auf weitere Brandschutzvorschriften

18.6.1   ### Technischer Brandschutz

18.6.1.1   *Begriff und Anforderungen*

Zum technischen Brandschutz zählen insbesondere Löscheinrichtungen, Brand- und Gasmeldeanlagen, Sprinkleranlagen, Rauch- und Wärmeabzugsanlagen, Blitzschutzanlagen, Sicherheitsbeleuchtungen und Sicherheitsstromversorgungen, Feuerwehraufzüge und Explosionsschutzvorkehrungen (Art. 54 BSN).

Einrichtungen für den technischen Brandschutz müssen alarmieren, Fluchtwege erkennbar machen, Brände einschränken und verhindern, die Brandbekämpfung sicherstellen (Art. 55 BSN). Bauten und Anlagen sind je nach Personenbelegung, Geschosszahl etc. mit ausreichend dimensionierten Einrichtungen für den technischen Brandschutz auszurüsten (Art. 56 BSN).

Zu den Einzelheiten vgl. die Brandschutzrichtlinien «Löscheinrichtungen», «Sprinkleranlagen», «Brandmeldeanlagen», «Gasmeldeanlagen» und «Blitzschutzanlagen» sowie die Brandschutzerläuterung «Feuerwehraufzüge».

Zu den Sprinkleranlagen besteht sodann eine Weisung der kantonalen Feuerpolizei vom 10. Juni 2008. Dasselbe gilt für Brandmeldeanlagen (Weisung der Kantonalen Feuerpolizei vom 10. Juni 2008 «Brandmeldeanlagen: Planung, Ausführung, Abnahme und Kontrollen». Auch eine freiwillig erstellte Blitzschutzanlage hat die einschlägigen Vorschriften einzuhalten und ist durch die Feuerpolizei abzunehmen (BEZ 2009 Nr. 18).

18.6.1.2   *Abnahmen und Kontrollen durch die Kantonale Feuerpolizei*

Der Regierungsrat hat Vollzugsbestimmungen zum Technischen Brandschutz erlassen (§§ 7–10 VVB): Die Abnahme und Kontrolle von Sprinkler-, Brandmelde- und Blitzschutzanlagen erfolgt durch die Kantonale Feuerpolizei. Diese regelt Abgrenzungen und Einzelheiten. Sie kann ausserordentliche Kontrollen von Einrichtungen des Technischen Brandschutzes durchführen und ordnet die Behebung von Mängeln schriftlich an. Für die Abnahmen und Kontrollen werden in der Regel keine Kosten erhoben.

18.6.2   Abwehrender Brandschutz

Bauten und Anlagen müssen für den raschen und zweckmässigen Einsatz der Feuerwehr jederzeit ungehindert zugänglich sein. Die Feuerwehr muss rasch alarmiert und eingesetzt werden können. Bei grösseren Betrieben ist zusätzlich eine Betriebsfeuerwehr zu organisieren (Art. 60 BSN).

18.6.3   Haustechnische Anlagen

18.6.3.1   *Allgemeine Hinweise*

Zu den haustechnischen Anlagen gehören Wärme- und kältetechnische Anlagen, lufttechnische Anlagen, Aufzugsanlagen und elektrische Anlagen (Art. 61 BSN). Sie müssen dem Stand der Technik entsprechen (Art. 62 BSN). Vgl. zu den Anforderungen an solche Anlagen die Brandschutzrichtlinien «Rauch- und Wärmeabzugsanlagen», «Aufzugsanlagen», «Wärmetechnische Anlagen» und «Lufttechnische Anlagen» sowie die Brandschutzerläuterungen «Cheminées», «Spänefeuerungen», «Schnitzelfeuerungen» und «Pelletsfeuerungen».

18.6.3.2   *Ableitung der Abgase von Feuerungsanlagen*

Abgasanlagen (Kamine) sind so hoch über Dach zu führen, dass die Abgase einwandfrei ins Freie abgeleitet werden und nicht unter Gebäude- und Dachvorsprüngen ausmünden. Beträgt der Abstand von Abgasanlagen zu höheren Gebäudeteilen weniger als 3 m, sind sie über das höher gelegene Dach hochzuführen. Diese Anforderungen gelten für alle Feuerungsanlagen (also solche für feste, flüssige und gasförmige Brennstoffe, Ziffer 2 der Brandschutzrichtlinie «Wärmetechnische Anlagen»). Für Cheminées sind keine Ausnahmen vorgesehen.

Werden aus Umweltschutzgründen (das heisst gestützt auf die LRV und die Empfehlungen des BUWAL (seit 1. Januar 2006: BAFU) über die Mindesthöhe von Kaminen, vgl. hierzu Seite 1013 f.) keine weitergehenden Anforderungen gestellt, beträgt die Höhe über Dach (Ziffer 6.8. der Brandschutzrichtlinie «Wärmetechnische Anlagen»):

- 1 m für Abgasanlagen, die in der Dachfläche ausmünden, im rechten Winkel zur Dachfläche gemessen;

Mindesthöhe von Kaminen bei Steildächern
Quelle: Brandschutzrichtlinie «Wärmetechnische Anlagen», S. 33

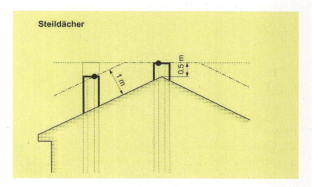

- 0,50 m für Abgasanlagen, die beim First ausmünden;
- 0,50 m für Abgasanlagen, die auf nicht begehbaren Flachdächern ausmünden;
- 2 m für Abgasanlagen, die auf begehbaren (benutzbaren) Flachdächern ausmünden

Weitere Anforderungen gelten für die Abstände zu brennbaren Bauteilen und Materialien.

18.6.4   Gefährliche Stoffe

Für die Lagerung gefährlicher Stoffe (zum Begriff Art. 63 und zur Klassifizierung Art. 64 BSN) und für den Umgang mit solchen sind Schutzmassnahmen zu treffen (Art. 65, 66 und 67 BSN). Gebinde, Behälter und Verpackungen haben die sichere Aufbewahrung und den sicheren Transport der Stoffe zu gewährleisten (Art. 68 BSN). Vgl. hierzu die Brandschutzrichtlinien «Gefährliche Stoffe» und «Brennbare Flüssigkeiten».

18.6.5   Betrieblicher Brandschutz

Eigentümer- und Nutzerschaft von Bauten und Anlagen haben organisatorisch und personell die zur Gewährleistung der Brandsicherheit notwendigen Massnahmen zu treffen (Art. 69 BSN). Wenn Brandgefahren, Personenbelegung, Art und Grösse von Bauten, Anlagen oder Betrieben es erfordern, sind der Betriebsleitung angehörige Sicherheitsbeauftragte zu bestimmen, auszubilden und mit einem Pflichtenheft zu versehen (Art. 70 BSN) sowie Brandschutz- und Feuerwehreinsatzpläne zu erstellen (Art. 71 BSN).

Die Sicherheitsbeauftragten sind dem Gemeinderat der Gemeinde zu melden. Die Betriebsleitung erstellt nach den Weisungen der Kantonalen Feuerpolizei ein Pflichtenheft, in dem die Aufgaben der Sicherheitsbeauftragten festgelegt sind (§ 12 VVB).

Bei Arbeiten an Bauten und Anlagen sind von allen Beteiligten geeignete Massnahmen zu treffen, um der durch den Bauvorgang erhöhten Brand und Explosionsgefahr wirksam zu begegnen (Art. 72 BSN). Wenn besondere Brandgefahren oder die Grösse der Baustelle es erfordern, ist ein Sicherheitsbeauftragter zu bestimmen. Durch Dekorationen darf keine zusätzliche Brandgefährdung entstehen (Art. 73 BSN).

Vgl. Näheres in den Brandschutzrichtlinien «Brandverhütung» und «Sicherheit in Betrieben und auf Baustellen» sowie – zu den Baustellen – <u>Seite 403 f.</u>

18.7 Bewilligungen und Kontrollen

18.7.1 Feuerpolizeiliche Auflagen im Baubewilligungsverfahren

18.7.1.1 *Im Allgemeinen*

Im Allgemeinen prüft die Gemeindefeuerpolizei die Baugesuche in Bezug auf den Brandschutz und beantragt der Baubehörde die notwendigen Brandschutzmassnahmen. Diese sind Bestandteil der Baubewilligung (§ 3 FFG).

18.7.1.2 *Bauten und Anlagen mit erhöhtem Brandrisiko*

Begriff

Für Bauten und Anlagen, die ein erhöhtes Brandrisiko aufweisen, gilt ein besonderes Bewilligungsverfahren. Was unter «Bauten und Anlagen mit erhöhtem Brandrisiko» zu verstehen ist, definiert § 3 VVB. Nach Abs. 1 dieser Bestimmung gelten als solche Bauten und Anlagen jene, bei denen Personen oder Sachen aufgrund erschwerter Fluchtmöglichkeiten oder erschwertem Einsatz der Feuerwehr besonders gefährdet sind. Abs. 2 enthält eine nicht abschliessende Aufzählung. Danach gehören zur Kategorie der Bauten und Anlagen mit erhöhtem Brandrisiko insbesondere solche

- mit starker Personenbelegung;
- mit industrieller oder gewerblicher Nutzung;
- zur Lagerung von und zum Umschlag mit gefährlichen Stoffen;
- wie Hochhäuser, Atriumbauten, Bauten mit Doppelfassaden, Hochregallager, Verkehrsanlagen, Messehallen;
- die aus brennbaren Baustoffen erstellt sind und mehr als drei Geschosse aufweisen;
- mit einem mittleren Brandrisiko sowie zusammenhängenden Brandabschnittsflächen von mehr als 1200 m² (bei mehrgeschossigen brennbaren Bauten und Anlagen) beziehungsweise 2400 m² (bei den übrigen Bauten und Anlagen);
- bei denen aus Gründen der Verhältnismässigkeit oder des Natur- und Heimatschutzes das Schutzziel nicht mit vorgeschriebenen Standardmassnahmen erreicht wird.

Verfahrensablauf

Die Gemeindefeuerpolizei prüft das Baugesuch und legt dar, welche feuerpolizeilichen Bedingungen und Auflagen sie für angezeigt hält. Sie übermittelt das

Baugesuch zusammen mit den von ihr vorgesehenen Anordnungen der Kantonalen Feuerpolizei. Diese setzt die Bedingungen und Auflagen fest (§ 4 VVB).

18.7.1.3　*Weitere Abweichungen*

Alternative Brandschutzmassnahmen

Über die Gleichwertigkeit von alternativen Brandschutzmassnahmen im Sinne von Art. 11 Abs. 2 BSN entscheidet die kantonale Feuerpolizei (§ 2 lit. b Ziff. 2 VVB).

Erleichterungen und Verschärfungen

Ist eine Erleichterung oder eine Verschärfung der Brandschutzvorschriften gemäss Art. 11 Abs. 3 BSN angezeigt, so legt die Gemeindefeuerpolizei die in Aussicht genommenen Anordnungen der Kantonalen Feuerpolizei zur Genehmigung vor (Art. 5 Abs. 1 VVB).

Die Kantonale Feuerpolizei kann eine Gemeindefeuerpolizei von der Pflicht zur Vorlage für alle oder einzelne Bereiche befreien (§ 5 Abs. 2 VVB).

18.7.1.4　*Besondere Bewilligungen*

Die Kantonale Feuerpolizei entscheidet im Einzelfall (vgl. § 2 lit. b Ziffern 2 und 3 VBB) über

- die Anwendung von Brandschutzprodukten ohne Prüfnachweis (Art. 16 BSN);
- den allfälligen Nachweis des Feuerwiderstandes von Tragwerken (Art. 31 BSN);
- die Reduktion der Anzahl Treppenanlagen bei grossflächigen Bauten und Anlagen (Art. 42 Abs. 6 BSN);
- die Anordnungen der Prüfung von Baustoffen, die für eine besondere Anwendung nicht hinreichend beurteilt werden können, die Anwendung dämmschichtbildender Anstriche (Ziffern 3.3, 4.1.5 Abs. 3, 4.2.8 Abs. 4 und 4.3 Abs. 3 der Brandschutzrichtlinie «Baustoffe und Bauteile»);
- den Nachweis des Feuerwiderstandes von Tragwerken unter Naturbrandbedingungen (Ziffern 6.2 und 6.3 der Brandschutzrichtlinie «Tragwerke»);
- den rechnerischen Nachweis der Wirksamkeit von Rauch- und Wärmeabzugsanlagen (Ziffer 5 Abs. 1 und 3 der Brandschutzrichtlinie «Rauch- und Wärmeabzugsanlagen»).

18.7.2　*Feuerpolizeiliche Bewilligungen*

18.7.2.1　*Wärmetechnische Anlagen*

Bewilligungspflicht

Die Erstellung, der Umbau und der Betrieb von wärmetechnischen Anlagen (Feuerungsanlagen, Wärmepumpen, Wärmekraftkoppelungsanlagen, Blockheizkraftwerke, Sonnenenergieanlagen) bedürfen einer Bewilligung der Gemeindefeuerpolizei (§ 13 Abs. 1 VVB).

Für grössere Anlagen ist die Kantonale Feuerpolizei zuständig. Diese regelt die Abgrenzung und die Einzelheiten (§ 13 Abs. 2 VVB).

Mit der Weisung vom 15. August 2005, in Kraft seit 15. September 2005, «Feuerpolizeiliche Bewilligungen für wärmetechnische Anlagen und gefährliche Stoffe» hat die kantonale Feuerpolizei die notwendigen Abgrenzungen zu den Zuständigkeiten vorgenommen und die Bewilligungsinstanzen festgelegt. Danach ist die Gemeinde für Anlagen mit einer Nennwärmeleistung bis 70 kW (bei offener Aufstellung) beziehungsweise bis 700 kW (in Heinzräumen) und die entsprechende Brennstofflagerung zuständig.

Abgrenzung zur baurechtlichen Bewilligung

Die Bewilligung durch die Feuerpolizeiorgane ist von jener nach § 309 lit. d PBG zu unterscheiden. Die baurechtliche Bewilligung durch die Baubehörde beziehungsweise die Baudirektion bezieht sich nicht auf die Vorschriften über die Feuerpolizei, sondern über die Luftreinhaltung sowie die energetischen Massnahmen. Die feuerpolizeiliche (wie auch die baurechtliche) Bewilligung wird vom Gesuchsteller mit dem erwähnten Formular «Gesuch um die Erstellung oder den Ersatz einer Feuerungsanlage» beantragt. Wenn wegen weiterer beabsichtigter Massnahmen ein normales Baugesuch eingereicht werden muss, kann die Bewilligung für die Erstellung oder den Umbau der Feuerungsanlage im Rahmen der normalen Baubewilligung erfolgen. Normalerweise ist die kommunale Baubehörde allerdings damit einverstanden, dass die Feuerungsbewilligung in einem späteren Zeitpunkt (zum Beispiel vor Baubeginn) erteilt wird.

18.7.2.2   *Bewilligungspflichten für gefährliche Stoffe*

§ 17 VVB regelt die Bewilligungspflichten für gefährliche Stoffe. Wer mehr als 450 Liter brennbare Flüssigkeit lagert, bedarf einer Bewilligung der Kantonalen Feuerpolizei. Auch die Lagerung brennbarer Gase ist bewilligungspflichtig (ab 300 kg durch die Kantonale Feuerpolizei). Für die Bewilligung der Herstellung oder Lagerung von Sprengmitteln zu gewerblichen Zwecken ist die Kantonale Feuerpolizei zuständig. Für die Herstellung von Feuerwerk ist eine Bewilligung der Kantonalen Feuerpolizei nötig. Die Lagerung von Kleinmengen der Kategorien I–IV (bis 5 kg) ist bewilligungsfrei. Feuerwerk von 5 bis 100 kg darf nur mit Bewilligung der Gemeindefeuerpolizei gelagert werden (für grössere Mengen ist die Kantonale Feuerpolizei zuständig). Für den Verkauf von Feuerwerk ist die Gemeindefeuerpolizei zuständig. Die Details ergeben sich aus der Weisung vom 15. August 2005, in Kraft seit 15. September 2005, «Feuerpolizeiliche Bewilligungen für wärmetechnische Anlagen und gefährliche Stoffe».

18.7.3   Feuerpolizeiliche Kontrollen und Reinigung von Feuerungsanlagen

18.7.3.1   *Kontrollen*

Neu- und Umbauten

Die Gemeindefeuerpolizei überwacht bei Neu- und Umbauten die Einhaltung der Bedingungen und Auflagen der Baubewilligung und der Brandschutzvorschriften.

Sie nimmt soweit nötig während der Bauausführung und in jedem Fall nach Fertigstellung des Bauvorhabens Kontrollen vor (§ 19 VVB). Vgl. hierzu Ziffer 1 der Weisung der Kantonalen Feuerpolizei «Feuerpolizeiliche Kontrollen» vom 15. Januar 2005.

Bestehende Bauten

Die Gemeindefeuerpolizei führt in bestehenden Bauten periodisch oder von Fall zu Fall Kontrollen durch. In der oben genannten Weisung ist je nach Massgabe des feuerpolizeilichen Risikos ein Turnus von zwei bis acht Jahren festgelegt.

Für Bauten und Anlagen mit grosser Personenbelegung, für Beherbergungsbetriebe, für Hochhäuser sowie für Betriebe, die in den Geltungsbereich der Störfallverordnung fallen, ist die Kantonale Feuerpolizei zuständig. Die entsprechenden Bauten und Anlagen sind in der erwähnten Weisung festgelegt.

Die Kantonale Feuerpolizei kann Gebäudekategorien mit geringem Brandrisiko der Eigenkontrolle der Gebäudeeigentümerin oder des Gebäudeeigentümers unterstellen (§ 20 VVB). In diesem Sinne unterstehen alle Wohnbauten bis zur Hochhausgrenze sowie besondere Bauten wie Elektrizitäts- und Wasserwerke und Trafostationen der Eigenkontrolle (Ziffer 4 der erwähnten Weisung).

Ziffer 5 der Weisung legt den Umfang der Kontrollen fest. Nach Ziffer 6 erhalten die Gebäudeeigentümer über das Ergebnis der periodischen Kontrollen einen schriftlichen Bericht. Bei Mängeln wird den Eigentümern Frist zu deren Behebung angesetzt.

Ist die Feuer- oder Explosionsgefahr besonders gross, werden die erforderlichen Sofortmassnahmen angeordnet (§ 21 VVB).

Die Brandschutzbehörde führt ein Verzeichnis über die ihrer Kontrolle unterstellten Bauten und Anlagen. Das Verzeichnis enthält die für die Brandverhütung und Brandbekämpfung wichtigen Angaben (§ 22 VVB). Vgl. auch Ziffer 9 der Weisung «Feuerpolizeiliche Kontrollen».

Die Gebühr für die feuerpolizeilichen Kontrollen kann nach Aufwand in Rechnung gestellt werden (vgl. hierzu ausführlich BEZ 2008 Nr. 14).

Der Gemeindefeuerpolizei kommt nicht schon von Gesetzes wegen Verfügungskompetenz zu. Diese richtet sich vielmehr nach der Gemeindeordnung und allfälligen Delegationsbeschlüssen. Ohne abweichende Regelungen steht die Verfügungskompetenz der Gemeindeexekutive zu.

18.7.3.2 *Reinigung und Kontrolle von Feuerungsanlagen*

Rechtsgrundlage

Über die Reinigung von Feuerungsanlagen erliess die Kantonale Feuerpolizei in Anwendung der §§ 14 und 15 VVB eine «Weisung über die Reinigung von Feuerungsanlagen». Diese regelt die entsprechenden Pflichten der Eigentümer sowie die Rechte und Pflichten der Kaminfeger und den Reinigungsturnus.

Pflichten der Eigentümer

Gemäss Ziffer 1 der erwähnten Weisung ist der Anlageeigentümer oder -nutzer für die regelmässige Reinigung der Feuerungsanlagen (Feuerungsaggregate, Verbindungsrohre und -kanäle, Abgasleitungen und Kamine) verantwortlich. Er beauftragt dazu einen Kaminfeger, welcher über eine Bewilligung der Kantonalen Feuerpolizei zur Reinigung von Feuerungsanlagen verfügt.

Bewilligung zur Reinigung von Feuerungsanlagen

Wer Feuerungsanlagen reinigt, bedarf einer Bewilligung der Kantonalen Feuerpolizei. Die Bewilligung wird auf Amtsdauer der kommunalen Behörden erteilt, wenn die Gesuchstellerin oder der Gesuchsteller das Meisterdiplom des Schweizerischen Kaminfegermeisterverbandes besitzt und handlungsfähig ist. Die Bewilligung gilt für das ganze Kantonsgebiet.

Die Bewilligung ist keine Monopolkonzession. Sie muss allen Bewerbern erteilt werden, welche die erwähnten Voraussetzungen erfüllen (BEZ 1995 Nr. 27).

Pflichten des Kaminfegers

Die Kaminfeger sind für die vorschriftsgemässe und gründliche Reinigung der Feuerungsanlagen zuständig. Der Zeitpunkt der Reinigungsarbeiten ist dem Eigentümer oder dessen Stellvertreter rechtzeitig beziehungsweise spätestens am Vortag anzuzeigen. Die Reinigungsarbeiten sowie auch schadhafte oder feuergefährliche Feuerungsanlagen sind im Gebäudekontrollheft einzutragen. Mängel sind dem Eigentümer zu melden.

Bei grosser Gefahr oder wenn Mängel trotz wiederholter Aufforderung nicht behoben werden, ist der Feuerpolizei der Gemeinde Meldung zu erstatten. Dasselbe gilt auch, wenn sich Eigentümer oder Mieter der vorschriftsgemässen Reinigung von Feuerungsanlagen widersetzen. Beschwerden über die Verrichtungen der Kaminfeger sind dagegen der Kantonalen Feuerpolizei einzureichen.

Feuerungsanlagen für flüssige Brennstoffe sind bei Ganzjahrsbetrieb zweimal jährlich zu reinigen. Gasfeuerungsanlagen sind einmal jährlich zu kontrollieren und nur sofern nötig zu reinigen. Für weitere Details zum Reinigungsturnus vgl. Ziffer 3 der erwähnten Weisung.

Kontrolle durch die Gemeindefeuerpolizei

Die Gemeindefeuerpolizei überprüft mittels Stichproben die vorschriftsgemässe Reinigung der Feuerungsanlagen. Die Kontrollen sind im Gebäudekontrollheft einzutragen (Ziffer 5 der Weisung).

Sicherheitskontrollen von Gasapparaten

Die Werke, die ein Versorgungsnetz für die Belieferung von Endverbrauchern mit Gas betreiben, kontrollieren Gasapparate und Gasinstallationen periodisch auf deren Betriebssicherheit. Sie können die Kontrolle durch ausgewiesene Fachpersonen durchführen lassen. Diese stehen unter der Aufsicht der Werke und handeln in deren Verantwortung. Der Kontrollturnus und weitere Details sind in der Weisung der Kantonalen Feuerpolizei vom 1. September 2005 «Periodische Sicherheitskontrollen von Gasapparaten und -installationen für Erdgas» festgehalten.

18.8 Staatsbeiträge an den Brandschutz

Die GVZ gewährt an die Kosten freiwillig erstellter, vorschriftgemässer Brandschutzmassnahmen eine einmalige Subvention, sofern der Personen- und Gebäudeschutz dadurch wesentlich verbessert wird und das Gebäude bei ihr versichert ist (§ 1 VSGB). Subventionsberechtigt sind bauliche Brandschutzmassnahmen an bestehenden Gebäuden, das heisst die Errichtung von Brandmauern, und (unter gewissen Voraussetzungen) Türen in Brandmauern. Für Beherbergungsbetriebe, Hochhäuser sowie Bauten und Anlagen der öffentlichen und privaten Schulen bestehen weitergehende Subventionsansprüche. Subventionen werden auch für Brandmelde- und automatische Löschanlagen in bestehenden Gebäuden ausgerichtet. Die Details sind im Reglement der GVZ vom 1. Juni 2007 «Subventionen an Verbesserungen des Brandschutzes» festgehalten.

18.9 Rechtsschutz und Sanktionen

Gegen feuerpolizeiliche Anordnungen der Gemeinden und der Kantonalen Feuerpolizei (innerhalb oder ausserhalb des Baubewilligungsverfahrens) kann an das Baurekursgericht rekurriert werden. Soweit nicht Besonderheiten bestehen, richtet sich das Verfahren nach §§ 329 ff. PBG. Die Kantonale Feuerpolizei ist im Rekursverfahren anzuhören (§ 15 Abs. 1 FFG).

Rekursentscheide der Baurekursgerichts unterliegen nach dem Verwaltungsrechtspflegegesetz der Beschwerde an das Verwaltungsgericht (§ 15 Abs. 2 FFG). Vgl. zum Rekursverfahren allgemein und zu den Sanktionen Kapitel 9 bzw. 10.

Arbeitshilfen (Auswahl, weitere vgl. www.gvz.ch)

Suchbegriff	Bezeichnung	Bezugsquelle
Brandschutz	EN 13501-2 (Europäische Norm) Klassifizierung von Bauprodukten und Bauarbeiten zu ihrem Brandverhalten – Teil 2: Klassifizierung mit den Ergebnissen aus den Feuerwiderstandsprüfungen, mit Ausnahme von Lüftungsanlagen Ausgabe 2003, Brandschutz	«EN 13501-1» im Google eingeben
	VEREINIGUNG KANTONALER FEUERVERSICHERUNGEN (VKF/AEAI): Brandschutzvorschriften (enthaltend Brandschutznorm und Brandschutzrichtlinien) vom 26.3.2003 (roter Ordner A)	www.gvz.ch
	VEREINIGUNG KANTONALER FEUERVERSICHERUNGEN (VKF/AEAI): Brandschutzvorschriften (enthaltend Brandschutzerläuterungen und Arbeitshilfen vom 5.5.2003 und 6.8.2003 (blauer Ordner B)	www.gvz.ch
	KANTONALE FEUERPOLIZEI: Merkblatt «Kerzen mit offener Flamme in Heimen und Krankenhäusern» GEBÄUDEVERSICHERUNG KANTON ZÜRICH (GVZ), Reglement vom 1. Juni 2007, «Subventionen an Verbesserungen des Brandschutzes»	www.gvz.ch
	KANTONALE FEUERPOLIZEI; Weisung vom 15. Januar 2005 «Feuerpolizeiliche Kontrollen»	www.gvz.ch
	KANTONALE FEUERPOLIZEI, Weisung vom 10. Juni 2008 «Brandmeldeanlagen»	www.gvz.ch
	KANTONALE FEUERPOLIZEI; Weisung vom 10. Juni 2008 «Sprinkleranlagen»	www.gvz.ch
	KANTONALE FEUERPOLIZEI; Weisung vom 15. Januar 2005 «Reinigung von Feuerungsanlagen»	www.gvz.ch
	KANTONALE FEUERPOLIZEI: Weisung vom 15. August 2005 «Feuerpolizeiliche Bewilligungen für wärmetechnische Anlagen und gefährliche Stoffe»	www.gvz.ch
	KANTONALE FEUERPOLIZEI, Weisung vom 1. September 2005 «Periodische Sicherheitskontrollen von Gasapparaten und -installationen für Erdgas»	www.gvz.ch

19
Baulicher Umweltschutz

19.1   Grundlagen

19.1.1   Rechtliche Grundlagen

19.1.1.1   *Verfassungs- und Gesetzesstufe*

Der bauliche Umweltschutz umfasst Teilgebiete der Luftreinhaltung, der Lärmbekämpfung und der Bekämpfung von Erschütterungen. Im weiteren Sinn gehören auch die Abwasserreinigung, die Abfallbeseitigung, der Gewässerschutz, der Strahlenschutz, die Raumplanung und der Natur- und Heimatschutz dazu. Die im Rahmen dieses baulichen Umweltschutzes zu treffenden Massnahmen haben allesamt dem in Art. 74 BV definierten Ziel, nämlich dem Schutz des Menschen und seiner natürlichen Umwelt, zu dienen.

Vorschriften des Bundesrechts, welche umweltschutzrechtliche Anforderungen an das Bauen stellen, finden sich nicht nur im Umweltschutzgesetz (USG) und seinen Ausführungsverordnungen, sondern in zahlreichen weiteren Erlassen, so etwa im Gewässerschutzgesetz (GSchG), im Waldgesetz (WaG), im Natur- und Heimatschutzgesetz (NHG) und im Raumplanungsgesetz (RPG). Daneben bestehen aber auch kantonalrechtliche Normen des Umweltschutzrechts, welche sich auf das Bauen auswirken. Hinzuweisen ist auf das PBG (vgl. etwa §§ 226, 239, 249 und 295 PBG) und seine Verordnungen (insbesondere die Besondere Bauverordnung I [BBV I]), das Einführungsgesetz zum Gewässerschutzgesetz, das Energiegesetz, das Abfallgesetz und den Massnahmenplan Lufthygiene.

Das vorliegende Kapitel beschränkt sich auf eine Übersicht zu den Verordnungen, welche sich auf das USG stützen. Näher werden die Luftreinhalteverordnung (LRV), die Lärmschutzverordnung (LSV) und die Verordnung über den Schutz vor nicht ionisierender Strahlung (NISV) erläutert. Eine umfassende Übersicht zu den Umweltschutzvorschriften des Bundes ist etwa bei RAUSCH zu finden.

19.1.1.2   *Verordnungsstufe*

Luftreinhalteverordnung (LRV)

Die LRV enthält Grenzwerte für die Emissionen von industriellen und gewerblichen Anlagen sowie von Feuerungen. Für zahlreiche Schadstoffe und 40 Anlagearten werden detaillierte Emissionsbegrenzungen festgelegt. Diese Grenzwerte müssen von neuen Anlagen sofort eingehalten werden. Für bestehende Anlagen gilt im Normalfall eine Sanierungsfrist von fünf Jahren. Die LRV verpflichtet die Kantone zu regelmässigen Abgasmessungen bei Anlagen und zur Überwachung der Luftverschmutzung im Kantonsgebiet. Werden die in der Verordnung festgelegten Immissionsgrenzwerte überschritten, müssen die kantonalen Behörden einen Massnahmenplan erstellen, mit welchem innert fünf Jahren die Belastung wieder unter die Grenze der Schädlichkeit gesenkt wird.

Zu den Einzelheiten vgl. Seite 1065 ff.

Lärmschutzverordnung (LSV)

Die LSV regelt die Begrenzung des Lärms bei neuen oder bestehenden Anlagen. Die Verordnung enthält Vorschriften für den Lärmschutz bei ortsfesten Anlagen (Strassen, Eisenbahnen, Flugplätzen, Industrie-, Gewerbe- und Schiessanlagen sowie militärischen Anlagen). Bestehende Anlagen, die zu viel Lärm erzeugen, müssen saniert werden. Emissionen neuer Anlagen sind durch Lärmschutztechnik so zu beschränken, dass übermässige Emissionen gar nicht entstehen. Die LSV schreibt zusätzliche Massnahmen auf der Immissionsseite vor (zum Beispiel Schallschutz an Gebäuden, Baubeschränkungen in lärmbelasteten Gebieten) und enthält Grenzwerte für die wichtigsten Lärmarten. Zudem werden die Subventionierung von Schallschutzmassnahmen und die Sanierung bestehender Strassen aus Mitteln des Treibstoffzolls geregelt.

Zu den Einzelheiten vgl. Seite 1070 ff.

Verordnung über den Schutz vor nicht ionisierender Strahlung (NISV)

Die NISV regelt die Emissionsbegrenzungen von ortsfesten Anlagen wie Frei- und Kabelleitungen, Transformatorenstationen, elektrischen Hausinstallationen, Eisenbahnen sowie Sende- und Radaranlagen. Sie übernimmt die international anerkannten Gefährdungsgrenzwerte, welche auch in einer Empfehlung der EU-Kommission enthalten sind. Diese Gefährdungsgrenzwerte müssen überall eingehalten werden, wo sich Menschen – auch nur kurzfristig – aufhalten. Sie schützen vor wissenschaftlich nachgewiesenen Gesundheitsschäden und berücksichtigen die gesamte Strahlung, die an einem Ort vorhanden ist.

Für Orte, wo sich Menschen während längerer Zeit aufhalten (insbesondere für Wohngebäude, Schulen, Spitäler, Kinderspielplätze), gilt nach dem Vorsorgeprinzip ein weitergehender Schutz: Nicht ionisierende Strahlung muss gemäss Art. 11 USG im Sinne der Vorsorge begrenzt werden. Konkretisiert wird dieses Gebot in der NISV, indem sie ergänzend zu den Gefährdungsgrenzwerten strengere Anlagegrenzwerte enthält.

Zu den Einzelheiten vgl. Seite 1103 ff.

Verordnung über Belastungen des Bodens (VBBo)

Das Ziel der VBBo ist die langfristige Erhaltung der Bodenfruchtbarkeit beziehungsweise der Schutz des Bodens gegen Belastungen durch Schadstoffe, die aus der Luft, vom Umgang mit umweltgefährdenden Stoffen oder von Abfällen stammen. Die Verordnung befasst sich mit der Beobachtung der Bodenbelastung und bestimmt, wie Bodenbelastungen beurteilt werden sollen. Zudem regelt sie die Massnahmen zur Vermeidung nachhaltiger Bodenverdichtung und -erosion, die Massnahmen beim Umgang mit ausgehobenem Boden sowie weitergehende Massnahmen der Kantone (Art. 1 VBBo). Im Anhang zur VBBo sind Richt-, Prüf- und Sanierungswerte enthalten.

Verordnung über den Schutz vor gefährlichen Stoffen und Zubereitungen (Chemikalienverordnung, ChemV)

Die bisherige Stoffverordnung (StoV) wurde mit Inkrafttreten des eidgenössischen Chemikaliengesetzes per 1. August 2005 aufgehoben. Es gilt nun neben dem erwähnten Gesetz (ChemG) die zugehörige Verordnung (Chemikalienverordnung, ChemV). Diese Rechtsgrundlagen stützen sich nicht auf das USG. Sie gehen aber – ebenso wie die aufgehobene StoV – von einer generellen Pflicht zu umweltgerechtem Verhalten beim Umgang mit Stoffen aus.

Verordnung über den Verkehr mit Abfällen (VeVA)

Per 1. Januar 2006 ist die Verordnung über den Verkehr mit Abfällen (VeVA) in Kraft getreten. Diese Verordnung ersetzt die bisherige Verordnung über den Verkehr mit Sonderabfällen (VVS) und berücksichtigt die Erfahrungen aus deren Vollzug. Die VeVA schafft mit der Übernahme des europäischen Abfallkatalogs in die eidgenössische Gesetzgebung zusätzlich eine neue Abfallkategorie und andere kontrollpflichtige Abfälle. Für die Meldung und Erfassung der angenommenen Sonderabfälle wurde neu eine zentrale Informatiklösung geschaffen. Die Verordnung soll sicherstellen, dass Abfälle nur an geeignete Entsorgungsunternehmen übergeben werden (Art. 1 Abs. 1 VeVA). Sie regelt insbesondere den Inlandverkehr mit Sonderabfällen und anderen kontrollpflichtigen Abfällen (Art. 1 Abs. 2 lit. a VeVA).

Technische Verordnung über Abfälle (TVA)

Die TVA soll Menschen, Tiere, Pflanzen, ihre Lebensgemeinschaften sowie die Gewässer, den Boden und die Luft vor schädlichen oder lästigen Einwirkungen schützen, die durch Abfälle erzeugt werden. Sie soll weiter die Belastung der Umwelt durch Abfälle vorsorglich begrenzen. Sie enthält Vorschriften über die Behandlung und Verwertung von Siedlungsabfällen (zum Beispiel Kompostierung) und Sonderabfällen (insbesondere bei Abbruch- und Bauarbeiten). Die Kantone werden zu einer Abfallplanung verpflichtet. Die Verordnung regelt sodann die Errichtung und den Betrieb von Deponien, Zwischenlagern, Abfallverbrennungsanlagen und Kompostierungsanlagen. Zur Baustellenentsorgung vgl. Seite 406 ff.

Verordnung über den Schutz vor Störfällen (Störfallverordnung, StFV)

Gestützt auf Art. 10 USG hat die StFV zum Ziel, die Bevölkerung und die Umwelt vor schweren Schädigungen infolge von Störfällen in Betrieben und auf Verkehrsanlagen zu schützen. Sie gilt insbesondere für Betriebe mit Stoffen und Erzeugnissen, die aufgrund ihres Gefahrenpotenzials die Bevölkerung oder die Umwelt schwer schädigen können. Insgesamt fallen im Kanton Zürich etwa 350 Betriebe unter die StFV. Die Betreiber von betroffenen Anlagen (zum Beispiel Betriebe, welche gewisse Mengenschwellen an gelagerten Stoffen oder Sonderabfällen überschreiten) haben in eigener Verantwortung Sicherheitsmassnahmen zur Risikoverminderung zu treffen. Sie müssen den mit dem Vollzug der Verordnung betrauten Stellen die zur Kontrolle notwendigen Unterlagen übergeben. Die Vollzugsbehörde hat das Risikopotenzial zu beurteilen und gegebenenfalls notwendige Massnahmen anzuordnen. Die Bevölkerung kann auf Anfrage in die Zusammenfassung von Risikoermittlungen und in den Kontrollbericht der Behörde Einsicht nehmen. Ziel der Verordnung ist, die Bevölkerung und die Umwelt vor schweren Schädigungen infolge von Störfällen zu schützen. Für die Organisation des Vollzugs und als Anlaufstelle für Fragen im Zusammenhang mit der StFV ist das AWEL (Betrieblicher Umweltschutz und Störfallvorsorge) zuständig.

Verordnung über die Sanierung von belasteten Standorten (Altlastenverordnung, AltlV)

Die AltlV soll sicherstellen, dass belastete Standorte saniert werden, wenn sie zu schädlichen oder lästigen Einwirkungen führen oder wenn die konkrete Gefahr besteht, dass solche Einwirkungen entstehen. Belastete Standorte sind Orte, deren Belastung von Abfällen stammt und die eine beschränkte Ausdehnung aufweisen. Die AltlV unterscheidet Ablagerungs-, Betriebs- und Unfallstandorte. Altlasten sind solche belasteten Standorte, die sanierungsbedürftig sind.

Zur Sanierung von Altlasten – insbesondere auch im Zusammenhang mit Bauvorhaben – vgl. Seite 633 ff.

Weitere Verordnungen zum Umweltschutzgesetz

Die Verordnung über die Umweltverträglichkeitsprüfung (UVPV; vgl. Seite 378 ff.) und jene über die Bezeichnung der im Bereich des Umweltschutzes sowie des Natur- und Heimatschutzes beschwerdeberechtigten Organisationen (VBO; vgl. Seite 443 ff.) regeln Verfahrensfragen. Die weiteren Verordnungen zum USG haben keinen direkten Einfluss auf das Bauen.

19.1.2   Prinzipien des Umweltschutzrechts

Zu den Prinzipien des Umweltschutzrechts vgl. GRIFFEL 2001.

Prinzip der ganzheitlichen Betrachtungsweise

Nach Art. 8 USG werden Einwirkungen (zur Definition vgl. Art. 7 Abs. 1 USG) sowohl einzeln als auch gesamthaft sowie nach ihrem Zusammenwirken beurteilt. Insbesondere bei der Umweltverträglichkeitsprüfung (UVP) werden die Auswirkungen einer geplanten Anlage einzeln wie auch gesamthaft beurteilt.

Vorsorgeprinzip

Das Vorsorgeprinzip bezweckt, Umweltschäden zu verhindern. Nach Art. 1 Abs. 2 USG sind Einwirkungen, die schädlich oder lästig werden können, im Sinne der Vorsorge frühzeitig, das heisst, grundsätzlich unabhängig von der vorbestandenen Umweltbelastung und einer konkreten Umweltgefährdung zu begrenzen. Das Vorsorgeprinzip findet namentlich in den Vorschriften für die Umweltverträglichkeitsprüfung (UVP) gemäss Art. 10a ff. USG, für die Emissionsbegrenzungen (Art. 11 Abs. 2 USG) und für die Immissionsgrenzwerte (Art. 13–15 USG) seinen Niederschlag.

Nachhaltigkeitsprinzip

Mit dem Vorsorgeprinzip verwandt ist das Nachhaltigkeitsprinzip. Es verlangt, dass bei der Verwendung von Ressourcen auf die Regenerationskraft der Natur Rücksicht genommen wird. Dieser Grundsatz hat mit verschiedenen Akzenten und unterschiedlicher Bestimmtheit Eingang in die Bundesverfassung gefunden. Anklänge finden sich zunächst in der Präambel, wo die «Verantwortung gegenüber der Schöpfung» und die «Verantwortung gegenüber den künftigen Generationen» verankert worden sind. Seinen Niederschlag findet das Prinzip der Nachhaltigkeit sodann ausdrücklich im Zweckartikel (Art. 2 Abs. 2 BV). Sodann leitet das Nachhaltigkeitsprinzip den 4. Abschnitt über «Umwelt und Raumplanung» ein: Nach Art. 73 BV streben Bund und Kantone ein auf Dauer ausgewogenes Verhältnis zwischen der Natur und ihrer Erneuerungsfähigkeit einerseits und ihrer Beanspruchung durch den Menschen anderseits an. Bei dieser Bestimmung handelt es sich nicht nur um eine blosse Deklaration oder Auslegungshilfe, sondern um eine verbindliche Handlungsanweisung an die

Adresse der zuständigen Behörden (vgl. EHRENZELLER/MASTRONARDI/SCHWEI-
ZER/VALLENDER: Art. 73 N 26 ff.).

Auch in der Kantonsverfassung wird das Nachhaltigkeitsprinzip umschrieben:
Nach Art. 6 KV sorgen der Kanton und die Gemeinden für die Erhaltung der
Lebensgrundlagen. In Verantwortung für die kommenden Generationen sind sie
einer ökologisch, wirtschaftlich und sozial nachhaltigen Entwicklung verpflichtet.

Zum Begriff der Nachhaltigkeit und zum nachhaltigen Bauen im Besonderen vgl. auch GANZ.

Verursacherprinzip

Das Verursacherprinzip wird in Art. 2 USG umschrieben: «Wer Massnahmen
nach diesem Gesetze verursacht, trägt die Kosten dafür.» In Art. 102 Abs. 2 KV
wird das Verursacherprinzip ebenfalls stipuliert.

Ausdruck für das Verursacherprinzip ist beispielsweise, dass der Verursacher
die Kosten für Sicherungs- und Behebungsmassnahmen zu tragen hat (Art. 59
USG). Niederschlag findet dieses Prinzip auch in den Haftpflichtnormen von
Art. 59a ff. USG oder bei den im Kanton Zürich eingeführten Kehrichtsackge-
bühren (BEZ 1994 Nr. 17).

Opferprinzip

Das Opferprinzip besagt, dass die durch Umweltbelastungen betroffenen Personen diese Beeinträchtigungen hinzunehmen haben beziehungsweise selbst Ab-
hilfe schaffen müssen. So muss etwa nach Art. 21 Abs. 1 USG bei einem Neubau
für einen angemessenen Schutz gegen Innen- und Aussenlärm gesorgt werden.

Lastengleichheitsprinzip

Das Lastengleichheitsprinzip, welches in Art. 8 Abs. 1 BV (Gleichbehandlungs-
gebot) seine Grundlage hat, verlangt, dass alle Betroffenen ihren Beitrag an der
Verbesserung der Umweltqualität leisten müssen. Es geht nicht an, nur Neubauten mit umfangreichen Massnahmen zu belegen, die bestehenden Anlagen aber
ungeschoren zu lassen (vgl. dazu etwa BGE 118 Ib 26).

Koordinationsprinzip

Das Koordinationsprinzip spielt vor allem dort, wo für ein Projekt verschiedene
Vorschriften angewandt werden müssen und auch verschiedene Behörden diese
Vorschriften anwenden müssen. Ohne Koordination ist eine sachgerechte und
wirkungsvolle Anwendung des Umweltrechts nicht sichergestellt (BGE 122 II
168). Das Koordinationsprinzip gilt auch im Verhältnis zwischen Umweltrecht
einerseits und Planungs- und Baurecht anderseits (vgl. KARLEN 1998a: S. 145 ff.).

Kooperationsprinzip

Das Kooperationsprinzip besagt, dass Behörden, private Vereinigungen und
Betroffene beim Vollzug des USG zusammenzuarbeiten haben. Diese Zusam-
menarbeit liegt denn auch im Interesse praxisbezogener Vorschriften. So soll
das Gespräch mit Vertretern der Wirtschaft es ermöglichen, die erforderlichen
Massnahmen rechtzeitig, gezielt und wirksam zu treffen und die langfristigen
Programme gemeinsam zu erarbeiten. Dadurch kann die Industrie ihre eigenen

Massnahmen besser planen und reibungsloser durchführen. Ein Beispiel für das Kooperationsprinzip findet sich in Art. 16 USG über die Sanierungspflicht von Anlagen: Gemäss Art. 16 Abs. 1 USG müssen Anlagen, die den Vorschriften des Gesetzes oder den Umweltvorschriften anderer Bundesgesetze nicht genügen, saniert werden. Art. 16 Abs. 3 USG schreibt allerdings ausdrücklich vor, dass die Behörde vom Inhaber der Anlage Sanierungsvorschläge einholt, bevor sie erhebliche Sanierungsmassnahmen anordnet.

Verhältnismässigkeits- und Subsidiaritätsprinzip

Nach dem Verhältnismässigkeitsprinzip, das in Art. 5 Abs. 2 und Art. 36 Abs. 3 BV seine verfassungsrechtliche Grundlage findet, müssen Aufwand und Ertrag in einem vernünftigen Verhältnis zueinander stehen. Sofern nicht höherrangige Rechtsgüter gefährdet sind, ist die wirtschaftliche Tragbarkeit von Massnahmen zu berücksichtigen. Demgegenüber besagt das Subsidiaritätsprinzip, dass polizeiliche Abwehrmassnahmen nicht in jedem Fall als erstes und einziges Mittel zur Verwirklichung des Umweltschutzes dienen sollen.

Zur Beachtung des im Lichte der Eigentumsgarantie (Art. 26 BV) als auch im Lichte der Umweltschutzgesetzgebung bedeutsamen Verhältnismässigkeitsgrundsatzes sind jeweils im Einzelfall adäquate Lösungen zu treffen. Denn das USG will kein Verhinderungs-, sondern ein Massnahmengesetz sein. Seinem Konzept nach hat es emissionsbegrenzenden (und eben nicht emissionseliminierenden) Charakter und will demnach die Quellen der Umweltbelastung nicht als solche infrage stellen; die Nachfrage soll nicht untersagt, sondern befriedigt werden, wobei aber gleichzeitig die den Umweltschutzanforderungen entsprechenden Vorkehrungen getroffen werden sollen (URP 1999, S. 224 ff.; BGE 133 II 169 [E. 3.2]).

19.1.3   Grundsätze zur Beschränkung von Emissionen und Immissionen

19.1.3.1   *Emissionen*

Begriff der Emissionen und der Immissionen

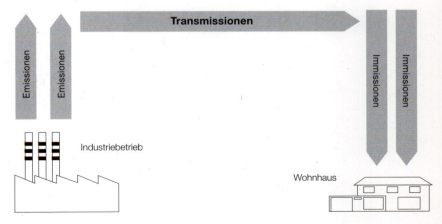

Begrenzung an der Quelle

Das USG enthält allgemein gültige Bestimmungen zu den Emissionsbegrenzungen. Sie gelten für Luftverunreinigungen, Lärm, Erschütterungen und Strahlen. Solche Emissionen werden primär durch Massnahmen bei der Quelle, das heisst beim Austritt aus Anlagen begrenzt (Art. 11 Abs. 1 USG). Die Bestimmung beruht auf der Unterscheidung zwischen Emissionen und Immissionen (Art. 7 Abs. 2 USG). Der Gesetzgeber brachte damit zum Ausdruck, dass Massnahmen, welche lediglich die weitere Ausbreitung der Einwirkungen begrenzen, bloss in zweiter Linie infrage kommen, während Massnahmen, die erst am Ort ihres Einwirkens auf Mensch und Umwelt eingreifen, erst recht nur als «ultima ratio» in Betracht fallen.

Als Emissionsbegrenzung an der Quelle lässt sich auch die Wahl des Standorts einer Emissionsquelle verstehen, weil sie immerhin eine Verringerung der Immissionen bei den Betroffenen erreicht. Beispiele: Abstandsvorschriften für Tierhaltung (gemäss Ziff. 512 des Anhangs 2 zur LRV), Standortwahl für eine Sendeanlage mit nicht ionisierender Strahlung (BGE 117 Ib 28), Höhe und Linienführung von Starkstromleitungen, Standortwahl bei Schiessständen.

Vorsorgeprinzip

Unabhängig von der bestehenden Umweltbelastung sind Emissionen im Rahmen der Vorsorge so weit zu begrenzen, als dies technisch und betrieblich möglich und wirtschaftlich tragbar ist (Art. 11 Abs. 2 USG). Als technisch möglich gilt, was zurzeit an technischer Erkenntnis in der Schweiz offenkundig ist beziehungsweise in der Schweiz oder im Ausland durch geeignete Medien so veröffentlicht worden ist, dass es eine durchschnittlich ausgebildete Fachperson der Technik verwirklichen kann, wenn sie auf die bekannten Gesetze der Technik, die bekannten Erfindungen und auf ihre Routine zurückgreift (SCHRADE/LORETAN: Kommentar USG, Art. 11 Rz. 24 f.). Damit profitiert der Immissionsschutz auch von den künftig zu erwartenden technischen Fortschritten (Dynamisierung des Immissionsschutzes), ohne dass es hierzu einer Gesetzesrevision bedürfte. Vgl. dazu auch die Umschreibung in Art. 4 Abs. 2 LRV.

Für die Beurteilung der wirtschaftlichen Tragbarkeit ist nicht eine volkswirtschaftliche oder betriebswirtschaftliche Sicht, sondern ein rechtlicher Ansatz massgebend: Die Ermittlung der wirtschaftlichen Tragbarkeit erfolgt nicht nur aufgrund der Gegebenheiten eines einzelnen betroffenen Betriebs. Entscheidend werden vielmehr die Verhältnisse innerhalb bestimmter Kategorien oder Branchen sein. Bei der Beurteilung soll in der Regel der mittlere gut geführte Betrieb als Massstab dienen. Verlangt wird damit die objektivierende Beurteilung eines (vorgestellten) Standardbetriebs, was bedeutet, dass eine gute Betriebsführung, zeitgemässe Produktionsstrukturen, übliches Kostenniveau und ausreichende Eigenkapitalbasis vorausgesetzt sind (SCHRADE/LORETAN: Kommentar USG, Art. 11 Rz. 34 f.).

Die in Art. 11 Abs. 3 USG erwähnten Einwirkungen fallen gemäss Art. 7 Abs. 1 USG nur insoweit in den Geltungsbereich des Umweltschutzgesetzes, als sie durch den Bau oder den Betrieb von Anlagen im Sinne von Art. 7 Abs. 7 USG verursacht werden. Der Anlagebegriff nach Art. 7 Abs. 7 USG erfasst neben ortsfesten auch bewegliche Anlagen (SCHRADE/LORETAN, Kommentar USG, Art. 7 Rz. 15). Er umfasst damit jene künstlich geschaffenen Einrichtungen, die in fester Beziehung zum Erdboden stehen und geeignet sind, die Umwelt zu beeinträchtigen. Nicht notwendig ist hingegen, dass diese Einrichtungen auf Dauer angelegt sind. Der umweltrechtliche Anlagebegriff ist damit nicht identisch mit dem Begriff der Bauten und Anlagen nach Art. 22 Abs. 1 RPG, der nur die auf Dauer angelegten Einrichtungen umfasst. Den Anlagen sind gewisse Mobilien gleichgestellt (Art. 7 Abs. 7 Satz 2 USG). Gemeint sind nur Geräte und Maschinen, die ausserhalb von Anlagen zum Einsatz kommen (können) und zugleich von einer gewissen umweltschutzrechtlichen Bedeutung sind (so etwa Abfeuerungseinrichtungen für Feuerwerke, Mähmaschinen, Motorsägen, Baumaschinen; vgl. KELLER: Kommentar USG, Art. 7 Rz. 38 f.).

Verschärfungen der Emissionsbegrenzungen

Die Emissionsbegrenzungen werden verschärft, wenn feststeht oder zu erwarten ist, dass die Einwirkungen (Immissionen) unter Berücksichtigung der bestehenden Umweltbelastung schädlich oder lästig werden (Art. 11 Abs. 3 USG). Solche verschärften Massnahmen sind nicht an die Voraussetzungen von Art. 11 Abs. 2 USG gebunden.

Massnahmen zur Emissionsbegrenzung

Emissionen werden eingeschränkt durch den Erlass von Emissionsgrenzwerten, Bau- und Ausrüstungsvorschriften, Verkehrs- und Betriebsvorschriften, Vorschriften über die Wärmedämmung von Gebäuden sowie Vorschriften über Brenn- und Treibstoffe (Art. 12 Abs. 1 USG). Diese Aufzählung ist abschliessend und konkretisiert den Begriff der Emissionsbegrenzungen gemäss Art. 11 USG. Die Emissionsbegrenzungen werden durch Verordnungen oder – soweit diese nichts vorsehen – durch unmittelbar auf das USG abgestützte Verfügungen (also etwa im Baubewilligungsverfahren) vorgeschrieben (Art. 12 Abs. 2 USG). Dazu im Einzelnen:

- Die Emissionsgrenzwerte gemäss Art. 12 Abs. 1 lit. a USG werden – je nach Art – in verschiedenen Messgrössen vorgegeben: Bei Luftverunreinigungen nach Konzentration, Massenstrom, Emissionsfaktor, Emissionsgrad und Russzahl (vgl. Ziff. 22 des Anhangs 1 zur LRV); beim Lärm in Dezibel [dB(A)]; bei Lichtstrahlen nach Lichtstärke, Strahlstärke, Lichtstrom und Beleuchtungsstärke (vgl. Art. 9 und Art. 13 der Einheiten-Verordnung [Einheiten-V; SR 941.202]); bei elektromagnetischen Strahlen nach elektrischer beziehungsweise magnetischer Feldstärke (Art. 6 und Art. 13 Einheiten-V); bei Wärmeemissionen nach Temperaturen, Wärmemengen und Energieflüssen (Art. 17 und 13 Einheiten-V). Erschütterungen eignen sich grundsätzlich nicht für die Begrenzung durch Emissionsgrenzwerte, da die Störwirkung vor allem von den Transmissionsbedingungen und der Sensibilität der konkret betroffenen Objekte abhängt.
- Bauvorschriften gemäss Art. 12 Abs. 1 lit. b USG legen (Mindest-)Anforderungen an die Konstruktion und die Beschaffenheit der emissions-

relevanten Teile einer Anlage fest. Mit Ausrüstungsvorschriften wird dagegen festgelegt, welche emissionsrelevanten Teile bei einer bestimmten Anlage vorhanden sein müssen. Gegenstand solcher Vorschriften können nur jene Bau- und Ausrüstungsteile sein, die (allein oder mit andern Faktoren) für das Emissionsverhalten einer Anlage relevant sind. Beispiele: Beschränkung der Verkaufsfläche, Limitierung der Parkplatzzahl für Besucher (nicht aber für Angestellte; BGE 125 II 143), Gebot zur Erschliessung mit öffentlichem Verkehr bei Einkaufszentren, Schiesstunnels und Lärmblenden bei Schiessanlagen, bauliche Massnahmen an Strassen oder an einem Glockenturm (ZBl 1989, S. 499).

- Als Verkehrsvorschriften gemäss Art. 12 Abs. 1 lit. c USG kommen nur verkehrspolizeiliche Massnahmen infrage, die sich an die am Verkehr direkt beteiligten Personen richten (allgemeine Geschwindigkeitsbeschränkungen, Höchstgeschwindigkeiten, lokale Verkehrsanordnungen, Nacht- und Sonntagsfahrverbote, Nachtflugbeschränkungen usw.). Betriebsvorschriften legen einschränkende Bedingungen für den Betrieb von Anlagen fest (zum Beispiel Beschränkung von Betriebszeiten; Vorschriften über Handhabung, Bedienung, Unterhalt von Anlagen; persönliche Anforderungen an die Betreiber; Anforderungen zur Beeinflussung des an- und wegfahrenden Verkehrs; vgl. dazu etwa BEZ 2006 Nr. 60).

- Hauptsächliches Ziel von Vorschriften über die Wärmeisolation von Gebäuden gemäss Art. 12 Abs. 1 lit. d USG ist die Begrenzung der Emissionen aus der Verbrennung von fossilen Energieträgern und Holz in Feuerungen.

- Inhalt von Normen gemäss Art. 12 Abs. 1 lit. e USG sind umweltrelevante Qualitätsanforderungen an Brenn- und Treibstoffe. Adressaten sind ausschliesslich die Hersteller, Importeure und Händler, nicht aber die Endverbraucher. Vgl. dazu auch Anhang 5 zur LRV.

19.1.3.2   *Immissionen*

Grenzwerte

Die zweistufige Strategie des Immissionsschutzes verlangt einen Massstab für die Beurteilung, ob Emissionsbegrenzungen im Rahmen der ersten (vorsorglichen) Stufe genügen oder ob die Emissionen im Sinne von Art. 11 Abs. 3 USG stärker begrenzt werden müssen. Art. 11 Abs. 3 USG gibt diesen Massstab mit den Begriffen der Schädlichkeit oder Lästigkeit selber vor. Art. 13 Abs. 1 USG verpflichtet den Bundesrat, zur Beurteilung der Einwirkungen – also der Immissionen – Immissionsgrenzwerte (IGW) festzulegen; dabei sind auch die Wirkungen auf Personengruppen mit erhöhter Empfindlichkeit – wie Kinder, Kranke, Betagte und Schwangere – zu berücksichtigen (Art. 13 Abs. 2 USG). Liegen die Immissionen deutlich unterhalb der durch die IGW markierten Grenze zur Schädlichkeit oder Lästigkeit, so kommt (nur) die erste, vorsorgliche Massnahmenstufe (Begrenzung der Emissionen gemäss Art. 11 Abs. 2 USG) zum Zug. Liegen sie über der kritischen Grenze, so wird die zweite, verschärfte Massnahmenstufe ausgelöst (Art. 11 Abs. 3 USG). Dasselbe gilt, wenn die Immissionen nur knapp unter der Schädlichkeits- oder Lästigkeitsgrenze liegen und eine Zunahme zu erwarten ist (SCHRADE/LORETAN: Kommentar USG, Art. 11 Rz. 36 ff.).

Für Luftverunreinigungen, Lärm und Erschütterungen enthalten Art. 14 und Art. 15 USG besondere Anweisungen an den Bundesrat (als Verordnungsgeber). Die entsprechenden Grenzwerte sind in der LRV und der LSV enthalten.

Vorgehen beim Fehlen von Grenzwerten

Immissionen, für die (noch) keine Grenzwerte festgelegt sind, werden im Einzelfall durch die zuständige Vollzugsbehörde bewertet, die sich – soweit ihr die entsprechende Sachkenntnis fehlt – von der kantonalen oder der eidgenössischen Umweltschutzfachstelle beraten lässt (Art. 6 Abs. 2 und Art. 42 USG). Der Massstab richtet sich nach den unbestimmten Rechtsbegriffen «schädlich oder lästig», bei deren Auslegung die Kriterien von Art. 13 Abs. 2, Art. 14 und Art. 15 USG heranzuziehen sind. Abzustellen ist primär auf Art. 1 Abs. 1 und 2 USG, wonach Emissionen im Rahmen der Vorsorge (etwa durch bauliche Massnahmen oder Betriebsbeschränkungen; Art. 2 USG) an der Quelle so weit zu begrenzen sind, als dies technisch möglich und wirtschaftlich tragbar ist. Ferner darf nach Art. 15 USG die Bevölkerung in ihrem Wohlbefinden nicht erheblich gestört werden. Die Störung beurteilt sich dabei nicht nach dem (subjektiven) Empfinden des einzelnen Nachbarn; vielmehr ist eine objektive Lärmempfindlichkeit massgebend (URP 2000, S. 242 ff.). Vgl. im Besonderen auch Art. 2 Abs. 5 LRV.

19.2   Luftreinhaltung

19.2.1   Grundsätze

Die Bestimmungen über die Luftreinhaltung sind primär in der LRV enthalten. Diese will vor schädlichen oder lästigen Luftverunreinigungen (Rauch, Russ, Staub, Gase, Dämpfe, Aerosole, Gerüche und Wärme) schützen. Sie enthält Grenzwerte für die Emissionen von industriellen und gewerblichen Anlagen sowie von Feuerungen. Für zahlreiche Schadstoffe und 40 Anlagearten werden detaillierte Emissionsbegrenzungen festgelegt. Diese Grenzwerte müssen von neuen Anlagen sofort eingehalten werden. Für bestehende Anlagen gilt im Normalfall eine Sanierungsfrist von fünf Jahren. Die LRV verpflichtet die Kantone zu regelmässigen Abgasmessungen bei Anlagen und zur Überwachung der Luftverschmutzung im Kantonsgebiet. Werden die in der Verordnung festgelegten Immissionsgrenzwerte überschritten, müssen die kantonalen Behörden einen Massnahmenplan erstellen. Mit diesem Massnahmenplan soll innert fünf Jahren die Belastung wieder unter die Grenze der Schädlichkeit gesenkt werden.

19.2.2   Emissionen

19.2.2.1   *Neue Anlagen*

Anforderungen

Neue Bauten und andere ortsfeste Einrichtungen, die gemäss Art. 2 Abs. 1 LRV als stationäre Anlagen gelten, müssen so ausgerüstet und betrieben werden, dass sie die im Anhang 1 zur LRV festgelegten Emissionsbegrenzungen einhalten

(Art. 3 Abs. 1 LRV). Für bestimmte Anlagen gelten ergänzende oder abweichende Anforderungen (Art. 3 Abs. 2 LRV sowie Anhänge 2–4 zur LRV). Wo im Anhang keine ausdrücklichen Grenzwerte festgelegt sind, gilt unmittelbar Art. 11 Abs. 2 USG. Nach dieser Bestimmung sind Emissionen so weit zu begrenzen, als dies technisch und betrieblich möglich sowie wirtschaftlich tragbar ist (Art. 4 Abs. 1 LRV). Das gilt etwa für Luftbelastung durch Gerüche, für welche die LRV keine Grenzwerte festlegt (vgl. etwa BEZ 2005 Nr. 16 betreffend Unterflur-Abfallcontainer). Massnahmen der Emissionsbegrenzung gelten nach Art. 4 Abs. 2 LRV als technisch und betrieblich möglich, wenn sie bei vergleichbaren Anlagen im In- oder Ausland erfolgreich erprobt sind (lit. a) oder bei Versuchen erfolgreich eingesetzt wurden und nach den Regeln der Technik auf andere Anlagen übertragen werden können (lit. b). Für die Beurteilung der wirtschaftlichen Tragbarkeit von Emissionsbegrenzungen ist auf einen mittleren und wirtschaftlich gesunden Betrieb der betreffenden Branche abzustellen (Art. 4 Abs. 3 LRV; vgl. URP 2001, S. 478 ff. [mit Anmerkungen der Redaktion zur Messung von Geruchsemissionen]). Gegebenenfalls sind für einzelne Anlagen verschärfte Emissionsbegrenzungen zu verfügen, falls sonst übermässige Immissionen entstehen können (Art. 11 Abs. 3 USG; Art. 5 LRV). Allerdings hat das in Art. 11 Abs. 2 USG zum Ausdruck gelangende Vorsorgeprinzip bloss emissionsbegrenzenden (und nicht emissionseliminierenden) Charakter, weshalb denn auch kein Anspruch besteht, dass beispielsweise eine Abwasserreinigungsanlage absolut geruchsfrei funktionieren müsste (BGE 133 II 169 [E. 3.2]).

Als neue ortsfeste Anlagen im Sinne der LRV gelten auch Anlagen, die umgebaut, erweitert oder instand gestellt werden, wenn dadurch höhere oder andere Emissionen zu erwarten sind oder mehr als die Hälfte der Kosten aufgewendet wird, die eine neue Anlage verursachen würde (Art. 2 Abs. 4 LRV). Mit der Umwandlung eines Rinderstalles in einen Schweinemaststall entstehen andere – wenn auch vielleicht nicht intensivere – Geruchsemissionen. Deshalb rechtfertigt es sich, einen Schweinemaststall als neue Anlage im Sinne der LRV zu behandeln, welche die Minimalabstände zu den benachbarten Wohnräumen einzuhalten hat (URP 2001, S. 190 ff.). Vgl. dazu auch BEZ 2009 Nr. 55 (betreffend Parkhauserweiterung eines Einkaufszentrums).

Emissionen sind gemäss Art. 6 LRV so abzuleiten, dass keine übermässigen Immissionen entstehen. Sie müssen in der Regel durch Kamine oder Abluftkanäle über das Dach ausgestossen werden. Für Hochkamine gilt Anhang 6 zur LRV. Die in Art. 20 LRV erwähnten Feuerungsanlagen (Heizkessel, Brenner und Wassererwärmer) dürfen nur in Verkehr gebracht werden, wenn sie die Typenprüfung bestanden haben.

Emissionserklärung

Wer eine Anlage betreibt oder errichten will, die Luftverunreinigungen verursacht, muss der Behörde Auskunft erteilen über die Art und Menge der Emissionen, den Ort, die Höhe und den zeitlichen Verlauf des Ausstosses sowie weitere Bedingungen des Ausstosses, die für die Beurteilung der Emissionen nötig sind (Art. 12 LRV).

Tierhaltungsanlagen im Besonderen

Die LRV gilt auch für Tierhaltungsanlagen, das heisst für die bäuerliche Tierhaltung und Tiermastbetriebe inkl. Hofdüngeranlagen (URP 2000, S. 275; vgl. auch VB.2008.00227 [E. 4.1], abgedruckt in URP 2009, S. 666 ff., betreffend hobbymässige Hühnerzucht).

Nach Ziff. 511 und 512 des Anhangs 2 zur LRV müssen bei der Errichtung von Anlagen der bäuerlichen Tierhaltung und der Intensivtierhaltung die nach den anerkannten Regeln der Tierhaltung erforderlichen Mindestabstände zu bewohnten Zonen eingehalten werden. Das Verwaltungsgericht hat – über den eigentlichen Wortlaut hinausgehend – die Bestimmung auch etwa für einen Reitplatz mit Unterstand als anwendbar erachtet (vgl. VB.2004.00462). Die Abstandsvorschrift richtet sich aber nur an die Errichter von Tierhaltungsbetrieben. Zonenkonforme Wohnbauprojekte, von denen für sich allein genommen bloss durchschnittliche Schadstoffemissionen zu erwarten sind, können also nicht gestützt auf diese Vorschriften verboten werden (URP 1999, S. 800 ff.).

Ziff. 512 bezeichnet als massgebliche Abstandsbestimmungen «insbesondere» die Empfehlungen der Eidgenössischen Forschungsanstalt für Betriebswirtschaft und Landtechnik (FAT-Empfehlungen; vgl. dazu auch VLP-Info Nr. 15 vom September 2004, wo das Problem der Mindestabstände zwischen Tierhaltungsbetrieben und bewohnten Gebieten in grundsätzlicher Art abgehandelt wird). Gemäss den FAT-Empfehlungen richten sich die Mindestabstände nach der Art und der Anzahl gehaltener Tiere, wobei zusätzlich Korrekturfaktoren wie Geländeform, Höhenlage, Entmistungssystem oder Fütterung berücksichtigt werden. Da es sich nur – aber immerhin – um Empfehlungen handelt, steht der rechtsanwendenden Behörde ein gewisser Ermessensspielraum zu (vgl. auch VB.2008.00227 [E. 4.1]; VB.2009.00466 [E. 7]). Die «anerkannten Regeln der Tierhaltung» sind aber zwingend einzuhalten.

Die Abstandsvorschriften gelten nach dem Wortlaut von Ziff. 512 nur in Bezug auf bewohnte Zonen. Als solche sind Bauzonen gemäss Art. 15 RPG zu verstehen. Dabei ist der nach den FAT-Empfehlungen errechnete Mindestabstand bloss in reinen Wohnzonen einzuhalten. Liegt die Anlage in einer Wohnzone mit Gewerbeerleichterung, kann in der Regel auf den Sicherheitszuschlag von 30 Prozent verzichtet werden. Es genügen 70 Prozent des Mindestabstands (VB.2004.00462). Freilich haben auch Nachbarn, die sich nicht in der Bauzone befinden, einen Anspruch auf Immissionsschutz. Der Grundsatz der Emissionsbegrenzung nach Art. 11 Abs. 1 USG bezieht sich also ebenfalls auf Wohnbauten in der Landwirtschaftszone, weshalb konkret zu prüfen ist, inwieweit die Emissionen nach Massgabe von Art. 11 Abs. 2 USG beziehungsweise Art. 4 Abs. 1 LRV zu begrenzen sind. Nur sind in einem solchen Fall die FAT-Empfehlungen höchstens analog anwendbar (URP 2000, S. 203 ff.; BEZ 2007 Nr. 46).

Die Mindestabstände gemäss den FAT-Empfehlungen dürfen unterschritten werden, wenn die Abluft gereinigt wird. Lüftungsanlagen müssen dabei den anerkannten Regeln der Lüftungstechnik entsprechen. Als solche gelten insbesondere die Empfehlungen der Schweizerischen Stallklimanorm (Ziff. 513 des Anhangs 2 zur LRV). In Gebieten, in denen mässig störende Betriebe zugelassen sind, oder in ländlich geprägten Gegenden können Erleichterungen gegenüber den Normabständen gewährt werden.

Kommt es trotz den vorsorglichen Massnahmen zu übermässigen Geruchseinwirkungen, so ist die Vollzugsbehörde verpflichtet, die Emissionsbegrenzungen zu verschärfen und Sofortmassnahmen anzuordnen.

19.2.2.2   *Bestehende Anlagen*

Sanierungspflichten

Die Bestimmungen über die vorsorgliche Emissionsbegrenzung bei neuen Anlagen gelten auch für bestehende stationäre Anlagen (Art. 7 LRV). Solche Anlagen, die diese Anforderungen nicht erfüllen, sind zu sanieren oder innert der Sanierungsfrist stillzulegen (Art. 8 LRV). Wenn eine bestehende Anlage übermässige Immissionen bewirkt, obwohl sie die vorsorglichen Emissionsbegrenzungen einhält, so verfügt die zuständige Behörde ergänzende oder verschärfte Emissionsbegrenzungen (Art. 9 LRV). Die Sanierungsverfügungen waren – zumindest für die dringlichsten Fälle – bis 1. März 1988, d.h. innert zwei Jahren nach Inkrafttreten der LRV, zu erlassen (Art. 42 Abs. 2 LRV). Darüber hinaus regelt Art. 10 LRV die Sanierungsfristen: Sie betragen in der Regel fünf Jahre. Sie können aber auf 30 Tage verkürzt oder bis zu höchstens zehn Jahre verlängert werden. Auf Gesuch hin können Erleichterungen gewährt werden, wenn eine Sanierung nach Art. 8 und Art. 10 LRV unverhältnismässig, insbesondere technisch oder betrieblich nicht möglich oder wirtschaftlich nicht tragbar wäre (Art. 11 LRV).

Zur Sanierung vgl. ausführlich URP 2001, S. 478 ff., sowie VB.2004.00354 und BGer 1A.81/2005 (allerdings zu Lärmimmissionen), wiedergegeben in URP 2005, S. 737 ff.

Periodische Kontrollen

Die zuständige Behörde hat die Einhaltung der Emissionsbegrenzungen zu überwachen. Die Messung oder Kontrolle ist bei Feuerungsanlagen mindestens alle zwei Jahre und bei den übrigen Anlagen mindestens alle drei Jahre zu wiederholen (Art. 45 USG; Art. 13 LRV). Emissionsmessungen sind nach den anerkannten Regeln der Messtechnik durchzuführen. Die Werte müssen in einem Messbericht festgehalten werden (Art. 14 LRV).

Massnahmen bei Verkehrsanlagen

Gemäss Art. 18 LRV ordnet die Behörde bei Verkehrsanlagen alle technisch und betrieblich möglichen sowie wirtschaftlich tragbaren Massnahmen an, mit denen die vom Verkehr verursachten Emissionen begrenzt werden können. Steht fest oder ist zu erwarten, dass Verkehrsanlagen übermässige Immissionen verursachen, sind die Bestimmungen über den Massnahmenplan gemäss Art. 31–34 LRV anwendbar (Art. 19 LRV).

19.2.3   Immissionen

19.2.3.1   *Begrenzungen bei Neuanlagen*

Immissionsprognose

Bevor eine stationäre Anlage (insbesondere etwa ein industrieller oder gewerblicher Betrieb oder eine Verkehrsanlage), aus der erhebliche Immissionen zu erwarten sind, errichtet oder saniert wird, kann die Behörde vom Inhaber eine Immissionsprognose verlangen. Die Prognose muss angeben, welche Immissionen in welchen Gebieten, in welchem Umfang und mit welcher Häufigkeit zu erwarten sind. Es sind die Art und die Menge der Immissionen sowie die Ausbreitungsbedingungen und die Berechnungsmethoden anzugeben (Art. 28 LRV).

Überwachung bei einzelnen Anlagen

Vom Inhaber einer Anlage, aus der erhebliche Emissionen auftreten, kann die Behörde verlangen, dass er die Immissionen im betreffenden Gebiet messtechnisch überwacht (Art. 29 LRV).

Beurteilung der Immissionen

Die Behörde beurteilt, ob die Immissionen übermässig sind (Art. 30 LRV), und ordnet die entsprechenden Massnahmen gemäss Art. 31 ff. LRV an (Massnahmenplan).

Gemäss Art. 2 Abs. 5 LRV sind Immissionen übermässig, die einen oder mehrere Immissionsgrenzwerte nach Anhang 7 zur LRV überschreiten. Bestehen für einen Schadstoff keine Immissionsgrenzwerte, so gelten die Immissionen als übermässig, wenn die in Art. 2 Abs. 5 LRV abschliessend umschriebenen Kriterien alternativ erfüllt sind: Danach gelten Immissionen als übermässig,

- wenn sie (a) Menschen, Tiere, Pflanzen, ihre Lebensgemeinschaften oder ihre Lebensräume gefährden;
- wenn (b) aufgrund einer Erhebung feststeht, dass sie einen wesentlichen Teil der Bevölkerung in ihrem Wohlbefinden erheblich stören;
- wenn sie (c) Bauwerke beschädigen oder
- wenn sie (d) die Fruchtbarkeit des Bodens, die Vegetation oder die Gewässer beeinträchtigen.

19.2.3.2   *Massnahmen gegen übermässige Immissionen*

Allgemein

Die LRV kennt – im Gegensatz zur Lärmbekämpfung (vgl. Seite 1092 ff.) – keine Einschränkungen für Bauten, deren künftige Bewohner und Benützer einer übermässigen Luftbelastung ausgesetzt sein werden. In diesen Fällen kommen einzig die Vorschriften über die Emissionsbegrenzung zur Anwendung. Werden übermässige Immissionen nicht durch eine einzelne stationäre Anlage, sondern durch mehrere Anlagen gemeinsam verursacht, welche je einzeln die vorsorglichen Emissionsbegrenzungen einhalten, so können grundsätzlich nicht gestützt auf Art. 11 und Art. 12 USG Baubewilligungen für zonenkonforme Neuanlagen verweigert oder isoliert verschärfte Emissionsbegrenzungen angeordnet werden.

Massnahmenplan

Wenn jedoch feststeht oder zu erwarten ist, dass aufgrund von Emissionen aus einer Verkehrsanlage oder mehreren stationären Anlagen übermässige Immissionen auftreten, so sind die Kantone verpflichtet, mit einem Massnahmenplan aufzuzeigen, wie diese verhindert oder beseitigt werden können (Art. 44a USG; Art. 31 ff. LRV). Ein solcher Massnahmenplan ist behördenverbindlich (Art. 44a Abs. 2 USG). Er gibt an: die Quellen und die Bedeutung von Emissionen, die Massnahmen zu deren Verringerung oder Beseitigung, die vorhandenen oder noch zu schaffenden Rechtsgrundlagen, die Fristen und die Vollzugsbehörden. Als mögliche Massnahmen kommen bei stationären Anlagen (insbesondere Feuerungsanlagen) verkürzte Sanierungsfristen sowie ergänzende oder verschärfte Emissionsbegrenzungen und beim Verkehr bauliche, betriebliche, verkehrslenkende oder beschränkende Massnahmen in Betracht (Art. 32 LRV).

Der Zürcher Massnahmenplan «Lufthygiene» von 1996 ist unlängst durch den «Massnahmenplan Luftreinhaltung 2008» ersetzt worden. Primäres Ziel des neuen Massnahmenplans ist, die Ziele der LRV zu erreichen und mithin die Gesundheit der Zürcher Bevölkerung zu verbessern. Schwergewichtig sollen die krebserregenden Russpartikel (Feinstaub; PM10) reduziert werden, wobei die Schadstoffbelastung insbesondere in dicht besiedelten Gebieten sinken soll. Um den Ausstoss von Schadstoffen zu vermindern, setzt der «Massnahmenplan Luftreinhaltung 2008» vorwiegend auf das Ausschöpfen des nach wie vor beträchtlichen technischen Innovationspotenzials zur Verbesserung der Luftqualität. Vgl. zum «Massnahmenplan Luftreinhaltung 2008» auch www.luft.zh.ch; PBG aktuell 1/2010, S. 29 f.; ZUP Nr. 60/April 2010, S. 5 ff.

Der Massnahmenplan hat auch für ein einzelnes Bauvorhaben seine Bedeutung: Nach der Rechtsprechung des Bundesgerichts ist es zulässig, bei Bauvorhaben mit – gemessen am Zonendurchschnitt – überdurchschnittlichen Emissionen direkt gestützt auf den Massnahmenplan und Art. 12 Abs. 1 USG emissionsmindernde Massnahmen im Baubewilligungsverfahren anzuordnen, auch wenn die Vorschriften der Bau- und Zonenordnung eingehalten sind (z.B. Beschränkung der Parkplatzzahl unter die von der Bau- und Zonenordnung vorgesehene Mindestanzahl; BGE 124 II 272 [E. 4d]; BEZ 2007 Nr. 48 und BEZ 2008 Nr. 38 [betreffend Parkplatzbewirtschaftung]; BGer 1C_412/2008 [Volketswil], abgedruckt in URP 2009, S. 188 ff., und in PBG aktuell 2/2009, S. 25 ff.; BEZ 2010 Nr. 12; WAGNER PFEIFER 2010). Auch in diesem Fall kann das Vorhaben jedoch nicht gestützt auf Art. 12 USG vollständig verboten werden (BGE 125 II 129 [E. 4]). Ebenso wenig können gestützt auf Art. 12 Abs. 1 lit. c USG Parkplatzgebühren für Beschäftigtenparkplätze verlangt werden (BEZ 2009 Nr. 38).

19.3 Lärmschutz

19.3.1 Grundlagen

19.3.1.1 *Ziel der Lärmschutzbestimmungen*

Die Bestimmungen über den Lärmschutz sind primär im USG und in der LSV enthalten. Die LSV regelt die Begrenzung des Lärms bei neuen oder bestehenden Anlagen. Sie enthält Vorschriften für den Lärmschutz bei ortsfesten Anlagen. Bestehende Anlagen, die zu viel Lärm erzeugen, müssen saniert werden. Emissionen neuer Anlagen sind durch Lärmschutztechnik so zu beschränken, dass übermässige Emissionen gar nicht entstehen. Die LSV schreibt zusätzliche Massnahmen auf der Immissionsseite vor (zum Beispiel Schallschutz an Gebäuden; Baubeschränkungen in lärmbelasteten Gebieten) und enthält Grenzwerte für die wichtigsten Lärmarten. Zudem wird die Subventionierung von Schallschutzmassnahmen und Sanierung bestehender Strassen aus Mitteln des Treibstoffzolls geregelt.

19.3.1.2 *Begriffe*

Die LSV verwendet einige Begriffe, die in Art. 2 LSV definiert werden, so jene der ortsfesten Anlagen, der Belastungsgrenzwerte und der lärmempfindlichen Räume.

Ortsfeste Anlagen

Ortsfeste Anlagen sind Bauten, Verkehrsanlagen, haustechnische Anlagen und andere nicht bewegliche Einrichtungen, die beim Betrieb Aussenlärm erzeugen. Dazu gehören insbesondere Strassen, Eisenbahnanlagen, Flugplätze, Anlagen der Industrie, des Gewerbes und der Landwirtschaft, Schiessanlagen sowie fest eingerichtete militärische Schiess- und Übungsplätze (Art. 2 Abs. 1 LSV).

Belastungsgrenzwerte

Zu den Belastungsgrenzwerten gehören gemäss Art. 2 Abs. 5 LSV Immissionsgrenzwerte (IGW), Planungswerte (PW) und Alarmwerte (AW). Sie werden nach der Lärmart, der Tageszeit und der Lärmempfindlichkeit der zu schützenden Gebäude und Gebiete festgelegt.

Lärmempfindliche Räume

Die Belastungsgrenzwerte gelten nur für lärmempfindliche Räume. Solche sind (Art. 2 Abs. 6 LSV):

- Räume in Wohnungen, ausgenommen Küchen ohne Wohnanteil, Sanitärräume und Abstellräume;
- Räume in Betrieben, in denen sich Personen regelmässig während längerer Zeit aufhalten, ausgenommen Räume für die Nutztierhaltung und Räume mit erheblichem Betriebslärm.

19.3.1.3 *Begrenzung von Emissionen*

Nach dem USG ist der Lärm primär auf der Emissionsseite – also bei den lärmigen Anlagen selbst – durch sogenannte Emissionsbegrenzungen zu beschränken (Art. 11 Abs. 1 und Art. 12 USG). Dies erfolgt durch Massnahmen bei der Quelle. Dazu gehören die konsequente Anwendung der bestmöglichen Lärmschutztechnik, Betriebs- und Verkehrsbeschränkungen sowie baulichen Massnahmen im näheren Ausbreitungsbereich des Lärms, also Lärmschutzwände oder -wälle.

Nach dem Vorsorgeprinzip sind – unabhängig von der bestehenden Lärmbelastung – an allen lärmigen Anlagen Emissionsbegrenzungen so weit zu treffen, als dies technisch und betrieblich möglich und wirtschaftlich tragbar ist (Art. 11 Abs. 2 USG).

Begrenzung von Immissionen

Weil Emissionsbegrenzungen allein zur erforderlichen Herabsetzung der Lärmbelastung nicht immer ausreichen, muss das USG zusätzliche Massnahmen auf
der Immissionsseite vorsehen. Dies sind einerseits Schallschutzmassnahmen an
bestehenden Gebäuden, die dem längeren Aufenthalt von Personen dienen (im
Folgenden Gebäude genannt; Art. 20 USG). Sie umfassen Schallschutzfenster,
andere lärmdämmende Massnahmen am Gebäude oder dessen Umstellung auf
eine weniger lärmempfindliche Nutzung. Anderseits sind zu nennen: vorsorgliche Schallschutzmassnahmen an neuen Gebäuden (Art. 21 USG), Baubeschränkungen für Gebäude in lärmbelasteten Gebieten (Art. 22 USG) oder Anforderungen an die Ausscheidung oder Erschliessung von Bauzonen in lärmbelasteten Gebieten (Art. 24 USG).

Lärmermittlung

Lärm

Lärm ist schädigender und/oder störender Schall. Ihm setzt das USG den Infra-
und Ultraschall gleich. Der Schallpegel wird in Dezibel (dB) ausgedrückt, einem logarithmischen Mass, bei dem jede Zunahme um 10 dB ungefähr einer
Verdoppelung der wahrnehmbaren Lautstärke entspricht.

Lärm wird entweder durch Messungen oder durch Berechnungen ermittelt (Art. 38 Abs. 1 LSV). Im Anhang 2 zur LSV sind die Anforderungen an die
Berechnungsverfahren umschrieben. Werden Messungen durchgeführt, so sind
diese mithilfe geeigneter Berechnungsmodelle auf die für die Beurteilung massgebenden Beurteilungspegel umzurechnen. Anhang 2 zur LSV umschreibt die
Anforderungen an die Messgeräte und regelt deren periodische Überprüfung.

Ermittlungspflicht

Die zuständige Behörde ermittelt die Aussenlärmimmissionen ortsfester Anlagen oder ordnet deren Ermittlung an, wenn sie Grund zur Annahme hat, dass
die massgebenden Belastungsgrenzwerte überschritten sind oder ihre Überschreitung zu erwarten ist. Dabei werden zukünftige Änderungen der Immissionen berücksichtigt, sofern die betreffenden Projekte im Zeitpunkt der Ermittlung bereits öffentlich aufgelegt sind (Art. 36 LSV). Vgl. zur Ermittlung von
Lärmimmissionen auch ZUP Nr. 61/Juli 2010, S. 5 f.

Lärmbelastungskataster (Immissionskataster)

Bei bestehenden Strassen, Eisenbahnanlagen, Flugplätzen und militärischen
Waffen-, Schiess- und Übungsplätzen hält die Vollzugsbehörde die nach Art. 36
LSV ermittelten Lärmimmissionen in einem Kataster fest (Art. 37 Abs. 1 LSV).
Dieser gibt die berechnete oder gemessene Lärmbelastung, die angewendeten
Berechnungsverfahren, die Nutzung der lärmbelasteten Gebiete, die geltenden
Empfindlichkeitsstufen sowie die lärmverursachenden Anlagen und deren Ei-
gentümer an (Art. 37 Abs. 2 LSV). Alle Personen können den Lärmbelastungs-
kataster einsehen, soweit das Fabrikations- und Geschäftsgeheimnis gewahrt
bleibt und keine anderen überwiegenden Interessen entgegenstehen (Art. 37
Abs. 6 LSV).

Ort der Ermittlung

Die Belastungsgrenzwerte gelten nach Art. 41 LSV:

- bei Gebäuden mit lärmempfindlichen Räumen (in und ausserhalb der Bauzonen);
- in noch nicht überbauten Bauzonen dort, wo nach dem Planungs- und Baurecht Gebäude mit lärmempfindlichen Räumen erstellt werden dürfen (Wohnzonen, Gewerbezonen);
- im nicht überbauten Gebiet von Zonen mit erhöhtem Lärmschutzbedürfnis (z.B. Kurpark).

Ist ein Grundstück überbaut, besteht also bereits ein Gebäude, so gelten die Belastungsgrenzwerte in den lärmempfindlichen Räumen im Sinne von Art. 2 Abs. 6 LSV (Art. 41 Abs. 1 LSV); dabei werden die Messwerte grundsätzlich in der Mitte der offenen Fenster der Räume ermittelt (Art. 39 Abs. 1 LSV; WOLF: Kommentar USG, Art. 25 Rz. 58). Abgestellt wird also auf die tatsächlich bestehenden lärmempfindlichen Räume eines Gebäudes, ohne Rücksicht darauf, ob eine andere Anordnung oder Nutzung der Räume möglich oder eine Erweiterung oder Aufstockung des bestehenden Gebäudes planungs- und baurechtlich zulässig wäre. Aus- und Umbauprojekte sind nach Art. 36 Abs. 2 LSV nur zu berücksichtigen, wenn entsprechende Projekte bereits bewilligt oder zumindest öffentlich aufgelegt worden sind (vgl. auch URP 2005, S. 722 ff.). Ansonsten gilt für Umbauten und Erweiterungen solcher Gebäude Art. 31 LSV.

Bei «noch nicht überbauten Bauzonen» im Sinne von Art. 41 Abs. 2 lit. a LSV richtet sich der Ort der Messung nach den einzuhaltenden Baulinien- beziehungsweise Strassenabständen und den weiteren Bestimmungen über die zulässige Grundstücksnutzung (etwa Geschosszahl und Gebäudehöhe, Grenzab- stände). Bei vollständig unüberbauten Grundstücken bestehen zwar noch keine lärmempfindlichen Räume; dennoch sollen diese Grundstücke nicht schutzlos bleiben, weshalb dort – wie erwähnt – die Grenzwerte ebenfalls zu messen und zu beachten sind. Demgegenüber sind aufgrund von Sinn und Zweck der LSV Nutzungsreserven auf bereits überbauten Grundstücksteilen nicht zu berück- sichtigen. Die zu den Bauten gehörenden Aussenräume sind also nicht geschützt (ZBl 2004, S. 99; URP 2005, S. 722 ff. [auch zum Folgenden]). Somit werden die Nutzungsmöglichkeiten unüberbauter Grundstücke umfassend, die Nut- zungsreserven bereits überbauter Grundstücke dagegen nicht berücksichtigt. Dies führt zu Unterschieden hinsichtlich der weiteren baulichen Nutzung der Grundstücke und der Lärmbelastung neu erstellter lärmempfindlicher Räume.

19.3.1.6   *Lärmbeurteilung gestützt auf Grenzwerte*

Massgebliche Grenzwerte

Zur Beurteilung der notwendigen Massnahmen gegen die Lärmbelastung die- nen die Lärmbelastungsgrenzwerte, wie sie im Anhang zur LSV festgehalten sind für:

- Strassenverkehrslärm (Anhang 3);
- Eisenbahnlärm (Anhang 4);
- Lärm ziviler Flugplätze (Anhang 5);
- Industrie- und Gewerbelärm (Anhang 6);

- Lärm ziviler Schiessanlagen (Anhang 7);
- Lärm von Militärflugplätzen (Anhang 8) sowie
- Lärm militärischer Waffen-, Schiess- und Übungsplätze (Anhang 9; in Kraft seit 1. August 2010).

Dazu gehören die Immissionsgrenzwerte (IGW; Art. 13 und Art. 15 USG), die Planungswerte (PW; Art. 23 USG) und die Alarmwerte (AW; Art. 19 USG). Die IGW definieren die generelle Schädlichkeits- und Lästigkeitsgrenze; die PW liegen unter, die AW über dieser Grenze.

Für Gebiete und Gebäude, in denen sich Personen in der Regel nur am Tag oder in der Nacht aufhalten, gelten für die Nacht beziehungsweise den Tag keine Belastungsgrenzwerte (Art. 41 Abs. 2 LSV).

Für lärmempfindliche Räume in Betrieben innerhalb der Empfindlichkeitsstufen I–III gelten um 5 dB(A) höhere Immissionsgrenzwerte (Art. 42 Abs. 1 LSV). Keinen solchen Betriebsbonus erhalten publikumsorientierte Räume in Gasthäusern, in Restaurants und in Hotels sowie in den eigentlichen Hotelzimmern. Dasselbe gilt für Räume in Schulen, Anstalten und Heimen (Art. 42 Abs. 2 LSV). Im Unterschied zu Wohnungen dürfen Arbeitsräume jedoch unter gewissen Voraussetzungen künstlich belüftet werden, womit der Ermittlungsort entfällt.

Anwendung der Grenzwerte

Für die Anwendung der Belastungsgrenzwerte gilt Folgendes:

- Die Immissionsgrenzwerte sind grundsätzlich bei bestehenden lärmigen Anlagen und im Baubewilligungsverfahren einzuhalten. Belastungen über dem IGW besagen, dass die Lärmeinwirkungen schädlich oder zumindest lästig und für das Wohlbefinden der Menschen erheblich störend sind.
- Die schärferen Planungswerte finden Anwendung bei der Bewilligung neuer Anlagen und bei der Ausscheidung und Erschliessung von Bauzonen.
- Die Alarmwerte dienen der Beurteilung, ob bei lärmbetroffenen Gebäuden in der Umgebung öffentlicher oder konzessionierter Anlagen Schallschutzmassnahmen zu treffen sind.

Begriff «Belastungsgrenzwerte»

Der Planungswert (PW) ist zu beachten bei der:	Der Immissionsgrenzwert (IGW):	Der Alarmwert (AW):
• Bewilligung neuer Anlagen; • Ausscheidung und Erschliessung von Bauzonen.	• löst Sanierungen bestehender Anlagen aus; • ist Höchstwert für die Bewilligung mit lärmempfindlichen Räumen; • löst in der Umgebung neuer oder wesentlich geänderter öffentlicher oder konzessionierter Anlagen Schallschutzmassnahmen an bestehenden Gebäuden aus.	• ist Kriterium zur Beurteilung der Dringlichkeit von Sanierungen bestehender Anlagen; • löst in der Umgebung bestehender öffentlicher oder konzessionierter Anlagen Schallschutzmassnahmen an bestehenden Gebäuden aus.

Beurteilungsmassstab

Die Empfindlichkeitsstufe (ES), welche im Zonenplan oder allenfalls im Einzelfall zugeordnet wird (vgl. Seite 141), bildet zusammen mit dem Belastungsgrenzwert einen lärmrechtlichen Beurteilungsmassstab. Die konkreten dB-Werte sind in den entsprechenden Anhängen zur LSV für die verschiedenen Lärmarten (zum Beispiel für Strassenlärm, Eisenbahnlärm) und differenziert nach Tag und Nacht sowie nach ES festgelegt.

Der ermittelte Beurteilungspegel ist ohne Berücksichtigung von Mess- und Berechnungstoleranzen den Grenzwerten gegenüberzustellen. In Bezug auf die Toleranzen ist in der LSV bewusst davon ausgegangen worden, dass der Beurteilungspegel den wahrscheinlichsten Wert darstelle. Eine systematische Berücksichtigung von Toleranzen würde faktisch zu einer Erhöhung der Belastungsgrenzwerte führen, was mit Art. 15 USG unvereinbar wäre (RB 1988 Nr. 89).

19.3.1.7   *Belastungen ohne Grenzwerte*

Fehlen Belastungsgrenzwerte, haben die Vollzugsbehörden im Einzelfall zu bestimmen, was als schädlich oder lästig zu gelten hat (Art. 40 Abs. 3 LSV; SCHRADE/LORETAN: Kommentar USG, Art. 11 Rz. 37, Art. 13 Rz. 3; BGE 123 II 86). Dabei sind die Kriterien für die Bestimmung der Belastungsgrenzwerte (Art. 15, Art. 19 und Art. 23 USG) sinngemäss beizuziehen (Art. 40 Abs. 3 LSV). Nach diesen Bestimmungen dürfen die Immissionen zu keiner erheblichen Störung des Wohlbefindens der betroffenen Nachbarn führen, und es sind auch die Wirkungen auf Personengruppen mit erhöhter Empfindlichkeit wie Kinder, Kranke, Betagte und Schwangere zu berücksichtigen. Auf die besondere subjektive Empfindlichkeit einzelner Personen ist jedoch nicht abzustellen, sondern es ist ein objektivierter Massstab zu verwenden (vgl. etwa VB.2001.00187 und BEZ 2005 Nr. 16). Zu berücksichtigen sind alle Lärmemissionen, die durch den bestimmungsgemässen Gebrauch der Anlage verursacht werden (BGE 123 II 74), also nicht nur der technische, sondern auch der menschliche Lärm inner- und ausserhalb des Gebäudes (Wolf 1994: S. 105; Wolf: Kommentar USG, Art. 25 Rz. 20). Auch die sogenannten Sekundärimmissionen, d.h. Lärm, der von den Benützern in unmittelbarer Nähe der Anlage und in direktem Zusammenhang mit der Benutzung der Anlage verursacht wird, fällt darunter. Dazu zählt namentlich Lärm, der beim Betreten und beim Verlassen einer Gaststätte herbeigeführt wird, oder das Zu- und Wegfahren der Fahrzeuge (VB.2004.00387).

In qualitativer Hinsicht sind bei der Bestimmung des Störpotenzials der Charakter des Lärms, die Häufigkeit seines Auftretens sowie die Lärmempfindlichkeit der zu schützenden Gebäude und Gebiete massgebend (Art. 2 Abs. 5 Satz 2 LSV). Dem Ruhebedürfnis während der Nacht und der Vermeidung von Schlaflosigkeit infolge von Lärm kommt besonderes Gewicht zu (RB 1999 Nr. 132 betreffend Techno-Musik aus der Gartenwirtschaft). Auch in einem Dorfkern mit ES III sind regelmässige Lärmimmissionen über die Weckschwelle nach Mitternacht unzulässig (BGE 126 III 223, zusammengefasst in URP 2000, S. 628 ff.). Vgl. aber anderseits URP 2000, S. 249 ff., wo der konkrete Eingriff in die Wirtschaftsfreiheit als unzulässig eingestuft wurde (Aufschub Wirtschaftsschlussstunde in einem Restaurant im Zürcher Langstrassenquartier, Kernzone mit ES III). Von Bedeutung ist im Weiteren, ob das Bauvorhaben den Planungs-, Immissionsgrenz- oder Alarmwert einzuhalten hätte. Während die Planungswerte höchstens geringfügige Störungen erlauben (BGE 123 II 325), sollen die Immissionsgrenzwerte erhebliche Störungen des Wohlbefindens (Art. 15 USG) und die Alarmwerte Lärmbelastungen jenseits der Schädlichkeitsschwelle verhindern. Vgl. dazu auch die Beispiele zum «Alltagslärm» (Seite 1080 ff.).

(Seite 1080 ff.)

19.3.1.8 *Verhältnis zum kantonalen Recht und zum Privatrecht*

Bundesumweltrecht und kantonales öffentliches Recht

Die Vorschriften des Bundes beziehen sich immer nur auf den Lärm von Anlagen. Lärm, der nicht beim Betrieb einer Anlage verursacht wird – wie zum Beispiel Nachtruhestörungen durch lautes Singen auf der Strasse –, fällt ausschliesslich in die Kompetenz der Kantone und Gemeinden. Ebenso sind (Ruhe-) Störungen, die unangepasstem, rücksichtslosem Verhalten von Bewohnern oder deren Gästen entspringen, primär auf polizeilichem Weg zu bekämpfen (BEZ 2003 Nr. 51). Aber auch bei der Benützung von Anlagen verpflichtet das Bundesrecht nur den Inhaber, während es einer besonderen Rechtsgrundlage im kantonalen oder kommunalen Recht bedarf, um gegen die Benützer vorzugehen. Kantonales und kommunales Recht kann auch insoweit beachtlich sein, als es das Vorsorgeprinzip des Bundes konkretisiert, zum Beispiel in Form von Vorschriften über Betriebszeiten (Verkehrs- und Betriebsvorschriften nach Art. 12 Abs. 1 lit. c USG; vgl. dazu auch BEZ 2006 Nr. 60, wo die Anwendbarkeit der Polizeiverordnung auf eine Autowaschanlage verneint wurde). Lärmimmissionen, die von einer ortsfesten Anlage ausgehen, sind aber nach Massgabe des Umweltschutzrechts des Bundes zu beurteilen. Eine Überprüfung allein nach der kommunalen Polizeiverordnung, die eine Nachtruhe ab 22 Uhr vorsieht, ist deshalb unzulässig. Der Gemeinderat und der Statthalter sind für die Beurteilung solcher Immissionen nicht zuständig; zuständig ist vielmehr das AWA (BEZ 2004 Nr. 10).

Bundesumweltrecht und Privatrecht

Der privatrechtliche und der öffentlich-rechtliche Immissionsschutz stehen an sich selbstständig nebeneinander. Aber die allgemeinen Gebote der widerspruchsfreien und koordinierten Anwendung der Rechtsordnung – die Kohärenz – verlangen den Einbezug von und die möglichst weitgehende Rücksichtnahme auf Normen anderer Rechtsgebiete zum gleichen Gegenstand. Die rechtsanwendenden Behörden haben demnach auf eine Harmonisierung des Immissionsschutzes hinzuwirken. So sind bei Lärmimmissionen für die Beurteilung des privatrechtlich zu duldenden Masses (Art. 684 ZGB) die Belastungsgrenzwerte der LSV heranzuziehen (BGE 126 III 223, zusammengefasst in URP 2000, S. 628 ff.). Lärmimmissionen, welche beim bestimmungsgemässen Gebrauch von Wohnbauten und deren Umschwung entstehen, sind von vornherein nicht übermässig und sind damit auch nicht unzulässig. Vgl. zur Abgrenzung zwischen privatrechtlichem und öffentlich-rechtlichem Immissionsschutz auch BGE 132 III 49.

Aussen- und Innenlärm im Besonderen

Bekanntlich hat das öffentliche Lärmschutzrecht ausschliesslich den Schutz vor Aussenlärm zum Gegenstand. Eine analoge Anwendung dieser Vorschriften für die Beurteilung verschiedenartiger Nutzungen innerhalb eines Gebäudes ist damit aber nicht ausgeschlossen. Allerdings sind die für Aussenlärm konzipierten Grenzwerte gemäss Anhang 6 zur LSV nicht anwendbar. Vielmehr muss die Vollzugsbehörde den Lärm gemäss Art. 15 USG beurteilen. Hierfür sind die Kriterien für den Schutz gegen Innenlärm gemäss Art. 21 USG in Verbindung mit Art. 32 LSV heranzuziehen. Danach muss der Bauherr eines neuen Gebäudes dafür sorgen, dass der Schallschutz bei Aussenbauteilen und Trennbauteilen lärmempfindlicher Räume sowie bei Treppen und haustechnischen Anlagen den anerkannten Regeln der Baukunde entspricht. Als solche gelten insbesondere die Mindestanforderungen der SIA-Norm 181. Diese sind im Baubewilligungsverfahren durchzusetzen.

Vor Bundesgericht hatten sich die Bewohner eines Wohngebäudes gegen den übermässigen Lärm öffentlicher Tanzveranstaltungen gewehrt, die in Räumlichkeiten desselben Gebäudes durchgeführt wurden. Befindet sich ein öffentliches Lokal im Stockwerk eines Gebäudes, das im Übrigen aus Wohnungen besteht, können grundsätzlich Benutzungseinschränkungen – begrenzte Öffnungszeiten, Vorschriften bezüglich Musiklautstärke – angeordnet werden, um die im Gebäude wohnenden Nachbarn vor Lärm zu schützen. Die Bestimmungen des Privatrechts und diejenigen des öffentlichen Rechts betreffend den Schutz vor Immissionen bestehen eben gleichwertig nebeneinander und können unabhängig voneinander angewandt werden (URP 2004, S. 303; vgl. auch BGer 1A.276/2004, wiedergegeben in URP 2005, S. 563 ff.).

19.3.2   Massnahmen bei lärmerzeugenden Anlagen

19.3.2.1   *Schallschutzmassnahmen bei neuen oder geänderten ortsfesten Anlagen*

Zum Begriff der ortsfesten Anlage

Das Kapitel 3 der LSV betrifft sogenannte «ortsfeste» Anlagen. Zur Definition vgl. Art. 2 Abs. 1 LSV. «Ortsfeste Anlagen» sind aber auch etwa eine

Hundezucht, ein Kirchturm (URP 1996 S. 668 ff.; URP 2000 S. 257 ff. und S. 795 ff.; VB.2001.00167), ein künstlich geschaffenes Biotop (BR 3/2000 Nr. 263), Schiessgewehre (als Geräte den Anlagen gleichgestellt; BGE 126 II 300), ein Hühnerstall, eine Gartenwirtschaft, eine Glassammelstelle, provisorische Pavillons für Musikdarbietungen, ein Ponystall, eine Schuss- und Zwitschereinrichtung in einem Rebberg (URP 1998, S. 529 ff.) und (Unterflur-) Abfallcontainer (BEZ 2005 Nr. 16). Das Bundesgericht hat selbst ein Holzfass als Aufenthaltsraum für Jugendliche und einen Kinderspielplatz als ortsfeste Anlagen betrachtet, was die Anwendung der Lärmschutzbestimmungen des Bundes bewirkt (vgl. zum «Alltagslärm» WOLF 1994: S. 97 ff.). Auch ein «Kulturfloss», das während dreier Wochen pro Jahr zwecks Veranstaltung von Konzerten an einer Stelle des Rheins fest vertäut wird, erfüllt denselben Zweck wie eine Bühne und ist als ortsfeste Anlage im Sinne von Art. 7 Abs. 7 USG und Art. 2 Abs. 1 LSV zu qualifizieren (URP 2005, S. 40 ff.).

Keine Rolle für die Anwendbarkeit der LSV spielt demnach, ob der Lärm von Maschinen oder Menschen verursacht wird. Auch Sekundäremissionen, die in unmittelbarem Zusammenhang mit der Benützung auftreten, wie jene des Verkehrs oder von laut sprechenden Personen beim Verlassen eines Nachtlokals, sind der Anlage zuzurechnen, für deren Lärm der Besitzer beziehungsweise Betreiber einzustehen hat. Das schliesst freilich nicht aus, dass auch die einzelnen Benützer — gestützt auf das kantonale oder kommunale Polizeirecht — direkt belangt werden können. Vgl. Seite 1076.

Emissionsbegrenzung bei Neuanlagen

Die Lärmemissionen einer neuen ortsfesten Anlage müssen im Rahmen der Vorsorge so weit begrenzt werden, als dies technisch und betrieblich möglich sowie wirtschaftlich tragbar ist (Art. 11 USG; Art. 7 Abs. 1 lit. a LSV). Das Kriterium der wirtschaftlichen Tragbarkeit im Sinne von Art. 7 Abs. 1 LSV ist allerdings auf Tätigkeiten beziehungsweise Unternehmen zugeschnitten, die nach marktwirtschaftlichen Prinzipien, d.h. gewinnorientiert betrieben werden. Steht indes eine andere Lärmquelle infrage, beurteilt sich die Zulässigkeit von Massnahmen nicht nach der wirtschaftlichen Tragbarkeit, sondern nach dem allgemeinen Verwaltungsgrundsatz der Verhältnismässigkeit (BGE 127 II 306 [E.8]; SCHRADE/LORETAN: Kommentar USG, Art. 11 Rz. 35a; URP 2003, S. 353 ff. betreffend Islamisches Kulturzentrum [auch zum Folgenden]). Führen staatliche Massnahmen dazu, dass eine unter dem Schutz der Glaubens- und Gewissensfreiheit (Art. 15 BV) stehende religiöse Handlung nicht oder nur eingeschränkt durchgeführt werden kann, sind sie nur dann zulässig, wenn diese Einschränkung zum Schutz öffentlicher Interessen oder von Grundrechten Dritter gerechtfertigt und verhältnismässig ist (Art. 36 Abs. 2 und 3 BV). Dabei sind die entgegenstehenden privaten und öffentlichen Interessen anhand konkreter Umstände objektiv zu würdigen. Massnahmen im Hinblick auf eine lediglich abstrakte Beeinträchtigung sind unzulässig. Umweltrechtliche Auflagen gegen Lärmimmissionen sind deshalb in solchen Fällen nur im Rahmen der verschärften Emissionsbegrenzung zulässig (Einhaltung Planungswerte oder — mangels solcher — eines vergleichbaren Niveaus).

Sodann dürfen die von der Anlage allein erzeugten Lärmemissionen die Planungswerte nicht übersteigen (Art. 7 Abs. 1 lit. b LSV), wobei die Baubehörde Erleichterungen gewähren kann (Art. 7 Abs. 2 LSV). Die relevanten Belastungsgrenzwerte sind in den betreffenden Anhängen zur LSV festgelegt. Auch wenn die Planungswerte eingehalten werden, ist aber stets zu prüfen, ob das Vorsorge- und Verhältnismässigkeitsprinzip weitergehende Beschränkungen erfordert (URP 2009, S. 541 ff.).

Die Belastungsgrenzwerte sind auch überschritten, wenn die Summe gleichartiger Lärmimmissionen, die von mehreren Anlagen erzeugt werden, sie überschreitet. Dies gilt allerdings nicht für die Planungswerte bei neuen ortsfesten Anlagen (Art. 40 Abs. 2 LSV; Art. 7 Abs. 1 LSV). Für Lärm, der nicht unter Belastungsgrenzwerte subsumiert werden kann, muss der Grenzwert im Einzelfall so festgelegt werden, dass nach dem Stand der Wissenschaft oder der Erfahrung Immissionen unterhalb dieses Wertes die Bevölkerung in ihrem Wohlbefinden nicht erheblich stören (Art. 15 USG; Art. 40 Abs. 3 LSV). So sind etwa die im Anhang 6 zur LSV festgesetzten Grenzwerte auf Altstoff-Sammelstellen nicht anwendbar (VB.2000.00238; vgl. auch BEZ 2005 Nr. 16 betreffend Unterflur-Abfallcontainer); im Sinne von Art. 40 Abs. 3 LSV sind auch sie direkt anhand der gesetzlichen Vorgaben zu beurteilen.

Gemäss Art. 47 Abs. 1 LSV gelten ortsfeste Anlagen als neu, wenn der Entscheid, der den Beginn der Bauarbeiten gestattet, bei Inkrafttreten des USG (also am 1. Januar 1985) noch nicht rechtskräftig war. Werden nach diesem Stichtag erstellte (also neue) Anlagen geändert, gelten die Anforderungen von Art. 7 LSV – Emissionsbegrenzungen bei neuen ortsfesten Anlagen – vollumfänglich. Als neu gilt auch eine Anlage, die in ihrer Nutzweise entscheidend geändert wird. Vgl. hierzu URP 2001, S. 500 f. (Umnutzung eines Restaurants in ein Nachtlokal) und URP 2001, S. 313 ff. (Umnutzung eines Ladenlokals in eine Snack-Bar).

Emissionsbegrenzung bei geänderten Anlagen

Art. 7 Abs. 1 lit. a LSV gilt analog auch für Anlagen, die am 1. Januar 1985 bereits bestanden haben und nun geändert werden. Die Lärmemissionen der neuen oder geänderten Anlageteile müssen nach den Anordnungen der Vollzugsbehörde so weit begrenzt werden, als dies technisch und betrieblich möglich sowie wirtschaftlich tragbar ist (Art. 8 Abs. 1 und Abs. 4 sowie Art. 47 LSV). Im Unterschied zu Neuanlagen (vgl. Art. 7 Abs. 1 lit. b LSV) müssen die Planungswerte jedoch nicht eingehalten werden.

Wird die Anlage «wesentlich» geändert, sind für die ganze Anlage die IGW einzuhalten (Art. 8 Abs. 2 LSV). Als wesentliche Änderungen ortsfester Anlagen gelten Umbauten, Erweiterungen und vom Inhaber der Anlage verursachte Änderungen des Betriebes, wenn zu erwarten ist, dass die Anlage selbst oder die Mehrbeanspruchung bestehender Verkehrsanlagen wahrnehmbar stärkere Lärmimmissionen erzeugen. Der Wiederaufbau von Anlagen gilt in jedem Fall als wesentliche Änderung (Art. 8 Abs. 3 LSV).

Allgemeines

Ausgehend vom umfassenden Begriff der ortsfesten Anlagen spielt es für die Anwendbarkeit der LSV keine Rolle, ob der Lärm von Maschinen oder Menschen verursacht wird. Für die «menschliche» Lärmquelle – sogenannter «Alltagslärm» – enthält die LSV allerdings keine Belastungsgrenzwerte, sodass die Immissionen im Einzelfall zu beurteilen sind. Dabei ist die Güterabwägung zwischen dem Bedürfnis der Anwohnerschaft nach Nachtruhe und dem Wunsch der Bevölkerung nach vielseitigem Kultur- und Unterhaltungsangebot oft nicht einfach vorzunehmen.

Gastwirtschaftsbetriebe

Im Falle einer Gartenwirtschaft hat das Bundesgericht einen wegleitenden Entscheid gefällt (BGer 1A.139/2002, in Bestätigung von VB.2001.00187, zusammengefasst in PBG aktuell 2/2003, S. 20 f.) und sich ausführlich zur zeitlichen Abstufung der Lärmempfindlichkeit geäussert. Es verwies in diesem Zusammenhang auf die Direktive des «Cercle bruit» vom 10. März 1999 «Détermination et évaluation des nuisances sonores liées a l'exploitation des établissements publics», der eine «période d'activité» von 7 bis 19 Uhr, eine «période de tranquillité» von 19 bis 22 Uhr und eine «période de sommeil» von 22 bis 7 Uhr unterscheidet. Diese Betrachtungsweise trägt den Vorgaben von Art. 2 Abs. 5 Satz 2 LSV Rechnung, wonach die Belastungsgrenzwerte unter anderem nach der Tageszeit festgelegt werden. Zwar gehen die Belastungsgrenzwerte der LSV von einer Zweiteilung aus (7 bis 22 Uhr und 22 bis 7 Uhr), doch darf – wie hier – bei der einzelfallweisen Beurteilung von Lärm direkt gestützt auf Art. 15 USG dem erhöhten Erholungsbedürfnis der Bevölkerung am Abend durchaus Rechnung getragen werden. Die abendliche Ruhephase ist allerdings nicht gleichbedeutend mit Nachtruhe, das heisst, es sind geringere Anforderungen an das Ruhebedürfnis der Bevölkerung zu stellen als im Zeitraum nach 22 Uhr. Neben diesem Umstand sind bei der einzelfallweisen Beurteilung auch die Lärmvorbelastung (zum Beispiel durch Strassen- oder Eisenbahnlärm), die Lärmempfindlichkeit der Zone, die Möglichkeit von baulichen Lärmschutzmassnahmen und die räumlichen Verhältnisse in der Umgebung zu berücksichtigen. Dabei sind die Lärmimmissionen bei den Fenstern lärmempfindlicher Räume zu beurteilen; die zu den Gebäuden gehörenden Aufenthaltsorte im Freien sind grundsätzlich nicht geschützt. Vgl. zur Störung der Nachtruhe durch Lärmimmissionen einer Aussenwirtschaft auch VB.2004.00254; BEZ 2007 Nr. 28 (betreffend Erweiterung eines Gartenrestaurants); BEZ 2007 Nr. 58 (betreffend Vornahme eines «Ohrenscheins»).

Sodann ist eine Interessenabwägung vorzunehmen: Am See oder an einem anderen Ausflugsort ist dem öffentlichen Interesse an der abendlichen Bewirtung Rechnung zu tragen. Ferner ist das Interesse an der Erhaltung des Restaurants gegenüber jenem an einer integralen Gewährleistung des Lärmschutzes zu würdigen. Denn eine Limitierung von Verlängerungsbewilligungen für die Schliessungszeit von Gastwirtschaften (als betriebliche Massnahme) ist ein erheblicher Eingriff in die Wirtschaftsfreiheit (Art. 27 BV). Zu den Voraussetzungen vgl. URP 2000, S. 249 ff. Insbesondere müssen konkrete Anhaltspunkte dafür vorliegen, dass der betroffene Betrieb zu einer ins Gewicht fallenden Beeinträchtigung der Wohnbevölkerung in deren Wohlbefinden führt.

In den beiden erwähnten Entscheiden untersagten das Verwaltungs- und das Bundesgericht die Bewirtung im Freien zwischen 19 und 7 Uhr. Dies lag zum einen an der Lage des Betriebs in einer ruhigen Wohnzone der ES II, zum anderen an der kurzen Distanz zwischen der Lärmquelle und den betroffenen lärmempfindlichen Räumen. Bei günstigeren örtlichen Verhältnissen besteht aber durchaus die Möglichkeit, einen vergleichbaren Betrieb auch am Abend geöffnet zu halten. Ferner ist die Errichtung einer neuen Gartenwirtschaft nicht mit der Weiterführung eines bestehenden altrechtlichen Betriebes gleichzustellen, für welchen weniger strenge Regeln gelten.

Anders hat das Verwaltungsgericht im Falle einer Aussenwirtschaft entschieden, die zu einem Kino gehört: Das projektierte Bistro befand sich in einer Zentrumszone, wo ein lebendiges Ortszentrum mit guter Nutzungsdurchmischung und insbesondere eine gewerbliche Nutzung der Erdgeschosse angestrebt werden. Diese Funktion kann das Gebiet nur wahrnehmen, wenn dort auch Betriebe des Gastgewerbes bestehen können. Eine zu weit gehende Einschränkung der Betriebszeiten aufgrund des Vorsorgeprinzips würde die Existenz der Betriebe gefährden. Deshalb kann hier den Betreibern von Aussenwirtschaften nicht generell vorgeschrieben werden, schon um 22 Uhr zu schliessen (VB.2004.00254).

Die Verlängerung der Schliessungsstunde einer Gastwirtschaft von der bisher geltenden Schliessungszeit (24 Uhr) bis 2 beziehungsweise 4 Uhr während drei aufeinander folgender Tage ist eine wesentliche Änderung im Sinne der Lärmschutzverordnung (Art. 8 Abs. 3 LSV). Demgegenüber wurde die Erweiterung eines Gartenrestaurants um eine Pergola mit ausfahrbarem Witterungsschutz nicht als wesentliche Änderung gemäss Art. 8 Abs. 3 LSV beurteilt (BEZ 2007 Nr. 48).

Glockengeläut

Keine Grenzwerte gelten auch für das Glockengeläut. Dieses steht grundsätzlich unter dem Schutz der Glaubens- und Gewissensfreiheit, darf aber zum Schutz der öffentlichen Ruhe gewissen Einschränkungen unterworfen werden. Es widerspricht dem Verhältnismässigkeitsprinzip nicht, wenn die kantonalen Instanzen das öffentliche Interesse an der Beibehaltung einer gewachsenen Tradition höher werten als das Ruhebedürfnis der Beschwerdeführer (URP 2003, S. 685 ff.). Nicht unter dem Schutz der Kultusfreiheit stehen indes das Geläut zu weltlichen Zwecken, wie beispielsweise das Läuten der Glocken an nationalen Feiertagen oder zur Einberufung der Gemeindeversammlung und die Zeitverkündung durch das Schlagen der Kirchenglocken. Aber auch das Frühläuten gehört – wie das Mittag- und Abendläuten – zum sogenannten bürgerlichen Läuten, das anders als das Geläut vor und nach Gottesdiensten, Beerdigungen, Hochzeiten und anderen kirchlichen Handlungen nicht Bestandteil des kirchlichen Kultus bildet und deshalb nicht unter dem Schutz der Kultusfreiheit steht (VB.2004.00320 und VB.2004.00240). Bei der Beurteilung sind sodann der

Ortsgebrauch (URP 2000, S. 257 ff.) und die kommunale Polizeiverordnung (URP 2000 Nr. 59; VB.2001.00167) mitzuberücksichtigen (BGE 126 II 366).

Eine ausführliche Zusammenfassung der Praxis zum Glockengeläut findet sich in PBG aktuell 2/2006, S. 19 f.; BEZ 2005 Nr. 31; BEZ 2009 Nr. 28 (betreffend Gossau), bestätigt in BGer 1C_297/2009 (wiedergegeben in PBG aktuell 2/2010, S. 31 ff.).

Zur Prüfung der Sanierungspflicht und zur Anordnung allfälliger Sanierungsmassnahmen im Zusammenhang mit dem Glockengeläut ist die örtliche Baubehörde zuständig (BEZ 2008 Nr. 24).

Kultur- und Religionszentrum

Gehen Lärmimmissionen von einem Kultur- und Religionszentrum (und mithin nicht von einem wirtschaftlichen Unternehmen) aus, beurteilt sich die Zulässigkeit von vorsorglichen Massnahmen nicht nach dem von Art. 11 Abs. 2 USG genannten Kriterium der wirtschaftlichen Tragbarkeit, sondern nach dem Grundsatz der Verhältnismässigkeit. Führen staatliche Massnahmen dazu, dass eine unter dem Schutz der Glaubens- und Gewissensfreiheit (Art. 15 BV) stehende religiöse Handlung nicht oder nur eingeschränkt durchgeführt werden kann, sind sie nur dann zulässig, wenn diese Einschränkung zum Schutz öffentlicher Interessen oder von Grundrechten Dritter gerechtfertigt und verhältnismässig ist (Art. 36 Abs. 2 und 3 BV; URP 2003 S. 353 ff.).

Freizeit- und Sportanlagen

Im Entscheid über das «Kulturfloss» in Basel hielt das Bundesgericht unter anderem fest (URP 2005, S. 40 ff.): Zur Lärmbeurteilung ist der Beizug privater oder ausländischer Regelwerke, die fachlich genügend abgestützt sind, an sich zulässig, sofern ihre Kriterien mit denjenigen des schweizerischen Lärmschutzrechts vereinbar sind (vorliegend Freizeitlärm-Richtlinie des Landes Nordrhein-Westfalen). Wer an einer zentralen Lage im Herzen Basels wohnt, muss im Interesse einer lebendigen Innenstadt und eines attraktiven Kulturangebots gewisse Lärmbelästigungen in Kauf nehmen.

Vgl. auch BGer 1A.168/2003, wiedergegeben in PBG aktuell 2/2004, S. 22 (betreffend Öffnungs- und Betriebszeiten eines Jugend- und Kulturzentrums); BGer 1A.233/2002 (betreffend Lärmimmissionen von einem Hotel); VB.2005.00481 (betreffend Erweiterung einer Skateanlage); VB.2004.00387 (betreffend Vereinslokal); BGE 133 II 292, abgedruckt in PBG aktuell 3/2007, S. 14 ff. (betreffend Sportanlage Würenlos); BEZ 2007 Nr. 47 (Freestyle-Anlage und Breakdance-Raum); BGer 1C_169/2008, abgedruckt in URP 2009, S. 123 ff (betreffend Sport-, Freizeit- und Begegnungszentrum); URP 2010, S. 609 ff. (betreffend Modellschleppflugzeuge).

Kinderspielplatz

Nicht entscheidend ist die Trägerschaft, die einen Kinderspielplatz betreibt. Die konkrete Situation lässt im zitierten Entscheid den Schluss zu, dass keine erhebliche Störung vorliegt, die den Immissionsgrenzwert übersteigt. Das Gericht hat offengelassen, ob die Störung geringfügig ist, weil ein überwiegendes öffentliches Interesse besteht, das Erleichterungen zulässt: Notwendigkeit eines Kinderspielplatzes im Quartier, keine baulichen oder technischen Vorkehrungen und keine weitere zeitliche Beschränkung des Betriebs möglich, ohne den Zweck des Kinderspielplatzes zu vereiteln (VB.2004.00035, bestätigt in BGer 1A.167/2004, auszugsweise wiedergegeben in URP 2005, S. 568 ff.).

Zu Kinderspielplätzen vgl. BEZ 2002 Nr. 40; VB.2004.00035 (Kinderspielplatz in Erholungszone), bestätigt mit BGer 1A.167/2004; zu einer Kindertagesstätte in einer ruhigen Wohnzone vgl. URP 2010, S. 645.

19.3.2.3   *Verkehrsanlagen und (andere) öffentliche Anlagen*

Mehrbeanspruchung von Verkehrsanlagen

Art. 9 LSV beschränkt die zulässige Mehrbelastung von Verkehrsanlagen. Der Betrieb neuer oder wesentlich geänderter ortsfester Anlagen darf nicht dazu führen, dass durch die Mehrbeanspruchung einer Verkehrsanlage die IGW überschritten werden (Art. 9 lit. a LSV) oder – wo dies bereits der Fall ist – durch die Mehrbeanspruchung wahrnehmbar stärkere Lärmimmissionen erzeugt werden (Art. 9 lit. b LSV). Eine Zunahme des Verkehrslärms um weniger als 1 dB – entsprechend einer Verkehrszunahme von weniger als 25 Prozent – gilt dabei als noch nicht wahrnehmbar, eine solche von mehr als 3 dB (Verdoppelung des Verkehrs) dagegen als deutlich wahrnehmbar (BGE 110 Ib 340; ZÄCH/WOLF: Kommentar USG, Art. 15 Rz. 24). Die Fachleute setzen die Grenze meist bei 1 dB an. Die nach Art. 9 lit. b LSV zulässige Verkehrszunahme darf für jedes neue Bauprojekt, das durch die gleiche Zufahrtsstrasse erschlossen wird, in vollem Umfang ausgeschöpft werden; dies allerdings mit der Einschränkung, dass weitere Bauvorhaben zu berücksichtigen sind, wenn deren Projekte entsprechend Art. 36 Abs. 2 LSV bereits öffentlich aufliegen (URP 1996 S. 342 ff.).

Erleichterungen im Allgemeinen

Für Anlagen, an denen ein öffentliches Interesse besteht, gibt Art. 7 Abs. 2 LSV die Möglichkeit von Erleichterungen. Von der Einhaltung der Planungswerte bei Neubauten (Art. 7 Abs. 1 lit. b LSV), nicht aber von Art. 7 Abs. 1 lit. a LSV, kann dispensiert werden, wenn sonst eine unverhältnismässige Belastung für das Projekt entstehen würde. Die IGW müssen aber gleichwohl eingehalten werden.

Erleichterungen für öffentliche und konzessionierte Anlagen

Art. 10 LSV regelt – über Art. 7 Abs. 2 LSV hinausgehend – die Ausnahmen für wesentlich geänderte oder neue öffentliche oder konzessionierte Anlagen. Bei solchen Anlagen (Strassen, Eisenbahnen, Flughäfen usw.) dürfen sogar die IGW nach Art. 7 Abs. 2, Art. 8 Abs. 2 und Art. 9 LSV überschritten werden, sofern der Eigentümer der Anlage dafür Schallschutzfenster oder ähnliche Schutzmassnahmen an den vom Lärm betroffenen Gebäuden finanziert (Art. 25 Abs. 3 USG; Art. 10 Abs. 1 und 2 und Art. 11 LSV). Art. 11 LSV regelt die Kostentragpflicht im Detail.

Unter die Erleichterungen fallen allerdings nur solche konzessionierten Anlagen, die eine Betriebspflicht trifft, welche im öffentlichen Interesse liegt.

Das ist bei Casinobetrieben nicht der Fall. Gestützt auf § 220 PBG kann nur von kantonalen oder kommunalen Bauvorschriften, nicht aber vom Bundesumweltrecht dispensiert werden (URP 2000 S. 718 ff.).

Schallschutzmassnahmen an bestehenden Gebäuden müssen nicht getroffen werden, wenn sie keine wahrnehmbare Lärmverringerung im Gebäudeinnern erwarten lassen (zum Begriff «wahrnehmbar» vgl. die Ausführungen zur Mehrbeanspruchung von Verkehrsanlagen), wenn überwiegende Interessen des Ortsbildschutzes oder der Denkmalpflege entgegenstehen oder das Gebäude voraussichtlich innerhalb der nächsten drei Jahre abgebrochen wird beziehungsweise die betreffenden Räume innert dieser Frist einer lärmunempfindlichen Nutzung zugeführt werden (Art. 10 Abs. 3 LSV).

Lärmreflexionen von Gebäuden

Wird neben einer lärmigen Anlage – zum Beispiel einer Strasse – ein grösseres Gebäude erstellt, so bewirken dessen Fassaden oft eine Reflexion des Lärms mit erheblichen Auswirkungen auf gegenüberliegende oder benachbarte Liegenschaften. Das Gebäude, welches den Lärm reflektiert, ist jedoch nicht dessen eigentlicher Verursacher, sodass das Lärmschutzrecht auf dieses nicht Anwendung findet; seinem Inhaber erwachsen aus dem USG auch dann keine besonderen Pflichten, wenn die Reflexionen auf einem benachbarten Grundstück zu einer Überschreitung der Grenzwerte führen (URP 1996, S. 680 ff.). Denn der Grund für die erhöhten Lärmimmissionen liegt nicht in einer Mehrbeanspruchung von Verkehrsanlagen, sondern im bereits bestehenden Verkehr. Art. 9 LSV ist deshalb nicht anwendbar (URP 2003, S. 665 ff.).

19.3.2.4 *Verfahren*

Beurteilung und Bewilligung

Nach der LSV sind im baurechtlichen Entscheid über die Erstellung, die Änderung oder die Sanierung einer Anlage die zulässigen Lärmimmissionen ausdrücklich festzuhalten. Steht fest oder ist zu erwarten, dass die Lärmimmissionen von den im Entscheid festgehaltenen Immissionen auf Dauer wesentlich abweichen, so trifft die Vollzugsbehörde die notwendigen Massnahmen. Das BAFU kann Empfehlungen für eine vergleichbare Erfassung und Darstellung der in diesen Entscheiden festgehaltenen Lärmimmissionen erlassen (Art. 37a LSV).

Bei einer Schulanlage mit 600 Schülerinnen und Schülern bestehen Anhaltspunkte dafür, dass eine recht starke und unter lärmrechtlichen Gesichtspunkten nicht zu unterschätzende Benützung der Aussenplätze erfolgt. Die Prüfung der Auswirkungen der Anlagen erfordert einlässliche Ermittlungen, welche gestützt auf den Untersuchungsgrundsatz gemäss § 7 Abs. 1 VRG und Art. 36 LSV im Baubewilligungsverfahren vorzunehmen sind. Die Kosten der lärmrechtlichen Überprüfung können den Parteien überwälzt werden (vgl. neben den allgemeinen Gebührenordnungen insbesondere die kantonale Gebührenordnung zum Vollzug des Umweltrechts). Zum Lärm bei Schulanlagen vgl. BEZ 2004 Nr. 44.

Lärmprognosen sind im Baubewilligungsverfahren einzuholen und es ist unzulässig, Massnahmen, die zur Begrenzung von absehbar übermässigen Immissionen notwendig sind, auf den Zeitpunkt nach Erstellung einer Baute zu verschieben. Lärm kann schon dann im lärmschutzrechtlichen Sinn übermässig sein, wenn er noch nicht zu polizeilichem Einschreiten führt. Den Anwohnern kann nicht die Obliegenheit auferlegt werden, sich mit Interventionen bei der Polizei zu wehren. Ein Versuch darf darum nur anstelle einer Lärmprognose angeordnet werden, wenn die Behörden sicherstellen, dass er von Amtes wegen begleitet und ausgewertet wird (PBG aktuell 4/2004, S. 14 f.; URP 2005, S. 51 ff.).

Es liegt im Bereich allgemeiner Erfahrung, dass die wenigen Zu- und Wegfahrten von einer mit 24 Abstellplätzen noch kleinen Parkierungsanlage selbst während der «Stosszeiten» am Morgen und am Abend den für die ES II massgeblichen Planungswert bei Gewerbe- und Industrielärm von 55 dB(A) am Tag und 45 dB(A) in der Nacht nicht überschreiten. Eine Lärmprognose ist nicht erforderlich (VB.2004.00394).

Zum Erfordernis einer Lärmprognose und zum Stellenwert einer Umfrage vgl. auch ausführlich BEZ 2005 Nr. 32 und VB.2004.00240 (auch zur Kostentragpflicht).

Kontrollen

Die Vollzugsbehörde kontrolliert spätestens ein Jahr nach Betriebsaufnahme der neuen oder geänderten ortsfesten Anlage, ob die angeordneten Emissionsbegrenzungen und Schallschutzmassnahmen getroffen sind. In Zweifelsfällen prüft sie die Wirksamkeit der Massnahmen (Art. 12 LSV).

19.3.3   Sanierung von bestehenden ortsfesten Anlagen

19.3.3.1   *Lärmermittlungen*

Besteht Grund zur Annahme, dass eine Lärm erzeugende Anlage in ihrer Umgebung die Überschreitung des Immissionsgrenzwerts verursacht, sind Lärmermittlungen durchzuführen.

Das Ergebnis der Lärmermittlungen wird bei Strassen, Eisenbahnanlagen, Flugplätzen und militärischen Waffen-, Schiess- und Übungsplätzen in einem Lärmbelastungskataster festgehalten. Die Erstellung des Katasters für Strassen ist Sache der Kantone; jene für Eisenbahnanlagen, Flugplätze und militärische Waffen-, Schiess- und Übungsplätzen werden vom Bund erstellt (Art. 37 LSV).

19.3.3.2   *Sanierungspflicht*

Grundsätze

Bei bestehenden ortsfesten Anlagen, die wesentlich zur Überschreitung der IGW beitragen, ordnet die Vollzugsbehörde nach Anhören der Inhaber der Anlagen die notwendigen Sanierungen an (Art. 13 Abs. 1 LSV). Gemäss Art. 13 Abs. 2 LSV muss so weit saniert werden, als dies technisch und betrieblich möglich sowie wirtschaftlich tragbar ist (lit. a) und dass die IGW nicht überschritten werden (lit. b).

Die Einhaltung der IGW ist also nur Minimalziel: Daneben ist jeweils und zusätzlich zu prüfen, ob sich mit technisch und wirtschaftlich tragbaren Massnahmen ein weitergehender Schutz vor Beschallung realisieren lässt. Danach besteht die Sanierungspflicht schon dann, wenn dadurch störender oder unnötiger Lärm vermieden werden kann (RAUSCH/MARTI/GRIFFEL: S. 93 ff.; SCHRA-DE/WIESTNER: Kommentar USG, Art. 16 Rz. 43 ff.).

Stehen keine überwiegenden Interessen entgegen, so gibt die Vollzugsbehörde den Massnahmen, welche die Lärmerzeugung verhindern oder verringern (Massnahmen an der Quelle), den Vorzug gegenüber Massnahmen, die lediglich die Ausbreitung des Lärms verhindern oder verringern (Art. 13 Abs. 3 LSV). Massnahmen an der Quelle sind solche Massnahmen, die am Ort der Entstehung des Lärms ansetzen. Darunter fallen technische Massnahmen zur Lärmreduktion, aber auch betriebliche Massnahmen. Diese setzen direkt an der Lärmquelle an.

Erleichterungen

Erleichterungen sind zulässig bei unverhältnismässigen Betriebseinschränkungen oder Kosten (was insbesondere von den SBB beansprucht wird; Art. 14 Abs. 1 lit. a LSV). Sodann können überwiegende Interessen – namentlich des Ortsbild-, Natur- oder Landschaftsschutzes, der Verkehrs- oder Betriebssicherheit sowie der Gesamtverteidigung – einer Sanierung entgegenstehen (Art. 14 Abs. 1 lit. b LSV). Bei der Interessenabwägung sind der bestehende Lärm und ein allfälliges öffentliches Interesse am Fortbestand der betroffenen Anlage mitzuberücksichtigen. Erleichterungen sind zum Beispiel angebracht, wenn der lärmmässige Vorteil, der dem Nachbarn einer Gartenwirtschaft aus kürzeren Betriebszeiten erwächst, in einem Missverhältnis zu den schweren wirtschaftlichen Einbussen für diesen Betrieb steht (URP 2001, S. 462 ff.).

Einhaltung der Alarmwerte

Bei privaten, nicht konzessionierten Anlagen dürfen die Erleichterungen nicht zu einer Überschreitung der Alarmwerte führen (Art. 14 Abs. 2 LSV). Die Alarmwerte gelten also als absolute Schranke, soweit nicht bestehende Strassen, Flughäfen, Eisenbahnanlagen oder andere öffentliche oder konzessionierte ortsfeste Anlagen infrage stehen (Art. 20 Abs. 1 USG). «Andere öffentliche Anlagen» sind solche, welche der öffentlichen Hand zur Erfüllung verfassungs- und gesetzmässiger Aufgaben dienen. Beim Bund umfasst diese Umschreibung insbesondere militärische Waffen-, Schiess- und Übungsplätze, Militärflugplätze und Armeemotorfahrzeugparks. Bei den Kantonen und Gemeinden fallen vor allem Werke des Zivilschutzes sowie Abwasser- und Abfallanlagen darunter (ZÄCH/WOLF: Kommentar USG, Art. 20 Rz. 20 und 21 [auch zum Folgenden]). Als «konzessioniert» sind am ehesten solche Anlagen zu bezeichnen, welche eine Betriebspflicht trifft, die im öffentlichen Interesse liegt. Erleichterungen kommen aber nur insoweit infrage, als sie für die Wahrnehmung der Betriebspflicht erforderlich sind.

19.3.3.3   *Sanierungsmassnahmen*

Art der Massnahmen

Als Sanierungsmassnahmen kommen solche technischer, baulicher oder betrieblicher Art infrage.

Fristen

Die Realisierung erfolgt nach Dringlichkeit, spätestens aber innerhalb von 15 Jahren nach Inkrafttreten der LSV (Art. 17 Abs. 3 LSV). Diese Frist ist im April 2002 abgelaufen. Sie wurde für Strassen, Eisenbahnen, Militärflugplätze, zivile Flugplätze, auf denen Grossflugzeuge verkehren, zivile Schiessanlagen sowie militärische Waffen-, Schiess- und Übungsplätze verlängert (Art. 17 Abs. 4–6 LSV).

Die Fristen für die Sanierung bestimmen sich nach deren Dringlichkeit (Art. 17 Abs. 1 und Abs. 2 LSV). Dringlich ist zum Beispiel eine Sanierung dann, wenn berechtigte Klagen aus der Nachbarschaft eingehen. In diesem Sinne ist eine bestehende Anlage unabhängig davon zu sanieren, ob der Lärm technischer oder menschlicher Natur ist, und auch unabhängig davon, wo der Lärm − innerhalb oder ausserhalb des Gebäudes − entsteht. Die Vollzugsbehörden kontrollieren die Massnahmen.

Kosten

Die Kosten für die − vollständigen oder auch nur beschränkten − Sanierungsmassnahmen trägt entsprechend dem Verursacherprinzip der Inhaber der Anlage (Art. 16 Abs. 1 LSV; URP 1994, S. 129). Das gilt sowohl für Vorkehren an der Anlage selbst wie auch solche auf dem Ausbreitungsweg. Eine Kostenbeteiligung privater Gebäudeeigentümer kommt nicht infrage; Art. 20 Abs. 2 USG bezieht sich nur auf den Schallschutz an bestehenden Gebäuden (ZÄCH/WOLF: Kommentar USG Art. 20 Rz. 34). Erfüllt eine Lärmschutzmassnahme noch andere Funktionen als nur den Schutz vor Lärm (wie etwa gestalterische Massnahmen), so sind die Kosten der Massnahmen aber entsprechend aufzuteilen. Damit soll verhindert werden, dass dem Lärmschutz ungerechtfertigterweise Kosten angelastet werden, die anderswo Mehrwert bringen.

19.3.3.4   *Lärmsanierung öffentlicher und konzessionierter Anlagen*

Eisenbahnen

Ausgangspunkt bildet das USG, das den Schutz der Menschen vor schädlichen oder lästigen Einwirkungen bezweckt (Art. 1 Abs. 1 USG). Das USG sieht in Art. 11 Abs. 1 vor, dass Lärmemissionen durch Massnahmen bei der Quelle begrenzt werden. Dabei werden die Emissionen anhand von Immissionsgrenzwerten beurteilt (Art. 13 Abs. 1 USG). Für Eisenbahnlärm hat der Bundesrat die Immissionsgrenzwerte im Anhang 4 zur LSV festgelegt. Genügt eine Anlage den Vorschriften des USG nicht, muss sie zwingend saniert werden (Art. 16 USG).

In Ergänzung zum USG gilt seit Oktober 2000 das Bundesgesetz über die Lärmsanierung der Eisenbahnen (BGLE; vgl. auch Art. 17 Abs. 5 LSV), das verschiedene Lärmschutzmassnahmen vorsieht und diese in Art. 2 einer Rangordnung unterstellt: Danach soll Lärmschutz in erster Linie durch technische Massnahmen an den Schienenfahrzeugen erreicht werden. Sekundär sind bauliche Massnahmen an bestehenden ortsfesten Eisenbahnanlagen zu treffen, wozu namentlich Lärmschutzwände gehören. In dritter Priorität sind schliesslich Schallschutzmassnahmen an bestehenden Gebäuden vorgesehen, etwa mittels Einbau von Schallschutzfenstern. In Konkretisierung hiervon ist in der Verordnung über die Lärmsanierung der Eisenbahnen (VLE) vorgesehen, dass bei

bestehenden ortsfesten Eisenbahnanlagen bauliche Massnahmen so weit anzuordnen sind, bis die Immissionsgrenzwerte eingehalten werden. Die Behörde
gewährt jedoch Erleichterungen, wenn die Sanierung unverhältnismässige Kosten verursachen würde oder überwiegende Interessen – namentlich des Orts-
bild-, Natur- und Landschaftsschutzes oder der Verkehrs- oder Betriebssicherheit – der Sanierung entgegenstehen. Nur wenn solche Erleichterungsgründe
gegeben sind, darf vom in Art. 7 Abs. 1 BGLE festgeschriebenen Sanierungsziel
abgewichen werden. In den übrigen Fällen sind Sanierungsmassnahmen so weit
anzuordnen, bis die Immissionsgrenzwerte eingehalten werden.

Der Emissionsplan gemäss Art. 6 BGLE und Art. 17 VLE dient der Ermittlung der Lärmimmissionen auf den von Bahnlärm betroffenen Grundstücken
und ist Grundlage für den Entscheid über bauliche Sanierungsmassnahmen. Der
Bundesrat erliess nach Anhörung der Kantone den Emissionsplan, welcher die
bis zum 31. Dezember 2015 zu erwartenden Lärmemissionen bestehender Eisenbahnanlagen enthält, müssen doch die baulichen Massnahmen bis zu diesem
Zeitpunkt durchgeführt sein. Angesichts der knappen Finanzmittel wurde für die
baulichen Sanierungsmassnahmen ein Kosten-Nutzen-Index (KNI) entwickelt.
Vgl. zum KNI und zur Bewilligung von Schallschutzfenstern URP 2003, S. 859 f.

Zur Lärmsanierung von Eisenbahnanlagen vgl. auch URP 2005, S. 771 ff.;
HÄNNI 2005 (mit ausführlicher Kommentierung der Rechtsprechung seit In-
krafttreten des BGLE); Richtlinie des BAV «Lärmsanierung der Eisenbahn –
Realisierung von Schallschutzmassnahmen an bestehenden Gebäuden» vom
Dezember 2006; BEZ 2008 Nr. 63 (betreffend Festsetzung von Empfindlich-
keitsstufen in bahnlärmvorbelastetem Gebiet); URP 2010, S. 628 f.

Zivile Schiessplätze

Nach Art. 63 Abs. 1 MG besteht für Unteroffiziere, Gefreite und Soldaten, die
mit dem Sturmgewehr ausgerüstet sind, eine jährliche ausserdienstliche Schiesspflicht. Dasselbe gilt für Subalternoffiziere, die einer Truppengattung oder einem Dienstzweig angehören, welche mit dem Sturmgewehr ausgerüstet sind.
Gemäss Art. 63 Abs. 2 MG werden die Schiessübungen von Schiessvereinen
organisiert und sind für die Schützen kostenlos. Die Kantone entscheiden über
den Betrieb von Schiessanlagen und weisen Schiessvereine den Anlagen zu. Sie
achten auf umweltverträgliche Schiessanlagen und fördern Gemeinschafts- und
Regionalanlagen (Art. 125 Abs. 2 MG).

An der Sicherstellung des der Landesverteidigung dienenden Schiesswesens
besteht ein gewichtiges öffentliches Interesse. Die Landesverteidigung ist zwar
nicht generell von den Anforderungen des Umweltrechts ausgenommen, doch
darf die Umweltschutzgesetzgebung das Schiesswesen ausser Dienst nicht verunmöglichen oder unverhältnismässig erschweren. Schiessanlagen, welche für
die Schiessübungen benötigt werden, gelten als öffentliche Anlagen im Sinne von Art. 20 Abs. 1 USG beziehungsweise Art. 15 Abs. 1 LSV. Deshalb sind
Überschreitungen der Immissionsgrenzwerte oder allenfalls sogar der Alarmwerte unter Gewährung entsprechender Sanierungserleichterungen grundsätzlich hinzunehmen, damit die obligatorische Schiesspflicht erfüllt werden kann
(URP 2003, S. 693 ff.).

Strassen und Flugplätze

Zu den Strassen vgl. das nachfolgende Kapitel; zu den Flugplätzen vgl. Seite 1101 ff.

19.3.3.5   *Strassenlärmsanierung im Besonderen*

Sanierungsprogramme

Die Kantone erstellen aufgrund des Lärmbelastungskatasters gemäss Art. 37 LSV Programme über die Sanierungen und Schallschutzmassnahmen an Strassen. Im Kanton Zürich zeigt der bestehende Emissionskataster für alle Staatsstrassen den jeweiligen Schallpegel im Abstand von 1 m ab Strassenachse auf. Er bildet die Grundlage für den gebäudespezifischen Immissionskataster, welcher seinerseits Basis für zukünftige Lärmschutzmassnahmen ist.

Schallschutzmassnahmen an der Quelle und im Ausbreitungsbereich

Die Pflicht zur Sanierung von Altanlagen hängt von ihrer Umgebung ab: Sie besteht nur – aber immerhin – dann, wenn die Immissionen lärmempfindliche Gebäude oder Zonen betreffen, Orte also, wo nach Art. 41 LSV die Belastungsgrenzwerte gemessen werden, nämlich bei Gebäuden mit lärmempfindlichen Räumen (in den und ausserhalb der Bauzonen); in noch nicht überbauten Bauzonen dort, wo Gebäude mit lärmempfindlichen Räumen erstellt werden dürfen (Wohnzonen, Wohn- und Gewerbezonen) sowie in Zonen mit erhöhtem Lärmschutzbedürfnis (z.B. einem Kurpark).

Auch bezüglich des Strassenlärms gilt, dass Sanierungsmassnahmen – sofern möglich – an der Quelle durchzuführen sind (z.B. leisere Fahrzeuge, Motoren, Strassenbeläge, betriebliche Massnahmen wie etwa solche verkehrsberuhigender oder verkehrslenkender Art). Bei den Massnahmen im Ausbreitungsbereich stehen Lärmschutzbauten wie z.B. Lärmschutzwände, Lärmschutzwälle, Überdeckungen oder andere bauliche Massnahmen im Vordergrund. Sie sind auch auf angrenzenden Privatgrundstücken möglich und zulässig.

Überwiegende Interessen (wie etwa des Ortsbildschutzes) oder die gegebenen Platzverhältnisse können einer Strassenlärmsanierung jedoch entgegenstehen. Dann sind Erleichterungen für öffentliche Strassen – abweichend vom Grundsatz – auch dann möglich und zulässig, wenn die Alarmwerte überschritten sind (Art. 20 Abs. 1 USG; Art. 14 Abs. 2 LSV [e contrario]). Das ist freilich an zwei Voraussetzungen geknüpft: einerseits die Zugehörigkeit der lärmigen Anlage zu einem privilegierten Anlagetyp und andererseits die Unmöglichkeit, die Immissionen mit verhältnismässigen Massnahmen an der Quelle unter die Alarmwerte herabzusetzen. Privilegiert sind Anlagen (wie etwa Staatsstrassen), soweit sie bei Inkrafttreten des USG (1. Januar 1985) bereits bestanden oder mindestens rechtskräftig bewilligt waren und zu diesem Zeitpunkt bereits die Alarmwerte überschritten oder – bei erst bewilligten Anlagen – die Überschreitung zu erwarten war. Wurden die Alarmwerte erst später überschritten, kommen Erleichterungen gestützt auf Art. 20 USG bzw. Art. 14 Abs. 2 LSV nicht infrage. Es gelten die allgemeinen Vorschriften über die Sanierungspflichten gemäss Art. 16 f. USG. Beim zweiten Kriterium geht es um die Frage, inwieweit Massnahmen an der Quelle verhältnismässig beziehungsweise zumutbar sind. Das ist dann der Fall, wenn direkte Massnahmen zur Herabsetzung der

Lärmimmissionen unmöglich oder ungenügend oder nur mit unverantwortlichem finanziellen Aufwand zu realisieren wären (ZÄCH/WOLF: Kommentar USG, Art. 20 Rz. 23).

Passive Schallschutzmassnahmen

Art. 20 Abs. 1 USG enthält eine Regelung für den Fall, dass sich (durch gewährte Erleichterungen) in der Umgebung von Strassen die Lärmimmissionen bei der Quelle nicht unter den Alarmwert herabsetzen lassen. Dann werden die Eigentümer der betroffenen Gebäude verpflichtet, lärmempfindliche Räume mit Schallschutzfenstern zu versehen oder durch ähnliche bauliche Massnahmen zu schützen. Das wird in der LSV wiederholt und verdeutlicht: Danach sind «andere bauliche Schutzmassnahmen» (als Schallschutzfenster) zulässig, wenn diese den Lärm im Inneren der Räume in gleichem Masse verringern (Art. 15 Abs. 1 und Abs. 2 LSV). Art. 15 Abs. 3 LSV regelt die Ausnahmen von der Pflicht für Schallschutzmassnahmen.

Diese Bestimmung lässt also – abweichend vom Grundsatz in Art. 17 Abs. 2 USG beziehungsweise Art. 14 Abs. 2 LSV – zu, dass der relevante Alarmwert auf Dauer überschritten wird. Das muss allerdings auf jene Fälle beschränkt bleiben, in denen die irregulär hohen Immissionen unvermeidbar sind, weil die Sanierung an der Quelle beziehungsweise im Ausbreitungsbereich praktisch undurchführbar wäre oder exorbitant teuer zu stehen käme (RAUSCH/MARTI/GRIFFEL: S. 94). In einem solchen Fall also sind Schallschutzfenster oder vergleichbare passive Massnahmen anzuordnen. Diese reduzieren nur den bei geschlossenen Fenstern im Gebäudeinnern wahrnehmbaren Lärm, vermögen also die unterbleibende Immissionsbegrenzung nur beschränkt zu kompensieren.

Mit der Priorität von Fenstern wird dem Umstand Rechnung getragen, dass diese in der Regel die akustischen Schwachpunkte einer Gebäudefassade sind. «Ähnliche bauliche Massnahmen» oder «andere Massnahmen» dienen dem gleichen Zweck wie Schallschutzfenster, nämlich der Reduktion des im Inneren der lärmempfindlichen Räume auftretenden Lärms. Zu denken ist etwa an massive Balkone, verglaste Terrassen und hohe Brüstungen, absorbierende Verkleidungen an den Unterseiten von Dächern und Balkonen, verstärkte Wände, Verstärkung von Fensterstürzen, Rollladenkästen und Fensterrahmen (BGE 122 II 44), Blenden zur Reduktion seitlicher Einwirkungen sowie vorgelagerte Wintergärten. Die Wirkung solcher Massnahmen muss sich mit den Anforderungen von Anhang 1 zur LSV (Anforderungen an die Schalldämmung von Fenstern) vergleichen lassen.

Wird «nur» der IGW überschritten, sind keine passiven Lärmschutzmassnahmen bei den Gebäuden erforderlich (Art. 20 Abs. 1 USG und Art. 15 Abs. 1 LSV [e contrario]). Ebenso wenig müssen passive Schallschutzmassnahmen an bestehenden Gebäuden getroffen werden, wenn sie entweder keine wahrnehmbare Verringerung des Lärms im Gebäude erwarten lassen oder überwiegende Interessen des Ortsbildschutzes beziehungsweise der Denkmalpflege entgegenstehen oder das Gebäude voraussichtlich innerhalb von drei Jahren nach Zustellung der Verfügung über die zu treffenden Schallschutzmassnahmen abgebrochen wird oder die betreffenden Räume innerhalb dieser Frist einer lärmunempfindlicheren Nutzung zugeführt werden (Art. 15 Abs. 3 LSV). Ausnahmen nach Art. 15 Abs. 3 lit. a LSV sind denkbar, wenn die Hauswände selber eine zu geringe Dämmwirkung aufweisen, sodass der Einbau von Schallschutzfenstern wirkungslos bliebe. Art. 15 Abs. 3 lit. b LSV kann kaum je zum Verzicht auf Schallschutzmassnahmen führen, immerhin aber die Wahl der Massnahmen einschränken. Ausnahmen nach Art. 15 Abs. 3 lit. c LSV, das heisst der Abbruch oder die Umnutzung sind verbindlich – etwa in Form eines Vertrags – festzuhalten. Gegebenenfalls sind subsidiäre Massnahmen anzuordnen für den Fall, dass der Abbruch oder die Umnutzung nicht fristgerecht erfolgt (ZÄCH/WOLF: Kommentar USG, Art. 20 Rz. 32). Das USG bietet aber keine Rechtsgrundlage, den Abbruch auf dem Weg der Enteignung zu erzwingen (URP 1999, S. 638 [E. 5c–e]).

Schallschutzfenster oder analoge passive Schallschutzmassnahmen sind im Rahmen des Baubewilligungsverfahrens anzuordnen und zu prüfen (Art. 15 und Art. 18 LSV). Dabei besteht kein Automatismus. Vielmehr ist im Einzelfall zu prüfen, ob die Lärmsituation im Rauminnern wirklich verbessert wird. Es soll dadurch verhindert werden, dass öffentliche Gelder selbst bei mangelhaft unterhaltenen Gebäuden unbesehen in Schallschutzfenster gesteckt werden, wo diese nichts zur Erreichung einer zumutbaren Innenraumlärmsituation beitragen.

Der Inhaber der Anlage trägt die Kosten nur für die «notwendigen» passiven Schallschutzmassnahmen. Er hat die Kosten in dem Umfang zu übernehmen, wie sie bei sorgfältiger Planung und Durchführung der nach Art. 20 Abs. 1 USG beziehungsweise Art. 15 LSV erforderlichen Schallschutzmassnahmen entstehen. Über die gesetzlichen Anforderungen hinausgehende Massnahmen sind dem Eigentümer des Gebäudes zwar erlaubt, werden ihm jedoch durch den Anlageinhaber nicht vergütet (ZÄCH/WOLF: Kommentar USG, Art. 20 Rz. 41). Beim Einbau von Schallschutzfenstern richten sich die Kostenelemente demgemäss nach Art. 11 Abs. 2 in Verbindung mit Art. 16 Abs. 2 LSV; massgebend für die Anforderungen der Fenster ist Anhang 1 zur LSV. Wünscht der Gebäudeeigentümer anstelle der Schallschutzfenster andere bauliche Massnahmen (Art. 15 Abs. 2 LSV), erstreckt sich die Kostenpflicht des Anlageinhabers nur auf den Betrag, welcher für Schallschutzfenster aufgewendet werden müsste (so ausdrücklich Art. 11 Abs. 3 LSV, anwendbar auch zur Auslegung von Art. 15 Abs. 2 LSV; ZÄCH/WOLF: Kommentar USG, Art. 20 Rz. 41). Sind andere bauliche Massnahmen für einen ausreichenden Schallschutz jedoch notwendig und für den Gebäudeeigentümer verbindlich, hat der Anlageinhaber die Kosten vollumfänglich zu übernehmen (sinngemässe Anwendung von Art. 11 Abs. 2 LSV).

Fristen

Durch eine Revision von Art. 17 Abs. 4 LSV hat der Bundesrat die Sanierungsfristen – differenziert nach Strassentypen – verlängert (bis März 2015 für Nationalstrassen, bis März 2018 für Haupt- und übrige Strassen).

Gemäss dem kantonalzürcherischen Sanierungsprogramm erfolgt in einer ersten Phase die Sanierung von Strassenstrecken mit Alarmwertüberschreitungen innerorts, wo offensichtlich keine anderen Massnahmen als der Einbau von

Schallschutzfenstern möglich sind. Der Einbau solcher Schallschutzfenster wird vom Kanton verfügt und finanziert. Der Regierungsrat hat bisher für verschiedene Regionen beziehungsweise Gemeinden derartige Strassensanierungsprogramme festgelegt und teilweise auch umgesetzt (vgl. PBG aktuell 2/2009, S. 42 f. [betreffend Region Flughafen und das Knonauer Amt]; PBG aktuell 1/2010 [betreffend Regionen nördliches rechtes Seeufer, nördliches Oberland und Irchel]).

19.3.4   Bauvorhaben in lärmbelasteten Gebieten

19.3.4.1   *Massgebende Immissionsgrenzwerte*

Grundsätzliche Anforderungen

Aussenbauteile und Trennbauteile lärmempfindlicher Räume sowie Treppen und haustechnische Anlagen haben nach Art. 32 Abs. 1 Satz 1 LSV hinsichtlich Schallschutz den anerkannten Regeln der Baukunde zu entsprechen. Als solche gelten beim Lärm der zivilen Flugplätze mit Verkehr von Grossflugzeugen insbesondere die erhöhten Anforderungen und beim Lärm der übrigen ortsfesten Anlagen insbesondere die Mindestanforderungen nach der SIA-Norm 181 (Art. 32 Abs. 1 Satz 2 LSV). Die notwendigen Lärmschutzmassnahmen gehen in jedem Fall zulasten des Bauprojekts beziehungsweise des Grundeigentümers (Art. 31 Abs. 3 LSV). Bei neuen Gebäuden ausserhalb lärmbelasteter Gebiete genügt hierzu die Einhaltung der Mindestanforderungen nach der SIA-Norm 181 «Schallschutz im Hochbau».

Immissionsgrenzwerte in lärmbelasteten Gebieten

In lärmbelasteten Gebieten – etwa entlang verkehrsreicher Strassen oder Eisenbahnlinien – sind gegebenenfalls zusätzliche Massnahmen erforderlich, damit die Immissionsgrenzwerte in der Mitte von offenen Fenstern eingehalten werden (Referenzpunkt). Die Anforderungen an den Lärmschutz gelten aber nur für sogenannte lärmempfindliche Räume; Art. 2 Abs. 6 LSV unterscheidet zwischen lärmempfindlichen Räumen in Wohnungen und solchen in Betrieben. Die massgeblichen Grenzwerte sind in den Anhängen zur LSV enthalten. Nach Art. 42 Abs. 1 LSV gelten in Gebieten der Empfindlichkeitsstufen I–III für Betriebsräume um 5 dB(A) erhöhte Grenzwerte. Davon ausgenommen sind Räume in Schulen, Anstalten und Heimen. Für Räume in Gastwirtschaften gilt die Erleichterung nur, soweit sie auch bei geschlossenen Fenstern ausreichend belüftet werden können (Art. 42 Abs. 2 LSV).

Relevant sind nach konstanter Praxis nur die zur Lüftung eines lärmempfindlichen Raumes notwendigen Fensterflächen. Als massgeblicher Ermittlungsort gilt dabei das am wenigsten exponierte Fenster eines Raums, soweit dieses die notwendige Fläche aufweist.

Sind die Immissionsgrenzwerte überschritten, darf die Baubewilligung nur erteilt werden, wenn diese Werte entweder durch bauliche oder gestalterische Massnahmen, die das Gebäude gegen Lärm abschirmen, oder aber durch die Anordnung der lärmempfindlichen Räume auf der lärmabgewandten Gebäudeseite eingehalten werden können (Art. 31 Abs. 1 LSV).

19.3.4.2 *Wesentliche Neu- und Umbauten*

Art. 31 LSV bezieht sich primär auf neue Gebäude sowie den Wiederaufbau von Gebäuden. Bei An-, Auf- und Umbauten sowie Nutzungsänderungen ist Art. 31 LSV nur anwendbar, wenn diese ein Ausmass erreichen, das einer wesentlichen Änderung entspricht.

Gebäude gelten als neu, wenn die Baubewilligung bei Inkrafttreten des USG, das heisst, am 1. Januar 1985 noch nicht rechtskräftig war (Art. 47 Abs. 3 LSV; BGE 123 II 235).

Bei der Änderung von Gebäuden müssen die Anforderungen nur eingehalten werden, wenn die für den Schallschutz massgebenden Gebäudeteile (Aussenbauteile, Trennbauteile, Treppen und haustechnische Anlagen [Art. 33 LSV]) umgebaut, ersetzt oder neu eingebaut werden. Die Anforderungen gelten für die betroffenen Gebäudeteile; wo der Aufwand unverhältnismässig wäre, können Erleichterungen gewährt werden (Art. 32 Abs. 3 LSV). Als wesentlich gelten zum Beispiel folgende Änderungen: teilweise oder vollständige Auskernung mit Eingriff in die Gebäudesubstanz, falls die neuen Grundrisse Lärmschutzmassnahmen ermöglichen; Schaffung neuer oder Vergrösserung bestehender lärmempfindlicher Räume innerhalb oder ausserhalb des bestehenden Gebäudekubus (zum Beispiel Ausbau eines Dachgeschosses; Aufstockung; Umnutzung in lärmempfindlicher Richtung, das heisst Umnutzung von Büros in Wohnräume, von Lager zu Büroräumen; vgl. hierzu ausführlich BEZ 2002 Nr. 70). Auch solche Änderungen unterstehen Art. 32 LSV.

Beim Ersatz von Fenstern richten sich die Mindestanforderungen an die Schalldämmung neuer Fenster samt zugehöriger Bauteile (wie Rollladenkasten) nach Anhang 1 zur LSV.

19.3.4.3 *Massgebende Lärmquellen*

Bestehende Anlagen

Als zu berücksichtigende Lärmquellen gelten Bauten, Verkehrsanlagen und dergleichen, die beim Betrieb Aussenlärm erzeugen. Dazu gehören insbesondere Strassen, Eisenbahnen, Flugplätze, Industrie und Gewerbe sowie Schiessanlagen. Im Baubewilligungsverfahren ist gegenüber bestehenden Lärmquellen die aktuelle Lärmbelastung massgebend. Für geplante Anlagen kommen prognostizierte Emissionswerte zur Anwendung.

Bei bestehenden Strassen, Eisenbahnanlagen, Flugplätzen sowie militärischen Waffen-, Schiess- und Übungsplätzen gibt der Lärmbelastungskataster Auskunft über die Lärmbelastung (Art. 37 LSV). Besonders zu erwähnen ist der Strassenlärmkataster, welcher für jeden Strassenabschnitt der Staatsstrassen und teilweise auch von Gemeindestrassen die aktuellen Verkehrsdaten und die entsprechenden Emissionspegel für den Tag und die Nacht enthält. Für einen Teil der zürcherischen Gemeinden liegen auch gebäudescharfe Immissionskataster vor. Demgegenüber ist beim Industrie- und Gewerbelärm der Immissionspegel mit Messungen oder Berechnungen im konkreten Einzelfall zu eruieren. Für die Ermittlung der Lärmimmissionen bei Eisenbahnanlagen ist der Emissionsplan nach dem BGLE zu berücksichtigen (Art. 36 Abs. 3 LSV).

Mehrere Lärmquellen

Art. 40 Abs. 2 LSV enthält eine Regel zur Beurteilung gleichartiger Lärmimmissionen, die von mehreren Anlagen erzeugt werden. Gemäss dem ausdrücklichen Wortlaut gilt diese Bestimmung allerdings nicht für die Planungswerte bei neuen ortsfesten Anlagen. Sie ist aber beim Bauen in belasteten Gebieten, wo die Immissionsgrenzwerte einzuhalten sind, uneingeschränkt anwendbar. Als gleichartige Lärmimmissionen gelten solche, die im gleichen Anhang zur LSV geregelt sind (ZÄCH/WOLF: Kommentar USG, Art. 15 Rz. 29 [auch zum Folgenden]). In diesem Fall gelten die Belastungsgrenzwerte als überschritten, wenn die Summe der aus diesen verschiedenen Quellen stammenden Immissionen über dem Belastungsgrenzwert liegt (sogenanntes Additionsprinzip).

Art. 8 USG mit dem Grundsatz der ganzheitlichen Betrachtungsweise würde allerdings auch Regeln zur Beurteilung ungleichartiger Lärmimmissionen – also zum Beispiel Eisenbahnlärm und Strassenlärm – aus mehreren Anlagen verlangen. Mangels gesicherter wissenschaftlicher Erkenntnisse beziehungsweise Erfahrungen kennt die LSV jedoch (noch) keine entsprechende Bestimmung. So muss das Zusammenwirken verschiedener Lärmarten im Rahmen der Rechtsanwendung ohne Rückgriff auf einen «Gesamtbelastungsgrenzwert» beurteilt werden. Angesichts der dargestellten Unsicherheiten ist bei diesem Vorgehen allerdings Zurückhaltung am Platz; neben der Lärmart mit dem höchsten Beurteilungspegel werden andere Lärmarten nur berücksichtigt werden können, wenn deren zusätzliche Störwirkung deutlich zutage tritt (vgl. dazu auch URP 2004, S. 120 ff.).

Zukünftige Änderungen

Bei der Ermittlung der Aussenlärmbelastung ortsfester Anlagen (Art. 36 Abs. 1 LSV) muss die Zu- oder Abnahme der Lärmimmissionen unter gewissen Voraussetzungen berücksichtigt werden (Art. 36 Abs. 2 LSV): Nach Art. 36 Abs. 2 lit. a LSV berücksichtigt die Vollzugsbehörde die Zu- oder Abnahme der Lärmimmissionen, die zu erwarten ist wegen der Erstellung neuer, der Änderung bestehender oder der Sanierung bestehender ortsfester Anlagen, insbesondere wenn entsprechende Projekte im Zeitpunkt der Ermittlung bereits öffentlich aufgelegt sind. Mit dem Zusatz «insbesondere» wird der Praxis Rechnung getragen, welche das Erfordernis der öffentlichen Auflage nicht als zwingende Voraussetzung betrachtete.

Die Bestimmung von Art. 36 Abs. 2 LSV ist – entsprechend der Praxis zum alten Recht – restriktiv auszulegen. Demgemäss sind namentlich bloss hypothetische Sanierungsmassnahmen unbeachtlich (URP 1999, S. 419 [betreffend Verweigerung einer Baubewilligung wegen Lärmimmissionen einer Schiessanlage]). Die Ausgestaltung der Änderung einer lärmerzeugenden Anlage soll also festgelegt und bekannt sein. Anderseits darf die Bedingung der öffentlichen Auflage nach dem klaren Wortlaut auch nicht als strikte Voraussetzung aufgefasst werden, wenn andere Elemente – auch vor einem definitiven Entscheid – zeigen, dass die zuständigen Behörden gewillt sind, die neue oder geänderte Anlage entweder selber zu realisieren – so etwa bei einer öffentlichen Strasse – oder aber die Sanierung vom Inhaber der Anlage zu verlangen. Es muss also mit genügender Sicherheit mit der Änderung der Lärmbelastung gerechnet werden können (BGE 129 II 238, wiedergegeben in URP 2003, S. 665 ff.; WOLF: Kommentar USG, Art. 22 Rz. 20; vgl. auch URP 2001, S. 494 ff. und URP 2000, S. 721).

Massgebend ist der Beurteilungszeitpunkt der baurechtlichen Bewilligung. Denn mit dieser wird behördlich festgestellt, dass ein Vorhaben den massgeblichen Vorschriften zum Zeitpunkt der Beurteilung entspricht (§ 320 PBG; RB 1989 Nr. 91). Zu diesem Zeitpunkt muss also das Sanierungsprojekt bereits soweit konkretisiert sein, dass daraus die Lärmveränderung und der Zeitpunkt der Realisierung bekannt sind. Wird dies erst nach Erteilung der Baubewilligung bekannt beziehungsweise konkretisiert, kann die Bauherrschaft gleichwohl von den Erleichterungen profitieren, indem sie eine Projektänderung einreicht, welche auf die neue Situation Bezug nimmt. Das ursprüngliche Projekt kann auch zugunsten eines neuen Projekts zurückgezogen werden. Projektänderungen sind grundsätzlich noch während der Bauausführung möglich.

Nach Art. 36 Abs. 2 lit. b LSV wird sodann die Zu- oder Abnahme von Lärmimmissionen durch andere Bauten (als ortsfeste Anlagen) berücksichtigt. Zu denken ist hier etwa an die Erstellung oder den Abbruch von Gebäuden, welche Einfluss auf die Lärmsituation haben können (Abschirmung von Lärm). Die Verordnung verlangt hier ausdrücklich die öffentliche Auflage (womit das entsprechende Baugesuch gemeint ist).

19.3.4.4   *Schallschutzmassnahmen*

Übersicht und Beispiele

Können bei Neu- und Umbauvorhaben die Immissionsgrenzwerte sonst nicht eingehalten werden, sind die erforderlichen Lärmschutzmassnahmen zu treffen. Nach Art. 31 LSV ist die Einhaltung der IGW durch eine lärmgünstige Anordnung der Räume oder durch bauliche beziehungsweise gestalterische Massnahmen sicherzustellen.

Vgl. im Einzelnen GILGEN 1988; Leitfaden der kantonalen Fachstelle Lärmschutz «Bauen im Lärm» (Fassung vom Juli 2009); Bericht der Fachstelle Lärmschutz «Die Wirkung gestalterischer Lärmschutzmassnahmen an Fassaden». Diese Grundlagen sind bei der Beurteilung entsprechender Bauvorhaben durch die zuständigen kommunalen Instanzen als Leitfaden zu beachten (BEZ 2006 Nr. 23).
→ Siehe Grafik nächste Doppelseite

Anordnung der lärmempfindlichen Räume

Wenn der Architekt die notwendigen Lärmschutzmassnahmen rechtzeitig in die Projektierung einbezieht, lassen sich in der Regel zweckmässige Lösungen finden. Wo immer möglich und aus wohnhygienischen Gründen vertretbar, sind die lärmempfindlichen Räume auf der dem Lärm abgewandten Seite des Gebäudes anzubringen. Nach § 301 Abs. 1 PBG dürfen zwar Wohnräume von Mehrzimmerwohnungen gesamthaft mit den gesetzlich nötigen Fenstern (§ 302 PBG) nicht mehrheitlich nach dem Sektor Nordost/Nordwest gerichtet sein. Abweichungen sind nach § 301 Abs. 2 PBG aber zulässig in Kern- und Zen-

Übersicht über Schallschutzmassnahmen

(Quelle: Gilgen 1988: S. 121 ff.)

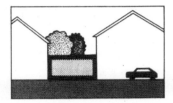

Verbindungsmauern zwischen Gebäuden
zur Vermeidung der Seiteneinwirkung des Lärms

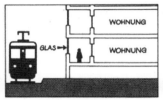

Fassadenmodifikationen, Glasverkleidungen

Schalldämmung der Schwachstellen in der Aussenhülle
Schallgedämmte Fenster, Türen mit erhöhten Schalldämmwerten, schallgedämmte Rolladenkästen und Lüftungseinrichtungen (Vorsicht vor bauphysikalischen Schäden)

Lärmschutzwand
mit absorbierender Verkleidung, wenn Gegenseite nicht mit Lärm belastet werden darf

Lärmschutzdamm
Aufschüttungen, Terrainveränderungen

Steilböschung, Raumgitterwand
bepflanzte Wände, befestigte Steildämme mit Beton- bzw. Böschungselementen

Aussenraumgestaltung
Abschirmung mittels Aufschüttungen, Gartenmauern, Garagen, Gartenhäuser etc.

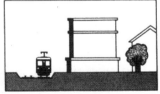

Baukörper als Hindernis
wenig empfindlicher Baukörper, wie Lagergebäude zwischen Quelle und Empfänger

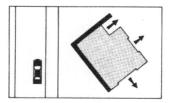

Exposition der Gebäude
alle Räume auf die lärmabgewandte
Seite hin orientieren

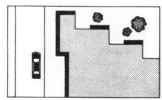

Gebäudeform, Anordung der Gebäude
Abschirmung der Einzelgebäude
durch gegenseitige Anordnung der
Bauten

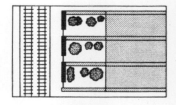

Vorgartengestaltung
Abschirmende Gartenmauern
(Hausvorplätze)

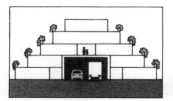

Lärmschutzüberbauung
die Überbauung selbst kann
als Lärmschutz für die Umgebung
dienen

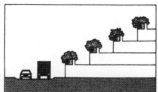

Gebäudeterrassierung
die Terrassenbrüstungen schirmen
die zurückliegenden Fenster ab

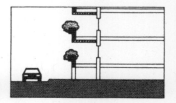

Balkone mit absorbierender Verkleidung
die Balkonbrüstungen schirmen
die zurückliegenden Fenster ab,
die Verkleidungen verhindern
Reflexionen

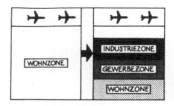

Nutzungsplanänderungen
wie Umzonungen, Abzonungen,
Ausscheiden von Pufferzonen,
Schaffen von Baulinien

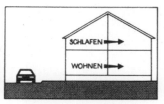

Nutzungsänderungen innerhalb des Gebäudes
Verlegung lärmempfindlicher Räume

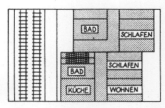

Grundrissgestaltung
lärmempfindliche Räume auf
die lärmabgewandte Seite hin
orientieren

trumszonen oder in Hotels sowie bei besonderen Verhältnissen, insbesondere zum Schutz vor übermässigen Einwirkungen öffentlicher Bauten und Anlagen (also zum Beispiel Strassen- oder Eisenbahnlärm). Wo sich mit der Raumanordnung keine Einhaltung der IGW erreichen lässt oder zum Beispiel wegen der Aussichtslage nicht erwünscht ist, sind bauliche oder gestalterische Massnahmen vorzusehen.

Bauliche Massnahmen im Ausbreitungsbereich

Bauliche Massnahmen als Hindernisse zwischen dem Gebäude und der Lärmquelle sollen die Ermittlungsorte möglichst weitgehend vor Lärmimmissionen abschirmen. Als Massnahmen kommen etwa infrage: Vorlagerung lärmunempfindlicher Räume (zum Beispiel Garagen), zweckmässige Umgebungsgestaltung (begrünter Damm), Lärmschutzwand. Als Faustregel gilt: Die Lärmdämmwirkung ist umso besser, je näher das Hindernis entweder bei der Lärmquelle oder beim Betroffenen steht. Bei lärmerzeugenden Anlagen, die nicht als Punktquellen aufgefasst werden können – zum Beispiel bei Strassen oder Eisenbahnlinien – ist nicht allein die nächste Verbindungslinie, sondern der ganze Einwirkungsbereich von Bedeutung. Zur möglichen Gestaltung von Lärmschutzwänden vgl. SIA-Dokumentation D 0153 «Lärmschutzwände, Lärmschutzdämme und Absorptionsverkleidungen». In Dorf- oder Stadtkernen können solche Massnahmen nicht immer realisiert werden, weil sie sich nicht befriedigend ins Ortsbild integrieren lassen, der Platz fehlt, hohe Gebäude nicht genügend abschirmen oder die verkehrstechnische Sicherheit nicht gewährleistet ist. Die Gebote des Ortsbildschutzes gemäss § 238 und § 50 Abs. 3 PBG wie auch die Verkehrssicherheit (§ 240 PBG; VSS; SAV) gehen jenen des Lärmschutzes in der Regel vor, da Art. 31 Abs. 2 LSV Ausnahmen von der Einhaltung der IGW vorsieht.

Gestalterische Massnahmen an Fassaden

Gestalterische Massnahmen an Fassaden betreffen das Gebäude selbst und sind dann in Erwägung zu ziehen, wenn bauliche Massnahmen und Raumanordnungen nicht realisierbar sind oder in ihrer Wirksamkeit nicht genügen. Infrage kommen etwa Mauervorsprünge, massive Balkonbrüstungen, Erkerkonstruktionen, zurückversetzte Dachgeschosse, aber auch Balkonverglasungen, Wintergärten respektive Pufferzonen und vorgehängte Glasschirme. Nach § 302 Abs. 2 PBG müssen Fenster von Wohn- und Schlafräumen nicht unmittelbar ins Freie führen, sodass Wintergärten usw. auch dann zulässig sind, wenn der dahinterliegende Raum keine weiteren Öffnungen aufweist.

Beim Betroffenen ist gemäss Art. 39 Abs. 1 LSV die Mitte des offenen Fensters von lärmempfindlichen Räumen für die Beurteilung massgebend. Schallschutzmassnahmen am Gebäude, die nur die Aussenisolation verbessern (wie etwa schallgedämmte Fenster), gelten daher nicht als Massnahmen im Sinne von Art. 31 Abs. 1 LSV. Um dieser Bestimmung gerecht zu werden, genügt es demnach nicht, lärmempfindliche Räume einfach fest zu verglasen und künstlich zu belüften. Ausnahme: Hat ein Raum mit lärmempfindlicher Nutzung auf zwei Seiten hin Fenster, so ist der Bewohner nicht darauf angewiesen, das lärmexponierte Fenster zu öffnen. Das ermöglicht die Einhaltung des IGW beim Referenzpunkt, das heisst beim weniger lärmexponierten Fenster.

19.3.4.5   *Baubewilligung trotz überschrittener Grenzwerte*

Voraussetzung

Sind die Immissionsgrenzwerte überschritten und lassen sie sich auch durch Massnahmen im Sinne von Art. 31 Abs. 1 LSV nicht einhalten, so ist die Baubewilligung zu verweigern, es sei denn, das Baugesuch erfülle die Voraussetzungen von Art. 31 Abs. 2 LSV. Gefordert ist ein überwiegendes Interesse an der Errichtung des Gebäudes; dieses kann die Erteilung der Baubewilligung trotz überschrittener IGW rechtfertigen, weshalb Art. 31 Abs. 2 LSV Abweichungen vom Grundsatz gestattet. Diesfalls ist die Baubehörde zu einer Interessenabwägung aufgerufen. Art. 31 Abs. 2 LSV nennt die infrage kommenden Kriterien nicht; er spricht lediglich von einem überwiegenden Interesse an der Errichtung des Gebäudes. Kriterien finden sich indes in der Bundesverfassung (Art. 74 und Art. 75 BV) sowie im USG und im RPG. Danach kommt der Bekämpfung des Lärms innerhalb des Umweltschutzes besonderes Gewicht zu. An Erleichterungen und Ausnahmen sind deshalb erhöhte Anforderungen zu stellen. Vor allem Gründe der Raumplanung – haushälterische Nutzung des Bodens und geordnete Entwicklung der Besiedlung – vermögen Ausnahmen zu begründen. In der Regel werden Ausnahmen aber nicht für das ganze Gebäude gewährt, sondern nur für einzelne Lüftungsfenster. Vgl. dazu etwa BGer 1C_40/2009 (Zürich [Villa Patumbah]).

Um zu beurteilen, ob an der Errichtung eines Gebäudes in einem Gebiet, wo die Immissionsgrenzwerte für Lärm überschritten sind, ein überwiegendes Interesse im Sinne von Art. 31 Abs. 2 LSV besteht, muss namentlich berücksichtigt werden, wie stark diese Werte überschritten werden. Eine Überschreitung der Immissionsgrenzwerte um 6 dB(A) kann auf keinen Fall als leicht qualifiziert werden (URP 2003, S. 832 ff.).

Im Einzelnen können als überwiegendes Interesse gemäss Art. 31 Abs. 2 LSV vor allem infrage kommen:

- Schliessung von Baulücken in weitgehend überbauten Zonen beziehungsweise Zonenteilen, wenn die Errichtung neuer Wohnungen an diesem Ort städtebaulich geboten erscheint (URP 2003, S. 832 ff.; BGer 1C_40/2009);
- Erhaltung bestehender wertvoller Bausubstanz;
- Wiederaufbau zerstörter Gebäude (Brandstattrecht nach § 307 PBG);
- Schutz des Ortsbildes und Denkmalschutz;
- Schallschutzwirkung von Bürogebäuden für dahinterliegende Wohngebäude.

Die Vermeidung von Auseinandersetzungen über allfällige Entschädigungen wegen materieller Enteignung bildet kein ausreichendes Interesse für die Erteilung von Bewilligungen gemäss Art. 31 Abs. 2 LSV.

Verschärfte Schallschutzanordnungen

Für Gebäude oder Änderungen von solchen, die ausnahmsweise in Gebieten mit einer Lärmbelastung über den IGW bewilligt werden, muss die Baubehörde die verschärften Schallschutzanforderungen im Einzelfall festlegen. Mit diesen verschärften Anforderungen an die Schalldämmung, die Art. 32 Abs. 2 LSV bei überschrittenem IGW verlangt, soll wenigstens bei geschlossenen Fenstern ein angenehmes, vom Lärm nicht gestörtes Wohnen und Arbeiten ermöglicht werden. Die Verschärfung der Anforderungen erfolgt unabhängig davon, ob das betreffende Fenster zur Lüftung nötig ist, und gilt für alle Fenster beziehungsweise Aussenbauteile des betroffenen Raums. Die LSV konkretisiert die entsprechenden Anforderungen nicht selbst, sondern verweist auf die Regeln der Baukunde; die SIA-Norm 181 enthält «Erhöhte Anforderungen an den Schutz gegen Aussenlärm», auf die – soweit nicht ausserordentliche Lärmbelastungen noch weiter gehende Schutzmassnahmen bedingen – abgestellt werden kann.

19.3.4.6   *Baubewilligung und Kontrolle*

Baugesuch mit Lärmgutachten

Steht ein lärmrelevantes Bauvorhaben (das heisst mit lärmempfindlichen Räumen) im Einflussbereich einer bestehenden oder geplanten Lärmquelle infrage, ist eine genauere Abklärung der Lärmsituation vorzunehmen. Ergibt sich, dass nach einer (von der Gemeinde vorzunehmenden) Grobbeurteilung die IGW überschritten sind, hat der Gesuchsteller ein Lärmgutachten einzureichen. Dieses muss nachweisen, dass die IGW mit baulichen oder gestalterischen Massnahmen bei den massgeblichen Lüftungsfenstern eingehalten werden können. Das Lärmgutachten wird von spezialisierten Ingenieurbüros erstellt, wobei die entsprechenden Kosten von der jeweiligen Bauherrschaft zu tragen sind. Zur Darstellung der lärmrelevanten Fakten und Entscheidungsgrundlagen dient das Formular «Lärmschutz». Es ist als Beilage zu Baugesuchen konzipiert und soll sicherstellen, dass keine wesentlichen Punkte übersehen werden.

Zu den Anforderungen an ein Lärmgutachten vgl. BEZ 2005 Nr. 45 (betreffend Lärm einer Autowaschanlage).

Kantonale Bewilligung

Unter bestimmten lärmspezifischen Bedingungen besteht für Bauvorhaben eine kantonale Bewilligungspflicht. Dies gilt einerseits für Vorhaben in durch ortsfeste Anlagen lärmbelasteten Gebieten, wenn trotz Ausschöpfen aller Massnahmen IGW-Überschreitungen verbleiben (Ziff. 3.2 des Anhangs zur BVV; Art. 31 Abs. 2 LSV). Dann können Baubewilligungen nur erteilt werden, wenn an der Errichtung des Gebäudes ein überwiegendes Interesse besteht und die kantonale Behörde – die Baudirektion – zustimmt. Das von der Bauherrschaft einzureichende Lärmgutachten wird primär von der Gemeinde beurteilt, und allfällige verschärfte Lärmschutzanforderungen (wie etwa Brüstungen, Blenden, Lärmschutzwand) werden in die Baubewilligung aufgenommen. Die örtliche Baubehörde und nicht die Baudirektion ist auch für die Frage zuständig, ob geplante Massnahmen als gestalterische Massnahmen im Sinne von Art. 31 Abs. 1 lit. b LSV anerkannt werden können. Erst wenn sich durch diese verschärften Massnahmen noch Grenzwertüberschreitungen ergeben, ist die Baudirektion für eine entsprechende Bewilligung zuständig. Zu den diesbezüglichen Zuständigkeiten vgl. Seite 372 sowie BEZ 2006 Nr. 23.

Anderseits ist die Baudirektion zuständig für die lärmschutzrechtliche Beurteilung von Vorhaben an geplanten (neuen oder wesentlich geänderten) National- und Staatsstrassen, Strassen mit überkommunaler Bedeutung in den Städten Zürich und Winterthur sowie Eisenbahnanlagen (Ziff. 3.3 des Anhangs zur BVV). Vorhaben an bestehenden solchen Anlagen beurteilt die Gemeinde dagegen abschliessend, sofern nicht die Voraussetzungen von Ziff. 3.2 des Anhangs zur BVV gegeben sind.

Kontrolle der Lärmschutzmassnahmen

Die Kontrolle ist Aufgabe der kommunalen Baubehörde. Nach Abschluss der Bauarbeiten prüft sie durch Stichproben, ob die Schallschutzmassnahmen die Anforderungen erfüllen. In Zweifelsfällen ist eine Prüfung vorzunehmen (Art. 35 LSV). Meist kombiniert die Baubehörde diese Kontrollen mit den Baukontrollen nach § 327 PBG und lässt sich Arbeitsschritte, die im Hinblick auf den Lärmschutz wichtig sind (wie etwa die Fertigstellung eines Damms), rechtzeitig anzeigen.

Ziff. 3.1 des Anhangs zur BBV I unterstellt die Schallschutzmassnahmen am Gebäude hinsichtlich Projekt und Ausführung der privaten Kontrolle; dies auch dann, wenn gestützt auf Art. 32 Abs. 2 LSV verschärfte Anforderungen an die Schalldämmung der Aussenbauteile festgelegt worden sind.

19.3.5 Lärm von Flugplätzen im Besonderen

19.3.5.1 *Schallschutzanforderungen*

Gemäss Art. 32 Abs. 1 LSV gelten im Bereich ziviler Flugplätze mit Verkehr von Grossflugplätzen die erhöhten Anforderungen nach der SIA-Norm 181. Diese Regelung wurde mit der Revision vom 12. April 2000 in die LSV aufgenommen; zudem wurden für alle zivilen Flugplätze Lärmbelastungsgrenzwerte eingeführt und in den Anhang 5 zur LSV integriert (erneut revidiert am 31. Mai 2001 aufgrund von BGE 126 II 522 [teilweise wiedergegeben in URP 2001, S. 117 ff.]). Die Lärmzonen des Luftfahrtrechts, die bisher als raumplanerisches Steuerungsinstrument gedient hatten, wurden zugunsten der Lärmbelastungskataster der Lärmschutzverordnung aufgehoben. Schliesslich wurden die bisher im Luftfahrtrecht aufgeführten fluglärmspezifischen Schallschutznormen mit dem besagten Verweis auf die SIA-Norm 181 in die LSV überführt. Im Zuge dieser Änderungen wurden Art. 40–47 der Verordnung über die Infrastruktur der Luftfahrt (VIL) und die Verordnung über die Lärmzonen der Flugplätze Basel-Mulhouse, Genf-Cointrin und Zürich vom 23. November 1973 aufgehoben (BEZ 2006 Nr. 22 [auch zum Folgenden]). Mit der neuen Festschreibung der Schallschutzanforderung in Art. 32 Abs. 1 LSV war indes keine materielle Verschärfung vorgesehen. Eine materielle Verschärfung ergab die betreffende Rechtsänderung hingegen mit Bezug auf die raumplanerischen Auswirkungen im Umfeld der Landesflughäfen. Mit der Anwendung des Umweltschutzgesetzes wurde der von den raumplanerischen Einschränkungen betroffene Raum grösser als mit den bisherigen Lärmzonen, indem diese Einschränkungen bereits ab den Lärmbelastungen über den Planungswerten beginnen; deren Einhaltung bildet nämlich die Voraussetzung für die Festsetzung und Erschliessung neuer Bauzonen für Wohngebäude (Art. 24 USG). Das Erstellen von Wohnbauten in belärmten Gebieten sollte nicht zu künftigen Konfliktgebieten führen und deshalb vorsorglich eingeschränkt oder verhindert werden.

Bei Einhaltung der Planungswerte können keine erhöhten Schallschutzanforderungen gemäss SIA-Norm 181 verlangt werden (BEZ 2006 Nr. 22).

19.3.5.2   *Schallschutzmassnahmen*

Im Unterschied zu anderen Lärmarten kann Fluglärm nur mit Massnahmen an der Quelle, kaum jedoch mit solchen im Ausbreitungsbereich begrenzt werden. Als Massnahmen an der Quelle kommen dabei hauptsächlich Betriebseinschränkungen in Betracht. In der Regel können weder bauliche und planerische Massnahmen im lärmbetroffenen Gebiet noch eine gute Anordnung lärmempfindlicher Räume gegen Fluglärm abschirmen. Das USG verlangt die Sanierung bestehender Flugplätze; sie müssen grundsätzlich die Immissionsgrenzwerte einhalten. Bei Flughäfen und Militärflugplätzen lässt sich aber der Betrieb nicht immer auf das aus Lärmschutzgründen eigentlich nötige Mass reduzieren. Die zuständige Behörde wird für den im öffentlichen Interesse unvermeidlichen Flugbetrieb Erleichterungen nach Art. 17 USG gewähren. Die Erstellung von Gebäuden mit lärmempfindlichen Räumen wäre sonst im lärmbetroffenen Gebiet kaum mehr möglich. Diesen besonderen Umständen kann bei der Interessenabwägung nach Art. 31 Abs. 2 LSV Rechnung getragen werden. Dem Interesse an der guten baulichen Ausnutzung des Bodens wird hier insofern etwas mehr Gewicht zukommen, als eine Ausnahmebewilligung nicht nur für Baulücken im weitgehend überbauten Gebiet, sondern auch für Baugebietslücken in nur teilweise überbauten Bauzonen erteilt werden kann. Die zuständige Behörde verfügt bei der Interessenabwägung über einen erheblichen Entscheidungsspielraum (BEZ 2005 Nr. 44; BEZ 2010 Nr. 16 [mit weiteren Hinweisen]). Das Interesse des Lärmschutzes überwiegt aber jedenfalls dort, wo die Alarmwerte nicht eingehalten werden können (BEZ 2009 Nr. 56, abgedruckt in URP 2010, S. 515 ff.).

19.3.5.3   *Massgebende Lärmkurven*

Die Baudirektion hatte den Gemeinden im Februar 2001 auf den erwähnten Entscheid des Bundesgerichts (BGE 126 II 522) abgestützte Pläne über die aktuellen Grenzwertkurven für die Empfindlichkeitsstufen II und III zugestellt, die bei der Beurteilung von Planungen und Bauvorhaben einstweilen zu beachten sind (Kreisschreiben vom 23. Februar 2001). Die Lärmkurven wurden im Zusammenhang mit der 5. Ausbauetappe des Flughafens Zürich erstellt und gingen von 420 000 Flugbewegungen pro Jahr und sechs Stunden Nachtruhe aus («UVB Dock Midfield». Am 29. März 2005 genehmigte das Bundesamt für Zivilluftfahrt (BAZL) das vorläufige Betriebsreglement (VBR 2005) für den Flughafen Zürich, das unter anderem die An- und Abflugrouten sowie die Betriebszeiten regelt. Es soll den Flughafenbetrieb bis zum Vorliegen des Sachplans Infrastruktur der Luftfahrt (SIL), Objektblatt Flughafen Zürich, und des definitiven Betriebsreglements regeln. Mit dem SIL und dem definitiven Betriebsreglement werden auch die definitiven Lärmkurven vorliegen.

Einstweilen aber musste eine Übergangsregelung getroffen werden, die einerseits verhindert, dass die laufenden Planungsverfahren auf Bundesebene negativ präjudiziert werden, und anderseits den betroffenen Gemeinden angemessene Entwicklungsspielräume offenlässt. Die alten Lärmkurven erschienen angesichts der seither eingetretenen und künftig anzunehmenden Entwicklung des Flugbetriebs als zu restriktiv. Deshalb wurde eine Neubeurteilung der Bewilligungspraxis erforderlich. Grundlagen für die Lärmbeurteilung bilden nunmehr das VBR 2005 (Merkblatt der Baudirektion vom 28. Februar 2006; BEZ 2008 Nr. 16; BEZ 2009 Nr. 42 [mit weiteren Hinweisen]).

19.4 Schutz vor nicht ionisierender Strahlung

19.4.1 Rechtliche Grundlagen

19.4.1.1 *Umweltschutzgesetz*

Das umweltrechtliche Vorsorgeprinzip ist auch für den Strahlenschutz massgebend. Strahlen sind also – wie Luftverunreinigungen, Lärm und Erschütterungen – durch Massnahmen an der Quelle zu begrenzen (Emissionsbegrenzungen; Art. 11 Abs. 1 USG). Sie müssen unabhängig von der bestehenden Umweltbelastung im Rahmen der Vorsorge so weit begrenzt werden, als dies technisch und betrieblich möglich und wirtschaftlich tragbar ist (Art. 11 Abs. 2 USG). Anwendbar sind auch die weiteren generellen Bestimmungen des USG zu den Emissions- und Immissionsbegrenzungen sowie zu den Sanierungspflichten (Art. 12–18 USG).

19.4.1.2 *Verordnung über den Schutz vor nicht ionisierender Strahlung (NISV)*

Die NISV, die per 1. Februar 2000 in Kraft getreten und per 1. September 2009 teilrevidiert worden ist, regelt die Einzelheiten. Sie enthält Emissionsbegrenzungen für ortsfeste Anlagen wie Frei- und Kabelleitungen, Transformatorenstationen, elektrische Hausinstallationen, Eisenbahnen sowie Sende- und Radaranlagen.

Die NISV beinhaltet Emissionsbegrenzungen von elektrischen und magnetischen Feldern im Frequenzbereich zwischen 0 Hz bis 300 GHz beim Betrieb ortsfester Anlagen, regelt die Ermittlung und Beurteilung der Immissionen von Strahlung und die Anforderungen an die Ausscheidung von Bauzonen (Art. 2 Abs. 1 NISV). Keine Bestimmungen enthält die NISV namentlich zu den elektrischen Geräten wie Mikrowellenöfen, Kochherden, Elektrowerkzeugen und Mobiltelefonen (Art. 2 Abs. 2 NISV). Nicht ionisierende Strahlung, die nicht unter den Geltungsbereich der NISV fällt, ist nach den allgemeinen Grundsätzen des USG zu beurteilen.

19.4.1.3 *Vollzugsempfehlungen zur NISV*

Im Jahr 2002 hat das BUWAL (seit Januar 2006: BAFU) eine Vollzugsempfehlung zur NISV und in der Folge Messempfehlungen publiziert, die Erläuterungen und Präzisierungen hinsichtlich von Mobilfunk-Basisstationen enthalten. Gemäss dem Vorwort richtet sich die Vollzugsempfehlung primär an die zur Rechtsanwendung befugten Vollzugsbehörden. Sie konkretisiert unbestimmte

Rechtsbegriffe von Gesetzen und Verordnungen und soll eine einheitliche Vollzugspraxis ermöglichen. In diesem Sinne dient sie als Auslegungshilfe, ohne selbst Recht zu setzen. Andere Lösungen sind nicht ausgeschlossen, sofern sie ebenfalls rechtskonform sind.

19.4.2 Begriffe und Grundsätze

19.4.2.1 *Nicht ionisierende Strahlung im Allgemeinen*

Die NISV regelt ausschliesslich nicht ionisierende Strahlen. Nicht ionisierende Strahlung umfasst alle Strahlungsformen, die – im Gegensatz zur ionisierenden Strahlung – nicht genügend Energie aufweisen, um die Bausteine der Materie und von Lebewesen (Atome, Moleküle) zu verändern. Zur nicht ionisierenden Strahlung gehören elektrische und magnetische Felder, Wärmestrahlung, Licht und Ultraviolettstrahlung. Sie entsteht bei vielen Anlagen und Geräten. Unvermeidlich ist sie bei allen Sendeanlagen sowie Mobiltelefonen, weil sie dort als eigentliches Transportmittel für die Informationsübertragung dient (Ziff. 21 und 22 des erläuternden Berichts des BUWAL zur NISV).

Im Unterschied zur nicht ionisierenden Strahlung gilt für die ionisierende Strahlung und für radioaktive Stoffe die Strahlenschutzgesetzgebung (Art. 3 Abs. 2 USG), insbesondere die Strahlenschutzverordnung (StSV), die sich auf das Strahlenschutzgesetz (StSG) und das Kernenergiegesetz (KEG) stützt.

19.4.2.2 *Lichtimmissionen im Besonderen*

Grundsatz

Unter dem Titel «Strahlen» schützt das USG grundsätzlich auch vor starkem oder wechselndem Licht, sofern dieses nicht von der Natur, sondern vom Bau oder Betrieb einer Anlage ausgeht (Art. 7 Abs. 1 und 2, Art. 11 Abs. 1 USG; URP 1992, S. 564 ff. [betreffend Flutlichtanlage]; URP 2006, S. 170 ff. und BEZ 1998 Nr. 18 [betreffend Sonnenlichtreflexionen]; KELLER: Kommentar USG, Rz. 10 zu Art. 7). Indessen enthalten weder das USG selbst noch die vom Bundesrat bisher erlassenen Verordnungen Ausführungsbestimmungen dazu. Für die Begrenzung der Lichtimmissionen gilt damit einzig die Grundregel von Art. 11 Abs. 2 USG, wonach Emissionen im Rahmen der Vorsorge so weit zu begrenzen sind, als dies technisch und betrieblich möglich sowie wirtschaftlich tragbar ist (RB 1990 Nr. 95). Immerhin sind in Art. 9 und Art. 13 Einheiten-V Messgrössen definiert.

Praxisbeispiele

Da für Sportplatzbeleuchtungen in der Schweiz keine Immissionsgrenzwerte bestehen, können als Richtschnur für die Beurteilung der Immissionen die in Deutschland für Strassenbeleuchtungen geltenden Richtwerte herangezogen werden. Diese gehen von einem Wert von 3 lx aus (URP 2003, S. 789).

Eine in der Abend- und Nachtzeit dauernd brennende Lichterkette, die ein 7,38 m hohes und 2,46 m breites Aluminiumkreuz umrandet, stellt eine nach Umweltschutzrecht relevante Emissionsquelle dar. Die Beleuchtung des Kreuzes während der Abend- und Nachtstunden kann daher auf die Adventszeit beschränkt werden (URP 2005, S. 77). Privatrechtlich bildet ein solches Kreuz eine sogenannte ideelle Immission im Sinne von Art. 684 ZGB (vgl. hierzu BR 2/2005 S. 89 Nr. 177).

Vom Vorsorgeprinzip ist auch der Betrieb von himmelwärts gerichteten Anlagen erfasst, welche keine Sicherheits- oder Beleuchtungsfunktionen für Bauten erfüllen (Skybeamer, Laserscheinwerfer, Reklamescheinwerfer oder ähnliche künstliche Lichtquellen). Derartige Lichtquellen sind oft über viele Kilometer hinweg zu sehen. Neben der Tierwelt wird auch der Mensch durch den Einsatz von Skybeamern gestört. Dies durch die unnötige Erhellung des Nachthimmels, die Blendung von Fahrzeuglenkern und Beeinträchtigung des Flugverkehrs. Sie sind als Anlagen umweltrechtlich bedeutsam. In der Regel dürften sie auch den Bestimmungen der Strassenverkehrsvorschriften widersprechen (Art. 96 SSV betreffend unzulässige Strassenreklamen).

Vgl. dazu auch die Empfehlungen des BUWAL zur Vermeidung von Lichtimmissionen von 2005; BEZ 2007 Nr. 57 (betreffend Lichtimmissionen von Reklameanlagen eines Gewerbezentrums); BEZ 2008 Nr. 45 (betreffend Beleuchtung eines Kirchturms); BEZ 2009 Nr. 19 (betreffend intensive Fassaden- und Umgebungsbeleuchtung eines repräsentativen Gebäudes); BEZ 2010 Nr. 33, bestätigt im BGer 1C_216/2010 (betreffend umweltrechtlicher Bagatellfall).

Das USG schützt auch vor Blendwirkung durch Sonnenstrahlen. Diese rührt nicht direkt von der Sonne her, sondern entsteht nur – aber immerhin – wegen der Reflexion des Sonnenlichts von der Oberfläche einer Baute und Anlage. Damit liegt eine vom Menschen mitverursachte Einwirkung vor (URP 2006, S. 170 ff. [betreffend Blendwirkung von Folientunnels]; BEZ 2008 Nrn. 5 und 15 [betreffend Blendwirkung einer Fotovoltaikanlage]).

19.4.2.3   *Schutz elektrischer Geräte und Produktionsbetriebe*

Das anwendbare Gesetzes- und Verordnungsrecht des Bundes – insbesondere das USG beziehungsweise die NISV – enthält keine Regeln zum Schutz elektrischer Geräte Dritter vor elektromagnetischer Strahlung der Mobilfunkanlagen und dergleichen; das Bundesrecht trifft aber auch keine abschliessende Regelung, weshalb ergänzendes kantonales Recht zulässig sein kann. Indes bestehen keine kantonalen Vorschriften, die einen erhöhten Schutz zugunsten empfindlicher elektrischer Geräte und Produktionsbetriebe vorsehen (BEZ 2009 Nr. 30, abgedruckt in URP 2009, S. 929 ff.).

Die elektromagnetische Verträglichkeit von Mobilfunkanlagen mit anderen elektrischen und elektronischen Geräten ist grundsätzlich nicht im Baubewilligungsverfahren, sondern gegebenenfalls erst in der Betriebsphase zu prüfen (BGer 1C_400/2008).

19.4.2.4   *Anlage*

Ortsfeste Anlage

Hinsichtlich der Quellen, welche Strahlung verursachen, beschränkt sich die NISV auf ortsfeste Anlagen. Dazu zählen insbesondere Hochspannungsleitungen, Eisenbahnanlagen und Sendeanlagen (etwa Mobilfunkanlagen, Betriebsfunkanlagen und Amateurfunkanlagen). Zwar sind auch bewegliche Geräte wie

Mobiltelefone, elektrische Apparate und Haushaltgeräte Quellen elektromagnetischer Felder; für diese Geräte bestehen noch keine Grenzwerte, das heisst die NISV gilt für sie nicht.

Alte und neue Anlagen

Für alte und neue Anlagen bestehen teils unterschiedliche Vorschriften, sodass die Begriffe zu definieren sind. Eine Anlage gilt als neu, wenn die baurechtliche Bewilligung für diese bei Inkrafttreten der NISV (1. Februar 2000) noch nicht rechtskräftig war oder wenn die Anlage an einen neuen Standort verlegt oder sie am bisherigen Standort ersetzt wird (Art. 3 Abs. 2 NISV). Alte Anlagen sind demzufolge solche, welche beim Inkrafttreten der NISV bereits rechtskräftig bewilligt waren (Art. 3 Abs. 1 NISV).

Änderung von Anlagen

Die NISV verwendet auch den Begriff der «Änderung» von Anlagen. Dieser ist in Anhang 1 zur NISV anlagespezifisch umschrieben.

19.4.2.5   *Zweistufiges Schutzkonzept*

Anlagen müssen Grenzwerte einhalten. Dabei geht die NISV von einem zweistufigen Konzept von Grenzwerten aus: Sie unterscheidet Immissionsgrenzwerte und Anlagegrenzwerte.

Begrenzung der Immissionen

Der Schutz des Menschen vor wissenschaftlich gesicherten schädlichen oder lästigen Einwirkungen soll durch die Einhaltung der Immissionsgrenzwerte gemäss Anhang 2 zur NISV erreicht werden. Bei diesen Werten handelt es sich um die von der internationalen Kommission zum Schutz vor nicht ionisierender Strahlung (ICNIRP) im April 1998 publizierten Grenzwerte für die allgemeine Bevölkerung. Bei der Festlegung der Immissionsgrenzwerte wurde zwar zusätzlich ein Sicherheitsfaktor eingebaut. Die Grenzwerte sind aber Gefährdungswerte und nicht Vorsorgewerte. Im Bereich der Hochfrequenz (Sendeanlagen) berücksichtigen sie zum Beispiel nicht die sogenannten athermischen Wirkungen. Sie vermögen daher zwar mit Sicherheit bestimmte nachgewiesene Schädigungen zu vermeiden, genügen aber nicht den umfassenden Kriterien des Umweltschutzgesetzes. Sie sind aus diesem Grund lediglich – aber immerhin – Minimalanforderungen.

Die IGW sind in Anhang 2 zur NISV umschrieben und müssen grundsätzlich ohne Ausnahme überall dort eingehalten sein, wo sich Menschen – auch nur kurzfristig – aufhalten (Orte für den kurzfristigen Aufenthalt [OKA]; Art. 13 Abs. 1 USG). Erfahrungsgemäss ist dies an praktisch allen für die Bevölkerung zugänglichen Orten der Fall. Dabei muss der Aufenthalt nicht von längerer Dauer sein (vgl. Ziff. 1 des Anhangs 2 zur NISV, wonach die Immissionen über sechs Minuten zu ermitteln sind). Damit müssen die IGW auch in solchen Bereichen eingehalten werden, die nicht Orte mit empfindlicher Nutzung sind.

Immissionsgrenzwerte für Mobilfunkantennen

Funkdienst	Immissionsgrenzwert für den Effektivwert der elektrischen Feldstärke (in Volt pro Meter)
GSM 900	42 V/m
GSM 1800	58 V/m
UMTS	61 V/m
WLL	61 V/m

Bei der Ermittlung der Strahlung in Betriebsräumen werden Immissionen aus betriebseigenen Quellen nicht berücksichtigt (Art. 14 Abs. 3 NISV). Massgebend ist der höchste 6-Minuten-Mittelwert.

Art. 14 NISV enthält weitere Angaben zur Ermittlung von Immissionen.

Begrenzung der Emissionen

Über die IGW hinaus sind vorsorgliche Emissionsbegrenzungen nach USG so weit zu treffen, als dies technisch und betrieblich möglich sowie wirtschaftlich tragbar ist. Damit dieser Grundsatz in der Praxis anwendbar wird, sind im Anhang 1 zur NISV konkrete Anforderungen für bestimmte Anlagen umschrieben. Sie sind insbesondere dort von Bedeutung, wo sich Personen regelmässig während längerer Zeit aufhalten (Orte mit empfindlicher Nutzung [sogenannte OMEN]). An solchen Orten muss also der sogenannte Anlagegrenzwert (AGW) eingehalten sein, der zum Schutz der betroffenen Personen deutlich strengere Massstäbe als der IGW festlegt.

Die AGW gelten – im Unterschied zu den IGW – nur für die von einer einzelnen Anlage erzeugte Strahlung (Art. 6 Abs. 3 NISV). Sie sollen die beschränkte Schutzwirkung der heutigen IGW, welche nur die thermischen Wirkungen hochfrequenter Strahlung berücksichtigen, durch wirksame Vorsorgemassnahmen ergänzen. Dadurch, dass sie die zulässigen Feldstärkewerte an Orten mit empfindlicher Nutzung um einen Faktor 10 reduzieren, stellen sie insofern auch eine Sicherheitsmarge gegen allfällige gesundheitsschädigende nicht thermische Effekte einer langfristigen Strahlungsexposition dar (BGE 128 II 378, wiedergegeben in URP 2002, S. 769 ff.).

Anlagen müssen so erstellt und betrieben werden, dass sie die im Anhang 1 zur NISV für Frei- und Kabelleitungen, Transformatorenstationen, Unterwerke und Schaltanlagen, elektrische Hausinstallationen, Eisenbahnen und Strassenbahnen, Sendeanlagen für Mobilfunk und Rundfunk sowie Radaranlagen festgelegten vorsorglichen Emissionsbegrenzungen (AGW) einhalten. Bei Anlagen, für die Anhang 1 zur NISV keine Vorschriften enthält, ordnet die Behörde Emissionsbegrenzungen so weit an, als dies technisch und betrieblich möglich sowie wirtschaftlich tragbar ist (Art. 4 NISV).

Der Anlagegrenzwert muss nicht überall, sondern nur an Orten mit empfindlicher Nutzung eingehalten werden. Für Ausnahmefälle sieht die Verordnung die Möglichkeit für Abweichungen vor, die in Anhang 1 zur NISV ausdrücklich erwähnt sind.

Die AGW beziehen sich nur auf die von einer Anlage allein erzeugte Strahlung. Es soll mit ihnen in erster Linie erreicht werden, dass die Strahlung bei der Quelle begrenzt wird und neue Anlagen nicht zu nahe an Orte mit empfindlicher Nutzung herangebaut werden.

Art. 4 NISV regelt die vorsorgliche Emissionsbegrenzung grundsätzlich abschliessend, weshalb die rechtsanwendende Behörde nicht im Einzelfall gestützt auf Art. 11 Abs. 2 und Art. 12 Abs. 2 USG eine noch weiter gehende Begrenzung verlangen kann. Der Erlass der AGW erfolgte gerade in der Absicht, im Interesse der Rechtssicherheit festzulegen, was zur vorsorglichen Emissionsbegrenzung erforderlich ist (BGE 126 II 399; BGE 128 II 378, publiziert in URP 2002, S.769 ff.; URP 2001, S. 176 ff.; VB.2001.00276; WALKER: S. 8). Daher können nur in Ausnahmefällen ergänzende oder verschärfte Emissionsbegrenzungen angeordnet werden, nämlich dann, wenn ein minimaler Schutz nicht mehr gewährleistet ist: Steht fest oder ist zu erwarten, dass ein oder mehrere Immissionsgrenzwerte (und nicht Anlagegrenzwerte) nach Anhang 2 zur NISV durch eine einzelne Anlage allein oder durch mehrere Anlagen zusammen überschritten werden, so ordnet die Behörde ergänzende oder verschärfte Emissionsbegrenzungen so weit an, bis die Immissionsgrenzwerte eingehalten sind (Art. 5 Abs. 1 und 2 NISV).

19.4.2.6   *Änderungen neuer Anlagen und Sanierung alter Anlagen*

Wird eine neue Anlage nach ihrer Inbetriebnahme geändert, so gelten die Vorschriften über die Emissionsbegrenzungen bei neuen Anlagen (Art. 6 NISV).

Alte Anlagen, die den Vorschriften von Art. 4 und 5 NISV beziehungsweise den im Anhang zur NISV umschriebenen Grenzwerten nicht entsprechen, sind zu sanieren (Art. 7 Abs. 1 NISV). Die Behörde erlässt die erforderlichen Verfügungen und legt die Sanierungsfristen fest. Notfalls verfügt sie für die Dauer der Sanierung Betriebsbeschränkungen oder die Stilllegung der Anlage (Art. 7 Abs. 2 NISV). Zu den Fristen vgl. Art. 8 sowie Anhang 1 zur NISV. Auf die Sanierung kann verzichtet werden, wenn sich der Inhaber verpflichtet, die Anlage innert der Sanierungsfrist stillzulegen (Art. 7 Abs. 3 NISV).

Wird eine alte Anlage geändert, so müssen im massgebenden Betriebszustand Anforderungen erfüllt sein, die in Art. 9 und im Anhang 1 zur NISV umschrieben sind.

19.4.2.7   *Anforderungen an die Ausscheidung von Bauzonen*

In Nachachtung der raumplanerischen Grundsätze muss dafür gesorgt sein, dass neue empfindliche Nutzungen von bestehenden und geplanten Anlagen ferngehalten werden, weshalb die NISV auch Anforderungen an die Ausscheidung von Bauzonen aufstellt. So dürfen Bauzonen nur dort ausgeschieden werden, wo die Anlagegrenzwerte nach Anhang 1 zur NISV von bestehenden und raumplanungsrechtlich festgesetzten geplanten (das heisst bewilligten) Anlagen eingehalten sind oder mit planerischen oder baulichen Massnahmen eingehalten werden können (Art. 16 NISV). Diese Regelung konkretisiert die Planungsgrundsätze des Raumplanungsgesetzes (Art. 3 Abs. 3 lit. b RPG); sie wird sich insbesondere bei Freileitungen, Unterbauwerken, Schaltanlagen, Eisenbahnen und leistungsstarken Sendeanlagen auswirken, weil die Strahlung dieser Anlagen eine relativ grosse Reichweite aufweist.

19.4.2.8   *Orte mit empfindlicher Nutzung*

Übersicht

Die Anlagegrenzwerte der NISV schützen Orte mit empfindlicher Nutzung. Als solche gelten gemäss Art. 3 Abs. 3 NISV:

- Räume in Gebäuden, in denen sich Personen regelmässig während längerer Zeit aufhalten;
- öffentliche oder private, raumplanerisch festgesetzte Kinderspielplätze;
- diejenigen Flächen von unüberbauten Grundstücken, auf denen empfindliche Nutzungen in diesem Sinne zulässig sind.

Empfindliche Nutzungen in Räumen

Empfindliche Räume sind insbesondere Wohn- und Schlafräume, Badezimmer (BGer 1C_34/2009, abgedruckt in URP 2009, S. 531 ff.), ganzjährig benutzbare Wintergärten (BEZ 2009 Nr. 40), Schulräume, Patientenzimmer in Spitälern und Altersheimen sowie Arbeitsplätze, an denen sich Arbeitnehmer vorwiegend aufhalten. Als ständiger Arbeitsplatz gilt gemäss Definition des Staatssekretariats für Wirtschaft (SECO) ein Arbeitsbereich, wenn er während mehr als zweieinhalb Tagen pro Woche durch einen Arbeitnehmer oder durch mehrere Personen nacheinander besetzt ist (Ziff. 2.1.3 der Vollzugsempfehlungen zur NISV; BEZ 2007 Nr. 14 [verneint für Gewächshäuser eines Gärtnereibetriebs]).

Gemäss der Vollzugsempfehlung zur NISV gelten nicht als Orte mit empfindlicher Nutzung: Treppenhäuser; Lager- und Archivräume ohne feste Arbeitsplätze; Kirchen-, Konzert- und Theatersäle; Tierställe.

Balkone und dergleichen

Aufenthaltsorte im Freien – wie Balkone, offene Terrassen und Sitzplätze – sind keine «Räume in Gebäuden» und zählen nicht zu den «Orten mit empfindlicher Nutzung» im Sinne von Art. 3 Abs. 3 lit. a NISV. Sie sind von der Funktion her mit privaten Gärten und Sitzgelegenheiten im Freien vergleichbar, die eindeutig nicht unter Art. 3 Abs. 3 NISV fallen. Das entspricht auch der parallelen Regelung in Art. 2 Abs. 6 LSV (URP 2002, S. 769 ff.). Deshalb müssen die Anlagegrenzwerte der NISV dort nicht eingehalten werden. Dies gilt auch für Dachterrassen von Attikawohnungen, denn diese unterscheiden sich von ihrer Nutzung her nicht wesentlich von anderen Terrassen und Balkonen (BGer 1A.201/2002, zusammengefasst in URP 2003, S. 701 f.; BEZ 2004 Nr. 59; VB.2004.00549).

Kinderspielplätze und weitere Nutzungen im Freien

Kinderspielplätze sind in Art. 3 Abs. 3 lit. b NISV eigens aufgeführt, weil den Kindern ein besonderer Schutz zukommen soll (vgl. dazu auch Art. 13 Abs. 2 USG). Aus Gründen der Rechtssicherheit können jedoch nur Kinderspielplätze berücksichtigt werden, die raumplanerisch explizit als solche festgesetzt sind. Die etwas ungewöhnliche Umschreibung in Art. 3 Abs. 3 lit. b NISV ist daraus zu erklären, dass der Verordnungsgeber nicht in das kantonale Planungs- und Baurecht eingreifen, sondern die Art und Weise, wie Kinderspielplätze festgelegt werden, den Kantonen überlassen wollte. Bei der geforderten Festlegung kann es sich daher sowohl um eine solche der Nutzungsplanung (etwa im Rahmen eines Gestaltungsplans) wie auch um den Inhalt einer Baubewilligung (beispielsweise eines genehmigten Umgebungsplans) handeln (BEZ 2001 Nr. 54 [auch zum Folgenden]). Es genügt also nicht, dass ein Platz aufgrund seiner konkreten Ausgestaltung von Kindern regelmässig benützt wird. Der Garten eines privaten Eigenheims etwa gilt daher nicht als Ort mit empfindlicher Nutzung. Auch Campingplätze, Sport- und Freizeitanlagen (BEZ 2003 Nr. 32) sowie Badanstalten und Aussichtsterrassen sind keine Orte mit empfindlicher Nutzung (vgl. Ziffer 2.1.3 der Vollzugsempfehlung zur NISV). Demgegenüber wird ein Pausenplatz eines Schulhauses einem raumplanungsrechtlich festgesetzten Kinderspielplatz gleichgestellt (Ziff. 2.1.3 der Vollzugsempfehlung zur NISV, offengelassen jedoch in BEZ 2003 Nr. 32).

In BEZ 2004 Nr. 77 ist die Praxis zu Art. 3 Abs. 3 lit. b NISV präzisiert worden: Der vorsorgliche Schutz der Kinder vor zu hoher elektromagnetischer Strahlung darf nicht von planungs- und baurechtlicher Zufälligkeit abhängen. Daher ist die Qualifizierung eines Kinderspielplatzes als Ort mit empfindlicher Nutzung grundsätzlich von zwei Voraussetzungen abhängig zu machen: Der Spielplatz muss einerseits über eine gewisse Infrastruktur (wie fest montierte Geräte, Sandkasten) verfügen. Anderseits muss die Situierung des Spielplatzes planlich genau und verbindlich definiert sein. Dies kann im Rahmen der Nutzungsplanung oder eines Baubewilligungsverfahrens erfolgen.

Unüberbaute Grundstücke

Nach Art. 3 Abs. 3 lit. c NISV sind nicht überbaute Grundstücke gleich zu behandeln, wie wenn die nach der geltenden Planung dort möglichen Bauten bereits bestehen würden. Die planungsrechtlich mögliche Nutzung wird in aller Regel ja auch realisiert. Bei solchen noch unüberbauten Parzellen sind alle Bauten massgebend, die innerhalb der baurechtlichen Grundordnung (Grenzabstände, Gebäudehöhe, Geschosszahl) erstellt werden könnten.

Parkplätze sind zwar keine Gebäude. Nach § 1 lit. b ABV handelt es sich jedoch bei dem mit einem festen Belag und allen für den Betrieb einer P+R-Anlage erforderlichen Einrichtungen versehenen Platz um eine Anlage und somit um eine planungs- und baurechtlich relevante Nutzung des Grundstücks. Dieser Teil der Parzelle ist in baurechtlichem Sinn als überbaut zu betrachten (VB.2004.00109). Es gelten die nachfolgenden Grundsätze für teilweise überbaute Grundstücke.

Teilweise überbaute Grundstücke

Im Unterschied zu nicht überbauten Grundstücken sind bei solchen, die bereits teilweise überbaut sind, künftige Ausbaumöglichkeiten grundsätzlich nicht als Orte mit empfindlicher Nutzung zu berücksichtigen. Wenn solche Nutzungsreserven aber realisiert werden, so müssen die Antennenanlagen die Anlagegrenzwerte von Bundesrechts wegen auch an den neu entstandenen Orten mit empfindlichen Nutzungen einhalten (BEZ 2001 Nrn. 52 und 61; BGE 128 II 340; BGer 1A.194/2001; PBG aktuell 1/2003, S. 18 f.).

In gewissen Ausnahmefällen können Nutzungsreserven – entgegen der erwähnten Regel – in analoger Anwendung von Art. 3 Abs. 3 lit. c NISV aber dennoch bereits bei Erteilung der Baubewilligung für die Mobilfunkanlage berücksichtigt werden (mit grosser Wahrscheinlichkeit bevorstehende Erweiterung eines Gebäudes; unüberbaute Fläche einer nur teilweise überbauten Parzelle, die wie ein separates unüberbautes Grundstück behandelt werden könnte). Schliesslich ist denkbar, Art. 3 Abs. 3 lit. c NISV analog auf Ruinengrundstücke oder auf ausserordentlich unternutzte Parzellen anzuwenden (VB.2004.00109; BEZ 2009 Nr. 31). Nach der Vollzugsempfehlung zur NISV sollen geplante Nutzungserweiterungen (wie Dachausbauten, Anbauten, Aufstockungen) ausnahmsweise dann berücksichtigt werden, wenn die entsprechenden Projekte im Baubewilligungsverfahren bereits öffentlich aufgelegt sind.

19.4.2.9   *Technisch und betrieblich mögliche sowie wirtschaftlich tragbare Massnahmen*

Was technisch und betrieblich mögliche Massnahmen sind, umschreibt Art. 3 Abs. 4 NISV: Massnahmen, die bei vergleichbaren Anlagen im In- oder Ausland erfolgreich erprobt sind (lit. a) oder bei Versuchen erfolgreich eingesetzt wurden und nach den Regeln der Technik auf andere Anlagen übertragen werden können (lit. b).

Wirtschaftlich tragbar sind Massnahmen zur Emissionsbegrenzung, die für einen mittleren und wirtschaftlich gesunden Betrieb der betreffenden Branche zumutbar sind. Gibt es in einer Branche sehr unterschiedliche Klassen von Betriebsgrössen, so ist von einem mittleren Betrieb der entsprechenden Klasse auszugehen (Art. 3 Abs. 5 NISV).

19.4.3   Mobilfunkanlagen im Besonderen

Zu Mobilfunkanlagen vgl. die bereits in zweiter Auflage erschienene Dissertation von WITTWER, den vom BAFU im Januar 2010 herausgegebenen «Leitfaden Mobilfunk für Gemeinden und Städte», abrufbar unter www.bafu.admin.ch, sowie BLASER.

19.4.3.1   *Grundlagen*

Systeme und Begriffe

Im Mobilfunknetz sind derzeit im Wesentlichen zwei Systeme von Bedeutung (zu den Einzelheiten vgl. WITTWER: S. 18 ff.):

- GSM ist das Mobilfunksystem der zweiten Generation und steht für «Global System for Mobile Communications». GSM löste in den Neunzigerjahren des letzten Jahrhunderts die Natel A-, B- und C-Netze der damaligen Telecom PTT (heute: Swisscom) ab und wurde vorerst als Natel D in Betrieb genommen. Das GSM beinhaltet in Europa die Frequenzbänder 900 und 1800 MHz.
- UMTS heisst «Universal Mobile Telecommunications System» und ist ein Standard der dritten Mobilfunkgeneration. UMTS-Netze sollen – zusätzlich zu den konventionellen Sprach-, Fax- und Datendiensten der

zweiten Generation (GSM) – auch Multimediadienste wie Internet oder Videotelefonie erlauben. UMTS-Systeme arbeiten im 2-GHz-Frequenzband (1900–2200 MHz). Die Technik unterscheidet sich in verschiedener Hinsicht von der GSM-Technik. Die Sendeleistung wird während einer Verbindung sehr schnell den Umgebungsbedingungen angepasst. Die Sendeleistung ist immer genauso hoch, wie sie für eine gute Verbindung minimal sein muss, das heisst, die Sender arbeiten durchschnittlich mit viel kleineren Sendeleistungen als die GSM-Systeme, was aufgrund der beschränkteren Zellradien denn auch zusätzliche Anlagestandorte bedingt.

Die GSM- und die UMTS-Kommunikationstechnik unterscheiden sich erheblich. Auch UMTS-Antennen verursachen aber normale elektromagnetische Wellen. Die entsprechenden elektrischen Feldstärken lassen sich berechnen und messen (BEZ 2004 Nr. 60).

Mobilfunkkonzessionen

Im Jahr 1998 trat das revidierte Fernmeldegesetz (FMG) in Kraft, welches im Rahmen der Liberalisierung ein Konzessionsregime für Fernmeldedienste und -netze einführte. Die auf das FMG gestützten Konzessionen im Bereich GSM, WLL und UMTS geben den Konzessionärinnen – im Wesentlichen: Swisscom, Sunrise und Orange – das Recht, Fernmeldedienste in der Schweiz zu erbringen und das Frequenzspektrum in dem Umfang zu benutzen, welcher in der Konzession definiert ist. Gleichzeitig sind in den GSM- und UMTS-Konzessionen auch Versorgungspflichten festgehalten, welche die Konzessionärinnen einzuhalten haben. Zu den Einzelheiten vgl. WITTWER: S. 46 ff.

Bei der Beurteilung von Bauvorhaben für Mobilfunkantennen sind namentlich die konzessionsrechtlichen Versorgungspflichten zu berücksichtigen, indem die planungs- und baurechtlichen Vorschriften bei der Beurteilung von Mobilfunkanlagen gegebenenfalls verfassungs- und gesetzeskonform (Art. 16 und Art. 27 BV; Art. 1 FMG) ausgelegt werden. Hingegen geht es bei der Frage, ob eine Mobilfunkbetreiberin für den Betrieb der geplanten Anlage über eine genügende Mobilfunkkonzession verfügt, nicht um eine Bauvorschrift, die gemäss Art. 22 Abs. 3 RPG im Baubewilligungsverfahren zu prüfen wäre. Ebenso wenig erscheint eine Koordination der Baubewilligung mit der fernmelderechtlichen Konzession als geboten (BGer 1.A.18/2004 und 1P.54/2004, zusammengefasst in URP 2005, S. 387).

Anlagebegriff

Bislang galten als «Anlage» alle Sendeantennen für die Funkdienste nach Ziff. 1 von Anhang 1 zur NISV, die auf demselben Mast angebracht sind oder die in einem engen räumlichen Zusammenhang, namentlich auf dem Dach des gleichen Gebäudes, stehen (Ziff. 62 von Anhang 1 zur NISV). Per 1. September 2009 hat der Anlagebegriff aber eine Änderung erfahren, indem Ziff. 62 von Anhang 1 zur NISV revidiert worden ist: Danach umfasst eine Antennengruppe alle Sendeantennen, die am selben Mast oder an oder auf demselben Gebäude angebracht sind (Abs. 1). Antennengruppen, die aus einem engen räumlichen

Zusammenhang senden, gelten als eine Anlage, unabhängig davon, in welcher Reihenfolge sie erstellt oder geändert werden (Abs. 2). Aus einem engen räumlichen Zusammenhang senden zwei Antennengruppen, wenn sich von jeder der beiden Antennengruppen mindestens eine Sendeantenne im Perimeter der anderen Antennengruppe befindet (Abs. 3). Vgl. dazu auch BGer 1C_40/2007, wiedergegeben in PBG aktuell 1/2008, S. 18 ff.

Änderung von Anlagen

Für die baurechtliche Bewilligungspflicht und die Sanierungspflichten ist massgebend, was bei Mobilfunkanlagen als «Änderung» gilt. Gemäss Ziff. 62 Abs. 5 von Anhang 1 zur NISV (in Kraft seit 1. September 2009) gilt als Änderung einer Anlage die Änderung der Lage von Sendeantennen (lit. a), der Ersatz von Sendeantennen durch solche mit einem anderen Antennendiagramm (lit. b), die Erweiterung mit zusätzlichen Sendeantennen (lit. c), die Erhöhung der ERP über den bewilligten Höchstwert hinaus (lit. d) oder die Änderung von Senderichtungen über den bewilligten Winkelbereich hinaus (lit. e). Änderungen über die in der Baubewilligung festgelegten Grenzen hinaus sind also ohne erneutes Bewilligungsverfahren nicht zulässig (vgl. dazu auch VB.2004.00549).

Anlagegrenzwerte

Der massgebliche Anlagegrenzwert für Mobilfunkanlagen in den Frequenzbereichen um 900 und 1800 MHz oder höheren Frequenzen ist in Ziff. 64 von Anhang 1 zur NISV festgelegt.

Anlagegrenzwerte für Mobilfunkanlagen

GSM 900	GSM 1800, UMTS	Anlagegrenzwert
X		4 V/m
X	X	5 V/m
	X	6 V/m

Für Mobilfunkanlagen beträgt der Anlagegrenzwert somit je nach Netz 4–6 V/m. Bei einer Mobilfunkanlage mit höheren Sendeleistungen muss der Abstand zu Nachbargebäuden deshalb unter Umständen 30–50 Meter betragen. Weil Mobilfunkanlagen gegen unten, das heisst, in vertikaler Richtung aber deutlich weniger emittieren, genügt für das Standortgebäude regelmässig ein relativ geringer Abstand zu den Wohnräumen (als Orte mit empfindlicher Nutzung).

Die in Ziff. 64 von Anhang 1 zur NISV umschriebenen Anforderungen gelten nur für Anlagen von Mobilfunknetzen mit einer gesamten äquivalenten Strahlungsleistung (ERP) von mindestens 6 Watt. Sie gelten nicht für Richtstrahlanlagen (Ziff. 61 von Anhang 1 zur NISV; BEZ 2000 Nr. 47).

19.4.3.2 *Planungs- und baurechtliche Behandlung von Mobilfunkanlagen*

Mobilfunkanlagen ausserhalb der Bauzonen

Ausserhalb der Bauzonen sind Mobilfunkanlagen grundsätzlich nicht zonenkonform und bedürfen demnach einer Ausnahmebewilligung gemäss Art. 24 ff. RPG. Nach dem Grundtatbestand von Art. 24 RPG ist für eine Mobilfunkanlage ausserhalb der Bauzonen eine Standortgebundenheit gefordert und es dürfen keine überwiegenden Interessen entgegenstehen. Dies bedingt eine Reduktion auf das Notwendige und eine Optimierung der Standorte, das heisst deren Koordination. Danach ist mit frühzeitiger räumlicher Koordination zwischen allen Beteiligten unter Einbindung des Kantons die Anzahl von Antennenstandorten möglichst niedrig zu halten; soweit möglich sollen daher bestehende Standorte genutzt werden.

In Präzisierung seiner bisherigen Rechtsprechung hat das Bundesgericht aber unlängst erkannt, dass sich unter besonderen Umständen ein Mobilfunkstandort ausserhalb der Bauzonen im Vergleich zu einem solchen innerhalb der Bauzonen aufgrund einer Gesamtsicht unter Beachtung aller massgebenden Interessen als derart vorteilhaft erweisen kann, dass eine spezifische Standortgebundenheit im Sinne von Art. 24 lit. a RPG zu bejahen ist. Mobilfunkanlagen können – im Unterschied zu anderen Infrastrukturbauten und -anlagen – angebracht werden, ohne dafür zwingend neues unüberbautes Nichtbauzonenland in Anspruch zu nehmen, weil sie auf bestehenden Bauten und Anlagen realisiert werden. Diesem Umstand gilt es bei der im Rahmen der Standortevaluation vorzunehmenden Interessenabwägung gebührend Rechnung zu tragen. Dementsprechend können sich bei der erwähnten Abwägung auch Standorte ausserhalb der Bauzonen gegenüber solchen innerhalb der Bauzonen als wesentlich geeigneter erweisen, soweit sie auf bestehenden Bauten und Anlagen angebracht werden. Grundvoraussetzung einer solchen erweiterten ausnahmsweisen Bejahung der Standortgebundenheit ist allerdings, dass die Mobilfunkanlage ausserhalb der Bauzonen keine erhebliche Zweckentfremdung von Nichtbauzonenland bewirkt und nicht störend in Erscheinung tritt. Ein positiver Ausgang der genannten Interessenabwägung reduziert sich gemäss der bundesgerichtlichen Rechtsprechung somit auf Örtlichkeiten, an welchen sich bereits zonenkonforme beziehungsweise zonenwidrige Bauten und Anlagen – wie namentlich Leitungsmasten, Beleuchtungskandelaber sowie landwirtschaftliche Bauten und Anlagen – befinden (BGE 133 II 321 [E. 4.3.3], bestätigt in BGE 133 II 409 [E. 4.2]). Vgl. dazu auch BEZ 2009 Nr. 22 (betreffend DVB-H-Antennenanlage); URP 2009, S. 180 ff. (betreffend Resolutivbedingung); URP 2009, S. 910 ff.

Mobilfunkanlagen innerhalb der Bauzonen

Für Antennenstandorte innerhalb der Bauzonen besteht gestützt auf § 320 PBG ein Anspruch auf Erteilung der Baubewilligung, sofern die Mobilfunkanlage dem Zweck der Nutzungszone entspricht und die übrigen Anforderungen des kantonalen Planungs- und Baurechts sowie des Bundesrechts – namentlich der NISV – erfüllt. Eine umfassende Interessenabwägung findet nicht statt. Insofern besteht im Rahmen des Baubewilligungsverfahrens keine Handhabe für eine Bedürfnisprüfung oder eine das ganze Netz einer Betreiberin sowie ihrer

Konkurrentinnen berücksichtigende Suche nach Alternativstandorten. Für eine Überprüfung der Gründe, welche die Mobilfunkbetreiberin zum Bau genau an der vorgesehenen Stelle veranlassen, bleibt bei zonenkonformen Bauten innerhalb der Bauzone grundsätzlich kein Raum. Deshalb ist in diesen Fällen weder eine Interessenabwägung noch ein Nachweis von Alternativstandorten erforderlich (VB.2004.00480). Anders als bei Standorten ausserhalb der Bauzonen erscheint auch die Konzentration von Mobilfunkanlagen auf wenige Standorte innerhalb der Bauzonen nur selten sinnvoll, da dies zu einer unerwünschten Erhöhung der Immissionsbelastung in deren Umgebung führen würde; eine Verpflichtung zur Realisierung oder Duldung einer Gemeinschaftanlage kann im Baubewilligungsverfahren ohnehin nicht statuiert werden, da hierzu nicht die kommunale Baubehörde, sondern das Bundesamt für Kommunikation (BAKOM) sachlich zuständig wäre (BEZ 2009 Nr. 20).

Bislang wurde die Zonenkonformität von Mobilfunkanlagen – in deren Funktion als Infrastrukturanlagen – ohne Weiteres bejaht, so in der Wohnzone (URP 2001, S. 161 ff.; BR 3/2000 S. 95 Nr. 201), aber auch in anderen Bauzonen wie etwa der Industriezone (BGE 126 II 399 ff.) und der Zone für öffentliche Bauten (BR 3/2000, S. 95 Nr. 202). Nach neuerer bundesgerichtlicher Rechtsprechung gilt es aber bei Mobilfunkanlagen den Aspekt der Zonenkonformität gemäss Art. 22 Abs. 2 lit. a RPG und § 253 PBG ebenfalls vertieft zu prüfen. Mobilfunkanlagen innerhalb der Bauzonen werden insoweit als zonenkonform betrachtet, als sie hinsichtlich Standort und Ausgestaltung in einer unmittelbaren funktionellen Beziehung zum Ort stehen, an dem sie errichtet werden sollen, und im Wesentlichen Bauzonenland abdecken. Die Zonenkonformität einer Kommunikationsanlage kann zudem auch dann bejaht werden, wenn sie der Ausstattung der Bauzone als Ganzem und nicht nur speziell dem infrage stehenden Bauzonenteil dient (BGE 133 II 321 [E. 4.3.1 und 4.3.2], bestätigt in BGer 1C_366/2008 [E. 4.1], BGer 1C_106/2010 [E. 4.3] und BGer 1C_192/2010 [E. 6.3]). In Konkretisierung dieser höchstrichterlichen Rechtsprechung hat das Verwaltungsgericht entschieden, dass eine gewöhnliche Mobilfunkanlage, die in einer reinen Wohnzone situiert ist, keinen Betrieb im baurechtlichen Sinn darstellt und – wie bis anhin – als grundsätzlich zonenkonform gilt. Kann eine Mobilfunkanlage aufgrund ihrer Dimensionen nicht mehr als gewöhnliche Anlage qualifiziert werden, ist bei der Beurteilung der Zonenkonformität insbesondere darauf abzustellen, ob sie von ihrer raumplanerischen Zweckbestimmung her in eine bestimmte Bauzone passt (BEZ 2009 Nr. 29).

Mobilfunkanlagen haben keine Gebäude- und Firsthöhen einzuhalten (BEZ 2000 Nr. 53; § 19 Abs. 1 BBV II), wohl aber zum Beispiel das allgemeine Gestaltungsgebot nach § 238 PBG (BGer 1C_102/2010 [E. 33]), spezifische Kernzonenvorschriften gemäss § 50 Abs. 3 PBG oder gestützt auf § 292 PBG erlassene kommunale Regelungen zu Dachaufbauten (BEZ 2009 Nr. 5). Ein generelles kommunales Verbot für Mobilfunkanlagen in den Bauzonen ist aber klar unzulässig (vgl. etwa URP 2000, S. 267 ff.; BEZ 2010 Nrn. 25 und 44 [Stäfa]).

Standortplanung von Mobilfunkanlagen

Das kantonale Planungs- und Baurecht wie auch die NISV beziehen sich grundsätzlich nur auf die einzelnen Antennenanlagen an einem bestimmten Standort und nicht auf das gesamte Mobilfunknetz der betreffenden Betreiberin. Der Aufbau von neuen Telekommunikationsnetzen obliegt demnach den privaten Mobilfunkbetreiberinnen und nicht dem Gemeinwesen. Eine diesbezügliche Sach- oder Richtplanung mit konkreten räumlichen und zeitlichen Vorgaben ist demnach nicht nötig (BEZ 2000 Nr. 52; VB.2009.00059 [E. 7], in Konkretisierung von BGE 133 II 321 [E. 4.3]).

Im Rahmen ihrer planungs- und baurechtlichen Zuständigkeiten sind die Kantone und Gemeinden aber grundsätzlich befugt, Bau- und Zonenvorschriften in Bezug auf Mobilfunkanlagen zu erlassen, sofern sie die bundesrechtlichen Schranken, die sich insbesondere aus dem Bundesumwelt- und -fernmelderecht ergeben, beachten. Ausgeschlossen sind jedoch planungs- und baurechtliche Vorschriften zum Schutz der Bevölkerung vor nicht ionisierender Strahlung, denn der Immissionsschutz ist durch das USG und die NISV abschliessend durch den Bund geregelt. Überdies dürfen die Planungsvorschriften nicht die in der Fernmeldegesetzgebung konkretisierten öffentlichen Interessen verletzen, das heisst, sie müssen den Interessen an einer qualitativ guten Mobilfunkversorgung und an einem funktionierenden Wettbewerb zwischen den Betreiberinnen Rechnung tragen. Werden die Zielsetzungen der Fernmeldegesetzgebung eingehalten, sind namentlich ortsplanerische Bestimmungen, die anderen als umweltrechtlichen Interessen dienen (wie etwa der Wahrung des Charakters oder der Wohnqualität eines Quartiers), grundsätzlich möglich. Denkbar ist zum Beispiel eine negative Standortplanung, wonach in einem bestimmten schutzwürdigen Gebiet oder auf gewissen Schutzobjekten keine Mobilfunkanlagen erstellt werden können. Erweisen sich bestimmte verfügbare Standorte in einer Gemeinde als besonders vorteilhaft, ist auch eine positive Standortplanung möglich. Als zulässig erscheint es gemäss Bundesgericht schliesslich, baupolizeilich vorzuschreiben, die Erstellung von Mobiltelefonantennen setze im Rahmen des Baubewilligungsverfahrens eine Standortevaluation voraus, wobei die Baubehörde den Baustandort im Rahmen einer umfassenden Interessenabwägung festzulegen habe. Voraussetzung für solche Planungsmassnahmen ist in jedem Fall jedoch eine kompetenzgemäss erlassene gesetzliche Grundlage im kantonalen beziehungsweise kommunalen Recht (BGer 1C_472/2009 [E. 3.3, mit weiteren Hinweisen]; BGer 1C_298/2010 [E. 2.2]).

Inwieweit im Kanton Zürich eine entsprechende gesetzliche Grundlage besteht, gestützt worauf die Gemeinden eine Standortplanung von Mobilfunkanlagen vornehmen dürfen, ist umstritten und derzeit noch nicht höchstrichterlich entschieden. Während das Baurekursgericht in früheren Entscheiden die Bestimmung von § 78 PBG als ungenügende gesetzliche Grundlage erachtete, hat es in BEZ 2009 Nr. 45 eine Praxisänderung vorgenommen und entschieden, dass eine Standortplanung von Mobilfunkanlagen gestützt auf eine teleologische und zeitgemässe Auslegung von § 78 PBG zulässig ist. Zwischenzeitlich hat das Baurekursgericht diese Praxisänderung insoweit relativiert, als es präzisierte, dass zumindest für die vom Bundesgericht angedachte Standortevaluation keine genügende gesetzliche Grundlage im Kanton Zürich besteht (BRKE III Nr. 0047/2010 sowie Nrn. 0163 und 0164/2010 [Hinwil]; BRKE II Nrn. 0147–0149/2010 [Küsnacht]).

Zur Standortplanung von Mobilfunkanlagen vgl. auch WITTWER: S. 107 ff., Leitfaden BAFU, S. 30 ff., sowie Raum und Umwelt Nr. 3/10.

19.4.3.3   *Umweltrechtliche Behandlung von Mobilfunkanlagen*

Die Erstellung von Mobilfunkanlagen wirft regelmässig auch umweltrechtliche Fragestellungen auf, wozu sich eine reichhaltige Lehre und Rechtsprechung entwickelt hat (vgl. dazu etwa BEZ 2004 Nr. 76; BLASER, S. 5 ff.; WITTWER: S. 52 ff.). Nachfolgend sollen häufig thematisierte umweltrechtliche Aspekte dargestellt werden.

Rechtskonformität der NISV

Die in der NISV für Mobilfunkanlagen enthaltenen Anlagegrenzwerte lassen keine offensichtlichen Mängel beziehungsweise einen allfälligen Ermessens-missbrauch des Verordnungsgebers erkennen, was ein Einschreiten der Rechts-mittelbehörden erforderlich machen würde. Die geltenden Grenzwerte ver-mögen denn auch den Anforderungen des Vorsorgeprinzips zu genügen. Bei der Beurteilung von Mobilfunkanlagen dürfen demnach keine im Vergleich zu den Vorschriften der NISV erhöhten immissionsmässigen Anforderungen gestellt werden. Ebenso wenig existiert eine Rechtsgrundlage, von den Betrei-bergesellschaften Unbedenklichkeitsnachweise ihrer Mobilfunkanlagen zu ver-langen (vgl. etwa BEZ 2003 Nr. 19; BGE 126 II 406; BGer 1C_316/2007 [E. 5], bestätigt in BGer 1C_282/2008 [E. 4], 1C_45/2009 [E. 3], 1C_492/2009 [E. 2] und 1C_118/2010 [E. 4]; WITTWER: S. 86 f.).

Moratorium

Hinsichtlich der Immissionsbelastung ist die Zulässigkeit von Mobilfunkan-lagen abschliessend durch das Bundesrecht – insbesondere das USG und die NISV – geregelt. Ein «Moratorium» zur Behandlung von Baugesuchen durch kommunale (oder kantonale) Baubehörden, welches mit Zweifeln am Genügen der Schutzvorschriften verbunden ist, verletzt das Verbot der Rechtsverzöge-rung. Daran ändern gesundheitliche Bedenken gegenüber der nicht ionisie-renden Strahlung, die von Mobilfunkanlagen ausgeht, nichts (vgl. etwa RRB Nr. 1191/2005, auszugsweise wiedergegeben in URP 2005, S. 748 ff.).

Qualitätssicherungssystem (QS-System)

Die von den Mobilfunkbetreiberinnen im Standortdatenblatt deklarierte äqui-valente Strahlungsleistung (ERP) der Mobilfunkanlage muss schon im Bau-bewilligungsverfahren überprüft werden. Massgeblich ist dabei grundsätzlich die aufgrund der Hardwarekonfiguration der Anlage maximale ERP, d.h. die Sendeleistung bei Maximalleistung und nicht ein tieferer, durch Fernsteuerung einstellbarer Wert (vgl. BGE 128 II 378; URP 2005, S. 576 ff.; VB.2006.0001).

Mit einem Rundschreiben vom 16. Januar 2006 stellte das BAFU allerdings ein neues Qualitätssicherungssystem (QS-System) vor, welches ermöglicht, die

Einstellung aller Parameter, welche die effektiv eingestellte ERP beeinflussen, wirkungsvoll zu überprüfen. Das Verwaltungsgericht und das Bundesgericht haben das vom BAFU empfohlene und von den Mobilfunkbetreiberinnen zwischenzeitlich auch umgesetzte QS-System stets als zulässig und rechtskonform erachtet (vgl. etwa BEZ 2007 Nr. 35; BEZ 2008 Nr. 53; BGer 1C_148/2007 [E. 3]; BGer 1C_172/2007 [E. 2 und 3]; BGer 1C_462/2007 [E. 5.1]; BGer 1C_282/2008 [E. 3]; BGer 1C_45/2009 [E. 2]; BGer 1C_492/2009 [E. 4] BGer 1C_118/2010 [E. 2]; Wittwer: S. 71 f.).

Abnahme- und Kontrollmessungen

Die Bewilligung von Mobilfunkanlagen basiert auf dem Standortdatenblatt, welches die berechneten (und mithin nicht gemessenen) Immissionswerte ausweist. In der Vollzugsempfehlung zur NISV wird eine Schwelle von 80% des relevanten Anlagegrenzwerts bezeichnet, bei deren Überschreiten (des prognostizierten Immissionswerts) eine sogenannte Abnahmemessung nach Inbetriebnahme der Mobilfunkanlage durchgeführt werden soll. Diese Schwelle ist als Mindestanforderung zu verstehen, weshalb auch unter diesem Wert die rechnerische Immissionsprognose im Einzelfall durch eine Abnahme- beziehungsweise Kontrollmessung verifiziert werden kann, wenn dies sachlich gerechtfertigt erscheint (VB.2004.00480; VB.2004.00222; Wittwer: S. 61 f.). Das Bundesgericht hat in diesem Zusammenhang wiederholt bestätigt, dass eine NISV-konforme Abnahme- und Kontrollmessung der tatsächlichen UMTS-Immissionen möglich ist (BGer 1A.57/2006 [E. 6]; BGer 1A.129/2006 [E. 4]; BGer 1C_316/2007 [E. 9]; BGer 1C_492/2009 [E. 3]; BGer 1C_118/2010 [E. 5]).

Verschiedene Emissionsquellen

Eine kombinierte Beurteilung verschiedener Emissionsquellen im Sinne von Art. 8 USG ist gemäss Art. 3 Abs. 6 NISV nur zulässig, soweit die Strahlungen aufgrund des Verwendungszwecks und des räumlichen Zusammenhangs der fraglichen Anlage zugerechnet werden können. Strahlungen, die beispielsweise von Richtstrahlantennen, Frei- und Kabelleitungen oder Transformatorenstationen erzeugt werden, zählen aufgrund ihres Verwendungszwecks nicht zur Strahlung der Mobilfunkanlage und müssen demnach nicht summiert werden (URP 2004, S. 136 ff.; BGer 1C_462/2007 [E. 6]). Dies auch deshalb, weil andere Emissionsquellen, die niederfrequente elektromagnetische Wellen verursachen (wie etwa eine Hochspannungsleitung), im Vergleich zu den hochfrequenten elektromagnetischen Feldern von Mobilfunkanlagen eine unterschiedliche biologische Wirkungsweise entfalten: Während die Ersteren im menschlichen Körper elektrische Ströme induzieren, was zu keiner Erwärmung des Körpergewebes führt, werden die Letzteren vom Körper teilweise resorbiert. Eine wissenschaftlich begründbare Summierungsvorschrift für nieder- und hochfrequente Strahlen gibt es daher nicht, doch hat der Bundesrat ganz erhebliche Sicherheitsmargen beim Erlass der NISV eingebaut, um auch dieser Thematik rechtsgenügend Rechnung zu tragen (vgl. dazu auch BRKE II Nr. 0148/2005 und BRKE II Nr. 0149/2005 [E. 12]).

19.4.3.4   *Verfahrensrechtliche Behandlung von Mobilfunkanlagen*

Zuständige Behörde

Zuständig für die baurechtliche Beurteilung von Mobilfunkantennen sind – entsprechend der allgemeinen Verfahrensordnung – die Gemeinden beziehungsweise (etwa ausserhalb der Bauzonen) die Baudirektion. In allen Fällen steht jedoch das AWEL (Abteilung Lufthygiene) den Gemeinden beratend zur Verfügung; eine eigentliche Koordinationspflicht mit der Fachbeurteilung des AWEL besteht aber nicht. Die Amtsstelle prüft auf Wunsch die Standortdatenblätter, hilft bei Messungen und Beurteilungen, führt Stichprobenkontrollen durch und führt einen Kataster mit Antennenstandorten. Die Dienstleistungen des AWEL bei der Beurteilung von Baugesuchen sind kostenpflichtig.

Mitwirkungspflichten

Der Inhaber beziehungsweise Betreiber einer Anlage ist verpflichtet, der Behörde auf Verlangen die für den Vollzug erforderlichen Auskünfte zu erteilen. Nötigenfalls hat er Messungen oder andere Abklärungen durchzuführen oder zu dulden (Art. 10 NISV). Vgl. zu den Mitwirkungspflichten auch PBG aktuell 2/2008, S. 35 ff.

Standortdatenblatt

Der Inhaber einer Anlage muss der Behörde im Bewilligungsverfahren ein Standortdatenblatt einreichen, sofern (Art. 11 Abs. 1 NISV):
- eine Anlage neu erstellt;
- an einen andern Ort verlegt;
- am bestehenden Standort ersetzt oder
- im Sinne von Anhang 1 zur NISV geändert wird.

Das mit dem Baugesuch einzureichende Standortdatenblatt muss enthalten (Art. 11 Abs. 2 NISV):
- die aktuellen und geplanten technischen wie betrieblichen Daten der Anlage;
- den massgeblichen Betriebszustand nach Anhang 1 zur NISV (vgl. dazu auch PBG aktuell 2/2008, S. 33 ff. [betreffend Bewilligung eines Winkelbereichs]);
- Angaben mit Situationsplan über die von der Anlage erzeugte Strahlung (1.) an dem für Menschen zugänglichen Ort, an dem die Strahlung am stärksten ist; (2.) an den drei Orten mit empfindlicher Nutzung, an denen diese Strahlung am stärksten ist; und (3.) an allen Orten mit empfindlicher Nutzung, an denen der Anlagegrenzwert nach Anhang 1 zur NISV überschritten ist.

Im Standortdatenblatt müssen auch die künftigen Orte mit empfindlicher Nutzung im Sinne von Art. 3 Abs. 3 lit. c NISV angegeben werden (vgl. Seite 1110 f.). Es ist Sache der Bauherrschaft, diese Orte aufgrund der im Zeitpunkt der Immissionsbeurteilung geltenden Bauvorschriften zu bestimmen und für diese im Rahmen des Standortdatenblatts die entsprechende Immissionsbeurteilung vorzunehmen (BEZ 2001 Nr. 33).

Kontrolle

Die Behörde überwacht die Einhaltung der Emissions- und Immissionsbegrenzungen. Sie führt hierzu Messungen oder Berechnungen durch oder lässt solche durchführen. Sie kann sich auch auf Ermittlungen Dritter stützen. Das BAFU empfiehlt geeignete Mess- und Berechnungsmethoden (Art. 12 und Art. 14 Abs. 2 NISV).

Nach Erstellung der Mobilfunkanlage wird regelmässig eine Abnahmemessung durchgeführt, wenn gemäss der rechnerischen Prognose die NIS-Belastung den Anlagewert zu mindestens 80 Prozent erreicht. Umgekehrt kann auf Abnahmemessungen verzichtet werden, wenn die Strahlenbelastung deutlich unter 80% des Anlagegrenzwertes liegt (VB.2004.00480; VB.2004.00222; vgl. auch Seite 1118).

Für die Anordnung von jährlichen Kontrollmessungen auf Kosten der Betreibergesellschaften besteht weder eine gesetzliche Grundlage noch sind solche Messungen sachgerecht (BEZ 2006 Nr. 24).

20
Ausnahmetatbestände bei vorschriftswidrigen Bauten und Anlagen

20.1 Übersicht

Das Planungs- und Baugesetz (PBG) kennt verschiedene Tatbestände, mit welchen vorschriftswidrige Bauten und Anlagen geregelt werden. In diesem Kapitel werden die wichtigsten kantonalen Tatbestände dargestellt. Dazu zählen:

- die Ausnahmebewilligung gemäss § 220 PBG (nachfolgend Ziff. 20.2);
- Änderungen an vorschriftswidrigen Bauten und Anlagen gemäss § 357 PBG (nachfolgend Ziff. 20.3);
- Massnahmen bei baupolizeilichen Missständen (nachfolgend Ziff. 20.4) sowie
- das Brandstattrecht, das heisst den Wiederaufbau von zerstörten Gebäuden gemäss § 307 PBG (nachfolgend Ziff. 20.5).

Den genannten Bestimmungen ist gemeinsam, dass sie allesamt durch das kantonale Recht – das PBG – statuiert werden. Davon zu unterscheiden gilt es die bundesrechtlichen Ausnahmebewilligungen gemäss Art. 24 ff. und Art. 37a des Raumplanungsgesetzes (RPG), die das zonenwidrige Bauen ausserhalb der Bauzonen regeln. Hierzu findet sich eine separate Darstellung in Kapitel 21 dieses Buches (vgl. Seite 1166 ff.).

Sodann sind die vorschriftswidrigen Bauten und Anlagen von den widerrechtlichen Bauten und deren Sanktionierung abzugrenzen: Während die vorschriftswidrigen Bauten und Anlagen im materiellen Baupolizeirecht geregelt werden, geht es bei den widerrechtlichen Bauten und deren Sanktionierung hauptsächlich um verfahrensrechtliche Aspekte (vgl. dazu Kapitel 10 dieses Buches [Seite 475 ff.]). Freilich gibt es auch da Überschneidungen, etwa wenn im Rahmen eines nachträglichen Baubewilligungsverfahrens eine Ausnahmebewilligung gemäss § 220 PBG zur Diskussion steht.

20.2 Ausnahmebewilligung gemäss § 220 PBG

Gemäss § 220 PBG ist von Bauvorschriften im Einzelfall zu befreien, wenn besondere Verhältnisse vorliegen, bei denen die Durchsetzung der einschlägigen Vorschriften unverhältnismässig erscheint (Abs. 1). Ausnahmebewilligungen dürfen nicht gegen den Sinn und Zweck der Vorschrift verstossen, von der sie befreien, und auch sonst keine öffentlichen Interessen verletzen, ausser die Erfüllung einer dem Gemeinwesen gesetzlich obliegenden Aufgabe würde verunmöglicht oder übermässig erschwert (Abs. 2). Sodann darf ein Nachbar durch Ausnahmebewilligungen von Vorschriften, die auch ihn schützen, nicht unzumutbar benachteiligt werden; Ausnahmebewilligungen dürfen jedoch nicht von der Zustimmung des Nachbarn abhängig gemacht werden (Abs. 3).

Diese drei Grundvoraussetzungen für die Erteilung einer Ausnahmebewilligung werden nachfolgend dargelegt (Ziff. 20.2.3.). Vorab gilt es aber den Geltungsbereich von § 220 PBG zu umschreiben (Ziff. 20.2.1) und die genannte Bestimmung von anderen Ausnahmetatbeständen abzugrenzen (Ziff. 20.2.2).

20.2.1 Geltungsbereich

Der Begriff «Bauvorschriften» umfasst die im IV. Titel, 1. Abschnitt des PBG enthaltenen Bestimmungen sowie die entsprechenden Ausführungsvorschriften in den kantonalen Verordnungen und den Bauordnungen der Gemeinden (also Nutzungsvorschriften, Gestaltungsvorschriften und technische Vorschriften; vgl. auch § 3 Abs. 1 und 2 PBG). Eine Bauvorschrift in diesem Sinne ist beispielsweise § 262 PBG über den Waldabstand. Auch diesbezüglich sind Ausnahmen nach § 220 PBG denkbar, wenn auch stark eingeschränkt, da die örtlichen Verhältnisse bereits bei der planerischen Festlegung von Waldabstandslinien gemäss § 66 PBG berücksichtigt werden (BEZ 2004 Nr. 19). Gleich verhält es sich mit kommunalen Gewässerabstandslinien gemäss § 67 PBG, bei denen ebenfalls ein Dispens gestützt auf § 220 PBG möglich ist (BEZ 2007 Nr. 19).

Keine «Bauvorschriften» sind jedoch die in §§ 47 ff. PBG enthaltenen Bestimmungen über die Regelungskompetenzen der Gemeinden. So kann beispielsweise nicht mit einer Ausnahme nach § 220 PBG von den in § 49 Abs. 3 PBG statuierten Merkmalen des «Besonderen Gebäudes» abgewichen werden (BEZ 2004 Nr. 75). Von Definitionen im PBG und in der Allgemeinen Bauverordnung (ABV) kann somit nicht nach § 220 PBG dispensiert werden. Solche Definitionen sind − wie erwähnt − die in §§ 47 ff. PBG enthaltenen Bestimmungen über die Regelungskompetenzen der Gemeinden. Aber auch etwa die Legaldefinition des Besonderen Gebäudes in § 273 PBG sowie in § 25 und § 28 Abs. 2 ABV in Verbindung mit § 49 Abs. 3 PBG kann nicht Gegenstand einer Ausnahmebewilligung sein. Die Gebäudehöhe von 4 m bei Besonderen Gebäuden ist keine Baubegrenzungsnorm, sondern definiert diese Gebäudeart und grenzt sie somit von den Hauptgebäuden ab. Wird dieses Umschreibungsmerkmal nicht eingehalten, so liegt kein Verstoss gegen eine Bauvorschrift vor. Vielmehr ändert sich damit die Qualifikation des Gebäudes: Es wird zum Hauptgebäude (BEZ 2004 Nr. 75). Ähnliche ausnahmefeindliche Legaldefinitionen sind beispielsweise in § 269 PBG (Umschreibung der abstandsfreien Gebäude bis zu einer Höhe von maximal 50 cm über gewachsenem Boden) oder in § 275 Abs. 2 PBG (Umschreibung der Dachgeschosse mittels Kniestockhöhe von höchstens 90 cm) zu finden.

Gestützt auf § 220 PBG kann nur von kantonalen und kommunalen Bauvorschriften, nicht aber von solchen des Bundesrechts − namentlich vom eidgenössischen Raumplanungs- und Umweltrecht − dispensiert werden (vgl. etwa URP 2000 S. 718 ff.). Demnach beschränkt sich der Geltungsbereich von § 220 PBG auf Ausnahmen vom Erfordernis der Zonenkonformität innerhalb der Bauzonen (Art. 22 Abs. 2 lit. a und Art. 23 RPG) sowie auf Ausnahmen von Bauvorschriften des PBG (Art. 22 Abs. 3 und Art. 23 RPG); vom Erfordernis der genügenden Erschliessung im Sinne von Art. 19 Abs. 1 und Art. 22 Abs. 2 lit. b RPG kann ganz generell nicht dispensiert werden. Nicht unter die Dispensnorm von § 220 fallen schliesslich kantonale Vorschriften, die anderswo als im PBG und dessen Ausführungserlassen enthalten sind.

20.2.2   Abgrenzungen

Die Ausnahmebewilligung von § 220 PBG ist gestützt auf die geltende Kompetenzausscheidung zwischen Bund und Kantonen (Art. 3, Art. 42 und Art. 75 BV) sowie auf die derogatorische Kraft des Bundesrechts (Art. 49 Abs. 1 BV) abzugrenzen von bundesrechtlichen Ausnahmebewilligungen. Abzugrenzen ist die Ausnahmebewilligung von § 220 PBG aber auch von besonderen Ausnahmetatbeständen des kantonalen und des kommunalen Baupolizeirechts.

20.2.2.1 *Ausnahmebewilligungen des Bundesrechts*

Die zonenwidrige Erstellung von Bauten und Anlagen ausserhalb der Bauzonen wird abschliessend im RPG und der Raumplanungsverordnung (RPV) geregelt. Ist eine Baute und Anlage nicht zonenkonform, ist zu prüfen, ob eine Ausnahmebewilligung gemäss Art. 24 ff. und Art. 37a RPG erteilt werden kann. In § 358a Abs. 1 PBG wird denn auch explizit darauf hingewiesen, dass Bauten und Anlagen ausserhalb der Bauzonen nur nach Massgabe des Bundesrechts errichtet, geändert, erweitert und wieder aufgebaut werden dürfen. Zu den Einzelheiten vgl. Kapitel 21 (Seite 1166 ff.).

Demnach wird bei Bauten und Anlagen ausserhalb der Bauzonen eine Ausnahme vom Erfordernis der Zonenkonformität (Art. 22 Abs. 2 lit. a RPG) ausschliesslich gestützt auf Art. 24 ff. und Art. 37a RPG bewilligt. Die Bestimmung von § 220 PBG ist bei solchen Bauvorhaben höchstens dann gleichzeitig anwendbar, wenn zusätzlich auch ein Dispens von kantonalen beziehungsweise kommunalen Bauvorschriften – etwa in Bezug auf den Waldabstand oder den kantonalrechtlichen Mindestgrenzabstand – erteilt werden muss (Art. 22 Abs. 3 und Art. 23 RPG).

20.2.2.2 *Weitere Ausnahmetatbestände des kantonalen Rechts*

Baulinien

Für Baulinien bestehen spezifische Ausnahmeregelungen in §§ 100 f. PBG, die als «lex specialis» der Regelung von § 220 PBG vorgehen. Vgl. dazu Seite 817 ff.

Änderungen an bestehenden vorschriftswidrigen Bauten und Anlagen

§ 357 Abs. 1 PBG regelt ausführlich die Voraussetzungen für Änderungen an bestehenden vorschriftswidrigen Bauten und Anlagen. Weitergehende und neue, nach § 357 Abs. 1 PBG nicht mehr zulässige Abweichungen richten sich jedoch nach § 220 PBG. Umgekehrt gelten Bauten und Anlagen, die seinerzeit gestützt auf eine Ausnahmebewilligung nach § 220 erstellt worden sind, nicht als baurechtswidrig im Sinne von § 357 Abs. 1 PBG. Zu den Einzelheiten vgl. Seite 1132 ff.

Abweichungen von Richtlinien und Normalien

Nach § 360 Abs. 3 PBG soll von Richtlinien und Normalien nur aus wichtigen Gründen abgewichen werden. Vgl. die Aufzählung der Normalien im Anhang zur Besonderen Bauverordnung I (BBV I) sowie die regierungsrätlichen Zugangsnormalien. Normalien sind nicht wie Bauvorschriften zwingender Natur, sondern lediglich richtunggebend, indem sie zeigen, was Fachleute bei normalen Verhältnissen als technisch angemessen und richtig erachten. Die «wichtigen Gründe» für Abweichungen sind daher weniger eng als die «besonderen Verhältnisse» gemäss § 220 Abs. 1 PBG. Ob sie vorliegen, ist in jedem Einzelfall sorgfältig zu prüfen. Abweichungen von Richtlinien und Normalien sind sodann analog den Ausnahmebewilligungen im baurechtlichen Entscheid zu begründen. Vgl. Seite 73 ff.

Spezialbestimmungen des PBG

Verschiedene Bauvorschriften legen gleich selbst fest, in welchem Masse und unter welchen Voraussetzungen von ihnen abgewichen werden kann (vgl. etwa § 301 Abs. 2 und § 302 Abs. 3 PBG). Es handelt sich hier nicht um Anwendungsfälle der Generalklausel von § 220 PBG, sondern um Spezialtatbestände. Solche Ermächtigungen beziehen sich auf konkrete materielle Bauvorschriften und haben eine ganz bestimmte Konfliktsituation im Auge. Sie gehen der Generalklausel von § 220 PBG vor, weshalb Letztere – wenn überhaupt – nur subsidiär Anwendung findet.

Kantonalrechtliche Tatbestände ausserhalb des PBG

Gemäss § 21 Abs. 1 des Wasserwirtschaftsgesetzes (WWG) ist ein Gewässerabstand von 5 m einzuhalten. Bei «Besonderen Verhältnissen» kann die Baudirektion Ausnahmen hiervon gewähren. Solche Ausnahmen dürfen nicht gegen Sinn und Zweck von Abs. 1 verstossen und auch sonst keine öffentlichen Interessen verletzen, ausser die Erfüllung einer dem Gemeinwesen gesetzlich obliegenden Aufgabe würde verunmöglicht oder übermässig erschwert (§ 21 Abs. 2 und 3 WWG). Die Dispensvoraussetzungen sind analog wie in § 220 PBG formuliert. Die Ausnahmebewilligungskompetenz liegt aber bei der Baudirektion (§ 21 Abs. 2 WWG). Vgl. Seite 804 f.

20.2.2.3　*Ausnahmetatbestände des kommunalen Rechts*

Auch das kommunale Baurecht – in der Regel die Bau- und Zonenordnung – kann Ausnahmetatbestände enthalten. Es handelt sich hierbei regelmässig um Bauvorschriften, die nicht absolut zwingender Natur sind, sondern nur für den Regelfall gelten sollen. So ist beispielsweise nach Art. 9 der Bauordnung Uster, welche Vorschrift sich auf die Kernzonen bezieht, «in der Regel» verputztes Mauerwerk und/oder Holz zu verwenden. Fenster haben «in der Regel» eine hochrechteckige Form sowie aussenliegende Sprossen aufzuweisen. Von einer derartigen Bestimmung kann nicht nur im Rahmen von § 220 PBG, sondern allgemein beim Vorliegen besonderer Umstände (die im Einzelfall darzulegen sind) abgewichen werden.

20.2.3　　Voraussetzungen

20.2.3.1　*Besondere Verhältnisse*

Nach dem ursprünglichen Wortlaut von § 220 Abs. 1 PBG (das heisst bis zur Revision von 1991) konnte von Bauvorschriften im Einzelfall befreit werden, wenn besondere Verhältnisse es rechtfertigten. In lit. a–d waren beispielhaft besondere Verhältnisse aufgezählt, so die unzumutbare Härte (lit. a), die bessere Lösung (lit. b), Art, Zweckbestimmung und Dauer des Gebäudes (lit. c) sowie der Schutz eines Objekts des Natur- und Heimatschutzes (lit. d). Mit der erwähnten Revision wurde auf eine Aufzählung verzichtet. Es sollte vermieden werden, dass der Begriff der besonderen Verhältnisse zu eng oder zu einseitig ausgelegt wird. Nach seinerzeitiger Auffassung des Regierungsrats (vgl. die Weisung zur Abstimmung vom 1. September 1991) wollte die Neuformulierung sowohl das Legalitätsprinzip als auch den Grundsatz der Verhältnismässigkeit öffentlich-rechtlicher Eigentumsbeschränkungen in gleicher Weise zur Geltung bringen. Sie sollte keine large Praxis ermöglichen, aber die ungewollten Nachteile, die eine allzu enge Auslegung der bisherigen Regelungen zeitigen könnte, vermeiden.

Nach wie vor ist somit das Vorliegen besonderer Verhältnisse primäre Voraussetzung für die Erteilung einer Ausnahmebewilligung. Wie § 220 Abs. 1 PBG festhält und das Rechtsinstitut der Ausnahmebewilligung ganz allgemein verlangt (HÄFELIN/MÜLLER/UHLMANN: Rz. 2536 ff.), müssen «besondere Verhältnisse» die Abweichung von der Norm rechtfertigen. Ob solche Umstände vorliegen, ist nach dem Wegfall der beispielhaften Aufzählung in § 220 Abs. 1 PBG primär allgemein am Zweck der Ausnahmebewilligung zu messen. Diese soll den Grundsatz der Verhältnismässigkeit dort zum Tragen bringen, wo die Handhabung der gesetzlichen Regelung bei der Anwendung in einem beim Erlass nicht vorgesehenen Fall zu Resultaten führt, die der Gesetzgeber nicht bedacht hat und durch kein öffentliches Interesse gedeckt sind (RB 1985 Nr. 102). Bei solchen «besonderen Verhältnissen» Hilfe zu bringen und den Gedanken des Gesetzgebers weiterzuführen, ist der Sinn eines Dispenses; er soll Härten, Unbilligkeiten und Unzulänglichkeiten vermeiden, die sich daraus ergeben, dass die Anwendung der Allgemeinordnung aussergewöhnlichen Gegebenheiten nicht Rechnung trägt (vgl. etwa BEZ 1986 Nr. 4). Es geht mithin um offensichtlich ungewollte Wirkungen einer Vorschrift.

Die Ausnahmebewilligung darf daher nicht dazu eingesetzt werden, generelle Gründe zu berücksichtigen, die sich praktisch immer anführen liessen; auf diesem Weg würde das Gesetz abgeändert (VB.2005.00008). Besondere Bedeutung erhält das Dispensrecht bei den typischen baurechtlichen Vorschriften etwa über Abstände (VB.2007.00358 [Dispens für abstandspflichtigen Sitzplatz]; BEZ 2009 Nr. 12 [Dispens für Unterschreitung des grossen Grundabstands bestätigt]), Gebäudehöhe und Ausnützung, welche den Bewilligungsbehörden bei der Anwendung keinen Beurteilungsspielraum geben und ihnen nicht ermöglichen, nötigenfalls der konkreten Situation vollauf gerecht werdende Entscheide zu treffen.

Vor diesem Hintergrund ist § 220 Abs. 1 PBG auch in seinem revidierten Wortlaut zu würdigen. Schon mit der alten Fassung von § 220 Abs. 1 PBG hat der Gesetzgeber eine gewisse Öffnung des Ausnahmerechts angestrebt und eine beweglichere Handhabe für ein Abrücken vom ordentlichen Recht geschaffen. Dies schien deshalb angezeigt, weil der Erlass des PBG sowie der zugehörigen Ausführungsbestimmungen die Regelungsdichte verstärkte und damit die Möglichkeit erhöhte, dass die Verwirklichung eines zweckmässigen Vorhabens am engmaschigen Netz baurechtlicher Vorschriften ungewollt scheitert. «Besondere Verhältnisse» sind demnach – neben der Eigenart des Bauwerks, der Architektur oder der Zweckbestimmung des Gebäudes – insbesondere in der Topografie, Form oder Lage des Baugrundstücks begründet (VB.2004.00255; VB.2007.00358; BEZ 2009 Nr. 12).

Umgekehrt ist allerdings festzuhalten, dass das öffentliche Baurecht nicht nur den Bedürfnissen des Bauherrn Rechnung zu tragen hat, sondern einen

Ausgleich zwischen vielfältigen Interessen schaffen muss. Zahlreiche Sonderfälle werden durch Spezialregelungen erfasst, was Ausnahmebewilligungen in diesem Umfang erübrigt. Die Ausnahmebewilligung kann auch nicht das geeignete Instrument der Rechtsfortentwicklung bilden. Drängt sich eine grundsätzliche Abweichung vom ordentlichen Recht auf, so stellt das PBG namentlich die planungsrechtlichen Institute der Sonderbauvorschriften und Gestaltungspläne zur Verfügung. Während das Ausnahmerecht durch die Baubewilligungsbehörde gehandhabt wird, ist für den Erlass von Sonderbauvorschriften und Gestaltungsplänen – wie auch für den Erlass beziehungsweise die Änderung der BZO – in aller Regel die Legislative zuständig (§ 88 Abs. 1 PBG). Die vielschichtige, auf einen möglichst umfassenden Ausgleich der beteiligten Interessen gerichtete Ordnung darf demnach nicht durch eine grosszügige Dispenspraxis aus dem Gleichgewicht gebracht werden (BEZ 1986 Nr. 4).

Die von den seinerzeitigen Baurekurskommissionen und vom Verwaltungsgericht zu § 220 Abs. 1 altPBG entwickelte Praxis ist im Grundsatz nach wie vor gültig. Als Auslegungshilfen vermögen die nun nicht mehr im Gesetzestext verankerten Beispiele von «besonderen Verhältnissen» dienen, wenn sich auch eine starre Anlehnung an diese nicht rechtfertigt. Rein finanzielle Motive begründen nach wie vor keine unzumutbare Härte. Besondere Verhältnisse können aber etwa darin liegen, dass dank der Abweichung wegen der örtlichen Verhältnisse eine architektonisch oder städtebaulich bessere Lösung erzielt werden kann. Indes ist die neuere Praxis diesbezüglich restriktiv, wird doch die bessere architektonische und gestalterische Lösung – zumindest für sich allein betrachtet – grundsätzlich nicht als Ausnahmesituation anerkannt (VB.2004.00255). Neben grundstücksspezifischen Besonderheiten (Topografie, Form oder Lage des Baugrundstücks) können aber immerhin andere örtliche Gegebenheiten oder im Projekt liegende Umstände «besondere Verhältnisse» darstellen. So lassen namentlich die Art, Zweckbestimmung oder Dauer eines Gebäudes eine Ausnahmebewilligung rechtfertigen. Allerdings erweist sich die Ausnahmeerteilung für befristete Bauten aufgrund von § 220 PBG als wenig sinnvoll. Wenn die Umstände, die zum Bau eines «Provisoriums» führen und die örtlichen Gegebenheiten keine baurechtskonforme Lösung zulassen, kann die vorschriftswidrige Baute gestützt auf § 321 Abs. 1 PBG befristet bewilligt werden.

Unmassgeblich ist, ob es sich beim konkreten Sachverhalt um einen Einzelfall handelt oder ob entsprechende tatsächliche Verhältnisse ihrem Wesen nach in weiteren Fällen gegeben sind oder sein könnten (RB 1981 Nr. 126). So können etwa in der Steilheit eines Geländes besondere Verhältnisse liegen (VB.2005.00519; VB.2007.00358), auch wenn noch andere, etwa benachbart gelegene Grundstücke und weitere Parzellen in einer Gemeinde ebenso betroffen sind. Sind die von einer Bauherrschaft reklamierten «besonderen Verhältnisse» aber in einer Vielzahl von Fällen anzutreffen, etwa weil sie in der spezifischen Topografie einer Zürcher Seegemeinde begründet sind, ist eine Ausnahmesituation regelmässig zu verneinen (VB.2008.00553 [betreffend Erlenbach]).

Bei der Beurteilung der Frage, ob besondere Verhältnisse eine Abweichung rechtfertigen, ist auch die Bedeutung der verletzten Norm zu beachten. Wird etwa eine kommunale Vorschrift über die minimale Gebäudetiefe um rund ein

Drittel unterschritten, stellt dies zwar eine erhebliche Abweichung dar. Es ist jedoch zu berücksichtigen, dass es sich hier um ein aus Gründen der Einordnung festgelegtes Mindestmass handelt. Dieses ist nicht mit den baulichen Massen gleichzusetzen, die der Begrenzung der zulässigen Nutzung dienen, sondern darf im Rahmen der Zielsetzung der Einordnungsvorschrift weniger streng gehandhabt werden (VB.2004.00255). Vgl. dazu auch BEZ 2007 Nr. 19 (betreffend kommunale Gewässerabstandslinien) und BEZ 2009 Nr. 12 (betreffend Grenzabstand).

Das Verwaltungsgericht hat wiederholt bekräftigt, dass persönliche Bedürfnisse keine besonderen Verhältnisse im Sinne von § 220 Abs. 1 PBG bilden (vgl. etwa VB.2004.00289 betreffend behindertengerechte Lifterschliessung einer Mansardenwohnung). In VB.2005.00334 führte das Verwaltungsgericht aus, ein privates Interesse zum Anbau eines Esszimmers mit direktem Küchenzugang vermöge von der Beachtung baurechtlicher Vorschriften (vorliegend: Strassenabstand) nicht zu befreien. Denn besondere Gründe müssten grundsätzlich objektiver Art und dürften nicht in den persönlichen Verhältnissen von Bauwilligen begründet sein. So dürfe es für die Beurteilung der Besonderheit der Verhältnisse auch keine Rolle spielen, ob die umstrittenen Bauten bereits erstellt seien oder sich erst in Planung befänden. Genauso wenig lägen besondere Verhältnisse schon dann vor, wenn ein Anbau am vorgesehenen Standort sinnvoll sei oder dadurch keine Interessen der Nachbarn oder der Allgemeinheit tangiert würden. Solche Gründe könnten in einer Vielzahl von Fällen angeführt werden, sodass das Instrument der Ausnahmebewilligung seines Sinngehalts entleert würde.

20.2.3.2   *Wahrung des Gesetzeszwecks und öffentlicher Interessen*

Nach § 220 Abs. 2 PBG dürfen Ausnahmebewilligungen nicht gegen den Sinn und Zweck der Vorschrift verstossen, von der sie befreien, und auch sonst keine öffentlichen Interessen verletzen. Sie müssen also mit den Grundgedanken des Gesetzes vereinbar sein, das heisst die Absicht des Gesetzgebers weiterführen und im Hinblick auf die Besonderheiten des Einzelfalls gestalten. Als öffentliche Interessen, denen eine Ausnahmebewilligung nicht zuwiderlaufen darf, gelten insbesondere gesundheits- und feuerpolizeiliche, wohnhygienische, planerische sowie städtebauliche Anliegen. Aber nicht jedes noch so geringfügige öffentliche Interesse reicht zur Verweigerung der Ausnahmebewilligung aus. Vielmehr müssen die sich widerstreitenden öffentlichen und privaten Interessen sorgfältig gegeneinander abgewogen werden (vgl. dazu auch Art. 3 RPV). In Betracht fällt dabei vor allem, wie und mit welcher Intensität die Norm, die ausser Acht gelassen werden soll, das öffentliche Interesse wahrnimmt. Besondere Zurückhaltung ist bei Dispensen von Ausnützungsvorschriften angebracht, da sie den Charakter einer Zone oder eines Quartiers wesentlich mitprägen und gewichtige öffentliche Interessen wahren.

Der Vorbehalt, dass keine öffentlichen Interessen verletzt werden dürfen, gilt nicht, wenn durch die Verweigerung der Ausnahme die Erfüllung einer dem Gemeinwesen gesetzlich obliegenden Aufgabe verunmöglicht oder übermässig erschwert würde (§ 220 Abs. 2 [am Ende] PBG).

20.2.3.3   *Nachbarschutz*

Nach § 220 Abs. 3 PBG darf ein Nachbar durch Ausnahmebewilligungen von Vorschriften, die auch ihn schützen, nicht unzumutbar benachteiligt werden. Diese Schranke wird – wie jene nach § 220 Abs. 2 PBG – erst dann relevant und ist zu prüfen, wenn besondere Verhältnisse im Sinne von § 220 Abs. 1 PBG gegeben sind. Die Ausnahme darf also nicht mit dem ausschliesslichen Argument begründet werden, es seien keine betroffenen Nachbarn ersichtlich oder diese hätten zugestimmt.

Die Frage der Zumutbarkeit ist im konkreten Fall unter Abwägung der Interessen des Bauherrn und des Nachbarn zu entscheiden. Nicht jede, sondern nur die unzumutbare Beeinträchtigung ist unzulässig. Der Nachbar darf durch den Dispens nicht einen ungleich grösseren Schaden erleiden, als dem Bauherrn daraus ein Nutzen erwächst. Die Ausnahmebewilligung darf demzufolge nicht so weit führen, dass der Bauherr auf Kosten des Nachbarn bauen kann. Dies wäre etwa dann der Fall, wenn der Nachbar infolge einer ausnahmsweise bewilligten Grenzabstandsunterschreitung seinerseits auf seinem Grundstück einen erheblich grösseren als der bauordnungskonforme Abstand einhalten müsste.

Im Rahmen der Interessenabwägung nach § 220 Abs. 3 PBG kann auch bedeutsam sein, inwieweit dem betroffenen Nachbarn dadurch Aussicht entzogen wird. Dies im Unterschied zur Anwendung von § 238 PBG, welche Bestimmung dem Nachbarn keinen Aussichtsschutz gewährt (vgl. Seite 653 f. sowie BEZ 2009 Nr. 12).

Ausnahmebewilligungen dürfen indessen nach dem Wortlaut des Gesetzes nicht von der nachbarlichen Zustimmung abhängig gemacht werden. Daher ist auch dann auf ein begründetes Ausnahmegesuch einzutreten, wenn der Nachbar die Zustimmung nach § 270 Abs. 3 PBG bewusst verweigert. Die Abstandsvorschriften sind mit der Einführung des Näherbaurechts nicht dispensfeindlich geworden (HADORN 1995: S. 31; BEZ 2009 Nr. 12). Allerdings erleichtert eine nachbarliche Zustimmung die Dispensgewährung, weil damit offensichtlich wird, dass keine unzumutbare nachbarliche Beeinträchtigung eintritt. Umgekehrt kann – muss aber nicht – die verweigerte Zustimmung ein Indiz für unzumutbare nachbarliche Beeinträchtigungen sein.

20.2.4   Zuständigkeiten und Verfahren

Da § 220 PBG auf verschiedenste Arten von Bauvorschriften Anwendung findet, können die möglichen Rechtsfolgen, das heisst, die zulässigen Abweichungen nicht allgemeingültig umschrieben werden. Es ist in jedem einzelnen Fall neu zu beurteilen, durch welche Art und Intensität der Abweichung den konkreten Umständen angemessen Rechnung zu tragen ist.

Der Bauherr muss um Gewährung einer Ausnahmebewilligung ausdrücklich nachsuchen und die entsprechende Begründung zusammen mit den Baugesuchsunterlagen der örtlichen Baubehörde einreichen (§ 310 Abs. 1 PBG; § 5 lit. k BVV). Es gibt grundsätzlich keine Ausnahmeerteilung von Amtes wegen, höchstens allenfalls im Anzeigeverfahren, sofern die Ausnahmevoraussetzungen offensichtlich auf der Hand liegen. Im ordentlichen Baubewilligungsverfahren aber gehört das Ausnahmegesuch zu den Akten, welche zur Wahrung des

Akteneinsichtsrechts öffentlich aufzulegen sind und nicht nachgereicht werden können. Die Bewilligungsbehörde ihrerseits hat im baurechtlichen Entscheid Ausnahmen ausdrücklich zu erwähnen und zu begründen (§ 320 [am Ende] PBG). Seit der Neuformulierung von § 220 Abs. 1 PBG ist ausdrücklich festgehalten, dass Anspruch auf Erteilung einer Ausnahmebewilligung besteht, wenn die Voraussetzungen von § 220 PBG erfüllt sind («ist zu befreien» statt wie früher «darf befreit werden»; vgl. auch HÄFELIN/MÜLLER/UHLMANN: Rz. 2546).

Ausnahmebewilligungen erteilt die Baubehörde im baurechtlichen Bewilligungsverfahren. In der Regel handelt es sich um die örtliche Baubehörde im Sinne von § 318 PBG. Diese Kompetenzzuweisung an die Gemeinden gilt, soweit nicht für besondere Bewilligungstatbestände nach § 319 Abs. 2 PBG und §§ 7 ff. BVV durch Verordnung etwas anderes bestimmt worden ist. Das bedeutet, dass in jenen Sachbereichen, die gestützt auf den Anhang zur BVV oder spezialgesetzliche Regelungen im Kompetenzbereich kantonaler Stellen liegen, diese im Rahmen der Bewilligungserteilung auch über allfällige Ausnahmen nach § 220 PBG entscheiden.

Innerhalb der Gemeinde ist für die Erteilung einer Ausnahmebewilligung die nach kommunalem Recht vorgesehene Baubehörde zuständig, in der Regel also jene Behörde, die generell für die Erteilung von Baubewilligungen zuständig ist. Zuweilen ist in der Gemeindeordnung festgelegt, dass der Gemeinderat als Gesamtbehörde über Ausnahmebewilligungen entscheidet, selbst wenn sonst eine Baukommission oder ein Bauausschuss Bewilligungen erteilt. Unzulässig ist aber etwa, in der Baubewilligung festzulegen, dass kommunale Amtsstellen – wie Denkmalpflege, Feuerpolizei, Bauamt – ermächtigt werden, Abweichungen von Vorschriften zuzulassen, wenn dadurch denkmalpflegerisch bessere Lösungen erzielt werden und schützenswerte Bauteile erhalten werden können. Ob gestützt auf die massgeblichen Ausnahmebestimmungen – also insbesondere gemäss § 220 PBG – solche Ausnahmen bewilligt werden können, hat die zuständige Baubehörde im konkreten Einzelfall zu prüfen. Eine generelle Ermächtigung ist demnach unzulässig (VB.2002.00315).

20.3 Änderungen an vorschriftswidrigen Bauten und Anlagen

20.3.1 Allgemeines zu § 357 PBG

Durch die Einführung des PBG wurden viele nach altem Recht bewilligte und ausgeführte Bauten vorschriftswidrig, weil sie den neuen Bauvorschriften nicht mehr entsprachen. Das PBG regelt daher Änderungen an vorschriftswidrigen Bauten und Anlagen in § 357 PBG, welcher im VII. Titel, 3. Abschnitt unter dem Titel «Übergangsbestimmungen» aufgeführt ist.

Die Bestimmung von § 357 PBG ist in fünf Absätze gegliedert: Absatz 1 regelt bauliche Massnahmen und baurechtlich beachtliche Nutzungsänderungen an bauvorschriftswidrigen Bauten und Anlagen innerhalb der Bauzonen. Absatz 2 ist mit der PBG-Revision von 1991 aufgehoben worden (vgl. dazu sogleich). Absatz 3 erfasste Änderungen an Bauten und Anlagen ausserhalb der Bauzonen; diese Bestimmung wurde zwischenzeitlich durch die bundesrechtliche Regelung von Art. 24c RPG ersetzt (vgl. auch § 358a Abs. 1 PBG). Nach

Absatz 4 können Verbesserungen am bestehenden Zustand verlangt werden, und Absatz 5 normiert Milderungen von Bauvorschriften, um eine zweckmässige Anpassung von Bauten und Anlagen an geltendes Recht zuzulassen.

Vor der PBG-Revision von 1991 waren gemäss § 357 Abs. 1 altPBG bauliche Massnahmen und baurechtlich beachtliche Nutzungsänderungen an Bauten, die Bauvorschriften widersprachen, nur gestattet, wenn keine weitere Verschlechterung eintrat und kein anderes öffentliches Interesse verletzt wurde. Nutzungsvorschriftswidrige Bauten und Anlagen durften nach § 357 Abs. 2 altPBG – vorbehältlich entgegenstehender öffentlicher Interessen – umgebaut und angemessen erweitert werden. Mit der PBG-Revision von 1991 wurden die Absätze 1 und 2 zusammengefasst. Der geltende § 357 Abs. 1 PBG verzichtet auf die Unterscheidung zwischen Bauvorschriften im engeren Sinn und Nutzungsvorschriften sowie auf den Begriff der weiteren Verschlechterung. Bestehende Bauten und Anlagen dürfen umgebaut, erweitert und – sofern sie sich für eine zonengemässe Nutzung nicht eignen – anderen Nutzungen zugeführt werden, wenn keine überwiegenden öffentlichen oder nachbarlichen Interessen entgegenstehen. Das Verbot der weiteren Verschlechterung gemäss § 357 Abs. 1 altPBG ist entfallen.

Zu § 357 PBG vgl. ausführlich WILLI.

20.3.2   Tatbestand von § 357 Abs. 1 PBG

Der Tatbestand von § 357 Abs. 1 PBG lautet wie folgt:

> *«Bestehende Bauten und Anlagen, die Bauvorschriften widersprechen, dürfen umgebaut, erweitert und anderen Nutzungen zugeführt werden, sofern sie sich für eine zonengemässe Nutzung nicht eignen, wenn keine überwiegenden öffentlichen oder nachbarlichen Interessen entgegenstehen. Für neue oder weiter gehende Abweichungen von Vorschriften bleiben die erforderlichen Ausnahmebewilligungen vorbehalten.»*

Die Anwendung der – schon sprachlich eher schwer verständlichen – Bestimmung von § 357 Abs. 1 PBG bereitet in der Praxis zuweilen Schwierigkeiten und soll im Folgenden einzeln dargelegt werden.

→ Siehe Grafik nächste Seite

20.3.2.1   *Bestehende Bauten, Anlagen und Nutzungen*

Rechtmässige Erstellung

Die Besitzstandsgarantie gemäss § 357 Abs. 1 PBG bezieht sich nur auf Bauten oder Nutzungen, die seinerzeit gemäss dem damals geltenden Recht errichtet worden sind. Rechtswidriges Verhalten geniesst kein Bestandesprivileg (vgl. BEZ 1989 Nr. 13).

Von einer ursprünglich rechtmässigen Baute ist dann auszugehen, wenn diese im Zweitpunkt ihrer Errichtung dem geltenden materiellen Recht entsprochen hat. Diese Voraussetzung erfüllen auch Bauwerke, welche seinerzeit gestützt auf ein einwandfreies Näherbaurecht (mit oder ohne Grundbucheintrag) oder eine behördliche Ausnahmebewilligung erstellt worden sind (WILLI: S. 22). Letzteres setzt allerdings voraus, dass der Dispens in der Baubewilligung explizit erwähnt worden ist. Allein aus dem Umstand, dass ein Bauvorhaben

Anwendung von § 357 Abs. 1 PBG

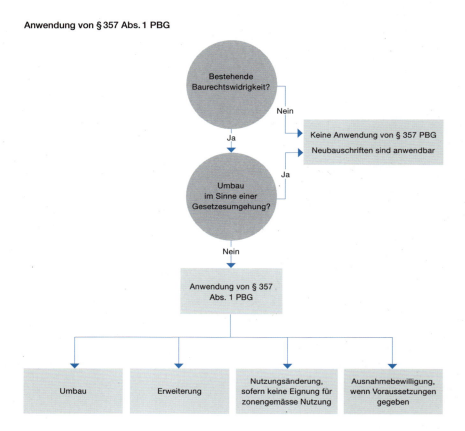

mit Rechtsverstössen bewilligt worden ist, kann noch nicht auf das Vorliegen einer Ausnahmebewilligung geschlossen werden. Vielmehr ist in einem solchen Fall von einer zwar ursprünglich formell rechtmässigen, aber materiell rechtswidrigen Baute auszugehen (vgl. dazu Seite 479). Allerdings kann sich auch der Eigentümer eines solchen Bauwerks auf die Besitzstandsgarantie berufen, wenn seine Baute zu einem späteren Zeitpunkt durch eine Änderung der materiellen Rechtslage (weitergehend) vorschriftswidrig wird (so jedenfalls WILLI: S. 25).

Von der Besitzstandsgarantie im Sinne von § 357 Abs. 1 PBG nicht erfasst werden bewilligte, aber noch nicht ausgeführte Bauprojekte. Dass bewilligte Bauprojekte grundsätzlich erstellt werden dürfen, auch wenn sich vor der Bauausführung die Rechtslage ändert und das Projekt mithin nicht mehr bewilligungsfähig wäre, ist eine Frage der Bestandeskraft einer formell rechtskräftigen Baubewilligung, nicht aber von § 357 PBG (BEZ 2004 Nr. 28).

Gebäude sowie andere Bauten und Anlagen

§ 357 PBG bezieht sich also allein auf bestehende, nicht aber auf bereits abgebrochene oder neue Bauwerke (vgl. BEZ 2009 Nr. 25 betreffend einen abgebrochenen Gebäudeteil). Das kann bei der Erweiterung eines bestehenden

Gebäudes mitunter zu Auslegungsschwierigkeiten führen. Der Anbau an ein gesetzwidriges Gebäude fällt nur dann unter § 357 Abs. 1 PBG, wenn er mit dem vorbestandenen Objekt baulich eine Einheit bildet. Eine solche Einheit fehlt beispielsweise dann, wenn längs einer Strasse ein konstruktiv selbstständiger Neubau mit eigenem Zugang seitlich an die Brandmauer eines vorschriftswidrigen Gebäudes angebaut oder in eine Lücke zwischen zwei solchen Gebäuden gestellt wird. Für den baulichen Zusammenhang reicht nicht, dass der Anbau funktionell – mindestens teilweise – dem Altbau zugeordnet ist. Analog hat das Verwaltungsgericht ein Vorhaben beurteilt, dessen Eingriffe am Altbau sich im Wesentlichen auf – nicht baulich, sondern organisatorisch bedingte – Mauerdurchbrüche beschränkten. Die Erweiterung trat dank Unterschieden in Höhenstaffelung, Grundrissgestaltung, Befensterung auch äusserlich als selbstständig in Erscheinung. Daher spielte es keine Rolle, dass sich die Unterniveaugarage über beide Gebäude erstreckte. Da der Altbau in solchen Fällen seine Selbstständigkeit bewahrt hat, geniesst er Besitzstandsgarantie; die Erweiterung ist aber selbstständig auf die Übereinstimmung mit den Bauvorschriften zu prüfen (BEZ 1992 Nr. 12; RB 1998 Nr. 111 betreffend Wohnanteilvorschriften). Stützt sich aber der Anbau konstruktiv auf den Altbau ab oder hat er beispielsweise im Anschlussbereich keine eigene Fassade, sodass er ohne den Altbau gar nicht stehen könnte, fehlt die konstruktive Selbstständigkeit. Hier ist die Gesamtheit unter dem Aspekt von § 357 Abs. 1 PBG zu würdigen. Bestehen auf einem Grundstück mehrere Bauten und Anlagen, so ist jede separat bezüglich der Anwendung von § 357 Abs. 1 PBG zu überprüfen (BEZ 2009 Nr. 25).

Für eine verfallene, abbruchreife Baute kann keine Besitzstandsgarantie beansprucht werden. Abbruchreif ist eine Baute dann, wenn sie nicht mehr bestimmungsgemäss genutzt werden kann. Letztlich kommt es darauf an, ob eine mit dem Boden verbundene wesentliche Investition vorhanden ist, zu der die beabsichtigte bauliche Änderung in einem untergeordneten Verhältnis steht. Sind mindestens noch wesentliche Teile des Rohbaus 1 (Baumeisterarbeiten, Montagebau in Beton und Holz, Kunststeinarbeiten) vorhanden, kann von einem weitgehend noch intakten Gebäude mit gesunder Kernsubstanz gesprochen werden, das von der Besitzstandsgarantie noch profitieren darf und kein Abbruchobjekt darstellt (RB 1994 Nr. 72).

Nutzungen

Der Sinn der Besitzstandsgarantie nach § 357 Abs. 1 PBG liegt zwar vorab im Investitionsschutz. Es soll verhindert werden, dass einmal rechtmässig geschaffene Werte durch spätere Rechtsänderungen nutzlos werden. Besitzstandsgarantie bedeutet aber unter dem Gesichtspunkt des Vertrauensschutzes auch Gewährleistung der bisher ausgeübten Nutzung, also etwa für einen Werk- oder Lagerplatz (RB 1993 Nr. 51 mit zahlreichen Hinweisen, im Gegensatz noch zu RB 1973 Nr. 67). Vorbestandene Nutzungen sind allerdings oft schwer nachzuweisen. Anwendbar wird die allgemeine Beweislastregel von Art. 8 ZGB: Wer sich auf die Besitzstandsgarantie für eine zonenwidrig gewordene Nutzung beruft, trägt die Beweislast dafür, dass diese Nutzung bereits vor der Rechtsänderung bestanden hat (RB 1994 Nr. 87).

20.3.2.2   *Widerspruch zu den Bauvorschriften*

Begriff der Bauvorschriften

§ 357 Abs. 1 PBG visiert bestehende Bauten und Anlagen an, die Bauvorschriften widersprechen. Der Begriff «Bauvorschriften» umfasst die im IV. Titel, 1. Abschnitt des PBG enthaltenen Bestimmungen (§§ 218–306 PBG) sowie die entsprechenden Ausführungsvorschriften in den kantonalen Verordnungen und den Bauordnungen der Gemeinden (also Nutzungsvorschriften, Gestaltungsvorschriften und technische Vorschriften). Bauvorschriften in diesem Sinne sind ebenfalls Nutzungsvorschriften (RB 1993 Nr. 48) wie solche über den zulässigen Wohnanteil (BEZ 1993 Nr. 22). Zu den «Bauvorschriften» im Sinne von § 357 Abs. 1 PBG zählen auch jene über den Waldabstand (selbst in Form der Waldabstandslinien; vgl. hierzu VB.2002.00030).

Keine Bauvorschriften im Sinne von § 357 Abs. 1 PBG sind jedoch die Bestimmungen des Bundesrechts (zum Beispiel Umweltschutzgesetz [USG] und Gewässerschutzgesetz [GSchG]). Ebenso wenig stellen Bestimmungen anderer kantonaler Gesetze – etwa des Feuerpolizeigesetzes oder Wasserwirtschaftsgesetzes – «Bauvorschriften» dar. Daran wird trotz abweichender Meinung von Willi (S. 26 und S. 88) hier festgehalten, da kein Anlass besteht, den Begriff «Bauvorschriften» anders als jenen in § 220 Abs. 1 PBG (vgl. hierzu Seite 1124 ff.) zu verwenden. Das Verwaltungsgericht hat – soweit ersichtlich – diese Frage bisher nicht entschieden. Anders verhält es sich nur bei Bundesvorschriften, die kraft Verweises im kantonalen Recht anwendbar sind (vgl. etwa § 34 BBV I betreffend des BehiG).

Änderung der massgeblichen Rechtsgrundlagen

§ 357 Abs. 1 PBG ist Ausfluss der Besitzstandsgarantie. Die Frage nach der Besitzstandsgarantie stellt sich dann, wenn eine im Einklang mit der Rechtsordnung errichtete Baute im Zuge einer Rechtsänderung rechtswidrig geworden ist. Dem Grundsatz nach fliesst die Besitzstandsgarantie aus der bundesrechtlich garantierten Eigentumsgarantie (Art. 26 BV), dem Vertrauensschutz (Art. 9 BV) und dem Rückwirkungsverbot. Sie sichert schützenswertes Vertrauen, nämlich die Erwartung, dass Bestand und Nutzung vorhandener, rechtmässig geschaffener Sachwerte trotz möglicher künftiger abweichender Vorschriften fortdauern können.

Grundsätzlich anders verhält es sich dann, wenn ein Bauwerk nicht durch eine Änderung der massgebenden Rechtsgrundlagen, sondern durch einen Wandel des Sachverhalts rechtswidrig geworden ist. Bei dieser Sachlage kommt die Besitzstandsgarantie nicht zum Zug. Vielmehr ist ein dadurch verursachter Widerspruch zum objektiven Recht gegebenenfalls durch das Institut der Ausnahmebewilligung im Sinn von § 220 PBG zu lösen (BEZ 1989 Nr. 13; vgl. auch BRKE III Nr. 0066/2003: keine Anwendung von § 357 Abs. 1 PBG, wenn die Rechtswidrigkeit aufgrund einer Parzellierung entstanden ist, welche die damals geltenden Abstandsvorschriften verletzte).

Widerspruch

§ 357 Abs. 1 PBG verlangt schliesslich für die Besitzstandsgarantie, dass die bestehende Baute oder Anlage zu geänderten materiellen Vorschriften in Widerspruch steht. Keine solche Bauvorschriftswidrigkeit ist aber gegeben, wenn der Widerspruch zu den Bauvorschriften durch die Erteilung einer Ausnahmebewilligung geheilt worden ist (BEZ 1983 Nr. 13; BEZ 1996 Nr. 3).

20.3.2.3 *Zulässige Massnahmen*

Umbauten

Nach der ursprünglichen Fassung von § 357 Abs. 1 PBG waren nur sehr beschränkte bauliche Massnahmen zugelassen. Privilegiert war lediglich die Änderung von Bestehendem. Diese Voraussetzung war dann nicht mehr gegeben, wenn die Umbauten nach Art und Umfang einem Neubau gleichkamen. Mit anderen Worten: Wenn die durch die Umbauten geschaffene innere Einteilung und Organisation oder Konstruktion des Gebäudes nicht mehr als Verbesserung oder Anpassung des Vorhandenen verstanden werden konnte und damit das Bisherige nicht mehr erkennen liess, war § 357 Abs. 1 PBG nicht anwendbar. Die revidierte Bestimmung, welche «Umbauten und Erweiterungen» erfasst, geht wie schon der alte § 357 Abs. 2 PBG über eine reine Besitzstandsgarantie hinaus. Sie trägt dem Umstand Rechnung, dass zur Erhaltung des Besitzstandes die blosse Renovation des Bestehenden oftmals nicht genügt, sondern Anpassungen an zeitgemässe Bedürfnisse durch bauliche Änderungen oder Erweiterungen notwendig sein können. Diese sogenannte erweiterte Besitzstandsgarantie (WILLI: S. 70 f.) schützt unter dem bisherigen Recht errichtete Bauten nicht nur in ihrem bisherigen Bestand, sondern lässt neben Nutzungsänderungen auch Umbauten und Erweiterungen zu, ohne dass ihr Umfang ausdrücklich beschränkt wird.

Mit dem in BEZ 1996 Nr. 3 publizierten Entscheid und in der Folge mit weiteren Entscheiden hat das Verwaltungsgericht seine Auffassung präzisiert: Danach ist davon auszugehen, dass der Gesetzgeber mit der Neufassung von § 357 Abs. 1 PBG den sachlichen Umfang der zulässigen Massnahmen an bestehenden rechtswidrigen Bauten ausdehnen und damit weitergehende Umbauten als bisher ermöglichen wollte (BEZ 2002 Nr. 20). Nach wie vor ist aber bei Umbauten zu ermitteln, welche Teile der bestehenden Bausubstanz auch in der beabsichtigten, geänderten Baute erhalten bleiben. Werden an einer bauvorschriftswidrigen Baute und Anlage verschiedene, konstruktiv voneinander unabhängige oder zeitlich gestaffelte bauliche Änderungen vorgenommen, ist aufgrund einer Gesamtwürdigung zu entscheiden, ob der zulässige Rahmen baulicher Massnahmen gewahrt ist oder ob es sich um eine neubauähnliche Umgestaltung handelt (RB 1991 Nr. 69).

Lehre und Rechtsprechung haben unter Hinweis auf den Zweck der Besitzstandsgarantie – den Schutz der im Vertrauen auf die bisherige Ordnung getätigten Investitionen – stets verlangt, dass die baulichen Änderungen nicht auf den weitgehenden Ersatz der bisherigen Bausubstanz hinauslaufen dürfen; solche sogenannten «neubauähnlichen Umgestaltungen» sprengten den Rahmen der gemäss § 357 Abs. 1 PBG zulässigen Änderungen und müssten die Neubauvorschriften einhalten (BEZ 1987 Nr. 5). Auch nach der Neufassung von § 357 Abs. 1 PBG im Rahmen der Revision von 1991 ist an dieser Rechtsprechung festgehalten worden (BEZ 1992 Nr. 14), doch wurden in der Folge die Grenzen zur neubauähnlichen Umgestaltung stets weiter gezogen (BEZ 1996 Nr. 3). Auch in der neueren Lehre wird mit guten Gründen vorgeschlagen, nur mit grosser Zurückhaltung von neubauähnlichen Umgestaltungen auszugehen (WILLI: S. 99). Für ausgedehntere Erweiterungs- und Umbaumöglichkeiten spricht zudem der Umstand, dass durch eine zu restriktive Anwendung von § 357 Abs. 1 PBG Nachverdichtung in bereits überbauten Gebieten in vielen Fällen verunmöglicht oder den Abbruch von sinnvoll erneuerbarer Bausubstanz verlangen würde. Das widerspricht den Grundsätzen der haushälterischen Nutzung des Bodens und der Siedlungskonzentration (BEZ 1996 Nr. 3 E. 2b; WILLI: S. 100). Sodann ist der durch geänderte Bauvorschriften erzwungene Ersatz des Bestehenden in vielen Fällen weder aus ökonomischer noch ökologischer Sicht sinnvoll.

Gestützt auf die beschriebene stetige Erweiterung des Anwendungsbereichs von § 357 Abs. 1 PBG durch Lehre und Rechtsprechung steht heute der Tatbestand der Gesetzesumgehung im Vordergrund, um eine Abgrenzung zu verpönten neubauähnlichen Umgestaltungen vorzunehmen. Bei einer Gesetzesumgehung wird zwar die Bestimmung ihrem Wortlaut nach, nicht aber nach ihrem Sinn und Zweck beachtet. Bei Änderungen an vorschriftswidrigen Bauten trifft das dann zu, wenn bei objektivierter Betrachtungsweise die Berufung auf die erweiterte Besitzstandsgarantie nicht darauf abzielt, bestehende Investitionen zu schützen, sondern es ausschliesslich oder vorwiegend darum geht, die Anwendung der für einen Neubau geltenden Bestimmungen zu verhindern. Ob eine solche Umgehung vorliegt, lässt sich nicht allein nach quantitativen Kriterien beurteilen und hängt von den Umständen des Einzelfalls ab (BEZ 2006 Nrn. 32 und 39; BEZ 2008 Nr. 12; BEZ 2009 Nr. 25; BEZ 2010 Nr. 24).

Bei der Gesetzesumgehung steht nicht die den Rechtsschein schaffende Umgehungsnorm, sondern die umgangene Norm im Zentrum. Wo die Einhaltung der Neubauvorschriften nur geringe Belastungen mit sich bringen würde, ist deshalb zurückhaltender auf eine neubauähnliche Umgestaltung zu schliessen als dort, wo Umbau, Erweiterung oder Umnutzung der vorschriftswidrigen Baute dem Bauherrn Baumöglichkeiten bieten, die mit einem Neubau nicht realisierbar wären. Die von der bisherigen Rechtsprechung entwickelten Abgrenzungskriterien, wonach eine Umgestaltung dann anzunehmen ist, wenn die neue Organisation und Konstruktion des Gebäudes nicht mehr als Verbesserung oder Anpassung des Vorhandenen gelten können und/oder die baulichen Änderungen die bisherige Gestalt des Gebäudes nicht mehr erkennen lassen (RB 1986 Nr. 99 = BEZ 1987 Nr. 5; WILLI: S. 100 ff. [mit zahlreichen Hinweisen auf die Rechtsprechung des Verwaltungsgerichts und der Baurekurskommissionen]), stellen deshalb nur Indizien für eine Umgehung beziehungsweise für eine neubauähnliche Umgestaltung dar; auch bei solchen weitgehenden baulichen Änderungen ist es aber nicht ausgeschlossen, dass der Schutz der bestehenden Investitionen und nicht die Umgehung der Neubauvorschriften im Vordergrund steht. Eine grössere Zurückhaltung bei der Annahme neubauähnlicher Umgestaltungen lässt sich auch deshalb rechtfertigen, weil die Bewilligung von Änderungen an vorschriftswidrigen Bauten laut § 357 Abs. 1 PBG jedenfalls unter dem Vorbehalt steht, dass dem Bauvorhaben keine überwiegenden öffentlichen oder nachbarlichen Interessen entgegenstehen dürfen (VB.2004.00252).

Erweiterungen

Analoges gilt hinsichtlich von Erweiterungen: In Anlehnung an die zur altrechtlichen Bestimmung von § 357 Abs. 2 PBG entwickelte Praxis, wo noch von «angemessener» Erweiterung die Rede war, wird die Erweiterung grundsätzlich an der Flächenausdehnung beziehungsweise am Kubus sowie an der Veränderung der bisherigen Betriebsstruktur zu messen sein. § 357 Abs. 1 PBG wird anwendbar, wenn sich das Bestehende oder mindestens wesentliche Teile davon in Organisation, Konstruktion oder Erscheinung der Baute noch erkennen lassen. Dass das Bestehende äusserlich als solches vollumfänglich wahrnehmbar bleibt, ist indessen mit Blick auf den Zweck der Besitzstandsgarantie nicht notwendig (BEZ 1996 Nr. 3).

Die noch hinzunehmende Erweiterung kann gesamthaft nur einmal konsumiert werden. Sie beurteilt sich immer nach dem Zustand bei Einführung des neuen Rechts, mithin bei Eintritt des Tatbestands der Vorschriftwidrigkeit (BEZ 1983 Nr. 4; vgl. auch BEZ 1992 Nr. 30).

Unter Berücksichtigung dieser Gesichtspunkte werden im Rahmen von § 357 Abs. 1 PBG bauliche Veränderungen möglich, die über das hinausgehen, was noch unter den Begriff der teilweisen Änderung oder der massvollen Erweiterung nach Art. 24c Abs. 2 RPG – die Besitzstandsgarantie für zonenwidrige Bauten und Anlagen ausserhalb der Bauzonen – fällt. Denn bauliche Massnahmen ausserhalb der Bauzonen bilden eigentliche Ausnahmetatbestände. Demgegenüber entspricht es den Grundsätzen der haushälterischen Bodennutzung und der Siedlungskonzentration, sie innerhalb der Bauzonen in weiterem Umfang zuzulassen (BEZ 1996 Nr. 3).

Ein festes Mass dafür, was noch als zulässig bewilligt werden kann, rechtfertigt sich noch viel weniger, als es unter altem Recht der Fall war. Der rechtsanwendenden Behörde steht ein erheblicher Beurteilungsspielraum zu. Die Baubehörde wird sich auch von Art und Ausmass der bestehenden und nach der Erweiterung noch akzeptierbaren Vorschriftwidrigkeit zu richten haben.

Mit der Revision von 1991 hat der Gesetzgeber auf die Voraussetzung verzichtet, dass die bauliche Änderung keine weitere Verschlechterung zur Folge haben darf. Gleichzeitig werden aber mit der Neuformulierung Ausnahmebewilligungen für neue oder weitergehende Abweichungen vorbehalten. Das ist so zu verstehen, dass ohne Ausnahmebewilligung ein bereits unterschrittener Abstand nicht zusätzlich beziehungsweise durch einen seitlichen Anbau (oder durch einen vorgelagerten, näher zur Grenze reichenden Anbau) nicht neu oder weitergehend unterschritten werden darf. Oder eine bereits überschrittene Baumasse oder die schon überschrittene Geschosszahl eines Gebäudes darf nicht zusätzlich erhöht werden. Unmassgeblich ist, wie gross oder gering die weitergehende Abweichung ausfällt (BEZ 2002 Nr. 21 bezogen auf Überschreitung der Baumasse um zusätzlich zwei Prozent).

Dagegen stellt die Aufstockung eines abstandswidrigen Gebäudes keine zusätzliche Abstandsunterschreitung, sondern – im Lichte der durch die Abstandsvorschriften geschützten wohnhygienischen und feuerpolizeilichen Interessen – bloss eine Verschlechterung dar. Diese wollte der um Flexibilität bemühte Gesetzgeber nicht länger generell ausschliessen. Grundsätzlich ist es also zulässig, ein abstandswidriges Gebäude aufzustocken. Eine solche Massnahme sprengt den von § 357 Abs. 1 PBG anvisierten Rahmen nicht von vornherein. Allerdings ist dann in einem zweiten Schritt zu prüfen, ob die Gebäudeidentität noch gewahrt ist und ob dem Vorhaben nicht überwiegende öffentliche oder private Interessen entgegenstehen. Diesbezüglich ist im Einzelfall eine Interessenabwägung vorzunehmen (BEZ 2002 Nr. 20). Bei der Anwendung von § 357 Abs. 1 PBG steht den Gemeinden ein Ermessens- und Entscheidungsspielraum zu (BEZ 2004 Nr. 8), welchen das Baurekursgericht zu beachten hat. Obschon ihm als Rekursinstanz gemäss § 20 Abs. 1 VRG (in Kraft seit 1. Juli 2010) volle Überprüfungsbefugnis zusteht, hat es sich bei der Ermessenskontrolle Zurückhaltung aufzuerlegen und darf nicht kurzerhand eine vertretbare Ermessensausübung der kommunalen Baubewilligungsbehörde durch seine eigene ersetzen (VB.2004.00425).

Praxisbeispiele zu Umbauten und Erweiterungen

Nachfolgend werden Beispiele von Umbauten und Erweiterungen aufgezeigt, die von den Gerichten als zulässig erklärt wurden; weitere Beispiele finden sich bei WILLI: S. 103 ff.

- Der Ausbau eines (nicht zur Ausnützung anrechenbaren) Dach- oder Untergeschosses ist zulässig, selbst wenn das Grundstück bereits übernutzt ist (BEZ 1992 Nr. 24).
- Die bauliche Änderung eines abstandswidrigen Wohnhauses, bestehend in Anhebung des Daches um 0,7 m, Einbau von drei Lukarnen, untergeordneten Änderungen im Erd- und Obergeschoss, ist noch eine zulässige Erweiterung (BEZ 1993 Nr. 20).
- Die Einrichtung von Büros anstelle von gewerblichen Arbeits- und Lagerräumen mittels geringfügiger baulicher Massnahmen – wie Einzug nicht tragender Zwischenwände sowie Anpassungen von Fenstern – fällt noch unter § 357 Abs. 1 PBG (BEZ 1992 Nr. 30).
- Ein Umbauobjekt unterschritt auf seiner Nordwest- wie auf seiner Südostseite den bauordnungsgemässen Grundgrenzabstand von 5 m. Es überschritt weiter die in der Zone W3 zulässige Ausnützung (105 Prozent statt 90 Prozent). Das Projekt umfasste den Ausbau des Dachgeschosses zu Wohnzwecken, der sich äusserlich durch die Anhebung des Firsts um 1,5 m und die entsprechende Veränderung der Dachneigung (neu 33° gegenüber bisher 22°) auswirkte. Das Verwaltungsgericht beurteilte die Aufstockung hinsichtlich ihres Umfanges als mit § 357 Abs. 1 PBG vereinbar. Im konkreten Fall waren jedoch die nachbarlichen Interessen überwiegend (VB.2004.00425).
- Geplant war, ein bestehendes Einfamilienhaus mit einem Unter- und einem Vollgeschoss unter einem Satteldach durch ein zweites Vollgeschoss unter einem neuen Satteldach mit einer Neigung von 18 Grad aufzustocken (das bestehende Satteldach war leicht stärker geneigt). Das Gebäude wies einen Grenzabstand von nur 4,5 m statt 5,0 m auf (BEZ 2006 Nr. 39 [mit weiteren Hinweisen]).
- Es stellt keine neue oder weitergehende Abweichung zu Vorschriften dar, das Dach eines zufolge Rechtsänderung gegen die zulässige Gebäude-

höhe verstossenden Gebäudes durch ein steileres, die zulässige Firsthöhe ausschöpfendes Dach zu ersetzen (BEZ 2006 Nr. 40).

Bei den folgenden Beispielen wurden Umbauten und Erweiterungen als nicht zulässig beurteilt (weitere Beispiele bei WILLI: S. 103 ff.). Indes gilt es die älteren Entscheide insofern zu relativieren, als der Tatbestand von § 357 Abs. 1 PBG – wie vorstehend beschrieben – durch Lehre und Rechtsprechung stets erweitert worden ist und heute im Wesentlichen unter dem Vorbehalt der Gesetzesumgehung steht.

- Ein aufzubauendes Attikageschoss, das die bestehende Nutzfläche um mehr als zwei Drittel vergrössert und die Identität mit dem bestehenden eingeschossigen Gebäude nicht mehr erkennen lässt, fällt nicht mehr unter das Privileg von § 357 Abs. 1 PBG (BEZ 1993 Nr. 22).
- Ein abstandswidriges Gebäude darf nicht auf der bestehenden Gebäudeflucht erweitert werden (BEZ 2002 Nr. 20). Die Erweiterung ist auf den ordnungsgemässen Grenzabstand zurückzuversetzen, ausser es wird eine Ausnahmebewilligung gestützt auf § 220 PBG erteilt.
- Die Erhöhung der Baumasse eines die Baumassenziffer bereits überschreitenden Gebäudes sprengt den Rahmen von § 357 Abs. 1 PBG und erfordert eine Ausnahmebewilligung (VB.2001.00282; BEZ 2002 Nr. 20). Dies gilt auch dann, wenn die Erhöhung nur 2 Prozent der gesamten Baumasse ausmacht (BEZ 2002 Nr. 21). Analoges gilt für andere Massvorschriften wie beispielsweise die Ausnützungsziffer.
- Die Erweiterung eines zonenwidrigen Betriebs lässt sich rechtfertigen, wenn die neuen Betriebsflächen in einem untergeordneten Verhältnis zu den bereits vorhandenen stehen und ihr keine überwiegenden öffentlichen oder nachbarlichen Interessen entgegenstehen (BEZ 2002 Nr. 64).
- Weist bereits das bestehende Gebäude ein Vollgeschoss zu viel auf, so stellt nicht nur ein zusätzliches Vollgeschoss, sondern auch der Ausbau eines bisher nicht anrechenbaren Untergeschosses zu einem anrechenbaren (und talseits neu in Erscheinung tretenden) Untergeschoss eine weitergehende Massnahme dar, die den Rahmen von § 357 Abs. 1 PBG sprengt. Andernfalls würde derjenige Eigentümer unzulässig privilegiert, dessen Gebäude bereits ein Vollgeschoss zu viel aufweist (BEZ 2003 Nr. 23).
- Die Vergrösserung der anrechenbaren Wohnfläche in einem Geschoss, das nicht zur Wohnfläche genutzt werden darf, stellt eine weitergehende Abweichung dar. Die anders lautende, vom Verwaltungsgericht bereits mit VB.2002.00156 aufgegebene Praxis «greift zu kurz» (BEZ 2004 Nr. 4).
- Nicht mehr unter § 357 Abs. 1 PBG fiel auch ein folgendes Vorhaben: Während das Untergeschoss nahezu unverändert blieb, sollten im bestehenden Obergeschoss die Raumaufteilung und die Fenstereinteilung der Südwest-Fassade geändert, eine neue Aussenisolation angebracht und die Büro- durch eine Wohnnutzung abgelöst werden. Sodann waren neu ein weiteres Obergeschoss sowie ein Dachgeschoss geplant, welche mit einer weiteren Wohneinheit die bisherige Geschossfläche nahezu verdoppeln sollte. Damit gingen die Änderungen klar über eine blosse Verbesserung oder Anpassung des Bestehenden hinaus und erhielt das Gebäude eine

neue Identität. Mit dem Aufbau auf den bestehenden, 1970 errichteten Geschossen konnten jedoch erhebliche Investitionen erhalten werden, sodass sich nicht von vornherein der Schluss ziehen liess, die weitere Verwendung der bisherigen Bauteile diene hauptsächlich der Umgehung der für einen Neubau massgeblichen Vorschriften. Entscheidend ist deshalb, ob sich der Bauherrschaft durch die Änderung und Erweiterung des Bestehenden wesentlich weitergehende Baumöglichkeiten bieten, als dies bei einem Neubau der Fall wäre. Dies traf im vorliegenden Fall zu. Das umstrittene Bauvorhaben lief deshalb auf eine Umgehung der Abstandsvorschriften hinaus und wurde als den Rahmen von § 357 Abs. 1 PBG sprengende neubauähnliche Umgestaltung gewürdigt (BEZ 2006 Nr. 32).

Nutzungsänderungen

In Anwendung von § 357 Abs. 1 PBG dürfen bestehende vorschriftswidrige Bauten und Anlagen auch anderen Nutzungen zugeführt werden, sofern sie sich für eine zonengemässe Nutzung nicht eignen. Die Nichteignung kann sich beziehen auf die Bausubstanz, auf die Architektur und innere Struktur der Baute, auf deren Lage und Umgebung. Die hervorragende Eignung eines Gebiets als Wohnlage ist anders zu gewichten als eine mindere Wohnqualität. Zu berücksichtigen sind auch die für die Herstellung einer zonengemässen Nutzungsmöglichkeit erforderlichen baulichen Aufwendungen im Verhältnis zu jenen der geplanten Massnahmen (BEZ 2008 Nr. 38 und PBG aktuell 1/2009, S. 24 ff. [betreffend zonenwidrige Nutzung einer ehemaligen Drogenklinik als Asyldurchgangszentrum]).

Nach der Praxis des Baurekursgerichts ist jedenfalls dann nicht von einer «anderen Nutzung» im Sinne von § 357 Abs. 1 PBG auszugehen, wenn die bisherige Bewerbung eines Gebäudes keine wesentliche Änderung erfährt (WILLI: S. 113). Es liegt dann eine (bewilligungsfreie) nicht relevante Änderung vor. Demgegenüber ist die Umnutzung von Büros zu einer sexgewerblichen Nutzung relevant und damit auch eine «andere» Nutzung im Sinne von § 357 Abs. 1 PBG (VB.2001.00073, bestätigt mit BGer 1P.771/2001 und 1P.773/2001). Nicht massgebend ist das Mass der notwendigen baulichen Massnahmen (so auch WILLI: S. 115).

Zum Vorbehalt der Nichteignung beziehungsweise zur erforderlichen Gesamtbetrachtung vgl. BEZ 1992 Nr. 30: Die teilweise Umnutzung eines als Gewerbebau konzipierten und den Wohnanteilvorschriften widersprechenden Gebäudes zu Büros erklärte das Verwaltungsgericht als zulässig, da die Einrichtung von Wohnraum im beurteilten Fall nur mit unverhältnismässigem Aufwand möglich wäre und zu keinen für das Wohnen geeigneten Räumen führen würde. Vgl. auch BGE 117 Ib 132 ff. sowie WILLI: S. 116 ff., wo sich ein ausführlicher Katalog der einzelnen Beurteilungskriterien mit Hinweisen auf die Praxis findet. Führt die gebotene Gesamtbetrachtung zum Ergebnis, dass sich eine Baute und Anlage für eine zonengemässe Nutzung eignet, und kommt auch die Erteilung einer Ausnahmebewilligung nicht in Betracht, so ist die Errichtung einer neuen, wiederum zonenwidrigen Nutzung nicht zulässig (WILLI: S. 118).

20.3.2.4   *Schranke der öffentlichen oder nachbarlichen Interessen*

Den Umbauten, Erweiterungen oder Nutzungsänderungen dürfen keine über-wiegenden öffentlichen oder nachbarlichen Interessen entgegenstehen (§ 357 Abs. 1 Satz 1 [am Ende] PBG); so hinsichtlich der Wohnqualität – namentlich der Belichtung und Besonnung – und der ideellen Immissionen, welche bei massiven Abstandsunterschreitungen in die Beurteilung miteinzubeziehen sind (BEZ 1993 Nr. 20). Hinsichtlich der Abstände sind die wohnhygienischen und feuerpolizeilichen Interessen zu beachten (BEZ 2002 Nr. 20).

Bei Abwägung der gemäss § 357 Abs. 1 PBG im Spiel stehenden Interessen der Bauherrschaft, der Nachbarschaft und der Öffentlichkeit hat die Baubewil-ligungsbehörde alle durch das Bauprojekt berührten nachbarlichen Interessen einzubeziehen und nicht nur jene der den Baurechtsentscheid verlangenden oder später rekurrierenden Nachbarn. Die nachbarlichen und öffentlichen In-teressen sind gegenüber jenen der Bauherrschaft abzuwägen (VB.2004.00425 bezüglich Aufstockung eines abstandswidrigen Gebäudes [mit ausführlichen Er-wägungen zum konkreten Fall]; BEZ 2010 Nr. 24 bezüglich Aufstockung eines dispensweise bewilligten Traktes).

Beispiel:
Die Anhebung des Dachs und der Einbau von Lukarnen verletzt überwiegende nachbar-liche Interessen, wenn der Abstand zwischen den Gebäuden nur 3,2–4,5 m beträgt und durch die Anhebung des Dachs (vorliegend 0,7 m) die gegen das Nachbargebäude gerich-tete Fassade deutlich vergrössert würde; dies selbst dann, wenn auch das Nachbargebäude zu nahe an der Grenze steht (BEZ 1993 Nr. 20).

20.3.2.5   *Weitergehende Abweichungen*

§ 357 Abs. 1 PBG in der alten Fassung sprach sich abschliessend darüber aus, unter welchen Voraussetzungen Änderungen an vorschriftswidrigen Bauten und Anlagen bewilligt werden dürfen. Daneben kam nach der Gerichtspraxis der allgemeinere Tatbestand von § 220 PBG, welcher die Voraussetzungen für die Erteilung von Ausnahmebewilligungen umschreibt, nicht mehr zur Anwen-dung. Waren die Voraussetzungen von § 357 PBG nicht erfüllt, konnte das Vor-haben nicht mit einem Dispens nach § 220 PBG bewilligt werden.

Diese unbefriedigende Rechtslage ist mit § 357 Abs. 1 Satz 2 PBG behoben, wo ausdrücklich statuiert ist, dass für neue oder weitergehende Abweichungen von Vorschriften die erforderlichen Ausnahmebewilligungen vorbehalten blei-ben. Ausnahmegründe liegen jedoch nicht schon in der Vorschriftswidrigkeit. Bestehen keine Ausnahmegründe gemäss § 220 PBG, sind die über § 357 Abs. 1 PBG hinausgehenden Änderungen zu verweigern. Hinsichtlich Abstandswidrig-keiten besteht immerhin noch die Möglichkeit der nachbarlichen Zustimmung.

Durch eine solche weitergehende Abweichung, die den Rahmen von § 357 Abs. 1 PBG sprengt, wird die Besitzstandsgarantie zerstört. Das gilt auch für die den Vorschriften widersprechenden bestehenden Abstellplätze, sofern diese mit dem umgestalteten Objekt eine rechtliche und wirtschaftliche Einheit bilden (BEZ 2002 Nr. 46).

20.3.3   ### Verbesserungen gemäss § 357 Abs. 4 PBG

Im Rahmen der Bewilligung von § 357 Abs. 1 PBG steht der Baubehörde die Kompetenz zu, Verbesserungen zu verlangen. Nach § 357 Abs. 4 PBG kann mit der baurechtlichen Bewilligung verlangt werden, dass gegenüber dem bestehenden Zustand Verbesserungen vorgenommen werden, die im öffentlichen Interesse liegen und nach den Umständen zumutbar sind. Diese Bestimmung erlaubt der Baubehörde, Übelstände im Zusammenhang mit baurechtlichen Verfahren beseitigen zu lassen. Es lassen sich aber auch blosse Verbesserungen einer an sich ungefährlichen Situation anordnen, wie zum Beispiel befriedigendere Gestaltung einer Umgebungsbepflanzung (Umgebungsschutz), Verbesserung der Wärmedämmung, Massnahmen zur behindertengerechten Gestaltung.

§ 357 Abs. 4 PBG liegt die Überlegung zugrunde, dass eine Umbaumassnahme oder Nutzungsänderung nach § 357 Abs. 1 PBG meistens auch die Lebensdauer der Baute und Anlage verlängert. Das damit verbundene Entgegenkommen gegenüber dem Grundeigentümer rechtfertigt auf der andern Seite gewisse bauliche Massnahmen zur Anpassung an die neue Rechtslage. Die Grenze für zusätzliche Anforderungen dieser Art liegt bei der Zumutbarkeit (als Teilgehalt des Verhältnismässigkeitsprinzips). Die verlangten Verbesserungen müssen – auch mit Blick auf den baulichen und finanziellen Aufwand – in einem vernünftigen Verhältnis zu den angestrebten Umbaumassnahmen stehen. Die finanzielle Belastung des Betroffenen hat in einem ausgewogenen Verhältnis zu den angesprochenen öffentlichen Interessen zu stehen. Eine Verbindung zwischen den Umbaumassnahmen beziehungsweise den Nutzungsänderungen und den verlangten Verbesserungen muss nur insoweit bestehen, als Letztere ausschliesslich im Zusammenhang mit einer Bewilligung nach § 357 Abs. 1 PBG angeordnet werden können und dieselbe Baute betreffen müssen. Eine engere sachliche oder örtliche Verbindung zwischen den Änderungsvorhaben und der angestrebten Verbesserung ist dagegen nicht erforderlich (RB 1998 Nr. 124).

20.3.4   ### Milderung von Bauvorschriften gemäss § 357 Abs. 5 PBG

Mit dem Erlass des Zürcher Energiegesetzes ist § 357 PBG durch Abs. 5 ergänzt worden. Danach können Bauvorschriften, die eine zweckmässige Anpassung bestehender Bauten und Anlagen an Vorschriften im überwiegenden öffentlichen Interesse nicht zulassen, durch Verordnung entsprechend gemildert werden. Nachbarn dürfen dadurch aber nicht unzumutbar benachteiligt werden. Solange keine Verordnung darüber besteht, sind Anpassungen im Einzelfall zulässig.

Hierzu hat der Regierungsrat mit § 33a ABV eine Ausführungsbestimmung erlassen. Danach gilt das Anbringen einer Aussenisolation an vor dem 1. Januar 1987 erstellten Gebäuden als eine zweckmässige Anpassung im Sinne von § 357 Abs. 5 PBG. Dadurch darf der nach Gesetz und Bauordnung massgebliche Abstand bis zu 15 cm unterschritten werden (vgl. BEZ 1991 Nr. 11). Diese Ausführungsbestimmung regelt zwar nur einen Spezialfall, nämlich das Anbringen einer Aussenisolation. Wie das Verwaltungsgericht jedoch entschieden hat, lässt § 357 Abs. 5 PBG gleichwohl keine Anpassungen im Einzelfall mehr zu (VB.2005.00104).

20 **Ausnahmetatbestände bei vorschriftswidrigen Bauten und Anlagen**
20.4 Massnahmen bei baupolizeilichen Missständen
20.5 Wiederaufbau (Brandstattrecht)

20.4 Massnahmen bei baupolizeilichen Missständen

Verbesserungen können unabhängig von einem Umbauvorhaben des Grundeigentümers angeordnet werden, wenn dadurch erhebliche baupolizeiliche Missstände beseitigt werden können (§ 358 PBG). Missstände sind zum Beispiel ungenügende Zufahrtsverhältnisse oder die Feuergefährlichkeit einer konkreten Nutzung. Solche Verbesserungsanordnungen müssen allerdings stets im öffentlichen Interesse liegen und dem Grundsatz der Verhältnismässigkeit entsprechen.

Die Vorschrift von § 358 PBG ist auch im Kontext mit § 228 Abs. 1 PBG zu lesen, wonach Grundstücke, Bauten, Anlagen, Ausrüstungen und Ausstattungen zu unterhalten sind, damit weder Personen noch das Eigentum Dritter gefährdet wird. Zu diesem Zweck ist die Baubehörde berechtigt und verpflichtet, die gebotenen Anordnungen zur Behebung von Missständen zu treffen.

Im Zusammenhang mit Fahrzeugabstellplätzen besteht mit § 243 Abs. 2 PBG eine Spezialregelung zu § 358 PBG: Danach kann bei bestehenden Bauten und Anlagen – auch ohne ein baurechtlich relevantes Änderungsvorhaben des Grundeigentümers – die Schaffung oder Aufhebung von Abstellplätzen verlangt werden, wenn der bisherige Zustand regelmässig Verkehrsstörungen oder andere Übelstände bewirkt oder wenn die Beschäftigtenparkplätze die festgesetzte Gesamtzahl erheblich überschreiten. Eine solche Verpflichtung muss nach den konkreten Umständen aber technisch und wirtschaftlich zumutbar sein (vgl. dazu auch BEZ 2007 Nr. 6).

20.5 Wiederaufbau (Brandstattrecht)

Nach § 307 Abs. 1 PBG ist der Wiederaufbau von vorschriftswidrigen Gebäuden, welche durch Brand oder andere Katastrophen ganz oder teilweise zerstört worden sind, gestattet, wenn keine überwiegenden öffentlichen oder nachbarlichen Interessen entgegenstehen und das Baugesuch innert dreier Jahre seit der Zerstörung eingereicht wird. Der Ersatzbau hat dem zerstörten Gebäude hinsichtlich Art, Umfang und Lage zu entsprechen, sofern nicht durch eine Änderung eine Verbesserung des bisherigen Zustands herbeigeführt wird.

Diese Bestimmung ist mit der PBG-Revision von 1991 eingeführt worden. § 307 PBG in der ursprünglichen Fassung hielt fest, dass die Bauvorschriften auch für den Wiederaufbau eines ganz oder teilweise zerstörten Gebäudes gelten. Damit war in den Bauzonen – für Bauten und Anlagen ausserhalb der Bauzonen galt § 357 Abs. 3 altPBG und gilt heute die bundesrechtliche Regelung von Art. 24c Abs. 2 RPG – der unveränderte Wiederaufbau und die Weiterführung der bisherigen Nutzung von zerstörten Gebäuden verboten, wenn diese oder deren Nutzung den geltenden Vorschriften nicht mehr entsprachen. Dies führte bei Katastrophen zu einer erheblichen Benachteiligung gegenüber dem Normalfall, in welchem der Fortbestand samt der laufenden Erneuerung vorschriftswidriger Gebäude gestützt auf § 357 Abs. 1 PBG gesichert ist. Weil in § 357 Abs. 1 PBG die Schranken der zulässigen Massnahmen gelockert worden sind, drängte es sich umso mehr auf, inskünftig auch den Wiederaufbau von durch Katastrophen zerstörten Gebäuden zuzulassen (vgl. Weisung des Regierungsrates an den Kantonsrat [Abl 1989, S. 1762]). Der Ersatzbau hat indessen –

angemessene Verbesserungen vorbehalten – dem zerstörten Gebäude hinsichtlich Art, Umfang und Lage zu entsprechen. Das schliesst gewisse untergeordnete (und im Falle von Verbesserungen auch erheblichere) Änderungen nicht aus. Sie dürfen allerdings nicht so weit gehen wie jene nach § 357 Abs. 1 PBG.

Beim Wiederaufbau von Gebäuden, die nicht durch Brand oder andere Katastrophen zerstört, sondern abgebrochen wurden, gelten nach wie vor die aktuellen Bauvorschriften, sofern nicht die Bauordnung etwa für Kernzonen andere Festlegungen trifft.

Nach § 307 Abs. 2 PBG kann der Eigentümer innert drei Jahren nach der Zerstörung seines Gebäudes gegenüber Bauvorhaben Dritter Rechtsmittel ergreifen, wie wenn sein Gebäude noch stünde. Es sei denn, dessen Wiederaufbau sei rechtskräftig verweigert worden.

21
Bauen ausserhalb der Bauzonen

21.1 Grundlagen

21.1.1 Rechtliche Grundlagen

Das Bauen ausserhalb der Bauzonen ist weitgehend bundesrechtlich geregelt. So umschreibt das Raumplanungsgesetz (RPG) in der geltenden Fassung den Zweck von Landwirtschaftszonen sowie von Schutzzonen (Art. 16 und Art. 17 RPG) und legt fest, welche Nutzungen in der Landwirtschaftszone als zonenkonform gelten (Art. 16a RPG). Im Weiteren enthalten die Bestimmungen von Art. 24 ff. und Art. 37a RPG zahlreiche Ausnahmetatbestände zugunsten von Bauvorhaben und Nutzungen ausserhalb der Bauzonen, so für standortgebundene Bauten und Anlagen (Art. 24 RPG), Zweckänderungen ohne bauliche Massnahmen (Art. 24a RPG), nicht landwirtschaftliche Nebenbetriebe (Art. 24b) sowie bestehende zonenwidrige Bauten und Anlagen (Art. 24c und Art. 37a RPG). Nach Massgabe von Art. 24d RPG bestehen sodann weitere Ausnahmetatbestände. Schliesslich finden sich in Art. 25 Abs. 2, Art. 25a und Art. 34 Abs. 2 RPG spezifische Vorschriften zur Zuständigkeit, zum Verfahren und zum Rechtsschutz beim Bauen ausserhalb der Bauzonen.

Die im September 2000 in Kraft getretene totalrevidierte und seither teilrevidierte Raumplanungsverordnung (RPV) enthält zahlreiche Ausführungsbestimmungen zum RPG.

Im Weiteren regelt das eidgenössische Waldgesetz (WaG) ergänzend die Voraussetzungen, unter denen Rodungen zulässig sind sowie Bauten und Anlagen im Wald beziehungsweise in Waldesnähe erstellt werden dürfen (vgl. dazu auch Art. 18 Abs. 3 RPG).

Demnach verbleibt für kantonalrechtliche Regelungen beim Bauen ausserhalb der Bauzonen praktisch kein Raum. Wohl ist in Art. 27a RPG vorgesehen, dass die Kantone einschränkende Bestimmungen erlassen können; hiervon hat der Kanton Zürich aber keinen Gebrauch gemacht (vgl. § 358a PBG). Somit beschränken sich die kantonalrechtlichen Regelungen im Wesentlichen auf ausführende verfahrensrechtliche Vorschriften (vgl. nachfolgend Ziff. 21.1.3); hinzu kommen richtplanerische Festlegungen gemäss Art. 39 RPV (Bauten in Streusiedlungsgebieten und landschaftsprägende Bauten; vgl. nachfolgend Ziff. 21.4.1.7) sowie Ausführungsbestimmungen in der kantonalen Waldgesetzgebung (vgl. nachfolgend Ziff. 21.5).

Zum Verhältnis zwischen Raumplanung und bäuerlichem Bodenrecht vgl. ZÜRCHER.

21.1.2 Rechtsetzung und Rechtsprechung

Gestützt auf die Ende der 60er-Jahre des letzten Jahrhunderts eingeführte Grundsatzgesetzgebungskompetenz im Bereich der Raumplanung (heute: Art. 75 Abs. 1 BV) erliess der Bund im Jahr 1979 das RPG, das 1980 in Kraft getreten ist. Seither hat das RPG – gerade im Zusammenhang mit dem Bauen ausserhalb der Bauzonen – zahlreiche Teilrevisionen erfahren, die nicht selten strukturpolitisch wie auch anderen aktuellen politischen Tendenzen gehorchend motiviert waren. Davon zeugen insbesondere die Partialrevisionen vom März 1998 (in Kraft seit September 2000), vom März 2007 (in Kraft seit September 2007) und vom Juni 2007 (in Kraft seit Januar 2008): Vor dem Hintergrund des Strukturwandels in der Landwirtschaft sollten den Landwirten neue Erwerbsmöglichkeiten eröffnet werden (vgl. etwa Art. 24b RPG: nicht landwirtschaftliche Nebenbetriebe). Gleichzeitig wurden unter dem Titel der Raumplanung auch energiepolitische Zielsetzungen verfolgt (Art. 16a Abs. 1bis RPG: Gewinnung von Energie aus Biomasse; Art. 18a RPG: Solaranlagen). Schliesslich sollten bestehende Gebäude, die für die Landwirtschaft nicht mehr benötigt werden, künftig besser genutzt werden können, sei dies für das nicht landwirtschaftliche Wohnen, sei dies für die hobbymässige Tierhaltung (vgl. Art. 24d RPG). Angesichts dieses Aktionismus des Bundesgesetzgebers sind nicht nur die raumplanerischen Anliegen stark unter Druck geraten, sondern es wurde auch die Rechtssicherheit arg strapaziert, indem immer neue Tatbestände im Zusammenhang mit dem Bauen ausserhalb der Bauzonen geschaffen wurden (vgl. dazu auch HÄBERLI/SCHNEEBELI: S. 5 ff.). Dies dürfte denn auch mit ein Grund dafür sein, dass eine Totalrevision des RPG, mit welcher das RPG durch ein neues Raumentwicklungsgesetz (REG) ersetzt werden sollte, im Jahr 2009 gescheitert ist.

Die Rechtsprechung des Bundesgerichts zum Bauen ausserhalb der Bauzonen ist jährlich zusammengefasst in VLP – ASPAN, «Raum und Umwelt». Ausgewählte Bundesgerichtsentscheide zum Bauen ausserhalb der Bauzonen finden sich sodann auf der Website des Bundesamts für Raumentwicklung (ARE; www.are.admin.ch). Die bundesgerichtliche Rechtsprechung namentlich zu den Tatbeständen von Art. 24 ff. RPG ist äusserst umfangreich und kann im Rahmen dieses Buchs, das primär das zürcherische Planungs- und Baurecht zum Gegenstand hat, nur beschränkt wiedergegeben werden.

21.1.3   Zuständigkeiten und Verfahren

21.1.3.1   *Zuständigkeit des Kantons und Koordination*

Die Kantone ordnen Zuständigkeiten und Verfahren (Art. 25 Abs. 1 RPG) und erlassen die zur Anwendung des RPG nötigen Vorschriften (Art. 36 Abs. 1 RPG). Der Kanton Zürich ist diesem Gesetzgebungsauftrag mit dem PBG und der BVV nachgekommen.

Für Bauvorhaben ausserhalb der Bauzonen legt Art. 25 Abs. 2 RPG allerdings zwingend fest, dass eine kantonale Behörde zu entscheiden hat, ob sie zonenkonform sind oder ob für sie eine Ausnahmebewilligung erteilt werden darf. Demgemäss bedürfen Vorhaben – unabhängig davon, ob sie zonenkonform sind oder eine Ausnahmebewilligung gemäss Art. 24 ff. RPG erfordern – in Landwirtschafts-, Freihalte- und Reservezonen zwingend einer Bewilligung der Baudirektion (Ziff. 1.2.1 des Anhangs zur BVV). Vorhaben im Wald oder im Rahmen einer Rodungsbewilligung bedürfen einer Bewilligung des kantonalen Amts für Landschaft und Natur (ALN), sofern keine Nutzungszone festgesetzt ist (Ziff. 1.2.2 des Anhangs zur BVV; zu den Einzelheiten vgl. Seite 367 ff.).

Das Resultat von mehreren – kantonalen und kommunalen – Verfügungen und Entscheiden ist gestützt auf Art. 25a RPG zu koordinieren (vgl. Seite 296 ff.). Ebenso besteht zwischen den Entscheiden über die Bewilligungsfähigkeit ausserhalb der Bauzonen und jenen über das bäuerliche Bodenrecht eine Koordinationspflicht nach Massgabe von Art. 49 RPV und Art. 4a der Verordnung über das bäuerliche Bodenrecht.

Die kantonale Zuständigkeit gilt allerdings nur für solche Freihaltezonen, die ausserhalb der (bundesrechtlichen) Bauzonen liegen. Dient eine Freihaltezone Siedlungszwecken und dürfen in ihrem Bereich nach dem örtlichen Zonenplan und der zugrunde liegenden Richtplanung Bauten und Anlagen erstellt werden, welche nicht der Landwirtschaft dienen (sogenannte innenliegende Freihaltezonen), liegt sie nicht ausserhalb der bundesrechtlich determinierten Bauzonen, weshalb die Gemeinde abschliessend zuständig ist (BEZ 2000 Nr. 14; VB.2007.00468).

Sodann gilt es zu beachten, dass bei widerrechtlichen Bauten und Anlagen ausserhalb der Bauzonen der Entscheid über die Anwendung von Art. 24 ff. RPG, das heisst, die Erteilung einer Ausnahmebewilligung im Rahmen eines nachträglichen Baubewilligungsverfahrens zwar der Baudirektion zusteht. Der Entscheid über die Wiederherstellung des rechtmässigen Zustands verbleibt allerdings der kommunalen Baubehörde (BEZ 2009 Nr. 44 [in Präzisierung von BEZ 2007 Nr. 24]). Mit dem 2009 initiierten Teilrevisionsprojekt zum Verfahren und zum Rechtsschutz soll dieses Auseinanderfallen eliminiert werden, indem bei Bauten und Anlagen ausserhalb der Bauzonen die Baudirektion neu auch für die Anordnung der Wiederherstellung des rechtmässigen Zustands zuständig ist.

Die Kantone erteilen dem ARE die erforderlichen Auskünfte, damit dieses mittels einer wirksamen Raumbeobachtung überprüfen kann, wie sich die Anwendung der Bestimmungen über das Bauen ausserhalb der Bauzonen auf die räumliche Entwicklung und die Landschaft auswirkt (Art. 45 RPV; vgl. dazu auch www.are.admin.ch).

21.1.3.2   *Anmerkung im Grundbuch*

Art. 44 RPV legt zwingend fest, welche Sachverhalte im Grundbuch zulasten des betroffenen Grundstücks anzumerken sind, nämlich die Existenz eines nichtlandwirtschaftlichen Nebenbetriebs (Art. 24b RPG), auflösende Bedingungen, unter denen eine Baubewilligung erteilt worden ist (vgl. dazu auch Art. 16b Abs. 2 RPG und URP 2009, S. 180 ff. [betreffend Resolutivbedingung im Zusammenhang mit einer raumplanungsrechtlichen Ausnahmebewilligung]), sowie die Verpflichtung zur Wiederherstellung des rechtmässigen Zustandes (Art. 44 Abs. 1 RPV). Die Aufzählung ist nicht abschliessend. Die zuständige Behörde kann weitere Eigentumsbeschränkungen, insbesondere Nutzungs- und Verfügungsbeschränkungen, sowie Bedingungen und Auflagen anmerken lassen (Art. 44 Abs. 2 RPV). Diese Bestimmung stellt gewissermassen das bundesrechtliche Pendant zu § 321 PBG dar (vgl. dazu Seite 345 ff.).

Das Grundbuchamt löscht eine Anmerkung von Amtes wegen, wenn das Grundstück rechtskräftig in eine Bauzone eingezont wurde. In den anderen Fällen darf das Grundbuchamt die Anmerkung nur löschen, wenn die zuständige Behörde verfügt hat, dass die Voraussetzungen für die Anmerkung dahingefallen sind (Art. 44 Abs. 3 RPV).

21.2   Zonenkonformität in der Landwirtschaftszone

21.2.1   Zweck der Landwirtschaftszone

Landwirtschaftszonen dienen der langfristigen Sicherung der Ernährungsbasis des Landes, der Erhaltung der Landschaft und des Erholungsraums oder dem ökologischen Ausgleich. Entsprechend ihren verschiedenen Funktionen sollen sie von Überbauungen weitgehend freigehalten werden. Sie umfassen Land, das sich für die landwirtschaftliche Bewirtschaftung oder den produzierenden Gartenbau eignet und zur Erfüllung der verschiedenen Aufgaben der Landwirtschaft auch benötigt wird, oder Land, das im Gesamtinteresse landwirtschaftlich bewirtschaftet werden soll (Art. 16 Abs. 1 RPG).

Diese Funktionen der Landwirtschaftszone sind auf das Landwirtschaftsgesetz abgestimmt (LwG; BBl 1998, S. 2468). Die Fruchtfolgeflächen erhalten hiermit ihre gesetzliche Grundlage (vgl. auch Art. 1 Abs. 2 lit. d RPG, wonach die ausreichende Versorgungsbasis des Landes zu sichern ist, und den gestützt auf Art. 13 RPG erlassenen Sachplan «Fruchtfolgeflächen»). Das Vorrecht, in der Landwirtschaftszone zu wohnen, soll zudem nach dem Sinn und Zweck des Raumplanungsgesetzes zum Schutze der Landwirtschaft einem relativ engen Personenkreis vorbehalten bleiben: nämlich der bäuerlichen Bevölkerung, welche unmittelbar in der Landwirtschaft tätig ist, den Hilfskräften und deren Familienangehörigen sowie den Betagten, welche ein Leben lang in der Landwirtschaft tätig waren.

Der Landwirtschaft wird der produzierende Gartenbau – es handelt sich um den gleichen Begriff wie in Art. 3 Abs. 2 LwG und Art. 7 Abs. 2 des Bundesgesetzes über das bäuerliche Bodenrecht (BGBB) – gleichgestellt. Er hat (wie die Landwirtschaft) seine Basis im Pflanzenbau. Betriebe des produzierenden Gartenbaus sind jene, in denen die Pflanzen gesät oder gepflanzt und grossgezogen werden. Sie sind gegenüber den gartenbaulichen Verarbeitungs-, Handels- und Dienstleistungsbetrieben abzugrenzen.

Soweit möglich werden grössere zusammenhängende Flächen für die Landwirtschaftszone ausgeschieden (Art. 16 Abs. 2 RPG). Die Kantone tragen in ihren Planungen den verschiedenen Funktionen der Landwirtschaftszone angemessen Rechnung (Art. 16 Abs. 3 RPG). Die Kantone sind – vorbehältlich von Art. 16a Abs. 3 RPG – frei, inwieweit und in welchem Planungsverfahren sie Differenzierungen vornehmen wollen. Gestützt auf Art. 16 Abs. 3 RPG können sie für einzelne Gebiete engere, nicht aber weitere Umschreibungen des Zonenzwecks und der zulässigen Bauten und Anlagen in der Landwirtschaftszone vornehmen. Von dieser Kompetenz hat der Kanton Zürich bisher insoweit Gebrauch gemacht, als im Bericht zum revidierten kantonalen Siedlungs- und Landschaftsplan Voraussetzungen zur Ausscheidung von Intensiv-Landwirtschaftszonen geschaffen wurden (Pt. 3.2.3 des Berichts gemäss Beschluss des Kantonsrats vom 2. April 2001; vgl. auch Seite 1163).

Davon abgesehen gilt für die zulässigen Bauten und Anlagen, das heisst für deren Zonenkonformität ausschliesslich Bundesrecht, wobei die entsprechenden Vorschriften im RPG mit der Partialrevision vom März 1998 (in Kraft seit September 2000) neu gefasst wurden (Art. 16a und 16b RPG).

21.2.2   Nutzung nicht mehr zonenkonformer Bauten und Anlagen

Bauten und Anlagen, die nicht mehr zonenkonform verwendet werden und für die eine Nutzung im Sinne von Art. 24–24d RPG nicht zulässig ist, dürfen nicht mehr genutzt werden. Dieses Verbot entfällt, sobald sie wieder zonenkonform genutzt werden können (Art. 16b Abs. 1 RPG).

Dieses von Gesetzes wegen geltende Verbot dient der Klarstellung eines an sich selbstverständlichen Grundsatzes: Was als zonenkonform bewilligt wurde, darf nur unter den Voraussetzungen von Art. 24–24d RPG und – als baurechtlich relevante Nutzungsänderung – mit baurechtlicher (Ausnahme-)Bewilligung zonenfremd genutzt werden.

21.2.3   Allgemeine Zonenkonformität gemäss Art. 16a Abs. 1 RPG

21.2.3.1   *Grundsätze und Interessenabwägung*

Landwirtschaftszonen sollen entsprechend ihren verschiedenen Funktionen von Überbauungen weitgehend freigehalten werden (Art. 16 Abs. 1 RPG). Nach Art. 16a Abs. 1 RPG sind daher nur zonenkonform solche Bauten und Anlagen, die für die landwirtschaftliche Bewirtschaftung oder für den produzierenden Gartenbau nötig sind. Zonenkonform im Sinne dieser Bestimmung sind allein die Betriebe, die weitgehend bodenabhängig produzieren (BGE 125 II 278 [mit zahlreichen Hinweisen auf die bundesgerichtliche Praxis]). Die Bestimmung wurde im Rahmen der Partialrevision vom März 1998 inhaltlich nicht geändert, weshalb grundsätzlich auf die gefestigte gerichtliche Praxis zurückgegriffen werden kann.

Zulässig sind nur jene Bauten und Anlagen, die für einen langfristig überlebensfähigen Betrieb nötig sind (Art. 34 Abs. 4 lit. a RPV). Erforderlich ist sodann, dass den Bauten und Anlagen am vorgesehenen Standort keine überwiegenden Interessen entgegenstehen (Art. 34 Abs. 4 lit. b RPV). Diese Voraussetzung gilt für alle Vorhaben, unabhängig davon, ob sie der bodenabhängigen Bewirtschaftung, der inneren Aufstockung oder einer darüber hinausgehenden Nutzung dienen. Lenkender Massstab der geforderten Interessenabwägung bilden namentlich die Ziele und Grundsätze der Raumplanung gemäss Art. 1 und 3 RPG. So ist zum Beispiel besondere Sorgfalt darauf zu verwenden, dass sich Bauten und Anlagen gut in empfindliche Landschaften einfügen (BGE 117 Ib 270; Art. 3 Abs. 2 lit. b RPG). Auch soll verhindert werden, dass Vorhaben fernab der Höfe mitten in der Landschaft erstellt werden. Schliesslich wird die Bewilligungsfähigkeit von Bauten und Anlagen davon abhängig gemacht, dass der Betrieb voraussichtlich längerfristig Bestand haben kann (Art. 34 Abs. 4 lit. c RPV). Längerfristig meint grundsätzlich einen Zeitraum von mindestens einer Generation, das heisst von rund 15–25 Jahren (ZBl 2003, S. 157 ff. [mit redaktionellen Bemerkungen]). Sobald die Bewilligung grösserer Vorhaben infrage steht, kann es sinnvoll sein, vom Gesuchsteller ein Betriebskonzept zu verlangen. Mit der Vorschrift soll sichergestellt werden, dass in der Landwirtschaftszone nicht unnötig Bauten und Anlagen bewilligt werden, die – infolge Betriebsaufgabe – schon nach kurzer Zeit wieder leer stehen (Kommentar des Bundesamts für Raumplanung vom August 1999 zur Totalrevision der RPV).

Ob eine landwirtschaftliche Besiedlung am vorgesehenen Standort zulässig ist, ergibt sich aus dem Ergebnis einer gesamthaften Abwägung der infrage stehenden Interessen (vgl. dazu auch Art. 3 RPV). Dabei ist die gemäss Richtplan in diesem Gebiet erwünschte künftige Wohnnutzung zu berücksichtigen, genügt aber für sich allein nicht, um auf ein dem privaten Interesse entgegenstehendes überwiegendes öffentliches Interesse zu schliessen. Lenkender Massstab der in Art. 34 Abs. 4 lit. b RPV verlangten Interessenabwägung bilden namentlich die Ziele und Grundsätze der Raumplanung gemäss Art. 1 und 3 RPG. Schliesslich sind auch die für die privaten Interessen sprechenden tatsächlichen Verhältnisse festzustellen und in die gesamthafte Interessenabwägung miteinzubeziehen (ZBl 2004, S. 107; BR 2004, S. 114 Nr. 239).

21.2.3.2   *Bauten und Anlagen für die landwirtschaftliche Nutzung*

Boden als Produktionsfaktor

Als Landwirtschaft beziehungsweise produzierender Gartenbau gilt primär jene Nutzung, für die der Boden unentbehrlicher Produktionsfaktor ist. Ein Betrieb ist deshalb nur dann als Landwirtschaftsbetrieb zu bezeichnen, wenn er in irgendeiner Weise Kulturland unmittelbar nutzt, das heisst, wenn seine organisierte Gesamtheit von Nutzland, Bauten und Inventar der Erzeugung oder Erzeugung und Verwertung von Bodenprodukten dient. Art. 34 Abs. 1 lit. a RPV konkretisiert dies: Zonenkonform sind Bauten und Anlagen für die Produktion verwertbarer Erzeugnisse aus Pflanzenbau und Nutztierhaltung.

Problem der Pferdehaltungsbetriebe

Zuchtbetriebe (zum Beispiel Rennpferdezucht) und Mastbetriebe sind nur zonenkonform, wenn sie bei der Futtererzeugung oder Jaucheverwertung auf landwirtschaftlichen Boden angewiesen sind (RB 1989 Nr. 59; BEZ 2006 Nr. 15). Dagegen gehören Bauten und Anlagen, die dem Reitsport beziehungsweise dem Reiten als Freizeitbeschäftigung dienen, grundsätzlich nicht in die Landwirtschaftszone. Reithallen, dem Publikum offen stehende Springhallen und ähnliche Anlagen lassen sich nach dem Willen der eidgenössischen Räte auch in Zukunft nur in Bauzonen oder in speziell dafür ausgeschiedenen Zonen (Art. 18 Abs. 1 RPG) verwirklichen. Daher ist etwa die Erweiterung eines weitgehend bodenunabhängigen Pferdehaltungsbetriebs nicht landwirtschaftskonform (BEZ 2003 Nr. 1).

Die Haltung von Pensionspferden gilt unter bestimmten Voraussetzungen als zonenkonform, so zum Beispiel, wenn das auf dem landwirtschaftlichen Betrieb produzierte Futter für die Ernährung der landwirtschaftlichen Nutztiere und der Pensionspferde ausreicht. Zudem wird die Vermietung eigener Pferde an Dritte wie auch die Pferdepension über die eigene Futterbasis hinaus – nicht aber ein eigentlicher Reitbetrieb mit entsprechender Infrastruktur – als nicht landwirtschaftlicher Nebenbetrieb im Sinne von Art. 24b RPG erachtet. Zu diesen Zwecken können daher bauliche Massnahmen in bestehenden Bauten und Anlagen bewilligt werden (Erläuternder Bericht des Bundesamts für Raumplanung vom August 1999 zur Totalrevision der RPV). Reithallen, Springgärten und dergleichen sind jedoch von dieser Möglichkeit regelmässig ausgeschlossen, weil sie mit dem bestehenden Raum nicht auskommen.

Solches ist somit weiterhin nur in einer dafür vorgesehenen Bauzone zulässig (BGer 1A.210/2000 und 1P.436/2000, in Bestätigung der bundesgerichtlichen Praxis; BEZ 2006 Nr. 15 betreffend Pferdeführanlage und Beleuchtungsanlage für einen Reitplatz; BEZ 2009 Nr. 21 betreffend Pferdeunterstand).

Das Bundesamt für Raumentwicklung (ARE) hat eine Wegleitung «Pferd und Raumplanung» erarbeitet. In anschaulicher Weise werden die aus raumplanungsrechtlicher Sicht wichtigen Fragen behandelt, die sich regelmässig stellen, wenn es um die Pferdehaltung auf Landwirtschaftsbetrieben oder um die unterschiedlichen Formen der nicht landwirtschaftlichen Pferdehaltung geht, also um die gewerbliche und die hobbymässige Pferdehaltung und den Pferdesport. Derzeit wird diese Wegleitung offenbar überarbeitet.

Weitere Beispiele

- Eine Hühnerfarm, die ausschliesslich Freilandhühner hält, kann ohne Weiteres als ein zonenkonformer und damit bewilligungsfähiger landwirtschaftlicher Betrieb im Sinne des RPG qualifiziert werden. Demgegenüber müsste eine Hühnerfarm, in welcher der grössere Teil der Hühner unter ausschliesslich künstlichen Bedingungen gehalten wird, in die Bauzone verwiesen werden, da es sich um einen überwiegend bodenunabhängigen Betrieb handelt.
- Gärtnereien, die überwiegend mit künstlichem Klima und unter permanenten Abdeckungen arbeiten, sind im Gegensatz zu Freilandkulturen in der Landwirtschaftszone nicht konform (ZBl 1979, S. 360).
- Das hobbymässige Halten von Pferden, Schweinen und Kaninchen ist nicht zonenkonform (vgl. etwa BEZ 1998 Nr. 2). Dasselbe gilt nach der Praxis auch etwa für Hühner und Zwergesel (BGer 1P.489/2000 [Gemeinde Confignon] und BGer 1A.215/1999 [Gemeinde Muggio]).
- Zur Zonenkonformität einer Geländeaufschüttung vgl. BEZ 2002 Nr. 59 sowie ZUP Nr. 22/März 2000 S. 49 ff.; zur Zonenkonformität der Asphaltierung eines Flurwegs vgl. BEZ 2009 Nr. 58.

Bewirtschaftung naturnaher Flächen

Nach Art. 34 Abs. 1 lit. b RPV gilt auch die Bewirtschaftung naturnaher Flächen als zonenkonform. Die meisten ökologischen Ausgleichsflächen werfen einen − wenn auch geringen und qualitativ minderwertigen − Ertrag ab, der aber verwertbar ist. Ist längerfristig kein Ertrag möglich, handelt es sich in der Regel nicht um landwirtschaftliche Nutzflächen. Die Pflege solcher Flächen ist aber einer landwirtschaftlichen Tätigkeit gleichgestellt.

Zulässige Ökonomiegebäude

Auch nach der Partialrevision des RPG vom März 1998 sind nur Bauten und Anlagen zonenkonform, die einem konkreten Landwirtschaftsbetrieb dienen und nicht überdimensioniert sind. Es bleibt unverändert beim Grundsatz, dass die Landwirtschaftszone im Wesentlichen von Neubauten freigehalten werden muss. Sie ist nach dem klaren Willen des Gesetzgebers keine ländliche Gewerbezone, sondern eine Nichtbauzone (BGer 1A.110/2001).

In jedem einzelnen Fall ist im Weiteren anhand objektiver Kriterien – und nicht nach subjektiven Bedürfnissen – zu prüfen, ob für Ökonomiegebäude ausserhalb der Bauzonen eine betriebliche Notwendigkeit besteht, was der Gesuchsteller mit genauen Angaben über die vorgesehene Bewirtschaftung darzulegen hat (RB 1995 Nr. 63; PBG aktuell 1/2010, S. 16 ff.). Nach der Praxis des Bundesgerichts darf der landwirtschaftliche Zweck nicht bloss Vorwand sein, um ein Bauvorhaben zu realisieren, das für die Bewirtschaftung des Bodens gar nicht erforderlich ist. Ferner sind neue landwirtschaftliche Bauten und Anlagen in der Landwirtschaftszone dann nicht zonenkonform, wenn der Landwirtschaftsbetrieb in einer nahen Bauzone über dort zonengemässe, ausreichende Wohn- und Betriebsgebäude verfügt und der Verbleib am bisherigen Standort betrieblich zumutbar ist (RB 1991 Nr. 50). Schliesslich ist auch zu prüfen, ob die geplanten Ökonomiebauten und -anlagen nicht in bereits bestehenden Gebäuden realisiert werden können (PBG aktuell 1/2010, S. 16 ff.).

Die Beurteilung der Zumutbarkeit hat anhand einer objektiven Betrachtungsweise zu erfolgen (ZBl 1990, S. 258 ff.; ZBl 1997, S. 131). Veräussert ein Landwirt freiwillig, das heisst ohne betriebliche Notwendigkeit sein in der Bauzone gelegenes Ökonomiegebäude, so fehlt es für den Ersatzbau in der Landwirtschaftszone an der für eine solche Bewilligung vorausgesetzten betrieblichen Erforderlichkeit (RB 1992 Nr. 58). Eine Aussiedlung darf daher nur erfolgen, wenn die zweckmässige Renovation und Erweiterung am bestehenden Standort der Nutzungsordnung widerspricht oder die Standortverlegung wesentliche betriebliche Vorteile mit sich bringt. Die Möglichkeit, den Neubau mit dem Verkauf des bestehenden Bauernhofs in der Bauzone zu finanzieren, kann raumplanerisch nicht ausschlaggebend sein (BEZ 1992 Nr. 4; vgl. zur Aussiedlung auch Häberli/Schneebeli: S. 13 ff., mit Hinweis auf VB.2007.00482).

Eine Baute und Anlage muss im Übrigen eine unmittelbare funktionelle Beziehung zum betreffenden Landwirtschaftsbetrieb aufweisen. Diese fehlt etwa dann, wenn ein Ökonomiegebäude nur der Unterbringung von landwirtschaftlichen Maschinen dienen soll, die der Landwirt ausschliesslich für Dritte einsetzt. Die Erteilung einer Baubewilligung nach Art. 22 Abs. 1 RPG fällt dann ausser Betracht; ebenso wenig sind die Voraussetzungen für eine Ausnahmebewilligung gemäss Art. 24 ff. RPG erfüllt, liegen doch keine objektiven technischen oder betrieblichen Gegebenheiten vor, für welche die Unterbringung der Maschinen einen Standort ausserhalb der Bauzonen erfordert (BGer 1A.110/2001).

Gemeinschaftliche Stallbauten

Bauten und Anlagen für die Tierhaltung, die im Alleineigentum einer natürlichen Person stehen, können unter bestimmten Voraussetzungen für mehrere Betriebe gemeinsam erstellt werden. Insbesondere muss der Gemeinschaftsvertrag zum Zeitpunkt der Baubewilligung noch für mindestens zehn Jahre Gültigkeit haben (Art. 35 RPV).

21.2.3.3   *Bauten und Anlagen für den Verkauf von Produkten*

Art. 34 Abs. 2 lit. a RPV erklärt die Aufbereitung, die Lagerung und den Verkauf von verwertbaren Erzeugnissen aus Pflanzenbau oder Nutztierhaltung auf dem

Produktionsbetrieb als zonenkonform, sofern die Produkte in der Region und zu mehr als der Hälfte auf diesem selbst oder einer Produktionsgemeinschaft produziert werden. Die Aufbereitung, Lagerung oder der Verkauf darf aber nicht industriell-gewerblicher Art. sein (Art. 34 Abs. 2 lit. b RPV). Schliesslich muss der landwirtschaftliche oder gartenbauliche Charakter des Betriebs gewahrt bleiben (Art. 34 Abs. 2 lit. c RPV). Eigentliche Lagerhäuser oder Bauten und Anlagen für die Veredelung eines Produkts – wie beispielsweise die Verarbeitung von Kartoffeln zu Pommes Chips – gehören also nicht in die Landwirtschaftszone. Dadurch würde der landwirtschaftliche Charakter des Betriebs massgeblich verändert (Erläuternder Bericht des Bundesamts für Raumplanung vom August 1999 zur Totalrevision der RPV; Entscheid des Bundesgerichts betreffend Kräuterverarbeitung, wiedergegeben in PBG aktuell 3/1999, S. 28; BEZ 2008 Nr. 8).

21.2.3.4   *Bauten und Anlagen für den Wohnbedarf*

Voraussetzung des landwirtschaftlichen oder gartenbaulichen Gewerbs

Die Landwirtschaftszone ist grundsätzlich landwirtschaftlichen beziehungsweise gartenbaulichen Gewerben vorbehalten. Art. 34 Abs. 3 RPV bezeichnet daher nur den hierfür notwendigen Wohnraum als zonenkonform. Die RPV enthält indes keine Umschreibung des landwirtschaftlichen oder gartenbaulichen Gewerbes. Es ist daher von der Definition gemäss bäuerlichem Bodenrecht auszugehen. Nach Art. 7 Abs. 1 BGBB gilt als landwirtschaftliches Gewerbe eine Gesamtheit von landwirtschaftlichen Grundstücken, Bauten und Anlagen, die als Grundlage der landwirtschaftlichen Produktion dient und zu deren Bewirtschaftung, wenn sie landesüblich ist, mindestens eine Standardarbeitskraft (SAK) nötig ist. Unter den gleichen Voraussetzungen gelten auch Betriebe des produzierenden Gartenbaus als landwirtschaftliches Gewerbe (Art. 7 Abs. 2 BGBB; vgl. dazu auch HÄBERLI/SCHNEEBELI: S. 13 ff.). Damit richten sich die Anforderungen an einen erhaltungsfähigen landwirtschaftlichen Betrieb ausschliesslich nach dem für die Bewirtschaftung eines solchen Betriebes üblicherweise erforderlichen Arbeitsaufwand. Welcher Ertrag mit diesem Aufwand erzielt werden kann, spielt dabei keine Rolle. Ebenso wenig, ob es sich um einen Vollzeit- oder Teilzeitbetrieb handelt. Diese Umschreibung gilt auch für das Raumplanungsrecht. So können auch Nebenerwerbsbetriebe bewilligt werden. Doch ist nach der bundesgerichtlichen Praxis weiter vorausgesetzt, dass es sich um ein landwirtschaftliches Gewerbe handelt, das die dauernde Anwesenheit der Betriebsinhaberfamilie erfordert und in dem mit der Bodenbewirtschaftung ein erheblicher Beitrag zur Existenzsicherung erzielt wird. Hobbybetriebe und solche, bei denen das Wohnen in der Landwirtschaftszone im Vordergrund steht, können nicht Anspruch auf zonenkonforme Bauten und Anlagen – namentlich auf Wohnraum – erheben (BGE 121 II 307; ZBl 1997, S. 136 f.).

Bauten für den Wohnbedarf

Als zonenkonform lassen sich nur jene Bauten und Anlagen bewilligen, die für die infrage stehende Bewirtschaftung unentbehrlich und nicht überdimensioniert sind (Art. 34 Abs. 4 RPV). Das gilt insbesondere auch für Wohnbauten (Art. 34 Abs. 3 RPV). Das Vorrecht, ausserhalb der Bauzonen zu wohnen, bleibt

daher einem relativ engen Personenkreis vorbehalten, nämlich dem Betriebsinhaber, seinen Hilfskräften, den Familienangehörigen sowie der abtretenden
Generation. In jedem einzelnen Fall ist anhand objektiver Kriterien – und eben
nicht nach subjektiven Bedürfnissen – zu prüfen, ob für die Wohnsitznahme
ausserhalb der Bauzonen eine betriebliche Notwendigkeit besteht oder ob andere Gründe dafür sprechen (PBG aktuell 1/2010, S. 21 ff.). Es soll verhindert
werden, dass Wohnbauten auf Vorrat mit dem Ziel erstellt werden, sie gestützt
auf Art. 24d RPG nicht landwirtschaftlichem Wohnraum zuzuführen. Soweit
betrieblich eine ständige Anwesenheit von Personal nicht erforderlich ist, ist
Wohnraum nur zonenkonform, wenn die nächste Wohnzone weit entfernt und
schlecht erreichbar ist. Das Bundesgericht lehnte es ab, bei Betrieben, welche
besonders umweltschonend und tiergerecht produzieren, von diesen allgemeinen Grundsätzen abzuweichen (PBG aktuell 2/1995, S. 30). Der Gesuchsteller hat den Wohnbedarf anhand eines Bewirtschaftungskonzepts darzulegen
(RB 1995 Nr. 63).

Nach gefestigter Rechtsprechung der Zürcher Gerichte und des Bundesgerichts kann einem Landwirtschaftsbetrieb nur so viel Wohnraum zugestan-
den werden, als dies nach objektiven Gesichtspunkten (Betriebsgrösse, Art. und
Intensität der Bewirtschaftung des Landes) notwendig ist. Art. 34 Abs. 3 RPV
hält diese Praxis ausdrücklich fest (vgl. dazu auch BR 2003, S. 16 Nr. 30; PBG
aktuell 1/2010, S. 21 ff.). Zu einem landwirtschaftlichen Anwesen gehört in der
Regel eine Wohnung für den Eigentümer oder Betriebsleiter sowie gegebenenfalls angemessener Wohnraum für die im Betrieb beschäftigten Angestell-
ten. Eine Baute und Anlage gilt nur dann als landwirtschaftlich, wenn sie zur
Hauptsache für die agrarische Produktion verwendet wird. Bauten und Anlagen
müssen der Landwirtschaft dienen, sie ermöglichen oder zumindest fördern.
Wird die landwirtschaftliche Produktion zu einer Nebensache und bilden andere Nutzungen – wie etwa das Wohnen – den Hauptzweck eines Gebäudes,
kann nicht mehr von einer zonenkonformen Baute und Anlage gesprochen
werden. Den Zielen des Raumplanungsrechts widerspricht es deshalb, wenn die
Nachkommen des Betriebsleiters mit ihren Familien auf dem elterlichen Hof
Wohnraum beanspruchen, ohne selber in der Landwirtschaft tätig zu sein. Im
Einzelfall ist also zu prüfen, ob nach den gesamten Umständen nur das Wohnen
auf dem Lande angestrebt wird oder ob die Führung des Landwirtschaftsbe-
triebs tatsächlich beabsichtigt ist und ausschliesslich die hierfür notwendigen
Räume geschaffen werden sollen.

Vgl. zu den Anforderungen an das Bedürfnis für einen Wohnraum allgemein und zum Betriebsleiterhaus für eine Geflügelmast BEZ 2004 Nr. 54.

Stöckli

Eine Ausnahme vom Grundsatz, wonach nur betrieblich notwendiger Wohnraum zonenkonform ist, rechtfertigt sich, wenn die projektierte Baute und Anlage ganz oder teilweise dazu dient, die bäuerliche Sozialstruktur aufrechtzu-
erhalten. Als zonenkonform gilt deshalb auch Wohnraum für die abtretende
Generation, was in Art. 34 Abs. 3 RPV ausdrücklich festgehalten wird. Es kann
damit in betrieblich sinnvoller Weise der nahtlose Übergang von einem Be-

wirtschafter auf den anderen gewährleistet werden. Ein «Stöckli» muss aber in einem funktionellen Zusammenhang zum bestehenden Hof stehen, das heisst, es muss eine hinreichend enge räumliche Beziehung zum landwirtschaftlichen Betrieb haben, sodass auch vom «Stöckli» aus gewirtschaftet werden könnte und die jüngere Generation die ältere bei Krankheit oder Altersgebrechen betreuen kann (PBG aktuell 1/2010, S. 21 ff. [betreffend unzulässige Erweiterung von Wohnraum für eine pflegebedürftige Patentante, die in einem Alters- und Pflegeheim wohnt]). Weiter ist zu prüfen, ob Wohnraum für die abtretende Generation nicht durch Erweiterung einer bestehenden Wohnbaute gewonnen werden kann (vgl. etwa BGE 116 Ib 233). Dies beurteilt sich nach objektiven Kriterien (RB 1988 Nr. 50). Persönliche, familiäre und finanzielle Verhältnisse des jeweiligen Gesuchstellers fallen dabei grundsätzlich ausser Betracht. Vgl. zum «Stöckli» auch ZBl 2002, S. 136 ff.

Der Anspruch auf Wohnraum in der Landwirtschaftszone gilt nur für die abtretende Generation, die auf dem Hof gelebt und diesen tatsächlich bewirtschaftet hat (BR 2003 Nr. 30). Sodann ist der Standort eines «Stöckli» auch unter dem Aspekt von § 238 PBG, das heisst, hinsichtlich der Einordnung und Gestaltung zu beurteilen (BEZ 2003 Nr. 44, in Aufhebung des in BEZ 2002 Nr. 34 publizierten Entscheids des Regierungsrats).

21.2.3.5   *Bauten und Anlagen für die Freizeitlandwirtschaft*

Art. 34 Abs. 5 RPV hält ausdrücklich fest, dass Bauten und Anlagen für die Freizeitlandwirtschaft nicht als zonenkonform gelten. Dieser Ausschluss der Freizeitlandwirtschaft entspricht dem Sinn der verfassungsmässigen Ordnung (und davon abgeleitet des RPG). Nach wie vor geht es darum, der Landwirtschaft genügende Flächen geeigneten Kulturlandes zu sichern. Dies kann nur mit einer konsequenten Trennung von Bau- und Nichtbauland erreicht werden. Der Bundesrat hat durch Art. 34 Abs. 5 RPV die Gesetzesvorschrift von Art. 16a Abs. 1 RPG in zulässiger Weise verdeutlicht und seine Vollzugskompetenz nicht überschritten (BGer 1A.134/2002).

Bei der Auslegung des Begriffs der Freizeitlandwirtschaft im Sinne von Art. 34 Abs. 5 RPV können Kriterien wie Gewinn- und Ertragsorientierung, Grösse der landwirtschaftlichen Nutzfläche sowie Arbeitsaufwand beziehungsweise –bedarf eine Rolle spielen (BR 1/2005 S. 23 Nr. 17; BGer 1A.134/2002; BGer 1C_191/2009; Häberli/Schneebeli: S. 17 f.).

Zur hobbymässigen Tierhaltung vgl. den Ausnahmetatbestand von Art. 24d Abs. 1bis RPG (Partialrevision vom März 2007, in Kraft seit September 2007) sowie Seite 1188.

21.2.4   **Bauten und Anlagen zur Energiegewinnung aus Biomasse gemäss Art. 16a Abs. 1bis RPG**

Mit der Teilrevision vom März 2007 (in Kraft seit September 2007) hat der Gesetzgeber eine Sonderregelung zugunsten der Energiegewinnung aus Biomasse getroffen: So können gestützt auf Art. 16a Abs. 1bis RPG Biomasse-Energiegewinnungsanlagen auf einem Landwirtschaftsbetrieb als zonenkonform bewilligt werden, wenn die verarbeitete Biomasse einen engen Bezug zur Landwirtschaft und zum Standortbetrieb hat. Unter Biomasse im Sinne von Art. 16a Abs. 1bis RPG wird sämtliches durch Fotosynthese direkt oder indirekt erzeugtes organisches Material verstanden, das nicht über geologische Prozesse verändert wurde; dazu zählen neben Biomasse aus landwirtschaftlicher Produktion (Gülle, Mist, Ernterückstände, Energiepflanzen) auch Holz (Waldholz, Flurholz, Altholz).

Konkretisiert wird die Vorschrift von Art. 16a Abs. 1bis RPG in Art. 34a RPV. Danach gelten als zonenkonform Energieproduktionsanlagen zur Gewinnung von Brenn- und Treibstoffen, zur wärmegekoppelten Produktion von Strom sowie zur Produktion von Wärme (Art. 34a Abs. 1 lit. a–c RPV), hierzu benötigte Leitungen (Art. 34a Abs. 1 lit. d RPV) und Aufbereitungsanlagen (Art. 34a Abs. 1 lit. e RPV). Der enge Bezug zur Landwirtschaft und zum Standortbetrieb wird sodann in Art. 34a Abs. 2 RPV definiert: Die verarbeiteten Substrate müssen grundsätzlich zu mehr als der Hälfte ihrer Masse vom Standortbetrieb oder aus nahe gelegenen Landwirtschaftsbetrieben stammen. Sodann muss sich die Biomasse-Energiegewinnungsanlage dem Landwirtschaftsbetrieb unterordnen und einen Beitrag dazu leisten, dass die erneuerbaren Energien effizient genutzt werden (Art. 34a Abs. 3 RPV). Schliesslich sind die Voraussetzungen von Art. 34 Abs. 4 RPV zu erfüllen (Art. 34a Abs. 4 RPV), was namentlich eine umfassende Interessenabwägung im Sinne von Art. 3 RPV erfordert.

Vgl. dazu auch URP 2010, S. 57 ff.; Aemisegger/Kuttler/Moor/Ruch: Art. 16a, N 32 ff.; Häberli/Schneebeli: S. 7 f.

21.2.5   Innere Aufstockungen gemäss Art. 16a Abs. 2 RPG

21.2.5.1   *Grundsätze*

Bauten und Anlagen, die der inneren Aufstockung eines landwirtschaftlichen oder eines dem produzierenden Gartenbau zugehörigen Betriebs dienen, sind zonenkonform (Art. 16a Abs. 2 Satz 1 RPG). Diese Bestimmung privilegiert – wie auch Art. 16a Abs. 1 RPG – nur die bodenbewirtschaftenden (also bodenabhängig produzierenden) Betriebe.

Der Begriff der «inneren Aufstockung» ist im Gesetz nicht umschrieben. Nach der bundesgerichtlichen Praxis liegt eine innere Aufstockung vor, wenn einem überwiegend bodenabhängig produzierenden Betrieb ein Betriebszweig angegliedert wird, in dem landwirtschaftliche Produkte oder solche des produzierenden Gartenbaus bodenunabhängig gewonnen werden. Der Betrieb muss – zumindest nach bisheriger Praxis – für seine weitere Existenz auf das Zusatzeinkommen angewiesen sein und mit dem Zusatzerwerb voraussichtlich längerfristig bestehen können. Das Bundesgericht verlangte für die Prüfung dieser Voraussetzungen sorgfältige und konkrete Abklärungen im Einzelfall, beispielsweise in Form eines Betriebskonzepts. Mit der Revision der RPV vom 4. Juli 2007 ist das Erfordernis, wonach der Betrieb nur mithilfe des durch die innere Aufstockung ermöglichten Zusatzeinkommens voraussichtlich längerfristig bestehen kann, jedoch entfallen; nunmehr genügt es, dass der bodenunabhängige Betriebsteil gegenüber dem bodenabhängigen eine untergeordnete Rolle einnimmt (vgl. auch ZBl 2007, S. 684 ff.; Aemisegger/Kuttler/Moor/Ruch:

Art. 16a, N 42 ff.). Im Weiteren ist zu prüfen, ob die bodenunabhängige Produktion nicht in bereits bestehenden Bauten betrieben werden kann. Schliesslich dürfen dem Vorhaben keine überwiegenden Interessen entgegenstehen. Solche können sich namentlich aus der Umweltschutzgesetzgebung ergeben (BGer 1A.86/2001).

Art. 36 und Art. 37 RPV umschreiben die Voraussetzungen je separat für die Bereiche der Tierhaltung und des produzierenden Gartenbaus. Vgl. zur inneren Aufstockung auch BGer 1A.86/2001 und 1P.346/2001, zusammengefasst in: Info-Dienst VLP 12/2002.

21.2.5.2   *Tierhaltung*

Gemäss dem Sinn von Art. 36 RPV haben nur überwiegend bodenabhängig produzierende Betriebe die Möglichkeit der inneren Aufstockung. Was unter einem überwiegend bodenabhängig produzierenden Betrieb zu verstehen ist, ergibt sich aus Art. 36 Abs. 1 RPV. Diese Bestimmung umschreibt das bundesgerichtliche Kriterium, wonach eine innere Aufstockung massvoll sein muss. Diese Voraussetzung erfüllt ein Betrieb, der bei einer gesamthaften Betrachtung seines langfristigen Bewirtschaftungskonzepts trotz der inneren Aufstockung noch als überwiegend bodenabhängig produzierender Betrieb qualifiziert werden kann. Ob dies der Fall ist, lässt sich nicht ohne Beizug quantitativer Kriterien beurteilen. Gemäss Art. 36 Abs. 1 lit. a und b und Art. 36 Abs. 2 RPV ist entweder auf den Deckungsbeitrag oder das Trockensubstanzpotenzial anhand von Standardwerten abzustellen.

Der Deckungsbeitrag ist eine in Franken pro ha gerechnete Einkommensgrösse. Massgebend sind die ständig aktualisierten Tabellen der landwirtschaftlichen Forschungsanstalten (Muggli 2003: S. 22). Der Deckungsbeitrag der bodenunabhängigen Produktion muss kleiner sein als jener der bodenabhängigen.

Die Beurteilung kann alternativ auch nach dem Trockensubstanzpotenzial erfolgen. Die Trockensubstanz ist jener Teil des pflanzlichen Ausgangsprodukts, der bei vollständigem Entzug des Wassers zurückbleibt. Das Trockensubstanzpotenzial des Pflanzenbaus muss mindestens 70 Prozent des Bedarfs des Tierbestands decken. Führt das Deckungsbeitragskriterium zu einem höheren Aufstockungspotenzial als das Trockensubstanzkriterium, so müssen in jedem Fall 50 Prozent des Trockensubstanzpotenzials des Tierbestands gedeckt sein (Art. 36 Abs. 3 RPV).

21.2.5.3   *Gemüse- und Gartenbau*

Als innere Aufstockung gilt auch die Errichtung von Bauten und Anlagen für den bodenunabhängigen Gemüse- und Gartenbau (Art. 37 Abs. 1 RPV). Als bodenunabhängig gilt die Bewirtschaftung, wenn kein hinreichend enger Bezug zum natürlichen Boden besteht (Art. 37 Abs. 2 RPV).

Voraussetzung ist, dass die bodenunabhängig bewirtschaftete Fläche 35 Prozent der gemüse- oder gartenbaulichen Anbaufläche des Betriebs, jedenfalls aber 5000 m² nicht übersteigt.

21.2.6   ## Intensivlandwirtschaftszonen gemäss Art. 16a Abs. 3 RPG

Bauten und Anlagen, die über eine innere Aufstockung hinausgehen, können (nur dann) als zonenkonform bewilligt werden, wenn sie in einem Gebiet der Landwirtschaftszone erstellt werden sollen, das vom Kanton in einem Planungsverfahren dafür freigegeben wird (Art. 16a Abs. 3 RPG).

Diese Bestimmung schafft die Voraussetzung für die Bewilligung von Betrieben, die vorwiegend oder ausschliesslich der bodenunabhängigen Landwirtschaft dienen. Art. 38 RPV konkretisiert, dass der Kanton im Rahmen seiner Richtplanung oder auf dem Wege der Gesetzgebung die Anforderungen festlegt, die bei der Ausscheidung von solchen Zonen zu beachten sind. Massgebend sind dabei die Ziele und Grundsätze nach Art. 1 und Art. 3 RPG. Eigenständige kantonale Vorgaben können diese bundesrechtlichen Kriterien zwar ergänzen, nicht aber ersetzen. Diese Umschreibung belässt den Kantonen Methodenfreiheit. Sie können daher entweder festhalten, wo Bauten und Anlagen für die bodenunabhängige Produktion grundsätzlich zulässig sind (Positivplanung), oder sie können umgekehrt jene Gebiete bezeichnen, in welchen – etwa aus Gründen des Landschaftsschutzes – entsprechende Bauten und Anlagen ausgeschlossen sein sollen (Negativplanung).

Der Kanton Zürich hat von dieser Kompetenz Gebrauch gemacht. Im Bericht zum geänderten kantonalen Richtplan (Landschaftsplan; Teilrevision 2001) werden Grundsätze für Bauten und Anlagen aufgestellt, die ein Planungsverfahren erfordern. Mit diesen «Grundsätzen für Bauten und Anlagen, die ein Planungsverfahren erfordern» (Pt. 3.2.3 lit.d des Berichts), sind die Voraussetzungen zur Ausscheidung von sogenannten Intensivlandwirtschaftszonen geschaffen worden und somit die Möglichkeit, entsprechende Bauten und Anlagen als zonenkonforme Vorhaben in der Landwirtschaftszone zu bewilligen. Entsprechende Intensivlandwirtschaftszonen sind im Kanton Zürich vereinzelt festgelegt worden, namentlich aufgrundlage eines Gestaltungsplans.

21.2.7   ## Solaranlagen gemäss Art. 18a RPG

Mit der Partialrevision vom Juni 2007 (in Kraft seit Januar 2008) wurde in Art. 18a RPG statuiert, dass sorgfältig in Dach- und Fassadenflächen integrierte Solaranlagen in Bau- und Landwirtschaftszonen zu bewilligen sind, sofern keine Kultur- und Naturdenkmäler von kantonaler oder nationaler Bedeutung beeinträchtigt werden. Der Wortlaut von Art. 18a RPG impliziert eine Zonenkonformität von Solaranlagen in der Landwirtschaftszone gemäss Art. 16 ff. RPG, gleich wie in Bauzonen gemäss Art. 15 RPG und anders als in Schutzzonen gemäss Art. 17 RPG.

Demnach können in der Landwirtschaftszone Solaranlagen – Fotovoltaikanlagen zur Stromgewinnung oder Sonnenkollektoren zur Wärmegewinnung – als zonenkonform bewilligt werden, soweit einer solchen Bewilligung keine natur- und denkmalschutzrechtlichen Überlegungen entgegenstehen (VB.2009.00466 [E. 10]). Freilich erfasst die Bestimmung von Art. 18a RPG nur Solaranlagen, die auf dem Dach oder an der Fassade einer bereits bestehenden Baute und Anlage angebracht werden sollen. Eigenständige Solaranlagen in der Landwirtschaftszone, die keinen räumlichen Bezug zu einer dort bereits bestehenden Baute und Anlage haben (wie etwa die Errichtung freistehender, aufgeständerter oder direkt auf der

Erde installierter Solarzellen und Sonnenkollektoren), beurteilen sich hinsichtlich ihrer Zonenkonformität ausschliesslich nach Art. 16a und Art. 24 ff. RPG.

Vgl. zum Ganzen AEMISEGGER/KUTTLER/MOOR/RUCH: Art. 18a; HÄBERLI/SCHNEEBELI: S. 8 f., unter Hinweis auf das Merkblatt der Baudirektion «Solaranlagen ausserhalb der Bauzonen».

21.3 Zonenkonformität in der Freihaltezone, der Erholungszone und der Reservezone

21.3.1 Freihaltezone

Zonenzweck

In der Freihaltezone dürfen gemäss § 40 PBG nur solche oberirdischen Bauten und Anlagen erstellt werden, die der Bewirtschaftung oder unmittelbaren Bewerbung der Freiflächen dienen und die den Zonenzweck nicht schmälern. Für andere Bauten und Anlagen gelten die Anforderungen des Bundesrechts für die Standortgebundenheit ausserhalb der Bauzonen, was grundsätzlich selbst für jene Fälle gilt, da sich das fragliche Grundstück innerhalb des Siedlungsgebiets befindet (BEZ 1995 Nr. 2). Immerhin sind in solchen Fällen – wenn also eine sogenannte innenliegende Freihaltezone zur Diskussion steht – die Anforderungen des Bundesrechts bloss analog anwendbar (VB.2007.00468).

Für die Beurteilung, ob eine Baute oder Anlage dem Zonenzweck entspricht oder nicht, ist vorerst aufgrund der Richtplanung festzustellen, welcher Zweck der konkreten Freihaltezone selber zukommt. Freihaltezonen können unter anderem folgenden Zwecken dienen: Trennung und Gliederung von Bauzonen, Stadt- oder Gemeindeteilen; Schutz von Feuchtgebieten, Naturdenkmälern, der Umgebung von Ortsbildern, Schutzgebieten, Waldrändern usw.; Sicherung von Erholungsflächen innerhalb oder ausserhalb des Baugebiets (§ 39 und § 61 PBG).

Im sogenannten Trenngebiet dürfen grundsätzlich keinerlei Bauten oder Anlagen errichtet werden. Mit solchen Freihaltezonen soll ja gerade sichergestellt werden, dass Überbauungen zwecks Gewährleistung von zusätzlichem Grünraum oder zur Kennzeichnung politischer Grenzen voneinander getrennt bleiben.

In den Umgebungsschutz- oder gar Schutzgebieten sollen gleichfalls keine Bauten und Anlagen erstellt werden dürfen. Als – zonenkonforme – Bauten und Anlagen der Bewirtschaftung sind allenfalls ein Schopf für die Unterbringung von Bewirtschaftungsmaschinen, ein Bienenhäuschen oder Fischerstege usw. denkbar.

Die Erholungsflächen lassen sich in folgende Gruppen gliedern (vgl. Anhang zur Richtplan-Darstellungsverordnung, S. 6):

- Allgemeines Erholungsgebiet;
- Besonderes Erholungsgebiet Typ A: Allmend. Unter dem Begriff «Allmend» werden Mischnutzungen erfasst, welche sich nicht eindeutig den Erholungsgebieten Typen B–D zuordnen lassen.
- Besonderes Erholungsgebiet Typ B: Festplatz, Rastplatz, Parkanlage und dergleichen;
- Besonderes Erholungsgebiet Typ C: Sportplatz, Freibad, Tennisplatz und dergleichen;

- Besonderes Erholungsgebiet Typ D: Familiengartenareal, Campingplatz und dergleichen.

Zulässige Bauten und Anlagen

Als zonenkonform zulässig sind in allen Freihaltezonentypen nur kleinere Hochbauten, wie Garderobenhäuschen, Gartenhäuschen oder Ähnliches; nicht aber eigentliche Hochbauten wie ein Hallenbad, Sportstadien, Wohnungen usw. Dies ergibt sich aus dem Zweck der Freihaltezone, möglichst viel Grünraum zu erhalten. Nach § 40 Abs. 1 PBG müssen Bauten und Anlagen der Bewirtschaftung der Freifläche dienen und in diesem Sinne auf den beantragten Standort angewiesen sein.

Bezeichnet die Richtplanung allgemeines Erholungsgebiet, so bedeutet dies kein absolutes Bauverbot für dort ausgeschiedene Freihaltezonen, sondern erlaubt der Bewirtschaftung oder unmittelbaren Bewerbung der Freiflächen dienende Bauten und Anlagen. Ein absolutes Bauverbot gilt nur, wenn im Richtplan Umgebungsschutz- oder Trenngebiet vorgesehen ist (RB 1985 Nr. 81). Nicht mehr zulässig war aber ein Golfabschlagplatz in einer allgemeinen Freihaltezone (ohne besondere Zweckbestimmung; BEZ 1998 Nr. 24). Hingegen sind in einem Besonderen Erholungsgebiet Typ C zulässig Sportplätze oder ein Freibad, nicht jedoch ein Hallenbad (ZBl 1972, S. 442). Bewilligt werden können auch die für die Sportanlagen erforderlichen Abschrankungen, Einteilungen und Beleuchtungskörper.

Andere Bauten und Anlagen sind nur nach Massgabe der bundesrechtlichen Voraussetzungen für standortgebundene Bauten und Anlagen ausserhalb der Bauzonen gestattet, wobei bei einem Wiederaufbau oder einer teilweisen Änderung nach Art. 24 ff. RPG von der Wesensgleichheit abgewichen werden darf, wenn dadurch dem Freihaltezweck besser entsprochen werden kann (so jedenfalls der Regierungsrat im Antrag vom 25. August 1999 zur Teilrevision des kantonalen Landschaftsplanes, Abl 1999, S. 1062). Vgl. auch BGer 1A.49/2006 und BGer 1C_279/2008 betreffend Garagenzufahrt eines geplanten Wohn- und Geschäftshauses über die Freihaltezone.

21.3.2   **Erholungszone**

Von der Freihaltezone unterscheidet sich die eigentliche Erholungszone gemäss § 61 Abs. 1 und § 62 Abs. 2 PBG nur insoweit, als sie entsprechend den kommunalen Vorschriften weitergehende bauliche Nutzungen zulässt.

Die Bewilligung nicht zonenkonformer Bauten und Anlagen in Erholungszonen richtet sich – wie bei der Freihaltezone – ausschliesslich nach Art. 24 ff. RPG, da sie ebenso wie diese keine Bauzone im Sinne von Art. 15 RPG darstellen (vgl. BGE 118 Ib 503 E. 5; RB 1996 Nr. 70; BEZ 2006 Nrn. 62 und 63 [betreffend Erholungszone für Golfplatz]). Vgl. dazu auch Seite 132 f.

21.3.3   **Reservezone**

Zonenzweck

Die Reservezonen umfassen Flächen, deren Nutzung noch nicht bestimmt ist oder in denen eine bestimmte Nutzung erst später zugelassen werden soll (§ 65 Abs. 1 PBG; vgl. auch Art. 18 Abs. 2 RPG).

Zulässige Bauten und Anlagen

In der Reservezone sind Bauten und Anlagen nur nach Art. 24 RPG zulässig (§ 65 Abs. 2 Satz 1 PBG). Seit der RPG-Revision 1998 ist dieser kantonalrechtliche Verweis auf Art. 24a–24d sowie Art. 37a RPG auszudehnen. Demgemäss sind Bauten und Anlagen in der Reservezone nie zonenkonform gemäss Art. 22 Abs. 2 lit. a RPG und erfordern folglich stets eine Ausnahmebewilligung. Bauten und Anlagen dürfen zudem der in den Richtplänen vorgesehenen Zweckbestimmung nicht zuwiderlaufen (§ 65 Abs. 2 Satz 2 PBG). Diese Formulierung führt dazu, dass in der Reservezone praktisch keine Bauten oder Anlagen bewilligt werden dürfen, dies umso weniger, als die Zweckbestimmung aufgrund der Richtplanung auch nicht immer so klar ist beziehungsweise durch das Instrument der Reservezone planerische Entscheide aufgeschoben werden. Immerhin gelten aber Bauten und Anlagen, die in der Landwirtschaftszone zonenkonform wären, in den übrigen Nichtbauzonen – wie etwa der Reservezone – als standortgebunden im Sinne von Art. 24 lit. a RPG (BEZ 2008 Nr. 8 [mit weiteren Hinweisen]).

Für Bauten und Anlagen in der Reservezone besteht grundsätzlich kein Erschliessungsanspruch gegenüber dem Gemeinwesen (§ 65 Abs. 3 PBG). Eigentümer von Grundstücken in Reservezonen haben indes einen Anspruch auf Überprüfung der Bauzonendimensionierung, der frühestens acht Jahre nach der Zonenfestsetzung geltend gemacht werden kann (§ 65 Abs. 4 PBG; vgl. auch Seite 133 f.).

21.4 Zonenwidrige Bauten und Anlagen ausserhalb der Bauzonen

Übersicht über die Ausnahmetatbestände des RPG

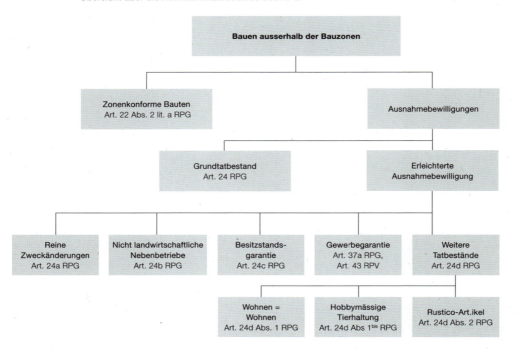

21.4.1 Grundtatbestand von Art. 24 RPG

21.4.1.1 *Gesetzliche Regelung*

Nach Art. 24 RPG können abweichend von Art. 22 Abs. 2 lit. a RPG Bewilligungen erteilt werden, Bauten und Anlagen zu errichten oder ihren Zweck zu ändern, wenn (lit. a) der Zweck der Bauten und Anlagen einen Standort ausserhalb der Bauzonen erfordert und (lit. b) keine überwiegenden Interessen entgegenstehen. Diese Regelung gilt als Abweichung von der in Art. 22 Abs. 2 lit. a RPG enthaltenen Grundvoraussetzung einer Baubewilligung, wonach Bauten und Anlagen dem Zweck der Nutzungszone entsprechen müssen.

21.4.1.2 *Zum Begriff «ausserhalb der Bauzonen»*

Art. 24 RPG gilt – in örtlicher Hinsicht – nur für Bauten und Anlagen «ausserhalb der Bauzonen», also beispielsweise in Landwirtschaftszonen, Schutzzonen, Erholungszonen sowie «übrigen» Gebieten. Die Bestimmung umfasst somit alle Zonen, die der Nutzungsplan gemäss Art. 14 RPG kennt und die nicht eine Bauzone nach der Zweckbestimmung von Art. 15 RPG darstellen.

Besonderheiten gelten für das Bahnareal: Bei der Frage, ob solches Areal eine Bau- oder eine Nichtbauzone darstellt, kann nicht allein auf die Darstellung (weisse Fläche) im Zonenplan abgestellt werden. Vgl. hierzu ausführlich BGer 1A.140/2003: In diesem Fall handelte es sich um Bahngebiet, für welches ein Plangenehmigungsverfahren durchgeführt worden war und das bereits durch die Bahn baulich genutzt wird. Das Areal war ferner grossmehrheitlich von Wohnzonen umgeben. Der kantonale Richtplan ordnete das fragliche Gebiet zudem dem Siedlungsgebiet zu. Das Bundesgericht hielt fest, dass es grundsätzlich sinnvoll sei, Bahnareale im Siedlungsgebiet baulich zu nutzen. Ein Interesse an der Freihaltung solcher Areale könne nicht angenommen werden. Die Errichtung der Mobilfunkanlage bedurfte daher im vorliegenden Fall keiner Ausnahmebewilligung nach Art. 24 RPG.

21.4.1.3 *Gegenstand*

Art. 24 RPG befasst sich mit Neubauten und allen baulichen Vorkehren an bestehenden Bauwerken, die in ihren Auswirkungen auf Nutzungsordnung, Erschliessung und Umwelt einem Neubau gleichkommen. Erfasst sind also Bauten und Anlagen, die von Grund auf neu erstellt oder (als Ersatzbau) wieder aufgebaut werden, und auch solche, die umfassend (also nicht nur teilweise im Sinn des aufgehobenen Art. 24 Abs. 2 RPG) so geändert werden, dass Umfang, Erscheinung und Bestimmung (also die Identität) nicht mehr in wesentlichen Zügen gewahrt sind. Die Bestimmung gilt auch für solche Bauten und Anlagen, die – selbst ohne äusserlich wahrnehmbare Änderung – durchgehend einer nach Art. 22 Abs. 1 RPG bewilligungspflichtigen neuen Nutzung zugeführt werden.

21.4.1.4 *Voraussetzung der Standortgebundenheit*

Nach Art. 24 lit. a RPG kann eine Bewilligung ausnahmsweise erteilt werden, wenn die Baute beziehungsweise Anlage positiv oder negativ an einen Standort ausserhalb der Bauzonen gebunden ist.

Von positiver Standortgebundenheit spricht man, wenn sich die betreffende Baute und Anlage aus technischen, betrieblichen oder aus Gründen der Bodenbeschaffenheit nur an einem mehr oder weniger bestimmten Ort ausserhalb der Bauzonen realisieren lässt (vgl. etwa ZBl 1999, S. 332), wie zum Beispiel bei SAC-Hütten, Bergrestaurants, Sanatorien, Sende- und Empfangsantennen.

Eine negative Standortgebundenheit liegt dann vor, wenn für eine bestimmte Baute und Anlage, für die keine Planungspflicht besteht, ein Platz innerhalb der Bauzonen an sich möglich, aber zum Beispiel wegen ihrer Immissionen oder aus Sicherheitsgründen nicht sinnvoll erscheint, wie zum Beispiel bei Anlagen zur Herstellung umweltgefährlicher Stoffe, Abfalldeponien, Schützenhäusern, einem Modellflugplatz (ZBl 2005, S. 643) und Hundesportanlagen (ZBl 1996, S. 166).

Die Voraussetzungen der Standortgebundenheit beurteilen sich nach objektiven Massstäben. Auf die subjektiven Vorstellungen und Wünsche des Einzelnen – wie finanzielle Verhältnisse, persönliche Zweckmässigkeit oder Bequemlichkeit – kommt es dabei nicht an (BGE 119 Ib 442, 118 Ib 17, je mit Hinweisen; BEZ 1993 Nr. 23). Stets ist aber bloss eine relative (und mithin nicht eine absolute) Standortgebundenheit erforderlich; nicht notwendig ist somit der – ohnehin kaum zu erbringende – Nachweis, dass es sich um den einzig möglichen Standort handelt (BEZ 2008 Nr. 55).

Beispiele standortgebundener Bauten und Anlagen:

- Eine kommunale Erschliessungsstrasse kann standortgebunden sein, wenn keine andere Zufahrtsvariante besteht (BEZ 2002 Nr. 1).
- Wirtschaftliche Interessen genügen nicht zur Bejahung der Standortgebundenheit von Mobilfunkanlagen. Vgl. hierzu wie auch zur Standortoptimierung BEZ 2003 Nr. 20: Soll auf einem bestehenden Hochspannungsmast ausserhalb der Bauzonen eine Mobilfunkanlage errichtet werden, so braucht es dafür eine Ausnahmebewilligung nach Art. 24 RPG. Zu prüfen ist insbesondere, ob die Anlage auf einen Standort ausserhalb der Bauzonen angewiesen ist (URP 2004, S. 136 ff.). Die Standortgebundenheit von Mobilfunkantennen ist dann zu bejahen, wenn anders eine Versorgungslücke nicht geschlossen werden könnte, es zu Störungen im Netz käme oder wenn mehrere Anlagen nötig wären. Wirtschaftliche Vorteile allein reichen aber nicht aus (RB 2003 Nr. 74).
- In Präzisierung der vorstehend dargelegten Rechtsprechung hat das Bundesgericht erkannt, dass sich unter besonderen Umständen ein Mobilfunkstandort ausserhalb der Bauzonen im Vergleich zu einem solchen innerhalb der Bauzonen aufgrund einer Gesamtsicht unter Beachtung aller massgebenden Interessen als derart vorteilhaft erweisen kann, dass eine spezifische Standortgebundenheit im Sinne von Art. 24 lit. a RPG zu bejahen ist. Mobilfunkanlagen können im Unterschied zu anderen Infrastrukturbauten und -anlagen angebracht werden, ohne dafür zwingend neues unüberbautes Nichtbauzonenland in Anspruch zu nehmen, weil sie auf vorbestehenden Bauten und Anlagen realisiert werden. Diesem Umstand gilt es bei der im Rahmen der Standortevaluation vorzunehmenden

Interessenabwägung gebührend Rechnung zu tragen. Dementsprechend können sich bei der erwähnten Abwägung auch Standorte ausserhalb der Bauzonen gegenüber solchen innerhalb der Bauzonen als wesentlich geeigneter erweisen, soweit sie auf bestehenden Bauten und Anlagen angebracht werden. Grundvoraussetzung einer solchen erweiterten ausnahmsweisen Bejahung der Standortgebundenheit ist allerdings, dass die Mobilfunkanlage ausserhalb der Bauzonen keine erhebliche Zweckentfremdung von Nichtbauzonenland bewirkt und nicht störend in Erscheinung tritt. Ein positiver Ausgang der genannten Interessenabwägung reduziert sich gemäss der bundesgerichtlichen Rechtsprechung somit auf Örtlichkeiten, an welchen sich bereits zonenkonforme beziehungsweise zonenwidrige Bauten und Anlagen – wie namentlich Leitungsmasten, Beleuchtungskandelaber sowie landwirtschaftliche Bauten und Anlagen – befinden (BGE 133 II 321 [E. 4.3.3], bestätigt in BGE 133 II 409 [E. 4.2]). Vgl. dazu auch BEZ 2009 Nr. 22 (betreffend DVB-H-Antennenanlage) sowie URP 2009, S. 910 ff.
- Die Standortgebundenheit wurde ferner bejaht für einen Beobachtungsturm für ein Flachmoor von nationaler Bedeutung (BR 2004, S. 116 Nr. 256), für eine Langlaufloipe (BR 2004, S. 116 Nr. 258) und für einen Modellflugplatz (BR 2005, S. 24 Nr. 34).

Beispiele nicht standortgebundener Bauten und Anlagen:
- Nicht als standortgebunden werden Reitbetriebe, insbesondere Reithallen, beurteilt. Hier werden nicht landwirtschaftliche Produkte «hergestellt», sondern es wird auf gewerblicher Basis Sport betrieben (vgl. etwa BEZ 1984 Nr. 1).
- Nicht standortgebunden ist ein Pferdestall für zwei Pferde zu Hobbyzwecken (BGer 1A.298/2004) beziehungsweise ein Pferdeunterstand für 15 Pferde (BEZ 2009 Nr. 21). Auch die Erweiterung eines weitgehend bodenunabhängigen Pferdehaltungsbetriebs ist nicht standortgebunden (BEZ 2003 Nr. 1).
- Nicht zulässig sind sogenannte Schrebergartenhäuschen, da sie lediglich der Erholung dienen (und daher in die Erholungszone gehören).
- Die Standortgebundenheit kann nicht mit der Zugehörigkeit zu einer bestehenden Baute gerechtfertigt werden, die selbst zonenfremd ist (vgl. etwa BGE 115 Ib 298; BGE 114 Ib 320). Die Bewilligung lässt sich jedoch allenfalls auf Art. 24c Abs. 2 RPG (teilweise Änderung) stützen.
- Eine Strasse, welche die Funktion hat, Land in der Bauzone zu erschliessen, ist ausserhalb der Bauzonen in der Regel nicht standortgebunden. Sie kann weder erstellt noch erweitert werden. Der Umstand, dass bereits eine – wenn auch ungenügend ausgebaute – Strasse besteht, ist noch kein zwingender Grund, die Erschliessung über diese Strasse zu führen; allenfalls kann eine solche Strasse aber unter dem Titel von Art. 24c RPG bewilligt werden (BGE 112 Ib 175 und BGE 118 Ib 497; BGer 1A.49/2006 und BGer 1C_279/2008 [beide betreffend Garagenzufahrt eines geplanten Wohn- und Geschäftshauses in Zollikon]; BEZ 2008 Nr. 55).

- Die Standortgebundenheit wurde unter anderem verneint für eine Maiensässhütte in der Landwirtschaftszone (BR 2003 Nr. 42), für Bootsanbindeplätze (BR 2004 Nr. 32), für eine Schiessanlage (BR 2004 Nr. 34), für den Einbau einer Nasszelle in einen Schafstall (BR 2004 Nr. 257) und für eine Hundeschule (BR 2005 Nr. 36; bestätigt mit BGer 1A.214/2002).

Erweiterung standortgebundener Gebäude

Standortgebundene zonenwidrige Bauten und Anlagen ausserhalb der Bauzonen sind nicht in spezieller Weise auf die Besitzstandsgarantie (vgl. dazu Seite 1180) angewiesen. Sie stehen im Einklang mit dem materiellen Recht, da sie entweder – wenn auch nur im Sinn einer Ausnahme – rechtmässig bewilligt worden oder aber als vorbestandene Bauten und Anlagen durch das Inkrafttreten des GSchG oder des RPG jedenfalls nicht unrechtmässig geworden sind. Ihre Erweiterung setzt daher grundsätzlich wiederum Standortgebundenheit sowie das Fehlen entgegenstehender Interessen im Sinne von Art. 24 RPG voraus.

In der Praxis hat das Bundesgericht in einzelnen Fällen aber auch Erweiterungen standortgebundener Betriebe zugelassen, selbst wenn die Zusatzbauten selber nicht standortgebunden waren, jedoch einem standortgebundenen Betrieb dienten (sogenannte abgeleitete Standortgebundenheit). Es hat dabei jeweils ein besonderes, aus dem Hauptbetrieb hergeleitetes betriebswirtschaftliches oder technisches Bedürfnis verlangt, diese Bauten am vorgesehenen Ort und in der geplanten Dimension zu erstellen (BGE 124 II 252 [E. 4c mit Hinweisen]; VB.2005.00324). Dabei ist nach objektiven Gesichtspunkten zu entscheiden; rein subjektive Bedürfnisse und Bequemlichkeit dürfen keine Rolle spielen (BEZ 2006 Nr. 15).

    Voraussetzung der umfassenden Interessenabwägung

Standortgebundene Bauten und Anlagen dürfen nur bewilligt werden, wenn ihnen keine überwiegenden öffentlichen oder privaten Interessen entgegenstehen (Art. 24 lit. b RPG; vgl. auch Art. 3 RPV). Im Einzelfall kann zum Beispiel das öffentliche Interesse an der Schonung einer Landschaft oder an der Freihaltung eines Seeufers überwiegen. Auch Aspekte wie Vermeidung von Präjudizien oder Schutz vor Naturgewalten liegen im öffentlichen Interesse und sind gegen die Interessen des Bauherrn abzuwägen. Sodann können auch private Anliegen einer Ausnahmebewilligung entgegenstehen. So wehrte sich beispielsweise ein Nachbar erfolgreich gegen die Errichtung von Treibhäusern, indem er sich auf übermässige Immissionen berief, welche von den Sonnenspiegelungen auf der Plastikbedachung ausgingen.

Bei widerrechtlichen Bauten und Anlagen ausserhalb der Bauzonen gilt es die Interessenabwägung gemäss Art. 24 lit. b RPG von derjenigen im Zusammenhang mit dem Entscheid über die Wiederherstellung des rechtmässigen Zustands gemäss § 341 PBG zu unterscheiden: Für Erstere ist die Baudirektion zuständig (Art. 25 Abs. 2 RPG), während Letztere von der kommunalen Baubehörde vorgenommen wird (BEZ 2009 Nr. 44 [in Präzisierung von BEZ 2007 Nr. 24]). Vgl. dazu auch Seite 482 f.

21.4.1.6   *Abgrenzung zur Planungspflicht*

Kriterien

So wenig Ausnahmebewilligungen allgemein auf eine Normkorrektur hinauslaufen dürfen, so wenig dürfen Ausnahmebewilligungen gemäss Art. 24 RPG eine Korrektur der nutzungsplanerischen Festlegungen bewirken. Denn jede zonenfremde Baute und Anlage ausserhalb der Bauzonen beeinträchtigt die Trennung von Baugebiet und Nichtbaugebiet, was ein zentrales Anliegen der Raumplanung darstellt. Für Bauten und Anlagen, die ihrer Natur nach nur in einem Planungsverfahren angemessen erfasst werden können, dürfen daher keine Ausnahmebewilligungen im Sinne von Art. 24 RPG erteilt werden (AEMISEGGER/ KUTTLER/MOOR/RUCH: Art. 2 N 32, auch zum Folgenden). Entscheidend für die Abgrenzung ist die räumliche Bedeutung des zonenfremden Vorhabens und die damit hervorgerufenen Legitimations- und Rechtsschutzbedürfnisse einerseits, anderseits auch die Notwendigkeit, die Vorhaben prospektiv in die anzustrebende räumliche Entwicklung einzupassen. Wann ein konkretes Vorhaben so gewichtig ist, dass es in Anwendung von Art. 2 RPG als planungswürdig erscheint, ergibt sich aus den Planungsgrundsätzen und -zielen (Art. 1 und Art. 3 RPG), dem kantonalen Richtplan und der Bedeutung, die dem Projekt im Lichte der im RPG festgelegten Verfahrensordnung zukommt (BGE 119 Ib 439; BGE 114 Ib 312).

Beispiele zur Planungspflicht im Allgemeinen

Die Erteilung einer Ausnahmebewilligung kommt daher nur für kleinere, nicht zonenkonforme Vorhaben in Betracht. Projekte, die aufgrund ihrer Ausmasse und der vorgesehenen Nutzung die räumliche Ordnung erheblich beeinflussen, dürfen dagegen nicht gestützt auf Art. 24 RPG bewilligt werden, sondern erfordern die Grundlage in der Nutzungsplanung.

Eine solche Planungspflicht besteht namentlich für die Erstellung von Golfplätzen sowie auch für die wesentlich kleineren Golfübungsplätze (BEZ 1996 Nr. 27; ZBl 1996, S. 146; PBG aktuell 2/95 S. 28, 4/95 S. 23 und 4/96 S. 29; ZUP Nr. 25/Dezember 2000, S. 45 ff. und 51 ff.; BEZ 2006 Nrn. 62 und 63 [betreffend Erholungszone für Golfplatz]).

Analog hat das Bundesgericht etwa hinsichtlich von Aufenthaltsplätzen für Fahrende entschieden: Die Nutzungsplanung muss Zonen und geeignete Plätze vorsehen, die für den Aufenthalt von Schweizer Fahrenden geeignet sind und deren traditioneller Lebensweise entsprechen, welche verfassungsrechtlichen Schutz geniesst. Ein Standplatz für Fahrende von gewisser Bedeutung kann ausserhalb der Bauzonen nicht auf dem Wege der Ausnahmebewilligung gemäss Art. 24 RPG bewilligt werden (BGE 129 II 321).

Planungspflicht bei Materialgewinnung im Besonderen

Jeder grössere Abbau von Sand und Kies ist mit einem Eingriff in den Naturhaushalt, die Landschaft und die Umwelt verbunden. Er ist daher entsprechend den richtplanerischen Festlegungen sowie im Rahmen eines Gestaltungsplans gemäss § 44a PBG zulässig. Nur ganz ausnahmsweise können kleinere Materialgewinnungen ohne eine entsprechende planerische Grundlage, also gestützt auf Art. 24 RPG direkt bewilligt werden.

Die Materialgewinnung muss möglichst schonend erfolgen, wobei unzumutbare Einwirkungen auf umliegende Wohngebiete zu vermeiden sind. In der Regel sollte das Gelände in Etappen und unter laufender, angemessener Wiederherstellung und Neugestaltung beansprucht werden. Der Abbauplan hat planlich die Situation vor Baubeginn, Art und Ausmass des vorgesehenen Abbaus, die Etappierung, Erschliessungs- und Betriebseinrichtungen sowie baulichen Schutz- und Sicherheitsmassnahmen während des Abbaus darzustellen. Der Gestaltungsplan legt die Ziele der späteren Nutzung und Gestaltung der Abbaugebiete fest und enthält detaillierte Massnahmen zu deren Realisierung. Er enthält Massnahmen zur Reliefgestaltung inklusive Wiederauffüllung, der Bodenvorbereitung, Bepflanzung beziehungsweise Begrünung und Erschliessung in ihrer räumlichen und zeitlichen Abfolge mit Angabe der voraussichtlichen Kosten (§ 44a Abs. 2 und 3 PBG; vgl. auch GILGEN/GEISSBÜHLER: S. 3 und 4).

Nach der gesetzgeberischen Konzeption ist die Verwendung als Abbaugebiet und Deponie eine Zwischennutzung. Die späteren Nutzungs- und Gestaltungsziele ergeben sich aus der raumplanerischen Gesamtkonzeption, insbesondere aus den Anforderungen der Landschaftsplanung. Im Vordergrund hat zweifellos die Rekultivierung der vor dem Abbau landwirtschaftlich genutzten Gebiete zu stehen, sofern die Wiederherstellung geeigneter natürlicher Standortverhältnisse und sonstiger Nutzungsbedingungen auf dem ursprünglichen oder einem neuen Niveau möglich ist. Besonders wichtig ist die Wiederherstellung des vorhergehenden Zustands dort, wo Fruchtfolgeflächen im Sinne von Art. 26 ff. RPV infrage stehen, die nach Art. 3 Abs. 2 lit. a RPG mit Massnahmen der Raumplanung zu sichern sind. Hier kommen die einander widersprechenden Interessen besonders deutlich zum Ausdruck. Der für die Bauindustrie lebensnotwendigen Rohmaterialgewinnung steht die ebenso notwendige optimale Rückführung vorübergehend für den Kiesabbau genutzter Flächen in die Landwirtschaft gegenüber. Die Baudirektion und die Volkswirtschaftsdirektion haben für die Rekultivierung Richtlinien ausgearbeitet mit dem Ziel, die Qualität von kultivierten Böden zu verbessern («Richtlinien für Bodenrekultivierungen», Fassung vom Mai 2003).

Sofern ein entsprechender Bedarf besteht, sich das Land eignet und die Interessen der landwirtschaftlichen Nutzung nicht vorgehen, können ehemalige Kiesgruben oder Teile davon im Rahmen des Planungs- und Baurechts auch anderen Nutzungen zugeführt werden, so etwa für:

- forstliche Nutzung: Wiederaufforstung der vor dem Abbau forstwirtschaftlich genutzten Gebiete;
- Neuaufforstung als Ersatz für anderweitige Rodung;
- Freizeit- und Erholungsnutzung (etwa bei gewichtigen Anliegen für lärmerzeugende Aktivitäten);
- park- oder allmendartige Erholungsgebiete;
- Sportanlagen, Campingplätze usw.;
- Gestaltung als Schutzgebiet: neue Nassbiotope als Lebensräume für Amphibien, wasserabhängige Insekten und Vögel, Pflanzen;
- bauliche Nutzung: Wohn- oder Industriegebiet bei möglicher Herstellung eines tragfähigen Baugrunds;

- landschaftliche Eingliederung ohne bestimmten Nutzungszweck: Ziel ist die Wiederherstellung eines bestimmten Landschaftscharakters, sofern nicht durch besondere Gestaltungsziele eine Bereicherung des Landschaftsbilds oder -haushalts erreicht werden soll.

Verbot von Kleinstbauzonen

Umgekehrt ist eine Kleinstbauzone – auch in Form eines Gestaltungsplans –, mit welcher ein einzelnes Bauvorhaben verwirklicht werden soll, nicht zulässig. Das Nutzungsplanungsverfahren darf nicht dazu missbraucht werden, Bauvorhaben, die keine Ausnahmebewilligung nach Art. 24 RPG erhalten können, doch zu realisieren (BGE 121 I 245). Eine solche Kleinstbauzone ist nach der bundesgerichtlichen Praxis höchstens direkt anschliessend an das bestehende Baugebiet denkbar oder bei geringfügigen Erweiterungen bereits bebauten Gebiets beziehungsweise massvollen Erweiterungen bestehender Bauten und Anlagen (PBG aktuell 1/2008, S. 24 ff. [betreffend geringfügige Erweiterung eines Reitbetriebs]). Für die Abgrenzung zwischen zulässiger und verbotener Kleinstbauzone gelten demnach zwei Kriterien: Primär darf Art. 24 RPG nicht umgangen werden; sodann muss die Kleinstbauzone auch einem planerischen Bedürfnis entsprechen, was eine sachlich vertretbare Interessenabwägung voraussetzt.

Vgl. ausführlich zum Verhältnis Ausnahmebewilligung und Zonenplanung auch BGE 129 II 321 betreffend Fahrende, zusammengefasst in PBG aktuell 2/2003, S. 38 f., sowie BGE 124 II 391 ff. und BGer 1A.271/2005.

21.4.1.7   *Standortgebundene Bauten und Anlagen gestützt auf Art. 39 RPV*

Bauten und Anlagen in Streusiedlungsgebieten

In Gebieten mit traditioneller Streubauweise, die im kantonalen Richtplan räumlich festgelegt sind und in denen die Dauerbesiedlung im Hinblick auf die anzustrebende räumliche Entwicklung gestärkt werden soll, können die Kantone nach Art. 39 Abs. 1 RPV als standortgebunden bewilligen:

- die Nutzungsänderung bestehender Gebäude, die Wohnungen enthalten, zu landwirtschaftsfremden Wohnzwecken, wenn sie nach der Änderung ganzjährig bewohnt werden (Art. 39 Abs. 1 lit. a RPV);
- die Nutzungsänderung bestehender Bauten oder Gebäudekomplexe mit Wohnungen zu Zwecken des örtlichen Kleingewerbes (beispielsweise Käsereien, Holz verarbeitende Betriebe, mechanische Werkstätten, Schlossereien, Detailhandelsläden, Wirtshäuser), wobei der Gewerbeanteil in der Regel nicht mehr als die Hälfte des bestehenden Gebäudes oder Gebäudekomplexes beanspruchen darf (Art. 39 Abs. 1 lit. b RPV).

Vgl. im Einzelnen hierzu (und zur fraglichen gesetzlichen Grundlage von Art. 39 Abs. 1 lit. b RPV) VB.2004.00407.

Die in der Vereinigung «Pro Zürcher Berggebiet» zusammengeschlossenen Gemeinden haben bereits Mitte der 70er-Jahre ein Entwicklungskonzept gemäss Investitionshilfegesetz erarbeitet, welchem Regierungsrat und Bundesrat zugestimmt haben. Danach bildet unter anderem die Erhaltung der gewachsenen Streusiedlungsstruktur ein erklärtes Planungsziel. Es liegt somit im kantonalen Interesse, in Gebieten mit traditioneller Streubauweise die Dauerbesiedlung und damit gleichzeitig die Erhaltung der bestehenden Bausubstanz zu fördern (Bericht zum kantonalen Richtplan, Ziff. 3.2.4). Mit der Bezeichnung von «Gebieten mit traditioneller Streubauweise» im Richtplan wurde die Grundlage für die Anwendbarkeit von Art. 39 Abs. 1 RPV geschaffen. Die Voraussetzung der richtplanerischen Festlegung ist demnach erfüllt.

Folgende Gemeinden sind einbezogen: Bäretswil, Bauma, Fischenthal, Hinwil, Sternenberg, Turbenthal, Wald, Wila und Wildberg. Damit kann in diesen Gebieten die Änderung von bestehenden Gebäuden zielgerichtet für die Nutzung nicht mehr von der Landwirtschaft benötigter Volumen zu kleingewerblichen Zwecken und zu landwirtschaftsfremden Wohnzwecken bewilligt werden.

Damit in den bezeichneten Gebieten Bewilligungen nach Art. 39 Abs. 1 RPV erteilt werden können, müssen die entsprechenden Voraussetzungen nach dieser Bestimmung erfüllt sein.

Als landschaftsprägend geschützte Bauten

Nach Art. 39 Abs. 2 RPV können die Kantone die Nutzungsänderung bestehender, als landschaftsprägend geschützter Bauten als standortgebunden bewilligen, wenn kumulativ:

- Landschaft und Bauten als Einheit schützenswert sind und im Rahmen der Nutzungsplanung unter Schutz gestellt wurden;
- der besondere Charakter der Landschaft vom Bestand der Bauten abhängt;
- die dauernde Erhaltung der Bausubstanz nur durch eine Umnutzung sichergestellt werden kann;
- der kantonale Richtplan die Kriterien enthält, nach denen die Schutzwürdigkeit der Landschaften und Bauten zu beurteilen ist.

Abgesehen von den Gebieten mit traditioneller Streubauweise hat der Kanton Zürich noch keine konkreten Festlegungen zur Anwendung von Art. 39 Abs. 2 RPV getroffen. Der kantonale Richtplan enthält keine Kriterien, nach denen die Schutzwürdigkeit von Landschaften beziehungsweise Bauten und Anlagen beurteilt und bewilligt werden. Da die RPV für sich selbst keine Ausnahmen zwingend festlegt, sondern lediglich die Kantone hierzu ermächtigt, finden die Erleichterungen nach Art. 39 RPV nicht direkt Anwendung.

Gemeinsame Voraussetzungen

Die RPV legt die Anforderungen für die Beurteilung von Bauten in Streusiedlungsbereichen und für Nutzungsänderungen von landschaftsprägenden Bauten im Einzelfall fest (Art. 39 Abs. 3 RPV). Danach kann eine Bewilligung erteilt werden, wenn (kumulativ):

- die Baute für den bisherigen Zweck nicht mehr benötigt wird;
- die Umnutzung keinen Ersatzbau zur Folge hat, der nicht notwendig ist;
- die äussere Erscheinung und die bauliche Grundstruktur im Wesentlichen unverändert bleiben;
- höchstens eine geringfügige Erweiterung der bestehenden Erschliessung notwendig ist und sämtliche Infrastrukturkosten, die im Zusammenhang mit der Zweckänderung anfallen, auf die Eigentümer der in ihrem Zweck ge

änderten Bauten und Anlagen überwälzt werden (vgl. zum Erfordernis der Geringfügigkeit BBl 1996 III 545 sowie – allerdings noch zum alten Recht beziehungsweise zum Begriff der teilweisen Änderung – BGE 118 Ib 500);

- die landwirtschaftliche Bewirtschaftung des umliegenden Grundstückteils und der angrenzenden Parzellen nicht gefährdet wird;
- und – im Sinne von Art. 24 lit. b RPG – keine überwiegenden Interessen entgegenstehen.

21.4.2   Zweckänderungen ohne bauliche Massnahmen (Art. 24a RPG)

21.4.2.1   *Voraussetzungen*

Erfordert die Zweckänderung einer Baute oder Anlage ausserhalb der Bauzonen keine nach Art. 22 Abs. 1 RPG bewilligungspflichtigen Massnahmen, so ist die Bewilligung zu erteilen, wenn (lit. a) dadurch keine neuen Auswirkungen auf Raum, Erschliessung und Umwelt entstehen und (lit. b) sie nach keinem anderen Bundeserlass unzulässig ist. Die Ausnahmebewilligung ist unter dem Vorbehalt zu erteilen, dass bei veränderten Verhältnissen neu verfügt wird (Art. 24a RPG).

Mit dieser Bestimmung sind primär jene Fälle anvisiert, da – ohne bauliche Massnahmen – in ehemals landwirtschaftlich genutzte Wohnbauten oder Teile davon Nichtlandwirte einziehen. Solche (baurechtlich relevanten) Nutzungsänderungen bedürfen einer baurechtlichen Bewilligung, welche aber nach altem Recht gemäss bundesgerichtlicher Praxis mangels Standortgebundenheit nicht erteilt werden konnte. Art. 24a RPG will diesen Mangel beheben; entsprechende Nutzungsänderungen sind unabhängig vom Erfordernis der Standortgebundenheit zulässig. Damit wird eine unpraktikable Rechtslage mit der Realität in Übereinstimmung gebracht (MUGGLI 2003: S. 36 ff.).

Die Nutzungsänderungen dürfen jedoch keine nach Art. 22 Abs. 1 RPG bewilligungspflichtigen baulichen Änderungen bedingen. Der bundesrechtliche Begriff der Änderung umfasst mehrere Tatbestände, die sich überschneiden und kumulieren können.

Nach den Intentionen des Gesetzgebers sind die Voraussetzungen restriktiv zu handhaben. Auf jeden Fall gilt es die gewerbliche Nutzung von leer stehenden Scheunen und Ställen für nichtlandwirtschaftliche Gewerbe oder Hobbys der Bauzonenbevölkerung zu verhindern. Solche Umnutzungen, die meistens gewässerschutzrechtliche Auflagen erfordern oder Auswirkungen auf die Erschliessung haben, sind nur nach den strengen Voraussetzungen von Art. 24c Abs. 2 RPG zulässig. Gestattet ist aber etwa das Einstellen von Wohnwagen und anderen Geräten in nicht mehr genutzte Scheunen (MUGGLI 2003: S. 36 f.).

21.4.2.2   *Vorbehalt*

Nach Art. 24a Abs. 2 RPG ist die Baubewilligung unter Vorbehalt zu erteilen, dass bei veränderten Verhältnissen von Amtes wegen neu verfügt wird. Diese Bestimmung versteht sich inhaltlich von selbst, doch stellt sie klar, dass eine entsprechende Bedingung zwingend in die Baubewilligung aufzunehmen ist. Die Feststellung einer «Veränderung der Verhältnisse» ist ohne erheblichen baupolizeilichen Aufwand aber meistens nicht festzustellen. Sie setzt daher eine intensive Aufsicht der zuständigen Gemeinden voraus. Mangels ausdrücklicher gesetzlicher Regelung ist der Vorbehalt nicht zwingend im Grundbuch anzumerken.

21.4.3   Nicht landwirtschaftliche Nebenbetriebe (Art. 24b RPG)

21.4.3.1   *Gesetzliche Umschreibung*

Können landwirtschaftliche Gewerbe ohne eine zusätzliche Einkommensquelle nicht fortbestehen, so können bauliche Massnahmen zur Errichtung eines betriebsnahen, nicht landwirtschaftlichen Nebenbetriebs in bestehenden Bauten und Anlagen bewilligt werden. Die Anforderung von Art. 24 lit. a RPG – die Standortgebundenheit – muss diesfalls nicht erfüllt sein (Art. 24b Abs. 1 RPG; vgl. dazu auch BEZ 2008 Nr. 8 [betreffend ungenügendes Betriebskonzept]). Der Nebenbetrieb darf nur vom Bewirtschafter des landwirtschaftlichen Gewerbes beziehungsweise vom Lebenspartner geführt werden (Art. 24b Abs. 2 RPG). Die Existenz des Nebenbetriebs ist sodann im Grundbuch einzutragen (Art. 24b Abs. 3 RPG).

Mit der Teilrevision des RPG vom März 2007 (in Kraft seit September 2007) hat die vorstehend dargestellte Regelung insofern eine Erweiterung erfahren, als unabhängig vom Erfordernis des Zusatzeinkommens Nebenbetriebe mit einem engen sachlichen Bezug zum landwirtschaftlichen Gewerbe bewilligt werden können; hierfür sind sogar massvolle Erweiterungen zugelassen, sofern in bestehenden Bauten und Anlagen kein oder zu wenig Raum zur Verfügung steht (Art. 24b Abs. 1bis RPG; vgl. auch Art. 40 Abs. 4 RPV, wonach die massvolle Erweiterung mittels Anbauten oder Fahrnisbauten maximal 100 m^2 betragen darf). Die Bestimmung von Art. 24b Abs. 1bis RPG will den Landwirten insbesondere den Agrotourismus ermöglichen (Besenwirtschaften, Schlafen im Stroh, Gästezimmer auf dem Bauernhof, Heubäder; vgl. Art. 40 Abs. 3 lit. a RPV sowie BEZ 2008 Nr. 8 [betreffend Abgrenzung zu Art. 24b Abs. 1 RPG]), doch hat sie in der Zürcher Praxis – vermutlich angesichts der Marktsättigung – bislang keine grosse Bedeutung erlangt (HÄBERLI/SCHNEEBELI: S. 7). Vgl. zum Ganzen auch AEMISEGGER/KUTTLER/MOOR/RUCH: Art. 24b, N 15 ff.

21.4.3.2   *Berechtigte landwirtschaftliche Gewerbe*

Der Begriff des landwirtschaftlichen Gewerbes ist im Sinne von Art. 5 oder Art. 7 BGBB zu verstehen (Art. 24b Abs. 1 RPG; Art. 40 Abs. 1 lit. d RPV).

Als überlebensfähig gilt ein bäuerlicher Familienbetrieb, der nach Abzug der betriebsnotwendigen Sachausgaben noch mindestens etwa Fr. 70 000 Arbeitslohn für die etwa 2100 durchschnittlichen Arbeitsstunden erzielt. Dieser (in den parlamentarischen Beratungen genannte) Betrag kann nur ein Richtwert sein. Massgebend ist eine längerfristige Prognose, nicht der (zufällige) Abschluss eines Jahres. Betriebe, welche diese Grenze nach oben überschreiten, haben nicht Anspruch auf die Privilegierung nach Art. 24b RPG. Aber auch nach unten besteht eine Einkommensgrenze. Der Gesetzgeber will erhaltenswerten Landwirtschaftsbetrieben (und nur solchen) mit knappen Einkommensgrundlagen das Überleben ermöglichen (MUGGLI 2003: S. 29). Die fehlende Überlebensfähigkeit muss aufgrund der Bücher und Bilanzen nachgewiesen werden. Es darf kein nichtlandwirtschaftlicher Nebenbetrieb auf Vorrat geschaffen werden.

Berechtigt ist nur ein landwirtschaftliches Gewerbe mit einer Jahresleistung von etwa 2100 Arbeitsstunden. Wer das Einkommen von Fr. 70 000 erreicht, aber nicht die ganze Arbeitskraft der Familie dafür einsetzen muss, kann daraus keinen Anspruch auf einen nicht landwirtschaftlichen Nebenbetrieb ableiten. Nur ein Vollbetrieb darf also einen nicht landwirtschaftlichen Nebenbetrieb eröffnen (MUGGLI 2003: S. 29).

21.4.3.3   *Voraussetzungen an den Nebenbetrieb*

Begriff «Nebenbetrieb»

Aus dem Begriff «Nebenbetrieb» folgt, dass dieser dem Hauptbetrieb (betrieblich) untergeordnet sein muss, wenn auch keine Einkommensgrenze hierfür besteht. Das Einkommen kann also ausnahmsweise auch höher als jenes aus dem Landwirtschaftsbetrieb sein.

Der Betrieb ist aber vom Bewirtschafter des Landwirtschaftsgewerbes (beziehungsweise seinem Lebenspartner) in Personalunion zu führen (Art. 24b Abs. 2 Satz 1 RPG). Abs. 2 spricht nur von «führen», was heisst, dass der Betriebsleiter selber über die entsprechenden Qualifikationen für die Betriebsführung verfügt. In Bezug auf die beschäftigten Personen sieht Art. 24b Abs. 2 RPG vor, dass Personal, welches überwiegend oder ausschliesslich für den Nebenbetrieb tätig ist, nur für Nebenbetriebe im Sinne von Art. 24b Abs. 1bis RPG – Nebenbetriebe mit einem engen sachlichen Bezug zum landwirtschaftlichen Gewerbe – angestellt werden darf. In jedem Fall muss die im Nebenbetrieb anfallende Arbeit aber zum überwiegenden Teil durch die Bewirtschafterfamilie geleistet werden (Art. 24b Abs. 2 Satz 3 RPG; vgl. dazu auch BEZ 2009 Nr. 52).

Betriebsnähe

«Nicht landwirtschaftlicher Nebenbetrieb» meint nicht jedes beliebige Gewerbe; vielmehr muss dieses betriebsnah sein. Gemäss Art. 40 Abs. 1 RPV gilt als betriebsnah ein landwirtschaftlicher Nebenbetrieb, wenn er

- innerhalb des Hofbereichs des landwirtschaftlichen Gewerbes liegt;
- so beschaffen ist, dass die Bewirtschaftung des landwirtschaftlichen Gewerbes gewährleistet bleibt;
- der Hofcharakter im Wesentlichen unverändert bleibt.

Damit wird die Betriebsnähe vorab im Sinne der örtlichen Nähe verstanden. Das Bundesgericht hat die Zulässigkeit von Art. 40 Abs. 1 RPV (beziehungsweise Art. 40 Abs. 2 aRPV), welche Bestimmung die örtliche Nähe in den Mittelpunkt stellt, bestätigt (BGE 128 II 222). Mit dieser Betrachtungsweise wird sichergestellt, dass für gewerbliche Tätigkeiten nur Bauten und Anlagen infrage kommen, die im Betriebszentrum liegen, das heisst dort, wo sich das Wohnhaus und die Mehrzahl der Ökonomiegebäude befinden. Nur so kann gewährleistet bleiben, dass Landwirtschaft und Gewerbe eine Einheit bilden und der Betrieb in seiner Gesamtheit als Landwirtschaftsbetrieb wahrgenommen wird. Die Bewirtschaftung des landwirtschaftlichen Gewerbes ist etwa dann nicht mehr gewährleistet, wenn der Nebenbetrieb mit regelmässigen, länger dauernden Ortsabwesenheiten verbunden ist.

Beispiele von Nebenbetrieben

Idealtypische Beispiele solcher zulässiger Nebenbetriebe sind kleinere Schreinereien, kleinere mechanische Werkstätten, Gaststätten, Ferien auf dem Bauernhof, Campingplätze, Vermietung von Pferden an Dritte, Pferdepensionen, hingegen nicht etwa die Errichtung eines eigentlichen Pferdebetriebs mit entsprechender Infrastruktur (vgl. die Botschaft des Bundesrates zur Revision RPG, BBl 1996 III 538).

Nach dem klaren gesetzlichen Wortlaut kann der Nebenbetrieb nur in bestehenden Bauten und Anlagen (und unter Ausschluss jeder späteren Erweiterung) eingerichtet werden. Das Privileg nach Art. 24b RPG darf daher nicht mit jenem nach Art. 24c RPG kombiniert werden. Davon ausgenommen sind lediglich massvolle Erweiterungen bei Nebenbetrieben mit einem engen sachlichen Bezug zum landwirtschaftlichen Gewerbe gestützt auf den Privilegierungstatbestand von Art. 24b Abs. 1bis RPG.

Zu erfüllende Vorschriften

Nach Art. 24b Abs. 1^{quater} RPG müssen nicht landwirtschaftliche Nebenbetriebe den gleichen gesetzlichen Anforderungen – etwa hinsichtlich Arbeitnehmerschutz, Gewässerschutz, Lärmschutz und Luftreinhaltung – genügen wie vergleichbare Gewerbebetriebe in den Bauzonen, damit Wettbewerbsverzerrungen vermieden werden.

21.4.3.4   *Weitere Bestimmungen*

Anmerkung im Grundbuch

Die Existenz des Nebenbetriebs ist im Grundbuch anzumerken (Art. 24b Abs. 3 RPG; Art. 44 Abs. 1 lit. a RPV). Diese Bestimmung ist zwingend, weshalb die Grundbuchanmerkung mit der baurechtlichen Bewilligung und damit vor Aufnahme der Bauarbeiten zu verfügen ist. Sie dient der Orientierung über die dauernde Unabtrennbarkeit des Haupt- und Nebenbetriebs. Das Grundbuchamt löscht die Anmerkung von Amtes wegen, wenn das Grundstück rechtskräftig in eine Bauzone einbezogen wurde. In den andern Fällen darf das Grundbuchamt die Anmerkung nur löschen, wenn die zuständige Behörde verfügt hat, dass die Voraussetzungen für die Anmerkung dahingefallen sind (Art. 44 Abs. 3 RPV).

Realteilungs- und Zerstückelungsverbot

Nichtlandwirtschaftliche Nebenbetriebe bilden Bestandteile des landwirtschaftlichen Gewerbes und unterstehen dem Realteilungs- und Zerstückelungsverbot nach Art. 58–60 BGBB (Art. 24b Abs. 4 RPG). Damit wird insoweit vollständig auf die Regeln des BGBB (inkl. die in Art. 60 BGBB enthaltenen Ausnahmen) verwiesen. Wird der landwirtschaftliche Hauptbetrieb aufgelöst oder veräussert, darf der Nebenbetrieb nur dann fortbestehen, wenn der Erwerberbetrieb seinerseits über die Voraussetzungen zu dessen Führung verfügt. Die beiden Betriebsteile bilden daher sowohl raumplanungsrechtlich wie auch nach dem BGBB eine betriebliche Einheit. Art. 24b Abs. 5 RPG drückt dies negativ aus, indem stipuliert wird, dass die Bestimmungen des BGBB betreffend die nicht landwirtschaftlichen Nebenbetriebe – insbesondere Art. 3 Abs. 2 BGBB, wonach das Realteilungsverbot für nicht landwirtschaftliche Nebengewerbe nicht gilt – keine Anwendung finden.

Dahinfallen der Bewilligung

Die Bewilligung für den Nebenbetrieb fällt dahin, sobald die Bewilligungsvoraussetzungen nicht mehr erfüllt sind. Die zuständige Behörde stellt dies durch Verfügung fest. Auf Gesuch hin ist in einem neuen Bewilligungsverfahren zu entscheiden, ob der nicht landwirtschaftliche Nebenbetrieb gestützt auf eine andere Bestimmung bewilligt werden kann (Art. 40 Abs. 5 RPV).

21.4.4   Bestehende zonenwidrige Bauten und Anlagen (Art. 24c RPG)

21.4.4.1   *Allgemeines*

Übersicht

Bestimmungsgemäss nutzbare Bauten und Anlagen ausserhalb der Bauzonen, die nicht mehr zonenkonform sind, werden in ihrem Bestand grundsätzlich geschützt (Art. 24c Abs. 1 RPG). Sie können mit Bewilligung der zuständigen Behörde erneuert, teilweise geändert, massvoll erweitert oder wieder aufgebaut werden, sofern sie rechtmässig erstellt oder erweitert worden sind. In jedem Fall bleibt die Vereinbarkeit mit den wichtigen Anliegen der Raumplanung vorbehalten (Art. 24c Abs. 2 RPG).

Art. 41 und Art. 42 RPV enthalten ausführende Bestimmungen zur Anwendung von Art. 24c RPG. Gestützt auf Art. 37a RPG erhält der Bundesrat sodann die Kompetenz, für bestehende zonenfremde gewerbliche Bauten und Anlagen weitergehende Regelungen zu treffen, wovon er mit Art. 43 RPV Gebrauch gemacht hat.

Das Bundesamt für Raumentwicklung (ARE) hat Erläuterungen zur Anwendung von Art. 24c RPG publiziert.

Massgabe des kantonalen Rechts

Ist eine Baute oder Anlage nicht nur zonenwidrig (Art. 24c RPG), sondern widerspricht sie auch dem kantonalen Recht – etwa betreffend den Grenz-, Strassen- oder Waldabstand –, ist für die zulässigen baulichen Massnahmen neben dem Bundesrecht auch das kantonale Recht (namentlich § 357 Abs. 1 PBG) anwendbar und zu berücksichtigen. Es kann daher eine nach Bundesrecht zulässige Massnahme an den Voraussetzungen des kantonalen Rechts scheitern (BEZ 2009 Nr. 43).

Anwendungsbereich von Art. 24c RPG

Der Wortlaut von Art. 24c RPG macht deutlich, dass nur jene Bauten und Anlagen in den Anwendungsbereich der Bestimmung fallen, die zum Zeitpunkt der Bewilligung zonenkonform waren und durch Rechtsänderungen – die nachträgliche Änderung von Erlassen oder Plänen – zonenwidrig geworden sind (Art. 41 RPV). Faktische Zweckänderungen oder illegal erstellte Bauten und Anlagen erfüllen das Rechtmässigkeitserfordernis nicht und sind den von Art. 24c RPG eröffneten Möglichkeiten daher nicht zugänglich (BEZ 2007 Nr. 38).

«Seinerzeit» erstellte Bauten und Anlagen sind in erster Linie solche, die vor dem 1. Juli 1972 erstellt wurden, das heisst vor dem Inkrafttreten des Gewässerschutzgesetzes (GSchG); mit dem GSchG wurde erstmals eine klare Trennung von Baugebiet und Nichtbaugebiet verlangt. Nach dem 1. Juli 1972 erstellte Bauten und Anlagen fallen namentlich dann in den Anwendungsbereich von Art. 24c RPG, wenn sie aufgrund einer Zonenplanänderung von der Bau- in eine Nichtbauzone gelangten. Sie fallen aber auch dann darunter, wenn sie zwischen dem 1. Juli 1972 und dem Inkrafttreten des RPG (1. Januar 1980) in einem Gebiet errichtet wurden, für welches keine Bauzone ausgeschieden war, welches jedoch innerhalb eines gewässerschutzkonformen generellen Kanalisationsprojekts (GKP) lag. Für zonenfremde gewerbliche Bauten ausserhalb der Bauzone gilt kraft Art. 37a RPG der Stichtag des 1. Januar 1980. Diese Sonderregelung bietet indessen keinen Anlass, dieses Datum generell als massgeblichen Stichtag anzusehen (BGE 129 Il 396, zusammengefasst in PBG aktuell 3/2003, S. 35; vgl. auch BR 2004, S. 17 Nr. 35; BR 2004, S. 18 Nr. 35).

Damit ist klar, auf welche Bauten und Anlagen der Tatbestand von Art. 24c RPG nicht anwendbar ist, nämlich vorerst auf solche, die als zonenkonform bewilligt wurden und unverändert in diesem Sinne genutzt werden. Sie sind nach wie vor zonenkonform, und deren Änderungen richten sich nach den hierfür geltenden Bestimmungen. Nicht anwendbar ist Art. 24c RPG auch auf jene Bauten und Anlagen, deren Erstellung oder Änderung als ausnahmsweise standortgebunden bewilligt wurde, wobei keine Rolle spielt, ob dies nach RPG, GSchG (seit 1972) oder (vor 1972) nach kantonalem Recht geschah (BEZ 2007 Nr. 38). Schliesslich werden in all jenen Fällen, in denen das neue Recht nach Art. 24a, Art. 24b und Art. 24d RPG vollständige Zweckänderungen zulässt, weitergehende bauliche Massnahmen, wie sie im Anwendungsbereich von Art. 24c vorgesehen sind, ausgeschlossen. Ausnahmebewilligungen dürfen somit nicht kumuliert werden.

21.4.4.2   *Besitzstandsgarantie*

Die Besitzstandsgarantie nach Art. 24c Abs. 1 RPG ist nichts Neues; sie leitet sich bereits aus der Eigentumsgarantie gemäss Art. 26 BV, dem Vertrauensschutz gemäss Art. 9 BV sowie dem Rückwirkungsverbot ab und schützt den bisherigen, rechtmässig bewilligten Zustand.

Wer diesen verfassungsrechtlich geschützten Zustand verändern oder erweitern will, ist an die Voraussetzungen von Art. 24c Abs. 2 RPG – die erweiterte Besitzstandsgarantie – gebunden. Darunter fallen die Erneuerung, teilweise Änderung, massvolle Erweiterung und der Wiederaufbau von Bauten und Anlagen (vgl. dazu sogleich).

21.4.4.3   *Umfang der zulässigen baulichen Änderungen*

Erneuerung

Unter dem Begriff «Erneuerung» wird die zeitgemässe Instandstellung von Bauten und Anlagen verstanden. Solche Unterhalts- und gewisse Modernisierungsarbeiten, die der Erhaltung der betreffenden Baute oder Anlage dienen, sind allerdings gestützt auf die Eigentumsgarantie ohnehin zulässig, auch wenn Art. 24c Abs. 2 RPG keine Anwendung findet.

Teilweise Änderung

Ob ein Bauvorhaben noch unter den Begriff der teilweisen Änderung subsumiert werden kann, beurteilt sich nach Art. 42 Abs. 1–3 RPV, welche die bundesgerichtliche Praxis zum alten Recht weitgehend übernimmt und kodifiziert. Nach Art. 42 Abs. 1 RPV ist die Änderung noch teilweise (und mithin zulässig), wenn die Identität der Baute oder Anlage einschliesslich ihrer Umgebung in den wesentlichen Zügen gewahrt bleibt (vgl. dazu auch BEZ 2006 Nr. 52 sowie HÄBERLI/SCHNEEBELI: S. 10 f.). Verbesserungen gestalterischer Art. sind zulässig. Nach der Rechtsprechung des Bundesgerichts gilt eine geringfügige Erweiterung noch als teilweise Änderung (vgl. etwa BGE 118 Ib 499). Gemessen an der bestehenden Baute und Anlage muss die Änderung von untergeordneter Bedeutung sein (BGE 113 Ib 317). Etwas anderes lässt sich auch nicht dem neuen Begriff der massvollen Erweiterung (welcher lediglich die bisherige Praxis zur teilweisen Änderung kodifiziert) entnehmen. Es darf sich daher gemessen an der bestehenden Baute und Anlage nur um eine Änderung von untergeordneter Bedeutung handeln, welche – so nunmehr auch der Verordnungstext – die Identität der Baute in den wesentlichen Zügen wahrt (BEZ 1994 Nr. 27). Nach der bundesgerichtlichen Praxis sind demnach für die Beurteilung einer teilweisen Änderung insbesondere die realen Nutzflächen und Rauminhalte pro Art. der Nutzung einander gegenüberzustellen. Ob zum Beispiel die Zimmerzahl vergrössert wird, spielt keine entscheidende Rolle. Sodann ist ein Projekt in seiner Gesamtheit – und nicht nur je bezogen auf die Art. der Änderungen – zu betrachten. Bei der Prüfung ist nicht bloss auf die erklärten Absichten des Gesuchstellers, sondern auf die gesamten Umstände abzustellen. Auch solche Räume sind zu berücksichtigen, die für eine zonenwidrige Nutzung objektiv verwendbar sind (BEZ 1996 Nr. 4; BGE 112 Ib 98).

Das Bundesgericht bezeichnete die Vergrösserung eines Restaurants um rund einen Drittel als nicht mehr geringfügige Erweiterung (BGE 107 Ib 242; im selben Sinne auch etwa BGE 112 Ib 94). Mit der RPV-Revision von 2000 ist Klarheit über die zulässige bauliche Erweiterung geschaffen worden. Nach Art. 42 Abs. 3 RPV ist die Identität nun dann nicht mehr gewahrt, wenn

- innerhalb des bestehenden Gebäudevolumens die anrechenbare Bruttogeschossfläche um mehr als 60 Prozent erweitert wird;
- die zonenwidrig genutzte Fläche ausserhalb des bestehenden Gebäudevolumens um mehr als 30 Prozent oder 100 m² erweitert wird; Erweiterungen innerhalb des bestehenden Gebäudekubus werden nur zur Hälfte angerechnet.

Dabei ist vom Zustand auszugehen, in dem sich die Baute oder Anlage zur Zeit der Erlass- oder Planänderung befand (Art. 42 Abs. 2 RPV). Diese neue Formulierung schafft allerdings keinen Anspruch auf eine Vergrösserung im maximalen Umfang. Wenn beispielsweise die Identität der Baute durch die infrage stehende Erweiterung massgeblich verändert würde, darf diese nicht bewilligt werden. Damit greift also eine gebäudespezifische Betrachtungsweise Platz. Flächentransfers von einem Gebäude auf ein anderes sind nicht zulässig (ZBl 2005, S. 490; BGE 127 II 215).

Sodann gilt die Regelung, dass die Änderung an vorschriftswidrigen Bauten und Anlagen selbstverständlich nur einmal beansprucht werden darf (BEZ 2006 Nr. 52). Werden Erweiterungen zeitlich verschoben bewilligt und ausgeführt, beurteilt sich das Mass der beanspruchten Erweiterung vom Zeitpunkt an, da das Gebäude im Widerspruch zur Zonenordnung geraten ist, also frühestens ab 1. Juli 1972 (Inkrafttreten des GSchG). Für Bauten und Anlagen, die erst nach dem 1. Juli 1972 einer Nichtbauzone zugewiesen wurden, ist von jenem Tag auszugehen, an dem die neue Nutzungsordnung in Kraft getreten ist. Dies wird – entsprechend der bisherigen bundesgerichtlichen Praxis – in Art. 41 und Art. 42 Abs. 2 RPV festgehalten. Vgl. zur mehrmaligen Erweiterung ZBl 2002, S. 354 ff.

Beispiele:

- Die Einrichtung eines Polofelds als Erweiterung eines bestehenden grossen Reitbetriebs hält sich im Rahmen einer teilweisen Änderung (BEZ 1993 Nr. 29).
- Unter dem Begriff der teilweisen Änderung können Nebenanlagen – wie Garagen, Lärmschutzwände, Kleinkläranlagen, nach der regierungs-rätlichen Praxis selbst Schwimmbäder – erstellt werden, welche gemessen an der Hauptbaute eine untergeordnete Bedeutung aufweisen. Dabei ist an Fälle zu denken, bei denen die Substanzerhaltung den körperlichen Zusammenhang nicht verlangt, sondern der angefügte Teil seiner Natur nach getrennt von der Hauptbaute angelegt werden muss oder kann (BEZ 2006 Nr. 52 [betreffend Autounterstand]). Die Nebenanlage muss aber der Hauptbaute räumlich und funktionell so zugeordnet sein, dass sie sinnvollerweise nur ihr dienen kann. Nötigenfalls ist die Zweckbe-stimmung der Baute und Anlage rechtsverbindlich zu sichern (BEZ 1994 Nr. 27). Der Umbau muss Umfang, Erscheinung und Nutzung der beste-henden Baute und Anlage in den wesentlichen Zügen wahren. Massgebend sind nicht die einzelnen Merkmale der vorgenommenen Änderungen, sondern alle raumwirksamen Elemente im Zusammenwirken (PBG aktuell 3/2004, S. 38).
- Die in Art. 42 Abs. 3 lit. b RPV genannten Grenzwerte von 30 Prozent beziehungsweise 100 m² beziehen sich auf die Nutzfläche einer beste-henden Baute und nicht etwa auf einen Zaun. Durch die Erhöhung des Zauns von 1,2 m auf 1,5 m und die Verwendung von Maschendraht auf seinen Längsseiten ist die Identität des früheren Zaunes in wesentlichen Zügen nicht mehr gewahrt. Im konkreten Fall kam hinzu, dass der neue Zaun durch sein Erscheinungsbild den Raum massgeblich veränderte (PBG aktuell 2/2004, S. 23). Die Änderung war nicht zulässig.

21.4.4.4   *Zweckänderungen*

Nach Art. 24c Abs. 2 RPG können nur teilweise Zweckänderungen zugelassen werden. Die Änderung darf also nicht zu einer völlig neuen Zweckbestimmung führen. Vielmehr müssen die alte und die neue Nutzung miteinander verwandt sein (BEZ 1993 Nr. 29). Eine Nutzungsänderung kann nur dann eine zulässige teilweise Änderung sein, wenn das Gebäude mindestens zu einem Teil für einen Zweck geschaffen worden ist, welcher der angestrebten Nutzung in seinen Auswirkungen nahesteht. Dabei stehen Wohnnutzungen einerseits und alle übrigen Nutzungen anderseits in der Regel einander nicht nahe. Unmassgeblich ist, ob mit der Nutzungsänderung grössere oder nur kleinere bauliche Änderungen verbunden sind (BEZ 1993 Nr. 23 betreffend Einrichten einer Wohnung in einer Scheune). Dagegen darf eine bestehende Wohnnutzung im Rahmen der zulässigen baulichen Erweiterungen in den Scheunenteil ausgedehnt werden. Das Bundesgericht hat jedoch klargestellt, dass eine Nutzungsänderung die Identität des Gebäudes wahren muss. Diese Identität ist nicht mehr gewahrt, wenn zum Beispiel der nach aussen sichtbare landwirtschaftliche Charakter eines Gebäudes verloren geht (BGer 1A.186/2004).

Das Bundesgericht hat die Bauverweigerung für die gänzliche Umnutzung eines nicht mehr benützten Ferien- und Skihauses in ein Restaurant bestätigt (BGer IA.78/2004). Die Zweckänderung von einer Wohnnutzung in ein Restaurant sprengt an sich schon den Rahmen einer teilweisen Änderung im Sinne von Art. 24c Abs. 2 RPG. Von Wesensgleichheit einer Baute kann nur gesprochen werden, wenn die Zweckänderung nicht zu einer völlig neuen wirtschaftlichen Zweckbestimmung führt. Eine Ausnahmebewilligung kommt nur für eine Umnutzung infrage, die von der ursprünglichen NutzungsArt. nicht grundlegend abweicht.

Die Besitzsstandsgarantie kann im Weiteren nur für eine Umnutzung angerufen werden, wenn die ursprüngliche Nutzung rechtskonform war. Die Tatsache, dass die Behörden bereits während Jahrzehnten die Umnutzung einer Hütte zu Ferienwohnzwecken toleriert haben, ändert nichts daran, dass nicht mehr von einer teilweisen Änderung gesprochen werden konnte. Allerdings kam diesem Umstand massgebliche Bedeutung zu bei der Verhältnismässigkeitsprüfung der angeordneten Wiederherstellungsmassnahmen (BGer 1A.42/2004).

21.4.4.5   *Wiederaufbau*

Der Wiederaufbau ist zulässig, sofern er grundsätzlich an die Stelle des alten Bauwerks tritt und in Grösse sowie Nutzungsart ungefähr diesem entspricht. Er darf eine teilweise Änderung und eine massvolle Erweiterung miteinschliessen (BEZ 1994 Nr. 27). Im Gegensatz zur Regelung in den Bauzonen gemäss § 307 PBG darf auch ein freiwillig zerstörtes Gebäude wiederaufgebaut werden (RB 1984 Nr. 91). Art. 42 Abs. 4 RPV übernimmt die bundesgerichtliche Praxis und bestimmt, dass eine Baute oder Anlage nur wieder aufgebaut werden darf, wenn sie im Zeitpunkt der Zerstörung oder des Abbruchs noch bestimmungsgemäss nutzbar war und an ihrer Nutzung ein ununterbrochenes Interesse besteht. Daher kommt für verfallene oder über mehrere Jahre verlassene Bauten und Anlagen ein Wiederaufbau nicht in Betracht. Bauruinen dürfen demnach nicht in Neubauten umgewandelt werden. Sofern dies objektiv geboten erscheint – und nur dann –, lässt Art. 42 Abs. 4 RPV ausdrücklich zu, dass der Standort der Ersatzbaute oder -anlage von demjenigen der früheren Baute oder Anlage geringfügig – aber eben nicht mehr – abweicht (BEZ 2000 Nr. 58).

Sonst ist der alte Standort zu übernehmen. Ein Kubaturtransfer von einem Gebäude auf ein anderes ist nicht zulässig (ZBl 2005, S. 490).

21.4.4.6   *Vereinbarkeit mit den wichtigen Anliegen der Raumplanung*

Das zusätzliche Erfordernis, wonach das Vorhaben mit den wichtigen Anliegen der Raumplanung vereinbar sein muss (Art. 24c Abs. 2 Satz 2 RPG), gebietet eine umfassende Interessenabwägung. Die in dieser Bestimmung verwendete Formulierung, wonach die Vereinbarkeit mit den wichtigen Anliegen der Raumplanung vorbehalten bleibt, scheint enger als Art. 24 lit. b RPG zu sein, wonach keine überwiegenden Interessen entgegenstehen dürfen. Inhaltlich sind aber wohl kaum Unterschiede gegeben. Massgebend sind in erster Linie die Ziele und Grundsätze der Raumplanung (Art. 1 und Art. 3 RPG), was auch die Berücksichtigung der Anliegen des Umwelt- und Landschaftsschutzes sowie weiterer verfassungsrechtlicher Interessen einschliesst (vgl. dazu auch BEZ 2009 Nr. 43). Das Wort «vereinbar» bedeutet, dass sich eine geplante bauliche Massnahme zu den Anliegen der Raumplanung mindestens neutral verhalten muss (HEER 1996: S. 43 f.).

In einem Rechtsmittelverfahren ging es um den Wiederaufbau eines Bootshauses am Ufer des Zugersees, das 1997 bis auf die Grundmauern abgebrannt war (ZBl 2005, S. 380 ff.). Das Grundstück lag ausserhalb der Bauzonen in einer Seeuferschutzzone und zudem in der Landschaft von nationaler Bedeutung «Zugersee». Das Bundesgericht wertete hier das öffentliche Interesse, das Seeufer vor weiterer Verbauung freizuhalten und die Ufer im Laufe der Zeit wieder in den natürlichen Zustand zurückzuversetzen, höher als das private Interesse des Bootshauseigentümers. Die Vereinbarkeit des Wiederaufbaus mit den wichtigen Anliegen der Raumplanung war mit anderen Worten zu verneinen. Ähnlich entschied das Bundesgericht bei einem gedeckten Gartensitzplatz am Rheinufer, der durch einen Sturm schwer beschädigt worden war (ZBl 2005, S. 384 f.).

21.4.5   Zonenfremde gewerbliche Bauten und Anlagen gemäss Art. 37a RPG

21.4.5.1   *Systematische Einordnung von Art. 37a RPG*

Gemäss Art. 37a RPG regelt der Bundesrat, unter welchen Voraussetzungen Zweckänderungen gewerblich genutzter Bauten und Anlagen zulässig sind, die vor dem 1. Januar 1980 erstellt wurden oder seither als Folge von Änderungen der Nutzungspläne rechtswidrig geworden sind. Gestützt hierauf hat der Bundesrat Art. 43 RPV erlassen, in welchem – über den eigentlichen Gesetzeswortlaut hinaus – neben den Zweckänderungen auch die baulichen Erweiterungen begünstigt werden. Das Bundesgericht hat aber festgehalten, dass der Bundesrat durch den Erlass von Art. 43 RPV die ihm delegierten Befugnisse nicht überschritten hat (BGer 1.A. 289/2004).

Art. 37a RPG und Art. 43 RPV stellen einen Sonderfall der in Art. 24c Abs. 2 RPG geregelten erweiterten Besitzstandsgarantie dar, weshalb sie hier systematisch der letztgenannten Bestimmung folgend behandelt werden.

21.4.5.2   *Begriff der gewerblichen Bauten und Anlagen*

Art. 37a RPG privilegiert zum einen all jene Gewerbebauten und -anlagen, die vor dem Inkrafttreten des RPG (1. Januar 1980) nach dem damals geltenden Recht ausserhalb der Bauzonen rechtskräftig bewilligt worden waren. Zum andern handelt die Bestimmung von jenen gewerblichen Bauten und Anlagen, die – unabhängig vom Erstellungs- oder Änderungszeitpunkt – bei der erstmaligen Schaffung einer RPG-konformen Nutzungsordnung (in der Regel also im Zuge der Redimensionierung zu grosser Bauzonen) zonenwidrig geworden sind. Bauten und Anlagen ohne die erforderlichen Bewilligungen oder die ohne Bewilligung geändert wurden, geniessen analog wie in Art. 24c RPG kein Privileg.

Das Bundesgericht hat klargestellt, dass Gewerbebauten in der Landwirtschaftszone einen eigenständigen Betrieb oder zumindest einen wesentlichen Teil eines bestehenden Betriebs beherbergen müssen, damit Art. 37a RPG und Art. 43 RPV anwendbar werden. Diese Voraussetzung ist nicht mehr erfüllt, wenn es lediglich um ein Archiv geht, dem für ein in der Bauzone gelegenes Architekturbüro nur eine untergeordnete Bedeutung zukommt. Der Begriff der gewerblichen Bauten und Anlagen im Sinne von Art. 37a RPG ist somit restriktiv auszulegen. Nicht jede irgendwie geartete teilweise gewerbliche Nutzung einer Baute macht diese zu einer gewerblichen Baute und Anlage. Vielmehr ist zu verlangen, dass die Baute und Anlage entweder einen eigenständigen Betrieb beherbergt oder aber dass in der Baute und Anlage zumindest ein wesentlicher Betriebsteil eines bestehenden Betriebs angesiedelt ist (BGer 1A.186/2004, in Bestätigung des in BEZ 2004 Nr. 61 publizierten Entscheids des Verwaltungsgerichts).

Nicht erfasst von der Privilegierung sind nach dem Wortlaut auch altrechtliche Wohnbauten; sie können nur unter den einschränkenderen Voraussetzungen von Art. 24c Abs. 2 RPG teilweise geändert oder massvoll erweitert werden.

21.4.5.3   *Zulässige Zweckänderungen*

Die Voraussetzungen von Zweckänderungen werden in Art. 43 Abs. 1 RPV ausführlich umschrieben. Während im Anwendungsbereich von Art. 24c Abs. 2 RPG – bestehende zonenwidrige Bauten und Anlagen im Allgemeinen – bloss teilweise Zweckänderungen zugelassen werden dürfen, wird das Mass der zulässigen Zweckänderung bei gewerblich genutzten Bauten und Anlagen ausserhalb der Bauzonen nicht näher quantifiziert. Nach dem Willen des Gesetzgebers sind auch vollständige Zweckänderungen von der Bestimmung erfasst (vgl. BGer 1A.289/2004). Diese «Grosszügigkeit» soll den Gewerbebetrieben ausserhalb der Arbeitsplatzzonen die nötige Flexibilität für Modernisierungen und Umstrukturierungen einräumen. Damit soll deren Konkurrenzfähigkeit gesichert und die Fortführung des Betriebs durch die nächste Generation ermöglicht werden (VLP Info Nr. 6/2005 vom November 2005). Sie dürfen aber nur bewilligt werden, wenn die in Art. 43 Abs. 1 RPV aufgeführten Bewilligungsvoraussetzungen kumulativ erfüllt sind:

- Die Baute und Anlage ist rechtmässig erstellt oder geändert worden (Art. 43 Abs. 1 lit. a RPV).
- Durch die Zweckänderung dürfen keine neuen Nutzungskonflikte geschaffen werden; es sind daher nur jene Zweckänderungen bewilligungsfähig, die keine wesentlichen neuen Auswirkungen auf Raum und Umwelt entstehen lassen (Art. 43 Abs. 1 lit. b RPV).
- Die neue Nutzung darf nach keinem andern Bundeserlass (als dem RPG) unzulässig sein (Art. 43 Abs. 1 lit. c RPV), was sich eigentlich von selbst versteht.
- Es darf höchstens eine geringfügige Erweiterung der bestehenden Erschliessung notwendig sein (Art. 43 Abs. 1 lit. d RPV; zum Begriff der Geringfügigkeit vgl. BBl 1996 III 545 und – allerdings zum Begriff der teilweisen Änderung – etwa BGE 118 Ib 500).
- Sämtliche anfallenden Infrastrukturkosten sind auf die Eigentümer der in ihrem Zweck geänderten Bauten und Anlagen zu überwälzen (Art. 43 Abs. 1 lit. e RPV).
- Schliesslich dürfen keine wichtigen Anliegen der Raumplanung entgegenstehen (Art. 43 Abs. 1 lit. f RPV). Damit wird die im Bereich der erweiterten Besitzstandsgarantie übliche Terminologie übernommen, zu der eine umfangreiche bundesgerichtliche Rechtsprechung besteht.

21.4.5.4   *Zulässige bauliche Änderungen*

Mit Art. 37a RPG wird das Ziel verfolgt, den sich ausserhalb der Bauzonen befindlichen Gewerbebetrieben jene Umstrukturierungen und Strukturbereinigungen zu ermöglichen, die zwecks Erhaltung der Konkurrenzfähigkeit erforderlich sind. Der Bundesrat legte dies in dem Sinn aus, dass neben den Zweckänderungen auch die zur Erreichung dieses Ziels notwendigen baulichen Erweiterungen von der in Art. 37a RPG enthaltenen Regelungskompetenz erfasst sind.

Daher wird die in Art. 42 Abs. 3 lit. b RPV enthaltene Voraussetzung übernommen, wonach eine Erweiterung von 30 Prozent der zonenwidrig genutzten Fläche gestattet ist; Erweiterungen innerhalb des bestehenden Gebäudekubus werden auch hier nur zur Hälfte angerechnet (Art. 43 Abs. 2 RPV).

Darüber hinaus hat der Bundesrat – allerdings mit zweifelhafter Befugnis – in Art. 43 Abs. 3 RPV geregelt, dass bestehende gewerbliche Bauten und Anlagen in Abweichung von Art. 42 Abs. 3 lit. b RPV unter bestimmten Voraussetzungen auch um mehr als 100 m² erweitert werden dürfen, wenn die Erweiterung für die Fortführung des Betriebs notwendig ist. Auch bei nachgewiesenem betrieblichem Existenzerfordernis darf die Erweiterungsgrenze von 30 Prozent gemäss Art. 43 Abs. 2 RPV aber nicht überschritten werden (BEZ 2009 Nr. 7).

Die Rechtsprechung zu Art. 24c Abs. 2 RPG, wonach die Möglichkeit der teilweisen Änderung nur einmal ausgeschöpft werden darf, lässt sich nicht auf zonenfremde Gewerbebauten und -anlagen gemäss Art. 37a RPG übertragen. Art. 43 Abs. 1 RPV sieht Erweiterungen und Zweckänderungen als selbstständige und nebeneinander zu verwirklichende Massnahmen vor. Daraus ergibt sich, dass die Ausschöpfung einer bereits früher erfolgten Erweiterung der beabsichtigten Umnutzung nicht entgegensteht (BEZ 2005 Nr. 1).

Art. 37a RPG lässt auch Umnutzungen von Gewerbebauten zu Wohnzwecken zu, wenn die Schranken von Art. 43 RPV eingehalten sind (BEZ 2005 Nr. 1; das Bundesgericht liess die Frage in BGer 1.A.186/2004 allerdings offen).

Bei der Beurteilung der noch zulässigen baulichen Erweiterung ist als Referenzfläche einzig die zonenwidrig genutzte Gebäudefläche (und nicht das ganze zonenwidrig genutzte Betriebsareal) zugrunde zu legen. Die bauliche Erweiterung ist sodann gebäudespezifisch zu betrachten. Dabei darf die Berechnung nicht auf die zur Ausnützung anrechenbare Geschossfläche beschränkt bleiben. Vielmehr ist auch die Fläche von Nebenräumen einzurechnen, die direkt und funktionell mit den zonenwidrig genutzten Räumen verbunden sind. Neubauten sind nur unter den Voraussetzungen von Art. 24c RPG in Verbindung von Art. 42 RPV zulässig; Art. 43 RPV ist von vornherein nicht anwendbar (vgl. ausführlich zu Art. 43 RPV BGer 1A.289/2004 [in Bestätigung von VB.2004.00031]).

21.4.5.5   *Erneuerungen und Wiederaufbau*

Art. 43 RPV handelt allein von Zweckänderungen und Erweiterungen. Erneuerungen und Wiederaufbauten hingegen sind auch mit Bezug auf zonenfremde Gewerbebauten und -anlagen im Lichte von Art. 24c Abs. 2 RPG beziehungsweise Art. 42 RPV zu beurteilen.

21.4.6   Weitere Ausnahmetatbestände gemäss Art. 24d RPG

21.4.6.1   *Übersicht über die Ausnahmetatbestände von Art. 24d RPG*

Mit der Teilrevision des RPG vom März 2007 (in Kraft seit September 2007) wurde die Kompetenzdelegation an die Kantone, wonach diese über die Anwendung der Ausnahmetatbestände von Art. 24d RPG zu entscheiden hatten (vgl. dazu auch § 358a Abs. 2 PBG), aufgehoben. Diese Ausnahmetatbestände sind nunmehr bundesrechtlich vorgesehen; immerhin steht es den Kantonen aber frei, auf dem Weg der kantonalen Gesetzgebung einschränkende Bestimmungen zu erlassen (Art. 27a RPG), wovon der Kantons Zürich jedoch keinen Gebrauch gemacht hat.

Zweckänderung landwirtschaftlicher Wohnbauten

In landwirtschaftlichen Wohnbauten, die in ihrer Substanz erhalten sind, können landwirtschaftsfremde Wohnnutzungen zugelassen werden (Art. 24d Abs. 1 RPG; vgl. auch Art. 42a RPV).

Unter diesen Ausnahmetatbestand fallen nach dem klaren Gesetzeswortlaut nur Bauten oder Teile von solchen, die schon bisher Wohnzwecken – und zwar landwirtschaftlichen – dienten («Wohnen bleibt Wohnen»). Reine (selbstständige oder angebaute) Ökonomiegebäude sind nicht privilegiert. Eine vollständige Zweckänderung kann wegen des Kumulationsverbots auch nicht später in den Ökonomieteil hinaus erweitert werden; Art. 24c Abs. 2 RPG wird durch Art. 24d RPG mitkonsumiert. Zudem kommen nur Zweckänderungen für nicht landwirtschaftliche Wohnnutzungen (inklusive Ferienwohnungen) infrage; Anträge auf eine Erweiterung zu gewerblichen Zwecken wurden in der parlamentarischen Beratung abgelehnt.

Die Baute und Anlage muss in ihrer Substanz erhalten sein. Das heisst, dass die statisch wichtigen Teile eines Gebäudes – Fundamente, tragende Böden, Dachkonstruktionen – im Wesentlichen einen guten, das heisst, funktionstüchtigen Zustand aufzuweisen haben.

Im Rahmen von Art. 24d Abs. 1 RPG sind auch bauliche Erweiterungen zulässig, welche für eine zeitgemässe Wohnnutzung unumgänglich sind (Art. 42a Abs. 1 RPV). Als weitere Kriterien für solche Erweiterungen gelten die allgemeinen Voraussetzungen von Art. 24d Abs. 3 RPG (vgl. dazu auch Ziff. 21.4.6.2 nachstehend). Insbesondere müssen die äussere Erscheinung und die Grundstruktur des betroffenen Gebäudes im Wesentlichen gewahrt bleiben (Art. 24d Abs. 3 lit. b RPG).

Art. 42a Abs. 2 RPV regelt sodann einen weiteren, von Art. 42a Abs. 1 RPV unabhängigen Sachverhalt. Danach sind für landwirtschaftliche Wohnbauten, die im Zeitpunkt der Zuteilung des betreffenden Grundstücks zum Nichtbaugebiet gemäss Bundesrecht rechtmässig bestanden, zusätzliche Erweiterungen möglich. Im Einzelfall können innerhalb des bestehenden Gebäudevolumens Erweiterungen bis zu den Grenzen von Art. 42 Abs. 3 RPV zugelassen werden.

In beiden Fällen – Art. 42a Abs. 1 und Abs. 2 RPV – kann der Wiederaufbau nach Zerstörung durch höhere Gewalt zugelassen werden (Art. 42a Abs. 3 RPV).

Hobbymässige Tierhaltung

Die Teilrevision des RPG vom März 2007 (in Kraft seit September 2007) stand hauptsächlich im Zeichen der baulichen Massnahmen für die hobbymässige Tierhaltung. Nicht unter den Titel der hobbymässigen Tierhaltung fallen gewerbliche Tätigkeiten, weshalb kommerzielle Reitsportanlagen grundsätzlich ein entsprechendes Planungsverfahren erfordern.

Einerseits sieht die neue Bestimmung von Art. 24d Abs. 1bis RPG vor, dass bauliche Massnahmen in unbewohnten Gebäuden oder Gebäudeteilen zugelassen werden können, wenn sie Bewohnern einer nahe gelegenen Wohnbaute zur hobbymässigen Tierhaltung dienen und eine besonders tierfreundliche Haltung gewährleisten. Darunter fallen nebst den eigentlichen Ställen auch Nebenräume wie etwa Sattelkammern. Anderseits können neue Aussenanlagen zugelassen werden, soweit sie für eine tiergerechte Haltung notwendig sind. Als solche Aussenanlagen zählen beispielsweise Mistlager, Gehege, Zäune oder Ausläufe, nicht aber überdachte Reitsportanlagen (vgl. dazu auch BEZ 2009 Nr. 21 betreffend Pferdeunterstand).

Konkretisiert wird Art. 24d Abs. 1bis RPG in Art. 42b und Art. 42c RPV. Vgl. zum Ganzen auch Aemisegger/Kuttler/Moor/Ruch: Art. 24d, N 25 ff.; Häberli/Schneebeli: S. 12 f.

Zweckänderung schützenswerter Bauten

Die vollständige Zweckänderung von als schützenswert anerkannten Bauten und Anlagen kann zugelassen werden, wenn diese von der zuständigen Instanz unter Schutz gestellt worden sind und ihre dauernde Erhaltung nicht anders sichergestellt werden kann (Art. 24d Abs. 2 RPG; sogenannter «Rustico-Artikel»).

Infrage kommen hier alle Bauten und Anlagen, also nicht nur Wohnbauten oder landwirtschaftliche Bauten und Anlagen. Auch an die neue Nutzung sind im Gegensatz zu Art. 24d Abs. 1 RPG keine Anforderungen gestellt. Insbesondere kann die Nutzung auch eine gewerbliche sein. Die Zweckänderung ist nicht auf eine teilweise beschränkt, sondern kann nach dem ausdrücklichen Gesetzeswortlaut auch vollständig sein.

Wesentliche Voraussetzungen der Zweckänderung sind die materielle Schutzwürdigkeit einerseits und eine nach kantonalem Recht erfolgte Schutzanordnung anderseits (Art. 24d Abs. 2 lit. a RPG). Schutzwürdig sind Bauten und Anlagen, die als Einzelobjekte schutzwürdig sind, aber auch solche, deren Schutzwürdigkeit in ihrer Beziehung zu einer typischen und schönen Kulturlandschaft besteht. Die materielle Schutzwürdigkeit ist in jedem Fall Prüfgegenstand der Baubewilligung. Die (kantonale) Bewilligungsbehörde kann und muss dabei die Grundlagen und Überlegungen der Unterschutzstellungsbehörde berücksichtigen, aber auch materiell überprüfen. Die Meinung des Gesetzgebers war, dass die Unterschutzstellung im Rahmen der Ausnahmebewilligung materiell überprüft werden kann. Das Bundesamt für Raumentwicklung hat hierfür Kriterien für die Festlegung der Schutzwürdigkeit von Bauten und Anlagen nach Art. 24d Abs. 2 RPG publiziert.

Als Unterschutzstellungsbehörde kommen kantonale, regionale oder kommunale Behörden infrage. An den kantonalrechtlich festgelegten Zuständigkeiten ändert Art. 24d Abs. 2 RPG nichts.

Neben der Schutzfähigkeit und der konkreten Schutzanordnung ist Voraussetzung, dass die dauernde Erhaltung der Baute oder Anlage nicht anders sichergestellt werden kann (Art. 24d Abs. 2 lit. b RPG).

21.4.6.2   *Gemeinsame Voraussetzungen für die weiteren Ausnahmetatbestände*

Übersicht

Art. 24d Abs. 3 RPG regelt die gemeinsamen Voraussetzungen, unter denen Ausnahmebewilligungen nach Abs. 1 (Zweckänderung landwirtschaftlicher Wohnbauten), Abs. 1bis (hobbymässiger Tierhaltung) und Abs. 2 (Zweckänderung von Schutzobjekten) erteilt werden können. Die Voraussetzungen gelten kumulativ und sind von Amtes wegen zu prüfen. Ihre Einhaltung ist im Baubewilligungsverfahren – gegebenenfalls mit den erforderlichen Auflagen – zu sichern. Lit. a stellt Anforderungen an die Baute oder Anlage. Lit. b regelt die äussere Erscheinung und lit. c das Mass der zulässigen Erweiterung. Lit. d will eine Gefährdung der landwirtschaftlichen Bewirtschaftung verhindern, während gemäss lit. e keine überwiegenden Interessen entgegenstehen dürfen.

Anforderungen an die Baute oder Anlage

Voraussetzung ist, dass die Baute und Anlage für den bisherigen Zweck nicht mehr benötigt wird, für die vorgesehene Nutzung geeignet ist und keine Ersatzbaute zur Folge hat, die nicht notwendig ist (Art. 24d Abs. 3 lit. a RPG).

Dass die Baute für den bisherigen Zweck nicht mehr benötigt wird, muss objektiv feststehen. Es kommt also nicht auf die momentanen Absichten des landwirtschaftlichen Betriebsleiters, sondern auf eine langfristige Betrachtungsweise an.

Sodann müssen an die Eignung für den neuen Zweck strenge Anforderungen gestellt werden. Ehemals landwirtschaftliche Wohnbauten dürften meistens für das nicht landwirtschaftliche Wohnen geeignet sein, während dies von Ökonomiegebäuden kaum je feststeht. Die Eignung ist auch zu verneinen, wenn das Gebäude abgelegen, unzugänglich oder zu klein ist.

Äussere Erscheinung und Grundstruktur

Die äussere Erscheinung und die bauliche Grundstruktur müssen im Wesentlichen unverändert bleiben (Art. 24d Abs. 3 lit. b RPG). Unter «baulicher Grundstruktur» sind die statisch wichtigen Teile eines Gebäudes zu verstehen (tragende Wände, Decken Böden), während eine neue Raumaufteilung innerhalb dieser Struktur zulässig ist. Die äussere Erscheinung wird wesentlich geändert, wenn An- und Aufbauten oder Erweiterungen vorgesehen sind. Kleinere bauliche Anpassungen sind dagegen auch äusserlich möglich.

Bei der Zweckänderung nach Art. 24d Abs. 2 RPG (schutzfähige Objekte) ist darauf zu achten, dass die Schutzfähigkeit auch nach der Änderung erhalten bleibt. Keine untersagte Veränderung ist dagegen die Wiederherstellung von wertvollen verloren gegangenen Qualitäten des Schutzobjekts. In diesem Sinne muss das Mass des Zulässigen am Schutzzweck gemessen werden.

Erschliessung

Es darf höchstens eine geringfügige Erweiterung der bestehenden Erschliessung notwendig sein. Sämtliche Infrastrukturkosten, die im Zusammenhang mit der vollständigen Zweckänderung der Bauten und Anlagen anfallen, werden auf deren Eigentümer überwälzt (Art. 24d Abs. 3 lit. c RPG). Danach sind Strassenneubauten und mehr als punktuelle Strassenverbreiterungen unzulässig. Ein noch fehlender Hausanschluss an Strasse und Kanalisation gilt aber noch als geringfügig.

Der Steuerzahler soll durch die Umnutzungen nicht belastet werden. Dies bedeutet nicht nur die Kostenübernahme für die im Zusammenhang mit der Umnutzung anfallenden Infrastrukturkosten für «geringfügige Erweiterungen» der Erschliessung, sondern auch für den Nutzen, den der Gesuchsteller aus einer schon bestehenden Infrastrukturanlage zieht (Mehrwert). Die Kostenaufteilung ist unter Berücksichtigung der Regel vorzunehmen, dass das nicht landwirtschaftliche Wohnen ausserhalb der Bauzonen nicht subventioniert werden darf (Muggli 2003: S. 36).

Nach Art. 19 Abs. 2 RPG trifft das Gemeinwesen für das Nichtbaugebiet keine Erschliessungspflicht. Selbst wenn schon eine Strasse besteht, kann das Gemeinwesen nicht zur Schneeräumung, zum Abholen des Kehrichts oder zum Schultransport verpflichtet werden.

Landwirtschaftliche Bewirtschaftung

Nach Art. 24d Abs. 3 lit. d RPG darf die landwirtschaftliche Bewirtschaftung des umliegenden Grundstücks nicht gefährdet werden. Nicht zulässig wäre daher etwa die Umgestaltung der landwirtschaftlich geprägten Umgebung durch Einzäunungen, einen Park, Schwimmbäder oder dergleichen. In den meisten Fällen verlangt der Schutz eines ehemals landwirtschaftlich beworbenen Gebäudes auch den Erhalt und die Pflege der dazugehörigen Kulturlandschaft.

Entgegenstehende Interessen

Sind alle Voraussetzungen von Art. 24d Abs. 3 lit. a–d RPG erfüllt, so hat die Bewilligungsbehörde noch eine abschliessende Interessenabwägung vorzunehmen (Art. 24d Abs. 3 lit. e RPG). Der Bewilligung dürfen keine überwiegenden Interessen entgegenstehen. Es können sowohl raumplanerische wie auch landschaftsschützerische oder weitere Aspekte in Betracht fallen.

21.5 Bauen im Wald

21.5.1 Allgemeines

Das Waldareal ist durch die Forstgesetzgebung umschrieben und geschützt (Art. 18 Abs. 3 RPG). Aufgrund dieser Bestimmung wird Wald keiner Nutzungszone im Sinne des Planungsrechts zugewiesen. Seine Bewirtschaftung erfolgt durch die Forstorgane nach den einschlägigen Bestimmungen des Bundes und des Kantons aufgrund der forstlichen Planung im Sinne von Art. 20 Abs. 2 WaG. Zum Begriff des Waldes und zur Waldfeststellung vgl. Seite 123 ff.

21.5.2 Betreten und Befahren des Waldes

Die Kantone haben dafür zu sorgen, dass der Wald der Allgemeinheit zugänglich ist. Wo es die Erhaltung des Waldes oder andere öffentliche Interessen erfordern, haben sie für bestimmte Waldgebiete die Zugänglichkeit einzuschränken (Art. 14 WaG; vgl. dazu auch die zivilrechtliche Bestimmung von Art. 699 ZGB). §§ 4–6 WaG-ZH regeln die Details.

Wald und Waldstrassen dürfen nur zu forstlichen Zwecken mit Motorfahrzeugen befahren werden. Der Bundesrat regelt die Ausnahmen für militärische und andere öffentliche Aufgaben. Die Kantone können weitere Ausnahmen zulassen, wenn nicht die Walderhaltung oder andere öffentliche Interessen dagegen sprechen. Die entsprechende Signalisation ist Sache der Kantone (Art. 15 WaG). Die bundesrechtlichen Ausnahmen sind in Art. 13 WaV festgelegt. § 7 WaG-ZH regelt die Details in Bezug auf die Zuständigkeiten: Danach ist die Erteilung von Ausnahmebewilligungen an die Gemeinde delegiert. Diese ist auch zuständig für die Signalisation und die Kontrolle des Fahrverbots. Der kantonale Forstdienst ist vorgängig anzuhören.

21.5.3   Bauten und Anlagen im Wald

21.5.3.1   *Forstliche Bauten und Anlagen*

Für Bauten und Anlagen, die forstlichen Zwecken dienen, ist neben der kommunalen Baubewilligung im Sinne von Art. 22 Abs. 1 RPG eine kantonalrechtliche Bewilligung erforderlich (Art. 11 WaG), welche durch das ALN erteilt wird (Ziff. 1.2.2 des Anhangs zur BVV). Mit dieser kantonalen Zuständigkeitsordnung wird Art. 14 Abs. 1 WaV entsprochen, wonach vor Erteilung der Bewilligung die kantonale Forstpolizeibehörde anzuhören ist. Nach § 8 WaG-ZH können solche Baubewilligungen für forstliche Bauten und Anlagen mit der Bedingung verknüpft werden, dass die Bauten auch der Jagd und der Öffentlichkeit zur Verfügung zu stellen sind. Die Erstellung forstlicher Bauten und Anlagen bedarf keiner Rodungsbewilligung (Art. 4 lit. a WaV).

21.5.3.2   *Nicht forstliche Bauten und Anlagen*

Nicht forstliche Bauten und Anlagen im Wald bedürfen grundsätzlich einer vorgängigen Rodungsbewilligung nach Art. 4 ff. WaG und Art. 4 ff. WaV. Davon ausgenommen sind sogenannte Kleinbauten (Art. 4 lit. a WaV) wie zum Beispiel Feuerstellen, kleine Rastplätze, Sport- und Lehrpfade, erdverlegte Leitungen, Kleinantennenanlagen. Wird die Rodungsbewilligung nicht erteilt, ist die Ausnahmebewilligung nach Art. 24 RPG zu verweigern.

Nichtforstliche Bauten und Anlagen dürfen – wie die forstlichen – die Funktion oder die Bewirtschaftung des Waldes grundsätzlich weder gefährden noch beeinträchtigen (sogenannte nachteilige Nutzungen), wobei die Kantone aus wichtigen Gründen solche Nutzungen unter Auflagen und Bedingungen bewilligen können (Art. 16 WaG). Sie bedürfen neben der kommunalen Baubewilligung einer Ausnahmebewilligung nach Art. 24 RPG (Standortgebundenheit), welche durch das ALN erteilt wird (Ziff. 1.2.2 des Anhangs zur BVV). Bei der Beurteilung müssen die Gründe für die Standortwahl die Interessen an der Walderhaltung überwiegen. Es ist der Nachweis zu erbringen, dass Alternativstandorte geprüft wurden und diese als unzumutbar einzustufen sind. Wirtschaftliche Gründe haben in der Regel in den Hintergrund zu treten. Ob das Vorhaben mit Ausnahmebewilligung nach Art. 24 RPG behandelt werden kann oder ob eine Nutzungsplanänderung notwendig ist, richtet sich nach Art. und Grösse des Vorhabens.

Materiell nichts anderes legt § 9 WaG-ZH fest. Danach ist verboten, nicht forstliche Kleinbauten und -anlagen im Wald zu errichten, zu erweitern oder in ihrem Zweck zu entfremden. Für standortgebundene Einrichtungen kann eine Ausnahmebewilligung (nach Art. 24 RPG) erteilt werden. Eine Kleinbaute oder Kleinanlage nach Art. 4 lit. a WaV liegt nur vor, wenn der Waldboden punktuell und unbedeutend beansprucht wird. Davon kann bei einer Fläche von 370 m² für zwei Pferdestallungen mit Umschwung – selbst bei separater Betrachtung jedes Stalls – nicht mehr die Rede sein. Auch eine Ausnahmebewilligung nach Art. 5 Abs. 2 WaG kann vorliegend nicht erteilt werden. Für die Rodung liegen keine wichtigen Gründe vor, da das Interesse an der Walderhaltung überwiegt (PBG aktuell 4/2004, S. 18 ff.).

22
Privatrechtliche Bauvorschriften

22.1 Einleitung

Das Planen und Bauen ist hauptsächlich durch Vorschriften des öffentlichen Rechts bestimmt (RPG, USG, PBG, Bau- und Zonenordnung). In gewissen Fällen wird dennoch auf Bestimmungen und Sachverhalte des Privatrechts zurückgegriffen, so zum Beispiel:

- Änderung von Grundbucheinträgen im Rahmen eines Quartierplanverfahrens;
- Rechtliches Genügen von Erschliessungsanlagen (§ 236 f. PBG);
- Zustimmung für Näher- und Grenzbau (§ 270 Abs. 3 PBG);
- Zustimmung für Öffnungen in Grenzfassaden (§ 289 PBG);
- Zustimmung zur Einreichung eines Baugesuchs für einen Gesuchsteller, der nicht selber Grundeigentümer ist (§ 310 PBG).

Im Folgenden wird ein Überblick über die wichtigsten Instrumente des Privatrechts gegeben, welche im Zusammenhang mit dem Planen und Bauen eine Rolle spielen.

Für die folgenden Ausführungen im Einzelnen, vgl. SOMMER 2007.

22.2 Graben und Bauen

Art. 685 und 686 ZGB enthalten die wesentlichsten Bestimmungen:

Art. 685 ZGB

2. Graben und Bauen

a. Regel

1 Bei Grabungen und Bauten darf der Eigentümer die nachbarlichen Grundstücke nicht dadurch schädigen, dass er ihr Erdreich in Bewegung bringt oder gefährdet oder vorhandene Vorrichtungen beeinträchtigt.

2 Auf Bauten, die den Vorschriften des Nachbarrechts zuwiderlaufen, finden die Bestimmungen betreffend überragende Bauten Anwendung.

Art. 686 ZGB

b. Kantonale Vorschriften

1 Die Kantone sind befugt, die Abstände festzusetzen, die bei Grabungen und Bauten zu beobachten sind.

2 Es bleibt ihnen vorbehalten, weitere Bauvorschriften aufzustellen.

Unter Grabungen und Bauten sind künstliche Veränderungen am bestehenden Verlauf des Grundstücks zu verstehen. Die Grabung ist die künstliche Vertiefung und Erhöhung auf einem Grundstück (Aushub, Ausebnung, aber auch Aufschüttung). Unter Bauten im Sinn dieser Vorschriften werden alle mit dem Boden verbundenen baulichen Vorrichtungen verstanden.

Art. 685 ZGB gibt einem Grundeigentümer die Handhabe, um sich gegen schädigende Bauarbeiten des Nachbarn in einem Zivilprozess zur Wehr zu setzen. Eine ähnliche Bestimmung findet sich in § 228 Abs. 1 PBG.

Seit dem Inkrafttreten des PBG finden sich sämtliche Vorschriften über Abstände im Sinne von Art. 686 ZGB, die bei Grabungen und Bauten zu beobachten sind, praktisch nur noch im PBG und den zugehörigen kantonalen und kommunalen Verordnungen.

22.3   Grenzen und Grenzvorrichtungen

Einen guten Überblick über die Rechtsverhältnisse bei Grenzen und Grenzvorrichtungen gibt HUSER 2001: S. 60 ff.

22.3.1   Art der Abgrenzung

Die Liegenschaften sind Teile der Erdoberfläche. Sie haben demnach notwendigerweise genau definierte horizontale Grenzen, die sie von den benachbarten Liegenschaften trennen. Gegen oben und gegen unten erstreckt sich hingegen die Eigentumssphäre so weit, wie für die Ausübung des Eigentums ein Interesse besteht (Art. 667 Abs. 1 ZGB).

Die Grenzen werden durch die Grundbuchpläne und durch die Abgrenzungen auf dem Grundstück selbst angegeben (Art. 668 Abs. 1 ZGB). Wo die amtliche Grundbuchvermessung durchgeführt worden ist, können auf dem Grundbuchamt die Vermessungspläne eingesehen werden. Diese gelten als richtig, solange ihre Unrichtigkeit nicht nachgewiesen ist (Art. 9 ZGB). Das gilt auch, wenn die auf dem Grundstück sichtbaren Abgrenzungsvorrichtungen dem Plan widersprechen (vgl. Art. 668 Abs. 2 ZGB).

Der Beweis der Unrichtigkeit der Pläne kann geführt werden, solange nicht ein gutgläubiger Dritter im Vertrauen auf die Pläne das Eigentum oder ein beschränktes dingliches Recht (zum Beispiel eine Dienstbarkeit) am Grundstück erworben hat. In diesem Falle erwirbt er nämlich sein Recht so, wie es aus dem Plan ersichtlich war (Art. 973 ZGB). Das gilt aber nur für den Grenzverlauf, nicht auch für die Flächenangabe (vgl. Art. 219 OR).

Wo noch keine Grundbuchvermessung besteht, gelten die auf dem Grundstück sichtbaren Grenzeichen als richtig, solange nicht das Gegenteil bewiesen ist. Grenzeichen sind die speziell gesetzten Grenzsteine sowie Kreuze und Bolzen im Fels oder in Mauern, je nach den Vorschriften der amtlichen Vermessung. Wo keine amtliche Vermessung besteht, sind mannigfache Vorschriften und Überlieferungen aus alter Zeit zu beachten.

Das vorsätzliche Beseitigen, Verrücken, Unkenntlichmachen usw. eines Grenzsteins oder eines anderen Grenzeichens ist nach Art. 256 StGB strafbar.

22.3.2   Abmarkung

Jeder Grundeigentümer ist verpflichtet, auf das Begehren seines Nachbarn zur Feststellung einer ungewissen Grenze mitzuwirken, sei es bei Berichtigung der Grundbuchpläne oder bei Anbringung von Grenzeichen (Art. 669 ZGB). Dies gilt, wenn der Grenzverlauf ungewiss ist. Ist die Grenze streitig, so wird in der Regel der Richter entscheiden müssen.

22.3.3   Grenzvorrichtungen

Soweit nichts anderes vereinbart oder ortsüblich ist, stehen Grenzvorrichtungen wie Mauern, Hecken oder Zäune im Miteigentum beider Nachbarn, wenn sie genau auf der Grenze stehen (Art. 670 ZGB). Die Rechtsverhältnisse an Brandmauern regeln §§ 290 und 291 PBG.

22.3.4   Einfriedung

Grundsätzlich darf jeder Eigentümer sein Grundstück durch Zäune, Hecken oder Mauern einfrieden. Diese Einfriedungen dürfen jedoch die Ausübung von Nachbar- und Dienstbarkeitsrechten sowie bei Wald- und Weidegrundstücken das allgemeine Zutrittsrecht des Publikums (Art. 699 ZGB) nicht verunmöglichen. Das kantonale Recht kann weitere Beschränkungen des Einfriedungsrechts vorsehen. So legt § 177 EG ZGB fest, dass Grünhecken gegen den Willen des Nachbarn nicht näher als die Hälfte ihrer Höhe, jedenfalls aber nicht näher als 60 cm von der Grenze gehalten werden dürfen. Andere Einfriedungen als Grünhecken wie sogenannte tote Hecken, Holzwände oder Mauern, welche die Höhe von 150 cm nicht übersteigen, darf der Eigentümer an der Grenze anbringen und daran auch Spaliere ziehen. Wenn die Einfriedungen aber jene Höhe überschreiten, so kann der Nachbar begehren, dass sie je um die Hälfte der Höhe über 150 cm von der Grenze entfernt werden (§ 178 EG ZGB). Für offene Einfriedungen, wie zum Beispiel Gitter- oder Palisadenzäune, gelten keine Abstandsvorschriften.

Schema Höhe von Einfriedungen und Mauern (§ 178 EG ZGB)

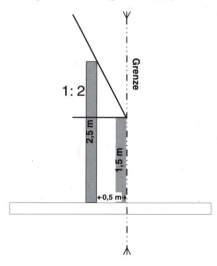

Für die Bestimmung des Fusspunktes für die Höhenberechnung gilt die gleiche Praxis wie bei den Pflanzen (vgl. Seite 1202).

Die erwähnten privatrechtlichen Bestimmungen über die Einfriedungen sind nicht zwingender Natur und können durch nachbarliche Vereinbarung geändert werden. Sie werden im baurechtlichen Bewilligungsverfahren grundsätzlich nicht überprüft.

Vom öffentlichen Planungs- und Baurecht her sind Einfriedungen nur geringen Einschränkungen unterworfen. In Kernzonen und Quartiererhaltungszonen kann die Bau- und Zonenordnung Höhenbeschränkungen zum Schutz des Orts- und Quartierbildes vorsehen. An Strassen unterliegen Einfriedungen den Anforderungen der Verkehrssicherheit (vgl. Seite 692).

22.4   Überragende Bauteile, Überbau

22.4.1   Grundsatz

Bauten gehören normalerweise dem Eigentümer des Bodens, auf dem sie stehen (sogenanntes Akzessionsprinzip). Von diesem Grundsatz gibt es aber verschiedene Ausnahmen. Sogenannte Fahrnisbauten, welche nicht in eine dauernde Verbindung mit dem Boden gebracht werden, können einen besonderen Eigentümer haben (Art. 677 ZGB). Ist ein Baurecht errichtet worden, hat der Bauberechtigte und nicht der Grundeigentümer das Eigentum am Bau (Art. 675 und 779 ff. ZGB). Wird hingegen für einen Bau fremdes Material verwendet, erhält automatisch der Grundeigentümer das Eigentum am Bau und demzufolge auch an diesem Material (vgl. Art. 671 bis 673 ZGB).

Ragt aber nur ein Teil eines Gebäudes auf oder unter der Erdoberfläche auf ein Nachbargrundstück (zum Beispiel weil zur Zeit des Baus die amtliche Vermessung noch nicht durchgeführt war), sollte möglichst auch dieser Gebäudeteil dem Eigentümer des Gesamtgebäudes gehören. Dies ist nach Art. 674 Abs. 1 ZGB der Fall, wenn der Eigentümer eine im Grundbuch eingetragene Grunddienstbarkeit hat, welche den Überbau gestattet (sei es durch Vertrag oder aber auf einseitiges Begehren richterlich zugesprochen).

22.4.2   Legalisierung des Überbaus

Ragen einzelne Teile eines Gebäudes oder eines anderen Bauwerkes über die Grenze ins Nachbargrundstück (in der Luft, auf oder unter der Erdoberfläche), so kann der verletzte Nachbar grundsätzlich unbefristet deren Beseitigung verlangen (Art. 641 Abs. 2 ZGB), wenn er sich nicht vertraglich zur Duldung verpflichtet hat. Dieser Tatbestand ist indessen nicht zu verwechseln mit den auf der Grenze stehenden Grenzvorrichtungen (zum Beispiel Brandmauern). Der Vertrag auf Duldung eines Überbaus kann formlos abgeschlossen werden. Soll er aber auch gegenüber späteren Erwerbern der Grundstücke wirksam sein, so muss er schriftlich errichtet und als Grunddienstbarkeit ins Grundbuch eingetragen werden (Art. 674 Abs. 2 ZGB). Stimmt der belastete Grundeigentümer einem solchem Vertrag nicht zu, kann der Überbau auch auf gerichtlichem Weg legalisiert werden.

Art. 674 Abs. 3 ZGB gibt dem Überbauenden unter gewissen Voraussetzungen sogar das einseitige Recht, eine solche Dienstbarkeit oder gar die Zuweisung des Eigentums am beanspruchten Boden zu verlangen.
Kumulativ ist erforderlich:

- Vorliegen einer Baute oder anderen Vorrichtung gemäss Art. 674 ZGB. Nach herrschender Lehre umfasst Art. 674 ZGB keine Anlagen, die sich in einer blossen Umgestaltung des Bodens erschöpfen (Schotter, Belag etc.; vgl. BGE 98 II 195). Erfasst sind jedoch alle Arten von Hochbauten (Dächer, Erker) oder von Tiefbauten (Brücken, Stützmauern, Wendeplatten etc.).
- Rechtswidrige Beanspruchung von fremdem Land.
- Guter Glauben des Beanspruchers. Gutgläubig handelt, wer trotz der von einem Durchschnittsbürger zu erwartenden Aufmerksamkeit in einen Rechtsirrtum über den Grenzverlauf verfällt.

- Keine rechtzeitige Opposition des vom Überbau betroffenen Grundeigentümers. Nach der Praxis genügt ein Protest innerhalb der üblichen Rekursfrist. Eine gerichtliche Klage ist nicht nötig.
- Unzumutbarkeit der Beseitigung des Überbaus.

Der belastete Grundeigentümer ist für das Überbaurecht beziehungsweise die Abtretung des vom Nachbarn überbauten Landes angemessen zu entschädigen.

22.5 Wasser

Wasserablauf
Art. 689 ZGB lautet:
4. Wasserablauf

1 Jeder Grundeigentümer ist verpflichtet, das Wasser, das von dem oberhalb liegenden Grundstück natürlicherweise abfliesst, aufzunehmen, wie namentlich Regenwasser, Schneeschmelze und Wasser von Quellen, die nicht gefasst sind.

2 Keiner darf den natürlichen Ablauf zum Schaden des Nachbarn verändern.

3 Das für das untere Grundstück nötige Abwasser darf diesem nur insoweit entzogen werden, als es für das obere Grundstück unentbehrlich ist.

Diese Bestimmung geht der allgemeinen Immissionsnorm von Art. 684 ZGB vor. Sie verbietet Veränderungen des natürlichen Wasserlaufs zulasten des obenliegenden Nachbarn. Keine Aufnahmepflicht besteht aber, wenn der obenliegende Nachbar den Wasserlauf ändert (Anlegen von Teichen oder Kanälen, Erstellung von Neubauten verbunden mit grösserer Bodenversiegelung). Der untenliegende Nachbar darf auf seinem Grundstück auch nicht das Hangwasser derart aufstauen, dass es das obenliegende Grundstück beeinträchtigt.

Entwässerung
Art. 690 ZGB lautet:
5. Entwässerungen

1 Bei Entwässerungen hat der Eigentümer des unterhalb liegenden Grundstücks das Wasser, das ihm schon vorher auf natürliche Weise zugeflossen ist, ohne Entschädigung abzunehmen.

2 Wird er durch die Zuleitung geschädigt, so kann er verlangen, dass der obere Eigentümer die Leitung auf eigene Kosten durch das untere Grundstück weiterführe.

Der untenliegende Nachbar muss das Wasser des Obliegers nur dann abnehmen, wenn es bereits diesem natürlich zufliesst. Entsteht durch die Entwässerung beim untenliegenden Nachbar Schaden (Überflutung Kulturland und erforderlicher Ausbau von eigenen Entwässerungsanlagen), so hat ihn der obenliegende Grundeigentümer zu ersetzen.

22.6 Erschliessungsanlagen

22.6.1 Leitungen

Wenn ein Grundeigentümer dringend darauf angewiesen ist, eine Leitung (Strom, Wasser, Abwasser, Gas) durch ein Nachbargrundstück zu führen, so kann er gegen vollen Schadenersatz die Eintragung eines Durchleitungsrechts verlangen (sogenanntes Notleitungsrecht, vgl. Art. 691 ZGB).

Die Versorgungsbetriebe haben für die Sicherung von Durchleitungsrechten ein Enteignungsrecht nach eidgenössischem oder kantonalem Recht. Ihnen steht das Notleitungsrecht nicht zur Verfügung (vgl. Art. 691 Abs. 2 ZGB).

22.6.2 Notbrunnen

Nach Art. 710 ZGB hat ein Grundeigentümer, der über keine genügende Wasserversorgung für sein Haus und seinen Hof verfügt, gegenüber seinem Nachbar, der über genügend Wasser verfügt, gegen volle Entschädigung ein Wasserbezugsrecht. Das Notbrunnenrecht ist nicht auf landwirtschaftlich genutzte Grundstücke beschränkt; es kann auch für ein Grundstück beansprucht werden, auf dem ein Ferienhaus steht (BGE 131 III 214). Da im Kanton Zürich die Wasserversorgung im Siedlungsgebiet praktisch überall gewährleistet ist, dürften die Fälle von Notbrunnen selten sein.

22.6.3 Wege/Strassen

Für die rechtliche Sicherung von Wegen und Strassen, insbesondere zum Notwegrecht, vgl. Seite 596.

22.7 Pflanzen

Einen guten Überblick über die Rechtsverhältnisse bei Pflanzen geben LINDENMANN Alfred und Roos.

22.7.1 Eigentumsrecht

Grundsätzlich gehört eine Pflanze vom Moment der Einpflanzung beziehungsweise des Aussäens an dem Eigentümer des Bodens, auf dem sie steht (vgl. Art. 678 Abs. 1 ZGB). Die Rechtsfolgen von Pflanzungen auf fremdem Boden bestimmen sich analog zu Art. 671–673 ZGB. Stehen Hecken oder Bäume genau auf der Grenze, so sind sie im Miteigentum beider Nachbarn, soweit nicht etwas anderes kantonalrechtlich vorgeschrieben, ortsüblich oder vereinbart ist (vgl. Art. 670 ZGB).

Ausnahmsweise kann eine Pflanze einem anderen Eigentümer als dem Grundeigentümer gehören. Für einzelne Pflanzen oder Anlagen von Pflanzen (zum Beispiel Weinberge, Obstkulturen) kann eine dem Baurecht entsprechende Dienstbarkeit eingeräumt werden (Art. 678 Abs. 2 und 3 ZGB).

Wenn Äste oder Wurzeln einer Pflanze auf ein Nachbargrundstück ragen, so bleiben sie gleichwohl Eigentum des Grundeigentümers, auf dessen Boden die Pflanze steht. Werden Teile einer Pflanze (zum Beispiel Äste oder Früchte) abgetrennt, so gehören sie automatisch dem Eigentümer der Pflanze (ausgenommen beim Kapprecht oder beim Anries).

22.7.2 Kapprecht

Grundsätzlich kann jeder Eigentümer vom Nachbarn verlangen, dass er die in sein Grundstück ragenden Äste und Wurzeln beseitigt (Art 687 ZGB zur Klage auf Beseitigung von abstandswidrigen Bäumen und Sträuchern, vgl. Seite 1202).

Schädigen die überragenden Äste und Wurzeln den Nachbarn jedoch in erheblichem Masse, so gibt ihm das Gesetz neben dem Beseitigungsanspruch noch ein Selbsthilferecht (das sogenannte Kapprecht, vgl. SJZ 2005, S. 509 f.; BGE 131 III 506 ff.). Nach Art. 687 Abs. 1 ZGB kann der Nachbar nämlich die ihn erheblich schädigenden Äste und Wurzeln abschneiden, soweit sie auf sein Land überragen. Er muss dem Besitzer der Pflanze aber zuerst eine angemessene Frist ansetzen (aus Beweisgründen am besten mit eingeschriebenem Brief) mit der Androhung, er werde sonst sein Kapprecht ausüben. Schneidet der Pflanzenbesitzer die Äste und Wurzeln nicht selber ab, so darf der Nachbar nach Fristablauf dies tun und das Holz behalten. Der betroffene Pflanzenbesitzer hat immerhin während der angesetzten Frist die Möglichkeit, an den Richter zu gelangen und dem Nachbarn das Abschneiden verbieten zu lassen. Für die Durchsetzung des Kapprechts sind die Zivilgerichte zuständig. Es kann nicht mit einer baupolizeilichen Verfügung der Gemeinde durchgesetzt werden (BR 2005 Nr. 178, mit Anmerkungen; Roos: S. 69 ff.)

Zum Kapprecht berechtigt sind der Eigentümer des benachbarten Grundstücks sowie die interessierten Dienstbarkeitsberechtigten an diesem Grundstück (zum Beispiel Inhaber eines Wegrechtes), nicht aber die Mieter oder Pächter. Ihre Klagen und Fristansetzungen haben sie an den Besitzer der störenden Pflanze zu richten (Eigentümer, Mieter oder Pächter).

Probleme mit dem Kapprecht ergeben sich dann, wenn eine zu nahe an der Grenze stehende Pflanze (zum Beispiel Baum oder Hecke) gestützt auf § 203 PBG unter Schutz gestellt ist. Damit diese Unterschutzstellung auch gegenüber einem Nachbarn, der ein Kapprecht hat, wirksam ist, ist sie auch gegenüber diesem Nachbarn zu eröffnen (vgl. das Beispiel auf Seite 219).

22.7.3   Anries

Wer als Nachbar das Überragen von Ästen auf seinen bebauten oder überbauten Boden duldet, darf dafür ohne Entschädigung die auf dem überragenden Stück wachsenden Früchte an sich nehmen (Art. 687 Abs. 2 ZGB). Dieses Anriesrecht gilt aber nicht im Wald sowie bei Ästen, die auf Strassen überragen. In diesen Fällen gehören die Früchte dem Eigentümer.

22.7.4   Abstände von Pflanzen

Die Beachtung der Grenzabstände von Pflanzen ist auch dann zwingend, wenn der Nachbar keine Schädigung seines Eigentums geltend macht. Umgekehrt kann der Nachbar auch die Beseitigung oder das Zurückschneiden von Bäumen und Sträuchern fordern, bei welchen der Grenzabstand eingehalten ist, sofern eine übermässige Beeinträchtigung des Nachbargrundstücks (zum Beispiel durch Schattenwurf) von ihnen ausgeht (Art. 679 und 684 ZGB).

Gemäss §§ 169–177 EG ZGB gelten, von der Mitte des Stammes aus gemessen, die folgenden Abstände:

- 60 cm für Gartenbäume, kleine Zierbäume, Zwergobstbäume und Sträucher; diese Bäume sind so zu schneiden, dass die Höhe nie mehr als das Doppelte ihrer Entfernung zur Grenze erreicht;

Schema Abstände Gartenbäume, Zierbäume und Sträucher

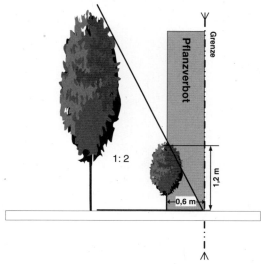

- 8 m von der Grenze für einzelne Waldbäume und grosse Zierbäume wie Pappeln, Kastanienbäume und Platanen, ferner Nussbäume;
- 4 m von der Grenze für Feldobstbäume und kleinere, nicht unter der Schere zu haltende Zierbäume. Besteht jedoch das Nachbargrundstück aus Rebland, so haben diese Bäume ebenfalls einen Abstand von 8 m einzuhalten; besteht das Nachbargrundstück aus Wald, so ist nur ein Abstand von 1 m (bestehende Bäume 50 cm) einzuhalten.

Für die Zuordnung der einzelnen Bäume zu den verschiedenen Kategorien (Zierbäume, Obstbäume etc.), vgl. LINDENMANN ALFRED, S. 36 ff.; ROOS, S. 145 ff., JARDIN SUISSE.

Der Abstand wird jeweils bis Mitte Stamm gemessen.

Schema Abstände Feldobstbäume, Waldbäume und grosse Zierbäume

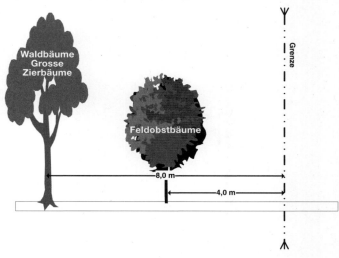

Baumabstände im Bereich des Waldes zu Nachbarn, zu Kulturland, zu Waldwegen sind in §§ 171 ff. EG ZGB im Detail geregelt.

Hecken müssen einen Minimalabstand von 60 cm oder mindestens den der halben Höhe des Abstandes haben.

Schema Abstände von Hecken

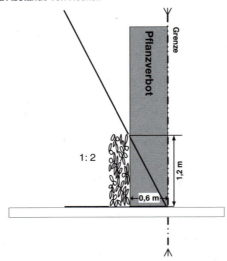

Die Abstände werden von der Stammmitte gemessen. Bei Niveauunterschieden zwischen zwei Nachbargrundstücken werden nach der Praxis des Zürcher Obergerichts die Abstände horizontal und nicht in der Abwicklung gemessen.

Messweise von Pflanzenabständen bei Niveauunterschieden

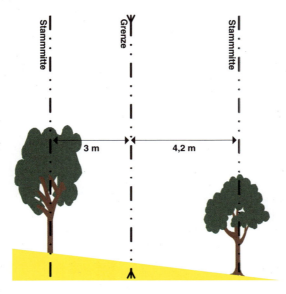

Die Höhe von Pflanzen spielt dann eine Rolle, wenn diese unter der Schere gehalten werden müssen. Die Pflanzenhöhe wird vom gewachsenen Terrain aus gemessen. Ein Nachbar soll durch künstliche Aufschüttungen nicht in den Genuss von grösseren Pflanzenhöhen kommen (BEZ 2005 Nr. 13). Die Pflanzenhöhe ist also vom Fuss der Pflanze aus zu messen, wenn es sich um natürlich gewachsenen Boden handelt. Wurde dagegen der Boden künstlich aufgeschüttet, ist das mutmassliche Niveau des ursprünglich gewachsenen Bodens am Fuss der Pflanze massgebend. Die Höhe der künstlichen Aufschüttung wird mit anderen Worten zur Höhe der Pflanze hinzugerechnet. Pflanzen profitieren aber auch von § 5 Abs. 2 lit. a BVV. Liegt also eine Aufschüttung länger als 10 Jahre zurück, gilt sie als gewachsener Boden. Der Begriff des gewachsenen Bodens ist dem EG ZGB fremd. Das Obergericht hat in einem Fall, wo in einer Gesamtüberbauung eine an der Grenze stehende Garagebaute bis zur Dachkante angeböscht wurde, diese Dachkante als Fusspunkt für die Berechnung der zulässigen Höhe für eine auf der Garage abgestellte Einfriedung angesehen (ZR 2008 Nr. 17).

Messweise von Pflanzenhöhen bei Aufschüttungen

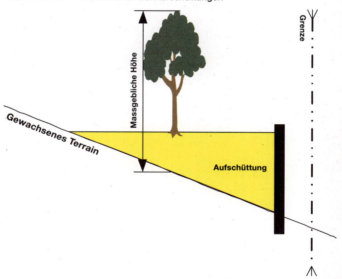

Gegen das Pflanzen von Bäumen und Sträuchern auf öffentlichen Strassen, Plätzen und Fusswegen kann keine privatrechtliche Klage erhoben werden, wenn eine Entfernung von mind. 5,0 m von der Verkehrsbaulinie oder der sonstigen Baubegrenzungslinie beobachtet wird. Auf bestehenden derartigen Anlagen dürfen abgehende Bäume und Sträucher auch bei geringerem Abstand durch neue ersetzt werden (vgl. § 174bis EG ZGB).

Zu den Strassenabständen von Pflanzen vgl. Seite 702.

22.7.5   ### Beseitigungsklage

Der Nachbar kann gemäss § 173 EG ZGB innert fünf Jahren nach der Pflanzung auf Beseitigung klagen, sollte ein Baum oder Strauch zu nahe an der Grenze stehen. Die Klage verjährt fünf Jahre nach der Pflanzung des Baumes. Zur Klage berechtigt ist nur der Eigentümer des Nachbargrundstückes.

Die Fünfjahresfrist gemäss § 173 EG ZGB relativierte das Bundesgericht (BGE 126 III 452 ff.). Wenn eine Baumgruppe, welche zu nahe an der Grenze steht, erheblichen Schatten auf das Nachbargrundstück wirft, kann der Nachbar gestützt auf Art. 684 ZGB die Beseitigung der Bäume verlangen. In jenem Fall ging es um 13 Bäume, die bis zu 26 m hoch waren. Es mussten nach dem Bundesgerichtsentscheid fünf Bäume entfernt werden. Sie bildeten gegen das Nachbargrundstück eine eigentliche Wand und warfen erheblichen Schatten.

Bäume, welche zu nahe an der Grenze stehen, weil das aufgrund alter Vorschriften möglich war oder der Nachbar keinen Einspruch erhoben hat, werden zwar in ihrem Bestand geschützt. Wenn die Bäume aber abgehen, so gelten für die Neupflanzung und für die Nachzucht wieder die ordentlichen Abstandsvorschriften (§ 174 EG ZGB).

Gegenüber Strassenbäumen kann kein privatrechtlicher Beseitigungsanspruch geltend gemacht werden, wenn der Baum in einem Abstand von 5 m von der Verkehrsbaulinie oder einer anderen Baubegrenzungslinie gepflanzt wird (§ 174bis EG ZGB). Bei bestehenden Anlagen dürfen solche abgehenden Bäume ersetzt werden, auch wenn sie einen geringeren Abstand aufweisen. Daraus folgt, dass gegen solche Baumpflanzungen öffentlich-rechtliche Rechtsmittel ergriffen werden müssen.

In ausgesprochenen Ausnahmefällen kann ein Nachbar das Zurückschneiden einer Hecke verlangen, obwohl diese die kantonalen Abstandsvorschriften alle einhält. Das Bundesgericht ordnete das Rückschneiden einer meterhoch sich auftürmenden Thuja-Hecke gestützt auf Art. 684 ZGB an, welche eine phantastische Aussicht des Nachbarn auf den Zugersee fast vollständig verbarrikadierte (BGer A_415/2008).

22.8   ## Private Baubeschränkungsnormen

22.8.1   ### Rechtsnatur von privaten Baubeschränkungsnormen

Gemäss § 1 des Verwaltungsrechtspflegegesetzes (VRG) werden öffentlich-rechtliche Angelegenheiten von den Verwaltungsbehörden und vom Verwaltungsgericht entschieden, während privatrechtliche Ansprüche vor den Zivilgerichten geltend zu machen sind. Das Baurekursgericht ist demnach einzig für die Beurteilung öffentlich-rechtlicher Streitigkeiten vor allem mit planungs-, bau- oder umweltrechtlichem Hintergrund zuständig (§ 329 Abs. 1 PBG). Verletzt ein Grundstückeigentümer ohne eine Einwilligung des Nachbarn eine privatrechtliche Bauvorschrift, so kann der betroffene Nachbar ihm das Bauen gerichtlich verbieten lassen. Er hat hierzu indes den privatrechtlichen Prozessweg und nicht den verwaltungsrechtlichen Weg zu beschreiten. Alle diese (bauhindernden) Dienstbarkeiten sind im Baubewilligungsverfahren nicht zu berücksichtigen, es sei denn, der Inhalt der Dienstbarkeit decke sich mit einer Beschränkung, welche auch aufgrund des öffentlichen Baurechts ohnehin besteht.

Die Bauvorschriften des Planungs- und Baugesetzes mit den entsprechenden Ausführungsbestimmungen sind öffentliches Recht. Sie begründen keine Privatrechte (§ 218 Abs. 1 PBG). Privatrechtliche Vorschriften finden sich dagegen im ZGB oder im EG ZGB (vgl. §§ 177 und 178). Sodann ist denkbar, dass Nachbarn privatrechtlich grössere Grenzabstände, Höhenbeschränkungen (zum Beispiel Aussichtsservitut), Nutzungsverbote (Verbot, ein Restaurant auf einer Liegenschaft zu betreiben) usw. vereinbaren, welche strenger als die öffentlich-rechtlichen Bauvorschriften sind. Diese Bestimmungen sind nicht zwingender Natur. Das heisst, dass von ihnen ohne Ausnahmebewilligung (§ 220 PBG) abgewichen werden kann, wenn sich die betroffenen Privaten entsprechend einigen. Private Baubeschränkungen sind regelmässig in der Form von Dienstbarkeiten im Grundbuch eingetragen.

22.8.2   Keine Berücksichtigung von bauhindernden Dienstbarkeiten im Baubewilligungsverfahren

Beispiel einer Villenservitut

Die jeweiligen Eigentümer von Kat.-Nrn. XY verpflichten sich, auf den genannten Grundstücken nur je ein Gebäude mit Souterrain, Erdgeschoss und Dachgeschoss zu erstellen. Jedes Haus darf höchstens zwei selbstständige Wohnungen enthalten. Dagegen dürfen ausser den oben bewilligten Häusern je noch ein kleines, nicht über acht Meter hohes Gebäude (Herrschaftsstall, Automobilremise usw. oder auch ein Wohnhaus) errichtet werden, das mit keinem Bauteil die Höhe von 536 Metern über Meer überschreitet.

Wenn man eine solche Dienstbarkeit sieht, denkt man im ersten Augenblick, diese beeinflusse das Baubewilligungsverfahren. Ähnliche Gedanken kommen noch viel eher bei einer Dienstbarkeit wie der folgenden:

Mitspracherecht der Baubehörde

Die Fassadengestaltung darf nur mit Zustimmung des Vorstandes des Bauamtes II geändert werden.

Alle diese Dienstbarkeiten sind jedoch im Baubewilligungsverfahren nicht zu berücksichtigen, es sei denn, der Inhalt dieser Dienstbarkeiten decke sich mit einer Beschränkung, welche auch aufgrund des öffentlichen (Bau-)Rechts ohnehin besteht. Der Grund dafür ist, dass im Baubewilligungsverfahren grundsätzlich nur die Übereinstimmung des Bauvorhabens mit den öffentlich-rechtlichen Bauvorschriften überprüft wird.

Keine öffentlich-rechtlichen Bauvorschriften sind also betroffen bei dem erwähnten Villen- und Aussichtsservitut, das ursprünglich auf einen Dienstbarkeitsvertrag zwischen zwei Nachbarn zurückgeht.

Nicht zu berücksichtigen im Baubewilligungsverfahren ist ferner auch das servitutarisch gesicherte Mitspracherecht für die Fassadengestaltung. In diesem Verfahren wird im Zusammenhang mit der Fassadengestaltung allein die Einhaltung der öffentlich-rechtlichen Baunormen, namentlich die Einhaltung der Ästhetikvorschriften, überprüft. Für die Ausübung eines privatrechtlich abgestützten Mitspracherechts ist im Baubewilligungsverfahren kein Raum.

Geprüft werden hingegen im Baubewilligungsverfahren Dienstbarkeiten, welche die Erschliessung des Baugrundstücks betreffen (zum Beispiel:Wegrecht).

22.9   Dienstbarkeiten im Speziellen

22.9.1   Aufhebung oder Änderung von Dienstbarkeiten

Will ein Grundeigentümer eine Dienstbarkeit nicht einhalten, so muss er sich mit dem berechtigten Nachbarn verständigen. Dieser kann die Abweichung auf Zusehen hin, durch gewöhnlichen Vertrag oder aber durch Eintragung beziehungsweise Löschung einer Dienstbarkeit im Grundbuch gestatten.

Verletzt ein Grundstückseigentümer ohne eine solche Einwilligung des Nachbarn eine privatrechtliche Baubeschränkung oder eine andere Dienstbarkeit, so kann der betroffene Nachbar ihm das Bauen gerichtlich verbieten lassen. Er hat hierzu den privatrechtlichen Prozessweg (summarisches Verfahren oder ordentlicher Zivilprozess) und nicht den verwaltungsrechtlichen Weg zu beschreiten (BEZ 1991 Nr. 46). Umgekehrt hat ein Grundeigentümer die Möglichkeit, in einem Zivilprozess die Löschung oder mindestens die Änderung einer privaten Baubeschränkung einzuklagen, wenn die fragliche Beschränkung für den Berechtigten bedeutungslos geworden ist (Art. 736 ZGB).

Bauhindernde Dienstbarkeiten (zum Beispiel Aussichtsservitute oder Quellrechte) können unter Abwägung der sich entgegenstehenden Interessen mit dem Quartierplan aufgehoben werden, wenn sich die Verhältnisse seit Errichtung der Dienstbarkeit wesentlich verändert haben und die betreffende Dienstbarkeit öffentlichen Interessen widerspricht (BEZ 1997 Nr. 10, 1993 Nr. 32, 1984 Nr. 15, 1982 Nr. 31).

Löschung von Dienstbarkeiten

Gemäss Art. 736 Abs. 1 ZGB kann der Dienstbarkeitsbelastete die Löschung der Dienstbarkeit verlangen, sofern die betreffende Dienstbarkeit für das berechtigte Grundstück alles Interesse verloren hat. Ist ein Interesse des Berechtigten zwar noch vorhanden, aber im Vergleich zur Belastung von unverhältnismässig geringer Bedeutung, so kann die Dienstbarkeit gegen Entschädigung ganz oder teilweise abgelöst werden (Art. 736 Abs. 2 ZGB). Eine Entschädigung nach Absatz 2 der Bestimmung kommt ebenfalls infrage, wenn das unverändert vorhandene Interesse des Berechtigten durch eine entsprechende Zunahme der Belastung unverhältnismässig gering geworden ist. Der Richter hat dabei über den Rahmen von Art. 2 ZGB hinaus den Nutzen der Dienstbarkeit für den Berechtigten unter Berücksichtigung von deren Errichtungszweck, Inhalt und Umfang zu würdigen. Die Löschung ist zu gewähren, wenn es nach dem gewöhnlichen Lauf der Dinge und nach der Lebenserfahrung als ausgeschlossen erscheint, dass die Dienstbarkeit in absehbarer Zeit wieder ausgeübt werden kann. Gestützt auf Art. 736 Abs. 2 ZGB – der eine Erweiterung des ersten Absatzes darstellt, – kann der Belastete verlangen, dass die Dienstbarkeit gegen Entschädigung ganz oder teilweise abgelöst werde, wenn das Interesse des Berechtigten zwar noch vorhanden, aber im Vergleich zur Belastung von unverhältnismässig geringer Bedeutung ist. Das Bundesgericht hat in BGE 107 II 338 ff. entschieden, dass auch ein Missverhältnis zur Ablösung führen kann, welches auf einer Erschwerung der Belastung und nicht auf einem minderen Interesse des Berechtigten beruht; dies gelte dann, wenn das unveränderte Interesse des Berechtigten im Vergleich zur Zunahme der Belastung unverhältnismässig gering erscheine. Für die Beurteilung des Interesses des Berechtigten ist vom Grundsatz der Identität der Dienstbarkeit auszugehen, wonach eine Dienstbarkeit nicht zu einem anderen Zweck aufrechterhalten werden darf als jenem, zu dem sie errichtet worden ist.

Eine Löschung ist möglich beispielsweise:

- Ohne Entschädigung, wenn eine Dienstbarkeit für das berechtigte Grundstück alles Interesse verloren hat (altes Wegrecht wegen Bauten ohnehin abgeschnitten; Aussicht, welche durch eine Dienstbarkeit geschützt werden soll, ist bereits durch ein anderes Gebäude verbaut; eine Quelle, für welche ein Quellenrecht begründet wurde, ist versiegt.).
- Gegen Entschädigung, wenn ein Interesse des Berechtigten zwar noch vorhanden, aber im Vergleich zur Belastung von unverhältnismässig geringer Bedeutung ist (Weiderecht für Ziegen auf Bauzonengrundstück, wobei der Berechtigte gar keine Ziegen mehr hält).

Vgl. zur richterlichen Aufhebung einer Dienstbarkeit auch BR 3/2000 Nr. 239; zum Untergang beziehungsweise zum stillschweigenden Verzicht auf eine Grunddienstbarkeit BR 2/2002 Nr. 221.

Verlegung von Dienstbarkeiten

Wird eine Grunddienstbarkeit nach ihrem Zweck und Inhalt nur auf einem Teil des belasteten Grundstücks ausgeübt, wie dies etwa bei einem Wegrecht oder Baurecht zutrifft, «so kann der Eigentümer, wenn er ein Interesse nachweist und die Kosten übernimmt, die Verlegung auf eine andere, für den Berechtigten nicht weniger geeignete Stelle verlangen.» (Art. 742 Abs. 1 ZGB).

Nach der Lehre muss der Berechtigte sogar eine geringe, kaum erhebliche Verminderung der Bequemlichkeit in Kauf nehmen um eines ungleich grösseren Vorteils des Belasteten willen. Als Beispiel wird ein Weg erwähnt, der infolge der Verlegung etwas länger wird. Laut BGE 88 II 150 ff. wäre selbst die Verlegung eines Wegrechts auf ein anderes Grundstück, das an das belastete angrenzt und dem gleichen Eigentümer gehört, in analoger Anwendung von Art. 742 ZGB nicht ausgeschlossen.

Lehre und Rechtsprechung lassen, wenn die Verlegungsvariante nicht völlig gleichwertig ist, bei einem Missverhältnis zwischen der Belastung des belasteten Grundeigentümers und dem Nutzen für den berechtigten Grundeigentümer auch eine Verlegung verbunden mit einer Entschädigung zu (Art. 736 Abs. 2 in Verbindung mit Art. 742 ZGB).

22.9.2   ### Verbot erheblicher Mehrbelastung bestehender Dienstbarkeiten

Der Berechtigte ist verpflichtet, die Dienstbarkeit möglichst schonend auszuüben. Der Belastete seinerseits darf nichts vornehmen, was die Ausübung der

Dienstbarkeit verhindert oder erschwert (Art. 737 ZGB). Ändern sich die Bedürfnisse des berechtigten Grundstücks, so darf dem Verpflichteten eine ins Gewicht fallende Mehrbelastung nicht zugemutet werden (Art. 739 ZGB).

Gemäss Art. 739 ZGB kann dem Verpflichteten nicht dann schon eine Mehrbelastung auferlegt werden, wenn sich die Bedürfnisse des berechtigten Grundstücks geändert haben. Die Dienstbarkeit darf nur im Rahmen des ursprünglichen Zwecks, wozu sie begründet worden ist, ausgeübt werden (BGE 100 II 116, 117 II 538). Innerhalb dieses Zwecks ist dem Belasteten eine gewisse Mehrbelastung allerdings zuzumuten, denn gewisse Schwankungen in der Ausübung einer Dienstbarkeit sind als normal hinzunehmen. Erheblich und damit unzumutbar ist eine Mehrbelastung erst dann, wenn die mögliche Erhöhung der Bedürfnisse im Zeitpunkt der Dienstbarkeitsbegründung nicht voraussehbar war oder von den Parteien nicht zumindest in Kauf genommen wurde. Bei der Beurteilung der Erheblichkeit sind das Interesse des herrschenden und die Belastung des dienenden Grundstücks bei der Begründung der Dienstbarkeit mit der heutigen Interessenlage zu vergleichen. Einige zusätzliche Fahrbewegungen pro Tag als Folge einer intensiveren Nutzung des berechtigten Grundstücks führen nicht zu einer erheblichen Mehrbelastung eines unbedingten Fuss- und Fahrwegrechts, zumal bei dessen Begründung angesichts der offenen Umschreibung vernünftigerweise mit einer gewissen künftigen Mehrbelastung zu rechnen war (BGE 122 III 358, wo die Vergrösserung eines Gebäudes von zwei auf fünf Wohnungen infrage stand). Umgekehrt hat das Bundesgericht bei einem Umbau eines Ökonomiegebäudes in ein Zweifamilienhaus mit zugehörigen Garagen entschieden: Das nach einem Landwirtschaftsbetrieb mit Wohnhaus bemessene Fuss- und Fahrwegrecht brauche den neuen Bedürfnissen, die durch die Benützung der Garagen entstünden, nicht dienstbar gemacht zu werden (BGE 117 II 536 ff., vgl. auch BR 2/2000 Nr. 157). Eine unzulässige Mehrbelastung kann auch in der gewerblichen (kommerziellen) Nutzung einer zur blossen Wohnnutzung errichteten Dienstbarkeit liegen (BR 4/2000 Nr. 331).

22.9.3   Auslegung von Dienstbarkeiten

Zur Auslegung von Dienstbarkeiten, vgl. im Einzelnen Byland und Eschmann Beat.

Für die Ermittlung von Inhalt und Umfang einer Dienstbarkeit gibt Art. 738 ZGB eine Stufenordnung vor (vgl. BGE 130 III S. 557 ff.). Ausgangspunkt ist der Grundbucheintrag. Soweit sich Rechte und Pflichten aus dem Eintrag deutlich ergeben, ist dieser für den Inhalt der Dienstbarkeit massgebend (Art. 738 Abs. 1 ZGB). Nur wenn sein Wortlaut unklar ist, darf im Rahmen des Eintrags auf den Erwerbsgrund zurückgegriffen werden (Art. 738 Abs. 2 ZGB), das heisst auf den Begründungsakt, der als Beleg beim Grundbuchamt aufbewahrt wird (Art. 948 Abs. 2 ZGB) und einen Bestandteil des Grundbuchs bildet (Art. 942 Abs. 2 ZGB). Ist auch der Erwerbsgrund nicht schlüssig, kann sich der Inhalt der Dienstbarkeit – im Rahmen des Eintrags – aus der Art ergeben, wie sie während längerer Zeit unangefochten und in gutem Glauben ausgeübt worden ist (Art. 738 Abs. 2 ZGB; BGE 128 III 169 ff.). Ordentlicher

«Erwerbsgrund» im Sinne des Gesetzes ist der Dienstbarkeitsvertrag. Seine Auslegung erfolgt in gleicher Weise wie die sonstiger Willenserklärungen. Gemäss Art. 18 Abs. 1 OR bestimmt sich der Inhalt des Vertrags nach dem übereinstimmenden wirklichen Willen der Parteien. Nur wenn eine tatsächliche Willensübereinstimmung unbewiesen bleibt, ist der Vertrag nach dem Vertrauensgrundsatz auszulegen.

Diese allgemeinen Auslegungsgrundsätze gelten vorbehaltlos unter den ursprünglichen Vertragsparteien, im Verhältnis zu Dritten dagegen nur mit einer Einschränkung, die sich aus dem öffentlichen Glauben des Grundbuchs (Art. 973 ZGB) ergibt, zu dem auch der Dienstbarkeitsvertrag gehört. Bei dessen Auslegung können gegenüber Dritten, die an der Errichtung der Dienstbarkeit nicht beteiligt waren und im Vertrauen auf das Grundbuch das dingliche Recht erworben haben, individuelle persönliche Umstände und Motive nicht berücksichtigt werden, die für die Willensbildung der ursprünglichen Vertragsparteien bestimmend waren, aus dem Dienstbarkeitsvertrag selber aber nicht hervorgehen und für einen unbeteiligten Dritten normalerweise auch nicht erkennbar sind (BGE 108 II 542 ff.). Im gezeigten Umfang wird der Vorrang der subjektiven vor der objektivierten Vertragsauslegung eingeschränkt.

23
Glossar Architektur

Im Bereich des Planungs- und Baurechts werden zahlreiche Begriffe der Architektur verwendet. Die wichtigsten Begriffe sollen nachstehend erläutert und illustriert werden. Bei einigen Begriffen wurden Internetrecherchen beigezogen.

Antenne, ein metallisches Gebilde zum Senden oder Empfangen elektromagnetischer Wellen. Neben stab- oder röhrenhaften Formen sind auch spiegelartige Formen gebräuchlich (Parabolantenne).

Arkade, eine fortlaufende Reihe von Bögen, die auf Pfeilern oder Säulen ruhen. Damit wird auch der von Arkaden eingefasste, wenigstens nach einer Seite geöffnete (Bogen-)Gang bezeichnet. In einer Arkade wird häufig ein Gehweg geführt.

Arbeitsraum, ein → Raum, in dem aufgrund seiner Ausgestaltung mindestens ein Mensch über längere Zeit arbeiten kann oder muss. Kein Arbeitsraum ist ein Raum, der auf die dauernde Anwesenheit eines Menschen nicht angewiesen ist und auch so seinen Zweck erfüllt (Lager, Heizung, Maschinenraum).

Atrium, Haus, dessen Räume um einen zentralen meist offenen Hof angeordnet sind.

Attika, ein niedriger Aufbau über dem Hauptbau eines Bauwerks, meist mit einem nach oben abschliessenden Gesims versehen. Ein Attikageschoss ist meist auf zwei gegenüberliegenden Seiten in Bezug auf den darunterliegenden Hauptbaukörper zurückversetzt. Das Attikageschoss hat meist ein Flachdach. Das Attika zählt, soweit es das zulässige Dachprofil einhält, als → Dachgeschoss.

Aufzug, eine Anlage (auch als Lift bezeichnet), die zur Personen- oder Güterbeförderung zwischen festgelegten Zugangs- oder Haltestellen bestimmt ist. Die Verbindung erfolgt vertikal oder schräg (Schräglift).

Balkon, eine nicht überdeckte, an den freien Seiten mit Brüstung oder Geländer umwandete freie Auskragung von einer Hausfassade. Der Balkon ist im Gegensatz zum Erker nicht vollständig eingewandet. Er muss mindestens ab dem Geländer oder der Brüstung nach vorne offen sein.

Baracke, vorgefertigte schnell montierte Holzbauten für Material, Militärpersonen, Bauarbeiter oder Flüchtlinge.

Besonderes Gebäude, ein Gebäude, das nicht für den dauernden Aufenthalt von Menschen bestimmt ist und dessen grösste Höhe 4 m, bei Schrägdächern 5 m, nicht übersteigt (§ 273 PBG) (Gartenhallen, Garagen, Schöpfe, Tierställe). Besondere Gebäude sind je nach Bau- und Zonenordnung bezüglich Abständen, Längenbeschränkungen und Nutzungsziffern privilegiert.

Brandmauer, Feuermauer, gegen ein angebautes Nachbarhaus gerichtete, nicht durchbrochene Abschlussmauer eines Gebäudes.

Container, ursprünglich ein Grossbehälter zur Aufnahme von Fracht. Container werden für den Bau von provisorischen Büros oder Unterkunftsräumen verwendet.

Steildach   Flachdach

Dach, der obere (äussere) Abschluss eines Gebäudes zum Schutz von atmosphärischen Einflüssen. Das Dach besteht aus der Dachhaut und dem Dachtragwerk. Die Form ist durch klimatische, konstruktive oder architekturästhetische Erfordernisse bestimmt. Im Baurecht wesentlich ist die Unterscheidung zwischen → Steildach und → Flachdach.

Dachaufbaute, ein über die Grundform des Daches hinausragender Bauteil (wie Lukarnen, Dachgauben). Sie durchstösst die Dachebene und sitzt auf dem Dach. Gängige Formen von Dachaufbauten sind: → Schleppgaube; → Giebellukarne; → Ochsenauge; → Firstlaterne.

Dachbegrünung, auf flachen oder flach geneigten Dächern, meist in → Extensivbegründung ausgeführt. Sie ersetzt verbaute Grünflächen, verbessert die Wasserspeicherung, absorbiert Schall und wirkt sich positiv auf das Mikroklima aus.

Dacheinschnitt, eine Öffnung in der Dachhaut, die in die Grundform des Dachs hineinragt. Ein Dacheinschnitt dient meist dazu, in einem Dachgeschoss einen offenen Sitzplatz zu schaffen

Dacherker, ein Gebäudeelement, welches in den unteren Geschossen als → Erker ausgestaltet ist und sich über beziehungsweise in das Dach fortsetzt.

Dachfenster, ein im Dach eingelassenes Fenster. Nur die Rahmenkonstruktion darf aus der Dachfläche herausragen, sonst liegt eine → Dachaufbaute vor.

Dachform, wird bestimmt durch die mögliche Form des Dachtragwerks (→ Grafik rechts).

Dachgeschoss, ein horizontaler Gebäudeabschnitt, der im Dachraum über der Schnittlinie zwischen Fassade und Dachfläche liegt.

Einfriedigung, die veraltete Bezeichnung für → Einfriedung.

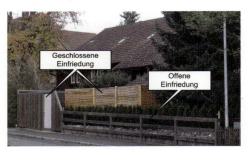

Einfriedung, die räumliche Begrenzung einer Grundstücksfläche mit einem Zaun, einer Mauer oder Buschwerk. Unterschieden wird zwischen offener Einfriedung (zum Beispiel Maschendrahtzaun) und geschlossener Einfriedung (zum Beispiel Mauer).

Erker, nach den gängigen Begriffen der Bautechnik ein von der Hauptfassade frei auskragender

Bauteil. Im Gegensatz zu einem → Balkon ist ein Erker eingekleidet. Nach der Praxis wird bei Erkern und ähnlichen Vorsprüngen ein Mindestabstand von einem Meter über dem gestalteten Terrain verlangt. Setzt sich der Erker bis in die Dachfläche fort, spricht man von einem → Dacherker.

Extensivbegrünung, naturnahe Begründung mit niedrigen Pflanzen.

Familienwohnung, eine Wohnung, die dem Aufenthalt einer Familie dienen kann, aber nicht muss. Als Familienwohnung gilt eine Wohnung von vier und mehr Zimmern (§ 49a Abs. 3 PBG). Die Bau- und Zonenordnung kann für Familienwohnungen einen Ausnützungsbonus gewähren.

Fenster, eine Öffnung in der Mauer oder im Dach (→ Dachfenster) zur Belichtung und Belüftung von Innenräumen. Die Anordnung und Gestaltung der Fenster bestimmt wesentlich die Erscheinung eines Gebäudes.

Fensterfläche, die Fläche, welche für die ausreichende Belichtung eines Raumes vorgeschrieben ist. Für Wohn- und Schlafräume hat sie wenigstens ein Zehntel der Bodenfläche zu betragen (§ 302 PBG). Die Fensterfläche wird im Licht gemessen. Massgebend ist die Fensteröffnung im Rohbau (sogenanntes Rohlichtmass).

First, die höchste Linie, an der die Dachflächen zusammenlaufen.

Firstlaterne, eine → Dachaufbaute, welche rittlings auf dem First sitzt. Häufig ist sie seitlich mit Fenstern versehen.

Dachform (Grafik: Philipp Rämi)

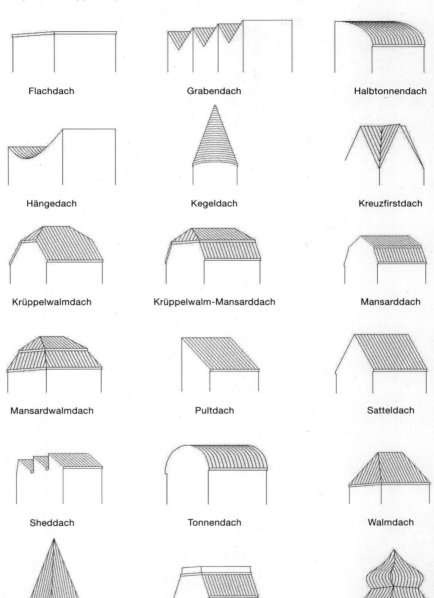

Flachdach	Grabendach	Halbtonnendach
Hängedach	Kegeldach	Kreuzfirstdach
Krüppelwalmdach	Krüppelwalm-Mansarddach	Mansarddach
Mansardwalmdach	Pultdach	Satteldach
Sheddach	Tonnendach	Walmdach
Zeltdach	Zinnendach	Zwiebeldach

Flachdach, ein → Dach mit einer Neigung von weniger als 10°.

Französischer Balkon, eine Zwischenform von Fenster und Tür. Das hochrechteckige Fenster reicht bis oder fast bis zum Boden. Aus Sicherheitsgründen ist der untere Teil des Fensters fix oder mit einem Gitter abgesichert. Der französische Balkon kragt im Gegensatz zum normalen → Balkon nicht vor die Fassade.

Gang, ein Raum zur Erschliessung von Räumen.

Gaststätte, eine Anzahl von Räumen, welche zum Verzehr von Speisen und Getränken bestimmt sind.

Gebäude, eine Baute oder Anlage, die einen Raum zum Schutz von Menschen oder Sachen gegen äussere, namentlich atmosphärische Einflüsse mehr oder weniger vollständig abschliessen. Nicht als Gebäude gelten Bauten und Anlagen, deren grösste Höhe nicht mehr als 1,5 m beträgt und die eine Bodenfläche von höchstens 2 m² überlagern (§ 2 ABV).

Gebäudevorsprung, ein Bauteil, der von der Hauptfassade vorspringt. An ihm ist die Gebäudehöhe separat zu messen.

Gemeinschaftsunterkunft, eine Wohnung für vorübergehend angestellte Personen (= Saisonniers), welche die Bau- und Zonenordnung in Industriezonen zulassen kann.

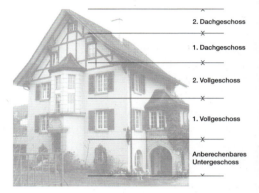

2. Dachgeschoss

1. Dachgeschoss

2. Vollgeschoss

1. Vollgeschoss

Anberechenbares Untergeschoss

Geschoss, eine vollständige horizontale Unterteilung eines Gebäudes. Der Boden ist durchgehend oder nahezu durchgehend. Unterschieden werden → Untergeschoss, → Vollgeschoss und → Dachgeschoss.

Geschosshöhe, das Vertikalmass zwischen Oberkant Fertig-Fussboden bis Oberkant Fertig-Decke eines Raumes.

Gewerbefläche, eine Fläche, welche für einen vorgeschriebenen Gewerbeanteil anrechenbar ist. Dazu zählen alle Flächen, welche einer gewerblichen und auf Verdienst ausgerichteten Tätigkeit dienen (Büro, Werkstatt, Lager, Fertigungsraum, Maschinensaal, EDV-Räume etc.).

Giebellukarne, eine → Dachaufbaute mit einem Giebeldach.

Grabendach, eine → Dachform, bei welcher das Dach von den Trauffassaden zur Hausmitte abfällt. Sind nur zwei Dachhälften vorhanden, welche zur Hausmitte abfallen, so spricht man von einem → Schmetterlingsdach.

Halbtonnendach, eine → Dachform, bei welcher das Dach im Querschnitt gesehen die Form eines Viertelkreises hat.

Hängedach, eine → Dachform, bei welcher das Dach zwischen den Trauffassaden durchhängt.

Hochhaus, ein Gebäude mit einer Gebäudehöhe von mehr als 25 m (§ 278 PBG).

Kamin, ein Bauteil, welcher über das Dach oder aus der Fassade tritt. Er dient dem Abzug von Rauch und anderer Abluft.

Kegeldach, eine → Dachform in Form eines Kegels. Es kommt häufig bei Türmen vor.

Kinderspielplatz, eine bauliche Anlage mit Spielgeräten für Kinder.

Kniestock, der Teil der Aussenwand an der Traufseite eines Gebäudes, der auf der obersten Geschossdecke errichtet wird und als Auflager für das Dachtragwerk dient. Die Ausnutzung des Dachraumes ist umso grösser, je höher der Kniestock ist.

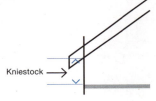

Kniestock →

Kreuzfirst, als Gegensatz zur → Dachaufbaute zu definieren. Formen, die als Querdächer, Kreuzdächer oder Kreuzfirste bezeichnet werden, gelten nicht als Dachaufbauten. Diese Formen zeichnen sich dadurch aus, dass quer zum Hauptfirst ein zweiter First, meist in ähnlicher Höhe wie der Hauptfirst, angebracht wird. Bei Dachaufbauten ist hingegen deren First, falls überhaupt einer vorhanden ist, deutlich tiefer als der Hauptfirst. Die Stirnfassade dieser Kreuzfirstformen ist mindestens bündig zur darunter liegenden Vollgeschossfassade (→ Dachform).

Krüppelwalmdach, eine → Dachform. Sie setzt sich aus zwei gegenüberliegenden Steildachflächen, welche bis zur Traufe führen, und aus zwei gegenüberliegenden Steildachflächen (sogenannte Dachschilde), die nicht bis zur Traufe führen, zusammen. Es ist eine typische Dachform bei Berner Bauernhäusern.

Krüppelwalm-Mansarddach, eine → Dachform, welche eine Kombination zwischen einem → Mansarddach und einem → Krüppelwalmdach darstellt.

Küche, ein Raum, der vorwiegend zur Zubereitung von Speisen und Getränken dient.

Laden, ein Raum oder eine Anzahl von Räumen, welche dem Detailverkauf von Waren dient.

Laubengang, ein offener, gedeckter Aussengang an einem Gebäude als Zutritt vom Treppenhaus zu einzelnen Wohnungen eines Geschosses.

Lift → Aufzug

Lukarne, eine Bezeichnung für eine → Dachaufbaute.

Loft, der Begriff stammt aus dem Amerikanischen als Bezeichnung für mehrgeschossig parzellierte Fabrikationsliegenschaften, Lagerhallen und Werkstätten. Aus der Neunutzung solcher Gebäude entwickelte sich eine neue Wohnform: Etagen, praktisch ohne Einbauten, in welche, abgesehen von den Nassräumen und Versorgungseinrichtungen, nur Möbel hineingestellt werden. Die Architektur der Gebäude mit den grossflächigen Industrieverglasungen, Gusssäulen, Stahlträgern etc. und die Grosszügigkeit der Räume sowohl in der Fläche als auch in der Höhe bleiben erhalten und bestimmen den Charme dieser Wohnungen. Oft dienen Lofts nicht allein dem Wohnen. Ihre Ausdehnung durch Zusammenlegung bis zu mehreren hundert Quadratmetern erlaubt eine Mischform aus Büro, Atelier und Wohnung.

Loggia, der Begriff kommt aus dem Italienischen und beschreibt einen an mindestens einer Seite offen stehenden überdachten Bereich eines Gebäudes. In den meisten Fällen wird die Loggia an drei Seiten von den Aussenwänden des Gebäudes umschlossen. Im Gegensatz zu einem → Balkon kragt die Loggia nicht über die Fassade vor.

Mansarddach, eine → Dachform benannt nach dem französischen Architekten Mansart (1646–1708). Es ist ein geknicktes Giebel- oder Walmdach, dessen untere Flächen steiler verlaufen als die oberen. In der unteren Dachfläche ist häufig eine Reihe von Dachaufbauten angebracht.

Ochsenauge, eine kleinere → Dachaufbaute, deren Stirnseite die Form eines Halbkreises oder einer Halbellipse hat.

Parkhaus, ist ein meist mehrstöckiges Gebäude, in dem sich Abstellplätze für Autos, Motorräder und seltener für Velos befinden. Parkhäuser werden meistens in grösseren Ortschaften gebaut, um den knappen Raum besser zu nutzen und den Strassenraum von geparkten Autos zu entlasten.

Pergola, eine bauliche Anlage, meist aus Holz, das über Gartenwegen, Terrassen, Plätzen etc. als Träger für schattenspendende Pflanzen dienen kann. Wird die Pergola mit einem festen Dach versehen, gilt die Pergola als Gebäude.

Pultdach, eine → Dachform, bei welcher das Dach im Querschnitt gesehen die Form eines Dreiecks hat.

Rampe, 1) stufenlose, flachgeneigte längere Strecke zwischen unterschiedlich hohen Ebenen, 2) flächiger Sockel bei einem Lagerhaus zum Beladen oder Entladen.

Raum, ein eigenständiges dreidimensionales Gebilde, welches durch Boden, Wände und Decke begrenzt ist. In ihm existieren Gegenstände und finden Ereignisse statt.

Raumhöhe, das Vertikalmass zwischen Oberkant Fertig-Fussboden bis Unterkant Fertig-Decke eines Raumes.

Reklame, eine bauliche zwei- oder dreidimensionale Anlage, welche das Publikum auf die Vorzüge von Produkten oder Dienstleistungen hinweist.

Rolltreppe, eine motorgetriebene Anlage zur Beförderung von Personen zwischen verschiedenen Ebenen.

Ruhefläche, eine Fläche allenfalls mit speziellen baulichen Anlagen, welche der Erholung der Bewohner und Besucher eines Hauses dient.

Satteldach, eine → Dachform, bei welcher zwei → Schrägdächer an einem gemeinsamen → First zusammenstossen. Der Querschnitt dieses Daches erinnert an einen Sattel.

Schleppgaube, eine → Dachaufbaute, deren Dachfläche mit geringerer Neigung als das Hauptdach ausgebildet ist und die vom Hauptdach hinweggeschleppt wird.

Schmetterlingsdach, eine → Dachform, bei welcher das Dach von den Trauffassaden zur Hausmitte abfällt. Werden mehrere Dachhälften aneinandergereiht, so spricht man von einem → Grabendach.

Schrägdach, ein Dach mit einer oder mehreren Dachflächen mit einer Neigung von mehr als 10°.

Silo, ein in der Regel senkrecht stehender, hoher Grossraumbehälter zur Lagerung von Schüttgütern (Getreide, Futter, Kohle, Zement etc.).

Sheddach, eine → Dachform, bestehend aus aneinandergereihten → Schrägdächern. Es ist vor allem im Industriebau anzutreffen. Die eine Dachfläche ist meist verglast und dient der Belichtung des darunterliegenden Raumes.

Spielfläche → Ruhefläche.

Steildach → Schrägdach

Terrasse, ein ebener durch Beton, Steinplatten oder Holz befestigter überhöhter Sitzplatz im Anschluss an ein Gebäude oder in das Gebäude selbst eingelassen.

Terrassenhaus, ein Gebäude an einem Hang mit stufenförmigen nach oben abgesetzten Geschossen. Das Flachdach des unteren Geschosses bildet häufig die → Terrasse des oberen Geschosses.

Tonnendach, eine → Dachform, bei welcher das Dach im Querschnitt gesehen die Form eines Halbkreises oder Kreissegmentes hat.

Treppe, ein funktionales und gestalterisches Element zur Überwindung von Höhenunterschieden. Bestandteile einer Treppe sind Stufen, Wangen, Geländer, Handlauf.

Unterflurcontainer, vor allem in Altstädten verwendete Vorrichtung zur Aufbewahrung von Abfallsäcken. Die Einwurföffnung ist oberirdisch. Die Säcke selber werden unterirdisch gelagert.

Untergeschoss, ein → Geschoss, das ganz oder teilweise in den gewachsenen Boden hineinragt (§ 275 PBG).

Vollgeschoss, ein → Geschoss, das nicht in den gewachsenen Boden hineinragt (§ 275 PBG).

Vorbau → Gebäudevorsprung.

Vordach, ein → Dach, das über die Fassade hinausragt.

Walmdach, eine → Dachform. Es besteht aus vier Steildachflächen, welche alle bis zur Traufe führen.

Wintergarten, ein grosszügig verglaster Innenraum oder Vorbau, der gemäss seinem Namen eigentlich der Überwinterung von Pflanzen dient. In neueren Häusern ist er aber meist nur eine Wohnraumerweiterung.

Wohnfläche, eine Fläche, welche für einen vorgeschriebenen Wohnflächenanteil anrechenbar ist. Dazu zählen alle Flächen, welche dem Wohnen dienen (Wohnzimmer, Schlafzimmer, Bad, Küche, zugehörige Erschliessungsfläche). Zur Wohnfläche zählen auch Arbeitsräume, die mit einer Wohnung zusammenhängen und in einem angemessenen Verhältnis zur eigentlichen Wohnfläche stehen. Nach der Praxis der Stadt Zürich zählen auch Flächen von Hotels, Altersheimen und Pflegeheimen als Wohnfläche.

Wohnraum, ein → Raum, in dem sich aufgrund seiner Ausgestaltung mindestens ein Mensch über längere Zeit aufhalten kann (Wohnzimmer, Schlafzimmer, Bad, Küche). Nicht als Wohnraum gilt ein Raum, der auf die dauernde Anwesenheit eines Menschen nicht angewiesen ist und auch so seinen Zweck erfüllt (Estrich, Heizung, Maschinenraum).

Wohnküche, eine → Küche, welche mit einem Wohnraum zusammengelegt ist.

Zeltdach, ein → Walmdach auf einem quadratischen Baukörper, wird auf Türme aufgesetzt (→ Dachform).

Zinnendach, ein → Steildach, dessen First flach abgeschnitten ist. Die ebene Dachfläche wird häufig als → Terrasse genutzt.

Zwiebeldach, eine → Dachform in der Form einer Zwiebel, wird auf Türme aufgesetzt.

Verwendete Literatur

– CHING Francis D. K.: Bildlexikon der Architektur, Frankfurt/Main 1996.
– JEPPENER-HALTENHOFF Sabine / RECHT Christine: BAU Lexikon, München 1993
– KADATZ Hans Joachim: Seemanns Lexikon der Architektur, 1. Aufl., Leipzig 1994.
– KOCH Wilfried: Baustilkunde, München 1990.
– KOEPF Hans / BINDING Günther: Bildwörterbuch der Architektur, 4. Aufl. Stuttgart 2005.
– MÜLLER Werner / VOGEL Gunther / SZÁSZ Inge und István: dtv-atlas zur Baukunst, 14. Aufl. München 2008, Bd. 1.
– PETER Norbert: Lexikon der Bautechnik, Heidelberg 2001.
– PEVSNER Nikolaus / HONOUR Hugh / FLEMING John: Lexikon der Weltarchitektur, 3. Aufl., München 1999.
– SCHEIWILLER August / FEHR Robert: Fachwörter für HochbauzeichnerInnen, 5. Aufl., Walde SG 2007.

Index

Index

Index

Index

Index

T

Index

Notizen

Notizen